여러분의 합격을 응원하는
해커스경찰의 특별 혜택!

FREE 형사법 **특강**

해커스경찰(police.Hackers.com) 접속 후 로그인 ▶ ... [강의] 클릭하여 이용

KB141396

 해커스경찰 온라인 단과강의 **20% 할인쿠폰**

A564286333E63CJR

해커스경찰(police.Hackers.com) 접속 후 로그인 ▶ 상단의 [내강의실] 클릭 ▶
[쿠폰/포인트] 클릭 ▶ 쿠폰번호 입력 후 이용

* 등록 후 7일간 사용 가능(ID당 1회에 한해 등록 가능)

합격예측 **모의고사 응시권 + 해설강의 수강권**

F65A89BC5FF6GWCU

해커스경찰(police.Hackers.com) 접속 후 로그인 ▶ 상단의 [내강의실] 클릭 ▶
[쿠폰/포인트] 클릭 ▶ 쿠폰번호 입력 후 이용

* ID당 1회에 한해 등록 가능

단기 합격을 위한
해커스 커리큘럼

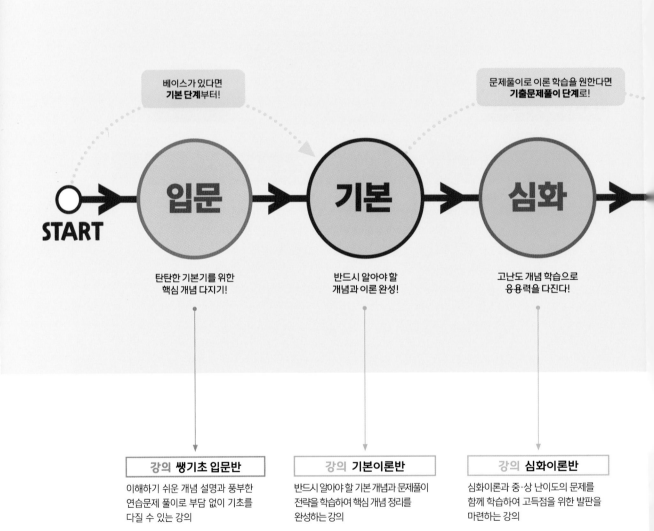

베이스가 있다면 **기본 단계**부터!

문제풀이로 이론 학습을 원한다면 **기출문제풀이 단계**로!

START

입문
탄탄한 기본기를 위한
핵심 개념 다지기!

기본
반드시 알아야 할
개념과 이론 완성!

심화
고난도 개념 학습으로
응용력을 다진다!

강의 쌩기초 입문반
이해하기 쉬운 개념 설명과 풍부한
연습문제 풀이로 부담 없이 기초를
다질 수 있는 강의

강의 기본이론반
반드시 알아야 할 기본 개념과 문제풀이
전략을 학습하여 핵심 개념 정리를
완성하는 강의

강의 심화이론반
심화이론과 중·상 난이도의 문제를
함께 학습하여 고득점을 위한 발판을
마련하는 강의

단계별 교재 확인 및
수강신청은 여기서!

police.Hackers.com

* 커리큘럼은 과목별·선생님별로 상이할 수 있으며, 자세한 내용은 해커스경찰 사이트에서 확인하세요.

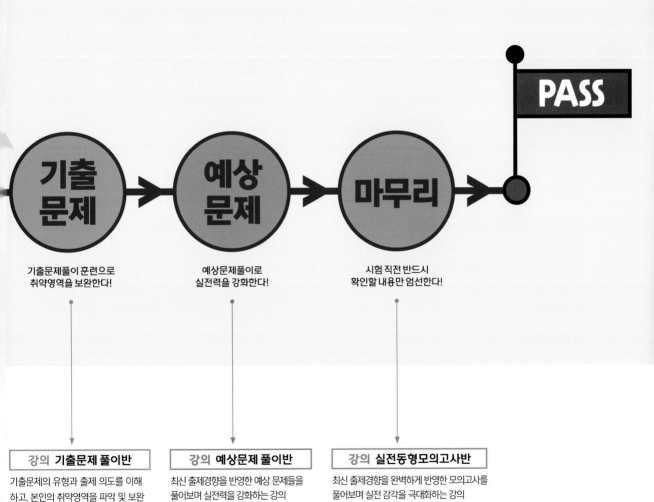

PASS

기출
문제

예상
문제

마무리

기출문제풀이 훈련으로
취약영역을 보완한다!

예상문제풀이로
실전력을 강화한다!

시험 직전 반드시
확인할 내용만 엄선한다!

강의 기출문제 풀이반

기출문제의 유형과 출제 의도를 이해
하고, 본인의 취약영역을 파악 및 보완
하는 강의

강의 예상문제 풀이반

최신 출제경향을 반영한 예상 문제들을
풀어보며 실전력을 강화하는 강의

강의 실전동형모의고사반

최신 출제경향을 완벽하게 반영한 모의고사를
풀어보며 실전 감각을 극대화하는 강의

강의 봉투모의고사반

시험 직전에 실제 시험과 동일한 형태의
모의고사를 풀어보며 실전력을 완성하는 강의

"갓대환 유튜브 명강의 모두보기!"

01 [경찰공무원] 시험 당일 실력 발휘를 못한다면?

02 증거재판주의 총정리!

03 경찰공무원 형사법 l 기본VS심화 어떤 것을 들어야 하나요?

04 6개월 단기 합격생은 이렇게 했습니다.

05 친족상도례

06 형사법 고소불가분

해커스경찰 police.Hackers.com

해커스경찰

갓대환 형법 기적의 특강

김대환

약력

현 | 해커스 경찰학원 형사법 · 형법 · 형사소송법 강의

전 | 경찰공제회 경찰 채용 형법 · 형사소송법 강의
김대환 경찰학원 형법 · 형사소송법 강의
아모르이그잼경찰 / 메가CST 형사소송법 대표교수
경찰대학교 행정학과 졸업(16기)
용인대학교 경찰행정학과 석사 수료
사법시험 최종합격(제46회, 2004)
사법연수원 수료(제36기)

저서

갓대환 형사법 기본서 1권 형법, 해커스경찰
갓대환 형사법 기본서 2권 형사소송법(수사와 증거), 해커스경찰
갓대환 형사법 기본서 3권 형사소송법(공판), 해커스경찰
갓대환 형사법 핵심요약집 형법 및 형사소송법(수사와 증거), 해커스경찰
갓대환 형사법 핵심요약집 형사소송법(공판), 해커스경찰
갓대환 형사법 기출총정리, 해커스경찰
갓대환 형사법 진도별 문제풀이 1000제 1차 시험 대비, 해커스경찰
갓대환 형사법 진도별 문제풀이 1000제 2차 시험 대비, 해커스경찰
갓대환 형사법 심화문제집, 해커스경찰
갓대환 형사법 전범위 모의고사, 해커스경찰
갓대환 형법/형사소송법 진도별 문제풀이 500제, 해커스경찰
갓대환 형법/형사소송법 기본서, 해커스경찰
갓대환 핵심 요약집 형법/형사소송법, 해커스경찰
갓대환 형법 기출 1200제, 멘토링
갓대환 형법 기적의 특강 with 5개년 최신판례, 멘토링
갓대환 형법, 형사소송법 승진 삼삼 모의고사, 멘토링
갓대환 형법, 형사소송법 경찰 오오 모의고사, 멘토링
갓대환 형법 적중 모의고사: 시즌1, 시즌2
갓대환 형법/형사소송법 단원별 문제풀이

서문

기적의 특강 형법은 단순히 광고가 아니라 실제 기적을 이루기 위해서 출간된 책입니다.

이 책의 특징입니다.

1. 기적의 특강 형법은 이제까지 출제되었던 기출문제 중 출제 유력한 문제를 1713문제로 엄선하였습니다.

2. 쉽게 공부하기 위해 각 지문마다 난이도를 [Essential ★], [Core ★★], [Superlative ★★★]로 구별하여 문항마다 난이도를 알 수 있도록 하였습니다.

〈기적의 특강 형법 난이도별 분표 (총 1713문제)〉

Essential ★	Core ★★	Superlative ★★★
604 (35.2%)	827 (48.3%)	282 (16.5%)

3. 기적의 특강 형법은 개정 형법을 반영하여 문제화 하였으며, 최신판례를 반영하였습니다.

이 책이 세상 밖으로 나올 수 있도록 도와주신 모든 분들께 고마움을 전합니다.

2024년 2월

김대환

목차

형법 OX문제

2021 · 2022 · 2023 중요 판례

형법 OX 문제

Part 01

총 론

제1절 죄형법정주의

0001 죄형법정주의는 국가형벌권의 자의적인 행사로부터 개인의 자유와 권리를 보호하기 위하여 범죄와 형벌을 법률로 정할 것을 요구한다.　　　　　　　　　　　　　　　　　　　　　　　　　　　　○|×

[18 국가9급] [Core ★★]

해설

> 대법원 2022.7.14. 2021도16578 폐차인수증명서 사건　　　　　　　　　　　　　　　　　　　　　　　　[○]

0002 범죄와 형벌은 국회가 제정한 법률에 의해 정해져야 하나, 위임입법이 불가피한 경우 구성요건의 점에서는 처벌대상인 행위가 어떠한 것인지를 예측할 수 있을 정도로 구체적으로 정하고, 형벌의 점에서는 형벌의 종류 및 그 상한과 폭을 명확히 규정하는 것을 전제로 위임입법이 허용된다.　　○|×

[16 법원9급, 16 국가7급, 14 경찰승진, 14 경찰채용, 11 국가9급] [Core ★★]

해설

> 대법원 2013.3.28. 2012도16383 퍼시픽랜드 돌고래쇼 사건　　　　　　　　　　　　　　　　　　　　　[○]

0003 동일한 법령에서의 용어는 법령에 다른 규정이 있는 등 특별한 사정이 없는 한 동일하게 해석·적용되어야 한다.　　○|×

[Core ★★]

해설

> 대법원 2020.8.27. 2019도11294 솔슘 가상화폐거래량 허위입력 사건 형법 제227조의2 공전자기록등위작죄에도 '위작'이란 용어가 있고, 형법 제232조의2 사전자기록등위작죄에도 '위작'이라는 용어가 있는데, 이를 동일하게 해석하여야 한다는 취지의 판례이다.　　　　　　　　　　　　　　　　　　　　　　　　　　　　　[○]

0004 법률을 해석할 때 체계적·논리적 해석방법을 사용할 수 있으나, 문언 자체가 비교적 명확한 개념으로 구성되어 있다면 원칙적으로 이러한 해석방법은 활용할 필요가 없거나 제한될 수 밖에 없다.

○|×

[21 해경간부] [Core ★★]

해설

> 대법원 2021. 1.21. 2018도5475 솔슘 임의적 감경 새로운 해석론 사건　　　　　　　　　　　　　　　[○]

0005 형법 제20장에서 규정하고 있는 문서죄와 전자기록죄의 각 죄명에 비추어 형법 제227조의2와 제232조의2에서 정한 '위작(僞作)'에 유형위조는 물론 권한남용적 무형위조도 포함된다는 것은 불명확한 용어를 피고인에게 불리하게 해석하는 것일 뿐만 아니라 합리적 이유없이 문언의 의미를 확장하여 처벌범위를 지나치게 넓히는 것이어서 형사법의 대원칙인 죄형법정주의의 원칙에 반한다.

○│×

[22 경찰간부] [Core ★★]

해설

시스템을 설치·운영하는 주체와의 관계에서 전자기록의 생성에 관여할 권한이 없는 사람이 전자기록을 작출하거나 전자기록의 생성에 필요한 단위 정보의 입력을 하는 경우는 물론 시스템의 설치·운영 주체로부터 각자의 직무범위에서 개개의 단위정보의 입력 권한을 부여받은 사람이 그 권한을 남용하여 허위의 정보를 입력함으로써 시스템 설치·운영 주체의 의사에 반하는 전자기록을 생성하는 경우도 공전자기록등위작죄에서 말하는 전자기록의 '위작'에 포함되고, 위 법리는 사전자기록등위작죄에서 행위의 태양으로 규정한 '위작'에 대해서도 마찬가지로 적용된다(대법원 2020.8.27. 2019도11294 全合 가상화폐거래량 허위입력 사건). [×]

0006 알 수 없는 경위로 가상자산을 이체받은 자가 가상자산을 사용·처분한 경우 이를 형사처벌하는 명문의 규정이 없다고 하더라도 착오송금시 횡령죄 성립을 긍정한 판례를 유추하여 신의칙을 근거로 배임죄로 처벌하는 것은 죄형법정주의에 반하지 않는다.

○│×

[22 경찰채용] [Core ★★]

해설

원인불명으로 재산상 이익인 가상자산을 이체받은 자가 가상자산을 사용·처분한 경우 이를 형사처벌하는 명문의 규정이 없는 현재의 상황에서 착오송금시 횡령죄 성립을 긍정한 판례를 유추하여 신의칙을 근거로 피고인을 배임죄로 처벌하는 것은 죄형법정주의에 반한다(대법원 2021.12.16. 2020도9789 비트코인 착오이체 사건). [×]

0007 노역장유치는 징역형과 유사한 형벌적 성격을 가지고 있다고 할 수 없으므로, 법률 개정으로 동일한 벌금형을 선고받은 사람에게 노역장유치기간이 장기화되는 등 불이익이 가중된 때에도 재판시의 법률에 따라 유치기간을 정하여 선고하여야 한다.

○│×

[22 국가7급, 20 경간부] [Essential ★]

해설

(1) 노역장유치는 벌금형에 부수적으로 부과되는 환형처분으로서, 그 실질은 신체의 자유를 박탈하여 징역형과 유사한 형벌적 성격을 가지고 있으므로, 형벌불소급원칙의 적용대상이 된다. 따라서 법률 개정으로 동일한 벌금형을 선고받은 사람에게 노역장유치기간이 장기화되는 등 불이익이 가중된 때에는, 범죄행위시의 법률에 따라 유치기간을 정하여 선고하여야 한다. (2) 형법 제70조 제2항의 노역장유치조항은 1억원 이상의 벌금을 선고받는 자에 대하여 유치기간의 하한을 중하게 변경시킨 것이므로, 이 조항 시행(2014. 5.14.) 전에 행한 범죄행위에 대해서는 범죄행위 당시에 존재하였던 법률을 적용하여야 한다. 그런데 2014. 5.14. 개정 형법 부칙 제2조 제1항은 노역장유치조항의 시행 전에 행해진 범죄행위에 대해서도 공소제기의 시기가 노역장유치조항의 시행 이후이면 이를 적용하도록 하고 있으므로, 이는 범죄행위 당시 보다 불이익한 법률을 소급적용하도록 하는 것으로서 헌법상 형벌불소급원칙에 위반된다(헌법재판소 2017.10.26. 2015헌바239 노역장유치 하한 가중 위헌소원사건). [×]

0008 '노사간의 단체협약에 위반한 자'를 처벌하도록 노동조합법 제46조의3이 규정한 경우 법률주의에 위반된다.　　○│×

[16 법원9급] [Essential ★]

해설

헌법재판소 1998.3.26. 96헌가20　　[○]

0009 '누구든지 임원 선거와 관련하여 정관으로 정하는 행위 외의 선거운동을 할 수 없다'라고 농업협동조합법 제50조 제4항이 규정한 경우 법률주의에 위반된다.　　○│×

[16 법원9급] [Essential ★]

해설

헌법재판소 2010.7.29. 2008헌바106　　[○]

0010 의료법 제41조가 '환자의 진료 등에 필요한 당직의료인을 두어야 한다'라고 규정하고 있을 뿐인데도 시행령 조항이 당직의료인의 수와 자격 등 배치기준을 규정하고 이를 위반하면 의료법 제90조에 의해 처벌의 대상이 되도록 하였다면 죄형법정주의 원칙에 반한다.　　○│×

[19 해경채용] [Core ★★]

해설

대법원 2017.2.16. 2015도16014 숯숯 야간 당직의사 없는 병원 사건 I　　[○]

0011 채무자가 계약을 위반하여 그 의무를 이행하지 않는 등 채권자의 기대나 신뢰를 저버리는 행위를 하고 그로 인한 채권자의 재산상 피해가 적지 않아 비난가능성이 높다거나 채권자의 재산권 보호를 위하여 처벌의 필요성이 크다는 이유만으로 배임죄의 죄책을 묻는 것은 죄형법정주의 원칙에 반한다.　　○│×

[Core ★★]

해설

대법원 2020.2.20. 2019도9756 숯숯 크러셔 양도담보 사건　　[○]

0012 법률의 시행령이 형사처벌에 관한 사항을 규정하면서 법률의 명시적인 위임범위를 벗어나 그 처벌의 대상을 확장하는 것도 긴급하고 필요하면 예외적으로 허용된다. ○|×

[18 국가7급, 18 국가9급] [Core ★★]

해설

법률의 시행령은 모법인 법률의 위임 없이 법률이 규정한 개인의 권리·의무에 관한 내용을 변경·보충하거나 법률에서 규정하지 아니한 새로운 내용을 규정할 수 없고, 특히 법률의 행령이 형사처벌에 관한 사항을 규정하면서 법률의 명시적인 위임범위를 벗어나 그 처벌의 대상을 확장하는 것은 죄형법정주의의 원칙에도 어긋나는 것이므로, 그러한 시행령은 위임입법의 한계를 벗어난 것으로서 무효이다(대법원 2017.2.16. 2015도16014 全合 야간 당직의사 없는 병원 사건 I) (同旨 대법원 2017.2.21. 2015도14966 야간 당직의사 없는 병원 사건II). [×]

0013 구 「어선법시행규칙」에서 어선검사증서에 기재할 사항을 구체적으로 규정하면서 기재할 사항에 총톤수를 포함시킨 것은 법의 위임에 따른 것으로서 위임입법의 한계를 벗어났다고 보기 어렵다. ○|×

[22 해경승진] [Superlative ★★★]

해설

대법원 2018.6.28. 2017도13426 [○]

0014 특가법 제4조 제1항의 위임을 받은 특가법시행령 제2조 제48호[24년 현재 제42호]가 농업협동조합중앙회를 정부관리기업체의 하나로 규정한 경우 법률주의에 위반된다. ○|×

[14 경찰채용] [Essential ★]

해설

농업협동조합법 등 관련 법령의 내용을 종합해 볼 때, 농업협동조합중앙회는 특정범죄 가중처벌 등에 관한 법률 제4조 제1항 제2호에서 정한 '정부관리기업체'에 해당한다고 보기에 충분하므로, 위 법률 제4조 제1항의 위임을 받은 특정범죄 가중처벌 등에 관한 법률 시행령 제2조 제48호가 농업협동조합중앙회를 정부관리기업체의 하나로 규정한 것이 위임입법의 한계를 벗어난 것으로 위헌·위법이라고 할 수 없다(대법원 2008.4.11. 2007도8373 정몽구 회장 사건). [×]

0015 공공기관의 운영에 관한 법률 제53조가 '공기업의 임직원으로서 공무원이 아닌 사람은 형법 제129조의 적용에 있어서는 이를 공무원으로 본다'라고 규정하고 그 구체적인 공기업의 지정은 기획재정부장관의 고시에 의하도록 한 경우 법률주의에 위반된다. ○|×

[14 경찰승진, 14 경찰채용, 13 법원행시] [Essential ★]

해설

법 제53조가 공기업의 임직원으로서 공무원이 아닌 사람은 형법 제129조의 적용에 있어서는 이를 공무원으로 본다고 규정하고 있을 뿐 구체적인 공기업의 지정에 관하여는 그 하위규범인 기획재정부장관의 고시에 의하도록 규정하였다 하더라도 죄형법정주의에 위배되거나 위임입법의 한계를 일탈한 것으로 볼 수 없다(대법원 2013. 6.13. 2013도1685 한수원 직원 수뢰사건). [×]

0016 (1) 공소시효가 아직 완성되지 않은 경우 진행중인 공소시효를 연장하는 법률은, 공익이 개인의 신뢰보호이익에 우선하는 경우에는 헌법상 정당화될 수 있다. (2) 공소시효가 이미 완성된 경우 그 공소시효를 연장하는 법률은, 공익적 필요는 심히 중대한 반면에 개인의 신뢰를 보호하여야 할 필요가 상대적으로 적어 개인의 신뢰이익을 관철하는 것이 객관적으로 정당화될 수 없는 경우에는 예외적으로 허용될 수 있다. ○ | ×

[17 국가9급, 14 경간부, 13 국가7급, 12 변호사, 11 국가7급] [Core ★★]

해설

> 헌법재판소 1996. 2.16. 96헌가2 5 · 18특별법 위헌제청 사건 (1) 부진정소급효는 원칙적으로 허용되고 (2) 진정소급효는 예외적으로 허용된다는 취지의 판례이다. [○]

0017 「특정 범죄자에 대한 위치추적 전자장치 부착 등에 관한 법률」에 의한 전자감시제도는 보안처분이지만, 실질적으로 행동의 자유를 지극히 제한하므로 형벌에 관한 소급입법금지원칙이 적용된다. ○ | ×

[21 경찰승진] [Core ★★]

해설

> 전자장치 부착명령은 전통적 의미의 형벌이 아닐 뿐 아니라 의무적 노동의 부과나 여가시간의 박탈을 내용으로 하지 않고 전자장치의 부착을 통해서 피부착자의 행동 자체를 통제하는 것도 아니라는 점에서 처벌적인 효과를 나타낸다고 보기 어려워 부착명령은 형벌과 구별되는 비형벌적 보안처분으로서 소급효금지원칙이 적용되지 아니한다(헌법재판소 2012.12.27. 2010헌가82 전자발찌 소급적용 사건). [×]

0018 구성요건이 신설된 상습강제추행죄가 시행되기 이전의 범행은 상습강제추행죄로는 처벌할 수 없고 행위시법에 기초하여 강제추행죄로 처벌할 수 있을 뿐이며, 이 경우 그 소추요건도 상습강제추행죄에 관한 것이 아니라 강제추행죄에 관한 것이 구비되어야 한다. ○ | ×

[18 경간부, 17 경찰채용] [Superlative ★★★]

해설

> 대법원 2016.1.28. 2015도15669 상습강제추행죄 신설 사건
> 피고인이 신설된 구성요건인 상습강제추행죄 시행 전에 ⓐ, ⓑ의 강제추행을 하고, 시행 후에 ⓒ, ⓓ, ⓔ의 강제추행을 하였는데, 검사가 ⓐ부터 ⓔ를 포괄하여 상습강제추행죄로 공소제기한 경우, 법원은 ⓒ, ⓓ, ⓔ 부분만을 상습강제추행죄로 처벌할 수 있을 뿐, ⓐ, ⓑ는 상습강제추행죄로 처벌할 수 없고 강제추행죄로만 처벌할 수 있으나 만약 ⓐ, ⓑ에 대하여 피해자의 고소가 없으면 공소기각판결을 선고하여야 한다는 취지의 판례이다. 상습강제추행죄 시행 전의 강제추행범행은 친고죄이었음을 주의하여야 한다. [○]

0019 가정폭력범죄의 처벌 등에 관한 특례법이 정한 보호처분 중 하나인 사회봉사명령은 가정폭력 범죄
행위에 대하여 형사처벌 대신 부과되는 것으로서 실질적으로는 신체적 자유를 제한하는 것이지만
형벌 그 자체가 아니라 보안처분의 성격을 가지는 것이기 때문에 원칙적으로 소급적용이 허용된다.

○|✕

[17 변호사, 17 경찰채용, 16 법원9급, 16 경찰채용, 15 법원9급, 14 국가7급, 14 국가9급, 12 변호사, 12 경찰채용, 11 법원9급,
11 국가7급, 11 경찰채용] [Essential ★]

해설

(1) 가폭법상 사회봉사명령은 가정폭력범죄행위에 대하여 형사처벌 대신 부과되는 것으로서 가정폭력범죄를 범한
자에게 의무적 노동을 부과하고 여가시간을 박탈하여 실질적으로는 신체적 자유를 제한하게 되므로 이에 대하여는
원칙적으로 형벌불소급의 원칙에 따라 행위시법을 적용함이 상당하다. (2) 법원이 가정폭력행위자에게 사회봉사
명령을 부과하면서, 행위시법상 사회봉사명령 부과시간의 상한인 100시간을 초과하여 상한을 200시간으로 올린
신법을 적용한 것은 위법하다(대법원 2008.7.24. 2008어4 사회봉사 200시간 사건). [✕]

0020 대법원 양형위원회가 설정한 '양형기준'이 발효하기 전에 공소가 제기된 범죄에 대하여 위 '양형기
준'을 참고하여 형을 양정하였다면, 이는 피고인에게 불리한 법률을 소급하여 적용한 위법이 있다.

○|✕

[18 경간부, 17 국가9급, 16 법원9급, 16 경찰채용, 15 법원행시, 15 법원9급, 14 국가7급, 14 경찰승진, 14 경찰채용, 12 변호사,
11 경찰채용] [Essential ★]

해설

법관이 형을 양정함에 있어서 참고할 수 있는 자료에 달리 제한이 있는 것도 아닌 터에 법원이 양형기준이 발효하
기 전에 법원에 공소가 제기된 범죄에 관하여 형을 양정함에 있어서 양형기준을 참고자료로 삼았다고 하여 피고인
에게 불리한 법률을 소급하여 적용한 위법이 있다고 할 수 없다(대법원 2009.12.10. 2009도11448 양형기준
소급적용 사건). [✕]

0021 행위 당시의 판례에 의하면 처벌대상이 되지 아니하는 것으로 해석되었던 행위를 판례의 변경에 따
라 확인된 내용의 형법 조항에 근거하여 처벌하는 것은 형벌불소급의 원칙에 반한다. ○|✕

[16 법원9급, 16 경찰승진, 15 법원행시, 15 경찰승진, 15 경찰채용, 14 경간부, 13 국가7급, 13 국가9급, 13 경찰승진, 12 변호사,
12 국가7급, 11 법원행시, 11 법원9급, 11 국가7급, 11 경간부, 11 경찰채용] [Essential ★]

해설

형사처벌의 근거가 되는 것은 법률이지 판례가 아니고, 형법 조항에 관한 판례의 변경은 그 법률조항의 내용을
확인하는 것에 지나지 아니하여 이로써 그 법률조항 자체가 변경된 것이라고 볼 수는 없으므로, 행위 당시의 판례
에 의하면 처벌대상이 되지 아니하는 것으로 해석되었던 행위를 판례의 변경에 따라 확인된 내용의 형법 조항에
근거하여 처벌한다고 하여 형벌불소급의 원칙에 반한다고 할 수는 없다(대법원 1999.9.17. 97도3349 판례변경
처벌 사건) (同旨 헌법재판소 2014. 5.29. 2012헌바390). [✕]

0022 보호관찰을 도입한 형법 개정 전의 행위에 대하여 재판시의 규정에 의해 보호관찰을 명하는 것은 형벌불소급의 원칙 내지 죄형법정주의에 위배되는 것이 아니다. ○|×

[16 법원9급, 16 경찰승진, 15 국가9급, 15 경찰승진, 13 경찰승진, 13 경찰채용] [Essential ★]

해설

대법원 1997.6.13. 97도703 보호관찰 소급적용 사건	[○]

0023 형벌법규의 해석에 관한 다음 중 설명 중 옳지 않은 것은 모두 1개다. ○|×

[Superlative ★★★]

> ㉠ 자동차관리법 제80조 제7호의2는 '자동차 이력 및 판매자정보를 허위로 제공한 자'만을 처벌하고 있는데, 여기서 '허위 제공'의 의미에 '단순 누락'의 경우도 포함하는 것으로 해석하더라도 죄형법정주의 원칙에 어긋나지 아니한다. [18 법원행시]
> ㉡ 항로(航路)는 공중(空中)의 개념을 내포한 말이지만 지상(地上)에서 항공기가 이동하는 것도 '운항 중'이 되어 그때 다니는 지상의 길도 '항로'에 포함되므로 피고인이 푸시백(pushback) 중이던 비행기를 탑승구로 돌아오게 한 행위는 항공기의 '항로를 변경하게 한 것'에 해당한다. [20 경간부, 18 국가9급, 18 경찰채용]
> ㉢ 운전면허 없이 자동차 등을 운전한 곳이 일반교통경찰권이 미치는 공공성이 있는 장소가 아니라 특정인이나 그와 관련된 용건이 있는 사람만 사용할 수 있고 자체적으로 관리되는 곳이라면 도로 교통법에서 정한 '도로에서 운전'한 것이 아니므로 무면허운전으로 처벌할 수 없다. [19 경찰채용, 18 국가7급]

해설

㉠㉡ 2 항목이 옳지 않다.
㉠ 자동차관리법 제80조 제7호의2는 '자동차 이력 및 판매자정보를 허위로 제공한 자'만을 처벌하고 있는데, 여기서 '허위 제공'의 의미를 '단순 누락'의 경우도 포함하는 것으로 해석하는 것은 죄형법정주의 원칙에 어긋나서 허용되지 않는다(대법원 2017.11.14. 2017도13421 인터넷 자동차광고 사건).
㉡ (1) 법률을 해석할 때 입법 취지와 목적, 제·개정 연혁, 법질서 전체와의 조화, 다른 법령과의 관계 등을 고려하는 체계적·논리적 해석방법을 사용할 수 있으나, 문언 자체가 비교적 명확한 개념으로 구성되어 있다면 원칙적으로 이러한 해석방법은 활용할 필요가 없거나 제한될 수밖에 없다. 죄형법정주의 원칙이 적용되는 형벌법규의 해석에서는 더욱 그러하다. (2) 항로(航路)는 공중(空中)의 개념을 내포한 말로 지상(地上)의 항공기가 이동할 때 '운항 중'이 된다는 이유만으로 그때 다니는 지상의 길까지 '항로'로 해석하는 것은 문언의 가능한 의미를 벗어나므로, 피고인이 푸시백(pushback) 중이던 비행기를 탑승구로 돌아오게 한 행위는 항공기의 '항로를 변경하게 한 것'에 해당하지 않는다(대법원 2017.12.21. 2015도8335 全合 조현아 땅콩회항 사건).
㉢ 도로교통법상 운전이란 원칙적으로 '도로'에서 차마 또는 노면전차를 그 본래의 사용방법에 따라 사용하는 것을 말 하는데(동법 제2조 제26호), 아파트 주차장은 '도로'가 아니므로 면허 없이 자동차를 몰아도 무면허 '운전'이 되지 아니한다(대법원 2017.12.28. 2017도17762 아파트 주차장 무면허운전사건). [×]

0024 게임산업진흥에 관한 법률과 동법 시행령의 개정으로 게임 머니의 환전, 환전 알선, 재매입영업행위를 처벌하게 되었던 바, 그 시행일 이전에 행해졌던 환전, 환전 알선, 재매입한 영업행위를 처벌하는 것은 형벌법규의 소급효금지원칙에 위배되지 않는다. ○│×

[18 경간부, 14 경간부, 12 경찰채용, 11 경찰채용] [Essential ★]

해설

> 개정 법령에 의하면, 법 시행령 제18조의3의 시행일 이후 게임머니의 환전, 환전 알선, 재매입 영업행위가 처벌되는 것이므로, 그 시행일 이전에 게임머니를 환전, 환전 알선, 재매입한 영업행위를 처벌하는 것은 형벌법규의 소급효금지 원칙에 위배된다(대법원 2009.4.23. 2008도11017 게임머니 판매사건). [×]

0025 개정된 아동·청소년의 성보호에 관한 법률이 공개명령 제도의 시행일 이전에 범한 범죄에 대하여도 공개명령 제도를 적용하도록 한 것은 소급입법금지 원칙에 반한다. ○│×

[Core ★★]

해설

> 아청법상 공개명령 제도는 범죄행위를 한 자에 대한 응보 등을 목적으로 그 책임을 추궁하는 사후적 처분인 형벌과 구별되어 그 본질을 달리하는 것으로서 형벌에 관한 소급입법금지의 원칙이 그대로 적용되지 않으므로, 공개명령 제도가 시행된 2010. 1. 1. 이전에 범한 범죄에도 공개명령 제도를 적용하도록 아청법이 개정되었다고 하더라도 그것이 소급입법금지의 원칙에 반한다고 볼 수 없다(대법원 2011.3.24. 2010도14393). [×]

0026 특정 범죄자에 대한 위치추적 전자장치 부착 등에 관한 법률에 의한 전자감시제도는, 범죄행위를 한 자에 대한 응보를 주된 목적으로 그 책임을 추궁하는 사후적 처분인 형벌과 구별되어 그 본질을 달리하는 것으로서, 위 법률이 개정되어 부착명령기간을 연장하도록 규정하고 있더라도 그것이 소급입법금지의 원칙에 반한다고 볼 수 없다. ○│×

[22 경찰간부] [Superlative ★★★]

해설

> 전자감시제도는 범죄행위를 한 자에 대한 응보를 주된 목적으로 그 책임을 추궁하는 사후적 처분인 형벌과 구별되어 그 본질을 달리하는 것으로서 형벌에 관한 소급입법금지의 원칙이 그대로 적용되지 않으므로, 위치추적전자장치부착법이 개정되어 부착명령 기간을 연장하도록 규정하고 있더라도 그것이 소급입법금지의 원칙에 반한다고 볼 수 없다(대법원 2010.12.23. 2010도11996). [○]

0027 형법상 친족상도례에 관한 규정이 적용되기 위한 친족관계는 범행 당시에 존재하여야 하므로, 부가 혼인 외의 출생자를 인지하더라도 그 인지가 범행 후에 이루어진 것이라면 인지의 소급효에 따라 형성되는 친족관계를 기초로 하여 친족상도례의 규정이 적용된다고 할 수 없다. ○│×

[12·16 변호사, 14 법원9급, 11·14 경간부, 12·13 국가7급, 13 경찰채용, 11·12 법원행시, 11 경찰승진] [Essential ★]

해설

> 부(父)가 혼인 외의 출생자를 인지하는 경우에 있어서는 그 자(子)의 출생시에 소급하여 인지의 효력이 생기는 것이며, 이와 같은 인지의 소급효는 친족상도례에 관한 규정의 적용에도 미친다(대법원 1997.1.24. 96도1731 인지의 소급효 사건). [×]

0028 위헌결정으로 인하여 형벌에 관한 법률 또는 법률조항이 소급하여 그 효력을 상실한 경우에는 당해 조항을 적용하여 공소가 제기된 피고사건에 대하여 법원은 면소판결을 선고하여야 한다. ○|×

[16 변호사, 16 법원9급, 14 법원행시, 13 경찰승진, 12 법원9급] [Core ★★]

해설

위헌결정으로 인하여 형벌에 관한 법률 또는 법률조항이 소급하여 그 효력을 상실한 경우에는 당해 조항을 적용하여 공소가 제기된 피고사건은 범죄로 되지 아니한 때에 해당한다고 할 것이어서 법원은 그 피고사건에 대하여 형사소송법 제325조 전단에 따라 무죄를 선고하여야 한다(대법원 2011.9.29. 2009도12515). [×]

0029 헌법재판소가 형벌에 관한 법률조항에 대해 헌법불합치 결정을 선고하면서 개정시한을 정하여 입법개선을 촉구하였는데, 위 시한까지 법률 개정이 이루어지지 않았다면 위 법률조항을 적용하여 제기되었던 공소사실에 대해서는 유죄를 선고할 수 있다. ○|×

[Superlative ★★★]

해설

헌법불합치결정에 의하여 헌법에 합치되지 아니한다고 선언되고 그 결정에서 정한 개정시한까지 법률 개정이 이루어지지 않은 경우, 그 법률조항은 소급하여 효력을 상실하고 법원은 피고사건에 대하여 형사소송법 제325조 전단에 따라 무죄를 선고하여야 한다(대법원 2011.6.23. 2008도7562 全合 집시법 헌법불합치 사건). [×]

0030 위법성 및 책임의 조각사유나 소추조건, 또는 처벌조각사유인 형면제 사유에 관하여 그 범위를 제한적으로 유추적용하는 것은 유추해석금지의 원칙에 반하지 않는다. ○|×

[17 국가9급, 17 경찰채용, 16 경간부, 16 경찰채용, 15 법원행시, 15 법원9급, 14 국가7급, 14 국가9급, 14 경찰승진, 12 국가7급, 12 국가9급] [Essential ★]

해설

위법성 및 책임의 조각사유나 소추조건 또는 처벌조각사유인 형면제 사유에 관하여 그 범위를 제한적으로 유추적용하게 되면 행위자의 가벌성의 범위는 확대되어 행위자에게 불리하게 되는바, 이는 가능한 문언의 의미를 넘어 범죄구성요건을 유추적용하는 것과 같은 결과가 초래되므로 죄형법정주의의 파생원칙인 유추해석금지의 원칙에 위반하여 허용될 수 없다(대법원 1997.3.20. 96도1167 全合 공직선거법 潛水 사건) (同旨 대법원 2010.9.30. 2008도4762 합성수지 담합 사건). [×]

0031 형벌법규의 적용대상이 행정법규가 규정한 사항을 내용으로 하는 경우 그 행정법규를 해석함에 있어서는 유추해석 금지의 원칙이 적용되지 아니한다. ○|×

[22 경찰채용] [Essential ★]

해설

형벌법규의 해석은 엄격하여야 하고, 명문규정의 의미를 피고인에게 불리한 방향으로 지나치게 확장해석하거나 유추해석하는 것은 죄형법정주의의 원칙에 어긋나는 것으로서 허용되지 않으며, 이러한 법해석의 원리는 그 형벌법규의 적용대상이 행정법규가 규정한 사항을 내용으로 하고 있는 경우에 그 행정법규의 규정을 해석하는 데에도 마찬가지로 적용된다(대법원 2021.11.25. 2021도10981 미승인 입주자 모집 사건). [×]

0032 다음 중 죄형법정주의(유추해석금지의 원칙 등)에 위반되는 것은 모두 3개다. O|X

[Superlative ★★★]

> ㉠ 형의 필요적 면제사유인 공직선거법 제262조의 '자수한 때'를 '범행발각 전에 자수한 때'로 한정하여 해석하는 경우 [17 국가7급, 17 경간부, 15 경찰승진]
> ㉡ 반의사불벌죄에 있어 처벌을 희망하지 않는다는 의사표시에 피해자의 법정대리인의 동의가 필요하다고 해석하는 경우 [17 변호사, 15 법원행시, 14 경찰채용, 13 경찰채용]
> ㉢ 친고죄에 관한 고소의 주관적 불가분원칙을 규정하고 있는 형사소송법 제233조가 공정거래위원회의 고발에도 유추적용된다고 해석하는 경우 [17 경간부, 14 경찰승진, 13 경찰채용]
> ㉣ '공범의 1인에 대한 시효정지는 다른 공범자에 대하여 효력이 미친다'라는 형사소송법 제253조 제2항의 '공범'에 뇌물공여죄와 뇌물수수죄 사이와 같은 대향범 관계에 있는 자가 포함된다고 해석하는 경우 [18 경간부, 17 변호사, 16 변호사, 16 법원행시, 16 국가7급, 16 국가9급, 16 경간부, 15 경찰채용]

해설

모두 죄형법정주의(유추해석금지의 원칙 등)에 위반된다.
㉠ 공직선거법 제262조의 '자수'를 '범행발각 전에 자수한 경우'로 한정하는 풀이는 '자수'라는 단어가 통상 관용적으로 사용되는 용례에서 갖는 개념 외에 '범행발각 전'이라는 또 다른 개념을 추가하는 것으로서 결국은 언어의 가능한 의미를 넘어 '자수'의 범위를 그 문언보다 제한함으로써 처벌범위를 실정법 이상으로 확대한 것이 되고, 따라서 이는 죄형법정주의의 파생원칙인 유추해석금지의 원칙에 위반된다(대법원 1997.3.20. 96도1167 全合 공직선거법 자수 사건).
㉡ 반의사불벌죄에 있어 명문의 근거 없이 처벌을 희망하지 않는다는 의사표시에 피해자의 법정 대리인의 동의가 필요하다고 보는 것은 유추해석에 의하여 소극적 소송조건의 요건을 제한하고 피고인 또는 피의자에 대한 처벌가능성의 범위를 확대하는 결과가 되어 죄형법정주의 내지 거기에서 파생된 유추해석금지의 원칙에도 한다(대법원 2009.11.19. 2009도6058 全合 14세 가출녀 강간사건).
㉢ 친고죄에 관한 고소의 주관적 불가분원칙을 규정하고 있는 형사소송법 제233조가 공정거래위원회의 고발에도 유추적용된다고 해석한다면 이는 공정거래위원회의 고발이 없는 행위자에 대해서까지 형사처벌의 범위를 확장하는 것으로서 허용될 수 없다(대법원 2010.9.30. 2008도4762 합성수지 담합 사건) (同旨 대법원 2011.7.28. 2008도5757 설탕담합 사건).
㉣ (1) 뇌물공여죄와 뇌물수수죄 사이와 같은 대향범 관계에 있는 자는 강학상으로는 필요적 공범이라고 불리고 있으나, 서로 대향된 행위의 존재를 필요로 할 뿐 각자 자신의 구성요건을 실현하고 별도의 형벌규정에 따라 처벌되는 것이어서, 2인 이상이 가공하여 공동의 구성요건을 실현하는 공범관계에 있는 자와는 본질적으로 다르며, 대향범 관계에 있는 자 사이에서는 각자 상대방의 범행에 대하여 형법 총칙의 공범규정이 적용되지 아니한다. (2) 형사소송법 제253조 제2항에서 말하는 '공범'에는 뇌물공여죄와 뇌물수수죄 사이와 같은 대향범 관계에 있는 자는 포함되지 않는다(대법원 2015.2.12. 2012도4842 제3자뇌물교부 공범사건). [×]

0033 형법 제62조의2 제1항은 '형의 집행을 유예하는 경우에는 보호관찰을 받을 것을 명하거나 사회봉사 또는 수강을 명할 수 있다'고 규정하고 있더라도, 법원은 집행유예를 선고할 경우에는 보호관찰과 사회봉사 또는 수강을 동시에 명할 수 있다고 해석함이 상당하다. O|X

[18 경간부] [Essential ★]

해설

대법원 1998.4.24. 98도98 [O]

0034 피부착명령청구자가 소년법에 의한 보호처분을 받은 전력이 있는 경우, 이는 유죄의 확정판결을 받은 경우에 해당하므로 피부착명령청구자가 2회 이상 성폭력범죄를 범하였는지를 판단함에 있어 그 소년보호처분을 받은 전력도 고려의 대상이 된다. ○ | ×

[17 변호사, 16 경간부, 16 경찰채용, 15 법원9급, 13 경찰채용] [Core ★★]

해설

피부착명령청구자가 소년법에 의한 보호처분을 받은 전력이 있다고 하더라도, 이는 유죄의 확정판결을 받은 경우에 해당하지 아니함이 명백하므로 피부착명령청구자가 2회 이상 성폭력범죄를 범하였는지를 판단함에 있어 그 소년보호처분을 받은 전력을 고려할 것이 아니다(대법원 2012.3.22. 2011도15057 촐슴 보호처분과 전자발찌 사건). [×]

0035 2012.12.18. 개정된 성폭법 시행 당시 신상정보 공개·고지명령의 대상에 포함되지 않았던 사람들을 동법 부칙 제7조 제1항에 의하여 이후 소급하여 신상정보 공개·고지명령의 대상이 되도록 하였더라도 소급처벌금지원칙에 위배되는 것은 아니다. ○ | ×

[Core ★★]

해설

헌법재판소 2016.12.29. 2015헌바196 성폭법 부칙 제7조 제1항 위헌소원사건 [○]

0036 상관모욕죄(군형법 제64조 제1항)에서 '상관'에는 명령복종 관계가 없는 상위 계급자와 상위 서열자는 포함되지 않으며, 상관은 직무수행 중일 것을 요한다. ○ | ×

[19 국가9급] [Essential ★]

해설

군형법 제48조, 제52조의2에서 규정한 상관에 대한 폭행·협박·상해의 죄와 제64조 제1항에서 규정한 상관모욕죄는 모두 상관의 신체, 명예 등의 개인적 법익뿐만 아니라 군 조직의 위계질서 및 통수체계 유지도 보호법익으로 하는 점 등에 비추어 보면, 이들 죄에서의 상관에는 명령복종 관계가 없는 경우의 상위 계급자와 상위 서열자도 포함되고, 상관이 반드시 직무수행 중일 것을 요하지 아니한다고 봄이 타당하다(대법원 2015.9.24. 2015도11286 남사병 여간호장교 사건). [×]

0037 헌법재판소의 헌법재판은 법정이 아닌 심판정에서 이루어지므로 법정소동죄 등을 규정한 형법 제138조에서의 '법원의 재판'에 헌법재판소의 심판이 포함된다고 해석하는 것은 피고인에게 불리한 확장해석임과 동시에 유추해석이다. ○ | ×

[23 경찰간부] [Essential ★]

해설

법정·국회회의장모욕죄에 관한 형법 제138조에서의 '법원의 재판'에 헌법재판소의 심판이 포함된다고 보는 해석론은 문언이 가지는 가능한 의미의 범위 안에서 그 입법 취지와 목적 등을 고려하여 문언의 논리적 의미를 분명히 밝히는 체계적 해석에 해당할 뿐 피고인에게 불리한 확장 해석이나 유추해석이 아니다(대법원 2021.8.26. 2020도12017 통합진보당 해산심판 소동사건). [×]

0038 '블로그', '미니 홈페이지', '카페' 등의 이름으로 개설된 사적 인터넷 게시공간의 운영자가 게시공간에 게시된 타인의 글을 삭제할 권한이 있는데도 이를 삭제하지 아니하고 그대로 둔 경우를 「국가보안법」 제7조 제5항의 '소지'행위로 보는 것은 죄형법정주의에 위배되지 아니한다. O | X

[19 경찰승진, 19 해경간부] [Essential ★]

해설

> 블로그, 미니 홈페이지, 카페 등의 이름으로 개설된 사적 인터넷 게시공간의 운영자가 게시된 타인의 글을 삭제할 권한이 있음에도 이를 삭제하지 아니하고 그대로 두었다고 하더라도 그 운영자가 그 타인의 글을 국가보안법 제7조 제5항에서 규정하는 바와 같이 '소지'하였다고 볼 수 없다(대법원 2012.1.27. 2010도8336 다음카페 사이버한국방위사령부 사건). [×]

0039 형벌법규의 해석에 관한 다음 중 설명 중 옳지 않은 것은 모두 1개다. O | X

[Superlative ★★★]

> ㉠ 실화죄에 관한 형법 제170조 제2항에서 말하는 '자기의 소유에 속하는 제166조 또는 제167조에 기재한 물건'이라 함은 '자기의 소유에 속하는 제166조에 기재한 물건 또는 자기의 소유에 속하든 타인의 소유에 속하든 불문하고 제167조에 기재한 물건'을 의미하는 것이라고 해석하여야 한다.
> ㉡ 외국에서 통용하지 아니하는 즉, 강제통용력을 가지지 아니하는 지폐라도 그것이 일반인의 관점에서 통용할 것이라고 오인할 가능성이 있다고 한다면 형법 제207조 제3항에서 정한 외국에서 '통용하는' 외국의 지폐에 해당한다. [16 경찰채용, 13 경찰승진, 13 경간부, 12 국가9급, 11 경간부]
> ㉢ 공문서위조죄나 허위공문서작성죄의 객체인 공문서는 공무원 또는 공무소가 그 직무에 관하여 작성하는 문서이고, 그 행위주체가 공무원과 공무소가 아닌 경우에는 형법 또는 특별법에 의하여 공무원 등으로 의제되는 경우를 제외하고는 계약 등에 의하여 공무와 관련되는 업무를 일부 대행하는 경우가 있더라도 공무원 또는 공무소가 될 수 없다. [16 경찰채용, 15 경간부, 13 법원행시, 12 경찰승진, 11 경찰채용]
> ㉣ '공정증서원본(原本)'에는 공정증서의 정본(定本)이 포함된다고 볼 수 없으므로 부실의 사실이 기재된 공정증서의 정본을 그 정을 모르는 법원 직원에게 교부한 행위는 부실 기재공정증서원본행사죄에 해당하지 아니한다. [14 경찰승진]
> ㉤ 변사체검시방해죄에 있어 '변사자'라 함은 부자연한 사망으로서 그 사인(死因)이 분명하지 않은 자를 의미하고 그 사인이 명백한 경우는 변사자라 할 수 없으므로 범죄로 인하여 사망한 것이 명백한 자의 사체는 변사체검시방해죄의 객체가 될 수 없다. [18 경간부, 15 법원행시, 13 경간부]

해설

> ㉡ 항목만 옳지 않다.
> ㉠ 대법원 1994.12.20. 94모32 全合 과수원 실화사건
> ㉡ 외국에서 통용하지 아니하는 즉, 강제통용력을 가지지 아니하는 지폐는 그것이 비록 일반인의 관점에서 통용할 것이라고 오인할 가능성이 있다고 하더라도 형법 제207조 제3항에서 정한 외국에서 '통용하는' 외국의 지폐에 해당한다고 할 수 없다(대법원 2004.5.14. 2003도3487 10만달러 100만달러 사건).
> ㉢ 대법원 2016.1.14. 2015도9133 선박검사증서 허위 발급사건
> ㉣ 대법원 2002.3.26. 2001도6503 정본·원본 사건 원본은 오리지널을 말하고, 정본은 원본을 복사한 사본이지만 원본과 동일한 효력이 있는 것을 말한다.
> ㉤ 대법원 2003.6.27. 2003도1331 [O]

0040 '법인격 없는 사단'에 대하여서 양벌규정을 적용할 것인가에 관하여 자동차운수사업법에 아무런 명문의 규정을 두고 있지 아니하므로 법인격 없는 사단에 대하여는 동법 제74조(양벌규정)에 의하여 처벌할 수 없다. ○│×

[17 경찰승진, 15 경찰채용, 12 국가7급, 11 국가9급] [Essential ★]

해설

대법원 1995.7.28. 94도3325 연립주택입주자대표회의 사건 [○]

0041 형법상 내란선동죄에서 '선동'은 단지 언어적인 표현행위일 뿐이므로 그 행위에 대한 평가 여하에 따라서는 적용범위가 무한히 확장될 가능성이 있어 죄형법정주의 원칙에 반한다. ○│×

[21 국가9급] [Essential ★]

해설

내란선동이라 함은 내란이 실행되는 것을 목표로 하여 피선동자들에게 내란행위를 결의, 실행하도록 충동하고 격려하는 일체의 행위를 말한다. 내란선동은 주로 언동, 문서, 도화 등에 의한 표현행위의 단계에서 문제되는 것이므로 내란선동죄의 구성요건을 해석함에 있어서는 국민의 기본권인 표현의 자유가 위축되거나 그 본질이 침해되지 아니하도록 죄형법정주의의 기본정신에 따라 엄격하게 해석하여야 한다(대법원 2015.1.22. 2014도10978 全合 이석기 의원 사건). [×]

0042 '운전면허를 받지 아니하고'라는 법률문언의 통상적인 의미에 '운전면허를 받았으나 그 후 운전면허의 효력이 정지된 경우'도 포함된다고 해석할 수 있다. ○│×

[17 변호사, 17 경찰승진, 15 경찰채용, 14 경간부] [Essential ★]

해설

'운전면허를 받지 아니하고'라는 법률문언의 통상적인 의미에 '운전면허를 받았으나 그 후 운전면허의 효력이 정지된 경우'가 당연히 포함된다고는 해석할 수 없다(대법원 2011.8.25. 2011도7725 오토바이 면허정지 사건). [×]

0043 자동차관리법 제80조 제7호의2에서 처벌의 대상으로 정한 '자동차 이력 및 판매자정보를 허위로 제공한 자'의 '허위 제공'에는 '단순 누락'이 포함될 수 없다. ○│×

[18 법원행시] [Core ★★]

해설

자동차관리법 제80조 제7호의2는 '자동차 이력 및 판매자정보를 허위로 제공한 자'만을 처벌하고 있는데, 여기서 '허위 제공'의 의미를 '단순 누락'의 경우도 포함하는 것으로 해석하는 것은 죄형법정주의 원칙에 어긋나서 허용되지 않는다(대법원 2017.11.14. 2017도13421 인터넷 자동차광고 사건). [○]

0044 게임물 자체의 내용뿐만 아니라 게임물의 내용 구현과 밀접한 관련이 있는 게임물의 운영 방식을 등급분류신청서나 그에 첨부된 게임물내용설명서에 기재된 내용과 다르게 변경하여 이용에 제공하는 행위도 게임산업진흥에 관한 법률 제32조 제1항 제2호에서 정한 '등급을 받은 내용과 다른 내용의 게임물을 이용에 제공하는 행위'에 해당한다. ○|×

[22 법원행시] [Superlative ★★★]

해설

게임물 자체의 내용뿐만 아니라 게임물의 내용 구현과 밀접한 관련이 있는 게임물의 운영 방식을 등급분류신청서나 그에 첨부된 게임물내용설명서에 기재된 내용과 다르게 변경하여 이용에 제공하는 행위도 게임산업진흥에 관한 법률 제32조 제1항 제2호에서 정한 '등급을 받은 내용과 다른 내용의 게임물을 이용에 제공하는 행위'에 해당한다(대법원 2014.11.13. 2013도9831). [○]

0045 사용사업주가 근로자파견계약 또는 이에 준하는 계약을 체결하고 파견사업주로부터 그에게 고용된 외국인을 파견받아 자신을 위한 근로에 종사하게 하였다면 이는 출입국관리법 제94조 제9호, 제18조 제3항이 금지하는 '고용'에 해당한다. ○|×

[Core ★★]

해설

출입국관리법 제94조 제9호, 제18조 제3항의 '고용'의 의미는 취업활동을 할 수 있는 체류 자격을 가지지 않은 외국인으로부터 노무를 제공 받고 이에 대하여 보수를 지급하는 행위를 말하므로 사용사업주가 근로자파견계약 또는 이에 준하는 계약을 체결하고 파견사업주로부터 그에게 고용된 외국인을 파견받아 자신을 위한 근로에 종사하게 하였다고 하더라도 이를 출입국관리법 제94조 제9호, 제18조 제3항이 금지하는 고용이라고 볼 수 없다(대법원 2020.5.14. 2018도3690 외국인근로자 파견 사건). ➡ 근로자를 '파견'받은 사람은 근로자를 '고용'한 사람에 해당하지 않는다는 취지의 판례이다. [×]

0046 자동차를 움직이게 할 의도 없이 다른 목적을 위하여 자동차의 원동기(모터)의 시동을 걸었는데, 실수로 기어 등 자동차의 발진에 필요한 장치를 건드려 원동기의 추진력에 의하여 자동차가 움직이거나 또는 불안전한 주차상태나 도로여건 등으로 인하여 자동차가 움직이게 된 경우는 자동차의 운전에 해당하지 아니한다. ○|×

[14 경간부] [Core ★★]

해설

대법원 2004.4.23. 2004도1109 자동차 히터 가동사건 [○]

0047 의사가 전화 진찰을 한 경우 이는 스스로 진찰을 하지 않고 처방전을 발급하는 행위를 금지하는 구 의료법 제17조 제1항[24년 현재 제18조 제1항]에 위배된다. ○|×

[16 경찰채용] [Core ★★]

해설

> 의료법 제17조 제1항[24년 현재 제18조 제1항]은 스스로 진찰을 하지 않고 처방전을 발급하는 행위를 금지하는 규정일 뿐 대면진찰을 하지 않았거나 충분한 진찰을 하지 않은 상태에서 처방전을 발급하는 행위 일반을 금지하는 조항이 아니다. 따라서 전화 진찰을 하였다는 사정만으로 '자신이 진찰'하거나 '직접 진찰'을 한 것이 아니라고 볼 수는 없다(대법원 2013.4.11. 2010도1388 전화진찰 사건 I). [×]

0048 甲이 제작한 영상물이 객관적으로 아동·청소년이 등장하여 성적 행위를 하는 내용을 표현한 영상물에 해당하더라도 대상이 된 아동·청소년의 동의하에 촬영한 것이라면, 甲의 행위는 「아동·청소년의 성보호에 관한 법률」상 '아동·청소년이용음란물'을 제작한 것에 해당하지 아니한다. ○|×

[19 변호사] [Core ★★]

해설

> 제작한 영상물이 객관적으로 아동·청소년이 등장하여 성적 행위를 하는 내용을 표현한 영상물에 해당하는 한 대상이 된 아동·청소년의 동의하에 촬영한 것이라거나 사적인 소지·보관을 1차적 목적으로 제작한 것이라고 하여 아청법 제8조 제1항의 '아동·청소년이용음란물'에 해당하지 아니한다거나 이를 '제작'한 것이 아니라고 할 수 없다(대법원 2015.3.20. 2014도17346 장애 여중생과 성관계 사건). [×]

0049 국내에 있는 불특정 또는 다수인에게 무상으로 의약품을 양도하는 수여행위는 구 약사법 제44조 제1항의 '판매'에 포함된다고 해석할 수 없다. ○|×

[17 경찰승진, 17 경찰채용, 15 경찰채용, 14 경간부, 13 경찰채용, 12 경찰채용] [Essential ★]

해설

> 국내에 있는 불특정 또는 다수인에게 무상으로 의약품을 양도하는 수여행위도 구 약사법 제44조 제1항의 '판매'에 포함된다고 보는 것이 체계적이고 논리적인 해석이다(대법원 2011.10.13. 2011도6287 타미플루 구매사건). 무상 수여를 판매라고 할 수 없기 때문에 조금은 이해하기 어려운 판례이다. [×]

0050 약사면허증 대여의 상대방 즉 차용인이 무자격자인 경우는 물론이요 자격 있는 약사인 경우에도, 그 대여 이후 면허증 차용인에 의하여 대여인 명의로 개설된 약국 등 업소에서 대여인이 직접 약사로서의 업무를 행하지 아니한 채 차용인에게 약국의 운영을 일임하고 말았다면 약사면허증을 대여한 데 해당한다. ○|×

[12 경간부] [Essential ★]

해설

> 대법원 2003.6.24. 2002도6829 약사면허증 대여사건 [○]

0051 식품 판매자가 식품을 판매하면서 특정 구매자에게 그 식품이 질병의 치료에 효능이 있다고 설명하고 상담하였다고 한다면 이는 식품위생법 제13조 제1항이 금지하는 '식품에 관하여 의약품과 혼동할 우려가 있는 광고'를 한 것에 해당한다. ○│×

[15 경찰채용] [Core ★★]

해설

식품위생법 제13조 제1항에서 금지하는 '식품에 관하여 의약품과 혼동할 우려가 있는 광고'란 라디오·텔레비전·신문·잡지·음악·영상·인쇄물·간판·인터넷 그 밖의 방법으로 식품등의 품질·영양가·원재료·성분 등에 대하여 질병의 치료에 효능이 있다는 정보를 나타내거나 알리는 행위를 의미하므로 식품 판매자가 식품을 판매하면서 특정 구매자에게 그 식품이 질병의 치료에 효능이 있다고 설명하고 상담하였다고 하더라도 이를 가리켜 법 제13조 제1항에서 금지하는 '광고'를 하였다고 볼 수 없고, 그와 같은 행위를 반복하였다고 하여 달리 볼 것은 아니다(대법원 2014.4.30. 2013도15002 천년유청 사건). [×]

0052 국내 특정 지역의 수삼과 다른 지역의 수삼으로 만든 홍삼을 주원료로 하여 그 특정 지역에서 제조한 홍삼절편의 제품명이나 제조·판매자명에 그 특정 지역의 명칭을 사용하였다고 하더라도 이를 곧바로 '원산지를 혼동하게 할 우려가 있는 표시를 하는 행위'라고 보기는 어렵다. ○│×

[17 경찰승진, 15 경찰채용] [Core ★★]

해설

대법원 2015.4. 9. 2014도14191 강화홍삼절편 사건 [O]

0053 국내에서 출생한 소가 그 출생지 외의 지역에서 사육되다가 도축된 경우 당해 소가 어느 정도의 기간 동안 사육되면 비로소 그 사육지 등을 원산지로 표시할 수 있는지에 관하여 관계 법령에 아무런 규정이 없다면 특정 지역에서 단기간이라도 일정 기간 사육된 소의 경우 그 쇠고기에 해당 시·도명이나 시·군·구명을 그 원산지로 표시하여 판매하였다고 하더라도 이를 곧바로 원산지 표시 규정 위반행위에 해당한다고 단정할 수는 없다. ○│×

[13 법원행시] [Superlative ★★★]

해설

대법원 2012.10.25. 2012도3575 횡성한우 사건 [O]

0054 '음식류의 조리·판매보다는 주로 주류의 조리·판매를 목적으로 하는 소주방·호프·카페 등의 영업형태로 운영되는 영업'은 일반음식점영업의 허가를 받은 영업자가 적법하게 할 수 있는 행위의 범주에 속하므로, 일반음식점 영업자가 위와 같은 형태로 영업하였다고 하여 이를 '주류만을 판매하는 행위'를 하여서는 아니 된다고 규정한 일반음식점 영업자의 준수사항을 위반한 것으로 볼 수 없다. ○│×

[15 경찰채용, 13 경찰채용] [Core ★★]

해설

대법원 2012.6.28. 2011도15097 방배동 바텐더 사건 [O]

0055 다른 사람의 신체 이미지가 담긴 '영상'도 성폭법상 카메라등이용촬영죄에서 말하는 '다른 사람의 신체'에 포함된다. ○|×

[15 경찰채용, 14 경간부] [Core ★★]

해설

다른 사람의 신체 이미지가 담긴 '영상'은 성폭법상 카메라등이용촬영죄에서 '다른 사람의 신체'에 포함된다고 해석할 수는 없다(대법원 2013.6.27. 2013도4279 여중생 알몸영상 촬영사건). [×]

0056 통신매체를 이용하지 아니한 채 직접 상대방에게 말, 글, 물건 등을 도달하게 하는 행위도 성폭법 제13조에 규정된 '전화, 우편, 컴퓨터, 그 밖의 통신매체를 통하여 성적 수치심이나 혐오감을 일으키는 말, 글, 물건 등을 상대방에게 도달하게 하는 행위'에 포함된다. ○|×

[Core ★★]

해설

(1) '통신매체를 이용하지 아니한 채 직접' 상대방에게 말, 글, 물건 등을 도달하게 하는 행위는 성폭법 제13조에 규정된 '전화, 우편, 컴퓨터, 그 밖의 통신매체를 통하여 성적 수치심이나 혐오감을 일으키는 말, 음향, 글, 그림, 영상 또는 물건을 상대방에게 도달하게 하는 행위'에 해당하지 아니한다. (2) 피고인 甲이 성적 수치심 등을 일으키는 내용의 편지를 자신이 직접 A의 주거지 출입문에 끼워 넣었다고 하더라도 이를 성폭법 제13조에 의하여 처벌할 수 없다(대법원 2016.3.10. 2015도17847 음란편지 사건). [×]

0057 아동복지법 제18조 제5호[24년 현재 제17조 제2호]에서 '아동에게 음행을 시킨다'는 것은 행위자가 아동으로 하여금 제3자를 상대방으로 하여 음행을 하게 하는 행위뿐만 아니라, 행위자 자신이 직접 그 아동의 음행의 상대방이 되는 것까지를 포함하는 의미이다. ○|×

[11 경찰승진] [Core ★★]

해설

아동복지법 제18조 제5호[24년 현재 제17조 제2호]에서 '아동에게 음행을 시킨다'는 것은 행위자가 아동으로 하여금 제3자를 상대방으로 하여 음행을 하게 하는 행위를 가리키는 것일 뿐, 행위자 자신이 직접 그 아동의 음행의 상대방이 되는 것까지를 포함하는 의미로 볼 수 없다(대법원 2000.4.25. 2000도223 장장 8년간 사건). [×]

0058 군형법상 상관면전모욕죄의 구성요건은 '상관을 그 면전에서 모욕하는' 것인데, 여기에서 '면전에서'라 함은 얼굴을 마주 대한 상태를 의미하는 것임이 분명하므로 전화를 통하여 통화하는 것을 면전에서의 대화라고는 할 수 없다. ○|×

[16 경찰승진, 15 경찰채용, 14 경찰채용, 12 경간부] [Essential ★]

해설

대법원 2002.12.27. 2002도2539 상관 전화모욕 사건 [○]

0059 정보통신망에 의하여 처리·보관 또는 전송되는 타인의 정보를 훼손하거나 타인의 비밀을 침해·도용 또는 누설하는 행위를 금지·처벌하는 규정인 정보통신망법 제49조 및 제62조 제6호의 '타인'에는 생존하는 개인만 포함될 뿐 이미 사망한 자는 포함되지 아니한다. ○|×

[16 국가9급, 15 경찰채용, 14 경간부] [Essential ★]

해설

> 정보통신망에 의하여 처리·보관 또는 전송되는 타인의 정보를 훼손하거나 타인의 비밀을 침해·도용 또는 누설하는 행위를 금지·처벌하는 규정인 정보통신망법 제49조 및 제62조 제6호의 '타인'에는 생존하는 개인뿐만 아니라 이미 사망한 자도 포함된다(대법원 2007.6.14. 2007도2162 사망자 주민번호 전송사건). [×]

0060 '의료인은 의료·조산 또는 간호를 하면서 알게 된 다른 사람의 비밀을 누설하거나 발표하지 못한다'라는 의료법 제19조에서 '다른 사람'에는 생존하는 개인 이외에 이미 사망한 사람도 포함된다. ○|×

[Core ★★]

해설

> 대법원 2018.5.11. 2018도2844 신해철 집도의 사건 [○]

0061 피고인들이 판매하였다는 컴퓨터 프로그램파일은 형법 제243조에서 규정하고 있는 '문서, 도화, 필름 기타 물건'에 해당한다고 할 수 없다. ○|×

[15 경찰승진, 14 법원행시, 13 경찰채용] [Essential ★]

해설

> 대법원 1999.2.24. 98도3140 BIG 사건 ➡ 형법상 음화판매죄 불성립, 정보통신망법위반죄 성립 [○]

0062 불특정·다수인이 인터넷 링크(Internet link)를 이용하여 별다른 제한 없이 음란한 부호 등에 바로 접할 수 있는 상태가 실제로 조성되었다면 '음란한 부호 등을 공연히 전시한다'는 구성요건을 충족한다. ○|×

[15 경찰승진, 13 경찰승진, 13 경찰채용] [Core ★★]

해설

> 대법원 2003.7.8. 2001도1335 팬티신문 사건 [○]

0063 블로그, 미니 홈페이지, 카페 등의 이름으로 개설된 사적 인터넷 게시공간의 운영자가 게시된 타인의 글을 삭제할 권한이 있음에도 이를 삭제하지 아니하고 그대로 두었다고 하더라도 그 운영자가 그 타인의 글을 국가보안법 제7조 제5항에서 규정하는 바와 같이 '소지'하였다고 볼 수 없다.　O|X

[17 변호사, 16 국가7급, 16 국가9급, 15 경찰채용, 14 경간부] [Essential ★]

해설

> 대법원 2012.1.27. 2010도8336 다음카페 사이버한국방위사령부 사건　　　　[O]

0064 법률에 예비, 음모와 미수는 처벌한다고 규정하면서 동 예비, 음모의 형에 관하여 별도의 규정이 없다면, 이는 미수범에 준하여 처벌할 수 있다고 해석될 뿐이지 본범에 준하여 처벌할 수 있다고 해석할 수는 없다.　O|X

[17 국가9급, 15 국가9급, 14 변호사, 14 국가9급, 11 경찰승진, 11 경간부] [Core ★★]

해설

> 부정선거 관련자 처벌법 제5조 제4항에 의하면 '동조 제1항에 예비, 음모와 미수는 처벌한다'고 규정하고 있으나 동 예비, 음모의 형에 관하여 아무런 규정이 없으며, 이를 본범이나 미수범에 준하여 처벌함은 죄형법정주의 원칙상 허용할 수 없으니 결국 위 소위는 처벌할 수 없다(대법원 1979.12.26. 78도957 마산시위 발포명령 사건).　　　　[X]

0065 '단체나 다중의 위력으로써 또는 단체나 집단을 가장하여 위력을 보임으로써, 흉기 기타 위험한 물건을 휴대하여'라는 구 폭처법 제3조 제1항 규정은 명확성 원칙에 위배되지 않는다.　O|X

[16 경찰승진] [Essential ★]

해설

> 헌법재판소 2008.11.27. 2007헌가24　　　　[O]

0066 '폭처법에 규정된 범죄를 목적으로 하는 단체 또는 집단을 구성하거나 그러한 단체 또는 집단에 가입하거나 그 구성원으로 활동한 사람'을 처벌하는 폭처법 제4조 제1항 규정은 명확성 원칙에 위배되지 않는다.　O|X

[17 경찰채용, 15 경찰채용] [Core ★★]

해설

> 대법원 2008.5.29. 2008도1857 국제피제이파 사건　　　　[O]

0067 「국가공무원법」 제66조(집단 행위의 금지) 제1항에서 '공무 외의 일을 위한 집단행위'로 포괄적이고 광범위하게 규정하고 있는 것은 명확성의 원칙에 반한다.　O|X

[Core ★★]

해설

'공무 이외의 일을 위한 집단행위'는 적어도 건전한 상식과 통상적인 법감정을 가진 사람에게는 그 적용대상자들이 누구이며 구체적으로 어떠한 행위들이 금지되고 있는가를 미리 알려 주고 그들이 불이익처분을 받는 일을 하지 않도록 상당한 주의·경고를 하고 있는 것으로 볼 수 있으므로 죄형법정주의의 원칙에서 요구되는 명확성의 원칙에 의한 판단기준에 위배된다고 할 수 없다(헌법재판소 2007.8.30. 2003헌바51).　　　　　　　　[×]

0068 구 「도시 및 주거환경정비법」 제69조 제1항 제6호에서 정한 "관리처분계획의 수립"에 경미한 사항이 아닌 관리처분계획의 주요 부분을 실질적으로 변경하는 것이 포함된다고 해석하는 것은 명확성의 원칙에 위반된다.　　　　　　　　○│×

[21 해경간부] [Core ★★]

해설

도시 및 주거환경정비법 제69조 제1항 제6호에서 정한 '관리처분계획의 수립'에는 경미한 사항이 아닌 관리처분계획의 주요 부분을 실질적으로 변경하는 것이 포함된다고 해석함이 타당하고, 이러한 해석이 죄형법정주의 내지 형벌법규 명확성의 원칙을 위반하였다고 보기 어렵다(대법원 2019.9.25. 2016도1306 관리처분계획 변경 사건).　　　　　　　　[×]

0069 「유해화학물질관리법」 제35조 제1항에서 금지하는 환각물질을 구체적으로 명확하게 규정하지 아니하고, 다만 그 성질에 관하여 '흥분·환각 또는 마취의 작용을 일으키는 유해화학 물질로서 대통령령이 정하는 물질'로 그 한계를 설정하여 놓고 같은 법 시행령 제22조에서 이를 구체적으로 규정하게 하고, 같은 법 제35조 제1항의 '섭취 또는 흡입'이라고만 규정하고 그 섭취 기준을 따로 정하지 않은 것은 죄형법정주의에 반한다.　　　　　　　　○│×

[21 해경간부] [Core ★★]

해설

유해화학물질관리법 제35조 제1항에서 금지하는 환각물질을 구체적으로 명확하게 규정하지 아니하고, 다만 그 성질에 관하여 '흥분·환각 또는 마취의 작용을 일으키는 유해화학물질로서 대통령령이 정하는 물질'로 그 한계를 설정하여 놓고, 같은 법 시행령 제22조에서 이를 구체적으로 규정하게 한 취지는 과학 기술의 급격한 발전으로 말미암아 흥분·환각 또는 마취의 작용을 일으키는 유해화학물질이 수시로 생겨나기 때문에 이에 신속하게 대처하려는 데에 있으므로, 위임의 한계를 벗어난 것으로 볼 수 없고, 한편 그러한 환각물질은 누구에게나 그 섭취 또는 흡입 행위 자체가 금지됨이 마땅하므로, 일반적으로 술을 마시는 행위 자체가 금지된 것이 아니라 주취상태에서의 자동차 운전행위만이 금지되는 도로교통법상의 주취상태를 판정하는 혈중알코올농도와 같이 그 섭취 기준을 따로 정할 필요가 있다고 할 수 없으므로, 같은 법 제35조 제1항의 '섭취 또는 흡입'의 개념이 추상적이고 불명확하다거나 지나치게 광범위하다고 볼 수도 없다(대법원 2000.10.27. 2000도4187).　　　　　　　　[×]

0070 '정보통신망을 통하여 공포심이나 불안감을 유발하는 말, 음향, 글, 화상 또는 영상을 반복적으로 상대방에게 도달하게 한 자'를 처벌하는 정보통신망법 제65조 제1항 제3호 규정은 명확성 원칙에 위배되지 않는다.　　　　　　　　○│×

[15 경간부] [Core ★★]

해설

대법원 2008.12.24. 2008도9581　　　　　　　　[○]

0071 '공익을 해할 목적으로 전기통신설비에 의하여 공연히 허위의 통신을 한 자'를 처벌하는 전기통신기본법 제47조 제1항 규정은 명확성 원칙에 위배된다. ○│×

[15 경간부] [Core ★★]

해설

헌법재판소 2010.12.28. 2009헌바88 미네르바 사건 [O]

0072 '아동의 덕성을 심히 해할 우려가 있는 도서, 간행물, 광고물 기타의 내용물을'이라는 아동복지법 제18조 제11호 규정은 명확성 원칙에 위배된다. ○│×

[16 경찰채용] [Core ★★]

해설

헌법재판소 2002.2.28. 99헌가8 [O]

0073 '청소년에 대하여 이성혼숙을 하게 하는 등 풍기를 문란하게 하는 영업행위를 하거나 그를 목적으로 장소를 제공하는 행위'라는 청소년 보호법 제26조의2 제8호 규정은 명확성 원칙에 위배된다. ○│×

[12 경찰채용] [Core ★★]

해설

명확성의 원칙에 반하지 아니하여 실질적 죄형법정주의에도 반하지 아니한다(대법원 2003.12.26. 2003도5980).

[×]

0074 다음 중 밑줄 친 부분이 죄형법정주의(명확성의 원칙 등)에 위반되는 것은 모두 1개다. ○│×

[Superlative ★★★]

> ㉠ '그 밖에 어떠한 명목으로든 <u>금전이나 물질로 특정 정당 또는 정치단체를 지지하거나 반대하는 행위</u>'라는 국가공무원복무규정 제27조 제2항 제4호 규정 [16 경간부]
> ㉡ '<u>조합원 또는 토지등소유자의 열람·등사 요청에 응하지 아니하는 추진위원회위원장 또는 조합임원</u>'을 처벌하는 도시 및 주거환경정비법 제86조 제6호 규정 [13 경찰채용]
> ㉢ '교육감 선거에 관하여 그 성질에 반하지 않는 범위 안에서 <u>공직선거법의 시·도지사선거에 관한 규정을 준용한다</u>'라는 지방교육자치에 관한 법률 제22조 제3항 규정 [13 경찰채용]
> ㉣ '발주자, 수급인, 하수급인 또는 <u>이해관계인은</u> 도급계약의 체결 또는 건설공사의 시공에 관하여 부정한 청탁을 받고 재물 또는 재산상의 이익을 취득하거나 부정한 청탁을 하면서 재물 또는 재산상의 이익을 제공하여서는 아니 된다'라는 건설산업기본법 제38조의2 규정 [12 경간부]

해설

모든 항목이 죄형법정주의(명확성의 원칙 등)에 위반되지 아니한다.
㉠ 대법원 2014.5.16. 2012도12867 민노당 가입 교사들 사건

제2절 형법의 적용범위

1. 시간적 적용범위

0075 범죄의 성립과 처벌은 행위시의 법률에 의한다고 할 때의 '행위시'라 함은 '범죄행위의 종료시'를 의미한다.   ○|×

[16 경찰승진, 15 경찰승진, 12 경찰채용, 11 법원9급] [Essential ★]

해설

대법원 1994.5.10. 94도563 변호사법 개정 사건   [○]

0076 포괄일죄로 되는 개개의 범죄행위가 법 개정의 전후에 걸쳐서 행하여진 경우에는 신·구법의 법정형에 대한 경중을 비교하여 법정형이 가벼운 법을 적용하여 포괄일죄로 처단하여야 한다.   ○|×

[17 경찰승진, 15 변호사, 15 법원행시, 14 국가9급, 14 경찰승진, 14 경찰채용, 13 법원행시, 13 경찰승진, 13 경간부, 12 법원행시, 11 법원행시] [Core ★★]

해설

포괄일죄로 되는 개개의 범죄행위가 법 개정의 전후에 걸쳐서 행하여진 경우에는 신·구법의 법정형에 대한 경중을 비교하여 볼 필요도 없이 범죄 실행 종료시의 법이라고 할 수 있는 '신법'을 적용하여 포괄일죄로 처단하여야 한다 (대법원 2009.4.9. 2009도321 게임법 개정 사건).   [×]

0077 범죄 후 법률의 변경이 있더라도 형이 중하게 변경되는 경우나 형의 변경이 없는 경우에는 형법 제1조 제1항에 따라 행위시법을 적용하여야 한다.   ○|×

[17 국가9급, 15 변호사] [Essential ★]

해설

대법원 2015.10.29. 2015도5355 윤일병 사망사건   [○]

0078 형법 제1조 제2항을 적용함에 있어 형의 경중의 비교는 원칙적으로 법정형을 표준으로 할 것이고 처단형이나 선고형에 의할 것이 아니다. ○│×

[12 국가9급, 11 법원9급, 11 국가9급, 11 경찰승진, 11 경찰채용] [Essential ★]

해설

> 대법원 1992.11.13. 92도2194 외국환관리법 개정 사건 [○]

0079 '3년 이하의 징역에 처한다'에서 '5년 이하의 징역 또는 1천만원 이하의 벌금에 처한다'라고 개정된 것은 형이 중하게 변경된 것이다. ○│×

[Core ★★]

해설

> 대법원 1983.11.8. 83도2499 변호사법 개정 사건 [○]

0080 행위시와 재판시 사이에 수차의 법령개폐로 인하여 형의 변경이 있는 때에는 가장 최근의 신법을 적용해야 한다. ○│×

[18 경간부, 16 경찰승진, 15 변호사, 15 법원행시, 15 경찰승진, 13 법원행시, 12 국가9급, 12 경찰채용, 11 경찰승진] [Core ★★]

해설

> 범죄행위시와 재판시 사이에 여러 차례 법령이 개정되어 형의 변경이 있는 경우에는 형법 제1조 제2항에 의하여 그 전부의 법령을 비교하여 그 중 가장 형이 가벼운 법령을 적용하여야 한다(대법원 2012.9.13. 2012도7760 특강법 수회 개정사건). [×]

0081 범죄행위시와 재판시 사이에 여러 차례 법령이 개정되어 형의 변경이 있는 때에는 당사자가 신청하는 경우에 한하여 그 전부의 법령을 비교하여 가장 형이 가벼운 법령을 적용한다. ○│×

[22 경찰간부] [Core ★★]

해설

> 범죄행위시와 재판시 사이에 여러 차례 법령이 개정되어 형의 변경이 있는 경우에는 이 점에 관한 당사자의 주장이 없더라도 형법 제1조 제2항에 의하여 직권으로 그 전부의 법령을 비교하여 그 중 가장 형이 가벼운 법령을 적용하여야 한다(대법원 2012.9.13. 2012도7760). [×]

0082 피해자의 의사에 상관없이 처벌할 수 있었던 근로기준법 위반죄가 반의사불벌죄로 개정되었으나 부칙에는 그 적용과 관련한 경과규정이 없다면, 개정 전의 행위에 대해서는 형법 제1조 제1항에 의하여 행위시의 법률이 적용되어야 한다. ○│×

[19 국가9급] [Core ★★]

해설

> 2005. 3.31. 법률 제7465호로 개정되어 2005. 7. 1.부터 시행된 근로기준법 제112조 제2항에 의하면, 종전에는 피해자의 의사에 상관없이 처벌할 수 있었던 근로기준법 제112조 제1항, 제36조 위반죄가 반의사불벌죄로 개정되었고, 부칙에는 그 적용과 관련한 경과규정이 없지만 개정법률이 피고인에게 더 유리할 것이므로 형법 제1조 제2항에 의하여 피고인에 대하여는 개정법률이 적용되어야 한다(대법원 2005.10.28. 2005도4462).   [×]

0083 형을 종전보다 가볍게 형벌법규를 개정하면서 그 부칙으로 개정된 법의 시행 전의 범죄에 대하여 종전의 형벌법규를 적용하도록 규정하는 것은 신법우선주의에 반한다.   ○ | ×

[17 국가9급, 16 경찰승진, 15 변호사, 15 법원행시, 15 국가9급, 15 경찰승진, 14 국가9급, 14 경찰채용, 13 법원행시, 13 국가7급, 12 국가9급, 11 법원행시, 11 법원9급, 11 국가9급, 11 경찰승진] [Core ★★]

해설

> 형을 종전보다 가볍게 형벌법규를 개정하면서 그 부칙에서 개정된 법의 시행 전의 범죄에 대하여는 종전의 형벌법규를 적용하도록 규정한다 하여 형벌불소급의 원칙이나 신법우선의 원칙에 반한다고 할 수 없다(대법원 2013. 7.11. 2011도15056 자본시장법 제정 사건).   [×]

0084 일반적으로 계속범의 경우 실행행위가 종료되는 시점에서의 법률이 적용되어야 할 것이나, 법률이 개정되면서 그 부칙에서 '개정된 법 시행 전의 행위에 대한 벌칙의 적용에 있어서는 종전의 규정에 의한다'는 경과규정을 두고 있는 경우 개정된 법이 시행되기 전의 행위에 대해서는 개정 전의 법을, 그 이후의 행위에 대해서는 개정된 법을 각각 적용하여야 한다.   ○ | ×

[21 경찰승진] [Superlative ★★★]

해설

> 대법원 2001.9.25. 2001도3990 건축법 개정 사건   [○]

0085 범죄 후 형벌법규의 위임을 받은 법령의 변경에 따라 범죄를 구성하지 아니하게 된 경우 종전 법령이 범죄로 정하여 처벌한 것이 부당하였다는 반성적 고려에 따라 변경된 경우에 한하여 형법 제1조 제2항이 적용된다.   ○ | ×

[23 법원행시, 23 경찰채용, 23 국가7급] [Core ★★]

해설

> 범죄 후 법률이 변경되어 그 행위가 범죄를 구성하지 아니하게 되거나 형이 구법보다 가벼워진 경우에는 신법에 따라야 하고(형법 제1조 제2항), 범죄 후의 법령 개폐로 형이 폐지되었을 때는 판결로써 면소의 선고를 하여야 한다(형사소송법 제326조 제4호). 이러한 형법 제1조 제2항과 형사소송법 제326조 제4호의 규정은 입법자가 법령의 변경 이후에도 종전 법령 위반행위에 대한 형사처벌을 유지한다는 내용의 경과규정을 따로 두지 않는 한 그대로 적용되어야 한다. 따라서 범죄의 성립과 처벌에 관하여 규정한 형벌법규 자체 또는 그로부터 수권 내지 위임을 받은 법령의 변경에 따라 범죄를 구성하지 아니하게 되거나 형이 가벼워진 경우에는 종전 법령이 범죄로 정하여 처벌한 것이 부당하였다거나 과형이 과중하였다는 반성적 고려에 따라 변경된 것인지 여부를 따지지 않고 원칙적으로 형법 제1조 제2항과 형사소송법 제326조 제4호가 적용된다.(대법원 2022.12.22. 2020도16420 술승 동기설 폐기 사건)   [×]

0086 형벌법규가 대통령령, 총리령, 부령과 같은 법규명령이 아닌 고시 등 행정규칙·행정명령, 조례 등에 구성요건의 일부를 수권 내지 위임한 경우에도 이러한 고시 등 규정이 위임입법의 한계를 벗어나지 않는 한 형벌법규와 결합하여 법령을 보충하는 기능을 하는 것이므로 그 변경에 따라 범죄를 구성하지 아니하게 되거나 형이 가벼워졌다면 형법 제1조 제2항이 적용된다. ○|×

[23 경찰채용] [Core ★★]

해설

대법원 2022.12.22. 2020도16420 숲승 동기설 폐기 사건   [O]

0087 형벌법규 자체 또는 그로부터 수권 내지 위임을 받은 법령이 아닌 다른 법령이 변경된 경우 형법 제1조 제2항을 적용하려면, 해당 형벌법규에 따른 범죄의 성립 및 처벌과 직접적으로 관련된 형사법적 관점의 변화를 주된 근거로 하는 법령의 변경에 해당하여야 한다. ○|×

[23 법원행시, 23 경찰채용] [Core ★★]

해설

대법원 2022.12.22. 2020도16420 숲승 동기설 폐기 사건   [O]

0088 법령이 개정 내지 폐지된 경우가 아니라 스스로 유효기간을 구체적인 일자나 기간으로 특정하여 효력의 상실을 예정하고 있던 법령이 그 유효기간을 경과함으로써 더 이상 효력을 갖지 않게 된 경우도 형법 제1조 제2항에서 말하는 법령의 변경에 해당한다. ○|×

[23 법원행시, 23 경찰채용] [Essential ★]

해설

법령이 개정 내지 폐지된 경우가 아니라 스스로 유효기간을 구체적인 일자나 기간으로 특정하여 효력의 상실을 예정하고 있던 법령이 그 유효기간을 경과함으로써 더 이상 효력을 갖지 않게 된 경우도 형법 제1조 제2항과 형사소송법 제326조 제4호에서 말하는 법령의 변경에 해당한다고 볼 수 없다(대법원 2022.12.22. 2020도16420 숲승 동기설 폐기 사건).   [×]

2. 장소적·인적 적용범위

0089 형법 제2조(속지주의)를 적용함에 있어서 공모공동정범의 경우 '공모지'는 범죄지로 볼 수 없다. ○|×

[15 국가9급, 14 경간부] [Essential ★]

해설

형법 제2조(속지주의)를 적용함에 있어서 공모공동정범의 경우 '공모지'도 범죄지로 보아야 한다(대법원 1998. 11.27. 98도2734 히로뽕 3kg 수입 공모사건).   [×]

0090 외국인이 대한민국 공무원에게 알선한다는 명목으로 금품을 수수하는 행위가 대한민국 영역 내에서 이루어진 이상 비록 금품수수의 명목이 된 알선행위를 하는 장소가 대한민국 영역 외라 하더라도 대한민국의 형벌법규가 적용된다. ○ | ×

[14 경간부, 14 경찰채용] [Essential ★]

해설

> 대법원 2000.4.21. 99도3403 美국적 변호사 사건 [○]

0091 대한민국 내에 있는 미국문화원이 치외법권지역이고 그 곳을 미국영토의 연장으로 본다 하더라도 그 곳에서 죄를 범한 대한민국 국민에 대하여 우리나라의 재판권은 당연히 미친다. ○ | ×

[18 경간부, 17 경찰승진, 16 경간부, 13 경찰승진, 13 경간부] [Essential ★]

해설

> 대법원 1986.6.24. 86도403 을지로 미문화원 점거 사건 [○]

0092 도박행위를 처벌하지 않는 외국 카지노에서의 내국인의 도박에 대해서는, 내국인의 폐광지역 카지노출입을 허용하는 국내법을 유추적용하여 위법성이 조각되는 것으로 보아야 한다. ○ | ×

[16 법원행시, 16 경찰승진, 15 변호사, 14 국가9급, 14 경간부, 13 경찰채용, 11 경찰승진, 11 경찰채용] [Essential ★]

해설

> 형법 제3조는 속인주의를 규정하고 있고 또한 국가 정책적 견지에서 도박죄의 보호법익보다 좀 더 높은 국가이익을 위하여 예외적으로 내국인의 출입을 허용하는 폐광지역개발지원에 관한 특별법 등에 따라 카지노에 출입하는 것은 법령에 의한 행위로 위법성이 조각된다고 할 것이나, 도박죄를 처벌하지 않은 외국 카지노에서의 도박이라는 사정만으로 (내국인인 피고인에 대하여) 그 위법성이 조각된다고 할 수 없다(대법원 2004.4.23. 2002도2518 라스베가스 도박사건). [×]

0093 내국 법인의 대표자인 외국인이 내국 법인이 외국에 설립한 특수목적법인에 위탁해 둔 자금을 정해진 목적과 용도 외에 임의로 사용한 데 따른 횡령죄의 피해자는 당해 금전을 위탁한 내국 법인이므로, 그 행위가 외국에서 이루어진 경우에도 행위지의 법률에 의하여 범죄를 구성하지 아니하거나 소추 또는 형의 집행을 면제할 경우가 아니라면 그 외국인에 대해서도 우리 형법이 적용되어(형법 제6조), 우리 법원에 재판권이 있다. ○ | ×

[17 국가7급] [Core ★★]

해설

> 대법원 2017.3.22. 2016도17465 파이시티 사건 [○]

0094 캐나다 시민권자인 피고인이 캐나다에서 위조사문서를 행사하였다는 내용으로 기소된 경우, 대한 민국 법원에 재판권이 없다. ○|×

[18 경간부, 17 경찰승진, 16 경간부, 16 경찰채용, 14 경간부, 14 경찰채용, 13 경찰채용, 12 법원9급] [Essential ★]

해설

대법원 2011.8.25. 2011도6507 캐나다 교포 사기사건 [○]

0095 중국 북경시에 소재한 대한민국 영사관 내부에서 내국인이 아닌 피고인이 사문서위조죄를 범한 경 우 대한민국 법원에 재판권이 있다. ○|×

[15 변호사, 15 법원행시, 15 경간부, 11 국가9급] [Essential ★]

해설

(1) 중국 북경시에 소재한 대한민국 영사관 내부는 여전히 중국의 영토에 속할 뿐 이를 대한민국의 영토로서 그 영역에 해당한다고 볼 수 없을 뿐 아니라 사문서위조죄가 형법 제6조의 대한민국 또는 대한민국 국민에 대하여 범한 죄에 해당하지 아니함은 명백하다. (2) 따라서 원심이 내국인이 아닌 피고인이 위 영사관 내에서 A 명의의 여권발급신청서 1장을 위조하였다는 취지의 공소사실에 대하여 외국인의 국외범에 해당한다는 이유로 피고인에 대한 재판권이 없다고 판단한 것은 옳다(대법원 2006.9.22. 2006도5010 북경 한국영사관 사건). [×]

0096 미국인 의사 甲이 한국인 유학생 A가 미국의 대학교에 제출하려는 甲 명의의 건강진단서를 미국 소 재 병원에서 허위로 작성하여 발급한 경우 보호주의에 따라 대한민국 형법이 적용된다. ○|×

[Superlative ★★★]

해설

미국인이 미국에서 허위진단서작성죄를 범한 것이므로 속지주의나 속인주의가 적용되지 아니한다. 미국인 의사 甲은 한국인 유학생 A를 위하여 허위진단서작성죄를 범한 것이지, 대한민국 또는 대한민국 국민에 대하여 죄를 범한 것이 아니므로 형법 제5조 또는 제6조의 보호주의도 적용되지 않아 대한민국 형법이 적용되지 아니한다(대 법원 2011.8.25. 2011도6507 캐나다 교포 사기사건 참고). [×]

0097 죄를 지어 외국에서 형의 전부 또는 일부가 집행된 사람에 대해서는 그 집행된 형의 전부 또는 일부 를 선고하는 형에 산입한다. ○|×

[15 사법시험] [Core ★★]

해설

형법 제7조 [○]

0098 외국에서 무죄판결을 받기까지 미결구금된 경우, 형법 제7조를 유추적용하여 그 미결구금 일수의 전부 또는 일부를 선고하는 형에 산입하여야 한다. ○│×

[19 경찰채용] [Superlative ★★★]

해설

형사사건으로 외국 법원에 기소되었다가 무죄판결을 받은 사람은, 설령 그가 무죄판결을 받기까지 상당 기간 미결구금되었더라도 이를 유죄판결에 의하여 형이 실제로 집행된 것으로 볼 수는 없으므로, '외국에서 형의 전부 또는 일부가 집행된 사람'에 해당한다고 볼 수 없고, 그 미결구금 기간은 형법 제7조에 의한 산입의 대상이 될 수 없다. 또한 외국에서 형이 집행된 것이 아니라 단지 미결구금되었다가 무죄판결을 받은 사람의 미결구금일수를 형법 제7조의 유추적용에 의하여 그가 국내에서 같은 행위로 인하여 선고받는 형에 산입하여야 한다는 것은 허용되기 어렵다(대법원 2017.8.24. 2017도5977 숙슨 필리핀 5년 미결구금 사건). [×]

제1장 구성요건론

제1절 범죄의 주체

0099 배임죄에 있어서 타인의 사무를 처리할 의무의 주체가 법인이 되는 경우라면, 법인을 대표하는 자연인인 대표기관은 물론 법인도 배임죄의 주체가 될 수 있다. ○│×

[15 법원행시, 15 경찰채용, 13 변호사, 13 국가9급, 11 국가9급] [Essential ★]

해설

(1) 배임죄에 있어서 타인의 사무를 처리할 의무의 주체가 법인이 되는 경우라도 법인은 다만 사법상의 의무 주체가 될 뿐 범죄능력이 없는 것이며, 그 타인의 사무는 법인을 대표하는 자연인인 대표기관의 의사결정에 따른 대표행위에 의하여 실현될 수 밖에 없어 그 대표기관은 마땅히 법인이 타인에 대하여 부담하고 있는 의무 내용대로 사무를 처리할 임무가 있다 할 것이므로 (2) 법인이 처리할 의무를 지는 타인의 사무에 관하여는 법인이 배임죄의 주체가 될 수 없고 그 법인을 대표하여 사무를 처리하는 자연인인 대표기관이 바로 타인의 사무를 처리하는 자, 즉 배임죄의 주체가 된다(대법원 1984.10.10. 82도2595 숯승 상가 이중분양사건).   [×]

0100 형벌의 자기책임원칙에 비추어 볼 때 양벌규정은 법인이 사용인 등에 의하여 위반행위가 발생한 그 업무와 관련하여 상당한 주의 또는 관리감독 의무를 게을리한 때에 한하여 적용된다고 봄이 상당하다. ○│×

[17 경찰승진, 16 경찰채용, 15 경간부] [Core ★★]

해설

대법원 2011.7.14. 2009도5516 개발제한구역내 비닐하우스 설치사건   [○]

0101 특별한 근거규정이 없는 한 법인이 설립되기 이전에 자연인이 한 행위에 대해서는 양벌규정을 적용하여 법인을 처벌할 수 없다. ○│×

[19 국가9급] [Core ★★]

해설

대법원 2018.8.1. 2015도10388 의료기기 지식iN 광고사건   [○]

0102 양벌규정에 의한 영업주의 처벌은 자신의 종업원에 대한 선임감독상의 과실로 인하여 독립하여 처벌되는 것이 아니라 금지위반행위자인 종업원의 처벌에 종속되는 것이므로, 종업원의 범죄성립과 처벌은 영업주 처벌의 전제조건이 된다. ○│×

[14 경간부, 13 변호사] [Core ★★]

해설

양벌규정에 의한 영업주의 처벌은 금지위반행위자인 종업원의 처벌에 종속하는 것이 아니라 독립하여 그 자신의 종업원에 대한 선임감독상의 과실로 인하여 처벌되는 것이므로 종업원의 범죄성립이나 처벌이 영업주 처벌의 전제조건이 될 필요는 없다(대법원 2006.2.24. 2005도7673 여행사 직원 사건). [×]

0103 법인 대표자의 법규위반행위에 대한 법인의 책임은 법인 자신의 법규위반행위로 평가될 수 있는 행위에 대한 법인의 직접책임으로서 대표자의 고의에 의한 위반행위에 대하여는 법인 자신의 고의에 의한 책임을, 대표자의 과실에 의한 위반행위에 대하여는 법인 자신의 과실에 의한 책임을 부담한다. ○│×

[21 변호사] [Superlative ★★★]

해설

'법인의 대표자가 그 법인의 업무에 관하여 (중략) 위반행위를 한 때에는 그 법인에 대하여도 해당 조의 벌금형을 과한다'라는 구 농산물품질관리법 제37조는 (법인 대표자의 법규위반행위에 대한 법인의 책임은, 법인 자신의 법규위반행위로 평가될 수 있는 행위에 대한 법인의 직접책임으로서 대표자의 고의에 의한 위반행위에 대하여는 법인 자신의 고의에 의한 책임을, 대표자의 과실에 의한 위반행위에 대하여는 법인 자신의 과실에 의한 책임을 부담하는 것이므로) 대표자의 책임을 요건으로 하여 법인을 처벌하므로 책임주의원칙에 반하지 아니한다(헌법재판소 2010.7.29. 2009헌가25). [○]

0104 법인이 아닌 약국을 실질적으로 경영하는 약사가 다른 약사를 고용하여 그 고용된 약사를 명의상의 개설약사로 등록하게 해두고 약사 아닌 종업원을 직접 고용하여 영업하던 중 그 종업원이 약사법위반 행위를 한 경우에 형사책임은 그 실질적 경영자가 진다. ○│×

[17 경찰승진, 14 경간부, 12 국가7급] [Core ★★]

해설

대법원 2000.10.27. 2000도3570 세계로 약국 사건 [○]

0105 피고발인을 법인으로 명시한 다음 법인의 등록번호와 대표자의 인적사항을 기재한 고발장의 표시는 자연인인 개인까지 피고발자로 표시한 것이라고 볼 수 있다. ○│×

[Superlative ★★★]

해설

(1) 조세범 처벌법 제6조에 규정된 고발에 있어서는 이른바 고소·고발 불가분의 원칙이 적용되지 아니하므로, 고발의 구비 여부는 양벌규정에 의하여 처벌받는 자연인인 행위자와 법인에 대하여 개별적으로 논하여야 한다. (2) 피고발인을 법인으로 명시한 다음, 이어서 법인의 등록번호와 대표자의 인적 사항을 기재한 고발장의 표시를 자연인인 개인까지를 피고발자로 표시한 것이라고 볼 수는 없다(대법원 2004.9.24. 2004도4066). [×]

0106 국가가 본래 그의 사무의 일부를 지방자치단체의 장에게 위임하여 처리하게 하는 기관위임사무의 경우는 물론 지방자치단체가 그 고유의 자치사무를 처리하는 경우 지방자치단체는 국가 기관과는 별도의 독립한 공법인으로서 양벌규정에 의한 처벌대상이 되는 법인에 해당한다. ○|×

[16 변호사, 15 경간부, 15 경찰채용, 12 국가7급] [Superlative ★★★]

해설

(1) 국가가 본래 그의 사무의 일부를 지방자치단체의 장에게 위임하여 처리하게 하는 기관위임사무의 경우 지방자치단체는 국가기관의 일부로 볼 수 있고 (2) 지방자치단체가 그 고유의 자치사무를 처리하는 경우 지방자치단체는 국가기관의 일부가 아니라 국가기관과는 별도의 독립한 공법인으로서 양벌규정에 의한 처벌대상이 되는 법인에 해당한다(대법원 2009.6.11. 2008도6530 부산시 항만 순찰 사건). (同旨 대법원 2005.11.10. 2004도2657 부산시서구 청소차운전 사건) 국가가 본래 그의 사무의 일부를 지방자치단체의 장에게 위임하여 처리하게 하는 기관위임사무의 경우 지방자치단체는 양벌규정에 의한 처벌대상이 되는 법인에 해당하지 아니한다. [×]

0107 합병으로 인하여 소멸한 법인이 그 종업원 등의 위법행위에 대해 양벌규정에 따라 부담하던 형사책임은 합병으로 인하여 존속하는 법인에 승계된다. ○|×

[17 경찰승진, 16 경찰채용, 15 국가9급, 13 변호사, 12 국가7급] [Core ★★]

해설

합병으로 인하여 소멸한 법인이 그 종업원 등의 위법행위에 대해 양벌규정에 따라 부담하던 형사책임은 그 성질상 이전을 허용하지 않는 것으로서 합병으로 인하여 존속하는 법인에 승계되지 않는다(대법원 2015.12.24. 2015도13946 낙동강하구둑 입찰담합 사건). [×]

0108 회사 대표자의 위반행위에 대하여 징역형의 형량을 작량감경하고 병과하는 벌금형에 대하여 선고유예를 한 이상 양벌규정에 따라 그 회사를 처단함에 있어서도 같은 조치를 취하여야 한다. ○|×

[16 경찰채용, 15 법원행시, 13 변호사] [Core ★★]

해설

회사 대표자의 위반행위에 대하여 징역형의 형량을 작량감경하고 병과하는 벌금형에 대하여 선고유예를 한 이상 양벌규정에 따라 그 회사를 처단함에 있어서도 같은 조치를 취하여야 한다는 논지는 독자적인 견해에 지나지 아니하여 받아들일 수 없다(대법원 1995.12.12. 95도1893 가짜 동규자차 사건). ➡ 현재는 작량감경이 아니라 '정상참작감경'이다(형법 제53조 표제 참고). [×]

0109 법인 대표자의 법규위반행위에 대한 법인의 책임은 법인 자신의 법규위반행위로 평가될 수 있는 행위에 대한 법인의 직접책임으로서의 성격을 가지지만, 대표자의 과실에 의한 위반행위에 대하여는 법인 자신의 과실에 의한 책임이라고 할 수 없다. ○|×

[22 경찰승진] [Superlative ★★★]

해설

'법인의 대표자가 그 법인의 업무에 관하여 (중략) 위반행위를 한 때에는 그 법인에 대하여도 해당 조의 벌금형을 과한다'라는 구 농산물품질관리법 제37조는 (법인 대표자의 법규위반행위에 대한 법인의 책임은, 법인 자신의 법규위반행위로 평가될 수 있는 행위에 대한 법인의 직접책임으로서 대표자의 고의에 의한 위반행위에 대하여는 법인 자신의 고의에 의한 책임을, 대표자의 과실에 의한 위반행위에 대하여는 법인 자신의 과실에 의한 책임을 부담하는 것이므로) 대표자의 책임을 요건으로 하여 법인을 처벌하므로 책임주의원칙에 반하지 아니한다(헌법재판소 2010.7.29. 2009헌가25). [×]

0110 양벌규정 중 법인 대표자의 법규위반행위에 대한 법인의 책임은 법인 자신의 법규위반행위로 평가될 수 있는 행위에 대한 법인의 직접 책임이지만, 대표자의 고의·과실에 의한 위반행위에 대하여는 법인도 고의·과실책임을 부담하므로 법인의 처벌은 그 대표자의 처벌을 요건으로 한다. ○|×

[23 국가7급] [Core ★★]

해설

정보통신망법 제75조 및 영화비디오법 제97조는 법인의 대표자 등이 그 법인의 업무에 관하여 각 법규위반행위를 하면 그 행위자를 벌하는 외에 그 법인에게도 해당 조문의 벌금을 과하는 양벌규정을 두고 있다. 위와 같이 양벌규정을 따로 둔 취지는 법인은 기관을 통하여 행위하므로 법인의 대표자의 행위로 인한 법률효과와 이익은 법인에게 귀속되어야 하고, 법인 대표자의 범죄행위에 대하여는 법인 자신이 책임을 져야 하는바, 법인 대표자의 법규위반행위에 대한 법인의 책임은 법인 자신의 법규위반행위로 평가될 수 있는 행위에 대한 법인의 직접책임이기 때문이다. 따라서 대표자의 고의에 의한 위반행위에 대하여는 법인 자신의 고의에 의한 책임을, 대표자의 과실에 의한 위반행위에 대하여는 법인 자신의 과실에 의한 책임을 져야 한다. 이처럼 양벌규정 중 법인의 대표자 관련 부분은 대표자의 책임을 요건으로 하여 법인을 처벌하는 것이지 그 대표자의 처벌까지 전제조건이 되는 것은 아니다(대법원 2022.11.17. 2021도701 대표면소 법인유죄 사건). [×]

0111 판례는 양벌규정의 적용대상자를 업무주가 아니면서 당해 업무를 실제 집행하는 자에게까지 확장하고 있어, 법인격 없는 공공기관도 「개인정보 보호법」상 양벌규정에 의해 처벌될 수 있고, 해당 업무를 실제로 담당하는 소속 공무원도 양벌규정에 의해 처벌받을 수 있다. ○|×

[22 경찰채용] [Superlative ★★★]

해설

개인정보 보호법은 제2조 제5호, 제6호에서 공공기관 중 법인격이 없는 '중앙행정기관 및 그 소속 기관' 등을 개인정보처리자 중 하나로 규정하고 있으면서도 양벌규정에 의하여 처벌되는 개인정보처리자로는 같은 법 제74조 제2항에서 '법인 또는 개인'만을 규정하고 있을 뿐이고, 법인격 없는 공공기관에 대하여도 위 양벌규정을 적용할 것인지 여부에 대하여는 명문의 규정을 두고 있지 않으므로 죄형법정주의의 원칙상 '법인격 없는 공공기관'을 위 양벌규정에 의하여 처벌할 수 없고 그 경우 행위자 역시 위 양벌규정으로 처벌할 수 없다(대법원 2021.10.28. 2020도1942 경찰관 채무자 주소 조회 사건). [×]

제2절 고의와 목적

0112 미필적 고의라 함은 범죄사실의 발생가능성을 불확실한 것으로 표상하고 있는 경우를 말하고, 미필적 고의가 있었다고 하려면 범죄사실의 발생가능성에 대한 인식이 있으면 족하고, 범죄사실이 발생할 위험을 용인하는 내심의 의사까지 있을 필요는 없다. ○|×

[18 경간부, 17 법원행시, 16 경찰채용] [Essential ★]

해설

미필적 고의라 함은 범죄사실의 발생가능성을 불확실한 것으로 표상하면서 이를 용인하고 있는 경우를 말하고, 미필적 고의가 있었다고 하려면 범죄사실의 발생가능성에 대한 인식이 있음은 물론, 나아가 범죄사실이 발생할 위험을 용인하는 내심의 의사가 있어야 한다(대법원 2011.10.27. 2011도8109 박성훈 글로웍스 대표 사건).

[×]

0113 회사의 노동조합 홍보이사가 노조 사무실에서 '새벽 6호'라는 책자를 집에 가져와 보관하고 있다가 「국가보안법」 제7조 제5항의 이적표현물소지죄로 체포된 경우 그 홍보이사에게 목적범인 이적표현물소지죄가 성립하기 위해서는 이적행위를 하려는 목적의 확정적 인식이 있어야 한다. ○|×

[22 경찰채용] [Essential ★]

해설

국가보안법 제7조 제5항에서의 목적은 제1항 내지 제4항의 행위에 대한 적극적 의욕이나 확정적 인식까지는 필요 없고 미필적 인식으로 족한 것이므로 피고인이 표현물의 내용이 객관적으로 보아 반국가단체인 북한의 대남선전, 선동 등의 활동에 동조하는 등의 이적성을 담고 있는 것임을 인식하고, 나아가 그와 같은 이적행위가 될지도 모른다는 미필적 인식이 있으면 위 조항의 구성요건은 충족되는 것이다(대법원 1992.3.31. 90도2033 숭습 노조 홍보부장 사건).

[×]

0114 행위자가 범죄사실이 발생할 가능성을 용인하고 있었는지의 여부는 행위자의 진술에 의존하지 아니하고 외부에 나타난 행위의 형태와 행위의 상황 등 구체적인 사정을 기초로 하여 일반인이라면 당해 범죄사실이 발생할 가능성을 어떻게 평가할 것인가를 고려하면서 일반인의 입장에서 그 심리상태를 추인하여야 한다. ○|×

[22 경찰승진] [Superlative ★★★]

해설

행위자가 범죄사실이 발생할 가능성을 용인하고 있었는지 여부는 행위자의 진술에 의존하지 않고 외부에 나타난 행위의 형태와 행위의 상황 등 구체적인 사정을 기초로 일반인이라면 해당 범죄사실이 발생할 가능성을 어떻게 평가할 것인지를 고려하면서 행위자의 입장에서 그 심리상태를 추인하여야 한다(대법원 2018.1.25. 2017도13628 가습기 살균제 사건 II).

[×]

0115 형이 면제되는 친족관계가 있다고 오인하고 절도하였더라도 절도죄의 성립은 물론이고 처벌에도 아무런 영향이 없다. ○│×

[19 국가9급] [Essential ★]

해설

처벌조건은 객관적 구성요건요소가 아니므로 이는 고의의 인식 대상이 아니고, 이에 대한 착오는 범죄의 성립에 아무런 영향이 없다. [○]

0116 행정상의 단속을 주안으로 하는 법규라 하더라도 명문규정이 있거나 해석상 과실범도 벌할 뜻이 명확한 경우를 제외하고는 형법의 원칙에 따라 고의가 있어야 벌할 수 있다. ○│×

[17 변호사, 17 국가9급, 17 경찰승진, 16 법원행시, 15 경찰채용, 14 경찰승진, 14 경찰채용, 13 변호사, 12 경간부] [Core ★★]

해설

대법원 2010.2.11. 2009도9807 발한실 사건 [○]

0117 피고인이 범죄구성요건의 주관적 요소인 고의를 부인하는 경우 그 범의 자체를 객관적으로 증명할 수 없으므로 사물의 성질상 범의와 상당한 관련성 있는 간접사실 또는 정황사실을 증명하는 방법으로 이를 입증할 수밖에 없다. ○│×

[22 경찰채용] [Core ★★]

해설

대법원 2022.5.12. 2020도18062 약국 도우미 사건 [○]

0118 임금 등 지급의무의 존부와 범위에 관하여 다툴 만한 근거가 있다면 사용자가 그 임금 등을 지급하지 않은 데에 상당한 이유가 있다고 보아야 하므로 사용자에게 근로기준법 제109조 제1항, 제36조 위반의 고의가 있었다고 보기 어렵다. ○│×

[24 경간부] [Core ★★]

해설

대법원 2022.6.30. 2022도742 전도사 임금 체불사건 [○]

0119 여관업을 하는 자가 신분증을 소지하지 않았다는 말을 듣고 구두로 연령을 확인하여 이성 혼숙을 허용하였다면 청소년 이성혼숙에 대한 미필적 고의가 인정되지 않는다. ○|×

[14 경찰승진, 12 국가9급] [Essential ★]

해설

> 여관업을 하는 자로서는 이성혼숙하려는 자의 외모나 차림 등에 의하여 청소년이라고 의심할 만한 사정이 있는 때에는 신분증이나 기타 확실한 방법에 의하여 청소년인지 여부를 확인하고 청소년이 아닌 것으로 확인된 경우에만 이성혼숙을 허용하여야 할 것이므로, 위와 같은 경우 신분증을 소지하지 않았다는 말을 듣고 단지 구두로만 연령을 확인하여 이성혼숙을 허용하였다면, 적어도 청소년 이성혼숙에 관한 미필적 고의가 있다고 보아도 좋을 것이다(대법원 2001.8.21. 2001도3295 36세남 18세녀 사건).　　　　　　　　　　[×]

0120 유흥업소의 업주가 고용희망자의 것이 아닌 타인의 건강진단결과서상의 생년월일 기재만을 확인하고 자신이 성인이라는 청소년의 말을 믿고 청소년을 고용한 경우, 청소년 고용에 대한 미필적 고의가 있다고 볼 수 없다. ○|×

[17 법원행시, 17 국가9급, 16 경찰승진, 15 경찰채용, 14 국가9급, 11 국가7급] [Essential ★]

해설

> 피고인이 A가 제시하는 성년인 B 명의의 건강진단결과서만을 확인한 채 고용대상자인 A 및 소개인들의 거짓말에 터잡아 그녀가 성인이라고 가볍게 믿고 당일로 A와 고용계약을 체결한 후 일을 시킨 경우, 피고인에게는 A가 청소년임에도 그녀를 고용한다는 점에 관하여 적어도 미필적 고의가 있었다고 볼 것이다(대법원 2002.6.28. 2002도2425).　　　　　　　　　　[×]

0121 청소년유해업소에 종업원을 고용하면서 주민등록증 제출을 요구하여 확인하였는데 주민등록상 사진과 실물이 다소 달라 보인다고 여겼다고 하더라도 사진과 실물을 자세히 대조해 보는 등 연령확인 조취를 취하지 않은 경우, 청소년 보호법 위반죄의 미필적 고의가 인정된다. ○|×

[18 법원행시] [Essential ★]

해설

> 피고인은, A 등이 제시한 주민등록증상의 사진과 실물이 다르다는 의심이 들었음에도 사진과 실물을 자세히 대조해 보는 등 좀 더 적극적인 방법으로 연령확인조치를 취하지 않았으므로 청소년인 A 등을 고용하여 유흥주점에서 접객행위를 하게 한다는 점에 관하여 적어도 미필적 고의가 있다고 볼 여지가 있다(대법원 2013.9.27. 2013도8385 익산시 유흥주점 사건).　　　　　　　　　　[○]

0122 성을 사는 행위를 알선하는 행위를 업으로 하는 자가 종업원을 고용하면서 연령확인의무의 이행을 다하지 아니한 채 아동·청소년을 고용하였다면, 특별한 사정이 없는 한 적어도 아동·청소년의 성을 사는 행위의 알선에 관한 미필적 고의는 인정된다. ○|×

[18 경찰승진] [Essential ★]

해설

> 대법원 2014.7.10. 2014도5173 17세 백양 18세 최양 사건　　　　　　　　　　[○]

0123 (정기적성검사를 받지 아니하였다고 하여 도로교통법 위반죄로 기소된 사건에 있어서) 피고인이 적성검사기간 도래 여부에 관한 확인을 게을리하여 기간이 도래하였음을 알지 못하였더라도 적성검사기간 내에 적성검사를 받지 않는 데 대한 미필적 고의는 있었다고 봄이 타당하다.   O | X

[15 경찰채용] [Core ★★]

해설

> 대법원 2014.4.10. 2012도8374 적성검사미필 사건   [O]

0124 (정기적성검사를 받지 않아 운전면허가 취소되었고 이후 무면허운전으로 인한 도로교통법 위반죄로 기소된 사건에 있어서) 피고인이 이전에 정기적성검사 미필로 면허취소처분을 받은 전력이 없고 정기적성검사를 받는 주기가 도로교통법의 개정에 따라 순차로 연장되었다고 하더라도, 운전면허증 앞면에 적성검사기간이 '2002. 6. 5.~2002. 9. 4.'로 기재되어 있고, 뒷면 하단에는 '적성검사 또는 면허증 갱신기간 내에 적성검사 또는 면허증을 갱신하지 아니하면 범칙금이 부과되며 1년이 지나면 운전면허가 취소됩니다'라는 경고 문구가 있었다면 피고인은 정기적성검사 미필로 면허가 취소된 사실을 미필적으로나마 알고 있었다고 보아야 한다.   O | X

[14 법원행시, 13 경찰채용] [Core ★★]

해설

> (피고인이 운전면허취소통지를 받지 못한 데다가 면허가 취소된 날부터 보름이 갓 지난 2003. 9.21. 차량을 운전한 점, 피고인이 이전에 이와 동일한 사정으로 면허취소처분을 받은 전력이 없는 점, 정기적성검사를 받는 주기는 피고인이 최초로 면허를 취득할 당시는 3년이던 것이, 도로교통법의 순차 개정에 따라, 최초 정기적성검사 당시에는 5년으로, 1999. 1.29. 이후로는 7년으로 각 연장된 점, 정기적성검사에 관하여 사전에 대상자에게 통보하는 제도가 마련되어 있지 아니한 점등을 고려하여 볼 때) 피고인이 소지하고 있던 운전면허증 앞면에 적성검사기간이 '2002. 6. 5. ~ 2002. 9. 4.'로 기재되어 있고, 뒷면 하단에는 '적성검사 또는 면허증 갱신기간 내에 적성검사 또는 면허증을 갱신하지 아니하면 범칙금이 부과되며 1년이 지나면 운전면허가 취소됩니다'라는 경고 문구가 있다는 점만으로는 피고인이 정기적성검사 미필로 면허가 취소된 사실을 미필적으로나마 인식하였다고 추단하기 어렵다(대법원 2004.12.10. 2004도6480 적성검사미필 면허취소사건 II).   [X]

Chapter 02 범죄론 **45**

0125 다음 중 'B에 대한' (   ) 안의 죄책이 옳지 않은 것은 모두 1개다. ○ | ✕

[Superlative ★★★]

> ㉠ 甲은 그의 형수 A(女)를 살해하기 위하여 몽둥이를 내려쳤으나, A의 등에 업힌 조카 B가 머리를 맞아 두개골절로 사망하였다. (B에 대한 살인죄) [14 법원9급, 14 경찰채용, 11 경찰채용]
>
> ㉡ 甲이 하사 A를 살해할 목적으로 발사한 총탄이 이를 제지하려고 甲 앞으로 뛰어들던 병장 B에게 명중되어 B가 그대로 사망하고 말았다. (B에 대한 살인죄) [16 국가9급]
>
> ㉢ 甲은 A와 그 처를 살해할 목적으로 농약이 들어 있는 숭늉을 A의 점심식사 밥상 위에 놓았는 바, 이를 모르는 A의 장녀 B(3세)가 그 숭늉을 마시고 사망하였다. (B에 대한 살인죄) [16 국가9급, 13 변호사]
>
> ㉣ 甲은 A 등 3명과 싸우다가 힘이 달리자 옆 포장마차로 달려가 식칼을 가지고 나와 이들 3명을 상대로 휘두르다가 이를 말리면서 식칼을 뺏으려던 B의 귀를 찔러 상해를 가하였다. (B에 대한 과실치상죄) [17 경간부, 14 경찰채용, 12 경간부]

해설

㉣ 항목만 옳지 않다.

㉠ (1) 소위 타격의 착오가 있는 경우라 할지라도 행위자의 살인의 고의 성립에 방해가 되지 아니한다. (2) 피고인이 형수 A를 향하여 살의를 갖고 몽둥이를 힘껏 후려친 가격으로 마당에 고꾸라진 A녀와 등에 업힌 조카 B의 머리 부분을 몽둥이로 내리쳐 B를 현장에서 사망하게 한 소위를 살인죄로 의율한 원심조처는 정당하게 긍인된다(대법원 1984.1.24. 83도2813 형수·조카 살해사건).

㉡ (1) 사람을 살해할 목적으로 총을 발사한 이상 그것이 목적하지 아니한 다른 사람에게 명중되어 사망의 결과가 발생하였다 하더라도 살의를 조각하지 않는다. (2) 피고인 甲이 하사 A를 살해할 목적으로 발사한 총탄이 이를 제지하려고 甲 앞으로 뛰어들던 병장 B에게 명중되어 B가 사망한 경우 B에 대한 살인죄가 성립한다(대법원 1975.4.22. 75도727).

㉢ 피고인이 사람을 살해할 의사로서 위와 같은 행위를 하였고 그와 같은 행위에 의하여 살해라는 결과가 발생한 이상 피고인의 행위와 살해라는 결과와의 사이에는 인과관계가 있다고 아니할 수 없으므로 A의 장녀 B를 살해할 의사는 없었다고 주장함으로써 살인기수 사실을 부인하는 취지의 논지는 이유없다(대법원 1968.8.23. 68도884).

㉣ 甲이 식칼을 뺏으려던 피해자 B에게 상해를 입혔다면 甲에게 상해의 범의가 인정되며 상해를 입은 사람이 목적한 사람이 아닌 다른 사람이라 하여 과실상해죄에 해당한다고 할 수 없다(대법원 1987.10.26. 87도1745 포장마차 식칼 사건). 지문의 경우 甲은 B에 대한 상해죄의 죄책을 진다. [○]

0126 甲은 자신의 처 乙에게 A가 희롱하자 A를 구타하면서 순간적으로 살의가 생겨 돌로 가슴과 머리를 내려쳐서 A가 정신을 잃고 축 늘어졌다. 甲은 A가 사망한 것으로 오인하고 증거를 인멸할 목적으로 100m 떨어진 개울가로 끌고 가 삽으로 웅덩이를 파고 매장하였는 바, 사실은 A는 돌로 맞아 죽은 것이 아니라 웅덩이에서 질식사한 경우 살인죄가 성립한다. ○ | ✕

[17 변호사, 16 변호사, 14 변호사, 14 국가9급, 13 변호사, 12 국가9급] [Essential ★]

해설

피해자가 피고인들의 살해의 의도로 행한 구타행위에 의하여 직접 사망한 것이 아니라 죄적을 인멸할 목적으로 행한 매장행위에 의하여 사망하게 되었다 하더라도 전 과정을 개괄적으로 보면 피해자의 살해라는 처음의 예견된 사실이 결국은 실현된 것으로서 피고인들은 살인죄의 죄책을 면할 수 없다(대법원 1988.6.28. 88도650 개괄적 고의 사건). [○]

0127 甲은 호텔 객실에서 A의 우측가슴 부위를 때리고 밟아서 우측심장벽좌상과 심낭내출혈 등의 상해를 가함으로써 A가 바닥에 쓰러진 채 빈사상태에 빠지자, A가 사망한 것으로 오인하고 자살한 것처럼 가장하기 위하여 A를 베란다 밑 13m 아래의 바닥으로 떨어뜨려 결국 A가 사망한 경우 상해죄 및 과실치사죄가 성립한다. ○|×

[16 경찰채용, 15 국가9급, 15 경찰채용, 14 법원행시, 14 경찰승진, 14 경찰채용, 13 변호사] [Core ★★]

해설

> 피해자가 사망한 것으로 오인하고, 피고인의 행위를 은폐하고 피해자가 자살한 것처럼 가장하기 위하여 피해자를 베란다로 옮긴 후 베란다 밑 약 13m 아래의 바닥으로 떨어뜨려 피해자로 하여금 현장에서 뇌손상 및 뇌출혈 등으로 사망에 이르게 하였다면 피고인의 행위는 포괄하여 단일의 상해치사죄에 해당한다(대법원 1994.11.4. 94도2361 낙산비치호텔 사건). [×]

제2장 **위법성론**

제1절 정당방위

0128 정당방위가 성립하려면 일체의 구체적 사정들을 참작하여 방위행위가 사회적으로 상당한 것이어야 할 뿐만 아니라 자기 또는 타인의 법익침해를 방위하기 위한 행위로서 상당한 이유가 있어야 한다. ○|×

[16 경간부] [Essential ★]

해설

> 대법원 2009.3.12. 2008도7156 불법체류 방글라데시인 사건 [○]

0129 폭력행위 등 처벌에 관한 법률에 규정된 죄를 범한 사람이 흉기로 사람에게 위해를 가하려 할 때 이를 예방하기 위하여한 행위는 벌하지 아니한다. ○|×

[22 국가9급] [Essential ★]

해설

> 이 법에 규정된 죄를 범한 사람이 흉기나 그 밖의 위험한 물건 등으로 사람에게 위해(危害)를 가하거나 가하려 할 때 이를 예방하거나 방위(防衛)하기 위하여 한 행위는 벌하지 아니한다(폭처법 제8조 제1항). [○]

0130 어떠한 행위가 정당방위로 인정되려면 그 행위가 자기 또는 타인의 법익에 대한 현재의 부당한 침해를 방어하기 위한 것으로서 상당성이 있어야 하므로, 위법하지 않은 정당한 침해에 대한 정당방위는 인정되지 아니한다. ○ | ✕

[17 법원행시] [Core ★★]

해설

> 대법원 2017.3.15. 2013도2168 쌍용차사태 권영국 변호사 사건 [O]

0131 정당방위에서의 방어행위란 순수한 수비적 방어를 말하는 것이고, 적극적 반격을 포함하는 반격방어의 형태는 포함되지 않는다. ○ | ✕

[17 경찰승진, 16 경간부, 15 경찰채용, 12 변호사, 12 경찰승진] [Essential ★]

해설

> 정당방위의 성립요건으로서의 방어행위에는 순수한 수비적 방어뿐 아니라 적극적 반격을 포함하는 반격방어의 형태도 포함된다(대법원 1992.12.22. 92도2540 김보은 · 김진관 사건). [✕]

0132 정당방위에 있어서도 긴급피난의 경우와 마찬가지로 불법한 침해에 대해서 달리 피할 수 없었다는 이른바 '보충성의 원칙'이 적용된다. ○ | ✕

[15 경찰채용] [Core ★★]

해설

> (1) 정당방위에 있어서는 반드시 방위행위에 보충의 원칙은 적용되지 않으나 방위에 필요한 한도 내의 행위로서 사회윤리에 위배되지 않는 상당성 있는 행위임을 요한다(대법원 1991.9.10. 91다19913 만취 난동자 총격사망사건). (2) 정당방위에 있어서는 긴급피난의 경우와 같이 불법한 침해에 대해서 달리 피난방법이 없었다는 것을 반드시 필요로 하는 것이 아니다(대법원 1966.3.5. 66도63). [✕]

0133 정당방위에서 '침해의 현재성'이란 침해행위가 형식적으로 기수에 이르렀는지에 따라 결정되는 것이 아니라 자기 또는 타인의 법익에 대한 침해상황이 종료되기 전까지를 의미한다. ○ | ✕

[24 경간부] [Core ★★]

해설

> 대법원 2023.4.27. 2020도6874 레이테크코리아 사건 [O]

0134 서로 공격할 의사로 싸우다가 먼저 공격을 받고 이에 대항하여 가해하게 된 경우 그 가해행위는 정당방위가 될 여지는 없으나 과잉방위가 될 수는 있다. ○ | ✕

[16 국가9급, 15 경찰채용, 16 경찰승진, 14 변호사, 14 법원9급, 13 법원9급, 13 국가7급, 13 국가9급] [Core ★★]

해설

> 가해자의 행위가 피해자의 부당한 공격을 방위하기 위한 것이라기보다는 서로 공격할 의사로 싸우다가 먼저 공격을 받고 이에 대항하여 가해하게 된 것이라고 봄이 상당한 경우, 그 가해행위는 방어 행위인 동시에 공격행위의 성격을 가지므로 정당방위 또는 과잉방위행위라고 볼 수 없다(대법원 2000.3.28. 2000도228 처남과의 **싸움** 사건). [×]

0135 싸움을 함에 있어서 격투를 하는 자 중의 한사람의 공격이 그 격투에서 당연히 예상할 수 있는 정도를 초과하여 살인의 흉기 등을 사용하여온 경우라도 이는 서로 공격할 의사로 싸우다가 먼저 공격을 받은 것에 불과하므로 이에 대한 정당방위는 허용되지 아니한다. ○|×

[12 경찰채용] [Core ★★]

해설

> 싸움을 함에 있어서 격투를 하는 자 중의 한사람의 공격이 그 격투에서 당연히 예상할 수 있는 정도를 초과하여 살인의 흉기 등을 사용하여온 경우에는 이를 '부당한 침해'라고 아니 할 수 없으므로 이에 대하여는 정당방위를 허용하여야 한다(대법원 1968.5.7. 68도370 배희칠랑 사건). [×]

0136 현행범인 체포행위가 적법한 공무집행을 벗어나 불법하게 체포한 것으로 볼 수밖에 없다면, 현행범이 그 체포를 면하려고 반항하는 과정에서 경찰관에게 상해를 가한 것은 불법체포로 인한 신체에 대한 현재의 부당한 침해에서 벗어나기 위한 행위로서 정당방위에 해당하여 위법성이 조각된다. ○|×

[16 경찰채용, 15 경찰승진, 14 국가7급, 13 법원9급, 12 국가7급, 12 국가9급, 12 경찰채용] [Essential ★]

해설

> 대법원 2011.5.26. 2011도3682 서교동 불심검문 사건 [○]

0137 검사나 사법경찰관이 긴급체포의 요건을 갖추지 못하였음에도 실력으로 수사기관에 자진 출석한 자를 체포하려고 하였다면 적법한 공무집행이라고 할 수 없고, 자진출석한 자가 검사나 사법경찰관에 대하여 이를 거부하는 방법으로써 폭행을 하였다고 하여 공무집행 방해죄가 성립하는 것은 아니다. ○|×

[18 경간부, 16 경찰승진, 15 국가9급, 14 경찰승진, 13 법원9급, 13 경찰승진, 13 경찰채용, 12 변호사, 11 국가7급, 11 경찰승진]

[Essential ★]

해설

> 대법원 2006.9.8. 2006도148 사무장 긴급체포 사건 [○]

0138 몸무게가 85kg 이상이나 되는 처남 A가 62kg의 피고인 甲을 침대 위에 넘어뜨리고 가슴 위에 올라타 목 부분을 누르자, 호흡이 곤란하게 된 甲이 과도로 A에게 상해를 가한 경우 정당방위에 해당한다.
O|X

[13 국가9급, 12 경찰채용] [Superlative ★★★]

해설

피고인의 행위는 서로 공격할 의사로 싸우다가 먼저 공격을 받고 이에 대항하여 가해하게 된 것이라고 봄이 상당하고, 이와 같은 싸움의 경우 가해행위는 방어행위인 동시에 공격행위의 성격을 가지므로 정당방위 또는 과잉방위행위라고 볼 수 없다(대법원 2000.3.28. 2000도228 처남과의 싸움 사건).
[×]

0139 피고인 甲과 자신의 남편과의 관계를 의심하게 된 A가 자신의 아들 등과 함께 甲의 아파트에 찾아가 현관문을 발로 차는 등 소란을 피우다가, 출입문을 열어주자 곧바로 甲을 밀치고 신발을 신은 채로 거실로 들어가 A 일행이 서로 합세하여 甲을 구타하기 시작하였고, 甲이 이를 벗어나기 위하여 손을 휘저으며 발버둥치는 과정에서 A 등에게 상해를 가한 경우 정당방위에 해당한다.
O|X

[18 경간부, 17 변호사, 14 변호사, 12 국가7급] [Superlative ★★★]

해설

피고인의 행위는 위법한 공격으로부터 자신을 보호하고 이를 벗어나기 위한 사회관념상 상당성 있는 방어행위로서 유형력의 행사에 이르렀다고 할 것이어서 위법성이 조각된다(대법원 2010.2.11. 2009도12958 대구 불륜의심 싸움 사건).
[O]

0140 검사 A가 참고인조사를 받는 줄 알고 검찰청에 자진출석한 변호사사무실 사무장 乙을 합리적 근거 없이 긴급체포하자 그 변호사 甲이 이를 제지하는 과정에서 A에게 상해를 가한 경우 정당방위에 해당한다.
O|X

[17 변호사, 16 경찰승진, 15 국가9급, 14 경찰승진, 13 법원9급, 13 경찰승진, 13 경찰채용, 12 변호사, 11 국가7급, 11 경찰승진]
[Essential ★]

해설

(1) 검사나 사법경찰관이 긴급체포의 요건을 갖추지 못하였음에도 실력으로 수사기관에 자진출석한 자를 체포하려고 하였다면 적법한 공무집행이라고 할 수 없고, 자진출석한 자가 검사나 사법경찰관에 대하여 이를 거부하는 방법으로써 폭행을 하였다고 하여 공무집행방해죄가 성립하는 것은 아니다. (2) 피고인 甲이 乙에 대한 체포를 제지하는 과정에서 검사에게 상해를 가한 것은 불법체포로 인한 신체에 대한 현재의 부당한 침해에서 벗어나기 위한 행위로서 정당방위에 해당하여 위법성이 조각된다(대법원 2006.9.8. 2006도148 사무장 긴급체포 사건).
[O]

0141 피고인 甲이 부산지방경찰청 소속 경찰관 A, B에게 출입국관리법 위반죄 등의 현행범인으로 체포되어(체포과정에서 피의사실의 요지, 체포이유, 변호인선임권 등이 고지되지 않았음) 甲의 승용차에 승차하여 이동하던 중 甲이 뒷좌석 유리창을 내리고 도주하려는 것을 A가 수갑을 채우면서 제지하려고 하자 주먹으로 A의 얼굴을 때린 경우 정당방위에 해당한다.　　　　　　　　　　○|✕

[15 국가9급, 11 국가7급] [Core ★★]

해설

경찰관이 범죄사실의 요지, 구속의 이유 등을 고지하지 않고 실력으로 현행범인을 연행하려고 하였다면 적법한 공무집행이라고 할 수 없고, 현행범이 그 체포를 면하려고 반항하는 과정에서 경찰관에게 상해를 가한 것은 불법체포로 인한 신체에 대한 현재의 부당한 침해에서 벗어나기 위한 행위로서 정당방위에 해당하여 위법성이 조각된다(대법원 2006.11.23. 2006도2732 미란다원칙 불고지사건).　　　　　　　　　　[○]

0142 인근에서 자전거를 이용한 날치기 사건이 발생한 직후 검문을 하던 경찰관 A, B, C가 날치기 사건의 범인과 흡사한 인상착의인 피고인 甲을 발견하고 앞을 가로막으며 진행을 제지하였는데, 甲이 경찰관들이 자신을 범인 취급한다고 느껴 A의 멱살을 잡아 밀치고 B, C에게 욕설을 하는 등 거세게 항의한 경우 정당방위에 해당한다.　　　　　　　　　　○|✕

[16 국가7급, 16 경찰채용, 14 경찰채용, 13 경찰채용] [Essential ★]

해설

경찰관들이 피고인을 발견하고 앞을 가로막으며 진행을 제지한 행위는 사회통념상 용인될 수 있는 상당한 방법으로 경직법 제3조 제1항에 규정된 자에 대하여 의심되는 사항에 관한 질문을 하기 위하여 정지시킨 것으로 보아야 한다(불심검문으로서 적법하다). 따라서 원심이 정당방위에 해당하여 무죄라고 판단한 상해 및 모욕 부분은 공무집행이 적법하다는 전제에서는 더 이상 유지될 수 없으므로 전부 파기될 수밖에 없다(대법원 2012.9.13. 2010도6203 인천 부평 불심검문 사건).　　　　　　　　　　[✕]

0143 국유토지가 공개 입찰에 의해 매매되고 그 인도집행이 완료되었다고 하더라도 그 토지의 종전 경작자인 피고인이 파종한 보리가 30cm 이상 성장하였다면 그 보리는 피고인의 소유로서 그가 수확할 권한이 있다 할 것이어서 토지매수자가 토지를 경작하기 위해 소를 이용하여 쟁기질을 하고 성장한 보리를 갈아엎는 행위는 피고인의 재산에 대한 현재의 부당한 침해라 할 것이므로 이를 막기 위해 그 경작을 못하도록 소 앞을 가로막고 쟁기를 잡아당기는 등의 피고인의 행위는 정당방위에 해당한다.　　　　　　　　　　○|✕

[21 해경간부] [Essential ★]

해설

대법원 1977.5.24. 76도3460　　　　　　　　　　[○]

0144 변호사인 甲이 쌍용자동차 공장을 점거·농성 중이던 조합원들이 불법적으로 체포되는 것을 목격하고 이에 항의하면서 전투경찰대원들의 불법 체포 행위를 제지하였으며, 전투경찰 대원들은 방패로 피고인을 강하게 밀어내었는데, 이 과정에서 甲이 전투경찰대원인 A, B가 들고 있던 방패를 당기고 밀어 A, B에게 상해를 입힌 경우 정당방위에 해당한다. ○│✕

[Core ★★]

해설

(1) 자기의 법익뿐 아니라 타인의 법익에 대한 현재의 부당한 침해를 방위하기 위한 행위도 상당한 이유가 있으면 형법 제21조의 정당방위에 해당하여 위법성이 조각된다. (2) 피고인이 유형력을 행사한 경우와 동기, 상해가 발생하게 된 경위, 상해를 입은 부위 등을 비롯한 여러 사정에 비추어 피고인의 행위가 정당방위에 해당한다는 원심의 판단은 정당하다(대법원 2017.3.15. 2013도2168 쌍용차사태 권영국 변호사 사건). [○]

0145 이혼소송 중인 남편이 찾아와 가위로 폭행하고 변태적 성행위를 강요하는 데에 격분하여, 처(피고인)가 칼로 남편의 복부를 찔러 사망에 이르게 한 경우 정당방위에 해당한다. ○│✕

[16 국가9급, 16 경간부, 16 경찰채용, 15 경찰승진, 15 경찰채용, 14 국가7급, 13 법원9급, 13 국가9급, 13 경찰승진, 11 법원행시]

[Core ★★]

해설

피해자의 폭행협박의 정도에 비추어 피고인이 칼로 피해자를 찔러 즉사하게 한 행위는 사회통념상 용인될 수 없는 것이므로 자기의 법익에 대한 현재의 부당한 침해를 방어하기 위한 행위로서 상당한 이유가 있는 경우라거나 방위행위가 그 정도를 초과한 경우에 해당한다고 할 수 없다(대법원 2001.5.15. 2001도1089 변태적 남편 살해사건). [✕]

0146 甲, 乙이 심야에 혼자 귀가 중인 피고인(女)의 음부를 만지며 반항하는 피고인의 옆구리를 무릎으로 차고 억지로 키스를 하자, 피고인이 엉겁결에 甲의 혀를 깨물어 설(舌)절단상을 입힌 경우 정당방위에 해당한다. ○│✕

[15 경찰승진, 13 법원9급, 12 경찰채용, 11 법원행시] [Essential ★]

해설

피고인의 범행은 자기의 신체에 대한 현재의 부당한 침해에서 벗어나려고 한 행위로서 그 행위에 이르게 된 경위와 그 목적 및 수단, 행위자의 의사등 제반 사정에 비추어 위법성이 결여된 행위이다(대법원 1989.8.8. 89도358 성추행범 혀절단 사건). [○]

0147 의붓아버지의 강간행위에 의하여 정조를 유린당한 후 계속적으로 성관계를 강요받아 온 피고인(女)과 그 공범자가 사전에 공모한 후 의붓아버지가 제대로 반항할 수 없는 상태에서 식칼로 심장을 찔러 살해한 경우 정당방위에 해당한다. ○│×

[12 법원행시] [Essential ★]

해설

> 피고인들이 사전에 범행을 준비하고 술에 취하여 잠들어 있는 피해자의 양팔을 눌러 꼼짝 못하게 한 후 피해자를 깨워 피해자가 제대로 반항할 수 없는 상태에서 식칼로 피해자의 심장을 찔러 살해한다는 것은 사회통념상 상당성을 인정하기가 어렵다고 하지 않을 수 없고, 원심이 피고인들의 행위가 정당방위에 해당한다거나 야간 기타 불안스러운 상태하에서 공포, 경악, 흥분 또는 당황으로 인하여 그 정도를 초과한 경우에 해당한다는 피고인들의 주장을 배척한 조처는 정당하다(대법원 1992.12.22. 92도2540 김보은양 사건). [×]

0148 타인이 보는 자리에서 자식으로서 인륜상 용납할 수 없는 폭언과 함께 폭행을 가하려는 피고인의 자(子)를 피고인이 1회 구타한 경우 정당방위에 해당한다. ○│×

[11 법원행시] [Essential ★]

해설

> 대법원 1974.5.14. 73도2401 망나니 아들 사건 [○]

0149 절도범으로 오인받은 피고인이 군중들로부터 무차별 구타를 당하자, 피고인이 소지하고 있던 손톱깎이 칼을 휘둘러 상해를 입힌 경우 정당방위에 해당한다. ○│×

[16 경찰승진, 15 법원9급] [Core ★★]

해설

> 대법원 1970.9.17. 70도1473 [○]

0150 피고인 甲이 그 소유의 밤나무 단지에서 A가 밤 18개를 푸대에 주워 담는 것을 보고 푸대를 빼앗으려다 반항하는 A의 뺨과 팔목을 때려 상처를 입힌 경우 정당방위에 해당한다. ○│×

[16 국가9급] [Essential ★]

해설

> 피고인의 행위가 비록 피해자의 절취행위를 방지하기 위한 것이었다고 하여도 긴박성과 상당성을 결여하여 정당방위라고 볼 수 없다(대법원 1984.9.25. 84도1611). [×]

0151 다음 중 정당방위에 해당하는 것은 모두 2개다.　　　　　　　　　　　　　　　○|×

> ㉠ A가 먼저 피고인 甲을 구타하자 甲이 26cm의 과도로 복부와 같은 인체의 중요한 부분을 3, 4회나 찔러 A에게 상해를 입힌 경우 [15 경찰승진, 13 국가7급]
>
> ㉡ 피고인 甲이 A와 말다툼을 하다가 건초더미에 있던 낫을 들고 반항하는 A로부터 낫을 빼앗아 그 낫으로 A의 가슴, 배 등을 10여 차례 찔러 A로 하여금 다발성 자상에 의한 기흉 등으로 사망하게 한 경우 [17 변호사]
>
> ㉢ 피고인 甲의 부(父) 乙이 양팔을 벌리고 A가 운전하는 차를 제지하였으나 A가 그대로 그 차를 앞쪽으로 전진시키자, 甲이 운전석 옆 창문을 통하여 A의 머리털을 잡아당겨 그의 흉부에 약간의 상처를 입게 한 경우 [16 경찰승진, 13 경간부, 12 경찰채용]
>
> ㉣ 피고인이 집주인인 A가 방세를 돌려 줄테니 방을 비워달라고 요구하자, 억지를 쓰며 폭언을 하므로 A의 며느리 B가 화가 나 피고인 방의 창문을 쇠스랑으로 부쉈고, 이에 격분하여 배척(빠루)을 들고 나와 마당에서 구경하던 마을주민 C, D를 배척으로 때려 상해를 가한 경우 [15 국가9급, 15 경찰채용, 12 경찰채용, 11 경찰승진]

해설

> ㉢ 항목만 정당방위에 해당한다.
> ㉠ 피고인의 행위가 피해자가 먼저 피고인을 구타한 것이 원인이 되었다 하더라도 26cm의 과도로 복부와 같은 인체의 중요한 부분을 3, 4회나 찔러 상해를 입힌 행위를 정당방위나 과잉방위에 해당한다고 볼 수 없다(대법원 1989.12.12. 89도2049).
> ㉡ 피해자가 피고인에게 한 가해의 수단 및 정도, 그에 비교되는 피고인의 행위의 수단, 방법과 행위의 결과 등 제반 사정에 비추어 피고인의 범행행위가 정당방위나 과잉방위에 해당한다고 볼 수 없다(대법원 2007.4.26. 2007도1794).
> ㉢ 대법원 1986.10.14. 86도1091
> ㉣ (1) 피해자의 침해행위에 대하여 자기의 권리를 방위하기 위한 부득이한 행위가 아니고, 그 침해행위에서 벗어난 후 분을 풀려는 목적에서 나온 공격행위는 정당방위에 해당한다고 할 수 없다. (2) 현재의 부당한 침해는 없었음이 명백하다는 이유로 정당방위에 관한 피고인의 주장을 배척한 원심의 판단은 정당하다(대법원 1996. 4.9. 96도241 배척 사건).　　　　　　　　　　　　　　　　　　　　　　　　　　[×]

0152 구의원 후보자 합동연설회장에서 후보자 A의 연설 내용이 명예훼손 또는 후보자비방의 구성요건에 해당된다 하더라도 형법 제310조 또는 공직선거법 제251조 단서에 의하여 위법성이 조각됨에도, 피고인이 연단으로 올라가 연설 중인 A를 밀치고 연설마이크를 가로막는 등 연설을 방해한 경우 정당방위에 해당한다.　　　　　　　　　　　　　　　　　　　　　　　　　　　　　　　　　　○|×

해설

> A의 행위는 명예훼손 또는 후보자비방의 구성요건에 해당된다 하더라도 형법 제310조 또는 공직선거법 제251조 단서에 의하여 위법성이 조각된다 할 것이어서 A의 사실적시가 부당한 침해라고 할 수 없을 뿐만 아니라, 피고인이 A의 연설을 임의로 방해한 것은 정당방위의 요건인 상당성을 결여한 행위에 해당한다(대법원 2003.11.13. 2003도3606 합동연설장 사건).　　　　　　　　　　　　　　　　　　　　　　　[×]

0153 피고인 甲이 A로부터 갑작스럽게 뺨을 맞는 등 폭행을 당하자, 甲이 깨어진 병으로 A를 찌를 듯이 겨누어 협박한 경우 정당방위에 해당된다.　　　　　　　　　　　　　　　　　　○│×

[13 국가9급] [Essential ★]

해설

> 피고인의 행위는 자기의 법익에 대한 현재의 부당한 침해를 방위하기 위한 것이라고 볼 수 있으나, 맨손으로 공격하는 상대방에 대하여 깨어진 병을 가지고 대항한다는 것은 사회통념상 그 정도를 초과한 방위행위로서 상당성이 결여된 것이라고 보지 않을 수 없다(대법원 1991.5.28. 91도80 부산KBS 기자사건).　　　　　　　[×]

0154 술에 취한 A, B, C가 이유없이 피고인 甲에게 공격을 해 오므로, 甲이 이에 대항하기 위하여 곡괭이 자루를 집어들고 50m 떨어진 곳으로 도망갔는데 A는 각목을 들고, B는 전화케이블선을 들고 계속 쫓아와 甲을 마구 때리므로 甲이 곡괭이 자루를 마구 휘둘러 A를 사망케 하고 B에게 상해를 입힌 경우 정당방위에 해당된다.　　　　　　　　　　　　　　　　　　　　　　　　　　　○│×

[11 경찰채용] [Core ★★]

해설

> 집단구타를 당하게 된 피고인이 더 이상 도피하기 어려운 상황에서 이를 방어하기 위하여 반격적인 행위를 하려던 것이 그 정도가 지나친 행위를 한 것이 뚜렷하므로 이는 과잉방위에 해당한다(대법원 1985. 9.10. 85도1370).　　　　　　　　　　　　　　　　　　　　　　　　　　　　　　　　　　　　[×]

0155 피고인 甲이 22:00경 그의 처 乙과 함께 극장구경을 마치고 귀가하는 도중 A가 甲의 조카 丙(女)에게 음경을 내놓고 소변을 보면서 키스를 하자고 달려들자 甲이 "술에 취했으니 집에 돌아가라"고 타일렀음에도, A가 甲의 뺨을 때리고 돌을 들어 구타하려고 따라왔고 乙을 땅에 넘어뜨려 깔고 앉아서 때리려 하므로 甲이 발로 A의 복부를 한차례 찼고 이후 결국 A가 사망한 경우 형법 제21조 제3항을 적용하여 피고인에게 무죄를 선고한다.　　　　　　　　　　　　　　　　　　　○│×

[13 국가9급] [Superlative ★★★]

해설

> 피고인의 행위는 형법 제21조 제2항 소정의 과잉방위에 해당한다 할 것이고, 당시 야간에 술이 취한 피해자의 불의의 폭행과 폭행으로 인한 불안스러운 상태에서의 공포, 경악, 흥분 또는 당황에 기인되었던 것임을 알 수 있으므로 같은 취지에서 원심이 형법 제21조 제3항을 적용하여 피고인에게 무죄를 선고한 제1심 판결을 유지하였음은 정당하다(대법원 1974.2.26. 73도2380).　　　　　　　　　　　　　　　　　　　　　　[○]

제2절 긴급피난

0156 긴급피난이란 자기 또는 타인의 법익에 대한 현재의 위난을 피하기 위한 상당한 이유 있는 행위를 말하고, 여기서 '상당한 이유 있는 행위'에 해당하려면, 첫째 피난행위는 위난에 처한 법익을 보호하기 위한 유일한 수단이어야 하고, 둘째 피해자에게 가장 경미한 손해를 주는 방법을 택하여야 하며, 셋째 피난행위에 의하여 보전되는 이익은 이로 인하여 침해되는 이익보다 우월해야 하고, 넷째 피난행위는 그 자체가 사회윤리나 법질서 전체의 정신에 비추어 적합한 수단일 것을 요하는 등의 요건을 갖추어야 한다.　　　　　　　　　　　　　　　　　　　　　　　　　　　　　　　　　　 ○|×

[13 국가9급] [Essential ★]

해설

대법원 2016.1.28. 2014도2477 이웃집 기계톱 살해사건　　　　　　　　　　　　　　　　　　[○]

0157 피고인의 모(母)가 갑자기 기절을 하여 이를 치료하기 위하여 군무를 이탈한 경우 긴급피난에 해당 된다.　　　 ○|×

[17 경간부, 14 법원9급] [Essential ★]

해설

피고인의 모(母)가 갑자기 기절을 하여 이를 치료하기 위하여 군무를 이탈하였더라도 이는 군형법 제30조(군무이탈)의 범행의 동기에 불과하므로 이를 법률상 긴급피난에 해당한다고 할 수 없다(대법원 1969.6.10. 69도690).　　[×]

0158 임신의 지속이 모체의 건강을 해칠 우려가 현저할 뿐더러 기형아 내지 불구아를 출산할 가능성마저 도 없지 않다는 판단하에 의사가 부득이하게 낙태수술을 한 경우 긴급피난에 해당된다.　 ○|×

[17 경간부, 16 경찰승진, 14 법원9급, 12 국가7급, 12 경찰승진] [Essential ★]

해설

피고인이 낙태시술이 정당행위 내지 긴급피난에 해당되어 위법성이 없는 경우에 해당된다고 한 원심의 판단은 정당하다(대법원 1976.7.13. 75도1205).　　　　　　　　　　　　　　　　　　　　　　　　　　[○]

0159 피고인이 강간범행의 와중에서 피해자가 피고인의 손가락을 깨물며 반항하자 물린 손가락을 비틀 며 잡아 뽑다가 피해자에게 치아결손의 상해를 입힌 경우 긴급피난에 해당된다.　　　 ○|×

[15 경찰승진, 14 국가7급, 13 국가9급, 12 국가7급] [Core ★★]

해설

피고인이 스스로 야기한 강간범행의 와중에서 피해자가 피고인의 손가락을 깨물며 반항하자 물린 손가락을 비틀며 잡아 뽑다가 피해자에게 치아결손의 상해를 입힌 소위를 가리켜 법에 의하여 용인되는 피난행위라 할 수 없다(대법원 1995.1.12. 94도2781 강간범 치아결손 사건).　　　　　　　　　　　　　　　　　　　[×]

0160 아파트 입주자대표회의 회장이 다수 입주민들의 민원에 따라 위성방송 수신을 방해하는 케이블TV 방송의 시험방송 송출을 중단시키기 위하여 케이블TV방송의 방송안테나를 절단하도록 지시한 경우 긴급피난에 해당된다. ○|×

[17 경간부, 16 국가7급, 16 경간부, 14 법원9급, 13 경찰채용] [Essential ★]

해설

> 피고인의 행위를 긴급피난 내지는 정당행위에 해당한다고 볼 수 없다(대법원 2006.4.13. 2005도9396 안테나 절단사건). [×]

0161 피해견(被害犬)이 피고인을 공격하지도 않았고 피해견이 평소 공격적인 성향을 가지고 있지 않았음에도, 피고인이 자신의 진돗개를 보호하기 위하여 피해견을 기계톱으로 내리쳐 등 부분을 절개하여 죽게 한 경우 긴급피난에 해당된다. ○|×

[18 경간부, 17 변호사] [Core ★★]

해설

> 피고인으로서는 자신의 진돗개를 보호하기 위하여 몽둥이나 기계톱 등을 휘둘러 피해자의 개들을 쫓아버리는 방법으로 자신의 재물을 보호할 수 있었을 것이므로 피해견을 기계톱으로 내리쳐 등 부분을 절개한 것은 상당성을 넘은 행위로서 긴급피난의 요건을 갖춘 행위로 보기 어려울 뿐 아니라, 그 당시 피해견이 피고인을 공격하지도 않았고 피해견이 평소 공격적인 성향을 가지고 있었다고 볼 자료도 없는 이상 책임조각적 과잉피난에도 해당하지 아니한다(대법원 2016.1.28. 2014도2477 이웃집 맹견 기계톱 살해사건). [×]

0162 선장이 태풍에 대비하여 선박과 선원들의 안전을 위하여 가장 적절하고 필요불가결하다고 인정되는 조치(선박의 닻줄을 5샤클에서 7샤클로 늘여 놓은 조치)를 취하여 피조개양식장에 물적 피해를 준 경우 긴급피난에 해당된다. ○|×

[17 경간부, 16 경찰승진, 14 변호사, 12 국가7급] [Essential ★]

해설

> 위급한 상황에서 선박과 선원들의 안전을 위하여 사회통념상 가장 적절하고 필요불가결하다고 인정되는 조치를 취하였다면 긴급피난으로서 위법성이 조각된다(대법원 1987.1.20. 85도221 금성호 사건). [○]

0163 집회장소 예정 장소인 (가)대학교 출입문에서 경찰관들이 (가)대학교에서의 집회에 참가하려는 자의 출입을 저지하자, 피고인이 그 때문에 신고없이 (나)대학교로 장소를 옮겨서 집회를 한 경우 긴급피난에 해당된다. ○|×

[16 경찰승진, 15 경찰승진, 14 법원9급] [Essential ★]

해설

> 집회장소 사용 승낙을 하지 않은 (가)대학교측의 집회 저지 협조요청에 따라 경찰관들이 (가)대학교 출입문에서 신고된 (가)대학교에서의 집회에 참가하려는 자의 출입을 저지한 것은 경찰관 직무집행법 제6조의 주거침입행위에 대한 사전 제지조치로 볼 수 있고, 비록 그 때문에 신고 없이 (나)대학교로 장소를 옮겨서 집회를 하였다 하여 신고 없이 한 집회가 긴급피난에 해당한다고 할 수 없다(대법원 1990.8.14. 90도870 한양대 → 연세대 사건). [×]

0164 피고인들이 확성장치 사용, 연설회 개최, 불법행렬, 서명날인운동, 선거운동기간 전 집회 개최 등의 방법으로 특정 후보자에 대한 낙선운동을 함으로써 공직선거법에 의한 선거운동 제한 규정을 위반한 경우 긴급피난에 해당한다. ○│×

[15 경찰승진] [Core ★★]

해설

공직선거법에 의한 선거운동제한 규정을 위반한 피고인들의 행위는 위법한 행위로서 허용될 수 없는 것이고, 피고인들의 행위가 시민불복종운동으로서 헌법상의 기본권 행사 범위 내에 속하는 정당행위이거나 정당행위 또는 긴급피난의 요건을 갖춘 행위로 볼 수 없다(대법원 2004.4.27. 2002도315 총선시민연대 낙선운동사건). [×]

0165 국회 외통위 한·미 FTA 비준 동의안 상정 과정에서 여당 위원들이 야당 위원들의 출입을 막기 위해 회의장을 봉쇄하자 피고인들(민주당과 민주노동당 보좌진들)이 회의장 출입구를 뚫을 목적으로 해머로 출입문과 집기 등을 쳐서 부수고 소방호스를 이용하여 회의장 내에 물을 분사한 경우 긴급피난에 해당된다. ○│×

[17 경간부, 16 경찰채용] [Core ★★]

해설

국민의 대의기관인 국회에서 서로의 의견을 경청하고 진지한 토론과 양보를 통하여 더욱 바람직한 결론을 도출하는 합법적 절차를 외면한 채 곧바로 폭력적 행동으로 나아간 피고인들의 행위는 상당성의 요건을 갖추지 못하였다고 할 것이므로 이를 정당행위나 긴급피난의 요건을 갖춘 행위로 평가하기 어렵다(대법원 2013.6.13. 2010도13609 한미FTA 비준동의안 심의방해사건Ⅰ). [×]

제3절 자구행위

0166 피고인 등이 채무자 A가 부도를 낸 후 도피하자 자신들의 물품대금채권을 다른 채권자들보다 우선적으로 확보할 목적으로 부도를 낸 다음날 새벽에 A의 가구점의 시정장치를 쇠톱으로 절단하고 그곳에 침입하여 시가 1,600만원 상당의 가구들을 화물차에 싣고 가 다른 장소에 옮긴 경우 자구행위에 해당하지 않는다. ○│×

[16 국가9급] [Essential ★]

해설

대법원 2006.3.24. 2005도8081 가구점 부도 사건 [○]

0167 인근 상가의 통행로로 이용되고 있는 토지의 사실상 지배권자인 피고인이 토지에 철주와 철망을 설치하고 포장된 아스팔트를 걷어냄으로써 통행로로 이용하지 못하게 한 경우 자구행위에 해당하지 않는다. ○│×

[17 국가7급, 14 변호사] [Core ★★]

해설

> 대법원 2007.12.28. 2007도7717 아스팔트 제거사건 [○]

제4절 피해자의 승낙

0168 처분할 수 있는 자의 승낙에 의하여 그 법익을 훼손한 행위는 법률에 특별한 규정이 있는 경우에 한하여 벌하지 아니한다. ○│×

[17 경찰승진, 16 경찰채용, 14 경찰승진, 14 국가7급] [Core ★★]

해설

> 처분할 수 있는 자의 승낙에 의하여 그 법익을 훼손한 행위는 법률에 특별한 규정이 없는 한 벌하지 아니한다(제24조). [×]

0169 위법성이 조각되는 피해자의 승낙은 개인적 법익을 훼손하는 경우에 법률상 이를 처분할 수 있는 사람의 승낙이어야 할 뿐만 아니라 그 승낙이 윤리적·도덕적으로 사회상규에 반하는 것이 아니어야 한다. ○│×

[14 국가9급, 12 변호사, 11 국가9급] [Essential ★]

해설

> 대법원 2008.12.11. 2008도9606 보험사기 상해사건 [○]

0170 피해자의 승낙에 의한 행위가 사회상규에 위배된 때에는 위법하다는 이른바 피해자의 승낙에 대한 '사회상규적·윤리적 한계에 의한 제약'은 판례에 의할 때 상해죄에 대하여만 인정된다. ○│×

[22 해경간부] [Superlative ★★★]

해설

> 피해자의 승낙에 대한 사회상규적·윤리적 한계에 의한 제약은 판례에 의할 때 상해죄 외에 폭행치사죄에 대해서도 인정된다(상해죄 : 대법원 2008.12.11. 2008도9606 보험사기 상해사건, 폭행치사죄 : 대법원 1989.11.28. 89도201 장난권투 사건, 대법원 1985.12.10. 85도1892 잡귀를 물리친다 사건). [×]

0171 위법성조각사유로서의 피해자의 승낙은 언제든지 자유롭게 철회할 수 있고, 그 철회의 방법에는 아무런 제한이 없다. ○|×

[18 경간부, 16 변호사, 15 국가9급] [Core ★★]

해설

대법원 2011.5.13. 2010도9962 안산 상가철거사건 [○]

0172 피고인들이 미성년자인 피해자를 보호·감독하고 있던 그 아버지의 감호권을 침해하여 그녀를 자신들의 사실상 지배하로 옮긴 이상 미성년자약취죄가 성립하고, 약취행위에 피해자의 동의가 있었다 하더라도 본죄의 성립에는 변함이 없다. ○|×

[17 법원행시, 16 경간부, 16 경찰채용, 13 경간부] [Core ★★]

해설

대법원 2003.2.11. 2002도7115 [○]

0173 미성년자의제강간·추행죄는 그 성립에 있어 위계 또는 위력이나 폭행 또는 협박의 방법에 의함을 요하지 아니하나 피해자의 동의가 있으면 성립하지 아니한다. ○|×

[17 경간부, 16 변호사, 16 국가7급, 13 국가9급, 12 경찰채용, 11 경찰승진] [Core ★★]

해설

미성년자의제강간·추행죄는 그 성립에 있어 위계 또는 위력이나 폭행 또는 협박의 방법에 의함을 요하지 아니하며 피해자의 동의가 있었다고 하여도 성립하는 것이다(대법원 1982.10.12. 82도2183). [×]

0174 무고죄는 개인의 부당하게 처벌 또는 징계받지 아니할 이익을 부수적으로 보호하는 죄이므로 무고에 있어서 피무고자의 승낙이 있었다면 위법성이 조각되어 무고죄는 성립하지 아니한다. ○|×

[16 법원행시, 16 국가7급, 14 변호사, 14 경찰승진, 11 국가9급] [Core ★★]

해설

무고죄는 국가의 형사사법권 또는 징계권의 적정한 행사를 주된 보호법익으로 하고, 다만 개인의 부당하게 처벌 또는 징계받지 아니할 이익을 부수적으로 보호하는 죄이므로 설사 무고에 있어서 피무고자의 승낙이 있었다고 하더라도 무고죄의 성립에는 영향을 미치지 못한다(대법원 2005.9.30. 2005도2712 합의주선용 무고사건). [×]

0175 피고인 甲이 乙과 공모하여 교통사고를 가장하여 보험금을 편취할 목적으로 乙의 승낙을 받아 그에게 상해를 가한 경우 피해자의 승낙에 의하여 범죄가 성립하지 않는다. ○|×

[18 경간부, 16 국가7급, 16 경간부, 15 국가9급, 13 경찰채용, 11 국가9급] [Essential ★]

해설

> 피고인이 교통사고를 가장하여 보험금을 편취할 목적으로 피해자에게 상해를 가하였다면 피해자의 승낙이 있었다
> 고 하더라도 이는 위법한 목적에 이용하기 위한 것이므로 피해자의 승낙에 의하여 위법성이 조각된다고 할 수
> 없다(대법원 2008.12.11. 2008도9606 보험사기 상해사건).   [×]

0176 피고인이 피해자의 병명을 자궁근종으로 오진하고 피해자에게 자궁적출술의 불가피성만을 강조하
여, 진단상의 과오가 없었으면 당연히 설명받았을 내용을 설명받지 못한 피해자로부터 수술 승낙을
받아 그의 자궁을 적출한 경우 피해자의 승낙에 의하여 범죄가 성립하지 않는다.   ○|×

[18 경간부, 16 변호사, 14 국가7급] [Core ★★]

해설

> 의사의 진단상의 과오가 없었으면 당연히 설명받았을 내용을 설명받지 못한 피해자로부터 의사가 수술승낙을 받았
> 다면 위 승낙은 부정확 또는 불충분한 설명을 근거로 이루어진 것으로서 수술의 위법성을 조각할 유효한 승낙이라
> 고 볼 수 없다(대법원 1993.7.27. 92도2345 자궁적출 사건).   [×]

0177 피고인이 피해자가 사용 중인 공중화장실의 용변칸에 노크하여 남편으로 오인한 피해자가 용변칸
문을 열자 강간할 의도로 그 용변칸에 들어간 경우 피해자의 승낙에 의하여 범죄가 성립하지 않는다.

○|×

[17 경간부, 16 법원행시, 16 국가7급, 16 경찰승진, 12 변호사, 12 법원9급] [Essential ★]

해설

> 피해자는 피고인의 노크 소리를 듣고 남편으로 오인하고 용변칸 문을 연 것이고, 피고인은 피해자를 강간할 의도로
> 용변칸에 들어간 것이므로 피고인이 용변칸으로 들어오는 것을 피해자가 명시적 또는 묵시적으로 승낙하였다고는
> 볼 수 없다(대법원 2003.5.30. 2003도1256 아빠야 사건).   [×]

0178 건물의 소유자라고 주장하는 피고인과 그것을 점유관리하고 있는 피해자 사이에 건물의 소유권에
대한 분쟁이 계속되고 있는 상황에서, 피고인이 그 건물에 들어간 경우 피해자의 승낙에 의하여 범
죄가 성립하지 않는다.   ○|×

[16 경간부] [Core ★★]

해설

> 건물의 소유권에 대한 분쟁이 계속되고 있는 상황이라면 피고인이 건물에 침입하는 것에 대한 피해자의 추정적
> 승낙이 있었다거나 피고인의 범행이 사회상규에 위배되지 않는다고 볼 수 없다(대법원 1989.9.12. 89도889).
> [×]

0179 피고인이 동거 중인 피해자의 지갑에서 현금을 꺼내가는 것을 피해자가 현장에서 목격하고도 만류하지 아니한 경우 피해자의 동의 또는 승낙에 의하여 범죄가 성립하지 않는다. ○|×

[16 국가9급] [Core ★★]

해설

피고인이 동거 중인 피해자의 지갑에서 현금을 꺼내가는 것을 피해자가 현장에서 목격하고도 만류하지 아니하였다면 피해자가 이를 허용하는 묵시적 의사가 있었다고 봄이 상당하여 절도죄를 구성하지 않는다(대법원 1985.11. 26. 85도1487). [○]

0180 피고인이 피해자에게 "밍크 45마리에 관하여 자기에게 그 권리가 있다"고 허위로 주장하고 피해자의 묵시적인 동의를 받아 이를 가져간 경우 피해자의 동의 또는 승낙에 의하여 범죄가 성립하지 않는다. ○|×

[19 경찰간부] [Superlative ★★★]

해설

피해자의 묵시적인 동의가 있었다면 피고인의 주장 이후에 허위임이 밝혀졌더라도 피고인의 행위는 절취행위에 해당하지 않는다(대법원 1990.8.10. 90도1211 밍크 45마리 사건). [○]

0181 묵시적 승낙이 있는 경우에도 피해자의 승낙에 의해 위법성이 조각될 수 있다. ○|×

[21 변호사] [Core ★★]

해설

형법에는 승낙의 '표시방법 또는 표시정도'에 관하여 아무런 규정이 없다. 승낙은 명시적이건 묵시적이건 외부에서 인식될 수 있을 정도면 된다는 것이 통설과 판례의 입장이다(대법원 1985.11. 26. 85도1487 참고). [○]

0182 피해자의 승낙이 객관적으로 존재하는데도 불구하고 행위자가 이를 알지 못하고 행위한 경우에는 위법성조각사유의 전제사실의 착오가 되어 위법성이 조각되지 않는다. ○|×

[21 변호사] [Superlative ★★★]

해설

피해자의 승낙이 객관적으로 존재하는데도 불구하고 행위자가 이를 알지 못하고 경우는 위법성조각사유의 전제사실의 착오가 아니라 우연승낙의 사례이다. 피해자의 승낙이 있다는 인식은 주관적 정당화 요소로써 객관적으로 존재하는 승낙사실을 알지 못하는 우연승낙의 경우 불능미수로 처벌한다(불능미수범설, 多數說). [×]

0183 피해자의 승낙이 객관적으로 존재하지 않음에도 불구하고 행위자는 그것이 존재한다고 오신한 때에는 위법성조각사유의 전제사실에 대한 착오의 문제가 된다. ○|×

[21 국가9급] [Superlative ★★★]

해설

이른바 오상승낙으로 이는 위법성조각사유의 전제사실에 대한 착오에 해당한다. [○]

제5절 정당행위

0184 구성요건에 해당하는 행위가 형법 제20조에 따라 위법성이 조각되려면, 첫째 그 행위의 동기나 목적의 정당성, 둘째 행위의 수단이나 방법의 상당성, 셋째 보호법익과 침해법익의 균형성, 넷째 긴급성, 다섯째 그 행위 이외의 다른 수단이나 방법이 없다는 보충성의 요건을 모두 갖추어야 한다. ○|×

[23 경찰간부] [Essential ★]

해설

구성요건에 해당하는 행위가 형법 제20조에 따라 위법성이 조각되려면, 첫째 그 행위의 동기나 목적의 정당성, 둘째 행위의 수단이나 방법의 상당성, 셋째 보호법익과 침해법익의 균형성, 넷째 긴급성, 다섯째 그 행위 이외의 다른 수단이나 방법이 없다는 보충성의 요건을 모두 갖추어야 한다(대법원 2018.12.27. 2017도15226 메신저 대화내용 열람·복사 사건). [○]

0185 공무원이 그 직무를 수행함에 있어 상관은 하관에 대하여 범죄행위 등 위법한 행위를 하도록 명령할 직권이 없는 것이며, 또한 하관은 소속 상관의 적법한 명령에 복종할 의무는 있으나, 명백히 위법 내지 불법한 명령인 때에는 이는 벌써 직무상의 지시명령이라 할 수 없으므로 이에 따라야 할 의무는 없다. ○|×

[13 국가9급, 11 국가9급] [Essential ★]

해설

대법원 2015.10.29. 2015도9010 서울시 공무원간첩 국정원 증거조작 사건 [○]

0186 감정평가업자가 아닌 공인회계사가 타인의 의뢰에 의하여 일정한 보수를 받고 부동산공시법이 정한 토지에 대한 감정평가를 업으로 행하는 것은 부동산공시법 제43조 제2호에 의하여 처벌되는 행위에 해당하고, 특별한 사정이 없는 한 이를 '법령에 의한 행위'로서 정당행위에 해당한다고 볼 수는 없다. ○|×

[17 경간부] [Core ★★]

해설

대법원 2015.11.27. 2014도191 삼성전자 부지 자산재평가사건 [○]

0187 「민사소송법」 제335조에 따른 법원의 감정인 지정결정 또는 같은 법 제341조 제1항에 따라 법원의 감정촉탁을 받은 사람이 감정평가업자가 아니었음에도 그 감정사항에 포함된 토지등의 감정평가를 한 행위는 법령에 근거한 법원의 적법한 결정이나 촉탁에 따른 것으로 형법 제20조에 따라 위법성이 조각된다. ○│×

[23 경찰간부] [Core ★★]

해설

「민사소송법」 제335조에 따른 법원의 감정인 지정결정 또는 같은 법 제341조 제1항에 따라 법원의 감정촉탁을 받은 사람이 감정평가업자가 아니었음에도 그 감정사항에 포함된 토지 등의 감정평가를 한 행위는 법령에 근거한 법원의 적법한 결정이나 촉탁에 따른 것으로 형법 제20조에 따라 위법성이 조각된다(대법원 2021.10.14. 2017도10634 산양삼 손실보상액 평가사건). [○]

0188 현역입영 통지서를 받고도 정당한 사유 없이 이에 응하지 않은 사람을 처벌하는 병역법 제88조 제1항의 정당한 사유는 구성요건해당성을 조각하는 사유가 아니라 위법성조각사유인 정당 행위로 보아야 한다. ○│×

[19 국가9급] [Core ★★]

해설

병역법 제88조 제1항은 현역입영 또는 소집통지서를 받고도 '정당한 사유' 없이 이에 응하지 않은 사람을 처벌하는데, 여기에서 '정당한 사유'는 구성요건해당성을 조각하는 사유로서 위법성조각사 유인 정당행위나 책임조각사유인 기대불가능성과는 구별된다(대법원 2018.11.1. 2016도10912 全合 종교적 병역거부사건Ⅰ). [×]

0189 아버지인 피고인이 스스로의 감정을 이기지 못하고 야구방망이로 때릴 듯이 그의 아들에게 "죽여 버린다"고 말하여 협박한 경우 정당행위에 해당한다. ○│×

[15 경찰승진, 12 국가9급, 12 경간부, 11 경찰승진] [Essential ★]

해설

피고인이 야구방망이로 때릴 듯이 피해자에게 "죽여 버린다"고 말하여 협박하는 것은 그 자체로 피해자의 인격 성장에 장해를 가져올 우려가 커서 이를 교양권의 행사라고 보기 어렵다(대법원 2002.2. 8. 2001도6468 야구방망이 사건). [×]

0190 甲이 열쇠로 乙의 차를 긁고 있다가 乙이 나타나자 이를 부인하면서 도망하려고 하므로, 乙이 甲을 도망하지 못하게 멱살을 잡고 흔들어 그에게 전치 14일의 흉부찰과상을 가한 경우 정당행위에 해당한다. ○│×

[16 국가9급, 16 경찰승진, 13 법원9급, 11 국가9급, 11 경찰승진] [Essential ★]

해설

甲이 재물손괴죄의 현행범인에 해당함은 명백하고, 甲은 당시 열쇠로 乙의 차를 긁고 있다가 乙이 나타나자 부인하면서 도망하려고 하였다는 것이므로 체포의 필요성의 요건을 갖추었다고 할 것이다(대법원 1999.1.26. 98도3029 팽성읍 차손괴 사건). 적법하게 현행범인을 체포하면서 경미한 상해를 가하더라도 정당행위에 해당하여 위법성이 조각된다고 판시한 사례이다. [○]

0191 甲이 자기 소유 임야에 심어둔 밤나무를 손괴한 현행범인 A를 추적하였고, A가 A의 부(父) B의 집에 들어가자 그 집에 무단히 침입하여 B와 시비를 하던 중 B에게 상해를 가한 경우 정당행위에 해당한다. ○ | ×

[15 경간부] [Core ★★]

해설

현행범을 추적하여 그 범인의 부(父)의 집에 들어가서 동인과 시비 끝에 상해를 입힌 경우에 주거침입죄가 성립한다(대법원 1965.12.21. 65도899). [×]

0192 국가정보원의 사이버팀 직원들이 상부에서 하달된 지시에 따라 정치적인 목적을 가지고 인터넷 게시글과 댓글 작성, 찬반클릭 행위, 트윗과 리트윗 활동을 한 경우 구 국가정보원법에 따른 직무범위 내의 정당한 행위로 볼 수 없다. ○ | ×

[18 국가7급] [Essential ★]

해설

사이버팀 직원들이 한 사이버 활동 중 일부는 구 국가정보원법상 국가정보원 직원의 직위를 이용한 정치활동 관여 행위 및 구 공직선거법상 공무원의 지위를 이용한 선거운동에 해당하며, 이러한 활동을 구 국가정보원법에 따른 직무범위 내의 정당한 행위로 볼 수 없다(대법원 2018.4.19. 2017도14322 숲습 국정원 대선개입 사건). [○]

0193 일반적인 안수기도의 방식과 정도를 벗어나 비정상적이거나 과도한 유형력을 행사하고 환자의 신체의 자유를 과도하게 제압하여 상해까지 입힌 경우라면, 그러한 유형력의 행사가 비록 안수기도의 명목과 방법으로 이루어졌다 해도 사회상규상 용인되는 정당행위라고 볼 수 없으나, 이를 치료행위로 오인한 피해자측의 승낙이 있었다고 한다면 그러하지 아니하다. ○ | ×

[14 법원행시] [Core ★★]

해설

일반적인 안수기도의 방식과 정도를 벗어나 환자의 신체에 비정상적이거나 과도한 유형력을 행사하고 신체의 자유를 과도하게 제압하여 그 결과 환자의 신체에 상해까지 입힌 경우라면, 그러한 유형력의 행사가 비록 안수기도의 명목과 방법으로 이루어졌다 해도 사회상규상 용인되는 정당행위라고 볼 수 없음은 물론이고, 이를 치료행위로 오인한 피해자측의 승낙이 있었다 하여 달리 볼 수도 없다(대법원 2008.8.21. 2008도2695 고통스런 안수기도 사건). [×]

0194 신문기자가 취재활동을 하면서 취재원에게 취재에 응해줄 것을 요청하고 취재한 내용을 관계 법령에 저촉되지 않는 범위 내에서 보도하는 것은 신문기자로서의 일상적인 업무 범위 내에 속하는 것으로서 특별한 사정이 없는 한 사회통념상 용인되는 행위라고 보아야 한다. ○ | ×

[15 경찰채용, 14 법원행시] [Core ★★]

해설

대법원 2011.7.14. 2011도639 검찰신문 취재부장 사건 [○]

0195 다음 중 정당행위에 해당하는 것은 모두 2개다. ○|✕

[Superlative ★★★]

> ⊙ 자격기본법에 의한 민간자격을 받은 피고인이 환자들을 상대로 침술행위(체침, 體鍼)를 시행한 경우 [16 경간부, 11 국가9급, 11 경찰승진]
> ⓛ 수지침(手指鍼) 전문가인 피고인이 스스로 수지침을 사 가지고 온 자의 부탁을 받아 그에게 수지침 시술을 한 경우 [17 법원9급, 15 경간부]
> ⓒ 외국에서 침구사자격을 취득하였으나 국내에서는 침술행위를 할 수 있는 면허나 자격을 취득하지 못한 피고인이 환자들의 허리, 다리 부위에 체침(體鍼)을 시술한 경우 [13 법원9급]
> ⓔ 의사가 모발이식시술을 하면서 이에 관하여 어느 정도 지식을 가지고 있는 간호조무사로 하여금 모발이식시술행위 중 일정 부분을 직접 하도록 맡겨둔 채 별반 관여하지 않은 경우 [16 경찰승진]
> ⓜ 피고인이 찜질방 내에 침대, 부항기 및 부항침 등을 갖춰 놓고 찾아오는 사람들에게 치료비를 받고 부항을 뜨는 방법으로 치료를 한 경우 [16 국가7급]

해설

> ⓛ 항목만 정당행위에 해당한다.
> ⊙ 대법원 2003.5.13. 2003도939
> ⓛ 대법원 2000.4.25. 98도2389 수지침 사건
> ⓒ 대법원 2002.12.26. 2002도5077 외국침구사자격증 사건
> ⓔ 대법원 2007.6.28. 2005도8317 간호조무사 모발이식 사건
> ⓜ 대법원 2004.10.28. 2004도3405 부항뜸 사건 [✕]

0196 피고인이 84세 여자 노인과 11세의 여자 아이를 상대로 안수기도를 함에 있어서 "마귀야 물러가라, 왜 안 나가느냐"는 등 큰 소리를 치면서 손으로 피해자의 배와 가슴 부분을 세게 때리고 누르는 등의 행위를, 여자 노인에게는 약 20분간, 여자아이에게는 약 30분간 반복하여 피해자들을 골절이나 타박상 등으로 사망에 이르게 한 경우 정당행위에 해당하지 아니한다. ○|✕

[11 국가9급] [Core ★★]

해설

> 대법원 1997.4.22. 97도538 마귀야 물러가라 사건 [○]

0197 집행관인 피고인들이 집행력 있는 판결정본에 기한 동산압류집행의 위임을 받아 신분증과 채무명의를 휴대한 채 채무자의 주거에 들어가려고 하였으나, 채무자의 아들이 주거에 들어오지 못하게 하고 저항하므로 이를 배제하고 채무자의 주거에 들어가기 위하여 동인을 떠민 경우 정당행위에 해당한다. ○|✕

[12 경찰승진] [Core ★★]

해설

> 대법원 1993.10.12. 93도875 [○]

0198 신문기자인 피고인이 고소인에게 2회에 걸쳐 증여세 포탈에 대한 취재를 요구하면서 이에 응하지 않으면 자신이 취재한 내용대로 보도하겠다고 말한 경우 정당행위에 해당한다. ○│×

[17 법원9급, 17 경찰승진, 16 경찰승진, 15 경간부, 13 경찰채용, 12 경간부] [Core ★★]

해설

대법원 2011.7.14. 2011도639 검찰신문 취재부장 사건 [○]

0199 국회의원인 피고인이, 구 국가안전기획부 내 정보수집팀이 삼성그룹 고위관계자와 중앙일간지 사주 간의 사적 대화를 불법 녹음한 자료를 입수한 후 그 대화내용과 삼성그룹으로부터 이른바 떡값 명목의 금품을 수수하였다는 검사들의 실명이 게재된 보도자료를 작성하여 자신의 인터넷 홈페이지에 게재한 경우 정당행위에 해당한다. ○│×

[17 경찰승진, 15 경찰채용] [Core ★★]

해설

설사 피고인이 도청자료를 취득하는 과정에 위법한 점이 없었다고 하더라도 이를 내용으로 하는 보도자료를 인터넷 홈페이지에 게재함으로써 통신비밀을 공개한 행위는 정당행위로서 위법성이 조각되는 경우에 해당한다고 볼 수 없다(대법원 2011.5.13. 2009도14442 노회찬 의원 사건). 대법원은 노회찬 의원이 국회 내에서 기자들에게 보도 편의를 위하여 보도자료를 배포한 것은 면책특권의 범위 내의 행위라고 보아 공소기각판결을 선고하였지만, 지문과 같이 인터넷 홈페이지에 보도자료를 게재한 것은 면책특권의 범위 내의 행위로 볼 수 없을 뿐만 아니라 정당행위에 해당하지 않는다고 하여 유죄판결을 선고하였다. [×]

0200 한겨레신문 기자인 피고인 甲이 정수장학회 이사장 A와의 전화통화를 마친 후 예우차원에서 A가 전화를 먼저 끊기를 기다리던 중, 문화방송 기획홍보본부장 B가 A와 인사를 나누면서 전략기획부 장 C를 소개하는 목소리가 휴대폰을 통해 들려오고 그들이 정수장학회가 보유하고 있던 언론사의 지분매각 문제 등을 논의하자, 통화연결상태에 있는 자신의 휴대폰을 이용하여 대화를 몰래 청취·녹음한 이후에 이를 언론을 통해 보도한 경우 정당행위에 해당한다. ○│×

[17 국가7급] [Superlative ★★★]

해설

청취 및 녹음 결과 대화 내용이 정수장학회가 보유하고 있던 언론사의 지분매각 문제라는 점만으로 이러한 '청취'·'녹음' 행위가 정당행위에 해당한다고 볼 수 없고, 대화 내용의 '공개' 행위 역시 정당행위에 해당하지 아니한다(대법원 2016.5.12. 2013도15616 정수장학회 비밀회동 청취·녹음·보도사건). [×]

0201 건설업체 노조원인 피고인들이 '임·단협 성실교섭 촉구 결의대회'를 개최하면서 사회통념상 용인될 수 있는 다소의 피해를 발생시키는 방법으로 (차도의 통행방법으로 신고하지 아니한) 삼보일배 행진을 한 경우 정당행위에 해당한다. ○│×

[11 국가7급, 11 경찰채용] [Core ★★]

해설

대법원 2009.7.23. 2009도840 삼보일배 사건 I [○]

0202 피고인이 옥외집회에서 고성능 확성기 등을 사용하여 발생된 소음이 82.9dB 내지 100.1dB에 이르고, 사무실 내에서의 전화통화, 대화 등이 어려웠으며, 밖에서는 부근을 통행하기조차 곤란하였고 인근 상인들도 소음으로 인한 고통을 호소하는 정도에 이른 경우 정당행위에 해당한다.　　○|×

[11 경찰승진] [Core ★★]

해설

> 피고인들의 행위는 위력으로 인근 상인 및 사무실 종사자들의 업무를 방해한 업무방해죄를 구성하고 사회상규에 위배되지 아니하는 정당한 행위에 해당하여 위법성이 조각된다고 볼 수 없다(대법원 2004.10.15. 2004도4467 대구 중구청앞 시위사건).　　[×]

0203 다음 중 정당행위에 해당하는 것은 모두 3개다.　　○|×

[Superlative ★★★]

> ㉠ 술에 취한 피해자가 피고인을 때렸다가 피고인의 반항하는 기세에 겁을 먹고 주춤주춤 피하는 것을 피고인이 밀어서 넘어뜨린 경우 [11 경간부]
> ㉡ 피해자가 피고인의 넥타이를 잡고 늘어져 후경부피하출혈상을 입을 정도로 목이 졸리게 된 피고인이 피해자를 떼어놓기 위하여 서로 밀고 당기고 한 경우 [16 법원9급]
> ㉢ 피해자가 야간에 피고인의 집에 침입한 상태에서 문을 닫으려는 피고인과 열려는 피해자 사이의 실랑이가 계속되는 과정에서 문짝이 떨어져 피해자가 전치 2주의 상해를 입은 경우 [11 법원행시, 11 경찰승진]
> ㉣ 피해자가 피고인이 교수로 재직하고 있는 대학교의 강의실 출입구에서 피고인의 진로를 막아서면서 물리적으로 저지하려 하자 피고인이 피해자의 팔을 뿌리쳐서 피해자가 상해를 입은 경우 [15 경간부]

해설

> ㉡㉢㉣ 3 항목이 본능적이고 소극적인 방어행위로서 정당행위에 해당한다.
> ㉠ 피고인의 행위는 피해자의 공격으로부터 벗어나기 위한 부득이한 소극적 저항의 수단이라기보다는 보복을 위한 적극적 반격행위라고 보지 않을 수 없다(대법원 1985.3.12. 84도2929).
> ㉡ 대법원 1996.5.28. 96도979
> ㉢ 대법원 2000.3.10. 99도4273
> ㉣ 대법원 1995.8.22. 95도936 제수 폭행사건　　[○]

0204 분쟁이 있던 옆집 사람이 야간에 술에 만취된 채 시비를 하며 거실로 들어오려 하므로 피고인이 이를 제지하며 밀어내는 과정에서 피해자가 전치 2주의 상해를 입은 경우 정당행위에 해당한다.

○|×

[17 경찰승진, 16 법원9급] [Essential ★]

해설

> 대법원 1995.2.28. 94도2746 창문분쟁 사건　　[○]

0205 진찰 및 처방행위를 할 수 있는 면허나 자격을 취득하지 못한 피고인이, 질병의 치료를 목적으로 피고인을 찾아온 환자들로부터 가입비를 받은 후 진찰을 하고 한약재로 구성된 소위 '달인 물'을 처방하여 준 경우 정당행위에 해당한다.　　　　　○|×

[18 국가9급] [Core ★★]

해설

한약재로 구성된 소위 '달인 물'을 처방받아 이를 복용하였는데, 이러한 '통합의학'에 기초한 피고인의 질병에 대한 진찰 및 처방은 그 치료효과에 관한 과학적 근거가 부족하여 그로 인한 부작용 내지 위험발생의 개연성이 적지 아니할 것으로 보이는 사실 등을 인정할 수 있는바, 그렇다면 이러한 피고인의 진찰 및 처방은 의료법을 포함한 법질서 전체의 정신이나 사회통념에 비추어 용인될 수 있는 행위에 해당한다고 볼 수 없다(대법원 1985.3.12. 84도2929).　　　　　[×]

0206 피해자가 갑자기 달려나와 정당한 이유없이 피고인의 멱살을 잡고 파출소로 가자면서 계속하여 끌어당기므로 피고인이 피해자의 행위를 제지하기 위하여 그의 양팔부분의 옷자락을 잡고 밀친 경우 정당행위에 해당한다.　　　　　○|×

[11 국가9급] [Essential ★]

해설

대법원 1990.1.23. 89도1328　　　　　[○]

0207 실내 어린이 놀이터에서 피해자 A(2세)가 피고인 甲의 딸 乙(4세)이 가지고 놀고 있는 블록을 발로 차고 무너뜨리고 이에 딸이 울기 때문에 甲이 몇 차례 A를 제지하였지만, A가 乙을 한참 쳐다보고 있다가 갑자기 乙의 눈 쪽을 향해 오른손을 뻗었고 이를 본 甲이 왼손을 내밀어 그를 제지하는 과정에서 A가 바닥에 넘어져 엉덩방아를 찧은 경우 정당행위에 해당한다.　　　　　○|×

[15 경간부] [Core ★★]

해설

대법원 2014.3.27. 2012도11204 실내 어린이놀이터 사건　　　　　[○]

0208 다음 중 정당행위에 해당하는 것은 모두 3개다. ○|×

> ⊙ 사설수도를 설치한 시장번영회가 수도요금을 체납한 회원에 대하여 사전 경고까지 하고 단수행위를 한 경우 [14 경간부]
> ⓒ 시장번영회 회장인 피고인이 이사회의 결의와 시장번영회의 관리규정에 따라서 관리비 체납자의 점포에 대하여 단전조치를 한 경우 [17 경간부, 16 국가9급, 15 법원9급, 11 법원행시]
> ⓒ 시장번영회의 회장인 피고인이 시장번영회에서 제정, 시행중인 관리규정을 위반하여 칸막이를 천장에까지 설치한 일부 점포주들에 대하여 단전조치를 한 경우 [13 변호사, 13 법원9급]
> ㉣ 차임이나 관리비를 단 1회도 연체한 적이 없는 피해자가 임대차계약의 종료 후 임대료와 관리비를 인상하는 내용의 갱신계약 여부에 관한 의사표시나 명도의무를 지체하고 있다는 이유만으로, 피고인이 그 종료일로부터 16일 만에 피해자의 사무실에 대하여 단전조치를 취한 경우 [11 국가9급]

해설

> ⊙ⓒⓒ 3 항목이 정당행위에 해당한다.
> ⊙ 대법원 1977.11.22. 77도103 용산 제1시장 사건
> ⓒ 대법원 2004.8.20. 2003도4732 삼천포종합시장 사건
> ⓒ 대법원 1994.4.15. 93도2899
> ㉣ 피고인의 행위는 권리를 확보하기 위하여 다른 적법한 절차를 취하는 것이 매우 곤란하였던 것으로 보이지 않아 그 동기와 목적이 정당하다거나 수단이나 방법이 상당하다고 할 수 없다(대법원 2006.4.27. 2005도8074). [○]

0209 아파트 입주자대표회의의 임원 또는 아파트관리회사의 직원들인 피고인들이 기존 관리회사의 직원들로부터 계속 업무집행을 제지받던 중 저수조 청소를 위하여 출입문에 설치된 자물쇠를 손괴하고 중앙공급실에 침입한 행위는 정당행위에 해당하지 않지만, 관리비 고지서를 빼앗거나 사무실의 집기 등을 들어낸 것에 불과한 행위는 정당행위에 해당하여 위법성이 조각된다. ○|×

해설

> 원심은, 아파트의 입주자대표회의로부터 새롭게 관리업무를 위임받은 X회사의 직원들인 피고인들이 저수조 청소를 위하여 중앙공급실에의 출입을 시도하여 오다가 기존에 관리업무를 수행하던 Y회사의 직원들로부터 계속 출입을 제지받자 출입문에 설치된 자물쇠를 손괴하고 중앙공급실에 침입한 사실은 인정되나 피고인들의 행위는 사회통념상 허용될 만한 정도의 상당성이 있어 정당행위에 해당한다고 판단하였다. 그리고 원심은, 아파트 입주자대표회의의 임원 또는 X회사의 직원들인 피고인들이 관리비 고지서를 빼앗거나 사무실의 집기 등을 들어낸 것은 사회통념상 허용될 만한 정도의 상당성이 있는 행위라고 볼 수 없어 정당행위에 해당하지 않는다고 판단하였다. 원심의 위와 같은 판단은 정당한 것으로 수긍이 간다(대법원 2006.4.13. 2003도3902 아파트 관리업체 분쟁사건). [×]

0210 다음 중 정당행위에 해당하는 것은 모두 1개다.   ○|×

> ⊙ 피고인이 간통현장을 직접 목격하고 그 사진을 촬영하기 위하여 상간자의 주거에 침입한 경우 [16 경찰승진, 15 경간부, 14 경찰승진, 13 변호사, 13 국가7급, 12 법원행시, 11 법원행시, 11 국가9급]
>
> ⓛ 회사측이 회사 운영을 부실하게 하여 소수주주들에게 손해를 입게 하였다는 이유로 주주총회에 참석한 주주가 강제로 사무실을 뒤져 **회계장부를 찾아낸 경우** [16 법원9급, 16 국가9급, 11 경찰승진]
>
> © 연립주택 아래층에 사는 피해자가 위층 피고인의 집으로 통하는 상수도관의 밸브를 임의로 잠근 후 이를 피고인에게 알리지 않아 하루 동안 수돗물이 나오지 않은 고통을 겪었던 피고인이 상수도관 의 밸브를 확인하고 이를 열기 위하여 부득이 피해자의 집에 들어간 경우 [15 경간부]

해설

> © 항목만 정당행위에 해당한다.
> ⊙ 피고인들의 주거침입 등의 행위가 그 수단과 방법에 있어서 상당성이 인정된다고 보기도 어려우며, 피해자의 간통 또는 불륜관계에 관한 증거수집을 위하여 이와 같은 주거침입이 긴급하고 불가피한 수단이었다고 볼 수 도 없다(대법원 2003.9.26. 2003도3000 상간녀주택 침입사건).
> ⓛ 설사 회사측이 회사 운영을 부실하게 하여 소수주주들에게 손해를 입게 하였다고 하더라도 위와 같은 사정만으 로 주주총회에 참석한 주주가 강제로 사무실을 뒤져 회계장부를 찾아내는 것이 사회통념상 용인되는 정당행위 로 되는 것은 아니다(대법원 2001.9.7. 2001도2917 주주총회장 방해사건).
> © 대법원 2004.2.13. 2003도7393 상수도관 밸브 사건   [○]

0211 다음 중 정당행위에 해당하는 것은 모두 1개다.　　　　　　　　　　　　　　○|×

> ㉠ 사채업자인 피고인이 피해자에게, 채무를 변제하지 않으면 피해자가 숨기고 싶어 하는 과거의 행
> 　적과 사채를 쓴 사실 등을 남편과 시댁에 알리겠다는 등의 문자메시지를 발송 한 경우 [13 경찰채용]
> ㉡ 상사 계급의 피고인이 병사들에 대해 수시로 폭력을 행사해 와 신체에 위해를 느끼고 겁을 먹은
> 　상태에 있던 병사들에게 청소 불량 등을 이유로 40분 내지 50분간 머리박아(속칭 '원산폭격')를 시
> 　키거나 양손을 깍지 낀 상태에서 약 2시간 동안 팔굽혀펴기를 50~60회 정도 하게 한 경우 [13 국
> 　가7급, 13 경간부]
> ㉢ 언론소비자주권국민캠페인 회원인 피고인들이 조선·중앙·동아일보에 광고를 게재하는 광고주들
> 　에게 불매운동의 일환으로 지속적·집단적으로 항의전화를 하거나 광고주들의 홈페이지에 항의글
> 　을 게시하는 등의 방법으로 광고중단을 압박한 경우 [13 경찰채용]
> ㉣ 언론소비자주권국민캠페인 대표인 피고인이 광동제약을 상대로 조선·중앙·동아일보에 광고를 중
> 　단하라고 했다 거절당하자 한겨레·경향신문에도 공평하게 광고하도록 요구하고 불응하면 회사
> 　제품에 대한 불매운동을 벌이겠다고 압박하여, 광동제약으로 하여금 인터넷 홈페이지에 '앞으로
> 　특정 언론사에 편중하지 않고 동등한 광고 집행을 하겠다'는 취지의 안내문을 띄우고, 한겨레·경
> 　향신문에 756만원 어치의 광고를 싣게 한 경우 [14 경찰승진]

해설

> 모든 항목이 정당행위에 해당하지 아니한다.
> ㉠ 피고인이 정당한 절차와 방법을 통해 그 권리를 행사하지 아니하고 피해자에게 해악을 고지한 것은 사회통념에
> 　비추어 용인할 수 있는 정도의 것이라고 볼 수 없다(대법원 2011.5.26. 2011도2412 사채업자 협박사건).
> ㉡ 얼차려들이 훈계의 차원에서 이루어진 것이었다 하더라도 그 정도를 넘어선 것으로서 수단과 방법에 상당성이
> 　인정된다고 보기 어렵고, 나아가 당시 그와 같은 얼차려가 긴급하고도 불가피한 수단이었다고 볼 수도 없다(대
> 　법원 2006.4.27. 2003도4151 가혹한 얼차려 사건).
> ㉢ 피고인들의 불매운동은 광고주들의 자유의사를 제압할 만한 위력을 행사하여 광고주들의 영업활동의 자유를
> 　침해하는 정도에 이르렀다는 점에서 수단이나 방법의 상당성, 법익균형성, 긴급성, 보충성의 요건을 충족시키
> 　지 못한다(대법원 2013.3.14. 2010도410 언소주 소비자불매운동 사건).
> ㉣ 피고인들의 행위는 그들이 시정하겠다는 언론사들의 왜곡보도와는 별다른 관련성이 없는 주식회사 광동제약을
> 　불매운동의 대상으로 삼아 광동제약 직원의 의사결정 및 의사실행의 자유를 침해한 것으로서 그 방법의 상당성
> 　이 인정될 수 없고, 나아가 보충성이나 긴급성, 법익균형성의 요건도 충족되지 않는다(대법원 2013.4.11.
> 　2010도13774 언소주 광동제약 불매운동 사건).　　　　　　　　　　　　　　　　　　　　[×]

0212 A가 교회재판위원회에서 출교처분의 판결을 받았음에도 불구하고 계속 교회의 담임목사로서의 직무
를 수행하는 것이 부당하다고 생각한 나머지, 피고인 甲 등이 그 판결이 있는 사실을 신도들에게 알리
기 위하여 판결문을 복사하여 예배를 보러온 신도들에게 배포한 경우 정당행위에 해당한다.　　○|×

해설

> 대법원 1989.2.14. 88도899 출교처분 판결문 사건　　　　　　　　　　　　　　　　　　　　[○]

0213 회사 대표인 피고인이 '회사의 직원이 회사의 이익을 빼돌린다'는 소문을 확인할 목적으로, 비밀장치를 한 피해자가 사용하던 컴퓨터의 하드디스크를 떼어내어 다른 컴퓨터에 연결한 다음 의심이 드는 단어로 파일을 검색하여 메신저 대화 내용, 이메일 등을 출력한 경우 정당행위에 해당한다.

○│×

[17 법원9급, 17 경간부, 15 경간부, 15 경찰채용, 13 경찰채용, 12 경간부, 11 경찰승진, 11 경간부, 11 경찰채용] [Core ★★]

해설

> 대법원 2009.12.24. 2007도6243 회사의 이익을 빼돌린다 사건   [○]

0214 다음은 모두 정당행위에 해당하지 아니한다.

○│×

[Superlative ★★★]

> ⊙ 지입차주들이 지입료 등을 연체하자 계약을 일방적으로 해지하고 차량을 회수할 수 있도록 한 계약내용에 따라 회사 직원이 지입차주인 피해자들이 점유하는 차량 또는 번호판을 피해자들의 의사에 반하여 무단으로 취거한 경우 [11 경찰채용]
> ⊙ 피고인이 피해자들을 상대로 하여 주위토지통행권의 존부 및 범위에 관한 확인 및 옹벽 중 주위통행을 위한 부분에 관한 철거 판결을 받고, 이를 이행하지 않을 경우 법령에서 정하는 절차를 따라 강제집행할 수 있을 뿐인데도, 피고인이 위와 같은 절차를 따르지 아니하고 임의로 옹벽을 철거한 경우 [11 경간부]
> ⊙ 피고인의 가옥 앞 도로가 폐기물 운반 차량의 통행로로 이용되어 가옥 일부에 균열 등이 발생하자, 피고인이 도로에 트랙터를 세워두거나 철책 펜스를 설치함으로써 차량의 통행을 불가능하게 하거나 차량들의 앞을 가로막고 앉아서 통행을 일시적으로 방해한 경우 [12 경찰승진]
> ⊙ 피고인이 행방불명된 남편에 대하여 불리한 민사판결이 선고되자, 남편 명의의 항소장을 위조하여 이를 법원에 제출한 경우 [16 법원9급, 14 경찰채용, 11 국가9급]

해설

> 모두 정당행위에 해당하지 아니한다.
> ⊙ 피고인이 법적 절차에 의하지 아니하고 일방적으로 지입차량 등을 회수하지 않으면 안 될 급박한 필요성이 있다고 볼 만한 자료를 기록상 찾아볼 수 없고, 그 경위, 수단, 방법 등에 비추어 보아도 피고인의 무단 취거 행위는 정당행위에 해당한다고 할 수 없다(대법원 2010.10.14. 2008도6578 지입차량 무단취거사건).
> ⊙ 피고인이 법적 절차를 따르지 아니하고 임의로 옹벽을 철거한 행위는 피고인에게 주위토지 통행권을 인정할 수 있는지 여부와 관계없이 위법하다는 이유로 정당행위에 의한 위법성 조각 주장을 배척한 원심의 조치는 정당하다(대법원 2008.3.27. 2007도7933).
> ⊙ 가옥에 균열이 발생한 사정 등이 있다고 하더라도 피고인이 차량들의 통행을 금지하는 가처분 등의 방법을 이용하지 아니한 채 통행 방해 행위에 이른 점에 비추어 그 행위의 수단이나 방법에 상당성이 있다고 보기 어렵다(대법원 2009.1.30. 2008도10560 트랙터ㆍ철책펜스 사건). 트랙터와 펜스 부분만 정당행위에 해당하지 않아 일반교통방해죄 성립, 앞을 가로막고 앉은 부분은 구성요건에 해당하지 않아 일반교통방해죄 불성립
> ⊙ 적법한 다른 방법을 강구하지 아니하고 남편 명의의 항소장을 임의로 작성하여 법원에 제출한 피고인의 소위가 사회통념상 용인되는 극히 정상적인 생활형태의 하나로서 위법성이 없다 할 수 없다(대법원 1994.11.8. 94도1657 항소장 위조사건).   [○]

제1절 책임능력

0215 정신적 장애가 있는 자라고 한다면 비록 범행 당시 정상적인 사물변별능력이나 행위통제 능력이 있었더라도 심신장애로 보아야 한다. ○|×

[17 법원9급, 17 경간부, 16 경찰채용, 15 경찰채용, 14 법원행시, 13 국가7급, 11 국가7급] [Core ★★]

해설

형법 제10조에 규정된 심신장애는, 생물학적 요인으로 인하여 정신병 또는 비정상적 정신상태와 같은 정신적 장애가 있는 외에, 심리학적 요인으로 인한 정신적 장애로 말미암아 사물에 대한 변별능력과 그에 따른 행위통제능력이 결여되거나 감소되었음을 요하므로 정신적 장애가 있는 자라고 하여도 범행 당시 정상적인 사물변별능력이나 행위통제능력이 있었다면 심신장애로 볼 수 없다(대법원 2007.6.14. 2007도2360). [×]

0216 소년법 제60조 제2항은 '소년의 특성에 비추어 상당하다고 인정되는 때에는 그 형을 감경할 수 있다'고 규정하고 있는데 여기에서의 '소년'에 해당하는지 여부의 판단은 원칙적으로 범죄행위시가 아니라 사실심 판결선고시를 기준으로 한다. ○|×

[22 변호사] [Essential ★]

해설

소년법 제60조 제2항은 '소년의 특성에 비추어 상당하다고 인정되는 때에는 그 형을 감경할 수 있다'고 규정하고 있는데 여기에서의 '소년'에 해당하는지 여부의 판단은 원칙적으로 범죄행위시가 아니라 사실심 판결선고시를 기준으로 한다(대법원 2009.5.28. 2009도2682). [○]

0217 정신적 장애가 있는 자라고 하여도 범행 당시 정상적인 사물변별능력이나 행위통제능력이 있었다면 형법 제10조에 규정된 심신장애로 볼 수 없다. ○|×

[19 경간부] [Essential ★]

해설

대법원 2013.1.24. 2012도12689 성주물성애증 사건 [○]

0218 피고인이 평소 간질병 증세가 있었더라도 범행 당시에는 간질병이 발작하지 아니하였다면 이는 책임감면사유인 심신장애 내지는 심신미약의 경우에 해당하지 아니한다. ○|×

[15 국가9급, 13 법원9급, 13 경찰채용, 11 국가9급, 11 경찰채용] [Essential ★]

해설

대법원 1983.10.11. 83도1897 간질병 사건 [○]

0219 범행을 기억하고 있지 않다는 사실만으로 바로 범행 당시 심신상실 상태에 있었다고 단정할 수는 없다.

○│×

[13 법원9급, 13 경찰채용] [Essential ★]

해설

대법원 1985. 5.28. 85도361　　　　　　　　　　　　　　　　　　　[○]

0220 행위자가 범죄 행위 당시 심신미약 상태에 있었다는 이유만으로 그 범죄 행위는 상습성이 발현된 것이 아니라고 단정할 수는 없다.

○│×

[15 법원행시, 12 경찰채용, 11 경간부] [Core ★★]

해설

대법원 2007.8.23. 2007도3820　　　　　　　　　　　　　　　　　　[○]

0221 원칙적으로 충동조절장애와 같은 성격적 결함은 형의 감면사유인 심신장애에 해당한다.　　○│×

[17 변호사, 17 법원9급, 17 경간부, 16 국가9급, 15 국가9급, 14 법원행시, 14 경찰승진, 13 국가7급, 13 국가9급, 13 경찰채용, 11 국가7급, 11 국가9급, 11 경찰승진, 11 경간부, 11 경찰채용] [Essential ★]

해설

(1) 자신의 충동을 억제하지 못하여 범죄를 저지르게 되는 현상은 정상인에게서도 얼마든지 찾아볼 수 있는 일로서, 특단의 사정이 없는 한 위와 같은 성격적 결함을 가진 자에 대하여 자신의 충동을 억제하고 법을 준수하도록 요구하는 것이 기대할 수 없는 행위를 요구하는 것이라고는 할 수 없으므로, 원칙적으로 충동조절장애와 같은 성격적 결함은 형의 감면사유인 심신장애에 해당하지 아니한다고 봄이 타당하다. (2) 다만, 충동조절장애와 같은 성격적 결함이라 할지라도 그것이 매우 심각하여 원래의 의미의 정신병을 가진 사람과 동등하다고 평가할 수 있는 경우에는 그로 인한 범행은 심신장애로 인한 범행으로 보아야 한다(대법원 2011.2.10. 2010도14512 충동조절장애 살인사건).　　　　　　　　　　　　　　　　　　　　[×]

0222 소아기호증과 같은 질환이 있다는 사정은 그 자체만으로는 형의 감면사유인 심신장애에 해당하지 아니한다고 봄이 상당하지만, 그 증상이 매우 심각하여 원래의 의미의 정신병이 있는 사람과 동등하다고 평가할 수 있거나 다른 심신장애사유와 경합된 경우 등에는 심신 장애를 인정할 여지가 있다.

○│×

[17 법원행시, 15 변호사, 13 국가7급, 12 경찰채용, 11 경찰승진] [Essential ★]

해설

대법원 2007.2.8. 2006도7900 소아기호증 사건　　　　　　　　　　　[○]

0223 성주물성애증이라는 정신질환이 있다고 하더라도 그러한 사정만으로는 형의 감면사유인 심신장애에 해당한다고 볼 수 없고, 다만 그 증상이 매우 심각하여 원래의 의미의 정신병이 있는 사람과 동등하다고 평가할 수 있거나 다른 심신장애사유와 경합된 경우 등에는 심신장애를 인정할 여지가 있다. ○│×

[15 변호사, 15 법원행시, 15 경찰채용] [Essential ★]

해설

> 대법원 2013.1.24. 2012도12689 성주물성애증 사건   [○]

0224 심신장애의 유무 및 정도의 판단은 정신의학적 판단으로서 전문감정인의 의견에 따라야 하며 법원이 독자적으로 판단할 수 있는 사항은 아니다. ○│×

[17 변호사, 17 경간부, 15 법원행시, 15 국가9급, 15 경찰채용, 13 경찰채용, 12 국가9급, 11 국가9급, 11 경찰채용] [Core ★★]

해설

> 심신장애의 유무 및 정도의 판단은 법률적 판단으로서 반드시 전문감정인의 의견에 기속되어야 하는 것은 아니고, 정신질환의 종류와 정도, 범행의 동기, 경위, 수단과 태양, 범행 전후의 피고인의 행동, 반성의 정도 등 여러 사정을 종합하여 법원이 독자적으로 판단할 수 있다(대법원 2007.11.29. 2007도8333 양모 살해사건).   [×]

0225 피고인에게 우울증 기타 정신병이 있고 특히 생리 때가 되면 남의 물건을 훔치고 싶은 억제할 수 없는 충동이 일어나고, 범행도 피고인으로서 어떻게 할 수 없는 그와 같은 종류의 절도 충동이 발동하여 저지르게 된 것이 아닌가 하는 의심을 품을 정도가 되었다면, 법원은 전문가에게 피고인의 정신상태를 감정시키는 등의 방법으로 과연 범행 당시 피고인의 정신상태가 우울증이나 생리의 영향으로 인하여 그 자신이 하는 행위의 옳고 그름을 변별하고, 그 변별에 따라 행동을 제어하는 능력을 상실하였거나 그와 같은 능력이 미약해진 상태이었는지 여부를 확실히 가려보아야 하였을 터이다. ○│×

[13 법원9급, 13 국가7급] [Core ★★]

해설

> 대법원 1999.4.27. 99도693 충동조절장애 생리도벽사건   [○]

0226 피고인이 피해자를 살해할 만한 다른 동기가 전혀 없고 오직 피해자를 사탄이라고 생각하고 피해자를 죽여야만 피고인 자신이 천당에 갈 수 있다고 믿어 살해하기에 이른 것이라면, 피고인은 범행 당시 정신분열증에 의한 망상에 지배되어 사물의 선악과 시비를 구별할 만한 판단능력이 결여된 상태에 있었던 것으로 볼 여지가 없지 않다. ○│×

[11 국가7급, 11 경찰승진, 11 경찰채용] [Essential ★]

해설

> 대법원 1990.8.14. 90도1328 신도 목사 살해사건   [○]

0227 원인에 있어서 자유로운 행위에 관한 형법 제10조 제3항은 위험의 발생을 예견할 수 있었는데도 자의로 심신장애를 야기한 경우에는 적용되지 않는다. ○│×

[18 경간부, 17 법원행시, 17 경찰승진, 16 경간부, 16 경찰채용, 15 경찰승진, 15 경찰채용, 14 국가9급, 13 국가9급, 13 경찰승진, 11 국가7급, 11 국가9급, 11 경찰승진] [Core ★★]

해설

> 형법 제10조 제3항은 '위험의 발생을 예견하고 자의로 심신장애를 야기한 자의 행위에는 전2항의 규정을 적용하지 아니한다'고 규정하고 있는 바, 이 규정은 고의에 의한 원인에 있어서의 자유로운 행위만이 아니라 과실에 의한 원인에 있어서의 자유로운 행위까지도 포함하는 것으로서 위험의 발생을 예견할 수 있었는데도 자의로 심신장애를 야기한 경우도 그 적용 대상이 된다(대법원 1992.7.28. 92도999 음주만취 후 운전사건 I). [×]

0228 피고인이 음주운전을 할 의사를 가지고 음주만취한 후 운전을 결행하여 교통사고를 일으켰다면 피고인은 음주시에 교통사고를 일으킬 위험성을 예견하였는데도 자의로 심신장애를 야기한 경우에 해당하므로 형법 제10조 제3항에 의하여 심신장애로 인한 감경 등을 할 수 없다. ○│×

[16 국가9급, 15 법원행시, 15 국가9급, 15 경찰채용, 12 경간부, 12 경찰채용] [Core ★★]

해설

> 대법원 2007.7.27. 2007도4484 음주만취 후 운전사건 II [○]

제2절 위법성의 인식

0229 범죄의 성립에 있어서 위법의 인식은 그 범죄사실이 사회정의와 조리에 어긋난다는 것을 인식하는 것만으로는 부족하고, 구체적인 해당 법조문까지 인식할 것을 요한다. ○│×

[16 경찰승진, 15 국가9급, 14 국가7급, 12 국가7급] [Core ★★]

해설

> 범죄의 성립에 있어서 위법의 인식은 그 범죄사실이 사회정의와 조리에 어긋난다는 것을 인식하는 것으로서 족하고, 구체적인 해당 법조문까지 인식할 것을 요하는 것은 아니다(대법원 1987.3.24. 86도2673 허위출생 기재사건). [×]

0230 자기의 행위가 법령에 의하여 죄가 되지 아니하는 것으로 오인한 행위는 그 오인에 정당한 이유가 있는 때에 한하여 벌하지 아니한다. ○│×

[17 경찰승진, 16 경찰승진, 15 경찰채용, 14 경찰승진, 12 국가7급, 11 경찰승진] [Core ★★]

해설

> 형법 제16조 [○]

0231 형법 제16조는 단순한 법률의 부지(不知)를 포함한다. ○|×

[17 법원9급, 17 국가9급, 16 변호사, 16 경찰승진, 15 국가9급, 15 경찰채용, 14 국가7급, 13 국가9급, 13 경찰승진] [Essential ★]

해설

> 형법 제16조는 단순한 법률의 부지를 말하는 것이 아니고 일반적으로는 범죄가 되지만 자기의 특수한 경우에는 법령에 따라 허용된 행위로서 죄가 되지 아니한다고 그릇 인식하고 그와 같이 그릇 인식함에 정당한 이유가 있는 경우 벌하지 않는다는 취지이고, 이러한 정당한 이유가 있는지 여부는 행위자에게 자기 행위의 위법 가능성에 대해 심사숙고하거나 조회할 수 있는 계기가 있어 자신의 지적능력을 다하여 이를 회피하기 위한 진지한 노력을 다하였더라면 스스로의 행위에 대하여 위법성을 인식할 수 있는 가능성이 있었음에도 이를 다하지 못한 결과 자기 행위의 위법성을 인식하지 못한 것인지 여부에 따라 판단하여야 할 것이며, 위법성의 인식에 필요한 노력의 정도는 구체적인 행위정황과 행위자 개인의 인식능력 그리고 행위자가 속한 사회집단에 따라 달리 평가 되어야 한다(대법원 2015.2.12. 2014도11501 초딩만 골라 성관계사건). [×]

0232 행정청의 허가가 있어야 함에도 불구하고, 허가를 받지 아니하여 처벌대상의 행위를 한 경우라도 허가를 담당하는 공무원이 허가를 요하지 않는 것으로 잘못 알려 주어 이를 믿었기 때문에 허가를 받지 아니한 것이라면 허가를 받지 않더라도 죄가 되지 않는 것으로 착오를 일으킨 데 대하여 정당한 이유가 있는 경우에 해당하여 처벌할 수 없다. ○|×

[17 법원9급, 14 국가7급, 13 법원9급, 13 경찰승진] [Essential ★]

해설

> 대법원 2005.8.19. 2005도1697 토석 적치사건 [○]

0233 다음은 모두 법률의 착오(금지의 착오)에 정당한 이유가 있어 처벌되지 아니한다. ○|×

[Superlative ★★★]

> ㉠ 허가를 담당하는 공무원이 허가를 요하지 않는 것으로 잘못 알려주어 피고인이 허가 없이 신축공사를 하는 과정에서 생긴 토석을 사실상 나대지 상태인 임야에 쌓아 둔 경우 [16 국가7급, 11 국가9급]
> ㉡ 허가를 담당하는 공무원이 허가를 요하지 않는 것으로 잘못 알려주어 피고인이 노동부장관의 유료직업소개사업허가를 받지 아니하고 외국인 근로자를 국내업체에 취업 알선을 해 준 경우 [17 국가7급]
> ㉢ 유선비디오 방송업자들의 질의에 대하여 체신부장관이 유선비디오 방송은 자가통신설비로 볼 수 없어 허가대상이 되지 않는다는 견해를 밝힌 바 있어, 피고인이 허가 없이 유선비디오 방송시설을 자신의 유선비디오방송업 경영을 위하여 설치 운영한 경우 [15 경간부, 15 경찰채용, 13 경찰채용, 11 경찰채용]
> ㉣ 피고인이 자수정채광작업을 하기에 앞서 산림과에 가서 산림훼손허가를 받으려고 하였으나 관광지조성승인이 난 지역이므로 별도로 산림훼손허가를 받을 필요가 없으니 도시과에 문의하라고 하여 다시 도시과에 가서 확인해 본 바 역시 같은 이유로 산림훼손 허가가 필요없다고 하여, 군수명의의 산림법배제확인서를 받고 자수정채광작업을 한 경우 [15 경찰승진, 14 법원행시, 13 국가7급]

해설

> ㉠㉡㉣ 3 항목이 법률의 착오(금지의 착오)에 정당한 이유가 있어 처벌되지 아니한다.
> ㉠㉡㉣ 행정청의 허가가 있어야 함에도 불구하고, 허가를 받지 아니하여 처벌대상의 행위를 한 경우라도 허가를 담당하는 공무원이 허가를 요하지 않는 것으로 잘못 알려 주어 이를 믿었기 때문에 허가를 받지 아니한 것이라면 허가를 받지 않더라도 죄가 되지 않는 것으로 착오를 일으킨 데 대하여 정당한 이유가 있는 경우에 해당하여 처벌할 수 없다(㉠ 대법원 2005.8.19. 2005도1697 토석 적치사건 ㉡ 대법원 1995.7.11. 94도1814 외노자 국내업체 취업알선 사건 ㉣ 대법원 1993.9.14. 92도1560 자수정 채광 사건).
> ㉢ 체신부장관이 "유선비디오 방송이 전기통신기본법이 정하는 자가전기통신설비로 볼 수 없어 허가대상이 되지 아니한다"는 견해를 밝힌 바 있다 하더라도 그 견해가 법령의 해석에 관한 법원의 판단을 기속하는 것은 아니므로 그것만으로 피고인에게 범의가 없었다고 할 수 없다(대법원 1989.2.14. 87도1860). [×]

0234 관할관청이 장의사영업허가를 받은 상인에게 장의소요기구, 물품을 판매하는 도매업에 대하여는 영업허가가 필요없는 것으로 해석하여 영업허가를 해 주지 않고 있어 피고인 역시 영업허가 없이 이른바 도매를 해 온 경우 법률의 착오(금지의 착오)에 정당한 이유가 있어 처벌되지 않는다. ○│×

[17 경찰승진] [Core ★★]

해설

> 관할관청이 영업허가가 필요 없는 것으로 해석하여 영업허가를 해주지 않고 있다면, 피고인에게 법률위반에 대한 인식이 있었다고 보기 어려우므로 죄책을 물을 수 없다(대법원 1989.2.28. 88도1141). [O]

0235 민원사무 담당공무원으로부터 탐정업이 인허가 또는 등록사항이 아니라는 말을 들었고 세무서에 탐정업 및 심부름 대행업에 관한 사업자등록을 하였기 때문에, 피고인이 신용조사업법이 금지하는 특정인의 소재를 탐지하거나 사생활을 조사하는 행위 등을 한 경우 법률의 착오(금지의 착오)에 정당한 이유가 있어 처벌되지 않는다. ○│×

[15 경찰채용, 14 경찰채용, 12 경찰승진] [Core ★★]

해설

> 피고인이 특정인 소재탐지, 사생활조사 등의 행위가 죄가 되지 않는다고 믿은 데에 정당한 이유가 있었다고는 할 수 없다(대법원 1994.8.26. 94도780). [×]

0236 도시 및 주거환경정비법 제124조 제4항은 '조합원'이 정비사업관련 자료의 열람·복사를 요청한 경우에 특별한 사정이 없는 한 조합임원은 열람·복사를 허용할 의무를 부담하고 이를 위반하여 열람·복사를 허용하지 않는 경우에는 형사처벌의 대상이며, 여기에는 신축건물 동호수배정결과도 포함된다. 하지만 정비사업조합의 '조합원'이자 '감사'인 사람이 신축건물의 동호수 자료를 열람요청하였음에도 조합임원인 피고인은 조합의 자문변호사가 신축건물의 동호수는 공개하지 않는 것이 좋겠다고 한 답변을 듣고 자신의 행위가 죄가 되지 않는다고 오인한 경우 오인함에 정당한 이유가 있다.

○|×

[22 경간부] [Core ★★]

해설

원심은, 피고인이 조합의 자문변호사로부터 조합원의 전화번호와 신축건물 동호수 배정 결과를 공개하지 않는 것이 좋겠다는 취지의 답변을 받았더라도 이는 자문변호사 개인의 독자적 견해에 불과하고 도시정비법의 전체적 규율 내용에 관한 면밀한 검토와 체계적 해석에 터잡은 법률해석으로는 보이지 않으며, 피고인의 직업, 경력, 사회적 지위 등을 고려할 때 피고인이 변호사의 자문을 받았다는 사정만으로 자신의 행위가 죄가 되지 않는다고 오인한 것에 정당한 이유가 있다고 보기는 어렵다고 판단하였는바, 이러한 원심판단은 수긍할 수 있다(대법원 2021.2.10. 2019도18700 동호수배정결과 열람·복사 불응사건). [×]

0237 홍성군과의 협의(증축 부분이 장례식장이 아닌 '병원'의 부속건물임을 전제로 한 것임)를 거쳤고, 건설교통부의 질의회신(종합병원에 입원한 환자가 사망한 경우 그 장례의식을 위한 시설의 설치는 부속용도로 볼 수 있다는 취지)을 받고, 피고인이 장례식장의 식당(접객실) 부분을 증축한 경우 법률의 착오(금지의 착오)에 정당한 이유가 있어 처벌되지 않는다.

○|×

[13 경찰채용] [Core ★★]

해설

위와 같은 협의나 질의를 거쳤다는 사정만으로 장례식장의 설치·운영에 관하여 피고인이 자신의 행위가 죄가 되지 아니하는 것으로 오인하였거나 그와 같은 오인에 정당한 이유가 있었다고 할 수 없다(대법원 2009.12.24. 2007 도1915 장례식장 식당 증축사건). [×]

0238 법률 위반 행위 중간에 판례에 따라 그 행위가 처벌대상이 되지 않는 것으로 해석되었던 적이 있었던 경우에는 자신의 행위가 처벌되지 않는 것으로 믿은 데에 정당한 이유가 있다고 할 수 있다.

○|×

[23 법원9급] [Essential ★]

해설

법률 위반 행위 중간에 일시적으로 판례에 따라 그 행위가 처벌대상이 되지 않는 것으로 해석되었던 적이 있었다고 하더라도 그것만으로 자신의 행위가 처벌되지 않는 것으로 믿은 데에 정당한 이유가 있다고 할 수 없다(대법원 2021.11.25. 2021도10903 불법 다시보기 싸이트 사건). "저작권자의 공중송신권을 침해하는 웹페이지 등으로 링크를 하는 행위만으로는 공중송신권 침해의 방조행위에 해당하지 않는다."라는 대법원 2015.3.12. 2012도 13748 판결이 선고되었고 이 판결에 따라 피고인들이 자신들의 행위가 처벌대상이 되지 않는다고 믿었다고 하더라도 이후 이 판결이 대법원 2021.9.9. 2017도19025 전원합의체판결로 변경된 이상, 그렇게 믿은 데에 정당한 이유가 없다는 취지의 판례이다. 대법원 판례에는 공신력(公信力)이 없다. [×]

0239 다음 중 법률의 착오(금지의 착오)에 정당한 이유가 있어 처벌되지 않는 것은 모두 2개다. ○|×

[Superlative ★★★]

> ⊙ 피고인이 사안을 달리하는 사건에 관한 대법원 판례의 취지를 오해하여 자신의 행위가 죄가 되지 않는 것으로 오인하고, 무허가로 의약품을 제조·판매한 경우 [13 법원9급]
>
> ⓛ '가감삼십전대보초'와 한약 가지수에만 차이가 있는 '십전대보초'를 제조하고 그 효능에 관하여 광고를 한 사실에 대하여 이전에 검찰의 혐의없음 결정을 받은 피고인이 면허·허가 없이 의약품인 가감삼십전대보초를 제조·판매한 경우 [12 국가7급]
>
> ⓒ 피고인이 유사한 행위에 대하여 '혐의없음' 처분을 받은 전력이 있고 일정한 시청차단 장치를 설치하였다는 등의 사정이 있어, 숙박업소의 업주들과 공모하여 일본의 음란 위성방송프로그램을 수신하여 손님들로 하여금 시청하게 한 경우 [14 국가9급]
>
> ⓔ 피고인들이 변리사로부터 그들의 행위가 고소인의 상표권을 침해하지 않는다는 취지의 회답과 감정결과를 통보받았고, 피고인들의 행위에 대하여 3회에 걸쳐서 검사의 무혐의처분이 내려졌다가 최종적으로 고소인의 재항고를 받아들인 대검찰청의 재기수사명령에 따라 공소가 제기되었고 또한 판례들을 잘못 이해하고 상표권 침해행위를 한 경우 [13 국가7급, 11 국가9급]
>
> ⓜ 한국간행물윤리위원회나 정보통신윤리위원회가 만화들 중 '에로 2000'을 제외한 나머지 만화에 대하여 심의하여 음란성 등을 이유로 청소년유해매체물로 판정하였을 뿐 더나아가 전기통신사업법시행령에 따라 시정요구를 하거나 청소년보호법에 따라 관계기관에 형사처벌 또는 행정처분을 요청하지 않았기 때문에, 피고인들이 인터넷 포털서비스 사이트에 음란 성인만화방을 개설·운영한 경우 [16 국가7급, 14 경찰채용]

해설

> ⓛ 항목만 법률의 착오(금지의 착오)에 정당한 이유가 있어 처벌되지 아니한다. 나머지 항목들은 피고인이 판례나 불기소처분 등의 내용을 오해한 경우로서 착오에 정당한 이유가 없어 처벌된다.
> ⊙ 대법원 1995.7.28. 95도1081 강원생약 사건
> ⓛ 대법원 1995.8.25. 95도717 가감삼십전대보초 사건
> ⓒ 대법원 2010.7.15. 2008도11679 일본포르노 수신기 설치사건
> ⓔ 대법원 1998.10.13. 97도3337
> ⓜ 대법원 2006.4.28. 2003도4128 음란만화판매 방치사건   [×]

0240 비디오감상실 업주인 피고인이 관련 법령이 혼동스럽고, 관할 행정청의 "'만 18세 미만의 연소자 출입금지표시'를 업소출입구에 부착하라"는 행정지도를 믿고 비디오물감상실에 '18세 이상 19세 미만'의 청소년을 출입시킨 경우 법률의 착오(금지의 착오)에 정당한 이유가 있어 처벌되지 않는다.

○|×

[16 국가7급, 15 경찰채용, 13 경찰채용] [Core ★★]

해설

> 비디오물감상실 업주들은 여전히 출입금지대상이 음반법 및 그 시행령에서 규정하고 있는 '18세 미만의 연소자'에 한정되는 것으로 인식하였던 것으로 보여지는바 사정이 위와 같다면 피고인이 자신의 비디오물감상실에 18세 이상 19세 미만의 청소년을 출입시킨 행위가 관련 법률에 의하여 허용된다고 믿었고 그렇게 믿었던 것에 대하여 정당한 이유가 있는 경우에 해당한다(대법원 2002.5.17. 2001도4077 비디오방 사건).   [○]

0241 피고인이 동해시청 앞 잔디광장이 옥외장소에 해당함을 모르고 그곳에서 불법시위를 한 경우 법률의 부지(不知)에 해당하여 처벌된다. ○|×

[14 국가9급] [Essential ★]

해설

대법원 2006.2.10. 2005도3490 [○]

0242 건물의 임차인인 피고인이 건축법의 관계 규정을 알지 못하여 건물을 무단용도변경하여 자동차정비공장으로 사용한 경우 법률의 부지(不知)에 해당하여 처벌된다. ○|×

[13 법원9급] [Core ★★]

해설

대법원 1995.8.25. 95도1351 [○]

0243 일본 영주권을 가진 재일교포인 피고인이 영리를 목적으로 관세물품을 구입한 것이 아니라거나 국내 입국시 관세신고를 하지 않아도 되는 것으로 오인하고, 국내 면세점에서 구입한 물건을 소지하고 출국하였다가 다시 입국하면서 세관에 신고하지 않은 경우 법률의 부지(不知)에 해당하여 처벌된다. ○|×

[16 국가9급, 16 경찰채용, 15 경찰채용, 14 경찰승진, 11 국가9급] [Core ★★]

해설

대법원 2007.5.11. 2006도1993 [○]

0244 긴급명령 위반행위 당시 긴급명령이 시행된 지 그리 오래되지 않아 금융거래의 실명전환 및 확인에만 관심이 집중되어 있었기 때문에 비밀보장의무의 내용에 관하여 확립된 규정이나 판례, 학설은 물론 관계 기관의 유권해석이나 금융관행이 확립되어 있지 아니하였다는 사정이 있는 경우 법률의 부지(不知)에 해당하여 처벌된다. ○|×

[12 경찰승진] [Core ★★]

해설

대법원 1997.6.27. 95도1964 조흥은행 연산동지점장 수뢰사건 [○]

0245 다음 중 법률의 착오(금지의 착오)에 정당한 이유가 있어 처벌되지 않는 것은 모두 1개다. ○|×

[Superlative ★★★]

○ 광역시의회 의원인 피고인이 선거구민들에게 의정보고서를 배부하기에 앞서, 미리 관할 선거관리위원회 소속 공무원들에게 자문을 구하고 그들의 지적에 따라 수정한 의정보고서를 배부한 경우 [17 법원9급, 17 경간부, 16 국가9급, 14 국가9급, 14 경찰채용, 11 국가9급]

○ 피고인이 과거 지방선거에서 같은 내용의 선거홍보물을 사용하였지만 처벌받지 않았다거나 또는 홍보물의 내용이 공직선거법에 위반됨을 알지 못하고, 허위학력(이력)을 예비후보자 홍보물에 기재하여 우송한 경우 [16 경간부, 12 국가9급]

○ 변호사 자격을 가진 국회의원인 피고인이 보좌관을 통해 관할 선거관리위원회 직원에게 구두로 문의하여 답변을 받은 결과 '의정보고서를 발간하는 것이 선거법규에 저촉되지 않는다'고 오인한 후 선거에 영향을 미칠 수 있는 내용이 포함된 의정보고서를 발간한 경우 [17 경찰승진, 17 경찰채용, 16 경간부, 14 변호사, 12 경찰승진]

○ 여러 지방자치단체장들이 관행적으로 간담회 개최 및 음식물 제공을 하여 왔고 행정자치부에서 이를 금지하는 구체적인 지침이 없으며, 그 비용을 행정자치부에서 마련한 업무추진비 집행기준을 준수하여 적법한 절차에 따라 업무추진비에서 지출하여 왔기 때문에, 피고인이 간담회의 참석자들에게 음식물을 제공한 경우 [17 경찰채용, 16 국가7급, 16 국가9급, 14 국가9급]

해설

○ 항목만 법률의 착오(금지의 착오)에 정당한 이유가 있어 처벌되지 아니한다. 나머지 항목들은 착오에 정당한 이유가 없어 처벌된다.

○ 대법원 2005.6.10. 2005도835 수정 의정보고서 사건

○ 대법원 2006.3.10. 2005도6316

○ 대법원 2006.3.24. 2005도3717 송영길 의원 사건

○ 대법원 2007.11.16. 2007도7205 이인준 부산중구청장 사건 [○]

0246 다음 중 법률의 착오(금지의 착오)에 정당한 이유가 있어 처벌되지 않는 것은 모두 1개다.   ○│×

[Superlative ★★★]

> ⊙ 피고인이 남원시로부터 식품위생법상 즉석판매제조가공 영업을 허가받고 의약품인 '녹동달오리골 드'를 제조한 경우 [14 경찰채용]
> ⓛ 피고인이 보장구제조허가를 받았고 또 한국보장구협회에서 다리교정기와 비슷한 기구를 제작·판 매하고 있었기 때문에 다리교정기가 의료용구에 해당되지 않는다고 믿고 이를 제작·판매한 경우 [13 경찰채용]
> ⓒ 국가의 공인을 받지 못한 민간자격(대체의학자격증)을 취득한 피고인이 침술원을 개설한 후 무면 허로 침술행위를 한 경우 [16 경간부, 11 국가9급, 11 경찰승진]
> ⓔ 활법 종목의 사회체육지도자 자격증을 취득한 피고인이 당국의 인가를 받아 한국인체균형학활법원 을 개설한 후, 그곳을 찾아오는 환자들에게 그 용태를 물어 그 증세를 판단하고, 이에 따라 척추 와 골반, 다리 등에 나타나는 불균형상태를 교정한다 하여 손이나 기타 방법으로 압박하는 등의 시술을 한 경우 [15 경찰승진, 11 국가9급]

해설

> 모든 항목이 법률의 착오(금지의 착오)에 정당한 이유가 있다고 할 수 없어 처벌된다.
> ⊙ 대법원 2004.1.15. 2001도1429 녹동달오리골드 사건
> ⓛ 대법원 1995.12.26. 95도2188
> ⓒ 대법원 2003.5.13. 2003도939 돌팔이 침술원 사건
> ⓔ 대법원 1995.4.7. 94도1325 활법원 사건   [×]

0247 다음 중 법률의 착오(금지의 착오)에 정당한 이유가 있어 처벌되지 않는 것은 모두 4개다.   ○│×

[Superlative ★★★]

> ⊙ 피고인이 변호사의 자문을 받고 압류물을 집달관의 승인 없이 임의로 그 관할구역 밖으로 옮긴 경 우 [17 경간부]
> ⓛ 피고인이 '타인의 상품과 피고인의 상품이 유사하지 않다'는 변리사의 감정결과와 특허국의 등록 사정 등을 믿고 발가락 5개의 양말을 제조·판매한 경우 [16 경찰승진, 12 경찰승진]
> ⓒ 사단법인 한국교통사고상담센타 직원인 피고인이 상사의 지시를 받아 변호사법위반행위(피해자의 요청으로 사건 화해의 중재나 알선을 하고 조정수수료를 받은 것)를 한 경우 [15 경간부, 13 경찰채용, 11 경찰채용]
> ⓔ 국민학교 교장인 피고인이 "꽃양귀비를 포함한 194종의 교재식물을 식재 또는 표본으로 비치하여 산교재로 활용하라"는 교육위원회의 지시에 의하여 양귀비 종자를 사서 교무실 앞 화단에 심은 경 우 [13 경찰승진]
> ⓜ 중국 국적 선박을 구입한 피고인이 외환은행 담당자의 안내에 따라 매도인인 중국해운 회사에 선 박을 임대하여 받기로 한 용선료를 재정경제부장관에게 미리 신고하지 아니하고 선박 매매대금과 상계한 경우 [17 경찰채용, 15 경간부, 15 경찰채용, 13 경찰채용]
> ⓗ '기업사채'의 정의에 대한 해석이 용이하지 않았던 사정하에서 겨우 국문정도 득할수 있는 60세 의 부녀자가 지상에 보도된 내용을 참작하고 관할 공무원과 변호사에게 문의 확인한 바 채권이 이 미 소멸되었다고 믿고 또는 그렇지 않다고 하더라도 신고하여야 할 기업사채에 해당하지 않는다 고 믿고 신고를 하지 아니한 경우 [15 경간부]

해설

ⓛⓒⓔⓜ 4 항목이 법률의 착오(금지의 착오)에 정당한 이유가 있어 처벌되지 아니한다.
ⓐ 대법원 1992.5.26. 91도894
ⓛ 대법원 1982.1.19. 81도646 발가락양말 사건
ⓒ 대법원 1975. 3.25. 74도2882
ⓔ 대법원 1972. 3.31. 72도64 교장 양귀비 재배사건
ⓜ 대법원 2011.7.14. 2011도2136 메가파이오니어호 매매사건
ⓑ 대법원 1976. 1.13. 74도3680
　　　　　　　　　　　　　　　　　　　　　　　　　　　　　　　　　　[○]

0248 부동산중개업자가 아파트 분양권의 매매를 중개하면서 중개수수료 산정에 관한 지방자치단체의 조례를 잘못 해석하여 법에서 허용하는 금액을 초과한 중개수수료를 수수한 경우 법률의 착오(금지의 착오)에 정당한 이유가 있다고 할 수 없어 처벌된다.　　　　　　　　　　○|×

[17 국가7급, 17 경간부, 15 경찰채용, 12 국가9급] [Core ★★]

해설

대법원 2005.5.27. 2004도62　　　　　　　　　　　　　　　　　　　　　　[○]

0249 부동산중개업자인 피고인이 부동산중개업협회의 자문을 통하여 인원수의 제한 없이 중개보조원을 채용하는 것이 허용되는 것으로 믿고 제한인원을 초과하여 중개보조원을 채용한 경우 법률의 착오(금지의 착오)가 있다고 할 수 없어 처벌된다.　　　　　　　　　　　　　　　　○|×

[17 법원9급, 17 경찰채용, 16 국가7급, 16 국가9급, 14 법원행시, 13 경찰채용] [Core ★★]

해설

대법원 2000.8.18. 2000도2943　　　　　　　　　　　　　　　　　　　　　[○]

0250 다음 중 법률의 착오(금지의 착오)에 정당한 이유가 있어 처벌되지 않는 것은 모두 1개다. ○│×

[Superlative ★★★]

> ㉠ 학생회의 동의가 있어 학생회관에의 침입이 위법하지 않다고 믿은 경우 [17 경간부, 14 법원행시]
> ㉡ 약 23년간 경찰공무원으로 근무하여 온 피고인이 검사의 수사지휘만 받으면 허위로 공문서를 작성하여도 죄가 되지 아니하는 것으로 그릇 인식하고, 허위의 공문서를 작성한 경우 [15 경찰승진, 14 경찰승진, 13 법원9급, 13 국가7급, 11 경찰채용]
> ㉢ 경찰관인 피고인이 수사처리의 관례상 일부 상치된 내용을 일치시키기 위하여 적법하게 작성된 참고인진술조서를 찢어버리고 진술인의 진술도 듣지 아니하고 그 내용을 일치시킨 새로운 진술조서를 작성한 경우 [14 경찰승진, 11 국가9급]
> ㉣ 피고인이 공무원이 그 직무에 관하여 실시한 봉인 등의 표시가 법률상 효력이 없다고 법규의 해석을 잘못하여 그 표시의 효용을 해한 경우 [17 법원행시, 16 경간부, 15 경찰채용, 13 경찰채용, 12 국가9급, 12 경간부]
> ㉤ 피고인이 제약회사에 근무한다는 자로부터 "마약이 없어 약을 제조하지 못하니 구해달라"는 거짓 부탁을 받고, 제약회사에서 쓰는 마약은 구해 주어도 죄가 되지 않는 것으로 믿고 그에게 생아편을 구해 준 경우 [15 경찰승진, 13 국가7급, 11 경찰승진]

해설

모든 항목이 법률의 착오(금지의 착오)에 정당한 이유가 있다고 할 수 없어 처벌된다.
㉠ 대법원 1995.4.14. 95도12
㉡ 대법원 1995.11.10. 95도2088 강력반장 허위공문서 작성사건
㉢ 대법원 1978. 6.27. 76도2196
㉣ 대법원 2000.4.21. 99도5563 가압류 기계 임의처분사건
㉤ 대법원 1983. 9.13. 83도1927 생아편 판매사건   [×]

0251 유류판매상인 피고인이 군부대 내에 있어서의 모든 시설의 사용설치는 부대장의 권한에 속하는 것으로 믿고, 그의 허가를 받아 부대 내에 유류(油類)를 저장한 경우 법률의 착오(금지의 착오)에 정당한 이유가 있어 처벌되지 아니한다. ○│×

[11 경찰채용] [Core ★★]

해설

대법원 1971.10.12. 71도1356   [○]

0252 피고인이 군복무를 필한 이복동생의 이름으로 해병대에 지원입대하여 복무하다가 다른 사람의 이름으로 군생활을 할 필요가 없다고 생각하여 휴가를 받아 귀대하지 않은 경우 법률의 착오(금지의 착오)에 정당한 이유가 있어 처벌되지 아니한다. ○│×

[15 경간부] [Essential ★]

해설

대법원 1974.7.23. 74도1399   [○]

제3절 기대가능성(강요된 행위)

0253 저항할 수 없는 폭력이나 자기 또는 친족의 생명, 신체에 대한 위해를 방어할 방법이 없는 협박에 의하여 강요된 행위는 벌하지 아니한다. ○│×

[13 경찰승진] [Essential ★]

해설

> 형법 제12조 [○]

0254 '저항할 수 없는 폭력'은 심리적 의미에 있어서 육체적으로 어떤 행위를 절대적으로 하지 아니할 수 없게 하는 경우와 윤리적 의미에 있어서 강압된 경우를 말하고, '협박'이란 자기 또는 친족의 생명, 신체에 대한 위해를 달리 막을 방법이 없는 협박을 말한다. ○│×

[17 변호사, 13 경찰승진] [Core ★★]

해설

> 대법원 2009.6.11. 2008도11784 예인선 진도대교 충돌사건 [○]

0255 어떤 사람의 성장교육과정을 통하여 형성된 내재적인 관념 내지 확신으로 인하여 행위자 스스로의 의사결정이 사실상 강제되는 결과를 낳게 하는 경우에도 강요된 행위가 된다. ○│×

[17 법원행시, 14 국가9급, 11 국가9급, 11 경찰승진] [Core ★★]

해설

> 강요된 행위는 저항할 수 없는 폭력이나 생명 신체에 위해를 가하겠다는 협박 등 다른 사람의 강요행위에 의하여 이루어진 행위를 의미하는 것이지 어떤 사람의 성장교육과정을 통하여 형성된 내재적인 관념 내지 확신으로 인하여 행위자 스스로의 의사결정이 사실상 강제되는 결과를 낳게 하는 경우까지 의미한다고 볼 수는 없다(대법원 1990.3.27. 89도1670 KAL기 폭파 김현희 사건). [×]

0256 피고인에게 적법행위를 기대할 가능성이 있는지 여부를 판단하기 위하여는 행위 당시의 구체적인 상황하에 행위자의 관점에서 기대가능성 유무를 판단하여야 한다. ○│×

[15 국가9급, 14 국가9급, 12 변호사] [Core ★★]

해설

> 피고인에게 적법행위를 기대할 가능성이 있는지 여부를 판단하기 위하여는 행위 당시의 구체적인 상황하에 행위자 대신에 사회적 평균인을 두고 이 평균인의 관점에서 기대가능성 유무를 판단하여야 한다(대법원 2015.11.12. 2015도6809 순승 세월호 사건). [×]

0257 직장 상사의 지시로 인하여 그 부하가 범법행위에 가담한 경우 비록 직무상 지휘·복종 관계가 인정 된다고 하더라도 그것 때문에 범법행위에 가담하지 않을 기대가능성이 부정된다고 볼 수는 없다.

○|×

[17 경간부, 15 국가9급, 13 법원9급] [Essential ★]

해설

| 대법원 2009.4.23. 2008도11921 삼성1호-허베이호 충돌 기름유출사건 | [○] |

0258 기업이 불황이라는 사유만으로 임금이나 퇴직금을 체불하는 것은 허용되지 아니하지만, 모든 성의 와 노력을 다했어도 임금이나 퇴직금의 체불이나 미불을 방지할 수 없었다는 것이 사회통념상 긍정 할 정도가 되어 사용자에게 더 이상의 적법행위를 기대할 수 없거나 불가피한 사정이었음이 인정되 는 경우에는 임금 및 퇴직금 등의 기일 내 지급의무 위반죄의 책임조각사유로 된다.

○|×

[13 국가9급, 11 경찰승진] [Superlative ★★★]

해설

| 대법원 2015.2.12. 2014도12753 휴다임건축사사무소 사건 | [○] |

0259 이미 유죄의 확정판결을 받은 피고인은 공범의 형사사건에서 증언을 거부할 수 없을 뿐만 아니라 나 아가 사실대로 증언하여야 하고, 설사 피고인이 자신의 형사사건에서 시종일관 그 범행을 부인하였 다 하더라도 이를 이유로 피고인에게 사실대로 진술할 것을 기대할 가능성이 없다고 볼 수는 없다.

○|×

[17 변호사, 16 변호사, 16 경찰채용, 15 국가9급, 15 경간부, 14 변호사, 13 법원9급, 12 변호사, 11 국가9급, 11 경찰승진]
[Core ★★]

해설

| 대법원 2008.10.23. 2005도10101 황제룸주점 강도상해사건 | [○] |

0260 자신에 대한 유죄판결이 확정된 증인이라도 공범에 대한 피고사건에서 증언할 당시 앞으로 재심을 청구할 예정이라고 한다면, 그 증인에게는 형사소송법 제148조에 의한 증언거부권이 인정된다.

○|×

[17 법원9급, 17 국가7급, 17 경간부, 16 국가9급, 14 변호사, 14 경찰승진, 14 법원행시, 12 경찰채용] [Core ★★]

해설

자신의 유죄 확정판결에 대하여 재심을 청구한 증인에게 증언의무를 부과하는 것이 형사소추 또는 공소제기를 당 하거나 유죄판결을 받을 사실이 발로될 염려 있는 증언을 강제하는 것이라고 볼 수는 없으므로, 자신에 대한 유죄 판결이 확정된 증인이 공범에 대한 피고사건에서 증언할 당시 앞으로 재심을 청구할 예정이라고 하여도 이를 이유 로 증인에게 형사소송법 제148조에 의한 증언거부권이 인정되지는 않는다(대법원 2011.11.24. 2011도11994 진해 필로폰 매매알선사건).

[×]

88 해커스경찰 police.Hackers.com

0261 수험생인 피고인이 우연한 기회에 미리 출제될 시험문제를 알게 되어 그 답을 암기한 후 시험장에서 그 암기에 따라 답안지를 작성, 제출한 경우 기대가능성이 없어 범죄가 성립하지 않는다.

○|×

[13 법원9급, 13 국가9급] [Essential ★]

해설

> 대법원 1966.3.22. 65도1164 연합고사 문제유출 사건 [○]

0262 피고인 甲이 출제교수들로부터 대학원신입생전형시험문제를 제출받아 알게 된 것을 틈타서 피고인 乙, 丙 등에게 그 시험문제를 알려주었고 그렇게 알게된 乙, 丙 등이 그 답안쪽지를 작성한 다음 이를 답안지에 그대로 베껴 써서 시험감독관에게 제출한 경우 기대가능성이 없어 범죄가 성립하지 않는다.

○|×

[17 변호사, 17 경간부] [Essential ★]

해설

> 위계로써 입시감독업무를 방해하였다 할 것이므로 이에 대하여 형법 제314조, 제313조를 적용한 것은 정당하고 거기에 지적하는 바와 같은 업무방해죄 내지 기대가능성에 대한 법리를 오해한 위법이 없다(대법원 1991.11.12. 91도2211). [×]

0263 대학교 3학년생 34명이 지도교수의 인솔하에 피고인 경영의 나이트클럽에 찾아와 단체입장을 원하므로 피고인이 그들 중 일부 학생의 학생증을 확인하여 그들이 성년자임이 틀림없어 입장을 시켰으나 그 중 미성년자 1인이 섞여 있었던 경우 기대가능성이 없어 범죄가 성립하지 않는다. ○|×

[17 경간부, 11 경찰승진] [Core ★★]

해설

> 대법원 1987.1.20. 86도874 재수없는 나이트클럽 사건 [○]

0264 피고인이 오락실에서, 게임기와 대형스크린을 설치하고 취득한 점수에 따라 100점당 교육 문화상품권을 배출하여 제공하는 방법으로 경품취급기준을 위반한 경우 기대가능성이 없다고 할 수 없어 범죄가 성립한다. (다만, 피고인은 당국으로부터 영업정지처분을 받고 이를 다투었는데 법원이 영업정지처분 효력정지 결정을 하여 이를 신뢰하고 영업을 계속한 것임)

○|×

[15 국가9급] [Core ★★]

해설

> 대법원 2010.11.11. 2007도8645 로얄 그랑프리 게임장 사건 [○]

0265 휴가 나온 군인이 자신의 처자(妻子)가 생활고로 행방불명되자 군에 귀대하지 않은 경우 기대가능성이 없다고 할 수 없어 범죄가 성립한다. ○ | ✕

[11 경간부] [Essential ★]

> **해설**
>
> 대법원 1969.12.23. 69도2084 [○]

0266 탄약창고에서 보초근무 중이던 피고인이 자신의 상급 군인들이 그 창고 내에서 포탄피를 절취하는 현장을 목격하고도 그들이 상급자라는 이유로 이를 제지하지 않고 묵인한 경우 기대 가능성이 없다고 할 수 없어 범죄가 성립한다. ○ | ✕

[11 경간부] [Core ★★]

> **해설**
>
> 대법원 1966.7.26. 66도914 [○]

0267 전에 월선조업을 하다가 납북되었다가 돌아온 경험이 있는 피고인이, 스스로 월선조업을 하다가 북괴에 납북된 후 그들의 물음에 답을 하는 등 반공법위반 행위를 한 경우 기대가능성이 없어 범죄가 성립하지 않는다. ○ | ✕

[14 국가9급] [Core ★★]

> **해설**
>
> 강요된 행위에 해당하지 않는다(대법원 1971.2.23. 70도2629). [✕]

0268 통일원장관의 접촉 승인 없이 북한 주민과 접촉한 행위는 적법행위에 대한 기대가능성이 없는 경우에 해당한다. ○ | ✕

[21 해경승진] [Core ★★]

> **해설**
>
> 통일원장관의 접촉 승인 없이 북한 주민과 접촉한 행위는 정당행위 혹은 적법행위에 대한 기대가능성이 없는 경우에 해당하지 아니한다(대법원 2003.12.26. 2001도6484). [✕]

0269 선원인 피고인들이 동해에서 명태잡이를 하다가 기관고장과 풍랑으로 표류 중 강제로 북괴에 납북된 후 북괴를 찬양·고무하고 우리나라로 송환됨에 있어 여러 가지 지령을 받은 경우 기대가능성이 없어 범죄가 성립하지 않는다. ○ | ✕

[17 경간부] [Essential ★]

> **해설**
>
> 대법원 1967.10.4. 67도1115 [○]

0270 甲이 담배제조업 허가 없이 전자장치를 이용해 흡입할 수 있는 니코틴이 포함된 용액을 제조한 경우 궐련담배제조업의 허가 기준은 존재하나 전자담배제조업에 관한 허가기준이 없는 이상 甲에게 담배제조업 관련 법령의 허가기준을 준수하거나 허가기준이 새롭게 마련될 때까지 법 준수를 요구하는 것을 기대할 수 없다. ○ | ×

[22 경찰채용] [Superlative ★★★]

해설

> 담배사업법의 위임을 받은 기획재정부가 전자담배제조업에 관한 허가기준을 마련하지 않고 있으나, 정부는 전자담배제조업의 허가와 관련하여 적정한 기준을 마련함에 있어 법률이 위임한 정책적 판단 재량이 존재하고 궐련담배제조업에 관한 허가기준은 이미 마련되어 있는 상황이므로 담배제조업 관련 법령의 허가 기준을 준수하거나 허가기준이 새롭게 마련될 때까지 법 준수를 요구하는 것이 사회적 평균인의 입장에서도 불가능하거나 현저히 곤란한 것을 요구하여 죄형법 정주의 원칙에 위반된다거나 기대가능성이 없는 행위를 처벌하는 것이어서 위법하다고 보기는 어렵다(대법원 2018.9.28. 2018도9828 전자담배 액상 제조사건). [×]

제4장 미수론

제1절 장애미수

0271 부정경쟁방지법 제18조 제2항에서 정하고 있는 영업비밀부정사용죄에 있어서는 행위자가 당해 영업비밀과 관계된 영업활동에 이용 혹은 활용할 의사 아래 그 영업활동에 근접한 시기에 영업비밀을 열람하는 행위(영업비밀이 전자파일의 형태인 경우에는 저장의 단계를 넘어서 해당 전자파일을 실행하는 행위)를 하였다면 그 실행의 착수가 있다. ○ | ×

[17 경찰채용, 13 경찰채용] [Superlative ★★★]

해설

> 대법원 2009.10.15. 2008도9433 두산중공업 기술연구원장 사건 [○]

0272 입영대상자인 피고인이 병역면제처분을 받을 목적으로 병원으로부터 신장질환이 있는 것처럼 허위의 병사용진단서를 발급받은 경우 병역기피목적 사위행위죄의 실행의 착수가 인정된다. ○ | ×

[17 경찰승진, 15 법원9급, 15 국가9급] [Core ★★]

해설

> 피고인이 병사용 진단서를 발급받아 관할 병무청에 제출하는 단계에까지 이르지 않은 이상 위와 같은 행위만으로는 병역의무를 잠탈하거나 병무행정의 적정성을 침해할 직접적인 위험이 발생한 것으로 보기 어려워 병역법 제86조가 규정하고 있는 '사위행위'의 실행에 이르렀다고 볼 수 없다(대법원 2005.11.10. 2005도1995 진단서 발급만 사건). [×]

0273 피고인 甲이 乙에게 필로폰을 받을 국내 주소를 알려주었다고 하더라도 乙이 필로폰이 들어 있는 우편물을 발신국의 우체국 등에 제출하였다는 사실이 밝혀지지 않은 경우라도 甲은 향정신성의약품수입죄의 착수에 해당한다. O|X

[Core ★★]

해설

피고인 등의 이러한 행위는 향정신성의약품 수입의 예비행위라고 볼 수 있을지언정 이를 가지고 향정신성의약품 수입행위의 실행에 착수하였다고 할 수는 없다(대법원 2019.5.16. 2019도97 워터볼 발송 사건). [×]

0274 피고인 甲이 乙로부터 필로폰을 구해 달라는 부탁을 받고 그 대금 명목으로 200만원을 송금 받은 경우 범죄의 필로폰매매죄의 실행의 착수가 인정된다. O|X

[17 법원행시] [Core ★★]

해설

필로폰을 매수하려는 자로부터 필로폰을 구해 달라는 부탁과 함께 금전을 지급받았다고 하더라도, 당시 피고인이 필로폰을 소지 또는 입수한 상태에 있었거나 그것이 가능하였다는 등 매매행위에 근접·밀착한 상태에서 그 대금을 지급받은 것이 아니라 단순히 필로폰을 구해 달라는 부탁과 함께 대금 명목으로 금전을 지급받은 것에 불과한 경우에는 필로폰 매매행위의 실행의 착수에 이른 것이라고 볼 수 없다(대법원 2015.3.20. 2014도16920 200만원 송금만 사건). [×]

0275 저작권 침해 게시물을 인터넷 웹사이트 서버 등에 업로드하여 공중의 구성원이 개별적으로 선택한 시간과 장소에서 접근할 수 있도록 이용에 제공하였더라도 공중에게 침해 게시물을 실제로 송신하지 않았다면 저작권법상 공중송신권 침해는 기수에 이르지 않는다. O|X

[22 경찰채용] [Superlative ★★★]

해설

정범이 침해 게시물을 인터넷 웹사이트 서버 등에 업로드하여 공중의 구성원이 개별적으로 선택한 시간과 장소에서 접근할 수 있도록 이용에 제공하면 공중에게 침해 게시물을 실제로 송신하지 않더라도 공중송신권 침해는 기수에 이른다(대법원 2021.9.9. 2017도19025 全合 다시보기 링크사이트 사건). [×]

0276 정보통신망을 이용한 명예훼손의 경우에는 게재행위의 종료만으로 범죄행위가 종료하는 것은 아니고 원래 게시물이 삭제되어 정보의 송수신이 불가능해지는 시점을 범죄의 종료시기로 보아야 한다. O|X

[22 경찰채용] [Core ★★]

해설

서적·신문 등 기존의 매체에 명예훼손적 내용의 글을 게시하는 경우에 그 게시행위로써 명예훼손의 범행은 종료하는 것이며 그 서적이나 신문을 회수하지 않는 동안 범행이 계속된다고 보지는 않는다는 점을 고려해 보면, 정보통신망을 이용한 명예훼손의 경우에 게시행위 후에도 독자의 접근 가능성이 기존의 매체에 비하여 좀 더 높다고 볼 여지가 있다 하더라도 그러한 정도의 차이만으로 정보통신망을 이용한 명예훼손의 경우에 범죄의 종료시기가 달라진다고 볼 수는 없다(대법원 2007.10.25. 2006도346). 정보통신망을 이용한 명예훼손의 경우에도 게시행위로써 범행이 종료하는 것으로(게시물을 삭제하는 시점에 범행이 종료하는 것이 아니다) 그때부터 공소시효가 진행한다는 취지의 판례이다.   [×]

제2절 중지미수

0277 범인이 자의로 실행에 착수한 행위를 중지하거나 그 행위로 인한 결과의 발생을 방지한 때에는 형을 감경 또는 면제한다.   ○|×

[12 경찰채용, 12 법원9급 11 경찰승진] [Essential ★]

해설

형법 제26조   [○]

0278 범죄의 실행행위에 착수하고 그 범죄가 완수되기 전에 자기의 자유로운 의사에 따라 범죄의 실행행위를 중지한 경우에 그 중지가 일반 사회통념상 범죄를 완수함에 장애가 되는 사정에 의한 것이 아니라면 이를 중지미수에 해당한다.   ○|×

[15 법원9급, 11 경찰채용] [Essential ★]

해설

대법원 2011.11.10. 2011도10539 영남에어 대표 사건   [○]

0279 2인이 범행을 공모하여 실행에 착수한 후 그 중 한 사람이 자의로 중지한 경우 전체범죄가 기수에 이르렀다고 하여도 중지한 자에게는 미수가 성립한다.   ○|×

[17 법원행시, 16 국가9급, 15 변호사, 15 법원행시, 14 변호사, 14 국가9급, 13 국가9급] [Core ★★]

해설

다른 공범의 범행을 중지하게 하지 아니한 이상 **자기만의 범의를 철회, 포기하여도 중지미수로는 인정될 수 없다** (대법원 2005.2.25. 2004도8259 텐트 강간사건).   [×]

0280 중지범은 범죄의 실행에 착수한 후 자의로 그 행위를 중지한 때를 말하는 것이나 실행의 착수가 있기 전인 예비·음모의 행위를 처벌하는 경우에 있어서도 중지범의 관념을 인정할 수 있다. ○|×

[18 경간부, 16 경간부, 16 경찰채용, 15 변호사, 15 국가9급, 15 경간부, 14 법원9급, 14 국가9급, 12 변호사, 12 국가7급, 12 경찰채용, 11 국가9급, 11 경찰승진, 11 경찰채용] [Core ★★]

해설

> 중지범은 범죄의 실행에 착수한 후 자의로 그 행위를 중지한 때를 말하는 것이고, 실행의 착수가 있기 전인 예비음모의 행위를 처벌하는 경우에 있어서 중지범의 관념은 인정할 수 없다(대법원 1999.4.9. 99도424 녹두 밀수사건).
>
> [×]

0281 피고인이 피해자를 강간하려다가 피해자의 "다음 번에 만나 친해지면 응해 주겠다"는 취지의 부탁으로 인하여 그 목적을 이루지 못한 경우 중지미수에 해당한다. ○|×

[18 경간부, 17 법원행시, 16 국가9급, 15 법원행시, 15 법원9급, 14 경간부, 13 법원행시, 13 경간부, 12 국가9급, 11 국가9급, 11 경찰채용] [Essential ★]

해설

> 피고인은 자의로 피해자에 대한 강간행위를 중지한 것이고 피해자의 다음에 만나 친해지면 응해 주겠다는 취지의 간곡한 부탁은 사회통념상 범죄실행에 대한 장애라고 여겨지는 아니하므로 피고인의 행위는 중지미수에 해당한다(대법원 1993.10.12. 93도1851 친해지면 응해주겠다 사건).
>
> [○]

0282 피고인이 피해자를 강간하려고 음부를 만지던 중 피해자가 "수술한 지 얼마 안되어 배가 아프다"면서 애원하는 바람에 그 목적을 이루지 못한 경우 중지미수에 해당한다. ○|×

[17 법원행시, 11 법원행시] [Essential ★]

해설

> 피고인들이 간음행위를 중단한 것은 피해자를 불쌍히 여겨서가 아니라 피해자의 신체조건상 강간을 하기에 지장이 있다고 본 데에 기인한 것이므로 이는 일반의 경험상 강간행위를 수행함에 장애가 되는 외부적 사정에 의하여 범행을 중지한 것에 지나지 않는 것으로서 중지범의 요건인 자의성을 결여하였다(대법원 1992.7.28. 92도917 절도상경 강도실경 사건).
>
> [×]

0283 강도가 강간하려고 하였으나 잠자던 피해자의 어린 딸이 잠에서 깨어 우는 바람에 도주하였고 또 피해자가 시장에 간 남편이 곧 돌아온다고 하면서 임신 중이라고 말하자 도주한 경우 중지미수에 해당한다. ○|×

[16 법원행시, 16 국가9급, 14 경찰채용, 13 경간부] [Essential ★]

해설

> 강도가 강간하려고 하였으나 잠자던 피해자의 어린 딸이 잠에서 깨어 우는 바람에 도주하였고 또 피해자가 시장에 간 남편이 곧 돌아온다고 하면서 임신 중이라고 말하자 도주한 경우에는 자의로 강간행위를 중지하였다고 볼 수 없다(대법원 1993.4.13. 93도347 마음약한 강간범 사건).
>
> [×]

0284 피고인이 피해자를 살해하려고 목과 가슴 부위를 칼로 수 회 찔렀으나, 피해자의 가슴 부위에서 많은 피가 흘러나오는 것을 발견하고 겁을 먹고 그만 둔 경우 중지미수에 해당한다.　　　○|×

[16 국가9급, 15 법원행시, 15 법원9급, 14 경찰채용, 13 법원행시, 13 경간부] [Essential ★]

해설

> 많은 피가 흘러나오는 것에 놀라거나 두려움을 느끼는 것은 일반 사회통념상 범죄를 완수함에 장애가 되는 사정에 해당한다고 보아야 할 것이므로 이를 자의에 의한 중지미수라고 볼 수 없다(대법원 1999.4.13. 99도640 마음약한 살인범 사건).　　　[×]

0285 피고인 甲이 乙과 피해자 A를 텐트 안으로 끌고 간 후 乙, 甲의 순으로 성관계를 하기로 하고 甲은 주변에서 망을 보고 乙은 A의 반항을 억압한 후 강간하고, 이어 甲이 텐트 안으로 들어가 A를 강간하려 하였으나 A가 반항을 하며 강간을 하지 말아 달라고 사정을 하여 강간을 하지 않은 경우 중지미수에 해당한다.　　　○|×

[15 법원행시, 14 경찰채용] [Core ★★]

해설

> 다른 공범의 범행을 중지하게 하지 아니한 이상 자기만의 범의를 철회, 포기하여도 중지미수로는 인정될 수 없는 것인바, 乙이 甲과의 공모하에 강간행위에 나아간 이상 비록 甲이 강간행위에 나아가지 않았다 하더라도 중지미수에 해당하지는 않는다(대법원 2005.2.25. 2004도8259 텐트 강간사건).　　　[×]

0286 공범자인 乙이 A 경영 상회 안으로 들어가 절취할 물건을 물색하고 있는 동안, 피고인 甲이 가책을 느껴 A에게 乙의 침입사실을 알리고 그와 함께 乙을 체포한 경우 중지미수에 해당한다.　　　○|×

[18 경간부] [Core ★★]

해설

> 피고인의 소위는 중지미수의 요건을 갖추었다고 할 것이니 형법 제26조를 적용하여 피고인에 대한 형을 면제한 제1심판결을 유지한 원심조치는 정당하다(대법원 1986.3.11. 85도2831 천광상회 사건).　　　[○]

0287 피고인이 공동소유의 대지를 공동소유자의 승낙 없이 타인에게 담보로 제공하고 가등기를 경료한 경우 중지미수에 해당한다. (다만, 이후 다시 그 채무를 변제하고 가등기를 말소하였음)　　　○|×

[18 경간부, 16 법원9급, 13 법원행시] [Superlative ★★★]

해설

> 타인의 재물을 공유하는 자가 공유자의 승낙을 받지 않고 공유대지를 담보에 제공하고 가등기를 경료한 경우 횡령행위는 기수에 이르고 그 후 가등기를 말소했다고 하여 중지미수에 해당하는 것이 아니다(대법원 1978.11.28. 78도2175).　　　[×]

Chapter 02 범죄론 **95**

0288 피고인 甲이 A에게 위조한 주식인수계약서와 통장사본을 보여주면서 50억원의 투자를 받았다고 말하며 자금의 대여를 요청하였고, 이에 A와 함께 50억원의 입금 여부를 확인하기 위해 은행에 가던 중 범행이 발각될 것이 두려워 은행 입구에서 차용을 포기하고 돌아간 경우 중지미수에 해당한다.

○ | ×

[16 변호사, 16 경찰채용, 15 법원행시, 14 경찰채용, 13 법원행시, 13 국가9급] [Essential ★]

해설

피해자와 함께 투자금의 입금 여부를 확인하기 위해 은행에 가던 중 범행이 발각될 것이 두려워 은행 입구에서 차용을 포기하고 돌아간 경우에는 중지미수로 볼 수 없다(대법원 2011.11.10. 2011도10539 영남에어 대표 사건).

[×]

0289 다음 중 중지미수에 해당하는 것은 모두 1개다.

○ | ×

[Superlative ★★★]

ㄱ 피고인이 대마 2상자를 사 가지고 돌아오다 '이 장사를 다시 하게 되면 내 인생을 망치게 된다'는 생각이 들어 이를 불태운 경우 [11 국가9급]
ㄴ 피고인 등이 원료불량으로 인한 제조상의 애로, 제품의 판로문제, 범행탄로시의 처벌공포, 다른 공범자의 포악성 등으로 인하여 히로뽕 제조를 단념한 경우 [12 경찰승진, 11 국가9급]
ㄷ 피고인이 기밀탐지 임무를 부여받고 대한민국에 입국하여, 기밀을 탐지수집 하던 중 경찰관이 피고인의 행적을 탐문하고 갔다는 말을 전해 듣고 지령사항 수행을 보류하고 있던 중 체포된 경우 [18 경간부]
ㄹ 미리 제보를 받은 세관직원들이 범행장소 주변에 잠복근무를 하고 있어 그들이 왔다갔다 하는 것을 본 피고인이, 범행의 발각을 두려워한 나머지 자신이 분담하기로 한 실행행위에 이르지 못한 경우 [16 법원9급]

해설

모든 항목이 중지미수에 해당하지 아니한다.
ㄱ 피고인이 대마 2상자를 사가지고 돌아오다 이를 불태웠다고 하더라도 이미 성립한 죄에는 아무 소장이 없어 이를 중지미수에 해당된다 할 수 없다(대법원 1983.12.27. 83도2629 내 인생 망친다 사건).
ㄴ 피고인 등의 범행과정에 그와 같은 사정이 있었다는 것만으로는 이를 중지미수라 할 수 없다(대법원 1985. 11.12. 85도2002 히로뽕 제조 실패사건).
ㄷ 피고인은 기밀탐지의 기회를 노리다가 검거된 것이므로 간첩미수범으로 의율한 원심의 조치는 정당하고 이를 중지범으로 의율하여야 한다는 논지는 채용할 수 없다(대법원 1984.9.11. 84도1381 간첩 하원차량 사건).
ㄹ 피고인의 자의에 의한 범행의 중지가 아니어서 중지범에 해당한다고 볼 수 없다(대법원 1986.1.21. 85도2339).

[×]

0290 실행의 수단 또는 대상의 착오로 인하여 결과의 발생이 불가능하더라도 위험성이 있는 때에는 처벌한다. 단, 형을 감경 또는 면제한다.　　　　　　　　　　　　　　　　　　　　　　　　　ｏｌ×

[17 경간부, 17 국가9급, 15 국가9급, 13 경간부] [Essential ★]

해설

> 실행의 수단 또는 대상의 착오로 인하여 결과의 발생이 불가능하더라도 위험성이 있는 때에는 처벌한다. 단, 형을 감경 또는 면제할 수 있다(제27조).　　　　　　　　　　　　　　　　　　　　　[×]

0291 장애미수 또는 중지미수는 범죄의 실행에 착수할 당시 실행행위를 놓고 판단하였을 때 행위자가 의도한 범죄의 기수가 성립할 가능성이 있었으므로 처음부터 기수가 될 가능성이 객관적으로 배제되는 불능미수와 구별된다.　　　　　　　　　　　　　　　　　　　　　　　　　　　　　　　ｏｌ×

[20 변호사, 20 경간부, 19 경찰채용] [Core ★★]

해설

> 대법원 2019.3.28. 2018도16002 숲승 만취한 것으로 오해 사건　　　　　　　　　　　　　[○]

0292 불능미수는 행위자가 존재하는 사실을 인식하지 못하였다는 측면에서 실제로 존재하지 않는 사실을 존재한다고 오인한 사실의 착오와 다르다.　　　　　　　　　　　　　　　　　　　　　　　ｏｌ×

[20 변호사, 20 경찰승진, 19 경찰채용] [Core ★★]

해설

> 불능미수는 행위자가 실제로 존재하지 않는 사실을 존재한다고 오인하였다는 측면에서 존재하는 사실을 인식하지 못한 사실의 착오와 다르다(대법원 2019.3.28. 2018도16002 숲승 만취한 것으로 오해 사건). 전자는 불능미수이고(반전된 구성요건의 착오), 후자는 사실의 착오(구성요건의 착오)이다.　　　　　　　　　　　[×]

0293 판례는 불능미수의 판단 기준으로서 일관하여 위험성 판단은 피고인이 행위 당시에 인식한 사정을 놓고 이것이 객관적으로 일반인의 판단으로 보아 결과 발생의 가능성이 있느냐를 따져야 한다는 입장을 취하고 있다.　　　　　　　　　　　　　　　　　　　　　　　　　　　　　　　　　ｏｌ×

[17 국가9급, 15 국가9급] [Superlative ★★★]

해설

> 대법원은 위험성 판단과 관련하여 아래와 같이 그때그때 다르게 판시하고 있다.
> (1) 불능범은 범죄행위의 성질상 결과발생의 위험이 절대로 불능한 경우를 말한다(대법원 2007.7.26. 2007도3687 초우뿌리 부자 사건). (同旨 대법원 1985.3.26. 85도206) 구객관설을 취한 듯한 판례이다. (2) 불능범의 판단 기준으로서 위험성 판단은 피고인이 행위 당시에 인식한 사정을 놓고 이것이 객관적으로 일반인의 판단으로 보아 결과 발생의 가능성이 있느냐를 따져야 한다(대법원 2005.12.8. 2005도8105 소송비용 사건). (同旨 대법원 1978.3.28. 77도4049) 추상적 위험설을 취한 듯한 판례이다.　　　　　　　　　　　　　　　　　　　[×]

0294 피고인이 피담보채권인 공사대금 채권을 실제와 달리 허위로 부풀려 유치권에 의한 경매를 신청한 경우 불능범에 해당한다.　　　　　　　　　　　　　　　　　　　　　　　　　O | X

[16 경간부, 15 변호사, 15 법원행시, 15 경찰채용, 14 법원9급, 13 법원행시, 13 법원9급, 13 경찰채용] [Essential ★]

해설

> 공사대금 채권을 실제와 달리 허위로 크게 부풀려 유치권에 의한 경매를 신청할 경우 정당한 채권액에 의하여 경매를 신청한 경우보다 더 많은 배당금을 받을 수도 있으므로, 이는 재산상 이익을 취득하려는 행위로서 불능범에 해당한다고 볼 수 없고, 소송사기죄의 실행의 착수에 해당한다(대법원 2012.11.15. 2012도9603 유치권 경매 신청사건).　　　　　　　　　　　　　　　　　　　　　　　　　　　　　　　[X]

0295 피고인이 소송비용을 편취할 의사로 소송비용의 지급을 구하는 손해배상청구의 소를 제기하였다 가 담당 판사로부터 소송비용의 확정은 소송비용액 확정절차를 통하여 하라는 권유를 받고 소를 취 하한 경우 불능범에 해당한다.　　　　　　　　　　　　　　　　　　　　　　　　O | X

[21 경찰채용, 17 국가9급, 15 변호사, 14 법원행시, 13 변호사, 12 변호사, 12 국가9급, 11 법원행시, 11 경찰승진] [Essential ★]

해설

> 소송비용을 편취할 의사로 소송비용의 지급을 구하는 손해배상청구의 소를 제기하였다고 하더라도 이는 객관적으 로 소송비용의 청구방법에 관한 법률적 지식을 가진 일반인의 판단으로 보아 결과 발생의 가능성이 없어 위험성이 인정되지 않는다(대법원 2005.12.8. 2005도8105 소송비용 사건).　　　　　　　　　　　　　　[O]

0296 임대인과 임대차계약을 체결한 임차인(피고인)이 임차건물에 거주하기는 하였으나 그의 처만이 전 입신고를 마친 후에 경매절차에서 배당을 받기 위하여 임대차계약서상의 임차인 명의를 처로 변경 하여 경매법원에 배당요구를 한 경우 불능범에 해당한다.　　　　　　　　　　　　　　O | X

[16 법원9급] [Core ★★]

해설

> 실제의 임차인이 전세계약서상의 임차인 명의를 처의 명의로 변경하지 아니하였다 하더라도 소액 임대차보증금에 대한 우선변제권 행사로서 배당금을 수령할 권리가 있다 할 것이어서, 경매법원이 실제의 임차인을 처로 오인하여 배당결정을 하였더라도 이로써 재물의 편취라는 결과의 발생은 불가능하다 할 것이고, 이러한 임차인의 행위를 객관적으로 결과발생의 가능성이 있는 행위라고 볼 수도 없다(대법원 2002.2.8. 2001도6669 임차인명의 변경 배당요구사건).　　　　　　　　　　　　　　　　　　　　　　　　　　　　　　[O]

0297 피고인이 A 등 25명으로부터 임야를 매수한 사실이 없음에도 불구하고 A 등이 전원 사망하였고 피 고인 앞으로 임야에 대한 종합토지세가 부과되는 점을 기화로, 법원에 매매를 원인으로 한 소유권이 전등기청구의 소를 제기하고 승소판결을 받아 피고인 명의로 임야에 관한 소유권이전등기를 경료한 경우 불능범에 해당한다.　　　　　　　　　　　　　　　　　　　　　　　　　　　O | X

[17 경간부, 15 변호사, 15 법원9급, 15 국가9급, 12 법원행시, 12 국가9급] [Core ★★]

해설

> 피고인의 제소가 사망한 자를 상대로 한 것이라면 이와 같은 사망한 자에 대한 판결은 그 내용에 따른 효력이 생기지 아니하여 상속인에게 그 효력이 미치지 아니하고 따라서 사기죄를 구성한다고 할 수 없다. 나아가 피고인의 행위가 소송사기죄의 불능미수에 해당한다고 볼 수도 없다(대법원 2002.1.11. 2000도1881 전원사망 피고들 사건). [○]

0298 피고인이 피해자를 살해하기 위하여 '치사량에 약간 미달하는 농약 1.6cc'를 요구르트 한 병마다 섞어 피해자에게 마시게 한 경우 불가벌적 불능범(不能犯)에 해당하지 아니한다. ○│×

[14 경간부, 12 국가9급] [Essential ★]

해설

> 대법원 1984.2.28. 83도3331 [○]

0299 피고인이 일정량 이상을 먹으면 사람이 죽을 수도 있는 '초우뿌리'나 '부자' 달인 물을 마시게 하여 피해자를 살해하려다 미수에 그친 경우 불가벌적 불능범(不能犯)에 해당하지 아니한다. ○│×

[14 법원행시, 12 국가9급, 11 법원행시, 11 경찰승진] [Essential ★]

해설

> 대법원 2007.7.26. 2007도3687 초우뿌리 부자 사건 [○]

0300 소매치기인 피고인이 피해자의 잠바 왼쪽주머니에 손을 넣어 금품을 절취하려 하였으나 그 주머니 속에 금품이 들어있지 않았던 경우 불가벌적 불능범(不能犯)에 해당하지 아니한다. ○│×

[15 경찰채용, 14 법원행시, 11 경찰승진] [Core ★★]

해설

> 대법원 1986.11.25. 86도2090 [○]

0301 피고인이 히로뽕의 원료인 염산에페트린 및 수종의 약품을 교반하여 히로뽕 제조를 시도하였으나 약품배합 미숙으로 그 완제품을 제조하지 못한 경우 불가벌적 불능범(不能犯)에 해당하지 아니한다. ○│×

[17 국가9급, 17 경간부, 14 법원행시, 13 경찰승진, 13 경간부, 12 경찰승진, 11 경찰승진] [Core ★★]

해설

> 대법원 1985.3.26. 85도206 [○]

제4절 예비 · 음모

0302 예비와 미수는 각각 형법 각칙에 처벌규정이 있는 경우에만 처벌할 수 있지만 구체적인 법정형까지 규정될 필요는 없다. ○ | ×

[23 경간부] [Essential ★]

해설

> 미수의 경우에는 형법 총칙에 기수의 형을 감경 또는 면제하는 형식으로 규정되어 있어 각칙에 그 구체적인 법정형까지 규정될 필요는 없으나(형법 제25조부터 제27조), 예비의 경우에는 각칙에 구체적인 법정형이 없으면 죄형법정주의 원칙상 피고인을 처벌할 수 없다(대법원 1979.12. 26. 78도957 마산시위 발포명령 사건 참고). [×]

0303 실행의 착수가 있기 전인 예비음모의 행위를 처벌하는 경우에 있어서 중지범의 관념은 인정할 수 없다. ○ | ×

[18 경간부, 16 경간부, 16 경찰채용, 15 변호사, 15 국가9급, 15 경간부, 14 법원9급, 14 국가9급, 12 변호사, 12 국가7급, 12 경찰채용, 11 국가9급, 11 경찰승진, 11 경찰채용] [Core ★★]

해설

> 대법원 1999.4.9. 99도424 녹두 밀수사건 [○]

0304 정범이 실행의 착수에 이르지 아니하고 예비의 단계에 그친 경우에도 이에 가공하는 행위는 예비의 종범으로 처벌할 수 있다. ○ | ×

[18 경간부, 17 변호사, 17 국가9급, 16 경찰승진, 16 경찰채용, 15 변호사, 15 경간부, 15 국가9급, 14 변호사, 14 법원행시, 14 법원9급, 14 국가9급, 14 경찰승진, 14 경찰채용, 13 경간부, 12 경찰채용, 11 국가9급, 11 경찰승진, 11 경간부] [Core ★★]

해설

> 종범이 처벌되기 위하여는 정범의 실행의 착수가 있는 경우에만 가능하고 정범이 실행의 착수에 이르지 아니한 예비의 단계에 그친 경우에는 이에 가공하는 행위가 예비의 공동정범이 되는 경우를 제외하고는 이를 종범으로 처벌할 수 없다(대법원 1976.5.25. 75도1549 강도예비 방조사건). [×]

0305 살인예비죄가 성립하기 위하여는 살인죄를 범할 목적 외에도 살인의 준비에 관한 고의가 있어야 하며, 나아가 실행의 착수까지에는 이르지 아니하는 살인죄의 실현을 위한 준비행위가 있어야 한다. ○ | ×

[23 경찰간부, 17 국가7급, 15 국가9급] [Essential ★]

해설

> 대법원 2009.10.29. 2009도7150 실패한 살인교사 사건 [○]

0306 강도예비·음모죄가 성립하기 위해서는 예비·음모 행위자에게 미필적으로라도 '강도'를 할 목적이 있음이 인정되어야 하는데, '준강도'할 목적이 있음에 그치는 경우에도 강도예비·음모죄로 처벌할 수 있다. ○│×

[17 경찰채용, 16 법원행시, 16 경찰채용, 15 변호사, 14 변호사, 14 경찰승진, 14 경찰채용, 13 국가7급, 13 국가9급, 12 법원행시]

[Core ★★]

해설

> 강도예비·음모죄가 성립하기 위해서는 예비·음모 행위자에게 미필적으로라도 '강도'를 할 목적이 있음이 인정되어야 하고 그에 이르지 않고 단순히 '준강도'할 목적이 있음에 그치는 경우에는 강도예비·음모죄로 처벌할 수 없다 (대법원 2006.9.14. 2004도6432 준강도 목적 사건).   [×]

0307 음모란 2인 이상의 자 사이에 성립한 범죄실행의 합의를 말하는 것으로, 그 합의에 실질적인 위험성이 인정되지 않더라도 객관적으로 보아 특정한 범죄의 실행을 위한 준비행위라는 것이 명백히 인식되면 음모죄가 성립한다. ○│×

[17 국가9급, 16 경간부, 16 경찰채용, 14 국가9급, 13 경찰승진, 11 국가9급, 11 경간부] [Core ★★]

해설

> 음모란 2인 이상의 자 사이에 성립한 범죄실행의 합의를 말하는 것으로, 범죄실행의 합의가 있다고 하기 위하여는 단순히 범죄결심을 외부에 표시·전달하는 것만으로는 부족하고, 객관적으로 보아 특정한 범죄의 실행을 위한 준비행위라는 것이 명백히 인식되고 그 합의에 실질적인 위험성이 인정될 때에 비로소 음모죄가 성립한다(대법원 1999.11.12. 99도3801 꼴통 군인들 사건) (同旨 대법원 2015.1.22. 2014도10978 숩슴 이석기 의원 사건).   [×]

0308 다음 중 ( ) 안 범죄가 성립하는 것은 모두 1개다. ○|×

[Superlative ★★★]

> ⊙ 피고인이 살해의 용도에 공하기 위한 흉기를 준비하였지만 그 흉기로서 살해할 대상자가 확정되지 아니한 경우 (살인예비죄) [17 국가9급, 15 경찰채용]
> ⓛ 피고인 甲이 피해자 A를 살해하기 위하여 乙과 丙을 고용한 후 그들에게 살인의 대가를 지급하기로 약정한 경우 (살인예비죄) [17 국가9급, 17 경찰채용, 16 법원행시, 15 법원행시, 13 경찰채용]
> ⓒ 사병인 피고인들이 수회에 걸쳐 "총을 훔쳐 전역 후 은행이나 현금수송차량을 털어 한탕 하자"는 말을 나눈 경우 (강도예비죄) [18 경간부, 15 경찰승진, 11 경찰승진]
> ⓔ 뜻하지 않게 절도범행이 발각되었을 경우 체포를 면탈하는데 도움이 될 수 있을 것이라는 생각에 피고인이 등산용 칼을 휴대한 경우 (강도예비죄) [17 변호사, 15 법원행시, 14 변호사, 12 경찰승진]

해설

> ⓛ의 괄호 안 범죄가 성립한다.
> ⊙ 살해의 용도에 공하기 위한 흉기를 준비하였다 하더라도 그 흉기로서 살해할 대상자가 확정되지 아니한 한 살인예비죄로 다스릴 수 없다(대법원 1959.9.1. 59도387).
> ⓛ 피고인에게는 살인죄를 범할 목적 및 살인의 준비에 관한 고의가 인정될 뿐 아니라 그가 살인죄의 실현을 위한 준비행위를 하였음을 인정할 수 있으므로 살인예비죄가 성립한다(대법원 2009.10.29. 2009도7150 실패한 살인교사 사건).
> ⓒ 피고인들이 수회에 걸쳐 "총을 훔쳐 전역 후 은행이나 현금수송차량을 털어 한탕 하자"는 말을 나눈 정도만으로는 강도음모를 인정하기에 부족하다(대법원 1999.11.12. 99도3801 꼴통 군인들 사건).
> ⓔ 피고인에게 준강할 목적이 인정되는 정도에 그치는 이상 피고인에게 강도할 목적이 있었다고 볼 수 없으므로 강도예비죄의 죄책을 인정할 수는 없다(대법원 2006.9.14. 2004도6432 준강도 목적 사건). [○]

0309 피고인이 행사할 목적으로 미리 준비한 물건들과 옵세트인쇄기를 사용하여 한국은행권 지폐를 사진 찍어 그 필름 원판과 이를 확대하여 현상한 인화지를 만든 경우 통화위조죄가 성립한다. ○|×

[17 경찰채용, 14 법원행시] [Core ★★]

해설

> 피고인이 필름 원판 7매와 인화지 7매를 만들었음에 그쳤다면 아직 통화위조의 착수에는 이르지 아니하였고 그 예비단계에 불과하다(대법원 1966.12.6. 66도1317). [×]

0310 통합진보당 소속 국회의원 甲을 비롯한 피고인들이, 회합 참석자 130여 명과 한반도에서 전쟁이 발발하는 등 유사시에 상부 명령이 내려지면 전국 각 권역에서 국가기간시설 파괴 등 폭동할 것을 통모한 경우 내란음모죄가 성립한다. ○|×

[17 법원9급] [Core ★★]

해설

> 피고인들을 비롯한 회합 참석자들이 내란음모죄의 성립에 필요한 '내란범죄 실행의 합의'를 하였다고 할 수는 없다(대법원 2015.1.22. 2014도10978 속승 이석기 의원 사건). [×]

0311 피고인이 일본으로 밀항하고자 제3자에게 도항비로 일화 100만엔을 주기로 약속하였으나 그 후 밀항을 포기한 경우 밀항예비죄가 성립한다. ○|×

[14 법원9급] [Superlative ★★★]

해설

> 일본으로 밀항하고자 도항비로 일화 100만엔을 주기로 약속한 바 있었으나 그 후 밀항을 포기하였다면 밀항의 음모에 지나지 않는 것으로 밀항의 예비정도에는 이르지 아니한 것이다(대법원 1986.6.24. 86도437). [×]

제5장 공범론

제1절 공범이론

0312 정범의 성립은 교사범의 구성요건의 일부를 형성하고 교사범이 성립함에는 정범의 범죄행위가 인정되는 것이 그 전제요건이 된다. ○|×

[16 법원행시, 16 국가9급, 14 경찰승진, 12 법원행시, 12 국가7급, 11 법원9급] [Essential ★]

해설

> 대법원 2000.2.25. 99도1252 남원 협박교사사건 [○]

0313 교사범이 성립함에는 정범의 범죄행위가 인정되는 것이 그 전제요건이 되는데, 이는 공범의 종속성에 연유하는 것은 아니다. ○|×

[22 국가7급] [Core ★★]

해설

> 정범의 성립은 교사범, 방조범의 구성요건의 일부를 형성하고 교사범, 방조범이 성립함에는 먼저 정범의 범죄행위가 인정되는 것이 그 전제요건이 되는 것은 공범의 종속성에 연유하는 당연한 귀결이다(대법원 2020.5.28. 2016도2518 이유불비 사기방조판결 사건). [×]

0314 필요적 공범이 성립하기 위해서는 행위의 공동을 필요로 함은 물론, 협력자 전부가 책임이 있음을 필요로 한다. ○|×

[16 법원행시] [Core ★★]

해설

> 필요적 공범이라는 것은 법률상 범죄의 실행이 다수인의 협력을 필요로 하는 것을 가리키는 것으로서 이러한 범죄의 성립에는 행위의 공동을 필요로 하는 것에 불과하고 반드시 협력자 전부가 책임이 있음을 필요로 하는 것은 아니다(대법원 2008.3.13. 2007도10804 강종만 영광군수 사건). [×]

0315 2인 이상의 서로 대향된 행위의 존재를 필요로 하는 대향범에 대하여는 공범에 관한 형법 총칙 규정이 적용될 수 없다. ○│×

[16 국가9급, 12 법원행시] [Essential ★]

해설

대법원 2017.6.19. 2017도4240 [○]

0316 매도, 매수와 같이 2인 이상의 서로 대향된 행위의 존재를 필요로 하는 관계에 있어서는 공범이나 방조범에 관한 형법총칙 규정의 적용이 있을 수 없다. ○│×

[17 변호사, 13 법원행시] [Core ★★]

해설

대법원 2001.12.28. 2001도5158 염산날부핀 판매사건 [○]

0317 2인 이상의 서로 대향된 행위의 존재를 필요로 하는 대향범에 대하여 공범에 관한 형법 총칙 규정이 적용될 수 없는데, 이러한 법리는 해당 처벌규정의 구성요건 자체에서 2인 이상의 서로 대향적 행위의 존재를 필요로 하는 필요적 공범인 대향범에 적용됨은 물론, 구성요건상으로는 단독으로 실행할 수 있는 형식으로 되어 있더라도 그 구성요건이 대향범의 형태로 실행되는 경우에도 적용된다고 보아야 한다. ○│×

[23 법원9급] [Core ★★]

해설

2인 이상의 서로 대향된 행위의 존재를 필요로 하는 대향범에 대하여 공범에 관한 형법 총칙 규정이 적용될 수 없다. 이러한 법리는 해당 처벌규정의 구성요건 자체에서 2인 이상의 서로 대향적 행위의 존재를 필요로 하는 필요적 공범인 대향범을 전제로 한다. 구성요건상으로는 단독으로 실행할 수 있는 형식으로 되어 있는데 단지 구성요건이 대향범의 형태로 실행되는 경우에도 대향범에 관한 법리가 적용된다고 볼 수는 없다(대법원 2022.6.22. 2020도7866 대마 매매대금 입금사건). [×]

0318 형법 제127조는 공무원 또는 공무원이었던 자가 법령에 의한 직무상 비밀을 누설하는 행위만을 처벌하고 있을 뿐 직무상 비밀을 누설받은 상대방을 처벌하는 규정이 없는 점에 비추어, 직무상 비밀을 누설받은 자에 대하여는 공범에 관한 형법총칙 규정이 적용될 수 없다. ○│×

[17 법원9급, 17 경찰승진, 17 경간부, 17 경찰채용, 15 변호사, 15 국가9급, 15 경간부, 14 법원행시, 14 국가9급, 13 경간부, 12 법원9급, 11 법원행시] [Superlative ★★★]

해설

대법원 2011.4.28. 2009도3642 체포영장발부자 명단 사건 [○]

0319 공무원 또는 중재인이 부정한 청탁을 받고 제3자에게 뇌물을 제공하게 하고 제3자가 그러한 공무원 또는 중재인의 범죄행위를 알면서 방조한 경우라도 그 제3자에 대한 별도의 처벌 규정이 없으므로 이에 대하여 방조범에 관한 형법 총칙의 규정을 적용할 수 없다. ○|×

[17 법원행시, 17 경찰채용] [Superlative ★★★]

해설

제3자뇌물수수죄에서 제3자란 행위자와 공동정범 이외의 사람을 말하고, 교사자나 방조자도 포함될 수 있다. 그러므로 공무원 또는 중재인이 부정한 청탁을 받고 제3자에게 뇌물을 제공하게 하고 그 제3자가 그러한 공무원 또는 중재인의 범죄행위를 알면서 방조한 경우에는 그에 대한 별도의 처벌규정이 없더라도 방조범에 관한 형법 총칙의 규정이 적용되어 제3자뇌물수수방조죄가 인정될 수 있다(대법원 2017.3.15. 2016도19659 이천시 건축 담당 공무원 사건). [×]

0320 금품 등을 공여한 자에게 따로 처벌규정이 없는 이상, 그 공여행위는 그와 대향적 행위의 존재를 필요로 하는 상대방의 범행에 대하여 공범관계가 성립되지 아니하고, 오로지 금품 등을 공여한 자의 행위에 대하여만 관여하여 그 공여행위를 교사하거나 방조한 행위도 상대방의 범행에 대하여 공범관계가 성립되지 아니한다. ○|×

[16 법원행시, 15 법원행시, 15 국가9급] [Superlative ★★★]

해설

대법원 2014.1.16. 2013도6969 새누리당 당원명부 유출사건 [○]

0321 세무사의 사무직원이 직무상 보관하고 있던 임대사업자 등의 인적사항, 사업자소재지가 기재된 서면을 교부받은 자는 세무사법상 직무상 비밀누설죄의 공동정범에 해당한다. ○|×

[17 법원행시, 13 법원행시, 11 국가9급] [Superlative ★★★]

해설

세무사법은 제22조 제1항 제2호, 제11조에서 세무사와 세무사였던 자 또는 그 사무직원과 사무직원이었던 자가 그 직무상 지득한 비밀을 누설하는 행위를 처벌하고 있을 뿐 비밀을 누설받는 상대방을 처벌하는 규정이 없고, 세무사의 사무직원이 직무상 지득한 비밀을 누설한 행위와 그로부터 그 비밀을 누설받은 행위는 대향범 관계에 있으므로 이에 공범에 관한 형법총칙 규정을 적용할 수 없다(대법원 2007.10.25. 2007도6712 비자발급 브로커 사건). [×]

0322 변호사가 변호사 아닌 자에게 고용되어 법률사무소를 개설·운영하는 행위에 관여한 행위가 형법 총칙상의 교사, 방조에 해당될 경우 변호사를 「변호사법」 위반죄의 공범으로 처벌할 수 있다. ○|×

[17 법원9급, 17 경간부, 16 변호사, 16 국가9급, 14 국가7급, 13 법원행시, 12 경찰승진, 11 경찰채용] [Core ★★]

해설

변호사가 변호사 아닌 자에게 고용되어 법률사무소의 개설·운영에 관여하는 변호사법위반죄가 성립하는 데 당연히 예상될 뿐만 아니라 범죄의 성립에 없어서는 아니 되는 것인데도 변호사를 처벌하는 규정이 없는 이상, 변호사 아닌 자에게 고용되어 법률사무소의 개설·운영에 관여한 변호사의 행위가 일반적인 형법 총칙상의 공모, 교사 또는 방조에 해당된다고 하더라도 변호사를 변호사 아닌 자의 공범으로서 처벌할 수는 없다(대법원 2004.10.28. 2004도3994). [×]

0323 뇌물공여죄가 성립하기 위하여는 뇌물을 공여하는 행위와 상대방 측에서 금전적으로 가치가 있는 그 물품 등을 받아들이는 행위가 필요하므로 반드시 상대방 측에서 뇌물수수죄가 성립하여야 한다. ○|×

[17 국가9급, 17 경간부, 16 경찰승진, 15 법원행시, 15 국가9급, 13 법원행시, 13 법원9급, 12 변호사, 12 법원행시, 12 경찰채용, 11 국가9급, 11 경찰승진, 11 경찰채용] [Core ★★]

해설

뇌물공여죄가 성립하기 위하여는 뇌물을 공여하는 행위와 상대방 측에서 금전적으로 가치가있는 그 물품 등을 받아들이는 행위가 필요할 뿐 반드시 상대방 측에서 뇌물수수죄가 성립하여야 하는 것은 아니다(대법원 2013.11. 28. 2013도9003 광주 총인처리시설 입찰비리사건). [×]

0324 오로지 공무원을 함정에 빠뜨릴 의사로 직무와 관련되었다는 형식을 빌려 그 공무원에게 금품을 공여한 경우에도 공무원이 그 금품을 직무와 관련하여 수수한다는 의사를 가지고 받아들이면 뇌물수수죄가 성립한다. ○|×

[16 법원행시, 15 경찰채용, 12 국가9급, 11 법원행시, 11 경찰채용] [Core ★★]

해설

대법원 2008.3.13. 2007도10804 강종만 영광군수 사건 [○]

0325 '공범의 1인에 대한 시효정지는 다른 공범자에 대하여 효력이 미친다'라고 규정한 형사소송법 제253조 제2항에서 '공범'에는 뇌물공여죄와 뇌물수수죄 사이와 같은 대향범 관계에 있는 자도 포함된다. ○|×

[18 경간부, 17 변호사, 17 경간부, 16 변호사, 16 법원승진, 16 국가7급, 16 국가9급, 16 경간부, 15 경찰채용] [Core ★★]

해설

(1) '시효는 공소의 제기로 진행이 정지되고, 공범의 1인에 대한 시효정지는 다른 공범자에 대하여 효력이 미치고 당해 사건의 재판이 확정된 때로부터 진행한다'라는 형사소송법 제253조 제1항은 공소제기 효력의 인적 범위를 확장하는 예외를 마련하여 놓은 것이므로 원칙적으로 엄격하게 해석하여야 하고 피고인에게 불리한 방향으로 확장하여 해석해서는 아니된다. (2) '공범의 1인에 대한 시효정지는 다른 공범자에 대하여 효력이 미친다'라고 규정한 형사소송법 제253조 제2항에서 '공범'에는 뇌물공여죄와 뇌물수수죄 사이와 같은 대향범 관계에 있는 자는 포함되지 않는다(대법원 2015.2.12. 2012도4842 제3자뇌물교부 공범사건). [×]

0326 배임수재죄와 배임증재죄는 통상 필요적 공범의 관계에 있기는 하나 이것은 반드시 수재자와 증재자가 같이 처벌받아야 하는 것을 의미하는 것은 아니고, 다만 증재자에게 정당한 업무에 속하는 청탁이라면 수재자에게도 부정한 청탁이 될 수 없다. ○|×

[17 법원행시, 16 법원9급, 15 법원행시, 15 경찰채용, 13 법원행시, 12 법원9급, 12 경찰채용, 11 경찰채용] [Core ★★]

해설

배임수재죄와 배임증재죄는 통상 필요적 공범의 관계에 있기는 하나, 이것은 반드시 수재자와 증재자가 같이 처벌받아야 하는 것을 의미하는 것은 아니고 증재자에게는 정당한 업무에 속하는 청탁이라도 수재자에게는 부정한 청탁이 될 수도 있는 것이다(대법원 2011.10.27. 2010도7624 가처분 취하사건). [×]

0327 동시(同時) 또는 이시(異時)의 독립행위가 경합한 경우에 그 결과발생의 원인된 행위가 판명되지 아니한 때에는 각 행위를 미수범으로 처벌한다. 다만, 독립행위가 경합하여 상해의 결과를 발생하게 한 경우에 있어서 원인된 행위가 판명되지 아니한 때에는 공동정범의 예에 의한다. ○|×

[14 법원9급, 14 국가9급, 12 국가9급] [Essential ★]

해설

> 형법 제19조, 제263조 [○]

0328 형법 제263조(동시범)에 해당하는 경우 피고인은 자신의 행위와 상해의 결과 사이에 개별 인과관계가 존재하지 않음을 입증하더라도 상해의 결과에 대한 책임에서 벗어날 수 없다. ○|×

[19 국가9급] [Core ★★]

해설

> 동시범의 특례에 관한 형법 제263조를 적용하기 위하여 검사는 실제로 발생한 상해를 야기할 수 있는 구체적인 위험성을 가진 가해행위의 존재를 입증하여야 하므로 이를 통하여 상해의 결과에 대하여 아무런 책임이 없는 피고인이 형법 제263조로 처벌되는 것을 막을 수 있고, 피고인도 자신의 행위와 상해의 결과 사이에 개별 인과관계가 존재하지 않음을 입증하여 상해의 결과에 대한 책임에서 벗어날 수 있으므로 (중략) 형법 제263조는 책임주의원칙에 반한다고 볼 수 없다(헌법재판소 2018.3.29. 2017헌가10). [×]

0329 가해행위를 한 것 자체가 분명치 않은 사람에 대하여도 상해죄의 동시범으로 다스릴 수 있다. ○|×

[14 경간부] [Core ★★]

해설

> 가해행위를 한 것 자체가 분명치 않은 사람에 대하여는 상해죄의 동시범으로 다스릴 수 없다(대법원 1984.5. 15. 84도488). [×]

0330 시간적 차이가 있는 독립된 상해행위나 폭행행위가 경합하여 사망의 결과가 일어나고 그 사망의 원인된 행위가 판명되지 않은 경우에는 공동정범의 예에 의하여 처벌할 것이다. ○|×

[18 경간부, 17 법원9급, 17 경간부, 14 경간부, 12 국가9급] [Essential ★]

해설

> 대법원 2000.7.28. 2000도2466 [○]

0331 A가 甲으로부터 폭행을 당하고 얼마 후 함께 A를 폭행하자는 甲의 연락을 받고 달려 온 乙로부터 다시 폭행을 당하고 사망하였으나 사망의 원인행위가 판명되지 않았다면 형법 제263조가 적용되어 甲과 乙은 폭행치사죄의 공동정범의 예에 의하여 처벌된다. ○|×

[22 경찰채용] [Essential ★]

해설

> 공범관계에 있어 공동가공의 의사가 있었다면 이에는 동시범 등의 문제는 제기될 여지가 없다(대법원 1985.12. 10. 85도1892 잡귀를 물리친다 사건). [×]

0332 형법 제263조의 동시범 특례 규정은 강간치상죄에도 적용할 수 있다. ○│×

[14 경간부, 12 국가9급] [Essential ★]

해설

> 형법 제263조의 동시범은 상해와 폭행죄에 관한 특별규정으로서 동 규정은 그 보호법익을 달리하는 강간치상죄에
> 는 적용할 수 없다(대법원 1984.4.24. 84도372). [×]

0333 A가 술을 많이 마신 상태에서 乙로부터 심하게 폭행을 당하여 몸을 잘 가누지 못한 채 공원 벤치에 누워 있었는데, 그 상태에서 2시간이 지난 후 이러한 사정을 모르는 피고인 甲이 A의 엉덩이를 밀쳐 내 A가 벤치에서 떨어져 머리에 피를 흘리며 의식을 잃고 있다가 병원으로 후송되었으나 결국 사망한 경우, 甲은 폭행치사죄의 동시범에 해당한다. ○│×

[18 경간부] [Core ★★]

해설

> 대법원 2000.7.28. 2000도2466 [○]

제2절 간접정범

0334 처벌되지 아니하는 타인의 행위를 적극적으로 유발하고 이를 이용하여 자신의 범죄를 실현한 자는 간접정범으로서의 죄책을 지게 되므로, 그 과정에서 타인의 의사를 부당하게 억압하지 않았다면 간 접정범에 해당하지 아니한다. ○│×

[17 국가7급, 16 법원행시, 16 국가9급, 14 경찰승진, 13 경찰채용] [Core ★★]

해설

> 처벌되지 아니하는 타인의 행위를 적극적으로 유발하고 이를 이용하여 자신의 범죄를 실현한 자는 간접정범으로서
> 의 죄책을 지게 되고, 그 과정에서 타인의 의사를 부당하게 억압하여야만 간접정범에 해당하게 되는 것은 아니다
> (대법원 2008.9.11. 2007도7204 S오일 후원금 사건). [×]

0335 범죄는 어느 행위로 인하여 처벌되지 아니하는 자를 이용하여 이를 실행할 수 있다고 하더라도, 내란 죄의 경우에 있어서는 국헌문란의 목적을 가진 자가 그러한 목적이 없는 자를 이용하여 이를 실행 할 수 없다. ○│×

[16 법원행시, 16 경간부, 15 국가9급, 13 법원행시, 13 경간부] [Essential ★]

해설

> 범죄는 어느 행위로 인하여 처벌되지 아니하는 자를 이용하여서도 이를 실행할 수 있으므로 내란죄의 경우에도
> 국헌문란의 목적을 가진 자가 그러한 목적이 없는 자를 이용하여 이를 실행할 수 있다(대법원 1997.4.17. 96도
> 3376 숲승 신군부 내란사건). [×]

0336 자기에게 유리한 판결을 얻기 위하여 소송상의 주장이 사실과 다름이 객관적으로 명백하거나 증거가 조작되어 있다는 정을 인식하지 못하는 제3자를 이용하여 그로 하여금 소송의 당사자가 되게 하고 법원을 기망하여 소송 상대방의 재물 또는 재산상 이익을 취득하려 하였다면 간접정범의 형태에 의한 소송사기죄가 성립하게 된다. ○ | ×

[17 경찰승진, 15 법원9급, 13 경찰채용, 11 법원행시, 11 경간부] [Core ★★]

해설

> 대법원 2007.9.6. 2006도3591 위조 차용증 교부사건　　　　　　　　　　　　[○]

0337 유가증권변조죄에 있어서 설사 진실에 합치하도록 변경한 것이라 하더라도 권한없이 변경한 경우에는 변조로 되는 것이고 정을 모르는 제3자를 통하여 간접정범의 형태로도 범할 수 있다. ○ | ×

[13 국가7급] [Superlative ★★★]

해설

> 대법원 1984.11.27. 84도1862 엘칸토 양화점 사건　　　　　　　　　　　　[○]

0338 피고인 甲이 乙 등과 공모하여 A에게 금융감독원 직원 등을 사칭하면서 B의 계좌에 1,400만원을 입금하라고 하고, B에게도 같은 취지로 거짓말하여 B로 하여금 A가 입금한 1,400만원을 포함하여 총 1,880만원을 인출하여 전달하게 한 경우, A가 B의 계좌에 입금한 위 1,400만원 부분에 대하여는 A에 대한 사기죄는 물론 B에 대한 사기죄도 별도로 성립한다. ○ | ×

[22 경찰간부] [Core ★★]

해설

> (1) 간접정범을 통한 범행에서 피이용자는 간접정범의 의사를 실현하는 수단으로서의 지위를 가질 뿐이므로, 피해자에 대한 사기범행을 실현하는 수단으로서 타인을 기망하여 그를 피해자로부터 편취한 재물이나 재산상 이익을 전달하는 도구로서만 이용한 경우에는 편취의 대상인 재물 또는 재산상 이익에 관하여 피해자에 대한 사기죄가 성립할 뿐 도구로 이용된 타인에 대한 사기죄가 별도로 성립한다고 할 수 없다. (2) A가 B의 계좌에 입금한 위 1,400만원 부분에 대하여는 B가 甲, 乙 등의 기망에 따라 단지 A에 대한 사기범행을 실현하기 위한 도구로 이용되었을 뿐이므로 A에 대한 사기죄가 성립할 뿐 B에 대한 사기죄가 별도로 성립한다고 보기 어렵다(대법원 2017.5.31. 2017도3894 보이스피싱 사건Ⅱ). [×]

0339 출판물에 의한 명예훼손죄는 간접정범에 의하여 범하여질 수도 있으므로 타인을 비방할 목적으로 허위의 기사 재료를 그 정을 모르는 기자에게 제공하여 신문 등에 보도되게 한 경우에도 성립할 수 있다. ○ | ×

[16 국가9급, 13 국가7급, 13 국가9급, 12 경간부] [Core ★★]

해설

> 대법원 2002.6.28. 2000도3045 메디슨사 비리 제보사건　　　　　　　　　　　　[○]

0340 甲이 乙 명의의 차용증을 새로 위조한 후 이를 바탕으로 자신의 처에 대한 채권자인 丙에게 차용원금 및 위조된 차용증에 기한 약정이자 2,500만원을 양도하고, 이러한 사정을 모르는 丙으로 하여금 乙을 상대로 양수금 청구소송을 제기하도록 한 경우 丙을 도구로 이용한 간접정범 형태의 소송사기죄를 구성한다. O | X

[16 국가7급, 13 법원행시, 13 국가9급] [Core ★★]

해설

> 대법원 2007.9.6. 2006도3591 위조 차용증 교부사건 [O]

0341 인신구속에 관한 직무를 행하는 자 또는 이를 보조하는 자가 피해자를 구속하기 위하여 진술조서 등을 허위로 작성한 후 이를 기록에 첨부하여 구속영장을 신청하고, 진술조서 등이 허위로 작성된 정을 모르는 검사와 영장전담판사를 기망하여 구속영장을 발부받은 후 피해자를 구금하였다고 하더라도 실체적 진실주의가 적용되는 형사소송절차의 특성상 형법 제124조 제1항의 직권남용감금죄는 성립하지 아니한다. O | X

[17 국가9급, 16 국가7급, 15 법원행시, 13 국가7급, 13 국가9급, 13 경찰채용, 12 법원행시, 12 경간부, 11 법원행시, 11 경찰승진, 11 경간부] [Superlative ★★★]

해설

> 인신구속에 관한 직무를 행하는 자 또는 이를 보조하는 자가 피해자를 구속하기 위하여 진술조서 등을 허위로 작성한 후 이를 기록에 첨부하여 구속영장을 신청하고, 진술조서 등이 허위로 작성된 정을 모르는 검사와 영장전담판사를 기망하여 구속영장을 발부받은 후 그 영장에 의하여 피해자를 구금하였다면 형법 제124조 제1항의 직권남용감금죄가 성립한다(대법원 2006.5.25. 2003도3945 서류조작 구속사건). [X]

0342 피고인이 위조한 전문건설업등록증 등의 컴퓨터 이미지 파일을 발주자인 A 또는 한국신뢰성기술서비스의 담당 직원 B에게 이메일로 송부하였고, A 또는 B가 송부받은 컴퓨터 이미지 파일을 프린터로 출력하였다면 비록 출력 당시 그 이미지 파일이 위조된 것임을 알지 못한 경우라도 피고인은 위조문서행사죄의 간접정범에 해당하지 아니한다. O | X

[16 변호사, 16 법원행시, 16 경간부] [Superlative ★★★]

해설

> (1) 간접정범을 통한 위조문서행사범행에 있어 도구로 이용된 자라고 하더라고 문서가 위조된 것임을 알지 못하는 자에게 행사한 경우에는 위조문서행사죄가 성립한다. (2) 피고인 甲이 위조한 전문건설업등록증 등의 컴퓨터 이미지 파일을 공사 수주에 사용하기 위하여 乙 등에게 이메일로 송부하였고, 乙 등이 甲으로부터 이메일로 송부받은 컴퓨터 이미지 파일을 프린터로 출력할 당시 그 이미지 파일이 위조된 것임을 알지 못한 경우 형법 제229조의 위조·변조공문서행사죄를 구성한다(대법원 2012.2.23. 2011도14441 이미지 파일 출력사건). 이미지 파일을 메일로 전송한 단계에서는 문서죄가 성립하지 않지만, 그 정을 모르는 A, B가 이를 문서로써 출력하면 그 출력과 동시에 문서위조죄의 간접정범이 성립한다. 이미지 파일을 '문서'로 출력한 것이기 때문이다. 더 나아가서 문서를 출력한 A, B가 위조문서행사죄의 상대방이 될 수 있는지가 문제되는데, 판례에 의할 때 된다는 것이다. [X]

0343 경찰서 보안과장인 피고인이 甲의 음주운전을 눈감아주기 위하여 그에 대한 음주운전자 적발보고서를 찢어버리고, 부하로 하여금 일련번호가 동일한 가짜 음주운전 적발보고서에 乙에 대한 음주운전 사실을 기재케 하여 그 정을 모르는 담당 경찰관으로 하여금 주취운전자 음주측정처리부에 乙에 대한 음주운전 사실을 기재하도록 하였다면 허위공문서작성 및 동행사죄의 간접정범으로서의 죄책을 면할 수 없다. ○│×

[16 국가7급, 16 경간부] [Core ★★]

해설

> 대법원 1996.10.11. 95도1706 가짜 음주운전적발보고서 사건   [○]

0344 정유회사 경영자인 피고인이 정유회사 소속 직원들로 하여금 국회의원이 사실상 지배·장악하고 있던 후원회에 후원금을 기부하게 한 경우, 국회의원에게는 정치자금법 제32조 제3호 위반죄가, 경영자에게는 정치자금법 위반죄의 간접정범이 성립한다. ○│×

[13 경찰채용, 12 경간부] [Core ★★]

해설

> 대법원 2008.9.11. 2007도7204 5오일 후원금 사건   [○]

0345 공무원이 아닌 자가 공무원과 공동하여 허위공문서작성죄를 범한 때에는 공무원이 아닌자도 형법 제33조, 제30조에 의하여 허위공문서작성죄의 공동정범이 된다. ○│×

[17 국가7급, 17 경찰승진, 13 국가7급, 12 국가9급] [Essential ★]

해설

> 대법원 2006.5.11. 2006도1663 재해대장 사건   [○]

0346 보조공무원이 허위공문서를 기안하여 그 정을 모르는 작성권자의 결재를 받아 공문서를 완성하거나 결재를 거치지 않고 임의로 허위내용의 공문서를 완성한 경우 모두 공문서위조죄가 성립한다. ○│×

[18 경간부, 17 경간부, 16 법원행시, 16 국가9급, 14 경간부, 14 경찰채용, 13 법원행시, 13 법원9급, 13 국가7급, 13 경찰채용, 11 법원행시] [Core ★★]

해설

> 허위공문서작성죄의 주체는 그 문서를 작성할 권한이 있는 명의인인 공무원에 한하고, 그 공무원의 문서작성을 보조하는 직무에 종사하는 공무원은 위 죄의 주체가 되지 못하므로 보조공무원이 허위공문서를 기안하여 그 정을 모르는 작성권자의 결재를 받아 공문서를 완성한 때에는 허위공문서작성죄의 간접정범이 되고, 이러한 결재를 거치지 않고 임의로 허위내용의 공문서를 완성한 때에는 공문서위조죄가 성립한다(대법원 1981.7.28. 81도898 인감증명서 사건).   [×]

0347 공문서의 작성권한이 있는 공무원의 직무를 보좌하는 자가 그 직위를 이용하여 행사할 목적으로 허위의 내용이 기재된 문서초안을 그 정을 모르는 상사에게 제출하여 결재하도록 하는 등의 방법으로 작성권한이 있는 공무원으로 하여금 허위의 공문서를 작성하게 한 경우에는 간접정범이 성립되고 이와 공모한 자 역시 간접정범의 공범으로서의 죄책을 면할 수 없는 것이고, 여기서 말하는 공범은 반드시 공무원의 신분이 있는 자로 한정되는 것은 아니다. ○ | ×

[11 법원9급, 11 경찰승진] [Superlative ★ ★ ★]

해설

> 대법원 1992.1.17. 91도2837 예비군훈련확인서 사건 [○]

0348 공무원 아닌 자가 관공서에 허위 내용의 증명원을 제출하여 그 내용이 허위인 정을 모르는 담당공무원으로부터 그 증명원 내용과 같은 증명서를 발급받은 경우 공문서위조죄의 간접정범이 성립한다. ○ | ×

[18 경간부, 17 변호사, 16 국가7급, 16 경찰승진, 16 경간부, 15 경간부, 13 법원9급, 13 국가7급, 12 경간부, 11 법원행시]

[Core ★ ★]

해설

> 어느 문서의 작성권한을 갖는 공무원이 그 문서의 기재 사항을 인식하고 그 문서를 작성할 의사로써 이에 서명날인하였다면, 설령 그 서명날인이 타인의 기망으로 착오에 빠진 결과 그 문서의 기재사항이 진실에 반함을 알지 못한 데 기인한다고 하여도, 그 문서의 성립은 진정하며 여기에 하등 작성 명의를 모용한 사실이 있다고 할 수는 없으므로 공무원 아닌 자가 관공서에 허위 내용의 증명원을 제출하여 그 내용이 허위인 정을 모르는 담당공무원으로부터 그 증명원 내용과 같은 증명서를 발급받은 경우 공문서위조죄의 간접정범으로 의율할 수는 없다(대법원 2001.3. 9. 2000도938 공사 실적증명원 사건). [×]

0349 甲이 공무원인 자신의 남편 A에게 채무변제로 받는 돈이라고 속여 A로 하여금 뇌물을 받게 한 경우 甲은 형법 제33조에 의해 수뢰죄의 간접정범으로 처벌된다. ○ | ×

[23 경찰간부] [Superlative ★ ★ ★]

해설

> 공무원이 아닌 甲은 수뢰죄의 주체가 될 수 없으므로 A로 하여금 뇌물을 받게 한 경우(고의가 없는 A는 수뢰죄의 죄책을 지지 아니한다) 수뢰죄의 간접정범이 성립하지 않는다(물론 형법 제33조도 적용되지 않는다). 甲과 A 모두 무죄이다. 더욱이 제33조는 전3조(공동정범, 교사범, 방조범)를 준용하므로 제34조(간접정범)는 제33조가 적용될 여지가 없다. [×]

0350 타인의 범행을 인식하면서도 이를 제지하지 아니하고 용인하는 심리상태만으로 공동정범의 공동 가공의 의사가 인정될 수 있다. ○|✕

[17 법원행시, 17 경찰채용, 15 경찰채용, 14 경찰채용, 13 경찰채용, 12 경찰채용, 11 경간부] [Core ★★]

해설

> 공동가공의 의사는 타인의 범행을 인식하면서도 이를 제지하지 아니하고 용인하는 것만으로는 부족하고 공동의 의사로 특정한 범죄행위를 하기 위하여 일체가 되어 서로 다른 사람의 행위를 이용하여 자기의 의사를 실행에 옮기는 것을 내용으로 하는 것이어야 한다(대법원 2014.5.16. 2012도3676). [✕]

0351 공모는 법률상 어떤 정형을 요구하는 것이 아니고, 2인 이상이 공모하여 어느 범죄에 공동 가공하여 그 범죄를 실현하려는 의사의 결합만 있으면 되는 것이다. ○|✕

[16 법원9급, 16 국가7급] [Essential ★]

해설

> 대법원 2016.8.29. 2016도6297 [○]

0352 비공무원이 공무원과 공동가공의 의사와 이를 기초로 한 기능적 행위지배를 통하여 공무원의 직무에 관하여 뇌물을 수수하는 범죄를 실행하였다면 공무원에게는 제3자뇌물수수죄가, 비공무원에게는 제3자뇌물수수방조죄가 각각 성립한다. ○|✕

[21 경찰채용] [Essential ★]

해설

> 비공무원이 공무원과 공동가공의 의사와 이를 기초로 한 기능적 행위지배를 통하여 공무원의 직무에 관하여 뇌물을 수수하는 범죄를 실행하였다면 공무원이 직접 뇌물을 받은 것과 동일하게 평가할 수 있으므로 공무원과 비공무원에게 형법 제129조 제1항에서 정한 뇌물수수죄의 공동정범이 성립한다(대법원 2019.8.29. 2018도13792 全合 국정농단 사건) (同旨 대법원 2019.8.29. 2018도2738 全合 국정농단 사건). [✕]

0353 甲, 乙, 丙은 강도를 모의하고 A의 집에 침입하여 강취하던 중 甲이 정신없이 장롱에서 재물을 뒤지는 사이에 乙과 丙은 A를 강간하였고, 甲은 물건을 챙겨 돌아서면서 이를 뒤늦게 발견하고 빨리 가자고 재촉하여 함께 집을 나온 경우 甲에게는 강도강간의 공동정범이 인정된다. ○|✕

[22 해경승진] [Core ★★]

해설

> 피고인 甲은 乙, 丙의 강간사실을 알게 된 것은 이미 실행의 착수가 이루어지고 난 다음이었음이 명백하고 강간사실을 알고 나서도 암묵리에 그것을 용인하여 그로 하여금 강간하도록 할 의사로 강간의 실행범인 乙과 강간 피해자 A의 머리 등을 잡아준 丙과 함께 일체가 되어 乙, 丙의 행위를 통하여 자기의 의사를 실행하였다고는 볼 수 없다(대법원 1988.9.13. 88도1114 사당동 강도강간사건). 甲은 乙, 丙과 강도를 공모하였을 뿐 강도강간을 공모한 것이 아니므로 甲은 강도강간죄의 죄책은 지지 아니한다. [✕]

0354 비록 전체의 모의과정이 없었다고 하더라도 수인 사이에 순차적으로 또는 암묵적으로 상통하여 그 의사의 결합이 이루어지면 공모관계가 성립한다. ○ | ✕

[16 법원9급, 16 국가7급, 13 변호사] [Essential ★]

해설

| 대법원 2016.8.29. 2016도6297 | [○] |

0355 공동정범이 성립하기 위하여는 반드시 공범자간에 사전에 모의가 있어야 하는 것은 아니지만, 우연히 만난 자리에서 서로 협력하여 공동의 범의를 실현하려는 의사가 암묵적으로 상통한 정도만으로는 공동정범이 성립한다고 볼 수 없다. ○ | ✕

[17 경찰채용, 16 경찰승진, 16 경찰채용, 15 경찰채용, 13 경찰승진] [Core ★★]

해설

(1) 우연히 만난 자리에서 서로 협력하여 공동의 범의를 실현하려는 의사가 암묵적으로 상통하여 범행에 공동가공하더라도 공동정범은 성립된다(대법원 1984.12.26. 82도1373 우연히 윤간사건). (2) 사전 모의가 없었더라도 우연히 모인 장소에서 수인이 각자 상호간의 행위를 인식하고 암묵적으로 의사의 투합, 연락하에 범행에 공동가공하면 각자 공동정범의 책임을 면할 수 없다(대법원 1987.10.13. 87도1240 서진룸살롱 사건).   [✕]

0356 이른바 공모공동정범이 성립하기 위하여는 전체 범죄에서 그가 차지하는 지위·역할이나 범죄경과에 대한 지배 내지 장악력 등을 종합하여 그가 단순한 공모자에 그치는 것이 아니라 범죄에 대한 본질적 기여를 통한 기능적 행위지배가 존재하는 것으로 인정되어야 한다. ○ | ✕

[15 변호사, 13 국가9급, 14 경간부, 13 변호사, 11 경찰채용] [Core ★★]

해설

| 대법원 2015.1.15. 2014도969 | [○] |

0357 물건의 소유자가 아닌 사람은 형법 제33조 본문에 따라 소유자의 권리행사방해 범행에 가담한 경우에 한하여 그의 공범이 될 수 있을 뿐이므로 권리행사방해죄의 공범으로 기소된 물건의 소유자에게 고의가 없는 등으로 범죄가 성립하지 않는다면 공동정범이 성립할 여지가 없다. ○ | ✕

[20 변호사, 20 경간부, 19 법원행시, 18·19 국가7급] [Superlative ★★★]

해설

| 대법원 2017.5.30. 2017도4578 에쿠스 담보제공 사건 | [○] |

0358 공무원이 뇌물공여자로 하여금 공무원과 뇌물수수죄의 공동정범 관계에 있는 비공무원에게 뇌물을 공여하게 하여 비공무원이 뇌물을 받은 경우 비공무원은 공무원과 함께 뇌물수수죄의 공동정범이 성립하고 제3자뇌물수수죄는 성립하지 않는다. ○ | ×

[20 경찰승진] [Core ★★]

해설

대법원 2019.8.29. 2018도13792 全合 국정농단 사건 (同旨 대법원 2019.8.29. 2018도2738 全合 국정농단 사건) [○]

0359 뇌물수수의 공범자들 사이에 직무와 관련하여 금품이나 이익을 수수하기로 하는 명시적 또는 암묵적 공모관계가 성립하고 그 공모 내용에 따라 공범자 중 1인이 금품이나 이익을 수수하였다면, 사전에 특정 금액 이하로만 받기로 약정하였다든가 수수한 금액이 공모 과정에서 도저히 예상할 수 없는 고액이라는 등과 같은 특별한 사정이 없는 한, 그 수수한 금품이나 이익 전부에 관하여 특가법 위반 (뇌물)죄 또는 뇌물수수죄의 공모공동정범이 성립한다. ○ | ×

[17 국가7급, 13 변호사] [Core ★★]

해설

대법원 2014.12.24. 2014도10199 한수원 원전 납품비리 사건 이는 형법상 수뢰죄에 외에도 특가법 제3조, 특경법 제5조와 제7조, 변호사법 제90조 제2호의 범죄도 동일하다(대법원 2010.10.14. 2010도387 외환은행 매각 사건). [○]

0360 수인 사이에 순차적으로 또는 암묵적으로 상통하여 그 의사의 결합이 이루어지면 공모관계가 성립하고, 이러한 공모가 이루어진 이상 실행행위에 직접 관여하지 아니한 자라도 다른 공모자의 행위에 대하여 공동정범으로서의 형사책임을 진다. ○ | ×

[14 경간부, 13 변호사] [Essential ★]

해설

대법원 2014.11.13. 2014도8838 [○]

0361 공동가공의 의사가 공동행위자 상호간에 있는 경우는 물론 행위자 일방의 가공의사만 있는 경우에도 공동정범이 성립할 수 있다. ○ | ×

[15 경찰승진, 15 경찰채용, 14 경간부, 13 법원9급, 13 국가7급, 12 변호사, 12 경간부, 11 국가7급] [Essential ★]

해설

공동가공의 의사는 공동행위자 상호간에 있어야 하며 행위자 일방의 가공의사만으로는 공동정범관계가 성립할 수 없다(대법원 1985. 5.14. 84도2118 뱃놀이 사건). [×]

0362 공동정범은 공동가공의 의사와 기능적 행위지배를 통한 범죄의 실행사실이 있어야 성립하므로, 공동가공의 의사를 인정할 수 없는 과실범의 공동정범은 성립할 수 없다. ○│×

[16 국가9급, 16 경간부, 15 변호사, 14 국가7급, 14 경찰승진, 14 경간부, 13 법원행시, 13 법원9급, 13 경찰승진, 12 경찰승진, 12 경간부, 11 국가7급] [Essential ★]

해설

(1) 공동정범은 고의범이나 과실범을 불문하고 의사의 연락이 있는 경우면 성립하는 것으로서 2인 이상이 서로의 의사연락 아래 과실행위를 하여 범죄되는 결과를 발생하게 하면 과실범의 공동정범이 성립한다(대법원 1994.5. 24. 94도660 구포역 열차전복 사건). (2) 형법 제30조 소정의 '2인 이상이 공동하여 죄를 범한 때'의 '죄'에는 고의범뿐만 아니라 과실범도 포함된다(대법원 1994.3.22. 94도35 우암아파트 붕괴사건). [×]

0363 예인선 정기용선자의 현장소장 甲은 예인선 선장 乙의 출항 연기 건의를 묵살한 채 사고 위험성이 높은 해상에 예인선의 출항을 강행할 것을 지시하였고, 乙은 甲의 지시에 따라 사고의 위험성이 높은 시점에 무리하게 예인선을 운항한 결과 예인되던 선박에 적재된 물건이 해상에 추락하여 선박 교통을 방해하였다면 甲과 乙은 업무상과실일반교통방해죄의 공동정범이 성립한다. ○│×

[22 국가7급] [Core ★★]

해설

대법원 2009.6.11. 2008도11784 예인선 진도대교 충돌사건 [○]

0364 결과적 가중범인 상해치사죄의 공동정범은 폭행 기타의 신체침해 행위를 공동으로 할 의사가 있으면 성립되고 결과를 공동으로 할 의사는 필요 없으며, 여러 사람이 상해의 범의로 범행 중 한 사람이 중한 상해를 가하여 피해자가 사망에 이르게 된 경우 나머지 사람들은 사망의 결과를 예견할 수 없는 때가 아닌 한 상해치사의 죄책을 면할 수 없다. ○│×

[17 국가9급, 17 경찰채용, 16 법원9급, 16 국가9급, 16 경찰채용, 15 변호사, 15 경찰승진, 15 경간부, 14 변호사, 14 법원행시, 14 법원9급, 14 국가9급, 13 국가7급, 13 국가9급, 13 경찰채용] [Core ★★]

해설

대법원 2013.4.26. 2013도1222 술집 상해치사사건 [○]

0365 피고인이 포괄일죄의 관계에 있는 범행의 일부를 실행한 후 공범관계에서 이탈하였다면, 비록 다른 공범자에 의하여 나머지 범행이 이루어진 경우라도 피고인은 자신이 관여하지 않은 부분에 대하여는 책임을 지지 아니한다. ○│×

[16 법원9급, 15 법원행시, 15 국가9급, 13 국가7급, 12 국가9급] [Core ★★]

해설

피고인이 포괄일죄의 관계에 있는 범행의 일부를 실행한 후 공범관계에서 이탈하였으나 다른 공범자에 의하여 나머지 범행이 이루어진 경우, 피고인이 관여하지 않은 부분에 대하여도 죄책을 부담한다(대법원 2011.1.13. 2010도9927 시세조정 중 이탈사건). [×]

0366 피고인이 공범들과 함께 강도범행을 저지른 후 피해자의 신고를 막기 위하여 공범들이 묶여있는 피해자를 옆방으로 끌고가 강간범행을 할 때에 피고인은 자녀들을 감시하고 있었다면 비록 피고인이 직접 강간행위를 하지 않았다 하더라도 강도강간의 공동죄책을 면할 수 없다. O | X

[12 법원행시] [Core ★★]

해설

대법원 1986.1.21. 85도2411 [O]

0367 피해자 일행을 한 사람씩 나누어 강간하자는 피고인 일행의 제의에 아무런 대답도 하지 않고 따라 다니다가 자신의 강간 상대방으로 남겨진 A에게 일체의 신체적 접촉도 시도하지 않은 채 다른 일행이 인근 숲 속에서 강간을 마칠 때까지 A와 함께 이야기만 나눈 경우라도, 피고인은 다른 일행의 강간범행에 대하여 공동정범으로서의 책임을 면할 수 없다. O | X

[16 경찰채용, 14 법원행시] [Core ★★]

해설

피해자 일행을 한 사람씩 나누어 강간하자는 피고인 일행의 제의에 아무런 대답도 하지 않고 따라 다니다가 자신의 강간 상대방으로 남겨진 A에게 일체의 신체적 접촉도 시도하지 않은 채 다른 일행이 인근 숲 속에서 강간을 마칠 때까지 A와 함께 이야기만 나눈 경우, 피고인에게 다른 일행의 강간 범행에 공동으로 가공할 의사가 있었다고 볼 수 없다(대법원 2003.3.28. 2002도7477 강간 파트너와 이야기만 사건). [×]

0368 딱지어음들을 발행하여 매매한 피고인들이 비록 그 사기범행에 관하여 암묵적, 순차적으로 공모하였다고 하더라도, 이를 사용한 사기의 실행행위에 직접 관여하지 않았고 딱지어음들의 전전유통경로나 중간 소지인들 및 그 기망방법을 구체적으로 몰랐다고 한다면 사기죄의 공동정범에 해당하지 아니한다. O | X

[17 경찰채용, 15 국가9급, 15 경찰채용 14 경찰채용, 11 경찰승진] [Core ★★]

해설

딱지어음들을 발행하여 매매한 피고인들이 이를 사용한 사기의 실행행위에 직접 관여하지 않았더라도 그 사기범행에 관하여 암묵적, 순차적으로 공모하였다고 볼 수 있다면, 딱지어음들의 전전유통경로나 중간 소지인들 및 그 기망방법을 구체적으로 몰랐더라도 사기죄의 공동정범이 된다(대법원 1997.9.12. 97도1706 광주 어음사기단 사건). [×]

0369 회사 직원이 영업비밀을 경쟁업체에 유출하거나 스스로의 이익을 위하여 이용할 목적으로 무단으로 반출한 때 업무상배임죄의 기수에 이르렀다고 할 것이고, 그 이후에 직원과 접촉하여 영업비밀을 취득하려고 한 자는 업무상배임죄의 공동정범이 될 수 없다. O | X

[18 경간부, 17 변호사, 15 국가9급, 12 변호사, 12 경찰채용] [Core ★★]

해설

대법원 2003.10.30. 2003도4382 삼성전자 영업비밀 유출사건 [O]

0370 건설 관련 회사의 유일한 지배자인 피고인이 회사 대표의 지위에서 장기간에 걸쳐 건설공사 현장소장들의 뇌물공여행위를 보고받고 이를 확인·결재하는 등의 방법으로 관여한 경우, 비록 사전에 구체적인 대상 및 액수를 정하여 뇌물공여를 지시하지 아니하였다고 하더라도 공모공동정범의 죄책을 인정하여야 한다. ○│×

[18 경간부, 14 법원행시, 14 경찰채용, 12 경찰채용] [Core ★★]

해설

대법원 2010.7.15. 2010도3544 뇌물공여 본질적 기여사건 [○]

0371 乙이 위조된 부동산임대차계약서를 담보로 제공하고 A로부터 돈을 차용할 것을 계획하면서 A가 위조된 부동산임대차계약서상의 임대인에게 전화를 하여 확인할 것에 대비하여 甲에게 미리 전화를 하여 임대인 행세를 하여달라고 부탁을 하였고, 甲은 이를 승낙하여 실제로 A의 남편 B로부터 전화를 받자 자신이 실제의 임대인인 것처럼 행세하여 전세금액 등을 확인함으로써 위조사문서의 행사에 관하여 역할분담을 한 경우, 甲의 행위는 위조사문서행사에 있어서 공동정범 요건을 갖추었다고 할 것이다. ○│×

[12 경찰채용, 11 경찰채용] [Superlative ★★★]

해설

대법원 2010.1.28. 2009도10139 임대인 행세 사건 [○]

0372 전국노점상총연합회가 주관한 도로행진시위에 참가한 단순 가담자인 피고인이 다른 시위참가자들과 함께 경찰관 등에 대한 특수공무집행방해 행위를 하던 중 체포된 경우, 피고인은 체포된 이후에 이루어진 다른 시위참가자들의 범행에 대하여도 공모공동정범의 죄책을 면할 수 없다. ○│×

[14 경찰승진] [Essential ★]

해설

단순 가담자인 피고인에게 체포된 이후에 이루어진 다른 시위참가자들의 범행에 대하여는 본질적 기여를 통한 기능적 행위지배가 존재한다고 보기 어려워 공모공동정범의 죄책을 인정할 수 없다(대법원 2009.6.23. 2009도2994 전노련 시위사건). [×]

0373 오토바이 판매점을 경영하는 甲은 乙 등에게 "오토바이를 훔쳐오면 그 물건을 사주겠다"고 말하였고, 이에 乙 등은 甲을 장물아비로 알고 오토바이를 절취한 후 甲에게 넘기고 그 대가를 취득한 경우 공동정범이 성립한다. ○│×

[13 국가9급, 11 경찰채용] [Essential ★]

해설

甲은 乙 등으로부터 장물을 매수하면서 그 대금을 지급하는 관계라고 생각되므로 甲에게 공동정범의 성립을 인정하기 위하여 필요한 공동가공의 의사가 있었다고 보기 어려울 것이다(대법원 1997.9.30. 97도1940). [×]

0374 수입물품판매상을 경영하는 甲은 선원인 乙로부터 "일본에서 캠코더 등 물건을 가져오겠으니 팔아달라"는 제의를 받고 이를 승낙한 다음, 그가 일본에서 캠코더 등을 밀수입해오자 대금을 지불하고 이를 인도 받은 경우 공동정범이 성립한다. ○|×

[18 경간부, 11 경찰승진] [Core ★★]

해설

물품을 밀수입해 오면 이를 취득하거나 그 매각알선을 하겠다는 의사표시로 볼 수 있을 뿐 甲이 밀수입 범행을 공동으로 하겠다는 공모의 의사를 표시한 것으로는 볼 수 없다(대법원 2000.4.7. 2000도576). [×]

0375 甲은 부실공사를 하고, 乙은 공사 감독을 소홀히 하고, 丙은 유지관리를 소홀히 한 탓에 교량이 붕괴되어 통행인이 사망한 경우 甲, 乙, 丙은 업무상과실치사상죄 등의 공동정범으로 처벌된다. ○|×

[15 경찰승진, 13 법원9급, 11 경간부] [Essential ★]

해설

대법원 1997.11.28. 97도1740 성수대교 붕괴사건 [○]

0376 패싸움 중 한사람이 칼로 찔러 상대방을 죽게 한 경우, 다른 공범자가 그 결과에 대한 인식이 없었다면 그에 대하여 상해치사죄의 책임을 물을 수 없다. ○|×

[16 경간부] [Core ★★]

해설

패싸움 중 한사람이 칼로 찔러 상대방을 죽게 한 경우에 다른 공범자가 그 결과 인식이 없다하여 상해치사죄의 책임이 없다고 할 수 없다(대법원 1978.1.17. 77도2193). [×]

0377 「형법」 제331조 제2항의 특수절도죄에서의 합동은 공동정범의 공동과 동일한 의미로 사용되며, 반드시 시간적·장소적 협동을 필요로 하지 않는다. ○|×

[18 경찰채용] [Essential ★]

해설

형법 제331조 제2항 후단의 2인 이상이 합동하여 타인의 재물을 절취한 경우의 특수절도 죄가 성립하기 위하여는 주관적 요건으로서의 공모와 객관적 요건으로서의 실행행위의 분담이 있어야 하고 그 실행행위에 있어서는 시간적으로나 장소적으로 협동관계에 있음을 요한다(대법원 1996.3.22. 96도313 동생집 절취사건). 합동범의 '합동'과 공동정범의 '공동'은 그 의미가 다르다. [×]

0378 삐끼주점 지배인 甲이 삐끼 乙·丙·丁과 공모한 후 주점에서 A로부터 신용카드를 강취하고 신용카드의 비밀번호를 알아내었고, 이후 甲이 주점 내에서 A를 계속 붙잡아 두는 동안 乙·丙·丁은 LG마트 편의점으로 가서 신용카드를 이용하여 현금자동지급기에서 현금 470만원을 인출한 경우 甲에 대하여 성립하는 범죄는 특수절도죄의 공동정범이다. ('현금인출 부분'에 한함)　　　　ㅇ | ×

[18 국가9급] [Essential ★]

해설

> 대법원 1998.5.21. 98도321 全合 삐끼주점 사건　　　　　　　　　　　　　　[○]

0379 乙이 1981년 1월 초순경부터 희로뽕 제조행위를 계속하던 도중인 1981년 2월 9일경 피고인 甲이 비로소 乙의 위 제조행위를 알고 그에 가담한 경우, 비록 乙의 희로뽕 제조행위 전체가 포괄하여 하나의 죄가 된다 할지라도 甲에게 그 가담 이전의 제조행위에 대하여까지 유죄를 인정할 수는 없다.　　　　ㅇ | ×

[16 경간부, 12 경간부] [Core ★★]

해설

> 대법원 1982.6. 8. 82도884 희로뽕제조 중 가담사건　　　　　　　　　　　　[○]

0380 공모공동정범에 있어서 그 공모자 중의 1인이 다른 공모자가 실행행위에 이르기 전에 그 공모관계에서 이탈한 때에는 그 이후의 다른 공모자의 행위에 관하여 공동정범으로서의 책임은 지지 않는다고 할 것이고 그 이탈의 표시는 반드시 명시적임을 요하지 않는다.　　　　ㅇ | ×

[15 국가9급, 12 변호사] [Essential ★]

해설

> 대법원 1986.1.21. 85도2371 동창생 윤간살해 사건　　　　　　　　　　　　[○]

0381 공모관계에서의 이탈은 공모자가 공모에 의하여 담당한 기능적 행위지배를 해소하는 것이 필요하므로 공모자가 공모에 주도적으로 참여하여 다른 공모자의 실행에 영향을 미친 때에는 범행을 저지하기 위하여 적극적으로 노력하는 등 실행에 미친 영향력을 제거하지 아니하는 한 공모관계에서 이탈하였다고 할 수 없다.　　　　ㅇ | ×

[16 법원9급, 16 국가7급, 16 국가9급, 16 경찰채용, 15 변호사, 15 국가9급, 15 경찰승진, 14 경찰승진, 13 법원9급, 13 국가9급, 13 경찰채용, 11 법원행시, 11 국가7급] [Core ★★]

해설

> 대법원 2015.2.16. 2014도14843　　　　　　　　　　　　　　　　　　　[○]

0382 甲이 乙과 공모하여 가출 청소년 A를 유인하고 성매매 홍보용 나체사진을 찍은 후, 자신이 별건으로 체포되어 수감 중인 동안 A가 乙의 관리 아래 성매수의 상대방이 된 대가로 받은 돈을 A, 乙 및 甲의 처 등이 나누어 사용한 경우 공모관계 이탈이 인정된다.　　　　　　　　　○│×

[18 경간부, 13 변호사] [Core ★★]

해설

> 피고인이 포괄일죄의 관계에 있는 범행의 일부를 실행한 후 공범관계에서 이탈하였으나 다른 공범자에 의하여 나머지 범행이 이루어진 경우 피고인은 관여하지 않은 부분에 대하여도 죄책을 부담하므로, 피고인이 다른 공범들의 범죄실행을 저지하지 않은 이상 그 이후 나머지 공범들이 행한 시세조정행위에 대하여도 죄책을 부담한다(대법원 2011.1.13. 2010도9927 시세조정 중 이탈사건).　　　　　　　　[×]

0383 다음 중 '피고인 또는 甲에 대하여' 공모관계의 이탈이 인정되어 공동정범이 성립하지 않는 것은 모두 2개다.　　　　　　　　　○│×

[Superlative ★★★]

> ㉠ 피고인 등이 금품을 강취할 것을 공모하고 피고인은 집 밖에서 망을 보기로 하였으나 다른 공모자들이 피해자의 집에 침입한 후 담배를 사기 위해서 망을 보지 않은 경우 [12 법원행시]
> ㉡ 다른 3명의 공모자들과 강도 모의를 주도한 피고인이 함께 범행 대상을 물색하다가 다른 공모자들이 강도의 대상을 지목하고 뒤쫓아 가자 단지 "어?"라고만 하고 비대한 체격 때문에 뒤따라가지 못한 채 범행현장에서 200m 정도 떨어진 곳에 앉아 있었으나 공모자들이 피해자를 쫓아가 강도상해의 범행을 한 경우 [16 경찰승진, 14 변호사, 14 국가7급, 13 경간부, 12 국가9급]
> ㉢ 피고인이 투자금융회사에 입사하여 다른 공범들과 프로소닉 주식의 시세조정 주문을 내기로 공모한 다음 시세조정행위의 일부를 실행한 후 회사로부터 해고를 당하여 공범 관계로부터 이탈하였고, 다른 공범들이 그 이후의 나머지 시세조정행위를 계속한 경우 [12 법원행시]

해설

모든 항목이 공모관계의 이탈이 인정되지 않는다.
㉠ 행위자 상호간에 범죄의 실행을 공모하였다면 다른 공모자가 이미 실행에 착수한 이후에는 그 공모관계에서 이탈하였다고 하더라도 공동정범의 책임을 면할 수 없다(대법원 1984.1.31. 83도 2941 담배생각이 나서 사건).
㉡ 피고인은 다른 공모자가 강도상해죄의 실행에 착수하기까지 범행을 만류하는 등으로 공모관계에서 이탈하였다고 볼 수 없으므로 강도상해죄의 공동정범으로서의 죄책을 진다(대법원 2008.4.10. 2008도1274 어 사건).
㉢ 피고인이 포괄일죄의 관계에 있는 범행의 일부를 실행한 후 공범관계에서 이탈하였으나 다른 공범자에 의하여 나머지 범행이 이루어진 경우 피고인은 관여하지 않은 부분에 대하여도 죄책을 부담하므로, 피고인이 다른 공범들의 범죄실행을 저지하지 않은 이상 그 이후 나머지 공범들이 행한 시세조정행위에 대하여도 죄책을 부담한다(대법원 2011.1.13. 2010도9927 시세조정 중 이탈사건).　　　　　　[×]

Chapter 02 범죄론 **121**

제4절 교사범

0384 타인을 교사하여 죄를 범하게 한 자는 죄를 실행한 자와 동일한 형으로 처벌한다.　○|×

[16 경찰채용, 14 국가9급] [Essential ★]

해설

| 형법 제31조 제1항 | [○] |

0385 교사를 받은 자가 범죄의 실행을 승낙하고 실행의 착수에 이르지 아니한 때에는 교사자와 피교사자를 음모 또는 예비에 준하여 처벌하고, 교사를 받은 자가 범죄의 실행을 승낙하지 아니한 때에는 교사자를 음모 또는 예비에 준하여 처벌한다.　○|×

[17 국가9급, 16 경찰채용, 15 법원9급, 14 법원행시, 14 국가9급, 14 경찰승진, 11 국가7급, 11 국가9급] [Core ★★]

해설

| 형법 제31조 제2항·제3항 | [○] |

0386 피교사자가 이미 범죄의 결의를 가지고 있을 경우라도 피고인이 그 결의를 강화시켰다고 한다면 교사범이 성립한다.　○|×

[15 법원행시, 14 법원9급, 13 경찰승진, 11 법원9급, 11 국가9급] [Core ★★]

해설

피교사자는 교사범의 교사에 의하여 범죄실행을 결의하여야 하는 것이므로 피교사자가 이미 범죄의 결의를 가지고 있을 때에는 교사범이 성립할 여지가 없다(대법원 2012.8.30. 2010도13694 불법게임장 비호 경찰관 사건).
[×]

0387 교사행위에 의하여 피교사자가 범죄 실행을 결의하게 되었더라도 피교사자에게 다른 원인이 있어 범죄를 실행한 경우에는 교사범은 성립하지 아니한다.　○|×

[16 법원행시, 16 국가9급, 14 법원행시] [Core ★★]

해설

교사범이 성립하기 위해 교사범의 교사가 정범의 범행에 대한 유일한 조건일 필요는 없으므로, 교사행위에 의하여 피교사자가 범죄 실행을 결의하게 된 이상 피교사자에게 다른 원인이 있어 범죄를 실행한 경우에도 교사범의 성립에는 영향이 없다(대법원 2012.11.15. 2012도7407 하나은행 노조위원장 공갈사건).
[×]

0388 교사행위에 의하여 정범이 범죄 실행을 결의하게 되었더라도 정범에게 범죄의 습벽이 있어 그 습벽과 함께 교사행위가 원인이 되어 정범이 범죄를 실행한 경우에는 교사범이 성립하지 아니한다.　○|×

[14 법원9급, 11 경찰승진] [Core ★★]

해설

교사범의 교사가 정범이 죄를 범한 유일한 조건일 필요는 없으므로, 교사행위에 의하여 정범이 실행을 결의하게 된 이상 비록 정범에게 범죄의 습벽이 있어 그 습벽과 함께 교사행위가 원인이 되어 정범이 범죄를 실행한 경우에도 교사범의 성립에 영향이 없다(대법원 1991.5.14. 91도542 열심히 일을 하라 사건). [×]

0389 교사범이 성립하기 위하여는 범행의 일시, 장소, 방법 등의 세부적인 사항까지를 특정하여 교사할 필요는 없고, 정범으로 하여금 일정한 범죄의 실행을 결의할 정도에 이르게 하면 교사범이 성립된다.

○│×

[17 경찰채용, 15 경찰승진, 15 경찰채용] [Essential ★]

해설

대법원 2012.4.13. 2012도1101 파주시 부동산 사기사건 [○]

0390 교사범에 관한 다음 설명 중 옳지 않은 것은 모두 1개다.

○│×

[Superlative ★★★]

ⓒ 교사행위에도 불구하고 피교사자가 범행을 승낙하지 아니하거나 피교사자의 범행결의가 교사자의 교사행위에 의하여 생긴 것으로 보기 어려운 경우에는 이른바 실패한 교사로서 형법 제31조 제3항에 의하여 교사자를 예비 또는 음모에 준하여 처벌할 수 있을 뿐이다. [16 법원행시, 15 법원행시, 15 경찰채용]

ⓛ 교사범이 그 공범관계로부터 이탈하기 위해서는 피교사자가 범죄의 실행행위에 나아가기 전에 교사범에 의하여 형성된 피교사자의 범죄 실행의 결의를 해소하는 것이 필요하다. [15 국가9급, 15 경찰채용]

ⓒ 교사범에게 교사의 고의가 계속 존재한다고 보기 어렵고 당초의 교사행위에 의하여 형성된 피교사자의 범죄 실행의 결의가 더 이상 유지되지 않는 것으로 평가할 수 있다면, 설사 그 후 피교사자가 범죄를 저지르더라도 이는 당초의 교사행위에 의한 것이 아니라 새로운 범죄 실행의 결의에 따른 것이므로 교사자는 형법 제31조 제2항에 의한 죄책을 부담함은 별론으로 하고 형법 제31조 제1항에 의한 교사범으로서의 죄책을 부담하지는 않는다. [15 국가9급, 15 경찰채용]

ⓔ 교사자가 피교사자에 대하여 상해 또는 중상해를 교사하였는데 피교사자가 이를 넘어 살인을 실행한 경우 일반적으로 교사자는 상해죄 또는 중상해죄의 교사범이 되지만 이 경우 교사자에게 피해자의 사망이라는 결과에 대하여 과실 내지 예견가능성이 있는 때에는 상해치사죄의 교사범으로서의 죄책을 지울 수 있다. [16 변호사, 16 경간부, 15 법원9급, 14 변호사, 14 경찰승진, 13 국가7급, 13 경간부, 12 경찰승진, 12 경간부, 11 법원행시, 11 법원9급, 11 국가9급, 11 경찰승진]

해설

모든 항목이 옳다.
ⓒ 대법원 2013.9.12. 2012도2744 약혼녀 낙태강요 사건
ⓛⓒ 대법원 2012.11.15. 2012도7407 하나은행 노조위원장 공갈사건
ⓔ 대법원 2002.10.25. 2002도4089 병신을 만들어라 사건 [×]

0391 피고인이 "피해자를 정신차릴 정도로 때려주라"고 교사하였다면 이는 상해에 대한 교사로 봄이 상당하다. ○|×

[17 경찰채용, 16 경찰승진, 15 경찰승진, 11 국가7급, 11 경찰승진] [Essential ★]

해설

> 대법원 1997.6.24. 97도1075 정신차릴 정도로 사건   [○]

0392 甲이 乙에게 "A의 다리를 부러뜨려 1~2개월간 입원케 하라"고 말하여 교사하였고 乙로부터 순차 지시를 받은 丙, 丁이 칼로 A의 우측 가슴을 찔러 약 3주간의 치료를 요하는 우측 흉부자상 등을 가한 경우, 甲은 중상해죄의 교사범이 성립한다. ○|×

[15 경찰승진, 15 경찰채용, 14 경찰승진, 13 경간부] [Essential ★]

해설

> 1~2개월간 입원할 정도로 다리가 부러지는 상해 또는 3주간의 치료를 요하는 우측흉부자상은 중상해에 해당한다고 보기 어렵다(대법원 2005.12. 9. 2005도7527 아파트재건축조합 알력사건). 상해죄의 교사범이 성립할 뿐 중상해죄의 교사범은 성립하지 아니한다.   [×]

0393 피고인 甲이 乙, 丙에게 일제 드라이버 1개를 사주면서 "丙이 구속되어 도망 다니려면 돈도 필요할텐데 열심히 일을 하라(도둑질을 하라)"고 말하였다면 절도방조에 해당할 뿐 절도교사에 해당한다고 볼 수는 없다. ○|×

[16 경찰승진, 14 국가9급] [Essential ★]

해설

> 피고인 甲이 乙, 丙에게 일제 드라이버 1개를 사주면서 "丙이 구속되어 도망 다니려면 돈도 필요할텐데 열심히 일을 하라(도둑질을 하라)"고 말하였다면 절도의 교사가 있었다고 보아야 한다(대법원 1991.5.14. 91도542 열심히 일을 하라 사건).   [×]

0394 甲은 건물의 소유자로, 해당 건물을 매입하기 위한 소요자금을 대납하는 조건으로 해당 건물에서 약 2개월 동안 거주하고 있던 A가 위 금액을 입금하지 않자, A를 내쫓을 목적으로 아들인 乙에게 A가 거주하는 곳의 현관문에 설치된 디지털 도어락의 비밀번호를 변경할 것을 지시하고, 이에 따라 乙이 그 도어락의 비밀번호를 변경하였다면 甲에게는 권리행사방해교사죄가 성립한다. ○|×

[23 경찰채용] [Essential ★]

해설

> 피고인 甲이 자신이 관리하는 건물 5층에 거주하는 피해자 A를 내쫓을 목적으로 자신의 아들인 乙을 교사하여 그곳 현관문에 설치된 甲 소유 디지털 도어락의 비밀번호를 변경하게 한 경우 乙이 자기의 물건이 아닌 도어락의 비밀번호를 변경하였다고 하더라도 권리행사방해죄가 성립할 수 없고, 정범인 乙의 권리행사방해죄가 인정되지 않는 이상 교사자인 甲에 대하여도 권리행사방해교사죄가 성립할 수 없다(대법원 2022.9.15. 2022도5827 도어락 비번변경 사건).   [×]

0395 피고인 甲이 乙이 아이를 임신한 사실을 알게 되자 수차례 낙태를 권유하였고 乙이 아이를 낳겠다고 하자 "출산 여부는 알아서 하되 결혼은 하지 않겠다"고 통보한 뒤에도 낙태를 할 병원을 물색해 주기도 하여, 乙이 이로 인하여 낙태를 결의·실행한 경우 낙태교사죄가 성립한다.   ○|×

[17 경찰승진, 15 법원행시, 15 경찰채용, 14 법원행시] [Core ★★]

해설

乙이 甲의 교사행위로 인하여 낙태를 결의·실행한 이상 乙이 당초 아이를 낳을 것처럼 말한 사실이 있다는 사정만으로 甲의 낙태교사행위와 乙의 낙태결의 사이에 인과관계가 단절되는 것은 아니므로 낙태교사죄가 성립한다(대법원 2013.9.12. 2012도2744 약혼녀 낙태강요 사건).   [○]

0396 甲이 乙에게 피해자 A의 불륜관계를 이용하여 공갈할 것을 교사하였고, 이에 乙이 A를 미행하여 불륜 현장을 촬영한 후 甲에게 이를 알렸으나, 甲이 乙에게 "그 동안의 수고비를 줄 테니 촬영한 동영상을 넘기고 A를 공갈하는 것을 단념하라"라고 수차례 만류하였음에도 乙은 甲의 제안을 거절하고 촬영한 동영상을 A의 핸드폰에 전송하고 "현금을 주지 않으면 동영상을 유포하겠다"고 겁을 주어 A로부터 500만원을 교부받은 경우, 甲의 교사행위와 乙의 실행행위 사이에 인과관계가 단절된 것이고 甲이 공범관계에서 이탈한 것으로 볼 수 있으므로 甲은 공갈죄의 교사범이 성립하지 아니한다.   ○|×

[15 법원행시] [Core ★★]

해설

범행을 만류하는 취지의 말을 한 것만으로는 甲의 교사행위와 乙의 실행행위 사이에 인과관계가 단절되었다거나 甲이 공범관계에서 이탈한 것으로 볼 수 없으므로 甲은 공갈죄의 교사범이 성립한다(대법원 2012.11.15. 2012도7407 하나은행 노조위원장 공갈사건).   [×]

제5절 종범(방조범)

0397 정범의 실행행위 전이나 실행행위 중에 정범을 방조하여 그 실행 행위를 용이하게 하는 것뿐만 아니라 정범의 범죄종료 후의 이른바 사후방조도 방조범으로 볼 수 있다.   ○|×

[21 국가9급] [Core ★★]

해설

종범은 정범의 실행행위 전이나 실행행위 중에 정범을 방조하여 그 실행행위를 용이하게 하는 것을 말하므로 정범의 범죄종료 후의 이른바 사후방조를 종범이라고 볼 수 없다(대법원 2009.6.11. 2009도1518 논문대행 사건).   [×]

0398 종범에 대한 선고형이 정범보다 가볍지 않다고 하더라도 그것만으로는 위법이라고 할 수 없다.

○│×

[22 국가7급] [Essential ★]

해설

> 대법원 2015.8.27. 2015도8408 동일한 선고형 종범 사건   [○]

0399 방조범에 관한 다음 설명 중 옳지 않은 것은 모두 2개다.   ○│×

[Superlative ★★★]

> ㉠ 타인의 범죄를 방조한 자는 종범으로 처벌하고, 종범의 형은 정범의 형보다 감경한다. [14 국가9급]
> ㉡ 자기의 지휘, 감독을 받는 자를 방조하여 범죄행위의 결과를 발생하게 한 자는 정범의 형으로 처벌한다. [17 경찰승진, 16 국가9급, 15 변호사]
> ㉢ 간첩방조죄는 정범인 간첩죄와 대등한 독립한 범죄로서 형법 총칙 제32조 소정의 감경 대상이 되는 종범과는 그 실질이 달라 종범감경을 할 수 없다. [18 경간부, 17 법원행시, 13 경간부]
> ㉣ 방조를 받은 자가 범죄의 실행의 착수에 이르지 아니한 때에는 방조자와 피방조자를 음모 또는 예비에 준하여 처벌한다. [18 경간부, 17 변호사, 17 국가9급, 16 경찰승진, 16 경찰채용, 15 변호사, 15 경간부, 15 국가9급, 14 변호사, 14 법원행시, 14 법원9급, 14 국가9급, 14 경찰승진, 14 경찰채용, 13 경간부, 12 경찰채용, 11 국가9급, 11 경찰승진, 11 경간부]

해설

> ㉣ 항목만 옳지 않다.
> ㉠ 제32조
> ㉡ 제34조 제2항
> ㉢ 대법원 1986.9.23. 86도1429 학원침투간첩단 사건
> ㉣ 정범이 실행의 착수에 이르지 아니한 예비의 단계에 그친 경우에는 이에 가공하는 행위가 예비의 공동정범이 되는 경우를 제외하고는 이를 종범으로 처벌할 수 없다(대법원 1976.5.25. 75도1549 강도예비 방조사건).
>   [×]

0400 방조범에 관한 다음 설명 중 옳지 않은 것은 모두 2개다.   ○│×

[Superlative ★★★]

> ㉠ 형법상 예비의 방조행위는 방조범으로서 처벌할 수 없는 것이지만, 특별규정에 해당하는 특가법 및 관세법에 규정된 무면허수입등 예비죄의 방조행위는 처벌할 수 있다.
> ㉡ 피고인이 온라인게임에서 통용되는 사이버머니를 구입하고자 하는 사람을 유인하여 돈을 받고 게임사이트에 접속하여 일부러 패하는 방법으로 사이버머니를 판매한 경우라도, 정범인 게임사이트 개설자의 도박개장행위를 인정할 수 없다면 종범인 도박개장방조죄도 성립하지 않는다.
> ㉢ 피고인 甲이 현역병입영대상자인 乙이 병역면제처분을 받을 목적으로 신장에 질병이 있는 것처럼 치료를 받게 하는 등 그 범행을 용이하게 하였더라도, 乙이 병사용 진단서를 발급받아 관할 병무청에 제출하는 단계에까지 이르지 않은 이상 '사위행위'의 실행에 이르렀다고 볼 수 없어 방조죄가 성립하지 아니한다.

해설

> ㉠ 항목만 옳지 않다. 모든 항목의 경우 정범이 실행의 착수를 하지 않았으므로 방조범은 성립하지 아니한다.
> ㉠ 예비행위의 방조행위는 방조범으로서 처단할 수 없는 것이고 그와 같은 법리는 특가법 및 관세법에 규정된 무면허수입등 예비죄의 방조행위에 있어서도 마찬가지이다(대법원 1979.11.27. 79도2201).
> ㉡ 대법원 2007.11.29. 2007도8050 롤게임 사건
> ㉢ 대법원 2005.11.10. 2005도1995 진단서 발급만 사건   [×]

0401 방조는 작위에 의하여 정범의 실행을 용이하게 하는 경우에만 성립하고, 부작위로 인하여 정범의 실행행위를 용이하게 하는 경우에는 성립하지 아니한다.   ○|×

[17 국가9급, 17 경찰승진, 16 국가9급, 14 변호사, 14 국가7급, 14 경찰승진, 12 변호사, 11 국가9급, 11 경찰채용] [Core ★★]

해설

> 형법상 방조행위는 정범의 실행을 용이하게 하는 직접, 간접의 모든 행위를 가리키는 것으로서 작위에 의한 경우 뿐만 아니라 부작위에 의하여도 성립한다(대법원 2006.4.28. 2003도4128 음란 만화판매 방치사건).   [×]

0402 형법상 방조행위는 정범이 범행을 한다는 정을 알면서 그 실행행위를 용이하게 하는 직접·간접의 행위를 말하므로 방조범은 정범의 실행을 방조한다는 이른바 방조의 고의와 정범의 행위가 구성요건에 해당하는 행위인 점에 대한 정범의 고의가 있어야 한다.   ○|×

[17 법원행시, 15 법원9급, 14 법원행시, 14 국가7급, 13 경찰채용] [Core ★★]

해설

> 대법원 2012.6.28. 2012도2628 에이스일렉트로닉스 사건   [○]

0403 방조범의 경우에 정범의 고의는 정범에 의하여 실현되는 범죄의 구체적 내용을 인식할 것을 요하므로 이는 미필적 인식 또는 예견으로는 부족하다.   ○|×

[17 국가9급, 17 경간부, 14 법원행시, 14 경찰승진, 13 법원9급, 12 변호사, 12 법원행시] [Essential ★]

해설

> 방조범의 경우에 정범의 고의는 정범에 의하여 실현되는 범죄의 구체적 내용을 인식할 것을 요하는 것은 아니고 미필적 인식 또는 예견으로 족하다(대법원 2012.6.28. 2012도2628 에이스일렉트로닉스 사건).   [×]

0404 정범이 범행을 한다는 점을 알면서 그 실행행위를 용이하게 한 이상 그 행위가 간접적이거나 직접적이거나를 가리지 않으나, 이 경우 정범이 누구인지는 확실히 알아야 한다.　　　　　○ | ×

[17 국가9급, 17 경간부, 13 법원9급, 12 변호사] [Core ★★]

해설

(1) 정범이 범행을 한다는 점을 알면서 그 실행행위를 용이하게 한 이상 그 행위가 간접적이거나 직접적이거나를 가리지 않으며, 이 경우 정범이 누구에 의하여 실행되어지는가를 확지(確知)할 필요는 없다(대법원 1977.9.28. 76도4133). (2) 저작권법이 보호하는 복제권·전송권의 침해를 방조하는 행위란 정범의 복제권·전송권 침해를 용이하게 해주는 직접·간접의 모든 행위로서, 정범의 복제권·전송권 침해행위가 실행되는 일시, 장소, 객체 등을 구체적으로 인식할 필요가 없으며 나아가 정범이 누구인지 확정적으로 인식할 필요도 없다(대법원 2013.9.26. 2011도1435 파일공유사이트 사건).　　　　　[×]

0405 방조자의 인식과 피방조자의 실행간에 착오가 있고 양자의 구성요건을 달리한 경우에는 원칙적으로 방조자의 고의는 조각되는 것이나, 그 구성요건이 중첩되는 부분이 있는 경우에는 그 중복되는 한도 내에서만 방조자의 죄책을 인정하여야 한다.　　　　　○ | ×

[14 경찰승진, 13 법원9급] [Core ★★]

해설

대법원 1985. 2.26. 84도2987　　　　　[○]

0406 정범이 실행의 착수에 이르지 아니한 예비의 단계에 그친 경우에는 이에 가공하는 행위가 예비의 공동정범이 되는 경우를 제외하고는 이를 종범으로 처벌할 수 없다.　　　　　○ | ×

[18 경간부, 17 변호사, 17 국가9급, 16 경찰승진, 16 경찰채용, 15 변호사, 15 경간부, 15 국가9급, 14 변호사, 14 법원행시, 14 법원9급, 14 국가9급, 14 경찰승진, 14 경찰채용, 13 경간부, 12 경찰채용, 11 국가9급, 11 경찰승진, 11 경간부] [Core ★★]

해설

대법원 1976.5.25. 75도1549 강도예비 방조사건　　　　　[○]

0407 종범은 정범이 실행행위에 착수하여 범행을 하는 과정에서 이를 방조한 경우뿐 아니라 정범의 실행의 착수 이전에 장래의 실행행위를 미필적으로나마 예상하고 이를 용이하게 하기 위하여 방조한 경우에도 그 후 정범이 실행행위에 나아갔다면 성립할 수 있다.　　　　　○ | ×

[17 변호사, 17 국가9급, 17 경간부, 17 경찰채용, 16 법원행시, 15 변호사, 15 법원행시, 15 법원9급, 15 국가9급, 14 법원행시, 13 법원9급, 12 변호사, 12 법원행시, 12 국가7급, 11 경찰승진] [Core ★★]

해설

대법원 2013.11.14. 2013도7494 대처승 보험사기사건　　　　　[○]

0408 다음은 모두 '부작위에 의한' (　　) 안 범죄의 방조범이 성립한다. ○│✕

[Superlative ★★★]

> ㉠ 보호자가 의학적 권고에도 불구하고 치료를 요하는 환자의 퇴원을 간청하여 담당 전문의와 주치의가 치료중단 및 퇴원을 허용하는 조치를 취함으로써 환자를 사망에 이르게 한 경우 (살인죄)
> [16 법원행시, 16 국가9급, 15 경간부, 14 변호사, 14 법원행시, 13 변호사, 13 경찰승진, 12 경찰채용, 11 국가7급]
> ㉡ 법원 경매계에서 입찰사건에 관한 제반 업무를 하는 피고인 甲 등이 자신이 맡고 있는 입찰사건의 입찰보증금이 乙에 의하여 계속적으로 횡령되고 있는 사실을 알면서도, 이를 제지하고 즉시 상관에게 보고하는 등의 방법으로 乙의 횡령행위를 방지하지 않은 경우 (업무상횡령죄) [15 국가9급, 13 법원행시, 13 법원9급]
> ㉢ 조흥은행 중앙지점장인 피고인 甲이 부하직원인 乙 등의 배임행위(어음부정지급보증과 당좌부정결재의 방법으로 영동개발 주식회사에 대하여 자금융통의 편의를 봐주는 행위)를 발견하였으면서도 이미 발생한 손해의 보전에 필요한 조치를 취하지 아니하고 이를 방치한 경우 (업무상배임죄)
> [16 경찰승진, 12 경찰채용, 11 국가9급]
> ㉣ 인터넷 포털사이트 내 오락채널 총괄팀장과 오락채널 내 만화사업의 운영 직원인 피고인들이 콘텐츠 제공업체들에 의하여 성인만화방에 음란만화들이 지속적으로 게재되고 있다는 사실을 알면서도 이를 그대로 방치한 경우 (전기통신기본법 위반죄) [16 국가9급, 12 경찰채용]

호온 Part 01

해설

> ㉡㉢㉣ 3 항목의 경우 '부작위에 의한' 방조범이 성립한다.
> ㉠ (1) 어떠한 범죄가 적극적 작위에 의하여 이루어질 수 있음은 물론 결과의 발생을 방지하지 아니하는 소극적 부작위에 의하여도 실현될 수 있는 경우에, 행위자가 자신의 신체적 활동이나 물리적·화학적 작용을 통하여 적극적으로 타인의 법익 상황을 악화시킴으로써 결국 그 타인의 법익을 침해하기에 이르렀다면 이는 작위에 의한 범죄로 봄이 원칙이고, 작위에 의하여 악화된 법익 상황을 다시 되돌이키지 아니한 점에 주목하여 이를 부작위범으로 볼 것은 아니다. (2) 환자의 보호자가 치료위탁계약을 해지하고 환자를 퇴원시켜 달라고 요구하여 이에 응하기 위하여 담당의사가 인공호흡장치를 제거한 결과 환자가 호흡곤란으로 사망하게 된 경우, 당해 의사는 작위에 의한 살인방조의 죄책을 진다(대법원 2004.6.24. 2002도995 보라매병원 사건).
> ㉡ 대법원 1996.9. 6. 95도2551 입찰보증금횡령 방치사건
> ㉢ 대법원 1984.11.27. 84도1906 조흥은행 금융부정사건
> ㉣ 대법원 2006.4.28. 2003도4128 음란만화판매 방치사건　　　　　　　　　　[✕]

0409 다음 중 ( ) 안 범죄의 방조범이 성립하는 것은 모두 2개다. ○|×

[Superlative ★★★]

> ㉠ 간호보조원의 무면허 진료행위가 있은 후에 피고인인 의사가 이를 진료부에다 기재하여 준 경우 (무면허의료행위로 인한 보건법 위반죄) [17 국가7급, 17 경간부, 14 국가9급, 12 변호사]
>
> ㉡ 피고인 甲이 자동차운전면허가 없는 乙에게 승용차를 제공하여 그로 하여금 무면허운전을 하게 한 경우 (무면허운전으로 인한 도로교통법 위반죄) [15 법원행시, 11 국가9급, 11 경찰승진, 11 경찰채용]
>
> ㉢ 피고인 甲이 스스로 입영기피를 결심하고 집을 나서는 乙에 대하여 이별을 안타까워 하는 뜻에서 "잘되겠지 몸조심하라"하고 악수를 나눈 경우 (병역법위반 등 범죄처벌에 관한 특별조치법 위반죄) [16 경찰승진, 14 국가9급]
>
> ㉣ 웨이터인 피고인들이 손님들을 단순히 디스코클럽의 출입구로 안내를 한 경우. 다만, 미성년자인 여부의 판단과 출입허용 여부는 2층 출입구에서 주인이 결정하게 되어 있었음(미성년자보호법 위반죄) [14 국가9급]

해설

> ㉠㉡ 2 항목이 방조범이 성립한다.
> ㉠ 대법원 1982.4.27. 82도122
> ㉡ 대법원 2000.8.18. 2000도1914
> ㉢ "잘되겠지 몸조심하라"하고 악수를 나눈 피고인의 행위를 입영기피의 범죄의사를 강화시킨 방조행위에 해당한다고 볼 수 없다(대법원 1983. 4.12. 82도43).
> ㉣ 피고인들의 안내행위가 곧 미성년자를 클럽에 출입시킨 행위 또는 그 방조행위로 볼 수 없다(대법원 1984. 8.21. 84도781 대구 디스코클럽 화재사건).　　　　　　　　　　　　　　　　　　　　　　　　[○]

제6절 공범과 신분

0410 형법 제33조 소정의 이른바 '신분관계'라 함은 남녀의 성별, 내외국인의 구별, 친족관계, 공무원인 자격과 같은 관계뿐만 아니라 널리 일정한 범죄행위에 관련된 범인의 인적관계인 특수한 지위 또는 상태를 지칭한다. ○|×

[17 국가9급, 15 법원행시, 12 국가9급, 12 경찰채용] [Core ★★]

해설

> 대법원 1994.12.23. 93도1002 모해위증교사 사건　　　　　　　　　　　　　　　　　　　　　　　　[○]

0411 다수설은 형법 제33조 본문은 진정신분범의 성립과 과형을, 단서는 부진정신분범의 성립과 과형을 규정한 것이라고 해석하지만, 판례는 형법 제33조 본문은 진정신분범·부진정신분범의 성립을, 단서는 부진정신분범의 과형을 규정한 것이라고 해석하고 있다. ○|×

[Core ★★]

해설

다수설과 판례의 입장이다(대법원 2015.2.26. 2014도15182). 예를 들어 子와 妻가 공모하여 父를 살해한 경우, 다수설에 의할 때 子는 존속살해죄 성립 및 존속살해죄로 과형하고, 妻는 보통살인죄 성립 및 보통살인죄로 과형한다. 그러나 판례에 의할 때에는 子는 존속살해죄 성립 및 존속살해죄로 과형하고, 妻는 존속살인죄 성립 그러나 보통살인죄로 과형한다. [O]

0412 신분관계로 인하여 형의 경중이 있는 경우에 신분이 있는 자가 신분이 없는 자를 교사하여 죄를 범하게 한 때에는 형법 제31조 제1항에 의하여 신분이 있는 교사범은 신분이 없는 정범과 동일한 형으로 처벌한다.　　　　　　　　　　　　　　　　　　　　　　　　　　　　　　　　O | X

[17 변호사, 17 국가9급, 17 경찰승진, 16 변호사, 15 법원행시, 14 법원9급, 12 국가9급] [Superlative ★★★]

해설

'타인을 교사하여 죄를 범하게 한 자는 죄를 실행한 자와 동일한 형으로 처벌한다'고 규정한 형법 제31조 제1항은 협의의 공범의 일종인 교사범이 그 성립과 처벌에 있어서 정범에 종속한다는 일반적인 원칙을 선언한 것에 불과하고, 따라서 신분관계로 인하여 형의 경중이 있는 경우에 신분이 있는 자가 신분이 없는 자를 교사하여 죄를 범하게 한 때에는 형법 제33조 단서가 제31조 제1항에 우선하여 적용됨으로써 신분이 있는 교사범이 신분이 없는 정범보다 중하게 처벌된다(대법원 1994.12.23. 93도1002 **모해위증교사 사건**). [X]

0413 직무수행 중에 있는 다른 공무원이 직무수행을 거부하여 직무유기죄가 성립하는 경우, 병가 중인 공무원은 직무유기죄의 주체가 될 수 없으므로 이에 가담하더라도 직무유기죄의 공동정범의 죄책을 지지 아니한다.　　　　　　　　　　　　　　　　　　　　　　　　　　　　　　　　　　　　O | X

[17 국가7급, 16 법원9급, 12 법원9급] [Essential ★]

해설

병가중인 자는 직무유기죄의 주체로 될 수는 없으나 신분이 없는 자라 하더라도 신분이 있는 자의 행위에 가공하는 경우 직무유기죄의 공동정범이 성립하므로, 병가 중인 피고인들과 나머지 피고인들 사이에 직무유기의 공범관계가 인정되면 병가 중인 피고인들도 직무유기죄의 공동정범으로 처벌 받아야 한다(대법원 1997.4.22. 95도748 **전국기관차협의회 파업사건**). [X]

0414 신분관계가 없는 사람이 신분관계로 인하여 성립될 범죄에 가공한 경우 신분관계가 없는 사람에게 공동가공의 의사와 이에 기초한 기능적 행위지배를 통한 범죄의 실행이라는 주관적·객관적 요건이 충족되면 공동정범으로 처벌된다.　　　　　　　　　　　　　　　　　　　　　　　　　　　　O | X

[20 변호사] [Essential ★]

해설

대법원 2019.8.29. 2018도13792 全合 **국정농단** 사건 (同旨 대법원 2019.8.29. 2018도2738 全合 **국정농단** 사건) '신분관계가 없는 사람'인 비공무원 최OO이 '신분관계가 있는' 공무원 박OO 전대통령과 공모하여 이OO 삼성부회장으로부터 뇌물(말 3마리)을 수수한 사건인데, 이 경우 최OO은 형법 제33조 본문에 의하여 박OO 전대통령과 함께 뇌물수수죄의 공동정범이 된다. [O]

0415 피고인이 건축물조사 및 가옥대장 정리업무를 담당하는 지방행정서기를 교사하여 무허가건물을 허가받은 건축물인 것처럼 가옥대장 등에 등재하게 하였다면 허위공문서작성죄의 교사범으로 처단한 것은 정당하다. ○|×

[14 경간부] [Essential ★]

해설

대법원 1983.12.13. 83도1458 [○]

0416 甲이 A를 모해할 목적으로 乙에게 위증을 교사하였더라도 정범인 乙에게 모해의 목적이 없었다고 한다면 형법 제33조 본문의 규정에 의하여 甲을 모해위증교사죄가 아닌 위증교사죄로 처단하여야 한다. ○|×

[18 경간부, 17 법원행시, 17 국가9급, 17 경간부, 16 변호사, 16 국가7급, 15 법원행시, 15 경간부, 14 법원행시, 14 국가7급, 12 경찰채용, 11 법원9급, 11 국가9급] [Superlative ★★★]

해설

(1) 형법 제152조는 위증을 한 범인이 형사사건의 피고인 등을 '모해할 목적'을 가지고 있었는가 아니면 그러한 목적이 없었는가 하는 범인의 특수한 상태의 차이에 따라 범인에게 과할 형의 경중을 구별하고 있으므로 이는 바로 형법 제33조 단서 소정의 '신분관계로 인하여 형의 경중이 있는 경우'에 해당한다. (2) 甲이 A를 모해할 목적으로 乙에게 위증을 교사한 이상, 가사 정범인 乙에게 모해의 목적이 없었다고 하더라도 형법 제33조 단서의 규정에 의하여 甲을 모해위증교사죄로 처단할 수 있다(대법원 1994.12.23. 93도1002 모해위증교사 사건). [×]

0417 도박의 습벽이 있는 자가 타인의 도박을 방조하면 상습도박방조의 죄에 해당하는 것이며, 도박의 습벽이 있는 자가 도박을 하고 또 도박방조를 하였을 경우 상습도박방조의 죄는 무거운 상습도박의 죄에 포괄시켜 1죄로서 처단하여야 한다. ○|×

[16 변호사, 16 경찰승진, 15 법원행시, 14 국가9급, 14 경간부, 11 경찰채용] [Core ★★]

해설

대법원 1984.4.24. 84도195 [○]

0418 업무상횡령죄는 타인의 재물을 업무상 보관하는 자를 주체로 하는 신분범이므로, 그와 같은 신분관계가 없는 자가 신분관계가 있는 자와 공모하여 업무상횡령죄를 저질렀다면 신분관계가 없는 자에 대하여는 형법 제33조 단서에 의하여 단순횡령죄에 정한 형으로 처단하여야 한다. ○|×

[17 국가9급] [Superlative ★★★]

해설

대법원 2015.2.26. 2014도15182 [○]

0419 업무상 타인의 사무를 처리하는 자가 그러한 신분관계가 없는 자와 공모하여 업무상배임죄를 저질렀다면 그러한 신분관계가 없는 자에 대하여는 형법 제33조 단서에 의하여 단순배임죄가 성립한다. ○|×

[17 경찰승진, 16 변호사, 15 법원행시, 14 경찰채용, 12 변호사, 12 국가9급, 12 경찰채용] [Superlative ★★★]

해설

> 업무상배임죄는 타인의 사무를 처리하는 지위라는 점에서 보면 신분관계로 인하여 성립될 범죄이고, 업무상 타인의 사무를 처리하는 지위라는 점에서 보면 단순배임죄에 대한 가중규정으로서 신분관계로 인하여 형의 경중이 있는 경우라고 할 것이므로, 그와 같은 신분관계가 없는 자가 그러한 신분관계가 있는 자와 공모하여 ㉠ 업무상배임죄를 저질렀다면, 그러한 신분관계가 없는 자에 대하여는 형법 제33조 단서에 의하여 ㉡ 단순배임죄에 정한 형으로 처단하여야 한다(대법원 2012.11.15. 2012도6676 Q22합금 특허사건).   [×]

0420 의료인일지라도 의료인 아닌 자의 의료행위에 공모하여 가공하면 의료법 제25조 제1항[24년 현재 제27조 제1항]이 규정하는 무면허의료행위의 공동정범으로서의 책임을 진다. ○|×

[14 국가7급, 14 경찰채용, 13 국가7급, 13 경찰승진, 11 법원9급] [Core ★★]

해설

> 대법원 1986.2.11. 85도448   [○]

0421 치과의사가 환자의 대량유치를 위해 치과기공사들에게 내원환자들에게 진료행위를 하도록 지시하여 동인들이 각 단독으로 발치, 주사, 투약 등의 진료행위를 하였다면 무면허의료행위의 교사범에 해당한다. ○|×

[15 경찰승진, 14 경찰채용, 11 국가9급, 11 경찰승진] [Core ★★]

해설

> 대법원 1986.7.8. 86도749 엉터리 치과병원 사건   [○]

0422 간호사가 그의 주도 아래 전반적인 의료행위의 실시 여부를 결정하고 간호사에 의한 의료행위의 실시과정에도 의사가 지시·관여하지 아니한 경우라면 이는 무면허의료행위에 해당하고, 의사가 이러한 방식으로 의료행위가 실시되는 데 간호사와 함께 공모하여 그 공동의사에 의한 기능적 행위지배가 있었다면 의사도 무면허의료행위의 공동정범으로서의 죄책을 진다. ○|×

[16 변호사] [Core ★★]

해설

> 대법원 2014.9.4. 2012도16119 프로포폴 투약사건   [○]

0423 공직선거법 제257조 제1항 제1호 소정의 각 기부행위제한위반의 죄는 공직선거법 제113조(후보자 등의 기부행위 제한), 제114조(정당 및 후보자의 가족 등의 기부행위 제한), 제115조(제3자의 기부행위 제한)에 각기 한정적으로 열거되어 규정하고 있는 신분관계가 있어야만 성립하는 범죄이므로, 각 해당 신분관계가 없는 자의 기부행위는 각 해당 법조항 위반의 범죄로는 되지 아니하며 또한 각 기부행위의 주체로 인정되지 아니하는 자가 기부행위의 주체자 등과 공모하여 기부행위를 하였다 하더라도 그 신분에 따라 각 해당 법조로 처벌하여야 하지 기부행위 주체자의 해당 법조의 공동정범으로 처벌할 수도 없다. O|X

[17 경찰승진, 14 경찰채용, 12 경찰채용, 11 경찰승진] [Superlative ★★★]

> **해설**
>
> 대법원 2008.3.13. 2007도9507 [O]

제1절 부작위범

0424 살인죄와 같이 일반적으로 작위를 내용으로 하는 범죄를 부작위에 의하여 범하는 것을 이른바 진정 부작위범이라고 한다. O|X

[17 법원9급] [Essential ★]

> **해설**
>
> 살인죄와 같이 일반적으로 작위를 내용으로 하는 범죄를 부작위에 의하여 범하는 것을 이른바 부진정 부작위범이라고 한다(대법원 2015.11.12. 2015도6809 숨숨 세월호 사건). [X]

0425 일정한 기간 내에 잘못된 상태를 바로잡으라는 행정청의 지시를 이행하지 않았다는 것을 구성요건으로 하는 범죄는 이른바 진정부작위범이다. O|X

[16 경찰승진, 15 국가9급, 15 경찰채용, 13 경찰채용, 12 경찰승진, 11 국가9급] [Essential ★]

> **해설**
>
> 대법원 1994.4.26. 93도1731 관리소장 미교체 사건 [O]

0426 다수의 부작위범에게 공통된 의무가 부여되어 있지 않더라도 그 의무를 공통으로 이행할 수 있을 때에는 형법 제33조에 의하여 부작위범의 공동정범이 성립한다. ○|×

[18 경간부, 17 변호사, 16 법원행시, 16 국가9급, 15 국가9급, 15 경찰채용, 14 법원행시, 13 법원행시, 13 법원9급, 13 국가7급, 13 경찰채용, 12 변호사, 12 국가7급, 12 경간부, 12 경찰채용, 11 국가9급, 11 경찰채용] [Core ★★]

해설

> 부작위범 사이의 공동정범은 다수의 부작위범에게 공통된 의무가 부여되어 있고 그 의무를 공통으로 이행할 수 있을 때에만 성립한다(대법원 2009.2.12. 2008도9476 세경대학교 사건). (同旨 대법원 2008.3.27. 2008도89 피부관리샵 실장들 사건) [×]

0427 甲·乙·丙주식회사가 A주식회사의 주식 총수의 5/100 이상을 보유하여「자본시장과 금융투자업에 관한 법률」상 주식 등 변경 보고의무를 공동으로 부담하게 되었고, 동법은 이러한 보고의무를 이행하지 않는 자를 처벌하는 진정부작위범인 주식 등 변경 보고의무 위반죄를 규정하고 있음에도 불구하고 甲과 乙주식회사만이 공모하여 보고의무를 이행하지 않은 경우 보고의무가 있는 甲주식회사, 乙주식회사, 丙주식회사에게 주식 등 변경 보고의무 위반죄의 공동정범이 성립한다. ○|×

[22 경찰채용] [Superlative ★★★]

해설

> 주권상장법인의 주식 등 변경 보고의무 위반으로 인한 자본시장법위반죄는 구성요건이 부작위에 의해서만 실현될 수 있는 진정부작위범에 해당한다. 진정부작위범인 주식 등 변경 보고의무 위반으로 인한 자본시장법위반죄의 공동정범은 그 의무가 수인에게 공통으로 부여되어 있는데도 수인이 공모하여 전원이 그 의무를 이행하지 않았을 때 성립할 수 있다(대법원 2022. 1.13. 2021도11110 라임투자사 주가조작 사건). [×]

0428 진정부작위범에서의 고의는 자신의 부작위가 작위와 동가치하다는 점에 대한 인식을 필요로 하므로, 작위의무자의 예견 또는 인식 등이 불확정적인 미필적 고의로는 부진정부작위범의 고의가 인정되지 않는다. ○|×

[21 경찰채용] [Essential ★]

해설

> 부진정 부작위범의 고의는 반드시 구성요건적 결과발생에 대한 목적이나 계획적인 범행의도가 있어야 하는 것은 아니고 법익침해의 결과발생을 방지할 법적 작위의무를 가지고 있는 자가 그 의무를 이행함으로써 그 결과발생을 쉽게 방지할 수 있었음을 예견하고도 결과발생을 용인하고 이를 방관한 채 그 의무를 이행하지 아니한다는 인식을 하면 족하며, 이러한 작위의무자의 예견 또는 인식 등은 확정적인 경우는 물론 불확정적인 경우이더라도 미필적 고의로 인정될 수 있다(대법원 2015.11.12. 2015도6809 삼습 세월호 사건). [×]

0429 어떠한 범죄가 작위에 의하여 이루어질 수 있음은 물론 부작위에 의하여도 실현될 수 있는 경우에, 행위자가 자신의 신체적 활동이나 물리적·화학적 작용을 통하여 적극적으로 타인의 법익 상황을 악화시킴으로써 결국 그 타인의 법익을 침해하기에 이르렀다면 이는 부작위에 의한 범죄로 봄이 원칙이다. ○|×

[17 국가9급, 15 경간부, 14 경찰채용, 13 경간부, 12 변호사, 12 국가9급, 11 국가9급] [Core ★★]

해설

어떠한 범죄가 적극적 작위에 의하여 이루어질 수 있음은 물론 결과의 발생을 방지하지 아니하는 소극적 부작위에 의하여도 실현될 수 있는 경우에, 행위자가 자신의 신체적 활동이나 물리적·화학적 작용을 통하여 적극적으로 타인의 법익 상황을 악화시킴으로써 결국 그 타인의 법익을 침해하기에 이르렀다면 이는 작위에 의한 범죄로 봄이 원칙이고, 작위에 의하여 악화된 법익 상황을 다시 되돌이키지 아니한 점에 주목하여 이를 부작위범으로 볼 것은 아니다(대법원 2004.6.24. 2002도995 보라매병원 사건) (同旨 대법원 2016.5.12. 2013도15616 정수장학회 비밀회동 청취·녹음·보도사건). [×]

0430 고의는 법익침해의 결과발생을 방지할 법적 작위의무를 가지고 있는 자가 그 의무를 이행함으로써 그 결과발생을 쉽게 방지할 수 있었음을 예견하고도 결과발생을 용인하고 이를 방관한 채 그 의무를 이행하지 아니한다는 인식을 하면 족하며, 이러한 작위의무자의 예견 또는 인식 등은 확정적인 경우는 물론 불확정적인 경우이더라도 미필적 고의로 인정될 수 있다. ○|×

[17 변호사, 17 법원행시, 17 국가9급, 16 법원행시] [Essential ★]

해설

대법원 2015.11.12. 2015도6809 全合 세월호 사건 [○]

0431 부작위범에서 작위의무는 법령, 법률행위, 선행행위로 인한 경우에는 인정되지만, 신의성실의 원칙이나 사회상규 혹은 조리상 기대되는 경우까지 인정된다고는 할 수 없다. ○|×

[14·16·17 국가7급, 11·12·14·15·17 국가9급, 17 법원 9급, 13·14·16 법원행시, 13·14·16 경찰승진, 11·13·15·16 경찰채용, 11·15 경간부, 12 변호사] [Core ★★]

해설

작위의무는 법령, 법률행위, 선행행위로 인한 경우는 물론, 기타 신의성실의 원칙이나 사회상규 혹은 조리상 작위의무가 기대되는 경우에도 인정된다(대법원 2008.2.28. 2007도9354 짝퉁 법무사 사건). [×]

0432 부작위범에서 작위의무는 법적인 의무이어야 하므로 단순한 도덕상 또는 종교상의 의무는 포함되지 않으나 작위의무가 법적인 의무인 한 성문법이건 불문법이건 상관이 없고 또 공법이건 사법이건 불문한다. ○|×

[16 국가9급] [Core ★★]

해설

대법원 1996.9. 6. 95도2551 입찰보증금횡령 방치사건 [○]

0433 다음 중 부작위에 의한 살인죄가 성립하는 것은 모두 2개다.　　　　　　　　　　○│×

[Superlative ★★★]

⊙ 보호자가 의학적 권고에도 불구하고 치료를 요하는 환자의 퇴원을 간청하여 피고인들인 담당 전문의와 주치의가 치료중단 및 퇴원을 허용하는 조치를 취함으로써 환자를 사망에 이르게 한 경우 [16 국가9급, 15 경간부, 14 변호사, 14 법원행시, 13 변호사, 13 경찰승진, 12 경찰채용, 11 국가7급]

ⓛ 피고인이 조카인 피해자(10세)를 살해할 것을 마음먹고 저수지로 데리고 가서 미끄러지기 쉬운 제방 쪽으로 유인하여 함께 걷다가 피해자가 물에 빠지자 그를 구호하지 아니하여 피해자를 익사하게 한 경우 [15 법원행시, 15 경찰승진, 14 법원행시, 13 법원행시, 11 경찰채용]

© 피고인이 미성년자를 유인하여 포박, 감금한 후 감금상태가 계속된 어느 시점에서 살해의 범의가 생겨 피감금자에 대한 위험발생을 방지함이 없이 포박감금상태에 있던 피감금자를 그대로 방치함으로써 사망에 이르게 한 경우 [14 변호사, 11 국가7급, 11 경찰채용]

② 세월호가 침몰해 가는 상태에서 선장인 피고인이 선내 대기 중인 승객 등에 대한 퇴선 조치 없이 갑판부 선원들과 함께 해경 경비정으로 퇴선하였을 뿐 아니라 퇴선 이후에도 아무런 조치를 취하지 아니하여 승객 등이 스스로 세월호에서 탈출하는 것이 불가능하게 되는 결과가 초래되어 많은 승객 등이 사망한 경우 [16 국가9급]

해설

ⓛ©② 3 항목의 경우 부작위범이 성립한다.

⊙ 환자의 보호자가 치료위탁계약을 해지하고 환자를 퇴원시켜 달라고 요구하여 이에 응하기 위하여 담당의사가 인공호흡장치를 제거한 결과 환자가 호흡곤란으로 사망하게 된 경우, 당해 의사는 작위에 의한 살인방조의 죄책을 진다(대법원 2004.6.24. 2002도995 보라매병원 사건).

ⓛ 피해자가 물에 빠진 후에 피고인이 살해의 범의를 가지고 그를 구호하지 아니한 채 그가 익사하는 것을 용인하고 방관한 행위(부작위)는 피고인이 그를 직접 물에 빠뜨려 익사시키는 행위와 다름없다고 형법상 평가될 만한 살인의 실행행위라고 보는 것이 상당하다(대법원 1992.2.11. 91도2951 저수지 조카 살해사건).

© 감금상태가 계속된 어느 시점에서 피고인에게 살해의 범의 생겨 피감금자에 대한 위험발생을 방지함이 없이 포박감금상태에 있던 피감금자를 그대로 방치함으로써 사망하게 하였다면 부작위에 의한 살인죄를 구성한다(대법원 1982.11.23. 82도2024 주교사 사건).

② 피고인의 이러한 퇴선조치의 불이행은 승객 등을 적극적으로 물에 빠뜨려 익사시키는 행위와 다름이 없어 작위에 의한 살인의 실행행위와 동일하게 평가할 수 있고, 승객 등의 사망 또는 상해의 결과는 작위행위에 의해 결과가 발생한 것과 규범적으로 동일한 가치가 있다고 할 것이다(대법원 2015.11.12. 2015도6809 全合 세월호 사건). 　　　　　　　　　　　[×]

0434 다음 중 부작위에 의한 (　　) 안 범죄가 성립하는 것은 모두 2개다.　　　O | X

[Superlative ★★★]

> ⑦ 피고인이 모텔 방에 투숙하여 담뱃불이 완전히 꺼졌는지 여부를 확인하지 않은 채 휴지를 재떨이에 버리고 잠을 잔 과실로 담뱃불이 휴지와 침대시트에 옮겨 붙게 함으로써 화재가 발생하였고, 이후 모텔을 그대로 빠져나옴으로써 투숙객들이 사망하거나 다친 경우. 다만, 사건 당시 피고인이 화재를 용이하게 소화할 수 있었다고 보기 어려웠음(현주건조물방화치사상죄) [17 변호사, 17 국가7급, 13 변호사, 13 법원행시, 12 경찰채용]
> ⑥ 압류된 골프장시설을 보관하는 회사의 대표이사인 피고인이 압류시설의 사용 및 봉인의 훼손을 방지할 수 있는 적절한 조치 없이 골프장을 개장하게 하여 봉인이 훼손되게 한 경우 (공무상표시무효죄) [13 법원9급, 13 경간부]
> ⑥ 법무사가 아닌 사람이 법무사로 소개되거나 호칭되는 데에도 자신이 법무사가 아니라는 사실을 밝히지 않은 채 법무사 행세를 계속하면서 등기위임장 및 근저당권설정계약서를 작성한 경우 (법무사법위반죄) [13 변호사, 13 법원9급, 11 경찰승진, 11 경찰채용]
> ⑥ 신문기자인 피고인 甲이 휴대폰의 녹음기능을 작동시킨 상태로 정수장학회 이사장 A와 약 8분간의 전화통화를 마친 후 예우차원에서 A가 전화를 먼저 끊기를 기다리던 중, 문화방송 기획홍보본부장 B가 A와 인사를 나누면서 전략기획부장 C를 소개하는 목소리가 휴대폰을 통해 들려오고, 때마침 A가 실수로 휴대폰의 통화종료 버튼을 누르지 아니한 채 이를 탁자 위에 놓아두자, 통화연결 상태에 있는 자신의 휴대폰을 이용하여 대화를 몰래 청취하고 녹음한 경우 (통신비밀보호법위반죄) [17 국가7급]

해설

⑥ⓒ 2 항목의 경우 부작위범이 성립한다.
⑦ 부작위에 의한 현주건조물방화치사상죄가 성립하기 위하여는, 피고인에게 법률상의 소화의무가 인정되는 외에 소화의 가능성 및 용이성이 있었음에도 이미 발생한 화력을 방치함으로써 소훼의 결과를 발생시켜야 하는 것인데, 피고인에게 화재를 소화할 법률상 의무는 있다 할 것이나 화재 발생 사실을 안 상태에서 모텔을 빠져나오면서도 모텔 주인이나 다른 투숙객들에게 이를 알리지 아니하였다는 사정만으로는 피고인이 화재를 용이하게 소화할 수 있었다고 보기 어려워 현주건조물방화치사상죄는 성립하지 아니한다(대법원 2010.1.14. 2009도12109 모텔 담뱃불 화재 사건).
ⓒ 피고인의 부작위(조치의무 불이행)는 봉인을 훼손하고 압류시설을 사용함으로써 그 효용을 해하는 적극적 작위로서의 행위와 다름없다고 형법상 평가될 만한 공무상표시무효죄의 실행행위라고 볼 수 있다(대법원 2005.7.22. 2005도3034 경기컨트리클럽 사건).
ⓒ 피고인은 자신이 법무사가 아님을 밝힐 계약상 또는 조리상의 법적인 작위의무가 있다고 할 것임에도, 이를 밝히지 아니한 채 법무사 행세를 하면서 등기위임장 및 근저당권설정계약서를 작성함으로써 자신이 법무사로 호칭되도록 계속 방치한 것은 작위에 의하여 법무사의 명칭을 사용한 경우와 동등한 형법적 가치가 있는 것으로 볼 수 있다(대법원 2008.2.28. 2007도9354 짝퉁 법무사 사건).
⑥ 甲은 대화에 원래부터 참여하지 아니한 제3자이므로 휴대폰을 이용하여 대화를 청취·녹음하는 행위는 작위에 의한 통신비밀보호법 제3조 위반행위에 해당한다(대법원 2016.5.12. 2013도15616 정수장학회 비밀회동 청취·녹음·보도사건).

[O]

0435 「도로교통법」 제54조의 교통사고운전자의 사상자구호 조치의무는 위법한 선행행위의 경우에만 작위의무를 인정한 것이라고 할 수 있다.　　　O | X

[16 법원행시, 16 국가7급, 16 경찰승진, 15 경찰승진, 15 경찰채용, 14 국가7급, 14 경찰채용, 11 국가7급, 11 국가9급, 11 경찰승진] [Core ★★]

해설

도로교통법 제54조 제1항·제2항이 규정한 교통사고 발생시의 구호조치의무 및 신고의무는 교통사고의 결과가 피해자의 구호 및 교통질서의 회복을 위한 조치가 필요한 상황인 이상 그 의무는 교통사고를 발생시킨 당해 차량의 운전자에게 그 사고 발생에 있어서 고의·과실 혹은 유책·위법의 유무에 관계없이 부과된 의무라고 해석함이 타당하고, 당해 사고의 발생에 귀책사유가 없는 경우에도 위 의무가 없다 할 수 없다(대법원 2015.10.15. 2015도 12451). [×]

0436 업무상배임죄에서 부작위를 실행의 착수로 볼 수 있기 위해서는 작위의무가 이행되지 않으면 사무 처리의 임무를 부여한 사람이 재산권을 행사할 수 없으리라고 객관적으로 예견되는 등으로 구성요 건적 결과 발생의 위험이 구체화한 상황에서 부작위가 이루어져야 한다. ○│×

[22 경찰승진] [Core ★★]

해설

업무상배임죄에 있어 부작위를 실행의 착수로 볼 수 있기 위해서는 작위의무가 이행되지 않으면 사무처리의 임무를 부여한 사람이 재산권을 행사할 수 없으리라고 객관적으로 예견되는 등으로 구성요건적 결과 발생의 위험이 구체화한 상황에서 부작위가 이루어져야 한다. 그리고 행위자는 부작위 당시 자신에게 주어진 임무를 위반한다는 점과 그 부작위로 인해 손해가 발생할 위험이 있다는 점을 인식하였어야 한다(대법원 2021.5.27. 2020도15529 고양시 도시개발 환지계획 사건). [○]

0437 위치추적 전자장치의 피부착자 甲이 그 장치의 구성 부분인 휴대용 추적장치를 분실한 후 3일이 경 과하도록 보호관찰소에 분실신고를 하지 않고 돌아다닌 경우 분실을 넘어서서 상당한 기간 동안 휴대용 추적장치가 없는 상태를 방치한 부작위는 「전자장치 부착 등에 관한 법률」 제38조에 따른 전자장치의 효용을 해한 행위에 해당하지 아니한다. ○│×

[22 경찰채용] [Superlative ★★★]

해설

(1) 전자장치 부착법 제38조는 위치추적 전자장치(이하 '전자장치'라 한다)의 피부착자가 부착기간 중 전자장치를 신체에서 임의로 분리·손상, 전파 방해 또는 수신자료의 변조, 그밖의 방법으로 그 효용을 해한 행위를 처벌하고 있는데, 그 효용을 해하는 행위는 전자장치를 부착하게 하여 위치를 추적하도록 한 전자장치의 실질적인 효용을 해하는 행위를 말하는 것으로서 전자장치 자체의 기능을 직접적으로 해하는 행위뿐 아니라 전자장치의 효용이 정상적으로 발휘될 수 없도록 하는 행위도 포함되며, 부작위라고 하더라도 고의적으로 그 효용이 정상적으로 발휘될 수 없도록 한 경우에는 처벌된다고 해석된다. (2) 원심이 유지한 제1심판결은 피고인이 2011.8.13.경 술을 마시다가 전자장치의 구성 부분인 휴대용 추적장치를 분실한 후 2011.8.16.경까지 보호관찰소에 분실신고도 하지 아니한 채 선배와 함께 낚시를 하러 다니는 등의 행위를 함으로써 전자장치의 효용을 해하였다고 판단하였다. 피고인이 휴대용 추적장치의 분실을 넘어서서 상당한 기간 동안 휴대용 추적장치가 없는 상태를 임의로 방치하여 전자장치의 효용이 정상적으로 발휘될 수 없는 상태를 이룬 행위를 전자장치의 효용을 해한 행위로 본 제1심의 판단에 전자장치 부착법을 위반한 위법이 있다고 할 수 없다(대법원 2012.8.17. 2012도5862 추적장치 분실사건). [×]

제2절 과실범

0438 건물의 소유자로서 건물을 비정기적으로 수리하거나 건물의 일부분을 임대하였다는 사정이 있는 경우, 이는 안전배려 내지 안전관리 사무에 계속적으로 종사하여 사회생활면에서 하나의 지위로서의 계속성을 가진다고 볼 수 있으므로 업무상과실치상죄에 있어서의 '업무'에 해당한다.　　O | X

[17 변호사, 15 국가9급, 14 경간부, 13 법원행시, 12 경찰채용] [Core ★★]

해설

안전배려 내지 안전관리 사무에 계속적으로 종사하여 사회생활면에서 하나의 지위로서의 계속성을 가지지 아니한 채 단지 건물의 소유자로서 건물을 비정기적으로 수리하거나 건물의 일부분을 임대하였다는 사정만으로는 업무상과실치상죄에 있어서의 '업무'로 보기 어렵다(대법원 2009.5.28. 2009도1040 서예학원 화재사건).　　[X]

0439 식당의 운영자인 甲이 식당 밖에서 당겨 열도록 표시되어 있는 출입문을 열고 음식 배달차 밖으로 나가던 중 이웃 가게 손님으로 마침 위 식당 출입문 앞쪽 길가에 서 있던 A의 오른발 뒤꿈치 부위를 위 출입문 모서리 부분으로 충격하여 상해를 입게 한 행위는 업무상과실치상죄의 성립을 인정할 수 없다.　　O | X

[22 경찰채용, 22 경찰승진] [Core ★★]

해설

식당의 운영자인 甲이 식당 밖에서 당겨 열도록 표시되어 있는 출입문을 열고 음식 배달차 밖으로 나가던 중 이웃 가게 손님으로 마침 위 식당 출입문 앞쪽 길가에 서 있던 A의 오른발 뒤꿈치 부위를 위 출입문 모서리 부분으로 충격하여 상해를 입게 한 행위는 업무상과실치상죄의 성립을 인정할 수 없다(대법원 2009.10.29. 2009도5753 식당 여닫이문 사건). 업무상과실치상죄가 아니라 단순과실치상죄가 성립한다.　　[O]

0440 담임교사가 유리창을 청소할 때는 교실 안쪽에서 닦을 수 있는 유리창만을 닦도록 지시하였는데도 유독 피해자만이 수업시간이 끝나자마자 베란다로 넘어 갔다가 밑으로 떨어져 사망한 경우 업무상과실치사죄가 성립한다.　　O | X

[21 해경간부] [Essential ★]

해설

담임교사가 학교방침에 따라 학생들에게 교실청소를 시켜왔고 유리창을 청소할 때는 교실 안쪽에서 닦을 수 있는 유리창만을 닦도록 지시하였는데도, 유독 피해자만이 수업시간이 끝나자마자 베란다로 넘어 갔다가 밑으로 떨어져 사망하였다면 담임교사에게 어떤 과실책임을 물을 수 없다(대법원 1989.3.28. 89도108 유리창 청소 사건).　　[X]

0441 의료사고에 있어 의료종사자의 과실을 인정하기 위해서는 의료종사자가 결과발생을 예견할 수 있고 또 회피할 수 있었음에도 불구하고 이를 예견하거나 회피하지 못한 과실이 인정되어야 하고, 그러한 과실의 유무를 판단함에는 같은 업무와 직무에 종사하는 보통인의 주의 정도를 표준으로 하여야 하며, 이에는 사고 당시의 일반적인 의학의 수준과 의료 환경 및 조건, 의료행위의 특수성 등이 고려되어야 한다. ○|×

[18 경간부, 17 변호사, 17 경찰채용, 16 법원행시, 16 국가9급, 15 국가9급, 15 경찰승진, 15 경간부, 15 경찰채용, 13 변호사, 13 법원행시, 13 법원9급] [Core ★★]

해설

| 대법원 2014.5.29. 2013도14079 프리어 파편 사건 | [○] |

0442 의사가 설명의무를 위반한 채 의료행위를 하였고 피해자에게 상해가 발생하였다고 하더라도, 의사가 업무상 과실로 인한 형사책임을 지기 위해서는 피해자의 상해와 의사의 설명의무 위반 내지 승낙 취득 과정에서의 잘못 사이에 상당인과관계가 존재하여야 하고, 이는 한의사의 경우에도 마찬가지이다. ○|×

[17 경찰채용, 15 국가9급] [Essential ★]

해설

| 대법원 2011.4.14. 2010도10104 봉침 사건 | [○] |

0443 의사가 환자에 대하여 주된 의사의 지위에서 진료하는 경우라도 자신은 환자의 수술이나 시술에 전념하고 마취과 의사로 하여금 마취와 환자 감시 등을 담당토록 하는 경우처럼 서로 대등한 지위에서 각자의 의료영역을 나누어 환자 진료의 일부를 분담하였다면, 진료를 분담받은 다른 의사의 전적인 과실로 환자에게 발생한 결과에 대하여는 주된 의사의 책임을 인정할 수 없다. ○|×

[23 경찰채용] [Core ★★]

해설

| 대법원 2022.12.1. 2022도1499 부분 장폐색 환자 사건 | [○] |

0444 환자의 명시적인 수혈 거부 의사가 존재하여 수혈하지 아니함을 전제로 환자의 승낙(동의)을 받아 수술하였는데 수술 과정에서 수혈을 하지 않으면 생명에 위험이 발생할 수 있는 응급상태에 이른 경우에, 환자의 생명을 보존하기 위해 불가피한 수혈 방법의 선택을 고려함이 원칙이므로 의사가 무수혈 방식으로 수술하던 도중 과다출혈 등으로 환자가 사망한 경우 의사로서 진료상의 주의의무를 위반한 과실이 인정된다. ○ | ×

[16 법원행시] [Core ★★]

해설

(1) 환자의 명시적인 수혈 거부 의사가 존재하여 수혈하지 아니함을 전제로 환자의 승낙(동의)을 받아 수술하였는데 수술 과정에서 수혈을 하지 않으면 생명에 위험이 발생할 수 있는 응급상태에 이른 경우에, 환자의 생명을 보존하기 위해 불가피한 수혈 방법의 선택을 고려함이 원칙이라 할 수 있지만, 한편으로 환자의 생명 보호에 못지않게 환자의 자기결정권을 존중하여야 할 의무가 대등한 가치를 가지는 것으로 평가되는 때에는 이를 고려하여 진료행위를 하여야 한다. (2) 환자의 생명과 자기결정권을 비교형량하기 어려운 특별한 사정이 있다고 인정되는 경우에 의사가 자신의 직업적 양심에 따라 환자의 양립할 수 없는 두 개의 가치 중 어느 하나를 존중하는 방향으로 행위하였다면 이러한 행위는 처벌할 수 없다(대법원 2014.6.26. 2009도14407 조대병원 여호와의 증인 사건). [×]

0445 미용성형을 시술하는 의사로서는 고도의 전문적 지식에 입각하여 시술 여부, 시술의 시기, 방법, 범위 등을 충분히 검토한 후 그 미용성형 시술의 의뢰자에게 생리적, 기능적 장해가 남지 않도록 신중을 기하여야 할 뿐 아니라 회복이 어려운 후유증이 발생할 개연성이 높은 경우 그 미용성형 시술을 거부 내지는 중단하여야 할 의무가 있다. ○ | ×

[22 경찰간부] [Essential ★]

해설

의사가 의료행위를 할 때는 구체적 증상이나 상황에 따라 위험을 방지하기 위하여 요구되는 최선의 조치를 취하여야 하고, 환자에게 적절한 치료를 하거나 그러한 조치를 취하기 어려운 사정이 있다면 신속히 전문적인 치료를 할 수 있는 다른 병원으로의 전원조치 등을 취하여야 하며, 특히 미용성형을 시술하는 의사로서는 고도의 전문적 지식에 입각하여 시술 여부, 시술의 시기, 방법, 범위 등을 충분히 검토한 후 그 미용성형 시술의 의뢰자에게 생리적, 기능적 장해가 남지 않도록 신중을 기하여야 할 뿐 아니라, 회복이 어려운 후유증이 발생할 개연성이 높은 경우 그 미용성형 시술을 거부 내지는 중단하여야 할 의무가 있다(대법원 2007.5.31. 2007도1977 마리안의원 사건). [○]

0446 피부관리사가 피부미용에 관하여는 상당한 지식을 가지고 있다고 하여도 의료 전반에 관한 체계적인 지식을 가지고 있지는 못한 사실, 피고인을 포함한 피고인 의원의 의사들은 크리스탈 필링 박피술의 시술과정 자체는 피부관리사에게만 맡겨둔 채 피부관리사에 의해 이루어진 경우 이러한 피부관리사의 행위는 의료법을 포함한 법질서 전체의 정신이나 사회통념에 비추어 용인될 수 있는 행위에 해당한다고 볼 수는 없다. ○ | ×

[22 경찰간부] [Essential ★]

해설

피부관리사가 피부미용에 관하여는 상당한 지식을 가지고 있다고 하여도 의료 전반에 관한 체계적인 지식을 가지고 있지는 못한 사실, 피고인을 포함한 피고인 의원의 의사들은 크리스탈 필링 박피술의 시술과정 자체는 피부관리사에게만 맡겨둔 채 별반 관여를 하지 아니한 사실 등을 알 수 있는바, 이러한 피고인의 행위는 의료법을 포함한 법질서 전체의 정신이나 사회통념에 비추어 용인될 수 있는 행위에 해당한다고 볼 수는 없어 위법성이 조각되지 아니한다(대법원 2003.9.5. 2003도2903). [○]

0447 의료과실에 관한 다음 설명 중 옳지 않은 것은 모두 2개다. O|X

○ 의사인 피고인의 전원(轉院)지체 등의 과실로 피해자에 대한 신속한 수혈 등의 조치가 지연된 이상 피해자의 사망과 피고인의 과실 사이에는 인과관계를 부정하기 어렵다. [16 국가7급, 15 경간부, 13 경찰채용]

○ 연탄가스 중독으로 응급실에 후송되어 온 환자를 진단하여 치료한 담당의사에게 환자가 이튿날 퇴원할 당시 자신의 병명을 문의하였는데도 의사가 아무런 요양방법을 지도하여 주지 아니하여 환자가 다시 일산화탄소 중독을 입은 경우, 의사가 환자에게 병명을 알려주고 요양방법을 지도해 주지 않은 업무상과실이 있더라도 이 과실과 재차의 일산화탄소 중독과의 사이에 상당인과관계를 인정할 수 없다. [18 경간부]

○ 한의사인 피고인이 피해자에게 문진하여 과거 봉침을 맞고도 별다른 이상반응이 없었다는 답변을 듣고 알레르기 반응검사(skin test)를 생략한 채 봉침시술을 하였는데, 피해자가 시술 직후 쇼크반응을 나타내는 등 상해를 입은 경우, 피고인에게는 피해자를 상대로 다시 알레르기 반응검사를 실시할 의무가 있고 또한 알레르기 반응검사를 하지 않은 과실과 피해자의 상해 사이에 상당인과관계를 부정할 수 없다. [17 국가9급, 17 경찰승진, 15 경간부, 14 국가9급, 13 경찰채용, 12 경간부]

○ 종합병원 마취담당의사 甲이 전신마취에 의한 개복수술을 함에 있어서 개복 전 종합적인 간기능 검사가 필수적임에도 소변에 의한 간검사 결과만을 믿고 수술한 결과 수술 후 22일만에 환자가 급성 간염으로 사망한 경우, 甲에게 업무상과실이 인정되나 종합적인 간기능 검사를 하였더라면 간기능에 이상이 있었다는 검사결과가 나왔으리라는 점이 증명되지 않는 한 甲의 과실과 환자의 사망 사이에 인과관계가 있다고 볼 수 없다. [16 국가9급]

○ 간호사인 피고인이 베큐로니움의 약효 등을 확인하지 않음으로 인해 그 투약의 위험성을 인식하지 못함으로써 처방내용을 재확인할 기회를 놓친 채 그대로 이를 주사·투약하였다면, 의사의 처방을 기계적으로 실행하기에 앞서 당해 처방의 경위와 내용을 관련자에게 재확인함으로써 그 실행으로 인한 위험을 방지할 주의의무를 위반한 과실이 인정되고, 이를 투약함으로써 그 약효 내지 부작용으로 인하여 피해자에게 상해가 발생한 이상 그와 같은 결과는 피고인의 주의의무위반과 상당인과관계가 있다. [16 국가7급]

해설

©© 2 항목이 옳지 않다.
③ 대법원 2010.4.29. 2009도7070 뒤늦은 전원 사건
© 의사에게는 환자에게 그 병명을 알려주고 건강관리에 필요한 사항을 지도하여 줄 요양방법의 지도의무가 있는 것이므로 이를 태만한 것으로서 의사로서의 업무상과실이 있고, 이 과실과 재차의 일산화탄소 중독과의 사이에 인과관계가 있다고 보아야 한다(대법원 1991.2.12. 90도2547 연탄가스 중독사건).
© 피고인에게 과거 알레르기 반응검사 및 약 12일 전 봉침시술에서도 이상반응이 없었던 피해자를 상대로 다시 알레르기 반응검사를 실시할 의무가 있다고 보기는 어렵고, 설령 그러한 의무가 있다고 하더라도 알레르기 반응검사를 하지 않은 과실과 피해자의 상해 사이에 상당인과관계를 인정하기 어렵다(대법원 2011.4.14. 2010도10104 봉침 사건).
② 대법원 1990.12.11. 90도694 할로테인마취 사건
○ 대법원 2009.12.24. 2005도8980 베큐로니움 투약사건   [O]

Chapter 02 범죄론 **143**

0448 의료과실에 관한 다음 설명 중 옳지 않은 것은 모두 1개다. ○│×

[Superlative ★★★]

> ㉠ 약사는 의약품을 판매하거나 조제함에 있어서 의약품이 표시 포장상에 있어서 약사법 소정의 검
> 인 합격품이고 또한 부패 변질 변색되지 아니하고 유효기간이 경과되지 아니함을 확인하고 조제·
> 판매한 경우에는 특별한 사정이 없는 한 관능시험 및 기기시험까지 할 주의의무가 없으므로 약의
> 표시를 신뢰하고 이를 사용한 경우에는 과실이 없다고 볼 수 있다. [17 국가9급, 13 변호사]
> ㉡ 병원내과 인턴인 피고인이 간호사에게 하여금 단독으로 환자 A에 대한 수혈을 하도록 내버려두
> 었고, 간호사가 혈액봉지의 라벨을 확인하지 아니하여 B에게 수혈할 혈액봉지를 A에 대한 혈액봉
> 지로 오인하고서, 혈액형이 비형인 A에 대하여 에이형 농축적혈구를 수혈함으로써 A가 수혈부작
> 용 등으로 사망한 경우, 피고인은 과실책임을 면할 수 없다. [16 경찰승진, 14 국가7급, 14 경간부]
> ㉢ 피고인 甲이 피해자의 주치의 겸 병원 정형외과 전공의로서, 같은 과의 수련의인 乙이 피고인 甲
> 의 담당 환자인 피해자에 대하여 한 처방이 적절한 것인지의 여부를 확인하고 감독하여야 할 업
> 무상 주의의무가 있음에도 불구하고, 위 의무를 소홀히 한 나머지 피해자가 乙의 잘못된 처방으로
> 인하여 상해를 입게 되었다면, 피고인 甲은 업무상과실치상죄의 죄책을 져야 한다. [16 국가9급, 15
> 경간부, 13 법원9급]
> ㉣ 내과의사가 신경과 전문의에 대한 협의진료 결과 피해자의 증세와 관련하여 신경과 영역에서 이
> 상이 없다는 회신을 받았고, 그 회신 전후의 진료 경과에 비추어 그 회신 내용에 의문을 품을 만
> 한 사정이 있다고 보이지 않자 그 회신을 신뢰하여 뇌혈관계통 질환의 가능성을 염두에 두지 않
> 고 내과 영역의 진료 행위를 계속하다가 피해자의 증세가 호전되기에 이르자 퇴원하도록 조치한
> 경우, 내과의사인 피고인들이 피해자를 진료함에 있어서 지주막하출혈을 발견하지 못한 데 대하
> 여 업무상과실이 있었다고 단정하기는 어렵다. [16 경간부]

해설

> 모든 항목이 옳다. ㉠㉣ 2 항목은 신뢰의 원칙이 적용되는 경우이고, ㉡㉢ 2 항목은 신뢰의 원칙이 적용되지
> 않는 경우이다.
> ㉠ 대법원 1976. 2.10. 74도2046 금정약국 감기약 참사사건
> ㉡ 대법원 1998.2.27. 97도2812 B형 환자 A형 수혈사건
> ㉢ 대법원 2007.2.22. 2005도9229
> ㉣ 대법원 2003.1.10. 2001도3292 지주막하출혈 식물인간 사건   [×]

0449 요추 척추후궁절제 수술 도중에 수술용 메스가 부러지자 담당의사가 부러진 메스조각(3×5mm)을
찾아 제거하기 위한 최선의 노력을 다하였으나 찾지 못하여 부러진 메스조각을 그대로 둔 채 수술부
위를 봉합한 경우, 담당 의사의 과실이 인정된다. ○│×

[16 경간부, 11 경찰승진] [Essential ★]

해설

> 수술과정에서 메스 끝이 부러지는 일이 흔히 있고, 부러진 메스가 쉽게 발견되지 않을 경우 수술과정에서 무리하게
> 제거하려고 하면 부가적인 손상을 줄 우려가 있어 일단 봉합한 후에 재수술을 통하여 제거하거나 그대로 두는 경우가
> 있는 점에 비추어 담당의사의 과실을 인정할 수 없다(대법원 1999.12.10. 99도3711 부러진 메스 사건). [×]

0450 소아외과 의사인 피고인이 급성 림프구성 백혈병 환자인 피해자의 항암치료를 위하여 쇄골하 정맥에 중심정맥도관을 삽입하는 수술을 하는 과정에서 환자의 우측 쇄골하 부위를 주사바늘로 10여 차례 찔러 환자가 외상성 혈흉(血胸)으로 인한 순환혈액량 감소성 쇼크로 사망한 경우, 그와 같은 진료방법의 선택이 합리적인 재량의 범위를 벗어난 것이라고 단정할 수 없고 혈흉이 일반적으로 인정되는 합병증의 범위를 벗어났다고 볼 수 없더라도 혈흉이 발생되었다는 사실만으로도 수술과정에 과실이 있었다고 인정할 수 있다. ○|×

[12 경간부] [Core ★★]

해설

쇄골하 정맥에 중심정맥도관을 삽입하기 위하여 쇄골하 부위에 과연 몇 번 주사바늘을 찔러야 하는지에 대하여 의학적인 기준이 확립되어 있지 아니하며, 피고인이 중심정맥을 찾기 위하여 10회 정도 쇄골하 부위를 주사바늘로 찔렀고 이 과정에서 수술시간이 다소 지연되었다고 하여, 그와 같은 진료방법의 선택이 합리적인 재량의 범위를 벗어난 것이라고 단정할 수는 없고, 피해자에게 발생한 혈흉이 일반적으로 인정되는 합병증의 범위를 벗어났다고 볼 수 있는 사정이 없는 이상, 혈흉이 발생되었다는 사실만으로 수술과정에 과실이 있다고 추정할 수도 없다(대법원 2008.8.11. 2008도3090 쇄골하 중심정맥도관 삽입사건). [×]

0451 병원 인턴인 피고인이, 응급실로 이송되어 온 익수(溺水)환자 A를 담당의사의 지시에 따라 구급차에 태워 다른 병원으로 이송하던 중 산소통의 산소잔량을 체크하지 않아 산소 공급이 중단되어 A가 폐부종 등으로 사망하였더라도, 담당 의사로부터 이송 도중 환자에 대한 앰부 배깅(ambu bagging)과 진정제 투여 업무만을 지시받은 피고인에게 구급차 탑승 전 또는 이송 도중 구급차에 비치되어 있는 산소통의 산소잔량을 확인할 주의의무가 있다고 보기는 어렵고, 피고인이 산소부족 상태를 안 후에 취한 조치(즉시 심폐소생술을 시행하는 한편 가장 가까운 병원으로 구급차를 운행하도록 한 조치)에 어떠한 업무상 주의의무 위반 이 있었다고 볼 수 없다. ○|×

[16 국가7급, 12 경간부] [Core ★★]

해설

대법원 2011.9. 8. 2009도13959 산소잔량 미확인 사건 [○]

0452 간호사에게 정맥주사를 주도록 처방한 의사는 직접 또는 간접적으로 간호사의 주사행위를 감독할 주의의무가 있으므로, 간호사가 의사의 처방에 의한 정맥주사(Side Injection 방식)를 의사의 입회 없이 간호실습생(간호학과 대학생)에게 실시하도록 하여 의료사고가 발생한 경우 의사에게도 업무상 과실이 인정된다. ○|×

[16 국가9급, 15 경간부] [Core ★★]

해설

(1) 간호사에게 정맥주사를 주도록 처방한 의사는 자신의 지시를 받은 간호사가 자신의 기대와는 달리 간호실습생에게 단독으로 주사하게 하리라는 사정을 예견할 수 없었고, 그 스스로 직접 주사를 하거나 또는 직접 주사하지 않더라도 현장에 입회하여 간호사의 주사행위를 직접 감독할 주의의무가 있다고 보기 어렵다. (2) 간호사가 의사의 처방에 의한 정맥주사(Side Injection 방식)를 의사의 입회 없이 간호실습생(간호학과 대학생)에게 실시하도록 하여 발생한 의료사고에 대하여 의사의 과실책임은 인정되지 아니한다(대법원 2003.8.19. 2001도3667 간호실습생 정맥주사 사건). [×]

0453 마취회복업무를 담당하던 甲은 마취수술을 받은 환자 A에게 자발호흡이 있는 것만 확인하고 의식이 회복되었는지 분명하지도 않은 상태에서 간호사 그 누구에게도 확실한 인계조치나 구체적인 지시도 하지 않은 채 회복실을 떠났고, 결국 A는 무산소성으로 인한 뇌손상으로 사망한 경우, 甲의 경우 업무상과실이 인정되지만, A를 감시하도록 업무를 인계받지 않은 乙의 경우 업무상 과실이 인정되지 아니한다.   ○|×

[11 경찰승진] [Essential ★]

해설

대법원 1994.4.26. 92도3283 마취회복실 간호사 사건	[○]

0454 산부인과 의사인 피고인이 산모인 피해자의 태반조기박리에 대한 대응조치로서 응급 제왕절개 수술을 시행하기로 결정하였다면 미리 혈액을 준비하여야 할 업무상 주의의무가 있다고 보아야 할 것이므로, 피고인이 수술 도중이나 수술 후에라도 가능한 빠른 시기에 혈액을 공급받기 위한 조치를 전혀 취하지 아니한 과실로 인하여 수혈시기를 놓치게 하여 피해자가 사망하였다면 업무상과실치사죄가 성립한다.   ○|×

[14 법원행시] [Essential ★]

해설

대법원 2000.1.14. 99도3621 태반조기박리 사건	[○]

0455 산부인과 의사 甲은 30대 중반의 초산모 A에 대해서 제왕절개 수술을 하였는데 A가 수술 후 호흡곤란이나 현기증 등의 증세를 나타내다가 폐색전증으로 사망한 경우, 제왕절개술로 분만한 산모에게서 수술 후 발생할 수 있는 호흡곤란이나 현기증 등만으로 폐색전증을 예상하여 이를 진단하는 것은 지극히 어려울 뿐만 아니라 폐색전증의 가능성은 고령·제왕절개술의 출산 후 증가하지만 전체 임산부 중 폐색전증의 발생 가능성 자체는 극히 낮으므로 甲이 폐색전증을 예견하지 못한 것에 어떠한 잘못이 있었다고 볼 수 없다.   ○|×

[12 경간부] [Core ★★]

해설

대법원 2006.10.26. 2004도486 제왕절개 산모 사망사건	[○]

0456 산후조리원에 입소한 신생아가 출생 후 10일 이상이 경과하도록 계속하여 수유량 및 체중이 지나치게 감소하고 잦은 설사 등의 이상증세를 보임에도 불구하고, 산후조리원의 신생아 집단관리를 맡은 책임자가 의사나 한의사 등의 진찰을 받도록 하지 않아 신생아가 탈수 내지 괴사성 장염으로 사망한 경우, 집단관리 책임자가 산모에게 신생아의 이상증세를 즉시 알리고 적절한 조치를 구하여 산모의 지시를 따랐다면 업무상 주의의무를 다하였다고 볼 수 있다.   ○|×

[16 국가7급, 13 법원행시] [Superlative ★★★]

해설

(1) 신생아의 집단관리 업무를 책임지는 사람으로서는 신생아의 건강관리나 이상증상에 관하여 일반인보다 높은 수준의 지식을 갖추어 신생아를 위생적으로 관리하고 건강상태를 면밀히 살펴 이상 증세가 보이면 의사나 한의사 등 전문가에게 진료를 받도록 하는 등 적절한 조치를 취하여야 할 업무상 주의의무가 있다. (2) 산후조리원의 신생아 집단관리를 맡은 책임자가 의사나 한의사 등의 진찰을 받도록 하지 않아 신생아가 탈수 내지 괴사성 장염으로 사망한 경우, 집단관리 책임자가 산모에게 신생아의 이상증세를 즉시 알리고 적절한 조치를 구하여 산모의 지시를 따른 것만으로는 업무상 주의의무를 다하였다고 볼 수 없다(대법원 2007.11.16. 2005도1796 산후조리원 신생아 사망사건). [×]

0457 자동차의 운전자가 통상 예견되는 상황에 대비하여 결과를 회피할 수 있는 정도의 주의의무를 다하지 못한 것이 교통사고 발생의 직접적인 원인이 되었다면, 비록 자동차가 보행자를 직접 충격한 것이 아니고 보행자가 자동차의 급정거에 놀라 도로에 넘어져 상해를 입은 경우라고 할지라도 업무상 주의의무 위반과 교통사고 발생 사이에 상당인과관계를 인정할 수 있다. ○│×
[24 경간부] [Core ★★]

해설

대법원 2022.6.16. 2022도1401 봉고3 운전자 뺑소니 사건 [○]

0458 황색중앙선 표시가 있는 일반도로와는 달리 중앙선이 표시되어 있지 아니한 비포장도로라고 한다면, 운전자로서는 마주 오는 차가 도로의 중앙이나 좌측부분으로 진행하여 올 것까지 예견하여 주의 깊게 살피면서 속도를 줄여 피행하는 등 적절한 조치를 취함으로써 사고 발생을 미연에 방지할 업무상 주의의무가 있다. ○│×
[16 법원행시] [Core ★★]

해설

중앙선이 표시되어 있지 아니한 비포장도로라고 하더라도 승용차가 넉넉히 서로 마주보고 진행할 수 있는 정도의 너비가 되는 도로를 정상적으로 진행하고 있는 자동차의 운전자로서는, 특별한 사정이 없는 한 마주 오는 차도 교통법규를 지켜 도로의 중앙으로부터 우측부분을 통행할 것으로 신뢰하는 것이 보통이므로 마주 오는 차가 도로의 중앙이나 좌측부분으로 진행하여 올 것까지 예상하여 특별한 조치를 강구하여야 할 업무상 주의의무는 없는 것이 원칙이다(대법원 1992.7.28. 92도1137). [×]

0459 사거리 교차로를 녹색등화에 따라 직진하는 차량의 운전자는 특별한 사정이 없는 한 다른 차량이 신호를 위반하고 직진하는 차량의 앞을 가로질러 직진할 경우까지 예상하여 그에 따른 사고발생을 미연에 방지할 주의의무는 없다고 할 것이므로, 피고인이 녹색등화에 따라 사거리 교차로를 통과할 무렵 제한속도를 초과하였더라도, 신호를 무시한 채 왼쪽도로에서 사거리 교차로로 가로 질러 진행한 피해자에 대한 업무상 과실치사의 책임이 없다. ○│×
[11 경찰승진] [Essential ★]

해설

대법원 1990.2.9. 89도1774 [○]

0460 교차로를 녹색등화에 따라 직진하는 차량의 운전자는 특별한 사정이 없는 이상, 다른 차량이 신호를 위반하고 직진하는 차량의 앞을 가로 질러 좌회전할 경우까지를 예상하여 그에 따른 사고발생을 미연에 방지할 특별한 조치까지 강구할 업무상의 주의의무는 없다. ○│×

[12 법원9급] [Essential ★]

해설

대법원 1985.1.22. 84도1493 [○]

0461 피고인의 택시가 차량 신호등이 적색 등화임에도 횡단보도 앞 정지선 직전에 정지하지 않고 상당한 속도로 정지선을 넘어 횡단보도에 진입하였고, 횡단보도에 들어선 이후 차량 신호등이 녹색 등화로 바뀌자 교차로로 계속 직진하여 교차로에 진입하자마자 교차로를 거의 통과하였던 피해자의 승용차 오른쪽 뒤 문짝을 피고인 택시 앞 범퍼 부분으로 충돌하여 피해자에게 상해를 입게 하였다면 피고인의 신호위반행위가 교통사고 발생의 직접적인 원인이라고 보아야 한다. ○│×

[22 법원행시] [Essential ★]

해설

택시 운전자인 피고인 甲의 택시가 차량 신호등이 적색 등화임에도 횡단보도 앞 정지선 직전에 정지하지 않고 상당한 속도로 정지선을 넘어 횡단보도에 진입하였고, 횡단보도에 들어선 이후 차량 신호등이 녹색 등화로 바뀌자 교차로로 계속 직진하여 교차로에 진입하자마자 교차로를 거의 통과하였던 A의 승용차 오른쪽 뒤 문짝 부분을 甲 택시 앞 범퍼 부분으로 충돌한 경우 甲이 적색 등화에 따라 정지선 직전에 정지하였더라면 교통사고는 발생하지 않았을 것임이 분명하여 甲의 신호위반행위는 교통사고 발생의 직접적인 원인이 되었다고 보아야 한다(대법원 2012.3.15. 2011도17117). [○]

0462 야간에 고속도로에서 차량을 운전하는 자는 주간과는 달리 노면상태 및 가시거리상태 등에 따라 고속도로상의 제한 최고속도 이하의 속도로 감속 서행할 주의의무가 있으므로, 야간에 선행사고로 인하여 전방에 정차해 있던 승용차와 그 옆에 서있던 피해자를 충돌한 경우 운전자에게 제한속도 이하로 감속 운전하지 않은 과실이 있다. ○│×

[20 경찰채용] [Essential ★]

해설

대법원 1999.1.15. 98도2605 [○]

0463 녹색등화에 따라 왕복 8차선의 간선도로를 직진하는 차량의 운전자는 접속도로에서 진행하여 오던 차량이 아예 허용되지 아니하는 좌회전을 감행하여 직진하는 자기 차량의 앞을 가로질러 진행하여 올 경우까지 예상하여 그에 따른 사고발생을 미리 방지하기 위하여 특별한 조치까지 강구할 주의의무는 없다. ○│×

[16 경간부] [Essential ★]

해설

대법원 1998.9.22. 98도1854 [○]

0464 (ㅏ)자형 삼거리의 교차로를 녹색등화에 따라 직진하는 차량의 운전자는 특별한 사정이 없는 한 대향차선 위의 다른 차량이 신호를 위반하고 직진하는 자기 차량의 앞을 가로질러 좌회전할 경우까지 예상하여 사고발생을 미리 방지하기 위한 주의의무는 없으나, 직진차량 운전자가 사고지점을 통과할 무렵 제한속도를 위반하여 과속운전한 잘못이 있었다고 한다면 그러한 잘못과 교통사고의 발생과의 사이에는 상당인과관계가 있다고 보아야 한다.   O│X

[16 국가7급, 14 국가9급] [Core ★★]

해설

> (ㅏ)자형 삼거리의 교차로를 녹색등화에 따라 직진하는 차량의 운전자는 특별한 사정이 없는 한, 대향차선 위의 다른 차량이 신호를 위반하고 직진하는 자기 차량의 앞을 가로질러 좌회전할 경우까지 예상하여 그에 따른 사고발생을 미리 방지하기 위한 주의의무는 없고, 직진차량 운전자가 사고지점을 통과할 무렵 제한속도를 위반하여 과속운전한 잘못이 있었다 하더라도 그러한 잘못과 교통사고의 발생과의 사이에 상당인과관계가 있다고 볼 수 없다 (대법원 1993.1.15. 92도2579).   [X]

0465 차량의 운전자로서는 횡단보도의 신호가 적색인 상태에서 반대차선상에 정지하여 있는 차량의 뒤로 보행자가 건너오지 않을 것이라고 신뢰하는 것이 당연하고 그렇지 아니할 사태까지 예상하여 그에 대한 주의의무를 다하여야 한다고는 할 수 없다.   O│X

[16 경찰승진, 12 법원9급] [Essential ★]

해설

> 대법원 1993.2.23. 92도2077   [O]

0466 각종 차량의 내왕이 번잡하고 보행자의 횡단이 금지되어 있는 육교밑 차도를 주행하는 자동차운전자가 전방 보도위에 서있는 피해자를 발견했다 하더라도 육교를 눈앞에 둔 동인이 특히 차도로 뛰어들 거동이나 기색을 보이지 않는 한 일반적으로 동인이 차도로 뛰어들어 오리라고 예견하기 어려운 것이므로, 이러한 경우 운전자로서는 불의에 뛰어드는 보행자를 예상하여 이를 사전에 방지해야 할 조치를 취할 업무상 주의의무는 없다.   O│X

[11 경찰승진] [Essential ★]

해설

> 대법원 1985.9.10. 84도1572   [O]

0467 고속도로상을 운행하는 운전자는 통상의 경우 보행인이 그 도로의 중앙방면으로 갑자기 뛰어드는 일이 없으리라는 신뢰하에서 운행하는 것이므로, 운전자가 도로를 횡단하려는 피해자를 그 차의 제동거리 밖에서 발견하였더라도 피해자가 반대 차선의 교행차량 때문에 도로를 완전히 횡단하지 못하고 진행차선 쪽에서 멈추거나 다시 되돌아 나가는 경우까지 예견해야 하는 주의의무는 없다.

O|X

[16 경찰승진, 15 경찰승진] [Core ★★]

해설

(1) 고속도로상을 운행하는 자동차운전자는 통상의 경우 보행인이 그 도로의 중앙방면으로 갑자기 뛰어드는 일이 없으리라는 신뢰하에서 운행하는 것이지만, 도로를 횡단하려는 피해자를 그 차의 제동거리 밖에서 발견하였다면 피해자가 반대 차선의 교행차량 때문에 도로를 완전히 횡단하지 못하고 진행차선 쪽에서 멈추거나 다시 되돌아 나가는 경우를 예견해야 하는 것이다(대법원 1981.3.24. 80도3305). (2) 고속도로를 무단횡단하는 보행자를 충격하여 사고를 발생시킨 경우라도 운전자가 상당한 거리에서 보행자의 무단횡단을 미리 예상할 수 있는 사정이 있었고, 그에 따라 즉시 감속하거나 급제동하는 등의 조치를 취하였다면 보행자와의 충돌을 피할 수 있었다는 등의 특별한 사정이 인정되는 경우에만 자동차 운전자의 과실이 인정될 수 있다(대법원 2000.9.5. 2000도2671).

[×]

0468 고속국도에서는 보행으로 통행, 횡단하거나 출입하는 것이 금지되어 있으므로 고속국도를 주행하는 차량의 운전자는 도로양측에 휴게소가 있는 경우에도 도로상에 보행자가 있음을 예상하여 감속 등 조치를 할 주의의무가 있다 할 수 없다.

O|X

[17 경찰채용, 14 경찰승진, 11 경찰승진, 11 경간부] [Essential ★]

해설

대법원 1977.6.28. 77도403

[O]

0469 공사감리자가 관계 법령과 계약에 따른 감리업무를 소홀히 하여 건축물 붕괴 등으로 인하여 사상의 결과가 발생한 경우에는 업무상과실치사상의 죄책을 면할 수 없다.

O|X

[12 경찰승진] [Core ★★]

해설

대법원 2010.6.24. 2010도2615 이천 물류센터 붕괴사건

[O]

0470 건설회사가 건설공사 중 타워크레인의 설치작업을 전문업자에게 도급주어 타워크레인 설치 작업을 하던 중 발생한 사고에 대하여 건설회사의 현장대리인에게 업무상 과실이 인정된다.

O|X

[16 경간부, 15 경찰채용] [Core ★★]

해설

건설회사가 건설공사 중 타워크레인의 설치작업을 전문업자에게 도급주어 타워크레인 설치작업을 하던 중 발생한 사고에 대하여 건설회사의 현장대리인에게 업무상과실치사상의 죄책을 물을 수 없다(대법원 2005.9.9. 2005도3108 타워크레인 설치사건).

[×]

0471 공사도급계약의 경우 원칙적으로 도급인에게는 수급인의 업무와 관련하여 사고방지에 필요한 안전조치를 취할 주의의무가 없으나, 법령에 의하여 도급인에게 수급인의 업무에 관하여 구체적인 관리·감독의무 등이 부여되어 있거나 도급인이 공사의 시공이나 개별 작업에 관하여 구체적으로 지시·감독하였다는 등의 특별한 사정이 있는 경우에는 도급인에게도 수급인의 업무와 관련하여 사고방지에 필요한 안전조치를 취할 주의의무가 있다. ○ | ×

[17 변호사, 16 법원행시, 14 국가9급] [Superlative ★★★]

해설

대법원 2010.12.23. 2010도1448 배관공사 작업 중 추락사건 [○]

0472 시공회사의 상무이사인 현장소장이 현장에서의 공사감독을 전담하였고 사장은 그와 같은 감독을 하게 되어 있지 않았다면, 사장으로서는 공사의 진행에 관하여 직접적인 지휘·감독을 받지 않는 회사직원 혹은 고용한 노무자들이 공사시행상의 안전수칙을 위반하여 사고를 저지를지 모른다고 하여 이에 대비하여 각개의 개별작업에 대하여 일일이 세부적인 안전대책을 강구하여야 하는 구체적이고 직접적인 주의의무가 있다고 하기 어렵다. ○ | ×

[14 경간부, 12 경찰채용] [Core ★★]

해설

대법원 1989.11.24. 89도1618 [○]

0473 버스운전사에게 전날 밤에 주차해 둔 버스를 그 다음날 아침에 출발하기에 앞서 차체 밑에 장애물이 있는지 여부를 확인하여야 할 주의의무가 있다. ○ | ×

[12 경찰승진] [Essential ★]

해설

대법원 1988.9.27. 88도833 [○]

0474 운전자가 시동을 끄고 시동열쇠는 꽂아 둔 채로 하차한 후 조수가 이를 운전하다가 사고를 낸 경우에 시동열쇠를 그대로 꽂아 둔 행위와 사고로 인한 상해의 결과발생 사이에는 특별한 사정이 없는 한 인과관계가 없다. ○ | ×

[13 법원9급, 11 경간부] [Essential ★]

해설

대법원 1971.9.28. 71도1082 [○]

0475 운전자가 차를 세워 시동을 끄고 1단 기어가 들어가 있는 상태에서 시동열쇠를 끼워 놓은 채 11세 남짓한 어린이를 조수석에 남겨두고 차에서 내려온 동안 동인이 시동열쇠를 돌리며 악셀레이터 페달을 밟아 차량이 진행하여 사고가 발생한 경우, 운전자의 과실은 사고 결과와 인과관계가 없다.　　○|×

[14 경찰채용, 13 경찰승진] [Essential ★]

해설

> 운전자로서는 어린이를 먼저 하차시키던가 운전기기를 만지지 않도록 주의를 주거나 손브레이크를 채운 뒤 시동열쇠를 빼는 등 사고를 미리 막을 수 있는 제반조치를 취할 업무상 주의의무가 있다 할 것이어서 이를 게을리 한 과실은 사고결과와 법률상의 인과관계가 있다고 봄이 상당하다(대법원 1986.7.8. 86도1048 조수석 아들 사건).
> [×]

0476 운전자가 주의의무를 게을리하여 열차건널목을 그대로 건너는 바람에 자동차가 열차좌측 모서리와 충돌하여 20여 m쯤 열차 진행방향으로 끌려가면서 튕겨나갔고 피해자는 타고가던 자전거에서 내려 자동차 왼쪽에서 열차가 지나가기를 기다리고 있다가 충돌사고로 놀라 넘어져 상처를 입었다면 운전자의 과실과 피해자가 입은 상처 사이에 상당인과관계가 있다고 할 수 없다.　　○|×

[14 국가9급] [Essential ★]

해설

> 피해자는 타고가던 자전거에서 내려 자동차 왼쪽에서 열차가 지나가기를 기다리고 있다가 충돌사고로 놀라 넘어져 상처를 입었다면 비록 자동차와 피해자가 직접 충돌하지는 아니하였더라도 자동차운전자의 과실과 피해자가 입은 상처 사이에는 상당한 인과관계가 있다(대법원 1989.9.12. 89도866).
> [×]

0477 택시 운전자인 피고인이 심야에 밀집된 주택 사이의 좁은 골목길이자 직각으로 구부러져 가파른 비탈길의 내리막에 누워 있던 피해자의 몸통 부위를 택시 바퀴로 역과하여 그 자리에서 사망에 이르게 하고 도주한 경우, 피고인에게는 업무상 주의의무를 위반한 잘못이 있다.　　○|×

[17 경찰승진, 15 경찰승진] [Core ★★]

해설

> 대법원 2011.5.26. 2010도17506 좁은 골목길 사건
> [○]

0478 야간에 2차선의 굽은 도로 상에 미등과 차폭등을 켜지 않은 채 화물차를 주차시켜 놓음으로써 오토바이가 추돌하여 오토바이 운전자가 사망하게 된 경우라도, 특별한 사정이 없는 한 화물차 운전자의 주차행위와 피해자의 사망 사이에 인과관계가 있다고 할 수 없다.　　○|×

[13 국가7급, 11 국가9급] [Core ★★]

해설

> 야간에 2차선의 굽은 도로 상에 미등과 차폭등을 켜지 않은 채 화물차를 주차시켜 놓음으로써 오토바이가 추돌하여 오토바이 운전자가 사망하게 된 경우, 화물차 운전자의 주차행위와 피해자의 사망 사이에 인과관계가 없다고 할 수 없다(대법원 1996.12.20. 96도2030 미등과 차폭등 사건).
> [×]

0479 골프장의 경기보조원인 피고인이 골프 카트에 피해자 등 승객들을 태우고 진행하기 전에 안전 손잡이를 잡도록 고지하지도 않고 또한 승객들이 안전 손잡이를 잡았는지 확인하지도 않은 상태에서 만연히 출발하였으며, 각도 70°가 넘는 우로 굽은 길을 속도를 충분히 줄이지 않고 급하게 우회전한 업무상 과실로, 피해자를 골프 카트에서 떨어지게 하여 상해를 입게 하였다면 교통사고처리 특례법 위반죄가 성립한다. ○|×

[12 경찰채용, 11 국가9급] [Essential ★]

> **해설**
>
> 대법원 2010.7.22. 2010도1911 골프장카트 난폭운전 사건   [○]

0480 선행 교통사고와 후행 교통사고 중 어느 쪽이 원인이 되어 피해자가 사망에 이르게 되었는지 밝혀지지 않은 경우 후행 교통사고를 일으킨 사람의 과실과 피해자의 사망 사이에 인과관계가 인정되기 위해서는 후행 교통사고를 일으킨 사람이 주의의무를 게을리하지 않았다면 피해자가 사망에 이르지 않았을 것이라는 사실이 입증되어야 하고, 그 입증책임은 검사에게 있다. ○|×

[15 법원9급, 14 경찰승진, 13 경찰승진, 11 법원행시] [Essential ★]

> **해설**
>
> 대법원 2007.10.26. 2005도8822 선행사고 후행사고 사건   [○]

0481 피고인이 야간에 오토바이를 운전하다가 도로를 무단횡단하던 피해자를 충격하여 도로상에 전도(顚倒)케 하고, 그로부터 약 40초 내지 60초 후에 타이탄트럭이 도로위에 전도되어 있던 피해자를 역과하여 사망케 한 경우, 피고인이 전방좌우의 주시를 게을리한 과실로 피해자를 충격하였고 나아가 후속차량의 운전사들이 조금만 전방주시를 태만히 하여도 피해자를 역과할 수 있음이 당연히 예상되었던 경우라면 피고인의 과실행위는 피해자의 사망에 대한 직접적 원인을 이루는 것이어서 양자간에는 상당인과관계가 있다. ○|×

[16 국가7급, 14 경간부] [Core ★★]

> **해설**
>
> 대법원 1990.5.22. 90도580 피고인 먼저 꽝 사건 II   [○]

0482 피고인이 차량을 운전하고 편도 2차선 도로 중 2차로를 시속 약 60km의 속도로 선행 차량과 약 30m가량의 간격을 유지한 채 진행하다가 선행차량에 역과(轢過)된 채 진행 도로상에 누워있는 피해자를 뒤늦게 발견하고 급제동을 할 겨를도 없이 이를 그대로 역과하여 피해자가 사망한 경우, 피고인에게 업무상 과실이 없다고 할 수 없고 피고인 차량의 역과와 피해자의 사망 사이에 인과관계가 인정된다. ○|×

[15 경찰승진, 14 국가7급, 14 경찰승진, 12 법원9급, 12 국가9급, 11 경간부] [Core ★★]

> **해설**
>
> 대법원 2001.12.11. 2001도5005 피고인 나중에 꽝 사건 I   [○]

0483 피고인이 1차로에서 2차로로 진로를 변경하여 고속버스를 추월한 직후에, 피해자 등이 30~40m 전방에서 고속도로를 무단횡단하기 위하여 2차로로 갑자기 뛰어들어 피해자 등을 충격하게 된 경우, 피고인이 피해자 등의 무단횡단을 미리 예상할 수 있었다고 할 수 없더라도, 피고인에게 고속버스와의 안전거리를 확보하지 아니한 채 진행하다가 제한최고속도를 시속 20km 초과하여 추월한 잘못이 있다면, 피고인의 위와 같은 잘못과 사고결과와의 사이에는 상당인과관계가 있다고 할 것이다. ○ | ×

[15 경찰승진, 12 국가9급, 12 경간부, 11 경찰승진, 11 경간부] [Core ★★]

해설

피고인이 피해자 등의 무단횡단을 미리 예상할 수 있었다고 할 수 없고, 피고인에게 고속버스와의 안전거리를 확보하지 아니한 채 진행하다가 고속버스의 우측으로 제한최고속도를 시속 20km 초과하여 추월한 잘못이 있더라도, 피고인의 위와 같은 잘못과 사고결과와의 사이에 상당인과관계가 있다고 할 수도 없다(대법원 2000.9.5. 2000도2671). [×]

0484 도선사가 강제도선구역 내에서 조기 하선함으로 인하여 적기에 충돌회피동작을 취하지 못하여 결국 선박충돌사고가 발생한 경우, 도선사의 업무상과실과 선박충돌사고 사이에 상당인과 관계가 인정된다. ○ | ×

[21 해경채용] [Core ★★]

해설

대법원 2007.9.21. 2006도6949 하모니호 칭다오호 충돌사건 [○]

0485 피고인이 성냥불로 담배를 붙인 다음 그 성냥불이 꺼진 것을 확인하지 아니한 채 휴지가 들어 있는 플라스틱 휴지통에 던진 것을 중대한 과실이 있는 경우에 해당한다. ○ | ×

[17 국가7급, 17 경찰승진, 15 경찰승진] [Essential ★]

해설

대법원 1993.7.27. 93도135 [○]

0486 피고인들이 함께 술을 마신 후 만취된 피해자를 촛불이 켜져 있는 방안에 혼자 눕혀 놓고 촛불을 끄지 않고 나오는 바람에 화재가 발생하여 피해자가 사망한 경우, 피고인들은 화재 발생과 그로 인한 피해자의 사망에 대하여 과실책임을 면할 수는 없다. ○ | ×

[14 법원행시] [Essential ★]

해설

대법원 1994.8.26. 94도1291 자취방 실화사건 [○]

0487 임차인이 자신의 비용으로 설치·사용하던 가스설비의 휴즈콕크를 아무런 조치 없이 제거하고 이사를 간 후 주밸브가 열려져 가스가 유입되어 폭발사고가 발생한 경우 임차인의 과실과 가스폭발사고 사이에 상당인과관계가 인정되지 않는다. O | X

[18 경간부, 16 법원행시, 16 경찰승진, 15 경찰채용, 14 경찰채용, 12 국가9급] [Essential ★]

해설

임차인이 자신의 비용으로 설치·사용하던 가스설비의 휴즈콕크를 아무런 조치 없이 제거하고 이사를 간 후 가스공급을 개별적으로 차단할 수 있는 주밸브가 열려져 가스가 유입되어 폭발사고가 발생한 경우, 휴즈콕크를 제거하면서 그 제거부분에 아무런 조치를 하지 않고 방치하면 주밸브가 열리는 경우 유입되는 가스를 막을 아무런 안전장치가 없어 가스 유출로 인한 대형사고의 가능성이 있다는 것은 평균인의 관점에서 객관적으로 볼 때 충분히 예견할 수 있으므로 임차인의 과실과 가스폭발사고 사이의 상당인과관계가 인정된다(대법원 2001.6.1. 99도5086 대전 LPG 폭발사건). [X]

0488 초지조성공사를 도급받은 수급인이 불경운작업(산불작업)을 하도급을 준 이후에 계속하여 그 작업을 감독하지 아니한 잘못이 있다면, 그 잘못과 하수급인의 과실로 인하여 발생한 산림실화 사이에는 상당인과관계가 있다. O | X

[17 경찰채용, 16 국가7급, 15 경찰채용, 11 국가9급, 11 경간부] [Core ★★]

해설

초지조성공사를 도급받은 수급인이 불경운작업(산불작업)을 하도급을 준 이후에 계속하여 그 작업을 감독하지 아니한 잘못이 있다 하더라도 이는 도급자에 대한 도급계약상의 책임이지 하수급인의 과실로 인하여 발생한 산림실화에 상당인과관계가 있는 과실이라고는 할 수 없다(대법원 1987.4.28. 87도297 산불작업 사건). [X]

0489 피고인이 골프경기를 하던 중 골프공을 쳐서 아무도 예상하지 못한 자신의 등 뒤편으로 보내어 등 뒤에 있던 경기보조원(캐디)에게 상해를 입힌 경우, 이는 경기규칙을 준수하는 중에 또는 그 경기의 성격상 당연히 예상되는 정도의 경미한 규칙위반 속에 제3자에게 상해의 결과를 발생시킨 것에 해당하므로 과실치상죄가 성립하지 않는다. O | X

[16 경찰승진, 15 법원9급, 14 국가9급, 12 경간부, 11 경찰승진] [Essential ★]

해설

(1) 운동경기에 참가하는 자가 경기규칙을 준수하는 중에 또는 그 경기의 성격상 당연히 예상되는 정도의 경미한 규칙위반 속에 제3자에게 상해의 결과를 발생시킨 것으로서, 사회적 상당성의 범위를 벗어나지 아니하는 행위라면 과실치상죄가 성립하지 않는다. (2) 그러나 골프 경기를 하던 중 골프공을 쳐서 아무도 예상하지 못한 자신의 등 뒤편으로 보내어 등 뒤에 있던 경기보조원(캐디)에게 상해를 입힌 경우에는 주의의무를 현저히 위반하여 사회적 상당성의 범위를 벗어난 행위로서 과실치상죄가 성립한다(대법원 2008.10.23. 2008도6940 골프공 캐디강타 사건). [X]

0490 피고인이 자신이 운영하는 식품가게 앞에서 포터 화물차의 적재함에 실려 있던 토마토 상자를 하역하여 가게 안으로 운반하던 중, 화물차에 적재되어 있던 토마토 상자 일부가 무너져 내리도록 방치한 과실로 가게 앞을 지나가던 피해자의 머리 위로 상자가 떨어지게 하여 골절상 등을 입게 한 경우, 피고인은 교통사고처리특례법위반죄의 죄책을 진다. ○|✕

[15 경간부, 12 경찰승진, 12 경찰채용] [Core ★★]

해설

화물차를 주차하고 적재함에 적재된 토마토 상자를 운반하던 중 적재된 상자 일부가 떨어지면서 지나가던 피해자에게 상해를 입힌 경우, 이는 '교통사고'에 해당하지 않아 교통사고처리특례법위반죄가 아니라 형법상 업무상과실치상죄가 성립한다(대법원 2009.7.9. 2009도2390 토마토상자 사건). [✕]

0491 술을 마시고 찜질방에 들어온 피해자가 찜질방 직원 몰래 후문으로 나가 술을 더 마신 다음 후문으로 다시 들어와 발한실(發汗室)에서 잠을 자다가 사망한 경우, 찜질방 직원 및 영업주에게 손님이 몰래 후문으로 나가 술을 더 마시고 들어올 경우까지 예상하여 직원을 추가로 배치하거나 후문으로 출입하는 모든 자를 통제·관리하여야 할 업무상 주의의무가 있다고 보기 어렵다. ○|✕

[16 경찰승진, 16 경간부, 15 경간부, 14 국가9급, 14 경찰승진, 14 경찰채용] [Essential ★]

해설

대법원 2010.2.11. 2009도9807 발한실 사건 [○]

0492 교사가 회초리로 학생들의 손바닥을 때리기 위해 회초리를 들어올리는 순간 이를 구경하기 위해 옆으로 고개를 돌려 일어나는 다른 학생의 눈을 찔러 우안실명의 상해를 입게 한 경우, 교사는 업무상과실치상죄의 죄책을 진다. ○|✕

[16 경간부] [Essential ★]

해설

직접 징계당하는 학생의 옆에 있는 다른 학생이 징계 당하는 것을 구경하기 위하여 고개를 돌려 뒤에서 다가선다던가 옆자리에서 일어나는 것까지 예견할 수는 없다고 할 것이고 교사가 매질하는 경우에 반드시 한 사람씩 불러내어서 해야 할 주의의무가 있다고도 할 수 없어 교사의 행위를 업무상 과실치상죄에 문의할 수는 없다(대법원 1985.7.9. 84도822 회초리 실명 사건). [✕]

0493 전기에 관한 전문지식이 없는 호텔오락실의 경영자 甲이 그 오락실 천정에 형광등을 설치하는 공사를 하면서 그 호텔의 전기보안담당자에게 아무런 통고를 하지 아니한 채 무자격전기기술자로 하여금 전기공사를 하게 하여 화재가 발생한 경우 甲에게 중과실이 인정된다. ○|×

[19 국가9급] [Core ★★]

해설

> 호텔오락실의 경영자가 오락실 천정에 형광등을 설치하는 공사를 하면서 호텔의 전기보안담당자에게 아무런 통고를 하지 아니한 채 무자격전기기술자로 하여금 전기공사를 하게 하였더라도, 전기에 관한 전문지식이 없는 오락실경영자로서는, 시공자가 조인터박스를 설치하지 아니하고 형광등을 천정에 바짝 붙여 부착시키는 등 부실하게 공사를 하였거나 또는 전기보안담당자가 전기공사사실을 통고받지 못하여 전기설비에 이상이 있는지 여부를 점검하지 못함으로써 위와 같은 부실공사가 그대로 방치되고 그로 인하여 전선의 합선에 의한 방화가 발생할 것 등을 쉽게 예견할 수 있었다고 보기는 어려우므로 오락실경영자에게 위와 같은 과실이 있었더라도 사회통념상 이를 화재발생에 관한 중대한 과실이라고 평가하기는 어렵다(대법원 1989.10.13. 89도204 동양관광호텔오락실 화재사건). [×]

0494 경찰관인 피고인들이 동료 경찰관인 甲, 乙과 함께 술을 많이 마셔 취하여 있던 중 갑자기 甲이 총을 꺼내 乙과 러시안 룰렛 게임을 하다가 乙이 자신이 쏜 총에 맞아 사망한 경우, 피고인들이 러시안 룰렛 게임을 즉시 물리력으로 제지하지 못하였다면 甲과 더불어 중과실치사죄의 죄책을 진다. ○|×

[17 국가7급] [Essential ★]

해설

> 경찰관이라는 신분상의 조건을 고려하더라도 피고인들이 러시안 룰렛 게임을 즉시 물리력으로 제지하지 못하였다 한들 그것만으로는 甲의 과실과 더불어 중과실치사죄의 형사상 책임을 지울 만한 위법한 주의의무위반이 있었다고 평가할 수 없다(대법원 1992.3.10. 91도3172 러시안 룰렛 사건). [×]

0495 파도수영장에서 물놀이하던 초등학교 6학년생이 수영장 안에 엎어져있는 것을 수영장 안전요원이 발견하여 인공호흡을 실시한 뒤 의료기관에 후송하였으나 후송 도중 사망한 사고에 있어서 그 사망원인이 구체적으로 밝혀지지 아니한 경우, 수영장 안전요원과 수영장 관리 책임자에게 업무상 주의의무를 게을리 한 과실이 있다거나 그 주의의무 위반으로 인하여 피해자가 사망하였다고 볼 수 없다. ○|×

[13 경찰승진] [Essential ★]

해설

> 대법원 2002.4.9. 2001도6601 설악워터피아 사건 [○]

제3절 결과적 가중범

0496 결과적 가중범에 관한 다음 설명 중 옳지 않은 것은 모두 2개다.　　　　　　　　　　○|×

[Superlative ★★★]

> ㉠ 형법 제15조 제2항이 규정하고 있는 이른바 결과적 가중범은 행위자가 행위시에 그 결과의 발생을 예견할 수 없을 때에는 비록 그 행위와 결과 사이에 인과관계가 있다 하더라도 중한 죄로 벌할 수 없다. [16 국가9급]
> ㉡ 결과적 가중범에 있어서 중한 결과가 발생하였지만 기본범죄가 미수에 그친 경우 결과적 가중범의 미수에 해당한다. [16 법원9급, 15 변호사]
> ㉢ 현주건조물방화치사상죄와 특수공무집행방해치상죄는 중한 결과에 대한 예견가능성이 있었음에도 불구하고 예견하지 못한 경우뿐만 아니라 고의가 있는 경우까지도 포함하는 부진정결과적 가중범이다. [18 경간부, 17 국가9급, 15 경찰승진, 13 국가7급, 11 국가9급, 11 경찰채용]
> ㉣ 부진정결과적 가중범에 있어서, 고의로 중한 결과를 발생하게 한 행위가 별도의 구성요건에 해당한다면 그 고의범에 대하여 결과적 가중범에 정한 형보다 더 무겁게 처벌하는 규정이 없더라도 그 고의범과 결과적 가중범은 상상적 경합관계에 있다. [18 경간부, 17 국가7급, 17 국가9급, 17 경찰채용, 16 변호사, 16 법원9급, 15 변호사, 15 국가9급, 13 변호사, 13 국가9급]

해설

> ㉡㉣ 2 항목이 옳지 않다.
> ㉠ 대법원 1988.4.12. 88도178 이해할 수 없는 술집아가씨 사건
> ㉡ 중한 결과가 발생하였다면 기본범죄가 미수에 그친 경우라도 결과적 가중범의 기수에 해당한다(대법원 2003.5.30. 2003도1256 아빠야 사건 – 강간치상죄, 대법원 1986.9.23. 86도1526 – 강도치상죄).
> ㉢ 대법원 1996.4.26. 96도485 아버지·동생 방화살해사건, 대법원 1996.4.12. 96도215 서울지방노동청 습격사건
> ㉣ 부진정결과적 가중범에 있어서, 고의로 중한 결과를 발생하게 한 행위가 별도의 구성요건에 해당하고 그 고의범에 대하여 결과적 가중범에 정한 형보다 더 무겁게 처벌하는 규정이 있는 경우에는 그 고의범과 결과적 가중범이 상상적 경합관계에 있지만, 고의범에 대하여 더 무겁게 처벌하는 규정이 없는 경우에는 결과적 가중범이 고의범에 대하여 특별관계에 있다고 해석되므로 결과적 가중범만 성립하고 이와 법조경합의 관계에 있는 고의범에 대하여는 별도로 죄를 구성한다고 볼 수 없다(대법원 2008.11.27. 2008도7311 음주단속경찰관 치상사건). [○]

0497 부진정 결과적 가중범은 중한 결과를 야기한 기본범죄가 고의범인 경우뿐만 아니라 과실범인 경우에도 인정되는 개념이다.　　　　　　　　　　○|×

[19 경찰채용] [Core ★★]

해설

> 부진정 결과적 가중범은 고의에 의한 기본범죄에 기하여 중한 결과를 과실뿐만 아니라 고의로 발생시킨 경우를 말한다. [×]

0498 기본범죄와 중한 결과 사이에 인과관계가 인정된다면, 중한 결과에 대한 예견 가능성이 없는 경우라도 결과적 가중범으로 처벌할 수 있다. ○|×

[19 경찰채용] [Core ★★]

해설

(1) 결과로 인하여 형이 중할 죄에 있어서 그 결과의 발생을 예견할 수 없었을 때에는 중한 죄로 벌하지 아니한다(제15조 제2항). (2) 형법 제15조 제2항이 규정하고 있는 이른바 결과적 가중범은 행위자가 행위시에 그 결과의 발생을 예견할 수 없을 때에는 비록 그 행위와 결과 사이에 인과관계가 있다 하더라도 중한 죄로 벌할 수 없다(대법원 1988.4.12. 88도178 이해할 수 없는 술집아가씨 사건). [×]

0499 부진정 결과적 가중범은 예견가능한 결과를 예견하지 못한 경우뿐만 아니라 그 결과를 예견하거나 고의가 있는 경우까지도 포함하는 것이므로 공무원의 적법한 직무집행을 방해하는 집단행위의 과정에서 일부 집단원이 고의로 공무원에게 살상을 가한 경우 다른 집단원에게 그 사상의 결과가 예견가능한 것이었다면 다른 집단원도 특수공무방해치사상의 책임을 면할 수 없다. ○|×

[22 경찰승진] [Core ★★]

해설

부진정 결과적 가중범은 예견가능한 결과를 예견하지 못한 경우뿐만 아니라 그 결과를 예견하거나 고의가 있는 경우까지도 포함하는 것이므로 공무원의 적법한 직무집행을 방해하는 집단행위의 과정에서 일부 집단원이 고의로 공무원에게 살상을 가한 경우 다른 집단원에게 그 사상의 결과가 예견가능한 것이었다면 다른 집단원도 특수공무방해치사상의 책임을 면할 수 없다(대법원 1990.6.26. 90도765 동의대 참사 사건II). [○]

0500 甲이 乙에게 A를 상해할 것을 교사하였는데 乙이 이를 넘어 살인을 실행한 경우 甲에게 A의 사망이라는 결과에 대하여 과실 내지 예견가능성이 있는 때에는 살인죄의 교사범으로서의 죄책을 지울 수 있다. ○|×

[22 경찰승진] [Core ★★]

해설

교사자가 피교사자에 대하여 상해 또는 중상해를 교사하였는데 피교사자가 이를 넘어 살인을 실행한 경우 일반적으로 교사자는 상해죄 또는 중상해죄의 교사범이 되지만 이 경우 교사자에게 피해자의 사망이라는 결과에 대하여 과실 내지 예견가능성이 있는 때에는 상해치사죄의 교사범으로서의 죄책을 지울 수 있다(대법원 2002.10.25. 2002도4089 병신을 만들어라 사건). [×]

0501 형법 제262조 폭행치사죄에서의 사망의 결과는 고의의 인식대상이다. ○|×

[18 국가9급] [Essential ★]

해설

결과로 인하여 형이 중할 죄에 있어서 그 결과의 발생을 예견할 수 없었을 때에는 중한 죄로 벌하지 아니한다(제15조 제2항). 폭행치사죄와 같은 결과적 가중범에 있어서 사망의 결과, 즉 중한 결과는 '예견가능성'만 있으면 족하므로 이는 고의의 인식대상이 아니다. [×]

제1절 일죄와 수죄

0502 법조경합은 1개의 행위가 외관상 여러 개의 죄의 구성요건에 해당하는 것처럼 보이지만 실질적으로는 1죄만을 구성하는 경우를 말하고, 실질적으로 1죄인가 또는 여러 죄인가는 구성요건적 평가와 보호법익의 측면에서 고찰하여 판단하여야 한다. ○|×

[15 국가9급, 12 법원행시, 11 국가9급, 11 경찰채용] [Core ★★]

해설

대법원 2014.6.12. 2014도1894 김선동 의원 최루탄 투척사건 [○]

0503 '불가벌적 수반행위'란 법조경합의 한 형태인 흡수관계에 속하는 것으로서, 행위자가 특정한 죄를 범하면 비록 논리 필연적인 것은 아니지만 일반적·전형적으로 다른 구성요건을 충족하고 이때 그 구성요건의 불법이나 책임 내용이 주된 범죄에 비하여 경미하기 때문에 처벌이 별도로 고려되지 않는 경우를 말한다. ○|×

[16 경찰채용, 14 법원행시, 14 국가9급] [Core ★★]

해설

대법원 2012.10.11. 2012도1895 화성택시연합회 사건 [○]

0504 죄수와 관련하여 (   ) 안에 들어갈 알맞은 말은 ㉠ 상상적 경합 ㉡ 법조경합 ㉢ 포괄일죄 ㉣ 실체적 경합범이다. ○|×

[Superlative ★★★]

> (1) (㉠)은 1개의 행위가 실질적으로 여러 개의 구성요건을 충족하는 경우를 말하고, (㉡)은 1개의 행위가 외관상 여러 개의 죄의 구성요건에 해당하는 것처럼 보이나 실질적으로 1죄만을 구성하는 경우를 말한다. [14 국가9급, 13 경찰승진, 12 법원행시, 12 경찰채용]
> (2) 동일 죄명에 해당하는 수 개의 행위를 단일하고 계속된 범의로 일정기간 계속하여 행하고 그 피해법익도 동일한 경우에는 이들 각 행위를 통틀어 (㉢)(으)로 처단하여야 할 것이나, 수 개의 범행에서 범의의 단일성과 계속성이 인정되지 아니하거나 범행방법이 동일하지 않다면 각 범행은 (㉣)에 해당한다. [14 변호사, 14 경찰승진, 12 법원9급, 12 국가9급, 11 경찰채용]

해설

(   ) 안에 들어갈 알맞은 말은 ㉠ 상상적 경합 ㉡ 법조경합 ㉢ 포괄일죄 ㉣ 실체적 경합범이다.
(1) 대법원 2014.1.23. 2013도12064
(2) 대법원 2013.11.28. 2013도10467 사설 HTS 개설사건Ⅱ [○]

0505 상습성이 있는 자가 같은 종류의 죄를 반복하여 저질렀다고 한다면 비록 상습범을 별도의 범죄유형으로 처벌하는 규정이 없더라도 그 죄들을 포괄하여 일죄로 처벌하여야 한다. ○│×

[18 경간부, 17 경찰채용, 16 법원행시, 14 변호사, 13 경찰승진, 12 경찰채용] [Core ★★]

해설

> 상습성이 있는 자가 같은 종류의 죄를 반복하여 저질렀다 하더라도 상습범을 별도의 범죄유형으로 처벌하는 규정이 없는 한 그 각 죄는 원칙적으로 별개의 범죄로서 경합범으로 처단할 것이다(대법원 2012.5.10. 2011도12131 럭키폴더 사건). [×]

0506 피고인들이, 자신들이 개설한 인터넷 사이트를 통해 회원들로 하여금 음란한 동영상을 게시하도록 하고, 다른 회원들로 하여금 이를 다운받을 수 있도록 하는 방법으로 정보통신망을 통한 음란한 영상의 배포·전시를 방조한 행위가 단일하고 계속된 범의 아래 일정기간 계속하여 이루어졌고 피해법익도 동일한 경우, 방조행위는 포괄일죄의 관계에 있다. ○│×

[19 경찰승진] [Core ★★]

해설

> 대법원 2010.11.25. 2010도1588 위디스크 사건 [○]

0507 피고인이 절취한 전당표를 제3자에게 교부하면서 자기 누님의 것이니 찾아 달라고 거짓말을 하여 이를 믿은 제3자가 전당표를 제시하여 전당물을 교부받은 경우 불가벌적 사후행위에 해당한다. ○│×

[14 경찰채용] [Essential ★]

해설

> 별도로 사기죄가 성립한다(대법원 1980.10.14. 80도2155 전당표 사건). [×]

0508 부진정결과적가중범에 있어서, 고의로 중한 결과를 발생하게 한 행위가 별도의 구성요건에 해당하고 그 고의범에 대하여 결과적가중범에 정한 형보다 더 무겁게 처벌하는 규정이 있는 경우에는 그 고의범과 결과적가중범이 상상적 경합관계에 있지만, 고의범에 대하여 더 무겁게 처벌하는 규정이 없는 경우에는 결과적가중범이 고의범에 대하여 특별관계에 있다고 해석되므로 결과적가중범만 성립하고 이와 법조경합의 관계에 있는 고의범에 대하여는 별도로 죄를 구성한다고 볼 수 없다. ○│×

[18 경간부, 17 국가7급, 17 국가9급, 17 경찰채용, 16 변호사, 16 법원9급, 15 변호사, 15 국가9급, 13 변호사, 13 국가9급]
[Superlative ★★★]

해설

> 대법원 2008.11.27. 2008도7311 음주단속경찰관 치상사건 [○]

0509 다음 중 색글자로 표기된 부분이 불가벌적 사후행위가 되는 것은 모두 2개다. ○|×

[Superlative ★★★]

㉠ 피고인이 절취한 대마를 흡입할 목적으로 소지한 경우 [13 경간부]

㉡ 피고인이 자동차를 절취한 후 자동차등록번호판을 떼어낸 경우 [18 경간부, 17 국가7급, 17 경찰채용, 13 경간부, 12 법원행시]

㉢ 피고인이 열차승차권을 절취한 후 그 매입금액을 환불받은 경우

㉣ 피고인이 신용카드를 절취한 후 물품을 구입하는데 이를 사용한 경우 [16 국가7급, 11 국가9급]

㉤ 피고인이 영업비밀이 담겨 있는 CD를 절취한 후 그 영업비밀을 사용한 경우 [17 국가7급, 17 경찰채용, 16 경찰채용, 15 경찰채용, 14 경찰채용]

㉥ 피고인이 절취한 장물을 자기 것인 양 제3자를 기망하여 금원을 편취한 경우 [17 경간부, 16 변호사, 11 국가9급]

㉦ 피고인이 절취한 자기앞수표를 음식대금으로 교부하고 거스름돈을 환불받은 경우 [17 법원9급, 16 변호사, 14 경찰채용, 13 경간부, 11 법원행시]

해설

㉢㉦ 2 항목이 불가벌적 사후행위이다.

㉠ 별도로 무허가대마소지죄가 성립한다(대법원 1999.4.13. 98도3619 대마 절취사건).

㉡ 별도로 자동차관리법위반죄가 성립한다(대법원 2007.9.6. 2007도4739).

㉢ 열차승차권은 그 자체에 권리가 화체되어 있는 무기명증권이므로 이를 사용하여 승차하거나 권면가액으로 양도할 수 있고 매입금액의 환불을 받을 수 있는 것으로서, 열차승차권을 절취한 자가 환불을 받음에 있어 비록 기망행위가 수반한다 하더라도 절도죄 외에 따로 사기죄가 성립하지 아니한다(대법원 1975.8.29. 75도1996 열차승차권 사건).

㉣ 별도로 신용카드부정사용죄가 성립한다(대법원 1996.7.12. 96도1181 BC카드 7번결제 사건).

㉤ 별도로 부정경쟁방지법위반죄가 성립한다(대법원 2008.9.11. 2008도5364 단가리스트 CD 사건).

㉥ 별도로 사기죄가 성립한다(대법원 1980.11.25. 80도2310).

㉦ 자기앞수표는 그 액면금을 즉시 지급받을 수 있어 현금에 대신하는 기능을 하고 있으므로 절취한 자기앞수표를 현금 대신으로 교부한 행위는 절도행위에 대한 가벌적 평가에 당연히 포함되는 것으로 봄이 상당하다 할 것이므로, 절취한 자기앞수표를 음식대금으로 교부하고 거스름돈을 환불받은 행위는 절도의 불가벌적 사후처분행위로서 사기죄가 되지 아니한다(대법원 1987.1.20. 86도1728). [○]

0510 피고인이 절취한 은행예금통장을 이용하여 은행원을 기망해서 진실한 명의인이 예금을 찾는 것으로 오신시켜 예금을 편취한 경우 불가벌적 사후행위에 해당한다. ○|×

[17 변호사, 13 국가9급, 11 국가9급] [Essential ★]

해설

별도로 사기죄가 성립한다(대법원 1974.11.26. 74도2817). [×]

0511 피고인이 강취한 현금카드를 사용하여 현금자동지급기에서 예금을 인출한 경우 별도의 범죄로서 처벌할 수 있다. ○|×

[15 변호사, 14 국가9급, 11 국가7급] [Essential ★]

해설

강취한 현금카드를 사용하여 현금자동지급기에서 예금을 인출한 행위는 피해자의 승낙에 기한 것이라고 할 수 없으므로 현금자동지급기 관리자의 의사에 반하여 그의 지배를 배제하고 그 현금을 자기의 지배하에 옮겨 놓는 것이 되어서 강도죄와는 별도로 절도죄를 구성한다(대법원 2007.5.10. 2007도1375 **강취 현금카드 사건**). [○]

0512 피고인이 현금카드 소유자를 협박하여 카드를 갈취한 다음 현금자동지급기에서 현금을 인출한 경우 별도의 범죄로 처벌할 수 있다. ○|×

[법원9급, 16 법원행시, 15 변호사, 14 경찰승진, 13 법원행시, 12 변호사, 12 법원행시] [Essential ★]

해설

현금카드 소유자를 협박하여 카드를 갈취한 다음 피해자의 승낙에 의하여 현금카드를 사용할 권한을 부여받아 현금자동지급기에서 현금을 인출한 행위는 모두 피해자의 예금을 갈취하고자 하는 피고인의 단일하고 계속된 범의 아래에서 이루어진 일련의 행위로서 포괄하여 하나의 공갈죄를 구성하므로, 현금자동지급기에서 피해자의 예금을 인출한 행위를 현금카드 갈취행위와 분리하여 따로 절도죄로 처단할 수는 없다(대법원 2007.5.10. 2007도1375 **강취 현금카드 사건**). [×]

0513 다음 중 색글자로 표기된 부분이 불가벌적 사후행위가 되는 것은 모두 2개다.　　　　○|×

[Superlative ★★★]

> ㉠ 공동의 사기범행으로 인하여 얻은 돈을 공범자끼리 수수한 경우 [17 법원행시, 16 법원행시]
> ㉡ 피고인이 약속어음을 편취한 후 제3자에게 그 편취사실을 숨기고 어음을 할인받은 경우 [18 경간부, 17 경찰채용, 11 경찰승진]
> ㉢ 피고인이 피해자를 기망하여 약속어음을 교부받은 후, 이를 피해자에 대한 피고인의 채권의 변제에 충당한 경우 [15 경찰채용, 11 경찰승진]
> ㉣ 대표이사인 피고인이 회사의 상가분양 사업을 수행하면서 수분양자들을 기망하여 편취한 분양대금을 보관하던 중 이를 횡령한 경우 [14 법원행시, 12 국가7급, 11 경찰승진, 11 경찰채용]
> ㉤ 전기통신금융사기(이른바 보이스피싱 범죄)의 범인이나 사기범행에 이용되리라는 사정을 알고서 자신 명의 계좌의 접근매체를 양도함으로써 사기범행을 방조한 종범이 사기이용계좌에서 현금을 인출한 경우 [17 법원행시]

해설

> ㉠㉢㉤ 3 항목이 불가벌적 사후행위이다.
> ㉠ 공동의 사기범행으로 인하여 얻은 돈을 공범자끼리 수수한 행위가 공동정범들 사이의 그 범행에 의하여 취득한 돈이나 재산상 이익의 내부적인 분배행위에 지나지 않는 것이라면 그 돈의 수수행위가 따로 배임수증재죄를 구성한다고 볼 수는 없다(대법원 2016.5.24. 2015도18795).
> ㉡ 제3자에게 편취사실을 숨기고 할인받는 행위는 당초의 어음 편취와는 별개의 새로운 법익을 침해하는 행위로서 새로운 사기죄를 구성한다(대법원 2005.9.30. 2005도5236).
> ㉢ 피해자에 대한 채권의 변제에 충당하였다 하더라도 불가벌적 사후행위가 됨에 그칠 뿐, 별도로 횡령죄를 구성하지 않는다(대법원 1983.4.26. 82도3079).
> ㉣ 대표이사가 회사의 상가분양 사업을 수행하면서 수분양자들을 기망하여 편취한 분양대금은 회사의 소유로 귀속되는 것이므로 대표이사가 그 분양대금을 횡령하는 것은 회사를 피해자로 하는 별도의 횡령죄가 성립한다(대법원 2005.4.29. 2005도741 굿모닝시티 사건).
> ㉤ 전기통신금융사기(이른바 보이스피싱 범죄)의 범인이 피해자의 자금을 점유하고 있다고 하여 피해자와의 어떠한 위탁관계나 신임관계가 존재한다고 볼 수 없을 뿐만 아니라, 사기이용계좌에서 현금을 인출하였다고 하더라도 이는 이미 성립한 사기범행이 예정하고 있던 행위에 지나지 아니하여 새로운 법익을 침해한다고 보기도 어려우므로, 위와 같은 인출행위는 사기의 피해자에 대하여 별도의 횡령죄를 구성하지 아니한다. 이러한 법리는 사기범행에 이용되리라는 사정을 알고서 자신 명의의 계좌의 접근매체를 양도함으로써 사기범행을 방조한 종범이 사기이용계좌로 송금된 피해자의 자금을 임의로 인출한 경우에도 마찬가지로 적용된다(대법원 2017. 5.31. 2017도3894 보이스피싱 사건 II). [×]

0514 다음 중 색글자로 표기된 부분이 불가벌적 사후행위가 되는 것은 모두 2개다.　　　　○|×

[Superlative ★★★]

> ㉠ 사기죄의 피고인이 피해자에게 대가를 지급한 후, 피해자를 기망하여 그 대가를 다시 편취하거나 피해자로부터 그 대가를 위탁받아 보관 중 횡령한 경우 [16 국가7급, 12 경찰승진]
> ㉡ 주식회사의 대표이사인 피고인이 타인을 기망하여 회사가 발행하는 신주를 인수하게 한 다음, 그로부터 납입받은 신주인수대금을 보관하던 중 이를 횡령한 경우 [12 법원9급]
> ㉢ 종친회 회장인 피고인이 위조한 종친회 규약 등을 공탁관에게 제출하는 방법으로 종친회를 피공탁자로 하여 공탁된 수용보상금을 출급받아 편취한 후, 종친회에 대하여 그 공탁금 반환을 거부한 경우 [17 국가7급]

해설

> © 항목만 불가벌적 사후행위이다.
> ⊙ 이는 새로운 법익의 침해가 발생한 경우라고 할 것이어서 기존에 성립한 사기죄와는 별도의 새로운 사기죄나 횡령죄가 성립한다(대법원 2009.10.29. 2009도7052 현대금속 게임기사건).
> ⓛ 주식회사의 대표이사가 납입받은 신주인수대금을 보관하던 중 횡령한 행위는 전혀 다른 새로운 보호법익을 침해하는 행위로서 별죄를 구성한다(대법원 2006.10.27. 2004도6503).
> © 종친회 회장인 피고인이 위조한 종친회 규약 등을 공탁관에게 제출하는 방법으로 종친회를 피공탁자로 하여 공탁된 수용보상금을 출급받아 편취한 경우 종친회를 피해자로 한 사기죄가 성립하고, 그 후 종친회에 대하여 공탁금 반환을 거부한 행위는 새로운 법익의 침해를 수반하지 않는 불가벌적 사후행위에 해당할 뿐 별도의 횡령죄가 성립하지 않는다(대법원 2015.9.10. 2015도8592 종친회 수용보상금 편취사건).   [×]

0515 다음 중 색글자로 표기된 부분이 불가벌적 사후행위가 되는 것은 모두 2개다. 모두 「부동산실권리자 명의 등기에 관한 법률」에 위반되지 않는 적법유효한 명의신탁임을 전제로 한다.   ○|×

[Superlative ★★★]

> ⊙ 타인의 부동산을 보관 중인 피고인이 그 부동산에 근저당권설정등기를 경료한 후, 해당 부동산을 **매각한 경우** [18 경간부, 17 법원행시, 17 경찰채용, 16 변호사, 16 법원9급, 15 변호사, 15 법원행시, 15 경간부, 15 경찰채용, 14 법원행시, 14 국가7급]
> ⓛ 타인의 부동산을 보관 중인 피고인이 그 부동산에 근저당권설정등기를 경료한 후, 같은 부동산에 **별개의 근저당권을 설정해 준 경우** [16 법원행시]
> © 명의수탁자인 피고인이 신탁받은 부동산의 일부에 대한 토지수용보상금 중 일부를 소비하고, 이어 수용되지 않은 나머지 **부동산 전체에 대한 반환을 거부한 경우** [16 경찰채용, 12 변호사, 11 국가9급, 11 경찰채용]
> ⓔ 공동상속인 중 1인인 피고인이 상속재산인 임야를 보관 중 다른 상속인들로부터 매도 후 분배 또는 소유권이전등기를 요구받고도 그 반환을 거부한 후, 그 임야에 관하여 제3자 앞으로 근저당권 **설정등기를 경료해 준 경우** [18 경간부, 15 법원행시, 14 법원9급, 12 법원행시, 12 국가7급, 12 경찰채용]

해설

> ⓔ 항목이 불가벌적 사후행위이다.
> ⊙ 근저당권으로 인해 당연히 예상될 수 있는 범위를 넘어 새로운 법익침해의 위험을 추가시키거나 법익침해의 결과를 발생시킨 것이므로 불가벌적 사후행위로 볼 수 없고 별도로 횡령죄를 구성한다(대법원 2013.2.21. 2010도10500 솔숲 종중회의 총무 횡령사건).
> ⓛ 근저당권으로 인해 당연히 예상될 수 있는 범위를 넘어 새로운 법익침해의 위험을 추가시키거나 법익침해의 결과를 발생시킨 것이므로 특별한 사정이 없는 한 불가벌적 사후행위로 볼 수 없고, 별도로 횡령죄를 구성한다(대법원 2015.1.29. 2014도12022).
> © 금원 횡령죄가 성립된 이후에 수용되지 않은 나머지 부동산 전체에 대한 반환을 거부한 것은 새로운 법익의 침해가 있는 것으로서 별개의 횡령죄가 성립한다(대법원 2001.11.27. 2000도3463).
> ⓔ 임야에 관하여 다시 제3자 앞으로 근저당권설정등기를 경료해 준 행위는 불가벌적 사후행위로서 별도의 횡령죄를 구성하지 않는다(대법원 2010.2.25. 2010도93 반환거부후 근저당 사건).   [×]

0516 절도범인으로부터 장물보관 의뢰를 받은 피고인이 이를 인도받아 보관하고 있다가 임의로 처분한 경우 불가벌적 사후행위에 해당한다. ○|×

[17 법원행시, 17 법원9급, 17 경간부, 17 경찰채용, 16 변호사, 15 법원9급, 14 법원9급, 14 경찰승진, 14 경간부, 13 법원행시, 13 국가7급, 13 경간부, 12 법원행시, 12 법원9급, 12 경찰승진, 11 국가7급, 11 국가9급, 11 경찰승진] [Core ★★]

해설

장물보관죄가 성립하는 때에는 이미 그 소유자의 소유물 추구권을 침해하였으므로 그 후의 횡령행위는 불가벌적 사후행위에 불과하여 별도로 횡령죄가 성립하지 않는다(대법원 2004.4.9. 2003도8219 고려청자 사건). [○]

0517 피고인이 절도범인으로부터 정을 알면서 자기앞수표를 교부받아 이를 음식대금으로 지급하고 거스름돈을 환불받은 경우 불가벌적 사후행위에 해당한다. ○|×

[13 국가7급, 12 경찰채용, 11 국가9급] [Core ★★]

해설

자기앞수표는 그 액면금을 즉시 지급받을 수 있는 점에서 현금에 대신하는 기능을 가지고 있어서 장물인 자기앞수표를 취득한 후 이를 현금 대신 교부한 행위는 장물취득에 대한 가벌적 평가에 당연히 포함되는 불가벌적 사후행위로서 별도의 범죄를 구성하지 아니한다(대법원 1993.11.23. 93도213). [○]

0518 살해의 목적으로 일시·장소를 달리하여 수차에 걸쳐 예비행위를 하거나 공격을 가하였으나 미수에 그치다가 드디어 그 목적을 달성한 경우에는 살인예비 내지 미수죄와 살인기수죄의 경합범으로 처단하여야 한다. ○|×

[13 경찰채용] [Core ★★]

해설

살해의 목적을 달성할 때까지의 행위는 모두 실행행위의 일부로서 이를 포괄적으로 보고 단순한 한개의 살인기수죄로 처단할 것이지 살인예비 내지 미수죄와 동 기수죄의 경합죄로 처단할 수는 없다(대법원 1965.9.28. 65도695 친형 살해사건). [×]

0519 피고인이 단일한 범의로 동일한 장소에서 동일한 방법으로 시간적으로 접착된 상황에서 처와 자식들을 살해하였다고 하더라도 휴대하고 있던 권총에 실탄 6발을 장전하여 처와 자식들의 머리에 각기 1발씩 순차로 발사하여 살해하였다면 피해자들의 수에 따라 수개의 살인죄를 구성한다. ○|×

[17 법원9급] [Essential ★]

해설

대법원 1991.8.27. 91도1637 강현태 경장 사건 [○]

0520 상해를 입힌 행위가 동일한 일시, 장소에서 동일한 목적으로 저질러진 것이라 하더라도 피해자를 달리하고 있으면 피해자별로 각각 별개의 상해죄를 구성한다. ○|×

[17 경찰채용] [Essential ★]

대법원 1983.4.26. 83도524 [O]

0521 직계존속인 피해자를 폭행하고, 상해를 가한 것이 존속에 대한 동일한 폭력습벽의 발현에 의한 것으로 인정되는 경우, 그 중 법정형이 중한 상습존속상해죄에 나머지 행위들을 포괄시켜 하나의 죄만이 성립한다. O|X

[17 국가9급, 15 경찰채용, 14 경찰승진] [Core ★★]

해설

대법원 2003.2.28. 2002도7335 망나니 아들 사건 I [O]

0522 폭행 또는 협박으로 부녀를 강간한 경우에는 강간죄만 성립하고, 그것과 별도로 강간의 수단으로 사용된 폭행·협박이 형법상의 폭행죄나 협박죄 또는 폭처법위반의 죄를 구성한다고는 볼 수 없으며, 강간죄와 이들 각 죄는 이른바 법조경합의 관계일 뿐이다. O|X

[14 법원9급, 12 법원행시] [Essential ★]

해설

대법원 2002.5.16. 2002도51 술술 참다 참다 고소사건 [O]

0523 감금을 하기 위한 수단으로서 행사된 단순한 협박행위는 감금죄에 흡수되어 따로 협박죄를 구성하지 아니한다. O|X

[17 변호사, 17 경찰승진, 16 경찰승진, 15 경찰채용, 14 경찰승진, 14 경간부, 13 국가7급, 12 법원행시, 11 경찰승진] [Essential ★]

해설

대법원 1982.6.22. 82도705 망우리 공동묘지까지 사건 [O]

0524 피해자에 대한 폭행행위가 동일한 피해자에 대한 업무방해죄의 수단이 되었다고 한다면 그러한 폭행행위는 이른바 '불가벌적 수반행위'에 해당하여 업무방해죄만 성립한다. O|X

[18 경간부, 17 경찰채용, 16 경간부, 16 경찰채용, 14 변호사, 14 법원행시, 14 국가9급, 13 국가9급] [Core ★★]

해설

업무방해죄와 폭행죄는 구성요건과 보호법익을 달리하고 있고, 업무방해죄의 성립에 일반적·전형적으로 사람에 대한 폭행행위를 수반하는 것은 아니며, 폭행행위가 업무방해죄에 비하여 별도로 고려되지 않을 만큼 경미한 것이라고 할 수도 없으므로, 설령 피해자에 대한 폭행행위가 동일한 피해자에 대한 업무방해죄의 수단이 되었다고 하더라도 그러한 폭행행위가 이른바 '불가벌적 수반행위'에 해당하여 업무방해죄에 대하여 흡수관계에 있다고 볼 수는 없다(대법원 2012.10.11. 2012도1895 화성택시연합회 사건). [×]

0525 피고인이 투자금의 회수를 위해 피해자를 강요하여 물품대금을 횡령하였다는 자인서를 받아낸 뒤 이를 근거로 돈을 갈취한 경우 강요죄와 공갈죄가 각 성립한다. ○|×

[14 경찰채용, 13 경간부] [Core ★★]

해설

피고인의 주된 범의가 피해자로부터 돈을 갈취하는 데에 있었던 것이라면 피고인은 단일한 공갈의 범의하에 갈취의 방법으로 일단 자인서를 작성케 한 후 이를 근거로 계속하여 갈취행위를 한 것으로 보아야 할 것이므로 위 행위는 포괄하여 공갈의 일죄만을 구성한다(대법원 1985.6.25. 84도2083 횡령 자인서 사건). [×]

0526 죄수에 관한 다음 설명 중 옳지 않은 것은 모두 2개다. ○|×

[Superlative ★★★]

> ㉠ 감금행위가 강간죄나 강도죄의 수단이 된 경우에도 감금죄는 강간죄나 강도죄에 흡수되지 아니하고 별죄를 구성한다. [법원9급, 13 국가9급, 11 경찰채용]
> ㉡ 감금행위가 강간미수죄의 목적을 달하려고 일정한 장소에 인치하기 위한 수단이 되었다 하여 감금행위가 강간미수죄에 흡수되어 범죄를 구성하지 않는다고 할 수 없다. [14 경찰승진, 13 국가9급, 12 경찰승진, 11 경찰승진]
> ㉢ 미성년자를 유인한 자가 계속하여 미성년자를 불법하게 감금하였을 때에는 포괄하여 미성년자유인죄만 성립한다. [16 경간부, 15 경간부, 15 경찰채용, 14 경찰승진, 14 경찰채용, 13 경찰승진, 12 법원행시, 12 경찰채용]
> ㉣ 감금행위가 단순히 강도상해 범행의 수단이 되는 데 그치지 아니하고 강도상해의 범행이 끝난 뒤에도 계속된 경우에는 강도상해죄와 감금죄는 상상적 경합범의 관계에 있다. [17 변호사, 16 경찰채용, 15 국가9급, 15 경간부, 14 변호사, 14 경찰승진, 12 법원행시, 12 경찰승진, 11 경찰승진]

해설

㉢㉣ 2 항목이 옳지 않다.
㉠ 대법원 1997.1.21. 96도2715 강취 신용카드 술집결제사건 상상적 경합범으로 해석된다.
㉡ 대법원 1984.8.21. 84도1550 상상적 경합범으로 해석된다.
㉢ 미성년자를 유인한 자가 계속하여 미성년자를 불법하게 감금하였을 때에는 미성년자유인죄 이외에 감금죄가 별도로 성립한다(대법원 1998.5.26. 98도1036 완전한 사육 사건).
㉣ 감금행위가 단순히 강도상해 범행의 수단이 되는 데 그치지 아니하고 강도상해의 범행이 끝난 뒤에도 계속된 경우에는 감금죄와 강도상해죄는 형법 제37조의 경합범 관계에 있다(대법원 2003.1.10. 2002도4380 월드컵경기장까지 사건). [○]

0527 미성년자의제강간죄 또는 미성년자의제강제추행죄는 행위시마다 1개의 범죄가 성립한다. ○|×

[13 법원행시] [Core ★★]

해설

대법원 1982.12.14. 82도2442 [○]

0528 피해자를 위협하여 항거불능케 한 후 1회 간음하고 200m 쯤 오다가 다시 1회 간음한 경우 실체적 경합범에 해당한다. ○│✕

[16 국가9급] [Essential ★]

해설

> 피해자를 위협하여 항거불능케 한 후 1회 간음하고 2백미터 쯤 오다가 다시 1회 간음한 경우 강간죄의 단순일죄가 성립한다(대법원 1970.9.29. 70도1516 연달아 한번더 사건). [✕]

0529 피해자를 1회 강간하여 상처를 입게 한 후 약 1시간 후에 장소를 옮겨 같은 피해자를 다시 1회 강간한 행위는 실체적 경합범에 해당한다. ○│✕

[13 법원행시,13 법원9급] [Essential ★]

해설

> 대법원 1987.5.12. 87도694 1시간 뒤 한번 더 사건 [○]

0530 죄수에 관한 다음 설명 중 옳지 않은 것은 모두 2개다.　　　　　　　　　　　　　　　○|×

[Superlative ★★★]

> ㉠ 단일 범의로서 절취한 시간과 장소가 접착되어 있고 같은 관리인의 관리하에 있는 방 안에서 소유자를 달리하는 두 사람의 물건을 절취한 경우에는 1개의 절도죄가 성립한다.
>
> ㉡ 절도범이 A의 집에 침입하여 그 집의 방 안에서 재물을 절취하고 그 무렵 그 집에 세들어 사는 B의 방에 침입하여 재물을 절취하려다 미수에 그쳤다면 두 범죄는 포괄하여 1개의 절도죄를 구성한다. [17 국가9급, 13 법원9급]
>
> ㉢ 강도가 시간적으로 접착된 상황에서 가족을 이루는 수인에게 폭행·협박을 가하여 집 안에 있는 재물을 탈취한 경우 그 재물은 가족의 공동점유 아래 있는 것으로서 이를 탈취하는 행위는 그 소유자가 누구인지에 불구하고 단일한 강도죄의 죄책을 진다. [14 법원행시, 13 법원행시, 11 법원행시]
>
> ㉣ 강도가 한 개의 강도범행을 하는 기회에 수명의 피해자에게 폭행을 가하여 각 상해를 입힌 경우에는 피해자별로 수개의 강도상해죄가 성립하며 이들은 상상적 경합범의 관계에 있다. [16 경간부, 13 경찰채용]
>
> ㉤ 절도범이 체포를 면탈할 목적으로 체포하려는 여러 명의 피해자에게 같은 기회에 폭행을 가하여 그 중 1인에게만 상해를 가하였다면 이러한 행위는 포괄하여 하나의 강도상해죄만 성립한다. [17 변호사, 17 국가9급, 17 경찰승진, 16 법원행시, 16 경간부, 15 변호사, 15 법원행시, 14 변호사, 14 법원행시, 13 국가9급, 12 변호사, 11 경찰승진]
>
> ㉥ 절도범인이 체포를 면탈할 목적으로 경찰관에게 폭행·협박을 가한 때에는 준강도죄와 공무집행방해죄를 구성하고 양죄는 상상적 경합관계에 있으나, 강도범인이 체포를 면탈할 목적으로 경찰관에게 폭행을 가한 때에는 강도죄와 공무집행방해죄는 실체적 경합 관계에 있고 상상적 경합관계에 있는 것이 아니다. [17 변호사, 17 경찰채용, 16 국가7급, 16 국가9급, 16 경찰승진, 16 경간부, 15 변호사, 14 법원행시, 14 경찰채용, 13 법원행시, 13 법원9급, 13 경찰승진, 12 법원행시, 12 국가9급, 11 법원행시, 11 국가9급]

해설

> ㉡㉣ 2 항목이 옳지 않다.
> ㉠ 대법원 1970.7.21. 70도1133
> ㉡ 두 범죄는 범행장소와 물품의 관리자를 달리하고 있어 별개의 범죄를 구성한다(대법원 1989.8. 8. 89도664).
> ㉢ 대법원 1996.7.30. 96도1285
> ㉣ 피해자별로 수개의 강도상해죄가 성립하며 이들은 실체적 경합범의 관계에 있다(대법원 1987.5.26. 87도527).
> ㉤ 대법원 2001.8.21. 2001도3447 평화빌라 주차장 사건
> ㉥ 대법원 1992.7.28. 92도917 절도상경 강도실경 사건　　　　　　　　　　　[○]

0531 형법 제331조 제2항의 특수절도에 있어서 주거침입은 그 구성요건이 아니므로 절도범인이 그 범행수단으로 주거침입을 한 경우에 주거침입행위는 절도죄에 흡수되지 아니하고 별개로 주거침입죄를 구성하여 절도죄와는 실체적 경합의 관계에 있다.　　　　　　　　　　　　○|×

[16 변호사, 14 경찰승진, 12 법원행시] [Core ★★]

해설

> 대법원 2009.12.24. 2009도9667 아파트 출입문 손괴사건　　　　　　　　　　　[○]

0532 피고인이 알콜중독의 남편인 피해자를 의사의 진찰도 없이 병원원무과장에게 부탁하여 강제로 병원에 입원시켰고, 이후 불안감을 느낀 피해자가 퇴원을 조건으로 하여 그 부동산의 이전요구에 응하였다면 감금죄와 공갈죄의 상상적 경합의 죄책을 진다. ○ | ×

[21 해경간부] [Core ★★]

해설

> 피고인은 감금죄와 공갈죄의 실체적 경합범으로서의 죄책을 진다(대법원 2001.2.23. 2000도4415 남편 정신병원 강제입원사건). [×]

0533 강도가 재물강취의 뜻을 재물의 부재로 이루지 못한 채 미수에 그쳤으나 그 자리에서 항거 불능의 상태에 빠진 피해자를 간음할 것을 결의하고 실행에 착수했으나 역시 미수에 그쳤더라도 반항을 억압하기 위한 폭행으로 피해자에게 상해를 입힌 경우에는 강도강간미수죄와 강도치상죄가 성립되고 이는 상상적 경합관계가 성립된다. ○ | ×

[15 경간부, 11 법원행시] [Superlative ★★★]

해설

> 대법원 1988.6.28. 88도820 [O]

0534 피고인이 여관에 들어가 1층 안내실에 있던 여관의 관리인을 칼로 찔러 상해를 가하고 그로부터 금품을 강취한 다음, 각 객실에 들어가 투숙객들로부터 금품을 강취하였다면, 이들 행위들은 시간적으로 접착된 상황에서 동일한 방법으로 이루어진 것이므로 포괄하여 1개의 강도상해죄만 구성한다. ○ | ×

[15 경찰승진, 11 법원9급] [Core ★★]

해설

> 피고인의 행위는 비록 시간적으로 접착된 상황에서 동일한 방법으로 이루어지기는 하였으나 포괄하여 1개의 강도상해죄만을 구성하는 것이 아니라 실체적 경합범의 관계에 있다(대법원 1991.6.25. 91도643 이태원 성지장 강도사건). [×]

0535 피고인이 여관에서 종업원을 칼로 찔러 상해를 가하고 객실로 끌고 들어가는 등 폭행·협박을 하고 있던 중, 마침 다른 방에서 나오던 여관의 주인도 같은 방에 밀어 넣은 후 주인으로부터 금품을 강취하고, 1층 안내실에서 종업원 소유의 현금을 꺼내 갔다면, 여관 종업원과 주인에 대한 각 강도행위가 각별로 강도죄를 구성하되 2죄는 상상적 경합범 관계에 있다. ○ | ×

[14 법원행시, 13 경찰승진, 12 법원행시, 12 법원9급] [Core ★★]

해설

> 대법원 1991.6.25. 91도643 서대문 화성장 강도사건 [O]

0536 「공직선거법」 제106조 제1항 소정의 호별방문죄에 있어서 각 집의 방문이 '연속적'인 것으로 인정되기 위해서는, 반드시 집을 중단 없이 방문하여야 하거나 동일한 일시 및 기회에 각 집을 방문해야 하는 것은 아니므로 甲, 乙, 丙의 집을 각 4개월, 6개월 기간을 두고 방문한 행위는 포괄일죄의 관계에 있다. ○ | ×

[21 해경승진] [Core ★★]

해설

(1) 공직선거법 제106조 제1항 소정의 호별방문죄에 있어서 각 집의 방문이 '연속적'인 것으로 인정되기 위해서는 반드시 집집을 중단 없이 방문하여야 하거나 동일한 일시 및 기회에 각 집을 방문하여야 하는 것은 아니지만, 각 방문행위 사이에는 어느 정도의 시간적 근접성이 있어야 할 것이고, 이러한 시간적 근접성이 없다면 '연속적'인 것으로 인정될 수는 없다. (2) 피고인이 甲의 집을 방문한 것은 乙의 집을 방문한 때로부터 3개월 또는 4개월 전이고, 丙의 집을 방문한 것은 乙의 집을 방문한 때로부터 다시 6개월 또는 7개월 후로서 시간적 간격이 매우 크므로 甲, 丙의 집을 각 방문한 행위와 乙의 집을 방문한 행위 사이에 시간적 근접성이 있다고 보기는 어렵다. 따라서 甲, 丙의 집을 각 방문한 행위는 乙의 집을 방문한 행위와 포괄하여 호별방문죄를 구성한다고 할 수 없고, 甲, 丙의 집을 각 방문한 행위는 각 한 집만을 방문한 것이어서 그 행위만으로 각각 호별방문죄가 성립한다고 할 수도 없다(대법원 2007.3.15. 2006도9042). [×]

0537 공무원이 직무관련자에게 제3자와 계약을 체결하도록 요구하여 계약체결을 하게 한 행위가 제3자뇌물수수죄의 구성요건과 직권남용권리행사방해죄의 구성요건에 모두 해당하는 경우 제3자뇌물수수죄와 직권남용권리행사방해죄가 각각 성립하고 양 죄는 상상적 경합관계에 있다. ○ | ×

[22 경찰간부] [Core ★★]

해설

공무원이 직무관련자에게 제3자와 계약을 체결하도록 요구하여 그 계약 체결을 하게 한 행위가 제3자뇌물수수죄의 구성요건과 직권남용죄의 구성요건에 모두 해당하는 경우에는 제3자 뇌물수수죄와 직권남용죄가 각각 성립하고, 두 죄는 상상적 경합관계에 있게 된다(대법원 2017.3.15. 2016도19659 이천시 건축민원 담당 공무원 사건). [○]

0538 유사수신행위의 규제에 관한 법률 제3조에서 금지하고 있는 유사수신행위가 별도로 사기죄의 구성요건도 충족하는 경우 유사수신행위의 규제에 관한 법률 위반죄와 사기죄가 각각 성립하고 양 죄는 상상적 경합관계에 있다. ○ | ×

[22 경찰간부] [Essential ★]

해설

유사수신법 제3조에서 금지하고 있는 유사수신행위 그 자체에는 기망행위가 포함되어 있지 않고, 이러한 법률 위반죄와 특경법위반(사기)죄는 그 구성요건을 달리하는 별개의 범죄로서 양 죄는 실체적 경합관계로 봄이 상당하다(대법원 2008.2.29. 2007도10414). [×]

0539 사기죄에 있어서 수인의 피해자에 대하여 각 피해자별로 기망행위를 하여 각각 재물을 편취한 경우에 그 범의가 단일하고 범행방법이 동일하다고 하더라도 포괄일죄가 성립하는 것이 아니라 피해자별로 1개씩의 죄가 성립한다. ○ | ×

[17 법원행시, 14 법원행시, 12 법원9급, 12 국가9급] [Core ★★]

> 대법원 2013.1.24. 2012도10629 부산저축은행 회장 사건   [○]

0540 죄수에 관한 다음 설명 중 옳지 않은 것은 모두 2개다.   ○│×

[Superlative ★★★]

> ㉠ 사기도박에 있어 1개의 기망행위에 의하여 여러 피해자로부터 각각 재물을 편취한 경우에는 피해자별로 수개의 사기죄가 성립하고, 그 사이에는 상상적 경합의 관계에 있다. [14 국가9급, 14 경간부, 12 경찰채용]
> ㉡ 법원을 기망하여 승소판결을 받고 그 확정판결에 의하여 소유권이전등기를 경료한 경우에는 사기죄만 성립하고 별도로 공정증서원본불실기재죄는 성립하지 아니한다. [17 법원9급, 13 국가7급, 12 경간부]
> ㉢ 단일하고 계속된 범의 아래 같은 장소에서 반복하여 여러 사람으로부터 계불입금을 편취한 소위는 피해자별로 포괄하여 1개의 사기죄가 성립하고 이들 포괄일죄 상호간은 실체적 경합범관계에 있다. [13 경찰승진]
> ㉣ 사기의 수단으로 발행한 수표가 지급거절된 경우 부정수표단속법위반죄와 사기죄는 그 행위의 태양과 보호법익을 달리하므로 실체적 경합범의 관계에 있다. [17 경찰채용, 13 경간부, 12 법원행시]
> ㉤ 1개의 행위에 관하여 사기죄와 업무상배임죄의 각 구성요건이 모두 구비된 때에는 양 죄를 상상적 경합관계로 보아야 하고, 나아가 업무상배임죄가 아닌 단순배임죄라고 하여 양 죄의 관계를 달리 보아야 할 이유도 없다. [17 법원행시, 16 국가7급, 14 법원행시, 13 국가9급, 12 변호사, 12 법원행시, 12 경찰채용, 11 법원행시, 11 법원9급, 11 국가7급]

> ㉡㉢ 2 항목이 옳지 않다.
> ㉠ 대법원 2011.1.13. 2010도9330 보령 사기도박사건
> ㉡ 법원을 기망하여 승소판결을 받고 그 확정판결에 의하여 소유권이전등기를 경료한 경우에는 사기죄와 별도로 공정증서원본불실기재죄가 성립하고 양죄는 실체적 경합범 관계에 있다(대법원 1983.4.26. 83도188).
> ㉢ 단일하고 계속된 범의 아래 같은 장소에서 반복하여 여러 사람으로부터 계불입금을 편취한 소위는 피해자별로 포괄하여 1개의 사기죄가 성립하고 이들 포괄일죄 상호간은 상상적 경합관계에 있다(대법원 1990.1.25. 89도252).
> ㉣ 대법원 2004.6.25. 2004도1751 성형사출기 사건
> ㉤ 대법원 2002.7.18. 2002도669 숲승 배사배사 사건   [○]

0541 선거후보자가 여러 개의 선거비용 항목을 허위로 기재한 하나의 선거비용 보전청구서를 제출하여 국가로부터 선거비용을 과다 보전받아 이를 편취한 경우 회계보고 허위기재로 인한 특별법위반죄 외에 각 선거비용 항목에 따라 별개의 사기죄가 성립한다.   ○│×

[22 국가7급] [Core ★★]

> 피고인이 수개의 선거비용 항목을 허위기재한 하나의 선거비용 보전청구서를 제출하여 대한민국으로부터 선거비용을 과다 보전받아 이를 편취하였다면 이는 일죄로 평가되어야 하고, 각 선거비용 항목에 따라 별개의 사기죄가 성립하는 것은 아니다(대법원 2017.5.30. 2016도 21713 김복만 울산교육감 사건).   [×]

0542 신용협동조합의 전무가 그 조합의 담당직원을 기망하여 예금인출금 또는 대출금 명목으로 금원을 교부받은 경우, 사기죄와 업무상배임죄의 상상적 경합관계에 해당한다. ○│×

[19 경찰채용] [Essential ★]

해설

대법원 2002.7.18. 2002도669 全合 배사배사 사건 [○]

0543 건물관리인이 건물주로부터 월세임대차계약 체결업무를 위임받고도 임차인들을 속여 전세 임대차계약을 체결하고 그 보증금을 편취한 경우, 사기죄와 업무상배임죄의 상상적 경합관계에 해당한다. ○│×

[19 경찰채용] [Superlative ★★★]

해설

피고인이 전세임대차계약을 체결할 권한이 없음에도 임차인들을 속이고 전세임대차계약을 체결하여 임차인들로부터 전세보증금 명목으로 돈을 교부받은 행위는 사기죄에 해당하고, 전세임대차계약이 아닌 월세임대차계약을 체결하여야 할 업무상 임무를 위반하여 전세임대차계약을 체결하여 건물주로 하여금 전세보증금반환채무를 부담하게 한 행위는 사기죄와 별도로 업무상배임죄에 해당한다. 나아가 각 죄는 서로 구성요건 및 그 행위의 태양과 보호법익을 달리하고 있어 상상적 경합범의 관계가 아니라 실체적 경합범의 관계에 있다(대법원 2010.11.11. 2010도10690 월세 대신 전세 사건). [×]

0544 허위 또는 과장된 사실을 알리는 등 소비자를 유인하는 방법으로 기망하여 돈을 편취한 경우 사기죄와 방문판매업법위반죄는 상상적 경합관계이다. ○│×

[22 법원9급] [Core ★★]

해설

방문판매법 제54조 제1항 제3호 및 제32조 제1항 제2호를 위반한 행위는 그 자체가 사기행위에 해당한다거나 사기행위를 반드시 포함한다고 할 수 없고, 방문판매법위반죄는 사기죄와 그 구성요건을 달리하는 별개의 범죄로서 서로 보호법익이 다르므로 두 죄는 법조경합 관계가 아니라 실체적 경합 관계로 봄이 상당하다(대법원 2013.6.27. 2013도2510 토비스리조트 사건). [×]

0545 수개의 접근매체를 한 번에 양도한 경우 각 전자금융거래법위반죄는 상상적 경합관계이다. ○│×

[22 법원9급] [Essential ★]

해설

수개의 접근매체를 한꺼번에 양도한 행위는 하나의 행위로 수개의 전자금융거래법 위반죄를 범한 경우에 해당하여 각 죄는 상상적 경합관계에 있다(대법원 2010.3.25. 2009도1530). [○]

0546 사기의 수단으로 발행한 수표가 지급거절된 경우 부정수표단속법위반죄와 사기죄는 그 행위의 태양과 보호법익을 달리하므로 실체적 경합범의 관계에 있다. ○|×

[22 법원행시] [Essential ★]

해설

사기의 수단으로 발행한 수표가 지급거절된 경우 부정수표단속법위반죄와 사기죄는 그 행위의 태양과 보호법익을 달리하므로 실체적 경합범의 관계에 있다(대법원 2004.6.25. 2004도1751 성형사출기 사건). [○]

0547 구 아동·청소년의 성보호에 관한 법률(2020.6.2. 법률 제17338호로 개정되기 전의 것)상 아동·청소년이용음란물을 제작한 자가 그 음란물을 소지하게 되는 경우 아동·청소년이용음란물소지죄는 아동·청소년이용음란물제작죄에 흡수되나, 아동·청소년이용음란물을 제작한 자가 제작에 수반된 소지행위를 벗어나 사회통념상 새로운 소지가 있었다고 평가할 수 있는 별도의 소지행위를 개시하였다면 이는 아동·청소년이용음란물제작죄와 별개의 아동·청소년이용음란물소지죄에 해당한다. ○|×

[22 법원행시] [Core ★★]

해설

아동·청소년이용음란물을 제작한 자가 그 음란물을 소지하게 되는 경우 청소년성보호법 위반(음란물소지)죄는 청소년성보호법 위반(음란물제작·배포등)죄에 흡수된다고 봄이 타당하다. 다만 아동·청소년이용음란물을 제작한 자가 제작에 수반된 소지행위를 벗어나 사회통념상 새로운 소지가 있었다고 평가할 수 있는 별도의 소지행위를 개시하였다면 이는 청소년성보호법 위반(음란물제작·배포등)죄와 별개의 청소년성보호법 위반(음란물소지)죄에 해당한다(대법원 2021.7.8. 2021도2993 음란물 제작 및 소지 사건). [○]

0548 형법상 직권남용권리행사방해죄는 국가기능의 공정한 행사라는 국가적 법익을 보호하는데 주된 목적이 있고, 직권남용으로 인한 국가정보원법 위반죄도 마찬가지이다. 따라서 국가정보원 직원이 동일한 사안에 관한 일련의 직무집행 과정에서 단일하고 계속된 범의로 일정 기간 계속하여 저지른 직권남용행위에 대하여는 설령 그 상대방이 수인이라고 하더라도 포괄일죄가 성립할 수 있다. ○|×

[22 법원행시] [Core ★★]

해설

직권남용권리행사방해죄는 국가기능의 공정한 행사라는 국가적 법익을 보호하는 데 주된 목적이 있으므로 공무원이 동일한 사안에 관한 일련의 직무집행 과정에서 단일하고 계속된 범의로 일정 기간 계속하여 저지른 직권남용행위에 대하여는 설령 그 상대방이 여러 명이더라도 포괄일죄가 성립할 수 있다. 다만 개별 사안에서 포괄일죄의 성립 여부는 직무집행 대상의 동일 여부, 범행의 태양과 동기, 각 범행 사이의 시간적 간격, 범의의 단절이나 갱신 여부 등을 세밀하게 살펴 판단하여야 한다(대법원 2021.9.9. 2021도2030 기무사령관 사건). [○]

0549 시험을 관리하는 공무원이 돈을 받고 시험문제를 알려준 경우, 공무상비밀누설죄와 수뢰 후 부정처 사죄가 성립하고 양 죄는 상상적 경합관계에 있다. ○│×

[21 해경승진] [Core ★★]

해설

> 시험 문제를 타인에게 알려준 것이 수뢰 후 부정처사죄에 있어 '부정한 행위'이므로 양 범죄는 상상적 경합범 관계에 있다(대법원 2001.2.9. 2000도1216 도시계획도 변조사건 참고). [○]

0550 죄수에 관한 다음 설명 중 옳지 않은 것은 모두 2개다. ○│×

[Superlative ★★★]

> ㉠ 피고인이 대금결제의 의사와 능력이 없으면서도 카드회사를 기망하고 카드회사는 카드 사용을 허용해 줌으로써 피고인이 자동지급기를 통한 현금대출도 받고 가맹점을 통한 물품구입대금 대출도 받아 카드발급회사로 하여금 같은 액수 상당의 피해를 입게 한 경우, 모두가 카드회사의 기망당한 의사표시에 따른 카드발급에 터잡아 이루어지는 사기의 포괄일죄이다. [11 국가9급, 11 경간부]
> ㉡ 피고인이 피해자 명의의 신용카드를 부정사용하여 현금자동인출기에서 현금을 인출하고 그 현금을 취득까지 한 행위는 신용카드 부정사용죄에 해당할 뿐 아니라 별도로 절도죄를 구성하고, 양 죄는 상상적 경합관계에 있다. [16 변호사, 16 국가7급, 15 변호사]
> ㉢ 피고인이 가맹점에 타인의 신용카드를 제시하고 매출표에 서명하여 이를 교부하는 일련의 행위를 한 경우, 신용카드 부정사용죄 외에도 별도로 사문서위조 및 동행사죄가 성립한다. [16 국가7급, 16 경간부, 15 변호사, 14 법원행시, 14 국가9급]
> ㉣ 피고인이 절취한 카드로 가맹점들로부터 물품을 구입하겠다는 단일한 범의를 가지고 신용카드 부정사용행위를 동일한 방법으로 반복한 경우, 신용카드를 부정사용한 결과가 사기죄의 구성요건에 해당하고 각 사기죄가 실체적 경합관계에 해당하므로 신용카드 부정사용행위도 각 실체적 경합관계에 해당한다. [16 국가7급]

해설

> ㉡㉢㉣ 3 항목이 옳지 않다.
> ㉠ 대법원 1996.4.9. 95도2466 처음부터 마구잡이 카드사용사건
> ㉡ 신용카드 부정사용죄 외에 별도로 절도죄를 구성하고 양 죄는 실체적 경합관계에 있다(대법원 1995.7.28. 95 도997 옆집 신용카드 사건).
> ㉢ 신용카드 부정사용죄의 구성요건적 행위인 '신용카드의 사용'이라 함은 가맹점에 신용카드를 제시하고 매출표에 서명하여 이를 교부하는 일련의 행위를 가리키고 단순히 신용카드를 제시하는 행위만을 가리키는 것이 아니므로, 사문서위조 및 동행사의 죄는 신용카드 부정사용죄에 흡수되어 신용카드 부정사용죄의 1죄만이 성립하고 별도로 사문서위조 및 동행사의 죄는 성립하지 않는다(대법원 1992.6.9. 92도77 세종회관 사건).
> ㉣ 피고인이 단일한 범의를 가지고 신용카드 부정사용행위를 동일한 방법으로 반복한 경우 신용카드를 부정사용한 행위는 포괄하여 일죄에 해당하고, 신용카드를 부정사용한 결과가 사기죄의 구성요건에 해당하고 각 사기죄가 실체적 경합관계에 해당한다고 하여도 신용카드 부정사용행위를 포괄일죄로 취급하는데 아무런 지장이 없다(대법원 1996.7.12. 96도1181 BC카드 7번결제 사건). [×]

0551 죄수에 관한 다음 설명 중 옳지 않은 것은 모두 1개다.　　　　　　　　　　　　○ | ×

[Superlative ★★★]

> ㉠ 수개의 업무상 횡령행위라 하더라도 피해법익이 단일하고 범죄의 태양이 동일하며, 단일 범의의
> 발현에 기인하는 일련의 행위라고 인정되는 경우에는 포괄하여 1개의 범죄라고 할 것이지만, 피해
> 자가 수인인 경우에는 그 피해법익이 단일하다고 할 수 없으므로 포괄일죄의 성립을 인정하기 어렵
> 다. [16 국가9급]
> ㉡ 횡령 교사를 한 후 그 횡령한 물건을 취득한 때에는 횡령교사죄만 성립하고 별도로 장물취득죄는
> 성립하지 아니한다. [15 경간부, 14 국가7급, 12 경찰승진, 12 경찰채용, 11 경찰승진]
> ㉢ 여러 개의 위탁관계에 의하여 보관하던 여러 개의 재물을 1개의 행위에 의하여 횡령한 경우 위탁
> 관계별로 수개의 횡령죄가 성립하고, 그 사이에는 상상적 경합의 관계가 있다. [16 경간부]
> ㉣ 회사의 대표이사가 회사 자금을 빼돌려 횡령한 다음 그 중 일부를 더 많은 장비 납품 등의 계약을
> 체결할 수 있도록 해달라는 취지의 묵시적 청탁과 함께 배임증재에 공여한 경우, 횡령의 범행과
> 배임증재의 범행은 서로 범의 및 행위의 태양과 보호법익을 달리하는 별개의 행위이다. [14 국가7
> 급, 14 경찰채용, 12 국가9급]

해설

> ㉡ 항목만 옳지 않다.
> ㉠ 대법원 2011.2.24. 2010도13801 광명건설 운영자 사건
> ㉡ 횡령 교사를 한 후 그 횡령한 물건을 취득한 때에는 횡령교사죄와 장물취득죄의 경합범이 성립된다(대법원
> 1969.6.24. 69도692).
> ㉢ 대법원 2013.10.31. 2013도10020 렌탈 컴퓨터 횡령사건
> ㉣ 대법원 2010.5.13. 2009도13463 교통량 조사장비 납품사건　　　　　　　　　　　　　　　[○]

0552 채권자들에 의한 복수의 강제집행이 예상되는 경우 재산을 은닉 또는 허위양도함으로써 채권자들을
해하였다면 채권자별로 각각 강제집행면탈죄가 성립하는 것이 아니라, 포괄하여 1개의 강제집행면
탈죄만 성립한다.　　　　　　　　　　　　　　　　　　　　　　　　　　　　　　　　　　○ | ×

[18 경간부, 17 법원행시, 17 경찰승진, 16 법원9급, 14 경찰승진, 13 법원행시, 13 법원9급] [Superlative ★★★]

해설

> 채권자들에 의한 복수의 강제집행이 예상되는 경우 재산을 은닉 또는 허위양도함으로써 채권자들을 해하였다면
> 채권자별로 각각 강제집행면탈죄가 성립하고, 상호 상상적 경합범의 관계에 있다(대법원 2011.12.8. 2010도
> 4129 계약명의신탁부동산 강제집행면탈 사건).　　　　　　　　　　　　　　　　　　　　　[×]

0553 물품을 수입하는 무역업자가 그 물품을 같은 해에 3차례에 걸쳐 수입하면서 그때마다 과세가격 또는 관세율을 허위로 신고하여 관세를 포탈하였다면 포괄하여 1개의 관세포탈죄를 구성한다. ○|×

[19 해경채용] [Core ★★]

해설

수입물품의 수입신고를 하면서 과세가격 또는 관세율 등을 허위로 신고하여 수입하는 경우에는 그 수입신고시마다 당해 수입물품에 대한 정당한 관세의 확보라는 법익이 침해되어 별도로 구성요건이 충족되는 것이므로 각각의 허위 수입신고시마다 1개의 죄가 성립한다(대법원 2000.11.10. 99도782). 지문의 경우 3개의 관세포탈죄가 성립하고, 이들은 실체적 경합범의 관계에 있다. [×]

0554 수 개의 업무상 배임행위가 있더라도 피해법익이 단일하고 범죄의 태양이 동일할 뿐만 아니라, 그 수 개의 배임행위가 단일한 범의에 기한 일련의 행위라고 볼 수 있는 경우에는 그 수개의 배임행위는 포괄하여 일죄를 구성한다. ○|×

[17 경간부, 15 법원9급] [Superlative ★★★]

해설

대법원 2014.6.26. 2014도753 미래저축은행 회장 사건 [○]

0555 타인의 사무를 처리하는 자가 여러 사람으로부터 각각 부정한 청탁을 받고 그들로부터 각각 금품을 수수한 경우, 그 청탁이 동종의 것이라고 한다면 단일하고 계속된 범의 아래 이루어진 범행으로 볼 수 있어 그 전체를 포괄일죄로 처벌하여야 한다. ○|×

[17 경찰승진, 15 법원9급, 11 경찰승진] [Core ★★]

해설

타인의 사무를 처리하는 자가 여러 사람으로부터 각각 부정한 청탁을 받고 그들로부터 각각 금품을 수수한 경우에는 비록 그 청탁이 동종의 것이라고 하더라도 단일하고 계속된 범의 아래 이루어진 범행으로 보기 어려워 그 전체를 포괄일죄로 볼 수 없다(대법원 2008.12.11. 2008도6987 주말부킹권 부정판매사건). [×]

0556 죄수에 관한 다음 설명 중 옳지 않은 것은 모두 2개다. ○|✕

[Superlative ★★★]

> ㉠ 피고인이 사람을 살해할 목적으로 현주건조물에 방화하여 사망에 이르게 한 경우에는 현주건조물방화치사죄로 의율하여야 하고 이와 더불어 살인죄와의 상상적 경합범으로 의율할 것은 아니다.
> [18 경간부, 17 국가9급, 15 경찰승진, 13 국가7급, 11 국가9급, 11 경찰채용]
>
> ㉡ 피고인이 직계존속을 살해할 목적으로 현주건조물에 방화하여 사망에 이르게 한 경우에는 존속살해죄와 현주건조물방화치사죄가 성립하고 이들은 실체적 경합범 관계에 있다. [18 경간부, 15 경간부, 12 국가7급, 12 국가9급, 11 법원9급]
>
> ㉢ 피고인들이 피해자들의 재물을 강취한 후 그들을 살해할 목적으로 현주건조물에 방화하여 사망에 이르게 한 경우, 강도살인죄와 현주건조물방화치사죄에 모두 해당하고 두 죄는 상상적 경합범 관계에 있다. [17 변호사, 16 법원행시, 16 국가9급, 16 경찰승진, 16 경간부, 15 법원행시, 15 경찰채용, 14 변호사, 14 법원행시, 14 경찰채용, 13 법원행시, 13 경간부, 12 국가7급, 12 경찰채용, 11 법원행시, 11 경찰승진]
>
> ㉣ 피고인이 현주건조물에 불을 놓은 후 그곳에서 빠져 나오려는 피해자들을 막아 소사 (燒死)하게 한 경우, 현주건조물방화죄와 살인죄가 성립하고 이들은 상상적 경합범의 관계에 있다. [17 국가7급, 15 법원행시, 15 경간부, 13 국가9급]

해설

> ㉡㉣ 2 항목이 옳지 않다.
>
> ㉠ 대법원 1996.4.26. 96도485 아버지 · 동생 방화살해사건
>
> ㉡ 피고인이 직계존속을 살해할 목적으로 현주건조물에 방화하여 사망에 이르게 한 경우에는 존속살인죄와 현주건조물방화치사죄는 상상적 경합범 관계에 있으므로 법정형이 중한 존속살인죄로 의율함이 타당하다(대법원 1996.4.26. 96도485 아버지 · 동생 방화살해사건).
>
> ㉢ 피고인들의 행위는 강도살인죄와 현주건조물방화치사죄에 모두 해당하고 두 죄는 상상적 경합범 관계에 있다(대법원 1998.12.8. 98도3416 강도 방화살인사건).
>
> ㉣ 불을 놓은 집에서 빠져 나오려는 피해자들을 막아 소사(燒死)케 한 행위는 1개의 행위가 수개의 죄명에 해당하는 경우라고 볼 수 없고, 방화행위와 살인행위는 법률상 별개의 범의에 의하여 별개의 법익을 해하는 별개의 행위라고 할 것이니 현주건조물방화죄와 살인죄는 실체적 경합관계에 있다(대법원 1983.1.18. 82도2341 은봉암 사건). [○]

0557 위조통화를 행사하여 재물을 불법영득한 때에는 위조통화행사죄와 사기죄의 양죄가 성립하고 이들은 상상적 경합범 관계에 있다. ○|✕

[18 경간부, 15 경간부, 15 경찰채용, 13 법원행시, 13 경간부, 13 경찰채용, 12 변호사, 12 경찰승진, 11 경찰승진, 11 경간부]

[Core ★★]

해설

> (1) 위조통화의 행사라고 함은 위조통화를 유통과정에서 진정한 통화로서 사용하는 것을 말하고 그것이 유상인가 무상인가는 묻지 않는 것이므로 진정한 통화라고 하여 위조통화를 다른 사람에게 증여하는 경우에도 위조통화행사죄가 성립되고 이런 경우에는 그 행사자(증여자)는 아무런 재산의 불법영득이 없는 것이어서 위조통화의 행사에 언제나 재물의 영득이 수반되는 것이라고 할 수 없다. (2) 위조통화를 행사하여 재물을 불법영득한 때에는 위조통화행사죄와 사기죄의 양죄가 성립되는 것이다(대법원 1979.7.10. 79도840). 양죄는 실체적 경합범의 관계에 있다. [✕]

0558 타인의 인장을 위조하고 그 위조한 인장을 사용하여 타인의 사문서를 위조한 경우에는 인장위조죄 는 사문서위조죄에 흡수되고 따로 인장위조죄가 성립하지 아니한다. ○|×

[14 법원행시, 12 변호사, 11 경찰승진] [Core ★★]

해설

> 대법원 1978.9.26. 78도1787 [○]

0559 2인 이상의 연명(連名)으로 된 문서를 위조한 때에는 작성명의인의 수대로 수개의 문서위조죄가 성 립하는 것이 아니라 포괄하여 1개의 문서위조죄가 성립할 뿐이다. ○|×

[17 경찰승진, 14 경간부, 11 법원행시] [Essential ★]

해설

> 2인 이상의 연명으로 된 문서를 위조한 때에는 작성명의인의 수대로 수개의 문서위조죄가 성립하고 이 수개의 문서위조죄는 상상적 경합범에 해당한다(대법원 1987.7.21. 87도564). [×]

0560 죄수에 관한 다음 설명 중 옳지 않은 것은 모두 3개다. ○|×

[Superlative ★★★]

> ㉠ 뇌물을 여러 차례에 걸쳐 수수함으로써 그 행위가 여러 개이더라도 그것이 단일하고 계속적 범의에 의하여 이루어지고 동일법익을 침해한 때에는 포괄일죄로 처벌함이 상당하다. [16 경간부, 13 법원행시]
> ㉡ 수뢰죄에 있어서 단일하고도 계속된 범의 아래 동종의 범행을 일정기간 반복하여 행하고 그 피해 법익도 동일한 것이라도, 돈을 받은 일자가 상당한 기간에 걸쳐 있고 돈을 받은 일자 사이에 상당 한 기간이 끼어 있다고 한다면 이들 범행을 포괄일죄로 볼 수 없다. [16 국가7급, 12 국가7급]
> ㉢ 수뢰 후 부정처사죄에 있어서 공무원이 수뢰후 행한 부정행위가 공도화변조 및 동행사죄의 구성요건 을 충족하는 경우에는 수뢰 후 부정처사죄 외에 별도로 공도화변조 및 동행사죄가 성립하고 이들 죄 와 수뢰 후 부정처사죄는 각각 실체적 경합 관계에 있다. [13 국가9급, 12 법원9급, 11 법원9급, 11 경찰채용]
> ㉣ 공무원이 직무관련자에게 제3자와 계약을 체결하도록 요구하여 그 계약 체결을 하게 한 행위가 제3자뇌물수수죄의 구성요건과 직권남용죄의 구성요건에 모두 해당하는 경우에는 제3자뇌물수수 죄와 직권남용죄가 각각 성립하고, 두 죄는 상상적 경합관계에 있게된다. [17 법원행시]

해설

> ㉡㉢ 2 항목이 옳지 않다.
> ㉠ 대법원 1999.1.29. 98도3584 서울대교수 수뢰사건
> ㉡ 수뢰죄에 있어서 단일하고도 계속된 범의 아래 동종의 범행을 일정기간 반복하여 행하고 그 피해법익도 동일 한 것이라면, 돈을 받은 일자가 상당한 기간에 걸쳐 있고 돈을 받은 일자 사이에 상당한 기간이 끼어 있다 하더라도 각 범행을 통틀어 포괄일죄로 볼 것이다(대법원 2009.10.29. 2009도8069).
> ㉢ 수뢰 후 부정처사죄에 있어서 공무원이 수뢰 후 행한 부정행위가 공도화변조 및 동행사죄와 같이 보호법익을 달리하는 별개 범죄의 구성요건을 충족하는 경우에는 수뢰 후 부정처사죄 외에 별도로 공도화변조 및 동행사 죄가 성립하고 이들 죄와 수뢰 후 부정처사죄는 각각 상상적 경합 관계에 있다(대법원 2001.2.9. 2000도 1216 도시계획도 변조사건).
> ㉣ 대법원 2017.3.15. 2016도19659 이천시 건축 담당 공무원 사건 [×]

0561 피고인이 동일한 공무를 집행하는 여럿의 공무원에 대하여 폭행·협박 행위를 한 경우에는 공무를 집행하는 공무원의 수에 따라 여럿의 공무집행방해죄가 성립하는 것이 아니라 포괄하여 1개의 공무집행방해죄만 성립한다. ○ | ×

[18 경간부, 17 법원행시, 17 국가9급, 15 경찰채용, 14 국가9급, 14 경찰승진, 13 경간부, 13 경찰채용, 12 국가9급, 12 경간부, 12 경찰채용, 11 경찰승진] [Core ★★]

해설

동일한 공무를 집행하는 여럿의 공무원에 대하여 폭행·협박 행위를 한 경우에는 공무를 집행하는 공무원의 수에 따라 여럿의 공무집행방해죄가 성립하고 이들은 상상적 경합의 관계에 있다(대법원 2009.6.25. 2009도3505 경찰관 2명 폭행사건). [×]

0562 피해견인 로트와일러가 묶여 있던 자신의 진돗개를 공격하자, 진돗개 주인이 피해견을 쫓아버리기 위해 엔진톱으로 위협하다가 피해견의 등 쪽을 절단하여 죽게 한 행위는 구 동물보호법위반죄(잔인한 방법으로 죽이는 행위)와 재물손괴죄가 성립하고, 양자는 상상적 경합의 관계에 있다. ○ | ×

[22 경찰채용] [Core ★★]

해설

대법원 2016.1.28. 2014도2477 이웃집 맹견 전기톱 살해사건 [○]

0563 피고인이 승용차를 운전하던 중 음주단속을 피하기 위하여 위험한 물건인 승용차로 단속 경찰관을 들이받아 경찰관의 공무집행을 방해하고 경찰관에게 상해를 입게 한 경우, 특수공무집행방해치상죄와 구 폭처법위반죄[개정 형법상 특수상해죄]가 성립하고, 이들은 상상적 경합범의 관계에 있다. ○ | ×

[16 경찰채용, 15 법원9급, 15 국가9급, 14 법원행시, 14 국가9급, 13 변호사, 13 법원행시, 12 경간부, 12 경찰채용, 11 경간부, 11 경찰채용] [Core ★★]

해설

피고인이 승용차로 단속 경찰관을 들이받아 경찰관의 공무집행을 방해하고 경찰관에게 상해를 입게 한 경우, 특수공무집행방해치상죄만 성립할 뿐 이와는 별도로 폭처법위반(집단·흉기등 상해)죄를 구성하지 않는다(대법원 2008.11.27. 2008도7311 음주단속경찰관 치상사건). [×]

0564 하나의 사건에 관하여 한 번 선서한 증인이 같은 기일에 여러 가지 사실에 관하여 허위의 진술을 한 경우 이는 하나의 범죄의사에 의하여 계속하여 허위의 진술을 한 것으로서 포괄하여 1개의 위증죄를 구성한다. ○ | ×

[17 법원행시, 17 국가7급, 17 경찰승진, 16 법원9급, 16 경찰승진, 13 변호사, 13 경찰승진, 12 경찰승진,12 경간부, 11 법원행시, 11 경간부] [Essential ★]

해설

대법원 2007.3.15. 2006도9463 [○]

0565 다음 중 괄호 안 범죄가 실체적 경합범에 해당하는 것은 모두 2개다. ○ | ×

> ㉠ 피고인들이 단란주점 앞길에서 주점 종업원 A를 승용차에 태우고 가다가 현금 35만원 등이 들어 있는 가방을 빼앗아 강취하고 약 2주간의 치료를 요하는 상해를 가한 후, 계속하여 단란주점에서 약 15km 떨어진 월드컵주경기장 부근까지 운행한 경우 (강도상해죄와 감금죄) [11 경찰승진]
> ㉡ 피고인 甲 등이 법무사 사무실에서, 부동산의 3분의 1 지분을 소유하고 있는 공유자 A, B, C를 만나 부동산에 관한 매매계약을 체결한 후 그 매매계약의 내용에 따라 乙과 임야 전체에 관하여 채권최고액을 7억원으로 하는 하나의 근저당권설정계약을 체결하여 재산상 이익을 편취한 경우 (3개의 사기죄) [16 법원행시]
> ㉢ 피고인이 한국렌탈과 렌탈(임대차)계약을 체결하고 컴퓨터 본체 24대, 모니터 1대를 받아 보관하였고, 대원씨티에스와 사이에 리스(임대차)계약을 체결하고 컴퓨터 본체 13대, 모니터 41대, 그래픽카드 13개, 마우스 11개를 보관하다가 성명불상의 업체에 이를 한꺼번에 처분한 경우 (2개의 횡령죄) [17 경찰승진]
> ㉣ 경찰관 A와 B가 피고인에 대하여 접수된 피해 신고를 받고 함께 출동하여 신고 처리 및 수사 업무를 집행 중이었는데, 피고인이 욕설을 하면서 먼저 경찰관 A를 폭행하고 곧이어 이를 제지하는 경찰관 B를 폭행한 경우 (2개의 공무집행방해죄)

해설

> ㉠ 1 항목은 실체적 경합범이고, ㉡㉢㉣ 3 항목은 상상적 경합범이다.
> ㉠ 대법원 2003.1.10. 2002도4380 월드컵경기장까지 사건
> ㉡ 대법원 2015.4.23. 2014도16980 파주시 만우리 임야사건
> ㉢ 대법원 2013.10.31. 2013도10020 렌탈 컴퓨터 횡령사건
> ㉣ 대법원 2009.6.25. 2009도3505 경찰관 2명 폭행사건　　　　　　　　　　　[×]

0566 혈중알콜농도 0.05% 이상(24년 현재는 0.03%)의 음주상태로 동일한 차량을 일정기간 계속하여 운전하다가 1회 음주측정을 받았다면 음주운전으로 인한 도로교통법위반의 포괄일죄에 해당한다. ○ | ×

해설

> 대법원 2007.7.26. 2007도4404 목포 음주운전 사건　　　　　　　　　　　[○]

0567 계속적으로 무면허운전을 할 의사를 가지고 여러 날에 걸쳐 무면허운전행위를 반복한 경우 무면허운전으로 인한 도로교통법위반의 포괄일죄에 해당한다. ○ | ×

해설

> 무면허운전으로 인한 도로교통법위반죄에 있어서는 운전한 날을 기준으로 운전한 날마다 1개의 운전행위가 있다고 보는 것이 상당하므로 운전한 날마다 무면허운전으로 인한 도로교통법위반의 1죄가 성립한다고 보아야 하고, 비록 계속적으로 무면허운전을 할 의사를 가지고 여러 날에 걸쳐 무면허운전행위를 반복하였다 하더라도 이를 포괄하여 일죄로 볼 수는 없다(대법원 2002.7.23. 2001도6281 이틀 무면허운전 사건).　　　　[×]

0568 같은 날 무면허운전 행위를 여러 차례 반복한 경우라도 그 범의의 단일성 내지 계속성이 인정되지 않거나 범행방법 등이 동일하지 않은 경우 각 무면허운전 범행은 실체적 경합 관계에 있다고 볼 수 있으나, 그와 같은 특별한 사정이 없다면 각 무면허운전 행위는 동일 죄명에 해당하는 수 개의 동종 행위가 동일한 의사에 의하여 반복되거나 접속·연속하여 행하여진 것으로 봄이 상당하고 그로 인한 피해법익도 동일한 이상 각 무면허운전 행위를 통틀어 포괄일죄로 처단하여야 한다. ○│×

[23 법원행시] [Core ★★]

해설

> 대법원 2022.10.27. 2022도8806 식사 전후 무면허운전 사건 [○]

0569 무면허인데다가 술이 취한 상태에서 오토바이를 운전하였다는 것은 별개의 행위라 할 것이므로 두 죄(무면허운전죄와 음주운전죄)는 실체적 경합관계에 있다. ○│×

[17 변호사, 11 국가9급] [Core ★★]

해설

> 무면허인데다가 술이 취한 상태에서 오토바이를 운전하였다는 것은 1개의 운전행위라 할것이므로 두 죄(무면허운전죄와 음주운전죄)는 상상적 경합관계에 있다(대법원 1987.2.24. 86도2731 술먹고 면허없이 사건). [×]

0570 음주 또는 약물의 영향으로 정상적인 운전이 곤란한 상태에서 자동차를 운전하여 사람을 상해에 이르게 함과 동시에 다른 사람의 재물을 손괴한 때에는 특가법위반(위험운전치사상)죄 외에 업무상과실 재물손괴로 인한 도로교통법위반죄가 성립하고, 두 죄는 상상적 경합관계에 있다. ○│×

[14 국가7급, 13 변호사] [Core ★★]

해설

> 대법원 2010.1.14. 2009도10845 영주 휴천동 사고사건 [○]

0571 주취상태에서 운전을 하여 사람을 사상하게 함으로써 「도로교통법」상의 음주운전죄와 「특정범죄가중처벌 등에 관한 법률」상의 위험운전치사상죄를 범한 경우 도로교통법위반죄와 특정범죄가중처벌등에관한법률위반죄의 실체적 경합에 해당한다. ○│×

[22 경찰채용, 21 경찰승진] [Core ★★]

해설

> 대법원 2008.11.13. 2008도7143 음주 택시운전 사건 [○]

0572 음주로 인한 특가법위반(위험운전치사상)죄가 성립하는 때에는 차의 운전자가 업무상과실치사상죄를 범한 것을 내용으로 하는 교통사고처리특례법 위반죄는 그 죄에 흡수되어 별죄를 구성하지 아니한다. O|X

[Core ★★]

해설

대법원 2008.12.11. 2008도9182 봉천동 음주교통사고 사건	[O]

0573 죄수에 관한 다음 설명 중 옳지 않은 것은 모두 2개다. O|X

[Superlative ★★★]

> ㉠ 수개의 접근매체를 한꺼번에 양도한 행위는 하나의 행위로 수개의 전자금융거래법 위반죄를 범한 경우에 해당하여 각 죄는 상상적 경합관계에 있다.
> ㉡ 비의료인이 의료기관을 개설하여 운영하는 도중 개설자 명의를 다른 의료인 등으로 변경한 경우 그 범의가 단일하고 범행방법이 동일하다고 보아야 하므로 포괄하여 일죄를 구성한다. [20 경간부, 19 법원행시]
> ㉢ 영리를 목적으로 무면허 의료행위를 업으로 하는 자가 반복적으로 여러 개의 무면허 의료행위를 단일하고 계속된 범의 아래 일정 기간 계속하여 행하고 그 피해법익도 동일한 경우라면 이들 각 행위를 통틀어 포괄일죄로 처단하여야 한다.
> ㉣ 개별적인 미신고 자본거래가 외국환거래법 위반죄의 구성요건을 충족하지 못하더라도 일정 거래 금액을 합하면 그 구성요건을 충족하는 결과가 된다면 그 전체 행위를 포괄일죄로 처단할 수 있다.

해설

㉡㉣ 2 항목이 옳지 않다.
㉠ 대법원 2010.3.25. 2009도1530
㉡ 범의가 단일하다거나 범행방법이 종전과 동일하다고 보기 어려우므로 개설자 명의별로 별개의 범죄가 성립하고 각 죄는 실체적 경합범의 관계에 있다(대법원 2018.11.29. 2018도10779 사무장 치과의원 사건). 의료인이 아닌 피고인 甲이 치과의원에 대하여 치과의사인 乙 명의로 개설신고를 하고 운영한 기간, 그 후 개설자 명의를 丙, 丁, 戊로 순차로 변경하면서 각 그들 명의로 운영한 기간 동안 각 개설자 명의별로 포괄하여 일죄가 성립하고, 각 개설자 명의별 범죄는 실체적 경합범의 관계에 있다는 취지의 판례이다.
㉢ 대법원 2014.1.16. 2013도11649 불법 필러시술 사건
㉣ (1) 만약 개별적인 미신고 자본거래는 외국환거래법 위반죄의 구성요건을 충족하지 못하지만 일정 거래 금액을 합하면 그 구성요건을 충족하는 경우 그 전체 행위를 포괄일죄로 처단할 수 있다면 과거의 자본거래에 대해서도 신고의무를 부과하는 셈이 되고, 이는 죄형법정주의 원칙에 반하여 허용될 수 없다. (2) 처벌대상이 되는 미신고 자본거래는 금액을 일부러 나누어 거래하는 이른바 '분할거래 방식'의 자본거래에 해당한다는 등의 특별한 사정이 없는 한, 개별적으로 이루어지는 자본거래 금액이 10억원 이상인 경우를 의미한다(대법원 2019.1.31. 2018도16474 미신고 자본거래 사건). 외국환거래법 제29조 제1항 제3호, 동법 시행령 제40조 제1항 제2호에 의할 때 10억 이상의 자본거래를 하려는 자는 기획재정부장관에게 신고하여야 하고, 이를 위반하면 1년 이하의 징역 또는 1억원 이하의 벌금에 처한다. [O]

0574 죄수에 관한 다음 설명 중 옳지 않은 것은 모두 2개다. ○│×

[Superlative ★ ★ ★]

ⓐ 변호사가 아닌 사람이 각기 다른 법률사건에 관한 법률사무를 취급하여 저지르는 변호사법 제109조 제1항 위반의 범행은 특별한 사정이 없는 한 포괄일죄가 되는 것이지 실체적 경합범이 되는 것이 아니다. [16 법원행시]

ⓑ 공무원이 취급하는 사건에 관하여 청탁 또는 알선을 할 의사와 능력이 없음에도 청탁 또는 알선을 한다고 기망하고 이에 속은 피해자로부터 청탁자금 명목으로 금품을 받았다면, 사기죄와 변호사법 제111조 위반죄에 각 해당하고 두 죄는 상상적 경합의 관계에 있다. [14 국가7급, 11 경찰승진]

ⓒ 피고인이 금융회사 등의 임직원의 직무에 속하는 사항에 관하여 알선할 의사와 능력이 없음에도 알선을 한다고 기망하고 피해자로부터 금품 등을 수수하였다면, 사기죄와 특경법 제7조(알선수재) 위반죄에 각 해당하고 두 죄는 상상적 경합의 관계에 있다. [17 법원행시, 13 경간부]

ⓓ 국회의원 선거에서 정당의 공천을 받게 하여 줄 의사나 능력이 없음에도 이를 해 줄 수 있는 것처럼 기망하여 공천과 관련하여 금품을 받은 경우 공직선거법상 공천관련 금품수수죄와 사기죄가 모두 성립하고 양자는 상상적 경합의 관계에 있다. [16 경찰채용, 12 법원행시]

해설

ⓐ 항목만 옳지 않다.
ⓐ 변호사가 아닌 사람이 각기 다른 법률사건에 관한 법률사무를 취급하여 저지르는 변호사법 제109조 제1항 위반의 범행은 특별한 사정이 없는 한 실체적 경합범이 되는 것이지 포괄일죄가 되는 것이 아니다(대법원 2015.1.15. 2011도14198 사무장 2550건 수임사건).
ⓑ 대법원 2007.5.10. 2007도2372
ⓒ 대법원 2012.6.28. 2012도3927 금융자문 사기사건
ⓓ 대법원 2013.9.26. 2013도7876 민주통합당 공천비리 사건 [×]

0575 범죄단체 등에 소속된 조직원이 저지른 폭력행위 등 처벌에 관한 법률 위반(단체 등의 공동강요)죄 등의 개별적 범행과 동법 위반(단체 등의 활동)죄는 범행의 목적이나 행위 등 측면에서 일부 중첩되는 부분이 있고, 이에 특별한 사정이 없는 한 법률상 1개의 행위로 평가되어 실체적 경합이 아닌 상상적 경합관계에 있다고 보아야 한다. ○│×

[23 경찰채용] [Core ★ ★]

해설

범죄단체 등에 소속된 조직원이 저지른 폭처법위반(단체 등의 공동강요)죄 등의 개별적 범행과 폭처법위반(단체 등의 활동)죄는 범행의 목적이나 행위 등 측면에서 일부 중첩되는 부분이 있더라도 일반적으로 구성요건을 달리하는 별개의 범죄로서 범행의 상대방, 범행 수단 내지 방법, 결과 등이 다를 뿐만 아니라 그 보호법익이 일치한다고 볼 수 없다. 또한 폭처법위반(단체 등의 구성·활동)죄와 위 개별적 범행은 특별한 사정이 없는 한 법률상 1개의 행위로 평가되는 경우로 보기 어려워 상상적 경합이 아닌 실체적 경합관계에 있다고 보아야 한다(대법원 2022. 9.7. 2022도6993 텔레그램 성착취 사건). [×]

0576 저작권법이 상습으로 저작권법 제136조 제1항의 죄(저작재산권 침해의 죄)를 저지른 경우를 가중처벌한다는 규정은 따로 두고 있지 않더라도, 수회에 걸쳐 저작권법 제136조 제1항의 죄를 범한 것이 상습성의 발현에 따른 것이라고 한다면 이는 원칙적으로 포괄하여 하나의 죄로 처단하여야 하고 경합범으로 처단할 것은 아니다. ○|×

[16 경찰채용, 14 변호사] [Core ★★]

> **해설**
>
> 저작권법은 상습으로 저작권법 제136조 제1항의 죄(저작재산권 침해의 죄)를 저지른 경우를 가중처벌한다는 규정은 따로 두고 있지 않으므로, 수회에 걸쳐 저작권법 제136조 제1항의 죄를 범한 것이 상습성의 발현에 따른 것이라고 하더라도, 이는 원칙적으로 경합범으로 보아야 하는 것이지 하나의 죄로 처단되는 상습범으로 볼 것은 아니다(대법원 2013.9.26. 2011도1435 파일공유사이트 사건). [×]

0577 수개의 등록상표에 대하여 상표권침해 행위가 계속하여 행하여진 경우에는 등록상표 1개마다 포괄하여 1개의 범죄가 성립하므로, 특별한 사정이 없는 한 상표권자 및 표장이 동일하다는 이유로 등록상표를 달리하는 수개의 상표권침해 행위를 포괄하여 하나의 죄가 성립하는 것으로 볼 수 없다. ○|×

[17 경간부] [Core ★★]

> **해설**
>
> 대법원 2013.7.25. 2011도12482 ABERCROMBIE 사건 [○]

0578 수 개의 등록상표에 대하여 「상표법」 제230조의 상표권 침해행위가 계속하여 이루어진 경우에는 등록상표마다 포괄하여 1개의 범죄가 성립하나, 하나의 유사상표 사용행위로 수개의 등록상표를 동시에 침해하였다면 각각의 상표법 위반죄는 상상적 경합의 관계에 있다. ○|×

[22 경찰채용] [Essential ★]

> **해설**
>
> 대법원 2020.11.12. 2019도11688 코코그린 상표권 사건 [○]

0579 영리를 목적으로 무면허 의료행위를 업으로 하는 자가 반복적으로 여러 개의 무면허 의료행위를 단일하고 계속된 범의 아래 일정 기간 계속하여 행하고 그 피해법익도 동일한 경우라면 이들 각 행위를 통틀어 포괄일죄로 처단하여야 한다. ○|×

[15 법원9급] [Essential ★]

> **해설**
>
> 대법원 2014.1.16. 2013도11649 불법 필러시술 사건 [○]

0580 매입한 대마를 처분함이 없이 계속 소지하고 있는 경우에 있어서 그 소지행위가 매매행위와 불가분의 관계에 있는 것이라거나 매매행위에 수반되는 필연적 결과로서 일시적으로 행하여진 것에 지나지 않는다고 평가되지 않는 한, 그 소지행위는 매매행위에 포괄 흡수되지 아니하고 대마매매죄와는 달리 대마소지죄가 성립한다. ○|×

[17 경찰채용, 11 경찰채용] [Core ★★]

해설

> 대법원 1990.7.27. 90도543 [○]

제2절 수죄의 처벌

0581 형법은 경합범을 동시에 판결할 때 각 죄에 대하여 정한 형이 사형, 무기징역, 무기금고 외의 같은 종류의 형인 경우에 가중주의를 채택하고 있는데, 과료와 과료는 병과할 수 있다. ○|×

[22 국가7급] [Core ★★]

해설

> 형법 제38조 제1항 제2호 [○]

0582 경합범의 처벌에 관한 형법 제38조 제1항 제3호에 의하여 징역형과 벌금형을 병과하는 경우에 징역형에만 작량감경을 하고 벌금형에는 작량감경을 하지 않는 것은 위법하다. ○|×

[22 변호사] [Essential ★]

해설

> 형법 제38조 제1항 제3호에 의하여 징역형과 벌금형을 병과하는 경우에는 각 형에 대한 범죄의 정상에 차이가 있을 수 있으므로 징역형에만 작량감경을 하고 벌금형에는 작량감경을 하지 아니하였다고 하여 이를 위법하다고 할 수 없다(대법원 2006.3.23. 2006도1076). 일죄가 아니라 수죄(실체적 경합범)임을 주의하여야 한다. 그리고 현재는 작량감경이 아니라 '정상참작감경'이다(형법 제53조 표제 참고). [×]

0583 공도화변조죄와 동행사죄가 수뢰 후 부정처사죄와 각각 상상적 경합범 관계에 있을 때에는 공도화변조죄와 동행사죄 상호간은 실체적 경합범 관계에 있다고 할지라도 상상적 경합범 관계에 있는 수뢰 후 부정처사죄와 대비하여 가장 중한 죄에 정한 형으로 처단하면 족하고 따로 경합범 가중을 할 필요가 없다. ○|×

[17 국가9급, 15 국가9급, 12 국가7급] [Superlative ★★★]

해설

> 공도화변조죄와 동행사죄가 실체적 경합범 관계에 있더라도 연결효과에 의해 상상적 경합범 관계처럼 취급되어 경합범 가중을 할 필요가 없다(대법원 2001.2.9. 2000도1216 도시계획도 변조사건). [○]

0584 허위공문서작성죄와 동행사죄가 수뢰 후 부정처사죄와 각각 상상적 경합관계에 있을 때에는 허위공문서작성죄와 동행사죄 상호간은 실체적 경합범관계에 있다고 할지라도 상상적 경합범 관계에 있는 수뢰 후 부정처사죄와 대비하여 가장 중한 죄에 정한 형으로 처단하면 족하고 따로 경합범 가중을 할 필요가 없다.　　　　　　　　　　　　　　　　　　　　　　　　　　　　　　　　　ㅇ|×

[19 경찰채용, 17 국가9급] [Core ★★]

해설

> 대법원 1983.7.26. 83도1378　　　　　　　　　　　　　　　　　　　　　　　　　　　　　　　　　[ㅇ]

0585 확정판결이 있는 죄에 대하여 일반사면이 있는 경우는 형의 선고효력이 상실되지만 그 죄에 대한 확정판결이 있었던 사실 자체는 인정되므로 그 확정판결 이전에 범한 죄와의 관계에서 후단 경합범이 성립한다.　　　　　　　　　　　　　　　　　　　　　　　　　　　　　　　　　　　　　　ㅇ|×

[22 변호사] [Core ★★]

해설

> 확정판결이 있는 죄에 대하여 일반사면이 있는 경우는 형의 선고효력이 상실되지만 그 죄에 대한 확정판결이 있었던 사실 자체는 인정되므로 그 확정판결 이전에 범한 죄와의 관계에서 후단 경합범이 성립한다(대법원 1996.3.8. 95도2114).　　　　　　　　　　　　　　　　　　　　　　　　　　　　　　　　　　　　　　　[ㅇ]

0586 재심대상판결을 받은 사람이 그 후 별개의 후행범죄를 저질렀는데 재심대상판결에 대한 재심판결이 후행범죄 판결보다 먼저 확정되는 경우에, 후행범죄와 재심판결이 확정된 재심사건 범죄 사이에 후단 경합범이 성립한다.　　　　　　　　　　　　　　　　　　　　　　　　　　　　　　　　　　ㅇ|×

[22 법원행시] [Core ★★]

해설

> 유죄의 확정판결을 받은 사람이 그 후 별개의 후행범죄를 저질렀는데 유죄의 확정판결에 대하여 재심이 개시된 경우, 후행범죄가 그 재심대상판결에 대한 재심판결 확정 전에 범하여졌다 하더라도 (아직 판결을 받지 아니한 후행범죄는 재심심판절차에서 재심대상이 된 선행범죄와 함께 심리하여 동시에 판결할 수 없었으므로) 아직 판결을 받지 아니한 후행범죄와 재심판결이 확정된 선행범죄 사이에는 형법 제37조 후단 경합범이 성립하지 않는다(대법원 2019.6.20. 2018도20698 全合 재심판결의 확정력 사건).　　　　　　　　　　　　[×]

0587 형법 제37조 후단 경합범에 대하여 형법 제39조 제1항에 의하여 형을 감경할 때에 법률상 감경에 관한 형법 제55조 제1항이 적용되지 않으므로 법률상 감경한 형의 하한인 '그 형기의 2분의 1'보다 낮은 형으로도 감경할 수 있다.　　　　　　　　　　　　　　　　　　　　　　　　　　　　ㅇ|×

[20 경간부, 19 법원행시] [Core ★★]

해설

> 형법 제37조 후단 경합범에 대하여 형법 제39조 제1항에 의하여 형을 감경할 때에도 법률상 감경에 관한 형법 제55조 제1항이 적용되어 유기징역을 감경할 때에는 그 형기의 2분의 1 미만으로는 감경할 수 없다(대법원 2019.4.18. 2017도14609 全合 제39조 제1항 감경 사건).　　　　　　　　　　[×]

0588 형법 제37조의 후단 경합범에 대하여 심판하는 법원은 판결이 확정된 죄와 후단 경합범의 죄를 동시에 판결할 경우와 형평을 고려하여 후단 경합범의 처단형의 범위 내에서 후단 경합범의 선고형을 정할 수 있으나, 다만 그 죄와 판결이 확정된 죄에 대한 선고형의 총합이 두 죄에 대하여 형법 제38조를 적용하여 산출한 처단형의 범위 내에 속하도록 후단 경합범에 대한 형을 정하여야 하는 제한을 받는다. ○ | ×

[22 법원행시] [Core ★★]

해설

> 형법 제37조의 후단 경합범에 대하여 형을 감경 또는 면제할 것인지는 원칙적으로 그 죄에 대하여 심판하는 법원이 재량에 따라 판단할 수 있고, 판결이 확정된 죄와 후단 경합범의 죄에 대한 선고형의 총합이 두 죄에 대하여 형법 제38조를 적용하여 산출한 처단형의 범위 내에 속하도록 후단 경합범에 대한 형을 정하여야 하는 제한을 받는 것은 아니다(대법원 2011.9.29. 2008도9109 탈영병 강도사건). [×]

0589 포괄일죄로 되는 개개의 범죄행위가 다른 종류의 죄의 확정판결의 전후에 걸쳐서 행하여진 경우에는 그 죄는 2죄로 분리되지 않고 확정판결 후인 최종의 범죄행위시에 완성되는 것이다. ○ | ×

[16 법원행시, 15 변호사, 14 경찰채용, 13 경찰채용, 12 법원행시] [Superlative ★★★]

해설

> 대법원 2015.9.10. 2015도7081 [○]

0590 경합범중 판결을 받지 아니한 죄가 있는 때에는 그 죄와 판결이 확정된 죄를 동시에 판결할 경우와 형평을 고려하여 그 죄에 대하여 형을 선고한다. 이 경우 그 형을 감경 또는 면제할 수 있다. ○ | ×

[17 변호사, 16 법원9급, 16 경간부] [Core ★★]

해설

> 형법 제39조 제1항 [○]

0591 「공직선거법」제18조 제3항(형법 제38조에도 불구하고 제1항 제3호에 규정된 죄와 다른 죄의 경합범에 대하여는 이를 분리 선고하여야 한다)은 선거범이 아닌 다른 죄가 선거범의 양형에 영향을 미치는 것을 최소화하기 위하여 형법상 경합범 처벌례에 관한 조항의 적용을 배제하고 분리하여 형을 따로 선고하여야 한다는 취지이기에 선거범과 상상적 경합 관계에 있는 모든 죄는 통틀어 선거범으로 취급하여서는 아니된다. ○ | ×

[22 경찰채용] [Superlative ★★★]

해설

> 공직선거법 제18조 제3항은 "형법 제38조에도 불구하고 제1항 제3호에 규정된 죄와 다른 죄의 경합범에 대하여는 이를 분리 선고하여야 한다."라고 규정하고 있는바, 그 취지는 선거범이 아닌 다른 죄가 선거범의 양형에 영향을 미치는 것을 최소화하기 위하여 형법상 경합범 처벌례에 관한 조항의 적용을 배제하고 분리하여 형을 따로 선고하여야 한다. 그리고 선거범과 상상적 경합관계에 있는 다른 범죄에 대하여는 여전히 형법 제40조에 의하여 그중 가장 중한 죄에 정한 형으로 처벌해야 하고, 그 처벌받는 가장 중한 죄가 선거범인지 여부를 묻지 않고 선거범과 상상적 경합관계에 있는 모든 죄는 통틀어 선거범으로 취급하여야 한다(대법원 2021.7.21. 2018도16587). [×]

제1절 형벌의 종류 및 내용

0592 몰수는 타형에 부가하여 과한다. 단, 행위자에게 유죄의 재판을 아니할 때에도 몰수의 요건이 있는 때에는 몰수만을 선고할 수 있다. ○ | ×

[16 법원행시, 16 법원9급, 11 법원행시, 11 국가9급] [Core ★★]

해설

> 형법 제49조 [○]

0593 추징은 부가형이지만 징역형의 집행유예와 추징의 선고를 받은 사람에 대하여 징역형의 선고의 효력을 상실케 하는 동시에 복권하는 특별사면이 있은 경우에 추징에 대하여도 형선고의 효력이 상실된다고 볼 수는 없다. ○ | ×

[14 국가7급, 12 경찰승진, 11 국가9급] [Core ★★]

해설

> 대법원 1996.5.14. 96모14 공군참모총장 사건 [○]

0594 몰수나 추징이 공소사실과 관련이 있다 하더라도 그 공소사실에 관하여 이미 공소시효가 완성되어 유죄의 선고를 할 수 없는 경우에는 몰수나 추징도 할 수 없다. ○ | ×

[15 국가9급, 15 경찰채용, 14 법원행시, 14 경찰채용, 13 법원9급, 13 경간부, 12 법원행시, 12 경간부] [Core ★★]

해설

> 대법원 1992.7.28. 92도700 바이올린 밀수사건 [○]

0595 몰수는 반드시 압수되어 있는 물건에 대하여만 하는 것이 아니지만 적법한 절차에 의하지 않고 압수된 물건은 몰수의 대상이 될 수 없다. ○ | ×

[16 법원행시, 16 법원9급, 16 경간부, 15 국가9급, 13 법원행시] [Core ★★]

해설

> 몰수는 반드시 압수되어 있는 물건에 대하여만 하는 것이 아니므로 몰수대상 물건이 압수되어 있는가 하는 점 및 적법한 절차에 의하여 압수되었는가 하는 점은 몰수의 요건이 아니다(대법원 2014.9.4. 2014도3263). [×]

0596 형법상 몰수의 대상은 범죄의 실행행위 자체에 사용한 물건에만 한정되고, 실행행위 착수 전 또는 실행행위 종료 후의 행위에 사용한 물건은 이에 해당하지 않는다. ○│×

[19 국가9급] [Core ★★]

해설

> '범죄행위에 제공한 물건'은 범죄의 실행행위 자체에 사용한 물건에만 한정되는 것이 아니며, 실행행위의 착수 전의 행위 또는 실행행위의 종료 후의 행위에 사용한 물건이더라도 그것이 범죄행위의 수행에 실질적으로 기여하였다고 인정되는 한 범죄행위에 제공한 물건에 포함된다(대법원 2006.9.14. 2006도4075 장물운반 소나타 몰수사건).
>
> [×]

0597 형법 제48조 제1항의 '범인' 속에는 공범자도 포함되므로 범인 자신의 소유물은 물론 공범자의 소유물도 그 공범자의 소추 여부를 불문하고 몰수할 수 있다. ○│×

[16 법원행시, 16 법원9급, 15 국가9급, 14 경간부, 11 법원행시, 11 법원9급, 11 국가9급] [Core ★★]

해설

> 대법원 2013.5.24. 2012도15805 안마시술소 건물 몰수사건 II [○]

0598 피고인 이외의 제3자의 소유에 속하는 물건의 경우, 몰수를 선고한 판결의 효력은 원칙적으로 몰수의 원인이 된 사실에 관하여 유죄의 판결을 받은 피고인에 대한 관계에서 그 물건을 소지하지 못하게 하는 데 그치지 않고, 그 사건에서 재판을 받지 아니한 제3자의 소유권에도 영향을 미친다. ○│×

[21 법원9급] [Core ★★]

해설

> 피고인 이외의 제3자의 소유에 속하는 물건의 경우, 몰수를 선고한 판결의 효력은 원칙적으로 몰수의 원인이 된 사실에 관하여 유죄의 판결을 받은 피고인에 대한 관계에서 그 물건을 소지하지 못하게 하는 데 그치고, 그 사건에서 재판을 받지 아니한 제3자의 소유권에 어떤 영향을 미치는 것은 아니다(대법원 2017.9.29. 2017모236 자동차 가환부신청사건).
>
> [×]

0599 군 PX에서 군인이 작성한 월간판매실적보고서의 내용에 일부 허위기재된 부분이 있는 경우, 이는 허위공문서작성의 범행으로 인하여 생긴 물건으로 몰수할 수 있다. ○│×

[12 법원9급] [Core ★★]

해설

> 군 PX에서 공무원인 군인이 작성한 월간판매실적보고서의 내용에 일부 허위기재된 부분이 있더라도 이는 공무소인 소관 육군부대의 소유에 속하는 것이므로 이를 허위공문서 작성의 범행으로 인하여 생긴 물건으로 누구의 소유도 불허하는 것이라 하여 형법 제48조 제1항 제1호를 적용, 몰수하였음은 부당하다(대법원 1983.6.14. 83도808).
>
> [×]

0600 추징의 가액산정은 재판선고시의 가격을 기준으로 하므로 경우에 따라 추징하여야 할 가액이 몰수의 선고를 받았더라면 잃게 될 이득상당액을 초과하는 것도 가능하다. ○│×

[22 경찰간부] [Essential ★]

해설

몰수의 취지가 범죄에 의한 이득의 박탈을 목적으로 하는 것이고 추징도 이러한 몰수의 취지를 관철하기 위한 것이라는 점을 고려하면 몰수하기 불능한 때에 추징하여야 할 가액은 범인이 그 물건을 보유하고 있다가 몰수의 선고를 받았더라면 잃게 될 이득상당액을 의미하므로 추징하여야 할 가액이 몰수의 선고를 받았더라면 잃게 될 이득상당액을 초과하여서는 아니 된다(대법원 2017.9.21. 2017도8611). [×]

0601 다음 중 몰수의 대상이 되는 것은 모두 3개다. ○│×

[Superlative ★★★]

㉠ 피고인이 60회에 걸쳐 대형할인매장에서 절취한 상품들을 싣고 가는 데 이용된 '승용차' [17 법원행시, 17 법원9급, 16 법원9급, 16 경간부, 14 경찰채용, 13 법원행시, 12 법원9급]

㉡ 피고인이 피해자로 하여금 사기도박에 참여하도록 유인하기 위하여 제시해 보인 '고액의 수표' [17 국가9급, 16 경간부, 13 국가7급, 12 법원9급]

㉢ 피고인이 손님들에게 도박 기타 사행행위를 하게 한 것에 사용한 사행성 게임기(황금성)의 '기판을 포함한 본체 전체' [22 국가7급, 11 경간부]

㉣ 피고인이 체포될 당시 중국 교통은행의 계좌로 송금하려고 하였으나 미처 송금하지 못하고 소지하고 있던 '자기앞수표 또는 현금' [17 법원9급, 14 경간부, 13 법원행시, 12 경간부, 12 경찰채용, 11 법원9급, 11 경찰채용]

해설

㉠㉡㉢ 3 항목이 몰수의 대상이 된다.

㉠ 승용차는 단순히 범행장소에 도착하는 데 사용한 교통수단을 넘어서 장물의 운반에 사용한 자동차라고 보아야 할 것이며, 따라서 형법 제48조 제1항 제1호 소정의 범죄행위에 제공한 물건이라고 볼 수 있다(대법원 2006. 9.14. 2006도4075 장물운반 소나타 몰수사건).

㉡ 피해자로 하여금 사기도박에 참여하도록 유인하기 위하여 고액의 수표를 제시해 보인 경우, 수표가 직접적으로 도박자금으로 사용되지 아니하였다 할지라도, 수표가 피해자로 하여금 사기도박에 참여하도록 만들기 위한 수단으로 사용된 이상 이를 몰수할 수 있다(대법원 2002.9.24. 2002도3589 8천만원 수표 몰수사건).

㉢ 사행성 게임기는 기판과 본체가 서로 물리적으로 결합되어야만 비로소 그 기능을 발휘할 수 있는 기계로서, 당국으로부터 적법하게 등급심사를 받은 것이라고 하더라도 본체를 포함한 그 전부가 범죄행위에 제공된 물건으로서 몰수의 대상이 된다(대법원 2006.12.8. 2006도 6400 황금성 게임기 사건).

㉣ 체포될 당시에 미처 송금하지 못하고 소지하고 있던 자기앞수표나 현금은 장차 실행하려고 한 외국환거래법 위반의 범행에 제공하려는 물건일 뿐, 그 이전에 범해진 외국환거래법 위반의 '범죄행위에 제공하려고 한 물건'으로는 볼 수 없으므로 몰수할 수 없다(대법원 2008.2.14. 2007도10034 송금못한 수표 · 현금 사건). [○]

0602 몰수할 수 없는 때에 추징하여야 할 가액은 범인이 그 물건을 보유하고 있다가 몰수의 선고를 받았더라면 잃었을 이득상당액을 의미한다고 보아야 하므로 그 가액산정은 몰수불능시 가격을 기준으로 하여야 한다. ○ | ×

[17 국가9급, 16 법원행시, 15 법원9급, 15 국가9급, 15 경찰채용, 14 법원행시, 13 법원9급, 12 경찰승진, 12 경찰채용, 11 국가9급] [Essential ★]

해설

> 몰수할 수 없는 때에 추징하여야 할 가액은 범인이 그 물건을 보유하고 있다가 몰수의 선고를 받았더라면 잃었을 이득상당액을 의미한다고 보아야 하므로 다른 특별한 사정이 없는한 그 가액산정은 재판선고시의 가격을 기준으로 하여야 한다(대법원 2008.10.9. 2008도6944). [×]

0603 몰수는 특정된 물건에 대한 것이고 추징은 본래 몰수할 수 있었음을 전제로 하는 것임에 비추어 뇌물에 공할 금품이 특정되지 않았던 것은 몰수할 수 없고 그 가액을 추징할 수도 없다. ○ | ×

[17 국가9급, 17 경간부, 13 법원9급] [Core ★★]

해설

> 대법원 2015.10.29. 2015도12838 돈을 빌려달라 사건 [○]

0604 공무원 甲이 A에게 2,000만원을 뇌물로 요구하였으나 A가 이를 즉각 거부한 경우에는 요구한 금품이 특정되었으므로 甲으로부터 2,000만원을 몰수하여야 한다. ○ | ×

[22 경찰승진] [Superlative ★★★]

해설

> (1) 형법 제134조는 뇌물에 공할 금품을 필요적으로 몰수하고 이를 몰수하기 불가능한 때에는 그 가액을 추징하도록 규정하고 있는바, 몰수는 특정된 물건에 대한 것이고 추징은 본래 몰수할 수 있었음을 전제로 하는 것임에 비추어 뇌물에 공할 금품이 특정되지 않았던 것은 몰수할 수 없고 그 가액을 추징할 수도 없다. (2) 피고인 甲이 A에게 2,000만원을 빌려달라고 요구하였으나 A가 이를 즉각 거부하여 A가 피고인에게 뇌물로 제공한 금품이 특정되지 않아 이를 몰수할 수 없으므로 그 가액을 추징할 수도 없는 것임에도 이를 간과하고 그 가액을 피고인으로부터 추징한 원심판결은 형법 제134조가 규정한 추징에 관한 법리를 오해하여 판결에 영향을 미친 잘못이 있다(대법원 2015.10.29. 2015도12838 돈을 빌려달라 사건). [×]

0605 몰수·추징에 관한 다음 설명 중 옳지 않은 것은 모두 2개다. ○|×

[Superlative ★★★]

> ㉠ 수뢰자가 뇌물을 그대로 보관하였다가 증뢰자에게 반환한 때에는 증뢰자로부터 몰수·추징할 것
> 이므로 수뢰자로부터 추징함은 위법하다. [17 국가9급, 14 변호사, 14 국가7급, 13 국가7급, 13 경간부]
> ㉡ 수뢰자가 자기앞수표를 뇌물로 받아 이를 소비한 후 자기앞수표 상당액을 증뢰자에게 반환하였다
> 하더라도 수뢰자로부터 그 가액을 추징하여야 한다. [14 변호사, 14 경찰채용, 13 법원행시, 13 법원9급, 12
> 변호사, 12 법원행시]
> ㉢ 수뢰자가 뇌물로 받은 돈을 은행에 예금한 후 같은 액수의 돈을 증뢰자에게 반환한 경우라면 증
> 뢰자로부터 그 가액을 추징하여야 한다. [12 법원9급, 11 경찰채용]
> ㉣ 수뢰자가 뇌물로 받은 돈을 그 후 다른 사람에게 다시 뇌물로 공여하였다면 수뢰자로부터 뇌물로
> 공여한 액수를 제외한 나머지만 액수만을 추징하여야 한다. [13 국가7급]

해설

> ㉢㉣ 2 항목이 옳지 않다.
> ㉠ 대법원 1984.2.28. 83도2783
> ㉡ 대법원 1999.1.29. 98도3584 서울대교수 수뢰사건
> ㉢ 뇌물로 받은 돈을 은행에 예금한 경우 그 예금행위는 뇌물의 처분행위에 해당하므로 그 후 수뢰자가 같은
> 액수의 돈을 증뢰자에게 반환하였다 하더라도 수뢰자로부터 그 가액을 추징하여야 한다(대법원 1996.10.25.
> 96도2022).
> ㉣ 피고인들이 뇌물로 받은 돈을 그 후 다른 사람에게 다시 뇌물로 공여하였다 하더라도 그 수뢰한 돈을 다른
> 사람에게 공여한 것은 수뢰한 돈을 소비하는 방법에 지나지 아니하므로 피고인들로부터 그 수뢰액 전부를
> 각 추징하여야 한다(대법원 1986.11.25. 86도1951). [○]

0606 「형법」 제357조에 의한 필요적 몰수의 경우 배임수재자가 배임증재자로부터 받은 재물을 그대로 가지고
있다가 증재자에게 반환하였더라도 수재자로부터 이를 몰수하거나 그 가액을 추징하여야 한다. ○|×

[18 경찰채용] [Core ★★]

해설

> 배임수증재죄에서 몰수의 대상으로 규정한 '범인이 취득한 재물'은 배임수재죄의 범인이 취득한 목적물이자 배임증
> 재죄의 범인이 공여한 목적물을 가리키는 것이지 배임수재죄의 목적물만을 한정하여 가리키는 것이 아니므로, 수
> 재자가 증재자로부터 받은 재물을 그대로 가지고 있다가 증재자에게 반환하였다면 증재자로부터 이를 몰수하거나
> 그 가액을 추징하여야 한다(대법원 2017.4.7. 2016도18104 배임증재자로부터 추징사건). [×]

0607 뇌물을 수수한 자가 공동수수자가 아닌 교사범 또는 종범에게 뇌물 중의 일부를 사례금 등의 명목으
로 교부하였다면 뇌물수수자로부터 수뢰액 전부를 추징할 것이 아니라 개별적으로 추징하여야 하
며, 수수금품을 개별적으로 알 수 없을 때에는 평등하게 추징하여야 한다. ○|×

[17 법원행시, 16 법원행시, 15 법원9급, 14 법원행시, 13 경찰승진, 12 경찰채용] [Core ★★]

해설

> 뇌물을 수수한 자가 공동수수자가 아닌 교사범 또는 종범에게 뇌물 중의 일부를 사례금 등의 명목으로 교부하였다면
> 이는 뇌물을 수수하는 데에 따르는 부수적 비용의 지출 또는 뇌물의 소비행위에 지나지 아니하므로 뇌물수수자로부
> 터 그 수뢰액 전부를 추징하여야 한다(대법원 2011.11.24. 2011도9585 정비사업전문관리업체 비리사건). [×]

0608 피고인이 향응을 제공받는 자리에 피고인 스스로 제3자를 초대하여 함께 접대를 받은 경우에는, 그 제3자가 피고인과는 별도의 지위에서 접대를 받는 공무원이라는 등의 특별한 사정이 없는 한 그 제3자의 접대에 요한 비용도 피고인의 접대에 요한 비용에 포함시켜 피고인의 수뢰액으로 보아야 한다.   ○|×

[16 변호사, 16 경간부, 12 법원9급] [Core ★★]

해설

> 대법원 2001.10.12. 99도5294   [○]

0609 수인이 공동하여 공무원이 취급하는 사건 또는 사무에 관하여 청탁을 한다는 명목으로 받은 금품을 분배한 경우에는 각자로부터 실제로 분배받은 금품만을 개별적으로 몰수하거나 그 가액을 추징하여야 한다.   ○|×

[12 법원행시, 12 경찰채용] [Superlative ★★★]

해설

> 대법원 1999.4.9. 98도4374 6대4 비율로 사건   [○]

0610 공무원의 직무에 속한 사항의 알선에 관하여 금품을 받고 그 금품 중의 일부를 받은 취지에 따라 청탁과 관련하여 관계 공무원에게 뇌물로 공여하거나 다른 알선행위자에게 청탁의 명목으로 교부한 경우에는 그 부분의 이익은 실질적으로 범인에게 귀속된 것이 아니어서 이를 제외한 나머지 금품만을 몰수하거나 그 가액을 추징하여야 한다.   ○|×

[12 법원9급, 12 경찰승진, 11 법원9급, 11 경찰채용] [Core ★★]

해설

> 대법원 2002.6.14. 2002도1283 박노항 원사 사건   [○]

0611 공무원이 뇌물을 받는 데에 필요한 경비를 지출한 경우 그 경비는 뇌물수수의 부수적 비용에 불과하여 뇌물의 가액과 추징액에서 공제할 항목에 해당하지 않는다.   ○|×

[18 경간부, 17 법원행시, 17 국가7급] [Essential ★]

해설

> 대법원 2017.3.22. 2016도21536 심학봉 의원 사건   [○]

0612 변호사법위반의 범행으로 금품을 취득한 경우 그 범행과정에서 지출한 비용이 있더라도 몰수되어야 할 것은 변호사법위반의 범행으로 취득한 금품 그 자체이므로 취득한 금품이 이미 처분되어 추징할 금원을 산정함에 있어서 그 금품의 가액에서 지출 비용을 공제할 수는 없다. ○|×

[14 경찰채용, 13 경간부] [Essential ★]

해설

대법원 2008.10.9. 2008도6944 [○]

0613 피고인이 히로뽕을 수수하여 그 중 일부를 직접 투약한 경우에는 수수한 히로뽕의 가액 외에도 직접 투약한 부분에 대한 가액도 별도로 추징하여야 한다. ○|×

[15 경찰채용, 13 국가7급, 11 경찰채용] [Core ★★]

해설

피고인을 기준으로 하여 그가 취급한 범위 내에서 의약품 가액 전액의 추징을 명하면 되는 것이지 동일한 의약품을 취급한 피고인의 일련의 행위가 별죄를 구성한다고 하여 그 행위마다 따로 그 가액을 추징하여야 하는 것은 아니므로, 히로뽕을 수수하여 그 중 일부를 직접 투약한 경우에는 수수한 히로뽕의 가액만을 추징할 수 있고 직접 투약한 부분에 대한 가액을 별도로 추징할 수 없다(대법원 2000.9.8. 2000도546). [×]

0614 A주식회사 대표이사인 甲이 금융기관에 청탁하여 B주식회사가 대출을 받을 수 있도록 알선행위를 하고 그 대가로 용역대금 명목의 수수료를 A주식회사 계좌를 통해 송금받아 회사 재산으로 귀속시켰다면 甲이 이 수수료 중에서 개인적으로 사용한 금품에 한해 甲으로부터 몰수 또는 그 가액을 추징할 수 있다. ○|×

[21 해경간부] [Core ★★]

해설

피고인이 주식회사의 대표이사로서 특경법 제7조(알선수재)에 해당하는 행위를 하고 당해 행위로 인한 대가로 수수료를 받았다면 수수료에 대한 권리가 회사에 귀속된다 하더라도 행위자인 피고인으로부터 수수료로 받은 금품을 몰수 또는 그 가액을 추징할 수 있고, 이는 피고인이 개인적으로 실제 사용한 금품이 없다고 하더라도 마찬가지이다(대법원 2015.1.15. 2012도7571 100억 대출알선 사건). [×]

0615 범죄의 상습성이란 범죄자의 어떤 버릇이나 경향을 의미하는 것으로서, 행위자의 특성을 이루는 성질이 아닌 행위의 본질을 이루는 성질을 의미한다. ○|×

[21 해경승진] [Core ★★]

해설

> 범죄에 있어서의 상습이란 범죄자의 어떤 버릇, 범죄의 경향을 의미하는 것으로서 행위의 본질을 이루는 성질이 아니고 행위자의 특성을 이루는 성질을 의미하는 것이다(대법원 2006.5.11. 2004도6176 7급공무원 부부싸움 사건). [×]

0616 특수상해죄(형법 제258조의2 제1항)를 상습으로 범한 자에 대해서는 상습범 가중 규정(형법 제264조)에 따라 그 법정형의 단기와 장기를 모두 2분의 1까지 가중한다. ○|×

[22 국가7급] [Essential ★]

해설

> 대법원 2017.6.29. 2016도18194 상습특수상해죄 사건 [○]

0617 자수란 범인이 자발적으로 자신의 범죄사실을 수사기관에 신고하여 그 소추를 구하는 의사표시이므로, 범행이 발각된 후에 수사기관에 자진 출석하여 범죄사실을 자백한 것은 자수에 해당하지 아니한다. ○|×

[16 경찰채용, 12 법원행시] [Essential ★]

해설

> 자수란 범인이 자발적으로 자신의 범죄사실을 수사기관에 신고하여 그 소추를 구하는 의사표시를 함으로써 성립하는 것으로서, 범행이 발각된 후에 수사기관에 자진 출석하여 범죄사실을 자백한 경우도 포함한다(대법원 2011. 12.22. 2011도12041). [×]

0618 수개의 범죄사실 중 일부에 관하여만 자수한 경우에는 그 부분 범죄사실에 대하여만 자수의 효력이 있다. ○|×

[14 법원행시, 12 경간부, 11 경찰승진] [Essential ★]

해설

> 대법원 1994.10.14. 94도2130 [○]

0619 자수가 성립하였다고 하더라도 그 후에 범인이 이를 번복하여 수사기관이나 법정에서 범행을 부인한다고 한다면 일단 발생한 자수의 효력은 소멸한다. ○ | ✕

[12 법원행시, 12 경간부, 11 법원행시, 11 국가9급, 11 경찰승진] [Essential ★]

해설

일단 자수가 성립한 이상 자수의 효력은 확정적으로 발생하고 그 후에 범인이 번복하여 수사기관이나 법정에서 범행을 부인한다고 하여 일단 발생한 자수의 효력이 소멸하는 것은 아니다(대법원 2011.12.22. 2011도12041). [✕]

0620 강도상해의 범행에 대하여 자수한 사안에서 법원이 자수감경을 하지 않았거나 자수감경 주장에 대한 판단을 하지 않았다고 해도 위법하다고 할 수 없다. ○ | ✕

[22 변호사] [Core ★★]

해설

피고인이 자수하였다 하더라도 자수한 자에 대하여는 법원이 임의로 형을 감경할 수 있음에 불과한 것으로서 원심이 자수감경을 하지 아니하였다거나 자수감경 주장에 대하여 판단을 하지 아니하였다 하여 위법하다고 할 수 없다(대법원 2013.11.28. 2013도9003 광주 총인처리시설 입찰비리 사건). [○]

0621 수사기관의 직무상의 질문 또는 조사에 응하여 범죄사실을 진술하는 것은 자백인 동시에 자수에 해당한다. ○ | ✕

[16 법원9급, 13 법원9급, 12 경간부, 11 법원행시, 11 국가9급, 11 경찰승진] [Essential ★]

해설

수사기관의 직무상의 질문 또는 조사에 응하여 범죄사실을 진술하는 것은 자백일 뿐 자수가 되는 것은 아니다(대법원 2011.12.22. 2011도12041). [✕]

0622 피고인이 수사기관에 뇌물수수의 범죄사실을 자발적으로 신고하였으나 그 수뢰액을 실제보다 적게 신고함으로써 적용법조와 법정형이 달라지게 된 경우 자수에 해당하지 않는다. ○ | ✕

[경찰채용, 13 법원행시, 12 경간부, 11 법원행시, 11 국가9급] [Essential ★]

해설

대법원 2004.6.24. 2004도2003 5천받고 3천 자수 사건 [○]

0623 피고인이 세관 검색시 금속탐지기에 의해 대마 휴대 사실이 발각될 상황에서 세관 검색원의 추궁에 의하여 대마 수입 범행을 시인한 경우 자수에 해당하지 않는다. ○ | ✕

[16 법원행시, 11 경찰승진] [Essential ★]

해설

대법원 1999.4.13. 98도4560 [○]

0624 작량감경은 범죄의 모든 정상을 종합적으로 관찰하여 형을 감경함이 상당하다고 인정될 때에 1회에 한하여 적용되는 것이고, 정상 하나하나에 거듭 작량감경할 수 있음을 규정한 취지가 아니다.

○|×

[16 변호사, 11 법원행시] [Core ★★]

해설

> 대법원 1964.4.7. 63도410 　　　　　　　　　　　　　　　　　　　　　　　[○]

0625 「형법」 제55조 제1항 제6호에서 벌금을 감경할 때의 다액의 2분의 1이라는 문구는 그 상한과 함께 하한도 2분의 1로 내려가는 것으로 해석하여야 한다.

○|×

[19 경찰채용] [Core ★★]

해설

> 형법 제55조 제1항 제6호의 벌금을 감경할 때의 '다액'의 2분의 1이라는 문구는 '금액'의 2분의 1이라고 해석하여 그 상한과 함께 하한도 2분의 1로 내려가는 것으로 해석하여야 한다(대법원 1978.4.25. 78도246 全合).
> 　　　　　　　　　　　　　　　　　　　　　　　　　　　　　　　　　　　[○]

제3절 누범

0626 금고 이상의 형을 선고받아 그 집행이 종료되거나 면제된 후 3년 내에 금고 이상에 해당하는 죄를 지은 사람은 누범으로 처벌한다. 누범의 형은 그 죄에 대하여 정한 형의 장기의 2배까지 가중한다.

○|×

[15 경간부, 11 법원행시, 11 국가9급] [Core ★★]

해설

> 형법 제35조 　　　　　　　　　　　　　　　　　　　　　　　　　　　　[○]

0627 판결선고 후 누범인 것이 발각된 때에는 그 선고한 형을 통산하여 다시 형을 정하여야 한다. 단, 선고한 형의 집행을 종료하거나 그 집행이 면제된 후에는 예외로 한다.

○|×

[21 국가9급] [Superlative ★★★]

해설

> 판결선고 후 누범인 것이 발각된 때에는 그 선고한 형을 통산하여 다시 형을 정할 수 있다. 단, 선고한 형의 집행을 종료하거나 그 집행이 면제된 후에는 예외로 한다(제36조).
> 　　　　　　　　　　　　　　　　　　　　　　　　　　　　　　　　　　　[×]

0628 누범에 관한 다음 설명 중 옳지 않은 것은 모두 3개다 ○|×

.[Superlative ★★★]

> ⊙ 법정형 중 벌금형을 선택한 경우에도 누범가중을 할 수 있다. [17 변호사, 17 법원행시, 16 국가7급, 12 경간부]
>
> ㉡ 포괄일죄의 일부 범행이 누범기간 내에 이루어진 이상 나머지 범행이 누범기간 경과 후에 이루어 졌더라도 그 범행 전부가 누범에 해당한다. [17 법원행시, 16 국가7급, 15 국가9급, 15 경간부, 13 국가9급, 11 법원행시]
>
> ㉢ 누범에 있어 '다시 금고 이상에 해당하는 죄를 범하였는지 여부'는 그 범죄의 기수시기를 기준으로 결정하여야 하고 실행의 착수시기를 기준으로 결정할 수는 없다. [17 법원행시, 16 국가7급, 12 법원행시, 11 법원행시]
>
> ㉣ 누범에 해당하는 전과사실과 새로이 범한 범죄 사이에 일정한 상관관계가 있는 경우에만 누범으로 보아 누범가중을 할 수 있다. [17 법원행시, 16 국가7급, 13 국가9급]

해설

⊙㉢㉣ 3 항목이 옳지 않다.
⊙ 형법 제35조 제1항에 규정된 '금고 이상에 해당하는 죄'라 함은 유기금고형이나 유기징역형으로 처단할 경우에 해당하는 죄를 의미하는 것으로서 법정형 중 벌금형을 선택한 경우에는 누범 가중을 할 수 없다(대법원 1982.9.14. 82도1702).
㉡ 대법원 2012.3.29. 2011도14135
㉢ 누범에 있어 '다시 금고 이상에 해당하는 죄를 범하였는지 여부'는 그 범죄의 실행행위를 하였는지 여부를 기준으로 결정하여야 하므로 3년의 기간 내에 실행의 착수가 있으면 족하고, 그 기간 내에 기수에까지 이르러야 되는 것은 아니다(대법원 2006.4.7. 2005도9858 순습 탄현면 임야 편취사건).
㉣ 형법 제35조가 누범에 해당하는 전과사실과 새로이 범한 범죄 사이에 일정한 상관관계가 있다고 인정되는 경우에 한하여 적용되는 것으로 제한하여 해석하여야 할 아무런 이유나 근거가 없다(대법원 2008.12.24. 2006도1427). [○]

0629 금고 이상의 형을 받고 그 형의 집행유예기간 중에 금고 이상에 해당하는 죄를 범한 경우 이는 누범에 해당한다. ○|×

[17 법원행시, 13 국가9급, 11 법원행시] [Core ★★]

해설

금고 이상의 형을 받고 그 형의 집행유예기간 중에 금고 이상에 해당하는 죄를 범하였다 하더라도 이는 누범가중의 요건을 충족시킨 것이라 할 수 없다(대법원 1983.8.23. 83도1600). [×]

0630 누범이 성립하기 위해서는 누범에 해당하는 전과사실과 새로이 범한 범죄 사이에 일정한 상관관계가 있을 것이 요구된다. ○|×

[22 해경승진] [Core ★★]

해설

형법 제35조가 누범에 해당하는 전과사실과 새로이 범한 범죄 사이에 일정한 상관관계가 있다고 인정되는 경우에 한하여 적용되는 것으로 제한하여 해석하여야 할 아무런 이유나 근거가 없다(대법원 2008.12.24. 2006도1427). [×]

0631 실형(징역)을 선고받아 복역하다가 특별사면으로 출소한 후 3년 이내에 다시 범죄를 저지른 자에 대한 누범가중은 정당하다. ○|×

[13 국가9급, 12 법원행시, 11 경간부] [Core ★★]

해설

> 대법원 1986.11.11. 86도2004 [○]

0632 일반사면이 있더라도 형선고의 효력만 상실될 뿐 그 선고가 있었다는 기왕의 사실은 존재하는 것이므로 사면된 전과사실도 누범전과에 해당한다. ○|×

[17 법원9급, 11 경간부] [Core ★★]

해설

> 일반사면령에 의하여 형의 선고의 효력이 상실된 범죄를 누범가중 사유로 하여 처벌하였음은 위법이다(대법원 1964.3.31. 64도34). [×]

0633 선고유예 판결에서도 그 판결이유에서는 선고형을 정해 놓아야 하고 그 형이 벌금형일 경우에는 벌금액뿐만 아니라 환형유치처분까지 해 두어야 한다. ○|×

[19 경찰승진, 17 법원9급, 16 국가9급] [Essential ★]

해설

> 대법원 2015.1.29. 2014도15120 [○]

0634 가석방기간 중일 때에는 형 집행 종료라고 볼 수 없기 때문에 가석방기간 중에 재범에 대하여는 그 가석방된 전과사실 때문에 누범가중 처벌되지 아니한다. ○|×

[19 법원행시, 18 법원행시] [Essential ★]

해설

> 대법원 1976.9.14. 76도2071 [○]

0635 누범에 해당한다고 하여 반드시 상습범이 되는 것이 아니며, 반대로 상습범에 해당한다고 하여 반드시 누범이 되는 것도 아니고 또한 행위책임에 형벌가중의 본질이 있는 상습범과 행위자책임에 형벌가중의 본질이 있는 누범을 단지 평면적으로 비교하여 그 경중을 가릴 수는 없다. ○|×

[19 국가7급, 18 법원9급] [Superlative ★★★]

해설

> 행위자책임에 형벌가중의 본질이 있는 상습범과 행위책임에 형벌가중의 본질이 있는 누범을 단지 평면적으로 비교하여 그 경중을 가릴 수는 없다(대법원 2007.8.23. 2007도4913). [×]

0636 피고인이 폭처법위반죄 등으로 징역 8월을 선고받아 판결이 확정되어 그 집행을 종료한 후 3년 내에 상해죄 등을 범했다면, 비록 피고인이 재심을 청구하여 재심개시결정이 이루어져 재심심판절차에서 징역 8월을 선고한 재심판결이 확정됨으로써 그 전의 확정판결이 효력 을 상실한 경우라도 상해죄 등은 누범에 해당한다.　　　　　　　　　　　　　　　　　　　　　　　　　　　　　　　ㅇ|×

[20 경간부, 19 법원행시] [Superlative ★★★]

해설

> 피고인이 폭처법위반죄 등으로 징역 8월을 선고받아 판결이 확정되어 그 집행을 종료한 후 3년 내에 상해죄 등을 범하였더라도, 피고인이 확정판결에 대해 재심을 청구하여 재심개시결정이 이루어져 재심심판절차에서 징역 8월을 선고한 재심판결이 확정됨으로써 그 전의 확정판결이 효력을 상실한 경우 더 이상 상해죄 등은 확정판결에 의한 형의 집행이 끝난 후 3년 내에 이루어진 것이 아니다(누범이 아니다)(대법원 2017.9.21. 2017도4019).
>
> [×]

제4절　선고유예 · 집행유예 · 가석방

0637 1년 이하의 징역이나 금고, 자격정지 또는 벌금의 형을 선고할 경우에 형법 제51조의 사항을 고려하여 뉘우치는 정상이 뚜렷할 때에는 그 형의 선고를 유예할 수 있다. 다만, 자격정지 이상의 형을 받은 전과가 있는 사람에 대해서는 예외로 한다.　　　　　　　　　　　　　　　　　　　　　　　　　ㅇ|×

[16 법원9급, 12 법원행시] [Essential ★]

해설

> 형법 제59조 제1항　　　　　　　　　　　　　　　　　　　　　　　　　　　　　　　　　　　　[O]

0638 형의 선고유예를 받은 날로부터 1년을 경과한 때에는 면소된 것으로 간주한다.　　　　ㅇ|×

[17 법원9급, 16 국가9급, 14 국가9급] [Essential ★]

해설

> 형의 선고유예를 받은 날로부터 2년을 경과한 때에는 면소된 것으로 간주한다(제60조).　　[×]

0639 형의 선고를 유예할 수 있는 경우는 선고할 형이 1년 이하의 징역이나 금고, 자격정지 또는 벌금의 형인 경우에 한하고 구류형에 대하여는 선고를 유예할 수 없다.　　　　　　　　　　　　　　ㅇ|×

[12 법원9급] [Core ★★]

해설

> 대법원 1993.6.22. 93오1 구류3일 선고유예 사건　　　　　　　　　　　　　　　　　　　[O]

0640 피고인이 죄를 깊이 뉘우치지 않거나 범죄사실을 자백하지 않고 부인할 경우에는 '개전의 정상이 현저한 때'라고 할 수 없어 선고유예를 할 수 없다. ○│×

[16 국가9급, 14 변호사, 13 국가7급, 11 법원9급] [Core ★★]

해설

'개전의 정상이 현저한 때'가 반드시 피고인이 죄를 깊이 뉘우치는 경우만을 뜻하는 것으로 제한하여 해석하거나 피고인이 범죄사실을 자백하지 않고 부인할 경우에는 언제나 선고유예를 할 수 없다고 해석할 것은 아니다(대법원 2003.2.20. 2001도6138 송승 송영진 의원 사건). [×]

0641 형의 집행유예를 선고받은 사람이 그 선고가 실효 또는 취소됨이 없이 정해진 유예기간을 무사히 경과하여 형의 선고가 효력을 잃게 되었더라도, 그는 선고유예 결격사유인 '자격정지 이상의 형을 받은 전과가 있는 자'에 해당한다. ○│×

[18 경간부, 17 법원행시, 17 국가7급, 15 법원행시, 15 경찰채용, 14 법원행시, 14 경간부, 12 경찰승진, 12 경찰채용, 11 국가7급] [Core ★★]

해설

대법원 2012.6.28. 2011도10570 [○]

0642 형법 제39조 제1항에 의하여 형법 제37조 후단 경합범 중 판결을 받지 아니한 죄에 대하여 형을 선고하는 경우에 있어서 형법 제37조 후단에 규정된 금고 이상의 형에 처한 판결이 확정된 죄의 형은 선고유예 결격사유인 '자격정지 이상의 형을 받은 전과'에 포함되지 아니한다. ○│×

[17 경찰승진, 14 변호사, 14 법원9급, 14 경간부, 13 법원행시, 12 법원행시, 11 법원9급, 11 국가7급] [Superlative ★★★]

해설

형법은 선고유예의 예외사유를 '자격정지 이상의 형을 받은 전과'라고만 규정하고 있을 뿐 그 전과를 범행 이전의 것으로 제한하거나 형법 제37조 후단 경합범 규정상의 금고 이상의 형에 처한 판결에 의한 전과를 제외하고 있지 아니한 점 등을 종합하여 보면, 형법 제39조 제1항에 의하여 형법 제37조 후단 경합범 중 판결을 받지 아니한 죄에 대하여 형을 선고하는 경우에 있어서 형법 제37조 후단에 규정된 금고 이상의 형에 처한 판결이 확정된 죄의 형도 형법 제59조 제1항 단서에서 정한 '자격정지 이상의 형을 받은 전과'에 포함된다(대법원 2010.7.8. 2010도931 떡볶이 장사 방해사건). [×]

0643 선고유예에 관한 다음 설명 중 옳지 않은 것은 모두 2개다. O|X

[Superlative ★★★]

> ㉠ 징역형과 벌금형을 병과하면서 징역형에 대하여 집행을 유예하고 벌금형에 대하여 선고를 유예하여도 위법이 아니다. [13 국가7급, 11 법원9급]
> ㉡ 주형에 대하여 선고를 유예하는 경우에는 그 부가할 몰수·추징에 대하여도 선고를 유예할 수 있다. [17 경찰승진, 15 법원행시, 13 국가7급, 12 경찰승진]
> ㉢ 주형에 대하여 선고유예를 하는 경우에도 몰수나 추징을 선고할 수 있다. [11 법원9급]
> ㉣ 주형에 대하여 선고유예를 하지 않는 경우에도 몰수·추징에 대하여만 선고유예를 할 수 있다. [17 경찰승진, 15 법원행시, 12 경찰승진]

해설

㉣ 1 항목이 옳지 않다.
㉠ 대법원 1976.6.8. 74도1266
㉡ 대법원 1988.6.21. 88도551 범양상선 사건
㉢ 대법원 1973.12.11. 73도1133 全合, 대법원 1990.4.27. 89도2291
㉣ 주형에 대하여 선고를 유예하지 아니하면서 이에 부가할 몰수·추징에 대하여서만 선고를 유예할 수는 없다(대법원 1988.6.21. 88도551 범양상선 사건). [×]

0644 3년 이하의 징역 또는 금고 또는 500만원 이하의 벌금의 형을 선고할 경우에 1년 이상 5년 이하의 기간 형의 집행을 유예할 수 있다. 다만, 금고 이상의 형을 선고한 판결이 확정된 때부터 그 집행을 종료하거나 면제된 후 3년까지의 기간에 범한 죄에 대하여 형을 선고하는 경우에는 그러하지 아니하다. O|X

[17 법원행시, 16 법원9급, 14 법원9급, 11 법원행시, 11 국가9급] [Core ★★]

해설

제62조 제1항 2016.1.6. 형법이 개정되어 2018.1.7.부터는 '3년 이하의 징역이나 금고 또는 500만원 이하의 벌금의 형을 선고할 경우에' 집행유예를 선고할 수 있다. [O]

0645 집행유예기간 중에 범한 범죄라고 할지라도 집행유예가 실효 또는 취소됨이 없이 그 유예기간이 경과한 경우에는 이에 대해 다시 집행유예의 선고가 가능하다. O|X

[18 경간부, 17 법원행시, 17 국가7급, 14 변호사, 14 법원행시, 14 법원9급, 14 국가9급, 12 법원행시, 11 법원행시, 11 국가7급]

[Core ★★]

해설

대법원 2007.7.27. 2007도768 연달아 집행유예 사건Ⅱ [O]

0646 하나의 자유형 중 일부에 대해서는 실형을, 나머지에 대해서는 집행유예를 선고하는 것은 허용되지 않는다. O|X

[17 법원행시, 15 경찰채용, 14 법원행시, 14 국가9급, 13 법원행시, 12 법원9급] [Essential ★]

해설

> 대법원 2007.2.22. 2006도8555 [O]

0647 하나의 판결로 두 개의 징역형을 선고하는 경우, 그 중 하나의 징역형에 대하여 실형을 선고 하면서 다른 징역형에 대하여 집행유예를 선고하는 것은 허용되지 않는다. O|X

[16 법원9급, 14 변호사, 14 국가9급, 12 법원9급, 12 경찰승진] [Core ★★]

해설

> 형법 제37조 후단의 경합범 관계에 있는 두 개의 범죄에 대하여 하나의 판결로 두 개의 자유형을 선고하는 경우 그 두 개의 자유형은 각각 별개의 형이므로 형법 제62조 제1항에 정한 집행유예의 요건에 해당하면 각 자유형에 대하여 각각 집행유예를 선고할 수 있는 것이고 또 두 개의 징역형 중 하나의 징역형에 대하여는 실형을 선고하면서 다른 징역형에 대하여 집행유예를 선고하는 것도 우리 형법상 이러한 조치를 금하는 명문의 규정이 없는 이상 허용된다(대법원 2002.2.26. 2000도4637). [×]

0648 형법 제37조 후단의 경합범 관계에 있는 죄에 대하여 두 개의 징역형을 선고하면서, 하나의 징역형에 대하여만 집행유예를 선고하고 그 집행유예기간의 시기(始期)를 다른 하나의 징역형의 집행종료일로 하는 것도 허용된다. O|X

[16 법원9급, 12 법원행시, 11 법원행시] [Core ★★]

해설

> (1) 집행유예를 함에 있어 그 집행유예기간의 시기는 집행유예를 선고한 판결확정일로 하여야 하고 법원이 판결확정일 이후의 시점을 임의로 선택할 수는 없다. (2) 형법 제37조 후단의 경합범 관계에 있는 죄에 대하여 두 개의 징역형을 선고하면서 하나의 징역형에 대하여만 집행유예를 선고하고 그 집행유예기간의 시기를 다른 하나의 징역형의 집행종료일로 한 것은 위법하다(대법원 2002.2.26. 2000도4637). [×]

0649 형법 제62조의2 제1항이 '형의 집행을 유예하는 경우에는 보호관찰을 받을 것을 명하거나 사회봉사 또는 수강을 명할 수 있다'라고 규정하고 있더라도 집행유예를 선고할 경우에는 보호관찰과 사회봉사 또는 수강을 동시에 명할 수 있다고 해석함이 상당하다. O|X

[18 경간부] [Essential ★]

해설

> 대법원 1998.4.24. 98도98 [O]

0650 집행유예의 선고를 받은 후 형법 제62조 단행의 사유가 발각된 때에는 집행유예의 선고를 취소할 수 있다. ○ | ×

[22 법원행시] [Essential ★]

해설

> 집행유예의 선고를 받은 후 제62조 단행의 사유가 발각된 때에는 집행유예의 선고를 취소한다(제64조 제1항). [×]

0651 보호관찰을 명한 집행유예를 받은 자가 준수사항을 위반하고 그 정도가 무거운 때에는 집행유예의 선고를 취소하여야 한다. ○ | ×

[22 국가9급] [Essential ★]

해설

> 보호관찰이나 사회봉사 또는 수강을 명한 집행유예를 받은 자가 준수사항이나 명령을 위반하고 그 정도가 무거운 때에는 집행유예의 선고를 취소할 수 있다(제64조 제2항). [×]

0652 일정액의 금전을 출연하는 것을 주된 내용으로 하는 사회공헌약속 이행을 명하는 것은 500시간 내에서 시간 단위로 부과될 수 있는 일 또는 근로활동이 아닌 일정한 금원을 출연할 것을 명하는 것이어서 사회봉사명령으로 허용될 수 없다. ○ | ×

[14 변호사, 12 경찰채용] [Core ★★]

해설

> 대법원 2008.4.11. 2007도8373 정몽구 회장 사건 [○]

0653 집행유예의 선고를 받은 자가 유예기간 중 고의 또는 과실로 범한 죄로 벌금 이상의 실형을 선고받아 그 판결이 확정된 때에는 집행유예의 선고는 효력을 잃는다. ○ | ×

[18 경간부, 17 법원행시, 14 법원9급, 15 경찰채용, 13 국가7급, 13 경간부, 11 법원행시] [Superlative ★★★]

해설

> 집행유예의 선고를 받은 자가 유예기간 중 고의로 범한 죄로 금고 이상의 실형을 선고받아 그 판결이 확정된 때에는 집행유예의 선고는 효력을 잃는다(제63조). [×]

0654 집행유예의 선고를 받은 후 그 선고의 실효 또는 취소됨이 없이 유예기간을 경과한 때에는 형의 집행을 종료한 것으로 본다. ○ | ×

[22 국가9급] [Essential ★]

해설

> 집행유예의 선고를 받은 후 그 선고의 실효 또는 취소됨이 없이 유예기간을 경과한 때에는 형의 선고는 효력을 잃는다(제65조). [×]

0655 '집행유예를 선고받은 후 형법 제62조 단행의 사유(집행유예 결격사유)가 발각된 때'라 함은 집행유예 선고의 판결이 확정된 후에 비로소 발각된 경우를 말하고, 그 판결확정 전에 결격사유가 발각된 경우에는 이를 취소할 수 없으며, 이때 판결확정 전에 발각되었다고 함은 검사가 명확하게 그 결격사유를 안 경우만을 말하는 것이 아니라 당연히 그 결격사유를 알 수 있는 객관적 상황이 존재함에도 부주의로 알지 못한 경우도 포함된다. ○|×

[17 국가7급] [Superlative ★★★]

해설

대법원 2001.6.27. 2001모135 [○]

0656 집행유예의 선고를 받은 후 그 선고의 실효 또는 취소됨이 없이 유예기간을 경과한 때에는 형의 선고는 효력을 잃는다. ○|×

[14 국가9급, 14 사법시험, 14 국가9급, 13 경간부, 11 국가9급] [Essential ★]

해설

제65조 [○]

0657 집행유예의 선고를 받은 다음 집행유예의 선고가 실효되거나 취소되지 않고 유예기간이 지난 때에는 형의 선고는 효력을 잃으므로 그 후 형법 제64조 제2항에서 정한 사유로 집행유예의 선고를 취소할 수 없다. ○|×

[23 법원9급] [Core ★★]

해설

대법원 2022.8.31. 2022모1466 보호관찰 준수사항 위반사건 [○]

0658 징역 또는 금고의 집행 중에 있는 사람이 그 행상이 양호하여 뉘우침이 뚜렷한 때에는 무기형은 20년, 유기형은 형기의 3분의 1이 지난 후 행정처분으로 가석방을 할 수 있다.

○|×

[22 법원행시, 20 경간부] [Essential ★]

해설

제72조 제1항 [○]

0659 가석방 기간 중 고의 또는 과실로 지은 죄로 금고 이상의 형을 선고받아 그 판결이 확정된 때에는 가석방 처분은 효력을 잃는다. ○│×

[22 법원행시, 22 국가9급] [Essential ★]

해설

가석방 기간 중 고의로 지은 죄로 금고 이상의 형을 선고받아 그 판결이 확정된 경우에 가석방 처분은 효력을 잃는다(제74조). [×]

0660 가석방의 처분을 받은 자가 감시에 관한 규칙을 위배하거나 보호관찰의 준수사항을 위반한 때에는 가석방처분을 취소한다. ○│×

[21 국가9급] [Essential ★]

해설

가석방의 처분을 받은 자가 감시에 관한 규칙을 위배하거나 보호관찰의 준수사항을 위반하고 그 정도가 무거운 때에는 가석방처분을 취소할 수 있다(제75조). [×]

0661 사형이 무기징역으로 특별감형된 경우 사형집행대기 기간을 처음부터 무기징역을 받은 경우와 동일하게 가석방요건 중의 하나인 형의 집행기간에 산입할 수 있다. ○│×

[Core ★★]

해설

사형집행을 위한 구금은 미결구금도 아니고 형의 집행기간도 아니며 특별감형은 형을 변경하는 효과만 있을 뿐이고 이로 인하여 형의 선고에 의한 기성의 효과는 변경되지 아니하므로 사형이 무기징역으로 특별감형된 경우, 사형집행대기 기간을 처음부터 무기징역을 받은 경우와 동일하게 가석방요건 중의 하나인 형의 집행기간에 다시 산입할 수는 없다(대법원 1991.3.4. 90모59). [×]

0662 징역 또는 금고의 집행을 종료하거나 집행이 면제된 자가 피해자의 손해를 보상하고 자격정지 이상의 형을 받음이 없이 7년을 경과한 때에는 본인 또는 검사의 신청에 의하여 그 재판의 실효를 선고할 수 있다. ○│×

[21 법원9급] [Core ★★]

해설

제81조 [○]

0663 형(사형은 제외한다)을 선고받은 자에 대해서는 시효가 완성되면 그 집행이 면제된다. ○│×

[22 국가9급] [Essential ★]

해설

제77조 [○]

Part 02

각 론

제1장 생명과 신체에 관한 죄

제1절 살인의 죄

0664 사람의 생명과 신체의 안전을 보호법익으로 하고 있는 형법의 해석으로는 규칙적인 진통을 동반하면서 분만이 개시된 때(소위 진통설 또는 분만개시설)가 사람의 시기(始期)라고 봄이 타당하다.

○|×

[14 법원9급, 12 법원9급, 12 국가9급] [Essential ★]

해설

대법원 2007.6.29. 2005도3832 무리한 자연분만 사건 [○]

0665 제왕절개 수술의 경우 '의학적으로 제왕절개 수술이 가능하였고 규범적으로 수술이 필요하였던 시기(時期)'는 판단하는 사람 및 상황에 따라 다를 수 있어 분만개시 시점, 즉 사람의 시기(始期)도 불명확하게 되므로 이 시점을 분만의 시기(始期)로 볼 수는 없다.

○|×

[17 경찰채용, 16 경찰승진, 15 경찰채용, 14 법원9급, 14 경찰승진, 13 경찰채용, 12 국가9급, 11 경찰승진] [Essential ★]

해설

대법원 2007.6.29. 2005도3832 무리한 자연분만 사건 [○]

0666 조산원인 피고인이 임산부의 해산을 조력함에 있어 업무상 과실로 분만 중의 태아를 질식사에 이르게 한 경우, 과실에 의한 낙태행위에 불과하여 업무상과실치사죄는 성립하지 아니한다.

○|×

[15 경찰승진, 13 경간부] [Core ★★]

해설

원심이 분만 중의 태아를 질식사에 이르게 한 소위를 형법 제268조의 업무상과실치사죄로 다스린 제1심 판결을 지지하였음은 정당하다(대법원 1982.10.12. 81도2621 분만 중 태아 질식사 사건). [×]

0667 피해자는 피고인들의 범행으로 입은 자상(刺傷)으로 인하여 급성신부전증이 발생하였는데, 피해자가 이와 같은 사실을 모르고 콜라와 김밥 등을 함부로 먹은 탓으로 체내에 수분저류가 발생하여 합병증(폐렴, 범발성 혈액응고장애 등)이 유발됨으로써 사망하게 된 경우, 피고인들의 범행과 피해자 사망 사이에는 인과관계가 인정되지 아니한다. O|X

[13 국가7급, 12 경간부, 11 경찰채용] [Essential ★]

해설

> 피고인들의 범행이 피해자를 사망하게 한 직접적인 원인이 된 것은 아니지만 그 범행으로 인하여 피해자에게 급성신부전증이 발생하였고 또 그 합병증으로 피해자의 직접 사인이 된 패혈증 등이 유발된 이상, 비록 그 직접사인의 유발에 피해자 자신의 과실이 개재되었다고 하더라도 이와 같은 사실은 통상 예견할 수 있는 것으로 인정되므로 피고인들의 범행과 피해자의 사망과의 사이에는 인과관계가 있다고 보지 않을 수 없다(대법원 1994.3.22. 93도3612 콜라김밥 사건). [×]

0668 살인의 범의는 반드시 살해의 목적이나 계획적인 살해의 의도가 있어야 인정되는 것은 아니고, 자기의 행위로 인하여 타인의 사망이라는 결과를 발생시킬 만한 가능성 또는 위험이 있음을 인식하거나 예견하면 족한 것이며 그 인식이나 예견은 확정적인 것은 물론 불확정적인 것이라도 이른바 미필적 고의로 인정된다. O|X

[21 해경채용, 17 국가9급, 16 경찰승진, 14 국가9급, 13 경찰채용] [Essential ★]

해설

> 대법원 2008.3.27. 2008도507 애인 토막살해 사건 [O]

0669 피고인들이 피해자의 머리나 가슴 등 치명적인 부위가 아닌 허벅지나 종아리 부위 등을 주로 찔렀다고 하더라도 칼로 피해자를 20여 회나 힘껏 찔러 그로 인하여 피해자가 과다실혈로 사망하게 된 경우 살인의 고의가 인정된다. O|X

[16 경간부] [Essential ★]

해설

> 대법원 2002.10.25. 2002도4089 병신을 만들어라 사건 [O]

0670 피고인이 예리한 칼로 피해자의 팔꿈치 부분에 길이 13cm, 허리 부분에 길이 3cm, 왼쪽 가슴부분에 길이 6cm의 상처가 나도록 찔렀고 그 가슴의 상처깊이가 무려 17cm나 되어 곧바로 좌측 심낭(心囊)까지 절단된 경우 살인의 고의가 인정된다. O|X

[15 경찰승진, 14 경찰채용] [Essential ★]

해설

> 대법원 1991.10.22. 91도2174 병신새끼 사건 [O]

0671 다음 중 살인의 고의가 인정되는 것은 모두 4개다. ○|×

[Superlative ★★★]

> ⊙ 피고인이 7세, 3세 남짓된 어린 자식들에 대하여 함께 죽자고 권유하여 물속에 따라 들어오게 하
> 여 결국 익사하게 한 경우 [16 국가9급, 16 경찰승진, 15 법원9급, 14 경간부, 13 국가7급, 12 법원행시]
> ⓒ 피고인이 베개로 피해자의 머리 부분을 약 3분간 누르던 중 피해자가 저항을 멈추고 사지가 늘어
> 졌음에도 계속하여 누른 경우 [16 경찰승진, 16 경찰채용, 15 경찰채용, 14 국가7급, 14 국가9 급, 14 경찰승진,
> 11 경찰승진]
> ⓒ 피고인이 무술교관출신으로서 인체의 급소를 잘 알고 있으면서도 무술의 방법으로 피해자의 울대
> (聲帶, 성대부분)를 가격하여 피해자를 사망하게 한 경우 [16 경찰승진]
> ⓔ 피고인이 9세의 여자 어린이에 불과하여 항거를 쉽게 제압할 수 있는 피해자의 목을 양말로 약 4분
> 동안 감아서 졸라 실신시킨 후 그 곳을 떠나버린 경우 [12 변호사, 11 국가7급]
> ⓜ 피고인은 건장한 체격의 군인으로서 키 150cm, 몸무게 42kg의 왜소한 피해자를 상대로 폭력을 행
> 사하였고 특히 급소인 목을 15초 내지 20초 동안 세게 졸라 피해자의 설골(舌骨)이 부러질 정도였
> 던 경우 [15 경찰승진, 11 국가9급]

해설

> 모든 항목의 경우 살인의 고의가 인정된다.
> ⊙ 대법원 1987.1.20. 86도2395 어린 자식들 사건
> ⓒ 대법원 2002.2.8. 2001도6425 손중위 사건
> ⓒ 대법원 2000.8.18. 2000도2231 무술교관출신 사건
> ⓔ 대법원 1994.12.22. 94도2511 의붓딸 살해미수사건
> ⓜ 대법원 2001.3.9. 2000도5590 맥카시 상병 사건　　　　　　　　　　　　　[×]

0672 총알이 장전되어 있는 엽총의 방아쇠를 잡고 있다가 총알이 발사되어 피해자가 사망한 경우 살인의
고의가 인정된다. ○|×

[21 해경채용] [Essential ★]

해설

> 대법원 1997.2.25. 96도3364　　　　　　　　　　　　　　　　　　　　　　[○]

0673 피고인이 격분하여 피해자를 살해할 것을 마음먹고 밖으로 나가 낫을 들고 피해자에게 다가서려고
하였으나 제3자 이를 제지하여 그 틈을 타서 피해자가 도망함으로써 살인의 목적을 이루지 못한 경
우 살인죄의 실행의 착수가 인정된다. ○|×

[13 경찰승진, 13 경찰채용] [Essential ★]

해설

> 대법원 1986.2.25. 85도2773　　　　　　　　　　　　　　　　　　　　　　[○]

0674 혼인외의 출생자와 생모(生母) 간에는 그 생모의 인지나 출생신고를 기다리지 않고 자(子)의 출생으로 당연히 법률상의 친족관계가 생긴다. ○ | ✕

[16 경찰채용, 15 경찰승진, 13 경찰채용] [Essential ★]

해설

> 대법원 1980.9.9. 80도1731 [○]

0675 A가 그의 문전에 버려진 영아인 피고인 甲을 주어다 기르고 그 부(夫)와의 친생자인 것처럼 출생신고를 하였으나 입양요건을 갖추지 아니하였다면 甲과의 사이에 모자관계가 성립될리 없으므로 甲이 A를 살해하였다고 하여도 존속살해죄로 처벌할 수 없다. ○ | ✕

[17 경찰채용] [Core ★★]

해설

> 대법원 1981.10.13. 81도2466 [○]

0676 피해자가 피고인과 말다툼을 하다가 '죽고 싶다' 또는 '같이 죽자'고 하며 피고인에게 기름을 사오라고 하자 피고인이 휘발유 1병을 사다주었는데 피해자가 몸에 휘발유를 뿌리고 불을 붙여 자살한 경우 자살방조죄가 성립한다. ○ | ✕

[16 법원행시, 14 경간부, 11 경찰승진] [Core ★★]

해설

> 대법원 2010.4.29. 2010도2328 휘발유 자살방조 사건 [○]

0677 피고인이 인터넷 사이트 내 자살 관련 카페 게시판에 청산염 등 자살용 유독물의 판매광고를 한 경우, 그것이 비록 금원 편취 목적의 사기행각의 일환으로 이루어졌고 변사자들이 다른 경로로 입수한 청산염을 이용하여 자살한 사정이 있더라도 피고인의 행위는 정신적 방법에 의한 자살방조에 해당한다. ○ | ✕

[14 법원행시, 14 경찰승진, 14 경간부, 13 경찰승진, 13 경찰채용] [Core ★★]

해설

> 피고인들의 행위가 변사자들이 실행한 자살행위를 원조하여 이를 용이하게 한 방조행위에 해당한다고 보기 어렵다 할 것이고, 나아가 단지 가짜 청산염 판매광고의 수법으로 금원을 편취하고자 한 피고인들에게 변사자들의 구체적 자살행위에 관한 방조의 범의가 있다고 보기도 어렵다(대법원 2005.6.10. 2005도1373 자살에 관하여 카페 사건). [✕]

제2절 상해와 폭행의 죄

0678 상해죄의 성립에는 상해의 원인인 폭행에 관한 인식이 있는 것으로 충분하지 않고 상해를 가할 의사의 존재가 필요하다. ○|×

[17 국가7급, 16 경찰승진, 15 법원9급, 15 경찰채용, 14 경찰승진, 13 경찰채용] [Core ★★]

해설

> 상해죄의 성립에는 상해의 원인인 폭행에 대한 인식이 있으면 충분하고 상해를 가할 의사의 존재까지는 필요하지 않다(대법원 2000.7.4. 99도4341 인천 신흥동 뺑소니사건). [×]

0679 상해는 피해자의 신체의 완전성을 훼손하거나 생리적 기능에 장애를 초래하는 것으로 반드시 외부적인 상처가 있어야만 하는 것이 아니고, 여기서의 생리적 기능에는 육체적 기능뿐만 아니라 정신적 기능도 포함된다. ○|×

[17 경간부] [Essential ★]

해설

> 대법원 1999.1.26. 98도3732 외상 후 스트레스장애 사건 [○]

0680 피해자가 입은 상처가 극히 경미하여 굳이 치료할 필요가 없고 치료를 받지 않더라도 일상생활을 하는 데 아무런 지장이 없으며 시일이 경과함에 따라 자연적으로 치유될 수 있는 정도라면 상해에 해당한다고 할 수 없다. ○|×

[16 경찰승진, 13 경찰승진, 12 경간부] [Essential ★]

해설

> 대법원 2004.10.28. 2004도4437 [○]

0681 수면제와 같은 약물을 투약하여 피해자를 일시적으로 수면 또는 의식불명 상태에 이르게 한 경우에도 약물로 인하여 피해자의 건강상태가 불량하게 변경되고 생활기능에 장애가 초래되었다면 자연적으로 의식을 회복하거나 외부적으로 드러난 상처가 없더라도 이는 강간치상죄나 강제추행치상죄에서 말하는 상해에 해당한다. ○|×

[17 경찰채용] [Essential ★]

해설

> 대법원 2017.6.29. 2017도3196 졸피뎀 수면제 사건 l [○]

0682 다음 중 괄호 안 범죄의 상해에 해당하는 것은 모두 3개다.　　　　　　　　　　○|×

> ⊙ 피해자가 오랜 시간 동안의 협박과 폭행을 이기지 못하고 실신하여 범인들이 불러온 구급차 안에
> 서야 정신을 차리게 된 경우 (상해죄) [17 경간부, 15 경찰승진, 14 경간부, 12 법원9급]
> ⓛ 피고인이 피해자의 병명을 자궁근종으로 오진하고 피해자에게 자궁적출술의 불가피성만을 강조
> 하여, 피해자로부터 수술 승낙을 받아 그의 자궁을 적출한 경우 (업무상과실치상죄) [16 경찰승진,
> 15 경찰채용, 14 경간부]
> ⓒ 피고인이 자연분만을 실시한다는 명목으로 임산부를 입원실에 방치한 업무상 과실로 거대아로 성
> 장한 태아를 자궁 내에서 심폐정지로 사망하게 한 경우 (임산부에 대한 업무상과실치상죄) [17 경찰
> 승진, 14 법원9급, 14 경간부, 13 경간부, 12 법원9급, 12 국가9급]
> ⓔ 피해자가 13회에 걸쳐 피고인으로부터 졸피뎀(Zolpidem) 성분의 수면제가 섞인 커피를 받아 마실
> 때마다 잠이 든 이후의 상황에 대해서 제대로 기억하지 못하였고, 가끔 정신이 희미하게 든 경우
> 도 있었으나 자신의 의지대로 생각하거나 행동하지 못한 채 곧바로 기절하다시피 다시 깊은 잠에
> 빠졌고, 결국 반복된 약물 투약과 그에 따른 강간 또는 강제추행 범행으로 외상 후 스트레스 장애
> 까지 입은 것으로 보이는 경우(강간치상죄 및 강제추행치상죄)

해설

> ⊙ⓛⓔ 3 항목이 상해에 해당한다.
> ⊙ 피해자가 범인들이 불러온 구급차 안에서야 정신을 차리게 되었다면 생리적 기능에 훼손을 입어 신체에 대한
> 상해가 있었다고 봄이 상당하다(대법원 1996.12.10. 96도2529 거목초밥집 사건).
> ⓛ 난소의 제거로 이미 임신불능 상태에 있는 피해자의 자궁을 적출했다 하더라도 그 경우 자궁을 제거한 것이
> 신체의 완전성을 해한 것이 아니라거나 생활기능에 아무런 장애를 주는 것이 아니라거나 건강상태를 불량하게
> 변경한 것이 아니라고 할 수 없고 이는 업무상 과실치상죄에 있어서의 상해에 해당한다(대법원 1993.7.27.
> 92도2345 자궁적출 사건).
> ⓒ 태아를 사망에 이르게 하는 행위가 임산부 신체의 일부를 훼손하는 것이라거나 태아의 사망으로 인하여 그
> 태아를 양육, 출산하는 임산부의 생리적 기능이 침해되어 임산부에 대한 상해가 된다고 볼 수 없다는 이유로
> 업무상과실치상죄의 공소사실에 관하여 무죄를 선고한 원심의 판단은 정당하다(대법원 2007.6.29. 2005도
> 3832 무리한 자연분만 사건).
> ⓔ 대법원 2017.6.29. 2017도3196 졸피뎀 수면제 사건 I　　　　　　　　　　　　　　　　[○]

0683 다음 중 강간치상죄 등에 있어 상해에 해당하는 것은 모두 3개다. ○|×

[Superlative ★★★]

> ㉠ 피해자가 성경험을 가진 여자로서 특이체질로 인해 새로 형성된 처녀막이 파열된 경우 [14 경찰승진, 12 경찰채용, 11 법원행시]
> ㉡ 피고인이 주먹으로 피해자의 얼굴과 머리를 때려 피해자가 코피를 흘리고 콧등이 부은 경우 [11 법원행시]
> ㉢ 피고인이 피해자의 신체에 폭행을 가하여 보행불능, 수면장애, 식욕감퇴 등 기능의 장해를 일으킨 경우 [11 법원행시]
> ㉣ 피고인이 강간 도중 흥분하여 피해자의 왼쪽 어깨를 입으로 빨아서 동전 크기 정도의 반상출혈상이 생긴 경우 [11 법원행시]

해설

> ㉠㉡㉢ 3 항목이 상해에 해당한다.
> ㉠ 대법원 1995.7.25. 94도1351 처녀막 파열사건
> ㉡ 대법원 1991.10.22. 91도1832
> ㉢ 대법원 1969.3.11. 69도161
> ㉣ 강간도중 흥분하여 피해자의 왼쪽 어깨를 입으로 빨아서 생긴 동전크기 정도의 반상출혈상은 별다른 통증이나 자각증상도 없어 피해자는 그 상처를 알아차릴 수도 없었는데 의사가 진찰을 하던 과정에서 우연히 발견한 것이고 의학상 치료를 받지 아니하더라도 자연흡수되어 보통 1주 정도가 지나면 자연치유되는 것으로서 인체의 생활기능에 장해를 주고 건강상태를 불량하게 변경하는 것이 아니어서 강간치상죄의 상해에 해당한다 할 수 없다(대법원 1986.7.8. 85도2042). [○]

0684 피고인이 피해자의 음모의 모근(毛根) 부분을 남기고 모간(毛幹) 부분만을 일부 잘라냄으로써 음모의 전체적인 외관에 변형이 생긴 경우 강간치상죄 등에 있어 상해에 해당하지 않는다. ○|×

[15 법원행시, 15 경찰승진, 14 경간부, 13 경간부, 12 경찰채용] [Essential ★]

해설

> 대법원 2000.3.23. 99도3099 음모 면도 사건 [○]

0685 피고인이 피해자를 강간하려다가 미수에 그치고 그 과정에서 피해자의 왼쪽 손바닥에 약 2cm 정도의 긁힌 가벼운 상처가 발생한 경우 강간치상죄 등에 있어 상해에 해당하지 않는다. ○|×

[11 법원행시] [Essential ★]

해설

> 대법원 1987.10.26. 87도1880 [○]

0686 면도칼로 콧등을 길이 2.5cm, 깊이 0.56cm 절단하므로서 전치 3개월을 요하는 상처를 입혀 안면부 불구가 되게 한 경우 중상해죄에 해당한다. ○|×

[16 국가9급, 13 국가9급] [Core ★★]

해설

> 대법원 1970.9.22. 70도1638 　　　　　　　　　　　　　　　　　　　　　　　　　[○]

0687 1~2개월간 입원할 정도로 다리가 부러지는 상해 또는 3주간의 치료를 요하는 우측흉부자상은 중상해에 해당한다. ○|×

[15 경찰승진, 15 경찰채용, 14 경찰승진, 13 경간부] [Core ★★]

해설

> 1~2개월간 입원할 정도로 다리가 부러지는 상해 또는 3주간의 치료를 요하는 우측흉부자상은 중상해에 해당하지 아니한다(대법원 2005.12.9. 2005도7527 아파트재건축조합 알력사건). 　　　　　　　　[×]

0688 피고인의 강타로 인하여 임신 7개월의 피해자가 지상에 넘어져서 4일 후에 낙태하고 낙태로 유발된 심근경색증으로 죽음에 이르게 된 경우 상해치사죄가 성립한다. ○|×

[16 경찰승진, 15 경찰채용] [Essential ★]

해설

> 대법원 1972.3.28. 72도296 　　　　　　　　　　　　　　　　　　　　　　　　　　[○]

0689 피고인이 피해자의 뺨을 1회 때리고 목을 쳐 피해자로 하여금 뒤로 넘어지면서 머리를 땅바닥에 부딪치게 하여 두개골 골절, 외상성 지주막하 출혈, 외상성 경막하 출혈 등의 상해를 가하였고, 이를 치료하는 과정에서 직접 사인(死因)이 된 합병증인 폐렴, 패혈증이 유발되고 피해자의 기왕의 간경화 등 질환이 영향을 미쳐 피해자가 사망한 경우 상해치사죄가 성립한다. ○|×

[17 국가9급] [Essential ★]

해설

> 대법원 2012.3.15. 2011도17648 아스팔트 두개골 골절사건 　　　　　　　　　　　　[○]

0690 피고인이 피해자를 폭행을 하므로 피해자는 이를 모면하기 위하여 도로 건너편의 추어탕집으로 도망가 도움을 요청하였으나, 피고인이 뒤따라 도로를 건너간 다음 폭행을 가하였고, 이에 피해자가 다시 도로를 건너 도망하자 피고인이 쫓아가 폭행을 가하여 전치 10일간의 흉부피하출혈상 등을 가하였고, 피해자가 계속되는 피고인의 폭행을 피하려고 다시 도로를 건너 도주하다가 차량에 치여 사망한 경우 상해치사죄가 성립한다. ○|×

[15 경찰채용, 14 법원9급, 11 법원행시, 11 국가9급] [Core ★★]

해설

> 대법원 1996.5.10. 96도529 절교녀 사건 　　　　　　　　　　　　　　　　　　　　[○]

0691 폭행죄는 사람의 신체에 대한 유형력의 행사를 가리키며 그 유형력의 행사는 신체적 고통을 주는 물리력의 작용을 의미하므로 신체의 청각기관을 직접적으로 자극하는 음향도 경우에 따라서는 유형력에 포함될 수 있다. ○|×

[17 경찰승진, 16 경찰승진, 15 법원9급, 13 경찰승진, 12 법원행시] [Essential ★]

> **해설**
>
> 대법원 2003.1.10. 2000도5716 심수봉 사건 [○]

0692 「형법」의 폭행죄, 존속폭행죄, 특수폭행죄는 모두 미수범 처벌규정이 없다. ○|×

[21 해경채용] [Core ★★]

> **해설**
>
> 옳은 설명이다. [○]

0693 피해자에게 근접하여 욕설을 하면서 때릴 듯이 손발이나 물건을 휘두르거나 던지는 행위를 하였더라도 직접 피해자의 신체에 접촉하지 않았다고 한다면 불법한 유형력의 행사로서 폭행에 해당한다고 할 수 없다. ○|×

[18 경간부, 14 경찰승진, 12 법원행시, 11 경찰승진, 11 경찰채용] [Essential ★]

> **해설**
>
> 피해자에게 근접하여 욕설을 하면서 때릴 듯이 손발이나 물건을 휘두르거나 던지는 행위는 직접 피해자의 신체에 접촉하지 않았다고 하여도 피해자에 대한 불법한 유형력의 행사로서 폭행에 해당한다(대법원 1990.2.13. 89도1406). [×]

0694 거리상 멀리 떨어져 있는 사람에게 전화기를 이용하여 전화하면서 고성을 내거나 그 전화 대화를 녹음 후 듣게 하는 경우에는 특별한 사정이 없는 한 신체에 대한 유형력의 행사를 한 것으로 보기 어렵다. ○|×

[18 경간부, 15 경찰승진, 11 경찰승진, 11 경찰채용] [Essential ★]

> **해설**
>
> 대법원 2003.1.10. 2000도5716 심수봉 사건 [○]

0695 피고인이 자신의 차를 가로막고 서 있는 피해자를 향해 차(車)를 조금씩 전진시키고 피해자가 뒤로 물러나면 다시 차를 전진시키는 방식의 운행을 반복하였더라도, 차로 피해자를 부딪친 것이 아니라고 한다면 신체에 대한 유형력의 행사라고 할 수 없어 폭행죄는 성립하지 아니한다. ○|✕

[17 국가7급] [Core ★★]

해설

(1) 자신의 차를 가로막는 피해자를 부딪친 것은 아니라고 하더라도, 피해자를 부딪칠 듯이 차를 조금씩 전진시키는 것을 반복하는 행위 역시 피해자에 대해 위법한 유형력을 행사한 것이라고 보아야 한다. (2) 피고인이 자신의 차를 가로막고 서 있는 피해자를 향해 차를 조금씩 전진시키고 피해자가 뒤로 물러나면 다시 차를 전진시키는 방식의 운행을 반복하였는데, 이는 그 자체로 피해자에 대한 유형력의 행사에 해당한다(대법원 2016.10.27. 2016도9302 조금씩 전진 사건). 지문의 경우 특수폭행죄가 성립한다. [✕]

0696 다음 중 폭행치사죄가 성립하는 것은 모두 3개다. ○|✕

[Superlative ★★★]

> ㉠ 피고인이 피해자의 머리를 한번 받고 경찰봉으로 때려 피해자가 약 20시간 경과 후 외상성 뇌경막하 출혈로 사망한 경우 [14 경간부]
> ㉡ 피고인이 주먹으로 피해자의 복부를 1회 강타하여 장파열로 인한 복막염으로 사망하게 한 경우. 다만, 의사의 수술지연 등 과실이 피해자의 사망의 공동원인이 되었음 [17 경찰채용, 16 국가9급, 15 경찰채용, 13 국가7급]
> ㉢ 피고인이 빚 독촉을 하다가 시비 중 멱살을 잡고 대드는 A의 손을 뿌리치고 그를 뒤로 밀어 넘어트려 뒹굴게 하여 등에 업힌 그 딸 B에게 두개골절등 상해를 입혀 사망하게 한 경우 [16 변호사, 11 경찰승진]
> ㉣ 동료 사이에 말다툼을 하던 중 피고인이 삿대질하는 것을 피하고자 피해자 자신이 두어걸음 뒷걸음치다가 회전 중이던 십자형 스빙기계 철받침대에 걸려 넘어지면서 머리를 바닥에 부딪쳐 두개골절로 사망한 경우 [16 경찰승진, 12 국가9급]

해설

㉠㉡㉢ 3 항목의 경우 폭행치사죄가 성립한다.
㉠ 대법원 1984.12.11. 84도2347
㉡ 대법원 1984.6.26. 84도831
㉢ 대법원 1972.11.28. 72도2201
㉣ 동료 사이에 말다툼을 하던 중 피고인이 삿대질하는 것을 피하고자 피해자 자신이 두어걸음 뒷걸음치다가 회전 중이던 십자형 스빙기계 철받침대에 걸려 넘어진 정도라면, 당시 바닥에 위와 같은 장애물이 있어서 뒷걸음치면 장애물에 걸려 넘어질 수 있다는 것까지는 예견할 수 있었다고 하더라도 그 정도로 넘어지면서 머리를 바닥에 부딪쳐 두개골절로 사망한다는 것은 이례적인 일이어서 **통상적으로 일반인이 예견하기 어려운 결과**라고 하지 않을 수 없으므로 피고인에게 폭행치사죄의 책임을 물을 수 없다(대법원 1990.9.25. 90도1596 삿대질 사건). [○]

0697 피고인들이 공동하여 피해자를 폭행하여 당구장 3층에 있는 화장실에 숨어 있던 피해자를 다시 폭행하려고 피고인 甲은 화장실을 지키고, 피고인 乙은 당구치는 기구로 문을 내려쳐 부수자 위협을 느낀 피해자가 화장실 창문 밖으로 숨으려다가 실족하여 떨어짐으로써 사망한 경우 폭행치사죄가 성립한다. ○│×

[17 경찰채용, 16 경찰승진, 15 경찰채용, 13 법원행시, 14 경찰채용] [Essential ★]

해설

> 대법원 1990.10.16. 90도1786 당구장 사건 [○]

0698 평소 고혈압 증세가 있는 A가 甲의 폭행으로 땅바닥에 넘어질 때의 자극 때문에 뇌출혈을 일으켜서 사망한 경우 甲의 폭행과 A의 사망 사이에는 인과관계가 인정된다. ○│×

[22 국가7급] [Essential ★]

해설

> 대법원 1967.2.28. 67도45 고혈압 피해자 사건 [○]

0699 甲의 폭행이 A를 떠밀어 땅에 엉덩방아를 찧고 주저앉게 한 정도에 지나지 않았고 A는 외관상 건강하여 전혀 병약한 흔적이 없던 자인데, 실은 관상동맥 경화 및 협착증세를 가진 특수체질자였던 탓에 그러한 정도의 폭행에 의한 충격에도 심장마비를 일으켜 사망하게 된 경우 甲에게 사망의 결과에 대한 예견가능성이 있었다고 보기는 어렵다. ○│×

[22 국가7급] [Essential ★]

해설

> 대법원 1985.4.3. 85도303 특수체질자 사건 [○]

0700 특수폭행치상죄의 경우 「형법」 제258조의2의 특수상해죄의 신설에도 불구하고 종전과 같이 「형법」 제257조 제1항의 상해죄의 예에 의하여 처벌하는 것으로 해석하여야 한다. ○│×

[19 경찰채용] [Core ★★]

해설

> 형법 제258조의2 특수상해죄의 신설로 형법 제262조, 제261조의 특수폭행치상죄에 대하여 형법 제258조의2 제1항의 예에 따라 처벌할 수 있다고 한다면, 종래에 벌금형을 선택할 수 있었던 경미한 사안에 대하여도 일률적으로 징역형을 선고해야 하므로 형벌체계상의 정당성과 균형을 갖추기 위함이라는 2016.1.6. 형법 개정의 취지와 목적에 맞지 않고 또한 형의 경중과 행위자의 책임, 즉 형벌 사이에 비례성을 갖추어야 한다는 형사법상의 책임원칙에 반할 우려도 있으며, 법원이 해석으로 특수폭행치상에 대한 가중규정을 신설한 것과 같은 결과가 되어 죄형법정주의원칙에도 반하는 결과가 된다(대법원 2018.7.24. 2018도3443 자전거 전도 사건). [○]

0701 상해죄 및 폭행죄의 상습범에 관한 형법 제264조에서 말하는 '상습'이란 제257조, 제258조, 제258조의2, 제260조 또는 제261조에 열거된 상해 내지 폭행행위의 습벽을 말하는 것이므로, 위 규정에 열거되지 아니한 다른 유형의 범죄까지 고려하여 상습성의 유무를 결정하여서는 아니 된다. ○|×

[20 경간부] [Core ★★]

해설

> 대법원 2018.4.24. 2017도21663 제264조의 '상습성' 유무를 판단할 때 상해나 폭행이 아닌 다른 범죄 예를 들어 주거침입이나 손괴의 전과나 습벽까지 고려해서는 안된다는 취지의 판례이다. [○]

0702 고등학교 교사가 제자의 잘못을 징계코자 왼쪽 뺨을 때리자 제자가 뒤로 넘어지면서 사망한 경우 폭행치사죄가 성립한다. (다만, 피해자는 두께 0.5mm밖에 안되는 비정상적인 얇은 두개골이었고 또 뇌수종을 가진 심신허약자로서 좌측 뺨을 때리자 급성뇌성압상승으로 넘어지게 된 것임) ○|×

[15 경간부] [Essential ★]

해설

> 피해자는 두께 0.5mm밖에 안되는 비정상적인 얇은 두개골이었고 또 뇌수종을 가진 심신 허약자로서 좌측 뺨을 때리자 급성뇌성압상승으로 넘어지게 된 것이라면 위 소위와 피해자의 사망간에는 이른바 인과관계가 없는 경우에 해당하거나 피고인으로서는 사망의 결과발생에 대한 예견 가능성이 없는 경우에 해당한다(대법원 1978.11. 28. 78도1961 얇은 두개골 사건). [×]

0703 '흉기 기타 위험한 물건을 휴대하여'라고 함은 범행현장에서 범행에 사용할 의도하에 이를 소지하거나 몸에 지니는 경우를 말하는 것으로, 이를 '널리 이용한다'는 뜻까지 포함되어 있다고 해석할 수 없다. ○|×

[15 법원9급, 14 경간부] [Essential ★]

해설

> 위험한 물건을 '휴대하여'라는 말은 소지뿐만 아니라 널리 이용한다는 뜻도 포함하고 있다(대법원 2002.9.6. 2002도2812). [×]

0704 피고인이 당구장에서 피해자가 시끄럽게 떠든다는 이유로, 주먹으로 피해자의 얼굴 부위를 1회 때리고 당구공으로 피해자의 머리를 툭툭 건드린 경우 특수상해죄가 성립하지 않는다. ○|×

[13 변호사] [Essential ★]

해설

> 대법원 2008.1.17. 2007도9624 당구공 사건 [○]

0705 피해자가 먼저 문제의 식칼을 들고 나와 피고인을 찌르려하자 피고인이 이를 저지하기 위하여 칼을 뺏은 다음 피해자를 훈계하면서 칼의 칼자루 부분으로 피해자의 머리를 가볍게 친 경우 특수폭행죄가 성립하지 않는다. ○ | ×

[13 변호사] [Essential ★]

해설

대법원 1989.12.22. 89도1570 칼자루 훈계 사건 [○]

0706 甲이 길이 140cm, 지름 4cm의 대나무로 A의 머리를 여러 차례 때려 그 대나무가 부러지고, A의 두피에 표재성 손상을 입혀 사건 당일 병원에서 봉합술을 받은 경우, 甲이 사용한 대나무는 특수상해죄에서의 '위험한 물건'에 해당한다. ○ | ×

[21 경찰채용] [Core ★★]

해설

대법원 2017.12.28. 선고 2015도5854 대나무 상해 사건 [○]

0707 피고인이 경륜장 사무실에서 술에 취해 소란을 피우면서 소화기를 집어던졌지만 특정인을 겨냥하여 던진 것이 아닌 경우에도 특수폭행죄가 성립한다. ○ | ×

[11 경찰승진] [Core ★★]

해설

피해자들이나 제3자가 생명 또는 신체에 위험을 느꼈던 것으로는 보기 어렵다면 소화기는 '위험한 물건'에 해당하지 아니한다(대법원 2010.4.29. 2010도930 경륜장 소화기 사건). [×]

0708 국회의원인 피고인이 한미FTA 비준동의안의 국회 본회의 심리를 막기 위하여 의장석 앞 발언대 뒤에서 최루탄을 터뜨리고 최루탄 몸체에 남아 있는 최루분말을 국회부의장에게 뿌린 경우 특수폭행죄가 성립한다. ○ | ×

[Core ★★]

해설

대법원 2014.6.12. 2014도1894 김선동 의원 최루탄 투척사건 [○]

0709 피고인이 승용차 트렁크에서 공기총을 꺼내어 피해자를 향해 들이대고 협박한 경우 위험한 물건의 휴대에 해당하여 특수협박죄가 성립한다. (다만, 피고인이 공기총에 실탄을 장전하지 아니하였다고 하더라도 범행 현장에서 공기총과 함께 실탄을 소지하고 있었고 피고인으로서는 언제든지 실탄을 장전하여 발사할 수 있었음) ○|×

[13 변호사] [Core ★★]

해설

대법원 2002.11.26. 2002도4586 공기총 사건 [○]

0710 피고인이 청산염 2g 정도를 협박편지에 동봉 우송하여 피해자에게 도달하게 한 경우 위험한 물건의 휴대에 해당하여 특수협박죄가 성립한다. ○|×

[15 법원9급, 13 법원행시] [Essential ★]

해설

위험한 물건의 휴대라고 할 수 없다(대법원 1985.10.8. 85도1851). [×]

0711 피고인이 버섯을 채취하러 산에 가면서 칼을 휴대한 것일 뿐 주거침입에 사용할 의도 아래 이를 소지한 것이 아니고 주거침입시에 이를 사용한 것도 아닌 경우 위험한 물건의 휴대에 해당하여 특수주거침입죄가 성립한다. ○|×

[Core ★★]

해설

위험한 물건의 휴대라고 할 수 없다(대법원 1990.4.24. 90도401). [×]

0712 다음 중 '위험한 물건의 휴대'에 해당하여 (   ) 안 범죄가 성립하는 것은 모두 3개다.   O|X

[Superlative ★★★]

⊙ 피고인이 견인료납부를 요구하면서 승용차의 앞을 가로막고 있는 교통관리직원의 다리 부분을 승용차 앞범퍼 부분으로 들이받고 약 1m 정도 진행하여 동인을 땅바닥에 넘어뜨린 경우 (특수폭행죄) [15 경찰채용, 13 변호사, 13 법원행시]

ⓒ 피고인이 A와 운전 중 발생한 시비로 한차례 다툼이 벌어진 직후 A가 계속하여 피고인이 운전하던 자동차를 뒤따라온다고 보고 순간적으로 화가 나 A에게 겁을 주기 위하여 자동차를 정차한 후 4 내지 5m 후진하여 A가 승차하고 있던 자동차와 충돌한 경우 (특수상해죄와 특수손괴죄) [13 법원행시]

ⓒ 피고인이 이혼 분쟁 과정에서 자신의 아들을 승낙 없이 자동차에 태우고 떠나려고 하는 피해자들 일행을 상대로 급하게 추격 또는 제지하는 과정에서 자신의 소형승용차(라노스)로 피해자들 일행의 중형승용차(쏘나타)를 충격한 경우. 다만, 충격할 당시 두 차량 모두 정차하여 있다가 막 출발하는 상태로서 차량 속도가 빠르지 않았으며 차량의 손괴 정도가 그다지 심하지 아니하고, 피해자들이 입은 상해의 정도가 비교적 경미한 것이었음 (특수상해죄와 특수손괴죄) [13 변호사, 13 법원행시]

ⓔ 경찰관 2명이 피고인의 차 앞뒤로 오토바이를 세워놓고 하차하라고 요구하였음에도 이에 불응한 채 차를 후진하여 차 뒤에 있는 오토바이를 들이받은 후, 앞에 있는 오토바이와의 사이에 생긴 공간을 이용하여 급발진함으로써 경찰관 A의 다리를 차 앞범퍼로 들이받았고, 이에 A가 본넷을 붙잡고 있는데도 차를 그대로 몰고 진행하던 중 가로수를 들이받아 차 범퍼와 가로수 사이에 A의 다리가 끼어 절단되게 하여 저혈량성 쇼크 등으로 사망에 이르게 한 경우 (특수공무집행방해치사죄) [12 국가7급]

해설

⊙ⓒⓔ 3 항목의 경우 '위험한 물건의 휴대'에 해당한다.

⊙ 대법원 1997.5.30. 97도597 견인료 사건

ⓒ 대법원 2010.11.11. 2010도10256 자동차 후진충돌사건

ⓒ 사회통념상 상대방이나 제3자가 생명 또는 신체에 위험을 느꼈다고 보기 어려우므로 구 폭처법 제3조 제1항 위반죄[개정 형법상 특수상해죄등]가 성립하지 아니한다(대법원 2009.3.26. 2007도3520 라노스 소나타 사건).

ⓔ 대법원 2008.2.28. 2008도3   [O]

제3절 낙태의 죄

0713 낙태죄는 태아를 자연분만기에 앞서서 인위적으로 모체 밖으로 배출하거나 모체 안에서 살해함으로써 성립하고, 그 결과 태아가 사망하였는지 여부는 낙태죄의 성립에 영향이 없다.   O|X

[16 법원행시, 14 법원행시, 14 법원9급, 11 경찰승진] [Core ★★]

해설

대법원 2005.4.15. 2003도2780 낙태전문 의사 사건   [O]

0714 부인과 의사인 피고인이 약물에 의한 유도분만의 방법으로 낙태시술을 하였으나 태아가 살아서 미숙아 상태로 출생하자 그 미숙아에게 염화칼륨을 주입하여 사망하게 한 경우 업무상 촉탁낙태죄만 성립하고 별도의 살인죄는 성립할 여지가 없다. ○|×

[14 법원행시, 14 법원9급] [Core ★★]

해설

> 원심은, 피고인이 살아서 출생한 미숙아에게 염화칼륨을 주입한 것을 낙태를 완성하기 위한 행위에 불과한 것으로 볼 수 없고, 살아서 출생한 미숙아가 정상적으로 생존할 확률이 적다고 하더라도 그 상태에 대한 확인이나 최소한의 의료행위도 없이 적극적으로 염화칼륨을 주입하여 미숙아를 사망에 이르게 한 피고인에게는 미숙아를 살해하려는 범의도 있었던 것으로 보아야 한다고 판단하였다. 기록에 비추어 살펴보면 원심의 위와 같은 증거의 취사선택과 사실인정 및 판단은 정당한 것으로 수긍할 수 있다(대법원 2005.4.15. 2003도2780 낙태전문 의사 사건).
>
> [×]

제4절 유기와 학대의 죄

0715 유기죄의 죄책을 인정하려면 구성요건이 요구하는 법률상 또는 계약상 보호의무를 밝혀야 하고 설혹 동행자가 구조를 요하게 되었다 하여도 일정거리를 동행한 사실만으로서는 피고인에게 법률상 계약상의 보호의무가 있다고 할 수 없다. ○|×

[16 경찰승진, 15 경찰채용, 14 경찰채용, 12 경찰채용] [Essential ★]

해설

> 대법원 1977.1.11. 76도3419 일정거리 동행사건 [○]

0716 유기죄가 성립하기 위해서는 행위자가 '노유, 질병 기타 사정으로 인하여 부조를 요하는 자를 보호할 법률상 또는 계약상 의무 있는 자'에 해당하여야 하는데, 여기서 '법률상 보호의무'에는 민법 제826조 제1항에 근거한 부부간의 부양의무도 포함된다. ○|×

[Essential ★]

해설

> 민법 제826조 제1항은 '부부는 동거하며 서로 부양하고 협조하여야 한다'라고 규정하고 있다(대법원 2018.5.11. 2018도4018 알콜중독 와이프 방치사건). [○]

0717 법률상 부부는 아니지만 사실혼 관계에 있는 경우에도 형법 제271조 제1항에서 말하는 법률상 보호의무의 존재를 긍정하여야 하므로, 단순한 동거 또는 간헐적인 정교관계를 맺고 있는 사람에 대하여도 특별한 사정이 없는 한 유기죄에 있어 법률상 보호의무가 인정된다. ○|×

[13 경찰승진] [Superlative ★★★]

해설

형법 제271조 제1항에서 말하는 법률상 보호의무 가운데는 민법 제826조 제1항에 근거한 부부간의 부양의무도 포함되며, 나아가 법률상 부부는 아니지만 사실혼 관계에 있는 경우에도 위와 같은 법률상 보호의무의 존재를 긍정하여야 하지만, 사실혼에 해당하여 법률혼에 준하는 보호를 받기 위하여는 단순한 동거 또는 간헐적인 정교관계를 맺고 있다는 사정만으로는 부족하고, 그 당사자 사이에 주관적으로 혼인의 의사가 있고 객관적으로도 사회관념상 가족질서적인 면에서 부부공동생활을 인정할 만한 혼인생활의 실체가 존재하여야 한다(대법원 2008.2.14. 2007도3952 필로폰에 쩔은 내연녀 사망사건). [×]

0718 유기죄에서 '계약상 의무'는 계약에 기한 주된 급부의무가 부조를 제공하는 것인 경우에 한정된다. ○|×

[21 국가9급] [Superlative ★★★]

해설

유기죄에 관한 형법 제271조 제1항의 '계약상 의무'는 간호사나 보모와 같이 계약에 기한 주된 급부의무가 부조를 제공하는 것인 경우에 반드시 한정되지 아니하며, 계약의 해석상 계약관계의 목적이 달성될 수 있도록 상대방의 신체 또는 생명에 대하여 주의와 배려를 한다는 부수적 의무의 한 내용으로 상대방을 부조하여야 하는 경우를 배제하는 것은 아니다(대법원 2011.11.24. 2011도12302 돈에 눈먼 술집여주인 사건). [×]

0719 유기죄에 관한 다음 설명 중 옳지 않은 것은 모두 1개다. ○|×

[Superlative ★★★]

㉠ 피고인이 강간미수행위로 인하여 상해를 입고 의식불명이 된 피해자를 그곳에 그대로 방치한 경우, 강간치상죄와 유기죄가 성립한다. [18 경간부, 17 법원행시, 16 경찰승진, 11 경간부]

㉡ 피고인이 자신이 운영하는 주점에 손님으로 와서 수일 동안 식사는 한 끼도 하지 않은 채 계속하여 술을 마시고 만취한 피해자를 주점 내에 그대로 방치하여 저체온증 등으로 사망한 경우 유기치사죄가 성립한다. [14 법원행시, 14 국가9급]

㉢ 피고인이 의사들이 당시의 의료기술상 최선의 치료방법이라고 하면서 권유하는 수혈을 자신이 믿는 종교인 여호와의 증인의 교리에 어긋난다는 이유로 시종일관 완강히 거부하는 언동을 하여 결국 그의 딸이 사망하였다면 피고인은 유기치사죄의 죄책을 진다. [17 법원행시, 15 경찰승진, 11 경간부]

㉣ 피고인이 성류파크호텔 7층 1713호실에서 피해자에게 성관계를 요구하다가 같은 피해자가 그 순간을 모면하기 위하여 7층 창문으로 뛰어내렸다고 하더라도, 피해자가 뛰어내린 여부를 피고인이 전혀 알지 못하였다면 유기죄의 범의를 인정할 수 없다. [17 경찰승진, 16 경찰승진, 15 경찰승진, 11 경간부]

㉤ 피고인과 피해자가 술에 취하여 도로 위에서 실족하여 2m 아래 개울로 미끄러 떨어져 약 5시간 가량 잠을 자다가 술과 잠에서 깨어난 피고인과 피해자는 도로위로 올라가려 하였으나 길을 발견하지 못하여 헤매던 중 피해자는 후두부 타박상을 입어서 정상적으로 움직이기가 어려워 사망하고 피고인만 혼자 도로위로 올라온 경우 피고인은 유기치사죄의 죄책을 진다. [16 경찰승진]

해설

> ㉠㉤ 2 항목이 옳지 않다.
> ㉠ 피고인의 강간미수행위로 인하여 상해를 입고 의식불명이 된 피해자를 그곳에 그대로 방치한 피고인의 소위는 강간치상죄만이 성립하고 별도로 유기죄는 성립하지 아니한다(대법원 1980.6.24. 80도726 강간피해자 떡실신 사건).
> ㉡ 대법원 2011.11.24. 2011도12302 돈에 눈먼 술집여주인 사건
> ㉢ 대법원 1980.9.24. 79도1387 여호와의 증인 사건
> ㉣ 대법원 1988.8.9. 86도225 성류파크호텔 사건
> ㉤ 유기죄의 죄책을 인정하려면 구성요건이 요구하는 법률상 또는 계약상보호 의무를 밝혀야 하고 설혹 동행자가 구조를 요하게 되었다 하여도 일정거리를 동행한 사실만으로서는 피고인에게 법률상 계약상의 보호의무가 있다고 할 수 없으니 유기죄의 주체가 될 수 없다(대법원 1977.1.11. 76도3419 일정거리 동행사건). [×]

0720 항해 중이던 선박의 1등 항해사 乙, 2등 항해사 丙이 배가 좌현으로 기울어져 멈춘 후 침몰하고 있는 상황에서 피해자인 승객 등이 안내방송 등을 믿고 대피하지 않은 채 선내에 대기하고 있음에도 아무런 구조조치를 취하지 않고 퇴선함으로써 배에 남아있던 피해자들을 익사하게 한 사안에서, 그 후 승객 등이 사망할 가능성이 크지만 사망해도 어쩔 수 없다는 의사, 즉 결과발생을 인식·용인하였고, 이러한 乙, 丙의 부작위는 작위에 의한 살인의 실행행위와 동일하게 평가할 수 있는 점, 선장인 甲의 부작위에 의한 살인행위에 암묵적, 순차적으로 공모 가담한 공동정범이라고 보아야 하는 점 등을 종합할 때, 乙, 丙은 부작위에 의한 살인 및 살인미수죄의 공동정범으로서의 죄책을 면할 수 없다. ○|×

[22 경찰간부] [Core ★★]

해설

> 1등 항해사 乙, 2등 항해사 丙이 간부 선원들로서 선장 甲을 보좌하여 승객 등을 구조하여야 할 지위에 있음에도 별다른 구조조치를 취하지 아니한 채 사태를 방관하여 결과적으로 선내 대기 중이던 승객 등이 탈출에 실패하여 사망에 이르게 한 잘못은 있으나, 그러한 부작위를 작위에 의한 살인의 실행행위와 동일하게 평가하기 어렵고 또한 살인의 미필적 고의로 선장 甲의 부작위에 의한 살인행위에 공모 가담하였다고 단정하기도 어려우므로 乙, 丙에 대해 부작위에 의한 살인의 고의를 인정하기 어렵다(대법원 2015.11.12. 2015도6809 全合 세월호 사건). 세월호 선장만 살인죄의 죄책을 지고, 항해사와 기관장 등은 유기치사죄의 죄책을 진다. [×]

0721 학대죄는 자기의 보호 또는 감독을 받는 사람에게 육체적으로 고통을 주거나 정신적으로 차별대우를 하는 행위가 있음과 동시에 범죄가 완성되는 상태범 또는 즉시범이라 할 것이다. ○|×

[19 경찰승진] [Core ★★]

해설

> 대법원 1986.7.8. 84도2922 [○]

0722 피고인과 피해자간의 비정상적 성관계가 단순 일과성에 그친 것이 아니라 장장 8년간에 걸쳐 지속되어 왔다면 학대죄가 성립한다. ○ | ✕

[18 경간부] [Core ★★]

해설

형법 제273조 제1항에서 말하는 '학대'라 함은 육체적으로 고통을 주거나 정신적으로 차별대우를 하는 행위를 가리키고, 이러한 학대행위는 형법의 규정체제상 학대와 유기의 죄가 같은 장에 위치하고 있는 점 등에 비추어 단순히 상대방의 인격에 대한 반인륜적 침해만으로는 부족하고 적어도 유기에 준할 정도에 이르러야 한다. 피고인이 피해자와 성 관계를 가진 행위를 가리켜 위와 같은 의미의 학대행위에 해당한다고 보기는 어렵다(대법원 2000. 4.25. 2000도223 장장 8년간 사건). [✕]

0723 학대죄의 '학대'란 육체적으로 고통을 주거나 정신적으로 차별대우를 하는 행위를 가리키는 것으로, 단순히 상대방의 인격에 대한 반인륜적 침해만으로는 부족하지만 유기에 준할 정도에 이를 것은 요하지 않는다. ○ | ✕

[21 국가9급] [Core ★★]

해설

학대죄에서 말하는 '학대'라 함은 육체적으로 고통을 주거나 정신적으로 차별대우를 하는 행위를 가리키고, 이러한 학대행위는 단순히 상대방의 인격에 대한 반인륜적 침해만으로는 부족하고 적어도 유기에 준할 정도에 이르러야 한다(대법원 2000.4.25. 2000도223 장장 8년간 사건). [✕]

제2장 **자유에 관한 죄**

제1절 **협박의 죄**

0724 협박이라 함은 일반적으로 보아 사람으로 하여금 공포심을 일으킬 정도의 해악을 고지하는 것을 의미하며, 그 고지되는 해악의 내용, 즉 침해하겠다는 법익의 종류나 법익의 향유 주체 등에는 아무런 제한이 없다. ○ | ✕

[13 경찰승진] [Core ★★]

해설

대법원 2010.7.15. 2010도1017 회사를 아작내겠다 사건 [○]

0725 협박죄가 성립하기 위하여는 적어도 발생 가능한 것으로 생각될 수 있는 정도의 구체적인 해악의 고지가 있어야 한다. ○ | ✕

[17 경찰승진, 16 경찰승진, 14 경간부] [Essential ★]

해설

대법원 2011.5.26. 2011도2412 사채업자 협박사건 [O]

0726 협박죄의 고의는 사람으로 하여금 공포심을 일으킬 수 있는 정도의 해악을 고지한다는 것을 인식, 인용하는 것을 그 내용으로 하고 또한 고지한 해악을 실제로 실현할 의도나 욕구가 있어야 한다. ○ | ✕

[17 경간부, 14 국가9급, 14 경찰승진, 14 경찰채용, 13 경찰채용, 12 국가9급, 11 경간부] [Essential ★]

해설

협박죄의 고의는 행위자가 그러한 정도의 해악을 고지한다는 것을 인식, 인용하는 것을 그 내용으로 하고 고지한 해악을 실제로 실현할 의도나 욕구는 필요로 하지 아니한다(대법원 2006.8.25. 2006도546 쥐도 새도 모르게 사건). [✕]

0727 해악의 고지가 있다 하더라도 그것이 사회의 관습이나 윤리관념 등에 비추어 용인할 수 있는 정도의 것이라면 협박죄가 성립하지 아니한다. ○ | ✕

[15 경찰승진, 14 경간부] [Essential ★]

해설

대법원 2010.7.15. 2010도1017 회사를 아작내겠다 사건 [O]

0728 협박죄는 사람의 의사결정의 자유를 보호법익으로 하는 범죄로서 법인도 협박죄의 객체가 될 수 있다. ○ | ✕

[17 경간부, 15 변호사, 14 변호사, 14 법원9급, 14 국가7급, 14 국가9급, 14 경찰채용, 13 경찰채용, 11 법원행시] [Essential ★]

해설

협박죄는 사람의 의사결정의 자유를 보호법익으로 하는 범죄로서 자연인만을 그 대상으로 예정하고 있을 뿐 법인은 협박죄의 객체가 될 수 없다(대법원 2010.7.15. 2010도1017 회사를 아작내겠다 사건). [✕]

0729 피해자 본인이나 그 친족뿐만 아니라 그 밖의 제3자에 대한 법익 침해를 내용으로 하는 해악을 고지하는 것이라고 하더라도 피해자 본인과 제3자가 밀접한 관계에 있어 그 해악의 내용이 피해자 본인에게 공포심을 일으킬 만한 정도의 것이라면 협박죄가 성립할 수 있고 이때 '제3자'에는 자연인뿐만 아니라 법인도 포함된다. ○ | ✕

[17 경찰채용, 14 국가9급, 14 경찰채용, 13 경찰채용, 12 변호사, 12 법원행시, 12 경찰승진, 11 경간부] [Core ★★]

해설

대법원 2010.7.15. 2010도1017 회사를 아작내겠다 사건 [O]

0730 일반적으로 사람에게 공포심을 일으킬 수 있는 정도의 해악의 고지가 상대방에게 도달하여 상대방이 그 의미를 인식했지만 현실적으로 공포심을 일으키지 않은 경우는 협박미수죄를 구성한다.
O|×

[15 경찰승진, 15 경찰채용, 14 경찰승진, 14 경간부, 14 경찰채용, 13 변호사, 12 변호사, 12 법원행시, 12 국가9급, 12 경찰채용, 11 법원행시, 11 경간부] [Essential ★]

해설

협박죄가 성립되려면 고지된 해악의 내용이 일반적으로 사람으로 하여금 공포심을 일으키게 하기에 충분한 것이어야 할 것이지만, 상대방이 그에 의하여 현실적으로 공포심을 일으킬것까지 요구되는 것은 아니며, 그와 같은 정도의 해악을 고지함으로써 상대방이 그 의미를 인식한 이상 상대방이 현실적으로 공포심을 일으켰는지 여부와 관계없이 그로써 구성요건은 충족되어 협박죄의 기수에 이른다(대법원 2011.1.27. 2010도14316 회칼 2자루 사건).
[×]

0731 협박죄에 있어서의 협박이라 함은 사람으로 하여금 공포심을 일으킬 수 있을 정도의 해악을 고지하는 것을 의미하고, 행위자가 직접 해악을 가하겠다고 고지하는 것은 물론 제3자로 하여금 해악을 가하도록 하겠다는 방식으로도 해악의 고지는 가능하다.
O|×

[14 법원9급, 12 법원행시] [Core ★★]

해설

대법원 2007.6.1. 2006도1125 세무조사로 망하게 하겠다 사건
[O]

0732 고지자가 제3자의 행위를 사실상 지배하거나 제3자에게 영향을 미칠 수 있는 지위에 있는 것으로 믿게 하는 명시적·묵시적 언동을 하였거나 제3자의 행위가 고지자의 의사에 의하여 좌우될 수 있는 것으로 상대방이 인식한 경우에는 고지자가 직접 해악을 가하겠다고 고지한 것과 마찬가지의 행위로 평가할 수 있다.
O|×

[14 법원9급, 12 법원행시] [Essential ★]

해설

대법원 2007.6.1. 2006도1125 세무조사로 망하게 하겠다 사건
[O]

0733 피고인이 공중전화를 이용하여 경찰서에 여러 차례 전화를 걸어 전화를 받은 각 경찰관에게 "경찰서 관할구역 내에 있는 한나라당의 당사를 폭파하겠다"라고 말한 경우 협박죄가 성립한다.
O|×

[17 경찰승진, 16 경찰승진, 16 경찰채용, 15 법원행시, 14 법원9급, 14 국가9급, 14 경찰채용, 13 경찰채용] [Core ★★]

해설

한나라당 정당에 대한 해악의 고지가 각 경찰관 개인에게 공포심을 일으킬 만큼 서로 밀접한 관계에 있다고 보기 어려우므로 각 경찰관에 대한 협박죄를 구성한다고 할 수 없다(대법원 2012.8.17. 2011도10451 한나라당 경기 당사 폭파협박사건).
[×]

0734 피고인이 피해자의 장모가 있는 자리에서 "요구를 들어주지 않으면 서류를 세무서로 보내 세무조사를 받게 하여 피해자를 망하게 하겠다"라고 말하여 피해자의 장모로 하여금 피해자에게 위와 같은 사실을 전하게 하고, 그 다음날 피해자의 처에게 전화를 하여 "며칠 있으면 국세청에서 조사가 나올 것이니 그렇게 아시오"라고 말한 경우 협박죄가 성립한다. ○|×

[14 법원9급] [Core ★★]

해설

> 피고인의 각 행위는 협박죄에 있어서의 해악의 고지에 해당한다(대법원 2007.6.1. 2006도1125 세무조사로 망하게 하겠다 사건). [○]

0735 채권추심업체의 지사장으로 근무하던 피고인이 회사로부터 횡령행위에 대한 민·형사상 책임을 추궁당할 지경에 이르자 이를 모면하기 위하여 회사 본사에 '회사의 내부비리 등을 금융감독원 등 관계 기관에 고발하겠다'는 취지의 서면을 보내는 한편, 회사 대표이사의 처남으로서 경영지원 본부장이자 상무이사였던 A에게 전화를 걸어 자신의 횡령행위를 문제 삼지 말라고 요구하면서 위 서면의 내용과 같은 취지로 발언한 경우 협박죄가 성립한다. ○|×

[17 경간부, 15 법원행시, 12 변호사] [Core ★★]

해설

> 피고인에게 협박의 고의가 있었음을 충분히 인정할 수 있으며, 피해자를 상대로 그와 무관한 회사의 내부 비리 등을 고발하겠다는 내용의 해악을 고지한 것은 사회통념에 비추어 용인할 수 있는 정도의 것이라고는 볼 수 없다(대법원 2010.7.15. 2010도1017 회사를 아작내겠다 사건). [○]

0736 정보보안과 소속 경찰관이 자신의 지위를 내세우면서 타인의 민사분쟁에 개입하여 "빨리 채무를 변제하지 않으면 상부에 보고하여 문제를 삼겠다"고 말한 경우 협박죄가 성립한다. ○|×

[17 경찰승진, 17 경찰채용, 15 법원행시, 12 국가9급, 11 경찰승진] [Essential ★]

해설

> 대법원 2007.9.28. 2007도606 숫승 정보과 형사 협박사건 [○]

0737 사채업자인 피고인이 피해자에게, 채무를 변제하지 않으면 피해자가 숨기고 싶어하는 과거의 행적과 사채를 쓴 사실 등을 남편과 시댁에 알리겠다는 등의 문자메시지를 발송한 경우 협박죄가 성립한다. ○|×

[13 경찰채용] [Core ★★]

해설

> 대법원 2011.5.26. 2011도2412 사채업자 협박사건 [○]

0738 다음 중 협박죄가 성립하는 것은 모두 3개다. ○│×

[Superlative ★★★]

> ⊙ 피고인이 피해자에게 "입을 찢어 버릴라"라고 말한 경우 [16 경찰승진, 13 경찰승진, 12 경간부]
> ⓛ 피고인이 피해자에게 "앞으로 수박이 없어지면 네 책임으로 한다"라고 말한 경우 [16 경찰채용, 15 경찰승진, 14 경찰채용, 12 경간부, 11 경찰승진]
> ⓒ 피고인이 피해자와 시비하다가 동인이 자기 집으로 돌아가자 그 집 마당까지 가서 가위를 목에 겨누면서 찌를 것처럼 한 경우 [12 경간부]
> ⓔ 피고인이 자신의 동거남과 성관계를 가진 바 있던 피해자에게 "사람을 사서 쥐도 새도 모르게 파묻어버리겠다. 너까지 것 쉽게 죽일 수 있다"라고 말한 경우 [17 경간부]
> ⓜ 지서에 연행된 피고인이 경찰관으로부터 추궁당하고 뺨까지 얻어맞게 되자 술김에 흥분하여 항의조로 "내가 너희들의 목을 자른다. 내 동생을 시켜서라도 자른다"라고 말한 경우 [11 경찰승진]
> ⓗ 피고인이 누나의 집에서 온 몸에 연소성이 높은 고무놀을 바르고 라이타 불을 켜는 동작을 하면서 가위, 송곳을 휘두르면서 "방에 불을 지르겠다, 가족 전부를 죽여 버리겠다"라고 소리친 경우 [17 경간부, 14 경찰승진, 12 법원행시]

해설

> ⓒⓗ 2 항목의 경우 협박죄가 성립한다.
> ⊙ 단순한 감정적인 욕설이었다고 보기에 충분하고 해악을 가할 것을 고지한 행위라고 볼 수 없다(대법원 1986.7.22. 86도1140).
> ⓛ 구체적으로 어떠한 법익에 어떠한 해악을 가하겠다는 것인지를 알 수 없어 해악의 고지라고 보기 어렵고, 가사 다소간의 해악의 고지에 해당한다고 가정하더라도 이는 정당한 훈계의 범위를 벗어나는 것이 아니어서 사회상규에 위배되지 아니하므로 위법성이 없다(대법원 1995.9.29. 94도2187 네 책임으로 한다 사건).
> ⓒ 가위를 목에 겨누면서 찌를 것처럼 하였다면 신체에 대하여 위해를 가할 고지로 못 볼 바 아니다(대법원 1975.10.7. 74도2727 가위 사건).
> ⓔ 말다툼으로 흥분한 나머지 단순히 감정적인 욕설 내지 일시적 분노의 표시를 한 것에 불과하고 해악을 고지한다는 인식을 갖고 한 것이라고 보기 어렵다(대법원 2006.8.25. 2006도546 쥐도 새도 모르게 사건).
> ⓜ 피고인에게 협박죄를 구성할 만한 해악을 고지할 의사가 있었다고 볼 수 없다(대법원 1972.8.29. 72도1565 너희들의 목을 자른다 사건).
> ⓗ 피고인의 행위는 공포심을 일으키기에 충분할 정도의 해악을 고지한 것에 해당한다(대법원1991. 5.10. 90도2102 고무놀 사건). [×]

제2절 강요의 죄

0739 강요죄에서 '의무 없는 일'이라 함은 법령, 계약 등에 기하여 발생하는 법률상 의무 없는 일을 말하므로 법률상 의무 있는 일을 하게 한 경우에는 강요죄가 성립할 여지가 없다. ○│×

[13 경간부, 12 경찰승진, 12 경간부, 11 경간부] [Core ★★]

해설

> 대법원 2012.11.29. 2010도1233 업무일지작성 지시사건 [○]

0740 강요죄의 수단인 협박의 방법은 통상 언어에 의하는 것이나 경우에 따라서 한마디 말도 없이 거동에 의하여서도 할 수 있다. O|X

[13 경간부] [Essential ★]

해설

> 대법원 2011.7.28. 2011도1739 해군 법무실장 사건 [O]

0741 다음 중 강요죄가 성립하는 것은 모두 3개다. O|X

[Superlative ★★★]

> ㉠ 피고인이 자신의 전답의 점유를 실력으로 회수하려는 자에게 폭행을 가한 경우 [11 경간부]
> ㉡ 직장에서 상사가 범죄행위를 저지른 부하직원에게 징계절차에 앞서 자진하여 사직할 것을 단순히 권유한 경우 [17 경간부]
> ㉢ 피고인이 피해자의 해외도피를 방지하기 위하여 피해자를 협박하고 이에 피해자가 겁을 먹고 있는 상태를 이용하여 동인 소유의 여권을 교부하게 하여 해외여행을 하지 못하게 한 경우 [12 변호사]
> ㉣ 상관이 직무수행을 태만히 하거나 지시사항을 불이행하고 허위보고 등을 한 부하에게 근무태도를 교정하고 직무수행을 감독하기 위하여 직무수행의 내역을 일지 형식으로 기재하여 보고하도록 명령한 경우 [17 경간부]
> ㉤ 상사 계급의 피고인이 병사들에 대해 수시로 폭력을 행사해 와 신체에 위해를 느끼고 겁을 먹은 상태에 있던 병사들에게 청소 불량 등을 이유로 40분 내지 50분간 머리박아(속칭 '원산폭격')를 시키거나 양손을 깍지 낀 상태에서 약 2시간 동안 팔굽혀펴기를 50~60회 정도 하게 한 경우 [13 국가7급, 13 경간부]

해설

> ㉢㉤ 2 항목의 경우 강요죄가 성립한다.
> ㉠ 전답의 점유를 침탈당한 자라도 이를 실력으로 회수할 수 없는 것이니 그에게 폭행을 가하였다면 이는 단순폭행죄에 해당한다 할 것이고 강요죄에 해당하지 아니한다(대법원 1961.11.9. 61도357).
> ㉡ 사직할 것을 단순히 권유하였다고 하여 이를 강요죄에서의 협박에 해당한다고 볼 수는 없다(대법원 2008.11.27. 2008도7018 사직 권유사건).
> ㉢ 피해자의 해외여행의 권리행사를 방해하였다면 강요죄의 기수에 해당한다(대법원 1993.7.27. 93도901).
> ㉣ 직무권한 범위 내에서 내린 정당한 명령이므로 강요죄를 구성한다고 볼 수 없다(대법원 2012.11.29. 2010도1233 업무일지작성 지시사건).
> ㉤ 강요죄에 해당한다(대법원 2006.4.27. 2003도4151 가혹한 얼차려 사건). [X]

0742 골프시설의 운영자가 골프회원에게 불리하게 변경된 내용의 회칙에 대하여 동의한다는 내용의 등록신청서를 제출하지 아니하면 회원으로 대우하지 아니하겠다고 통지한 경우 강요죄가 성립한다. O|X

[17 경간부, 14 변호사] [Core ★★]

해설

> 재산상 불이익이라는 해악을 고지하는 방법으로 회원들을 협박하여 회원권이라는 재산적 권리의 행사를 제한하고 변경된 회칙을 승낙하도록 강요한 경우에 해당한다(대법원 2003.9.26. 2003도763 리베라컨트리클럽 사건). [O]

0743 피고인이 특정 연예인에게 팬미팅 공연을 하도록 강요하면서 만날 것을 요구하고 팬미팅 공연이 이행되지 않으면 안 좋은 일을 당할 것이라고 협박한 경우 강요죄가 성립한다. ○|×

[17 경간부] [Core ★★]

> **해설**
>
> 강요죄의 고의가 피고인에게 있었다고 단정하기 어렵다면 강요죄는 성립하지 아니한다(대법원 2008.5.15. 2008도1097 팬미팅 강요사건). [×]

0744 환경단체 소속 회원들이 축산 농가들의 폐수 배출 단속활동을 벌이면서 폐수 배출현장을 사진촬영하거나 지적하는 한편 폐수 배출사실을 확인하는 내용의 사실확인서를 징구하는 과정에서 서명하지 아니할 경우 법에 저촉된다고 겁을 준 경우 강요죄가 성립한다. ○|×

[20 경찰승진] [Core ★★]

> **해설**
>
> 피고인들의 일련의 행위는 협박에 의한 강요행위에 해당한다(대법원 2010.4.29. 2007도7064 환경감시단 사건). [○]

0745 피고인이 甲과 공모하여 甲 소유의 차량을 피해자 소유 주택 대문 바로 앞부분에 주차하는 방법으로 피해자가 차량을 피해자 소유 주택 내부의 주차장에 출입시키지 못하게 하였더라도 피해자는 차량을 용법에 따라 정상적으로 사용할 수 있었으므로 주차 당시 피고인과 피해자 사이에 물리적 접촉이 있거나 피고인이 피해자에게 어떠한 유형력을 행사했다고 볼만한 사정이 없다면 강요죄는 성립하지 않는다. ○|×

[22 법원행시] [Essential ★]

> **해설**
>
> 피고인은 乙로 하여금 주차장을 이용하지 못하게 할 의도로 甲 차량을 乙 주택 대문 앞에 주차하였으나 주차 당시 피고인과 乙 사이에 물리적 접촉이 있거나 피고인이 乙에게 어떠한 유형력을 행사했다고 볼만한 사정이 없는 점, 피고인의 행위로 乙에게 주택 외부에 있던 乙 차량을 주택 내부의 주차장에 출입시키지 못하는 불편이 발생하였으나 乙은 차량을 용법에 따라 정상적으로 사용할 수 있었던 점을 종합하면 피고인이 乙을 폭행하여 차량 운행에 관한 권리행사를 방해하였다고 평가하기 어렵다(대법원 2021.11.25. 2018도1346 주차방해 사건). [○]

0746 공무원인 甲이 자신의 직무와 관련한 상대방에게 단지 자신이 지정한 제3자를 위하여 유·무형의 이익을 제공할 것을 요구하고, 상대방은 공무원의 지위에 따른 직무에 관하여 어떠한 이익을 기대하며 그에 대한 대가로서 그 요구에 응한 경우 강요죄가 성립한다. ○|×

[22 국가7급] [Core ★★]

> **해설**
>
> 공무원이 자신의 직무와 관련한 상대방에게 공무원 자신 또는 자신이 지정한 제3자를 위하여 재산적 이익 또는 일체의 유·무형의 이익 등을 제공할 것을 요구하고 상대방은 공무원의 지위에 따른 직무에 관하여 어떠한 이익을 기대하며 그에 대한 대가로서 요구에 응하였다면 다른 사정이 없는한 공무원의 위 요구 행위를 객관적으로 사람의 의사결정의 자유를 제한하거나 의사실행의 자유를 방해할 정도로 겁을 먹게 할 만한 해악의 고지라고 단정하기는 어렵다(대법원 2019.8.29. 2018도13792 全合 국정농단 사건 I). [×]

제3절 체포와 감금의 죄

0747 정신병자는 감금죄의 객체가 될 수 없다. ○│×

[17 변호사, 16 경찰승진, 15 경찰채용, 14 경간부, 13 경간부, 11 경찰승진] [Essential ★]

해설

> 정신병자도 감금죄의 객체가 될 수 있다(대법원 2002.10.11. 2002도4315 정신병자 감금치사사건). [×]

0748 피해자가 피고인으로부터 강간미수 피해를 입은 후 피고인의 집에서 나가려고 하였는데 피고인이 피해자가 나가지 못하도록 현관에서 거실 쪽으로 피해자를 세 번 밀쳤고, 피해자가 피고인을 뿌리치고 현관문을 열고 나와 엘리베이터를 누르고 기다리는데 피고인이 팬티 바람으로 쫓아 나왔으며, 피해자가 엘리베이터를 탔는데도 피해자의 팔을 잡고 끌어 내리려고 해서 이를 뿌리쳤고, 피고인이 닫히는 엘리베이터 문을 손으로 막으며 엘리베이터로 들어오려고 하자 피해자가 버튼을 누르고 손으로 피고인의 가슴을 밀어낸 경우, 체포죄의 실행의 착수가 있다. ○│×

[18 법원행시] [Essential ★]

해설

> 피해자가 피고인으로부터 강간미수 피해를 입은 후 피고인의 집에서 나가려고 하였는데 피고인이 피해자가 나가지 못하도록 현관에서 거실 쪽으로 피해자를 세 번 밀쳤고 피해자가 피고인을 뿌리치고 현관문을 열고 나와 엘리베이터를 누르고 기다리는데 피고인이 팬티 바람으로 쫓아 나왔으며 피해자가 엘리베이터를 탔는데도 피해자의 팔을 잡고 끌어내리려고 해서 이를 뿌리쳤고 피고인이 닫히는 엘리베이터 문을 손으로 막으며 엘리베이터로 들어오려고 하자 피해자가 버튼을 누르고 손으로 피고인의 가슴을 밀어낸 경우, 피고인은 피해자의 신체에 대한 유형력의 행사를 통해 일시적으로나마 피해자의 신체를 구속한 것이므로 체포미수죄가 성립한다(대법원 2018.2.28. 2017도21249 강간·체포 모두 미수사건). [○]

0749 「형법」의 체포죄는 계속범으로서 체포행위에 시간적 계속이 있어야 한다. ○│×

[18 법원행시] [Essential ★]

해설

> 체포죄는 계속범으로서 체포의 행위에 확실히 사람의 신체의 자유를 구속한다고 인정할 수 있을 정도의 시간적 계속이 있어야 하나, 체포의 고의로써 타인의 신체적 활동의 자유를 현실적으로 침해하는 행위를 개시한 때 체포죄의 실행에 착수하였다고 볼 것이다(대법원 2018.2.28. 2017도21249 강간·체포 모두 미수사건). [○]

0750 체포죄에서 말하는 '체포'는 사람의 신체에 대하여 직접적이고 현실적인 구속을 가하여 신체활동의 자유를 박탈하는 행위를 의미하는 것으로서 그 수단과 방법을 불문한다. ○│×

[Core ★★]

해설

> 대법원 2018.2.28. 2017도21249 강간·체포 모두 미수사건 [○]

0751 사람이 특정한 구역에서 나가는 것을 불가능하게 하거나 심히 곤란하게 하는 그 장애는 물리적·유형적 장애뿐만 아니라 심리적·무형적 장애에 의해서도 가능하고 또 행동의 자유를 구속하는 수단과 방법에는 아무런 제한이 없다. ○ | ×

[16 경찰승진, 16 경찰채용, 15 경찰채용, 14 경찰채용, 11 경찰승진] [Core ★★]

해설

대법원 2011.9.29. 2010도5962 도박장 감금사건 [○]

0752 감금에 있어서의 사람의 행동의 자유의 박탈은 반드시 전면적이어야 할 필요는 없지만 감금된 특정구역 내부에서 일정한 생활의 자유가 허용되어 있었다고 한다면 감금죄는 성립하지 아니한다. ○ | ×

[17 법원행시, 16 경찰승진, 14 경찰승진, 14 경간부] [Core ★★]

해설

감금에 있어서의 사람의 행동의 자유의 박탈은 반드시 전면적이어야 할 필요가 없으므로 감금된 특정구역 내부에서 일정한 생활의 자유가 허용되어 있었다고 하더라도 감금죄의 성립에는 아무 소장이 없다(대법원 2011.9.29. 2010도5962 도박장 감금사건). [×]

0753 피고인들이 대한상이군경회원 80여명과 공동으로 호텔 출입문을 봉쇄하며 피해자들의 출입을 방해하였다면 감금죄에 해당한다. ○ | ×

[15 경찰승진, 14 경찰승진] [Essential ★]

해설

대법원 1983.9.13. 80도277 대구 상이군경 난동사건 [○]

0754 피해자가 만약 도피하는 경우에는 생명·신체에 심한 해를 당할지도 모른다는 공포감에서 도피하기를 단념하고 있는 상태하에서 피고인이 그를 호텔로 데리고 가서 함께 유숙한 후 그와 함께 항공기로 국외에 나간 행위는 감금죄를 구성한다. ○ | ×

[16 경찰채용, 15 경찰승진, 13 경간부] [Essential ★]

해설

대법원 1991.8.27. 91도1604 [○]

0755 피고인의 협박과 폭행행위로 말미암아 야기된 공포심으로 피해자가 사무실 밖으로 나가지 못한 것이라면 가사 피해자가 처음에 위 장소에 간 것이 자발적인 것이고 또 위 장소에 시정장치등 출입에 물리적인 장애사유가 없었다고 하여도 감금죄가 성립한다. ○|×

[14 경간부, 12 법원행시] [Essential ★]

해설

> 대법원 1985.6.25. 84도2083 횡령 자인서 사건　　　　　　　　　　　　　　　　[○]

0756 피고인이 거의 탈진 상태에 이른 피해자의 손과 발을 17시간 이상 묶어 두고 좁은 차량 속에서 움직이지 못하게 감금한 결과 묶인 부위의 혈액 순환에 장애가 발생하여 혈전이 형성되고 그 혈전이 폐동맥을 막아 피해자가 사망한 경우 감금치사죄가 성립한다. ○|×

[17 경간부, 14 경찰승진] [Core ★★]

해설

> 대법원 2002.10.11. 2002도4315 정신병자 감금치사사건　　　　　　　　　　　[○]

0757 피고인이 승용차로 피해자를 가로막아 승차하게 한 후 피해자의 하차 요구를 무시한 채 당초 목적지가 아닌 다른 장소를 향하여 약 60km 내지 70km의 속도로 진행하였고, 피해자가 감금상태를 벗어날 목적으로 차량을 빠져 나오려다가 길바닥에 떨어져 상해를 입고 그 결과 사망한 경우 감금치사죄가 성립한다. ○|×

[15 법원행시, 15 경찰승진, 15 경찰채용, 14 경간부, 13 경찰채용, 12 국가9급, 11 국가7급] [Core ★★]

해설

> 대법원 2000.2.11. 99도5286　　　　　　　　　　　　　　　　　　　　　　[○]

0758 피고인이 아파트 안방문에 못질을 하여 동거하던 피해자가 술집에 나갈 수 없게 감금하고, 피해자를 때리고 옷을 벗기는 등 가혹한 행위를 하여 피해자가 이를 피하기 위하여 창문을 통해 밖으로 뛰어 내리려 하자 피고인이 이를 제지한 후, 피고인이 거실로 나오는 사이에 갑자기 안방 창문을 통하여 아파트 아래 잔디밭에 뛰어 내리다가 사망한 경우, 피고인의 중 감금행위와 피해자의 사망 사이에 인과관계를 인정할 수 없어 중감금죄만 성립한다. ○|×

[16 국가9급, 13 법원행시, 12 국가9급, 11 국가9급] [Core ★★]

해설

> 피고인의 중감금행위와 피해자의 사망 사이에는 인과관계가 있어 피고인은 중감금치사죄의 죄책을 진다(대법원 1991.10.25. 91도2085 북문파 두목 사건). [×]

제4절 약취, 유인 및 인신매매의 죄

0759 미성년자를 보호·감독하는 사람이라고 하더라도 다른 보호감독자의 보호·양육권을 침해하거나 자신의 보호·양육권을 남용하여 미성년자 본인의 이익을 침해하는 때에는 미성년자약취죄의 주체가 될 수 있다. ○ | ×

[15 경찰승진, 15 경찰채용, 14 경찰승진, 13 경간부, 12 법원행시] [Core ★★]

해설

> 대법원 2013.6.20. 2010도14328 손습 아이와 함께 베트남으로 사건   [○]

0760 미성년의 자녀를 부모가 함께 동거하면서 보호·양육하여 오던 중 부모의 일방이 어떠한 폭행, 협박이나 불법적인 사실상의 힘을 행사함이 없이 그 자녀를 데리고 종전의 거소를 벗어나 다른 곳으로 옮겨 보호·양육을 계속하였다면 곧바로 미성년자약취죄의 성립을 인정할 수 없다. ○ | ×

[18 경간부, 17 법원행시, 14 경찰승진] [Core ★★]

해설

> 대법원 2013.6.20. 2010도14328 손습 아이와 함께 베트남으로 사건   [○]

0761 피고인들이 미성년자인 피해자를 보호·감독하고 있던 그 아버지의 감호권을 침해하여 그녀를 자신들의 사실상 지배하로 옮긴 이상 미성년자약취죄가 성립하지만, 약취행위에 피해자의 동의가 있었다면 위법성이 조각되어 본죄는 성립하지 아니한다. ○ | ×

[17 법원행시, 16 경간부, 16 경찰채용, 13 경간부] [Core ★★]

해설

> 피고인들이 피해자를 자신들의 사실상 지배하로 옮긴 이상 미성년자약취죄가 성립하고, 약취행위에 피해자의 동의가 있었다 하더라도 본죄의 성립에는 변함이 없다(대법원 2003.2.11. 2002도7115).   [×]

0762 자신의 교리설교에 속아 스스로 가출한 15세의 피해자를 보살피면서 '주의 일'(껌팔이) 등 행상을 시킨 경우 미성년자유인죄가 성립한다. ○ | ×

[19 경간부] [Essential ★]

해설

> 피해자(女, 15세)가 스스로 가출하여 피고인 등의 한국복음전도회 부산 및 마산 지관에 입관할 것을 호소하였다고 하더라도 피고인들의 독자적인 교리설교에 의하여 하자 있는 의사로 가출하게 된 것이고, 피해자의 보호감독권자의 보호관계로부터 이탈시키고 피고인들의 지배하에서 그들 교리에서 말하는 소위 '주의 일(껌팔이 등 행상)'을 하도록 도모한 이상 미성년자유인죄의 성립에 소장이 없다(대법원 1982.4.27. 82도186 복음전도회 사건).   [○]

0763 미성년자약취유인죄에 있어서 약취행위에는 미성년자를 장소적으로 이전시키는 경우뿐만 아니라 장소적 이전 없이 기존의 자유로운 생활관계 또는 부모와의 보호관계로부터 이탈시켜 범인이나 제3자의 사실상 지배하에 두는 경우도 포함된다. ○│×

[17 법원행시, 16 경찰채용, 14 변호사] [Core ★★]

해설

대법원 2008.1.17. 2007도8485 광주 인질강도사건 [○]

0764 미성년자유인죄라 함은 기망 또는 유혹을 수단으로 하여 미성년자를 꾀어 현재의 보호상태로부터 이탈케 하여 자기 또는 제3자의 사실적 지배하로 옮기는 행위를 말하고, 여기서의 유혹이라 함은 기망의 정도에는 이르지 아니하나 감언이설로써 상대방을 현혹시켜 판단의 적정을 그르치게 하는 것이므로 반드시 그 유혹의 내용이 허위일 것을 요하지는 않는다. ○│×

[12 경찰채용] [Core ★★]

해설

대법원 1996.2.27. 95도2980 [○]

0765 다음 중 약취·유인죄(또는 그 미수죄)가 성립하는 것은 모두 3개다. ○|×

> ⑦ 피고인이 초등학교 5학년 여학생인 피해자의 소매를 잡아끌면서 "우리 집에 같이 자러가자"라고
> 한 경우 [16 경간부, 15 경간부]
> ⑥ 피고인이 11세에 불과한 어린 나이의 피해자를 유혹하여 모텔 앞길에서부터 모텔 301호실까지
> 데리고 간 경우 [15 경찰승진, 13 경간부]
> ⑥ 베트남 국적 여성인 피고인이 남편의 의사에 반하여 생후 약 13개월 된 아들을 주거지에서 데리고
> 나와 베트남으로 떠난 경우 [17 경찰승진, 15 법원행시, 15 경간부, 14 법원9급]
> ⑥ 피고인이 미성년자 혼자 머무는 주거에 침입하여 강도 범행을 하는 과정에서 미성년자와 그 부모
> 에게 폭행·협박을 가하여 일시적으로 부모와의 보호관계가 사실상 침해·배제된 경우 [15 경찰승진, 14
> 변호사, 14 경찰승진, 13 경찰승진, 13 경간부]
> ⑩ 피고인이 미성년자인 자신의 딸을 그의 외조부에게 양육을 맡겨 왔으나 이후 분쟁이 발생하자 자
> 신이 직접 양육하기로 마음먹고, 학교에서 귀가하는 딸을 강제로 차에 태우고 고아원에 데려가 수
> 용문제를 상담하고 개사육장에서 잠을 재운 후 다른 아동복지상담소에 데리고 가는 등으로 사실상
> 지배한 경우 [17 법원행시, 14 변호사, 12 경찰채용]

해설

> ⑦⑥⑩ 3 항목의 경우 약취·유인죄가 성립한다.
> ⑦ 약취행위의 수단으로서 폭행에 충분히 해당한다고 할 것이고 또한 약취의 의사도 인정된다고 할 것이므로 약취
> 행위에 해당하는 실행행위가 있다고 보아야 한다(대법원 2009.7.9. 2009도3816 우리집에 자러가자 사건).
> ⑥ 피해자를 유혹하여 모텔 앞길에서부터 모텔 301호실까지 데리고 간 이상 이로써 간음목적유인죄의 기수에
> 이른 것으로 보아야 한다(대법원 2007.5.11. 2007도2318 11세 여아를 모텔로 사건).
> ⑥ 피고인이 아들을 데리고 베트남으로 떠난 행위는 어떠한 실력을 행사하여 아들을 평온하던 종전의 보호·양육
> 상태로부터 이탈시킨 것이라기보다 친권자인 모(母)로서 출생 이후 줄곧 맡아왔던 아들에 대한 보호·양육을
> 계속 유지한 행위에 해당하여, 이를 폭행, 협박 또는 불법적인 사실상의 힘을 사용하여 아들을 자기 또는 제3자
> 의 지배하에 옮긴 약취행위로 볼 수는 없으므로 국외이송약취죄나 피약취자국외이송죄는 성립하지 아니한다
> (대법원 2013.6.20. 2010도14328 솜슴 아이와 함께 베트남으로 사건).
> ⑥ 미성년자가 기존의 생활관계로부터 완전히 이탈되었다거나 새로운 생활관계가 형성되었다고 볼 수 없고 범인
> 의 의도도 위와 같은 생활관계의 이탈이 아니라 단지 금품 강취를 위한 반항 억압에 있는 것이므로 미성년자약
> 취죄는 성립하지 아니한다(대법원 2008.1.17. 2007도8485 광주 인질강도사건).
> ⑩ (1) 미성년자를 보호감독하는 자라 하더라도 다른 보호감독자의 감호권을 침해하거나 자신의 감호권을 남용하
> 여 미성년자 본인의 이익을 침해하는 경우에는 미성년자 약취·유인죄의 주체가 될 수 있다. (2) 아동복지상담
> 소에 데리고 가는 등으로 사실상 지배함으로써 피해자를 약취하였다고 인정한 원심의 판단은 정당하다(대법원
> 2008.1.31. 2007도8011 내가 딸을 키우겠다 사건). [○]

제5절 강간과 추행의 죄

0766 강간죄가 성립하려면 가해자의 폭행·협박은 피해자의 항거를 불가능하게 하거나 현저히 곤란하게 할 정도의 것이어야 한다. ○|×

[17 경찰승진, 16 경찰승진, 14 경찰채용, 13 법원행시] [Essential ★]

해설

> 대법원 2010.11.11. 2010도9633 4번중 2번만 강간사건 [○]

0767 피고인이 피해자를 여관방으로 유인한 다음 피해자에게 성교할 것을 요구하였으나 피해자가 이를 거부하자 "옆방에 내 친구들이 많이 있다. 소리 지르면 다 들을 것이다. 조용히 해라. 한 명하고 할 것이냐? 여러 명하고 할 것이냐?"라고 말하면서 성행위를 요구한 경우 강간죄의 폭행·협박에 해당한다.
○|×

[Essential ★]

해설

> 피고인이 피해자의 항거를 현저히 곤란하게 할 정도의 유형력을 행사한 사실은 충분히 인정된다(대법원 2000.8.18. 2000도1914 한명하고 여러명하고 사건). [○]

0768 피고인과 피해자가 전화로 사귀어 오면서 음담패설을 주고받을 정도까지 되었고 당초 간음을 시도한 방에서 피해자가 "여기는 죽은 시어머니를 위한 제청방이니 이런 곳에서 이런짓을 하면 벌 받는다"고 말하여 안방으로 장소를 옮겨서 간음한 경우 강간죄의 폭행·협박에 해당한다. ○|×

[Essential ★]

해설

> 피해자에게 가한 폭행 또는 협박이 그 반항을 현저히 곤란하게 할 정도에 까지 이른 것이라고 보기는 어렵다(대법원 1991.5.28. 91도546 제청방 사건). [×]

0769 혼인관계가 파탄된 경우가 아니고 혼인관계가 실질적으로 유지되고 있는 경우에는 비록 남편이 반항을 불가능하게 하거나 현저히 곤란하게 할 정도의 폭행이나 협박을 가하여 아내를 간음한 경우라도 다른 범죄가 성립하는 것은 별론으로 강간죄는 성립하지 아니한다. ○|×

[17 법원행시, 16 경찰승진, 16 경간부, 15 경찰승진, 14 법원행시, 14 법원9급, 14 경찰승진, 13 법원행시, 13 경찰채용]

[Essential ★]

해설

> 혼인관계가 파탄된 경우뿐만 아니라 혼인관계가 실질적으로 유지되고 있는 경우에도 남편이 반항을 불가능하게 하거나 현저히 곤란하게 할 정도의 폭행이나 협박을 가하여 아내를 간음한 경우에는 강간죄가 성립한다(대법원 2013.5.16. 2012도14788 슬슴 안산 와이프 강간사건). [×]

0770 피해자가 옛 애인으로 행세한 피고인과 1회 성관계를 가진 후 여전히 옛 애인으로 행세하는 피고인으로부터 전화로 "모텔로 들어가는 당신의 모습과 나와 만났던 모텔 방호수를 사진으로 찍은 사람이 당신과의 성관계를 요구한다"는 말을 듣는 등 마치 '사진 찍은 자'의 성관계 요구에 불응하면 사진이 피해자의 집으로 보내지고 옛 애인과 성관계를 가진 사실이 남편과 가족들에게 알려질 듯한 태도에 협박받아 '사진 찍은 자'로도 행세하는 피고인으로부터 간음 및 추행을 당한 경우 강간죄에 있어 폭행·협박에 해당한다. ○│×

[16 법원행시, 16 국가9급, 16 경찰승진, 16 경간부, 14 경찰채용] [Essential ★]

> **해설**
>
> 피고인의 협박은 피해자를 단순히 외포시킨 정도를 넘어 적어도 피해자의 항거를 현저히 곤란하게 할 정도의 것이었다고 보기에 충분하므로 강간죄 및 강제추행죄가 성립된다(대법원 2007.1.25. 2006도5979 1인 2역 강간사건).
>
> [○]

0771 피고인이 찜질방 수면실에서 옆에 누워 있던 피해자의 가슴 등을 손으로 만졌더라도 그 수면실에 현실적으로 사람들이 빽빽이 들어서 있어 서로간의 신체적 접촉이 이루어지고 있지 않았다면 '공중밀집장소'에서의 추행행위에 해당하지 아니한다. ○│×

[Essential ★]

> **해설**
>
> 공중밀집장소추행죄에서 '공중이 밀집하는 장소'는 현실적으로 사람들이 빽빽이 들어서 있어 서로간의 신체적 접촉이 이루어지고 있는 곳만을 의미하는 것이 아니라 찜질방 등과 같이 공중의 이용에 상시적으로 제공·개방된 상태에 놓여 있는 곳 일반을 의미한다. (2) 찜질방 수면실에서 옆에 누워 있던 피해자의 가슴 등을 손으로 만진 행위는 공중밀집장소에서의 추행행위에 해당한다(대법원 2009.10.29. 2009도5704 대구 찜질방 사건). [×]

0772 강간죄는 항거를 불능하게 하거나 현저히 곤란하게 할 정도의 폭행 또는 협박을 가하여, 피해자가 실제로 항거가 불능하게 되거나 현저히 곤란하게 되어야 그 실행의 착수가 있다고 볼 수 있다. ○│×

[16 국가9급, 13 법원행시] [Core ★★]

> **해설**
>
> 강간죄는 피해자의 항거를 불능하게 하거나 현저히 곤란하게 할 정도의 폭행 또는 협박을 개시한 때에 그 실행의 착수가 있다고 보아야 할 것이고, 실제로 그와 같은 폭행 또는 협박에 의하여 피해자의 항거가 불능하게 되거나 현저히 곤란하게 되어야만 실행의 착수가 있다고 볼 것은 아니다(대법원 2000.6.9. 2000도1253 내연녀 딸 강간 미수사건). [×]

0773 피고인이 피해자에게 성관계를 요구하였는데 피해자가 생리 중이라는 등의 이유로 거부하자, 성기 삽입을 하지 않기로 약속하고 엎드리게 한 후 피해자 뒤에서 자위행위를 하다가 피해자의 팔과 함께 몸을 세게 끌어안은 채 가슴으로 등을 세게 눌러 움직이지 못하도록 반항을 억압한 다음 기습적으로 성기를 피해자의 성기에 삽입한 경우, 간음행위를 시작할 때에 폭행·협박이 없었으므로 강간죄가 성립하지 아니한다. ○│×

[18 법원행시] [Essential ★]

해설

(1) 강간죄에서의 폭행·협박과 간음 사이에는 인과관계가 있어야 하나, 폭행·협박이 반드시 간음행위보다 선행되어야 하는 것은 아니다. 비록 간음행위를 시작할 때 폭행·협박이 없었다고 하더라도 간음행위와 거의 동시 또는 그 직후에 피해자를 폭행하여 간음한 것으로 볼 수 있다면 강간죄를 구성한다. (2) 피고인이 동거하던 피해자의 집에서 성관계를 요구하였는데 피해자가 생리 중이라는 등의 이유로 이를 거부하자, 성기삽입을 하지 않기로 약속하고 엎드리게 한 후 피해자 뒤에서 자위행위를 하다가 피해자의 팔과 함께 몸을 세게 끌어안은 채 가슴으로 등을 세게 눌러 움직이지 못하도록 반항을 억압한 다음 기습적으로 자신의 성기를 피해자의 성기에 삽입하였다면 비록 간음행위를 시작할 때 폭행·협박이 없었다고 하더라도 간음행위와 거의 동시 또는 그 직후에 피해자를 폭행하여 간음한 것으로 볼 수 있어 강간죄를 구성한다(대법원 2017.10.12. 2016도16948 기습 삽입사건).　　　　[×]

0774 간음행위를 시작할 때에 폭행·협박이 없었으면 강간죄가 성립하지 아니한다.　　　O|X

[18 법원행시] [Essential ★]

해설

(1) 강간죄에서의 폭행·협박과 간음 사이에는 인과관계가 있어야 하나, 폭행·협박이 반드시 간음행위보다 선행되어야 하는 것은 아니다. 비록 간음행위를 시작할 때 폭행·협박이 없었다고 하더라도 간음행위와 거의 동시 또는 그 직후에 피해자를 폭행하여 간음한 것으로 볼 수 있다면 강간죄를 구성한다. (2) 피고인이 동거하던 피해자의 집에서 성관계를 요구하였는데 피해자가 생리 중이라는 등의 이유로 이를 거부하자, 성기삽입을 하지 않기로 약속하고 엎드리게 한 후 피해자 뒤에서 자위행위를 하다가 피해자의 팔과 함께 몸을 세게 끌어안은 채 가슴으로 등을 세게 눌러 움직이지 못하도록 반항을 억압한 다음 기습적으로 자신의 성기를 피해자의 성기에 삽입하였다면 비록 간음행위를 시작할 때 폭행·협박이 없었다고 하더라도 간음행위와 거의 동시 또는 그 직후에 피해자를 폭행하여 간음한 것으로 볼 수 있어 강간죄를 구성한다(대법원 2017.10.12. 2016도16948 기습 삽입사건).　　　　[×]

0775 피고인이 강간할 목적으로 피해자의 집에 침입하였다 하더라도 안방에 들어가 누워 자고 있는 피해자의 가슴과 엉덩이를 만지면서 간음을 기도하였다는 사실만으로는 강간의 수단으로 피해자에게 폭행이나 협박을 개시하였다고 하기는 어렵다.　　　O|X

[18 경간부, 16 경간부, 15 국가9급, 14 법원9급, 12 법원9급, 12 경간부, 12 경찰채용, 11 법원행시] [Essential ★]

해설

대법원 1990.5.25. 90도607 가슴·엉덩이 사건　　　　[O]

0776 피고인이 여자를 간음할 목적으로 그 방문 앞에 가서 피해자가 방문을 열어주지 않으면 부수고 들어갈 듯한 기세로 방문을 두드리고 피해자가 위험을 느끼고 창문에 걸터앉아 가까이 오면 뛰어내리겠다고 하는데도 베란다를 통하여 창문으로 침입하려고 하였다면 강간의 수단으로서의 폭행에 착수하였다고 할 수 있다.　　　O|X

[17 경간부, 17 경찰채용, 16 경간부, 13 법원행시] [Core ★★]

해설

대법원 1991.4.9. 91도288 옆집 아저씨 사건　　　　[O]

0777 폭행 또는 협박으로 사람에 대하여 구강, 항문 등 신체(성기는 제외한다)의 내부에 손가락 등 신체(성기는 제외한다)의 일부 또는 도구를 넣는 행위를 한 경우에는 형법상 유사강간죄가 성립한다.

○│×

[18 경찰채용] [Core ★★]

해설

폭행 또는 협박으로 사람에 대하여 ⓐ 구강, 항문 등 신체(성기는 제외한다)의 내부에 성기를 넣거나 ⓑ 성기, 항문에 손가락 등 신체(성기는 제외한다)의 일부 또는 도구를 넣는 경우에 유사강간죄가 성립한다(제297조의2). 따라서 구강, 항문 등 신체(성기는 제외한다)의 내부에 손가락 등 신체(성기를 제외한다)의 일부 또는 도구를 넣는 경우에는 강제추행죄 또는 폭행·협박죄 등이 성립하는 것은 별론으로 하고 유사강간죄는 성립하지 아니한다.

[×]

0778 강제추행죄의 '추행'이란 일반인에게 성적 수치심이나 혐오감을 일으키고 선량한 성적 도덕관념에 반하는 행위인 것으로 족하고, 반드시 그 행위의 상대방인 피해자의 성적 자기결정의 자유를 침해할 필요까지는 없다.

○│×

[22 경찰승진] [Essential ★]

해설

추행이란 일반인에게 성적 수치심이나 혐오감을 일으키고 선량한 성적 도덕관념에 반하는 행위인 것만으로는 부족하고 그 행위의 상대방인 피해자의 성적 자기결정의 자유를 침해하는 것이어야 한다(대법원 2012.7.26. 2011도8805 길거리 성기노출 사건).

[×]

0779 강제추행죄가 성립하기 위하여는 주관적 구성요건으로 성욕을 자극·흥분·만족시키려는 주관적 동기나 목적이 있어야 한다.

○│×

[17 법원행시, 15 법원9급, 13 경찰승진, 12 경찰채용] [Essential ★]

해설

강제추행죄의 성립에 필요한 주관적 구성요건으로 성욕을 자극·흥분·만족시키려는 주관적 동기나 목적이 있어야 하는 것은 아니다(대법원 2013.9.26. 2013도5856 내연녀 패대기 추행사건). 이는 미성년자의제강제추행죄의 경우에도 동일하다(대법원 2006.1.13. 2005도6791 고추잡기 사건).

[×]

0780 강제추행죄는 상대방에 대하여 폭행 또는 협박을 가하여 항거를 곤란하게 한 뒤에 추행행위를 하는 경우뿐만 아니라 폭행행위 자체가 추행행위라고 인정되는 경우도 포함되며, 이 경우의 폭행은 반드시 상대방의 의사를 억압할 정도의 것임을 요하지 않고 상대방의 의사에 반하는 유형력의 행사가 있는 이상 그 힘의 대소강약을 불문한다.

○│×

[15 변호사, 14 경찰채용, 12 경찰채용] [Essential ★]

해설

대법원 2012.6.14. 2012도3893 여아들 음부 터치사건

[○]

0781 강제추행죄에 있어 '폭행'은 강간죄에 있어 폭행과 마찬가지로 피해자의 항거를 불가능하게 하거나 현저히 곤란하게 할 정도의 것이어야 한다. ○|×

[16 경찰승진, 13 법원행시] [Essential ★]

해설

강제추행죄의 폭행 또는 협박은 상대방의 항거를 곤란하게 할 정도로 강력할 것이 요구되지 아니하고 상대방의 신체에 대하여 불법한 유형력을 행사(폭행)하거나 일반적으로 보아 상대방으로 하여금 공포심을 일으킬 수 있는 정도의 해악을 고지(협박)하는 것이라고 보아야 한다(대법원 2023.9.21. 2018도13877 숲슴 사촌여동생 강제추행 사건). "강제추행죄의 폭행 또는 협박이 상대방의 항거를 곤란하게 할 정도일 것을 요한다"라고 판시한 판례(대법원 2012.7.26. 2011도8805 등 다수)는 모두 폐기되었다. [×]

0782 2012.12.18. 형법 개정으로 강간죄와 강제추행 죄의 객체가 부녀에서 사람으로 바뀌었다. ○|×

[19 해경간부] [Core ★★]

해설

2012.12.18. 법률 제11574호로 형법이 일부 개정되어 강간죄의 객체가 '부녀'에서 '사람'으로 바뀌었으나, 강제추행죄의 객체는 바뀌지 않았다. 강제추행죄의 객체는 형법 제정시부터 '사람'이었다. [×]

0783 강간죄와 유사강간죄와 강제추행죄의 예비·음모죄를 처벌한다. ○|×

[Core ★★]

해설

강간죄, 유사강간죄, 준강간죄, 강간상해죄, 미성년자의제강간죄등은 예비음모죄를 처벌하나, 강제추행죄는 예비음모죄를 처벌하지 않는다(제305조의3). [×]

0784 강제추행죄는 자수범(自手犯)이 아니므로 처벌되지 않는 타인을 도구로 삼아 간접정범의 형태로 범할 수 있으나, 이 '타인'에는 강제추행죄의 피해자는 포함되지 않는다. ○|×

[19 국가9급, 19 경찰승진, 19 경간부, 19 경찰채용, 18 법원행시, 18 경찰채용] [Essential ★]

해설

강제추행죄는 사람의 성적 자유 내지 성적 자기결정의 자유를 보호하기 위한 죄로서 정범 자신이 직접 범죄를 실행하여야 성립하는 자수범이라고 볼 수 없으므로 처벌되지 아니하는 타인을 도구로 삼아 피해자를 강제로 추행하는 간접정범의 형태로도 범할 수 있다. 여기서 강제추행에 관한 간접정범의 의사를 실현하는 도구로서의 타인에는 피해자도 포함될 수 있다고 봄이 타당하므로, 피해자를 도구로 삼아 피해자의 신체를 이용하여 추행행위를 한 경우에도 강제추행죄의 간접정범에 해당할 수 있다(대법원 2018.2.8. 2016도17733 셀프추행 강요 사건). [×]

0785 피고인이 처음 보는 여성인 피해자의 뒤로 몰래 접근하여 성기를 드러내고 피해자를 향한 자세에서 피해자의 등 쪽에 소변을 본 행위는 피해자의 성적 자기결정권을 침해하는 추행행위에 해당한다고 볼 여지가 있으나, 행위 당시에 피해자가 이를 인식하지 못하였다면 추행에 해당하지 않는다.

○|×

[22 법원행시] [Essential ★]

해설

> 피고인은 처음 보는 여성인 피해자(女, 18세)의 뒤로 몰래 접근하여 성기를 드러내고 피해자를 향한 자세에서 피해자의 등 쪽에 소변을 보았는바, 그 행위는 객관적으로 일반인에게 성적 수치심이나 혐오감을 일으키게 하고 선량한 성적 도덕관념에 반하는 행위로서 피해자의 성적 자기결정권을 침해하는 추행행위에 해당한다고 볼 여지가 있다. 피고인의 행위가 객관적으로 추행행위에 해당한다면 그로써 행위의 대상이 된 피해자의 성적 자기결정권은 침해되었다고 보아야 할 것이고, 행위 당시에 피해자가 이를 인식하지 못하였다고 하여 추행에 해당하지 않는다고 볼 것은 아니다(대법원 2021.10.28. 2021도7538 여학생 등에다 소변 사건). [×]

0786 다음 중 강제추행죄가 성립하는 것은 모두 3개다.

○|×

[Superlative ★★★]

> ㉠ 피고인이, 알고 지내던 여성인 피해자가 자신의 머리채를 잡아 폭행을 가하자 보복의 의미에서 피해자의 입술, 귀, 유두, 가슴 등을 입으로 깨무는 등의 행위를 한 경우 [17 법원행시, 16 법원행시, 16 경찰승진, 16 경간부, 15 법원행시, 15 경찰채용, 14 경찰채용]
>
> ㉡ 피고인이 처가 경영하는 식당의 지하실에서 종업원들인 피해자 A(女, 35세) 및 B와 노래를 부르며 놀던 중 B가 노래를 부르는 동안 A를 뒤에서 껴안고 부루스를 추면서 유방을 만진 경우 [15 법원행시, 15 경찰승진]
>
> ㉢ 피고인이 컨트리클럽 내 식당에서 여종업원인 피해자들에게 함께 술을 마실 것을 요구하였다가 거절당하였음에도 불구하고, 컨트리클럽의 회장과의 친분관계를 내세워 피해자들에게 신분상의 불이익을 가할 것처럼 협박하여 피해자들로 하여금 이른바 러브샷의 방법으로 술을 마시게 한 경우 [16 국가9급, 13 국가9급, 12 경찰채용]
>
> ㉣ 피고인이 자신의 지인과 분쟁이 있던 피해자(女, 48세)를 따라가서 말을 걸었으나 피해자가 이를 무시하고 사람 및 차량의 왕래가 빈번한 도로에 주차해 둔 피해자의 차량 쪽으로 걸어가자, 피해자에게 "내가 오늘 너를 잡아 죽인다"는 내용의 욕설을 하면서 직접적인 신체 접촉 없이 바지를 벗어 자신의 성기를 보여 경우 [17 경찰승진, 16 법원행시, 16 국가9급, 15 법원행시, 15 법원9급, 15 경찰채용, 13 변호사, 13 국가9급, 13 경찰승진]

해설

> ㉠㉡㉢ 3 항목의 경우 강제추행죄가 성립한다.
> ㉠ 대법원 2013.9.26. 2013도5856 내연녀 추행사건
> ㉡ 대법원 2002.4.26. 2001도2417 노래방 유방추행 사건
> ㉢ 대법원 2008.3.13. 2007도10050 러브샷 사건
> ㉣ 비록 객관적으로 일반인에게 성적 수치심이나 혐오감을 일으키게 하는 행위라고 할 수 있을지 몰라도 폭행 또는 협박으로 '추행'을 하였다고 볼 수 없다(대법원 2012.7.26. 2011도8805 길거리 성기노출 사건). [○]

0787 피고인이 아파트 엘리베이터 내에 피해자(女, 11세)와 단둘이 탄 다음 피해자를 향하여 성기를 꺼내어 잡고 여러 방향으로 움직이다가 이를 보고 놀란 피해자 쪽으로 가까이 다가간 경우 성폭법 제7조 제5항의 위력추행죄가 성립한다.　　　　　　　　　　　　　　　　　　　　　　　　　○|×

[15 법원9급, 15 경간부, 14 경찰승진, 13 경찰채용] [Essential ★]

해설

> 대법원 2013.1.16. 2011도7164 엘리베이터 자위사건　　　　　　　　　　　　　　[○]

0788 피고인이 엘리베이터라는 폐쇄된 공간에서 피해자들을 칼로 위협하는 등으로 꼼짝하지 못 하도록 하고 자신의 자위행위 모습을 보여 주고 피해자들로 하여금 이를 외면하거나 피할 수 없게 한 경우 성폭법 제4조 제2항의 특수강제추행죄가 성립한다.　　　　　　　　　　　　　　　　　○|×

[18 경간부, 16 법원행시, 15 법원행시, 15 경찰승진, 13 국가9급, 11 경찰승진] [Essential ★]

해설

> 대법원 2010.2.25. 2009도13716 엘리베이터 자위사건　　　　　　　　　　　　　[○]

0789 피고인이 혼자 걸어가는 피해자(女, 17세)를 발견하고 200m 정도 뒤따라 간 후, 인적이 없고 외진 곳에 이르러 피해자에게 약 1m 간격으로 접근하여 양팔을 높이 들어 피해자를 껴안으려고 하였으나 피해자가 뒤돌아보면서 "왜 이러세요?"라고 소리치자, 그 상태로 몇 초 동안 피해자를 쳐다보다가 다시 오던 길로 되돌아 온 경우 아청법 제7조 제3항의 아동·청소년강제추행미수죄가 성립한다.

○|×

[18 경간부, 17 국가9급, 17 경찰채용, 16 법원행시, 16 국가9급] [Core ★★]

해설

> 대법원 2015.9.10. 2015도6980 기습추행 미수사건　　　　　　　　　　　　　　[○]

0790 회사 대표이사인 피고인이 회식자리에서 갑자기 왼팔로 회사 직원인 피해자(女, 27세)의 목과 머리를 감싸안고 피고인의 가슴 쪽으로 끌어당겨 피해자의 머리가 피고인의 가슴에 닿게하는 등의 행위를 하였고 이후에도 계속적으로 욕설을 하며 피해자의 머리카락을 잡고 흔들고 어깨를 수회 치는 등의 행위를 한 경우, 이는 객관적으로 일반인에게 성적 수치심이나 혐오감을 일으키게 하고 선량한 성적 도덕관념에 반하는 행위에 해당하고 그로 인하여 피해자의 성적 자유를 침해하였다고 봄이 타당하다.　　　　　　　　　　　　　　　　　　　　　　　　　　　　　　　　　　　　○|×

[Core ★★]

해설

> 대법원 2020.12.24. 2020도7981 여직원 헤드락 사건　　　　　　　　　　　　　[○]

0791 피고인 자신이 직접 촬영하지 않았다고 하더라도 타인의 신체를 그 의사에 반하여 촬영한 촬영물을 반포·판매·임대 또는 공연히 전시·상영한 경우에는 성폭법 제14조 제1항 위반죄가 성립한다.
○ | ✕

[Core ★★]

해설

대법원 2016.10.13. 2016도6172 [○]

0792 피고인이 피해자가 잠을 자는 사이에 피해자의 바지와 팬티를 발목까지 벗기고 웃옷을 가슴 위까지 올린 다음 가슴, 엉덩이, 음부 등을 만지고 성기를 음부에 삽입하려고 하였으나 피해자가 잠에서 깨어 거부하는 듯한 기색을 보이자 더 이상 간음행위에 나아가는 것을 포기한 경우, 준강간죄의 실행에 착수하였다고 보아야 한다.
○ | ✕

[17 경간부] [Core ★★]

해설

대법원 2000.1.14. 99도5187 잠에서 깬 피해자 사건 [○]

0793 준강간죄가 성립하기 위해서는 피해자의 '심신상실 또는 항거불능의 상태를 현실적으로 이용'할 필요는 없고, 피해자가 사실상 심신상실 또는 항거불능 상태에 있기만 하면 족하며 피고인이 이를 알고 있을 필요도 없다.
○ | ✕

[Essential ★]

해설

(1) 형법은 폭행 또는 협박의 방법이 아닌 심신상실 또는 항거불능의 상태를 이용하여 간음한 행위를 강간죄에 준하여 처벌하고 있으므로, 준강간의 고의는 피해자가 심신상실 또는 항거불능의 상태에 있다는 것과 그러한 상태를 이용하여 간음한다는 구성요건적 결과 발생의 가능성을 인식하고 그러한 위험을 용인하는 내심의 의사를 말한다. (2) 준강간죄의 구성요건에 해당하는 행위는 '심신상실 또는 항거불능의 상태를 이용하여 간음'하는 것으로 심신상실 또는 항거불능의 상태에 있는 사람에 대하여 그 사람의 그러한 상태를 이용하여 간음행위를 하면 구성요건이 충족되어 준강간죄가 기수에 이른다(대법원 2019.3.28. 2018도16002 숨슴 만취한 것으로 오해 사건).
[✕]

0794 피고인이 피해자와 성관계를 할 의사로 술에 취하여 모텔 침대에 잠들어 있는 피해자의 속바지를 벗기다가 피해자가 깨어나자 중단한 경우 준강간죄의 실행에 착수한 것으로 볼 수 없다.
○ | ✕

[Core ★★]

해설

피고인이 피해자의 속바지를 벗기려던 행위는 간음의 의도를 가지고 간음의 수단이라고 할 수 있는 행동을 시작한 것으로서 준강간죄의 실행에 착수한 것으로 보아야 한다(대법원 2019.2.14. 2018도19295 잠 깬 피해자 사건 II).
[✕]

0795 피고인 甲이 피해자 A(女)가 乙(男)을 다시 만난 것을 알고 화가 나자 乙에게 자신과 A의 관계를 분명히 알려 乙이 더 이상 A를 만나지 못하게 할 의도로 자신과 A와의 성관계, 나체사진 등을 휴대전화로 촬영한 촬영물을 乙에게 전송한 경우, 이는 성폭법 제14조 제2항에서 정한 촬영물의 '반포'에 해당한다.　　　　　　　　　　　　　　　　　　　　　　　　　　　　　　　○|×

[20 경간부, 18 경찰승진] [Core ★★]

해설

(1) 카메라등이용촬영죄에 관한 성폭법 제14조 제2항은 (중략) 촬영물을 반포·판매·임대·제공 또는 공공연하게 전시·상영한 사람을 처벌하도록 규정하고 있는데, 여기에서 '반포'는 불특정 또는 다수인에게 무상으로 교부하는 것을 말하고, 계속적·반복적으로 전달하여 불특정 또는 다수인에게 반포하려는 의사를 가지고 있다면 특정한 1인 또는 소수의 사람에게 교부하는 것도 반포에 해당할 수 있다. 한편 '반포'와 별도로 열거된 '제공'은 '반포'에 이르지 아니하는 무상 교부 행위를 말하며, '반포'할 의사 없이 특정한 1인 또는 소수의 사람에게 무상으로 교부하는 것은 '제공'에 해당한다. (2) 피고인이 불특정 또는 다수인에게 교부하거나 전달할 의사로 촬영물을 전송하였다고 보기는 어려워 성폭법 제14조 제2항에서 정한 촬영물의 '제공'에 해당할 수는 있어도 촬영물의 '반포'에는 해당하지 아니한다(대법원 2016.12.27. 2016도16676 이 여자는 내 여자다 사건). 　　　　　　[×]

0796 피고인이 술에 취하여 안방에서 잠을 자고 있던 피해자를 발견하고 피해자의 옆에 누워 몸을 더듬다가 바지를 벗기려는 순간 피해자가 어렴풋이 잠에서 깨어났으나 피해자가 잠결에 자신의 바지를 벗기려는 피고인을 자신의 애인으로 착각하여 반항하지 않고 응함에 따라 피해자를 1회 간음한 경우 준강간죄가 성립한다.　　　　　　　　　　　　　　　　　　　　　　　　　　　　　　　　　　○|×

[17 경찰승진, 15 변호사] [Essential ★]

해설

피해자가 잠결에 자신의 바지를 벗기려는 피고인을 자신의 애인으로 착각하여 반항하지 않고 응함에 따라 피해자를 1회 간음한 경우(피고인이 안방에 들어오자 피고인을 자신의 애인으로 잘못 알고 불을 끄라고 말하였고, 피고인이 자신을 애무할 때 누구냐고 물었으며, 피고인이 여관으로 가자고 제의하자 그냥 빨리 하라고 말하기도 하였음), 피해자의 의식상태를 심신상실의 상태에 이르렀다고 보기 어렵다(대법원 2000.2.25. 98도4355 그냥 **빨리해라** 사건). 　　　　　　　　　　　　　　　　　　　　　　　　　　　　　　　　　　[×]

0797 「아동·청소년의 성보호에 관한 법률」 제7조 제5항의 미성년자에 대한 위계간음죄에 있어 위계와 간음행위 사이의 인과관계를 판단함에 있어서는 일반적·평균적 판단능력을 갖춘 성인 또는 충분한 보호와 교육을 받은 또래의 시각에서 인과관계를 판단하여야 하며, 구체적인 범행상황에 놓인 피해자의 입장과 관점을 고려할 것은 아니다.　　　　　　　　　　　　　　　　　　　　　　　　　　○|×

[21 경찰승진] [Core ★★]

해설

위계에 의한 간음죄가 보호대상으로 삼는 아동·청소년, 미성년자, 심신미약자, 피보호자·피감독자, 장애인 등의 성적 자기결정 능력은 그 나이, 성장과정, 환경, 지능 내지 정신기능 장애의 정도 등에 따라 개인별로 차이가 있으므로 간음행위와 인과관계가 있는 위계에 해당하는지 여부를 판단함에 있어서는 구체적인 범행 상황에 놓인 피해자의 입장과 관점이 충분히 고려되어야 하고, 일반적·평균적 판단능력을 갖춘 성인 또는 충분한 보호와 교육을 받은 또래의 시각에서 인과관계를 쉽사리 부정하여서는 안 된다(대법원 2020.8.27. 2015도9436 숨슴 선배랑 한번 해라 사건). 　　[×]

0798 위계에 의한 간음죄에서 위계의 의미에 대해 "행위자가 간음의 목적으로 상대방에게 오인, 착각, 부지를 일으키고는 상대방의 그러한 심적 상태를 이용하여 간음의 목적을 달성하는 것을 말하는 것이고, 여기에서 오인, 착각, 부지란 간음행위 자체에 대한 오인, 착각, 부지를 말하는 것이지, 간음행위와 불가분적 관련성이 인정되지 않는 다른 조건에 관한 오인, 착각, 부지를 가리키는 것은 아니라고 보아야 한다. ○│×

[21 법원9급] [Essential ★]

해설

위계'라 함은 행위자의 행위목적을 달성하기 위하여 피해자에게 오인, 착각, 부지를 일으키게 하여 이를 이용하는 것을 말한다. 이러한 위계의 개념 및 앞서 본 바와 같이 성폭력범행에 특히 취약한 사람을 보호하고 행위자를 강력하게 처벌하려는 입법 태도, 피해자의 인지적·심리적·관계적 특성으로 온전한 성적 자기결정권 행사를 기대하기 어려운 사정 등을 종합하면, 행위자가 간음의 목적으로 피해자에게 오인, 착각, 부지를 일으키고 피해자의 그러한 심적 상태를 이용하여 간음의 목적을 달성하였다면 위계와 간음행위 사이의 인과관계를 인정할 수 있고, 따라서 위계에 의한 간음죄가 성립한다. 왜곡된 성적 결정에 기초하여 성행위를 하였다면 왜곡이 발생한 지점이 성행위 그 자체인지 성행위에 이르게 된 동기인지는 성적 자기결정권에 대한 침해가 발생한 것은 마찬가지라는 점에서 핵심적인 부분이라고 하기 어렵다. 피해자가 오인, 착각, 부지에 빠지게 되는 대상은 간음행위 자체일 수도 있고, 간음행위에 이르게 된 동기이거나 간음행위와 결부된 금전적·비금전적 대가와 같은 요소일 수도 있다(대법원 2020.8.27. 2015도9436 숲승 선배랑 한번 해라 사건). [×]

0799 강간과 추행의 죄에서 말하는 '성적 자유'는 적극적으로 성행위를 할 수 있는 자유가 아니라 소극적으로 원치 않는 성행위를 하지 않을 자유를 말하고, '성적 자기결정권'은 성행위를 할 것인가 여부, 성행위를 할 때 그 상대방을 누구로 할 것인가 여부, 성행위의 방법 등을 스스로 결정할 수 있는 권리를 의미한다. ○│×

[21 경찰채용] [Core ★★]

해설

대법원 2019.6.13. 2019도3341 여고생 항문삽입 시도사건 [○]

0800 '미성년자 또는 심신미약자에 대하여 위계 또는 위력으로써 간음 또는 추행'한 자를 처벌하는 「형법」 제302조는, 미성년자나 심신미약자와 같이 판단능력이나 대처능력이 일반인에 비하여 낮은 사람은 낮은 정도의 유·무형력의 행사에 의해서도 저항을 제대로 하지 못하고 피해를 입을 가능성이 있기 때문에 그 범죄의 성립요건을 강간죄나 강제추행죄보다 완화된 형태로 규정한 것이다. ○│×

[21 경찰채용] [Essential ★]

해설

대법원 2019.6.13. 2019도3341 여고생 항문삽입 시도사건 [○]

0801 형법 제305조에 규정된 13세 미만 부녀에 대한 의제강간·추행죄는 그 성립에 있어 위계 또는 위력이나 폭행 또는 협박의 방법에 의함을 요하지 아니하며 피해자의 동의가 있었다고 하여도 성립하는 것이다. ○ | ×

[16 변호사, 16 국가7급, 13 국가9급, 12 경찰채용, 11 경찰승진] [Essential ★]

해설

> 대법원 1982.10.12. 82도2183   [○]

0802 미성년자의제강간·강제추행죄를 규정한 형법 제305조에서 규정한 형법 제297조와 제298조의 '예에 의한다'는 의미는 미성년자의제강간·강제추행죄의 처벌에 있어 그 법정형뿐만 아니라 미수범에 관하여도 강간죄와 강제추행죄의 예에 따른다는 취지로 해석된다. ○ | ×

[11 경찰승진] [Superlative ★★★]

해설

> 대법원 2007.3.15. 2006도9453 의제강간 미수사건   [○]

0803 다음 중 甲이 형법 제305조 제1항 또는 제2항에 의하여 의제강간죄로 처벌되는 경우는 모두 3개이다(모두 甲과 A는 합의하에 성관계를 한 것이다). ○ | ×

[Superlative ★★★]

> ○ 20세인 甲이 12세인 A와 성관계를 하였다.
> ○ 20세인 甲이 15세인 A와 성관계를 하였다.
> ○ 20세인 甲이 17세인 A와 성관계를 하였다.
> ○ 18세인 甲이 12세인 A와 성관계를 하였다.
> ○ 18세인 甲이 15세인 A와 성관계를 하였다.
> ○ 18세인 甲이 17세인 A와 성관계를 하였다.

해설

> ○○○ 3 항목의 경우 甲은 형법 제305조 제1항 또는 제2항에 의하여 의제강간죄로 처벌된다. 13세 미만의 사람에 대하여 간음한 자는 강간죄의 예에 의한다(제305조 제1항). 13세 이상 16세 미만의 사람에 대하여 간음한 19세 이상의 자는 강간죄의 예에 의한다(제305조 제2항). ○○ 2 항목의 경우 甲은 제305조 제1항의 의제강간죄로 처벌되고, ○ 항목의 경우 甲은 제305조 제2항의 의제강간죄로 처벌된다.
> ○○○ 3 항목의 경우 범죄가 성립하지 아니한다.   [○]

0804 초등학교 4학년 담임교사(남자)인 피고인이 교실에서 자신이 담당하는 반의 남학생인 피해자의 성기를 4회에 걸쳐 만진 경우, 피고인의 각 행위는 교육적인 의도에서 비롯된 것으로 볼 수 있어 사회상규에 위배되지 않는 것으로 미성년자의제강제추행죄가 성립하지 아니한다. ○ | ✕

[15 법원9급, 15 경찰승진, 15 경찰채용, 14 경찰승진, 11 경찰승진] [Core ★★]

해설

> 피고인의 각 행위는 비록 교육적인 의도에서 비롯된 것이라 하여도 교육방법으로서는 적정성을 갖추고 있다고 볼 수 없고, 그로 인하여 정신적·육체적으로 미숙한 피해자의 심리적 성장 및 성적 정체성의 형성에 부정적 영향을 미쳤으며, 현재의 사회환경과 성적 가치기준·도덕관념에 부합되지 아니하므로 형법 제305조에서 말하는 '추행'에 해당한다(대법원 2006.1.13. 2005도6791 고추 잡기 사건). [✕]

0805 강간이 미수에 그친 경우라도 그로 인하여 피해자가 상해를 입었으면 강간치상죄가 성립하는 것이고, 강간치상죄에 있어 상해의 결과는 강간의 수단으로 사용한 폭행으로부터 발생한 경우뿐만 아니라 간음행위 그 자체로부터 발생한 경우나 강간에 수반하는 행위에서 발생한 경우도 포함된다. ○ | ✕

[16 경찰승진, 15 경찰승진, 14 법원행시, 14 국가9급, 12 법원행시, 12 국가9급] [Core ★★]

해설

> 대법원 2003.5.30. 2003도1256 아빠야 사건 [○]

0806 피고인이 전자충격기를 피해자의 허리에 대고 폭행하여 강간하려다가 미수에 그치고 피해자에게 약 2주간의 치료를 요하는 안면부 좌상 등의 상해를 입게 한 경우, 성폭법 소정의 특수강간치상죄의 미수에 해당한다. ○ | ✕

[17 변호사, 14 변호사] [Core ★★]

해설

> (1) 성폭법 제9조 제1항[24년 현재 제8조]에 의하면 특수강간의 죄를 범한 자뿐만 아니라 특수강간이 미수에 그쳤다고 하더라도 그로 인하여 피해자가 상해를 입었으면 특수강간치상죄가 성립하는 것이고, 같은 법 제12조 [24년 현재 제15조]에서 규정한 위 제9조 제1항[24년 현재 제8조 제1항]에 대한 미수범 처벌 규정은 특수강간치상죄와 함께 규정된 특수강간상해죄의 미수에 그친 경우, 즉 특수강간의 죄를 범하거나 미수에 그친 자가 피해자에 대하여 상해의 고의를 가지고 피해자에게 상해를 입히려다가 미수에 그친 경우 등에 적용된다. (2) 피고인이 전자충격기를 피해자의 허리에 대고 폭행하여 강간하려다가 미수에 그치고 피해자에게 약 2주간의 치료를 요하는 안면부 좌상 등의 상해를 입게 한 경우, 성폭법 소정의 특수강간치상죄의 기수에 해당한다(대법원 2008.4.24. 2007도10058 호원대 강의실 사건). [✕]

0807 상해를 가한 부분을 고의범인 상해죄로 처벌하면서 이를 다시 결과적 가중범인 강제추행치상죄의 상해로 인정하여 처벌하더라도 위법하지 않다. ○│×

[18 경간부, 14 변호사] [Superlative ★★★]

해설

강제추행치상죄에서 상해의 결과는 강제추행의 수단으로 사용한 폭행이나 추행행위 그 자체 또는 강제추행에 수반하는 행위로부터 발생한 것이어야 한다. 따라서 상해를 가한 부분을 고의범인 상해죄로 처벌하면서 이를 다시 결과적 가중범인 강제추행치상죄의 상해로 인정하여 이중으로 처벌할 수는 없다(대법원 2009.7.23. 2009도1934 술집종업원 추행, 폭행 사건). [×]

0808 다음 중 강간치사상죄 또는 강제추행치사상죄가 성립하는 것은 모두 1개다. ○│×

[Superlative ★★★]

ㄱ 강간을 당한 피해자가 수치심과 장래에 대한 절망감 등 때문에 집에 돌아가 음독자살한 경우 [16 국가9급, 15 경찰승진, 15 경간부, 13 법원행시, 13 법원9급, 11 법원행시, 11 경간부]

ㄴ 피고인과 피해자가 여관에 투숙하여 별다른 저항이나 마찰없이 성행위를 한 후, 피고인이 잠시 방 밖으로 나간 사이에 피해자가 방문을 잠그고 여관종업원에게 구조요청까지 한 후 피고인의 방문 흔드는 소리에 겁을 먹고 3층에서 창문을 넘어 탈출하다가 상해를 입은 경우 [16 국가9급]

ㄷ 피고인이 속셈학원의 강사로 피해자를 채용하고 학습교재를 설명하겠다는 구실로 유인하여 호텔 객실에 감금한 후 강간하려 하자, 피해자가 완강히 반항하던 중 피고인이 대실시간 연장을 위해 전화하는 사이에 객실 창문을 통해 탈출하려다가 지상에 추락하여 사망한 경우 [16 국가9급, 15 법원 9급, 14 법원행시]

ㄹ 피고인 甲이 친구 5명과 같이 술집에서 작부로 있는 A 등 6명과 더불어 술을 마시고 모두 각자의 상대방과 성교까지 하였는데 술값이 부족하여 친구집에 가서 돈을 빌리려고 甲과 乙, 丙이 함께 봉고차를 타고 갈 때 乙과 성교를 한 A도 그 차에 편승하게 되었는데, 甲이 장난삼아 A의 유방을 만지는 등 추행하자 A가 욕설을 하면서 갑자기 차의 문을 열고 뛰어 내림으로써 부상을 입고 사망한 경우 [11 경간부]

해설

ㄷ 1 항목의 경우 강간치사죄가 성립한다.

ㄱ 자살행위가 바로 강간행위로 인하여 생긴 당연의 결과라고 볼 수는 없으므로 강간행위와 피해자의 자살행위 사이에 인과관계를 인정할 수는 없다(대법원 1982.11.23. 82도1446 강간피해자 자살사건).

ㄴ 일반경험칙상 피해자가 피고인의 방문 흔드는 소리에 겁을 먹고 강간을 모면하기 위하여 3층에서 창문을 넘어 탈출하다가 상해를 입을 것이라고 예견할 수는 없다고 볼 것이므로 강간치상죄로 처단할 수 없다(대법원 1985.10.8. 85도1537 미군부대 동료 사건).

ㄷ 피고인의 강간미수행위와 피해자의 사망과의 사이에 상당인과관계가 있으므로 강간치사죄가 성립한다(대법원 1995.5.12. 95도425 속셈학원 원장 사건).

ㄹ 甲이 A가 추행행위를 피하기 위하여 달리는 차에서 뛰어내려 사망에 이르게 될 것이라고 예견할 수 없어 사망의 결과에 대하여 책임을 물을 수 없다(대법원 1988.4.12. 88도178). [○]

0809 甲이 상대방에게 성적 수치심을 일으키는 그림 등이 담겨 있는 웹페이지에 대한 인터넷 링크를 A에게 보낸 경우 A가 그 링크를 이용하여 별다른 제한 없이 이에 바로 접할 수 있는 상태가 조성되었는지 여부를 묻지 않고 甲에게는 성폭력범죄의 처벌 등에 관한 특례법 위반(통신매체이용음란)죄가 성립한다. ○ | ✕

[22 경찰채용] [Superlative ★★★]

해설

> 통신매체이용음란죄에서 '성적 수치심을 일으키는 그림 등을 상대방에게 도달하게 한다'라는 것은 '상대방이 성적 수치심을 일으키는 그림 등을 직접 접하는 경우뿐만 아니라 상대방이 실제로 이를 인식할 수 있는 상태에 두는 것'을 의미한다. 상대방에게 성적 수치심을 일으키는 그림 등이 담겨 있는 웹페이지 등에 대한 인터넷 링크 (internet link)를 보내는 행위를 통해 그와 같은 그림 등이 상대방에 의하여 인식될 수 있는 상태에 놓이고 실질에 있어서 이를 직접 전달하는 것과 다를 바 없다고 평가되고, 이에 따라 상대방이 이러한 링크를 이용하여 별다른 제한없이 성적 수치심을 일으키는 그림 등에 바로 접할 수 있는 상태가 실제로 조성되었다면 그러한 행위는 전체로 보아 성적 수치심을 일으키는 그림 등을 상대방에게 도달하게 한다는 구성요건을 충족한다(대법원 2017.6.8. 2016도21389 나체사진 인터넷링크 전송사건). [✕]

0810 피고인이 종로3가역 환승에스컬레이터 내에서 휴대폰을 이용하여 피해자의 치마 속 신체부위를 동영상 촬영을 시작하여 일정한 시간이 경과하였더라도 촬영 중 경찰관에게 발각되어 저장버튼을 누르지 않고 촬영을 종료하였다면 카메라등이용촬영 범행은 미수에 해당한다. ○ | ✕

[14 경찰승진, 13 경찰채용] [Essential ★]

해설

> 피고인이 피해자의 치마 속 신체 부위를 동영상 촬영을 시작하여 일정한 시간이 경과하였다면 설령 촬영 중 경찰관에게 발각되어 저장버튼을 누르지 않고 촬영을 종료하였더라도 카메라등이용촬영 범행은 이미 '기수'에 이르렀다고 볼 여지가 매우 크다(대법원 2011.6.9. 2010도10677 치마속 촬영사건). [✕]

0811 甲이 용변을 보고 있는 사람을 촬영하기 위해 자신의 휴대전화의 카메라 기능을 켜고 A가 있는 화장실 칸 너머로 휴대전화를 든 손을 넘겼으나, A가 놀라 소리를 질러 실제 촬영은 하지 못한 경우 甲의 행위는 성폭력범죄의 처벌 등에 관한 특례법 위반(카메라등이용촬영) 죄의 실행에 착수했다고 볼 수 없다. ○ | ✕

[22 경찰채용] [Essential ★]

해설

> 범인이 피해자를 촬영하기 위하여 육안 또는 캠코더의 줌 기능을 이용하여 피해자가 있는지 여부를 탐색하다가 피해자를 발견하지 못하고 촬영을 포기한 경우에는 촬영을 위한 준비행위에 불과하여 카메라등이용촬영죄의 실행에 착수한 것으로 볼 수 없다. 이에 반하여 범인이 카메라 기능이 설치된 휴대전화를 피해자의 치마 밑으로 들이밀거나 피해자가 용변을 보고 있는 화장실 칸 밑 공간 사이로 집어넣는 등 카메라 등 이용 촬영 범행에 밀접한 행위를 개시한 경우에는 카메라등이용촬영죄의 실행에 착수하였다고 볼 수 있다(대법원 2021.8.12. 2021도7035 편의점 몰카 미수사건). [✕]

0812 카메라등이용촬영죄의 대상이 되는 신체가 반드시 노출된 부분으로 한정된다.[Essential ★] ○│×

해설

> 카메라등이용촬영죄의 대상이 되는 신체가 반드시 노출된 부분으로 한정되는 것은 아니다. 의복이 몸에 밀착하여 엉덩이와 허벅지 부분의 굴곡이 드러나는 경우에도 성적 욕망 또는 수치심을 유발할 수 있는 신체에 해당할 수 있다(대법원 2020.12.24. 2019도16258 레깅스 촬영 사건). [×]

0813 성폭력범죄의 처벌 등에 관한 특례법 제6조에서 처벌하는 '신체적인 장애가 있는 사람에 대한 강제추행죄'가 성립하려면 행위자가 범행 당시 피해자에게 이러한 신체적인 장애가 있음을 인식하여야 한다. ○│×

[22 법원행시] [Core ★★]

해설

> 성폭력범죄의 처벌 등에 관한 특례법 제6조에서 처벌하는 '신체적인 장애가 있는 사람에 대한 강제추행죄'가 성립하려면 행위자가 범행 당시 피해자에게 이러한 신체적인 장애가 있음을 인식하여야 한다(대법원 2021.4.29. 2021도2778 뇌병변장애 제수 간음사건). [○]

0814 주거침입강간죄는 사람의 주거 등을 침입한 자가 피해자를 강간한 경우에 성립하는 것으로서 주거침입죄를 범한 후에 사람을 강간하여야 하는 일종의 신분범이고, 선후가 바뀌어 강간죄를 범한 자가 그 피해자의 주거에 침입한 경우에는 강간죄와 주거침입죄의 실체적 경합범이 된다. ○│×

[22 경찰채용] [Essential ★]

해설

> 대법원 2021.8.12. 2020도17796 주점화장실 유사강간 사건 [○]

0815 성폭력범죄의 처벌 등에 관한 특례법 제6조에서 정하는 '정신적인 장애가 있는 사람'이란 '정신적인 기능이나 손상 등의 문제로 일상생활이나 사회생활에서 상당한 제약을 받는 사람'을 가리키므로 장애인복지법에 따른 장애인 등록을 하지 않았다거나 그 등록기준을 충족하지 못하더라도 여기에 해당할 수 있다. ○│×

[22 법원행시] [Essential ★]

해설

> 성폭력 제6조에서 정하는 '정신적인 장애가 있는 사람'이란 '정신적인 기능이나 손상 등의 문제로 일상생활이나 사회생활에서 상당한 제약을 받는 사람'을 가리킨다. 장애인복지법에 따른 장애인 등록을 하지 않았다거나 그 등록기준을 충족하지 못하더라도 여기에 해당할 수 있다(대법원 2021.10.28. 2021도9051 미등록 장애인 간음사건). [○]

0816 군인 甲은 자신의 독신자 숙소에서 군인 A와 서로 키스, 구강성교나 항문성교를 하는 방법으로 추행하고, 군인 乙은 자신의 독신자 숙소에서 동일한 방법으로 甲과 추행한 경우 이는 독신자숙소에서 휴일 또는 근무시간 이후에 성인 남성들의 자유로운 의사에 기초한 합의된 행위로 「군형법」 제92조의6에서 처벌대상으로 규정한 '항문성교나 그 밖의 추행'에 해당하지 아니한다. O|X

[22 경찰채용] [Essential ★]

해설

대법원 2022.4.21. 2019도3047 全合 군인들 항문성교 사건 [O]

제3장 명예, 신용 및 업무에 관한 죄

제1절 명예에 관한 죄

0817 정부 또는 국가기관도 형법상 명예훼손죄의 피해자가 될 수 있으나, 정부 또는 국가기관의 정책결정 또는 업무수행과 관련된 사항을 주된 내용으로 하는 언론보도로 인하여 그 정책결정이나 업무수행에 관여한 공직자에 대한 사회적 평가가 다소 저하될 수 있다고 하더라도 그 보도의 내용이 공직자 개인에 대한 악의적이거나 심히 경솔한 공격으로서 현저히 상당성을 잃은 것으로 평가되지 않는 한 곧바로 공직자 개인에 대한 명예훼손이 된다고 할 수 없다. O|X

[14 변호사, 13 국가9급, 13 경찰승진] [Core ★★]

해설

(1) 정부 또는 국가기관은 형법상 명예훼손죄의 피해자가 될 수 없으므로 정부 또는 국가기관의 정책결정 또는 업무수행과 관련된 사항을 주된 내용으로 하는 언론보도로 인하여 그 정책결정이나 업무수행에 관여한 공직자에 대한 사회적 평가가 다소 저하될 수 있다고 하더라도 그 보도의 내용이 공직자 개인에 대한 악의적이거나 심히 경솔한 공격으로서 현저히 상당성을 잃은 것으로 평가되지 않는 한, 그 보도로 인하여 곧바로 공직자 개인에 대한 명예훼손이 된다고 할 수 없다(대법원 2011.9.2. 2010도17237 PD수첩 광우병 보도사건) (2) 형법이 명예훼손죄 또는 모욕죄를 처벌함으로써 보호하고자 하는 사람의 가치에 대한 평가인 외부적 명예는 개인적 법익으로서, 국민의 기본권을 보호 내지 실현해야 할 책임과 의무를 지고 있는 공권력의 행사자인 국가나 지방자치단체는 기본권의 수범자일 뿐 기본권의 주체가 아니고, 그 정책결정이나 업무 수행과 관련된 사항은 항상 국민의 광범위한 감시와 비판의 대상이 되어야 하며 이러한 감시와 비판은 그에 대한 표현의 자유가 충분히 보장될 때에 비로소 정상적으로 수행될 수 있으므로, 국가나 지방자치단체는 국민에 대한 관계에서 형벌의 수단을 통해 보호되는 외부적 명예의 주체가 될 수는 없고, 따라서 명예훼손죄나 모욕죄의 피해자가 될 수 없다(대법원 2016.12.27. 2014도15290 고흥군&고흥군수 비방사건). 다만 공무원 자체는 명예훼손죄나 모욕죄의 피해자가 될 수 있다. [X]

0818 인터넷 댓글에 의하여 모욕을 당한 피해자의 인터넷 아이디(ID)만을 알 수 있을 뿐 그 밖의 주위사정을 종합해 보더라도 그와 같은 인터넷 아이디를 가진 사람이 동 피해자임을 알아차릴 수 없는 경우라면 명예훼손죄 또는 모욕죄가 성립하지 않는다.　○│×

[22 경찰채용] [Core ★★]

해설

> 인터넷 댓글에 의하여 모욕을 당한 피해자의 인터넷 아이디(ID)만을 알 수 있을 뿐 그 밖의 주위사정을 종합해 보더라도 그와 같은 인터넷 아이디를 가진 사람이 동 피해자임을 알아차릴 수 없는 경우라면 명예훼손죄 또는 모욕죄가 성립하지 않는다(헌법재판소 2008.6.26. 2007헌마461 네이버 댓글 사건).　[○]

0819 명예훼손 사실을 발설한 것이 정말이냐는 질문에 대답하는 과정에서 타인의 명예를 훼손하는 사실을 발설하게 된 것이라면 그 발설내용과 동기에 비추어 명예훼손의 범의를 인정할 수 없다.　○│×

[16 법원행시, 12 경찰채용] [Core ★★]

해설

> 대법원 2010.10.28. 2010도2877 삼성아파트 자치회의 사건　[○]

0820 새로 목사로서 부임한 피고인이 전임목사에 관한 교회내의 불미스러운 소문의 진위를 확인하기 위하여 이를 교회집사들에게 물어본 경우 이는 단순한 확인에 지나지 않는 것이라고 볼 수 없어 명예훼손의 미필적 고의를 인정할 수 있다.　○│×

[17 국가9급, 17 경찰채용, 15 경찰승진, 15 경찰채용, 12 국가9급, 11 국가7급] [Essential ★]

해설

> 새로 목사로서 부임한 피고인이 전임목사에 관한 교회내의 불미스러운 소문의 진위를 확인하기 위하여 이를 교회집사들에게 물어보았다면 이는 명예훼손의 고의없는 단순한 확인에 지나지 아니하여 사실의 적시라고 할 수 없다 할 것이므로 이 점에서 피고인에게 명예훼손의 고의 또는 미필적 고의가 있을 수 없다고 할 수 밖에 없다(대법원 1985.5.28. 85도588 전임목사 소문 확인사건).　[×]

0821 행위자가 허위라는 것을 인식하였는지 여부는 여러 객관적 사정을 종합하여 판단할 수밖에 없으며 허위사실 적시에 의한 명예훼손죄 역시 미필적 고의에 의하여도 성립하고, 위와 같은 법리는 사자명예훼손죄의 판단에서도 마찬가지로 적용된다.　○│×

[17 국가7급, 16 경찰채용, 15 법원행시] [Essential ★]

해설

> 대법원 2014.3.13. 2013도12430 조현오 전경찰청장 사건　[○]

0822 공연성의 존부는 발언자와 상대방 또는 피해자 사이의 관계나 지위, 대화를 하게 된 경위와 상황, 사실적시의 내용, 적시의 방법과 장소 등 행위 당시의 객관적 제반 사정에 관하여 심리한 다음, 그로부터 상대방이 불특정 또는 다수인에게 전파할 가능성이 있는지 여부를 검토하여 종합적으로 판단하여야 한다. 발언 이후 실제 전파되었는지 여부는 전파가능성 유무를 판단하는 고려요소가 될 수 있으나, 발언 후 실제 전파 여부라는 우연한 사정은 공연성 인정 여부를 판단함에 있어 소극적 사정으로만 고려되어야 한다. ○|×

[22 법원9급] [Superlative ★★★]

해설

공연성의 존부는 발언자와 상대방 또는 피해자 사이의 관계나 지위, 대화를 하게 된 경위와 상황, 사실적시의 내용, 적시의 방법과 장소 등 행위 당시의 객관적 제반 사정에 관하여 심리한 다음, 그로부터 상대방이 불특정 또는 다수인에게 전파할 가능성이 있는지 여부를 검토하여 종합적으로 판단하여야 한다. 발언 이후 실제 전파되었는지 여부는 전파가능성 유무를 판단하는 고려요소가 될 수 있으나, **발언 후 실제 전파 여부라는 우연한 사정은 공연성 인정 여부를 판단함에 있어 소극적 사정으로만 고려되어야** 한다(대법원 2020.11.19. 2020도5813 송승 징역 살다온 전과자다 사건). [○]

0823 개인 블로그의 비공개 대화방에서 상대방으로부터 비밀을 지키겠다는 말을 듣고 단지 일대일로 대화한 경우라면 전파가능성 유무를 불문하고 공연성이 인정될 여지가 없다. ○|×

[17 법원9급, 17 경간부, 16 변호사, 15 국가9급, 15 경찰승진, 15 경간부, 15 경찰채용, 14 법원행시, 14 경찰승진, 14 경찰채용, 13 국가9급, 13 경찰승진, 12 경찰채용] [Core ★★]

해설

피고인이 개인 블로그의 비공개 대화방에서 상대방으로부터 비밀을 지키겠다는 말을 듣고 일대일로 대화하였다고 하더라도 그 사정만으로 대화 상대방이 대화내용을 불특정 또는 다수에게 전파할 가능성이 없다고 할 수 없으므로 명예훼손죄의 요건인 공연성을 인정할 여지가 있다(대법원 2008.2.14. 2007도8155 블로그 비밀대화 사건).

[×]

0824 甲은 A의 집 뒷길에서 자신의 남편과 A의 친척이 듣는 가운데 다른 사람들이 들을 수 있을 정도의 큰 소리로 A에게 "저것이 징역 살다온 전과자다."라고 말한 경우 자신의 남편과 A의 친척에게 말한 것이라 할지라도 명예훼손죄의 구성요건요소인 '공연성'이 인정된다. ○|×

[22 법원9급] [Essential ★]

해설

甲은 A의 집 뒷길에서 자신의 남편과 A의 친척이 듣는 가운데 다른 사람들이 들을 수 있을 정도의 큰 소리로 A에게 "저것이 징역 살다온 전과자다."라고 말한 경우 자신의 남편과 A의 친척에게 말한 것이라 할지라도 명예훼손죄의 구성요건요소인 '공연성'이 인정된다(대법원 2020.11.19. 2020도5813 송승 징역 살다온 전과자다 사건). [○]

0825 어느 사람에게 귀엣말 등 그 사람만 들을 수 있는 방법으로 '그 사람 본인'의 사회적 가치 내지 평가를 떨어뜨릴 만한 사실을 이야기하였더라도, 위와 같은 이야기가 불특정 또는 다수인에게 전파될 가능성이 없지 않으므로 공연성이 인정될 수 있다. ○|×

[17 경찰승진, 16 경간부, 15 경간부, 11 법원행시, 11 경찰승진, 11 경찰채용] [Essential ★]

해설

> (1) 어느 사람에게 귀엣말 등 그 사람만 들을 수 있는 방법으로 그 사람 본인의 사회적 가치 내지 평가를 떨어뜨릴 만한 사실을 이야기하였다면, 위와 같은 이야기가 불특정 또는 다수인에게 전파될 가능성이 있다고 볼 수 없어 명예훼손의 구성요건인 공연성을 충족하지 못하는 것이며, 그 사람이 들은 말을 스스로 다른 사람들에게 전파하였더라도 위와 같은 결론에는 영향이 없다. (2) 피고인 甲이 피해자 A만 들을 수 있도록 귀엣말로 피해자 A가 B와 부적절한 성적 관계를 맺었다는 취지의 이야기를 한 경우, 그것만으로는 명예훼손의 구성요건요소인 공연성을 인정할 수 없다(대법원 2005.12.9. 2004도2880 귀엣말 사건). [×]

0826 기자를 통해 사실을 적시하는 경우에는 기사화되어 보도되어야만 적시된 사실이 외부에 공표된다고 보아야 할 것이므로 기자가 취재를 한 상태에서 아직 기사화하여 보도하지 아니한 경우에는 전파가능성이 없다고 할 것이어서 공연성이 없다. ○|×

[17 경찰승진, 17 경간부, 16 경찰채용, 15 법원9급, 15 경찰승진, 15 경찰채용, 13 법원행시, 11 법원9급, 11 경찰승진]

[Essential ★]

해설

> 대법원 2000.5.16. 99도5622 주간지 인터뷰 사건 [○]

각론

Part 02

Chapter 01 개인적 법익에 관한 죄 **261**

0827 다음 중 명예훼손죄에 있어 공연성이 인정되는 것은 모두 3개다. ○|×

[Superlative ★★★]

> ㉠ 피고인들이 출판물 15부를 피고인들이 소속된 교회의 교인 15인에게 배부한 경우 [11 경찰채용]
>
> ㉡ 피고인이 진정서와 고소장을 특정 사람들에게 개별적으로 우송한 것이라고 하여도 다수인(19명, 193명)에게 배포한 경우 [14 변호사]
>
> ㉢ 피고인이 사단법인 진주민속예술보존회의의 이사장으로서 이사회 또는 임시총회를 진행하다가 회원 10여명 또는 30여명이 있는 자리에서 허위사실을 말한 경우 [11 경간부]
>
> ㉣ 피고인 甲이 집에서 처 乙로부터 전날 甲이 외박한 사실에 대하여 추궁당하자 이를 모면하기 위하여 乙에게 "A와 여관방에서 동침한 사실이 있다"라는 말을 한 경우 [11 경찰승진]
>
> ㉤ 피고인이 사실을 적시한 장소가 B라는 행정서사의 사무실내이었기는 하나 그의 사무원인 C와 C의 처 D가 함께 있는 자리였고, 그들은 모두 피해자 A와 같은 교회에 다니는 교인들일 뿐 A에 관한 소문을 비밀로 지켜줄 만한 특별한 신분관계가 없었던 경우 [15 경간부]
>
> ㉥ 피고인을 명예훼손죄로 고소할 수 있도록 그 증거자료를 미리 은밀하게 수집, 확보하기 위하여 피고인의 발언을 유도하였다고 의심되는 사람 6명에게, 피고인이 피해자의 여자 문제 등 사생활에 관하여 발언한 경우 [11 경찰채용]

해설

> ㉠㉡㉢㉤ 4 항목의 경우 공연성이 인정된다.
> ㉠ 대법원 1984.2.28. 83도3124
> ㉡ 대법원 1991.6.25. 91도347
> ㉢ 대법원 1990.12.26. 90도2473 진주민속예술보존회 사건
> ㉣ 대법원 1984.3.27. 84도86
> ㉤ 대법원 1985.4.23. 85도431
> ㉥ 대법원 1996.4.12. 94도3309 유병언 비리 발설사건 [×]

0828 다음 중 명예훼손죄에 있어 공연성이 인정되는 것은 모두 2개다. ○|×

[Superlative ★★★]

> ㉠ 이혼소송 계속중인 피고인 甲이 남편의 친구 B에게 서신을 보내면서 남편 A의 명예를 훼손하는 문구가 기재된 서신을 동봉한 경우 [17 법원9급, 11 경찰승진]
>
> ㉡ 피고인 甲이 평소 A가 자신의 일에 간섭하는 것에 기분이 나쁘다는 이유로 乙로부터 취득한 A의 범죄경력기록을 같은 아파트에 거주하는 丙에게 보여주면서 "전과자이고 나쁜년"이라고 말한 경우 [17 경간부, 15 경간부, 13 경찰채용]
>
> ㉢ 피고인 甲이 "A는 전과 6범으로 교사직을 팔아가며 이웃을 해치고 고발을 일삼는 악덕 교사이다"라는 취지의 진정서를 A가 교사로 근무하고 있는 동도중학교의 학교법인 이사장 乙 앞으로 제출한 경우 [17 경간부, 15 경찰승진, 13 경찰채용]
>
> ㉣ 피고인이 명예훼손 또는 후보자비방의 범행 당시 피고인의 말을 들은 사람은 한 사람씩에 불과하였으나 그들은 피고인과 특별한 친분관계가 있는 자가 아니었고 결과적으로 그 사실이 피해자에게 전파되어 고소를 제기하기에 이른 경우 [16 경찰승진, 15 경찰채용]
>
> ㉤ 피고인 甲이 자신의 아들 등에게 폭행을 당하여 입원한 피해자 A의 병실로 찾아가 그의 모(母) B와 대화하던 중 B의 이웃 C 및 피고인의 일행 乙 등이 있는 자리에서 "학교에 알아보니 A에게 원래 정신병이 있었다고 하더라"라고 말한 경우 [17 경간부, 16 경간부, 15 변호사, 15 경간부, 15 경찰승진, 14 변호사, 13 경찰채용, 12 경찰채용]

해설

> ⓔ 1 항목의 경우 공연성이 인정된다.
> ㉠ 대법원 2000.2.11. 99도4579 남편 친구에게 사건
> ㉡ 대법원 2010.11.11. 2010도8265 전과자이고 나쁜년 사건
> ㉢ 대법원 1983.10.25. 83도2190 악덕교사 사건
> ㉣ 대법원 1996.7.12. 96도1007
> ㉤ 대법원 2011.9.8. 2010도7497 정신병이 있었다 하더라 사건   [×]

0829 명예훼손죄에 있어서의 '사실의 적시'란 가치판단이나 평가를 내용으로 하는 의견표현에 대치되는 개념으로서 시간과 공간적으로 구체적인 과거 또는 현재의 사실관계에 관한 보고 내지 진술을 의미하는 것이며 그 표현내용이 증거에 의한 입증이 가능한 것을 말한다. ○|×
[17 경찰채용, 11 경찰승진] [Core ★★]

해설

> 대법원 2017.5.11. 2016도19255 일본 사관의 식민사학자 사건   [○]

0830 다음 중 명예훼손죄에 있어 '사실의 적시'에 해당하는 것은 모두 1개다. ○|×
[Core ★★]

> ㉠ 피고인이 "애꾸눈, 병신"이라고 발언한 경우
> ㉡ 피고인이 "늙은 화냥년의 간나, 너가 화냥질을 했잖아"라고 발언한 경우
> ㉢ 피고인이 "야 이 개같은 잡년아, 시집을 열두번을 간 년아, 자식도 못 낳는 창녀같은 년"이라고 큰 소리 친 경우

해설

> 모든 항목이 사실의 적시에 해당하지 않아 모욕죄는 성립할 수 있어도 명예훼손죄는 성립하지 아니한다.
> ㉠ 대법원 1994.10.25. 94도1770 애꾸눈 병신 사건
> ㉡ 대법원 1987.5.12. 87도739 화냥년 사건
> ㉢ 대법원 1985.10.22. 85도1629 창녀같은 년 사건   [×]

0831 학교폭력 피해 학생의 어머니가 자신의 SNS 계정 프로필 상태메시지에 '학교폭력범은 접촉금지'라는 글과 주먹 모양의 그림말 세 개를 게시한 것은 학교폭력 가해자의 사회적 가치나 평가를 저하시키기에 충분한 구체적인 사실의 적시에 해당한다. ○|×
[22 국가7급] [Essential ★]

해설

> 피고인이 자신의 카카오톡 계정 프로필 상태메시지에 '학교폭력범은 접촉금지!!!'라는 글과 주먹 모양의 그림말 세 개를 게시했다고 하더라도 그 상태메시지를 통해 피해자의 학교폭력 사건이나 그 사건으로 피해자가 받은 조치에 대해 기재함으로써 피해자의 사회적 가치나 평가를 저하시키기에 충분한 구체적인 사실을 드러냈다고 볼 수 없다 (대법원 2020.5.28. 2019도12750 학교 폭력범은 접촉금지 사건).   [×]

0832 글의 집필의도, 논리적 흐름, 서술체계 및 전개방식, 해당 글과 비평의 대상이 된 말 또는 글의 전체적인 내용 등을 종합하여 볼 때, 평균적인 독자의 관점에서 문제된 부분이 실제로는 비평자의 주관적 의견에 해당하고, 다만 비평자가 자신의 의견을 강조하기 위한 수단으로 그와 같은 표현을 사용한 것이라고 이해된다 하더라도 명예훼손죄에서 말하는 사실의 적시에 해당한다. ○|×

[22 법원9급] [Core ★★]

해설

> 다른 사람의 말이나 글을 비평하면서 사용한 표현이 겉으로 보기에 증거에 의해 입증 가능한 구체적인 사실관계를 서술하는 형태를 취하고 있다고 하더라도 평균적인 독자의 관점에서 문제된 부분이 실제로는 비평자의 주관적 의견에 해당하고, 다만 비평자가 자신의 의견을 강조하기 위한 수단으로 그와 같은 표현을 사용한 것이라고 이해된다면 명예훼손죄에서 말하는 사실의 적시에 해당한다고 볼 수 없다(대법원 2017.5.11. 2016도19255 일본 사관의 식민사학자 사건). [×]

0833 이미 사회의 일부에 잘 알려진 사실이라고 한다면 비록 이를 적시하여 사람의 사회적 평가를 저하시킬 만한 행위를 한 경우라도 명예훼손죄는 성립하지 아니한다. ○|×

[11 경찰승진] [Essential ★]

해설

> 명예훼손죄가 성립하기 위하여는 반드시 숨겨진 사실을 적발하는 행위만에 한하지 아니하고 이미 사회의 일부에 잘 알려진 사실이라고 하더라도 이를 적시하여 사람의 사회적 평가를 저하시킬만한 행위를 한 때에는 명예훼손죄를 구성한다(대법원 1994.4.12. 93도3535). [×]

0834 피고인이 "아무것도 아닌 똥꼬다리 같은 놈" 또는 "잘 운영되어 가는 어촌계를 파괴하려 한다"라고 말한 경우 명예훼손죄에 있어 '사실의 적시'에 해당하지 않는다. ○|×

[16 경찰승진, 15 법원행시, 13 법원행시] [Essential ★]

해설

> 사실의 적시에 해당하지 않아 모욕죄는 성립할 수 있어도 명예훼손죄는 성립하지 아니한다(대법원 1989.3.14. 88도1397 똥꼬다리 사건). [○]

0835 A가 운영하는 성형외과에서 턱부위 고주파시술을 받았다가 그 결과에 불만을 품은 피고인이 네이버의 지식검색 질문·답변 게시판에 "아, A씨가 가슴전문이라 눈이랑 턱은 그렇게 망쳐놨구나. 몰랐네", "내 눈은 지방제거를 잘못 했다고 모양도 이상하다고 다른 병원에서 그러던데. 인생 망쳤음... ㅠ.ㅠ"이라는 글을 각 게시한 경우 피해자의 명예를 훼손할 만한 구체적인 사실을 적시한 것에 해당한다. ○|×

[Essential ★]

해설

각 표현물은 '피고인이 피해자로부터 눈, 턱을 수술받았으나 수술 후 결과가 좋지 못하다, 피고인이 A 운영의 성형외과에서 눈 수술을 받았으나 지방제거를 잘못하여 모양이 이상해졌고, 다른 병원에서도 모두 이를 인정한다'라는 취지의 피해자의 명예를 훼손할 만한 구체적인 사실을 적시한 것에 해당한다(대법원 2009.5.28. 2008도8812 성형수술 후기 사건). 다만, 피고인에게 비방의 목적이 있었다고 인정하기 어려워 명예훼손죄는 성립하지 않았다.

[○]

0836 피고인은 인터넷 포탈사이트의 피해자 A에 대한 기사란에 A가 재벌과 사이에 아이를 낳거나 아이를 낳아준 대가로 수십억 원을 받은 사실이 없음에도 불구하고 그러한 사실이 있는 것처럼 댓글이 붙어 있던 상황에서, 추가로 "지고지순이 뜻이 뭔지나 아니? 모 재벌님하고의 관계는 끝났나?"라는 내용의 댓글을 게시한 경우 명예훼손죄의 사실의 적시에 해당한다. ○|×

[Essential ★]

해설

피고인의 행위는 간접적이고 우회적인 표현을 통하여 허위 사실의 존재를 구체적으로 암시하는 방법으로 사실을 적시한 경우에 해당한다(대법원 2008.7.10. 2008도2422 악플 사건). [○]

0837 다음 중 명예훼손죄에 있어 '사람의 사회적 평가를 침해하는' 사실의 적시에 해당하는 것은 모두 1개다. ○|×

[Core ★★]

ⓐ 피고인이 단지 "A가 B를 선거법 위반으로 고발하였다"라는 말을 한 경우 [22 해경간부, 19 경찰채용, 16 법원9급]
ⓑ 피고인이 A는 참석하지 아니하고 B외 6명이 참석한 효도친목회 월례회의 석상에서 "고발당해서 경찰서에 갔다 왔다. 년놈이 신고해서 경찰서에 갔다 왔다. 년은 안나오고 놈만 나왔다"라고 큰 소리로 말한 경우
ⓒ 피고인이 인터넷 라디오21&TV 사이트에 접속한 다음 자신을 '서울특별시 제2기동대 전경대원'이라고 소개하고 "이제 더 이상 이명박의 개 노릇 하고 싶지 않다, 제대 후 광우병에 걸리고 싶지 않다, 오늘 자정부터 시민진압 명령을 거부하겠다"라는 등의 글의 내용이 사회자로 하여금 생방송 멘트로 소개되도록 한 경우

해설

사람의 사회적 평가를 침해하는 사실의 적시에 해당하는 것은 없다.
ⓐⓑ 누구든지 범죄가 있다고 생각하는 때에는 고발할 수 있는 것이므로 어떤 사람이 범죄를 고발하였다는 사실이 주위에 알려졌다고 하여 고발사실 자체만으로 고발인의 사회적 가치나 평가가 침해될 가능성이 있다고 볼 수 없다. ⓐ 대법원 2009.9.24. 2009도6687 선거법위반으로 고발 사건 ⓑ 대법원 1994.6.28. 93도696 년놈이 신고해서 사건).
ⓒ 글이 비록 허위사실을 적시한 것이기는 하나 기동대 소속 전경들의 사회적 가치나 평가를 침해하는 명예훼손적 표현에 해당한다고 보기 어렵다(대법원 2014.3.27. 2011도11226 전경사칭 강사 사건). [×]

0838 피고인이 총신대학교 신학대학원 100주년 기념관 채플실에서 1,200여 명의 학생들이 모인 가운데 "A는 이단 중에 이단이다"라고 설교한 경우 명예훼손죄에 있어 '사실의 적시'에 해당한다.   ○│×

[16 법원9급, 14 법원행시, 12 경찰채용] [Essential ★]

해설

어느 교리가 정통 교리이고 어느 교리가 여기에 배치되는 교리인지 여부는 교단을 구성하는 대다수의 목회자나 신도들이 평가하는 관념에 따라 달라지는 것이므로 사실을 적시한 것으로 보기 어렵다(대법원 2008.10. 9. 2007도1220 박용규 교수 이단비판 사건).   [×]

0839 방송국 프로듀서 등 피고인들이 특정 프로그램 방송보도를 통하여 '한미 쇠고기 수입 협상'의 협상단 대표와 주무부처 장관이 미국산 쇠고기 실태를 제대로 파악하지 못하였다는 취지의 말을 한 경우 명예훼손죄에 있어 '사실의 적시'에 해당한다.   ○│×

[15 법원행시, 12 경찰채용] [Core ★★]

해설

방송보도의 내용은 구체적 사실을 적시한 것이 아니라 비판 내지 의견 제시에 해당하여 명예훼손죄에서 말하는 사실의 적시에 해당하지 아니한다(대법원 2011.9.2. 2010도17237 PD수첩 광우병 보도사건).   [×]

0840 피고인 甲이 경찰관 A를 상대로 진정한 사건이 혐의인정되지 않아 내사종결 처리되었음에도 불구하고 공연히 "사건을 조사한 경찰관이 내일부로 검찰청에서 구속영장이 떨어진다"라고 말한 경우 명예훼손죄에 있어 '사실의 적시'에 해당한다.   ○│×

[17 법원9급, 17 경찰채용, 16 변호사] [Core ★★]

해설

"사건을 조사한 경찰관이 내일부로 검찰청에서 구속영장이 떨어진다"고 말한 것은 현재의 사실을 기초로 하거나 이에 대한 주장을 포함하여 장래의 일을 적시한 것으로 볼 수 있어 사실의 적시에 해당한다(대법원 2003.5.13. 2002도7420 구속영장이 떨어진다 사건).   [○]

0841 피고인의 발언 중 "(주)진로가 일본 아사히 맥주에 지분이 50% 넘어가 일본 기업이 됐다"라는 부분이 있는 경우 명예훼손죄에 있어 '사람의 사회적 평가를 침해하는' 사실의 적시에 해당한다.   ○│×

[17 경간부] [Superlative ★★★]

해설

피고인의 발언 중 "(주)진로가 일본 아사히 맥주에 지분이 50% 넘어가 일본 기업이 됐다"는 부분은 가치중립적인 표현으로서, 우리나라와 일본의 특수한 역사적 배경과 소주라는 상품의 특수성 때문에 '참이슬' 소주를 생산하는 피해자 회사의 대주주 내지 지배주주가 일본 회사라고 적시하는 경우 일부 소비자들이 '참이슬' 소주의 구매에 소극적이 될 여지가 있다 하더라도 이를 피해자 회사의 사회적 가치 내지 평가가 침해될 가능성이 있는 명예훼손적 표현이라고 볼 수 없다(대법원 2008.11.27. 2008도6728 처음처럼 홍보맨 사건).   [×]

0842 타인을 비방할 목적으로 허위사실인 기사의 재료를 신문기자에게 제공한 경우 기사를 신문지상에 게재하느냐의 여부는 신문 편집인의 권한에 속하므로 비록 편집인이 이를 신문지상에 게재하더라도 기사 재료의 제공행위를 형법 제309조 제2항의 출판물에 의한 명예훼손죄로 처벌할 수 없다. ○|×

[Core ★★]

해설

타인을 비방할 목적으로 허위사실인 기사의 재료를 신문기자에게 제공한 경우에 기사를 신문지상에 게재하느냐의 여부는 신문 편집인의 권한에 속한다고 할 것이나, 이를 편집인이 신문지상에 게재한 이상 기사의 게재는 기사 재료를 제공한 자의 행위에 기인한 것이므로 기사 재료의 제공행위는 형법 제309조 제2항 소정의 출판물에 의한 명예훼손죄의 죄책을 면할 수 없다(대법원 2004.5.14. 2003도5370 아파트동대표 기사제공 사건). [×]

0843 피해자가 동성애자가 아님에도 불구하고 피고인이 인터넷사이트 싸이월드에 7회에 걸쳐 피해자가 동성애자라는 내용의 글을 게재한 경우 명예훼손죄에 있어 '사람의 사회적 평가를 침해하는' 사실의 적시에 해당한다. ○|×

[17 경간부] [Core ★★]

해설

피해자가 동성애자가 아님에도 불구하고 피고인이 피해자가 동성애자라는 내용의 글을 게재한 것은 피해자의 명예를 훼손한 행위에 해당한다(대법원 2007.10.25. 2007도5077 후임병이 게이였다 사건). [○]

0844 허위사실 적시에 의한 명예훼손죄에 있어 적시된 사실이 허위의 사실인지 여부를 판단함에 있어서는 적시된 사실의 내용 전체의 취지를 살펴보아야 하고, 중요한 부분이 객관적 사실과 합치되는 경우에는 그 세부에 있어서 진실과 약간 차이가 나거나 다소 과장된 표현이 있다고 하더라도 이를 허위의 사실이라고 볼 수 없다. ○|×

[18 경간부, 17 국가9급] [Essential ★]

해설

대법원 2014.9.4. 2012도13718 한국기독교이단상담소협회장 사건 [○]

0845 형법 제309조 제1항 소정의 '비방할 목적'이란 가해의 의사 내지 목적을 요하는 것으로서 공공의 이익을 위한 것과는 행위자의 주관적 의도의 방향에 있어 서로 상반되는 관계에 있지만, 적시한 사실이 공공의 이익에 관한 것이라도 원칙적으로 비방할 목적이 부인된다고 볼 수 없다. ○|×

[17 경찰승진, 12 법원행시] [Core ★★]

해설

형법 제309조 제1항 소정의 '비방할 목적'이란 가해의 의사 내지 목적을 요하는 것으로서 공공의 이익을 위한 것과는 행위자의 주관적 의도의 방향에 있어 서로 상반되는 관계에 있다고 할 것이므로 적시한 사실이 공공의 이익에 관한 것인 경우에는 특별한 사정이 없는 한 비방할 목적은 부인된다고 봄이 상당하다(대법원 2005.4.29. 2003도2137 한국여성의전화 사건). [×]

0846 피고인이 방송국 홈페이지의 시청자 의견란에 작성 게시한 글 중 일부의 표현이 모욕 적언사에 해당될지라도 게시판에 올린 글을 전체적인 맥락에서 파악했을 때, 이로써 곧 사회통념상 피해자의 사회적 평가를 저하시키는 내용의 경멸적 판단을 표시한 것으로 인정하기 어렵다면 형법 제20조의 사회상규에 위배되지 아니하는 행위로 봄이 상당하다. ○│×

[20 경찰채용] [Essential ★]

해설

> 대법원 2003.11.28. 2003도3972 시청자 의견코너 사건 피고인이 방송국 홈페이지의 시청자 의견란에 "학교 선생님이 불법주차에 그렇게 소중한 자식을 두고 내리시다니.............그렇게 소중한 자식을 범법행위의 변명의 방패로 쓰시다니 정말 대단하십니다"라는 표현을 쓴 사건이다. [○]

0847 산후조리원을 이용한 피고인이 9회에 걸쳐 임신, 육아 등과 관련한 유명 인터넷 카페나 자신의 블로그 등에 자신이 직접 겪은 불편사항 등을 후기 형태로 게시한 경우 명예훼손죄에 있어 '비방할 목적'이 인정된다. ○│×

[15 국가9급, 15 경찰승진, 14 경찰승진, 13 경찰채용] [Core ★★]

해설

> 피고인이 적시한 사실은 산후조리원에 대한 정보를 구하고자 하는 임산부의 의사결정에 도움이 되는 정보 및 의견 제공이라는 공공의 이익에 관한 것이라고 봄이 타당하고, 부수적으로 산후조리원 이용대금 환불과 같은 사익적 목적이나 동기가 내포되어 있더라도 그러한 사정만으로 비방할 목적이 있다고 보기는 어렵다(대법원 2012.11. 29. 2012도10392 산후조리원 이용후기 사건). [×]

0848 A가 운영하는 성형외과에서 턱부위 고주파시술을 받았다가 그 결과에 불만을 품은 피고인이 네이버의 지식검색 질문·답변 게시판에 "아, A씨가 가슴전문이라 눈이랑 턱은 그렇게 망쳐놨구나. 몰랐네", "내 눈은 지방제거를 잘못 했다고 모양도 이상하다고 다른 병원에서 그러던데. 인생 망쳤음...ㅠ.ㅠ"이라는 글을 각 게시한 경우 명예훼손죄에 있어 '비방할 목적'이 인정된다. ○│×

[14 변호사, 14 경찰채용] [Core ★★]

해설

> 각 표현물은 전체적으로 보아 피해자로부터 성형시술을 받을 것을 고려하고 있는 다수의 인터넷 사용자들의 의사결정에 도움이 되는 정보 및 의견의 제공이라는 공공의 이익에 관한 것이라고 볼 수 있고, 부수적으로 다른 목적이나 동기가 내포되어 있더라도 그러한 사정만으로 비방할 목적이 있었다고 보기는 어렵다(대법원 2009.5.28. 2008도8812 성형수술 후기 사건). [×]

0849 명예훼손죄의 위법성조각사유인 형법 제310조에 관한 다음 설명 중 옳지 않은 것은 모두 2개다.

O | X

[Superlative ★★★]

> ㉠ 형법 제307조 제2항의 허위사실 적시에 의한 명예훼손죄에 해당하는 행위에 대하여는 위법성조 각에 관한 형법 제310조는 적용될 여지가 없다. [18 경간부, 15 법원행시, 14 법원행시, 11 경찰승진]
> ㉡ 형법 제309조 제1항의 출판물 등에 의한 명예훼손행위는 그것이 오로지 공공의 이익을 위한 행위 였다고 하더라도 위법성이 조각되지 않음은 형법 제310조의 규정에 비추어 명백하다. [18 경간부, 15 국가9급, 13 국가9급, 11 법원행시, 11 법원9급]
> ㉢ 사람을 비방할 목적으로 출판물에 의하여 허위의 사실을 적시하여 사람의 명예를 훼손한 형법 제 309조 제2항 위반죄에는 위법성조각에 관한 형법 제310조는 적용될 여지가 없다. [18 경간부]
> ㉣ 모욕죄의 경우 그것이 오로지 공공의 이익에 관한 것이라면 형법 제310조를 유추적용하여 위법성 이 조각될 수 있다. [18 경간부]

해설

> ㉣ 1 항목만 옳지 않다.
> ㉠ 대법원 2015.7.9. 2013도4786
> ㉡ 대법원 1995.6.30. 95도1010
> ㉢ 대법원 2005.6.10. 2005도2316 모 상업계 교장 사건
> ㉣ 모욕죄에 대해서는 형법 제310조에 의하여 위법성이 조각될 여지가 없다(대법원 2004.6.25. 2003도4934).

[×]

0850 형법 제310조에서 '진실한 사실'이란 그 내용 전체의 취지를 살펴볼 때 중요한 부분이 객관적 사실 과 합치되는 사실이라는 의미로서 세부에 있어 진실과 약간 차이가 나거나 다소 과장된 표현이 있 더라도 무방하다.

O | X

[16 경찰채용, 12 변호사, 12 법원9급] [Essential ★]

해설

> 대법원 2007.12.14. 2006도2074 부산 택시운송조합 사건

[O]

0851 사실적시의 내용이 사회 일반의 일부 이익에만 관련된 사항이라도 다른 일반인과의 공동생활에 관계 된 사항이라면 공익성을 지닌다고 할 것이고, 이에 나아가 개인에 관한 사항이더라도 그것이 공공의 이익과 관련되어 있고 사회적인 관심을 획득한 경우라면 직접적으로 국가·사회 일반의 이익이나 특 정한 사회집단에 관한 것이 아니라는 이유만으로 형법 제310조의 적용을 배제할 것은 아니다. O | X

[22 경찰간부] [Essential ★]

해설

> 사실적시의 내용이 사회 일반의 일부 이익에만 관련된 사항이라도 다른 일반인과의 공동생활에 관계된 사항이라면 공익 성을 지닌다고 할 것이고, 이에 나아가 개인에 관한 사항이더라도 그것이 공공의 이익과 관련되어 있고 사회적인 관심을 획득한 경우라면 직접적으로 국가·사회 일반의 이익이나 특정한 사회집단에 관한 것이 아니라는 이유만으로 형법 제 310조의 적용을 배제할 것은 아니다(대법원 2020.11.19. 2020도5813 슷슷 징역 살다온 전과자다 사건). [O]

0852 형법 제310조의 규정은 인격권으로서의 개인의 명예의 보호와 헌법 제21조에 의한 정당한 표현의 자유의 보장이라는 상충되는 두 법익의 조화를 꾀한 것이라고 보아야 할 것이므로, 적시된 사실이 진실한 것이라는 증명이 없다면 비록 행위자가 진실한 것으로 믿었고 또 그렇게 믿을 만한 상당한 이유가 있는 경우라도 위법성이 조각되지 아니한다. ○|×

[18 경간부, 17 국가9급, 17 경찰승진, 13 법원행시, 11 국가9급] [Superlative ★★★]

해설

형법 제310조의 규정은 인격권으로서의 개인의 명예의 보호와 헌법 제21조에 의한 정당한 표현의 자유의 보장이라는 상충되는 두 법익의 조화를 꾀한 것이라고 보아야 할 것이므로, 두 법익간의 조화와 균형을 고려한다면 적시된 사실이 진실한 것이라는 증명이 없더라도 행위자가 진실한 것으로 믿었고 또 그렇게 믿을 만한 상당한 이유가 있는 경우에는 위법성이 없다(대법원 2007.12.14. 2006도2074 부산 택시운송조합 사건). [×]

0853 언론매체가 피해자의 명예를 현저하게 훼손할 수 있는 보도내용의 주된 부분이 허위임을 충분히 인식하면서도 이를 보도하였다면 특별한 사정이 없는 한 거기에는 사람을 비방할 목적이 있다고 볼 것이다. ○|×

[22 해경간부] [Core ★★]

해설

형법 제307조 제2항이나 정보통신망법 제61조 제2항[24년 현재 제70조 제2항] 소정의 '사람을 비방할 목적'은 공공의 이익을 위한 것과는 행위자의 주관적 의도의 방향에 있어 서로 상반되는 관계에 있다고 할 것이므로 적시한 사실이 공공의 이익에 관한 것인 경우에는 특별한 사정이 없는 한 비방할 목적은 부인된다고 봄이 상당하지만, 독자, 시청자, 청취자 등은 언론매체의 보도내용을 진실로 신뢰하는 경향이 있고, 언론매체는 이러한 신뢰를 기반으로 사회에 대한 비판·감시기능을 수행하는 것이라는 점 등을 고려하면, 언론매체가 피해자의 명예를 현저하게 훼손할 수 있는 보도내용의 주된 부분이 허위임을 충분히 인식하면서도 이를 보도하였다면 특별한 사정이 없는 한 거기에는 사람을 비방할 목적이 있다고 볼 것이고, 이 경우에는 위법성이 조각될 여지가 없다(대법원 2008.11.27. 2007도5312). [○]

0854 영화가 허위의 사실을 표현하여 개인의 명예를 훼손한 경우에도 행위자가 그것을 진실이라고 믿었고 또 그렇게 믿을 만한 상당한 이유가 있어 그 행위자에게 명예훼손으로 인한 불법행위책임을 물을 수 없다면 특별한 사정이 없는 한 그 광고·홍보행위가 별도로 명예훼손의 불법행위를 구성한다고 볼 수 없다. ○|×

[19 경찰승진] [Core ★★]

해설

대법원 2010.7.15. 2007다3483 영화 <실미도> 사건 [○]

0855 형법 제310조에서 '공공의 이익'에는 널리 국가·사회 기타 일반 다수인의 이익에 관한 것 뿐만 아니라 특정한 사회집단이나 그 구성원 전체의 관심과 이익에 관한 것도 포함된다. ○|×

[14 경찰승진] [Essential ★]

해설

대법원 2017.4.26. 2016도18024 [○]

0856 행위자의 주요한 동기 내지 목적이 공공의 이익을 위한 것이라도 부수적으로 다른 사익적 목적이나 동기가 내포되어 있다면 형법 제310조의 적용은 배제된다. ○|×

[17 국가9급, 13 경찰승진, 12 변호사] [Essential ★]

해설

> 행위자의 주요한 동기 내지 목적이 공공의 이익을 위한 것이라면 부수적으로 다른 사익적 목적이나 동기가 내포되어 있더라도 형법 제310조의 적용을 배제할 수 없다(대법원 2017.4.26. 2016도18024). [×]

0857 다음 중 형법 제310조에 의하여 위법성이 조각되는 것은 모두 2개다. ○|×

[Superlative ★★★]

> ㉠ 건물관리회 회장인 피고인 甲이 건물관리회 결산보고 회의실에서 'A와 B가 甲을 폭행한 사건의 형사재판에서 벌금 30만원의 유죄판결이 확정되었다'는 내용이 기재된 결산보고서를 참석 회원들에게 배포한 경우 [16 경간부, 13 경찰채용]
> ㉡ 피고인 甲이 자신 및 피해자 A의 직장인 보험관리공단의 전산망에 설치된 전자게시판에 "모 직원은 공단이 신청한 증인으로 법정에 나와 거짓 사실로 증언을 하였고 그에 따라 위증죄로 고소를 당하여 결국 검찰로부터 기소유예처분을 결정한 바 있습니다. (중략) 공단은 마땅히 그에 상응하는 인사조치를 취하여야 할 것으로 판단되어 여론광장을 통해 의견을 개진합니다"라는 글을 게시한 경우 [17 경찰승진, 16 경간부, 15 경간부]
> ㉢ 피고인들이 학원 이사장 A의 아파트 앞에서 A의 집 주소와 '교육을 빙자한 장사꾼'이라는 내용이 적힌 플래카드와 '유령동창회비 어디 갔나, 장학기금 바람과 함께 사라졌다' 등이 적힌 피켓 등을 들고 시위를 하고, 학원 산하 고등학교 교장 B의 집 앞에서 B의 집 주소와 '재단의 꼭두각시'라는 내용이 적힌 플래카드와 '학생복지 외면하는 교장, 합의정신 묵살하는 교장' 등이 적힌 피켓 등을 들고 시위를 한 경우 [13 경찰채용]
> ㉣ 피고인이 시의원들이 학교에서 교사들에게 무례한 행동을 한 것을 알리고 이에 대하여 항의함으로써 교사의 권익을 지킨다는 취지에서 '시의원이 여교사를 아가씨라고 부르며 차를 달라고 한 것, 교감 책상에 앉아 있는 시의원에게 항의한 교사에게 일부 시의원이 고함을 지르는 등 무례한 행동을 한 것, 해운대교육구청이 시의원의 추궁을 받고 교사들에게 경위서를 제출하도록 한 것' 등의 내용이 들어 있는 보도자료를 만들어 배포한 경우 [16 경찰채용, 13 경간부]

해설

> ㉠㉣ 2 항목의 경우 형법 제310조에 의하여 위법성이 조각된다.
> ㉠ 주된 동기가 업무집행에 대한 회원들 신뢰를 확보하고 단체의 내부 질서를 바로 잡아 회원들의 단합을 도모하고자 하는 공공의 이익을 위한 것으로 볼 수 있어 명예훼손죄는 성립하지 아니한다(대법원 2008.11.13. 2008도6342 반포프라자 사건).
> ㉡ 甲의 행위는 오로지 공공의 이익에 관한 것이라고는 할 수 없어 명예훼손죄가 성립한다(대법원 2000.5.12. 99도5734 의료보험공단 동료 사건). 이 판례는 보통 "직장의 전산망에 설치된 전자게시판에 타인의 명예를 훼손하는 내용의 사실을 적시한 글을 게시한 경우 명예훼손죄가 성립한다"는 지문으로 시험에 출제가 된다.
> ㉢ 피고인들이 아파트 앞에서 A, B의 주소까지 명시하여 A, B의 명예를 훼손한 것을 두고 오로지 공공의 이익에 관한 것이라고 보기는 어렵다(대법원 2008.3.14. 2006도6049 주소명시 피켓 사건).
> ㉣ 전체적으로 그 기재 내용이 진실하고 공공의 이익을 위한 것이라면 명예훼손죄의 위법성이 조각된다(대법원 2001.10.9. 2001도3594 해운대초등학교 사건). [○]

0858 모욕죄는 피해자의 외부적 명예를 저하시킬 만한 추상적 판단이나 경멸적 감정을 공연히 표시함으로써 성립하는 것이므로 피해자의 외부적 명예가 현실적으로 침해되거나 구체적·현실적으로 침해될 위험이 발생하여야 하는 것은 아니다. ○│×

[15 법원행시] [Core ★★]

해설

대법원 2016.10.13. 2016도9674 순경새끼 씨발 개새끼 사건 [○]

0859 어떠한 표현이 모욕죄의 모욕에 해당하는지는 상대방 개인의 주관적 감정이나 정서상 어떠한 표현을 듣고 기분이 나쁜지 등 명예감정을 침해할 만한 표현인지를 기준으로 판단할 것이 아니라 당사자들의 관계, 해당 표현에 이르게 된 경위, 표현방법, 당시 상황 등 객관적인 제반 사정에 비추어 상대방의 외부적 명예를 침해할 만한 표현인지를 기준으로 엄격하게 판단하여야 한다. ○│×

[23 법원9급] [Core ★★]

해설

대법원 2022.8.31. 2019도7370 정말 야비한 사람인 것 같습니다 사건 [○]

0860 언어적 수단이 아닌 비언어적·시각적 수단만을 사용하여 표현을 한 경우라면 그것이 사람의 사회적 평가를 저하시킬 만한 추상적 판단이나 경멸적 감정을 전달하는 것이라 하더라도 모욕죄가 성립할 수 없다. ○│×

[23 법원9급] [Core ★★]

해설

모욕의 수단과 방법에는 제한이 없으므로 언어적 수단이 아닌 비언어적·시각적 수단만을 사용하여 표현을 하더라도 그것이 사람의 사회적 평가를 저하시킬 만한 추상적 판단이나 경멸적 감정을 전달하는 것이라면 모욕죄가 성립한다. 최근 영상 편집·합성 기술이 발전함에 따라 합성 사진 등을 이용한 모욕 범행의 가능성이 높아지고 있고, 시각적 수단만을 사용한 모욕이라 하더라도 그 행위로 인하여 피해자가 입는 피해나 범행의 가벌성 정도는 언어적 수단을 사용한 경우와 비교하여 차이가 없다(대법원 2023. 2. 2. 2022도4719 개 얼굴 합성사건). [×]

0861 甲은 자신의 인터넷 채널에 A의 방송 영상을 게시하면서 A의 얼굴에 '개' 얼굴을 합성하는 방법을 사용하였는바, 그 영상의 전체적인 내용을 살펴볼 때 A의 얼굴을 가리는 용도로 동물 그림을 사용하면서 A에 대한 부정적인 감정을 다소 해학적으로 표현하려 한 것에 불과한 경우라도 이러한 행위는 모욕적 표현에 해당한다. ○│×

[23 경찰채용] [Core ★★]

해설

피고인 甲이 인터넷 유튜브 채널에 피해자 A의 방송 영상을 게시하면서 A의 얼굴에 '개' 얼굴을 합성하였는바, 甲이 A의 얼굴을 가리는 용도로 동물 그림을 사용하면서 A에 대한 부정적인 감정을 다소 해학적으로 표현하려 한 것에 불과하다고 볼 여지도 상당하다면 영상이 A를 불쾌하게 할 수 있는 표현이기는 하지만 객관적으로 A의 인격적 가치에 대한 사회적 평가를 저하시킬 만한 모욕적 표현을 한 경우에 해당한다고 단정하기는 어렵다(대법원 2023.2.2. 2022도4719 개 얼굴 합성사건). [×]

0862 이른바 집단표시에 의한 모욕은, 모욕의 내용이 그 집단에 속한 특정인에 대한 것이라고는 해석되기 힘들고, 집단표시에 의한 비난이 개별구성원에 이르러서는 비난의 정도가 희석되어 구성원 개개인의 사회적 평가에 영향을 미칠 정도에 이르지 아니한 경우에는 구성원 개개인에 대한 모욕이 성립되지 않는다고 봄이 원칙이고, 그 비난의 정도가 희석되지 않아 구성원 개개인의 사회적 평가를 저하시킬 만한 것으로 평가될 경우에는 예외적으로 구성원 개개인에 대한 모욕이 성립할 수 있다.

○ | ×

[15 국가9급, 15 경찰채용] [Core ★★]

해설

> 대법원 2014.3.27. 2011도15631 강용석 의원 사건
>
> [○]

0863 아파트 입주자대표회의 감사인 피고인 甲이 아파트 관리소장 A와 언쟁을 하는 과정에서 "나이 처먹은 게 무슨 자랑이냐"라고 말한 경우 모욕죄가 성립한다.

○ | ×

[16 법원행시] [Essential ★]

해설

> 피고인 甲의 발언은 상대방을 불쾌하게 할 수 있는 무례하고 저속한 표현이기는 하지만 객관적으로 A의 인격적 가치에 대한 사회적 평가를 저하시킬 만한 모욕적 언사에 해당한다고 보기는 어렵다(대법원 2015.9.10. 2015도2229 나이 처먹은게 자랑이냐 사건).
>
> [×]

0864 인터넷 신문사 소속 기자 A가 인터넷 포털 사이트에 제품의 안전성에 관한 논란이 되고 있는 제품을 옹호하는 기사를 게재하자, 그 기사를 읽은 상당수의 독자들이 A를 비판하는 댓글을 달고 있는 상황에서 甲이 "이런걸 기레기라고 하죠?"라는 댓글을 게시한 경우 이는 모욕적 표현에 해당하나 사회상규에 위배되지 않는 행위로서 형법 제20조에 의하여 위법성이 조각된다.

○ | ×

[22 법원9급] [Essential ★]

해설

> '기레기'는 '기자'와 '쓰레기'의 합성어로서 자극적인 제목이나 내용 등으로 홍보성 기사를 작성하는 행위 등을 하는 기자들 또는 기자들의 행태를 비하한 용어이므로 기자인 피해자의 사회적 평가를 저하시킬 만한 추상적 판단이나 경멸적 감정을 표현한, 모욕적 표현에 해당하기는 한다. 그러나 피고인이 작성한 "이런걸 기레기라고 하죠?"라는 댓글은 그 전후에 게시된 다른 댓글들과 같은 견지에서 방송 내용 등을 근거로 기사의 제목과 내용, 이를 작성한 피해자의 행위나 태도를 비판하는 의견을 강조하거나 압축하여 표현한 것이라고 평가할 수 있다. 또한 '기레기'는 기사 및 기자의 행태를 비판하는 글에서 비교적 폭넓게 사용되는 단어이고, 기사에 대한 다른 댓글들의 논조 및 내용과 비교해 볼 때 댓글의 표현이 지나치게 악의적이라고 하기도 어려워 피고인의 행위는 사회상규에 위배되지 않는 행위로서 형법 제20조에 의하여 위법성이 조각된다(대법원 2021.3.25. 2017도17643 이런걸 기레기라고 하죠 사건).
>
> [○]

각론

Part 02

0865 피고인 甲이 인터넷 포털 사이트 ○○의 카페에 접속하여 '자칭 타칭 A 하면 떠오르는 키워드!!!'라는 제목의 게시글에 '공황장애 ㅋ'라는 댓글을 게시한 경우 모욕죄에 해당한다. ○│×

[22 경찰채용] [Essential ★]

해설

그 표현은 상대방을 불쾌하게 할 수 있는 무례한 표현이기는 하나 상대방의 인격적 가치에 대한 사회적 평가를 저하시킬 만한 표현에 해당한다고 보기는 어렵다(대법원 2018.5.30. 2016도20890 공황장애 사건). [×]

0866 피고인 甲이 노사 관계자 140여 명이 있는 가운데 큰 소리로 甲보다 15세 연장자인 A(회사 부사장 겸 공장장으로 이름은 '○○'이다)를 향해 "야 ○○아, ○○아, ○○이 여기 있네, 너 이름이 ○○이 아냐, 반말? 니 이름이 ○○이잖아, ○○아 좋지 ○○아 나오니까 좋지?"라고 여러 차례 말한 경우 모욕죄에 해당한다. ○│×

[Essential ★]

해설

甲의 발언은 상대방을 불쾌하게 할 수 있는 무례하고 예의에 벗어난 표현이기는 하지만 객관적으로 A의 인격적 가치에 대한 사회적 평가를 저하시킬 만한 모욕적 언사에 해당한다고 보기는 어렵다(대법원 2018.11.29. 2017도2661 반말 사건). [×]

0867 부사관 교육생 甲이 동기들과 함께 사용하는 단체 채팅방에서 지도관 A가 목욕탕 청소 담당에게 과실 지적을 많이 한다는 이유로 "도라이 ㅋㅋㅋ 습기가 그렇게 많은데"라는 글을 게시한 경우 상관모욕죄가 성립한다. ○│×

[22 경찰채용] [Core ★★]

해설

피고인의 표현은 동기 교육생들끼리 고충을 토로하고 의견을 교환하는 사이버공간에서 상관인 피해자에 대하여 일부 부적절한 표현을 사용하게 된 것에 불과하고 이로 인하여 군의 조직질서와 정당한 지휘체계가 문란하게 되었다고 보이지 않으므로 이러한 행위는 사회상규에 위배되지 않는다고 보는 것이 타당하다(대법원 2021.8.19. 2020도14576 도라이ㅋㅋㅋ 사건). [×]

0868 피고인 甲이 택시 기사와 요금 문제로 시비가 벌어져 112 신고를 하였는데, 경찰관인 A가 신고 장소를 빨리 찾지 못하고 늦게 도착한 데에 항의하면서 A에게 "아이 씨발"이라고 말한 경우 모욕죄가 성립한다. ○│×

[16 법원행시] [Essential ★]

해설

甲의 이 발언은 구체적으로 상대방을 지칭하지 않은 채 단순히 발언자 자신의 불만이나 분노한 감정을 표출하기 위하여 흔히 쓰는 말로서 상대방을 불쾌하게 할 수 있는 무례하고 저속한 표현이기는 하지만 직접적으로 A를 특정하여 그의 인격적 가치에 대한 사회적 평가를 저하시킬 만한 경멸적 감정을 표현한 모욕적 언사에 해당한다고 단정하기는 어렵다(대법원 2015.12.24. 2015도6622 아이 씨발 사건). [×]

0869 甲이 소속 노동조합 위원장 A를 '어용', '앞잡이' 등으로 지칭하여 표현한 현수막, 피켓 등을 장기간 반복하여 일반인의 왕래가 잦은 도로변 등에 게시한 경우 모욕죄가 성립한다. ○|×

[22 경찰채용] [Core ★★]

해설

> 피고인들이 피해자를 '어용', '앞잡이' 등으로 표현한 현수막, 피켓 등을 장기간 반복하여 일반인의 왕래가 잦은 도로변 등에 게시한 행위는 피해자에 대한 모욕적 표현으로서 사회상규에 위배되지 않는 행위라고 보기 어렵다고 본 원심의 판단은 정당한 것으로 수긍할 수 있다(대법원 2021.9.9. 2016도88 어용·앞잡이 사건). [○]

0870 피고인이 자신의 인터넷 블로그에 '듣보잡', '함량미달', '함량이 모자라도 창피한 줄 모를 정도로 멍청하게 충성할 사람', '싼 맛에 갖다 쓰는 거죠' 등이라고 쓴 경우 모욕죄가 성립한다. ○|×

[15 법원행시, 14 국가7급] [Essential ★]

해설

> 피해자를 비하하여 사회적 평가를 저하시킬 만한 추상적 판단이나 경멸적 감정을 표현한 것으로 모욕죄에 해당한다(대법원 2011.12.22. 2010도10130 진중권 변희재 모욕사건). [○]

0871 피고인이 골프클럽 경기보조원들의 구직편의를 위해 제작된 인터넷 사이트 내 회원 게시판에 특정 골프클럽의 운영상 불합리성을 비난하는 글을 게시하면서 클럽담당자에 대하여 "한심하고 불쌍한 인간"이라는 등 경멸적 표현을 한 경우 모욕죄가 성립한다. ○|×

[16 법원행시, 16 국가7급, 15 경찰승진, 15 경찰채용, 14 경찰승진, 14 경찰채용, 13 국가7급] [Essential ★]

해설

> 게시의 동기와 경위, 모욕적 표현의 정도와 비중 등에 비추어 사회상규에 위배되지 않는다고 봄이 상당하다(대법원 2008.7.10. 2008도1433 다음카페 캐디세상 사건). [×]

0872 임대아파트의 분양전환과 관련하여 임차인이 아파트 관리사무소의 방송시설을 이용하여 임차인대표회의의 전임회장을 비판하며 "전 회장의 개인적인 의사에 의하여 주택공사의 일방적인 견해에 놀아나고 있기 때문에"라고 한 표현은 '모욕'에 해당한다. ○|×

[20 경찰채용] [Essential ★]

해설

> 피고인이 한 표현은 직접적으로 전임회장을 겨냥하여 그의 사회적 평가를 저하시킬 만한 추상적 판단이나 그에 대한 경멸적 감정을 표현한 것으로 보기 어려워 모욕죄의 '모욕'에 해당하지 않는다(대법원 2008.12.11. 2008도8917 배들주공아파트 사건). [×]

0873 국회의원인 피고인이 학생들과 저녁회식을 하는 자리에서, 장래의 희망이 아나운서라고 한 여학생들에게 "다 줄 생각을 해야 하는데, 그래도 아나운서 할 수 있겠느냐. 성신여대 이상은 자존심 때문에 그렇게 못하더라"라는 등의 말을 한 경우 개개의 아나운서에 대한 모욕죄가 성립한다. ○|×

[16 변호사, 15 법원행시] [Core ★★]

> **해설**
>
> 피고인의 발언은 여성 아나운서 일반을 대상으로 한 것으로서 그 개별구성원인 피해자들에 이르러서는 비난의 정도가 희석되어 피해자 개개인의 사회적 평가에 영향을 미칠 정도에까지는 이르지 아니하므로 모욕죄에 해당한다고 보기는 어렵다(대법원 2014.3.27. 2011도15631 강용석 의원 사건). [×]

제2절 신용 · 업무 · 경매에 관한 죄

0874 신용훼손죄에서의 '신용'은 경제적 신용, 즉 사람의 지불능력 또는 지불의사에 대한 사회적 신뢰를 말한다. ○|×

[14 법원9급, 12 법원9급] [Essential ★]

> **해설**
>
> 대법원 2011.9.8. 2011도7262 세고엔터테인먼트 사건 [○]

0875 퀵서비스 운영자인 甲이 배달업무를 하면서, 손님의 불만이 예상되는 경우에는 평소 경쟁 관계에 있는 A 운영의 퀵서비스 명의로 된 영수증을 작성·교부함으로써 손님들로 하여금 불친절하고 배달을 지연시킨 사업체가 A 운영의 퀵서비스인 것처럼 인식하게 한 경우 신용 훼손죄가 성립한다. ○|×

[18 경간부, 17 법원행시, 14 법원9급, 12 변호사, 11 법원행시] [Core ★★]

> **해설**
>
> 퀵서비스의 주된 계약내용이 신속하고 친절한 배달이라 하더라도 피고인의 행위가 피해자의 경제적 신용, 즉 지급능력이나 지급의사에 대한 사회적 신뢰를 저해하는 행위에 해당한다고 보기는 어려우므로 신용훼손죄는 성립하지 아니한다(대법원 2011.5.13. 2009도5549 퀵서비스 사건). [×]

0876 甲은 계원들에게 "A는 집도 없고 남편도 없는 과부이며, 계주로서 계불입금을 모아서 도망가더라도 어느 한 사람 책임지고 도와줄 사람 없는 알몸이니 A에게 불입금을 주지말고 나에게 달라"라고 말한 경우 A는 8년 전부터 남편없이 3자녀를 데리고 생계를 꾸려왔고 甲에게 다액의 채무를 부담하게 되자 아파트 등을 甲에게 담보로 제공하였다 하더라도 신용훼손죄가 성립한다. ○|×

[13 경간부] [Core ★★]

해설

A가 집도, 남편도 없는 과부라고 말한 것이 허위사실이 될 수 없고 또 A가 계주로서 계불입금을 모아서 도망가더라도 책임지고 도와줄 사람이 없다는 취지의 말은 피고인의 A 계주에 대한 개인적 의견이나 평가를 진술한 것에 불과하여 이를 허위사실의 유포라고 볼 수 없다(대법원 1983.2.8. 82도2486 계운영권 양도사건).   [×]

0877 업무방해죄의 '위력'이라 함은 사람의 자유의사를 제압·혼란케 할 만한 일체의 세력을 말하지만 사회적, 경제적, 정치적 지위와 권세에 의한 압박 등까지 이에 포함된다고는 할 수 없다.   ○│×
[17 경찰채용] [Essential ★]

해설

업무방해죄의 '위력'이라 함은 사람의 자유의사를 제압·혼란케 할 만한 일체의 세력으로 유형적이든 무형적이든 묻지 아니하므로 폭행·협박은 물론, 사회적, 경제적, 정치적 지위와 권세에 의한 압박 등도 이에 포함된다(대법원 2010.4.8. 2007도6754 아시아나항공 노조 사건).   [×]

0878 업무방해죄에 있어서 보호대상이 되는 '업무'라 함은 타인의 위법한 행위에 의한 침해로부터 보호할 가치가 있어야 하므로 그 업무의 기초가 된 계약 또는 행정행위 등이 반드시 적법 하여야 한다.   ○│×
[16 경찰승진, 12 법원행시] [Core ★★]

해설

업무방해죄에 있어서 보호대상이 되는 '업무'라 함은 타인의 위법한 행위에 의한 침해로부터 보호할 가치가 있는 것이면 되고, 그 업무의 기초가 된 계약 또는 행정행위 등이 반드시 적법하여야 하는 것은 아니다(대법원 2008.3.14. 2007도11181).   [×]

0879 공무원이 직무상 수행하는 공무를 위력으로 방해하는 행위에 대해서도 업무방해죄로도 의율할 수 있다.   ○│×
[17 경찰채용, 15 법원행시, 15 경찰채용, 14 국가9급, 14 경찰채용, 13 경간부, 12 경찰채용, 11 법원9급] [Essential ★]

해설

형법이 업무방해죄와는 별도로 공무집행방해죄를 규정하고 있는 것은 사적 업무와 공무를 구별하여 공무에 관해서는 공무원에 대한 폭행, 협박 또는 위계의 방법으로 그 집행을 방해하는 경우에 한하여 처벌하겠다는 취지라고 보아야 할 것이고, 따라서 공무원이 직무상 수행하는 공무를 방해하는 행위에 대해서는 업무방해죄로 의율할 수는 없다(대법원 2011.7.28. 2009도11104 마산시장 기자회견 방해사건).   [×]

0880 주주로서 주주총회에서 의결권 등을 행사하는 행위는 업무방해죄의 보호대상이 되는 '업무'에 해당한다. ○│×

[17 국가7급, 17 경찰승진, 17 경간부, 16 경찰승진, 16 경찰채용, 14 경찰승진, 14 경간부, 13 법원9급, 12 법원행시, 11 경찰승진]

[Core ★★]

해설

주주로서 주주총회에서 의결권 등을 행사하는 것은 주식의 보유자로서 그 자격에서 권리를 행사하는 것에 불과할 뿐 그것이 직업 기타 사회생활상의 지위에 기하여 계속적으로 종사하는 사무 또는 사업에 해당한다고 할 수 없다 (대법원 2004.10.28. 2004도1256 주주총회 개인주주 방해사건). [×]

0881 종중 정기총회를 주재하는 종중 회장의 의사진행 행위는 업무방해죄의 보호대상이 되는 '업무'에 해당한다. ○│×

[17 경찰승진, 16 경찰채용, 15 경찰채용, 13 법원9급, 12 법원행시, 12 경간부] [Core ★★]

해설

종중 회장의 의사진행업무 자체는 1회성을 갖는 것이라고 하더라도 그것이 사회적인 지위에서 계속적으로 행하여 온 종중 업무수행의 일환으로 행하여진 것이라면 업무방해죄에 의하여 보호되는 업무에 해당된다(대법원 1995. 10.12. 95도1589 종중총회 방해사건). [○]

0882 초등학생들이 학교에 등교하여 교실에서 수업을 듣는 행위는 업무방해죄의 보호대상이 되는 '업무'에 해당한다. ○│×

[16 경찰승진, 16 경찰채용, 15 법원행시, 14 법원행시, 14 경간부, 14 경찰채용, 13 경찰채용] [Core ★★]

해설

초등학생들이 학교에 등교하여 교실에서 수업을 듣는 것은 학생들 본인의 권리를 행사하는 것이거나 국가 내지 부모들의 의무를 이행하는 것에 불과할 뿐 그것이 직업 기타 사회생활상의 지위에 기하여 계속적으로 종사하는 사무 또는 사업에 해당한다고 할 수 없다(대법원 2013.6.14. 2013도3829 대흥초교 사건). [×]

0883 다음 중 업무방해죄의 보호대상이 되는 '업무'에 해당하는 것은 모두 1개다. ○│×

[Superlative ★★★]

㉠ 성매매알선 행위 [17 법원9급, 15 경간부, 14 변호사, 13 변호사, 13 법원9급, 12 법원행시]
㉡ 의료법인이 아닌 자가 의료기관을 개설하여 운영하는 행위 [17 변호사, 17 법원9급, 16 경찰채용, 15 법원9급, 12 법원행시, 12 법원9급, 12 경간부, 11 경찰승진]
㉢ 법원의 직무집행정지 가처분결정에 의하여 직무집행이 정지된 자가 법원의 결정에 반하여 수행하는 직무 [17 변호사, 17 법원9급, 17 국가7급, 17 경찰승진, 15 법원9급, 15 경간부, 12 법원행시]
㉣ 공인중개사의 명의로 등록되어 있으나 실제로는 공인중개사가 아닌 자가 주도적으로 운영하는 형식 중개사무소 운영 행위 [14 경간부]

해설

모든 항목이 보호대상인 업무에 해당하지 아니한다.

㉠ 성매매알선 등 행위는 형사처벌의 대상이 되는 중대한 범죄행위일 뿐 아니라 반사회성을 띠는 경우에 해당하므로 이는 업무방해죄의 보호대상이 되는 업무라고 볼 수 없으므로 폭력조직 간부인 피고인이 조직원들과 공모하여 성매매소 앞에 속칭 '병풍'을 치거나 차량을 주차해 놓는 등 위력으로써 그를 방해하였더라도 업무방해죄가 성립하지 아니한다(대법원 2011.10.13. 2011도7081 수원역전파 사건).

㉡ 의료법인이 아닌 자가 의료기관을 개설하여 운영하는 행위는 그 위법의 정도가 중하여 사회생활상 도저히 용인될 수 없는 정도로 반사회성을 띠고 있으므로 업무방해죄의 보호대상이 되는 업무에 해당하지 않는다(대법원 2001.11.30. 2001도2015 김포한일의원 사건).

㉢ 법원의 결정에 반하여 직무를 수행함으로써 업무를 계속 행하고 있다면, 비록 그 업무가 반사회성을 띠는 경우라고까지는 할 수 없다고 하더라도 법의 보호를 받을 가치를 상실하였다고 하지 않을 수 없다(대법원 2002.8.23. 2001도5592 직무집행정지가처분 조합장 사건).

㉣ 피해자의 중개업은 형사처벌의 대상이 되는 범죄행위에 해당하는 것으로서 업무방해죄의 보호대상이 되는 업무라고 볼 수 없다(대법원 2007.1.12. 2006도6599 공인중개사무소 폐업사건). [×]

0884 甲이 무자격자에 의해 개설된 의료기관에 고용된 의료인 A의 진료업무를 방해한 경우 A의 진료업무가 업무방해죄의 보호대상이 되는 업무에 해당하여 甲을 업무방해죄로 처벌하기 위해서는 의료기관의 개설·운영 형태, 해당 의료기관에서 이루어지는 진료의 내용과 방식, 甲의 행위로 인하여 방해되는 업무의 내용 등 사정을 종합적으로 고려하여 판단해야 한다. ○│×

[24경간부] [Core ★★]

해설

대법원 2023.3.16. 2021도16482 사무장병원 의사진료 방해사건 [○]

0885 피고인들이 경찰청 민원실에서 말똥을 책상 및 민원실 바닥에 뿌리고 소리를 지르는 등 난동을 부린 경우 업무방해죄가 성립한다. ○│×

[14 법원9급, 13 법원9급, 12 법원행시, 11 경찰승진] [Core ★★]

해설

형법이 업무방해죄와는 별도로 공무집행방해죄를 규정하고 있는 것은 사적 업무와 공무를 구별하여 공무에 관해서는 공무원에 대한 폭행, 협박 또는 위계의 방법으로 그 집행을 방해하는 경우에 한하여 처벌하겠다는 취지라고 보아야 할 것이고, 따라서 공무원이 직무상 수행하는 공무를 방해하는 행위에 대해서는 업무방해죄로 의율할 수는 없다고 해석함이 상당하다(대법원 2010.2.25. 2008도9049 활빈단 말똥세례 사건). [×]

0886 피고인이 위력으로써 마산시청 브리핑룸 및 중회의실 출입구를 봉쇄하여 마산시장의 기자회견을 방해한 경우 업무방해죄가 성립한다. ○│×

[14 법원9급, 14 경간부] [Core ★★]

해설

형법이 업무방해죄와는 별도로 공무집행방해죄를 규정하고 있는 것은 사적 업무와 공무를 구별하여 공무에 관해서는 공무원에 대한 폭행, 협박 또는 위계의 방법으로 그 집행을 방해하는 경우에 한하여 처벌하겠다는 취지라고 보아야 할 것이고, 따라서 공무원이 직무상 수행하는 공무를 방해하는 행위에 대해서는 업무방해죄로 의율할 수는 없다고 해석함이 상당하다(대법원 2011.7.28. 2009도11104 마산시장 기자회견 방해사건). [×]

0887 지방경찰청 민원실에서 피고인들이 진정사건의 처리와 관련하여 지방경찰청장과의 면담 등을 요구하면서 이를 제지하는 경찰관들에게 큰소리로 욕설을 하고 행패를 부린 경우 업무방해죄가 성립한다.

○ | ×

[17 국가7급, 14 법원행시, 12 경간부] [Core ★★]

해설

> 형법이 업무방해죄와는 별도로 공무집행방해죄를 규정하고 있는 것은 사적 업무와 공무를 구별하여 공무에 관해서는 공무원에 대한 폭행, 협박 또는 위계의 방법으로 그 집행을 방해하는 경우에 한하여 처벌하겠다는 취지라고 보아야 할 것이고, 따라서 공무원이 직무상 수행하는 공무를 방해하는 행위에 대해서는 업무방해죄로 의율할 수는 없다고 해석함이 상당하다(대법원 2009.11.19. 2009도4166 全合 충남청 민원실 행패사건). [×]

0888 업무방해죄의 성립에는 업무방해의 결과가 실제로 발생함을 요하지 않고 업무방해의 결과를 초래할 위험이 발생하면 족하며, 업무수행 자체가 아니라 업무의 적정성 내지 공정성이 방해된 경우에도 업무방해죄가 성립한다.

○ | ×

[15 법원행시, 15 법원9급, 15 경찰채용] [Essential ★]

해설

> 대법원 2013.11.28. 2013도5117 통합진보당 대리투표 사건 II [○]

0889 통합진보당의 제19대 국회의원 비례대표 후보를 추천하기 위한 당내 경선과정에서 피고인들이 선거권자들로부터 인증번호만을 전달받은 뒤 그들 명의로 자신들이 지지하는 후보자에게 전자투표를 한 경우 업무방해죄가 성립한다.

○ | ×

[16 경간부, 15 경찰채용] [Core ★★]

해설

> 피고인들의 행위는 당내 경선업무에 참여하거나 관여한 여러 통합진보당 관계자들로 하여금 비례대표 후보자의 지지율 등에 관한 사실관계를 오인, 착각하도록 하여 경선업무의 적정성이나 공정성을 방해한 경우에 해당하고, 위와 같은 범행에 컴퓨터를 이용한 것은 단지 그 범행 수단에 불과하다(대법원 2013.11.28. 2013도5117 통합진보당 대리투표 사건). [○]

0890 甲과 乙이 공모하여, 甲은 A고등학교의 학생 丙이 약 10개월 동안 총 84시간의 봉사활동을 한 것처럼 허위로 기재된 봉사 활동확인서를 발급받아 乙에게 교부하고, 乙은 이를 丙의 담임교사를 통하여 A학교에 제출하여 丙이 학교장 명의의 봉사상을 수상하게 한 경우 甲과 乙에게는 업무방해죄가 성립한다.

○ | ×

[22 경찰채용] [Core ★★]

해설

> 대법원 2020.9.24. 2017도19283 허위 봉사활동확인서 사건 [○]

0891 피고인이 특정 회사가 제공하는 게임사이트에서 정상적인 포커게임을 하고 있는 것처럼 가장하면서 통상적인 업무처리 과정에서 적발해 내기 어려운 사설 프로그램을 이용하여 약관상 양도가 금지되는 포커머니를 약속된 상대방에게 이전해 준 경우 업무방해죄가 성립한다. O | X

[17 경찰채용, 14 경찰승진] [Core ★★]

해설

피고인의 행위는 정보통신망법 제48조 제2항에서 정한 '악성프로그램'이나 형법 제314조 제2항에 정한 '부정한 명령의 입력'에 해당하지는 않지만 회사의 정상적인 게임사이트 운영 업무를 방해한 것이므로 위계에 의한 업무방해죄를 구성한다(대법원 2009.10.15. 2007도9334 한도우미프로그램 사건). [O]

0892 공사(公社)의 사장으로 신규직원 채용권한을 갖고 있는 피고인 甲의 지시에 따라 신규직원 채용시험업무 담당자인 乙 등이 응시자 丙의 필기시험 성적을 조작하고 응시자 丁을 면접 대상자에 포함시킬 수 있도록 응시자격 요건을 변경한 경우 업무방해죄가 성립한다. O | X

[15 법원9급, 14 경찰승진, 14 경찰채용, 13 경찰채용, 12 경찰승진] [Superlative ★★★]

해설

신규직원 채용권한을 갖고 있는 피고인 甲 및 시험업무 담당자들이 모두 공모 내지 양해하에 위와 같은 부정한 행위를 한 것이므로 법인인 공사에게 신규직원 채용업무와 관련하여 오인·착각 또는 부지를 일으키게 하였다고 볼 수 없으므로(공사의 신규직원 채용업무와 관련하여 오인·착각 또는 부지를 일으킨 상대방이 있다고 할 수 없으므로) 위계에 의한 업무방해죄에 있어서의 '위계'에 해당한다고 할 수 없다(대법원 2007.12.27. 2005도6404 서울시농수산물공사 사건). [×]

0893 어장의 대표자가 후임자에게 어장에 대한 허위 채권을 주장하면서 인장의 인도를 거절한 경우 위계에 의한 업무방해죄를 구성한다. O | X

[19 해경승진] [Core ★★]

해설

어장의 대표자였던 피고인 甲이 어장측에 대한 허위의 채권을 주장하면서 후임대표자 A에게 그 인장을 인도하기를 거절함으로써 A가 만기도래한 어장 소유의 수산업협동조합 예탁금을 인출하지 못하였고 어장 소유 선박의 검사를 받지 못한 결과를 초래하였다 하여, 피고인의 허위 주장을 가리켜 허위사실을 유포하거나 기타 위계로써 타인의 업무를 방해한 경우에 해당한다고는 할 수 없다(대법원 1984.7.10. 84도638 금성어장 사건). [×]

0894 인터넷 자유게시판 등에 실제의 객관적인 사실을 게시하더라도 그로 인하여 피해자의 업무가 방해된 경우에는 「형법」제314조 제1항 소정의 위계에 의한 업무방해죄에 있어서의 '위계'에 해당한다. O | X

[19 경찰승진] [Essential ★]

해설

인터넷 자유게시판 등에 실제의 객관적인 사실을 게시하는 행위는, 설령 그로 인하여 피해자의 업무가 방해된다고 하더라도 '위계'에 해당하지 않는다(대법원 2007.6.29. 2006도3839 다음카페 전국감리원모임 사건). [×]

0895 객관적으로 보아 당해 출제교사가 출제할 것이라고 예측되는 순수한 예상문제를 선정하여 수험생이나 그 교습자에게 주거나 출제위원이 문제를 선정하여 시험실시자에게 제출하기 전에 이를 유출하였으나 그 유출된 문제가 시험실시자에게 제출되지 않은 경우에도 업무방해죄가 성립한다. ○ | ×

[20 변호사] [Core ★★]

해설

순수한 예상문제를 선정하여 수험생이나 그 교습자에게 주는 행위를 가지고 시험실시 업무를 방해하는 행위라고 할 수 없고 또한 유출된 문제가 시험실시자에게 제출되지도 아니하였다면 그러한 문제유출로 인하여 시험실시 업무가 방해될 추상적인 위험조차도 있다고 할 수 없으므로 업무방해죄가 성립한다고 할 수 없다(대법원 1999.12. 10. 99도3487 보성고 문제유출 사건). [×]

0896 피고인 甲이 인천광역시로부터 임차한 건물의 2층에서 甲은 음악학원을 운영하고 피해자 A는 1층에서 미술학원을 운영하되, A가 운영하는 미술학원의 등록명의도 甲으로 하기로 약정한 후 각자 학원을 운영하여 오던 중, 지하실의 사용 문제와 관련하여 분쟁이 발생하자 甲이 일방적으로 자신의 요구사항을 주장하다가 A가 자신의 통제를 받지 않는다는 이유로 임의로 폐원신고를 하여 A가 미술학원 영업을 할 수 없게 한 경우 위계에 의한 업무방해죄가 성립한다. ○ | ×

[17 경찰승진] [Superlative ★★★]

해설

A가 운영하고 있는 학원이 자신의 명의로 등록되어 있는 지위를 이용하여 임의로 폐원신고를 함으로써 A의 업무를 위력으로써 방해하였다고 봄이 상당하다(대법원 2005.3.25. 2003도5004 미술학원 폐원신고 사건). [×]

0897 공인중개사 甲이 공인중개사가 아닌 A와 동업하여 중개사무소를 운영하다가 동업관계가 종료된 후 자신의 명의로 등록되어 있는 지위를 이용하여 임의로 폐업신고를 하였다면 위력에 의한 업무방해죄가 성립한다. ○ | ×

[22 경찰승진] [Core ★★]

해설

공인중개사인 피고인이 자신의 명의로 등록되어 있으나 실제로는 공인중개사가 아닌 피해자가 주도적으로 운영하는 형식으로 동업하여 중개사무소를 운영하다가 위 동업관계가 피해자의 귀책사유로 종료되고 피고인이 동업관계의 종료로 부동산중개업을 그만두기로 한 경우(폐업신고를 한 경우), 피해자의 중개업은 형사처벌의 대상이 되는 범죄행위에 해당하는 것으로서 업무방해죄의 보호 대상이 되는 업무라고 볼 수 없다(대법원 2007.1.12. 2006도6599 공인중개사무소 폐업사건). [×]

0898 피고인 甲이 乙의 미국방문비자를 주한미국대사관 영사부에 신청함에 있어서 허위의 사실을 기재하여 신청서를 제출한 것에 그치지 않고, 그 소명을 위하여 허위로 작성한 서류를 제출하고 乙로 하여금 비자 면접 때 그에 맞추어 허위의 답변을 하도록 연습을 시켜 면접을 하게 하고 乙의 회사 재직 여부를 묻는 미국대사관 직원의 문의 전화에 대하여 허위 답변을 하게 한 경우 업무방해죄가 성립한다. ○ | ×

[12 경찰승진] [Core ★★]

해설

> 위계에 의한 업무방해죄가 성립한다(대법원 2004.3.26. 2003도7927 미국비자 브로커 사건).　　[○]

0899 피고인 甲이 그가 경영하던 공장을 A에게 양도하면서 미수 외상대금 채권의 수금권을 포기하기로
약정하고도 이를 외상채무자들에게 고지하지 아니하고 외상대금을 수령한 경우 업무방해죄가 성립
한다. ○|×

[14 경찰채용, 12 경간부] [Superlative ★★★]

해설

> 위계로 A의 공장경영 업무를 방해한 것이라 할 수 없다(대법원 1984.5.9. 83도2270 외상대금 수령사건). [×]

0900 인터넷카페의 운영진인 피고인들이 카페 회원들과 공모하여, 특정 신문들에 광고를 게재하는 광고
주들에게 불매운동의 일환으로 지속적·집단적으로 항의전화를 하거나 광고주들의 홈페이지에 항의
글을 게시하는 등의 방법으로 광고중단을 압박한 경우 광고주에 대한 업무방해죄가 성립한다.

○|×

[13 경찰채용] [Core ★★]

해설

> 피고인들의 행위는 광고주들의 자유의사를 제압할 만한 세력으로서 위력에 해당한다(대법원 2013.3.14. 2010도
> 410 소비자불매운동 사건).　　[○]

0901 인터넷카페의 운영진인 피고인들이 카페 회원들과 공모하여, 특정 신문들에 광고를 게재하는 광고
주들에게 불매운동의 일환으로 지속적·집단적으로 항의전화를 하거나 광고주들의 홈페이지에 항의
글을 게시하는 등의 방법으로 광고중단을 압박한 경우 신문사에 대한 업무방해죄가 성립한다.

○|×

[13 경찰채용] [Core ★★]

해설

> 업무방해죄의 위력은 원칙적으로 피해자에게 행사되어야 하고 제3자를 향한 위력의 행사는 이를 피해자에 대한
> 직접적인 위력의 행사와 동일시할 수 있는 예외적 사정이 인정되는 경우에만 업무방해죄의 구성요건인 위력의 행
> 사로 볼 수 있으므로, 피고인들의 행위만으로는 특정 신문사들에 대한 직접적인 위력의 행사가 있었다고 보기에
> 부족하다(대법원 2013.3.14. 2010도410 언소주 소비자불매운동 사건).　　[×]

0902 다음 중 업무방해죄가 성립하는 것은 모두 2개다.　　　　　　　　　　　　　　　　○│×

[Superlative ★★★]

> ㉠ 대부업체 직원인 피고인이 대출금을 회수하기 위하여 소액의 지연이자를 문제삼아 법적조치를 거
> 　론하면서 소규모 간판업자인 채무자의 휴대전화로 수백 회에 이르는 전화공세를 한 경우 [17 변호
> 　사, 17 국가7급]
> ㉡ 임대인이 임차인의 물건을 임의로 철거·폐기할 수 있다는 임대차계약 조항에 따라 임대인인 피고
> 　인이 간판업자를 동원하여 임차인인 피해자가 영업 중인 식당 점포의 간판을 철거하고 출입문을
> 　봉쇄한 경우 [17 경간부, 13 경찰채용]
> ㉢ 임대인 A로부터 건물을 임차하여 학원을 운영하던 피고인 甲이 건물을 인도한 이후에도 자신 명
> 　의로 된 학원설립등록을 말소하지 않고 휴원신고를 연장함으로써 새로운 임차인 B가 그 건물에서
> 　학원설립등록을 하지 못하도록 한 경우 [17 경간부, 13 경찰채용]
> ㉣ 피고인 甲이 인천광역시로부터 임차한 건물의 2층에서 甲은 음악학원을 운영하고 피해자 A는 1층
> 　에서 미술학원을 운영하되, A가 운영하는 미술학원의 등록명의도 甲으로 하기로 약정한 후 각자
> 　학원을 운영하여 오던 중, 지하실의 사용 문제와 관련하여 분쟁이 발생하자 甲이 일방적으로 자신
> 　의 요구사항을 주장하다가 A가 자신의 통제를 받지 않는다는 이유로 임의로 폐원신고를 하여 A
> 　가 미술학원 영업을 할 수 없게 한 경우 [17 경찰승진]

해설

> ㉠㉡㉣ 3 항목의 경우 업무방해죄가 성립한다.
> ㉠ 사회통념상 허용한도를 벗어난 채권추심행위로서 위력에 의한 업무방해죄를 구성한다(대법원 2005.5.27.
> 　2004도8447 퍼스트머니 사건).
> ㉡ 임대인의 행위는 위력을 사용하여 피해자의 업무를 방해한 행위에 해당한다(대법원 2005.3.10. 2004도
> 　341).
> ㉢ 甲의 휴원연장신고와 B가 학원설립등록을 하지 못한 점 사이에 인과관계가 있다고 단정하기 어렵고, 甲의 행
> 　위가 B의 자유의사를 제압·혼란케 할 정도의 위력에 해당한다고 보기 어렵다(대법원 2010.11.25. 2010도
> 　9186 휴원기간 연장사건).
> ㉣ A가 운영하고 있는 학원이 자신의 명의로 등록되어 있는 지위를 이용하여 임의로 폐원신고를 함으로써 A의
> 　업무를 위력으로써 방해하였다고 봄이 상당하다(대법원 2005.3.25. 2003도5004 미술학원 폐원신고 사건).
> 　　[×]

0903 피고인의 공사계약 해제가 적법하고 회사가 스스로 공사를 중단한 상태에서 피고인이 공사 현장에
남아 있는 회사 소유의 공사자재 등을 수거하여 다른 곳에 옮겨 놓은 경우 업무방해죄가 성립한다.
　　○│×

[14 경찰승진] [Core ★★]

해설

> 회사의 공사업무를 방해한 것으로 볼 수 없다(대법원 1999.1.29. 98도3240 건축공사 중단사건).　　[×]

0904 백화점 입주상인들이 영업을 하지 않고 매장내에서 점거 농성만을 하면서 매장 내의 기존의 전기시설에 임의로 전선을 연결하여 각종 전열기구를 사용함으로써 화재위험이 높아 부득이 피고인이 단전조치를 취한 경우 업무방해죄가 성립한다.　　　　　　　　　　　　　　　○│×

[15 경간부, 12 경간부] [Essential ★]

해설

단전조치 당시 보호받을 업무가 존재하지 않았을 뿐만 아니라 화재예방 등 건물의 안전한 유지관리를 위한 정당한 권한 행사의 범위 내의 행위에 해당하므로 업무방해죄를 구성한다고 볼 수 없다(대법원 1995.6.30. 94도3136 맘모스백화점 사건).　　　　　　　　　　　　　　　　　　　　　　　　　　　　　　[×]

0905 피고인이 도로의 일부가 자신의 소유라는 이유로 적법한 절차에 의하여 문제를 해결하려고 하지 않고 도로의 중간에 바위를 놓아두거나 이를 파헤침으로써 차량의 통행을 못하게 하여 부근의 여관 및 식당 등을 운영을 방해한 경우 업무방해죄가 성립한다.　　　　　　　　　　　　○│×

[15 경찰채용, 13 경찰승진, 13 경간부, 11 경찰승진] [Core ★★]

해설

도로의 중간에 바위를 놓아두거나 이를 파헤침으로써 차량의 통행을 못하게 한 경우 일반교통방해죄와 (부근에서 여관 및 식당을 운영하는 A와 버섯농장을 운영하는 B에 대한) 업무방해죄가 성립한다(대법원 2002.4.26. 2001도6903 바위 사건).　　　　　　　　　　　　　　　　　　　　　　　　　　　　　[○]

0906 컴퓨터등장애업무방해죄가 성립하기 위해서는 가해행위 결과 정보처리장치가 그 사용목적에 부합하는 기능을 하지 못하거나 사용목적과 다른 기능을 하는 등 정보처리에 장애가 현실적으로 발생하였을 것을 요한다고 할 것이나, 정보처리에 장애를 발생하게 하여 업무방해의 결과를 초래할 위험이 발생한 이상, 나아가 업무방해의 결과가 실제로 발생하지 않더라도 위 죄가 성립한다.　　　○│×

[12 법원9급] [Superlative ★★★]

해설

대법원 2013.3.28. 2010도14607 eWeb.exe 사건　　　　　　　　　　　　　　　　　[○]

0907 전보발령으로 웹서버를 관리, 운영할 권한이 없는 피고인이 웹서버에 접속하여 홈페이지 관리자의 비밀번호를 무단으로 변경한 경우 컴퓨터등장애업무방해죄가 성립한다.　　　　○│×

[16 경찰승진, 13 경찰채용] [Core ★★]

해설

피고인이 홈페이지 관리자의 비밀번호를 무단으로 변경한 행위는 정당한 행위라고 할 수없고, 그로 인하여 정보처리장치에 현실적인 장애를 발생시킴으로써 대학측에 대하여 업무방해의 위험을 초래한 행위에 해당하여 컴퓨터등장애업무방해죄를 구성한다(대법원 2007.3.16. 2006도6663 신성대학교 사건).　　　　　　[○]

0908 피고인이 포털사이트 운영회사의 통계집계시스템 서버에 허위의 클릭정보를 전송하여 검색순위 결정 과정에서 위와 같이 전송된 허위의 클릭정보가 실제로 통계에 반영됨으로써 정보처리에 장애가 현실적으로 발생한 경우 컴퓨터등장애업무방해죄가 성립한다. (다만, 그로 인하여 실제로 검색순위의 변동은 초래하지는 않았음) ○│×

[16 변호사, 13 경찰채용] [Superlative ★★★]

해설

> 허위의 클릭정보가 실제로 통계에 반영됨으로써 정보처리에 장애가 현실적으로 발생하였다면, 그로 인하여 실제로 검색순위의 변동을 초래하지는 않았다 하더라도 컴퓨터등장애업무방해죄가 성립한다(대법원 2009.4. 9. 2008도 11978 상위등록 프로그램 사건). [○]

0909 정리해고나 사업조직의 통폐합 등 기업의 구조조정 실시 여부는 경영주체의 고도의 경영상 결단에 속하는 사항으로서 원칙적으로 단체교섭의 대상이 될 수 없으나, 노동조합이 실질적으로 그 실시 자체를 반대하기 위하여 쟁의행위로 나아가더라도 그러한 구조조정의 실시가 근로자들의 지위나 근로조건의 변경을 필연적으로 수반한다고 한다면 그 쟁의행위는 목적의 정당성을 인정할 수 있다. ○│×

[17 법원9급, 15 경찰채용, 13 법원행시, 11 국가9급] [Core ★★]

해설

> 정리해고나 사업조직의 통폐합 등 기업의 구조조정 실시 여부는 경영주체의 고도의 경영상 결단에 속하는 사항으로서 원칙적으로 단체교섭의 대상이 될 수 없어, 그것이 긴박한 경영상의 필요나 합리적 이유 없이 불순한 의도로 추진된다는 등의 특별한 사정이 없음에도 노동조합이 실질적으로 그 실시 자체를 반대하기 위하여 쟁의행위로 나아간다면, 비록 그러한 구조조정의 실시가 근로자들의 지위나 근로조건의 변경을 필연적으로 수반한다 하더라도 그 쟁의행위는 목적의 정당성을 인정할 수 없다(대법원 2014.11.13. 2011도393 한국가스공사 파업사건). [×]

0910 근로자가 쟁의행위를 함에 있어서는 조합원의 직접·비밀·무기명투표에 의한 찬성결정이라는 절차를 거쳐야 하고, 위의 절차를 위반한 쟁의행위는 그 절차를 따를 수 없는 객관적인 사정이 인정되지 아니하는 한 정당성이 상실된다. ○│×

[15 경찰채용, 13 법원행시, 11 법원행시, 11 경찰승진] [Core ★★]

해설

> 대법원 2007.5.11. 2005도8005 서울대병원지부 사건 [○]

0911 근로자들이 집단적으로 근로의 제공을 거부하여 사용자의 정상적인 업무운영을 저해하고 손해를 발생하게 한 행위는 당연히 위력에 해당하고 노동관계 법령에 따른 정당한 쟁의행위로서 위법성이 조각되지 않는 한 업무방해죄를 구성한다. ○│×

[18 경간부, 17 경찰채용, 15 법원행시, 14 법원행시, 14 국가9급, 13 변호사, 12 법원9급, 12 경찰채용] [Core ★★]

해설

쟁의행위로서의 파업은 근로자가 사용자에게 압력을 가하여 그 주장을 관철하고자 집단적으로 노무 제공을 중단하는 실력행사여서 업무방해죄에서의 위력으로 볼 만한 요소를 포함하고 있지만, 근로자에게는 원칙적으로 헌법상 보장된 기본권으로서 근로조건 향상을 위한 자주적인 단결권·단체교섭권 및 단체행동권이 있으므로, 이러한 파업이 언제나 업무방해죄의 구성요건을 충족한다고 할 것은 아니며, 전후 사정과 경위 등에 비추어 전격적으로 이루어져 사용자의 사업운영에 심대한 혼란 내지 막대한 손해를 초래할 위험이 있는 등의 사정으로 사용자의 사업계속에 관한 자유의사가 제압·혼란될 수 있다고 평가할 수 있는 경우 비로소 그러한 집단적 노무제공의 거부도 위력에 해당하여 업무방해죄를 구성한다고 보는 것이 타당하다(대법원 2014.11.13. 2011도393 한국가스공사 파업사건). [×]

0912 노동조합이 주도한 쟁의행위 자체의 정당성과 이를 구성하거나 여기에 부수되는 개개 행위의 정당성은 구별하여야 하므로 일부 소수의 근로자가 폭력행위 등의 위법행위를 하였더라도 전체로서의 쟁의행위마저 당연히 위법하게 되는 것은 아니다. ○│×

[21 법원9급] [Core ★★]

해설

대법원 2017.7.11. 2013도7896 [○]

0913 파업은 그 자체로 부작위가 아니라 작위적 행위이다. ○│×

[19 경찰채용] [Essential ★]

해설

쟁의행위로서 파업도 단순히 근로계약에 따른 노무의 제공을 거부하는 부작위에 그치지 아니하고 이를 넘어서 사용자에게 압력을 가하여 근로자의 주장을 관철하고자 집단적으로 노무제공을 중단하는 실력행사이므로, 업무방해죄에서 말하는 위력에 해당하는 요소를 포함하고 있다(대법원 2012.1.27. 2009도8917 알리안츠생명 파업사건). [○]

0914 근로자들의 직장 또는 사업장시설의 점거의 범위가 직장 또는 사업장시설의 일부분이고 사용자 측의 출입이나 관리지배를 배제하지 않는 병존적인 점거에 지나지 않을 때에는 정당한 쟁의행위로 볼 수 있으나, 직장 또는 사업장시설을 전면적·배타적으로 점거하여 조합원 이외의 자의 출입을 저지하거나 사용자 측의 관리지배를 배제하여 업무의 중단 또는 혼란을 야기케 하는 것과 같은 행위는 정당성의 한계를 벗어난 것이라고 볼 수밖에 없다. ○│×

[18 경간부, 13 법원행시] [Core ★★]

해설

대법원 2012.5.24. 2010도9963 쌍용자동차 파업현장 방문사건 [○]

0915 사용자가 제3자와 공동으로 관리·사용하는 공간을 사용자에 대한 쟁의행위를 이유로 관리자의 의사에 반하여 침입·점거한 경우 그 공간의 점거가 사용자에 대한 관계에서 정당한 쟁의행위로 평가될 여지가 있다면 특별한 사정이 없는 한 이를 공동으로 관리·사용하는 제3자에 대하여도 정당행위에 해당하므로 주거침입죄의 위법성이 조각된다. ○|×

[18 경간부, 16 법원행시, 15 경찰채용, 13 법원행시, 12 경간부, 11 경찰채용] [Core ★★]

해설

2인 이상이 하나의 공간에서 공동생활을 하고 있는 경우에는 각자 주거의 평온을 누릴 권리가 있으므로 사용자가 제3자와 공동으로 관리·사용하는 공간을 사용자에 대한 쟁의행위를 이유로 관리자의 의사에 반하여 침입·점거한 경우 비록 그 공간의 점거가 사용자에 대한 관계에서 정당한 쟁의행위로 평가될 여지가 있다 하여도 이를 공동으로 관리·사용하는 제3자의 명시적 또는 추정적인 승낙이 없는 이상 제3자에 대하여서까지 이를 정당행위라고 하여 주거침입의 위법성이 조각된다고 볼 수 없다(대법원 2010.3.11. 2009도5008 코스콤 한국거래소 로비 점거사건). [×]

0916 수급인 소속 근로자의 쟁의행위가 도급인의 사업장에서 일어나 도급인의 형법상 보호되는 법익을 침해한 경우에는 사용자인 수급인에 대한 관계에서 쟁의행위의 정당성을 갖추었다는 사정만으로 사용자가 아닌 도급인에 대한 관계에서까지 법령에 의한 정당한 행위로서 법익침해의 위법성이 조각된다고 볼 수는 없다. ○|×

[21 경찰채용] [Core ★★]

해설

대법원 2020.9. 3. 2015도1927 수자원공사지회 파업사건 다만, 사용자인 수급인에 대한 정당성을 갖춘 쟁의행위가 도급인의 사업장에서 이루어져 형법상 보호되는 도급인의 법익을 침해한 경우, 그것이 항상 위법하다고 볼 것은 아니고 법질서 전체의 정신이나 그 배후에 놓여있는 사회윤리 내지 사회통념에 비추어 용인될 수 있는 행위에 해당하는 경우에는 형법 제20조의 '사회상규에 위배되지 아니하는 행위'로서 위법성이 조각된다. [○]

0917 적법하게 직장폐쇄를 단행한 사용자로부터 퇴거요구를 받고도 불응한 채 직장점거를 계속한 행위는 퇴거불응죄를 구성하지만, 사용자의 직장폐쇄가 정당한 쟁의행위로 인정되지 아니하는 때에는 사업장을 점거 중인 근로자들이 사용자로부터 퇴거 요구를 받고 이에 불응한 채 직장점거를 계속하더라도 퇴거불응죄를 구성하지 아니한다. ○|×

[18 경간부, 15 법원9급, 12 경간부, 11 법원행시] [Essential ★]

해설

대법원 2005.6. 9. 2004도7218 군산축협 파업사건, 대법원 2007.12.28. 2007도5204 서울시 건축사회 회의실 점거사건 [○]

0918 사용자의 직장폐쇄가 정당한 쟁의행위로 인정되지 아니하는 때에는 다른 특별한 사정이 없는 한 근로자가 평소 출입이 허용되는 사업장 안에 들어가는 행위는 주거침입죄를 구성하지 아니한다.

○|×

[15 경간부, 15 경찰채용, 11 경찰승진] [Essential ★]

해설

대법원 2002.9.24. 2002도2243 남서울대학교 사건   [○]

0919 쟁의행위에 대한 찬반투표 실시를 위하여 전체 조합원이 참석할 수 있도록 근무시간 중에 노동조합 임시총회를 개최하고 3시간에 걸친 투표 후 1시간의 여흥시간을 가진 경우 업무방해죄가 성립한다.

○|×

[16 경찰승진, 16 경찰채용, 13 법원9급] [Core ★★]

해설

임시총회 개최행위는 전체적으로 노동조합의 정당한 행위에 해당한다(대법원 1994.2.22. 93도613).   [×]

0920 한국통신공사의 직원들의 경우 단체협약에 따른 공사 사장의 지시로 09:00 이전에 출근하여 업무 준비를 한 후 09:00부터 근무를 하도록 되어 있음에도 피고인이 조합원들로 하여금 09:00 정각에 출근하도록 지시를 하여 이에 따라 수백, 수천 명의 조합원들이 집단적으로 09:00 정각에 출근함으로써 전화고장수리가 지연된 경우 업무방해죄가 성립한다.

○|×

[14 경간부] [Essential ★]

해설

정당한 쟁의행위의 한계를 벗어난 것으로 업무방해죄를 구성한다(대법원 1996.5.10. 96도419 한국통신 파업사건).   [○]

0921 노동조합이 파업을 시작한 지 불과 4시간 만에 사용자가 바로 직장폐쇄 조치를 취하여 정당한 쟁의행위로 인정되지 않는 상태에서, 사용자측 시설을 정당하게 점거한 조합원들이 사용자로부터 퇴거요구를 받고 이에 불응한 경우 퇴거불응죄가 성립한다.

○|×

[15 법원9급, 12 경간부] [Essential ★]

해설

노동조합이 파업을 시작한 지 불과 4시간 만에 사용자가 바로 직장폐쇄 조치를 취한 것은 정당한 쟁의행위로 인정되지 아니하므로 조합원들이 사용자로부터 퇴거요구를 받고 이에 불응하였더라도 퇴거불응죄는 성립하지 아니한다(대법원 2007.12.28. 2007도5204 서울시건축사회 회의실 점거사건).   [×]

0922 입찰참가자들 사이의 담합행위가 입찰방해죄로 되기 위하여는 반드시 입찰참가자 전원과의 사이에 담합이 이루어져야 하는 것은 아니고, 입찰참가자들 중 일부와의 사이에만 담합이 이루어진 경우라고 하더라도 그것이 입찰의 공정을 해하는 것으로 평가되는 이상 입찰방해죄는 성립한다.   O | X

[17 법원행시, 12 경찰채용] [Core ★★]

해설

대법원 2009.5.14. 2008도11361 나라장터 전자입찰 사건   [O]

0923 입찰자들 상호간에 특정업체가 낙찰받기로 하는 담합이 이루어진 상태에서 그 특정업체를 포함한 다른 입찰자들은 당초의 합의에 따라 입찰에 참가하였으나 일부 입찰자는 자신이 낙찰받기 위하여 당초의 합의에 따르지 아니한 채 오히려 낙찰받기로 한 특정업체보다 저가로 입찰하였다면, 이러한 일부 입찰자의 행위는 담합과는 무관한 경쟁행위로 볼 수 있으므로 입찰방해죄가 성립하지 아니한다.   O | X

[18 경간부, 14 법원행시, 12 경찰승진] [Superlative ★★★]

해설

일부 입찰자의 행위는 담합을 이용하여 낙찰을 받은 것이라는 점에서 적법하고 공정한 경쟁방법을 해한 것이 되고 따라서 이러한 일부 입찰자의 행위 역시 입찰방해죄에 해당한다(대법원 2010.10.14. 2010도4940 음성유도기 담합사건).   [X]

0924 설사 동업자 사이의 무모한 출혈경쟁을 방지하기 위한 수단에 불과하여 입찰가격에 있어 입찰실시자의 이익을 해하거나 입찰자에게 부당한 이익을 얻게 하는 것이 아니었다 하더라도 실질적으로는 단독입찰을 하면서 경쟁입찰인 것같이 가장하였다면 그 입찰가격으로서 낙찰하게 한 점에서 경쟁입찰의 방법을 해한 것이 되어 입찰의 공정을 해한 것이 된다.   O | X

[14 법원행시, 12 법원행시, 12 경찰채용] [Core ★★]

해설

대법원 2003.9.26. 2002도3924 문화재보수공사 사건   [O]

0925 실질적으로는 단독입찰을 하면서 마치 경쟁입찰을 한 것처럼 가장하는 경우와 마찬가지로, 실제로는 수의계약을 체결하면서 입찰절차를 거쳤다는 증빙을 남기기 위하여 입찰을 전혀 시행하지 아니한 채 형식적인 입찰서류만을 작성하여 입찰이 있었던 것처럼 조작한 행위도 입찰방해 행위에 해당한다.   O | X

[17 경간부] [Core ★★]

해설

입찰방해 행위가 있다고 인정하기 위하여는 그 방해의 대상인 입찰이 현실적으로 존재하여야 한다고 볼 것이므로 실제로 실시된 입찰절차에서 실질적으로는 단독입찰을 하면서 마치 경쟁입찰을 한 것처럼 가장하는 경우와는 달리, 실제로는 수의계약을 체결하면서 입찰절차를 거쳤다는 증빙을 남기기 위하여 입찰을 전혀 시행하지 아니한 채 형식적인 입찰서류만을 작성하여 입찰이 있었던 것처럼 조작한 행위는 입찰방해 행위에 해당한다고 할 수 없다(대법원 2001.2.9. 2000도4700 홍명고 체육관 공사 사건).   [X]

0926 공정한 자유경쟁을 통한 적정한 가격형성을 목적으로 하는 입찰절차가 아니라 공적·사적 경제주체의 임의의 선택에 따른 계약체결의 과정에 공정한 경쟁을 해하는 행위가 개재되었다 하여 입찰방해죄로 처벌할 수는 없다. ○│×

[17 법원행시] [Essential ★]

해설

> 대법원 2008.12.24. 2007도9287 포항 폐기물처리장부지 사건 [○]

제4장 사생활의 평온에 관한 죄

제1절 비밀침해의 죄

0927 병원에서 분실된 진료기록의 일부를 당사자가 증거로 제출하는 것은 형법 제317조 제1항 소정의 업무상비밀누설죄에 해당된다고 볼 수 없다. ○│×

[18 경간부] [Core ★★]

해설

> 대법원 1992.5.22. 91다39320 [○]

0928 피고인이 사무실에서 직장 동료인 피해자의 노트북 컴퓨터에 속칭 '키로그'라는 프로그램을 몰래 설치하여 피해자가 네이트온, 카카오톡, 구글 계정에 접속하는 과정에서 컴퓨터 키보드에 입력한 아이디 및 비밀번호(이하 '아이디 등')를 알아냈는바, 아이디 등 혹은 그 내용이 기록된 텍스트 파일에 봉함 기타 비밀장치가 되어 있는 것으로 볼 수 없고 달리 이를 인정할 증거가 없으며, 오히려 피해자의 노트북 컴퓨터 그 자체에는 비밀번호나 화면보호기 등 별도의 보안장치가 설정되어 있지 않았던 것으로 보일 뿐이다. 결국 아이디 등이 형법 제316조 제2항에 규정된 전자기록 등 특수매체기록에는 해당하더라도 이에 대하여 별도의 보안장치가 설정되어 있지 않은 등 비밀장치가 된 것으로 볼 수 없는 이상, 아이디 등을 위 프로그램을 이용하여 알아냈더라도 전자기록등내용탐지죄는 성립하지 않는다. ○│×

[23 경찰채용] [Core ★★]

해설

> 대법원 2022.3.31. 2021도8900 키로그 프로그램 사건 [○]

제2절 주거침입의 죄

0929 주거침입죄는 사실상의 주거의 평온을 보호법익으로 하는 것이므로 그 거주자 또는 관리자가 건조물 등에 거주 또는 관리할 권한을 가지고 있는가 여부는 범죄의 성립을 좌우하는 것이 아니다.

○│×

[13 법원행시, 13 국가9급, 11 법원행시] [Core ★★]

해설

> 대법원 2007.8.23. 2007도2595 쿨하지 못한 동거남 사건　　　　　　　　　　　　　　[○]

0930 점유할 권리 없는 자의 점유라고 한다면 그 주거의 평온은 보호되어야 할 것이 아니므로 권리자가 그 권리를 실행함에 있어 법에 정하여진 절차에 의하지 아니하고 그 건조물 등에 침입한 경우라도 주거침입죄는 성립하지 아니한다.

○│×

[16 법원행시, 13 경간부, 12 변호사, 12 법원9급] [Essential ★]

해설

> 주거침입죄는 사실상의 주거의 평온을 보호법익으로 하는 것이므로 그 주거자 또는 간수자가 건조물 등에 거주 또는 간수할 권리를 가지고 있는가의 여부는 범죄의 성립을 좌우하는 것이 아니며, 점유할 권리 없는 자의 점유라 하더라도 그 주거의 평온은 보호되어야 할 것이므로 권리자가 그 권리를 실행함에 있어 법에 정하여진 절차에 의하지 아니하고 그 건조물 등에 침입한 경우에는 주거침입죄가 성립한다(대법원 2008.5.8. 2007도11322 주택 무단입주 사건).　　　　　　　　　　　　　　　　　　　　　　　　　　　　　　　　　　　[×]

0931 피고인이 주택에 무단 침입한 범죄사실로 이미 유죄판결을 받고 그 판결이 확정되었음에도 퇴거하지 아니한 채 계속해서 주택에 거주한 경우 판결이 확정된 이후로도 피고인의 주거 침입행위 및 그로 인한 위법상태가 계속되고 있으므로 별도의 주거침입죄가 성립한다.

○│×

[17 경간부, 16 경간부, 15 경찰채용, 14 경찰승진, 13 국가9급] [Core ★★]

해설

> 대법원 2008.5.8. 2007도11322 주택 무단입주 사건　　　　　　　　　　　　　　[○]

0932 주거침입죄에 있어서 '주거'라 함은 가옥 자체만을 말하는 것으로 그 위요지(圍繞地)는 이에 포함되지 아니한다.

○│×

[17 법원9급, 13 경찰승진, 12 변호사] [Essential ★]

해설

> (1) 주거침입죄에 있어서 주거라 함은 단순히 가옥 자체만을 말하는 것이 아니라 그 정원 등 위요지를 포함한다(대법원 2009.9.10. 2009도4335 엘리베이터 폭행, 계단 강간사건) (2) 퇴거불응죄에 있어서 건조물이라 함은 단순히 건조물 그 자체만을 말하는 것이 아니고 위요지를 포함한다(대법원 2010.3.11. 2009도12609 전남대병원 시위사건).　　　　　　　　　　　　　　　　　　　　　　　　　　　　　　　　　　　[×]

0933 위요지(圍繞地)라고 함은 건조물에 인접한 그 주변의 토지로서 외부와의 경계에 담 등이 설치되어 그 토지가 건조물의 이용에 제공되고 또 외부인이 함부로 출입할 수 없다는 점이 객관적으로 명확하게 드러나야 한다. ○│×

[16 법원행시, 13 경찰승진, 12 경찰채용] [Core ★★]

해설

> 대법원 2010.4.29. 2009도14643 과천축산 사건   [○]

0934 다가구용 단독주택이나 다세대주택·연립주택·아파트 등 공동주택의 내부에 있는 엘리베이터, 공용 계단과 복도는 특별한 사정이 없는 한 주거침입죄의 객체인 '사람의 주거'에 해당하지 아니한다. ○│×

[17 법원9급, 16 경찰승진, 15 법원9급, 14 국가9급, 13 법원행시, 13 경찰승진, 12 변호사, 12 법원행시, 12 법원9급, 12 국가9급,
12 경찰승진, 12 경찰채용] [Essential ★]

해설

> 다가구용 단독주택이나 다세대주택·연립주택·아파트 등 공동주택 안에서 공용으로 사용하는 엘리베이터, 계단과 복도는 주거로 사용하는 각 가구 또는 세대의 전용 부분에 필수적으로 부속하는 부분으로서 그 거주자들에 의하여 일상생활에서 감시·관리가 예정되어 있고 사실상의 주거의 평온을 보호할 필요성이 있는 부분이므로, 다가구용 단독주택이나 다세대주택·연립주택·아파트 등 공동주택의 내부에 있는 엘리베이터, 공용 계단과 복도는 특별한 사정이 없는 한 주거침입죄의 객체인 '사람의 주거'에 해당한다(대법원 2009.9.10. 2009도4335 엘리베이터 폭행, 계단 강간사건).   [×]

0935 피고인이 빌라의 시정되지 않은 대문을 열고 들어가 계단으로 빌라 3층까지 올라가서 그곳의 문을 두드려 본 후 다시 1층으로 내려온 경우, 피고인이 빌라의 대문을 열고 계단으로 들어간 이상 피해자의 주거에 들어간 것이고 이와 같이 행위가 거주자의 의사에 반한 것이라면 주거에 침입한 것이라고 보아야 한다. ○│×

[16 법원행시, 15 경찰승진, 15 경찰채용, 14 경찰승진, 13 경간부, 13 경찰채용, 11 경찰승진] [Essential ★]

해설

> 대법원 2009.8.20. 2009도3452 빌라 계단 사건   [○]

0936 피고인이 침입한 타워크레인은 건설기계의 일종으로서 작업을 위하여 토지에 고정되었을 뿐이고, 위 운전실은 기계를 운전하기 위한 작업공간 그 자체이지 건조물침입죄의 객체인 건조물에 해당하지 아니한다. ○│×

[18 경간부, 17 법원9급, 16 경간부, 15 경찰채용, 12 경간부] [Essential ★]

해설

> 대법원 2005.10.7. 2005도5351 타워크레인 점거농성사건   [○]

0937 피고인들이 함부로 골리앗크레인(선박건조자재운반용으로 82m 높이에 있는 폭 8m, 길이 140m 되는 상판과 상판하부의 기계실, 상판에서 기계실로 통하는 넓이 10평 정도 되는 방실 및 기계실 하부의 운전실 등으로 구성되어 있고 평소 1, 2명의 직원이 그 곳에 근무하며 인가자 이외의 출입을 금지하는 특별통제구역으로 설정되어 있음)에 들어가서 농성한 경우 건조물침입죄가 성립한다. ○│×

[11 경간부] [Essential ★]

해설

> 대법원 1991.6.11. 91도753 현대중공업 시위사건 [○]

0938 주거침입죄는 신체의 전부가 타인의 주거 안으로 들어가야만 성립하는 것이므로 비록 사실상의 주거의 평온을 해할 수 있는 정도에 이르렀다고 하더라도 신체의 일부만 타인의 주거 안으로 들어갔다고 한다면 주거침입의 기수에 이르렀다고 할 수 없다. ○│×

[15 법원9급, 12 경찰승진] [Essential ★]

해설

> 주거침입죄는 반드시 행위자의 신체의 전부가 범행의 목적인 타인의 주거 안으로 들어가야만 성립하는 것이 아니라 신체의 일부만 타인의 주거 안으로 들어갔다고 하더라도 거주자가 누리는 사실상의 주거의 평온을 해할 수 있는 정도에 이르렀다면 범죄구성요건을 충족하는 것이고, 신체의 극히 일부분이 주거 안으로 들어갔지만 사실상 주거의 평온을 해하는 정도에 이르지 아니하였다면 주거침입죄의 미수에 그친다(대법원 1995.9.15. 94도2561 창문 얼굴 사건). [×]

0939 다음 중 주거침입죄 또는 야간주거침입절도죄의 실행의 착수가 인정되는 것은 모두 2개다. ○│×

[Superlative ★★★]

> ㉠ 피고인이 침입 대상인 아파트에 사람이 있는지를 확인하기 위해 그 집의 초인종을 누른 경우 [16 국가1급, 15 국가9급, 12 경찰승진, 11 국가7급]
>
> ㉡ 피고인이 야간에 아파트 202호에 침입하여 물건을 훔칠 의도하에 아파트 202호의 베란다 철제난간까지 올라가 유리창문을 열려고 시도한 경우 [17 법원행시, 17 법원9급, 17 국가9급, 16 경찰승진, 16 경간부, 16 경찰채용, 14 국가7급, 12 법원행시, 11 경간부]
>
> ㉢ 피고인이 야간에 출입문이 열려있는 집에 들어가 재물을 절취하기로 마음먹고 다세대주택에 들어가 여러 세대의 출입문을 손으로 당겨보았는데 문이 잠겨 있었던 경우 [16 법원행시, 15 법원9급, 15 경찰채용, 13 국가9급, 13 경찰승진, 12 법원9급, 12 국가9급, 12 경찰채용]
>
> ㉣ 피고인이 다세대주택 2층의 불이 꺼져있는 것을 보고 물건을 절취하기 위하여 가스배관을 타고 올라가다가, 발은 1층 방범창을 딛고 두 손은 1층과 2층 사이에 있는 가스배관을 잡고 있던 상태에서 순찰 중이던 경찰관에게 발각되자 그대로 뛰어내린 경우 [18 경간부, 14 국가7급, 11 법원행시, 11 경찰승진, 11 경찰채용]

해설

ⓒⓔ 2 항목의 경우 실행의 착수가 인정된다.

ⓐ 피고인이 초인종을 누른 행위만으로는 침입의 현실적 위험성을 포함하는 행위를 시작하였다거나 주거의 사실상의 평온을 침해할 객관적인 위험성을 포함하는 행위를 한 것으로 볼 수 없다(대법원 2008.4.10. 2008도 1464 초인종 사건).

ⓑ 피고인이 유리창문을 열려고 시도하였다면 주거의 사실상의 평온을 침해할 객관적 위험성을 포함하는 구체적인 행위를 한 것으로 볼 수 있다(대법원 2003.10.24. 2003도4417 202호 유리창문 사건).

ⓒ 피고인이 여러 세대의 출입문을 손으로 당겨보았는데 문이 잠겨 있었던 경우 바로 주거의 사실상의 평온을 침해할 객관적인 위험성을 포함하는 행위를 한 것으로 볼 수 있어 그것으로 주거침입의 실행에 착수가 있었고, 단지 그 출입문이 잠겨 있었다는 외부적 장애요소로 인하여 뜻을 이루지 못한 데 불과하다(대법원 2006.9.14. 2006도2824 빌라 출입문 사건).

ⓔ 피고인의 이러한 행위만으로는 주거의 사실상의 평온을 침해할 현실적 위험성이 있는 행위를 개시한 때에 해당한다고 보기 어렵다(대법원 2008.3.27. 2008도917 가스배관 잡고있다 적발사건). [○]

0940 이미 수일 전에 2차례에 걸쳐 피해자를 강간하였던 피고인이 대문을 몰래 열고 들어와 담장과 피해자가 거주하던 방 사이의 좁은 통로에서 창문을 통하여 방 안을 엿본 경우 주거침입죄의 기수에 해당한다. ○|×

[13 법원행시, 13 국가9급, 12 법원9급] [Essential ★]

해설

피해자의 주거에 대한 사실상 평온상태가 침해된 것으로 주거침입죄가 성립한다(대법원 2001.4.24. 2001도 1092 좁은 통로에서 사건). [○]

0941 타인의 주거에 거주자의 의사에 반하여 들어가는 경우는 주거침입죄가 성립하며 이 때 거주자의 의사라 함은 명시적인 경우뿐만 아니라 묵시적인 경우도 포함되고 주변사정에 따라서는 거주자의 반대의사가 추정될 수도 있다. ○|×

[15 법원9급] [Core ★★]

해설

대법원 2003.5.30. 2003도1256 아빠야 사건 [○]

0942 평소 건조물에 출입이 허용된 사람이라고 한다면 비록 주거에 들어간 행위가 거주자나 관리자의 명시적 또는 추정적 의사에 반함에도 불구하고 감행된 것이라도 주거침입죄는 성립하지 아니한다. ○|×

[15 경찰승진, 13 경간부, 12 경찰승진, 11 법원행시] [Core ★★]

해설

평소 건조물에 출입이 허용된 사람이라 하더라도 주거에 들어간 행위가 거주자나 관리자의 명시적 또는 추정적 의사에 반함에도 불구하고 감행된 것이라면 주거침입죄는 성립하며, 출입문을 통한 정상적인 출입이 아닌 경우 특별한 사정이 없는 한 그 침입 방법 자체에 의하여 위와 같은 의사에 반하는 것으로 보아야 한다(대법원 2007.8.23. 2007도2595 쿨하지 못한 동거남 사건). [×]

Chapter 01 개인적 법익에 관한 죄 **295**

0943 주택의 매수인이 계약금과 중도금을 지급하고서 그 주택을 명도받아 점유하고 있던 중 위 매매계약을 해제하고 중도금 반환청구소송을 제기하여 얻은 그 승소판결에 기하여 강제집행에 착수한 이후에 매도인이 매수인이 잠가 놓은 위 주택의 출입문을 열고 들어간 경우 매도인에게 주거침입죄가 성립한다. ○|×

[22 경찰간부] [Core ★★]

해설

주택의 매수인이 계약금과 중도금을 지급하고서 주택을 명도받아 점유하고 있던 중 매매 계약을 해제하고 중도금반환 청구소송을 제기하여 얻은 승소판결에 기하여 강제집행에 착수한 이후에, 매도인이 매수인이 잠가 놓은 주택의 출입문을 열고 들어간 경우라면 매도인으로서는 매수인이 주택에 대한 모든 권리를 포기한 것으로 알고 주택에 들어간 것이라고 할 수 있을 뿐만 아니라 또한 주택에 대하여 보호받아야 할 피해자의 주거에 대한 평온상태는 소멸되었다고 볼 수 있으므로 매도인의 소위는 주거침입죄를 구성하지 아니한다(대법원 1987.5.12. 87도3). [×]

0944 피고인이 피해자와 이웃 사이어서 평소 그 주거에 무상출입하던 관계에 있었다 하더라도 범죄(절도)의 목적으로 피해자의 승낙없이 그 주거에 들어간 경우 주거침입죄가 성립한다. ○|×

[15 경찰채용] [Essential ★]

해설

주거침입죄가 성립된다(대법원 1983.7.12. 83도1394). [○]

0945 행위자가 범죄 등을 목적으로 음식점에 출입하였거나 영업주가 행위자의 실제 출입 목적을 알았더라면 출입을 승낙하지 않았을 것이라는 사정이 인정되더라도 그러한 사정만으로는 출입 당시 객관적·외형적으로 드러난 행위 태양에 비추어 사실상의 평온상태를 해치는 방법으로 음식점에 들어갔다고 평가할 수 없으므로 침입행위에 해당하지 않는다. ○|×

[23 경찰간부, 22 해경간부, 22 국가7급] [Core ★★]

해설

일반인의 출입이 허용된 음식점에 영업주의 승낙을 받아 통상적인 출입방법으로 들어갔다면 특별한 사정이 없는 한 주거침입죄에서 규정하는 침입행위에 해당하지 않는다. 설령 행위자가 범죄 등을 목적으로 음식점에 출입하였거나 영업주가 행위자의 실제 출입 목적을 알았더라면 출입을 승낙하지 않았을 것이라는 사정이 인정되더라도 그러한 사정만으로는 출입 당시 객관적·외형적으로 드러난 행위 태양에 비추어 사실상의 평온상태를 해치는 방법으로 음식점에 들어갔다고 평가할 수 없으므로 침입행위에 해당하지 않는다(대법원 2022.3.24. 2017도18272 全 合 몰카설치 목적 식당출입 사건). "피고인들이 조찬모임에서의 대화내용을 도청하기 위한 도청용 송신기를 설치할 목적으로 손님을 가장하여 음식점에 들어간 경우 영업자인 피해자가 출입을 허용하지 않았을 것으로 보는 것이 경험칙에 부합한다 할 것이므로 피고인들은 주거침입죄의 죄책을 면할 수 없다."라고 판시한 판례(대법원 1997. 3.28. 95도2674 초원복집 사건)는 폐기되었다. [○]

0946 甲이 아내 A와의 불화로 인해 A와 공동생활을 영위하던 아파트에서 짐 일부를 챙겨 나온 후 A의 외출 중 자신의 어머니 乙과 함께 그 아파트에 들어가려고 그 안에 있던 처제 B에게 출입문을 열어달라고 요구하였으나 A로부터 열어주지 말라는 말을 들은 B가 체인형 걸쇠를 걸어 잠그며 현관문을 열어주지 않자 甲이 乙과 함께 그 걸쇠를 부수고 아파트에 들어간 경우 甲과 乙에게는 주거침입죄의 공동정범이 성립한다. ○ | ×

[22 경찰채용, 23 경찰간부] [Core ★★]

해설

(1) 공동거주자 중 한 사람이 법률적인 근거 기타 정당한 이유 없이 다른 공동거주자가 공동생활의 장소에 출입하는 것을 금지한 경우 다른 공동거주자가 이에 대항하여 공동생활의 장소에 들어갔더라도 이는 사전 양해된 공동주거의 취지 및 특성에 맞추어 공동생활의 장소를 이용하기 위한 방편에 불과할 뿐 그의 출입을 금지한 공동거주자의 사실상 주거의 평온이라는 법익을 침해하는 행위라고는 볼 수 없으므로 주거침입죄는 성립하지 않는다. 설령 그 공동거주자가 공동생활의 장소에 출입하기 위하여 출입문의 잠금장치를 손괴하는 등 다소간의 물리력을 행사하여 그 출입을 금지한 공동거주자의 사실상 평온상태를 해쳤더라도 그러한 행위 자체를 처벌하는 별도의 규정에 따라 처벌될 수 있음은 별론으로 하고 주거침입죄가 성립하지 아니함은 마찬가지이다. (2) 공동거주자 각자가 상호 용인한 통상적인 공동생활 장소의 출입 및 이용행위의 내용과 범위는 공동주거의 형태와 성질, 공동주거를 형성하게 된 경위 등에 따라 개별적·구체적으로 살펴보아야 한다. 공동거주자 중 한 사람의 승낙에 따른 외부인의 공동생활 장소의 출입 및 이용행위가 외부인의 출입을 승낙한 공동거주자의 통상적인 공동생활 장소의 출입 및 이용행위의 일환이자 이에 수반되는 행위로 평가할 수 있는 경우에는 이러한 외부인의 행위는 전체적으로 그 공동거주자의 행위와 동일하게 평가할 수 있다. 따라서 공동거주자 중 한 사람이 법률적인 근거 기타 정당한 이유 없이 다른 공동거주자가 공동생활의 장소에 출입하는 것을 금지하고, 이에 대항하여 다른 공동거주자가 공동생활의 장소에 들어가는 과정에서 그의 출입을 금지한 공동거주자의 사실상 평온상태를 해쳤더라도 주거침입죄가 성립하지 않는 경우로서 그 공동거주자의 승낙을 받아 공동생활의 장소에 함께 들어간 외부인의 출입 및 이용행위가 전체적으로 그의 출입을 승낙한 공동거주자의 통상적인 공동생활 장소의 출입 및 이용행위의 일환이자 이에 수반되는 행위로 평가할 수 있는 경우라면, 이를 금지하는 공동거주자의 사실상 평온상태를 해쳤음에도 불구하고 그 외부인에 대하여도 역시 주거침입죄가 성립하지 않는다. (3) 아파트에 대한 공동거주자의 지위를 계속 유지하고 있던 甲이 아파트에 출입하는 과정에서 정당한 이유 없이 이를 금지하는 B(甲의처 A의 동생, 즉 甲의 처제)의 조치에 대항하여 아파트의 출입문에 설치된 체인형 걸쇠를 손괴하고 아파트에 들어간 경우 주거침입죄가 성립한다고 볼 수는 없다. 乙, 丙(甲의 부모이자 A의 시부모)은 아파트의 공동거주자이자 아들인 甲의 공동주거인 아파트에 출입함에 있어 다른 공동거주자인 A(甲의 처)로부터 출입관리를 위탁받은 B(A의 동생이자 甲의 처제)의 정당한 이유 없는 출입금지 조치에 대항하여 아파트에 출입하는 데에 가담하였다. 비록 그 과정에서 甲이 출입문에 설치된 체인형 걸쇠를 손괴하는 등 물리력을 행사하였고 乙도 이에 가담함으로써 공동으로 재물손괴의 범죄를 저질렀으나, 甲의 이러한 행위는 공동생활관계에서 이탈하지 않은 상태에서 정당한 이유 없이 이루어진 출입금지 조치에 대항하여 공동거주자로서 공동생활의 장소에 출입하고 이를 이용하기 위한 방편이라고 볼 수 있고, 乙의 행위는 그 실질에 있어 甲의 이러한 행위에 편승, 가담한 것에 불과하다. 그렇다면 乙, 丙이 아파트에 출입한 행위 그 자체는 전체적으로 공동거주자인 甲이 아파트에 출입하고 이를 이용하는 행위의 일환이자 이에 수반되어 이루어진 것에 해당한다고 평가할 수 있으므로 乙, 丙에 대하여는 폭처법위반(공동주거침입)죄가 성립하지 않는다(대법원 2021.9. 9.2020도 6085 全合 공동아파트침입 사건). [×]

0947 甲이 A의 부재 중에 A의 아내인 B와 혼인 외 성관계를 가질 목적으로 B가 열어준 출입문을 통해서 A와 B가 공동거주하는 아파트에 들어간 경우 甲이 B의 승낙을 얻어 통상적인 출입방법에 의하여 들어갔다 하더라도 甲의 출입은 부재 중인 A의 추정적 의사에 반하므로 주거침입죄가 성립한다.

O | X

[23 경찰간부] [Core ★★]

해설

(1) 외부인이 공동거주자의 일부가 부재 중에 주거 내에 현재하는 거주자의 현실적인 승낙을 받아 통상적인 출입방법에 따라 공동주거에 들어간 경우라면 그것이 부재 중인 다른 거주자의 추정적 의사에 반하는 경우에도 주거침입죄가 성립하지 않는다. (2) 甲(男)이 A(男)의 부재 중에 A의 처 B(女)와 혼외 성관계를 가질 목적으로 B가 열어 준 현관 출입문을 통하여 A와 B가 공동으로 생활하는 아파트에 들어간 경우 甲은 B로부터 현실적인 승낙을 받아 통상적인 출입방법에 따라 주거에 들어갔으므로 주거의 사실상 평온상태를 해치는 행위태양으로 주거에 들어간 것이 아니어서 주거에 침입한 것으로 볼 수 없고, 설령 甲의 주거 출입이 부재 중인 A의 의사에 반하는 것으로 추정되더라도 그것이 사실상 주거의 평온을 보호법익으로 하는 주거침입죄의 성립 여부에 영향을 미치지 않는다(대법원 2021.9.9. 2020도12630 全合 유부녀 아파트에서 간통사건).

[×]

0948 甲이 교제하다 헤어진 A가 거주하는 아파트 109동 305호에 들어가려고 아파트 지하 주차장에서 위 305호가 있는 109동으로 연결된 출입구의 공동출입문에 A나 다른 입주자의 승낙 없이 무단으로 비밀번호를 입력하여 아파트의 공용 부분에 들어가 위 305호 현관문 앞까지 출입한 경우 A와 같은 109동에 거주하는 다른 입주자들의 사실상 주거의 평온상태를 해한 것으로 볼 수 있다면 주거침입죄가 성립한다.

O | X

[23 경찰간부] [Essential ★]

해설

아파트 등 공동주택의 공동현관에 출입하는 경우에도 그것이 주거로 사용하는 각 세대의 전용 부분에 필수적으로 부속하는 부분으로 거주자와 관리자에게만 부여된 비밀번호를 출입문에 입력하여야만 출입할 수 있거나 외부인의 출입을 통제·관리하기 위한 취지의 표시나 경비원이 존재하는 등 외형적으로 외부인의 무단출입을 통제·관리하고 있는 사정이 존재하고, 외부인이 이를 인식하고서도 그 출입에 관한 거주자나 관리자의 승낙이 없음은 물론, 거주자와의 관계 기타 출입의 필요 등에 비추어 보더라도 정당한 이유 없이 비밀번호를 임의로 입력하거나 조작하는 등의 방법으로 거주자나 관리자 모르게 공동현관에 출입한 경우와 같이 그 출입 목적 및 경위, 출입의 태양과 출입한 시간 등을 종합적으로 고려할 때 공동주택 거주자의 사실상 주거의 평온상태를 해치는 행위태양으로 볼 수 있는 경우라면 공동주택 거주자들에 대한 주거침입에 해당한다(대법원 2022.1.27. 2021도15507 이별녀 아파트 문앞까지 사건).

[O]

0949 피고인이 정당한 퇴거요구를 받고 건물에서 나가면서 가재도구 등을 남겨둔 경우 퇴거불응죄가 성립한다.

O | X

[12 경간부, 11 경찰승진] [Core ★★]

해설

주거침입죄에서의 침입이 신체적 침해로서 행위자의 신체가 주거에 들어가야 함을 의미하는 것과 마찬가지로 퇴거불응죄의 퇴거 역시 행위자의 신체가 주거에서 나감을 의미한다. 정당한 퇴거요구를 받고 건물에서 나가면서 가재도구 등을 남겨둔 경우 퇴거불응죄를 구성하지 않는다(대법원 2007.11.15. 2007도6990 가재도구 방치사건).

[×]

제1절　재산죄 일반(친족상도례)

0950 형법상 사기죄의 성질은 특경법 제3조 제1항에 의해 가중처벌되는 경우에도 그대로 유지되어 친족상도례에 관한 규정이 그대로 적용된다.　　　　　　　　　　　　　　　○│×

[17 법원행시, 15 경찰승진, 14 경찰승진, 12 법원행시, 11 경찰승진] [Essential ★]

해설

> 대법원 2010.2.11. 2009도12627 다단계사기 사건　　　　　　　　　　　　　　　[O]

0951 흉기 기타 위험한 물건을 휴대하고 공갈죄를 범하여 폭처법 제3조 제1항, 제2조 제1항 제3호에 의하여 가중처벌되는 경우에도 형법상 공갈죄의 성질은 그대로 유지되어 친족상도례에 관한 형법 제354조, 제328조가 그대로 적용된다.　　　　　　　　　　　　　　　○│×

[15 경찰채용, 15 국가9급, 12 국가9급, 12 국가7급, 12 경찰채용] [Essential ★]

해설

> 대법원 2010.7.29. 2010도5795　　　　　　　　　　　　　　　[O]

0952 피고인과 피해자가 사돈지간인 경우 친족상도례가 적용되는 친족에 해당한다.　　○│×

[17 법원행시, 16 법원행시, 16 경찰채용, 15 경찰채용, 14 경간부, 13 경찰승진, 12 법원행시, 12 법원9급, 12 경찰채용, 11 법원행시] [Core ★★]

해설

> (1) 민법 제767조는 '배우자, 혈족 및 인척을 친족으로 한다'고 규정하고 있고, 민법 제769조는 혈족의 배우자, 배우자의 혈족, 배우자의 혈족의 배우자만을 인척으로 규정하고 있을 뿐, 구 민법 제769조에서 인척으로 규정하였던 '혈족의 배우자의 혈족'을 인척에 포함시키지 않고 있다. (2) 피고인의 딸과 피해자의 아들이 혼인관계에 있어 피고인과 피해자가 사돈지간이라고 하더라도 이를 민법상 친족으로 볼 수 없다(대법원 2011.4.28. 2011도2170 사돈 사기 사건).　　　　　　　　　　　　　　　[×]

0953 법원을 기망하여 제3자로부터 재물을 편취한 경우에 피기망자인 법원은 피해자가 될 수 없고 재물을 편취당한 제3자가 피해자라고 할 것이므로 피해자인 제3자와 사기죄를 범한 자가 직계혈족의 관계에 있을 때에는 그 범인에 대하여는 형을 면제하여야 한다.　　　　　　　　　　○│×

[17 경찰채용, 16 법원행시, 14 법원9급, 14 국가9급, 13 경찰채용, 11 국가9급, 11 경찰승진] [Core ★★]

해설

> 대법원 2014.9.26. 2014도8076 노모 사기사건　　　　　　　　　　　　　　　[O]

0954 사기죄를 범하는 자가 금원을 편취하기 위한 수단으로 피해자와 혼인신고를 한 것이라고 하더라도 그 혼인이 반드시 무효라고 할 수 없어, 그러한 편취행위는 배우자간의 범죄이므로 그 범인에 대하여는 형을 면제하여야 한다. ○│×

[16 법원행시] [Core ★★]

해설

(1) 사기죄를 범하는 자가 금원을 편취하기 위한 수단으로 피해자와 혼인신고를 한 것이어서 그 혼인이 무효인 경우라면, 그러한 피해자에 대한 사기죄에서는 친족상도례를 적용할 수 없다. (2) 피고인이 피해자와 혼인신고를 하고 금원을 편취한 후 잠적할 때까지 함께 동거하지도 않았고 거주할 집이나 가재도구 등을 알아보거나 마련한 바도 없었다면, 비록 혼인신고가 되어 있었다고 하더라도 그들 사이의 혼인은 '당사자 사이에 혼인의 합의가 없는 때'에 해당하여 무효이므로 피고인의 사기 범행에 대하여는 친족상도례를 적용할 수 없다(대법원 2015.12.10. 2014도11533 혼인신고 → 사기 → 잠적 사건). [×]

0955 절도죄에 있어 친족상도례 규정은 범인과 피해물건의 소유자 및 점유자 쌍방간에 친족관계가 있는 경우에만 적용되는 것이며, 단지 절도범인과 피해물건의 소유자간에만 친족관계가 있거나 절도범인과 피해물건의 점유자간에만 친족관계가 있는 경우에는 그 적용이 없다. ○│×

[18 경간부, 17 법원행시, 15 경찰채용, 14 법원9급, 12 법원행시, 12 국가7급, 11 법원9급, 11 경찰승진] [Core ★★]

해설

대법원 2014.9.25. 2014도8984 와이프 명의 봉고차 사건 [○]

0956 횡령죄에 있어 친족상도례 규정은 범인과 피해물건의 소유자 및 위탁자 쌍방 사이에 친족관계가 있는 경우에만 적용되는 것이고, 단지 횡령범인과 피해물건의 소유자간에만 친족관계가 있거나 횡령범인과 피해물건의 위탁자간에만 친족관계가 있는 경우에는 그 적용이 없다. ○│×

[16 법원행시, 16 경찰채용, 15 경찰채용, 14 국가9급, 14 경찰승진, 13 경찰채용, 12 변호사, 12 법원9급, 12 경찰채용, 11 법원행시, 11 국가9급, 11 경간부] [Core ★★]

해설

대법원 2008.7.24. 2008도3438 소유자만 친족 사건 [○]

0957 손자인 피고인이 할아버지 소유 농업협동조합 예금통장을 절취하여 이를 현금자동지급기에 넣고 조작하는 방법으로 예금 잔고를 자신의 거래 은행 계좌로 이체한 경우 피고인에 대하여 형을 면제하여야 한다. ○│×

[15 법원행시, 15 국가9급, 14 경찰승진, 14 경간부, 13 법원9급, 13 국가9급, 13 경간부, 13 경찰채용, 12 법원9급, 12 국가7급, 11 법원행시, 11 국가9급, 11 경찰승진, 11 경찰채용] [Essential ★]

해설

(1) 친척 소유 예금통장을 절취한 피고인이 현금자동지급기에 예금통장을 넣고 조작하는 방법으로 친척 명의 계좌의 예금 잔고를 피고인이 거래하는 다른 금융기관에 개설된 피고인 명의 계좌로 이체한 경우, 피해자는 이체된 예금 상당액의 채무를 이중으로 지급해야 할 위험에 처하게 되는 친척 거래 금융기관이라 할 것이고, 거래 약관의

면책 조항이나 채권의 준점유자에 대한 법리 적용 등에 의하여 피해가 최종적으로는 예금 명의인인 친척에게 전가될 수 있다고 하여, 자금이체 거래의 직접적인 당사자이자 이중지급 위험의 원칙적인 부담자인 거래 금융기관을 컴퓨터등사용사기 범행의 피해자에 해당하지 않는다고 볼 수는 없다. (2) 손자가 할아버지 소유 농업협동조합 예금통장을 절취하여 이를 현금자동지급기에 넣고 조작하는 방법으로 예금 잔고를 자신의 거래 은행 계좌로 이체한 경우 농업협동조합이 컴퓨터등사용사기 범행 부분의 피해자이므로 친족상도례를 적용할 수 없다(대법원 2007.3.15. 2006도2704). [×]

제2절 절도의 죄

0958 절도죄의 객체인 재물은 반드시 객관적인 금전적 교환가치를 가질 필요는 없고 소유자·점유자가 주관적인 가치를 가지고 있는 것으로 족하다. ○|×

[14 법원행시] [Essential ★]

해설

대법원 2007.8.23. 2007도2595 쿨하지 못한 동거남 사건 [○]

0959 다음 중 절도죄의 객체가 될 수 있는 것은 모두 4개다. ○|×

[Superlative ★★★]

> ㉠ 위조된 유가증권 [14 법원행시]
> ㉡ 부동산매매계약서 사본 [14 법원행시]
> ㉢ 컴퓨터에 저장되어 있는 정보 [17 변호사, 16 법원9급, 14 법원행시, 14 경찰승진, 13 법원행시]
> ㉣ 법원으로부터 송달된 심문기일소환장 [15 경찰승진, 14 경찰채용]
> ㉤ 발행자가 회수하여 세 조각으로 찢어버린 약속어음 [16 경찰승진, 13 경찰승진, 11 경찰승진]
> ㉥ 전기통신사업자에 의하여 가능하게 된 전화기의 음향송수신기능 [15 경찰승진, 14 법원행시, 14 경찰채용, 11 법원9급]

해설

㉠㉡㉣㉤ 4 항목이 재물에 해당한다.
㉠ 위조된 약속어음이라고 하더라도 절차에 따라 몰수되기까지는 그 소지자의 점유를 보호하여야 한다는 점에서 절도죄의 객체가 된다(대법원 1998.11.24. 98도2967 무주리조트 사건).
㉡ 절도죄의 객체인 재물에 해당한다(대법원 2007.8.23. 2007도2595 쿨하지 못한 동거남 사건).
㉢ 컴퓨터에 저장되어 있는 '정보' 그 자체는 유체물이라고 볼 수도 없고 물질성을 가진 동력도 아니므로 재물이 될 수 없다(대법원 2002.7.12. 2002도745 설계도면 파일 사건).
㉣ 심문기일소환장은 재산적 가치가 있는 물건으로서 재물에 해당한다(대법원 2000.2.25. 99도5775).
㉤ 타인에 의하여 조합되어 새로운 어음으로 이용되지 않는 것에 대하여 소극적인 경제적 가치를 가지는 것이므로 피고인이 이를 가져갔다면 절도죄가 성립한다(대법원 1976.1.27. 74도 3442 세 조각 약속어음 사건).
㉥ 무형적인 이익에 불과하고 물리적 관리의 대상이 될 수 없어 재물이 아니라고 할 것이므로 절도죄의 객체가 되지 아니한다(대법원 1998.6.23. 98도700 전화 무단사용 사건 I). [○]

0960 형법상 절취란 타인이 점유하고 있는 자기 이외의 자의 소유물을 점유자의 의사에 반하여 그 점유를 배제하고 자기 또는 제3자의 점유로 옮기는 것을 말한다. ○|×

[17 경찰승진, 12 경찰승진] [Essential ★]

해설

대법원 2014.9.25. 2014도8984 와이프 명의 봉고차 사건 [○]

0961 형법상 절취란 타인이 점유하고 있는 자기 이외의 자의 소유물을 점유자의 의사에 반하여 점유를 배제하고 자기 또는 제3자의 점유로 옮기는 것이므로 기망의 방법으로 타인으로 하여금 처분행위를 하도록 하여 재물 또는 재산상 이익을 취득한 경우에는 절도죄가 아니라 사기죄가 성립한다. ○|×

[23 법원9급] [Essential ★]

해설

대법원 2022.12.29. 2022도12494 내 지갑이 맞다 사건 [○]

0962 사기죄에서 처분행위는 착오에 빠진 피해자의 행위를 이용하여 재산을 취득하는 것을 본질적 특성으로 하는 사기죄와 피해자의 행위에 의하지 아니하고 행위자가 탈취의 방법으로 재물을 취득하는 절도죄를 구분하는 역할을 한다. ○|×

[23 법원9급] [Core ★★]

해설

대법원 2022.12.29. 2022도12494 내 지갑이 맞다 사건 [○]

0963 A는 드라이버를 구매하기 위해 특정 매장에 방문하였다가 자신의 지갑을 떨어뜨렸는데, 10분쯤 후 甲이 같은 매장에서 우산을 구매하고 계산을 마친 뒤, 그 지갑을 발견하여 습득한 매장 주인 B로부터 "이 지갑이 선생님 지갑이 맞느냐?"라는 질문을 받자 "내 것이 맞다."라고 대답한 후 이를 교부받아 가지고 갔다면 甲에게는 절도죄가 아니라 사기죄가 성립한다. ○|×

[23 경찰채용] [Essential ★]

해설

대법원 2022.12.29. 2022도12494 내 지갑이 맞다 사건 [○]

0964 재물을 점유하는 소유자로부터 이를 상속받아 그 소유권을 취득하였다고 한다면 비록 상속인이 그 재물에 관하여 사실상의 지배를 가지게 되지 않았더라도 상속인에 대한 절도죄가 성립할 수 있다. ○|×

[16 법원행시, 14 법원9급] [Core ★★]

해설

종전 점유자의 점유가 그의 사망으로 인한 상속에 의하여 당연히 그 상속인에게 이전된다는 민법 제193조는 절도죄의 요건으로서의 '타인의 점유'와 관련하여서는 적용의 여지가 없고, 재물을 점유하는 소유자로부터 이를 상속받아 그 소유권을 취득하였다고 하더라도 상속인이 그 재물에 관하여 사실상의 지배를 가지게 되어야만 이를 점유하는 것으로서 그때부터 비로소 상속인에 대한 절도죄가 성립할 수 있다(대법원 2012.4.26. 2010도6334 사망 동거남 가방 사건). [×]

0965 피고인이 피해자가 PC방에 두고 간 핸드폰을 가져간 경우 절도죄가 성립한다. O|X
[14 변호사] [Core ★★]

해설

핸드폰은 PC방 관리자의 점유하에 있으므로 피고인이 이를 취한 행위는 절도죄를 구성한다(대법원 2007.3.15. 2006도9338 PC방 핸드폰 사건). [O]

0966 피고인이 고속버스 안에서 유실물을 발견하고 이를 가져간 경우 절도죄가 성립한다. O|X
[14 법원행시, 13 경찰승진, 11 법원행시] [Essential ★]

해설

고속버스의 운전사가 유실물을 현실적으로 발견하지 아니하는 한 이에 대한 점유를 개시하였다고 할 수 없고, 그 사이에 피고인이 유실물을 발견하고 이를 가져갔다면 절도에 해당하지 아니하고 점유이탈물을 횡령한 경우에 해당한다(대법원 1993.3.16. 92도3170 고속버스 유실물 사건). [×]

0967 피고인이 당구대 밑에서 어떤 사람이 잃어버린 금반지를 주워서 손가락에 끼고 다니다가 용돈이 궁하여 전당포에 전당잡힌 경우 절도죄가 성립한다. O|X
[11 법원행시] [Essential ★]

해설

어떤 물건을 잃어버린 장소가 당구장과 같이 타인의 관리 아래 있을 때에는 그 물건은 일응 그 관리자의 점유에 속한다 할 것이므로 유실물횡령이 아니라 절도죄에 해당한다(대법원 1988.4.25. 88도409 당구장 금반지 사건). [O]

0968 피해자가 결혼예식장에서 신부측 축의금 접수인인 것처럼 행세하는 피고인에게 축의금을 내어 놓자 이를 교부받아 가로챈 경우 절도죄가 성립한다. O|X
[16 법원9급, 15 경찰채용, 14 경찰채용, 12 경찰승진] [Essential ★]

해설

대법원 1996.10.15. 96도2227 결혼식 축의금 사건 [O]

0969 피고인이 금방에서 마치 귀금속을 구입할 것처럼 가장하여 피해자로부터 순금목걸이 등을 건네받은 다음 화장실에 갔다 오겠다는 핑계를 대고 도주한 경우 절도죄가 성립한다. O | X

[17 경찰채용, 16 경찰승진, 15 법원9급, 13 변호사, 11 법원행시] [Essential ★]

해설

대법원 1994.8.12. 94도1487 금목걸이 사건   [O]

0970 산지기로서 종중 소유의 분묘를 간수하고 있는 자는 그 분묘에 설치된 석등이나 문관석 등을 점유하고 있다고는 할 수 없으므로 이러한 물건 등을 반출하였다면 절도죄가 성립한다. O | X

[18 법원행시] [Essential ★]

해설

산지기로서 종중 소유의 분묘를 간수하고 있는 자는 분묘에 설치된 석등이나 문관석 등을 점유하고 있다고는 할 수 없으므로 이러한 물건 등을 반출하여 가는 행위는 횡령죄가 아니고 절도죄를 구성한다(대법원 1985.3.26. 84도3024 산지기 사건).   [O]

0971 피해자를 살해한 방에서 사망한 피해자 곁에 4시간 30분쯤 있다가 그곳 피해자의 자취방 벽에 걸려 있던 피해자가 소지하는 물건들을 영득의 의사로 가지고 나온 경우 절도죄가 성립한다. O | X

[17 변호사, 13 변호사] [Core ★★]

해설

피해자가 생전에 가진 점유는 사망 후에도 여전히 계속되는 것으로 보아야 하므로 피고인의 행위는 피해자의 점유를 침탈한 것으로서 절도죄에 해당한다(대법원 1993.9.28. 93도2143 자취방 살인사건).   [O]

0972 다음 중 절도죄가 성립하는 것은 모두 1개다. O | X

[Superlative ★★★]

㉠ 동회의 사환(使喚)이 동직원으로부터 시청 금고에 입금하도록 교부받은 현금과 예금에서 찾은 돈을 사생활비에 소비한 경우 [11 법원행시]
㉡ 피해자가 오토바이를 타고 심부름을 다녀오라고 하여서 피고인이 오토바이를 타고 가다가 마음이 변하여 이를 반환하지 아니한 채 그대로 타고 가버린 경우 [14 경찰채용, 11 경간부]
㉢ 피해자가 피고인에게 금고 열쇠와 오토바이 열쇠를 맡기고 금고 안의 돈은 배달될 가스대금으로 지급할 것을 지시한 후 외출하였는데, 피고인은 혼자서 점포를 지키다가 금고 안에서 현금을 꺼내어 오토바이를 타고 도주한 경우 [11 법원행시]
㉣ 피고인 甲이 회사 경리직원 A와 동행하여 은행에 가서 A가 찾은 200여만원 중 50만원을 甲이 소지하고 A와 동행하여 사무실에 당도하여 위 50만원을 A에게 교부할 때 그 중 10만원을 현금처럼 가장한 돈뭉치와 바꿔치기 한 후 이를 가져간 경우 [13 경찰승진]
㉤ 피해자가 시장 점포에서 물건을 매수하여 그 곳에 맡겨 놓은 후 약 50m 떨어져 동 점포를 살펴볼 수 없는 딴 가게로 가서 지게 짐꾼인 피고인을 불러 피고인 단독으로 위점포에 가서 맡긴 물건을 운반해 줄 것을 의뢰하였더니 피고인이 동 점포에 가서 맡긴 물건을 찾아 피해자에게 운반해 주지 않고 용달차에 싣고 가서 처분한 경우 [16 경찰승진, 12 경찰승진]

해설

> ㉣ 항목의 경우에만 절도죄가 성립한다. 나머지 항목의 경우는 횡령죄가 성립한다.
> ㉠ 대법원 1968.10.29. 68도1222
> ㉡ 대법원 1986.8.19. 86도1093 다방 오토바이 사건
> ㉢ 대법원 1982.3.9. 81도3396 가스대금 사건
> ㉣ 甲의 운반을 위한 소지는 甲의 독립적인 점유에 속하는 것이 아니고 A의 점유에 종속하는 점유의 기관으로서
>   소지함에 지나지 않으므로 절도죄가 성립한다(대법원 1966.1.31. 65도1178).
> ㉤ 대법원 1982.11.23. 82도2394 평화시장 짐꾼 사건   [○]

0973 임차인이 임대계약 종료 후 식당건물에서 퇴거하면서 종전부터 사용하던 냉장고의 전원을 켜 둔 채 그대로 두었다가 약 1개월 후 철거해 가는 바람에 그 기간 동안 전기가 소비된 경우 절도죄가 성립한다. ○|×

[15 경찰채용, 14 국가7급, 14 경간부, 11 경간부] [Core ★★]

해설

> 임차인이 퇴거 후에도 냉장고에 관한 점유·관리를 그대로 보유하고 있었다고 보아야 하므로 냉장고를 통하여 전기
> 를 계속 사용하였다고 하더라도 이는 당초부터 자기의 점유·관리하에 있던 전기를 사용한 것일 뿐 타인의 점유·관
> 리하에 있던 전기가 아니어서 절도죄가 성립하지 않는다(대법원 2008.7.10. 2008도3252 냉장고 사건). [×]

0974 육지로부터 멀리 떨어진 섬에서 광산을 개발하기 위하여 발전기, 경운기 엔진을 섬으로 반입하였다가 광업권 설정이 취소됨으로써 광산개발이 불가능하게 되자 육지로 그 물건들을 반출하는 것을 포기하고 그대로 유기하여 둔 채 섬을 떠난 후 10년 동안 그 물건들을 관리하지 않은 상태에서, 피고인이 소유자가 섬을 떠난지 7년이 경과한 뒤 노후된 물건들을 피고인 집 가까이에 옮겨 놓은 경우 절도죄가 성립한다. ○|×

[13 변호사, 11 경찰승진] [Core ★★]

해설

> 원소유자나 그 상속인이 그 물건들을 점유할 의사로 사실상 지배하고 있었다고는 볼 수 없으므로 그 물건들은 절
> 도죄의 객체인 타인이 점유하는 물건으로 볼 수 없다(대법원 1994.10.11. 94도1481 내파수도 사건). [×]

0975 피고인 甲이 어업권을 행사하는 A의 양식장에서 모시조개를 채취한 경우라도 그 채취한 모시조개가 자연 번식하는 것이 아니라 A가 양식하는 것으로서 A의 소유라는 증명이 없는 한 절도죄는 성립하지 아니한다. ○|×

[13 법원행시, 13 경찰채용] [Essential ★]

해설

> 대법원 2010.4.8. 2009도11827 모시조개 사건   [○]

0976 타인의 토지상에 권원 없이 식재한 수목의 소유권은 토지소유자에게 귀속하고 권원에 의하여 식재한 경우에는 그 소유권이 식재한 자에게 있으므로, 권원 없이 식재한 감나무에서 감을 수확한 것은 절도죄에 해당한다. ○ | ×

[16 경찰승진, 14 법원행시, 14 경찰채용, 13 변호사, 13 경찰승진] [Essential ★]

해설

> 대법원 1998.4.24. 97도3425 감나무 사건 민법상 타인의 토지상에 권원 없이 식재한 '수목'의 소유권은 토지소유자에게 귀속하지만, 권원 없이 식재한 '농작물'의 소유권은 토지소유자가 아니라 경작자에게 귀속한다는 점을 주의하여야 한다. [○]

0977 피고인 甲이 자신의 모(母) 乙 명의로 구입·등록하여 乙에게 명의신탁한 자동차를 A에게 담보로 제공한 후 이를 A 몰래 가져간 경우, A에 대한 관계에서 자동차의 소유자는 乙이고 甲이 소유자가 아니므로 절도죄가 성립한다. ○ | ×

[16 법원행시, 16 경찰채용, 15 변호사, 15 경찰채용, 14 변호사, 14 법원9급, 14 경찰승진, 13 법원행시, 12 국가7급, 12 경찰채용]

[Superlative ★★★]

해설

> 제3자인 A에 대한 관계에서 자동차의 소유자는 乙이고 甲이 소유자가 아니므로 절도죄가 성립한다(대법원 2012. 4.26. 2010도11771 어머니 명의 그랜저 사건). [○]

0978 A가 승용차를 구입한 실질적인 소유자이고, 다만 장애인 면세혜택 등의 적용을 받기 위해 피고인 甲의 어머니 乙의 명의를 빌려 등록한 상태라면, 피고인 甲이 乙로부터 승용차를 가져가 매도할 것을 허락받고 그녀의 인감증명 등을 교부받은 뒤에 A 몰래 승용차를 가져 간 경우 甲과 乙은 횡령죄의 공모공동정범이 성립된다. ○ | ×

[17 경찰승진, 15 법원9급, 14 변호사, 14 법원행시, 11 경찰승진, 11 경간부] [Superlative ★★★]

해설

> A가 승용차를 구입한 실질적인 소유자이고 (甲과 A 사이에서는 A가 소유자이므로) 甲과 乙은 절도죄의 공모공동정범이 성립된다(대법원 2007.1.11. 2006도4498 어머니 명의 매그너스 사건). [×]

0979 동업자의 공동점유에 속하는 동업재산을 다른 동업자의 승낙없이 그 점유를 배제하고 단독으로 자기의 지배로 옮겼다면 절도죄가 성립된다. ○ | ×

[17 경찰채용] [Core ★★]

해설

> 대법원 1987.12.8. 87도1831 [○]

0980 다음 설명 중 옳지 않은 것은 모두 1개다.　　　　　　　　　　　　　　　　○|✕

[Superlative ★★★]

> ㉠ 외상 매매계약의 해제가 있고 외상매매물품의 반환청구권이 피고인 甲에게 있다고 한다면 비록
> 甲이 매수인(채무자) A의 승낙을 받지 않고 위 물품들을 가져갔다고 하더라도 절도죄는 성립하지
> 아니한다. [13 국가7급]
>
> ㉡ 회사가 A에게 철재를 외상 판매하고 그 대금지급을 위하여 받은 약속어음이 부도되어동 물품의
> 반환청구권을 가지고 있다 하여도, 회사의 사원인 피고인이 A로부터 B가 철재를 매수하여 점유하
> 고 있는 사실을 알고서도 이를 운반하여 갔다면 절도죄의 성립에 영향이 없다. [11 경찰승진]
>
> ㉢ 피해자 A가 식당 종업원인 피고인 甲으로부터 영업허가명의 및 사업자등록명의를 빌리기로 하여
> 甲 명의로 식품접객업 영업허가를 받고 그 영업허가증과 사업자등록증을 처인 B의 손가방 안에
> 보관하고 있는 경우, 피고인 甲이 이를 꺼내어 갔다면 절도죄가 아니라 권리행사방해죄가 성립한
> 다. [17 경찰승진, 14 경찰채용, 11 경찰승진]
>
> ㉣ 피고인이 퇴사하면서 가져간 서류가 이미 공개된 기술내용에 관한 것이고 외국회사에서 선전용으
> 로 무료로 배부해 주는 것이며 회사연구실 직원들이 사본하여 사물(私物)처럼 사용하던 것이라도,
> 위 서류들이 기술분야에 관한 문서들로서 국내에서 쉽게 구할 수 있는 것도 아니며 연구실 직원
> 들의 업무수행을 위하여 필요한 경우에만 사용이 허용된 것이라면 이를 취거하는 행위는 절도에
> 해당한다. [11 경찰승진]

해설

> ㉠㉢ 2 항목이 옳지 않다.
> ㉠ 甲이 매수인(채무자) A의 승낙을 받지 않고 물품들을 가져갔다면 그 물품에 대한 반환청구권이 甲에게 있었다
> 하여도 그 행위는 절도행위에 해당한다(대법원 1973.2.28. 72도2538).
> ㉡ 대법원 1983.11.22. 83도2539
> ㉢ 명의대여 약정에 따른 신청에 의하여 발급된 영업허가증과 사업자등록증은 A의 소유가 되었다고 할 것이므로 피고
> 인 甲이 이를 꺼내어 갔다면 절도죄가 성립한다(대법원 2004.3.12. 2002도 5090 종업원 명의 영업허가 사건).
> ㉣ 대법원 1986.9.23. 86도1205　　　　　　　　　　　　　　　　　　　　　　　　[✕]

0981 일시 사용의 목적으로 타인의 점유를 침탈한 경우에도 사용으로 인하여 물건 자체가 가지는 경제적
가치가 상당한 정도로 소모되었거나 상당한 장시간 점유하고 있었다면 불법영득의 의사가 있었다고
할 것이지만, 본래의 장소와 다른 곳에 유기하는 경우에는 불법영득의 의사가 있었다고 할 수 없다.

○|✕

[18 경간부, 14 법원9급, 11 법원9급] [Core ★★]

해설

> 일시 사용의 목적으로 타인의 점유를 침탈한 경우에도 사용으로 인하여 물건 자체가 가지는 경제적 가치가 상당한
> 정도로 소모되거나 또는 상당한 장시간 점유하고 있거나 본래의 장소와 다른 곳에 유기하는 경우에는 이를 일시
> 사용하는 경우라고는 볼 수 없으므로 영득의 의사가 없다고 할 수 없다(대법원 2014.8.20. 2012도12828).
> 　　[✕]

0982 어떠한 물건을 점유자의 의사에 반하여 취거하는 행위가 결과적으로 소유자의 이익으로 된다는 사정 또는 소유자의 추정적 승낙이 있다고 볼 만한 사정이 있다고 하더라도, 다른 특별한 사정이 없는 한 그러한 사유만으로 불법영득의 의사가 없다고 할 수는 없다.　　　　　　　　　O | X

[16 법원행시, 16 경찰채용] [Core ★★]

해설

대법원 2014.2.21. 2013도14139 리스 BMW 사건　　　　　　　　　　　　　　　　　[O]

0983 예금통장은 예금채권을 표창하는 유가증권이 아니고 그 자체에 예금액 상당의 경제적 가치가 화체되어 있는 것도 아니므로, 타인의 예금통장을 무단사용하여 예금을 인출한 후 바로 반환한 경우에는 예금통장이 가지고 있는 가치가 인출된 예금액만큼 소모되었다고 할 수 없으므로 그에 대한 불법영득의 의사를 인정할 수 없다.　　　　　　　　　O | X

[16 국가9급, 16 경찰채용, 12 법원행시, 12 경찰채용] [Essential ★]

해설

타인의 예금통장을 무단사용하여 예금을 인출한 후 바로 예금통장을 반환하였다 하더라도 예금통장 자체가 가지는 예금액 증명기능의 경제적 가치에 대한 불법영득의 의사를 인정할 수 있으므로 절도죄가 성립한다(대법원 2010. 5.27. 2009도9008 회사 예금통장 사건).　　　　　　　　　　　　　　　　　　　[×]

0984 타인의 신용카드(직불카드, 현금카드)를 사용하여 현금자동지급기에서 현금을 인출하였다 하더라도 신용카드 자체가 가지는 경제적 가치가 인출된 예금액만큼 소모되었다고 할 수 없으므로 이를 일시 사용하고 곧 반환한 경우에는 불법영득의 의사가 없다고 보아야 한다.　　　　　　　O | X

[16 국가9급, 13 국가9급, 11 경찰채용] [Essential ★]

해설

대법원 1999.7.9. 99도857 신용카드 잠시사용 사건　　　　　　　　　　　　　　　　[O]

0985 회사 감사인 피고인이 회사 경영진과의 불화로 한 달 가까이 결근하다가 회사 감사실에 침입하여 자신이 사용하던 컴퓨터에서 하드디스크를 떼어간 후 4개월 가까이 지난 시점에 반환한 경우 절도죄의 불법영득의사가 인정된다.　　　　　　　　　O | X

[16 변호사] [Core ★★]

해설

피고인이 하드디스크를 일시 보관 후 반환하였다고 평가하기 어려워 불법영득의사를 인정할 수 있다(대법원 2011.8.18. 2010도9570 하드디스크 절취사건).　　　　　　　　　　　　　　　[O]

0986 피고인 甲이 A의 영업점 내에 있는 A 소유의 휴대전화를 허락 없이 가지고 나와 이를 이용하여 통화를 하고 문자메시지를 주고받은 다음 약 1~2시간 후 A에게 아무런 말을 하지 않고 영업점 정문 옆 화분에 놓아두고 간 경우 절도죄의 불법영득의사가 인정된다. ○|×

[17 법원9급, 16 변호사, 16 법원행시, 16 법원9급, 15 경찰승진, 15 경찰채용, 14 변호사, 14 경찰승진, 13 경찰채용] [Core ★★]

해설

피고인 甲은 휴대전화를 자신의 소유물과 같이 이용하다가 본래의 장소와 다른 곳에 유기한 것에 다름 아니므로 불법영득의 의사가 있었다고 할 것이다(대법원 2012.7.12. 2012도1132 뉴욕스포츠피부 휴대폰 사건). [○]

0987 쇄석장비들에 관하여 점유개정의 방법에 의한 양도담보부 금전소비대차계약을 체결한 후 채무자 A가 변제기일이 지나도 채무를 변제하지 아니하자 채권자 甲이 채무자의 의사에 반하여 쇄석장비들을 임의로 분해하여 가지고 간 경우 절도죄의 불법영득의사가 인정된다. ○|×

[12 경찰채용] [Core ★★]

해설

채권자 甲이 채무자의 의사에 반하여 쇄석장비들을 임의로 분해하여 가지고 간 경우 불법영득의사가 있었다고 보아야 한다(대법원 2005.6.24. 2005도2861). [○]

0988 상사와의 의견 충돌 끝에 항의의 표시로 사표를 제출한 다음 평소 피고인이 전적으로 보관, 관리해 오던 이른바 비자금 관계 서류 및 금품이 든 가방을 들고 나온 경우 절도죄의 불법영득의사가 인정된다. ○|×

[15 경찰승진, 15 경찰채용, 14 변호사] [Essential ★]

해설

불법영득의 의사가 있다고 할 수 없을 뿐만 아니라 그 서류 및 금품이 타인의 점유하에 있던 물건이라고도 볼 수 없다(대법원 1995.9.5. 94도3033 보험회사 영업과장 사건). [×]

0989 피고인이 버스요금함 서랍 견본 1개를 그에 대한 최초 고안자로서의 권리를 확보하겠다는 생각으로 가지고 나가 변리사에게 의장출원을 의뢰하고 그 도면을 작성한 뒤 당일 이를 원래 있던 곳에 가져다 둔 경우 절도죄의 불법영득의사가 인정된다. ○|×

[11 법원행시] [Core ★★]

해설

불법영득의사를 인정할 수 없다(대법원 1991.6.11. 91도878). [×]

0990 피고인이 동네 선배로부터 차량을 빌렸다가 반환하지 아니한 보조열쇠를 이용하여 그 후 3차례에 걸쳐 위 차량을 2~3시간 정도 운행한 후 원래 주차된 곳에 갖다 놓아 반환한 경우 절도죄의 불법영득의사가 인정된다.   ○│×

[15 경간부] [Essential ★]

해설

> 피고인들에게 불법영득의 의사가 있었다고 볼 수 없다(대법원 1992.4.24. 92도118 선배차 잠시 사용 사건).
>   [×]

0991 다음 중 절도죄의 불법영득의사가 인정되는 것은 모두 1개다.   ○│×

[Superlative ★★★]

> ㉠ 피고인이 피해자의 전화번호를 알아두기 위하여 피해자가 떨어뜨린 전화요금 영수증을 습득한 후 돌려주지 않은 경우 [11 경찰승진]
> ㉡ 피고인이 피해자의 승낙 없이 혼인신고서를 작성하기 위하여 피해자의 도장을 몰래 꺼내어 사용한 후 곧바로 제자리에 갖다 놓은 경우 [17 법원9급, 12 국가7급]
> ㉢ 피고인이 피해자의 도장과 인감도장을 그의 책상서랍에서 몰래 꺼내어 가서 그것을 차용금증서의 연대보증인란에 찍고 난 후 곧 제자리에 넣어 둔 경우 [16 국가9급, 15 경간부, 11 법원행시]
> ㉣ 피고인 甲이 A와의 내연관계를 회복시켜 볼 목적으로 A의 물건을 가져와 보관한 후 이를 찾으러 오면 그때 그 물건을 반환하면서 잘 타일러 다시 내연관계를 지속시킬 생각으로 그 물건을 가져 온 경우 [17 법원9급, 11 법원9급]

해설

> 모든 항목의 경우 불법영득의사가 인정되지 아니한다.
> ㉠ 대법원 1989.11.28. 89도1679 전화요금 영수증 사건
> ㉡ 대법원 2000.3.28. 2000도493 도장 잠시사용 사건
> ㉢ 대법원 1987.12.8. 87도1959
> ㉣ 대법원 1992.5.12. 92도280 찌질한 내연남 사건   [×]

0992 다음 중 절도죄의 불법영득의사가 인정되는 것은 모두 1개다.   ○│×

[Superlative ★★★]

> ㉠ 피고인이 소속 중대에서 총기를 분실하고 그를 보충하기 위하여 타부대 총기를 취거해 온 경우
> ㉡ 피고인이 피해자들을 강간하는 과정에서 피해자들이 도망가지 못하게 하기 위해 손가방을 빼앗은 것에 불과한 경우 [15 경찰승진, 11 법원9급]
> ㉢ 피고인이 살해도구로 이용한 골프채와 피고인의 옷 등 다른 증거품들과 함께 피고인의 차량 트렁크에 싣고 서울로 돌아오는 중 지갑을 쓰레기 소각장에서 태워버린 경우 [17 법원9급, 11 법원행시]
> ㉣ 피고인이 피해자가 경영하는 주점의 잠겨 있는 샷타문을 열고 주방안에 있던 맥주 등을 꺼내어 마신 경우. 다만, 주점까지 가게 된 동기가 주점 점원의 초청에 의한 것이었음 [15 경간부]

해설

@ 항목의 경우에만 불법영득의사가 인정된다.

㉠ 피고인의 행위는 자기 또는 타인을 위한 영득의사에 의한 행위라고는 할 수 없다(대법원 1977.6.7. 77도 1069 M16소총 분실사건).

㉡ 불법영득의 의사가 있었다고 할 수 없다(대법원 1985.8.13. 85도1170 대구 남일동 강간사건).

㉢ 피고인이 살해된 피해자의 주머니에서 지갑을 꺼낸 것은 자신의 살인 범행의 증거를 인멸하기 위한 것이어서 불법영득의 의사가 있었다고 보기 어렵다(대법원 2000.10.13. 2000도3655 지갑 소각사건).

㉣ 타인의 재물에 대한 불법영득의 의사가 있었다고 할 것이고 주점까지 가게된 동기가 주점 점원의 초청에 의한 것이었다 하더라도 절도죄를 구성한다(대법원 1986.9.9. 86도1439). [○]

0993 가구회사의 디자이너인 피고인이 회사로부터 부당하게 징계를 받았다고 생각하고 노동위원회에 구제신청을 하면서 자신이 회사업무에 충실하였다는 사실을 입증하기 위한 자료로 삼기 위하여 자신이 제작한 가구 디자인 도면을 가지고 나온 경우 절도죄의 불법영득의사가 인정된다. ○│×

[Essential ★]

해설

피고인에게 도면들에 대한 불법영득의 의사가 있었다고 볼 수 없다(대법원 1992.3.27. 91도2831 글로리아가구 여직원 사건). [×]

0994 2인 이상이 합동하여 야간이 아닌 주간에 절도의 목적으로 타인의 주거에 침입하였다면 아직 절취할 물건의 물색행위를 시작하기 전이라면 특수절도죄의 실행에 착수한 것으로 보아야 한다. ○│×

[18 경간부, 15 법원9급, 13 변호사, 12 법원행시, 11 국가9급] [Core ★★]

해설

2인 이상이 합동하여 야간이 아닌 주간에 절도의 목적으로 타인의 주거에 침입하였다 하여도 아직 절취할 물건의 물색행위를 시작하기 전이라면 특수절도죄의 실행에는 착수한 것으로 볼 수 없는 것이어서 그 미수죄가 성립하지 않는다(대법원 2009.12.24. 2009도9667 아파트 출입문 손괴사건). [×]

0995 피고인이 주간에 주거에 침입하여 야간에 절취를 한 경우에도 야간주거침입절도죄가 성립한다. ○│×

[17 경간부, 17 경찰채용, 16 변호사, 16 경찰채용, 14 국가9급, 13 법원행시, 13 법원9급, 12 법원행시, 12 국가7급, 12 경찰채용]

[Core ★★]

해설

형법은 야간에 이루어지는 주거침입행위의 위험성에 주목하여 그러한 행위를 수반한 절도를 야간주거침입절도죄로 중하게 처벌하고 있는 것으로 보아야 하고, 따라서 주거침입이 주간에 이루어진 경우에는 야간주거침입절도죄가 성립하지 않는다고 해석하는 것이 타당하다(대법원 2011.4.14. 2011도300 장안동 모텔 절도사건). [×]

0996 담배점포가 알미늄 샷시로 된 구조물이긴 하나 주위벽과 지붕으로 구성되어 사람이 그 내부에서 기거하거나 출입할 수 있을 뿐 아니라 실제로 피해자가 담배, 복권 기타 잡화 등을 진열해 놓고 판매하는 일상생활을 영위해 오면서 침식의 장소로도 사용해 온 경우, 피고인이 이곳에 들어가 절취행위를 한 경우 야간주거침입절도죄가 성립한다. ○|×

[Essential ★]

해설

대법원 1989.2.28. 88도2430 담배점포 사건 [○]

0997 다음 중 절도죄와 특수절도죄(흉기휴대절도죄 또는 합동절도죄)의 실행의 착수가 인정되는 것은 모두 3개다. ○|×

[Superlative ★★★]

㉠ 피고인들이 주간에 피해자의 아파트 출입문 시정장치를 손괴하다가 마침 귀가하던 피해자에게 발각되어 도주한 경우 [13·17 법원행시, 17 경간부, 13·16 변호사, 11·13·15 경찰채용, 12 법원9급, 12 국가7급]
㉡ 피고인 甲과 乙이 함께 담을 넘어 회사 마당에 들어가 그 중 1명이 그곳에 있는 구리를 찾기 위하여 담에 붙어 걸어가다가 잡힌 경우 [16 경찰승진, 16 경간부, 13 국가7급, 11 경찰채용]
㉢ 피고인이 아파트 신축공사 현장 안에 있는 건축자재 등을 훔칠 생각으로 공범과 함께 위 공사현장 안으로 들어간 후 창문을 통하여 신축 중인 아파트의 지하실 안쪽을 살핀 경우 [13 법원행시]
㉣ 피고인이 피해자가 빨래를 걷으러 옥상으로 올라 간 사이에 다세대주택에 신발을 신은 채 거실을 통하여 안방으로 들어가 여기저기를 둘러보고는 절취할 재물을 찾지 못하고 다시 거실로 나와서 두리번거리고 있다가 피해자가 현관문을 통하여 거실로 들어가다가 마주치게 된 경우 [11 국가7급]

해설

㉡㉣ 2 항목의 경우 실행의 착수가 인정된다.
㉠ 특수절도미수죄는 성립하지 아니한다(대법원 2009.12.24. 2009도9667 아파트 출입문 손괴사건).
㉡ 절취 대상품에 대한 물색행위가 없었다고 할 수 없다(대법원 1989.9.12. 89도1153).
㉢ 특수절도죄의 실행의 착수에 해당하지 않는다(대법원 2010.4.29. 2009도14554 동파이프 사건).
㉣ 물색행위를 하는 등 재물에 대한 피해자의 사실상의 지배를 침해하는 데 밀접한 행위를 하였던 것으로 보아야 한다(대법원 2003.6.24. 2003도1985). [×]

0998 피고인이 절도 범행을 함에 있어서 드라이버를 사용하여 택시 운전석 창문을 파손한 경우 흉기휴대절도죄가 성립한다. ○|×

[Essential ★]

해설

형법 제331조 제2항의 특수절도죄에서 규정한 흉기는 본래 살상용·파괴용으로 만들어진 것이거나 이에 준할 정도의 위험성을 가진 것으로 봄이 상당하다. (2) 피고인이 사용한 드라이버는 일반적인 드라이버와 동일한 것으로 특별히 개조된 바는 없는 것으로 보이고, 그 크기와 모양 등 제반 사정에 비추어 보더라도 피고인의 범행이 흉기를 휴대하여 타인의 재물을 절취한 경우에 해당한다고 보기는 어렵다(대법원 2012.6.14. 2012도4175 드라이버 사용 절도사건). [×]

0999 피고인이 피해자 소유 자동차 안에 들어 있는 밍크코트를 발견하고 이를 절취할 생각으로 공범이 차 옆에서 망을 보는 사이 차 오른쪽 앞문을 열려고 앞문손잡이를 잡아당기다가 피해자에게 발각된 경우 절도죄와 특수절도죄(흉기휴대절도죄 또는 합동절도죄)의 실행의 착수가 인정된다. ○│×

[18 경간부, 17 법원9급, 16 경찰승진, 14 경간부, 13 법원행시] [Essential ★]

> **해설**
>
> 절도의 실행에 착수하였다고 봄이 상당하다(대법원 1986.12.23. 86도2256 자동차 손잡이 사건). [○]

1000 피고인이 노상에 세워 놓은 자동차 안에 있는 물건을 훔칠 생각으로 자동차의 유리창을 통하여 그 내부를 손전등으로 비추어 본 경우 절도죄와 특수절도죄(흉기휴대절도죄 또는 합동절도죄)의 실행의 착수가 인정된다. ○│×

[16 법원행시, 15 변호사, 15 경찰승진, 15 경찰채용, 14 변호사, 14 법원9급, 13 법원9급, 13 국가7급, 11 법원행시, 11 국가9급]

[Essential ★]

> **해설**
>
> 절도의 예비행위로 볼 수는 있겠으나 타인의 재물에 대한 지배를 침해하는데 밀접한 행위를 한 것이라고는 볼 수 없어 절취행위의 착수에 이른 것이었다고 볼 수 없다(대법원 1985.4.23. 85도464 손전등 사건). [×]

1001 다음 중 절도죄와 특수절도죄(흉기휴대절도죄 또는 합동절도죄)의 실행의 착수가 인정되는 것은 모두 3개다. ○│×

[Superlative ★★★]

> ㉠ 피고인이 금품을 절취하기 위하여 고속버스 선반 위에 놓여진 손가방의 한쪽 걸쇠만 연 경우 [11 국가9급]
> ㉡ 소매치기가 피해자의 양복상의 주머니로부터 금품을 절취하려고 그 호주머니에 손을 뻗쳐 그 겉을 더듬은 경우 [16 경찰승진, 15 경찰채용, 14 경간부, 13 국가7급]
> ㉢ 피고인이 평소 잘 아는 피해자에게 전화채권을 사주겠다고 하면서 골목길로 유인하여 돈을 절취하려고 기회를 엿본 경우 [16 경찰승진, 16 경간부, 13 국가7급]
> ㉣ 피고인이 소를 흥정하고 있는 피해자의 뒤에 접근하여 가방으로 돈이 들어 있는 피해자의 하의 왼쪽 주머니를 스치면서 지나간 경우 [16 경간부, 14 경간부, 13 국가7급, 11 국가9급]

> **해설**
>
> ㉠㉡ 2 항목의 경우 실행의 착수가 인정된다.
> ㉠ 절도범행의 실행에 착수하였다 할 것이다(대법원 1983.10.25. 83도2432).
> ㉡ 절도의 범행은 예비단계를 지나 실행에 착수하였다고 봄이 상당하다(대법원 1984.12.11. 84도2524).
> ㉢ 돈을 절취하려고 기회를 엿본 행위만으로는 절도의 예비행위는 될지언정 타인의 재물에 대한 사실상 지배를 침해하는데 밀접한 행위가 개시되었다고 단정할 수 없다(대법원 1983.3.8. 82도2944).
> ㉣ 단지 피해자의 주의력을 흐트러 주머니 속에 들은 금원을 절취하기 위한 예비단계의 행위에 불과한 것이고 이로써 실행의 착수에 이른 것이라고는 볼 수 없다(대법원 1986.11.11. 86도1109). [×]

1002 피고인이 피해자 경영의 까페에서 야간에 아무도 없는 그 곳 내실에 침입하여 장식장 안에 들어 있던 정기적금통장 등을 꺼내 들고 까페로 나오던 중 발각되어 돌려 준 경우 야간주거침입절도의 미수에 해당한다. ○│×

[14 변호사] [Essential ★]

해설

일단 피고인 자신의 지배 내에 옮겼다고 볼 수 있으니 절도의 미수에 그친 것이 아니라 야간주거침입절도의 기수라고 할 것이다(대법원 1991.4.23. 91도476). [×]

1003 甲이 내리막길에 주차된 자동차를 절취할 목적으로 조수석 문을 열고 시동을 걸려고 차 안의 기기를 만지다가 핸드 브레이크를 풀게 되어 시동이 걸리지 않은 상태에서 약 10m 전진 하다가 가로수를 들이받은 경우 자동차에 대한 절도죄의 기수범이 성립하지 않는다. ○│×

[18 국가9급] [Essential ★]

해설

피고인이 자동차를 절취할 생각으로 자동차의 조수석문을 열고 들어가 시동을 걸려고 시도하는 등 차 안의 기기를 이것저것 만지다가 핸드브레이크를 풀게 되었는데 그 장소가 내리막 길인 관계로 시동이 걸리지 않은 상태에서 약 10m 전진하다가 가로수를 들이받는 바람에 멈추게 되었다면 절도의 기수에 해당한다고 볼 수 없을 뿐 아니라 도로교통법 제2조 제19호 소정의 자동차의 운전에 해당하지 아니한다(대법원 1994.9.9. 94도1522). [○]

1004 피고인 甲이 절취할 목적으로 영산홍을 땅에서 캐낸 후에, 남편인 피고인 乙에게 전화를 걸어 그곳으로 오게 한 후 함께 영산홍을 甲의 승용차까지 운반한 경우, 甲과 乙은 특수절도죄가 성립한다. ○│×

[17 국가7급, 17 경찰승진, 16 경찰채용, 13 변호사, 12 경찰승진, 11 경찰채용] [Core ★★]

해설

(1) 입목을 절취하기 위하여 이를 캐낸 때에는 그 시점에서 이미 소유자의 입목에 대한 점유가 침해되어 범인의 사실적 지배하에 놓이게 됨으로써 범인이 그 점유를 취득하게 되는 것이므로 이때 절도죄는 기수에 이르렀다고 할 것이고, 이를 운반하거나 반출하는 등의 행위는 필요로 하지 않는다. (2) 피고인 甲이 영산홍을 땅에서 캐낸 그 시점에서 이미 절취행위는 기수에 이르렀다고 할 것이므로 그 이후에 피고인 乙이 영산홍을 甲과 함께 승용차까지 운반하였다고 하더라도 그러한 행위가 다른 죄에 해당하는지의 여부는 별론으로 하고, 乙이 甲과 합동하여 영산홍 절취행위를 하였다고 볼 수 없다(대법원 2008.10.23. 2008도6080 영산홍 사건). [×]

1005 피고인이 창문과 방충망을 창틀에서 분리한 사실만을 인정할 수 있을 뿐 달리 창문과 방충망을 물리적으로 훼손하여 그 효용을 상실하게 하였음을 인정할 만한 증거가 없다면 형법 제331조 제1항의 특수절도죄는 성립하지 아니한다. ○│×

[17 변호사] [Core ★★]

해설

대법원 2015.10.29. 2015도7559 창문·방충망 분리사건 [○]

1006 피고인 甲이 乙, 丙과 함께 창고에 들어가 피혁을 훔치기로 약속하였으나 甲은 마음이 내키지 아니하고 처벌이 두려워 만나기로 한 시간에 약속장소로 가지 아니하고 포장마차에서 술을 마신 후 인근 여관에서 잠을 자는 바람에, 乙과 丙이 그들끼리 모의된 범행을 결행하기로 하여 乙은 망을 보고 丙은 창고에 침입하여 가죽 약 1만평을 절취한 경우 甲은 특수절도 죄가 성립한다.   ○│×

[13 경간부] [Core ★★]

해설

> 피고인 甲은 특수절도의 공동정범이 성립될 수 없음은 물론 다른 공모자들이 실행행위에 이르기 이전에 그 공모관계로부터 이탈한 것이 분명하므로 乙, 丙의 절도행위에 관하여도 공동정범으로서 책임을 지지 아니한다(대법원 1989.3.14. 88도837 가죽 절취사건).   [×]

1007 형법 제332조에 규정된 상습절도죄를 범한 범인이 그 범행의 수단으로 주간에 주거침입을 한 경우 그 주간 주거침입행위는 상습절도죄와 별개로 주거침입죄를 구성한다.   ○│×

[19 변호사] [Core ★★]

해설

> 대법원 2015.10.15. 2015도8169   [○]

제3절 강도의 죄

1008 강도죄에서 재산상의 이익은 반드시 사법상 유효한 재산상의 이득만을 의미하는 것이 아니고 외견상 재산상의 이득을 얻을 것이라고 인정할 수 있는 사실관계만 있으면 여기에 해당된다.   ○│×

[17 법원행시, 14 경찰채용, 11 법원9급, 11 경찰승진] [Core ★★]

해설

> 대법원 1997.2.25. 96도3411 여정 주점 사건   [○]

1009 강간범인이 부녀를 강간할 목적으로 폭행, 협박에 의하여 반항을 억압한 후 반항억압 상태가 계속 중임을 이용하여 재물을 탈취하는 경우, 재물탈취를 위한 새로운 폭행, 협박이 없었다고 한다면 강도죄는 성립하지 아니한다.   ○│×

[17 법원행시, 16 법원행시, 15 경찰승진, 15 경간부, 14 경찰채용, 14 법원행시, 11 법원9급] [Core ★★]

해설

> 강간범인이 부녀를 강간할 목적으로 폭행, 협박에 의하여 반항을 억압한 후 반항억압 상태가 계속 중임을 이용하여 재물을 탈취하는 경우에는 재물탈취를 위한 새로운 폭행, 협박이 없더라도 강도죄가 성립한다(대법원 2010.12.9. 2010도9630 강간 → 강도 → 강간 사건).   [×]

1010 강도죄에 있어서 폭행과 협박의 정도는 사회통념상 객관적으로 상대방의 반항을 억압하거나 항거 불능케 할 정도의 것이라야 한다.　　　　　　　　　　　　　　　　　　　　　　　○│✕

[16 경찰승진, 14 경찰채용] [Essential ★]

> **해설**
>
> 대법원 2004.10.28. 2004도4437　　　　　　　　　　　　　　　　　　　　　　　　　[○]

1011 피고인 甲이 승용차를 운전하고 乙, 丙이 승용차에 승차하여 범행 대상을 물색하던 중, 마침 그 곳을 지나가는 피해자 A에게 접근한 후 甲이 창문으로 손을 내밀어 손가방 1개를 낚아채었으나 A가 가방을 꽉 붙잡고 이를 탈환하려고 하자, 乙이 가방을 붙잡은 채 甲이 승용차를 운전하여 갔고 이 과정에서 A로 하여금 약 4주간의 치료를 요하는 상해를 입게 한 경우, 강도치상죄가 성립한다.　○│✕

[Core ★★]

> **해설**
>
> A의 상해는 날치기 수법의 절도시 점유탈취의 과정에서 우연히 가해진 것에 불과하고 그에 수반된 강제력 행사도 A의 반항을 억압하기 위한 목적 또는 정도의 것도 아니었던 것으로 보이므로 강도치상의 점을 인정하기에 부족하다(대법원 2003.7.25. 2003도2316 부천 날치기 사건).　　　　　　　　　　　　　[✕]

1012 피고인 甲과 乙이 날치기를 공모한 후 피해자 A를 뒤따라 가다가 손가방의 끈을 잡아당겼으나 A가 가방을 놓지 않으려고 버티다가 바닥으로 넘어지게 되었고, 이후 甲이 가방 끈을 잡고 계속 당기자 A가 "내 가방, 사람 살려"라고 소리치면서 약 5m 가량 끌려가다가 가방을 놓았으나, 이 과정에서 A가 무릎이 조금 긁히고 왼쪽 어깨부위에 견관절 염좌상을 입은 경우, 강도치상죄가 성립한다.
○│✕

[16 경찰승진, 15 경찰채용, 14 변호사, 14 법원행시, 14 경찰승진, 14 경찰채용] [Core ★★]

> **해설**
>
> 피해자의 반항을 억압하기 위한 목적으로 가해진 강제력으로서 그 반항을 억압할 정도에 해당하므로 강도치상죄가 성립한다(대법원 2007.12.13. 2007도7601 대구 날치기 사건).　　　　　　　　　　　[○]

1013 피고인이 모텔에서 주점 도우미인 피해자와 성관계를 하던 중에 피해자가 성교행위가 너무 과격하다는 이유로 성교를 중단하는 바람에 말다툼이 벌어져 화가 난 피고인이 피해자에 대한 폭행을 시작하면서 피해자가 이불을 뒤집어쓴 후에도 계속해서 주먹과 발로 피해자를 구타한 후 이불 속에 들어 있는 피해자를 두고 옷을 입고 방을 나가다가 탁자 위의 피해자 손가방 안에서 현금 20만원 등이 든 키홀더를 우발적으로 가져간 경우, 강도죄가 성립한다.　　　　　　　　　　　　　　　○│✕

[15 경간부, 14 국가9급, 12 국가9급, 11 경찰승진] [Core ★★]

해설

> 피고인의 재물 취거행위가 피해자가 전혀 인식하지 못한 가운데 이루어진데다가 그 원인이 되었던 폭행행위도 그
> 와는 전혀 무관한 윤락행위 도중의 시비 끝에 발생하게 된 것이므로 강도죄의 성립을 인정하기에 부족하다(대법원
> 2009.1.30. 2008도10308 과격한 성교 사건). [×]

1014 준강도의 주체는 절도 즉 절도범인으로, 절도의 실행에 착수한 이상 미수이거나 기수이거나 불문한다.

O | ×

[16 경찰채용, 15 변호사] [Core ★★]

해설

> 대법원 2003.10.24. 2003도4417 202호 유리창문 사건 [O]

1015 준강도는 '절도'가 재물의 탈환을 항거하거나 체포를 면탈하거나 죄적을 인멸한 목적으 로 폭행 또는
협박을 가한 때에 준강도가 성립한다고 규정하고 있으므로 준강도죄의 주체는 절도범인이고, 절도
죄의 객체는 재물이다.

O | ×

[16 법원행시] [Core ★★]

해설

> 대법원 2014.5.16. 2014도2521 술값 안내려고 폭행사건 [O]

1016 피해자 측이 추적태세에 있는 경우에 재물탈환의 항거 등의 목적으로 폭행 또는 협박을 가하면 준강
도죄가 성립하지만, 범인이 일단 체포되었다면 비록 아직 신병확보가 확실하다고 할 수 없는 상태
라도 재물탈환의 항거 등의 목적으로 폭행 또는 협박을 가한 경우 준강도죄는 성립하지 아니한다.

O | ×

[13 국가9급] [Core ★★]

해설

> 피해자 측이 추적태세에 있는 경우나 범인이 일단 체포되어 아직 신병확보가 확실하다고 할 수 없는 경우에는
> 절도의 기회에 해당한다(준강도죄가 성립한다)(대법원 2009.7.23. 2009도5022). [×]

1017 준강도죄에 있어서의 폭행이나 협박은 상대방의 반항을 억압하는 수단으로서 일반적 객관적으로 가
능하다고 인정하는 정도의 것으로서 현실적으로 상대방의 반항을 억압하였음을 필요로 한다.

O | ×

[17 법원행시, 14 경찰승진, 13 경찰승진, 12 경찰승진] [Core ★★]

해설

> 준강도죄에 있어서의 폭행이나 협박은 상대방의 반항을 억압하는 수단으로서 일반적 객관적으로 가능하다고 인정
> 하는 정도의 것이면 되고 반드시 현실적으로 반항을 억압하였음을 필요로 하는 것은 아니다(대법원 1981.3.24.
> 81도409). [×]

1018 피고인 甲이 술집 운영자 A로부터 술값의 지급을 요구받자 A를 유인·폭행하고 도주함으로써 술값의 지급을 면하고 A에게 상해를 가한 경우 준강도죄 또는 강도상해죄가 성립한다.   ○|×

[18 경간부, 16 법원행시, 16 경찰승진, 15 변호사, 15 국가9급, 15 경간부, 15 경찰채용] [Core ★★]

해설

> 甲이 절도의 실행에 착수하였다는 내용이 포함되어 있지 않은 이상 준강도죄는 성립하지 아니한다(대법원 2014. 5.16. 2014도2521 술값 안내려고 폭행사건).   [×]

1019 피고인이 절도행위가 발각되어 도주하다가 곧바로 뒤쫓아 온 보안요원 A에게 붙잡혀 보안 사무실로 인도되어 A로부터 그 경위를 확인받던 중 체포된 상태를 벗어나기 위해서 A를 폭행하여 상해를 가한 경우 강도상해죄가 성립한다.   ○|×

[16 법원행시] [Core ★★]

해설

> 피고인이 일단 체포되었다고는 하지만 아직 신병확보가 확실하다고 할 수 없는 단계에서 체포된 상태를 면하기 위해서 A를 폭행하여 상해를 가한 것이므로 강도상해죄에 해당한다(대법원 2001.10.23. 2001도4142 보안사무실에서 사건).   [○]

1020 피고인이 피해자의 집에서 절도범행을 마친지 10분 가량 지나 피해자의 집에서 200m 가량 떨어진 버스정류장이 있는 곳에서 피고인을 절도범인이라고 의심하고 뒤쫓아 온 피해자에게 붙잡혀 피해자의 집으로 돌아왔을 때 비로소 피해자를 폭행한 경우 준강도죄가 성립한다.   ○|×

[15 법원행시, 13 법원행시] [Essential ★]

해설

> 피해자에게 붙잡혀 피해자의 집으로 돌아왔을 때 비로소 피해자를 폭행한 것은 사회통념상 절도범행이 이미 완료된 이후라 할 것이므로 준강도죄가 성립할 수 없다(대법원 1999.2.26. 98도3321 버스정류장에서 붙잡혀 사건).   [×]

1021 준강도죄의 기수 여부는 절도행위의 기수 여부를 기준으로 하여 판단할 것이 아니라 폭행 또는 협박이 종료되었는가 하는 점에 따라 결정되어야 한다.   ○|×

[18 경간부, 17 변호사, 17 법원행시, 17 경찰승진, 16 법원행시, 15 경간부, 15 경찰채용, 14 법원행시, 14 경찰승진, 13 법원행시, 13 법원9급, 13 국가7급, 13 국가9급, 13 경찰승진, 12 국가7급, 12 경찰승진, 12 경간부] [Core ★★]

해설

> (1) 형법 제335조에서 절도가 재물의 탈환을 항거하거나 체포를 면탈하거나 죄적을 인멸할 목적으로 폭행 또는 협박을 가한 때에 준강도로서 강도죄의 예에 따라 처벌하는 취지는, 강도죄와 준강도죄의 구성요건인 재물탈취와 폭행·협박 사이에 시간적 순서상 전후의 차이가 있을 뿐 실질적으로 위법성이 같다고 보기 때문이다. (2) 폭행·협박을 수단으로 하여 재물을 탈취하고자 하였으나 그 목적을 이루지 못한 자가 강도미수죄로 처벌되는 것과 마찬가지로, 절도미수범인이 폭행·협박을 가한 경우에도 강도미수에 준하여 처벌하는 것이 합리적이라 할 것이므로 준강도죄의 기수 여부는 절도행위의 기수 여부를 기준으로 하여 판단하여야 한다(대법원 2004.11.18. 2004도5074 숙슴 양주절취 미수사건).   [×]

1022 절도범인이 처음에는 흉기를 휴대하지 아니하였으나 체포를 면탈할 목적으로 폭행 또는 협박을 가할 때에 비로소 흉기를 휴대 사용하게 된 경우에는 형법 제334조의 예에 의한 준강도(특수강도의 준강도)가 된다. ○│×

[17 법원행시, 15 경찰채용, 13 법원행시, 13 법원9급, 12 경찰승진] [Core ★★]

해설

> 대법원 1973.11.13. 73도1553 손슴 특수강도의 준강도 사건 [○]

1023 2인 이상이 합동하여 절도를 한 경우 범인 중의 1인이 체포를 면탈할 목적으로 폭행을 하여 상해를 가한 경우, 나머지 범인도 이를 예기하지 못한 것으로 볼 수 없으면 강도상해죄의 죄책을 면할 수 없다. ○│×

[17 변호사, 17 법원행시, 16 경간부, 15 경찰채용] [Superlative ★★★]

해설

> 2인 이상이 합동하여 절도를 한 경우 범인 중의 1인이 체포를 면탈할 목적으로 폭행을 하여 상해를 가한 때에는 나머지 범인도 이를 예기하지 못한 것으로 볼 수 없으면 강도상해죄의 죄책을 면할 수 없다(대법원 1988.2. 9. 87도2460 대성서점 사건). [○]

1024 강도범행 이후에 피해자를 계속 끌고 다니거나 차량에 태우고 함께 이동하는 등으로 강도 범행으로 인한 피해자의 심리적 저항불능 상태가 해소되지 않은 상태에서 강도범인의 상해 행위가 있었다면 강취행위와 상해행위 사이에 인과관계를 인정할 수 없어 강도죄와 상해죄의 경합범이 성립한다. ○│×

[16 변호사, 15 법원행시] [Core ★★]

해설

> 강도상해죄는 반드시 강도범행의 수단으로 한 폭행에 의하여 상해를 입힐 것을 요하는 것은 아니고 상해행위가 강도가 기수에 이르기 전에 행하여져야만 하는 것은 아니므로, 강도범행 이후에도 피해자를 계속 끌고 다니거나 차량에 태우고 함께 이동하는 등으로 강도범행으로 인한 피해자의 심리적 저항불능 상태가 해소되지 않은 상태에서 강도범인의 상해행위가 있었다면 강취행위와 상해행위 사이에 다소의 시간적·공간적 간격이 있었다는 것만으로는 강도상해죄의 성립에 영향이 없다(대법원 2014.9.26. 2014도9567 강릉 택시강도사건). [×]

1025 피고인이 택시를 타고 가다가 요금지급을 면할 목적으로 소지한 과도로 운전수를 협박하자 이에 놀란 운전수가 택시를 급우회전하면서 그 충격으로 피고인이 겨누고 있던 과도에 어깨 부분이 찔려 상처를 입은 경우 강도치상죄가 성립한다. ○│×

[16 경찰승진, 14 경찰승진, 12 국가7급, 11 국가9급, 11 경찰승진, 11 경간부] [Essential ★]

해설

> 대법원 1985.1.15. 84도2397 택시 급우회전 사건 [○]

1026 다음 중 강도살인죄가 성립하는 것은 모두 3개다. ○|×

[Superlative ★★★]

> ㉠ 피고인이 택시를 무임승차하고 택시요금을 요구하는 피해자의 추급을 벗어나고자 동인을 살해한 직후 피해자의 주머니에서 택시 열쇠와 돈 8,000원을 꺼내어 택시를 운전하고 현장을 벗어난 경우 [18 경간부, 14 경간부]
> ㉡ 피고인들이 채무를 면탈할 의사로 채권자인 피해자를 살해하였으나 피고인의 피해자에 대한 채무의 존재가 명백할 뿐만 아니라 피해자의 상속인이 존재하고 그 상속인에게 채권의 존재를 확인할 방법이 확보되어 있는 경우 [17 법원행시, 17 경찰승진, 15 국가9급, 15 경찰채용, 14 법원행시, 14 경찰승진, 13 경간부, 12 법원행시, 11 법원행시, 11 경찰승진]
> ㉢ 피고인 甲이 피해자 A 경영의 소주방에서 35,000원 상당의 술과 안주를 시켜 먹은 후 A가 甲에게 술값을 지급할 것을 요구하며 도망가지 못하게 하자 甲이 술값을 면할 목적으로 A를 살해하고, 곧바로 A가 소지하고 있던 현금 75,000원을 꺼내어 간 경우 [14 경간부]
> ㉣ 강도범행 직후 신고를 받고 출동한 경찰관이 범행 현장으로부터 약 150m 지점에서, 화물차를 타고 도주하는 피고인을 발견하고 격투 끝에 붙잡았으나, 수갑도 채우지 못한 채 순찰차에 억지로 밀어 넣고서 파출소로 연행하고자 하였는데 그 순간 피고인이 과도로써 경찰관을 찔러 사망하게 한 경우 [15 법원행시, 14 경간부, 11 경찰승진]

해설

> ㉠㉢㉣ 3 항목의 경우 강도살인죄가 성립한다.
> ㉠ 대법원 1985.10.22. 85도1527 군인 택시기사 살해사건
> ㉡ 비록 피고인들이 채무를 면탈할 의사로 채권자인 피해자를 살해하였다고 하더라도 일시적으로 채권자측의 추급을 면한 것에 불과하고 재산상 이익의 지배가 채권자측으로부터 피고인 앞으로 이전되었다고 볼 수 없어 강도살인죄가 성립할 수 없다(대법원 2010.9.30. 2010도7405 무주 채권자 살인사건).
> ㉢ 대법원 1999.3.9. 99도242 소주방 여주인 살해사건
> ㉣ 대법원 1996.7.12. 96도1108 안산 경찰관 살해사건 [○]

1027 강도의 공범자 중 1인이 강도의 기회에 피해자에게 폭행 또는 상해를 가하여 살해한 경우, 다른 공모자가 살인의 공모를 하지 아니하였다고 하여도 그 살인행위나 치사의 결과를 예견할 수 없었던 경우가 아니면 강도치사죄의 죄책을 면할 수 없다. ○|×

[16 경간부, 15 국가9급, 12 법원행시] [Essential ★]

해설

> 대법원 1991.11.12. 91도2156 퍽치기 살해사건 [○]

1028 강간범이 강간행위 후에 강도의 범의를 일으켜 그 부녀의 재물을 강취하는 경우에는 강간죄와 강도죄의 경합범이 아니라 강도강간죄가 성립한다. ○|×

[17 법원행시, 13 변호사, 12 법원행시, 12 경간부] [Essential ★]

해설

> 강간범이 강간행위 후에 강도의 범의를 일으켜 그 부녀의 재물을 강취하는 경우에는 강도강간죄가 아니라 강간죄와 강도죄의 경합범이 성립될 수 있을 뿐이다(대법원 2010.12.9. 2010도9630 강간 → 강도 → 강간 사건).[×]

1029 강간범이 강간행위의 종료 전 즉 그 실행행위의 계속 중에 강도의 행위를 할 경우에는 이때에 바로 강도의 신분을 취득하는 것이므로 이후에 그 자리에서 강간행위를 계속하는 때에는 강도가 부녀를 강간한 때에 해당하여 강도강간죄를 구성한다. ○│×

[16 법원행시, 14 법원9급, 13 변호사, 12 경간부] [Essential ★]

해설

대법원 2010.12.9. 2010도9630 강간 → 강도 → 강간 사건 [○]

제4절 사기의 죄

1. 사기죄

1030 기망의 방법으로 자기가 점유하는 타인의 재물을 영득한 경우에는 사기죄와 횡령죄가 성립하고 양 죄는 상상적 경합범의 관계에 있다. ○│×

[17 변호사, 16 변호사, 12 법원행시, 11 국가7급, 11 경찰승진] [Core ★★]

해설

(1) 사기죄는 타인이 점유하는 재물을 그의 처분행위에 의하여 취득하므로써 성립하는 죄이므로, 자기가 점유하는 타인의 재물에 대하여는 이것을 영득함에 기망행위를 한다 하여도 사기죄는 성립하지 아니하고 **횡령죄만을 구성한다**(대법원 1987.12.22. 87도2168 횡사횡 사건Ⅱ) (2) 자기가 점유하는 타인의 재물을 횡령하기 위하여 기망수단을 쓴 경우에는 피기망자에 의한 재산처분행위가 없으므로 일반적으로 횡령죄만 성립되고 사기죄는 성립되지 아니한다(대법원 1980.12.9. 80도1177 횡사횡 사건Ⅰ). [×]

1031 다음 중 사기죄의 객체인 '재물'에 해당하는 것은 모두 4개다. ○│×

[Superlative ★★★]

㉠ 인감증명서 [13 법원행시, 12 법원행시, 12 경찰채용]
㉡ 주권포기각서 [14 법원행시]
㉢ 보험가입사실증명원 [16 경찰채용, 11 경간부]
㉣ 발행인의 자금부족으로 지급장소에서 지급되지 않는 약속어음 [11 경찰승진]

해설

㉠㉡㉣ 3 항목이 사기죄의 객체인 재물에 해당한다.
㉠ 대법원 2011.11.10. 2011도9919 아파트분양권 사기사건
㉡ 대법원 1996.5.31. 94도2119
㉢ 보험가입사실증명원은 교통사고를 일으킨 차가 보험에 가입하였음을 보험회사가 증명하는 내용의 문서일 뿐이고 거기에 재물이나 재산상의 이익의 처분에 관한 사항을 포함하고 있는 것은 아니므로 보험가입사실증명원은 사기죄의 객체가 되지 아니한다(대법원 1997.3.28. 96도2625 보험가입사실증명원 사건).
㉣ 대법원 1985.3.9. 85도951 [×]

1032 민법 제746조의 불법원인급여에 해당하는 경우 급여자는 수익자에 대한 반환청구권을 행사할 수 없으므로 수익자가 기망을 통하여 급여자로 하여금 불법원인급여에 해당하는 재물을 제공하도록 한 경우에는 사기죄가 성립하지 아니한다. ○│×

[14 경간부, 13 변호사, 13 국가9급] [Core ★★]

해설

민법 제746조의 불법원인급여에 해당하여 급여자가 수익자에 대한 반환청구권을 행사할 수 없다고 하더라도 수익자가 기망을 통하여 급여자로 하여금 불법원인급여에 해당하는 재물을 제공하도록 하였다면 사기죄가 성립한다 (대법원 2006.11.23. 2006도6795 도박자금 편취사건). [×]

1033 채무자의 기망행위로 인하여 채권자가 채무를 확정적으로 소멸 내지 면제시키는 특약 등의 처분행위를 한 경우에는 채무의 면제라고 하는 재산상 이익에 관한 사기죄가 성립하지만, 후에 그 재산적 처분행위가 사기를 이유로 민법에 따라 취소될 수 있다고 한다면 그러하지 아니하다. ○│×

[20 경간부, 18 법원행시] [Essential ★]

해설

채무자의 기망행위로 인하여 채권자가 채무를 확정적으로 소멸 내지 면제시키는 특약 등의 처분행위를 한 경우에는 채무의 면제라고 하는 재산상 이익에 관한 사기죄가 성립되고, 후에 그 재산적 처분행위가 사기를 이유로 민법에 따라 취소될 수 있다고 하여 달리 볼 것은 아니다(대법원 2012.4.13. 2012도1101 파주시 부동산 사기사건). [×]

1034 채무이행을 연기받는 것도 사기죄에 있어서 재산상의 이익이 된다. ○│×

[18 경간부] [Essential ★]

해설

대법원 2007.3.30. 2005도5972 양주대금 지급유예 사건 [○]

1035 임차권등기의 기초가 되는 임대차계약이 통정허위표시로서 무효라 하더라도 사기죄의 객체인 재산상 이익에 해당한다. ○│×

[20 경간부, 17 변호사] [Core ★★]

해설

대법원 2012.5.24. 2010도12732 임차권등기명령 신청사건 [○]

1036 피고인이 법원을 기망하여 부재자 재산관리인으로 선임되었다고 한다면 그러한 부재자 재산관리인 이라는 지위도 재산상 이익이므로 사기죄가 성립한다. ○|×

[Essential ★]

해설

부재자 재산관리인으로 선임되었다는 것만으로는 어떤 재산권이나 재산상의 이득을 얻은 것이라고 볼 수 없으므로 피고인이 법원을 기망하여 부재자 재산관리인으로 선임되었다고 하여 그 소행을 가르켜 사기죄에 해당하는 행위라고 볼 수 없다(대법원 1973.9.25. 73도1080 부재자 재산관리인 사건). [×]

1037 피고인이 담당 공무원을 기망하여 납부의무가 있는 농지보전부담금을 면제받아 재산상 이익을 취득한 경우라도 사기죄는 성립하지 아니한다. ○|×

[21 경찰채용] [Core ★★]

해설

대법원 2019.12.24. 2019도2003 농지보전부담금 사건 농지보전부담금이란 농지법 제38조에 의해 농지의 보전, 관리 및 조성을 하는데 필요한 재원을 확보하기 위하여 농지를 다른 용도로 전용하는 사람에게 부과하는 금전을 말한다. [○]

1038 침해행정 영역에서 일반 국민이 담당 공무원을 기망하여 권력작용에 의한 재산권 제한을 면하는 경우에는 부과권자의 직접적인 권력작용을 사기죄의 보호법익인 재산권과 동일하게 평가할 수 없는 것이므로 사기죄는 성립할 수 없다. ○|×

[22 경찰채용] [Core ★★]

해설

침해행정 영역에서 일반 국민이 담당 공무원을 기망하여 권력작용에 의한 재산권 제한을 면하는 경우에는 부과권자의 직접적인 권력작용을 사기죄의 보호법익인 재산권과 동일하게 평가할 수 없는 것이므로 사기죄는 성립할 수 없다(대법원 2019.12.24. 2019도2003 농지보전부담금 사건). [○]

1039 사기죄의 보호법익은 재산권이므로 도급계약이나 물품구매 조달 계약 체결 당시 관련 영업 또는 업무를 규제하는 행정법규나 입찰 참가자격, 계약절차 등에 관한 규정을 위반한 사정이 있더라도 그러한 사정만으로 도급계약을 체결한 행위가 기망행위에 해당한다고 단정해서는 안 된다. ○|×

[23 경찰채용] [Core ★★]

해설

대법원 2023.1.12. 2017도14104 아이브릿지코퍼레이션 사건 [○]

1040 의료인으로서 자격과 면허를 보유한 사람이 의료법에 따라 의료기관을 개설하여 건강보험의 가입자 또는 피부양자에게 국민건강보험법에서 정한 요양급여를 실시하여 국민건강보험공단으로부터 요양급여비용을 지급받았더라도, 그 의료기관이 다른 의료인의 명의로 개설·운영되어 의료법 제4조 제2항을 위반하였다면 사기죄가 성립한다. O | ×

[21 경찰채용] [Core ★★]

해설

설령 그 의료기관이 다른 의료인의 명의로 개설·운영되어 의료법 제4조 제2항을 위반하였다 하더라도 그 자체만으로는 요양급여비용을 청구할 수 있는 요양기관에서 제외되지 아니하므로 달리 요양급여비용을 적법하게 지급받을 수 없는 자격 내지 요건이 흠결되지 않는 한 국민건강보험 공단을 피해자로 하는 사기죄를 구성한다고 할 수 없다(대법원 2019.5.30. 2019도1839). [×]

1041 피고인이 피해자를 기망하여 주식계좌의 사용권한을 부여받은 경우 이는 주식거래의 특성 등에 비추어 충분히 경제적 가치가 있다고 평가할 수 있는 것이므로 사기죄의 객체인 재산상 이익을 취득한 것으로 볼 수 있다. O | ×

[15 법원행시, 13 경찰채용] [Essential ★]

해설

대법원 2012.9.27. 2011도282 주식계좌 사용권한 사건 [O]

1042 비트코인은 경제적인 가치를 디지털로 표상하여 전자적으로 이전, 저장과 거래가 가능하도록 한 가상자산의 일종으로 사기죄의 객체인 재산상 이익에 해당한다. O | ×

[22 경찰채용] [Essential ★]

해설

비트코인은 경제적인 가치를 디지털로 표상하여 전자적으로 이전, 저장과 거래가 가능하도록 한 가상자산의 일종으로 사기죄의 객체인 재산상 이익에 해당한다(대법원 2021.11.11. 2021도 9855 비트코인 편취 사건). [O]

1043 부녀가 금품 등을 받을 것을 전제로 성행위를 하는 경우 그 행위의 대가는 사기죄의 객체인 경제적 이익에 해당하므로, 부녀를 기망하여 성행위 대가의 지급을 면한 경우 사기죄가 성립한다. O | ×

[17 경간부, 11 경찰채용] [Essential ★]

해설

사기죄의 객체가 되는 재산상의 이익이 반드시 사법(私法)상 보호되는 경제적 이익만을 의미하지 아니하고 부녀가 금품 등을 받을 것을 전제로 성행위를 하는 경우 그 행위의 대가는 사기죄의 객체인 경제적 이익에 해당하므로 부녀를 기망하여 성행위 대가의 지급을 면하는 경우 사기죄가 성립한다(대법원 2001.10.23. 2001도2991 화대 면탈사건). [O]

1044 일반적으로 부녀와의 정교 그 자체도 이를 경제적으로 평가할 수 있는 것이므로 피고인이 부녀를 공갈하여 정교를 맺은 경우 재산상 이익을 갈취한 것이라고 볼 수 있다. ○|×

[14 국가7급, 13 경찰승진] [Core ★★]

해설

일반적으로 부녀와의 정교 그 자체는 이를 경제적으로 평가할 수 없는 것이므로 부녀를 공갈하여 정교를 맺었다고 하여도 특단의 사정이 없는 한 이로써 재산상 이익을 갈취한 것이라고 볼 수는 없는 것이며, 부녀가 주점 접대부라 할지라도 피고인과 매음(賣淫)을 전제로 정교를 맺은 것이 아닌 이상 피고인이 매음대가의 지급을 면하였다고 볼 여지가 없으니 공갈죄가 성립하지 아니한다(대법원 1983.2.8. 82도2714 나체쇼녀 겁탈사건). [×]

1045 기망행위에 의하여 조세를 포탈하거나 조세의 환급·공제를 받은 경우에는 조세범처벌법 위반죄 외에도 형법상 사기죄가 성립할 수 있다. ○|×

[17 경간부, 16 법원9급, 14 국가7급, 11 법원행시] [Core ★★]

해설

기망행위에 의하여 조세를 포탈하거나 조세의 환급·공제를 받은 경우에는 조세범처벌법 제9조에서 이러한 행위를 처벌하는 규정을 별도로 두고 있을 뿐만 아니라, 조세를 강제적으로 징수하는 국가 또는 지방자치단체의 직접적인 권력작용을 사기죄의 보호법익인 재산권과 동일하게 평가할 수 없는 것이므로 기망행위에 의하여 조세를 포탈하거나 조세의 환급·공제를 받은 경우에 는 조세범처벌법 위반죄가 성립함은 별론으로 하고 형법상 사기죄는 성립할 수 없다(대법원 2008.11.27. 2008도7303 면세유 사건). [×]

1046 피보험자를 진료한 의료기관이 의료법 제33조 제2항에 위반되어 개설된 것이라는 사정은 해당 피보험자에 대한 보험회사의 실손의료비 지급의무에 영향을 미칠 수 있는 사유가 아니라고 보아야 하고, 설령 해당 의료기관이 보험회사 등에 이를 고지하지 아니한 채 보험수익자에게 진료사실증명 등을 발급해 주었다 하더라도 그러한 사실만으로는 사기죄에서 말하는 기망이 있다고 볼 수 없다.

○|×

[Core ★★]

해설

대법원 2018.4.10. 2017도17699 사무장병원 사건 II [○]

1047 사기죄가 성립하는지 여부는 그 행위 당시를 기준으로 판단하여야 하므로 소비대차 거래에서 차주가 돈을 빌릴 당시에는 변제할 의사와 능력을 가지고 있었다면 비록 그 후에 변제하지 않고 있다 하더라도 이는 민사상의 채무불이행에 불과하며 형사상 사기죄가 성립하지는 아니한다. ○|×

[16 경찰채용] [Core ★★]

해설

대법원 2016.4.28. 2012도14516 보험설계사들 금전거래 사건 [○]

1048 사기죄는 타인을 기망하여 착오에 빠뜨리고 그 처분행위를 유발하여 재물을 교부받거나 재산상 이익을 얻음으로써 성립하는 것으로서 기망, 착오, 재산적 처분행위 사이에 인과관계가 있어야 한다.　○|×

[17 경찰채용, 14 경간부, 13 경찰승진] [Essential ★]

해설

> 대법원 2016.7.14. 2015도20233　[○]

1049 공사도급계약 당시 관련 영업 또는 업무를 규제하는 행정법규나 입찰 참가자격, 계약절차 등에 관한 규정을 위반한 사정이 있는 때에는 그러한 사정만으로 공사도급계약을 체결한 행위가 기망행위에 해당한다고 단정해서는 안 되고, 그 위반으로 말미암아 계약 내용대로 이행되더라도 공사의 완성이 불가능하였다고 평가할 수 있을 만큼 그 위법이 공사의 내용에 본질적인 것인지 여부를 심리·판단하여야 한다.　○|×

[21 법원9급] [Core ★★]

해설

> 대법원 2020.2.6. 2015도9130 종합문화재수리업자 사건 II　[○]

1050 전문적으로 대출을 취급하면서 차용인에 대한 체계적인 신용조사를 행하는 금융기관이 금원을 대출한 경우에는, 비록 대출 신청 당시 차용인에게 변제기 안에 대출금을 변제할 능력이 없었고, 차용인에게 대출을 하게 되면 부실채권으로 될 것임이 예상됨에도, 자체 신용조사 결과에는 관계없이 '변제기 안에 대출금을 변제하겠다.'는 취지의 차용인의 말만을 그대로 믿고 대출하였다고 하더라도, 차용인의 이러한 기망행위와 금융기관의 대출행위 사이에 인과관계를 인정할 수는 없다. ○|×

[18 경찰채용] [Core ★★]

해설

> 일반 사인이나 회사가 금원을 대여한 경우와는 달리 전문적으로 대출을 취급하면서 차용인에 대한 체계적인 신용조사를 행하는 금융기관이 금원을 대출한 경우에는, 비록 대출 신청 당시 차용인에게 변제기 안에 대출금을 변제할 능력이 없었고, 금융기관으로서 자체 신용조사 결과에는 관계없이 '변제기 안에 대출금을 변제하겠다'는 취지의 차용인 말만을 그대로 믿고 대출하였다고 하더라도 차용인의 이러한 기망행위와 금융기관의 대출행위 사이에 인과관계를 인정할 수는 없다(대법원 2000.6.27. 2000도1155 경기은행 부도사건).　[○]

1051 甲은 부동산 대지에 대한 전매사실을 숨기고 지주명의로 위장하여 乙과 대지에 관한 매매계약을 체결하였으나 그 이행에 아무런 영향이 없었던 경우, 乙이 전매사실을 알았더라면 매매계약을 맺지 않았으리라는 등 특별한 사정이 없는 한 甲의 위 기망행위와 위 乙의 처분행위 사이에는 인과관계를 인정할 수 없다.　○|×

해설

> 피고인이 전매사실을 숨기고 지주명의로 위장하여 대지에 관한 매매계약을 체결하였으나 그 이행에 아무런 영향이 없었다면 사기죄는 성립하지 아니한다(대법원 1985.5.14. 84도2751).　[○]

1052 재물편취를 내용으로 하는 사기죄에 있어서 기망으로 인한 재물교부가 있으면 그 자체로써 피해자의 재산침해가 되어 사기죄가 성립하는 것이나, 상당한 대가가 지급되었다거나 피해자의 전체 재산상에 손해가 없다고 한다면 사기죄는 성립하지 아니한다. ○|×

[14 경간부, 11 경간부] [Essential ★]

해설

(1) 상당한 대가가 지급되었다거나 피해자의 전체 재산상에 손해가 없다 하여도 사기죄의 성립에는 영향이 없다(대법원 2010.12.9. 2010도12928). (2) 사기죄는 타인을 기망하여 그로 인한 하자 있는 의사에 기하여 재물의 교부를 받거나 재산상의 이익을 취득함으로써 성립하는 범죄로서 그 본질은 기망에 의한 재물이나 재산상 이익의 취득에 있는 것이고 상대방에게 현실적으로 재산상 손해가 발생할 필요는 없다(대법원 2014.10.15. 2014도9099 골든볼 사건). [×]

1053 사기죄는 타인을 기망하여 착오에 빠뜨리고 처분행위를 유발하여 재물, 재산상의 이득을 얻음으로써 성립하는 것이므로, 여기서 '처분행위'라고 하는 것은 재산적 처분행위로서 주관적으로 피기망자가 처분의사 즉 처분결과를 인식하고 객관적으로는 이러한 의사에 지배된 행위가 있을 것을 요한다. ○|×

[17 법원행시] [Superlative ★★★]

해설

(1) 사기죄에서 처분행위는 행위자의 기망행위에 의한 피기망자의 착오와 행위자 등의 재물 또는 재산상 이익의 취득이라는 최종적 결과를 중간에서 매개·연결하는 한편, 착오에 빠진 피해자의 행위를 이용하여 재산을 취득하는 것을 본질적 특성으로 하는 사기죄와 피해자의 행위에 의하지 아니하고 행위자가 탈취의 방법으로 재물을 취득하는 절도죄를 구분하는 역할을 한다. 처분행위가 갖는 이러한 역할과 기능을 고려하면, 피기망자의 의사에 기초한 어떤 행위를 통해 행위자 등이 재물 또는 재산상의 이익을 취득하였다고 평가할 수 있는 경우라면 사기죄에서 말하는 처분행위가 인정된다. (2) 비록 피기망자가 처분행위의 의미나 내용을 인식하지 못하였다고 하더라도, 피기망자의 작위 또는 부작위가 직접 재산상 손해를 초래하는 재산적 처분행위로 평가되고, 이러한 작위 또는 부작위를 피기망자가 인식하고 한 것이라면 처분행위에 상응하는 처분의사는 인정된다. 다시 말하면 피기망자가 자신의 작위 또는 부작위에 따른 결과까지 인식하여야 처분의사를 인정할 수 있는 것은 아니다(대법원 2017.2.16. 2016도13362 全合 서명사취 사건). 이 전원합의체 판결에 의하여 "사기죄에서 말하는 처분행위가 인정되려면 피기망자에게 처분결과에 대한 인식이 있어야 한다"라고 지문과 같이 판시한 대법원 1987.10.26. 87도1042, 대법원 1999.7.9. 99도1326, 대법원 2011.4.14. 2011도769 등은 폐기되었다. [×]

1054 이른바 '서명사취' 사기에서, 피기망자가 처분결과 즉, 문서의 구체적 내용과 법적 효과를 미처 인식하지 못하였더라도, 어떤 문서에 스스로 서명 또는 날인함으로써 처분문서에 서명 또는 날인하는 행위에 관한 인식이 있었던 이상 피기망자의 처분의사는 인정된다. ○|×

[18 경간부] [Superlative ★★★]

해설

대법원 2017.2.16. 2016도13362 全合 서명사취 사건 [○]

1055 부동산 소유권이전등기절차 이행을 구하는 소를 제기하여 동시이행 조건 없이 이행을 명하는 승소확정판결을 받은 甲이 그 판결에 기해 이전등기를 할 수 있었음에도 그렇게 하지 않고 乙에게 위 부동산 이전등기를 경료해 주면 매매잔금을 공탁해 줄 것처럼 거짓말하여 위 부동산 소유권을 임의로 이전받고 매매잔금을 공탁하지 않은 경우 사기죄의 기망행위에 해당한다.　　　　　○│×

[19 경찰승진] [Core ★★]

해설

> 부동산 소유권이전등기절차 이행을 구하는 소를 제기하여 동시이행 조건 없이 이행을 명하는 승소확정판결을 받은 피고인이 피해자에게 매매잔금을 공탁해 줄 것처럼 거짓말을 하여 부동산 소유권을 임의로 이전받은 경우, 피고인의 행위는 사회통념상 권리행사의 수단으로서 용인할 수 있는 범위를 벗어난 것으로 사기죄의 기망행위에 해당한다(대법원 2011.3.10. 2010도14856 멍청한 승소자 사건).　　　　　[○]

1056 매도인이 매매잔금을 교부받기 전 또는 교부받던 중에 '매수인이 착오에 빠져 지급해야 할 금액을 초과하는 돈을 교부하는 것'을 알았으면서도 그 사실을 말하지 않고 이를 그대로 수령한 경우음 사기죄가 성립하고, 매도인이 매매잔금을 건네주고 받는 행위를 끝마친 후에야 비로소 '매수인이 착오에 빠져 지급해야 할 금액을 초과하는 돈을 교부한 것'을 알게 되었고, 이후 그 사실을 말하지 않고 이를 계속 가지고 있는 경우 무죄가 된다.　　　　　○│×

[16 국가7급, 16 경찰채용, 11 국가7급, 11 경찰승진] [Core ★★]

해설

> 매수인이 매도인에게 매매잔금을 지급함에 있어 착오에 빠져 지급해야 할 금액을 초과하는 돈을 교부하는 경우 매도인이 사실대로 고지하였다면 매수인이 그와 같이 초과하여 교부하지 아니하였을 것임은 경험칙상 명백하므로 매도인이 매매잔금을 교부받기 전 또는 교부받던 중에 그 사실을 알게 되었을 경우에는 (중략) 매수인이 건네주는 돈을 그대로 수령한 경우에는 사기죄에 해당될 것이지만 그 사실을 미리 알지 못하고 매매잔금을 건네주고 받는 행위를 끝마친 후에야 비로소 알게 되었을 경우에는 (중략) 교부하는 돈을 그대로 받은 행위는 점유이탈물횡령죄가 될 수 있음은 별론으로 하고 사기죄를 구성할 수는 없다(대법원 2004.5.27. 2003도4531 잔돈사기 사건).
> 　　　　　[×]

1057 기망의 상대방인 피해자 법인의 대표자가 기망행위자와 동일인인 경우에는 사기죄가 성립한다고 보기 어려우나, 피해자 법인의 업무를 처리하는 실무자인 일반 직원이 기망행위임을 알지 못했다면, 그 대표자가 기망행위임을 알고 있었다고 하더라도 피해자 법인에 대한 사기죄 성립에 영향이 없다.
> 　　　　　○│×

[19 법원9급] [Core ★★]

해설

> (1) 사기죄의 피해자가 법인이나 단체인 경우에 기망행위로 인한 착오, 인과관계 등이 있었는지 여부는 법인이나 단체의 대표 등 최종 의사결정권자 또는 내부적인 권한 위임 등에 따라 실질적으로 법인의 의사를 결정하고 처분을 할 권한을 가지고 있는 사람을 기준으로 판단하여야 한다. (2) 따라서 피해자 법인이나 단체의 대표자 또는 실질적으로 의사결정을 하는 최종결재권자 등이 기망행위자와 동일인이거나 기망행위자와 공모하는 등 기망행위임을 알고 있었던 경우에는 기망행위로 인한 착오가 있다고 볼 수 없고, 재물 교부 등의 처분행위가 있었다고 하더라도 기망행위와 인과관계가 있다고 보기 어려워, 이러한 경우에는 사안에 따라 업무상횡령죄 또는 업무상배임죄 등이

성립하는 것은 별론으로 하고 사기죄가 성립한다고 볼 수 없다. (3) 반면에 피해자 법인이나 단체의 업무를 처리하는 실무자인 일반 직원이나 구성원 등이 기망행위임을 알고 있었다고 하더라도, 피해자 법인이나 단체의 대표자 또는 실질적으로 의사결정을 하는 최종결재권자 등이 기망행위임을 알지 못한 채 착오에 빠져 처분행위에 이른 경우라면, 피해자 법인에 대한 사기죄의 성립에 영향이 없다(대법원 2017.9.26. 2017도8449 저축은행 대출사기 사건).   [×]

1058 피고인이 타인의 일반전화를 무단으로 이용하여 전화통화를 한 경우 절도죄나 사기죄가 성립하지 않는다.   ○|×

[15 법원행시, 15 국가9급, 15 경찰승진, 14 법원행시, 14 경찰채용, 11 법원9급] [Essential ★]

해설

(1) 타인의 전화기를 무단으로 사용하여 전화통화를 하는 행위는 전기통신사업자에 의하여 가능하게 된 전화기의 음향송수신기능을 부당하게 이용하는 것으로, 이러한 내용의 역무는 무형적인 이익에 불과하고 물리적 관리의 대상이 될 수 없어 재물이 아니라고 할 것이므로 절도죄의 객체가 되지 아니한다(대법원 1998.6.23. 98도700 전화 무단사용 사건Ⅰ). (2) 한국전기통신공사가 일반전화 가입자인 타인에게 통신을 매개하여 주는 역무를 부당하게 이용하는 것에 불과하여 한국전기 통신공사에 대한 기망행위에 해당한다고 볼 수 없을 뿐만 아니라, 이에 따라 제공되는 역무도 일반전화 가입자와 한국전기통신공사 사이에 체결된 서비스이용계약에 따라 제공되는 것으로서 한국전기 통신공사가 착오에 빠져 처분행위를 한 것이라고 볼 수 없으므로 사기죄를 구성하지 아니한다(대법원 1999.6.25. 98도3891 전화 무단사용 사건).   [○]

1059 피고인이 타인의 전화카드(한국통신의 후불식 통신카드)를 절취하여 전화통화에 이용한 경우 사문서부정행사죄가 성립한다.   ○|×

[17 변호사, 15 법원행시, 13 국가9급, 12 법원행시, 11 경찰승진] [Essential ★]

해설

(1) 타인의 전화카드를 절취하여 전화통화에 이용한 경우에는 통신카드서비스 이용계약을 한 피해자가 통신요금을 납부할 책임을 부담하게 되므로 이러한 경우에는 피고인이 '대가를 지급하지 아니하고' 공중전화를 이용한 경우에 해당한다고 볼 수 없어 편의시설부정이용의 죄를 구성하지 않는다(대법원 2001.9.25. 2001도3625 절취 전화카드 사용사건Ⅰ). (2) 절취한 전화카드를 공중전화기에 넣어 사용한 것은 권리의무에 관한 타인의 사문서를 부정행사한 경우에 해당한다(대법원 2002.6.25. 2002도461 절취 전화카드 사용사건Ⅱ).   [○]

1060 피고인이 사용이 정지되거나 사용할 수 없게 된 휴대전화를 구입한 후 이른바 '대포폰'으로 유통시켜 사용하도록 하거나 '유심칩(USIM Chip) 읽기'를 통하여 해당 휴대전화의 문자발송제한을 해제하고 광고성 문자를 대량 발송하는 방법으로 이동통신회사들로부터 이용대금 상당의 재산상 이득을 취득한 경우 사기죄가 성립한다.   ○|×

[16 경간부, 13 경찰채용, 12 법원행시] [Core ★★]

해설

피고인의 행위는 '사람을 기망하여 재산상 이득을 취득한 경우'에 해당한다고 볼 수 없으므로 사기죄는 성립하지 아니한다(대법원 2011.7.28. 2011도5299 스팸문자의 달인 사건).   [×]

1061 대출자금으로 빌딩을 경락받았으나 분양이 저조하여 자금 조달에 실패한 甲과 乙은 수분양자들과 사이에 대출금으로 충당되는 중도금을 제외한 계약금과 잔금의 지급을 유예하고 1년의 위탁기간 후 재매입하기로 하는 등의 비정상적인 이면약정을 체결하고 점포를 분양하였음에도, 금융기관에 대해서는 그러한 이면약정의 내용을 감춘 채 분양 중도금의 집단적 대출을 교섭하여 중도금 대출 명목으로 금원을 지급받은 경우 甲과 乙의 행위는 사기죄의 요건으로서의 부작위에 의한 기망에 해당하지 아니한다. ○|×

[22 경찰채용] [Core ★★]

해설

피고인들은 대출시 피해 저축은행들에게 비정상적인 약정의 내용을 알릴 신의칙상 의무가 있다고 할 것이고 따라서 피고인들이 대출 저축은행들에게 위 약정의 내용을 알리지 않은 것은 사기죄의 요건으로서의 부작위에 의한 기망에 해당한다(대법원 2006.2.23. 2005도8645 1,234억원 사기대출 사건). [×]

1062 다음은 모두 사기죄가 성립한다. ○|×

[Superlative ★★★]

㉠ 피고인이 자신의 여관건물에 관하여 법원의 경매절차가 이미 진행 중이라는 사실을 묵비하고 임대차 계약을 체결한 경우 [17 법원행시, 12 변호사, 11 경찰승진]

㉡ 부동산 매도인이 매수인에게 매매목적물에 관하여 유언으로 재단법인에 출연(出捐)되었다는 사실을 숨기고 매도하여 대금을 교부받은 경우 [16 법원행시]

㉢ 제3자가 매도인인 피고인을 상대로 대지 및 지상건물에 대한 명도소송을 제기하여 계속 중이고 점유이전금지가처분까지 되어 있음에도 피고인이 이를 묵비하고 그 부동산을 매도한 경우 [17 법원행시, 13 경찰승진]

㉣ 피고인이 자신의 토지에 대하여 도시계획이 입안되어 있어 장차 토지가 정주시(井州市)에 의하여 협의매수되거나 수용될 것이라는 점을 알고 있으면서도 이를 묵비하고 토지를 매도한 경우 [17 법원행시, 16 법원행시, 16 국가9급, 16 경찰채용, 14 변호사]

해설

모든 항목의 경우 사기죄가 성립한다. 모두 상대방이 그 사실을 알았더라면 계약을 체결하지 않았을 것임이 경험칙상 명백하므로 피고인이 그 사실을 고지하지 않은 것은 부작위에 의한 기망행위에 해당한다.
㉠ 대법원 1998.12.8. 98도3263 경매진행 묵비사건
㉡ 대법원 1992.8.14. 91도2202 재단법인 출연 묵비사건
㉢ 대법원 1985.3.26. 84도301 명도소송 묵비사건
㉣ 대법원 1993.7.13. 93도14 토지수용예정 묵비사건 [○]

1063 다음 중 사기죄가 성립하는 것은 모두 2개다.　　　　　　　　　　　　　　　○|×

[Superlative ★★★]

ㄱ 피고인이 자신이 진정한 소유자가 아니라 부동산 또는 자동차의 명의수탁자에 불과함에도, 자신이 소유자라고 속이고 부동산이나 자동차를 매도한 경우 [17 경찰승진, 16 법원행시, 15 변호사, 14 경찰채용, 12 경찰승진, 12 경찰채용]

ㄴ 부동산의 이중매매에 있어서 매도인인 피고인이 제1의 매매계약을 일방적으로 해제할 수 없는 처지에 있음에도, 이를 묵비하고 제2의 매수인에게 부동산을 매도한 경우 [17 법원행시]

ㄷ 피고인이 비록 토지의 소유자로 등기되어 있다고 하더라도 자신이 진정한 소유자가 아님을 알면서, 이를 묵비한 채 수용보상금으로 공탁된 공탁금의 출급을 신청하여 이를 수령한 경우 [12 경간부, 11 경찰채용]

ㄹ 피고인들의 전 소유자들이 매매 목적물인 자동차와 관련하여 할부금 채무를 부담하고 있음을 알면서도, 피고인들이 그와 같은 할부금 채무가 있다는 점을 고지하지 않고 자동차를 매도한 경우 [16 법원행시, 16 국가9급, 16 경찰채용, 15 경찰승진, 15 경찰채용, 13 변호사, 13 국가7급, 13 경찰승진, 11 법원9급, 11 경찰채용]

ㅁ 피고인 甲 등이 피해자 A, B에게 자동차를 매도하면서 그 자동차를 인도하고 소유권이전등록에 필요한 일체의 서류를 교부하였으나 자동차에 미리 부착해 놓은 GPS로 위치를 추적하여 그 자동차를 절취한 경우 [17 법원행시, 17 법원9급, 16 경찰채용]

해설

ㄷ 항목의 경우에만 사기죄가 성립한다.

ㄱ 부동산의 명의수탁자가 부동산을 제3자에게 매도하고 매매를 원인으로 한 소유권이전등기까지 마쳐 준 경우, 명의신탁의 법리상 대외적으로 수탁자에게 그 부동산의 처분권한이 있는 것임이 분명하고, 제3자로서도 자기 명의의 소유권이전등기가 마쳐진 이상 무슨 실질적인 재산상의 손해가 있을 리 없으므로 그 제3자에 대한 사기죄가 성립될 여지가 없고, 나아가 그 처분시 매도인(명의수탁자)의 소유라는 말을 하였다고 하더라도 역시 사기죄가 성립되지 않으며, 이는 자동차의 명의수탁자가 처분한 경우에도 마찬가지이다(대법원 2007.1.11. 2006도4498 어머니 명의 매그너스 사건).

ㄴ 부동산의 이중매매에 있어서 매도인이 제1의 매매계약을 일방적으로 해제할 수 없는 처지에 있었다는 사정만으로는, 바로 제2의 매매계약의 효력이나 그 매매계약에 따르는 채무의 이행에 장애를 가져오는 것이라고 할 수 없음은 물론, 제2의 매수인의 매매목적물에 대한 권리의 실현에 장애가 된다고 볼 수도 없는 것이므로 매도인이 제2의 매수인에게 그와 같은 사정을 고지하지 아니하였다고 하여 제2의 매수인을 기망한 것이라고 평가할 수 없다(대법원 2012.1.26. 2011도15179 용원메이져 상가건물 사건).

ㄷ 피고인이 비록 토지의 소유자로 등기되어 있다고 하더라도 자신이 진정한 소유자가 아닌 사실을 알게 된 이상, 토지를 수용한 기업자나 공탁공무원에게 그러한 사실을 고지하여야 할 의무가 있다고 보아야 할 것이고, 이러한 사실을 고지하지 아니한 채 수용보상금으로 공탁된 공탁금의 출급을 신청하여 이를 수령한 이상 기망행위가 없다고 할 수 없고, 토지수용의 법리상 기업자가 토지의 소유권을 취득한다고 하더라도 사기죄의 성립에는 영향이 없다(대법원 1994.10.14. 94도1911 수용보상금 부당수령사건).

ㄹ 피고인들의 전 소유자들이 매매 목적물인 자동차와 관련하여 할부금 채무를 부담하고 있다 하더라도 (자동차 매매계약에 따라 할부금 채무가 당연히 매수인에게 승계되는 것이라고 볼 근거가 없어) 그로 인하여 자동차 매수인들이 장차 자동차의 소유권을 확보하지 못할 위험이 생기는 것은 아니라 할 것이므로 피고인들이 그와 같은 할부금 채무가 있다는 점을 고지하지 않았다고 하더라도 기망행위에 해당한다고 볼 수 없다(대법원 1998.4.14. 98도231 자동차할부금 묵비사건).

ㅁ 자동차를 인도하고 소유권이전등록에 필요한 일체의 서류를 교부함으로써 A, B가 언제든지 소유권이전 등록을 마칠 수 있게 된 이상 甲 등에게 자동차의 소유권을 이전하여 줄 의사가 없었다고 볼 수는 없고 또한 자동차를 매도할 당시 곧바로 다시 절취할 의사를 가지고 있으면서도 이를 숨긴 것을 기망이라고 할 수도 없어 특수절도죄만 성립할 뿐 사기죄는 성립하지 아니한다(대법원 2016.3.24. 2015도17452 자동차 매도 후 절취사건). [×]

1064 다음 사례에서 甲의 '현금인출 부분'은 사기죄나 횡령죄는 성립하지 않지만 장물취득죄가 성립한다.

○ | ×

[17 법원행시, 17 국가9급, 17 경찰채용, 16 경찰승진, 16 경찰채용, 15 변호사, 15 경찰채용, 14 경찰채용, 13 경찰채용,

12 경찰채용, 11 경찰승진, 11 법원9급] [Superlative ★★★]

> 甲은 乙이 보이스피싱을 한다는 것을 알면서 자신의 명의로 된 통장, 현금카드 등을 乙에게 건네주
> 었고, 이후 乙에게 기망당한 피해자 A가 위 통장으로 금원을 입금하자 甲은 乙 모르게 이를 바로
> 인출하였다.

해설

사기죄나 횡령죄는 물론 장물취득죄도 성립하지 아니한다.

(1) 송금의뢰인이 수취인의 예금계좌에 계좌이체 등을 한 이후, 수취인이 은행에 대하여 예금반환을 청구함에 따라 은행이 수취인에게 그 예금을 지급하는 행위는 계좌이체금액 상당의 예금계약의 성립 및 그 예금채권 취득에 따른 것으로서 은행이 착오에 빠져 처분행위를 한 것이라고 볼 수 없으므로 결국 이러한 행위는 은행을 피해자로 한 사기죄에 해당하지 않는다(대법원 2010.5.27. 2010도3498 대포통장 현금 인출사건 I).

(2) 전기통신금융사기(이른바 보이스피싱 범죄)의 범인이 피해자를 기망하여 피해자의 돈을 사기이용계좌로 송금·이체받은 후 그 계좌에서 현금을 인출하였다고 하더라도 이는 사기의 피해자에 대하여 따로 횡령죄를 구성하지 아니한다. 그리고 이러한 법리는 사기범행에 이용되리라는 사정을 알고서도 자신 명의 계좌의 접근매체를 양도함으로써 사기범행을 방조한 종범이 사기이용계좌로 송금된 피해자의 돈을 임의로 인출한 경우에도 마찬가지로 적용된다(대법원 2017.5.31. 2017도3045 보이스 피싱 사건 I).

(3) 본범의 사기행위는 피고인이 예금계좌를 개설하여 본범에게 양도한 방조행위가 가공되어 본범에게 편취금이 귀속되는 과정 없이 피고인이 피해자로부터 피고인의 예금계좌로 돈을 송금받아 취득함으로써 종료되는 것이고, 그 후 피고인이 자신의 예금계좌에서 돈을 인출하였다 하더라도 이는 예금명의자로서 은행에 예금반환을 청구한 결과일 뿐 본범으로부터 돈에 대한 점유를 이전받아 사실상 처분권을 획득한 것은 아니므로, 피고인의 위와 같은 인출행위를 장물 '취득'죄로 벌할 수는 없다(대법원 2010.12.9. 2010도6256 대포통장 현금 인출 사건 II).

[×]

1065 다음 사례에서 甲의 '현금인출 부분'은 乙에 대한 횡령죄가 성립한다.

○ | ×

[20 경찰승진, 20 경간부, 19 법원행시, 19 경찰채용 20 경찰채용] [Core ★★]

> 甲은 자신의 명의로 된 통장, 현금카드 등을 乙에게 건네주었고, 이후 乙에게 기망당한 피해자 A가
> 위 통장으로 금원을 입금하자 甲은 乙 모르게 이를 바로 인출하였다. 다만 甲은 자신의 명의로 된 통
> 장, 현금카드 등이 乙의 보이스피싱 범죄에 이용되리라는 점을 전혀 몰랐기 때문에 사기방조죄는 성
> 립하지 않는다.

해설

(계좌명의인이 개설한 예금계좌가 전기통신금융사기 범행에 이용되어 그 계좌에 피해자가 사기피해금을 송금·이체한 경우) 계좌명의인은 피해자와 사이에 아무런 법률관계 없이 송금·이체된 사기피해금 상당의 돈을 피해자에게 반환하여야 하므로, 피해자를 위하여 사기피해금을 보관하는 지위에 있다고 보아야 하고, 만약 계좌명의인이 그 돈을 영득할 의사로 인출하면 피해자 A에 대한 횡령죄가 성립한다. 이때 계좌명의인이 사기의 공범이라면 자신이 가담한 범행의 결과 피해금을 보관하게 된 것일 뿐이어서 피해자와 사이에 위탁관계가 없고, 그가 송금·이체된 돈을 인출하더라도 이는 자신이 저지른 사기범행의 실행행위에 지나지 아니하여 새로운 법익을 침해한다고 볼 수 없으므로 사기죄 외에 별도로 횡령죄를 구성하지 않는다(대법원 2018.7.19. 2017도17494 全合).

[×]

1066 다음 중 사기죄가 성립하는 것은 모두 2개다. ○|×

> ㉠ 피고인이 피해자 명의의 등기서류를 위조하여 등기공무원에게 제출함으로써 피고인 명의로 부동
>   산에 대한 소유권이전등기를 마친 경우 [17 법원행시, 16 법원9급]
> ㉡ 피고인이 피해자에게 부동산매도용인감증명 및 등기의무자본인확인서면의 진실한 용도를 속이고
>   그 서류들을 교부받아 피고인 등 명의로 부동산에 관한 소유권이전등기를 경료한 경우 [16 법원9급,
>   15 경찰채용, 12 경찰승진, 11 법원9급, 11 경찰승진]
> ㉢ 피고인 甲이 일본 동경도 소재 특허청 민원실에서 민원실 담당 직원에게 위조된 양도증서 6장 및
>   위임장 6장을 교부하여 이에 속은 특허청 담당 직원으로 하여금 피해자 A 명의의 특허의 출원자
>   를 甲 명의로 변경하도록 한 경우 [12 경간부]
> ㉣ 피고인들이 출판부수의 1/3 정도만 기재한 출고현황표를 피해자 A에게 송부함으로써 A로 하여금
>   출고현황표에 기재된 부수가 실제 출판부수에 해당한다고 믿게 한 다음 실제 출판부수의 1/3 정도
>   에 해당하는 인세만을 지급하고 그 차액을 지급하지 않은 경우 [16 경찰채용, 15 경찰승진, 14 경찰채용]

해설

> ㉣ 항목의 경우에만 사기죄가 성립한다.
> ㉠ 피해자의 처분행위가 없을 뿐 아니라 등기공무원에게는 부동산의 처분권한이 있다고 볼 수 없어 사기죄는 성
>   립하지 않는다(대법원 1981.7.28. 81도529).
> ㉡ 피해자의 부동산에 관한 처분행위가 있었다고 할 수 없으므로 사기죄를 구성하지 않는다(대법원 2001.7.13.
>   2001도1289).
> ㉢ A의 특허를 받을 수 있는 권리에 관한 처분행위가 있었다고 할 수 없을 뿐만 아니라 일본국 특허청 공무원에
>   게 특허를 받을 수 있는 권리의 처분권한이 있다고도 볼 수 없으므로 사기죄를 구성한다고 보기 어렵다(대법원
>   2007.11.16. 2007도3475 특허출원자 명의 변경사건).
> ㉣ 비록 A가 이미 지급받은 인세를 초과하는 부분의 나머지 인세지급청구권을 명시적으로 포기하거나 또는 출판
>   사의 채무를 면제하지는 아니하였다 하더라도, A는 피고인들의 기망행위에 의하여 그 청구권의 존재 자체를
>   알지 못하는 착오에 빠진 결과 이를 행사하지 못하는 상태에 이른 만큼 이는 부작위에 의한 처분행위에 해당하
>   여 사기죄가 성립한다(대법원 2007.7.12. 2005도9221 인세 사건). [×]

1067 피고인 甲이 피해자 A를 기망하여 乙을 상대로 한 배당이의 소송의 제1심 패소판결에 대한 항소를
취하하게 한 경우 사기죄가 성립한다. ○|×

[17 경찰승진, 17 경간부, 14 경간부, 14 경찰채용]

해설

> 배당이의 소송의 제1심에서 패소판결을 받고 항소한 자가 그 항소를 취하하면 즉시 제1심 판결이 확정되고 상대방
> 이 배당금을 수령할 수 있는 이익을 얻게 되는 것이므로 항소를 취하하는 것 역시 사기죄에서 말하는 재산적 처분
> 행위에 해당한다(대법원 2002.11.22. 2000도4419 배당이의 항소취하 사건). [○]

1068 회사의 대표 甲이 피해자 A가 회사 소유의 대지를 가압류하여 회사의 분양사업이 무산될 위험에 처하자, A에게 "가압류를 해제해 달라. 그러면 1,000만원을 지불하겠다"라고 거짓말하여, A로부터 가압류해제신청에 필요한 서류를 교부받아 가압류를 해제한 경우 사기죄가 성립한다.   ○ | ×

[16 경간부, 15 경찰채용, 11 법원행시] [Essential ★]

해설

> 부동산에 관한 가압류집행까지 마친 자가 가압류를 해제하면 가압류의 부담이 없는 부동산을 소유하게 되는 이익을 얻게 되는 것이므로 가압류를 해제하는 것 역시 사기죄에서 말하는 재산적 처분행위에 해당하고, 그 이후 가압류의 피보전채권이 존재하지 않는 것으로 밝혀졌다고 하더라도 가압류 해제로 인한 재산상의 이익이 없었던 것으로 볼 수 없다(대법원 2007.9.20. 2007도5507 가압류 해제사건 II).   [○]

1069 피고인이 피해자가 가등기를 먼저 말소해 주더라도 농지의 소유권을 이전해 줄 의사가 없었음에도 불구하고, 마치 피해자의 요구가 있으면 언제든지 농지의 소유권을 이전해 줄 것처럼 행세하면서 가등기의 말소를 요청하여 피해자로부터 가등기를 말소받은 경우 사기죄가 성립한다.   ○ | ×

[11 경찰승진] [Core ★★]

해설

> 부동산 위에 소유권이전청구권 보전의 가등기를 마친 자가 가등기를 말소하면 부동산 소유자는 가등기의 부담이 없는 부동산을 소유하게 되는 이익을 얻게 되는 것이므로 가등기를 말소하는 것 역시 사기죄에서 말하는 재산적 처분행위에 해당하고, 설령 그 후 가등기에 의하여 보전하고자 하였던 소유권이전청구권이 존재하지 않아 가등기가 무효임이 밝혀졌다고 하더라도 가등기의 말소로 인한 재산상의 이익이 없었던 것으로 볼 수 없다(대법원 2008.1.24. 2007도9417 가등기 말소사건).   [○]

1070 사기죄에 관한 다음 설명 중 옳지 않은 것은 모두 2개다.   ○ | ×

[Superlative ★★★]

> ㉠ 비의료인이 개설한 의료기관이 마치 의료법에 의하여 적법하게 개설된 요양기관인 것처럼 국민건강보험공단에 요양급여비용의 지급을 청구하는 것은 사기죄의 기망행위에 해당한다. [17 법원9급, 16 변호사, 16 법원9급]
> ㉡ 전화 진찰이 '직접 진찰'에 해당한다고 하더라도 그러한 사정만으로 요양급여의 대상이 된다고 할 수 없는 이상, 피고인이 전화 진찰을 요양급여대상으로 되어 있던 내원 진찰인 것으로 하여 요양급여비용을 청구한 것은 기망행위로서 사기죄를 구성한다. [14 경찰승진]
> ㉢ 피고인이 보험사고에 해당할 수 있는 사고로 경미한 상해를 입었다고 하더라도 이를 기화로 보험금을 편취할 의사로 상해를 과장하여 병원에 장기간 입원하고 이를 이유로 실제 피해에 비하여 과다한 보험금을 지급받는 경우에는 보험금 전체에 대해 사기죄가 성립한다. [17 경찰채용, 16 국가7급]
> ㉣ 피고인이 타인의 폭행으로 상해를 입고 병원에서 치료를 받으면서 상해를 입은 경위에 관하여 거짓말을 하여 국민건강보험공단으로부터 보험급여 처리를 받았다고 하더라도 위 상해가 '전적으로 또는 주로 피고인의 범죄행위에 기인하여 입은 상해'라고 할 수 없으므로 사기죄가 성립하지 아니한다. [15 경찰채용, 14 경찰승진, 11 경찰승진]
> ㉤ 보험계약자가 보험계약 체결 시 보험금액이 목적물의 가액을 현저하게 초과하는 초과 보험 상태를 의도적으로 유발한 후 보험사고가 발생하자 초과보험 사실을 알지 못하는 보험자에게 목적물의 가액을 묵비한 채 보험금을 청구하여 보험금을 교부받은 경우라도, 이는 목적물의 적정가액을 확인하지 않은 보험자의 과실에 의한 것이므로 사기죄가 성립한다고 보기 어렵다. [17 법원9급, 16 법원9급]

해설

⑩ ⓐ항목만 옳지 않다.
ⓐ 대법원 2015.7.9. 2014도11843 사무장병원 요양급여 청구사건
ⓑ 대법원 2013.4.26. 2011도10797 전화진찰 사건Ⅱ
ⓒ 대법원 2011.2.24. 2010도17512 남편에게 다친 여자 사건
ⓓ 대법원 2010.6.10. 2010도1777 전적으로 또는 주로 사건
ⓔ 보험자가 보험금액이 목적물의 가액을 현저하게 초과한다는 것을 알았더라면 같은 조건으로 보험계약을 체결
하지 않았을 뿐만 아니라 협정보험가액에 따른 보험금을 그대로 지급하지 아니하였을 관계가 인정된다면, 보험
계약자가 초과보험 사실을 알지 못하는 보험자에게 목적물의 가액을 묵비한 채 보험금을 청구한 행위는 사기
죄의 실행행위로서의 기망행위에 해당한다(대법원 2015.7.23. 2015도6905 말보험 사기사건). [×]

1071 근저당권자의 대리인인 피고인이 채무자 겸 소유자인 피해자를 대리하여 경매개시결정 정본을 받을
권한이 없음에도, 경매개시결정 정본 등 서류의 수령을 피고인에게 위임한다는 내용의 피해자 명의
의 위임장을 위조하여 법원에 제출하는 방법으로 경매개시결정 정본을 교부받은 경우, 근저당권이
유효하다면 위와 같은 행위는 사기죄의 기망행위에 해당하지 않는다. ○|×

[22 경찰간부, 18 법원행시] [Core ★★]

해설

(1) 기망행위를 수단으로 한 권리행사의 경우 그 권리행사에 속하는 행위와 그 수단에 속하는 기망행위를 전체적
으로 관찰하여 그와 같은 기망행위가 사회통념상 권리행사의 수단으로서 용인할 수 없는 정도라면 그 권리행사에
속하는 행위는 사기죄를 구성한다. (2) 근저당권자의 대리인인 피고인이 채무자 겸 소유자인 피해자를 대리하여
경매개시결정 정본을 받을 권한이 없음에도, 경매개시결정 정본 등 서류의 수령을 피고인에게 위임한다는 내용의
피해자 명의의 위임장을 위조하여 법원에 제출하는 방법으로 경매개시결정 정본을 교부받음으로써 경매절차가 진
행되도록 하는 행위는 사회통념상 도저히 용인될 수 없다고 할 것이므로 비록 근저당권이 유효하다고 하더라도
사기죄에 있어서의 기망행위에 해당한다(대법원 2009.7.9. 2009도295 인천 북성동 경매사건). [×]

1072 피고인이 자동차를 구입하여 보유할 의사 없이 자동차할부금융대출의 방법으로 자금을 융통하려는
목적으로 대출의뢰인들 명의로 자동차할부금융을 신청하여 대출금을 지급하도록 한 경우, 대출금
이 곧바로 자동차판매회사에 입금됨으로써 자동차들이 대출의뢰인들 명의로 실제 출고되었고, 할부
금융회사가 자체 기준에 따른 심사 결과 하자가 없다고 판단하여 대출의뢰인들을 채무자로 하여 신
용대출을 해 주었다면 사기죄는 성립하지 아니한다. ○|×

[14 국가7급] [Core ★★]

해설

할부금융회사로서는 피고인이 할부금융의 방법으로 대출의뢰인들 명의로 자동차를 구입하여 보유할 의사 없이 단
지 자동차할부금융대출의 형식을 빌려 자금을 융통하려는 의도로 할부금융대출을 신청하였다는 사정을 알았더라
면 할부금융대출을 실시하지 않았을 것이므로 사기죄를 구성한다고 볼 것이고, 대출금이 곧바로 자동차판매회사
에 입금됨으로써 자동차들이 대출의뢰인들 명의로 실제 출고되었고, 할부금융회사가 자체 기준에 따른 심사 결과
하자가 없다고 판단하여 대출의뢰인들을 채무자로 하여 신용대출을 해 주었다는 점은 피고인의 기망행위에 대한
범의를 인정하는 데에 아무런 지장이 없다(대법원 2004.4.9. 2003도7828 자동차깡 사건). [×]

1073 국가연구개발사업의 연구책임자 甲이 처음부터 소속 학생 연구원들에게 학생연구비를 개별 지급할 의사 없이 공동관리계좌를 관리하면서 사실상 그 처분권을 가질 의도 하에 이를 숨기고 산학협력단에 연구비를 신청하여 지급받은 경우 甲의 행위는 산학협력단에 대한 관계에 있어서 기망에 의한 편취행위에 해당한다. ○|×

[22 경찰채용] [Core ★★]

해설

> 대법원 2021.9.9. 2021도8468 학생연구비 편취 사건 [○]

1074 다음 중 사기죄가 성립하는 것은 모두 4개다. ○|×

[Superlative ★★★]

> ㉠ 백화점에서 종전에 출하한 일이 없던 신상품에 대하여 첫 출하시부터 할인가격을 표시하여 막바로 세일에 들어가는 이른바 변칙세일을 한 경우 [15 경간부]
> ㉡ 식육식당을 경영하는 피고인이 사실은 수입소고기를 판매하면서, 음식점에서 한우만을 취급한다는 취지의 상호를 사용하고 광고선전판, 식단표 등에도 한우만을 사용한다고 기재한 경우 [15 경찰승진, 15 경찰채용, 14 경찰승진, 13 국가7급]
> ㉢ 피고인들이 고령의 노인들을 무료로 온천관광을 시켜주겠다고 모집하여 '녹동달오리골드'라는 제품이 성인병 치료에 특별한 효능이 있는 좋은 약이라는 허위의 강의식 선전·광고행위를 하여 위 제품을 고가에 구입하도록 한 경우 [16 경찰승진]
> ㉣ 농업협동조합의 조합원이나 검품위원이 아닌 피고인이 TV 홈쇼핑업체에 납품한 삼(蔘)이 인공적으로 재배한 삼이라는 사실을 알면서도 광고방송에 출연하여 위 삼이 자연산삼의 종자를 심산유곡(深山幽谷)에 심고 자연방임 상태에서 성장시킨 산양산삼이라고 허위 내용의 광고를 하고 판매한 경우 [14 경찰승진]
> ㉤ 백화점에서 가공일이 1994. 7. 4. 또는 같은 달 5.로 표시된 소천엽, 소양 등에 부착되어 있는 바코드와 비닐랩 포장을 벗겨낸 다음 다시 새로운 비닐랩으로 재포장한 후 가공일이 1994. 7. 7.로 기재된 바코드와 백화점 상표를 부착하여 마치 위 상품이 판매 당일 구입되어 가공된 신선한 것처럼 고객을 기망하여 판매한 경우 [15 경간부]

해설

> 모든 항목의 경우 사기죄가 성립한다.
> ㉠ 대법원 1992.9.14. 91도2994 백화점 변칙세일 사건
> ㉡ 대법원 1997.9.9. 97도1561 고향한우마을 사건
> ㉢ 대법원 2004.1.15. 2001도1429 녹동달오리골드 사건
> ㉣ 대법원 2002.2.5. 2001도5789 산양산삼 사건
> ㉤ 대법원 1996.2.13. 95도2121 가공일 변조 사건Ⅲ [×]

1075 피고인이 피해자에 대하여 채권이 있다고 하더라도 그 권리행사를 빙자하여 사회통념상용인되기 어려운 정도를 넘는 협박을 수단으로 상대방을 외포케 하여 재물의 교부 또는 재산상의 이익을 받았다면 공갈죄가 되는 것이다. ○|×

[17 변호사, 17 법원9급, 17 경찰승진, 16 법원행시, 15 법원행시, 15 경찰승진] [Essential ★]

대법원 2000.2.25. 99도4305 [○]

1076 피고인 甲이 비록 자기앞수표를 갈취한 A에 대하여 수표 교부의 원인이 된 합의서상의 의사표시를 취소한 뒤 그 수표의 반환을 청구할 수 있는 권리가 있음에도, 자기앞수표를 분실하였다고 허위로 공시최고신청을 하여 제권판결(除權判決)을 선고받아 확정된 경우 사기죄가 성립한다. ○|×

[11 경찰승진] [Core ★★]

해설

피고인 甲이 비록 자기앞수표를 갈취한 A에 대하여 수표 교부의 원인이 된 합의서상의 의사표시를 취소한 뒤 그 수표의 반환을 청구할 수 있는 권리가 있더라도, 甲은 수표상의 채무자인 은행에 대하여 수표를 소지하지 않고도 수표상의 권리를 행사할 수 있는 지위를 취득하였다고 할 것이므로 이로써 사기죄에 있어서의 재산상 이익을 취득한 것으로 보기에 충분하다(대법원 2003.12.26. 2003도4914). [○]

1077 다음 중 사기죄의 실행의 착수가 인정되는 것은 모두 1개다. ○|×

[Superlative ★★★]

> ㉠ 피고인이 보험금을 편취할 목적으로 타인의 사망을 보험사고로 하는 생명보험계약을 체결함에 있어 제3자가 피보험자인 것처럼 가장한 경우 [17 법원9급, 16 변호사, 15 법원행시, 15 국가9급]
> ㉡ 피고인이 장해보상금 지급청구자인 피해자에게 보상금을 찾아주겠다고 거짓말을 하여 동인을 보상금 지급기관인 노동청 부산지방 중부사무소까지 유인한 경우 [14 국가7급]
> ㉢ 피고인이 구리시에 허위의 보조금 정산보고서를 제출한 경우 [16 국가9급, 15 경찰채용]
> ㉣ 피고인이 실제로 태풍에 의한 피해발생이 없었으면서도 마치 피해가 있는 것처럼 관할 면장에게 피해신고를 한 경우 [15 법원9급]

해설

모든 항목이 실행의 착수한 것에 해당하지 아니한다.
㉠ 하자 있는 보험계약을 체결한 행위만으로는 미필적으로라도 보험금을 편취하려는 의사에 의한 기망행위의 실행에 착수한 것으로 볼 것은 아니다. 그러므로 기망행위의 실행의 착수로 인정할 수 없는 경우에 피보험자 본인임을 가장하는 등으로 보험계약을 체결한 행위는 단지 장차의 보험금 편취를 위한 예비행위에 지나지 않는다(대법원 2013.11.14. 2013도7494 대척승 보험 사기사건).
㉡ 사기죄에 있어서의 기망행위의 착수에 이르렀다고 보기 어렵다(대법원 1980.5.13. 78도2259).
㉢ 보조금 정산보고서는 구리시가 다음해에 보조금의 지원 여부 및 그 금액을 결정함에 있어 하나의 참고자료에 불과할 뿐 그 지원 여부 및 금액을 좌우하는 직접적인 서류라고 할 수는 없으므로 피고인이 허위의 정산보고서를 제출한 것만으로는 기망의 실행의 착수가 있다고 보기 어렵다(대법원 2003.6.13. 2003도1279 장애인복지회 사건).
㉣ 피해신고는 국가가 피해복구보조금의 지원 여부 및 정도를 결정을 함에 있어 그 직권조사를 개시하기 위한 참고자료에 불과한 것일 뿐이고 그 지원 여부 등을 좌우할 수는 있는 것은 아니므로, 피고인이 마치 피해가 있는 것처럼 관할면장에게 피해신고를 하였다는 것만 가지고는 보조금 편취범행의 실행에 착수한 것이라고 할 수 없다(대법원 1999.3.12. 98도3443 태풍피해보조금 사건). [×]

1078 피고인 甲이 A의 명의를 빌려 예금계좌를 개설한 후, 통장과 도장은 명의인 A에게 보관시키고 자신은 위 계좌의 현금인출카드를 소지한 채 A를 기망하여 예금계좌로 돈을 송금하게 하였는데, 이후 편취금을 인출하지 않고 있던 중 A가 이를 인출하여 갔다고 한다면 사기미수에 해당한다.　〇 | ×

[11 법원9급] [Core ★★]

해설

피고인 甲은 언제든지 카드를 이용하여 차명계좌 통장으로부터 금원을 인출할 수 있었고 A를 기망하여 통장으로 돈을 송금받은 이상, 이로써 송금받은 돈을 자신의 지배하에 두게 되어 편취행위는 기수에 이르렀다고 할 것이고, 이후 편취금을 인출하지 않고 있던 중 A가 이를 인출하여 갔다 하더라도 이는 범죄성립 후의 사정일 뿐 사기죄의 성립에 영향이 없다(대법원 2003.7.25. 2003도2252).　　　　　　　　　　　　　　　　　　　[×]

1079 피해자가 피고인 등의 주문에 따라 도자기 5,000개를 제작하여 그 중 1,600개 정도를 피고인 등이 지정한 사찰로 배달하고 나머지 3,400개 정도는 피고인 등이 지정하는 사찰로 배달할 수 있는 상태에 놓인 채로 보관 중이었다면 실제로 사찰로 배달된 1,600개의 도자기에 대한 사기죄가 성립한다.　〇 | ×

[16 경찰승진, 16 경찰채용, 11 경찰승진] [Core ★★]

해설

(1) 재물의 교부가 있었다고 하기 위하여 반드시 재물의 현실의 인도가 필요한 것은 아니고 재물이 범인의 사실상의 지배 아래에 들어가 그의 자유로운 처분이 가능한 상태에 놓인 경우에도 재물의 교부가 있었다고 보아야 한다. (2) 실제로 배달된 것뿐만 아니라 피해자가 보관중인 도자기 모두가 피고인 등에게 교부되었다고 보아야 한다(대법원 2003.5.16. 2001도1825 미륵불상 도자기 사건).　　　　　　　　　　　[×]

1080 사기죄에 있어서 그 대가가 일부 지급된 경우에도 편취액은 피해자로부터 교부된 재물의 가치로부터 그 대가를 공제한 차액이 아니라 교부받은 재물 전부이다.　〇 | ×

[14 경간부] [Essential ★]

해설

대법원 2010.2.11. 2009도12627 다단계사기 사건　　　　　　　　　　　　　　　　　　[〇]

1081 피고인이 보험사고에 해당할 수 있는 사고로 인하여 경미한 상해를 입었다고 하더라도 그 상해를 과장하여 병원에 장기간 입원하고 이를 이유로 실제 피해에 비하여 과다한 보험금을 지급받는 경우, 실제로 지급받은 보험금에서 원래 지급받을 수 있었던 보험금을 제외한 나머지 부분에 대하여 사기죄가 성립한다.　〇 | ×

[14 경간부, 13 경찰승진] [Essential ★]

해설

실제 피해에 비하여 과다한 보험금을 지급받는 경우에는 그 보험금 전체에 대해 사기죄가 성립한다(대법원 2007.5.11. 2007도2134).　　　　　　　　　　　　　　　　　　　　　[×]

2. 소송사기 범죄

1082 피고인의 제소가 사망한 자를 상대로 한 것이라면 이와 같은 사망한 자에 대한 판결은 그 내용에 따른 효력이 생기지 아니하여 상속인에게 그 효력이 미치지 아니하고 따라서 사기죄를 구성한다고는 할 수 없다. ○│×

[17 경간부, 15 변호사, 15 법원9급, 15 국가9급, 12 법원행시, 12 국가9급] [Core ★★]

해설

> 대법원 2002.1.11. 2000도1881 전원사망 피고들 사건 [○]

1083 피고인이 타인과 공모하여 그 공모자를 상대로 제소하여 의제자백의 판결을 받아 이에 기하여 부동산의 소유권이전등기를 하였다면 이는 법원을 기망하여 재산상 이익을 취득한 것이므로 사기죄가 성립한다. ○│×

[18 경간부, 17 경찰승진, 15 경찰채용, 14 법원9급, 12 법원행시, 12 법원9급, 11 법원9급, 11 경찰승진] [Core ★★]

해설

> 피고인이 타인과 공모하여 그 공모자를 상대로 제소하여 의제자백의 판결을 받아 이에 기하여 부동산의 소유권이전등기를 하였다고 하더라도 이는 소송 상대방의 의사에 부합하는 것으로서 착오에 의한 재산적 처분행위가 있다고 할 수 없어 동인으로부터 부동산을 편취한 것이라고 볼 수 없고, 또 그 부동산의 진정한 소유자가 따로 있다고 하더라도 피고인이 의제자백 판결에 기하여 진정한 소유자로부터 소유권을 이전받은 것이 아니므로 그 소유자로부터 부동산을 편취한 것이라고 볼 여지도 없다(대법원 1997.12.23. 97도2430). [×]

1084 적극적 소송당사자인 원고가 아닌 방어적인 위치에 있는 피고라고 한다면 비록 적극적인 방법으로 법원을 기망하여 착오에 빠지게 한 결과 승소확정판결을 받음으로써 자기의 재산상의 의무이행을 면하게 된 경우라도 사기죄가 성립한다고 할 수 없다. ○│×

[17 경간부, 15 법원9급, 12 법원9급, 11 법원행시] [Core ★★]

해설

> 방어적인 위치에 있는 피고라 하더라도 허위내용의 서류를 작성하여 이를 증거로 제출하거나 위증을 시키는 등의 적극적인 방법으로 법원을 기망하여 착오에 빠지게 한 결과 승소확정판결을 받음으로써 자기의 재산상의 의무이행을 면하게 된 경우에는 그 재산가액 상당에 대하여 사기죄가 성립한다(대법원 2004.3.12. 2003도333). [×]

1085 상대방에게 유리한 증거를 제출하지 않거나 상대방에게 유리한 사실을 진술하지 않는 행위도 소송사기에 있어 기망이 된다. ○ | ✕

[12 법원행시, 11 법원행시] [Essential ★]

해설

당사자주의 소송구조하에서는 자기에게 유리한 주장이나 증거는 각자가 자신의 책임하에 변론에 현출하여야 하는 것이고, 비록 자기가 상대방에게 유리한 증거를 가지고 있다거나 상대방에게 유리한 사실을 알고 있다고 하더라도 상대방을 위하여 이를 현출하여야 할 의무가 있다고 보기는 어려울 것이므로 상대방에게 유리한 증거를 제출하지 않거나 상대방에게 유리한 사실을 진술하지 않는 행위만으로는 소송사기에 있어 기망이 된다고 할 수 없다(대법원 2002.6.28. 2001도1610). [✕]

1086 소송사기가 성립하기 위하여는 당사자의 주장이 법원을 기망하기에 충분한 것이어야 하므로 당사자는 반드시 허위의 증거를 이용하여야 한다. ○ | ✕

[15 법원9급, 15 경찰채용, 13 국가7급, 12 경찰채용] [Superlative ★★★]

해설

법원을 기망하는 것은 반드시 허위의 증거를 이용하지 않더라도 당사자의 주장이 법원을 기망하기에 충분한 것이라면 기망수단이 된다(대법원 2011.9.8. 2011도7262 세고엔터테인먼트 사건). [✕]

1087 소송에서 주장하는 권리가 존재하지 않는 사실을 알고 있으면서도 법원을 기망한다는 인식을 가지고 소를 제기하면 소송사기의 실행의 착수가 있었다고 할 것이지만, 만약 소장이 유효하게 송달되지 않았다고 한다면 그러하지 아니한다. ○ | ✕

[16 국가7급, 15 법원9급, 14 법원9급, 14 경찰승진] [Core ★★]

해설

법원을 기망한다는 인식을 가지고 소를 제기하면 이로써 실행의 착수가 있었다고 할 것이고, 소장의 유효한 송달을 요하지 아니한다고 할 것인바, 이러한 법리는 제소자가 상대방의 주소를 허위로 기재함으로써 그 허위주소로 소송서류가 송달되어 그로 인하여 상대방 아닌 다른 사람이 그 서류를 받아 소송이 진행된 경우에도 마찬가지로 적용된다(대법원 2006.11.10. 2006도5811). [✕]

1088 허위의 채권을 피보전권리로 삼아 가압류를 하였다고 하더라도 그 채권에 관하여 현실적으로 청구의 의사표시를 한 것이라고는 볼 수 없으므로 본안소송을 제기하지 아니한 채 가압류를 한 것만으로는 사기죄의 실행에 착수하였다고 할 수 없다. ○ | ✕

[18 경간부, 17 경찰채용, 16 경찰채용, 14 변호사, 12 법원행시, 12 법원9급, 12 경찰승진, 12 경간부, 11 법원행시, 11 경찰승진]

[Essential ★]

해설

대법원 1988.9.13. 88도55 [○]

1089 피고인이 진정한 임차권자가 아니면서 허위의 임대차계약서를 법원에 제출하여 임차권등기명령을 신청한 경우 소송사기죄의 실행의 착수가 인정된다.　　　　　　　　　　　　　　○|×

[16 법원행시, 15 변호사] [Essential ★]

해설

> 법원의 임차권등기명령은 피신청인의 재산상의 지위 또는 상태에 영향을 미칠 수 있는 행위로서 피신청인의 처분행위에 갈음하는 내용과 효력이 있다고 보아야 하고, 따라서 진정한 임차권자가 아니면서 허위의 임대차계약서를 법원에 제출하여 임차권등기명령을 신청하면 그로써 소송사기의 실행행위에 착수한 것으로 보아야 하고, 나아가 그 임차보증금 반환채권에 관하여 현실적으로 청구의 의사표시를 하여야만 사기죄의 실행의 착수가 있다고 볼 것은 아니다(대법원 2012.5.24. 2010도12732 임차권등기명령 신청사건).　　　　[○]

1090 부동산등기부상 소유자로 등기된 적이 있는 피고인이 자신 이후에 소유권이전등기를 경료한 등기명의인들을 상대로 허위의 사실을 주장하면서 그들 명의의 소유권이전등기의 말소를 구하는 소송을 제기한 경우 소송사기죄의 실행의 착수가 인정된다.　　　　　　　　　　　　○|×

[16 경찰채용, 15 변호사, 11 경간부] [Core ★★]

해설

> 피고인이 승소한다면 등기명의인들의 등기가 말소됨으로써 그 소송을 제기한 자의 등기명의가 회복되는 것이므로 이는 법원을 기망하여 재물이나 재산상 이익을 편취한 것이라고 할 것이고 따라서 등기명의인들 전부 또는 일부를 상대로 하는 말소등기청구 소송의 제기는 사기의 실행에 착수한 것이라고 보아야 한다(대법원 2003.7.22. 2003도1951 7개중 5개 등기말소사건).　　　　[○]

1091 피고인 甲이 乙이 부동산을 매수한 일이 없음에도 매수한 것처럼 허위의 사실을 주장하여 부동산에 대한 소유권이전등기를 거친 사람을 상대로 그 이전등기의 원인무효를 내세워 이전등기의 말소를 구하는 소송을 乙 명의로 제기한 경우 소송사기죄의 실행의 착수가 인정된다.　　　　　　○|×

[16 국가9급] [Core ★★]

해설

> 소송의 결과 원고로 된 乙이 승소한다고 가정하더라도, 그 피고(소유권이전등기를 거친 사람)의 등기가 말소될 뿐이고 이것만으로 피고인 甲이 부동산에 관한 어떠한 권리를 취득하거나 의무를 면하는 것은 아니므로 법원을 기망하여 재물이나 재산상 이익을 편취한 것이라고 보기 어렵고, 따라서 위 소제기 행위를 가리켜 사기의 실행에 착수한 것이라고 할 수 없다(대법원 2009.4. 9. 2009도128 예고등기를 위해 사건).　　　　[×]

1092 피고인들이 부동산 경매절차에서 허위로 유치권 신고를 한 경우 소송사기죄의 실행의 착수가 인정된다. ○ | ✕

[17 경찰채용, 11 경찰승진] [Essential ★]

해설

유치권자가 경매절차에서 유치권을 신고하는 경우 법원은 이를 매각물건명세서에 기재하고 그 내용을 매각기일공고에 적시하나, 이는 경매목적물에 대하여 유치권 신고가 있음을 입찰예정자들에게 고지하는 것에 불과할 뿐 처분행위로 볼 수는 없고 또한 유치권자는 권리신고 후 이해관계인으로서 경매절차에서 이의신청권 등 몇 가지 권리를 얻게 되지만 이는 법률의 규정에 따른 것으로서 재물 또는 재산상 이득을 취득하는 것으로 볼 수 없으므로, 부동산 경매절차에서 피고인들이 허위로 유치권 신고를 하였더라도 이를 소송사기 실행의 착수가 있다고 볼 수는 없다 (대법원 2009.9.24. 2009도5900 허위 유치권 신고사건). [✕]

1093 피고인이 피담보채권인 공사대금 채권을 실제와 달리 허위로 크게 부풀려 유치권에 의한 경매를 신청할 경우 소송사기죄의 실행의 착수가 인정된다. ○ | ✕

[17 경찰승진, 16 경간부, 15 변호사, 15 법원행시, 15 경찰채용, 14 법원9급, 13 법원행시, 13 법원9급, 13 경찰채용] [Essential ★]

해설

유치권에 의한 경매를 신청한 유치권자는 일반채권자와 마찬가지로 피담보채권액에 기초하여 배당을 받게 되는 결과 피담보채권인 공사대금 채권을 실제와 달리 허위로 크게 부풀려 유치권에 의한 경매를 신청할 경우 정당한 채권액에 의하여 경매를 신청한 경우보다 더 많은 배당금을 받을 수도 있으므로 소송사기죄의 실행의 착수에 해당한다(대법원 2012.11.15. 2012도9603 유치권 경매신청사건). [○]

1094 피고인이 허위 채권에 기한 공정증서를 집행권원으로 하여 채무자의 소유권이전등기청구권에 대하여 압류신청을 경우 소송사기죄의 실행의 착수가 인정된다. ○ | ✕

[18 경간부, 15 경찰채용] [Essential ★]

해설

소유권이전등기청구권에 대한 압류는 당해 부동산에 대한 경매의 실시를 위한 사전 단계로서의 의미를 가지나, 전체로서의 강제집행절차를 위한 일련의 시작행위라고 할 수 있으므로 허위 채권에 기한 공정증서를 집행권원으로 하여 채무자의 소유권이전등기청구권에 대하여 압류신청을 한 시점에 소송사기의 실행에 착수하였다고 볼 것이다(대법원 2015.2.12. 2014도10086 등기청구권 압류 신청사건). [○]

1095 피고인들이 경매절차가 진행 중인 부동산에 예고등기가 경료되도록 함으로써 경매가격이 하락되게 할 의도로, 허위의 주장을 하며 소유권보존등기말소청구소송 등을 제기한 경우 소송사기죄가 성립한다. ○ | ✕

[12 경찰채용] [Core ★★]

해설

> 피고인 등이 소유권보존등기말소청구소송 등을 제기한 것은 그로 인하여 경매절차가 진행 중인 부동산에 예고등기가 경료되도록 함으로써 경매가격 하락 등을 의도한 것으로 보일 뿐이고, 위 말소 청구소송을 통하여 승소판결을 받아 재산상의 이익을 취하려고 한 것으로 보기 어렵다면, 피고인에게는 허위 주장에 기한 소송을 통하여 승소판결을 받아 재물 또는 재산상의 이익을 취득하려는 고의 내지 불법영득의 의사가 있었다고 볼 수 없다(대법원 2009.4.9. 2009도128 예고등기를 위해 사건). [×]

1096 주권을 교부한 자가 이를 분실하였다고 허위로 공시최고신청을 하여 제권판결(除權判決)을 선고받아 확정된 경우 소송사기죄가 성립한다. ○|×

[15 경찰승진, 13 국가7급] [Core ★★]

해설

> 제권판결의 적극적 효력에 의해 그 자는 그 주권을 소지하지 않고도 주권을 소지한 자로서의 권리를 행사할 수 있는 지위를 취득하였다고 할 것이므로 사기죄에 있어서의 재산상 이익을 취득한 것으로 보기에 충분하다(대법원 2007.5.31. 2006도8488). [○]

1097 유한회사의 사원이 상법 등 법령에 정한 회사설립의 요건과 절차에 따라 회사설립등기를 함으로써 회사가 성립되었다고 하더라도 회사를 성립할 당시 회사를 실제로 운영할 의사가 없이 회사를 이용한 범죄 의도나 목적이 있었다거나 회사로서의 물적·인적조직 등 영업실질을 갖추지 않고 있는 경우에는 공전자기록등부실기재죄가 성립한다. ○|×

[21 해경간부] [Core ★★]

해설

> 유한회사의 사원이 상법 등 법령에 정한 회사설립의 요건과 절차에 따라 회사설립등기를 함으로써 회사가 성립하였다고 볼 수 있는 경우 회사설립등기와 그 기재 내용은 특별한 사정이 없는 한 공정증서원본 등 부실기재죄에서 말하는 부실의 사실에 해당하지 않는다. 유한회사의 사원 등 회사설립에 관여하는 사람이 회사를 설립할 당시 회사를-실제로 운영할 의사 없이 회사를 이용한 범죄 의도나 목적이 있었다거나 회사로서의 인적·물적 조직 등 영업의 실질을 갖추지 않았다는 이유만으로는 부실의 사실을 법인등기부에 기록하게 한 것으로 볼 수 없다(대법원 2020.3.26. 2019도7729 대포통장 유통목적 유한회사 설립사건). [×]

1098 유상증자 등기의 신청 시 발행주식 총수 및 자본의 총액이 증가한 사실이 허위임을 알면서 증자등기를 신청하여 상업등기부 원본에 그 기재를 하게 한 경우, 등기신청서류로 제출된 주금납입금보관증명서가 위조된 것임을 몰랐다고 하더라도 공정증서원본부실기재죄가 성립한다. ○|×

[21 해경간부] [Core ★★]

해설

> 대법원 2006.10.26. 2006도5147 [○]

1099 채무자가 강제집행을 승낙한 취지의 기재가 있는 약속어음 공정증서에 있어서 그 약속어음의 원인 관계가 소멸하였음에도 불구하고, 약속어음 공정증서 정본을 소지하고 있음을 기화로 이를 근거로 하여 강제집행을 한 경우 소송사기죄가 성립한다. ○|×

[11 경간부] [Essential ★]

해설

> 약속어음의 원인관계가 소멸하였음에도 불구하고 약속어음 공정증서 정본을 소지하고 있음을 기화로 이를 근거로 하여 강제집행을 하였다면 사기죄를 구성한다(대법원 1999.12.10. 99도2213). [○]

1100 수인의 피해자에 대하여 각별로 기망행위를 하여 각각 재물을 편취한 경우에 범의가 단일하고 범행 방법이 동일하면 피해자별로 이득액을 합산하여 이득액이 5억원 이상이면 특정경제범죄 가중처벌 등에 관한 법률 제3조 제1항을 적용하여야 한다. ○|×

[22 법원행시] [Superlative ★★★]

해설

> 특정경제범죄 가중처벌 등에 관한 법률 제3조에서 말하는 이득액은 단순일죄의 이득액이나 혹은 포괄일죄가 성립 하는 경우의 이득액의 합산액을 의미하는 것이고, 경합범으로 처벌될 수죄의 각 이득액을 합한 금액을 의미하는 것은 아니며, 다수의 피해자에 대하여 각별로 기망행위를 하여 각각 재산상 이익을 편취한 경우에는 범의가 단일하 고 범행방법이 동일하더라도 각 피해자의 피해법익은 독립한 것이므로 이를 포괄일죄로 파악할 수 없고 피해자별 로 독립한 사기죄가 성립된다(대법원 2015.4.23. 2014도16980 파주시 만우리 임야사건). [×]

3. 사죄와 카드 관련 범죄

1101 컴퓨터등사용사기죄에서 '정보처리'는 사기죄에 있어서 피해자의 처분행위에 상응하는 것이므로 입 력된 허위의 정보 등에 의하여 계산이나 데이터의 처리가 이루어짐으로써 직접적으로 재산처분의 결과를 초래하여야 하고, 행위자나 제3자의 재산상 이익 취득은 사람의 처분행위가 개재됨이 없이 컴퓨터 등에 의한 정보처리과정에서 이루어져야 한다. ○|×

[17 경찰채용, 15 국가9급] [Core ★★]

해설

> 대법원 2014.3.13. 2013도16099 낙찰하한가 해킹사건 [○]

1102 피고인이 (가)회사에서 운영하는 전자복권구매시스템에서 은행환불명령을 입력하여 가상계좌 잔 액이 1,000원 이하로 되었을 때 복권 구매명령을 입력하면 가상계좌로 복권 구매요청금과 동일한 액수의 가상현금이 입금되는 프로그램 오류를 이용하여 잔액을 1,000원 이하로 만들고 다시 복권 구매명령을 입력하는 행위를 반복함으로써 피고인의 가상계좌로 구매요청금 상당의 금액이 입금되 게 한 경우 컴퓨터등사용사기죄가 성립한다. ○|×

[16 변호사, 15 법원행시, 15 국가9급, 14 경찰채용] [Core ★★]

해설

피고인의 행위는 '허위의 정보 입력'에 해당하지는 않더라도 프로그램 자체에서 발생하는 오류를 적극적으로 이용하여 사무처리의 목적에 비추어 정당하지 아니한 사무처리를 하게 한 행위로서 '부정한 명령의 입력'에 해당한다 (대법원 2013.11.14. 2011도4440 엔젤로또 사건). [○]

1103 피고인들이 시설공사 발주처인 지방자치단체 등의 재무관 컴퓨터에는 암호화되기 직전 15개의 예비가격과 그 추첨번호를 해킹하여 볼 수 있는 악성프로그램을, 입찰자의 컴퓨터에는 입찰금액을 입력하면서 선택하는 2개의 예비가격 추첨번호가 미리 지정된 추첨번호 4개 중에서 선택되어 조달청 서버로 전송되도록 하는 악성프로그램을 각각 설치하여 낙찰하한가를 미리 알아낸 다음 특정 건설사에 낙찰이 가능한 입찰금액을 알려주어 그 건설사가 낙찰받게 한 경우 컴퓨터등사용사기죄가 성립한다. ○|×

[15 법원행시] [Superlative ★★★]

해설

피고인들이 직접적으로 얻은 것은 낙찰하한가에 대한 정보일 뿐, 정보처리의 직접적인 결과 특정 건설사가 낙찰자로 결정되어 낙찰금액 상당의 재산상 이익을 얻게 되었다거나 낙찰자 결정이 사람의 처분행위가 개재됨이 없이 컴퓨터 등의 정보처리과정에서 이루어졌다고 보기 어려우므로 컴퓨터등사용사기죄 또는 그 미수죄는 성립하지 아니한다(대법원 2014.3.13. 2013도16099 낙찰 하한가 해킹사건). [×]

1104 금융기관 직원이 전산단말기를 이용하여 다른 공범들이 지정한 특정계좌에 돈이 입금된 것처럼 허위의 정보를 입력하는 방법으로 위 계좌로 입금되도록 한 경우 그 후 입금이 취소되어 현실적으로 인출하지 못하였어도 컴퓨터등사용사기죄의 미수이다. ○|×

[16 경찰채용, 15 경찰채용, 14 경찰승진, 13 경찰채용, 12 변호사, 12 국가7급] [Core ★★]

해설

입금절차를 완료함으로써 장차 그 계좌에서 이를 인출하여 갈 수 있는 재산상 이익의 취득이 있게 되었다고 할 것이므로 컴퓨터등사용사기죄는 기수에 이르렀다고 할 것이고, 그 후 그러한 입금이 취소되어 현실적으로 인출되지 못하였다고 하더라도 이미 성립한 컴퓨터등사용사기죄에 어떤 영향이 있다고 할 수는 없다(대법원 2006.9.14. 2006도4127 봉평농협 사건). [×]

1105 피고인 甲이 인터넷사이트 한국신용정보 주식회사에 A 명의로 접속하여 그의 신용정보 조회를 하면서 마치 A인 것처럼 자신이 부정발급받은 A 명의의 삼성스카이패스 카드의 카드번호와 비밀번호 등을 입력하고 그 사용료 2,000원을 지급하도록 한 경우 컴퓨터등사용사기죄가 성립한다. ○|×

[16 국가9급, 11 경간부] [Core ★★]

해설

(1) 권한 없는 자에 의한 명령 입력행위를 '명령을 부정하게 입력하는 행위' 또는 '부정한 명령을 입력하는 행위'에 포함된다고 해석하는 것이 그 문언의 통상적인 의미를 벗어나는 것이라고 할 수도 없다. (2) 피고인 甲이 마치 A인 것처럼 자신이 부정발급받은 A 명의의 삼성스카이패스 카드의 카드번호와 비밀번호 등을 입력하고 그 사용료 2,000원을 지급하도록 부정한 명령을 입력하여 정보처리를 하게 하고 그 금액 상당의 재산상 이익을 취득한 경우 컴퓨터등사용 사기죄가 성립한다(대법원 2003.1.10. 2002도2363 신용정보 조회사건). [○]

1106 다음 중 색글자로 표기된 부분이 컴퓨터등사용사기죄에 해당하는 것은 모두 2개다.　　○|×

[Superlative ★★★]

> ㉠ 피고인이 타인의 명의를 모용하여 발급받은 신용카드를 사용하여 현금자동지급기에서 **현금대출을 받은 경우**(현금서비스를 받은 경우임) [16 경찰승진, 16 경찰채용, 15 변호사, 15 경간부, 14 경찰채용, 12 변호사, 12 국가7급, 12 경찰승진, 11 국가9급]
>
> ㉡ 피고인이 타인의 명의를 모용하여 발급받은 신용카드의 번호와 그 비밀번호를 이용하여 ARS 전화서비스나 인터넷 등을 통하여 **신용대출을 받은 경우** [17 경간부, 16 경찰승진, 15 경간부, 14 국가9급, 12 국가7급, 11 국가9급]
>
> ㉢ 피고인이 절취한 신용카드를 이용하여 현금자동지급기에서 **현금을 인출한 경우**(예금을 인출한 경우임) [12 국가7급, 11 법원9급]
>
> ㉣ 피고인이 절취한 신용카드를 사용하여 현금자동인출기에서 **현금을 인출한 경우**(현금서비스를 받은 경우임) [16 국가7급, 15 변호사]
>
> ㉤ 피고인이 절취한 신용카드를 이용하여 현금지급기에서 자신의 계좌로 계좌이체를 한 후에 자신의 신용카드나 현금카드를 이용하여 **현금을 인출한 경우** [17 변호사, 15 법원9급, 15 경찰채용, 14 경찰승진, 12 경찰채용, 11 법원9급]
>
> ㉥ 피고인이 강취한 신용카드를 가지고 가맹점의 점주로부터 **주류 등을 제공받은 경우** [13 법원9급, 13 국가9급, 11 경찰채용]

해설

> ㉡ 항목의 경우에만 컴퓨터등사용사기죄에 해당한다.
>
> ㉠ 피고인이 타인의 명의를 모용하여 발급받은 신용카드를 사용하여 현금자동지급기에서 현금 대출을 받는 행위는 카드회사에 의하여 미리 포괄적으로 허용된 행위가 아니라, 현금자동지급기의 관리자의 의사에 반하여 그의 지배를 배제한 채 그 현금을 자기의 지배하에 옮겨 놓는 행위로서 절도죄에 해당한다(대법원 2006.7.27. 2006도3126 천처명의 신용카드 사건).
>
> ㉡ 피고인이 타인의 명의를 모용하여 발급받은 신용카드의 번호와 그 비밀번호를 이용하여 ARS 전화서비스나 인터넷 등을 통하여 신용대출을 받는 방법으로 재산상 이익을 취득하는 행위는 카드회사에 의하여 미리 포괄적으로 허용된 행위가 아니라, 컴퓨터 등 정보처리장치에 권한 없이 정보를 입력하여 정보처리를 하게 함으로써 재산상 이익을 취득하는 행위로서 컴퓨터등사용사기죄에 해당한다(대법원 2006.7.27. 2006도3126 천처명의 신용카드 사건).
>
> ㉢ 피고인이 절취한 신용카드를 이용하여 현금자동지급기에서 현금을 인출한 경우, 현금자동지급기 관리자의 의사에 반하여 그의 지배를 배제하고 그 현금을 자기의 지배하에 옮겨 놓는 것이 되어 절도죄를 구성한다(대법원 2008.6.12. 2008도2440 동거녀 신용카드 사건).
>
> ㉣ 피고인이 절취한 신용카드를 사용하여 현금자동인출기에서 현금을 인출한 경우, 이는 신용카드부정사용죄에 해당할 뿐 아니라 현금자동인출기 관리자의 의사에 반하여 그의 지배를 배제하고 현금을 자기의 지배하에 옮겨 놓는 것이 되므로 별도로 절도죄를 구성한다(대법원 1995.7.28. 95도997 옆집 신용카드 사건).
>
> ㉤ 피고인이 절취한 타인의 신용카드를 이용하여 현금지급기에서 계좌이체를 한 행위는 컴퓨터등사용사기죄에서 컴퓨터 등 정보처리장치에 권한 없이 정보를 입력하여 정보처리를 하게 한 행위에 해당함은 별론으로 하고 이를 절취행위라고 볼 수는 없고, 한편 위 계좌이체 후 현금지급기에서 현금을 인출한 행위는 자신의 신용카드나 현금카드를 이용한 것이어서 이러한 현금인출이 현금지급기 관리자의 의사에 반한다고 볼 수 없어 절도죄를 구성하지 않는다(대법원 2008.6.12. 2008도2440 동거녀 신용카드 사건).
>
> ㉥ 피고인이 강취한 신용카드를 가지고 가맹점의 점주로부터 주류 등을 제공받아 이를 취득한 것이라면 신용카드부정사용죄와 별도로 사기죄가 성립한다(대법원 1997.1.21. 96도2715 강취 신용카드 술집결제사건). [×]

1107 피고인이 피해자로부터 그 소유의 현금카드로 2만원을 인출하여 오라는 부탁과 함께 현금카드를 건네받게 된 것을 기화로 현금자동지급기에 현금카드를 넣고 5만원을 인출한 후 2만원만 피해자에게 건네주어 3만원은 취득한 경우, 그 인출된 현금은 재물이지 재산상의 이익이라고 할 수 없으므로 컴퓨터등사용사기죄가 아니라 절도죄가 성립한다. ○│×

[15 법원행시, 14 경간부, 12 경찰채용, 11 법원9급, 11 경찰승진, 11 경간부, 11 경찰채용] [Essential ★]

해설

피고인이 인출된 현금에 대한 점유를 취득함으로써 인출한 현금 총액 중 인출을 위임받은 금액을 넘는 부분의 비율에 상당하는 재산상 이익을 취득한 것으로 볼 수 있으므로 그 차액 상당액에 관하여 컴퓨터등사용사기죄가 성립한다(대법원 2006.3.24. 2005도3516 5만원 인출사건). [×]

1108 피고인이 예금주인 현금카드 소유자를 협박하여 그 카드를 갈취한 후 하자 있는 의사표시이기는 하지만 피해자의 승낙에 의하여 현금카드를 사용할 권한을 부여받아 이를 이용하여 현금을 인출한 경우, 이는 포괄하여 하나의 공갈죄를 구성한다고 볼 것이지, 현금지급기에서 피해자의 예금을 취득한 행위를 현금카드 갈취행위와 분리하여 따로 절도죄로 처단할 수 없다. ○│×

[17 법원9급, 16 법원행시, 15 변호사, 14 경찰승진, 13 법원행시, 12 변호사, 12 법원행시] [Core ★★]

해설

대법원 1996.9.20. 95도1728 갈취 현금카드 사건 [○]

1109 피고인이 피해자로부터 강취한 현금카드를 사용하여 현금자동지급기에서 예금을 인출한 경우, 비록 반항이 억압된 상태에서의 의사표시이기는 하지만 현금카드 소유자로부터 사용 권한을 부여받은 것이므로 현금자동지급기에서 카드 소유자의 예금을 인출, 취득한 행위를 현금카드 강취행위와 분리하여 따로 절도죄로 처단할 수 없다. ○│×

[15 변호사, 14 국가9급, 11 국가7급] [Core ★★]

해설

피고인이 피해자로부터 강취한 현금카드를 사용하여 현금자동지급기에서 예금을 인출한 행위는 피해자의 승낙에 기한 것이라고 할 수 없으므로 현금자동지급기 관리자의 의사에 반하여 그의 지배를 배제하고 그 현금을 자기의 지배하에 옮겨 놓는 것이 되어서 강도죄와는 별도로 절도죄를 구성한다(대법원 2007.5.10. 2007도1375 강취 현금카드 사건). [×]

1110 신용카드의 사용이라 함은 가맹점에 신용카드를 제시하고 매출전표에 서명하여 이를 교부하는 일련의 행위를 가리키므로 피고인이 절취한 신용카드를 제시하고 카드회사의 승인까지 받았으나 나아가 매출전표에 서명을 하지 않았고, 카드가 없어진 사실을 알게 된 피해자에 의해 거래가 취소되어 최종적으로 매출취소로 거래가 종결된 경우, 피고인의 행위는 신용카드 부정사용의 미수행위에 불과하다 할 것인데 여신전문금융업법에서 위와 같은 미수행위를 처벌하는 규정을 두고 있지 아니한 이상 피고인을 위 법률위반죄로 처벌할 수 없다. ○│×

[17 경찰채용, 16 경간부, 13 국가9급, 13 경찰채용] [Core ★★]

해설

> 대법원 2008.2.14. 2007도8767 서명 직전 발각사건　　　　　　　　　　　　　　　　　[O]

1111 신용카드부정사용죄의 구성요건적 행위인 신용카드의 사용이라 함은 신용카드를 제시하고 매출표에 서명하여 이를 교부하는 일련의 행위를 가리키고 단순히 신용카드를 제시하는 행위만을 가리키는 것은 아니므로, 매출표의 서명 및 교부가 별도로 사문서위조 및 동행사죄의 구성요건을 충족한다고 하여도 사문서위조 및 동행사죄는 신용카드부정사용죄에 흡수되어 신용카드부정사용죄의 1죄만이 성립하고 별도로 사문서위조 및 동행사죄는 성립하지 않는다. ○│×

[16 국가7급, 16 경간부, 15 변호사, 14 법원행시, 14 국가9급] [Core ★★]

해설

> 대법원 1992.6.9. 92도77 세종회관 사건　　　　　　　　　　　　　　　　　　　　　[O]

제5절 공갈의 죄

1112 공갈의 상대방은 재산상의 피해자와 같아야 할 필요는 없고, 피공갈자의 하자 있는 의사에 기하여 이루어지는 재물의 교부 자체가 공갈죄에서의 재산상 손해에 해당하므로 반드시 피해자의 전체 재산의 감소가 요구되는 것도 아니다. ○│×

[17 법원9급, 16 법원행시, 15 법원행시] [Essential ★]

해설

> 대법원 2013.4.11. 2010도13774 언소주 광동제약 불매운동 사건　　　　　　　　　　[O]

1113 공갈죄에 있어서 공갈의 상대방은 재산상의 피해자와 동일함을 요하지는 아니하나 공갈의 목적이 된 재물 기타 재산상의 이익을 처분할 수 있는 사실상 또는 법률상의 권한을 갖거나 그러한 지위에 있음을 요한다. ○│×

[17 경찰승진, 14 법원9급, 12 법원행시, 12 경찰승진, 12 경찰채용, 11 법원9급] [Core ★★]

해설

> 대법원 2005.9.29. 2005도4738 랑데부 룸살롱 사건 [○]

1114 재산상 이익의 취득으로 인한 공갈죄가 성립하려면 공갈행위로 인하여 피공갈자가 재산상 이익을 공여하는 처분행위가 있어야 하고, 그러한 처분행위는 반드시 작위에 한하지 아니하고 부작위로도 족하여서 피공갈자가 외포심을 일으켜 묵인하고 있는 동안에 공갈자가 직접 재산상의 이익을 탈취한 경우에도 공갈죄가 성립할 수 있다. ○│×

[16 법원행시] [Core ★★]

해설

> 대법원 2012.1.27. 2011도16044 택시기사 폭행·도주사건 [○]

1115 A가 乙의 돈을 절취한 다음 다른 금전과 섞거나 교환하지 않고 쇼핑백 등에 넣어 자신의 집에 숨겨 두었는데 피고인 甲이 乙의 지시로 폭력조직원 丙과 함께 A에게 겁을 주어 쇼핑백 등에 들어 있던 절취된 돈을 교부받은 경우 공갈죄가 성립하지 아니한다. ○│×

[16 법원행시, 15 경간부, 14 법원9급, 13 법원행시, 13 경찰채용] [Essential ★]

해설

> (1) 공갈죄의 대상이 되는 재물은 타인의 재물을 의미하므로 사람을 공갈하여 자기의 재물을 교부받는 경우에는 공갈죄가 성립하지 아니한다. (2) 피고인 등이 A에게서 되찾은 돈은 절취대상인 당해 금전이라고 구체적으로 특정할 수 있어 객관적으로 A의 다른 재산과 구분됨이 명백하므로 이를 타인인 A의 재물이라고 볼 수 없어 공갈죄가 성립된다고 볼 수 없다(대법원 2012.8.30. 2012도6157 절취당한 40억 회수사건). [○]

1116 피고인이 피해자가 운전하는 택시를 타고 간 후 목적지에 이르러 택시요금의 지급을 면할 목적으로 다른 장소에 가자고 하면서 택시에서 내린 다음 택시요금 지급을 요구하는 피해자를 때리고 달아난 경우 공갈죄가 성립하지 아니한다. ○│×

[15 경간부, 14 경찰승진, 13 법원행시, 12 법원행시, 12 국가9급, 12 경찰채용] [Essential ★]

해설

> 피해자가 폭행을 당하여 외포심을 일으켜 수동적·소극적으로라도 택시요금 지급을 면하는 것을 용인하여 이익을 공여하는 처분행위를 하였다고 할 수 없으므로 공갈죄는 성립하지 아니한다(대법원 2012.1.27. 2011도16044 택시기사 폭행·도주사건). [○]

1117 피고인이 피해자에 대하여 채권이 있다고 한다면 비록 사회통념상 용인되기 어려운 정도를 넘는 협박을 수단으로 상대방을 외포케 하여 재물의 교부 또는 재산상의 이익을 받았다고 하더라도 공갈죄는 성립하지 아니한다. ○ | ×

[17 변호사, 17 법원9급, 17 경찰승진, 16 법원행시, 15 법원행시, 15 경찰승진] [Essential ★]

해설

> 피고인이 피해자에 대하여 채권이 있다고 하더라도 그 권리행사를 빙자하여 사회통념상 용인되기 어려운 정도를 넘는 협박을 수단으로 상대방을 외포케 하여 재물의 교부 또는 재산상의 이익을 받았다면 공갈죄가 되는 것이다 (대법원 2000.2.25. 99도4305). [×]

1118 다음 중 공갈죄(또는 그 미수죄)가 성립하는 것은 모두 3개다. ○ | ×

[Superlative ★★★]

> ㉠ 피해자의 기망에 의하여 부동산을 비싸게 매수한 피고인이 그 계약을 취소함이 없이 등기를 피고인 앞으로 둔 채 피해자의 전매차익을 받아낼 셈으로 피해자를 협박하여 재산상의 이득을 얻거나 돈을 받은 경우 [16 경찰승진, 15 경찰승진, 14 경간부, 13 변호사, 12 경찰승진, 11 경간부]
> ㉡ 공사 수급인이 권리행사에 빙자하여 도급인 측에 대하여 비리를 관계기관에 고발하겠다는 내용의 협박 내지 사무실의 장시간 무단점거 및 직원들에 대한 폭행 등의 위법수단을 써서 기성고 공사대금 명목으로 8,000만원을 교부받은 경우 [14 경찰채용]
> ㉢ 피고인이 교통사고로 2주일간의 치료를 요하는 상해를 당하여 그로 인한 손해배상청구권이 있음을 기화로 사고차량의 운전사가 바뀐 것을 알고서 그 운전사의 사용자에게 과다한 금원을 요구하면서 이에 응하지 않으면 수사기관에 신고할 듯한 태도를 보여 이에 겁을 먹은 동인으로부터 350만원을 교부받은 경우 [14 경간부, 11 경찰승진]
> ㉣ 피고인이 피해자를 상대로 한 목재대금청구소송이 계속 중, 피해자가 양도소득세를 포탈한 사실이 있다는 약점을 발견하고 이를 이용하여 목재대금을 받아내기로 마음먹고 피해자에게 위와 같은 비위사실을 말하는 외에 관계기관에 진정을 하여 일을 벌리려 한다고 말하여 이에 겁을 먹은 피해자로부터 목재대금을 지급하겠다는 약속을 받아낸 경우 [16 국가9급]

해설

> 모든 항목의 경우 공갈죄(또는 그 미수죄)가 성립한다.
> ㉠ 대법원 1991.9.24. 91도1824 전매차익 공갈사건
> ㉡ 대법원 1991.12.13. 91도2127 국세청에 진정서 제출사건
> ㉢ 대법원 1990.3.27. 89도2036 합의금 350만원 사건
> ㉣ 대법원 1990.11.23. 90도1864 [×]

1119 공갈범행으로 인하여 취득한 이득액은 불법영득의 대상이 된 재물이나 재산상의 이익의 가액이 기준이 되어야 하고, 범죄의 기수시기를 기준으로 하여 산정할 것이며 그 후의 사정변경을 고려할 것이 아니고 그와 같은 사정변경의 가능성이 공갈행위 시 예견가능한 것이라고 하여도 마찬가지이다.

[22 법원행시] [Core ★★]

해설

공갈범행으로 인하여 취득한 이득액은 불법영득의 대상이 된 재물이나 재산상의 이익의 가액이 기준이 되어야 하고, 범죄의 기수시기를 기준으로 하여 산정할 것이며 그 후의 사정변경을 고려할 것이 아니고 그와 같은 사정변경의 가능성이 공갈행위 시 예견가능한 것이라고 하여도 마찬가지이다(대법원 1990.10.16. 90도1815). [○]

1120 (가)지역신문의 발행인 겸 편집자인 피고인이 시정(市政)에 관한 비판기사 및 사설을 보도하고 시(市) 관련 공무원에게 광고의뢰 및 직보배정을 (나)지역신문이나 (다)지역신문과 같은 수준으로 높게 해달라고 요청한 경우 공갈죄가 성립한다.

[17 경찰승진, 15 경찰승진, 12 경찰승진, 11 법원9급] [Essential ★]

해설

피고인의 행위만으로는 상대방을 협박하였다고 볼 수 없다(대법원 2002.12.10. 2001도7095 삼척신문 사건). [×]

1121 피고인이 광동제약에 대하여 불매운동을 하겠다고 하면서 조선일보, 중앙일보, 동아일보 등 언론사에 대한 광고를 중단할 것을 요구하고 한겨레신문, 경향신문에 조선일보 등과 동등하게 광고를 집행할 것을 요구한 경우 공갈죄가 성립한다.

[14 경찰승진] [Essential ★]

해설

피고인의 행위는 모두 광동제약의 의사결정권자로 하여금 그 요구를 수용하지 아니할 경우 불매운동이 지속되어 영업에 타격을 입게 될 것이라는 겁을 먹게 하여 그 의사결정 및 의사실 행의 자유를 침해한 것으로 강요죄나 공갈죄의 수단으로서의 협박에 해당한다(대법원 2013.4.11. 2010도13774 언소주 광동제약 불매운동 사건). [○]

1122 방송기자인 피고인이 피해자에게 피해자 경영의 건설회사가 건축한 아파트의 진입도로미비 등 공사하자에 관하여 방송으로 계속 보도할 것 같은 태도를 보임으로써 피해자가 아파트 건축사업이 큰 타격을 받고 회사의 신용에 커다란 손실을 입게될 것을 우려하여 방송을 하지 말아 달라는 취지로 200만원을 교부한 경우 공갈죄가 성립한다.

[14 경간부] [Essential ★]

해설

공갈죄의 구성요건이 충족되고 또 인과관계도 인정된다(대법원 1991.5.28. 91도80 부산KBS 기자사건). [○]

1123 피고인 甲 등이 피해자 A에게 "작은 아들이 교통사고가 나 크게 다치거나 죽거나 하게 된다. 조상천도를 하면 교통사고를 막을 수 있고 보살도 아픈 곳이 낫고 사업도 잘 되고 모든 것이 잘 풀려 나간다"라고 말하여 A로부터 795,500원을 건네받고, 피해자 B에게 "아들이 형편없이 빗나가 학교에도 다니지 못하게 되고 부부가 이별하게 되고 하는 사업이 망하고 집도 다른 사람에게 넘어가게 된다. 조상천도를 하면 모든 것이 다 잘 된다"라고 말하여 B로부터 예금계좌로 835,000원을 송금받은 경우 공갈죄가 성립한다. ○|×

[16 경찰승진, 16 경찰채용, 14 경간부, 13 경찰승진, 12 경간부, 12 경찰채용, 11 경간부] [Essential ★]

해설

해악의 고지는 길흉화복이나 천재지변의 예고로서 피고인 甲에 의하여 직접, 간접적으로 좌우될 수 없는 것이고 가해자가 현실적으로 특정되어 있지도 않으며 해악의 발생가능성이 합리적으로 예견될 수 있는 것이 아니므로 협박으로 평가될 수 없다(대법원 2002.2.8. 2000도3245 조상천도제 사건).　[×]

1124 다음 중 공갈죄(또는 그 미수죄)가 성립하는 것은 모두 1개다. ○|×

[Superlative ★★★]

    ㉠ 피고인이 가출자의 가족에 대하여 가출자의 소재를 알려주는 조건으로 보험가입을 요구한 경우 [15 경찰승진]

    ㉡ 토지매도인이 매매대금을 지급받기 위하여 매수인을 상대로 하여 당해 토지에 관한 소유권이전등기말소청구소송을 제기하고 위 대금을 변제받지 못하면 소송을 취하하지 아니하고 예고등기도 말소하지 않겠다는 취지로 말한 경우 [15 법원9급, 12 경찰채용]

    ㉢ (피고인이 그 소유 건물에 인접한 대지 위에 건축허가조건에 위반되게 건물을 신축, 사용하는 피해자로부터 일조권 침해 등으로 인한 손해를 받고 있는 상태에서) 피고인이 신축건물에 세들어 영업을 하고 있는 사람들이나 중재에 나선 사람에게 자신의 애로점을 호소하거나 다소 과격한 언사를 쓰고, 나아가 진정취하를 조건으로 피해자로부터 그 요구금액 전액을 받아낸 경우 [14 경찰채용]

    ㉣ 피고인들이 A가 종업원으로 일하고 있던 랑데부 룸살롱에서 은근히 조직폭력배임을 과시하면서 "이 새끼들아 술 내놔"라고 소리치고, 험악한 인상을 쓰면서 "너희들은 B가 깡패도 아닌데 왜 따라 다니며 어울리냐"라고 말하는 등의 방법으로 신체에 위해를 가할 듯한 태도를 보여 이에 겁을 먹은 A로부터 주류를 제공받은 경우 [15 경간부]

해설

㉣ 항목의 경우에만 공갈죄가 성립한다.

㉠ 피고인의 소위는 도의상 비난할 수 있을지언정 그로 인하여 가족들에 새로운 외포심을 일으키게 되거나 외포심이 더하여 진다고는 볼 수 없으므로 이를 공갈죄에 있어서의 협박이라고 단정할 수 없다(대법원 1976.4.27. 75도2818 보험가입조건 사건).

㉡ 민사소송에 있어 부당한 제소나 그 소송의 유지가 있다 하더라도 상대방은 이에 응소하여 방어권을 충분히 행사할 수 있는 것이고 소의 취하는 상대방이 이를 강제할 수 없는 것이므로 피고인의 행위를 공갈행위라고 단정할 수는 없다(대법원 1989.2.28. 87도690).

㉢ 피고인의 금원요구 행위나 수령행위를 가리켜 권리행사를 빙자하였다거나 사회통념상 권리행사의 수단, 방법으로서 용인되는 범위를 넘는 공갈행위가 있었다고 단정할 수는 없다(대법원 1990.8.14. 90도114 신축건물과의 분쟁사건).

㉣ 신체에 위해를 가할 듯한 태도를 보여 이에 겁을 먹은 A로부터 주류를 제공받은 경우 공갈죄가 성립하고, 피고인들로부터 협박을 당한 A는 주류에 대한 사실상의 처분권자이므로 A를 공갈죄의 피해자라고 봄이 상당하다(대법원 2005.9.29. 2005도4738 랑데부 룸살롱 사건).　[○]

1125 공갈죄에 관한 다음 설명 중 옳지 않은 것은 모두 1개다. ○|×

> ㉠ 피고인이 피해자들을 공갈하여 피해자들로 하여금 지정한 예금구좌에 돈을 입금케 한 이상, 돈은 범인이 자유로이 처분할 수 있는 상태에 놓인 것으로서 공갈죄는 이미 기수에 이르렀다 할 것이다. [13 국가7급]
>
> ㉡ 부동산에 대한 공갈죄는 그 부동산에 관하여 소유권이전등기에 필요한 서류를 교부받은 때에 기수가 되는 것이지 소유권이전등기를 경료받거나 또는 인도를 받은 때에 비로소 기수가 되는 것은 아니다. [16 법원9급, 16 경찰승진, 15 법원9급, 13 경찰승진, 12 법원행시, 12 경찰승진, 12 경찰채용, 11 경찰승진]
>
> ㉢ 피고인이 투자금의 회수를 위해 피해자를 강요하여 물품대금을 횡령하였다는 자인서를 받아낸 뒤 이를 근거로 돈을 갈취한 경우, 강요죄 및 공갈죄가 성립하고 이들은 실체적 경합관계에 있다. [14 경찰채용, 13 경간부]
>
> ㉣ 공무원이 직무집행의 의사 없이 또는 직무처리와 대가적 관계없이 타인을 공갈하여 재물을 교부하게 한 경우에는 공갈죄만이 성립하고, 이러한 경우 재물의 교부자는 공갈죄의 피해자가 될 것이고 뇌물공여죄는 성립될 수 없다. [17 변호사, 16 경찰승진, 15 국가9급, 15 경간부, 15 경찰채용, 14 법원행시, 14 법원9급, 14 경찰채용, 13 국가9급, 13 경찰승진, 13 경간부, 12 변호사, 11 경찰승진]

해설

> ㉡㉢ 2 항목이 옳지 않다.
>
> ㉠ 대법원 1985.9.24. 85도1687 제과회사 독극물 협박사건
>
> ㉡ 부동산에 대한 공갈죄는 그 부동산에 관하여 소유권이전등기를 경료받거나 또는 인도를 받은 때에 기수로 되는 것이고, 소유권이전등기에 필요한 서류를 교부받은 때에 기수로 되어 그 범행이 완료되는 것은 아니다(대법원 1992.9.14. 92도1506).
>
> ㉢ 피고인의 주된 범의가 피해자로부터 돈을 갈취하는 데에 있었던 것이라면 피고인은 단일한 공갈의 범의하에 갈취의 방법으로 일단 자인서를 작성하게 한 후 이를 근거로 계속하여 갈취 행위를 한 것이므로 공갈죄 일죄만을 구성한다(대법원 1985.6.25. 84도2083 횡령 자인서 사건).
>
> ㉣ 대법원 1994.12.22. 94도2528 탈세묵인 세무공무원 사건 [×]

제6절 횡령의 죄

1. 횡령죄

1126 횡령죄는 다른 사람의 재물에 관한 소유권 등 본권을 그 보호법익으로 하고 그 법익침해의 위험이 있으면 그 침해의 결과가 발생되지 아니하더라도 성립하는 위험범이다. ○|×

[17 경찰채용, 14 국가7급, 12 법원행시] [Core ★★]

해설

> 대법원 2013.2.21. 2010도10500 솔숲 종중회의 총무 횡령사건 [○]

1127 횡령죄의 본질이 신임관계에 기초하여 위탁된 타인의 물건을 위법하게 영득하는 데 있음에 비추어 볼 때 위탁신임관계는 횡령죄로 보호할 만한 가치 있는 신임에 의한 것으로 한정함이 타당하다.

○ | ×

[22 경찰채용] [Essential ★]

해설

> 횡령죄의 본질이 신임관계에 기초하여 위탁된 타인의 물건을 위법하게 영득하는 데 있음에 비추어 볼 때 위탁신임
> 관계는 횡령죄로 보호할 만한 가치 있는 신임에 의한 것으로 한정함이 타당하다(대법원 2016.5.19. 2014도
> 6992 全合 중간생략명의신탁 사건 I). [○]

1128 횡령죄는 타인의 재물에 대한 재산범죄로서 재물의 소유권 등 본권을 보호법익으로 하는 범죄이다. 따라서 횡령죄의 객체가 타인의 재물에 속하는 이상 구체적으로 누구의 소유인지는 횡령죄의 성립 여부에 영향이 없다.

○ | ×

[22 경찰채용] [Core ★★]

해설

> 횡령죄는 타인의 재물에 대한 재산범죄로서 재물의 소유권 등 본권을 보호법익으로 하는 범죄이다. 따라서 횡령죄
> 의 객체가 타인의 재물에 속하는 이상 구체적으로 누구의 소유인지는 횡령죄의 성립 여부에 영향이 없다(대법원
> 2019.12.24. 2019도9773). [○]

1129 횡령죄의 객체인 재물은 동산이나 부동산 등 유체물에 한정되지 아니하고 관리할 수 있는 동력도 재물로 간주되므로 사무적으로 관리가 가능한 채권이나 그 밖의 권리 등도 재물에 포함된다. ○ | ×

[17 경간부] [Essential ★]

해설

> 관리할 수 있는 동력도 재물로 간주되지만, 여기에서 말하는 관리란 물리적 또는 물질적 관리를 가리킨다고 볼
> 것이고 사무적으로 관리가 가능한 채권이나 그 밖의 권리 등은 재물에 포함된다고 해석할 수 없다(대법원 2014.
> 2.27. 2011도832 전자외상매출채권 사건). [×]

1130 주권(株券)은 유가증권으로서 재물에 해당되므로 횡령죄의 객체가 될 수 있으나, 자본의 구성단위 또는 주주권을 의미하는 주식(株式)은 재물이 아니므로 횡령죄의 객체가 될 수 없다. ○ | ×

[15 경간부, 15 경찰채용] [Core ★★]

해설

> 대법원 2005.2.18. 2002도2822 주식수 변조사건 [○]

1131 피고인이 甲이 A와의 합의하에 그로부터 예당저수지 124광구의 사금채취광업권을 명의신탁받아 보관하던 중, A로부터 반환요구를 받고도 "A로부터 광업권을 5,000만원에 매수한 것이다"라고 주장하면서 그 반환요구를 거부한 경우 횡령죄가 성립한다. ○│×

[16 변호사, 16 경찰채용, 15 경간부, 11 경찰승진] [Essential ★]

해설

> 광업권은 재물인 광물을 취득할 수 있는 권리에 불과하지 재물 그 자체는 아니므로 횡령죄의 객체가 된다고 할 수 없고, 광업법 제12조가 광업권을 물권으로 하고 광업법에서 따로 정한 경우를 제외하고는 부동산에 관한 민법 기타 법령의 규정을 준용하도록 규정하고 있다 하여 광업권이 부동산과 마찬가지로 횡령죄의 객체가 된다고 할 수는 없다(대법원 1994.3.8. 93도2272 광업권 반환거부사건). [×]

1132 다음 중 횡령죄가 성립하는 것은 모두 2개다. ○│×

[Superlative ★★★]

> ㉠ 공유자 중의 1인이 공유물 매각대금을 보관하던 중 임의로 소비한 경우 [15 경간부]
> ㉡ 매도인이 매수인으로부터 물건납품을 위한 선매대금을 교부받은 후, 이를 임의로 소비한 경우 [11 경찰승진]
> ㉢ 채권을 양도한 자가 채권양도 통지를 하기 전에 채무자로부터 채권을 추심하여 금전을 수령한 후 이를 임의로 소비한 경우 [16 경찰승진, 14 변호사, 14 경찰채용, 11 경찰승진]
> ㉣ 채권자가 그 채권의 지급을 담보하기 위하여 채무자로부터 수표를 발행·교부받아 이를 소지하고 있다가 임의로 소비한 경우 [12 법원행시, 12 경간부]

해설

> ㉠ 1 항목의 경우 횡령죄가 성립한다.
> ㉠ 공유물의 매각대금도 정산하기까지는 각 공유자의 공유에 귀속한다고 할 것이므로 공유자 1인이 그 매각대금을 임의로 소비하였다면 횡령죄가 성립한다(대법원 1983.8.23. 80도1161).
> ㉡ 물건납품을 위한 선매대금은 매수인으로부터 매도인에게 교부되면 그 소유권이 매도인에게 이전되는 것이므로 매도인이 그 대금으로 교부받은 돈을 임의로 소비하였다 하더라도 횡령죄를 구성하지 아니한다(대법원 1986.6.24. 86도631 감자 선매대금 사건).
> ㉢ (1) 채권양도인이 채무자에게 채권양도 통지를 하는 등으로 채권양도의 대항요건을 갖추어 주지 않은 채 채무자로부터 채권을 추심하여 금전을 수령한 경우 특별한 사정이 없는 한 금전의 소유권은 채권양수인이 아니라 채권양도인에게 귀속하고 채권양도인이 채권양수인을 위하여 양도 채권의 보전에 관한 사무를 처리하는 신임관계가 존재한다고 볼 수 없다. 따라서 채권양도인이 양도한 채권을 추심하여 수령한 금전에 관하여 채권양수인을 위해 보관하는 자의 지위에 있다고 볼 수 없으므로 채권양도인이 금전을 임의로 처분하더라도 횡령죄는 성립하지 않는다. (2) 임차인 甲이 A와 임대차보증금반환채권에 관한 채권양도계약을 체결하고 임대인 B에게 채권양도 통지를 하기 전에 B로부터 채권을 추심하여 남아 있던 임대차보증금을 수령하였더라도 임대차보증금으로 받은 금전의 소유권은 甲에게 귀속할 뿐이고 A에게 귀속한다고 볼 수 없다. 나아가 채권양도계약을 체결한 甲과 A는 통상의 권리이전계약에 따른 이익대립관계에 있을 뿐이고 甲이 A를 위한 보관자 지위가 인정될 수 있는 신임관계에 있다고 볼 수도 없다(대법원 2022.6.23. 2017도3829 全合 임차보증금 양도사건). 이 판결로 채권양도에 횡령죄가 성립한다는 97도666 全合 판결 등은 폐기되었음
> ㉣ 채권자가 그 채권의 지급을 담보하기 위하여 채무자로부터 수표를 발행·교부받아 이를 소지한 경우에는 그 수표상의 권리가 채권자에게 유효하게 귀속되고, 채권자와 채무자 사이의 수표 반환에 관한 약정은 원인관계상의 인적 항변사유에 불과하므로 채권자는 횡령죄의 주체인 타인의 재물을 보관하는 자의 지위에 있다고 볼 수 없다(대법원 2000.2.11. 99도4979 담보 가계수표 사건). [×]

1133 외국인학교의 설치·경영자인 피고인이 학생이나 학부모가 납부한 수업료 등으로 조성된 교비를 임의로 사용한 경우 횡령죄가 성립한다. ○|×

[13 경찰채용, 12 경찰채용] [Core ★★]

해설

> 외국인학교의 학생이나 학부모가 납부한 수업료 등으로 조성된 교비는 특별한 사정이 없는 한 외국인학교의 설치·경영자인 피고인의 소유에 속하므로 횡령죄가 성립한다고 볼 수 없다(대법원 2012.5.10. 2011도12408 인디안헤드 외국인학교 사건). [×]

1134 부동산 입찰절차에서 수인이 대금을 분담하되 그 중 1인 명의로 낙찰받기로 약정하여 그에 따라 낙찰이 이루어졌음에도 그 명의인이 부동산을 임의로 처분한 경우 횡령죄가 성립한다. ○|×

[14 경찰승진, 11 경찰승진] [Essential ★]

해설

> 입찰절차에서 낙찰인의 지위에 서게 되는 사람은 어디까지나 그 명의인이므로 입찰목적 부동산의 소유권은 경락대금을 실질적으로 부담한 자가 누구인가와 상관없이 명의인이 취득한다 할 것이므로 명의인이 이를 임의로 처분하더라도 횡령죄를 구성하지 않는다(대법원 2000.9.8. 2000도258 낙찰명의인 배신사건). [×]

1135 보관자의 지위에 있는 공동명의 예금채권자가 피해자 조합원들이 제기한 소송으로 인하여 조합이 입게 되는 손해에 대한 구상금 채권의 집행 확보를 위하여 피해자 조합원들에 대하여 예금계좌에 초과로 입금된 개발부담금의 반환을 거부한 경우에는 불법영득의사가 인정되어 횡령죄가 성립한다. ○|×

[20 경찰채용] [Core ★★]

해설

> (1) 형법 제355조 제1항에서 정하는 '반환의 거부'라고 함은 보관물에 대하여 소유자의 권리를 배제하는 의사표시를 하는 행위를 뜻하므로, 타인의 재물을 보관하는 자가 단순히 반환을 거부한 사실만으로는 횡령죄를 구성하는 것은 아니며, 반환거부의 이유 및 주관적인 의사 등을 종합하여 반환거부행위가 횡령행위와 같다고 볼 수 있을 정도이어야만 횡령죄가 성립한다. (2) 원심은, 피고인들이 피해자 조합원들에 대하여 예금계좌에 초과로 입금된 개발부담금의 반환을 거부한 것은 피해자 조합원들이 제기한 소송으로 인하여 조합이 입게 되는 손해에 대한 구상금채권의 집행 확보를 위한 것에 불과하고, 개발부담금을 영득하기 위한 것이라고 볼 수 없다고 판단하여 횡령죄가 성립하지 않는다고 보아 무죄를 선고하였는 바, 원심의 위와 같은 사실인정과 판단은 정당하다(대법원 2008. 12.11. 2008도8279). [×]

1136 근로자는 운송회사로부터 일정액의 급여를 받으면서 당일 운송수입금을 전부 운송회사에 납입하고 운송회사는 이를 월 단위로 정산하기로 하는 약정이 체결되었음에도, 근로자가 운송수입금을 임의로 소비한 경우 횡령죄가 성립한다. ○|×

[17 국가7급, 17 경간부, 16 경간부, 15 법원행시] [Core ★★]

해설

> 근로자가 애초 거둔 운송수입금 전액은 운송회사의 관리와 지배 아래 있다고 봄이 상당하므로 근로자가 운송수입금을 임의로 소비하였다면 횡령죄를 구성한다(대법원 2014.4.30. 2013도8799 택시기사 수입금 횡령사건).
> [○]

1137 다음 중 횡령죄가 성립하는 것은 모두 2개다. ○|×

[Superlative ★★★]

> ㉠ 조합장이 조합으로부터 공무원에게 뇌물로 전달하여 달라고 금원을 교부받았음에도 이를 전달하지 않고 타에 소비한 경우 [14 변호사, 13 경찰승진, 12 변호사, 12 법원행시]
> ㉡ 피고인 甲이 乙로부터 제3자에 대한 뇌물공여 또는 배임증재의 목적으로 전달하여 달라고 교부받은 금전을 제3자에게 전달하지 않고 임의로 소비한 경우 [17 국가7급, 14 국가7급]
> ㉢ 포주가 윤락녀와 사이에 윤락녀가 받은 화대(花代)를 포주가 보관하였다가 절반씩 분배하기로 약정하고도 보관중인 화대를 임의로 소비한 경우 [15 경찰승진, 14 법원행시, 13 경찰승진]
> ㉣ 피고인이 병원을 대신하여 제약회사들로부터 의약품을 공급받는 대가로 그 의약품 매출액에 비례하여 기부금 명목의 금원을 제공받은 다음 병원을 위하여 보관하던 중, 이를 병원에게 반환하지 않고 개인적인 용도로 사용한 경우 [16 국가7급]

해설

> ㉢㉣ 2 항목의 경우 횡령죄가 성립한다.
> ㉠ 조합장이 교부받은 것은 불법원인으로 인하여 지급받은 것으로서 이를 뇌물로 전달하지 않고 타에 소비하였다고 해서 타인의 물건을 보관 중 횡령하였다고 볼 수는 없다(대법원 1988.9.20. 86도628 조합장 뇌물 임의소비 사건).
> ㉡ 피고인 甲이 乙로부터 교부받은 금전은 불법원인급여물에 해당하여 그 소유권은 甲에게 귀속되는 것으로서 甲이 금전을 제3자에게 전달하지 않고 임의로 소비하였다고 하더라도 횡령죄가 성립하지 않는다(대법원 1999.6.11. 99도275 경찰청 정보과 경감 사건).
> ㉢ 포주의 불법성이 윤락녀의 불법성보다 현저히 크므로 (화대의 소유권은 여전히 윤락녀에게 속하므로) 횡령죄를 구성한다(대법원 1999.9.17. 98도2036 인천 학익동 포주사건).
> ㉣ 특별한 사정이 없는 한 선량한 풍속 기타 사회질서에 반하는 행위로서 불법원인급여에 해당한다고 보기 어려우므로 피고인이 이를 병원에게 반환하지 않고 개인적인 용도로 사용하였다면 업무상 횡령죄가 성립한다(대법원 2008.10.9. 2007도2511 제약회사 리베이트 반환거부사건).
> [○]

1138 다음은 모두 횡령죄가 성립한다.　　　　　　　　　　　　　　　　　　O | X

[Superlative ★★★]

> ㉠ 피고인 명의의 계좌에 추가로 송금된 3억 2,000만원이 피해자측에서 착오로 송금한 것임에도 피고인이 그 금액을 다른 계좌로 이체하는 등 임의로 사용한 경우 [16 법원9급, 11 경찰승진, 11 경찰채용]
> ㉡ 피고인이 송금 절차의 착오로 인하여 피고인 명의의 은행 계좌에 입금된 돈을 임의로 인출하여 소비한 경우 [17 법원행시, 17 국가9급, 16 변호사, 16 국가7급, 14 변호사, 13 법원행시, 11 법원9급]
> ㉢ 임차인이 이사하면서 그가 소유하거나 타인으로부터 위탁받아 보관 중이던 물건들을 임대인의 방해로 옮기지 못하고 그 임차공장내에 그대로 두었는데, 임대인이 이를 임의로 매각하거나 반환을 거부한 경우 [14 경찰채용]
> ㉣ 피고인이 임야를 이전받는 과정에서 적법한 종중총회의 결의가 없었으나, 종중 회장으로부터 담보 대출을 받아달라는 부탁과 함께 종중 소유의 임야를 이전받은 다음 임야를 담보로 금원을 대출받아 임의로 사용한 경우 [11 법원행시]

해설

> 모든 항목의 경우 위탁관계가 인정되어 횡령죄가 성립한다.
> ㉠ 피고인이 착오로 송금된 금액을 다른 계좌로 이체하는 등 임의로 사용한 경우 횡령죄가 성립한다(대법원 2005.10.28. 2005도5975 3억 2천 송금착오사건).
> ㉡ 어떤 예금계좌에 돈이 착오로 잘못 송금되어 입금된 경우에는 그 예금주와 송금인 사이에 신의칙상 보관관계가 성립한다고 할 것이고, 이는 송금인과 피고인 사이에 별다른 거래관계가 없다고 하더라도 마찬가지이다(대법원 2010.12.9. 2010도891 300만달러 송금착오사건).
> ㉢ 임대인은 사무관리 또는 조리상 당연히 임차인을 위하여 위 물건들을 보관하는 지위에 있다 할 것이므로 임대인이 이를 임의로 매각하거나 반환을 거부하였다면 횡령죄를 구성한다(대법원 1985.4.9. 84도300 비닐공장 이전 방해사건).
> ㉣ 비록 甲이 임야를 이전받는 과정에서 적법한 종중총회의 결의가 없었다고 하더라도 甲은 임야나 대출금에 관하여 사실상 종중의 위탁에 따라 이를 보관하는 지위에 있다고 보아야 할 것이어서 종중에 대한 관계에서 횡령죄를 구성한다(대법원 2005.6.24. 2005도2413 종중임야 횡령사건).　　　　　[O]

1139 피고인이 甲으로부터 수표를 현금으로 교환해주면 대가를 주겠다는 제안을 받고 위 수표가 乙 등이 불법금융다단계 유사수신행위에 의한 사기범행을 통해 취득한 범죄수익이거나 이러한 범죄수익에서 유래한 재산이라는 사실을 잘 알면서도 교부받아 그 일부를 현금으로 교환한 후 아직 교환되지 못한 수표 및 교환된 현금을 임의로 사용한 경우 횡령죄가 성립한다.　　　　　　　O | X

[18 법원행시] [Superlative ★★★]

해설

> 피고인이 甲으로부터 범죄수익(불법 금융다단계 유사수신행위에 의한 사기범행을 통하여 취득한 범죄수익 등)에 해당하는 19억원 가량의 수표를 현금으로 교환해 달라는 부탁을 받은 후, 그 일부를 현금으로 교환한 상태에서 아직 교환하지 않은 수표와 교환한 현금 중 18억원 가량을 임의로 사용하였더라도, 피고인이 교부받은 수표는 불법의 원인으로 급여한 물건에 해당하여 그 소유권이 피고인에게 귀속되므로 횡령죄가 성립하지 않는다(대법원 2017.4.26. 2016도18035 범죄수익 수표 임의소비사건).　　　　　[X]

1140 타인의 금전을 위탁받아 보관하는 자는 보관방법으로 이를 은행 등의 금융기관에 예치한 경우에도 보관자의 지위를 갖는 것이다. ○│×

[17 법원행시, 17 경간부, 16 경찰채용] [Essential ★]

해설

> 대법원 2015.2.12. 2014도11244 [○]

1141 미등기의 건물에 대하여는 위탁관계에 의하여 현실로 부동산을 관리·지배하는 자가 보관자라고 할 수 있으므로 피고인이 미등기건물의 관리를 위임받아 그 곳에서 거주하고 있다면 건물의 보관자의 지위에 있는 것이다. ○│×

[12 경찰채용, 11 경찰채용] [Core ★★]

해설

> 대법원 1993.3.9. 92도2999 미등기건물 관리자 사건 [○]

1142 부동산의 공유자 중 1인이 다른 공유자의 지분을 임의로 처분하거나 임대한 경우 횡령죄가 성립한다. ○│×

[13 경찰승진, 11 법원행시, 11 경간부, 11 경찰승진] [Core ★★]

해설

> 부동산의 공유자 중 1인이 다른 공유자의 지분을 임의로 처분하거나 임대하여도 그에게는 처분권능이 없어 횡령죄 가 성립하지 아니한다(대법원 2004.5.27. 2003도6988 주차장 무단처분 사건). [×]

1143 부동산을 공동으로 상속한 자들 중 1인이 부동산을 혼자 점유하던 중 다른 공동상속인의 상속지분 을 임의로 처분한 경우 횡령죄가 성립한다. ○│×

[17 법원행시, 17 경찰승진, 15 법원9급, 15 경찰승진, 15 경찰채용, 14 법원행시, 12 경간부, 11 경찰승진] [Essential ★]

해설

> 부동산을 공동으로 상속한 자들 중 1인이 부동산을 혼자 점유하던 중 다른 공동상속인의 상속지분을 임의로 처분 하여도 그에게는 처분권능이 없어 횡령죄가 성립하지 아니한다(대법원 2000.4.11. 2000도565 계모 상속재산 매도사건). [×]

1144 타인 소유의 토지에 관하여 허위의 보증서와 확인서를 발급받아 부동산소유권 이전등기 등에 관한 특별조치법에 따른 소유권이전등기를 임의로 마친 사람은 그 원인무효 등기에 따라 토지에 대한 처분권능이 새로이 발생하는 것이 아니므로 토지에 대한 '보관자의 지위'에 있다고 할 수 없다. ○ | ×

[22 법원행시] [Core ★★]

해설

타인 소유의 토지에 관하여 허위의 보증서와 확인서를 발급받아 부동산소유권 이전등기 등에 관한 특별조치법에 따른 소유권이전등기를 임의로 마친 사람은 그 원인무효 등기에 따라 토지에 대한 처분권능이 새로이 발생하는 것이 아니므로 토지에 대한 '보관자의 지위'에 있다고 할 수 없다(대법원 1987.2.10. 86도1607). [○]

1145 임야의 진정한 소유자와는 전혀 무관하게 신탁자로부터 임야 지분을 명의신탁받아 지분이 전등기를 경료한 수탁자가 신탁받은 지분을 임의로 처분한 경우 횡령죄가 성립한다. ○ | ×

[15 경찰채용, 12 국가9급, 11 경찰채용] [Core ★★]

해설

수탁자로서는 임야 지분을 보관하는 자의 지위에 있다고도 할 수 없으므로 임야 지분을 횡령한 것으로 된다고 할 수 없다(대법원 2007.5.31. 2007도1082 이태원동 임야사건). [×]

1146 다음 중 횡령죄가 성립하는 것은 모두 3개다. ○ | ×

[Superlative ★★★]

⊙ 사용자가 근로자의 임금에서 원천공제한 기여금을 국민연금관리공단에 납부하지 않고 이를 개인적 용도로 소비한 경우 [13 경찰승진]
ⓛ 타인의 금전을 위탁받아 보관하는 자가 금융기관에 자신의 명의로 이를 예치하였다가 이후 함부로 인출하여 소비하거나 반환요구를 받았음에도 이를 거부한 경우 [16 법원행시, 12 경간부]
ⓒ 발행인으로부터 일정한 금액의 범위 내에서 액면을 보충·할인하여 달라는 의뢰를 받고 액면 백지인 약속어음을 교부받아 보관 중이던 자가 합의에 의하여 정해진 보충권의 한도를 넘어 보충한 후에, 이를 자신의 채무변제조로 제3자에게 교부하여 임의로 사용한 경우 [11 경찰승진]
ⓔ 지입회사에 소유권이 있는 차량에 대하여 지입회사로부터 운행관리권을 위임받은 지입차주가 지입회사의 승낙 없이 그 보관 중인 차량을 사실상 처분하거나 지입차주로부터 차량 보관을 위임받은 사람이 지입차주의 승낙 없이 보관 중인 차량을 사실상 처분하였으나 그 보관 위임자나 보관자가 차량의 등록명의자가 아닌 경우 [17 법원행시, 17 법원9급, 17 경간부, 17 경찰채용]

해설

⊙ⓛⓔ 3 항목의 경우 횡령죄가 성립한다.
⊙ 사용자는 매월 임금에서 국민연금 보험료 중 근로자가 부담할 기여금을 원천공제하여 근로자를 위하여 보관하고, 국민연금관리공단에 보험료를 납부하여야 할 업무상 임무를 부담하게 되므로, 사용자가 이를 개인적 용도로 소비하였다면 업무상횡령죄의 책임을 면할 수 없다(대법원 2011.2.10. 2010도13284).

ⓒ (1) 타인의 금전을 위탁받아 보관하는 자는 보관방법으로 이를 은행 등의 금융기관에 예치한 경우에도 보관자의 지위를 갖는다. (2) 타인의 금전을 위탁받아 보관하는 자가 보관방법으로 금융기관에 자신의 명의로 예치한 경우, 금융실명거래 및 비밀보장에 관한 긴급재정경제명령이 시행된 이후라도 위탁자가 그 위탁한 금전의 반환을 구할 수 없는 것은 아니므로 수탁자가 이를 소비하거나 영득할 의사로 반환을 거부하는 경우에는 횡령죄가 성립한다(대법원 2015.2.12. 2014도11244).

ⓒ 보충권의 남용행위로 인하여 생겨난 새로운 약속어음에 대하여는 발행인과의 관계에서 보관자의 지위에 있다 할 수 없으므로, 설사 그 약속어음을 임의로 사용하였다고 하더라도 배임죄가 성립될 수 있음은 별론으로 하고 보관자의 지위에 있음을 전제로 횡령죄가 성립될 수는 없다(대법원 1995.1.20. 94도2760).

ⓔ (1) 소유권의 취득에 등록이 필요한 타인 소유의 차량을 인도 받아 보관하고 있는 사람이 이를 사실상 처분하면 횡령죄가 성립하며, 그 보관 위임자나 보관자가 차량의 등록명의자일 필요는 없다. (2) 지입 회사에 소유권이 있는 차량에 대하여 지입회사로부터 운행관리권을 위임받은 지입차주가 지입회사의 승낙 없이 그 보관 중인 차량을 사실상 처분하거나 지입차주로부터 차량 보관을 위임받은 사람이 지입차주의 승낙 없이 보관 중인 차량을 사실상 처분한 경우 횡령죄가 성립한다(대법원 2015.6.25. 2015도1944 全合).

1147 동업자 사이에 손익분배의 정산이 되지 아니하였다면 동업자의 한 사람이 임의로 동업자들의 합유에 속하는 동업재산을 처분할 권한이 없는 것이므로, 동업자의 한 사람이 동업재산을 보관 중 임의로 횡령하였다면 다른 동업자의 지분비율에 해당하는 금액에 대하여 횡령죄의 죄책을 부담한다.

O | X

[16 경찰채용, 15 변호사, 15 법원9급, 12 경찰채용] [Core ★★]

해설

동업자의 한 사람이 동업재산을 보관 중 임의로 횡령하였다면 지분비율에 관계없이 임의로 횡령한 금액 전부에 대하여 횡령죄의 죄책을 부담한다(대법원 2011.6.10. 2010도17684 계약금 9천 횡령사건).   [×]

1148 아파트 입주자대표회의 회장이 아파트 특별수선충당금을 구조진단 견적비 및 손해배상청구소송의 변호사 선임료로 사용하였으나, 당시에는 특별수선충당금의 용도외 사용이 관리 규약에 의해서만 제한되고 있어서 구분소유자들 또는 입주민들로부터 포괄적인 동의를 얻어 특별수선충당금을 위탁의 취지에 부합하는 용도에 사용한 것으로 볼 수 있다면 업무상횡령죄에 해당하지 않는다.   O | X

[20 경찰채용] [Essential ★]

해설

대법원 2017.2.15. 2013도14777 특별수선충당금 사용사건 '구분소유자들 또는 입주민들로부터 포괄적인 동의를 얻어' 특별수선충당금을 위탁의 취지에 부합하는 용도에 사용한 것으로 볼 수 있어, 즉 불법영득의사를 인정할 수 없어 횡령죄가 성립하지 아니한다.   [O]

1149 익명조합원이 영업을 위하여 출자한 금전 기타의 재산은 상대방인 영업자의 재산으로 되는 것이므로 영업자가 그 영업의 이익금을 함부로 자기 용도에 소비하였다 하여도 횡령죄가 되지 아니한다.

O | X

[18 경간부, 15 법원9급, 11 경간부] [Essential ★]

해설

대법원 1971.12.28. 71도2032 카프테리아 사건   [O]

1150 이른바 '프랜차이즈 계약'에 있어 가맹점주들이 판매하여 보관 중인 물품판매 대금을 임의로 소비한 경우 횡령죄가 성립한다. ○|×

[16 변호사, 14 경찰승진, 11 경찰승진] [Essential ★]

해설

> 프랜차이즈(가맹점) 계약을 동업계약 관계로는 볼 수 없어 가맹점주들이 판매하여 보관 중인 물품판매 대금은 그들의 소유라 할 것이어서 이를 임의 소비한 행위는 채무불이행에 지나지 아니하므로 횡령죄는 성립하지 아니한다 (대법원 1998.4.14. 98도292 미니스톱 사건). [×]

1151 피고인 甲이 A와 토지를 매수하여 전매한 후 전매이익금을 정산하기로 약정한 다음 A가 조달한 돈 등을 합하여 토지를 매수하고 소유권이전등기는 甲 등의 명의로 마쳐 두었는데, 이후 위 토지를 제3자에게 임의로 매도한 후 A에게 전매이익금 반환을 거부한 경우 횡령죄가 성립한다. (다만, A는 토지의 매수 및 전매를 甲에게 전적으로 일임하고 그 과정에 전혀 관여하지 않았음) ○|×

[13 경찰채용] [Core ★★]

해설

> 비록 A가 토지의 전매차익을 얻을 목적으로 일정 금원을 출자하였더라도 이후 업무감시권 등에 근거하여 업무집행에 관여한 적이 전혀 없을 뿐만 아니라 甲이 아무런 제한 없이 재산을 처분할 수 있었음이 분명하므로 (甲과 A 사이의 약정은 조합 또는 내적 조합에 해당하는 것이 아니라 익명조합과 유사한 무명계약에 해당하므로) 횡령죄는 성립하지 아니한다(대법원 2011.11.24. 2010도5014 전매이익금 미정산 사건). [×]

1152 금전의 수수를 수반하는 사무처리를 위임받은 자가 그 행위에 기하여 위임자를 위하여 제3자로부터 수령한 금전은, 목적이나 용도를 한정하여 위탁된 금전과 마찬가지로 달리 특별한 사정이 없는 한 그 수령과 동시에 위임자의 소유에 속하고, 위임을 받은 자는 이를 위임자를 위하여 보관하는 관계에 있다. ○|×

[11 법원9급, 11 경찰채용] [Core ★★]

해설

> 대법원 2015.6.11. 2015도1504 영각사재단 사건 [○]

1153 금은방을 운영하는 피고인이, 피해자가 맡긴 금을 시세에 따라 사고파는 방법으로 운용하여 매달 일정한 이익금을 지급하는 한편 피해자의 요청이 있으면 언제든지 보관 중인 금과 현금을 반환하기로 약정하였음에도 그 후 경제사정이 악화되자 이를 자신의 개인채무 변제 등에 사용한 경우 횡령죄가 성립한다. ○|×

[16 경간부] [Core ★★]

해설

> 대법원 2013.3.28. 2012도16191 금매매 위탁사건 [○]

1154 피고인이 과거 마을을 위하여 개인 돈을 지출한 적이 있었으나, 업무상 보관 중이던 공사비를 그 용도 외에 다른 용도로 사용한 경우 (업무상)횡령죄가 성립한다. ○|×

[15 경간부] [Essential ★]

해설

> 대법원 2010.9.30. 2010도7012 마을이장 공사비 횡령사건 [○]

1155 보험회사가 보험계약을 유치하는 영업활동을 독려·지원하기 위해서 일정한 보험상품에 관해 모집수당 이외에 추가로 시책비를 지급하였는데, 피고인들이 그 시책비를 임의소비한 경우 (업무상)횡령죄가 성립한다. ○|×

[16 경찰승진, 15 경찰승진, 15 경찰채용, 12 국가9급] [Essential ★]

해설

> 피고인들이 소비한 금전이 모두 통상적인 실적급여로서의 성격을 가진 시책비에 해당하여 그 목적이나 용도가 특정되어 위탁된 금전이라고 보기 어렵다면 횡령죄는 성립하지 아니한다(대법원 2006.3.9. 2003도6733 시책비 사건). [×]

1156 피고인이 주상복합상가의 매수인들로부터 받은 우수상인유치비를 상가의 분양실적에 따라 상인협의회에 지급한 경우 (업무상)횡령죄가 성립한다. ○|×

[16 경찰승진, 15 경찰승진, 15 경찰채용, 12 국가9급] [Essential ★]

해설

> 대법원 2002.8.23. 2002도366 우수상인유치비 사건 [○]

1157 사립학교에서 원래 교비회계에 속하는 자금으로 지출할 수 있는 항목에 관한 차입금을 상환하기 위하여 교비회계 자금을 지출한 경우 횡령죄가 성립한다. ○|×

[16 경찰채용, 15 경찰승진, 15 경찰채용, 12 국가9급] [Essential ★]

해설

> 사립학교에 있어서 학교교육에 직접 필요한 시설, 설비를 위한 경비 등과 같이 원래 교비회계에 속하는 자금으로 지출할 수 있는 항목에 관한 차입금을 상환하기 위하여 교비회계 자금을 지출한 경우 이러한 차입금 상환행위에 관하여 교비회계 자금을 임의로 횡령하고자 하는 불법영득의 의사가 있다고 보기는 어렵다(대법원 2006.4.28. 2005도4085). [×]

1158 각 학교법인의 금원을 다른 학교법인을 위하여 사용하거나 학교법인의 설립·운영자들이 개인적인 용도에 사용한 행위 경우 횡령죄가 성립한다. ○│×

[14 법원행시] [Core ★★]

해설

> 각 학교법인의 금원을 다른 학교법인을 위하여 사용하거나 개인적인 용도에 사용한 행위는 불법영득의 의사를 실현한 행위라고 충분히 인정할 수 있다(대법원 2000.12.8. 99도214 서남학원 사건). [○]

1159 수의계약을 체결하는 공무원이 해당 공사업자와 적정한 금액 이상으로 계약금액을 부풀려서 계약하고 부풀린 금액을 자신이 되돌려 받기로 사전에 약정한 다음 그에 따라 수수한 돈은 성격상 횡령금이 아니라 뇌물에 해당한다. ○│×

[17 경찰승진, 17 경간부, 16 경찰채용, 15 경찰채용, 14 경찰채용, 13 법원행시, 12 법원행시, 11 법원행시, 11 경찰채용] [Core ★★]

해설

> 수의계약을 체결하는 공무원이 수수한 돈은 성격상 뇌물이 아니고 횡령금에 해당한다(대법원 2007.10.12. 2005도7112 부풀린 계약금 사건). [×]

1160 감정평가법인 지사에서 근무하는 감정평가사들이 접대비 명목 등으로 임의로 나누어 사용할 목적으로 감정평가법인을 위하여 보관 중이던 돈의 일부를 비자금으로 조성한 경우 불법영득의 의사가 실현된 것으로 볼 수 있다. ○│×

[16 경찰승진, 14 경찰채용] [Core ★★]

해설

> 비자금 조성행위가 법인을 위한 목적이 아니고 행위자가 법인의 자금을 빼내어 착복할 목적으로 행하여졌음이 명백히 밝혀진 경우 비자금 조성행위 자체로써 불법영득의 의사가 실현된 것으로 볼 수 있다(대법원 2010.5.13. 2009도1373 감정평가사 비자금 조성사건). [○]

1161 법인의 운영자 또는 관리자가 법인의 자금을 이용하여 비자금을 조성하였다면 그것이 당해 비자금의 소유자인 법인 이외의 제3자가 이를 발견하기 곤란하게 하기 위한 장부상의 분식(粉飾)에 불과하거나 법인의 운영에 필요한 자금을 조달하는 수단으로 인정되는 경우라도 그 조성행위 자체로써 불법영득의 의사가 실현된 것으로 볼 수 있다. ○│×

[21 국가9급, 17 국가7급] [Core ★★]

해설

> 법인의 운영자 또는 관리자가 법인의 자금을 이용하여 비자금을 조성하였다고 하더라도 그것이 당해 비자금의 소유자인 법인 이외의 제3자가 이를 발견하기 곤란하게 하기 위한 장부상의 분식(粉飾)에 불과하거나 법인의 운영에 필요한 자금을 조달하는 수단으로 인정되는 경우에는 불법영득의 의사를 인정하기 어렵다(대법원 2015.9.10. 2014도12619). [×]

1162 법인이나 단체에서 임직원에게 지급되는 이른바 판공비 또는 업무추진비가 실비변상적 급여의 성질을 가지고 있고, 그 용도나 목적에 구체적인 제한을 두고 있지 않을 뿐만 아니라 그 지출에 관한 영수증 등 증빙자료를 요구하고 있지 않은 경우라도, 판공비 등을 사용한 임직원이 그 행방이나 사용처를 제대로 설명하지 못하고 사후적으로 그 사용에 관한 증빙자료를 제출하지 못하고 있다고 한다면 판공비 등을 불법영득의 의사로 횡령한 것으로 추단할 수 있다.   O | X

[17 국가7급, 16 경간부] [Core ★★]

해설

(1) 판공비 또는 업무추진비가 직무수행에 드는 경비를 보전해 주는 실비변상적 급여의 성질을 가지고 있고, 정관이나 그 지급기준 등에서 업무와 관련하여 지출하도록 포괄적으로 정하고 있을 뿐 그 용도나 목적에 구체적인 제한을 두고 있지 않을 뿐만 아니라, 이를 사용한 후에도 그 지출에 관한 영수증 등 증빙자료를 요구하고 있지 않은 경우에는, 임직원에게 그 사용이나 규모, 업무와 관련된 것인지 여부 등에 대한 판단이 맡겨져 있고, 그러한 판단은 우선적으로 존중되어야 한다. (2) 따라서 임직원이 판공비 등을 불법영득의 의사로 횡령한 것으로 인정하려면 판공비 등이 업무와 관련 없이 개인적인 이익을 위하여 지출되었다거나 업무와 관련되더라도 합리적인 범위를 넘어 과다하게 지출되었다는 점이 증명되어야 할 것이고, 단지 판공비 등을 사용한 임직원 이 그 행방이나 사용처를 제대로 설명하지 못하거나 사후적으로 그 사용에 관한 증빙자료를 제출하지 못하고 있다고 하여 함부로 불법영득의 의사로 이를 횡령하였다고 추단하여서는 아니 된다(대법원 2016.1.14. 2014도3112 전남교육감 사건).   [X]

1163 법인의 이사를 상대로 한 이사직무집행정지가처분결정이 된 경우 법인의 대표자가 법인 경비에서 당해 가처분 사건의 피신청인인 이사의 소송비용을 지급하더라도 법인의 경비를 횡령한 것이라고는 볼 수 없다.   O | X

[16 국가7급] [Core ★★]

해설

대법원 2009.3.12. 2008도10826   [O]

1164 주식회사의 설립업무 또는 증자업무를 담당한 사람과 주식인수인이 사전 공모하여 주금납입취급은행 이외의 제3자로부터 납입금에 해당하는 금액을 차입하여 주금을 납입하고 납입취급은행으로부터 납입금보관증명서를 교부받아 회사의 설립등기절차 또는 증자등기절차를 마친 직후 이를 인출하여 차용금채무의 변제에 사용하는 경우, 상법상 가장납입죄 외에도 업무상횡령죄가 성립한다.   O | X

[17 경찰승진, 17 경간부, 12 경찰승진] [Core ★★]

해설

실질적으로 회사의 자본을 증가시키는 것이 아니고 등기를 위하여 납입을 가장하는 편법에 불과하여 주금의 납입 및 인출의 전 과정에서 회사의 자본금에는 실제 아무런 변동이 없다고 보아야 할 것이므로 그들에게 회사의 돈을 임의로 유용한다는 불법영득의 의사가 있다고 보기 어렵다 할 것이고, 따라서 회사 자본이 실질적으로 증가함을 전제로 한 업무상횡령죄가 성립한다고 할 수 없다(대법원 2013.4.11. 2012도15585 보흥 대표 사건).   [X]

1165 타인의 재물을 보관하는 자가 보관하고 있는 재물을 영득할 의사로 이를 은닉하였다면 횡령죄를 구성하는 것이고 더 나아가 채권자들의 강제집행을 면탈하는 결과까지 초래하였다면 별도로 강제집행면탈죄를 구성하며, 이 양죄는 상상적 경합관계에 있다. ○│×

[16 법원행시, 15 법원행시, 13 경찰채용, 11 법원9급] [Core ★★]

해설

타인의 재물을 보관하는 자가 보관하고 있는 재물을 영득할 의사로 이를 은닉하였다면 이는 횡령죄를 구성하는 것이고 채권자들의 강제집행을 면탈하는 결과를 가져온다 하여 이와 별도로 강제집행면탈죄를 구성하는 것은 아니라고 할 것이다(대법원 2000.9.8. 2000도1447 홍보성 해강대표 사건). [×]

1166 다른 사람의 유실물인 줄 알면서 당국에 신고하거나 피해자의 숙소에 운반하지 아니하고 자기 친구 집에 운반한 사실만으로는 점유이탈물횡령죄의 범의를 인정하기 어렵다. ○│×

[22 국가9급] [Essential ★]

해설

다른 사람의 유실물인 줄 알면서 당국에 신고하거나 피해자의 숙소에 운반하지 아니하고 자기 친구 집에 운반한 사실만으로는 점유이탈물횡령죄의 범의를 인정하기 어렵다(대법원 1969.8.19. 69도1078). [○]

2. 명의신탁과 횡령죄

1167 다음 중 횡령죄가 성립하는 것은 모두 1개다. ○│×

[Superlative ★★★]

> ㉠ 신탁자가 그 소유 부동산을 피고인(수탁자)에게 명의신탁하였는데, 이후 피고인이 그 부동산을 임의로 처분한 경우 (2자간 명의신탁) [22 법원9급, 13 법원9급, 12 법원행시]
> ㉡ 신탁자가 부동산을 그 소유자로부터 매수한 후 자기 명의로 소유권이전등기를 하지 않고 피고인(수탁자)과 맺은 명의신탁약정에 따라 매도인으로부터 바로 피고인에게 소유권이전등기를 경료하였는데, 이후 피고인이 그 부동산을 임의로 처분한 경우 (중간생략형명의신탁) [17 변호사, 17 법원행시, 17 법원9급, 16 법원행시, 16 국가7급, 16 경찰채용]
> ㉢ 신탁자와 피고인(수탁자)이 명의신탁약정을 맺고 이에 따라 피고인이 당사자가 되어 명의신탁 약정이 있다는 사실을 알지 못하는 소유자와 부동산매매계약을 체결한 후 당해 부동산의 소유권이전등기를 피고인 명의로 경료하였는데, 이후 피고인이 그 부동산을 임의로 처분한 경우 (매도인 선의 계약명의신탁) [16 경간부, 15 변호사, 14 국가7급, 13 법원9급, 12 변호사, 12 법원행시, 11 경찰승진, 11 경간부]
> ㉣ 신탁자와 피고인(수탁자)이 명의신탁약정을 맺고 이에 따라 피고인이 당사자가 되어 명의신탁 약정이 있다는 사실을 알고 있는 소유자와 부동산매매계약을 체결한 후 당해 부동산의 소유권이전등기를 피고인 명의로 경료하였는데, 이후 피고인이 그 부동산을 임의로 처분한 경우 (매도인 악의 계약명의신탁) [17 경찰승진, 16 법원행시, 16 경간부, 15 변호사, 15 법원 9급, 15 국가9급, 15 경간부, 15 경찰채용, 13 법원9급, 13 경찰채용]

해설

모든 항목이 횡령죄가 성립하지 않는다.

㉠ (1) 명의신탁자와 명의수탁자 사이에 무효인 명의신탁약정 등에 기초하여 존재한다고 주장될 수 있는 사실상의 위탁관계라는 것은 부동산실명법에 반하여 범죄를 구성하는 불법적인 관계에 지나지 아니할 뿐 이를 형법상 보호할 만한 가치 있는 신임에 의한 것이라고 할 수 없다. (2) 따라서 말소등기 의무의 존재나 명의수탁자에 의한 유효한 처분가능성을 들어 명의수탁자가 명의신탁자에 대한 관계에서 '타인의 재물을 보관하는 자'의 지위에 있다고 볼 수도 없다(대법원 2021.2.18. 2016도18761 전합). 이와 달리 부동산실명법에 위반한 양자간 명의신탁을 한 경우, 명의수탁자가 명의신탁자에 대한 관계에서 '타인의 재물을 보관하는 자'의 지위에 있다고 보아 명의수탁자가 그 명의로 신탁된 부동산을 임의로 처분하면 명의신탁자에 대한 횡령죄가 성립한다고 판시한 대법원 1999.10.12. 선고 99도3170 판결, 대법원 2000.2.22. 선고 99도5227 판결, 대법원 2000.4.25. 선고 99도1906 판결, 대법원 2003.12.26. 선고 2003도4893 판결, 대법원 2009.8.20. 선고 2008도12009 판결, 대법원 2009.11.26. 선고 2009도5547 판결, 대법원 2011.1.27. 선고 2010도12944 판결 등은 이 판결에 배치되는 범위에서 이를 변경하기로 한다.

㉡ 명의신탁자가 매수한 부동산에 관하여 명의수탁자와 맺은 명의신탁약정에 따라 매도인으로부터 바로 명의수탁자 명의로 소유권이전등기를 마친 이른바 중간생략등기형 명의신탁을 한 경우, 명의신탁자는 신탁부동산의 소유권을 가지지 아니하고, 명의신탁자와 명의수탁자 사이에 위탁신임관계를 인정할 수도 없어 명의수탁자가 명의신탁자의 재물을 보관하는 자라고 할 수 없으므로 명의수탁자가 신탁받은 부동산을 임의로 처분하여도 명의신탁자에 대한 관계에서 횡령죄가 성립하지 아니한다(대법원 2016.5.19. 2014도6992 全合 중간생략명의신탁 사건 l).

㉢ (1) 소유권이전등기에 의한 당해 부동산에 관한 물권변동은 유효하지만 신탁자와 수탁자 사이의 명의신탁약정은 무효이므로, 수탁자는 전 소유자인 매도인뿐만 아니라 신탁자에 대한 관계에서도 유효하게 당해 부동산의 소유권을 취득한 것으로 보아야 하고 따라서 그 수탁자는 타인의 재물을 보관하는 자라고 할 수 없다(대법원 2010.11.11. 2008도7451 매도인 선의 계약명의신탁 사건 l). (2)수탁자는 신탁자에 대한 관계에서도 신탁 부동산의 소유권을 완전히 취득하고 단지 신탁자에 대하여 명의신탁약정의 무효로 인한 부당이득 반환의무만을 부담할 뿐인바, 그와 같은 부당이득 반환의무는 명의신탁약정의 무효로 인하여 수탁자가 신탁자에 대하여 부담하는 통상의 채무에 불과할 뿐 아니라 신탁자와 수탁자 간의 명의신탁약정이 무효인 이상, 특별한 사정이 없는 한 신탁자와 수탁자 간에 명의신탁약정과 함께 이루어진 부동산 매입의 위임 약정 역시 무효라고 할 것이므로 수탁자가 신탁자와의 신임관계에 기하여 신탁자를 위하여 신탁 부동산을 관리한다거나 신탁자의 허락 없이 이를 처분하여서는 아니되는 의무를 부담하는 등으로 타인의 사무를 처리하는 자의 지위에 있다고 볼 수 없다(대법원 2008.3.27. 2008도455 매도인 선의 계약명의신탁 사건 ll).

㉣ (1) 부동산실명법 제4조 제2항 본문에 의하여 수탁자 명의의 소유권이전등기는 무효이고 당해 부동산의 소유권은 매도인이 그대로 보유하게 되므로, 명의수탁자는 부동산 취득을 위한 계약의 당사자도 아닌 명의신탁자에 대한 관계에서 횡령죄에서의 '타인의 재물을 보관하는 자'의 지위에 있다고 볼 수 없고, 또한 명의수탁자가 명의신탁자에 대하여 매매대금 등을 부당이득으로서 반환할 의무를 부담한다고 하더라도 이를 두고 배임죄에서의 '타인의 사무를 처리하는 자'의 지위에 있다고 보기도 어렵다. (2) 한편 명의수탁자는 매도인에 대하여 소유권이전등기말소의무를 부담하게 되나, 위 소유권이전등기는 처음부터 원인무효여서 명의수탁자는 매도인이 소유권에 기한 방해배제청구로 그 말소를 구하는 것에 대하여 상대방으로서 응할 처지에 있음에 불과하고, 그가 제3자와 사이에 한 처분행위가 부동산실명법 제4조 제3항에 따라 유효하게 될 가능성이 있다고 하더라도 이는 거래의 상대방인 제3자를 보호하기 위하여 명의신탁 약정의 무효에 대한 예외를 설정한 취지일 뿐 매도인과 명의수탁자 사이에 위 처분행위를 유효하게 만드는 어떠한 신임관계가 존재함을 전제한 것이라고는 볼 수 없으므로, 말소등기의무의 존재나 명의 수탁자에 의한 유효한 처분가능성을 들어 명의수탁자가 매도인에 대한 관계에서 횡령죄에서의 '타인의 재물을 보관하는 자' 또는 배임죄에서의 '타인의 사무를 처리하는 자'의 지위에 있다고 볼 수도 없다(대법원 2012.11.29. 2011도7361 매도인 악의 계약명의신탁 사건). [×]

1168 부동산의 명의수탁자가 부동산을 자신의 소유라고 속이고 제3자에게 매도한 후 매매를 원인으로 한 소유권이전등기까지 마쳐 준 경우, 신탁자에 대한 횡령죄 외에 그 제3자에 대한 사기죄가 성립하고 이는 실체적 경합관계에 있다. ○|✕

[17 경찰승진, 16 법원행시, 15 변호사, 14 경찰채용, 12 경찰승진, 12 경찰채용] [Superlative ★★★]

해설

부동산의 명의수탁자가 부동산을 제3자에게 매도하고 매매를 원인으로 한 소유권이전등기까지 마쳐 준 경우, 명의 신탁의 법리상 대외적으로 수탁자에게 그 부동산의 처분권한이 있는 것임이 분명하고, 제3자로서도 자기 명의의 소유권이전등기가 마쳐진 이상 무슨 실질적인 재산상의 손해가 있을리 없으므로 그 명의신탁 사실과 관련하여 신의칙상 고지의무가 있다거나 기망행위가 있었다고 볼 수도 없어서 그 제3자에 대한 사기죄가 성립될 여지가 없고, 나아가 그 처분시 매도인(명의수탁자)의 소유라는 말을 하였다고 하더라도 역시 사기죄가 성립되지 않으며, 이는 자동차의 명의수탁자가 처분한 경우에도 마찬가지이다(대법원 2007.1.11. 2006도4498 어머니 명의 매그너스 사건). [✕]

1169 구분소유적 공유관계에서 구분소유하고 있는 특정 구분부분별로 독립한 필지로 분할되는 경우에는 특별한 사정이 없는 한 각자의 특정 구분부분에 해당하는 필지가 아닌 나머지 각 필지에 전사된 공유자 명의의 공유지분등기는 더 이상 당해 공유자의 특정 구분부분에 해당하는 필지를 표상하는 등기라고 볼 수 없고, 각 공유자 상호 간에 상호명의신탁 관계만이 존속하므로, 각 공유자는 나머지 각 필지 위에 전사된 자신 명의의 공유지분에 관하여 다른 공유자에 대한 관계에서 그 공유지분을 보관하는 자의 지위에 있다고 할 것이므로 다른 공유자의 특정 구분부분에 전사된 자신의 지분을 담보로 제공하는 경우 횡령죄가 성립한다. ○|✕

[22 법원9급] [Superlative ★★★]

해설

구분소유적 공유관계에 있어서 각 공유자 상호 간에는 각자의 특정 구분부분을 자유롭게 처분함에 서로 동의하고 있다고 볼 수 있으므로, 공유자 각자는 자신의 특정 구분부분을 단독으로 처분하고 이에 해당하는 공유지분등기를 자유로이 이전할 수 있는데, 이는 공유지분등기가 내부적으로 공유자 각자의 특정 구분부분을 표상하기 때문이다. 그러나 구분소유하고 있는 특정 구분부분별로 독립한 필지로 분할되는 경우에는 특별한 사정이 없는 한 각자의 특정 구분부분에 해당하는 필지가 아닌 나머지 각 필지에 전사(轉寫)된 공유자 명의의 공유지분등기는 더 이상 당해 공유자의 특정 구분부분에 해당하는 필지를 표상하는 등기라고 볼 수 없고, 공유자 상호간에 상호명의신탁관계만이 존속하는 것이므로 각 공유자는 나머지 각 필지 위에 전사된 자신 명의의 공유지분에 관하여 다른 공유자에 대한 관계에서 그 공유지분을 보관하는 자의 지위에 있다(대법원 2014.12.24. 2011도11084 상호명의신탁 임야 처분사건). [○]

제7절 배임의 죄

1. 배임죄

1170 배임죄는 진정신분범이므로 배임죄의 성립을 인정하기 위해서는 피고인의 행위가 타인의 신뢰를 위반한 것인지, 그로 인한 피해가 어느 정도인지를 따지기에 앞서 당사자 관계의 본질을 살펴 그가 '타인의 사무를 처리하는 자'에 해당하는지를 판단하여야 한다.　　　　　○│×

[Essential ★]

해설

> 대법원 2020.2.20. 2019도9756 숫슴 크러셔 양도담보 사건　　　　　[○]

1171 배임죄는 본인에게 재산상의 손해를 가하는 외에 배임행위로 인하여 행위자 스스로 재산상의 이익을 취득하거나 제3자로 하여금 재산상의 이익을 취득하게 할 것을 요건으로 하므로 본인에게 손해를 가하였다고 할지라도 행위자 또는 제3자가 재산상 이익을 취득한 사실이 없다면 배임죄가 성립할 수 없다.　　　　　○│×

[14 경찰승진, 11 법원9급] [Core ★★]

해설

> 대법원 2012.6.28. 2012도2087 으뜸상호저축은행 대표 사건　　　　　[○]

1172 배임죄에 있어서 재산상의 손해를 가한 때라 함은 현실적인 손해를 가한 경우뿐만 아니라 재산상 실해 발생의 위험을 초래한 경우도 포함된다.　　　　　○│×

[22 경찰채용] [Essential ★]

해설

> 배임죄에 있어서 재산상의 손해를 가한 때라 함은 현실적인 손해를 가한 경우뿐만 아니라 재산상 실해 발생의 위험을 초래한 경우도 포함된다(대법원 2012.2.23. 2011도15857 국일호 금강산랜드 회장 사건).　　　　　[○]

1173 금전채무를 담보하기 위하여 채무자가 그 소유의 동산을 채권자에게 점유개정에 의하여 양도한 경우, 채무자는 채권자(양도담보권자)가 담보의 목적을 달성할 수 있도록 이를 보관할 의무를 지게 되어 채권자에 대하여 그의 사무를 처리하는 자의 지위에 있게 된다 할 것이니, 채무자가 양도담보된 동산을 처분하는 등 부당히 그 담보가치를 감소시키는 행위를 한 경우에는 배임죄가 성립된다. ○|×

[22 경찰간부] [Core ★★]

해설

채무자가 금전채무를 담보하기 위하여 동산을 채권자에게 양도담보로 제공함으로써 채권자인 양도 담보권자에 대하여 담보물의 담보가치를 유지·보전할 의무 내지 담보물을 타에 처분하거나 멸실·훼손하는 등으로 담보권 실행에 지장을 초래하는 행위를 하지 않을 의무를 부담하게 되었더라도, 이를 들어 채무자가 통상의 계약에서의 이익대립관계를 넘어서 채권자와의 신임관계에 기초하여 채권자의 사무를 맡아 처리하는 것으로 볼 수 없으므로 채무자를 배임죄의 주체인 '타인의 사무를 처리하는 자'에 해당한다고 할 수 없어, 그가 담보물을 제3자에게 처분하는 등으로 담보가치를 감소 또는 상실시켜 채권자의 담보권 실행이나 이를 통한 채권실현에 위험을 초래하더라도 배임죄가 성립 한다고 할 수 없다(대법원 2020.2.20. 2019도9756 全合 크러셔 양도담보 사건). [×]

1174 공무원이 대통령의 퇴임 후 사용할 사저부지와 그 경호 부지를 일괄 매수하는 사무를 처리하면서 매매계약 체결후 그 매수대금을 대통령의 아들과 국가에 배분함에 있어 이미 복수의 감정평가업자에게 감정평가를 의뢰하여 그 결과를 통보받았음에도 굳이 이를 무시하면서 인근 부동산업자들이나 인터넷, 지인 등으로부터의 불확실한 정보를 가지고 감정평가결과와 전혀 다르게 상대적으로 사저부지 가격을 낮게 평가하고 경호부지 가격을 높게 평가하여 매수대금을 배분하여 대통령 아들에게 재산상 이익을 취하게 하고 국가에 손해를 가한 경우 공무원은 업무상배임죄가 성립한다. ○|×

[19 경간부] [Core ★★]

해설

대법원 2013.9.27. 2013도6835 MB 내곡동 사저 사건 [○]

1175 공무원은 업무상배임죄의 주체가 될 수 없다. ○|×

[19 법원9급] [Core ★★]

해설

공무원이 그 임무에 위배되는 행위로써 제3자로 하여금 재산상의 이익을 취득하게 하여 국가에 손해를 가한 경우에 업무상배임죄가 성립한다(대법원 2013.9.27. 2013도6835 MB 내곡동사저 사건). [×]

1176 회사의 영업팀장인 피고인 甲이 (가)체인점이 상품을 (나)체인점으로 보낸 사실이 없음에도 마치 상품을 보낸 것처럼 허위로 전매출고, 전매입고를 전산입력하고, 피고인 乙은 전산상 (나)체인점에 대한 전매입고만을 삭제한 경우 피고인들의 전산조작행위로 인하여 회사의 체인점들에 대한 외상대금 채권 행사가 사실상 불가능해지거나 현저히 곤란해진 것이 아니었다 하더라도 배임죄에 해당한다. ○|×

[16 경찰채용, 14 경찰채용, 11 경간부] [Core ★★]

해설

피고인들의 전산조작행위로 인하여 회사의 체인점들에 대한 외상대금채권 행사가 사실상 불가능해지거나 또는 현저히 곤란해진 것이 아니라면 해당 체인점의 점주들이 그에 상응하는 재산상 이익을 취득하였다고 보기 어렵다(대법원 2006.7.27. 2006도3145 전매입고 삭제사건). [×]

1177 배임죄의 주체로서 '타인의 사무를 처리하는 자'라 함은 양자간의 신임관계에 기초를 둔 타인의 재산보호 내지 관리의무가 있음을 그 본질적 내용으로 하는 것이므로 배임죄의 성립에 있어 행위자가 대외관계에서 타인의 재산을 처분할 적법한 대리권이 있음을 요한다. ○|×

[15 경찰채용, 14 경찰채용] [Essential ★]

해설

배임죄의 주체로서 '타인의 사무를 처리하는 자'라 함은 양자간의 신임관계에 기초를 둔 타인의 재산보호 내지 관리의무가 있음을 그 본질적 내용으로 하는 것이므로 배임죄의 성립에 있어 행위자가 대외관계에서 타인의 재산을 처분할 적법한 대리권이 있음을 요하지 아니한다(대법원 1999.9.17. 97도3219). [×]

1178 배임죄에 있어서 재산상 손해의 유무에 대한 판단은 본인의 전 재산 상태와의 관계에서 법률적·경제적 관점에서 파악하여야 하므로 법률적 판단에 의하여 당해 배임행위가 무효라고 한다면 비록 경제적 관점에서 파악하여 본인에게 재산상 실해 발생의 위험을 초래하였다고 하더라도 배임죄는 성립하지 않는다. ○|×

[16 법원행시, 16 경찰채용, 13 법원9급] [Essential ★]

해설

재산상 손해의 유무에 대한 판단은 법률적 판단에 의하지 아니하고 경제적 관점에서 파악하여야 하므로 법률적 판단에 의하여 당해 배임행위가 무효라 하더라도 경제적 관점에서 파악하여 배임 행위로 인하여 본인에게 현실적인 손해를 가하였거나 재산상 실해 발생의 위험을 초래한 경우에는 재산상의 손해를 가한 때에 해당되어 배임죄를 구성한다(대법원 2014.2.13. 2011도16763 고운농장 부동산 임의처분사건). [×]

1179 영업비밀을 사외로 유출하지 않을 것을 서약한 회사의 직원이 경제적인 대가를 얻기 위하여 경쟁업체에 영업비밀을 유출하는 행위는 회사와의 신임관계를 저버리는 행위로서 업무상배임죄를 구성한다. ○|×

[17 법원행시, 15 경찰승진] [Essential ★]

해설

대법원 2006.10.27. 2004도6876 [○]

1180 회사직원이 재직 중에 영업비밀 등을 경쟁업체에 유출하거나 스스로의 이익을 위하여 이용할 목적으로 무단으로 반출하였다면 유출 또는 반출시에 업무상배임죄의 기수가 되고, 회사직원이 영업비밀 등을 적법하게 반출하여 그 반출행위가 업무상배임죄에 해당하지 않는 경우라도, 퇴사시에 영업비밀 등을 회사에 반환하거나 폐기할 의무가 있음에도 경쟁업체에 유출하거나 스스로의 이익을 위하여 이용할 목적으로 이를 반환하거나 폐기하지 아니하였다면 퇴사시에 업무상배임죄의 기수가 된다. O | X

[17 경찰채용] [Essential ★]

해설

대법원 2017.6.29. 2017도3808 소스코드 기술 유출사건 [O]

1181 금융기관의 임직원이 보통예금계좌에 입금된 예금주의 예금을 무단으로 인출한 경우 그 임직원은 예금주와의 사이에서 그의 재산관리에 관한 사무를 처리하는 자의 지위에 있다고 할 것이므로, 그러한 예금인출행위는 예금주에 대한 관계에서 업무상배임죄를 구성한다. O | X

[16 경찰승진, 15 경찰채용, 14 경찰승진, 13 법원행시] [Core ★★]

해설

(1) 금융기관의 임직원은 예금주로부터 예금계좌를 통한 적법한 예금반환 청구가 있으면 이에 응할 의무가 있을 뿐 예금주와의 사이에서 그의 재산관리에 관한 사무를 처리하는 자의 지위에 있다고 할 수 없다. (2) 임의로 예금주의 예금계좌에서 5,000만원을 인출한 금융기관의 임직원에 게는 업무상배임죄가 성립하지 않는다(대법원 2008.4.24. 2008도1408 영주신협 사건). [X]

1182 계주가 계원들로부터 월불입금을 모두 징수하였음에도 불구하고 정당한 사유 없이 이를 지정된 계원에게 지급하지 아니하였다면 다른 특별한 사정이 없는 한 배임죄를 구성한다. O | X

[17 법원행시] [Essential ★]

해설

대법원 1994.3.8. 93도2221 [O]

1183 계주가 계원들로부터 계불입금을 징수하지 아니하였다면 그러한 상태에서 부담하는 계금지급의무는 단순한 채권관계상의 의무에 불과하여 배임죄가 성립하지 아니하나, 계주가 계원들과의 약정을 위반하여 계불입금을 징수하지 아니한 것이라면 이는 임무위반행위로서 배임죄가 성립한다. O | X

[16 경찰승진, 15 경찰승진, 11 법원9급] [Essential ★]

해설

(1) 계주가 계원들로부터 계불입금을 징수하지 아니하였다면 그러한 상태에서 부담하는 계금지급의무는 단순한 채권관계상의 의무에 불과하여 타인의 사무에 속하지 아니하고, 이는 계주가 계원들과의 약정을 위반하여 계불입금을 징수하지 아니한 경우라 하여 달리 볼 수 없다. (2) 계주인 피고인들이 낙찰계를 조직·운영하다가 9회차 곗날에 계원들로부터 계불입금을 징수하지 아니하고 잠적함으로써 계가 파계된 경우, 피고인들이 계금을 아직 낙찰받지 못한 계원들에 대한 관계에서 타인의 사무로서 계금을 지급할 임무는 없으므로 배임죄는 성립하지 아니한다(대법원 2009.8.20. 2009도3143 계주 잠적사건). [X]

1184 관광버스지입회사가 버스에 저당권을 설정한 후 타인에게 매도한 경우 배임죄가 성립한다. ○|×

[Core ★★]

해설

> X관광버스지입회사가 버스에 저당권을 설정한 후 타인에게 매도한 경우 배임죄가 성립하지 않는다(대판 2020. 10.22. 2020도6258 全合). 이와 달리 채무 담보를 위하여 채권자에게 동산에 관하여 저당권 또는 공장저당권을 설정한 채무자가 타인의 사무를 처리하는 자에 해당함을 전제로 채무자가 담보목적물을 처분한 경우 배임죄가 성립한다고 한 대법원 2003.7.11. 선고 2003도67 판결, 대법원 2012.9.13. 선고 2010도11665 판결을 비롯한 같은 취지의 대법원판결들은 이 판결의 견해에 배치되는 범위 내에서 모두 변경하기로 한다.   [×]

1185 부동산을 경락한 피고인이 그 경락허가결정이 확정된 뒤에 경매부동산의 소유자들에 대하여 경락을 포기하겠노라고 약속하여 놓고 경락대금지급명령이 전달되자 약속을 어기고 경락대금을 완납함으로써 경락부동산에 대한 소유권을 취득한 경우 배임죄가 성립한다. ○|×

[11 경찰승진] [Essential ★]

해설

> 피고인은 부동산의 소유자들에 대하여 자기가 경락부동산을 취득하지 아니하겠노라는 민법상의 채무를 부담하고 있는데 불과하므로 배임죄에 해당한다고 볼 수는 없다(대법원 1969.2.25. 69도46).   [×]

1186 피고인이 미리 부동산을 이전받고 매수인의 부동산을 담보로 제공하여 매매대금 지급을 위한 자금을 마련하고 이를 매도인에게 제공함으로써 잔금을 지급하기로 당사자 사이에 약정하면서, 부동산에 관하여 소유권이전등기를 받은 다음 다른 용도로 근저당권을 설정한 경우 배임죄가 성립한다. ○|×

[17 경찰승진, 14 변호사, 14 경간부, 12 경찰채용] [Core ★★]

해설

> (1) 미리 부동산을 이전받은 매수인이 이를 담보로 제공하여 매매대금 지급을 위한 자금을 마련하고 이를 매도인에게 제공함으로써 잔금을 지급하기로 당사자 사이에 약정하였다고 하더라도, 이는 기본적으로 매수인이 매매대금의 재원을 마련하는 방편에 관한 것이고, 그 성실한 이행에 의하여 매도인이 대금을 모두 받게 되는 이익을 얻는다는 것만으로 매수인이 신임관계에 기하여 매도인의 사무를 처리하는 것이 된다고 할 수 없다. (2) 피고인이 임야에 관하여 소유권이전등기를 받은 당일 1건, 그 후 1건의 근저당권을 설정한 경우 배임죄가 성립하지 않는다(대법원 2011.4.28. 2011도3247 소유권 먼저 대금 나중 사건).   [×]

1187 회사의 대표인 피고인이 할인된 가격으로 납품가격을 정할 수 있었음에도 납품과정에서 자신이 이익을 취득할 의도로 납품업자에게 가공의 납품업체를 만들게 한 뒤 그 납품업체로부터 할인되지 않은 가격으로 납품을 받은 경우 (업무상)배임죄가 성립한다. ○|×

[14 경간부, 11 법원9급] [Core ★★]

해설

> 회사와의 신임관계를 저버리는 행위로서 임무에 위배하는 행위라고 할 것이다(대법원 2009.10.15. 2009도5655 사료첨가제 납품사건).   [○]

1188 신용카드 정보통신부가사업회사(VAN 사업자)인 (가)회사와 가맹점 관리대행계약, 대리점계약, 단말기 무상임대차계약, 판매장려금계약을 각 체결하고 (가)회사의 대리점으로서 카드단말기의 판매 및 설치, 가맹점 관리업무 등을 수행하는 (나)회사의 대표이사인 피고인 甲이, (가)회사의 기존 가입 가맹점을 (가)회사와 경쟁관계에 있는 다른 밴(VAN)사업자 가맹점으로 임의로 전환하여 (가)회사에 재산상 손해를 가한 경우 (업무상)배임죄가 성립한다. ○|×

[14 경찰승진] [Core ★★]

해설

(가)회사가 보유하는 가맹점은 (가)회사의 수익과 직결되는 재산적 가치를 지니고 있어 甲이 (가)회사를 대신하여 가맹점을 모집·유지 및 관리하는 것은 본래 (가)회사의 사무로서 甲에 대한 인적 신임관계에 기하여 그 처리가 甲에게 위탁된 것이고, 이는 단지 甲 자신의 사무만에 그치지 아니하고 (가)회사의 재산적 이익을 보호 내지 관리하는 것을 본질적 내용으로 하므로 甲은 (가)회사의 가맹점 관리업무를 대행하는 '타인의 사무를 처리하는 자'의 지위에 있다(배임죄가 성립한다)(대법원 2012.5.10. 2010도3532 VAN 대리점 사건). [○]

1189 청산회사의 대표청산인인 피고인 甲이 청산회사에 채권을 신고한 A가 아닌, 乙과 丙에게 부동산에 관하여 소유권이전등기를 마쳐준 경우 배임죄가 성립한다. ○|×

[11 경찰승진] [Core ★★]

해설

청산회사의 대표청산인이 처리하는 채무의 변제, 재산의 환가처분 등 회사의 청산의무는 청산인 자신의 사무 또는 청산회사의 업무에 속하는 것이므로 배임죄가 성립되지 않는다(대법원 1990.5.25. 90도6 대표청산인 사건). [×]

1190 대표이사 甲이 대표권을 남용하여 회사 명의의 약속어음을 발행하였다면, 비록 상대방이 그 사실을 알고 있었거나 중대한 과실로 알지 못하여 회사가 상대방에 대하여는 채무를 부담하지 아니한다 하더라도 그 약속어음이 제3자에게 유통되지 아니한다는 특별한 사정이 없는 한 배임죄는 기수에 이른다. ○|×

[18 경간부] [Superlative ★★★]

해설

주식회사의 대표이사가 대표권을 남용하는 등 그 임무에 위배하여 약속어음을 발행한 경우 어음법상 발행인은 종전의 소지인에 대한 인적 관계로 인한 항변으로써 소지인에게 대항하지 못하므로, (1) 어음발행이 무효라 하더라도 그 어음이 실제로 제3자에게 유통되었다면 회사로서는 어음채무를 부담할 위험이 구체적·현실적으로 발생하였다고 보아야 하고, 따라서 그 어음채무가 실제로 이행되기 전이라도 배임죄의 기수범이 된다. (2) 그러나 약속어음 발행이 무효일 뿐만 아니라 그 어음이 유통되지도 않았다면 회사는 어음발행의 상대방에게 어음채무를 부담하지 않기 때문에 특별한 사정이 없는 한 회사에 현실적으로 손해가 발생하였다거나 실해 발생의 위험이 발생하였다고도 볼 수 없으므로, 이때에는 배임죄의 기수범이 아니라 배임미수죄로 처벌하여야 한다(대법원 2017.7.20. 2014도1104 全合 29억 약속어음 사건). 어음발행이 유효하면 배임기수죄가 된다. 어음발행이 무효인 경우에도 이것이 유통되었다면 배임기수죄가 되고, 아직 유통되지 않았다면 배임미수죄가 된다는 취지의 판례이다. 이 판례에 의하여 어음발행이 무효이고 아직 유통되지 않았어도 '유통되지 아니한다는 특별한 사정이 없는 한' 배임기수죄가 된다고 설문과 판시한 판례(대법원 2013.2.14. 2011도10302, 대법원 2012.12.27. 2012도10822).는 폐기되었다. [×]

1191 채무담보를 위하여 채권자에게 부동산에 관하여 근저당권을 설정해 주기로 약정한 채무자가 담보 목적물을 임의로 처분한 경우 채무자에게 배임죄가 성립하지 않는다. ○|×

[21 경찰승진] [Superlative ★★★]

해설

> 대법원 2020.6.18. 2019도14340 숯승 아파트 이중저당 사건 [○]

1192 회사의 대표이사인 피고인이 개인의 차용금 채무에 관하여 개인 명의로 작성하여 교부한 차용증에 추가로 회사의 법인 인감을 날인하였다고 경우, 이는 적법한 대표행위라고 할 수 없을지라도 회사가 차용증에 기한 차용금 채무를 부담하게 될 위험이 발생한 것이므로 업무상배임죄가 성립한다. ○|×

[14 경찰채용, 11 경찰승진] [Core ★★]

해설

> 회사의 대표이사인 피고인이 개인의 차용금 채무에 관하여 개인 명의로 작성하여 교부한 차용증에 추가로 회사의 법인 인감을 날인하였다고 경우, 이는 적법한 대표행위라고 할 수 없으므로 회사가 차용증에 기한 차용금 채무를 부담하게 되는 것이 아님은 물론이고, 나아가 금원의 대여자는 위와 같은 행위가 적법한 대표행위가 아님을 알았거나 알 수 있었다 할 것이어서 회사가 대여자에 대하여 사용자책임이나 법인의 불법행위 등에 따른 손해배상의무도 부담할 여지가 없으므로, 결국 회사에 재산상 손해가 발생하였다거나 재산상 실해 발생의 위험이 초래되었다고 볼 수 없어 업무상 배임죄는 성립하지 아니한다(대법원 2004.4.9. 2004도771 법인인감 날인사건). [×]

1193 금융기관이 거래처의 기존 대출금에 대한 원리금 및 연체이자에 충당하기 위하여 거래처가 신규대출을 받은 것처럼 서류상 정리를 하였을 뿐 실제로 거래처에 대출금을 새로 교부한 것이 아니라도 그로 인하여 손해발생의 위험이 발생하지 않았다고 할 수 없으므로 업무상 배임죄가 성립한다. ○|×

[11 경찰승진] [Core ★★]

해설

> 금융기관이 거래처의 기존 대출금에 대한 원리금 및 연체이자에 충당하기 위하여 거래처가 신규대출을 받은 것처럼 서류상 정리하였더라도 금융기관이 실제로 거래처에게 대출금을 새로 교부한 것이 아니라면 그로 인하여 금융기관에게 어떤 새로운 손해가 발생하는 것은 아니라고 할 것이므로 따로 업무상배임죄가 성립된다고 볼 수 없다(대법원 2000.6.27. 2000도1155 경기은행 부도사건) (同旨 대법원 1997.9.26. 97도1469). [×]

1194 동일인 대출한도를 초과하여 대출함으로써 새마을금고법을 위반한 경우 대출한도 제한규정위반으로 인한 새마을금고법위반죄가 성립함은 물론, 다른 회원들에 대한 대출을 곤란하게 하여 새마을금고의 적정한 자산운용에 장애를 초래하는 등의 위험이 발생한 것이므로 업무상배임죄도 성립한다. ○|×

[17 경찰승진, 15 경찰채용] [Superlative ★★★]

해설

> 동일인 대출한도를 초과하여 대출함으로써 새마을금고법을 위반하였다고 하더라도 대출한도 제한규정 위반으로 처벌함은 별론으로 하고, 그 사실만으로 특별한 사정이 없는 한 업무상배임죄가 성립한다고 할 수 없다(대법원 2008.6.19. 2006도4876 숯승 안녕새마을금고 사건). [×]

1195 다음 중 배임죄가 성립하는 것은 모두 4개다.   ○|×

> ㉠ 경영자가 적대적 M&A로부터 경영권 방어를 목적으로 종업원의 자사주매입에 회사자금을 지원
> 한 경우 [15 경찰승진, 11 경간부]
> ㉡ 재벌그룹 소속 (가)회사가 골프장 건설 사업을 진행 중인 비상장회사 (나)회사의 주식 전부를 보
> 유하고 (나)회사를 위하여 수백억 원의 채무보증을 한 상태에서 (가)회사의 대표이사와 이사들이
> (나)회사의 주식 전부를 주당 1원으로 계산하여 위 대표이사 등에게 매도한 경우 [15 경간부]
> ㉢ 그룹의 회장인 피고인 甲 등이 발행주식의 실질가치가 0원으로 평가되고 있고 그 재무구조가 상당히
> 불량한 상태에 있는 (가)회사의 재정상태를 잘 알고 있으면서도 (가)회사의 신주를 인수할 의무가 있
> 지도 않은 (나)회사의 자금으로 (가)회사가 발행하는 신주를 액면 가격으로 인수한 경우 [15 경간부]
> ㉣ 피고인 甲이 피고인 乙의 자금 지원 등을 통해 (가)회사를 인수한 다음 피고인 乙의 요구에 따라
> (가)회사로 하여금 별다른 반대급부도 받지 않고 (나)회사의 乙에 대한 채무를 연대보증 하도록 하
> 였는데, 甲은 그 후 연대보증에 기초하여 강제집행을 할 때 (가)회사가 아무런 이의를 제기하지
> 않기로 하는 약정을 乙과 체결하여 (가)회사에 손해를 입게 한 경우 [13 법원행시]
> ㉤ 피고인들이 기업의 경영자로서 (나)회사 또는 피고인들 개인이 정치적으로 난처한 상황에서 벗어
> 나기 위하여 자회사 등으로 하여금 주식매도인이 요구하는 가격과 수량 그대로 주식을 매입하게
> 하였고, 이에 따라 자회사 등의 대표이사들도 (나)회사 주식의 적정가액과 향후 전망에 대한 신중
> 한 검토 없이 피고인들에 의하여 매입수량과 가격이 미리 지정된 주식을 지정된 날짜에 자회사
> 등이 매입하게 한 경우 [15 경간부]

해설

> 모든 항목의 경우 배임죄가 성립한다.
> ㉠ 자금지원의 주된 목적이 종업원의 재산형성을 통한 복리증진보다는 안정주주를 확보함으로써 경영자의 회사에
> 대한 경영권을 계속 유지하고자 하는 데 있는 것이므로 그 자금지원은 경영자의 이익을 위하여 회사재산을 사용하
> 는 것이 되어 회사의 이익에 반하므로 임무위배행위가 된다(대법원 1999.6.25. 99도1141 기아그룹 회장 사건).
> ㉡ 주식 매도행위는 (가)회사에 주식의 내재된 가치를 포기하면서 신용위험만을 부담시키는 것으로서 (가)회사에
> 주식의 적정한 거래가격과 매도가격의 차액 상당에 해당하는 손해를 가한 배임행위에 해당한다(대법원
> 2008.5.15. 2005도7911 동부그룹 회장 사건).
> ㉢ (가)회사에게 이익을 얻게 하고 (나)회사에게 손해를 가하는 배임행위임이 분명하다(대법원 2004.6.24. 2004
> 도520 동아그룹 회장 사건).
> ㉣ 채권자인 乙의 요구를 거절하지 못하고 별다른 반대급부도 받지 않은 채 연대보증 및 이의부 제기약정 등을
> 함으로써 乙에게 약속어음금 상당의 재산상 이익을 취득하게 하고 (가)회사에 손해를 입게 한 것이므로 업무상
> 배임죄가 성립한다(대법원 2013.4.11. 2012도15890 아이알디 대표 사건).
> ㉤ 업무상배임죄가 성립한다(대법원 2007.3.15. 2004도5742 포스코 회장 사건).   [×]

1196 거래상대방의 대향적 행위의 존재를 필요로 하는 유형의 배임죄의 경우에, 거래상대방을 배임의 실
행행위자와 공동정범으로 인정하기 위해서는 거래상대방이 실행행위자의 행위가 피해자 본인에 대
한 배임행위에 해당한다는 것을 알면서도 소극적으로 그 배임행위에 편승하여 이익을 취득한 것만
으로는 부족하고, 실행행위자의 배임행위를 교사하거나 또는 배임행위의 전 과정에 관여하는 등으
로 배임행위에 적극 가담할 것을 필요로 한다.   ○|×

해설

> 대법원 2013.7.11. 2011도5337 광산상사 사건   [○]

2. 이중매매 등과 양도담보 관련 범죄

1197 부동산 이중매매에 있어서 매도인이 제2차 매수인으로부터 계약금을 지급받았다면 비록 중도금을 수령한 바 없더라도, 배임죄의 실행의 착수가 있었다고 보아야 한다. ○│×

[18 경간부, 17 국가9급, 16 법원행시, 13 법원9급, 12 변호사, 12 법원9급, 12 국가9급, 11 법원행시] [Essential ★]

해설

> 부동산 이중양도에 있어서 매도인이 제2차 매수인으로부터 계약금만을 지급받고 중도금을 수령한 바 없다면, 배임죄의 실행의 착수가 있었다고 볼 수 없다(대법원 2010.4.29. 2009도14427). [×]

1198 부동산을 이중으로 매도한 경우에 매도인이 다시 선매수인에게 소유권이전의무를 이행하였다고 한다면 이는 후매수인에 대한 관계에서 임무를 위배한 것에 해당하여 배임죄가 성립한다. ○│×

[17 경찰승진, 12 경찰승진, 11 경찰승진] [Essential ★]

해설

> 부동산을 이중으로 매도한 경우에 매도인이 선매수인에게 소유권이전의무를 이행하였다고 하여 후매수인에 대한 관계에서 그가 임무를 위법하게 위배한 것이라고 할 수 없다(대법원 2010.4.29. 2009도14427). [×]

1199 甲은 A주식회사에 본인 소유 토지를 양도하는 내용의 매매계약을 체결한 후 A주식회사로부터 계약금, 중도금 및 잔금 중 일부를 교부받았으나, 乙에게 이 사건 토지를 매도하고 소유권이전등기를 경료해 주었다. 그런데 그 이전에 甲은 A주식회사로부터 계약금 중 3/4만 지급받은 상태에서 A주식회사 명의로 가등기를 경료해 주어 甲의 행위에도 불구하고 A주식회사가 甲의 아무런 협력 없이도 가등기의 순위보전 효력에 의해 자신 명의로 소유권이전 등기를 마칠 수 있는 수단을 마련해 준 경우에도 배임죄가 성립한다. ○│×

[22 경찰채용] [Superlative ★★★]

해설

> 부동산 매매계약에서 중도금이 지급되는 등 계약이 본격적으로 이행되는 단계에 이른 때에는 매도인은 매수인에 대하여 매수인의 재산보전에 협력하여 재산적 이익을 보호·관리할 신임관계에 있게 되고, 그때부터 매도인은 배임죄에서 말하는 '타인의 사무를 처리하는 자'에 해당하므로 매도인이 부동산을 제3자에게 처분하고 제3자 앞으로 등기를 마쳐 준 행위는 매수인의 부동산 취득 또는 보전에 지장을 초래하는 행위이므로 배임죄가 성립한다. 매도인이 매수인에게 순위보전의 효력이 있는 가등기를 마쳐 주었다고 하더라도 이는 향후 매수인에게 손해를 회복할 수 있는 방안을 마련하여 준 것일 뿐 그 자체로 물권변동의 효력이 있는 것은 아니어서 매도인으로서는 소유권을 이전하여 줄 의무에서 벗어날 수 없으므로 그와 같은 가등기로 인하여 매수인의 재산보전에 협력하여 재산적 이익을 보호·관리할 신임관계의 전형적·본질적 내용이 변경된다고 할 수 없다(대법원 2020.5.14. 2019도16228 가등기 부동산 이중매매 사건). [○]

1200 丙은 B에게 본인 소유 임야를 매도하고 일부 잔금까지 지급받았음에도 다시 그 임야를 丁에게 매도하여 계약금을 지급 받은 후 丁의 명의로 소유권이전청구권 보전을 위한 가등기를 경료해 준 경우 배임죄가 성립한다. ○ | ×

[22 경찰채용] [Superlative ★★★]

해설

부동산의 매도인으로서 매수인에 대하여 소유권이전등기절차에 협력할 의무 있는 자가 부동산을 매수인 이외의 제3자에게 이중으로 매도하고 제3자 앞으로 소유권이전청구권 보전을 위한 가등기를 마쳐 주었다면, 이는 매수인에게 손해발생의 위험을 초래하는 행위로서 배임죄를 구성한다(대법원 2008.7.10. 2008도3766). [○]

1201 채무자가 채권 담보를 위한 대물변제예약에 따라 부동산에 관한 소유권이전등기절차를 이행할 의무는 신임관계에 기초하여 채권자의 재산을 보호 또는 관리하여야 하는 '타인의 사무'에 해당한다고 할 것이므로 채권 담보를 위한 대물변제예약 사안에서 채무자가 대물로 변제하기로 한 부동산을 제3자에게 처분하였다고 한다면 배임죄가 성립한다. ○ | ×

[17 경찰승진, 16 법원행시, 16 국가7급, 16 국가9급, 16 경간부, 15 변호사, 15 법원행시, 15 경찰채용] [Core ★★]

해설

대물변제예약의 궁극적 목적은 차용금반환채무의 이행 확보에 있고, 채무자가 대물변제예약에 따라 부동산에 관한 소유권이전등기절차를 이행할 의무는 그 궁극적 목적을 달성하기 위해 채무자에게 요구되는 부수적 내용이어서 이를 가지고 배임죄에서 말하는 신임관계에 기초하여 채권자의 재산을 보호 또는 관리하여야 하는 '타인의 사무'에 해당한다고 볼 수는 없다. 그러므로 채권 담보를 위한 대물변제예약 사안에서 채무자가 대물로 변제하기로 한 부동산을 제3자에게 처분하였다고 하더라도 형법상 배임죄가 성립하는 것은 아니다(대법원 2014.8.21. 2014도3363 全合 대물변제예약 부동산 매도사건). [×]

1202 매매의 목적물이 동산일 경우 매도인에게는 동산인도채무 외에 별도로 매수인의 재산의 보호 내지 관리 행위에 협력할 의무가 있다고 할 수 없으므로 매도인이 목적물을 매수인에게 인도하지 아니하고 이를 타에 처분하였다 하더라도 배임죄가 성립하는 것은 아니다. ○ | ×

[17 법원행시, 17 경찰승진, 16 변호사, 16 경간부, 16 경찰채용, 15 변호사, 15 법원행시, 15 국가9급, 15 경찰채용, 14 국가7급, 14 경찰승진, 13 경간부, 12 변호사, 12 법원행시, 11 법원행시, 11 법원9급] [Core ★★]

해설

대법원 2011.1.20. 2008도10479 全合 인쇄기 이중매매 사건 [○]

1203 피고인 甲이 인쇄기를 A에게 양도하기로 하여 계약금 및 중도금 명목으로 원단을 제공받아 이를 수령하였음에도 불구하고, 인쇄기를 자신의 채권자인 乙에게 기존 채무의 변제에 갈음하여 양도한 경우 배임죄가 성립한다. ○ | ×

[16 변호사, 16 경찰채용, 15 법원행시, 14 국가7급, 13 경간부, 12 법원행시] [Core ★★]

해설

> (1) 매매의 목적물이 동산일 경우 매도인에게는 동산인도채무 외에 별도로 매수인의 재산의 보호 내지 관리 행위에 협력할 의무가 있다고 할 수 없으므로 매도인이 목적물을 매수인에게 인도하지 아니하고 이를 타에 처분하였다 하더라도 배임죄가 성립하는 것은 아니다. (2) 피고인 甲이 인쇄기를 자신의 채권자인 乙에게 기존 채무의 변제에 갈음하여 양도하였더라도 배임죄는 성립하지 아니한다(대법원 2011.1.20. 2008도10479 소늑 인쇄기 이중매매 사건).　　　　　　　　　　　　　　　　　　　　　　　　　　　　[×]

1204 피고인이 내연의 처와의 불륜관계를 지속하는 대가로서 부동산에 관한 소유권이전등기를 경료해 주기로 약정하였음에도 그 등기의무를 이행하지 않고 부동산을 제3자에게 처분하였다면 배임죄가 성립한다.　　　　　　　　　　　　　　　　　　　　　　　　　　　　○|×

[05 사법시험] [Essential ★]

해설

> 피고인이 내연의 처와의 불륜관계를 지속하는 대가로서 부동산에 관한 소유권이전등기를 경료해 주기로 약정한 경우, 부동산 증여계약은 선량한 풍속과 사회질서에 반하는 것으로 무효이어서 위 증여로 인한 소유권이전등기의무가 인정되지 아니하는 이상, 피고인이 비록 등기의무를 이행하지 않는다 하더라도 배임죄를 구성하지 않는다(대법원 1986.9.9. 86도1382).　　　　　　　　　　　　　　　　　　　　　　　　　[×]

1205 증여자가 구두의 증여계약에 따라 수증자에 대하여 증여 목적물의 소유권을 이전하여 줄 의무를 부담한다고 한다면 증여자는 타인의 사무를 처리하는 자의 지위에 있으므로 그에 위반하여 목적물을 제3자에게 처분한 경우 배임죄가 성립한다.　　　　　　　　　　　　　　　　　　　○|×

[16 경찰승진] [Core ★★]

해설

> 서면에 의하지 아니한 증여계약이 행하여진 경우 당사자는 그 증여가 이행되기 전까지는 언제든지 이를 해제할 수 있으므로 증여자가 구두의 증여계약에 따라 수증자에 대하여 증여 목적물의 소유권을 이전하여 줄 의무를 부담한다고 하더라도 증여자는 수증자의 사무를 처리하는 자의 지위에 있다고 할 수 없다(대법원 2005.12.9. 2005도5962 느티나무 증여사건).　　　　　　　　　　　　　　　　　　　　　　　　[×]

1206 서면으로 부동산 증여의 의사를 표시한 증여자가 수증자에게 증여계약에 따라 부동산의 소유권을 이전하지 않고 부동산을 제3자에게 처분하여 등기를 하는 행위는 수증자와의 신임관계를 저버리는 행위로서 배임죄가 성립한다.　　　　　　　　　　　　　　　　　　　　　　○|×

[20 변호사, 20 경간부] [Core ★★]

해설

> 대법원 2018.12.13. 2016도19308 목장 증여 사건　　　　　　　　　　　　　　　　[○]

1207 국토이용관리법 소정의 규제지역 내 토지의 매매에 대하여 토지거래허가를 받은 바 없다고 하더라도 그 매매계약은 유동적 무효상태에 있는 것이고 또한 매도인에게는 토지거래허가를 받도록 협력할 의무가 있는 것이므로 매도인은 배임죄의 주체인 타인의 사무를 처리하는 자에 해당하여 그 토지를 이중으로 매매한 경우 배임죄가 성립한다. ○|×

[17 법원행시, 13 법원행시, 11 법원행시] [Core ★★]

해설

국토이용관리법 소정의 규제지역 내 토지의 매매에 대하여 토지거래허가를 받은 바 없다면 그 매매계약은 채권적 효력도 없는 것이어서 매도인에게 그 매수인에 대한 소유권이전등기에 협력할 의무가 생겼다고 볼 수 없고 따라서 매도인은 배임죄의 주체인 타인의 사무를 처리하는 자에 해당하지 아니하며, 매도인이 토지거래허가를 받도록 협력할 의무가 있다 하더라도 이는 아직 타인의 사무로 볼 수 없다(대법원 1995.1.20. 94도697). [×]

1208 부동산 양도담보에 있어 담보권자가 변제기 경과후에 담보권을 실행하여 채권원리금과 담보권 실행비용 등의 변제에 충당하고 환가대금 또는 평가액의 나머지가 있어 이를 담보제공자에게 반환할 의무는 자기의 사무인 동시에 타인인 채무자의 사무처리에 속하는 것이므로 그 정산의무를 이행하지 않았다고 한다면 배임죄를 구성한다. ○|×

[12 변호사] [Essential ★]

해설

담보권자가 변제기 경과후에 담보권을 실행하여 그 환가대금 또는 평가액을 채권원리금과 담보권 실행비용 등의 변제에 충당하고 환가대금 또는 평가액의 나머지가 있어 이를 담보제공자에게 반환할 의무는 자기의 사무처리에 속하는 것이라 할 것이고 이를 부동산매매에 있어서의 매도인의 등기의무와 같이 타인인 채무자의 사무처리에 속하는 것이라고 볼 수는 없어 그 정산의무를 이행하지 아니한 소위는 배임죄를 구성하지 않는다(대법원 1985. 11.26. 85도1493 全合). [×]

1209 점유개정 방법으로 자신의 동산에 관하여 이중으로 양도담보설정계약을 체결한 채무자가, 양도담보에 제공된 동산을 제3자에게 현실인도 방법으로 처분한 경우, 채무자는 뒤의 점유개정 방법에 의한 양도담보설정계약을 체결한 채권자에 대한 관계에서 타인의 사무를 처리하는 자에 해당한다.

○|×

[19 해경채용] [Superlative ★★★]

해설

채무자가 그 소유의 동산에 대하여 점유개정의 방식으로 채권자들에게 이중의 양도담보설정계약을 체결한 후 양도담보 설정자가 목적물을 임의로 제3자에게 처분하였다면 양도담보권자라 할 수 없는 뒤의 채권자에 대한 관계에서는, 설정자인 채무자가 타인의 사무를 처리하는 자에 해당한다고 할 수 없어 배임죄가 성립하지 않는다(대법원 2004.6.25. 2004도1751 성형사출기 사건). [×]

1210 채무자가 금전채무를 담보하기 위하여 동산을 채권자에게 「동산·채권 등의 담보에 관한 법률」에 따른 동산담보로 제공한 후 담보물을 제3자에게 처분한 경우 배임죄가 성립한다. ○|×

[21 경찰승진] [Core ★★]

해설

> 채무자가 통상의 계약에서의 이익대립관계를 넘어서 채권자와의 신임관계에 기초하여 채권자의 사무를 맡아 처리하는 것으로 볼 수 없으므로 채무자를 배임죄의 주체인 '타인의 사무를 처리하는 자'에 해당한다고 할 수 없고, 그가 담보물을 제3자에게 처분하는 등으로 담보가치를 감소 또는 상실시켜 채권자의 담보권 실행이나 이를 통한 채권실현에 위험을 초래하더라도 배임죄가 성립하지 아니한다(대법원 2020.8.27. 2019도14770 숲슴 레이저가 공기 동산담보 사건). [×]

1211 자동차 등에 관하여 양도담보설정계약을 체결한 채무자는 채권자에 대하여 그의 사무를 처리하는 지위에 있지 아니하므로 채무자가 채권자에게 양도담보설정계약에 따른 의무를 다하지 아니하고 이를 타에 처분하였다고 하더라도 배임죄가 성립하지 아니한다. ○|×

[23 법원9급] [Core ★★]

해설

> 대법원 2022.12.22. 2020도8682 숲슴 자동차 양도담보계약 불이행 사건 [○]

3. 배임수증재죄

1212 배임수재죄에 관한 다음 설명 중 옳지 않은 것은 모두 1개다. ○|×

[Superlative ★★★]

> ㉠ 타인의 사무를 처리하는 자가 그 신임관계에 기한 사무의 범위에 속한 것으로서 장래에 담당할 것이 합리적으로 기대되는 임무에 관하여 부정한 청탁을 받고 재물 또는 재산상 이익을 취득한 후 그 청탁에 관한 임무를 현실적으로 담당하게 되었다면 배임수재죄의 성립을 인정할 수 있다. [16 법원행시]
> ㉡ 타인의 사무를 처리하는 자가 그 임무에 관하여 부정한 청탁을 받았더라도 그 후 사직으로 인하여 그 직무를 담당하지 아니하게 된 상태에서 재물을 수수한 경우라면 비록 그 재물 등의 수수가 부정한 청탁과 관련하여 이루어진 것이라도 배임수재죄는 성립하지 아니한다. [13 법원9급]
> ㉢ 타인의 사무를 처리하는 자의 지위를 취득하기 전에 부정한 청탁을 받은 행위를 처벌하는 별도의 구성요건이 존재하지 않는 이상, 타인의 사무처리자의 지위를 취득하기 전에 부정한 청탁을 받은 경우에 배임수재죄로는 처벌할 수 없다. [16 변호사]
> ㉣ 배임수재죄에서 말하는 '재산상의 이익의 취득'이라 함은 현실적인 취득만을 의미하므로 단순한 요구 또는 약속만을 한 경우에는 이에 포함되지 아니한다. [13 법원9급, 12 경간부, 12 경찰채용]

해설

> ㉡ 항목만 옳지 않다.
> ㉠ 대법원 2013.10.11. 2012도13719 한국철도대학 총장 사건
> ㉡ 타인의 사무를 처리하는 자가 그 임무에 관하여 부정한 청탁을 받은 이상 그 후 사직으로 인하여 그 직무를 담당하지 아니하게 된 상태에서 재물을 수수하게 되었다 하더라도 그 재물 등의 수수가 부정한 청탁과 관련하여 이루어진 것이라면 배임수재죄가 성립한다(대법원 1997.10.24. 97도2042).
> ㉢ 대법원 2010.7.22. 2009도12878 건설사업 평가위원 사건
> ㉣ 대법원 1999.1.29. 98도4182 골프장회원권 명의변경× 사건 [○]

1213 배임수재죄에 있어서 '부정한 청탁'이라 함은 반드시 업무상 배임의 내용이 되는 정도에 이를 것을 요하지 아니하고, 사회상규 또는 신의성실의 원칙에 반하는 것을 내용으로 하는 것이면 족하다. O | X

[16 법원9급, 12 경찰채용, 11 법원9급] [Essential ★]

해설

> 대법원 2016.8.30. 2013도658 태광그룹회장 사건 [O]

1214 배임수증재죄는 타인의 사무를 처리하는 자가 그 임무에 관하여 부정한 청탁을 받고 재물 또는 재산상의 이익을 취득한 후 그 청탁에 따른 일정한 행위를 현실적으로 할 때 성립한다. O | X

[12 경찰채용, 11 경찰승진] [Core ★★]

해설

> 배임수증재죄는 타인의 사무를 처리하는 자가 그 임무에 관하여 부정한 청탁을 받고 재물 또는 재산상의 이익을 취득하는 경우에 성립하는 것이고, 청탁에 따른 일정한 행위가 현실적으로 행하여 질 것을 요하지는 아니한다(대법원 1991.8.27. 91도61 부산항운노조 사건). [X]

1215 임무에 관하여 부정한 청탁을 받고 재물 또는 재산상 이익을 취득하면 배임수재죄는 성립되고, 어떠한 임무위배 행위를 하거나 본인에게 손해를 가하는 것을 요건으로 하지 아니다. O | X

[17 법원행시, 17 경찰채용, 16 법원행시, 16 법원9급, 16 경간부] [Essential ★]

해설

> 대법원 2013.11.14. 2011도11174 아파트 재임대차 독점중개사건 [O]

1216 다음 중 배임수재죄가 성립하는 것은 모두 3개다. O | X

[Superlative ★★★]

> ㉠ 학교법인의 이사장 또는 사립학교경영자가 학교법인 운영권을 양도하고 양수인으로부터 양수인 측을 학교법인의 임원으로 선임해 주는 대가로 양도대금을 받기로 하는 내용의 청탁을 받은 경우
> [16 법원9급, 15 법원행시]
> ㉡ 대학병원 의사인 피고인이, 의약품인 조영제나 의료재료를 지속적으로 납품할 수 있도록 해달라는 부정한 청탁 또는 의약품 등을 사용해 준 대가로 제약회사 등으로부터 명절 선물이나 골프접대 등 향응을 제공받은 경우 [15 법원행시, 13 경간부]
> ㉢ KBO 사무총장인 피고인이 잠실야구장 옥외광고물 사업자로부터 받은 청탁의 내용이 단순히 규정이 허용하는 범위 내에서 최대한 선처를 바란다거나 계약 관계를 유지시켜 기존권리를 확보하기 위한 부탁행위에 불과한 경우 [12 경찰채용]
> ㉣ KBS 라디오국 프로듀서인 피고인이 가수들 또는 그 매니저들로부터 가요 프로그램에 위 가수들의 노래를 선곡하여 자주 방송함으로써 인기도가 올라갈 수 있도록 하여 달라는 청탁을 받고 그 사례금 명목으로 31회에 걸쳐 790만원을 교부받은 경우 [13 국가7급]

해설

ⓒⓔ 2 항목의 경우 배임수재죄가 성립한다.

㉠ 청탁의 내용이 당해 학교법인의 설립 목적과 다른 목적으로 기본재산을 매수하여 사용하려는 것으로서 학교법인의 존립에 중대한 위협을 초래할 것임이 명백하다는 등의 특별한 사정이 없는 한, 그 청탁이 사회상규 또는 신의성실의 원칙에 반하는 것을 내용으로 하는 것이라고 할 수 없으므로 배임 수재의 구성요건인 '부정한 청탁'에 해당한다고 할 수 없다(대법원 2014.1.23. 2013도11735 석정학원 양도사건).

ⓛ 대법원 2011.8.18. 2010도10290 리베이트 사건

ⓒ 청탁의 내용이 단순히 규정이 허용하는 범위 내에서 최대한 선처를 바란다거나 계약 관계를 유지시켜 기존권리를 확보하기 위한 부탁행위에 불과하다면 배임수재죄는 성립하지 아니한다(대법원 2006.3.24. 2005도6433 KBO 사무총장 사건).

ⓔ 대법원 1991.1.15. 90도2257 라디오연예가산책 PD사건   [×]

제8절 장물의 죄

1217 甲이 회사 자금으로 乙에게 주식매각 대금조로 금원을 지급한 경우 횡령행위에 의하여 영득된 장물에 해당한다.   ○|×

[15 경찰승진, 12 법원9급, 11 경찰승진] [Core ★★]

해설

대법원 2004.12.9. 2004도5904 횡령과 동시에 장물 사건   [○]

1218 재산범죄를 저지른 이후에 별도의 재산범죄의 구성요건에 해당하는 사후행위가 있었더라도 그 행위가 불가벌적 사후행위로서 처벌의 대상이 되지 않는다면 그 사후행위로 인하여 취득한 물건은 장물이 될 수 없다.   ○|×

[17 법원행시, 14 법원행시, 14 경찰승진, 11 법원행시] [Core ★★]

해설

재산범죄를 저지른 이후에 별도의 재산범죄의 구성요건에 해당하는 사후행위가 있었다면 비록 그 행위가 불가벌적 사후행위로서 처벌의 대상이 되지 않는다 할지라도 그 사후행위로 인하여 취득한 물건은 재산범죄로 인하여 취득한 물건으로서 장물이 될 수 있다(대법원 2004.4.16. 2004도353 컴사기 현금인출 사건).   [×]

1219 본범의 행위에 관한 법적 평가는 그 행위에 대하여 우리 형법이 적용되지 아니하는 경우에도 우리 형법을 기준으로 하여야 하고 또한 이로써 충분하므로, 본범의 행위가 우리 형법에 비추어 절도죄 등의 구성요건에 해당하는 위법한 행위라고 인정되는 이상 이에 의하여 영득된 재물은 장물에 해당한다. ○|×

[17 법원행시, 16 법원행시, 15 경찰채용, 14 국가9급, 14 경간부, 13 법원행시] [Core ★★]

해설

> 대법원 2011.4.28. 2010도15350 횡령 자동차 밀수사건   [○]

1220 다음 중 장물에 해당하는 것은 모두 1개다. ○|×

[Superlative ★★★]

> ㉠ 전화가입권 [16 경간부, 11 경찰승진]
> ㉡ 장물을 팔아서 얻은 돈 [16 경간부, 11 법원9급, 11 경간부]
> ㉢ 부동산 이중매매의 배임범죄에 제공된 대지 [15 경간부, 14 변호사, 12 경찰채용, 11 법원9급]
> ㉣ 양도담보로 제공한 후 다시 타인에게 양도한 물건 [11 경찰승진]
> ㉤ 부동산 명의신탁에 있어서 수탁자가 임의로 제3자에게 처분한 부동산 [16 경간부]

해설

> 모든 항목이 장물에 해당하지 아니한다.
> ㉠ 전화가입권의 실체는 가입권자가 전화관서로부터 전화역무를 제공받을 하나의 채권적 권리이며, 이는 재산상의 이익은 될지언정 '장물'의 범주에 속하지 아니한다(대법원 1971.2.23. 70도2589 전화가입권 사건).
> ㉡ 장물을 팔아서 얻은 돈은 장물이 아니다(대법원 1972.6.13. 72도971).
> ㉢ 부동산 이중매매의 배임범죄에 제공된 대지는 범죄로 인하여 영득한 것 자체는 아니므로 그 취득자 또는 전득자에게 대하여 배임죄의 가공여부를 논함은 별문제로 하고 장물취득죄로 처단할 수 없다(대법원 1975.12.9. 74도2804).
> ㉣ 양도담보로 제공한 후 다시 타에 양도한 물건은 배임행위에 제공한 물건이지 배임행위로 인하여 영득한 물건 자체는 아니므로 장물이라고 볼 수 없다(대법원 1983.11.8. 82도2119 양도담보 약품 사건).
> ㉤ 신탁행위에 있어서는 수탁자가 외부관계에 대하여 소유자로 간주되므로 이를 취득한 제3자는 수탁자가 신탁자의 승낙없이 매각하는 정을 알고 있는 여부에 불구하고 장물취득죄가 성립하지 아니한다(대법원 1979.11.27. 79도2410).   [×]

1221 본범이 피고인에게 금원을 교부한 행위 자체가 횡령행위라고 하더라도 이러한 경우 본범의 업무상 횡령죄가 기수에 달하는 것과 동시에 그 금원은 장물이 된다. ○|×

[15 법원행시, 15 경찰채용, 14 경찰승진, 12 법원행시, 11 법원행시, 11 법원9급] [Core ★★]

해설

> 대법원 2004.12.9. 2004도5904 횡령과 동시에 장물 사건   [○]

1222 장물인 현금을 금융기관에 예금의 형태로 보관하였다가 이를 반환받기 위하여 동일한 액수의 현금을 인출한 경우, 인출된 현금은 당초의 현금과 물리적인 동일성이 상실되므로 장물로서의 성질을 상실한다. ○|×

[17 법원행시, 15 법원행시, 15 경찰승진, 15 경찰채용, 13 국가7급, 13 경찰승진, 12 법원9급, 12 경찰승진, 11 법원행시, 11 경찰채용] [Essential ★]

해설

장물인 현금을 금융기관에 예금의 형태로 보관하였다가 이를 반환받기 위하여 동일한 액수의 현금을 인출한 경우에 예금계약의 성질상 인출된 현금은 당초의 현금과 물리적인 동일성은 상실되었지만 액수에 의하여 표시되는 금전적 가치에는 아무런 변동이 없으므로 장물로서의 성질은 그대로 유지된다고 봄이 상당하고, 자기앞수표도 그 액면금을 즉시 지급받을 수 있는 등 현금에 대신하는 기능을 가지고 거래상 현금과 동일하게 취급되고 있는 점에서 금전의 경우와 동일하게 보아야 한다(대법원 2004.3.12. 2004도134 천중사 사건). [×]

1223 피고인이 권한 없이 회사의 아이디와 패스워드를 입력하여 인터넷뱅킹에 접속한 다음 위 회사의 예금계좌로부터 자신의 예금계좌로 합계 1억 8천만원을 이체하는 내용의 정보를 입력하여 자신의 예금액을 증액시킴으로서 컴퓨터등사용사기죄의 범행을 저지른 다음 자신의 현금카드를 사용하여 현금자동지급기에서 현금을 인출한 경우, 그 인출된 현금은 재산범죄에 의하여 취득한 재물로서 장물에 해당한다. ○|×

[17 법원행시, 17 경찰승진, 17 경간부, 16 변호사, 16 경간부, 15 법원행시, 15 경찰채용, 14 변호사, 14 국가9급, 13 법원행시, 13 법원9급, 13 국가7급, 13 국가9급, 12 법원행시, 12 경찰승진, 11 법원행시, 11 국가7급] [Essential ★]

해설

피고인이 자기의 현금카드를 사용하여 현금을 인출한 경우에는 그것이 비록 컴퓨터등사용사기죄의 범행으로 취득한 예금채권을 인출한 것이라 할지라도 현금카드 사용권한 있는 자의 정당한 사용에 의한 것으로서 현금자동지급기 관리자의 의사에 반하거나 기망행위 및 그에 따른 처분행위도 없었으므로 별도로 절도죄나 사기죄의 구성요건에 해당하지 않는다 할 것이고, 그 결과 인출된 현금은 재산범죄에 의하여 취득한 재물이 아니므로 장물이 될 수 없다(대법원 2004.4.16. 2004도353 컴사기 현금인출 사건). [×]

1224 장물죄에 있어서 장물의 인식은 확정적 인식임을 요하지 않으며 장물일지도 모른다는 의심을 가지는 정도의 미필적 인식으로서도 충분하다. ○|×

[16 법원행시, 15 경찰승진, 15 경찰채용, 14 국가7급, 14 경찰승진, 12 법원9급, 11 경찰승진] [Essential ★]

해설

대법원 2011.5.13. 2009도3552 [○]

1225 장물취득죄는 취득 당시 장물인 정을 알면서 재물을 취득하여야 성립하는 것이므로 피고인이 재물을 인도받은 후에 비로소 장물이 아닌가 하는 의구심을 가졌다고 하여 그 재물수수행위가 장물취득죄를 구성한다고 할 수 없다. ○|×

[16 법원행시, 15 경찰승진, 15 경간부, 12 경찰승진, 11 국가7급] [Core ★★]

해설

대법원 2006.10.13. 2004도6084 보석담보 사건 [○]

1226 장물인 정을 모르고 보관하던 중 장물인 정을 알게 되었고, 장물을 반환하는 것이 불가능하지 않음에도 불구하고 계속 보관함으로써 피해자의 정당한 반환청구권 행사를 어렵게 하여 위법한 재산상태를 유지시킨 경우에는 장물보관죄에 해당한다. ○|×

[16 법원행시, 16 경찰승진, 13 경찰승진] [Core ★★]

해설

> 대법원 1987.10.13. 87도1633 도난 수표 보관사건 [○]

1227 장물인 정을 모르고 장물을 보관하였다가 그 후에 장물인 정을 알게 되었음에도 이를 계속하여 보관하는 행위는 장물죄를 구성하는 것이고, 이는 점유할 권한이 있어 계속하여 보관한 경우에도 마찬가지이다. ○|×

[17 법원행시, 16 법원행시, 15 경찰채용, 12 경찰승진, 11 법원행시, 11 경찰승진, 11 경간부] [Core ★★]

해설

> 장물인 정을 모르고 장물을 보관하였다가 그 후에 장물인 정을 알게 된 경우 그 정을 알고서도 이를 계속하여 보관하는 행위는 장물죄를 구성하는 것이나, 이 경우에도 점유할 권한이 있는 때에는 이를 계속하여 보관하더라도 장물보관죄가 성립한다고 할 수 없다(대법원 2006.10.13. 2004도 6084 보석담보 사건). [×]

1228 단순히 보수를 받고 본범을 위하여 장물을 일시 사용하거나 그와 같이 사용할 목적으로 장물을 건네받은 경우도 장물을 취득한 것에 해당된다. ○|×

[16 법원행시, 16 경찰승진, 13 법원행시, 13 국가7급, 12 변호사, 12 법원9급, 12 경찰승진] [Core ★★]

해설

> 장물취득죄에서 '취득'이라고 함은 점유를 이전받음으로써 그 장물에 대하여 사실상의 처분권을 획득하는 것을 의미하는 것이므로 단순히 보수를 받고 본범을 위하여 장물을 일시 사용하거나 그와 같이 사용할 목적으로 건네받은 것만으로는 장물을 취득한 것으로 볼 수 없다(대법원 2003.5.13. 2003도1366 신용카드 심부름 사건). [×]

1229 장물을 취득·양도·운반·보관하려는 당사자 사이에 서서 서로를 연결하여 장물의 취득 등의 행위를 중개하거나 편의를 도모하였더라도, 그에 의하여 당사자 사이에 실제로 장물의 취득 등에 관한 계약이 성립하지 않았거나 장물의 점유가 현실적으로 이전되지 않았다면 장물알선죄는 성립하지 아니한다. ○|×

[15 법원행시, 14 법원행시, 12 경찰채용] [Core ★★]

해설

> 장물의 취득 등의 행위를 중개하거나 편의를 도모하였다면 그 알선에 의하여 당사자 사이에 실제로 장물의 취득 등에 관한 계약이 성립하지 아니하였거나 장물의 점유가 현실적으로 이전되지 아니한 경우라도 장물알선죄가 성립한다(대법원 2009.4.23. 2009도1203 장물 알선사건). [×]

1230 다음 중 '甲에 대한' (   ) 안의 죄책이 옳지 않은 것은 모두 3개다. ○|×

> ㉠ 甲이 미등록 상태였던 수입자동차를 취득한 후 최초 등록이 마쳐진 수입자동차가 장물일지도 모른다고 생각하면서도 乙에게 양도한 경우 (장물양도죄) [17 경찰채용, 12 법원행시]
>
> ㉡ 대한민국 국민 또는 외국인이 미국 캘리포니아주에서 미국 리스회사와 미국 캘리포니아주의 법에 따라 차량 이용에 관한 리스계약을 체결하였는데, 이후 자동차수입업자인 甲이 리스기간 중 리스 이용자들이 임의로 처분한 차량들을 수입한 경우 (장물취득죄) [15 법원행시, 13 경찰승진]
>
> ㉢ 乙이 습득한 신용카드 2장으로 물건을 구입하여 줄 것을 甲에게 부탁하였고, 甲이 그 부탁을 받아들여 신용카드 2장을 교부받은 경우 (장물취득죄) [11 경간부, 11 국가7급]
>
> ㉣ 甲이 자신의 명의로 된 통장, 현금카드 등을 乙에게 건네주었고, 이후 乙에게 기망당한 피해자 A가 위 통장으로 금원을 입금하자 乙 모르게 이를 바로 인출한 경우 (장물취득죄) [17 법원행시, 17 국가9급, 15 변호사, 15 법원9급, 14 변호사, 14 법원행시, 12 국가9급, 11 법원9급]
>
> ㉤ 甲이 乙이 절취한 차량이라는 정을 알면서도 乙 등으로부터 그들이 차량을 이용하여 강도를 하려 함에 있어 차량을 운전해 달라는 부탁을 받고 차량을 운전해 준 경우 (장물운반죄) [17 경간부, 17 경찰채용, 15 법원9급, 14 법원행시]
>
> ㉥ 피고인 甲이 乙 등으로부터 절취하여 온 귀금속을 매도하여 달라는 부탁을 받고 귀금속을 매수하기로 한 丙에게 전화하여 노래연습장에서 만나기로 약속한 후, 乙 등으로부터 건네받은 귀금속을 가지고 노래연습장에 들어갔다가 경찰관에 의하여 체포된 경우 (무죄) [17 변호사, 17 법원행시, 17 경찰승진, 16 법원행시, 16 경찰승진, 15 경찰채용, 13 변호사, 13 법원행시]

해설

> ㉢㉣㉤ 3 항목이 옳지 않다.
>
> ㉠ (1) 피고인이 미등록 상태였던 수입자동차를 취득한 후 최초 등록이 마쳐진 수입자동차가 장물일지도 모른다고 생각하면서도 乙에게 양도한 경우 장물양도죄가 성립한다. (2) 장물인 수입자동차를 신규등록하였다고 하여 그 최초 등록명의인이 해당 수입자동차를 원시취득하게 된다거나 그 장물양도행위가 범죄가 되지 않는다고 볼 수는 없다(대법원 2011.5.13. 2009도3552).
>
> ㉡ 자동차수입업자인 피고인이 리스기간 중 리스이용자들이 임의로 처분한 차량들을 수입한 경우 장물취득죄가 성립한다(대법원 2011.4.28. 2010도15350 횡령 자동차 밀수사건).
>
> ㉢ (1) 단순히 보수를 받고 본범을 위하여 장물을 일시 사용하거나 그와 같이 사용할 목적으로 장물을 건네받은 것만으로는 장물을 취득한 것으로 볼 수 없다. (2) 乙의 부탁을 받아들여 신용카드 2장을 교부받은 甲의 행위는 장물을 보관한 경우에 해당한다(대법원 2003.5.13. 2003도1366 신용카드 심부름 사건).
>
> ㉣ 본범의 사기행위는 피고인이 예금계좌를 개설하여 본범에게 양도한 방조행위가 가공되어 본범에게 편취금이 귀속되는 과정 없이 피고인이 피해자로부터 피고인의 예금계좌로 돈을 송금받아 취득함으로써 종료되는 것이고, 그 후 피고인이 자신의 예금계좌에서 돈을 인출하였다 하더라도 이는 예금명의자로서 은행에 예금반환을 청구한 결과일 뿐 본범으로부터 돈에 대한 점유를 이전받아 사실상 처분권을 획득한 것은 아니므로, 피고인의 위와 같은 인출행위를 장물'취득'죄로 벌할 수는 없다(대법원 2010.12.9. 2010도6256 대포통장 현금 인출사건Ⅱ).
>
> ㉤ 피고인은 강도예비와 아울러 장물운반의 고의를 가지고 위와 같은 행위를 하였다고 봄이 상당하다(대법원 1999.3.26. 98도3030).
>
> ㉥ 甲이 귀금속을 매도하려는 乙 등과 이를 매수하려는 丙 사이를 연결하여 귀금속의 매매를 중개함으로써 장물알선죄는 성립하고, 실제로 매매계약이 성립하지 않았다거나 귀금속의 점유가 丙에게 현실적으로 이전되지 아니하였다 하더라도 장물알선죄의 성립은 방해받지 않는다(대법원 2009.4.23. 2009도1203 장물 알선사건).
>
> [○]

제9절 손괴의 죄

1231 재물손괴죄는 다른 사람의 재물을 손괴 또는 은닉하거나 그 밖의 방법으로 그 효용을 해한 경우에 성립하는 범죄로 행위자에게 다른 사람의 재물을 자기 소유물처럼 그 경제적 용법에 따라 이용·처분할 의사(불법영득의사)가 없다는 점에서 절도, 강도, 사기, 공갈, 횡령 등 영득죄와 구별된다.

O|×

[23 법원9급] [Core ★★]

해설

대법원 2022.11.30. 2022도1410 타인 토지상 무단 건물신축 사건 [O]

1232 甲이 타인 소유 토지의 이용을 방해할 목적으로 권한 없이 건물을 신축하였다면, 이는 다른 사람의 소유물을 본래의 용법에 따라 무단으로 사용·수익하는 행위로 소유자를 배제한 채 물건의 이용가치를 영득하는 것이고 그 결과 소유자가 물건의 효용을 누리지 못하게 된 것으로 볼 수 있어 이와 같은 甲의 행위는 재물손괴죄에 해당한다.

O|×

[23 경찰채용, 23 법원9급] [Core ★★]

해설

피고인은 타인 소유 토지에 권원 없이 건물을 신축하였는바, 이러한 행위는 이미 대지화된 토지에 건물을 새로 지어 부지로서 사용·수익함으로써 그 소유자로 하여금 효용을 누리지 못하게 한 것일 뿐 토지의 효용을 해하지 않았으므로 재물손괴죄가 성립하지 않는다(대법원 2022.11.30. 2022도1410 타인 토지상 무단 건물신축 사건). [×]

1233 재물손괴의 범의를 인정함에 있어서는 반드시 계획적인 손괴의 의도가 있거나 물건의 손괴를 적극적으로 희망하여야 하는 것은 아니고, 소유자의 의사에 반하여 재물의 효용을 상실케 하는 데 대한 인식이 있으면 된다.

O|×

[16 경찰승진, 12 경찰승진] [Core ★★]

해설

대법원 1993.12.7. 93도2701 [O]

1234 포도주 원액이 부패하여 포도주 원료로서의 효용가치가 상실되었다면 그 산도가 1.8도 내지 6.2도에 이르고 있어서 식초의 제조 등 다른 용도에 사용할 수 있는 경우라도 재물손괴죄의 객체가 될 수 없다.

O|×

[22 국가7급] [Essential ★]

해설

포도주 원액이 부패하여 포도주 원료로서의 효용가치는 상실되었으나 그 산도가 1.8도 내지 6.2도에 이르고 있어 식초의 제조등 다른 용도에 사용할 수 있다면 포도주 원액은 재물손괴죄의 객체가 될 수 있다(대법원 1979.7.24. 78도2138 포도주 원액 사건). [×]

1235 재건축사업으로 철거가 예정되어 있었고 입주자들이 모두 이사하여 아무도 거주하지 않은 채 비어 있는 아파트라고 한다면, 비록 주거용으로 사용될 수 없는 상태가 아니었고 그 소유자들이 재건축조합으로의 신탁등기 및 인도를 거부하는 방법으로 계속 소유권을 행사하고 있는 상황이었다고 하더라도 그 아파트는 재물손괴죄의 객체가 된다고 할 수 없다. O | X

[18 경간부, 16 경간부, 15 경찰승진, 12 경찰승진, 11 국가9급] [Core ★★]

> **해설**
>
> 아파트 자체의 객관적 성상이 본래 사용목적인 주거용으로 사용될 수 없는 상태가 아니었고, 더욱이 그 소유자들이 재건축조합으로의 신탁등기 및 인도를 거부하는 방법으로 계속 소유권을 행사하고 있는 상황이었다면 아파트가 재물로서의 이용가치나 효용이 없는 물건으로 되었다고 할 수 없으므로 재물손괴죄의 객체가 된다(대법원 2010. 2.25. 2009도8473 아파트 철거사건 II). [×]

1236 피고인이 피해자가 홍보를 위해 설치한 광고판을 그 장소에서 제거하여 컨테이너로 된 창고로 옮겨 놓았다면 비록 물질적인 형태의 변경이나 멸실, 감손을 초래하지 않은 채 그대로 옮겼더라도 그 광고판은 본래적 역할을 할 수 없는 상태로 되었다고 보아야 하므로 재물손괴죄가 성립한다. O | X

[Essential ★]

> **해설**
>
> 피고인이 피해자가 홍보를 위해 설치한 광고판(홍보용 배너와 거치대)을 그 장소에서 제거하여 컨테이너로 된 창고로 옮겼다면 비록 물질적인 형태의 변경이나 멸실, 감손을 초래하지 않은 채 그대로 옮겼다고 하더라도 광고판은 그 본래적 역할을 할 수 없는 상태로 되었다고 보아야 하므로 재물의 효용을 해하는 행위에 해당한다(대법원 2018.7.24. 2017도18807 광고판 제거 사건). [O]

1237 피고인이 피해 차량의 앞뒤에 쉽게 제거하기 어려운 철근콘크리트 구조물 등을 바짝 붙여 놓아 차량을 운행할 수 없게 하였더라도 피해 차량 자체에 물리적 훼손이나 기능적 효용의 멸실 내지 감소가 발생하지 않았으므로 재물 본래의 효용을 해한 것이라고 볼 수 없다. O | X

[22 법원9급] [Essential ★]

> **해설**
>
> 피고인이 평소 자신이 굴삭기를 주차하던 장소에 피해자의 차량이 주차되어 있는 것을 발견하고 피해자의 차량 앞에 철근콘크리트 구조물을, 뒤에 굴삭기 크러셔를 바짝 붙여 놓아 피해자가 17~18시간 동안 차량을 운행할 수 없게 된 경우 차량 앞뒤에 쉽게 제거하기 어려운 구조물 등을 붙여 놓은 행위는 차량에 대한 유형력 행사로 보기에 충분하고, 차량 자체에 물리적 훼손이나 기능적 효용의 멸실 내지 감소가 발생하지 않았더라도 피해자가 위 구조물로 인해 차량을 운행할 수 없게 됨으로써 일시적으로 본래의 사용목적에 이용할 수 없게 된 이상 차량 본래의 효용을 해한 경우에 해당한다(대법원 2021.5.7. 2019도13764 굴삭기 동원 차량이용 방해사건). [×]

1238 어느 문서에 대한 종래의 사용상태가 문서 소유자의 의사에 반하여 또는 문서 소유자의 의사와 무관하게 이루어진 것이라도 그 종래의 사용상태를 제거하거나 변경시켰다면 비록 문서 소유자의 그 문서 사용에 지장을 초래하지 않았더라도 문서에 대한 사용가치를 일시적으로도 해하였다고 할 것이어서 문서손괴죄가 성립한다. ○|×

[18 경간부, 17 법원행시, 17 법원9급] [Core ★★]

해설

(1) 소유자의 의사에 따라 어느 장소에 게시 중인 문서를 소유자의 의사에 반하여 떼어내는 것과 같이 소유자의 의사에 따라 형성된 종래의 이용상태를 변경시켜 종래의 상태에 따른 이용을 일시적으로 불가능하게 하는 경우에도 문서손괴죄가 성립할 수 있다. (2) 그러나 어느 문서에 대한 종래의 사용상태가 문서 소유자의 의사에 반하여 또는 문서 소유자의 의사와 무관하게 이루어진 것일 경우에 단순히 그 종래의 사용상태를 제거하거나 변경시키는 것에 불과하고 이를 손괴, 은닉하는 등으로 새로이 문서 소유자의 그 문서 사용에 지장을 초래하지 않는 경우에는 문서의 효용, 즉 문서 소유자의 문서에 대한 사용가치를 일시적으로도 해하였다고 할 수 없어서 문서손괴죄가 성립하지 아니한다(대법원 2015.11.27. 2014도13083 회신문서 제거사건). [×]

1239 甲이 자신이 경락받은 농수산물 저온저장 공장건물 중 공랭식 저온창고를 수냉식으로 개조함에 있어 기존에 그 공장에 시설된 A 소유의 자재에 관하여 A에게 철거를 최고하는 등 적법한 조치를 취하지 않고 일방적으로 이를 철거하였다면 재물손괴죄가 성립한다. ○|×

[22 국가7급] [Essential ★]

해설

대법원 1990.5.22. 90도700 경락제외 물건 임의철거 사건 [○]

1240 다음 중 손괴죄가 성립하는 것은 모두 3개다. ○|×

[Superlative ★★★]

ⓐ 피고인이 다른 사람 소유의 광고용 간판을 백색페인트로 도색하여 광고 문안을 지워 버린 경우
[14 경찰승진, 13 법원행시]

ⓑ 해고당한 피고인이 회사에서 집회를 개최하던 중 계란 수십 개를 회사 건물에 투척한 경우 [15 경찰승진, 14 경찰승진, 13 법원행시, 12 경간부]

ⓒ 해고당한 피고인이 회사에서 집회를 개최하던 중 래커 스프레이를 이용하여 회사 건물 외벽과 1층 벽면, 식당 계단 천장 및 벽면에 '자본통개, 원직복직, 결사투쟁' 등의 내용으로 낙서를 한 경우
[16 경간부, 15 경찰승진, 14 경찰승진]

ⓓ 피고인 甲이 A로부터 자동문 설치공사를 도급받아 그 공사를 마쳤음에도 잔금을 지급받지 못하자 2014. 1.10.경 추가로 자동문의 번호키 설치공사를 도급받아 시공한 후 자동문의 자동작동중지 예약기능을 이용하여 2014. 1.20.부터 자동문이 자동으로 여닫히지 않도록 설정한 경우 [18 경간부, 17 법원행시, 17 국가7급]

해설

○ⓒ② 3 항목의 경우 손괴죄가 성립한다.

○ 재물손괴죄가 성립한다(대법원 1991.10.22. 91도2090).

ⓒ 50만원 정도의 비용이 드는 청소가 필요한 상태가 되었고 또 유리문이나 유리창 등 건물 내부에서 외부를 관망하는 역할을 수행하는 부분 중 일부가 불쾌감을 줄 정도로 더럽혀졌다는 점을 고려해 보더라도 건물의 효용을 해하는 정도의 것에 해당하지 않는다(대법원 2007.6.28. 2007도2590 스프레이 유죄 계란 무죄 사건).

ⓒ 낙서를 함으로써 이를 제거하는데 약 341만원 상당이 들도록 한 행위는 건물의 미관을 해치는 정도와 건물 이용자들의 불쾌감 및 원상회복의 어려움 등에 비추어 건물의 효용을 해한 것에 해당한다(대법원 2007.6.28. 2007도2590 스프레이 유죄 계란 무죄 사건).

② 자동문을 자동으로 작동하지 않고 수동으로만 개폐가 가능하게 하여 자동잠금장치로서 역할을 할 수 없도록 한 것이므로 재물손괴죄가 성립한다(대법원 2016.11.25. 2016도9219 자동문 작동중지 사건).   [○]

1241 피고인들이 유색 페인트와 래커 스프레이를 이용하여 회사 소유의 도로 바닥에 직접 문구를 기재하거나 도로 위에 놓인 현수막 천에 문구를 기재하여 페인트가 바닥으로 배어나와 도로에 배게하는 방법으로 도로 바닥에 여러 문구를 써놓은 행위는 도로의 효용을 해하는 정도에 이른 것이라고 보기 어렵다. ○|×

[22 경찰채용] [Core ★★]

해설

대법원 2020.3.27. 2017도20455 도로 바닥 페인트 · 스프레이 사건   [○]

1242 피고인이 피해자가 홍보를 위해 설치한 광고판(홍보용 배너와 거치대)을 그 장소에서 제거하여 컨테이너로 된 창고로 옮긴 경우 손괴죄에 해당한다. ○|×

[Essential ★]

해설

비록 물질적인 형태의 변경이나 멸실, 감손을 초래하지 않은 채 그대로 옮겼다고 하더라도 광고판은 그 본래적 역할을 할 수 없는 상태로 되었다고 보아야 하므로 재물의 효용을 해하는 행위에 해당한다(대법원 2018.7.24. 2017도18807 광고판 제거 사건).   [○]

1243 피고인이 이미 타인(타기관)에 접수되어 있는 자기 명의의 문서를 함부로 무효화시켜 그 용도에 사용하지 못하게 한 경우 손괴죄가 성립한다. ○|×

[18 경간부, 16 경찰승진, 13 법원행시, 12 경찰승진, 12 경간부] [Core ★★]

해설

비록 자기 명의의 문서라 할지라도 이미 타인(타기관)에 접수되어 있는 문서에 대하여 함부로 이를 무효화시켜 그 용도에 사용하지 못하게 하였다면 일응 문서손괴죄를 구성한다(대법원 1987.4.14. 87도177).   [○]

1244 피고인이 피해자로부터 전세금 200만원을 받고 영수증을 작성·교부한 뒤에 피해자에게 전세금을 반환하겠다고 말하여 영수증을 교부받고 나서 전세금을 반환하기도 전에 이를 찢어버린 경우 손괴죄가 성립한다. ○ | ×

[17 법원행시] [Core ★★]

해설

(1) 문서손괴죄의 객체는 타인 소유의 문서이며 피고인 자신의 점유하에 있는 문서라고 할지라도 타인 소유인 이상 이를 손괴하는 행위는 문서손괴죄에 해당한다. (2) 피고인이 영수증을 교부받고 나서 전세금을 반환하기도 전에 이를 찢어버렸다면 문서손괴죄가 성립한다(대법원 1984.12.26. 84도2290). [○]

1245 약속어음의 수취인이 차용금의 지급담보를 위하여 은행에 보관시킨 약속어음을 은행지점장이 발행인의 부탁을 받고 그 지급기일란의 일자를 지움으로써 그 효용을 해한 경우 손괴죄가 성립한다. ○ | ×

[14 경찰승진, 13 법원행시] [Core ★★]

해설

은행지점장이 발행인의 부탁을 받고 약속어음 지급기일란의 일자를 지움으로써 그 효용을 해한 경우에는 문서손괴죄가 성립한다(대법원 1982.7.27. 82도223). [○]

1246 쪽파의 매수인이 명인방법을 갖추지 않은 경우 쪽파에 대한 소유권을 취득하였다고 볼 수 없어 그 소유권은 여전히 매도인에게 있고 매도인과 제3자 사이에 일정 기간 후 임의처분의 약정이 있었다면 그 기간 후에 제3자가 쪽파를 손괴하였더라도 재물손괴죄가 성립하지 아니한다. ○ | ×

[16 경찰승진, 13 법원행시, 12 경찰승진] [Core ★★]

해설

대법원 1996.2.23. 95도2754 쪽파 사건 [○]

1247 법률상의 정당한 경계를 침범하는 행위가 있는 때에는 그로 인하여 사실상의 경계에 대한 인식불능의 결과가 발생하지 않더라도 경계침범죄가 성립한다. ○ | ×

[15 법원행시, 14 법원행시, 13 국가7급, 12 법원행시, 11 경찰승진] [Core ★★]

해설

법률상의 정당한 경계를 침범하는 행위가 있었다 하더라도 그로 말미암아 토지의 사실상의 경계에 대한 인식불능의 결과가 발생하지 않는 한 경계침범죄가 성립하지 아니한다(대법원 2010.9.9. 2008도8973). [×]

1248 경계침범죄에서 말하는 '경계'는 반드시 법률상의 정당한 경계를 가리키는 것은 아니고, 비록 법률상의 정당한 경계에 부합되지 않는 경계라 하더라도 그것이 종래부터 일반적으로 승인되어 왔거나 이해관계인들의 명시적 또는 묵시적 합의에 의하여 정해진 것으로서 객관적으로 경계로 통용되어 왔다면 경계라 할 것이다.　　　　　　　　　　　　　　　　　　　　　　　　○│×

[13 경간부, 12 법원9급] [Core ★★]

해설

> 대법원 2007.12.28. 2007도9181　　　　　　　　　　　　　　　　　　　　[○]

제10절 권리행사방해의 죄

1249 권리행사방해죄는 타인의 점유 또는 권리의 목적이 된 자기의 물건을 취거, 은닉 또는 손괴하여 타인의 권리행사를 방해함으로써 성립하는 것이므로 그 취거, 은닉 또는 손괴한 물건이 자기의 물건이 아니라면 권리행사방해죄가 성립할 수 없다.　　　　　　　　　　　　　　　　　○│×

[17 법원행시] [Essential ★]

해설

> 대법원 2017.5.30. 2017도4578 에쿠스 담보제공 사건　　　　　　　　　　　[○]

1250 권리행사방해죄에 있어서의 '취거'란 타인의 점유 또는 권리의 목적이 된 자기의 물건을 그 점유자의 의사에 반하여 그 점유자의 점유로부터 자기 또는 제3자의 점유로 옮기는 것을 말하므로, 점유자의 하자있는 의사에 기하여 점유가 이전된 경우에도 여기에서 말하는 취거로 볼 수 있다.　　　　　○│×

[19 경찰승진] [Core ★★]

해설

> 권리행사방해죄에 있어서의 취거라 함은 타인의 점유 또는 권리의 목적이 된 자기의 물건을 그 점유자의 의사에 반하여 그 점유자의 점유로부터 자기 또는 제3자의 점유로 옮기는 것을 말하므로 점유자의 의사나 그의 하자있는 의사에 기하여 점유가 이전된 경우에는 여기에서 말하는 취거로 볼 수는 없다(대법원 1988.2.23. 87도1952 맥콜 사건).　　　　　　　　　　　　　　　　　　　　　　　　　　　　　　　[×]

1251 권리행사방해죄의 구성요건 중 타인의 '권리'란 반드시 제한물권만을 의미하는 것은 아니지만 물건에 대하여 점유를 수반하지 아니하는 채권까지 이에 포함된다고 할 수 없다.　　　　　○│×

[17 법원행시, 11 경찰승진, 11 경간부] [Core ★★]

해설

> 권리행사방해죄의 구성요건 중 타인의 '권리'란 반드시 제한물권만을 의미하는 것이 아니라 물건에 대하여 점유를 수반하지 아니하는 채권도 이에 포함된다(대법원 1991.4.26. 90도1958 원목 인도청구권 사건).　　[×]

1252 권리행사방해죄에서의 보호대상인 '타인의 점유'는 반드시 점유할 권원에 기한 점유만을 의미하는 것은 아니고, 일단 적법한 권원에 기하여 점유를 개시하였으나 사후에 점유권원을 상실한 경우의 점유, 점유권원의 존부가 외관상 명백하지 아니하여 법정절차를 통하여 권원의 존부가 밝혀질 때까지의 점유, 권원에 기하여 점유를 개시한 것은 아니나 동시이행 항변권 등으로 대항할 수 있는 점유 등과 같이 법정절차를 통한 분쟁해결시까지 잠정적으로 보호할 가치있는 점유는 모두 포함된다.　　○│×

[17 법원행시, 11 경간부] [Core ★★]

해설

대법원 2010.10.14. 2008도6578 지입차량 무단취거사건　　　　　　　　　　　　　[○]

1253 무효인 경매절차에서 경매목적물을 경락받아 이를 점유하고 있는 낙찰자의 점유는 적법한 점유가 아니므로 권리행사방해죄에 있어서의 타인의 물건을 점유하고 있는 자라고 할 수 없다.　　○│×

[17 법원행시, 17 경찰승진, 16 경간부, 13 변호사, 11 경찰승진] [Core ★★]

해설

권리행사방해죄에 있어서의 타인의 점유라 함은 반드시 본권에 의한 점유만에 한하지 아니하고 동시이행항변권 등에 기한 점유와 같은 적법한 점유도 여기에 해당한다고 할 것이므로, 무효인 경매절차에서 경매목적물을 경락받아 이를 점유하고 있는 낙찰자의 점유는 적법한 점유로서 그 점유자는 권리행사방해죄에 있어서의 타인의 물건을 점유하고 있는 자라고 할 것이다(대법원 2003.11.28. 2003도4257 무효 경매절차 사건).　　[×]

1254 렌트카 회사인 (가)회사의 대표이사와 사내이사인 피고인들이 (나)회사 등의 명의로 저당권등록이 되어 있는 다수의 차량들을 사들여 (가)회사 소유의 영업용 차량으로 등록한 후 차량 구입자들 또는 지입차주들로 하여금 차량을 관리·처분하도록 함으로써 그 차량들의 소재를 파악할 수 없게 하고, 나아가 자동차대여사업자등록이 취소되어 그 차량들에 대한 저당권등록마저 직권말소되도록 한 경우 권리행사 방해죄가 성립한다.　　○│×

[18 경간부] [Core ★★]

해설

대법원 2017.5.17. 2017도2230 렌트카를 대포차로 사건　　　　　　　　　　　　　[○]

1255 피고인 甲이 이른바 중간생략등기형 명의신탁 또는 계약명의신탁의 방식으로 자신의 처 乙에게 등기명의를 신탁하여 놓은 점포에 자물쇠를 채워 점포의 임차인 A를 출입하지 못하게 한 경우 권리행사방해죄가 성립한다.　　○│×

[16 경간부, 12 경찰승진, 11 경찰승진] [Superlative ★★★]

(1) 명의신탁이 무효로 되는 경우에는 말할 것도 없고, 유효한 명의신탁이 되는 경우에도 제3자인 부동산의 임차인에 대한 관계에서는 명의신탁자는 소유자가 될 수 없으므로, 어느 모로 보나 신탁한 부동산이 권리행사방해죄에서 말하는 '자기의 물건'이라 할 수 없다. (2) 피고인 甲이 자신의 처 乙에게 등기명의를 신탁하여 놓은 점포에 자물쇠를 채워 점포의 임차인 A를 출입하지 못하게 한 경우, 그 점포는 권리행사방해죄의 객체인 자기의 물건에 해당하지 않으므로 권리행사방해죄는 성립되지 아니한다(대법원 2005.9.9. 2005도626 명의신탁 빌딩 출입방해사건).

[×]

1256 피고인 甲이 피해자 A에게 교부한 약속어음이 부도나 A로부터 원금에 대한 변제독촉을 받자 BMW 차량을 A에게 담보로 제공하였음에도 불구하고 A의 승낙 없이 보조키를 이용하여 이를 운전하여 간 경우 권리행사방해죄가 성립한다. (다만, 당시 차량은 자동차등록원부에 BMW파이낸셜서비스코리아 명의로 등록되어 있었음)　　　　　　　　　　　　　　　　　　　　　　Ｏ｜×

[17 변호사, 17 경찰승진, 16 경간부, 14 경찰승진, 12 경간부] [Core ★★]

BMW 차량은 자동차등록원부에 BMW파이낸셜서비스코리아 명의로 등록되어 있어 甲의 소유가 아니므로 권리행사방해죄는 성립하지 아니한다(대법원 2005.11.10. 2005도6604 BMW 임의취거 사건).

[×]

1257 렌트카 회사의 공동대표이사 중 1인인 乙이 A에 대한 개인적인 채무의 담보 명목으로 회사가 보유 중이던 승용차를 A에게 넘겨주었고, 회사 직원 丙의 승용차 반환요구에 대하여 A가 乙에 대한 채권 등을 이유로 거절하자, 회사 공동대표이사 중 1인인 피고인 甲이 A 사무실 부근에 주차되어 있는 승용차를 몰래 회수하도록 한 경우 승용차가 미등록 상태라 하더라도 권리행사방해죄가 성립한다.

Ｏ｜×

[17 법원9급, 17 경찰승진, 16 경간부, 14 경찰승진, 13 변호사] [Core ★★]

A의 승용차에 대한 점유는 법정절차를 통하여 점유 권원의 존부가 밝혀짐으로써 분쟁이 해결될 때까지 잠정적으로 보호할 가치 있는 점유에 포함되지만, 승용차가 미등록 상태이므로 아직 회사나 혹은 甲의 소유물이라고 할 수 없어 권리행사방해죄는 성립되지 아니한다(대법원 2006.3.23. 2005도4455 렌터카 공동대표 사건).

[×]

1258 강제집행면탈죄는 채권자가 본안 또는 보전소송을 제기하거나 제기할 태세를 보이고 있는 상태에서 주관적으로 강제집행을 면탈하려는 목적으로 재산을 은닉, 손괴, 허위양도하거나 허위의 채무를 부담하여 채권자를 해하는 결과가 야기되고 또한 행위자가 어떤 이득을 취해야 성립한다.　　Ｏ｜×

[17 변호사, 16 법원9급, 13 법원행시, 13 경찰승진, 12 법원9급] [Superlative ★★★]

강제집행면탈죄는 위태범으로서 현실적으로 민사소송법에 의한 강제집행 또는 가압류·가처분의 집행을 받을 우려가 있는 객관적인 상태 아래, 즉 채권자가 본안 또는 보전소송을 제기하거나 제기할 태세를 보이고 있는 상태에서 주관적으로 강제집행을 면탈하려는 목적으로 재산을 은닉, 손괴, 허위양도하거나 허위의 채무를 부담하여 채권자를 해할 위험이 있으면 성립하고, 반드시 채권자를 해하는 결과가 야기되거나 행위자가 어떤 이득을 취하여야 범죄가 성립하는 것은 아니다(대법원 2012.6.28. 2012도3999 송달·양도 동일날짜 사건).

[×]

1259 강제집행면탈죄는 위태범으로서 반드시 채권자를 해하는 결과가 야기되거나 이로 인하여 행위자가 어떤 이득을 취하여야 범죄가 성립하는 것은 아니나, 허위양도한 부동산의 시가액 보다 그 부동산에 의하여 담보된 채무액이 더 많다고 한다면 특별한 사정이 없는 한 그 허위 양도로 인하여 채권자를 해할 위험이 있다고 할 수 없다.   ○|×

[17 경찰채용, 12 변호사, 11 경찰승진] [Core ★★]

해설

허위양도한 부동산의 시가액보다 그 부동산에 의하여 담보된 채무액이 더 많다고 하여 그 허위양도로 인하여 채권자를 해할 위험이 없다고 할 수 없다(대법원 1999.2.12. 98도2474).   [×]

1260 상계의 의사표시가 있는 경우에는 각 채무는 상계할 수 있는 때에 소급하여 대등액에 관하여 소멸한 것으로 보게 되므로, 상계로 인하여 소멸한 것으로 보게 되는 채권에 관하여는 그 상계의 효력이 발생하는 시점 이후에는 채권의 존재가 인정되지 않으므로 강제집행면탈 죄가 성립하지 않는다.   ○|×

[15 법원행시, 13 법원행시] [Core ★★]

해설

대법원 2012.8.30. 2011도2252 보증금으로 상계 사건   [○]

1261 피고인 甲이 자신을 상대로 사실혼관계해소 청구소송을 제기한 A에 대한 채무를 면탈하려고 甲 명의 아파트를 담보로 10억원을 대출받아 그 중 8억원을 乙 명의 계좌로 입금하여 은닉한 경우 甲에게 위자료채권액을 훨씬 상회하는 다른 재산이 있었다 하더라도 강제집행 면탈죄가 성립한다.   ○|×

[16 변호사] [Essential ★]

해설

甲의 재산은닉 행위 당시 A의 재산분할청구권은 존재하였다고 보기 어렵고(가사사건 제1심판결에 근거하여 위자료 4,000만원의 채권이 존재한다는 사실이 증명되었다고 볼 여지가 있었을 뿐임), 甲에게 위자료채권액을 훨씬 상회하는 다른 재산이 있었던 이상 강제집행면탈죄는 성립하지 않는다(대법원 2011.9.8. 2011도5165 사실혼 해소 사건).   [×]

1262 강제집행면탈죄가 적용되는 강제집행에는 민사집행법 제2편의 적용 대상인 '강제집행' 또는 가압류·가처분 등의 집행 외에도 민사집행법 제3편의 적용 대상인 '담보권 실행 등을 위한 경매'도 포함된다.   ○|×

[18 경간부, 17 변호사, 16 법원행시, 15 법원행시] [Essential ★]

해설

강제집행면탈죄가 적용되는 강제집행은 민사집행법 제2편의 적용 대상인 '강제집행' 또는 가압류·가처분 등의 집행을 가리키는 것이고, 민사집행법 제3편의 적용 대상인 '담보권 실행 등을 위한 경매'를 면탈할 목적으로 재산을 은닉하는 등의 행위는 위 죄의 규율 대상에 포함되지 않는다(대법원 2015.3.26. 2014도14909).   [×]

1263 강제집행면탈죄가 적용되는 강제집행은 민사집행법의 적용대상인 강제집행 또는 가압류·가처분 등의 집행을 가리키는 것이므로 국세징수법에 의한 체납처분을 면탈할 목적으로 재산을 은닉하는 등의 행위는 위 죄의 규율대상에 포함되지 않는다. ○|×

[17 변호사, 16 법원행시, 13 변호사] [Essential ★]

해설

대법원 2012.4.26. 2010도5693 국고보조금 반환명령 사건 [○]

1264 강제집행면탈죄에 있어서 재산에는 동산·부동산뿐만 아니라 재산적 가치가 있어 민사소송법에 의한 강제집행 또는 보전처분이 가능한 특허 내지 실용신안 등을 받을 수 있는 권리도 포함된다. ○|×

[17 경찰승진, 13 경찰채용, 11 경찰승진, 11 경간부] [Essential ★]

해설

대법원 2001.11.27. 2001도4759 전력기술회사 사건 [○]

1265 장래의 권리라고 한다면 비록 채무자와 제3채무자 사이에 채무자의 장래청구권이 충분하게 표시되었거나 결정된 법률관계가 존재한다고 하더라도 강제집행면탈죄에서 말하는 재산에 해당한다고 할 수 없다. ○|×

[17 변호사, 16 법원행시, 13 변호사] [Core ★★]

해설

장래의 권리라도 채무자와 제3채무자 사이에 채무자의 장래청구권이 충분하게 표시되었거나 결정된 법률관계가 존재한다면 재산에 해당하는 것으로 보아야 한다(대법원 2011.7.28. 2011도6115 배당금지급채권 사건). [×]

1266 '보전처분 단계에서의 가압류채권자의 지위' 자체는 원칙적으로 민사집행법상 강제집행 또는 보전처분의 대상이 될 수 없어 강제집행면탈죄의 객체에 해당한다고 볼 수 없고, 이는 가압류채무자가 가압류해방금을 공탁한 경우에도 마찬가지이다. ○|×

[17 경찰채용, 16 법원행시, 13 법원행시, 12 국가9급, 11 경찰승진] [Superlative ★★★]

해설

대법원 2008.9.11. 2006도8721 가압류집행해제 사건 [○]

1267 채무자가 제3자 명의로 되어 있던 사업자등록을 또 다른 제3자 명의로 변경하였다면 그 변경은 채권자의 입장에서 볼 때 사업장 내 유체동산에 관한 소유관계를 종전보다 더 불명하게 하여 채권자에게 손해를 입게 할 위험성을 야기한 것이므로 강제집행면탈죄가 성립한다. ○|×

[16 법원9급, 15 법원행시] [Core ★★]

해설

채무자가 제3자 명의로 되어 있던 사업자등록을 또 다른 제3자 명의로 변경하였다는 사정만으로는 그 변경이 채권자의 입장에서 볼 때 사업장 내 유체동산에 관한 소유관계를 종전보다 더 불명하게 하여 채권자에게 손해를 입게할 위험성을 야기한다고 단정할 수 없다(대법원 2014.6.12. 2012도2732 편의점 사업자등록명의 변경사건). [×]

1268 진의에 의하여 재산을 양도하였더라도 그것이 강제집행을 면탈할 목적으로 이루어진 것이고 또한 채권자의 불이익을 초래하는 결과가 되었다고 한다면 강제집행면탈죄가 성립한다. ○|×

[15 법원행시, 11 법원행시, 11 법원9급] [Essential ★]

해설

강제집행면탈죄에 있어서의 허위양도라 함은 진실한 양도가 아님에도 불구하고 표면상 진실한 양도인 것처럼 가장하여 재산의 명의를 변경하는 것을 말하므로, 진실한 양도라면 그것이 강제집행을 면탈할 목적으로 된 것으로서 채권자를 해할 우려가 있는 행위라고 할지라도 위 허위양도에는 해당하지 않는다(대법원 1983.9.27. 83도1869). [×]

1269 다음 중 강제집행면탈죄가 성립하는 것은 모두 3개다. ○|×

[Superlative ★★★]

> ㉠ 피고인 甲이 A에 의하여 압류된 甲 소유의 유체동산을 그의 모(母)인 乙의 소유인 것으로 사칭하면서 乙 명의로 제3자이의의 소를 제기하고, 집행정지결정을 받아 그 집행을 저지한 경우 [14 경찰승진]
>
> ㉡ 피고인 甲이 (가)회사의 명의로 슈퍼를 경영하다가 금전등록기의 사업자 이름을 (가)회사 대표이사 乙에서 甲의 형인 丙으로 변경하였고, 그로 인하여 피해자 A가 유체동산가압류 집행을 하려 하였으나 집행관 B가 금전등록기의 사업자 이름이 집행채무자의 이름과 다르다는 이유로 그 집행을 거부함으로써 가압류 집행이 이루어지지 않은 경우 [18 경간부, 17 경찰승진, 11 경간부]
>
> ㉢ 피고인이 자신 소유인 자금과 그룹 계열사들 소유 금원 중 일부를 임의로 빼돌린 자금 등을 구분함이 없이 거주지 안방 옷장 속 서랍 또는 금고 안에 보관해 오다가 이를 이용하여 제3자 명의로 부동산을 취득한 경우 [12 경찰승진]
>
> ㉣ 피고인 甲이 자신의 채권담보의 목적으로 선박들에 관하여 가등기를 경료하여 두었다가, (가)회사 대표이사인 乙과 공모하여 선박들을 가압류한 다른 채권자들의 강제집행을 불가능하게 할 목적으로 정확한 청산절차도 거치지 않은 채 의제자백판결을 통하여 선박들에 대한 선순위 가등기권자인 甲 앞으로 본등기를 경료함과 동시에 가등기 이후에 경료된 가압류등기 등을 모두 직권말소하게 한 경우 [17 경찰채용]

해설

㉠㉡㉣ 3 항목의 경우 강제집행면탈죄가 성립한다.

㉠ 피고인 甲이 乙 명의로 제3자이의의 소를 제기하고, 집행정지결정을 받아 그 집행을 저지하였다면 이는 재산을 은닉한 경우에 해당한다(대법원 1992.12.8. 92도1653 제3자이의의 소 사건).

㉡ 甲의 행위로 인해 연쇄점 내의 물건들에 관한 소유관계가 불명하게 되었으므로 강제집행면탈죄가 성립한다(대법원 2003.10.9. 2003도3387 금전등록기 명의변경 사건).

© 피고인이 자신 소유인 자금을 금융기관 등에 예치하지 않고 단순히 거주지 안방 옷장 속에 보관해 왔다는 것만으로는 강제집행면탈죄에서의 은닉행위에 해당한다거나 채권자를 해할 위험상태에 이르렀다고 보기 어렵고, 그룹 계열사들 소유 금원 중 일부를 임의로 빼돌려 보관한 행위는 그룹 계열사들에 대한 횡령행위의 일부를 구성하는 것일 뿐 이를 강제집행면탈행위로서의 은닉행위로 평가할 수는 없다(대법원 2007.6.1. 2006도1813 전윤수 성원건설 회장 사건).

② 이는 소유관계를 불명하게 하는 방법에 의한 '재산의 은닉'에 해당하므로 강제집행면탈죄가 성립한다(대법원 2000.7.28. 98도4558 선박 가등기 → 본등기 사건). [○]

1270 다음 중 강제집행면탈죄가 성립하는 것은 모두 2개다. ○|×
[Superlative ★★★]

㉠ 피고인 甲이 자신의 乙, 丙에 대하여 장래에 발생할 특정의 조건부채권을 담보하기 위한 방편으로 부동산에 대하여 근저당권을 설정한 경우 [12 경간부, 11 법원9급]

㉡ 피고인이 타인에게 채무를 부담하고 있는 양 가장하는 방편으로 피고인 소유의 부동산들에 관하여 소유권이전청구권보전을 위한 가등기를 경료하여 준 경우 [11 경찰승진]

㉢ 채권자 A의 가압류등록 후 버스의 소유권이 (가)여행사에서 (나)관광사에게 이전되었고 (나)관광사의 실질적 사주인 피고인 甲 등이 허위의 채무를 부담하는 것으로 차용증을 작성하고 이를 근거로 乙, 丙을 저당권자로 하는 저당권설정등록이 이루어진 경우 [12 법원9급, 11 법원행시, 11 경찰승진]

㉣ 채무자인 피고인 甲이 채권자 A의 가압류집행을 면탈할 목적으로 제3채무자인 乙에 대한 채권을 丙에게 허위양도한 경우. 다만, 가압류결정 정본이 제3채무자 乙에게 송달된 날짜와 甲이 채권을 양도한 날짜가 동일하였지만 가압류결정 정본이 乙에게 송달되기 전에 채권을 허위로 양도한 것이었음 [17 변호사, 17 경찰승진, 16 변호사, 13 경찰승진]

㉤ 채권자의 채권이 토지 소유자로서 그 지상 건물의 소유자에 대하여 가지는 건물철거 및 토지인도청구권인 상태에서 채무자인 건물 소유자가 제3자에게 허위의 금전채무를 부담하면서 이를 피담보채무로 하여 건물에 관하여 근저당권설정등기를 경료한 경우 [13 경찰승진, 13 경찰채용, 12 경찰승진]

해설

㉣ 항목의 경우 강제집행면탈죄가 성립한다.

㉠ 장래 발생할 진실한 채무를 담보하기 위한 것으로 보여져 피고인의 행위를 가리켜 강제집행면탈죄 소정의 '허위의 채무를 부담'하는 경우에 해당한다고 할 수 없다(대법원 1996.10.25. 96도1531).

㉡ 가등기는 원래 순위보전의 효력밖에 없는 것이므로 가등기를 경료한 사실만으로는 피고인이 강제 집행을 면탈할 목적으로 허위채무를 부담하여 채권자를 해한 것이라고 할 수 없다(대법원 1987.8.18. 87도1260).

㉢ 가압류에는 처분금지적 효력이 있으므로 가압류 후에 목적물의 소유권을 취득한 제3취득자 또는 그 제3취득자에 대한 채권자는 그 소유권 또는 채권으로써 가압류권자에게 대항할 수 없다. 따라서 가압류 후에 목적물의 소유권을 취득한 제3취득자가 다른 사람에 대한 허위의 채무에 기하여 근저당권설정등기 등을 경료하더라도 이로써 가압류채권자의 법률상 지위에 어떤 영향을 미치지 않으므로 강제집행면탈죄에 해당하지 아니한다(대법원 2008.5.29. 2008도2476 관광 버스 가압류 사건).

㉣ 가압류결정 정본이 제3채무자 乙에게 송달된 날짜와 甲이 채권을 양도한 날짜가 동일하더라도 가압류결정 정본이 乙에게 송달되기 전에 채권을 허위로 양도한 것이라면 강제집행면탈죄가 성립한다(대법원 2012.6.28. 2012도3999 송달·양도 동일날짜 사건).

㉤ 채권자의 채권이 금전채권이 아니라 토지 소유자로서 그 지상 건물의 소유자에 대하여 가지는 건물철거 및 토지인도청구권인 경우라면 채무자인 건물 소유자가 제3자에게 허위의 금전채무를 부담하면 서 이를 피담보채무로 하여 건물에 관하여 근저당권설정등기를 경료하였다는 것만으로는 직접적으로 토지 소유자의 건물철거 및 토지인도청구권에 기한 강제집행을 불능케 하는 사유에 해당한다고 할 수 없으므로 건물 소유자에게 강제집행면탈죄가 성립한다고 할 수 없다(대법원 2008.6.12. 2008도2279 건물철거 및 토지인도청구권 사건). [×]

제1장 공공의 안전과 평온에 관한 죄

제1절 공안을 해하는 죄

1271 형법 제114조에서 정한 '범죄를 목적으로 하는 집단'이란 특정 다수인이 사형, 무기 또는 장기 4년 이상의 범죄를 수행한다는 공동목적 아래 구성원들이 정해진 역할분담에 따라 행동함으로써 범죄를 반복적으로 실행할 수 있는 조직체계를 갖춘 계속적인 결합체를 의미한다. '범죄단체'에서 요구되는 '최소한의 통솔체계'를 갖추어야 한다. ○│×

[21 법원9급] [Core ★★]

해설

> 형법 제114조에서 정한 '범죄를 목적으로 하는 집단'이란 특정 다수인이 사형, 무기 또는 장기 4년 이상의 범죄를 수행한다는 공동목적 아래 구성원들이 정해진 역할분담에 따라 행동함으로써 범죄를 반복적으로 실행할 수 있는 조직체계를 갖춘 계속적인 결합체를 의미한다. '범죄단체'에서 요구되는 '최소한의 통솔체계'를 갖출 필요는 없지만, 범죄의 계획과 실행을 용이하게 할 정도의 조직적 구조를 갖추어야 한다(대법원 2020.8.20. 2019도16263).
>
> [×]

1272 사기범죄를 목적으로 구성된 다수인의 계속적인 결합체로서 총책을 중심으로 간부급 조직원들과 상담원들, 현금인출책 등으로 구성되어 내부의 위계질서가 유지되고 조직원의 역할 분담이 이루어지는 최소한의 통솔체계를 갖추고 있는 보이스피싱 사기조직은 형법상의 범죄단체에 해당한다. ○│×

[21 경찰승진] [Essential ★]

해설

> 대법원 2017.10.26. 2017도8600 보이스피싱 조직 사건 [○]

1273 범죄단체를 구성하거나 이에 가입한 자가 더 나아가 구성원으로 활동하는 경우 이는 포괄일죄의 관계에 있다. ○│×

[18 법원행시] [Core ★★]

해설

> 범죄단체의 구성이나 가입은 범죄행위의 실행 여부와 관계없이 범죄단체 구성원으로서의 활동을 예정하는 것이고, 범죄단체 구성원으로서의 활동은 범죄단체의 구성이나 가입을 당연히 전제로 하는 것이므로, 범죄단체를 구성하거나 이에 가입한 자가 더 나아가 구성원으로 활동하는 경우 이는 포괄일죄의 관계에 있다(대법원 2015.9.10. 2015도7081).
>
> [○]

1274 사기범죄를 목적으로 구성된 범죄단체에 가입하는 행위 또는 그 범죄단체 구성원으로서 활동하는 행위와 목적된 범죄인 사기행위는 법조경합 관계로 사기죄만 성립한다. ○│×

[20 경찰채용, 21 경찰승진] [Core ★★]

해설

> 피고인이 보이스피싱 사기 범죄단체에 가입한 후 사기범죄의 피해자들로부터 돈을 편취하는 등 그 구성원으로서 활동한 경우, 범죄단체 가입행위 또는 범죄단체 구성원으로서 활동하는 행위와 사기행위는 각각 별개의 범죄구성 요건을 충족하는 독립된 행위이고 서로 보호법익도 달라 법조경합 관계로 목적된 범죄인 사기죄만 성립하는 것은 아니다(대법원 2017.10.26. 2017도8600 보이스피싱 조직 사건). [×]

1275 「폭력행위 등 처벌에 관한 법률」 제4조 제1항 소정의 단체 등의 구성죄는 같은 법에 규정된 범죄를 목적으로 한 단체 또는 집단을 구성함으로써 즉시 성립하고 그와 동시에 완성되는 즉시범이라 할 것이므로, 피고인이 범죄단체를 구성하기만 하면 위 범죄가 성립하고 그와 동시에 공소시효도 진행된다. ○│×

[19 변호사] [Core ★★]

해설

> 「폭력행위 등 처벌에 관한 법률」 제4조 제1항 소정의 단체 등의 구성죄는 같은 법에 규정된 범죄를 목적으로 한 단체 또는 집단을 구성함으로써 즉시 성립하고 그와 동시에 완성되는 즉시범이라 할것이므로, 피고인이 범죄단 체를 구성하기만 하면 위 범죄가 성립하고 그와 동시에 공소시효도 진행된다(대법원 2013.10.17. 2013도6401 당진식구파 사건). [○]

1276 폭행, 협박의 행위를 할 목적으로 다중이 집합하여 그를 단속할 권한이 있는 공무원으로부터 2회의 해산명령만을 받은 경우에는 해산하지 아니하더라도 형법 제116조의 다중불해산죄로 처벌되지 않는다. ○│×

[21 법원9급] [Core ★★]

해설

> 제116조[다중불해산죄] 폭행, 협박 또는 손괴의 행위를 할 목적으로 다중이 집합하여 그를 단속할 권한이 있는 공무원으로부터 3회 이상의 해산명령을 받고 해산하지 아니한 자는 2년 이하의 징역이나 금고 또는 300만원 이하 의 벌금에 처한다. [○]

1277 공무원의 자격을 사칭하여 그 직권을 행사한 자는 형법 제118조의 공무원자격사칭죄로 벌되지만, 형법상 그 미수범 처벌규정을 두고 있지는 않다. ○│×

[21 법원9급] [Essential ★]

해설

> 형법 제118조 [○]

1278 피고인들이 그들이 위임받은 채권을 용이하게 추심하는 방편으로 합동수사반원임을 사칭하고 협박한 사실이 있다고 한다면 공무원자격사칭죄가 성립한다. ○|×

[17 경간부, 14 법원행시, 11 경찰승진] [Essential ★]

해설

> 피고인들이 그들이 위임받은 채권을 용이하게 추심하는 방편으로 합동수사반원임을 사칭하고 협박한 사실이 있다고 하여도 채권의 추심행위는 개인적인 업무이지 합동수사반의 수사업무의 범위에는 속하지 아니하므로 이를 공무원자격사칭죄로 처벌할 수 없다(대법원 1981.9.8. 81도1955). [×]

제2절 폭발물에 관한 죄

1279 꽃병에 부탄가스통을 넣고 화약을 꽃병 속에 채운 후 뚜껑을 테이프로 감고 꽃병과 배터리와 타임스위치를 전선으로 연결하는 방법으로 제작한 것도 공공의 안전을 문란하게 하기에 족한 것으로 폭발물사용죄에서 말하는 '폭발물'에 해당한다. ○|×

[13 법원행시] [Core ★★]

해설

> 공공의 안전을 문란하게 하기에는 현저히 부족한 파괴력과 위험성의 정도만을 가진 물건이라 할 것이어서 폭발물사용죄에서 말하는 '폭발물'에 해당하지 아니한다(대법원 2012.4.26. 2011도17254 사제폭발물 사건). [×]

제3절 방화와 실화의 죄

1280 방화죄는 공공의 안전을 제1차적인 보호법익으로 하지만 제2차적으로는 개인의 재산권을 보호하는 것이다. ○|×

[15 경찰승진, 14 경간부] [Essential ★]

해설

> 대법원 2009.10.15. 2009도7421 재활용품 · 쓰레기 방화사건 [○]

1281 방화죄의 객체인 건조물은 토지에 정착되고 벽 또는 기둥과 지붕 또는 천장으로 구성되어 사람이 내부에 기거하거나 출입할 수 있는 공작물을 말하고, 반드시 사람의 주거용이어야 하는 것은 아니라도 사람이 사실상 기거·취침에 사용할 수 있는 정도는 되어야 한다. ○|×

[16 법원행시, 15 법원행시] [Core ★★]

해설

> 대법원 2013.12.12. 2013도3950 영종도 폐가 방화사건 [○]

1282 범인이 매개물에 불을 켜서 붙였거나 범인의 행위로 인하여 매개물에 불이 붙게 됨으로써 연소작용이 계속될 수 있는 상태에 이르렀더라도 그것이 곧바로 진화되는 등의 사정으로 인하여 목적물인 건조물 자체에 불이 옮겨 붙지 못했다면 방화죄의 실행의 착수가 있었다고 볼 수 없다. ○|×

[15 법원9급, 15 경찰승진, 14 경간부, 12 국가9급] [Essential ★]

해설

> 범인이 매개물에 불을 켜서 붙였거나 범인의 행위로 인하여 매개물에 불이 붙게 됨으로써 연소작용이 계속될 수 있는 상태에 이르렀다면 그것이 곧바로 진화되는 등의 사정으로 인하여 목적물인 건조물 자체에는 불이 옮겨 붙지 못하였다고 하더라도, 방화죄의 실행의 착수가 있었다고 보아야 한다(대법원 2002.3.26. 2001도6641 마산 두척동 방화사건). [×]

1283 현주건조물방화죄는 화력(火力)에 의하여 목적물의 중요부분이 소실하여 그 본래의 효용을 상실한 때에 기수가 된다. ○|×

[15 법원9급, 15 경찰승진, 14 경간부, 13 경간부, 12 국가7급] [Essential ★]

해설

> 현주건조물방화죄는 화력이 매개물을 떠나 목적물인 건조물 스스로 연소할 수 있는 상태에 이름으로써 기수가 된다(대법원 2007.3.16. 2006도9164 강간살인 → 방화 사건). [×]

1284 피고인이 폐가(廢家)의 내부와 외부에 쓰레기를 모아놓고 태워 불길이 폐가 주변 수목 4~5그루를 태우고 폐가의 벽을 일부 그을리게 한 경우 무죄에 해당한다. ○|×

[17 경간부, 14 경찰채용] [Core ★★]

해설

> (1) 지붕과 문짝, 창문이 없고 담장과 일부 벽체가 붕괴된 철거 대상 건물로서 사실상 기거·취침에 사용할 수 없는 상태의 폐가(廢家)는 형법 제166조의 건조물이 아닌 형법 제167조의 물건에 해당한다. (2) 피고인이 폐가 주변 수목 4~5그루를 태우고 폐가의 벽을 일부 그을리게 하는 정도만으로는 (공공이 위험을 발생하게 한 것이 아니어서) 방화죄의 기수에 이르렀다고 보기 어렵고, 일반 물건방화죄에 관하여는 미수범의 처벌 규정이 없으므로 피고인은 무죄다(대법원 2013.12.12. 2013도3950 영종도 폐가 방화사건). [○]

1285 피고인이 노상에서 전봇대 주변에 놓인 무주물(無主物)인 재활용품과 쓰레기 등을 발견하고 라이터를 이용하여 불을 붙인 다음 가연물을 집어넣어 화염을 키움으로써 공공의 위험을 발생하게 한 경우 형법 제167조 제1항의 타인소유일반물건방화죄에 해당한다. ○ | ×

[18 경간부, 17 국가7급, 17 경찰승진, 16 경찰승진, 16 경간부, 14 경찰채용, 13 국가9급, 13 경찰승진, 12 국가9급, 12 경찰승진, 12 경간부, 12 경찰채용] [Core ★★]

해설

(1) 불을 놓아 무주물을 소훼하여 공공의 위험을 발생하게 한 경우에는 '무주물'을 '자기 소유의 물건'에 준하는 것으로 보아 형법 제167조 제2항을 적용하여 처벌하여야 한다. (2) 피고인이 재활용품과 쓰레기 등을 발견하고 라이터를 이용하여 불을 붙인 다음 가연물을 집어넣어 화염을 키움으로써 공공의 위험을 발생하게 한 경우 형법 제167조 제2항에 정한 일반물건방화죄가 성립한다(대법원 2009.10.15. 2009도7421 재활용품·쓰레기 방화사건). [×]

1286 방화죄에 관한 다음 설명 중 옳지 않은 것은 모두 2개다. ○ | ×

[Superlative ★★★]

㉠ 피고인 甲이 동거하던 乙과 가정불화가 악화되어 헤어지기로 작정하고 홧김에 죽은 동생의 유품으로 보관하던 서적 등을 뒷마당에 내어 놓고 불태워 버리려 했던 점이 인정될 뿐, 甲이 乙 소유의 가옥을 불태워 버리겠다고 결의하여 불을 놓았다고 볼 수 없다면 방화의 범의가 있었다고 할 수 없다. [17 경간부, 14 경찰채용, 13 경찰승진, 12 경찰채용]

㉡ 피고인 甲이 친형 A가 거주하고 있는 가옥을 소훼할 목적으로 가옥의 일부로 되어있는 우사(牛舍)에 점화를 한 경우, 우사에 대한 점화는 역시 '사람의 주거에 사용하거나 사람이 현존하는 건조물'에 대한 방화에 해당된다. [12 경간부]

㉢ 피고인이 피해자의 사체 위에 옷가지 등을 올려놓고 불을 붙인 천조각을 던져 불길이 방안을 태우면서 천정에까지 옮겨 붙었다고 하더라도 그 불이 완전연소에 이르지 못하고 도중에 진화되었다고 한다면 현주건조물방화미수에 해당한다. [16 법원행시, 16 경간부, 13 국가 9급]

㉣ 피고인이 휘발유가 주택주변과 피해자의 몸에 적지 않게 살포되어 있는 사정을 알면서도 라이터를 켜 불꽃을 일으킴으로써 피해자의 몸에 불이 붙었더라도, 그 불이 방화 목적물인 주택 자체에 옮겨 붙지 않았다고 한다면 현존건조물방화죄의 실행의 착수가 있었다고 볼 수 없고, 따라서 이로 인하여 피고인을 만류하던 피해자로 하여금 약 4주간의 치료를 요하는 화상을 입게 한 경우라도 현존건조물방화치상죄가 성립한다고 할 수 없다. [17 경찰승진, 16 법원행시, 16 경찰승진, 15 법원행시, 14 법원9급, 14 국가7급, 13 법원9급, 13 국가9급, 13 경찰승진, 12 변호사, 12 국가7급, 12 국가9급, 12 경찰채용]

해설

㉢㉣ 2 항목이 옳지 않다.
㉠ 대법원 1984.7.24. 84도1245
㉡ 대법원 1967.8.29. 67도925 우사 방화사건
㉢ 불길이 방안을 태우면서 천정에까지 옮겨 붙었다면 설령 그 불이 완전연소에 이르지 못하고 도중에 진화되었다고 하더라도 현주건조물방화죄는 기수에 이르렀다(대법원 2007.3.16. 2006도9164 강간살인 → 방화 사건).
㉣ 피해자의 몸에 불이 붙은 경우, 비록 외부적 사정에 의하여 불이 방화 목적물인 주택 자체에 옮겨 붙지는 아니하였다 하더라도 현존건조물방화죄의 실행의 착수가 있었다고 봄이 상당하고, 이로 인하여 피고인을 만류하던 피해자로 하여금 약 4주간의 치료를 요하는 화상을 입게 한 경우 현존건조물방화치상죄가 성립한다(대법원 2002.3.26. 2001도6641 마산 두척동 방화사건). [○]

1287 방화죄 등의 죄책에 관한 (　) 안의 설명이 옳지 않은 것은 모두 2개다.　　○|×

[Superlative ★★★]

> ㉠ 피고인이 불을 놓은 집에서 빠져나오려는 피해자들을 막아 소사하게 한 경우 (현주건조물 방화죄와 살인죄의 실체적 경합) [17 국가7급, 15 법원행시, 15 경간부, 13 국가9급]
> ㉡ 피고인이 집에서 잠을 자고 있는 동생을 살해할 목적으로 그 집에 방화하여 소사하게 한 경우 (현주건조물방화치사죄) [18 경간부, 17 국가9급, 15 경찰승진, 13 국가7급, 11 국가9급, 11 경찰채용]
> ㉢ 피고인이 집에서 잠을 자고 있는 아버지를 살해할 목적으로 그 집에 방화하여 소사하게 한 경우 (현주건조물방화치사죄와 존속살해죄의 실체적 경합) [18 경간부, 15 경간부, 12 국가7급, 12 국가9급, 11 법원9급]
> ㉣ 피고인이 재물을 강취한 후 피해자를 살해할 목적으로 현주건조물에 방화하여 소사하게 한 경우 (현주건조물방화치사죄와 강도살인죄의 상상적 경합) [17 변호사, 16 법원행시, 16 국가9급, 16 경찰승진, 16 경간부, 15 법원행시, 15 경찰채용, 14 변호사, 14 법원행시, 14 경찰채용, 13 법원행시, 13 경간부, 12 국가7급, 12 경찰채용, 11 법원행시, 11 경찰승진]

해설

> ㉢ 항목만 옳지 않다.
> ㉠ 대법원 1983.1.18. 82도2341 은봉암 사건
> ㉡ 대법원 1996.4.26. 96도485 아버지·동생 방화살해사건
> ㉢ 사람을 살해할 목적으로 현주건조물에 방화하여 사망에 이르게 한 경우에는 현주건조물방화치사죄로 의율하여야 하고 이와 더불어 살인죄와의 상상적 경합범으로 의율할 것은 아니라고 할 것이고, 다만 존속살인죄와 현주건조물방화치사죄는 상상적 경합범 관계에 있으므로 법정형이 중한 존속살인죄로 의율함이 타당하다(대법원 1996.4.26. 96도485 아버지·동생 방화살해사건).
> ㉣ 대법원 1998.12.8. 98도3416 강도 방화살인사건　　[×]

제4절 일수와 수리의 죄

1288 피고인이 피해자들의 집(농촌주택)에서 배출되는 생활하수의 배수관(소형 PVC관)을 토사로 막아 하수가 내려가지 못하게 한 경우 수리방해죄가 성립한다.　　○|×

[16 국가9급, 15 법원행시] [Essential ★]

해설

> (1) 원천(源泉) 내지 자원으로서의 물의 이용이 아니라 하수나 폐수 등 이용이 끝난 물을 배수로를 통하여 내려보내는 것은 수리방해죄에서 수리(水利)에 해당한다고 할 수 없고, 그러한 배수 또는 하수처리를 방해하는 행위는, 특히 그 배수가 수리용의 인수(引水)와 밀접하게 연결되어 있어서 그 배수의 방해가 직접 인수에까지 지장을 초래한다는 등의 특수한 경우가 아닌 한 수리방해죄의 대상이 될 수 없다. (2) 피고인이 생활하수의 배수관(소형 PVC관)을 토사로 막아 하수가 내려가지 못하게 한 경우라도 수리방해죄는 성립하지 아니한다(대법원 2001.6.26. 2001도404 PVC 하수관 사건).　　[×]

제5절 교통방해의 죄

1289 일반교통방해죄는 이른바 구체적 위험범으로서 교통이 불가능하거나 또는 현저히 곤란한 상태가 되어 교통방해의 결과가 현실적으로 발생하여야 기수가 된다. ○|×

[16 법원9급, 15 국가9급] [Core ★★]

해설

> 일반교통방해죄는 이른바 추상적 위험범으로서 교통이 불가능하거나 또는 현저히 곤란한 상태가 발생하면 바로 기수가 되고 교통방해의 결과가 현실적으로 발생하여야 하는 것은 아니다(대법원 2007.12.14. 2006도4662 소공동 포장마차 사건). [×]

1290 「형법」의 일반교통방해죄는 계속범의 성질을 갖는다. ○|×

[19 경찰채용] [Essential ★]

해설

> 일반교통방해죄에서 교통방해 행위는 계속범의 성질을 가지는 것이어서 교통방해의 상태가 계속되는 한 위법상태는 계속 존재한다. 따라서 교통방해를 유발한 집회에 참가한 경우 참가 당시 이미 다른 참가자들에 의해 교통의 흐름이 차단된 상태였다고 하더라도 교통방해를 유발한 다른 참가자들과 암묵적·순차적으로 공모하여 교통방해의 위법상태를 지속시켰다고 평가할 수 있다면 일반교통방해죄가 성립한다(대법원 2018.5.11. 2017도9146 세월호 1주기 추모제 사건). [○]

1291 일반교통방해죄에서 '육로'라 함은 일반공중의 왕래에 공용된 장소, 즉 불특정 다수인 또는 차마가 자유롭게 통행할 수 있는 공공성을 지닌 장소를 말하고, 육로로 인정되는 이상 그 부지의 소유관계나 통행권리관계 또는 통행인의 많고 적음 등을 가리지 않는다. ○|×

[16 법원9급] [Essential ★]

해설

> 대법원 2005.8.19. 2005도1697 토석 적치사건 [○]

1292 서울 중구 소공동의 왕복 4차로의 도로 중 편도 3개 차로 쪽에 차량 2, 3대와 간이테이블 수십개를 이용하여 길가쪽 2개 차로를 차지하는 포장마차를 설치하고 영업행위를 한 경우 교통량이 상대적으로 적은 야간에 이루어졌다면 일반교통방해죄를 구성하지 않는다. ○|×

[19 경찰승진] [Essential ★]

해설

> 피고인이 2, 3대의 차량과 간이테이블 수십 개를 이용하여 도로 중 조선호텔 방면 편도 3개 차로 중 길가 쪽 2개 차로를 차지하는 포장마차를 설치하고 영업을 하였다면, 비록 그와 같은 행위가 주로 주간에 비하여 차량통행이 적은 야간에 이루어진 것이라고 하더라도 그로 인하여 도로의 교통을 방해하여 차량통행이 현저히 곤란한 상태가 발생하였다고 하지 않을 수 없고, 도로를 통행하는 차량이 나머지 1개 차로와 반대편 차로를 이용할 수 있었다고 하여 피고인들의 행위가 일반교통방해죄에 해당하지 않는다고 볼 수도 없다(대법원 2007.12.14. 2006도4662 소공동 포장마차 사건). [×]

1293 집회 또는 시위가 당초 신고된 범위를 현저히 일탈하거나 집시법 제12조의 규정에 의한 조건을 중대하게 위반하여 도로교통을 방해함으로써 통행을 불가능하게 하거나 현저하게 곤란하게 하는 경우 일반교통방해죄가 성립한다. O | X

[18 경간부, 16 법원9급, 15 경찰채용, 14 경찰채용, 13 경찰승진] [Core ★★]

해설

대법원 2008.11.13. 2006도755 민노준 행진시위 사건 [O]

1294 피고인 등 약 600명의 노동조합원들이 차도만 설치되어 있을 뿐 보도는 따로 마련되어 있지 아니한 도로 우측의 편도 2차선의 대부분을 차지하면서 대오를 이루어 행진하는 방법으로 시위를 하고 이로 인하여 나머지 편도 2차선으로 상, 하행차량이 통행하느라 차량의 소통이 방해된 경우 일반교통방해죄가 성립한다. O | X

[14 경찰채용] [Core ★★]

해설

시위로 인하여 나머지 편도 2차선으로 상, 하행차량이 통행하느라 차량의 소통이 방해되었다 하더라도 피고인 등의 시위행위에 대하여 일반교통방해죄를 적용할 수 없다(대법원 1992.8.18. 91도2771). [X]

1295 피고인 甲이 고속도로 2차로를 따라 자동차를 운전하다가 1차로를 진행하던 A의 차량 앞에 급하게 끼어든 후 곧바로 정차하여, A의 차량 및 이를 뒤따르던 차량 두 대는 연이어 급제동하여 정차하였으나, 그 뒤를 따라오던 B의 차량이 앞의 차량들을 연쇄적으로 추돌케 하여 B를 사망에 이르게 하고 나머지 차량 운전자 등 피해자들에게 상해를 입힌 경우 교통방해치사상죄가 성립한다. O | X

[18 경간부, 17 국가9급, 17 경찰승진, 16 변호사, 16 법원행시, 16 법원9급, 15 법원행시, 15 경찰채용] [Core ★★]

해설

대법원 2014.7.24. 2014도6206 고속도로 급제동 정차사건 [O]

1296 토지의 소유자가 자신의 토지의 한쪽 부분을 일시 공터로 두었을 때 인근주민들이 위 토지의 동서쪽에 있는 도로에 이르는 지름길로 일시 이용한 적이 있다 하여도 이를 일반공중의 내왕에 공용되는 도로하고 할 수 없으므로 교통방해죄에 있어 '육로'로 볼 수 없다. O | X

[15 경찰채용] [Essential ★]

해설

대법원 1984.11.13. 84도2192 지름길 통행사건 [O]

1297 다음 중 교통방해죄가 성립하는 것은 모두 3개다. ○|×

[Superlative ★★★]

⊙ 피고인이 도로의 일부가 자신의 소유라 하더라도 적법한 절차에 의하여 문제를 해결하려고 하지 아니하고 도로의 중간에 바위를 놓아두거나 이를 파헤침으로써 차량의 통행을 못하게 한 경우 [15 경찰채용, 13 경찰승진, 13 경간부, 11 경찰승진]

⊙ 피고인 甲 소유의 대지 및 인접한 乙의 집 사이의 폭 2m의 골목길이 주민들에 의하여 공로로 통하는 유일한 통행로로 오랫동안 이용되어 왔음에도, 甲이 건축물을 재축하면서 폭 50 내지 75cm 가량만 남겨두고 담장을 설치하여 주민들의 통행을 현저히 곤란하게 한 경우 [14 경찰채용, 13 경간부]

⊙ 농가의 영농을 위한 경운기나 리어카 등의 통행을 위한 농로로 개설되었으나 이후 그 도로가 사실상 일반 공중의 왕래에 공용되는 도로가 된 상황에서 피고인이 도로에 말뚝을 박고 철조망까지 쳐서 노폭을 현저하게 제한함으로써 경운기 이외의 다른 차량 등의 통행을 불가능하게 한 경우 [16 법원행시]

⊙ 토지에 대하여 사실상의 지배권을 가지고 소유자를 대신하여 토지를 실질적으로 관리하고 있던 피고인 甲이 토지에 철주를 세우고 철망을 설치하고 포장된 아스팔트를 걷어내는 등의 방법으로 건물의 통행로로 이용하지 못하게 하는 등 피해자 A의 상가임대업무 및 B, C 등의 상가영업업무를 방해한 경우 [17 국가7급, 14 변호사]

해설

모든 항목의 경우 교통방해죄가 성립한다.
⊙ 대법원 2002.4.26. 2001도6903 바위 사건
⊙ 대법원 1994.11.4. 94도2112 담장 설치사건
⊙ 대법원 1995.9.15. 95도1475 말뚝·철조망 사건
⊙ 대법원 2007.12.28. 2007도7717 아스팔트 제거사건

[×]

1298 피고인이 도로에 트랙터를 세워두거나 철책 펜스를 설치하여 노폭을 현저하게 제한함으로써 종전에는 통행이 가능하던 차량의 통행을 불가능하게 하거나 도로를 가로막고 앉아서 차량의 통행을 일시적으로 방해한 행위는 모두 일반교통방해죄를 구성한다. ○|×

[12 경찰승진] [Essential ★]

해설

피고인이 도로에 트랙터를 세워두거나 철책 펜스를 설치하여 노폭을 현저하게 제한함으로써 종전에는 통행이 가능하던 차량의 통행을 불가능하게 한 행위는 일반교통방해죄를 구성하지만, 나아가 피고인이 도로를 가로막고 앉아서 차량의 통행을 일시적으로 방해한 행위는 교통을 방해하여 통행을 불가능하게 하거나 현저하게 곤란하게 하는 행위라고 보기 어려워 일반교통방해죄를 구성하지 아니한다(대법원 2009.1.30. 2008도10560 트랙터·철책펜스 사건).

[×]

1299 피고인이 공항여객터미널 버스정류장 앞 도로 중 공항리무진 버스 외의 다른 차의 주차가 금지된 구역에서 밴 차량을 40분간 불법주차하고 호객행위를 하였더라도, 주차한 장소의 옆 차로를 통하여 다른 차량들이 충분히 통행할 수 있었고, 공항리무진 버스가 출발할 때 후진을 하여 차로를 바꾸어 진출해야 하는 불편을 겪기는 하였지만 통행이 불가능하거나 현저하게 곤란하지는 않았던 경우 일반교통방해죄를 구성하지 않는다. ○|×

[18 경간부, 16 법원행시] [Core ★★]

대법원 2009.7.9. 2009도4266 인천국제공항 불법주차 사건 [○]

1300 甲은 선단 책임선의 선장으로서 종선의 선장에게 조업상의 지시만 할 수 있을 뿐 선박의 안전관리는 각 선박의 선장이 책임지도록 되어 있었던 경우, 甲이 풍랑 중에 종선에 조업 지시를 한 것과 종선의 풍랑으로 인한 매몰사고와의 사이에 인과관계를 인정할 수 있다. ○|×
[19 해경승진] [Core ★★]

해설

피고인이 선단(船團)의 책임선인 제1봉림호의 선장으로 조업중이었다 하더라도 피고인으로서는 종선(從船)의 선장에게 조업상의 지시만 할 수 있을 뿐 선박의 안전관리는 각 선박의 선장이 책임지도록 되어 있었다면 그 같은 상황하에서 피고인이 풍랑중에 종선에 조업지시를 하였다는 것만으로는 종선의 풍랑으로 인한 매몰사고와의 사이에 인과관계가 성립할 수 없다(대법원 1989.9.12. 89도1084 제1봉림호 사건). [×]

1301 사람이 현존하는 선박에 대해 매몰행위의 실행을 개시하고 그로 인하여 선박을 매몰시켰더라도 매몰의 결과발생시 사람이 현존하지 않았거나 범인이 선박에 있는 사람을 안전하게 대피시켰다면 선박매몰죄의 미수로 보아야 한다. ○|×
[19 해경승진] [Core ★★]

해설

사람의 현존하는 선박에 대해 매몰행위의 실행을 개시하고 그로 인하여 선박을 매몰시켰다면 매몰의 결과발생시 사람이 현존하지 않았거나 범인이 선박에 있는 사람을 안전하게 대피시켰다고 하더라도 선박매몰죄의 기수로 보아야 할 것이지 이를 미수로 볼 것은 아니다(대법원 2000.6.23. 99도4688 동일호 고의 침몰사건). [×]

1302 「형법」 제187조에서 정한 '파괴'란 다른 구성 요건 행위인 전복·매몰·추락 등과 같은 수준으로 인정할 수 있는 만큼 교통기관으로서의 기능·용법의 전부나 일부를 불가능하게 할 정도의 파손을 의미한다. ○|×
[21 해경채용] [Core ★★]

해설

대법원 2009.4.23. 2008도11921 삼성1호-허베이호 충돌 기름유출사건 [○]

제1절 통화에 관한 죄

1303 형법 제207조 소정의 '행사할 목적'이란 유가증권위조의 경우와 달리, 위조, 변조한 통화를 진정한 통화로서 유통에 놓겠다는 목적을 말하므로 자신의 신용력을 증명하기 위하여 타인에게 보일 목적으로 통화를 위조한 경우에는 행사할 목적이 있다고 할 수 없다. ○|×

[17 경간부, 16 국가9급, 15 법원행시, 13 법원행시, 13 경찰승진, 13 경간부] [Core ★★]

해설

> 대법원 2012.3.29. 2011도7704 5만원권 앞면만 복사사건   [○]

1304 통화위조죄와 위조통화행사죄의 객체인 위조통화는 그 유통과정에서 일반인이 진정한 통화로 오인할 정도의 외관을 갖추어야 한다. ○|×

[13 경찰승진] [Essential ★]

해설

> 대법원 2012.3.29. 2011도7704 5만원권 앞면만 복사사건   [○]

1305 진정한 통화에 대한 가공행위로 인하여 기존 통화의 명목가치나 실질가치가 변경되었다거나 객관적으로 보아 일반인으로 하여금 기존 통화와 다른 진정한 화폐로 오신하게 할 정도의 새로운 물건을 만들어 낸 것으로 볼 수 없다면 통화가 변조되었다고 볼 수 없다. ○|×

[12 경찰승진] [Essential ★]

해설

> 대법원 2004.3.26. 2003도5640 1달러 2달러 사건   [○]

1306 위조통화임을 알고 있는 자에게 그 위조통화를 교부한 경우라면 피교부자가 이를 유통시키리라는 것을 예상 내지 인식하면서 교부하였더라도 통화에 대한 공공의 신용 또는 거래의 안전을 해할 위험이 있다고 할 수 없으므로 위조통화행사죄는 성립하지 아니한다. ○|×

[17 경간부, 16 경간부, 16 경찰채용, 13 경간부, 12 경찰승진, 11 경간부] [Essential ★]

해설

> 위조통화임을 알고 있는 자에게 그 위조통화를 교부한 경우에 피교부자가 이를 유통시키리라는 것을 예상 내지 인식하면서 교부하였다면, 그 교부행위 자체가 통화에 대한 공공의 신용 또는 거래의 안전을 해할 위험이 있으므로 위조통화행사죄가 성립한다(대법원 2003.1.10. 2002도3340 스위스화 이라크화 사건).   [×]

1307 외국에서 통용하지 아니하는 즉, 강제통용력을 가지지 아니하는 지폐라도 그것이 일반인의 관점에서 통용할 것이라고 오인할 가능성이 있다고 한다면 외국에서 통용하는 외국의 지폐에 해당한다. ○│×

[16 경찰채용, 13 경찰승진, 13 경간부, 12 국가9급, 11 경간부] [Essential ★]

해설

형법 제207조 제3항에서 '외국에서 통용한다'고 함은 그 외국에서 강제통용력을 가지는 것을 의미하는 것이므로 외국에서 통용하지 아니하는 즉, 강제통용력을 가지지 아니하는 지폐는 그것이 비록 일반인의 관점에서 통용할 것이라고 오인할 가능성이 있다고 하더라도 외국에서 통용하는 외국의 지폐에 해당한다고 할 수 없다(대법원 2004.5.14. 2003도3487 10만달러 100만달러 사건). [×]

1308 위조된 외국의 화폐, 지폐 또는 은행권이 강제통용력을 가지지 않는 경우에는 형법 제207조 제3항에서 정한 '외국에서 통용하는 외국의 화폐 등'에 해당하지 않고, 나아가 그 화폐 등이 국내에서 사실상 거래 대가의 지급수단이 되고 있지 않는 경우에는 형법 제207조 제2항에서 정한 '내국에서 유통하는 외국의 화폐 등'에도 해당하지 않으므로, 그 화폐 등을 행사하더라도 형법 제207조 제4항에서 정한 위조통화행사죄를 구성하지 않는다고 할 것이고 또한 이러한 경우에는 형법 제234조에서 정한 위조사문서행사죄 또는 위조사도화행사죄로도 의율할 수 없다. ○│×

[16 법원행시, 16 경간부, 14 법원행시] [Superlative ★★★]

해설

(1) 통화에 관한 죄는 문서에 관한 죄에 대하여 특별관계에 있으므로 통화에 관한 죄가 성립하는 때에는 문서에 관한 죄는 별도로 성립하지 않는다. (2) (중략) 그 화폐 등을 행사하더라도 형법 제207조 제4항에서 정한 위조통화행사죄를 구성하지 않는다고 할 것이고 따라서 이러한 경우에는 형법 제234조에서 정한 위조사문서행사죄 또는 위조사도화행사죄로 의율할 수 있다(대법원 2013.12.12. 2012도2249 10만 파운드화 사건). [×]

1309 피고인들이 (500원짜리 주화의 표면을 깎아내어 일본국의 500￥짜리 주화의 무게와 같도록 하면 일본국의 자동판매기 등에 투입하여 500￥짜리 주화처럼 사용할 수 있다는 점을 착안하여) 한국은행발행 500원짜리 주화 앞면의 학(鶴) 문양 부분을 선반으로 일부 깎은 경우 통화변조죄가 성립한다. ○│×

[17 경간부, 16 경찰채용, 12 경간부] [Essential ★]

해설

기존의 500원짜리 주화의 명목가치나 실질가치가 변경되었다거나 객관적으로 보아 일반인으로 하여금 일본국의 500￥짜리 주화로 오신케 할 정도의 새로운 화폐를 만들어 낸 것이라고 볼 수 없다(대법원 2002.1.11. 2000도3950 500원 동전 사건). [×]

1310 피고인이 미화 1달러권 지폐와 2달러권 지폐를 화폐수집가들이 골드라고 부르며 수집하는 희귀화폐인 것처럼 만들기 위하여 발행연도 1995.을 1928.으로 빨간색으로 고치고, 발행번호와 미국 재무부를 상징하는 문양 및 재무부장관의 사인 부분을 지운 후 빨간색으로 다시 가공한 경우 통화변조죄가 성립한다. ○ | ×

[12 경간부] [Core ★★]

해설

> 기존 통화의 명목가치나 실질가치가 변경되었다거나 객관적으로 보아 일반인으로 하여금 기존 통화와 다른 진정한 화폐로 오신하게 할 정도의 새로운 물건을 만들어 낸 것으로 보기는 어렵다(대법원 2004.3.26. 2003도5640 1달러 2달러 사건).
> [×]

1311 스위스 화폐로서 1998년까지 통용되었으나 현재는 통용되지 않고 다만 스위스 은행에서 신권과의 교환이 가능한 진폐(眞幣)는 형법 제207조 제2항 소정의 내국에서 유통하는 외국의 화폐에 해당하지 아니한다. ○ | ×

[12 경간부, 11 경간부] [Essential ★]

해설

> 대법원 2003.1.10. 2002도3340 스위스화 이라크화 사건
> [○]

제2절 유가증권 등에 관한 죄

1312 유가증권이란 증권상에 표시된 재산상의 권리의 행사와 처분에 그 증권의 점유를 필요로 하는 것을 총칭하는 것으로서 재산권이 증권에 화체된다는 것과 그 권리의 행사와 처분에 증권의 점유를 필요로 한다는 두 가지 요소를 갖추면 족하지 반드시 유통성을 가질 필요는 없다. ○ | ×

[15 경찰채용, 14 경간부, 12 경찰승진, 12 경간부, 11 경찰승진, 11 경찰채용] [Essential ★]

해설

> 대법원 2001.8.24. 2001도2832 문방구 약속어음 사건
> [○]

1313 위조유가증권행사죄에 있어서의 유가증권이라 함은 위조된 유가증권의 원본은 물론 전자복사기, 모사전송기 기타 이와 유사한 기기를 사용하여 복사한 사본도 이에 포함된다. ○ | ×

[17 경간부, 17 경찰채용, 15 경간부, 13 변호사] [Essential ★]

해설

> 위조유가증권행사죄에 있어서의 유가증권이라 함은 위조된 유가증권의 원본을 말하는 것이지 전자복사기 등을 사용하여 기계적으로 복사한 사본은 이에 해당하지 않는다(대법원 2010.5.13. 2008도10678 선하증권 사본 사건). [×]

1314 다음 중 유가증권위조죄 등에 있어 '유가증권'에 해당하는 것은 모두 5개다. ○|✕

> ㉠ 리프트탑승권 [17 국가7급, 15 경간부]
> ㉡ 공중전화카드 [15 경찰채용, 11 법원행시, 11 경찰채용]
> ㉢ 정기예탁금증서 [15 경간부]
> ㉣ 신용카드업자가 발행한 신용카드 [15 경간부, 13 경간부]
> ㉤ 문방구 약속어음 용지를 이용하여 작성한 증권 [15 경간부, 13 법원행시, 13 법원9급, 12 경찰승진, 11 법원
> 행시, 11 경찰승진]
> ㉥ 한국외환은행 소비조합이 소속 조합원에게 발행한 신용카드 [12 경간부, 11 경찰채용]

해설

> ㉠㉡㉤㉥ 4 항목이 유가증권에 해당한다.
> ㉠ 리프트탑승권은 유가증권의 일종이고, 피고인이 발매할 권한 없이 발매기를 임의 조작함으로써 리프트탑승권
> 을 부정 발급한 행위는 유가증권인 리프트탑승권을 위조하는 행위에 해당한다(대법원 1998.11.24. 98도
> 2967 무주리조트 사건).
> ㉡ (1) 공중전화카드는 공중전화 서비스를 제공받을 수 있는 재산상의 권리를 화체하고 있고, 이를 공중전화기의
> 카드 투입구에 투입함으로써 그 권리를 행사하는 것으로 볼 수 있으므로 공중전화카드는 유가증권에 해당한다.
> (2) 피고인이 폐공중전화카드의 자기기록 부분에 전자정보를 기록하여 사용가능한 공중전화카드를 만든 경우
> 유가증권위조죄가 성립한다(대법원 1998.2.27. 97도2483 폐공중전화카드 사건).
> ㉢ 정기예탁금증서는 예탁금반환채권의 유통이나 행사를 목적으로 작성된 것이 아니고 채무자가 그 증서 소지인
> 에게 변제하여 책임을 면할 목적으로 발행된 이른바 면책증권에 불과하여 유가증권에 해당하지 아니한다(대법
> 원 1984.11.27. 84도2147)
> ㉣ 신용카드업자가 발행한 신용카드는 이를 소지함으로써 신용구매가 가능하고 금융의 편의를 받을 수 있다는
> 점에서 경제적 가치가 있다 하더라도 그 자체에 경제적 가치가 화체되어 있거나 특정의 재산권을 표창하는
> 유가증권이라고 볼 수 없다(대법원 1999.7.9. 99도857 신용카드 잠시사용 사건).
> ㉤ 증권이 비록 문방구 약속어음 용지를 이용하여 작성되었다고 하더라도 일반인이 진정한 것으로 오신할 정도의
> 약속어음 요건을 갖추고 있으면 당연히 유가증권에 해당한다(대법원 2001.8.24. 2001도2832 문방구 약속어
> 음 사건).
> ㉥ 한국외환은행 소비조합이 소속 조합원에게 발행한 신용카드는 그 카드에 의해서만 신용구매의 권리를 행사할
> 수 있는 점에서 재산권이 증권에 화체되었다고 볼 수 있으므로 유가증권이라 할 것이다(대법원 1984.11.27.
> 84도1862 엘칸토 양화점 사건). [✕]

1315 유가증권위조죄의 죄수는 원칙적으로 위조된 유가증권의 매수를 기준으로 정할 것이므로, 약속어
음 2매의 위조행위는 포괄일죄가 아니라 경합범이다. ○|✕

해설

> 대법원 1983.4.12. 82도2938 [○]

1316 외형상 일반인으로 하여금 진정하게 작성된 유가증권이라고 오신케 할 수 있을 정도로 작성된 것이라도 발행명의인이 실재하지 않은 사자 또는 허무인이라고 한다면 유가증권위조죄는 성립하지 아니한다.　　　　　　　　　　　　　　　　　　　　　　　　　　　　　　　　　O | X

[17 법원행시, 16 법원행시, 15 법원행시, 13 법원행시, 11 경찰채용] [Essential ★]

해설

(1) 외형상 일반인으로 하여금 진정하게 작성된 유가증권이라고 오신케 할 수 있을 정도로 작성된 것이라면 발행명의인이 가령 실재하지 않은 사자 또는 허무인이라 하더라도 유가증권위조죄가 성립된다. (2) 사자 명의로 된 약속어음을 작성함에 있어 사망자의 처로부터 사망자의 인장을 교부받아 생존 당시 작성한 것처럼 약속어음의 발행일자를 그 명의자의 생존 중의 일자로 소급하여 작성한 때에는 발행명의인의 승낙이 있었다고 볼 수 없다(대법원 2011.7.14. 2010도1025).　　　　　　　　　　　　　　　　　　　　　　　　　[×]

1317 수표의 외관이 일반인으로 하여금 진정한 수표라고 신용하게 할 정도의 것이라도 동 수표가 수표요건을 결하여 실체법상 무효의 것이라고 한다면 위조죄는 성립하지 아니한다.　　　　　O | X

[14 변호사, 13 경찰승진] [Core ★★]

해설

수표의 외관이 일반인으로 하여금 진정한 수표라고 신용하게 할 정도의 것이라면 동 수표가 수표요건을 결하여 실체법상 무효의 것이라 해도 위조죄는 성립한다(대판 1973.6.12, 72도1796).　　　　　　　　　　　[×]

1318 백지어음에 대하여 취득자가 발행자와의 합의에 의하여 정하여진 보충권의 한도를 넘어 보충을 한 경우에는 발행인의 서명날인 있는 기존의 약속 어음용지를 이용하여 새로운 약속어음을 발행하는 것에 해당하므로 유가증권위조죄를 구성한다.　　　　　　　　　　　　　　　　　　　　　O | X

[17 법원행시, 14 경간부] [Core ★★]

해설

대법원 1989.12.12. 89도1264　　　　　　　　　　　　　　　　　　　　　　　　　　　[O]

1319 타인이 위조한 액면과 지급기일이 백지로 된 약속어음을 그것이 위조 약속어음인 정을 알고도 구입하여 액면란에 금액을 기입하여 어음을 완성하더라도, 별개의 유가증권위조죄는 성립하지 아니한다.

O | X

[17 경찰채용, 13 경찰승진, 12 경찰채용] [Core ★★]

해설

타인이 위조한 액면과 지급기일이 백지로 된 약속어음을 구입하여 액면란에 금액을 기입하여 어음위조를 완성하는 행위는 백지어음 형태의 위조행위와는 별개의 유가증권위조죄를 구성한다(대법원 1982.6.22. 82도677). [×]

1320 권한 없이 보충됨으로써 위조된 약속어음에 대하여 피고인이 그 위조행위자와 공모하여 금액란을 임의로 변경한 경우 유가증권변조죄에 해당한다. ○|×

[18 경찰채용, 16 국가9급] [Core ★★]

해설

(1) 이미 타인에 의하여 위조된 약속어음의 기재사항을 권한 없이 변경하였다고 하더라도 유가증권변조죄는 성립하지 아니하고, 위조된 약속어음의 액면금액을 권한 없이 변경하는 것이 당초의 위조와는 별개의 새로운 유가증권위조로 된다고 할 수도 없다. (2) 권한 없이 보충됨으로써 위조되었다고 평가되는 약속어음에 있어서 그 위조행위자와 공모하여 금액란을 임의로 변경한 피고인의 행위는 유가증권변조에 해당하지 아니한다(대법원 2008.12.24. 2008도9494). [×]

1321 유가증권의 내용 중 권한 없는 자에 의하여 이미 변조된 부분을 다시 권한 없이 변경하였다면 이는 새로운 유가증권변조죄를 구성한다. ○|×

[17 경찰채용, 15 법원행시, 13 법원행시, 13 법원9급] [Essential ★]

해설

유가증권의 내용 중 권한 없는 자에 의하여 이미 변조된 부분을 다시 권한 없이 변경하였다고 하더라도 유가증권변조죄는 성립하지 않는다(대법원 2012.9.27. 2010도15206). [×]

1322 대표이사로 재직하던 피고인이 대표이사가 타인으로 변경되었음에도 불구하고 이전부터 사용하여 오던 피고인 명의로 된 회사 대표이사의 명판을 이용하여 여전히 피고인을 회사의 대표이사로 표시하여 약속어음을 발행·행사한 경우 자격모용유가증권작성죄가 성립한다. ○|×

[17 경간부, 11 법원행시] [Superlative ★★★]

해설

주식회사 대표이사로 재직하던 피고인이 대표이사가 타인으로 변경되었음에도 불구하고 여전히 피고인을 회사의 대표이사로 표시하여 약속어음을 발행·행사하였다면 자격모용유가증권 작성 및 동행사죄에 해당한다(대법원 1991.2.26. 90도577). [○]

1323 다음 중 허위유가증권작성죄가 성립하는 것은 모두 2개다. ○│×

[Superlative ★★★]

> ㉠ 피고인이 약속어음 배서인의 주소를 허위로 기재한 경우 [13 경찰승진, 12 경찰채용, 11 법원행시]
> ㉡ 자기앞수표의 발행인인 피고인이 수표의뢰인으로부터 수표자금을 입금받지 아니한 채 자기앞수표를 발행한 경우 [17 경찰채용, 13 경간부]
> ㉢ 피고인이 약속어음 작성권자의 승낙 내지 위임을 받아 약속어음을 작성함에 있어서 발행인 명의 아래 피고인의 인장을 날인한 경우 [13 경간부]
> ㉣ 은행을 통하여 지급이 이루어지는 약속어음의 발행인인 피고인이 은행에 신고된 것이 아닌 피고인의 다른 인장을 날인한 경우 [17 법원행시, 13 국가9급, 12 경찰채용, 11 경찰승진]

해설

> ㉢ 항목의 경우에만 허위유가증권작성죄가 성립한다.
> ㉠ 배서인의 주소기재는 배서의 요건이 아니므로 약속어음 배서인의 주소를 허위로 기재하였다고 하더라도 약속어음상의 권리관계에 아무런 영향을 미치지 않으므로 허위유가증권작성죄에 해당되지 않는다(대법원 1986. 6.24. 84도547).
> ㉡ 자기앞수표의 발행인이 수표의뢰인으로부터 수표자금을 입금받지 아니한 채 자기앞수표를 발행하더라도 그 수표의 효력에는 아무런 영향이 없으므로 허위유가증권작성죄가 성립하지 아니한다(대법원 2005.10.27. 2005도4528).
> ㉢ 발행인 명의 아래 진실에 반하는 내용인 피고인의 인장을 날인하여 일견 유효한 듯한 약속어음의 발행은 허위유가증권작성 및 동행사죄에 해당한다(대법원 1975.6.10. 74도2594).
> ㉣ 은행에 신고된 것이 아닌 발행인의 다른 인장을 날인하였다 하더라도 그것이 발행인의 인장인 이상 그 어음의 효력에는 아무런 영향이 없으므로 허위유가증권작성죄가 성립하지 아니한다(대법원 2000.5.30. 2000도883). [×]

1324 선하증권 기재의 화물을 인수하거나 확인하지도 아니하고 또한 선적할 선편조차 예약하거나 확보하지도 않은 상태에서 수출면장만을 확인한 채 실제로 선적한 사실이 없는 화물을 선적하였다는 내용의 선하증권을 발행하였다면 허위유가증권작성죄가 성립한다. ○│×

[Core ★★]

해설

> 대법원 1995.9.29. 95도803 [○]

1325 위조유가증권임을 알고 있는 자에게 교부하였더라도 피교부자가 이를 유통시킬 것임을 인식하고 교부하였다면, 그 교부행위 그 자체가 유가증권의 유통질서를 해할 우려가 있어 처벌의 이유와 필요성이 충분히 있다고 할 것이므로 위조유가증권행사죄가 성립한다. ○│×

[17 국가7급, 15 경찰채용, 13 경찰승진, 12 경찰승진, 11 법원행시] [Essential ★]

해설

> 대법원 2010.12.9. 2010도12553 수표대여 연출사건 [○]

1326 위조유가증권의 교부자와 피교부자가 서로 유가증권위조를 공모하였거나 위조유가증권을 타에 행사하여 그 이익을 나누어 가질 것을 공모한 공범의 관계에 있더라도, 그들 사이의 위조유가증권 교부행위는 유가증권에 대한 공공의 신용 또는 거래의 안전을 해할 위험이 있으므로 위조유가증권행사죄가 성립한다. ○|×

[17 법원행시, 13 법원행시, 13 법원9급, 13 경찰승진, 12 경찰채용, 11 법원9급] [Essential ★]

해설

> 위조유가증권의 교부자와 피교부자가 서로 유가증권위조를 공모하였거나 위조유가증권을 타에 행사하여 그 이익을 나누어 가질 것을 공모한 공범의 관계에 있다면, 그들 사이의 위조유가증권 교부행위는 그들 이외의 자에게 행사함으로써 범죄를 실현하기 위한 전단계의 행위에 불과한 것으로서 위조유가증권은 아직 범인들의 수중에 있다고 볼 것이지 행사되었다고 볼 수는 없다(대법원 2010.12.9. 2010도12553 수표대여 연출사건). [×]

1327 위조우표취득죄 및 위조우표행사죄에 관한 「형법」 제219조 및 제218조 제2항 소정의 "행사"라 함은 위조된 대한민국 또는 외국의 우표를 진정한 우표로서 사용하는 것으로 우편요금의 납부용으로 사용하는 것에 한정되고 우표수집의 대상으로서 매매하는 경우는 이에 해당하지 않는다. ○|×

[21 경찰승진] [Core ★★]

해설

> 위조우표취득죄 및 위조우표행사죄에 관한 형법 제219조 및 제218조 제2항에 규정된 '행사'라 함은 위조된 대한민국 또는 외국의 우표를 진정한 우표로서 사용하는 것을 말하는 것으로 반드시 우편요금의 납부용으로 사용하는 것에 한정되지 아니하고 우표수집의 대상으로서 매매하는 경우도 이에 해당된다(대법원 1989.4.11. 88도1105). [×]

제3절 문서에 관한 죄

1. 문서위조·변조·자격모용작성죄

1328 형법은 사문서의 경우 무형위조만을 처벌하면서 예외적으로 유형위조를 처벌하는 태도를 취하고 있다. ○|×

[22 경찰채용] [Essential ★]

해설

> 형법은 사문서의 경우 유형위조(제231조)만을 처벌하면서 예외적으로 무형위조(제233조)를 처벌하고 있다(대법원 2020.8.27. 2019도11294 순금 가상화폐거래량 허위입력 사건). [×]

1329 사문서위조나 공정증서원본부실기재가 성립한 후, 사후에 피해자의 동의 또는 추인 등의 사정으로 문서에 기재된 대로 효과의 승인을 받거나 등기가 실체적 권리관계에 부합하게 되었다 하더라도 이미 성립한 범죄에는 아무런 영향이 없다. ○|×

[16 경찰승진, 15 국가9급, 15 경찰승진, 14 국가7급, 14 국가9급, 13 변호사, 12 변호사, 12 경찰승진, 12 경찰채용, 11 경찰승진]

[Core ★★]

해설

대법원 2007.6.28. 2007도2714 [○]

1330 신용장에 날인된 은행의 접수일부인(接受日附印)은 문서에 관한 죄에 있어 '문서'에 해당한다. ○|×

[13 경찰채용, 11 법원행시] [Essential ★]

해설

신용장에 날인된 은행의 접수일부인(接受日附印)은 사실증명에 관한 사문서에 해당되므로 신용장에 허위의 접수인을 날인한 것은 사문서위조에 해당된다(대법원 1979.10.30. 77도1879). [○]

1331 담배의 제조회사와 담배의 종류를 구별·확인할 수 있는 특유의 도안이 표시되어 있는 담뱃갑은 문서에 관한 죄에 있어 '문서 또는 도화'에 해당한다. ○|×

[18 경간부, 15 국가9급, 14 법원행시, 13 법원행시, 12 변호사, 12 법원행시, 11 법원행시] [Essential ★]

해설

담뱃갑은 적어도 그 안에 들어 있는 담배가 특정 제조회사가 제조한 특정한 종류의 담배라는 사실을 증명하는 기능을 하고 있으므로 그러한 담뱃갑은 문서 등 위조의 대상인 도화에 해당한다(대법원 2010.7.29. 2010도2705 담배 장백산·충남해 사건). [○]

1332 피고인 甲이 컴퓨터로 '미애', '701226'을 작성하여 출력한 다음 甲의 주민등록증 성명란 '길자'라는 글자 위에 '미애'라는 글자를, 주민등록번호란 '640209'라는 글자 위에 '701226'이라는 글자를 각 오려붙인 다음, 이를 스캔하여 이미지 파일을 생성한 후 이를 乙에게 보냈다고 하더라도 공문서위조 및 동행사죄는 성립하지 아니한다. ○|×

[18 경간부] [Essential ★]

해설

컴퓨터 모니터 화면에 나타나는 이미지는 문서에 해당되지 않아 공문서위조 및 동행사죄는 성립하지 아니한다(대법원 2007.11.29. 2007도7480 미애 사건). 컴퓨터로 파일만을 만든 것이므로 공문서위조가 아니고, 위조된 공문서가 없으므로 그 행사죄도 성립하지 아니한다. [○]

1333 피고인 甲이 이미 자신이 위조한 휴대전화 신규 가입신청서를 스캐너로 읽어 들여 이미지화한 다음 그 이미지 파일을 乙에게 이메일로 전송하여 컴퓨터 화면상에서 보게 한 경우, 스캐너로 읽어 들여 이미지화한 것은 문서에 관한 죄에 있어서의 '문서'에 해당하지 않으므로 위조문서행사죄가 성립하지 아니한다. ○ | ×

[17 경찰채용, 16 경찰채용, 15 국가9급, 14 법원행시, 12 변호사, 12 국가9급, 12 경찰채용] [Core ★★]

해설

> 스캐너로 읽어 들여 이미지화한 것은 문서에 관한 죄에 있어서의 '문서'에 해당하지 않는다고 하더라도, 자신이 이미 위조한 휴대전화 신규 가입신청서를 행사한 것에 해당하여 위조문서행사죄가 성립한다(대법원 2008.10.23. 2008도5200 휴대폰가입신청서 스캔·전송 사건). 이는 이미 사문서를 위조한 상태에서 스캐너와 메일을 이용하여 이를 상대방에게 전송하여 보게 한 것이므로 (제시, 비치, 송부 등 행사의 방법에는 아무런 제한이 없으므로) 위조사문서행사죄가 성립한다. [×]

1334 지방세의 수납업무를 일부 관장하는 시중은행의 직원이나 은행이 공무원 또는 공무소가 되는 것은 아니고 세금수납영수증도 공문서에 해당하지 아니한다. ○ | ×

[16 국가9급, 14 법원행시] [Essential ★]

해설

> 대법원 1996.3.26. 95도3073 상업은행 세금수납영수증 사건 [○]

1335 선박안전기술공단이 해양수산부장관을 대행하여 이사장 명의로 발급하는 선박검사증서는 공무원 또는 공무소가 작성하는 문서라고 볼 수 없으므로 공문서위조죄나 허위공문서작성죄에서의 공문서에 해당하지 아니한다. ○ | ×

[20 경찰채용] [Essential ★]

해설

> 대법원 2016.1.14. 2015도9133 선박검사증서 허위 발급사건 [○]

1336 주취운전자 적발보고서 및 주취운전자 정황진술보고서의 각 운전자란에 타인의 서명을 한 다음 이를 경찰관에게 제출한 것은 공문서위조 및 동행사죄에 해당한다. ○ | ×

[16 법원9급] [Core ★★]

해설

> 주취운전자 적발보고서 및 주취운전자 정황진술보고서의 각 운전자란에 타인의 서명을 한 다음 이를 경찰관에게 제출한 것은 사문서위조 및 동행사죄에 해당한다(대법원 2004.12.23. 2004도6483). 주취운전자는 공무원이 아니므로 그가 타인의 서명을 한 것은 공문서나 공서명에 해당하지 않는다. [×]

1337 십지지문지문대조표는 수사기관이 피의자의 신원을 특정하고 지문대조조회를 하기 위하여 직무상 작성하는 서류로서 비록 위 문서 중 자서란에 피의자로 하여금 스스로 성명 등의 인적사항을 기재하도록 하고 있다 하더라도 이를 사문서로 볼 수 없다. ○ | ×

[14 경찰승진, 12 법원행시] [Essential ★]

해설

> 대법원 2000.8.22. 2000도2393 십지지문지문대조표 사건 사문서가 아니라 공문서라는 취지의 판례이다. [○]

1338 공립학교 교사가 작성하는 교원의 인적사항과 전출희망사항 등을 기재하는 부분과 학교장이 작성하는 학교장의견란 등으로 구성되어 있는 교원실태조사카드의 경우, 학교장의 작성 명의 부분과 작성자가 교사 명의로 된 부분은 모두 공문서에 해당한다. ○ | ×

[17 경찰승진, 16 경찰채용, 14 경찰채용, 13 경찰채용] [Essential ★]

해설

> 공립학교 교사가 작성하는 교원의 인적사항과 전출희망사항 등을 기재하는 부분과 학교장이 작성하는 학교장의견란 등으로 구성되어 있는 교원실태조사카드에 있어, 학교장의 작성 명의 부분은 공문서라고 할 수 있으나 작성자가 교사 명의로 된 부분은 개인적으로 전출을 희망하는 의사표시를 한 것에 지나지 아니하여 이것을 가리켜 공문서라고 할 수는 없을 것이므로 위 카드의 교사 명의 부분을 명의자의 의사에 반하여 작성하였다고 하여도 공문서를 위조한 것이라고 할 수 없다(대법원 1991.9.24. 91도1733 교원실태조사카드 사건). [×]

1339 가정법원의 서기관 등이 이혼의사확인서등본을 작성한 뒤 이를 이혼의사확인신청 당사자 쌍방에게 교부하면서 이혼신고서를 확인서등본 뒤에 첨부하여 그 직인을 간인하였는데, 당사자가 간인으로 연결된 이혼신고서를 떼어내고 원래 이혼신고서의 내용과는 다른 이혼신고서를 작성하여 이혼의사확인서등본과 함께 호적관서에 제출하였다면 공문서변조 및 동행사죄가 성립한다. ○ | ×

[16 국가7급, 14 경찰승진, 14 경찰채용, 11 경찰채용] [Essential ★]

해설

> 가정법원의 서기관 등이 이혼신고서를 확인서등본 뒤에 첨부하여 그 직인을 간인하였다고 하더라도 이혼신고서가 공문서인 이혼의사확인서등본의 일부가 되었다고 볼 수 없으므로, 당사자가 이혼신고서를 떼어내고 원래 이혼신고서의 내용과는 다른 이혼신고서를 작성하여 이혼의사확인서등본과 함께 호적관서에 제출하였다고 하더라도 공문서변조 및 동행사죄는 성립하지 아니한다(대법원 2009.1.30. 2006도7777 이혼신고서 교체사건). [×]

1340 피고인이 타인의 주민등록증을 이용하여 주민등록증상 이름과 사진을 하얀 종이로 가린 후 복사기로 복사를 하고, 다시 컴퓨터를 이용하여 위조하고자 하는 당사자의 인적사항과 주소, 발급일자를 기재한 후 덮어쓰기를 하여 이를 다시 복사하는 방식으로 주민등록증사본을 창출시킨 경우 공문서위조죄가 성립한다. ○ | ×

[16 경찰승진, 12 국가9급] [Essential ★]

해설

> (1) 진정한 문서의 사본을 전자복사기를 이용하여 복사하면서 일부 조작을 가하여 그 사본 내용과 전혀 다르게 만드는 행위는 공공의 신용을 해할 우려가 있는 별개의 문서사본을 창출하는 행위로서 문서위조행위에 해당한다.
> (2) 피고인이 전혀 별개의 주민등록증사본을 창출시킨 것이므로 공문서위조죄가 성립한다(대법원 2000.9.5. 2000도2855 대법원 2004.10.28. 2004도5183). [○]

1341 변호사인 피고인이 저작권법위반의 형사고소사건을 위임받은 후 네이버 아이디(ID) 불상의 피고소인 30명을 각 형사고소하기 위하여 고소장을 개별적으로 수사관서에 제출하면서도 하나의 고소위임장에만 서울지방변호사회로부터 발급받은 진정한 경유증표 원본을 첨부한 후 이를 일체로 하여 컬러복사기로 20장 또는 10장의 고소위임장을 각 복사하여 각 고소장에 첨부하여 의정부지방검찰청 수사과에 접수한 경우 사문서위조 및 동행사가 성립한다. ○│×

[17 법원9급, 17 경찰채용] [Core ★★]

해설

> 사문서위조 및 동행사죄에 해당한다(대법원 2016.7.14. 2016도2081 경유증표 컬러복사 사건). [○]

1342 피고인이 문서명의인인 문중원들을 기망하여 정기문중총회 회의록을 작성하였다면, 비록 문중원들의 서명, 날인이 정당하게 성립된 경우라 하더라도 사문서위조죄가 성립한다. ○│×

[18 경찰채용] [Core ★★]

해설

> 피고인이 '임야의 등기, 매도권한을 피고인에게 일임하고 매도금액 3분의 1을 문중에 반납하고 나머지를 피고인에게 소송대행비용으로 준다'라는 내용의 정기문중총회 회의록을 임의로 작성하고, 종중원들에게 그 회의록의 내용에 관하여 제대로 알려 주지 아니한 채 단지 "임야에 관하여 문중 명의로 소유권이전등기를 하는 데 필요하다"는 정도로만 얘기하면서 그들로부터 서명, 날인을 받은 경우 사문서위조죄가 성립한다(대법원 2000.6.13. 2000도778 종중 회의록 사건). [○]

1343 작성된 문서가 일반인으로 하여금 당해 명의인의 권한 내에서 작성된 문서라고 믿게 할 수 있는 정도의 형식과 외관을 갖추고 있으면 문서위조죄가 성립하는 것이고, 위와 같은 요건을 구비한 이상 그 명의인이 실재하지 않는 허무인이거나 또는 문서의 작성일자 전에 이미 사망하였다고 하더라도 문서위조죄가 성립한다고 봄이 상당하며, 이는 공문서뿐만 아니라 사문서의 경우에도 마찬가지이다. ○│×

[17 경찰승진, 17 경찰채용, 15 국가9급, 15 경찰승진, 14 경찰채용, 13 국가7급, 12 변호사, 12 법원9급, 12 경찰승진, 11 법원행시, 11 법원9급, 11 국가7급, 11 경간부] [Essential ★]

해설

> 대법원 2005.2.24. 2002도18 숯슘 임상경력증명서 사건 [○]

1344 문서명의인이 이미 사망하였다면 그 명의인의 현실적인 승낙을 받을 수 없으므로 비록 문서명의인이 생존하고 있다는 점이 문서의 중요한 내용을 이루거나 그 점을 전제로 문서가 작성되었더라도 그러한 내용의 문서에 관하여는 사망한 명의자의 승낙이 추정되므로 사문서위조죄는 성립하지 않는다. ○|×

[16 국가7급, 14 법원행시] [Core ★★]

해설

문서명의인이 이미 사망하였는데도 문서명의인이 생존하고 있다는 점이 문서의 중요한 내용을 이루거나 그 점을 전제로 문서가 작성되었다면 이미 그 문서에 관한 공공의 신용을 해할 위험이 발생하였다 할 것이므로, 그러한 내용의 문서에 관하여 사망한 명의자의 승낙이 추정된다는 이유로 사문서위조죄의 성립을 부정할 수는 없다(대법원 2011.9.29. 2011도6223 아버지 갑자기 사망사건). [×]

1345 사문서변조에 있어서 그 변조 당시 명의인의 명시적, 묵시적 승낙없이 한 것이라도 변조된 문서가 명의인에게 유리하여 결과적으로 그 의사에 합치한다고 한다면 사문서변조죄는 성립하지 아니한다. ○|×

[17 변호사, 14 경찰채용, 11 경찰승진] [Core ★★]

해설

사문서변조에 있어서 그 변조 당시 명의인의 명시적, 묵시적 승낙없이 한 것이면 변조된 문서가 명의인에게 유리하여 결과적으로 그 의사에 합치한다 하더라도 사문서변조죄의 구성요건을 충족한다(대법원 1985.1.22. 84도2422). [×]

1346 문서 작성권한의 위임이 있는 경우라고 하더라도 그 위임을 받은 자가 그 위임받은 권한을 초월하여 문서를 작성한 경우는 사문서위조죄가 성립하고, 단지 위임받은 권한의 범위 내에서 이를 남용하여 문서를 작성한 것에 불과하다면 사문서위조죄가 성립하지 아니한다. ○|×

[16 변호사] [Essential ★]

해설

대법원 2012.6.28. 2010도690 월드코아 영업부장 사건 [○]

1347 다음 중 사문서위조죄가 성립하는 것은 모두 3개다. ○|×

[Superlative ★★★]

> ㉠ 재화나 용역을 공급하는 공급자인 피고인이 세금계산서의 '공급받는 자' 란에 임의로 다른 사람을 기재한 경우 [14 국가7급]
> ㉡ 문서를 작성할 권한을 위임받지 아니한 문서기안자가 문서 작성권한을 가진 사람의 결재를 받은 바 없이 문서를 작성한 경우 [14 경찰채용]
> ㉢ 타인으로부터 약속어음 작성에 사용하라고 인장을 교부받았음에도 그 인장을 사용하여 그 타인 명의의 지급명령이의신청취하서를 작성한 경우 [13 법원9급]
> ㉣ 교회 목사인 피고인이 자신을 지지하는 일부 교인들과 교회를 탈퇴함으로써 대표자의 지위를 상실하였는데도, 그 후 교회 명의로 교회 소유 부동산을 자신에게 매도하는 내용의 매매계약서를 작성한 경우 [13 경찰채용]

해설

> ㉡㉢㉣ 3 항목의 경우 사문서위조죄가 성립한다.
> ㉠ 세금계산서의 작성권자는 어디까지나 재화나 용역을 공급하는 공급자이므로 공급자인 피고인이 세금계산서의 '공급받는 자' 란에 임의로 다른 사람을 기재하였다 하여 사문서위조죄가 성립된다고 할 수 없다(대법원 2007.3.15. 2007도169 공급받는 자 사건).
> ㉡ 대법원 1997.2.14. 96도2234
> ㉢ 대법원 1970.9.22. 70도1623
> ㉣ 대법원 2011.1.13. 2010도9725 양우리교회 사건 [O]

1348 부동산 매수인(乙)이 매도인(甲)과 부동산계약서 2통을 작성하고 그 중 1통을 가지고 있는 기회를 이용하여 행사할 목적으로 그 부동산계약서의 좌단 난외에 '전기 부동산에 대한 제3자에 대여한 전세계약은 乙이 승계하고 전세금반환의무를 부하기로 함'이라고 권한 없이 가필(加筆)하고 그 밑에 자신의 인장을 날인하였다면 사문서위조죄가 성립한다. O|X
[22 국가7급] [Superlative ★★★]

해설

> 부동산 매매계약서와 같이 문서에 2인 이상의 작성명의인이 있는 때에는 각 명의자마다 1개의 문서가 성립되는 것이고 피고인이 그 명의자의 한 사람이라 하더라도 타 명의자와 합의없이 행사할 목적으로 그 문서의 내용을 변경하였을 때에는 사문서변조죄가 성립한다(대법원 1977.7.12. 77도1736 부동산 매매계약서 변조사건). [×]

1349 매수인으로부터 매도인과의 토지매매계약체결에 관하여 포괄적 권한을 위임받은 피고인이 실제 매수가격보다 높은 가격을 매매대금으로 기재하여 매수인 명의의 매매계약서를 작성한 경우 사문서위조죄가 성립한다. O|X
[14 경찰채용, 11 경찰승진] [Essential ★]

해설

> 작성권한 있는 자가 허위내용의 문서를 작성한 것일 뿐 사문서위조죄가 성립될 수는 없다(대법원 1984.7.10. 84도1146). [×]

1350 피고인 甲이 乙과의 동업계약에 따라 甲의 명의로 변경하기 위하여 乙의 인장이 날인된 백지의 건축주명의변경신청서를 받아 보관하고 있던 중 그 위임의 취지에 반하여 丙 앞으로 건축주명의를 변경하는 건축주명의변경신청서를 작성하여 구청에 제출한 경우 사문서위조죄가 성립한다. O|X
[14 경간부, 11 경찰승진] [Essential ★]

해설

> 대법원 1984.6.12. 83도2408 [O]

1351 지배인이 직접 주식회사 명의 문서를 작성하는 행위는 위조나 자격모용사문서작성에 해당하지 않는 것이 원칙이지만, 그 문서의 내용이 진실에 반하는 허위이거나 대표권을 남용하여 자기 또는 제3자의 이익을 도모할 목적으로 작성된 경우에는 그러하지 아니하다. ○|×

[14 경간부, 14 경찰승진, 12 법원9급, 11 법원9급] [Core ★★]

해설

원래 주식회사의 지배인은 회사의 영업에 관하여 재판상 또는 재판 외의 모든 행위를 할 권한이 있으므로, 지배인이 직접 주식회사 명의 문서를 작성하는 행위는 위조나 자격모용사문서 작성에 해당하지 않는 것이 원칙이고, 이는 그 문서의 내용이 진실에 반하는 허위이거나 대표권을 남용하여 자기 또는 제3자의 이익을 도모할 목적으로 작성된 경우에도 마찬가지이다(대법원 2010.5.13. 2010도1040 황강산업 지배인 사건). [×]

1352 은행의 지배인으로 등기되어 있는 甲이, 회사의 내부규정 등에 의하여 각 지배인이 회사를 대리할 수 있는 행위의 종류, 내용, 상대방 등을 한정하여 그 권한을 제한한 경우에 그 제한된 권한범위를 벗어나서 신용이나 담보가 부족한 차주 회사가 저축은행 등 대출기관에서 대출을 받는 데 사용하도록 지급보증의 성질이 있는 은행 명의의 대출채권양수도약정서와 사용인감계를 작성한 경우 사문서위조죄가 성립한다. ○|×

[22 경찰간부] [Core ★★]

해설

은행의 지배인으로 등기되어 있는 피고인이 인감관리자의 결재도 받지 않고 지급보증의 성질이 있는 은행 명의의 대출채권양수도약정서와 사용인감계를 작성한 경우 은행의 내부규정에 지급보증 등 여신에 관하여 금액 규모 등에 따라 전결권자를 구분하고 나아가 여신 결재가 이루어진 것을 전제로 인감관리자의 결재를 받아 사용인감계를 작성하도록 하는 등으로 지급보증 등의 의사결정 권한을 상위 결재권자에게 부여하고 있다면, 위와 같은 문서작성 행위는 제한된 지배인의 대리권한을 넘는 경우에 해당하여 사문서위조죄가 성립한다(대법원 2012.9.27. 2012도7467 경남은행 지배인 사건). [○]

1353 A회사의 대표이사 甲이 B회사의 대표이사 乙로부터 포괄적 위임을 받아 두 회사의 대표이사 업무를 처리하면서 두 회사 명의로 허위 내용의 영수증과 세금계산서를 작성한 사안에서, B회사 명의 부분은 乙의 개별적 구체적 위임 또는 승낙 없는 행위로서 사문서위조 및 위조사문서행사죄가 성립하지만, A회사 명의 부분은 이미 퇴직한 종전의 대표이사를 승낙 없이 대표이사로 표시하였더라도 이에 해당하지 않는다. ○|×

[22 경찰채용] [Core ★★]

해설

주식회사의 적법한 대표이사라 하더라도 그 권한을 포괄적으로 위임하여 다른 사람으로 하여금 대표이사 업무를 처리하게 하는 것은 허용되지 않는 것이므로 대표이사로부터 포괄적으로 권한 행사를 위임받은 사람이 주식회사 명의로 문서를 작성하는 행위는 원칙적으로 권한 없는 사람의 문서 작성행위로서 자격모용사문서작성 또는 위조에 해당하고, 대표이사로부터 개별적·구체적으로 주식회사 명의 문서 작성에 관하여 위임 또는 승낙을 받은 경우에만 예외적으로 적법하게 주식회사 명의로 문서를 작성할 수 있을 뿐이다(대법원 2008.11.27. 2006도2016 두 회사 대표이사 사건). [○]

1354 작성명의자의 서명이나 날인이 누락되어 있다면 비록 그 명의자가 진정으로 작성한 문서로 볼 수 있을 정도의 형식과 외관을 갖추어 일반인이 명의자의 진정한 사문서로 오신하기에 충분한 정도라도 사문서위조죄는 성립하지 아니한다. ○│×

[17 변호사, 15 경찰승진, 14 경찰승진, 12 법원9급, 12 경찰승진] [Core ★★]

해설

(1) 사문서위조는 그 명의자가 진정으로 작성한 문서로 볼 수 있을 정도의 형식과 외관을 갖추어 일반인이 명의자의 진정한 사문서로 오신하기에 충분한 정도이면 성립하는 것이고, 반드시 그 작성명의자의 서명이나 날인이 있어야 하는 것은 아니다(대법원 2007.5.10. 2007도1674 연대보증인 날인 누락사건). (2) 사문서의 작성명의자의 인장이 압날되지 아니하고 주민등록번호가 기재되지 않았더라도, 일반인으로 하여금 그 작성 명의자가 진정하게 작성한 사문서로 믿기에 충분할 정도의 형식과 외관을 갖추었으면 사문서위조 및 동행사죄의 객체가 되는 사문서라고 보아야 한다(대법원 1989.8.8. 88도2209). [×]

1355 피고인이 위조하였다는 외국의 국제운전면허증이 그 유효기간을 경과하여 본래의 용법에 따라 사용할 수는 없게 되었다고 하더라도, 유효기간을 쉽게 알 수 없도록 되어 있거나 피고인이 명의자로부터 국제운전면허를 받은 것으로 오신하기에 충분한 정도의 형식과 외관을 갖추고 있다면 사문서위조죄가 성립한다. ○│×

[18 경간부, 16 국가9급] [Core ★★]

해설

대법원 1998.4.10. 98도164 유효기간경과 국제운전면허증 사건 '외국의 문서이므로' 공문서위조죄가 아니라 사문서위조죄가 성립한다는 점을 주의하여야 한다. [○]

1356 실제의 본명 대신 가명이나 위명을 사용하여 사문서를 작성한 경우, 그 문서의 작성명의인과 실제 작성자의 인격이 상이할 때에는 위조죄가 성립할 수 있다. ○│×

[21 경찰채용] [Core ★★]

해설

대법원 2010.11.11. 2010도1835 가명 현금보관증 사건 [○]

1357 사립학교 법인 이사가 이사회 회의록에 서명 대신 서명거부사유를 기재하고 그에 대한 서명을 한 경우, 이사회 회의록의 작성권한자인 이사장이라 하더라도 임의로 이를 삭제하면 특별한 사정이 없는 한 사문서변조에 해당한다. ○│×

[21 경찰채용] [Core ★★]

해설

대법원 2018.9.13. 2016도20954 성신학원 이사장 사건 [○]

1358 공문서변조라 함은 권한없이 이미 진정하게 성립된 공무원 또는 공무소 명의의 문서내용에 대하여 그 동일성을 해하지 아니할 정도로 변경을 가하는 것을 말한다 할 것이므로, 이미 허위로 작성된 공문서는 공문서변조죄의 객체가 되지 아니한다.　　　　　　　　　　　　　　　　　　　　　○｜×

[18 경간부] [Essential ★]

해설

> 대법원 1986.11.11. 86도1984 허위 폐품반납서 사건　　　　　　　　　　　　　　　　　[○]

1359 피고인이 임의로 인감증명서의 사용용도란의 기재를 고쳐 쓴 경우 공문서변조죄가 성립한다.

○｜×

[16 경찰채용] [Essential ★]

해설

> 인감증명서의 사용용도란의 기재는 증명청인 동장이 작성한 증명문구에 의하여 증명되는 부분과는 아무런 관계가 없다고 할 것이므로, 피고인이 임의로 인감증명서의 사용용도란의 기재를 고쳐 썼다고 하더라도 공무원 또는 공무소의 문서 내용에 대하여 변경을 가하여 새로운 증명력을 작출한 경우라고 볼 수 없으므로 공문서변조죄나 이를 전제로 하는 변조공문서행사죄가 성립되지는 않는다(대법원 2004.8.20. 2004도2767 인감증명서 사용용도란 사건).
> 　　　　　　　　　　　　　　　　　　　　　　　　　　　　　　　　　　　　　　[×]

1360 피고인이 타인의 주민등록증에 붙어있는 사진을 떼어내고 그 자리에 피고인의 사진을 붙인 경우 공문서위조죄를 구성한다.　　　　　　　　　　　　　　　　　　　　　　　　　　　　○｜×

[15 경간부, 13 국가9급, 13 경간부, 11 경찰승진] [Essential ★]

해설

> 피고인이 타인의 주민등록증에 붙어있는 사진을 떼어내고 그 자리에 피고인의 사진을 붙였다면 이는 기존 공문서의 본질적 또는 중요 부분에 변경을 가하여 새로운 증명력을 가지는 별개의 공문서를 작성한 경우에 해당하므로 공문서위조죄를 구성한다(대법원 1991.9.10. 91도1610 민증 사진 교체 사건).　　　　　　　[○]

1361 甲이 A의 주민등록증을 이용하여 주민등록증상 이름과 사진을 하얀 종이로 가린 후 복사기로 복사를 하고, 다시 컴퓨터를 이용하여 B의 인적사항과 주소, 발급일자를 기재한 후 덮어쓰기를 하여 이를 다시 복사하는 방식으로 별개의 주민등록증사본을 창출시킨 경우 공문서 변조죄가 성립한다.

○｜×

[22 경찰간부] [Core ★★]

해설

> 피고인이 타인의 주민등록증을 이용하여 주민등록증상 이름과 사진을 하얀 종이로 가린 후 복사기로 복사를 하고, 다시 컴퓨터를 이용하여 위조하고자 하는 당사자의 인적사항과 주소, 발급일자를 기재한 후 덮어쓰기를 하여 이를 다시 복사하는 방식으로 전혀 별개의 주민등록증사본을 창출시킨 경우 그 사본 또한 공문서위조 및 행사죄의 객체가 되는 공문서에 해당한다(대법원 2004.10.28. 2004도5183).　　　　　　　[×]

1362 인터넷을 통하여 열람·출력한 등기사항전부증명서 하단의 열람일시 부분을 수정테이프로 지우고 복사한 행위는 공문서변조에 해당한다. ○│×

[22 경찰채용] [Essential ★]

> **해설**
>
> 피고인이 등기사항전부증명서의 열람일시를 삭제하여 복사한 행위는 변경 전 등기사항전부증명서가 나타내는 관리·사실관계와 다른 새로운 증명력을 가진 문서를 만든 것에 해당하고 그로 인하여 공공적 신용을 해할 위험성도 발생하였다고 판단된다(대법원 2021.2.25. 2018도19043 등기부 열람일시 삭제사건). [○]

1363 작성자가 '행사할 목적'으로 타인의 자격을 모용하여 문서를 작성하였다 하더라도 문서행사의 상대방이 자격모용 사실을 알았다거나 작성자가 그 문서에 모용한 자격과 무관한 직인을 날인하였다는 등의 사정이 있었다면 자격모용에 의한 사문서작성죄의 범의와 행사의 목적은 인정되지 않는다. ○│×

[23 경찰채용] [Superlative ★★★]

> **해설**
>
> 자격모용사문서작성죄에서의 '행사할 목적'이라 함은 그 문서가 정당한 권한에 기하여 작성된 것처럼 다른 사람으로 하여금 오신하도록 하게 할 목적을 말한다고 할 것이므로 사문서를 작성하는 자가 주식회사의 대표로서의 자격을 모용하여 문서를 작성한다는 것을 인식, 용인하면서 그 문서를 진정한 문서로서 어떤 효용에 쓸 목적으로 사문서를 작성하였다면 자격모용에 의한 사문서작성죄의 행사의 목적과 고의를 인정할 수 있다. 작성자가 '행사할 목적'으로 자격을 모용하여 문서를 작성한 이상 문서행사의 상대방이 자격모용 사실을 알았다거나 작성자가 그 문서에 모용한 자격과 무관한 직인을 날인하였다는 등의 사정이 있다고 하여 달리 볼 것은 아니다(대법원 2022. 6.22. 2021도17712 총괄대표이사 피고인 사건). [×]

1364 피고인이 권한 없이 공문서인 주·부식구입요구서의 과장결재란에 자신의 서명을 한 경우 자격모용 문서작성죄가 성립한다. ○│×

[16 국가7급, 11 경찰채용] [Core ★★]

> **해설**
>
> 과장의 자격을 모용하여 자신의 이름으로 공문서를 작성한 것이므로 자격모용공문서작성죄가 성립함은 별론으로 하고 공문서위조죄가 성립할 수는 없다(대법원 2008.1.17. 2007도6987 후생계 경사 배임사건). [○]

1365 (가)구청장인 피고인이 (나)구청장으로 전보된 후 (가)구청장의 권한에 속하는 건축허가에 관한 기안용지의 결재란에 서명을 한 경우 자격모용공문서작성죄가 성립한다. ○│×

[17 경간부, 16 경찰채용, 12 경찰채용] [Core ★★]

> **해설**
>
> 피고인이 (나) 구청장으로 전보된 후 (가) 구청장의 권한에 속하는 건축허가에 관한 기안용지의 결재란에 서명을 한 것은 자격모용공문서작성죄를 구성한다(대법원 1993.4.27. 92도2688 남동구청장 → 동래구청장 사건). [○]

1366 피고인이 종량제 쓰레기봉투에 인쇄할 시장 명의의 문안이 새겨진 필름을 제조한 경우 공문서위조죄의 실행의 착수가 인정되지 아니한다. ○|×

[16 국가7급, 12 경찰채용] [Core ★★]

해설

> 아직 시장 명의의 공문서인 종량제 쓰레기봉투를 위조하는 범행의 실행의 착수에 이르지 아니한 것으로서 그 준비단계에 불과하다(대법원 2007.2.23. 2005도7430 종량제봉투 사건). [○]

1367 피고인이 위장결혼의 당사자 및 중국 측 브로커와의 공모 하에 허위로 결혼사진을 찍고, 혼인신고에 필요한 서류를 준비하여 위장결혼의 당사자에게 건네준 경우 공전자기록등부실기재죄가 성립한다. ○|×

[16 법원행시, 16 경찰채용, 12 변호사] [Core ★★]

해설

> 공전자기록등부실기재죄에 있어서의 실행의 착수 시기는 공무원에 대하여 허위의 신고를 하는 때라고 보아야 하므로 피고인이 허위로 결혼사진을 찍고, 혼인신고에 필요한 서류를 준비하여 위장결혼의 당사자에게 건네준 것만으로는 아직 공전자기록등부실기재죄에 있어서 실행에 착수한 것으로 보기 어렵다(대법원 2009.9.24. 2009도4998 사진찍고 서류준비만 사건). [×]

1368 다음 중 전자기록위작·변작죄가 성립하는 것은 모두 3개다. ○|×

[Superlative ★★★]

> ㉠ 피고인이 인터넷 포털사이트에 개설한 카페의 설치·운영 주체로부터 글쓰기 권한을 부여받아 카페에 접속하여 자신의 아이디로 허위내용의 글을 작성·게시한 경우 [16 경간부]
> ㉡ 경찰서 조사계 소속 경찰관인 피고인 甲이 사실은 A에 대한 고소사건을 처리하지 아니 하였음에도 불구하고, 정을 모르는 乙을 통하여 경찰범죄정보시스템에 그 사건을 검찰에 송치한 것으로 허위사실을 입력한 경우 [18 경간부, 16 경간부]
> ㉢ 乙이 체비지 현장에 출장을 나간 사실이 없고 피고인 甲만이 체비지 현장에 출장을 나 갔음에도 불구하고, 마치 乙이 직접 출장을 나간 것처럼 행정지식관리시스템에 허위의 정보를 입력하여 출장복명서를 생성한 후 이를 도시과장에게 전송한 경우 [11 경찰승진]
> ㉣ 새마을금고의 예금 및 입·출금 업무를 총괄하는 직원인 甲이 전 이사장 A 명의 예금계좌로 상조금이 입금되자 A에 대한 금고의 채권확보를 위해 컴퓨터 프로그램에 접속하여 A 명의 예금계좌의 비밀번호를 동의 없이 입력한 후 금원을 금고의 가수금계정으로 이체한 경우 [16 경간부]

해설

> ㉡㉢ 2 항목의 경우 전자기록위작·변작죄가 성립한다.
> ㉠ 피고인이 카페에 접속하여 자신의 아이디로 허위내용의 글을 작성·게시한 경우, 그러한 점만으로 피고인에게 카페나 사이트의 설치·운영 주체의 사무처리를 그르치게 할 목적이 있었다고 단정하기 어렵다(대법원 2008.4.24. 2008도294 북한산 월드메르디앙 사건).
> ㉡ 대법원 2005.6.9. 2004도6132 허위 검찰송치 입력사건 [×]
> ㉢ 대법원 2007.7.27. 2007도3798 부천시 허위출장복명서 사건

ⓔ 금고의 내부규정이나 여신거래기본약관이 효율적인 채권관리를 위해 필요한 경우에는 채무자의 예금을 그 채무자에 대한 채권과 상계하거나 상계에 앞서 일시적인 지급정지조치를 취할 수 있도록 규정하고 있으므로, 甲의 행위는 금고의 업무에 부합하는 행위로서 A의 비밀번호를 임의로 사용한 잘못이 있다고 하더라도 사전자기록위작·변작죄의 '사무처리를 그르치게 할 목적'을 인정할 수 없다(대법원 2008.6.12. 2008도938 상조금 → 가수금계정 이체사건).   [×]

1369 공전자기록위작죄에서 전자기록의 '위작'이란 전자기록의 생성에 관여할 권한이 없는 사람이 전자기록을 작출하거나 전자기록의 생성에 필요한 단위 정보의 입력을 하는 것을 말하므로, 개개의 단위 정보의 입력 권한을 부여받은 사람이라면 비록 그 권한을 남용하여 허위의 정보를 입력함으로써 시스템 설치·운영 주체의 의사에 반하는 결과가 발생하였더라도 이 죄에서 말하는 '위작'이라고 할 수 없다.   ○|×

[Superlative ★★★]

해설

공전자기록위작죄에서 전자기록의 '위작'이란 전자기록에 관한 시스템을 설치·운영하는 주체와의 관계에서 전자기록의 생성에 관여할 권한이 없는 사람이 전자기록을 작출하거나 전자기록의 생성에 필요한 단위 정보의 입력을 하는 경우는 물론이고, 시스템의 설치·운영 주체로부터 각자의 직무 범위에서 개개의 단위 정보의 입력 권한을 부여받은 사람이 그 권한을 남용하여 허위의 정보를 입력함으로써 시스템 설치·운영 주체의 의사에 반하는 전자기록을 생성하는 경우도 포함한다(대법원 2013.11.28. 2013도9003 광주 총인처리시설 입찰비리사건).   [×]

1370 공문서와 달리 사문서에 있어서는 권한 있는 사람의 허위작성을 예외적으로만 처벌하는 형법의 태도를 고려할 때, 형법 제232조의2에서 정하는 사전자기록등위작죄에서의 '위작'에 시스템의 설치 운영 주체로부터 각자의 직무 범위에서 개개의 단위정보의 입력 권한을 부여받은 사람이 그 권한을 남용하여 허위의 정보를 입력함으로써 시스템 설치 운영 주체의 의사에 반하는 전자기록을 생성하는 경우는 포함되지 않는다고 보아야 한다.   ○|×

[22 경찰채용] [Core ★★]

해설

시스템을 설치·운영하는 주체와의 관계에서 전자기록의 생성에 관여할 권한이 없는 사람이 전자기록을 작출하거나 전자기록의 생성에 필요한 단위 정보의 입력을 하는 경우는 물론 시스템의 설치·운영 주체로부터 각자의 직무 범위에서 개개의 단위정보의 입력 권한을 부여받은 사람이 그 권한을 남용하여 허위의 정보를 입력함으로써 시스템 설치·운영 주체의 의사에 반하는 전자기록을 생성하는 경우도 공전자기록등위작죄에서 말하는 전자기록의 '위작'에 포함되고, 위 법리는 사전자기록등위작죄에서 행위의 태양으로 규정한 '위작'에 대해서도 마찬가지로 적용된다(대법원 2020.8.27. 2019도11294 손습 가상화폐거래량 허위입력 사건).   [×]

1371 법인이 컴퓨터 등 정보처리장치를 이용하여 전자적 방식에 의한 정보의 생성·처리·저장·출력을 목적으로 전산망 시스템을 구축하여 설치·운영하는 경우 위 시스템을 설치·운영하는 주체는 법인이고, 법인의 임직원은 법인으로부터 정보의 생성·처리·저장·출력의 권한을 위임받아 그 업무를 실행하는 사람에 불과하다. 따라서 법인이 설치·운영하는 전산망 시스템에 제공되어 정보의 생성·처리·저장·출력이 이루어지는 전자기록 등 특수매체기록은 그 법인의 임직원과의 관계에서 '타인'의 전자기록 등 특수매체기록에 해당한다.　　　　　　　　○|×

[22 경찰간부] [Superlative ★★★]

해설

법인이 컴퓨터 등 정보처리장치를 이용하여 전자적 방식에 의한 정보의 생성·처리·저장·출력을 목적으로 전산망 시스템을 구축하여 설치·운영하는 경우 시스템을 설치·운영하는 주체는 법인이고, 법인의 임직원은 법인으로부터 정보의 생성·처리·저장·출력의 권한을 위임받아 그 업무를 실행하는 사람에 불과하므로 법인이 설치·운영하는 전산망 시스템에 제공되어 정보의 생성·처리·저장·출력이 이루어지는 전자기록 등 특수매체기록은 법인의 임직원과의 관계에서 '타인'의 전자기록등 특수매체기록에 해당한다(대법원 2020.8.27. 2019도11294 숨슴 가상화폐거래량 허위입력 사건).　　　　　　　　[○]

2. 허위공문서작성죄 및 허위진단서작성죄

1372 공무원인 의사가 공무소의 명의로 허위진단서를 작성한 경우에는 허위공문서작성죄와 허위진단서작성죄가 모두 성립하고 이 죄들은 상상적 경합관계에 있다.　　　　　　　　○|×

[15 법원행시, 14 법원행시, 14 국가9급, 12 변호사, 12 경찰승진, 11 법원행시, 11 국가9급] [Essential ★]

해설

허위진단서작성죄의 대상은 공무원이 아닌 의사가 사문서로서 진단서를 작성한 경우에 한정되고, 공무원인 의사가 공무소의 명의로 허위진단서를 작성한 경우에는 허위공문서작성죄만이 성립하고 허위진단서작성죄는 별도로 성립하지 않는다(대법원 2004.4.9. 2003도7762 국립병원 내과과장 사건).　　　　　　　　[×]

1373 공무원이 고의로 법령을 잘못 적용하여 공문서를 작성하였다면 그 법령적용의 전제가 된 사실관계에 대한 내용에 거짓이 없다고 하더라도 허위공문서작성죄가 성립한다.　　　　　　　　○|×

[15 법원행시, 11 경간부] [Superlative ★★★]

해설

공무원이 고의로 법령을 잘못 적용하여 공문서를 작성하였다고 하더라도 그 법령적용의 전제가 된 사실관계에 대한 내용에 거짓이 없다면 허위공문서작성죄가 성립될 수 없다(대법원 2003.2.11. 2002도4293 임실군 폐기물처리사업 사건).　　　　　　　　[×]

1374 공무원이 여러 차례의 출장반복의 번거로움을 회피하고 민원사무를 신속히 처리한다는 방침에 따라 사전에 출장조사한 다음 출장조사 내용이 변동없다는 확신하에 출장복명서를 작성하고 다만 그 출장일자를 작성일자로 기재한 경우 허위공문서작성죄가 성립한다. ○|×

[17 경찰채용, 16 경찰채용, 14 법원행시] [Essential ★]

해설

허위공문서작성의 범의가 있었다고 볼 수 없다(대법원 2001.1.5. 99도4101 제주 영농보조금 편법지급사건).

[×]

1375 공증담당 변호사가 법무사의 직원으로부터 인증촉탁서류를 제출받은 후, 법무사가 공증사무실에 출석하여 사서증서의 날인이 당사자 본인의 것임을 확인한 바 없지만, 업계의 관행에 따라 그러한 확인을 한 것처럼 인증서에 기재한 경우에는 허위공문서작성죄가 성립하지 아니한다. ○|×

[21 국가9급] [Core ★★]

해설

(1) 사서증서 인증을 촉탁받은 공증인이 사서증서 인증서를 작성함에 있어서, 당사자가 공증인의 면전에서 사서증서에 서명 또는 날인을 하거나 당사자 본인이나 그 대리인으로 하여금 사서증서의 서명 또는 날인이 본인의 것임을 확인하게 한 바가 없음에도 불구하고, 당사자가 공증인의 면전에서 사서증서에 서명 또는 날인을 하거나 본인이나 그 대리인이 사서증서의 서명 또는 날인이 본인의 것임을 확인한 양 인증서에 기재하였다면 허위공문서작성죄의 죄책을 면할 수 없다. (2) 공증담당 변호사가 법무사의 직원으로부터 인증촉탁서류를 제출받았을 뿐 법무사가 공증사무실에 출석하여 사서증서의 날인이 당사자 본인의 것임을 확인한 바 없음에도 마치 그러한 확인을 한 것처럼 인증서에 기재한 경우 인증촉탁 대리인이 법무사일 경우 그 직원이 공증사무실에 촉탁서류를 제출할 뿐 법무사 본인이 사서증서의 날인 또는 서명이 당사자 본인의 것임을 확인하지 아니하는 것이 업계의 관행이라고 할지라도 그와 같은 업계의 관행이 정당하다고 볼 수 없어 허위공문서작성죄가 성립한다(대법원 2007.1.25. 2006도3844 투자증서 허위인증 사건).

[×]

1376 피고인이 현장출장복명서를 작성하면서 불법농지전용사실은 일체 기재하지 아니한 채 복명자 의견란에 '농지에 출장하여 확인 조사한 결과 경지지역 내에 석산개발을 위한 진입로를 시설코자 하는 바, 허가하여 줌이 타당하다고 사료되어 허가코자 한다'라는 취지로 기재하고, 심사의견서를 작성하면서 종합의견란에 '적합하다'는 표시를 하고 그 이유로서 복명서와 같은 취지로 기재한 경우 허위공문서작성죄가 성립한다. ○|×

[14 법원행시] [Core ★★]

해설

대법원 1993.12.24. 92도3334 당진군 허위출장복명서 사건

[○]

1377 등기공무원이 소유권이전등기와 근저당권설정등기의 신청이 동시에 이루어지고 그와 함께 등본의 교부신청이 있었음에도 고의로 일부를 누락하여 소유권이전등기만 기입하고 근저당권설정등기는 기입하지 않은 채 등기부등본을 발급한 경우 허위공문서작성죄가 성립한다. ○ | ×

[22 법원9급] [Essential ★]

해설

> 소유권이전등기와 근저당권설정등기의 신청이 동시에 이루어지고 그와 함께 등본의 교부신청이 있는 경우에는, 등기공무원은 소유권이전등기와 근저당권설정등기 모두에 관하여 등기부에의 기입을 마치고 그에 따른 등기부등본을 교부하여야 함에도 불구하고, 등기공무원이 소유권이전등기만 기입하고 근저당권설정등기는 기입하지 아니한 채 등기부등본을 발급하였다면 비록 그 등기부등본의 기재가 등기부의 기재와 일치한다 하더라도, 그 등기부등본은 이미 접수된 신청서에 따라 기입하여야 할 사항 중 일부를 고의로 누락한 채 작성되어 내용이 진실하지 아니한 것으로서 허위공문서작성죄에 해당한다(대법원 1996.10.15. 96도1669). [○]

1378 공무원인 甲이 문서작성자에게 전화로 문의하여 원본과 상이 없다는 사실을 확인하였고, 실제 그 사본이 원본과 다른 점이 없다면, 실제 원본과 대조함이 없이 공무원 甲이 그 직무에 관하여 사문서 사본에 "원본대조필 토목 기사 甲"이라 기재하고 甲의 도장을 날인한 행위만으로는 허위공문서작성죄가 성립한다고 단정할 수 없다. ○ | ×

[22 법원9급] [Core ★★]

해설

> 공무원인 피고인 甲이 그 직무에 관하여 사문서 사본에 '원본대조필 토목기사 甲'이라 기재하고 도장을 날인하였다면 그 기재 자체가 공문서로 되고, 이 경우 甲이 실제로 원본과 대조함이 없이 '원본대조필'이라고 기재한 이상 그것만으로 곧 허위공문서작성죄가 성립하는 것이고, 甲이 문서작성자에게 전화로 원본과 상이 없다는 사실을 확인하였다거나 객관적으로 그 사본이 원본과 다른점이 없다고 하더라도 위 죄가 성립한다(대법원 1981.9.22. 80도3180 원본대조필 사건). [×]

1379 공무원이 준공검사 조서를 작성함에 있어서 정산설계서를 확인하고 준공검사를 한 것이 아님에도 마치 한 것처럼 준공검사용지에 '정산설계서에 의하여 준공검사를 하였다'는 내용을 기입하였다면 허위공문서작성죄가 성립한다. ○ | ×

[18 경찰채용] [Core ★★]

해설

> 준공검사조서를 작성함에 있어서 정산설계서를 확인하고 준공검사를 한 것이 아님에도 마치 한 것처럼 준공검사용지에 "정산설계서에 의하여 준공검사"를 하였다는 내용을 기입하였다면 허위공문서 작성의 범의가 있었음이 명백하여 그것만으로 곧 허위공문서작성죄가 성립하고, 위 준공검사조서의 내용이 객관적으로 정산설계서 초안이나 그 후에 작성된 정산설계서 원본의 내용과 일치한다거나 공사현장의 준공상태에 부합한다 하더라도 그 성립에 아무런 영향을 미치지 못한다(대법원 1983.12.27. 82도3063). [○]

1380 피고인이 농지취득자격증명 신청인에게 농업경영능력이나 영농의사가 없음을 알거나 이를 제대로 알지 못하면서도 농지취득자격에 아무런 문제가 없다는 내용으로 농지취득자격증명통보서를 작성한 경우 허위공문서작성죄가 성립한다. ○│×

[17 경찰채용] [Core ★★]

해설

대법원 2007.1.25. 2006도3996 J프로젝트 땅투기 사건 　　　　　　　　　　　　　　[○]

1381 공무원이 건축허가신청서를 접수·처리함에 있어 건축법상의 요건을 갖추지 못하고 설계된 사실을 알면서도 건축허가통보서를 작성하여 건축허가서의 작성명의인인 군수의 결재를 받아 건축허가서를 작성한 경우 허위공문서작성죄가 성립한다. ○│×

[Essential ★]

해설

건축허가서는 군수가 건축허가신청에 대하여 이를 관계 법령에 따라 허가한다는 내용에 불과하고 건축허가신청서와 그 첨부서류에 기재된 내용(건축물의 건축계획)이 건축법의 규정에 적합하다는 사실을 확인하거나 증명하는 것은 아니라 할 것이므로 군수가 건축허가통보서에 결재하여 건축허가 신청을 허가하였다면 건축허가서에 표현된 허가의 의사표시 내용 자체에 어떠한 허위가 있다고 볼 수 없으므로, 위 건축허가서를 작성한 행위를 허위공문서작성죄로 처벌할 수는 없다(대법원 2000.6.27. 2000도1858 씨랜드 화재사건). 　　　　　[×]

1382 다음은 모두 허위공문서작성죄가 성립한다. ○│×

[Superlative ★★★]

> ㉠ 공무원이 가옥대장기재와 다른 내용을 기재하여 가옥증명서를 발행한 경우 [14 경간부]
> ㉡ 공무원이 인감증명서를 발행함에 있어 본인이 아닌 대리인에 의한 신청임에도 그 증명서의 본인란에 ○표를 한 경우 [15 법원행시]
> ㉢ 인감증명서 발급업무를 담당하는 공무원이 발급을 신청한 본인이 직접 출두한 바 없음에도 불구하고 본인이 직접 신청하여 발급받은 것처럼 인감증명서에 기재한 경우 [17 경찰채용]
> ㉣ 지방공무원인 피고인 甲이 乙로부터 부탁을 받고 乙이 세대주이고 처인 丙은 동거가족에 불과하였음에도 불구하고 마치 丙이 세대주인 것처럼 된 세대별 주민등록표 1장을 작성하여 동사무소의 주민등록표 보관함에 비치한 경우 [14 경간부]

해설

모든 항목의 경우 허위공문서작성죄가 성립한다.
㉠ 대법원 1973.10.23. 73도395
㉡ 대법원 1985.6.25. 85도758 본인○ 인감증명서 사건
㉢ 대법원 1997.7.11. 97도1082 본인출두 인감증명서 사건
㉣ 대법원 1990.10.16. 90도1199 　　　　　　　　　　　　　　　　　　　　　[○]

1383 피고인들을 비롯한 경찰관들이 피의자 4명을 현행범으로 체포하거나 현행범인체포서를 작성할 때 체포사유 및 변호인선임권을 고지하지 아니하였음에도 불구하고, '체포의 사유 및 변호인 선임권 등을 고지 후 현행범인 체포한 것임'이라는 내용의 허위의 현행범인체포서 4장과 '현행범인으로 체포하면서 범죄사실의 요지, 구속의 이유와 변호인을 선임할 수 있음을 고지하고 변명의 기회를 주었다'는 내용의 허위의 확인서 4장을 각 작성한 경우 허위공문서작성죄가 성립한다. ○│×

16 경찰승진, 14 경찰승진, 12 경찰승진] [Essential ★]

해설

대법원 2010.6.24. 2008도11226 김해 도박단 봐주기 사건 [O]

1384 비록 명칭이 '소견서'로 되어 있다 하더라도 그 내용이 의사가 진찰한 결과 알게 된 병명이나 상처의 부위정도 또는 치료기간 등의 건강상태를 증명하기 위하여 작성된 것이라면 진단서에 해당한다. ○│×

[Essential ★]

해설

대법원 1990.3.27. 89도2083 소견서 사건 [O]

1385 피고인이 환자들에게 작성하여 교부한 '입퇴원확인서'는 환자들의 입원 여부 및 입원기간의 증명은 물론 환자의 건강상태를 증명하기 위한 서류라고 볼 수 있으므로 이는 허위진단서작성죄에서 규율하는 진단서에 해당한다. ○│×

[16 법원행시, 16 경간부] [Essential ★]

해설

'입퇴원확인서'는 의사의 전문적 지식에 의한 진찰이 없더라도 확인 가능한 환자들의 입원 여부 및 입원기간의 증명이 주된 목적인 서류로서 환자의 건강상태를 증명하기 위한 서류라고 볼 수 없으므로 허위진단서작성죄에서 규율하는 진단서라고 보기는 어렵다(대법원 2013.12.12. 2012도3173 입퇴원확인서 사건). [×]

3. 공정증서원본등부실기재죄

1386 공정증서원본부실기재죄에 있어서 부실의 기재는 당사자의 허위신고에 의하여 이루어져야하므로 법원의 촉탁에 의하여 이루어진 경우에는 가령 그 전제절차에 허위적 요소가 있다 하더라도 당사자의 허위신고에 의하여 이루어진 것이 아니므로 공정증서원본부실기재죄를 구성하지 않는다. ○│×

[17 경간부, 12 경간부] [Essential ★]

해설

대법원 1983.12.27. 83도2442 [O]

1387 다음 중 공정증서원본등부실기재죄에 있어 '공정증서원본 또는 등록증'에 해당하는 것은 모두 1개다.

○│✕

[Core ★★]

> ㉠ 토지대장 [17 경찰승진, 15 법원9급, 15 경찰채용, 12 법원행시, 12 경간부]
> ㉡ 자동차운전면허대장 [17 법원행시, 17 경찰채용, 15 경찰채용, 12 법원9급, 11 법원행시, 11 경찰승진]
> ㉢ 공증인이 인증한 사서증서 [15 법원9급]
> ㉣ 세무서장이 교부하는 사업자등록증 [15 법원9급, 15 경간부, 15 경찰채용, 12 경간부]
> ㉤ 민사조정법상 조정절차에서 작성되는 조정조서 [17 법원행시, 15 경간부, 15 경찰채용, 13 법원행시, 12 법원9급, 12 경간부, 11 법원행시]

해설

> 모두 공정증서원본 또는 등록증에 해당하지 아니한다.
> ㉠ 토지대장에 일정한 사항을 등재하는 것은 행정사무 집행의 편의와 사실증명의 자료로 삼기 위한 것이며, 어떠한 권리가 부여된다거나 변동 또는 상실되는 효력이 생기는 것은 아니므로 토지대장은 공정증서본이라고는 할 수 없다(대법원 1988.5.24. 87도2696 토지대장 사건).
> ㉡ 자동차운전면허대장은, 그에 대한 기재를 통해 당해 운전면허 취득자에게 어떠한 권리의무를 부여하거나 변동 또는 상실시키는 효력을 발생하게 하는 것으로 볼 수 없으므로 공정증서 원본이라고 볼 수 없다(대법원 2010.6.10. 2010도1125 자동차운전면허대장 사건). 다만, 운전면허증에 부실한 사실을 기재하게 하면 형법 제228조 제2항의 죄는 성립한다.
> ㉢ 공증인이 인증한 사서증서는 형법 제228조에서 말하는 공정증서원본이 될 수 없다(대법원 1984.10.23. 84도1217).
> ㉣ 사업자등록증은 단순한 사업사실의 등록을 증명하는 증서에 불과하고 그에 의하여 사업을 할 수 있는 자격이나 요건을 갖추었음을 인정하는 것은 아니므로 형법 제228조 제2항 소정의 등록증에 해당하지 않는다(대법원 2005.7.15. 2003도6934 사업자등록증 사건).
> ㉤ 민사조정법상 조정제도는 원칙적으로 조정신청인의 신청 취지에 구애됨이 없이 조정담당판사 등이 당사자들에게 상호 양보하여 합의하도록 권유·주선함으로써 화해에 이르게 하는 제도인 점에 비추어, 조정절차에서 작성되는 조정조서는 허위신고에 의해 부실한 사실이 그대로 기재될 수 있는 공문서로 볼 수 없어 공정증서원본에 해당하는 것으로 볼 수 없다(대법원 2010.6.10. 2010도3232 임야분할 조정조서 사건). [✕]

1388 등기 경료 당시에는 실체권리관계에 부합하지 아니한 등기인 경우라도 사후에 이해관계인들의 동의 또는 추인 등의 사정으로 실체권리관계에 부합하게 되었다고 한다면 공정증서원본부실기재 및 동행사죄는 성립하지 않는다.

○│✕

[17 법원행시] [Core ★★]

해설

> 등기 경료 당시에는 실체권리관계에 부합하지 아니한 등기인 경우에는 사후에 이해관계인들의 동의 또는 추인 등의 사정으로 실체권리관계에 부합하게 된다 하더라도 공정증서원본부실기재 및 동행사죄의 성립에는 아무런 영향이 없다(대법원 2001.11.9. 2001도3959). [✕]

1389 피고인이 종중의 적법한 대표자가 아닌데도 자신이 종중 대표자인 것처럼 허위의 종중 규약과 회의록을 작성한 후 이를 근거로 토지들에 대하여 소유권보존등기를 경료한 경우 공정증서원본등부실기재죄가 성립한다. O | X

[17 법원행시, 15 경찰채용] [Core ★★]

해설

종중 대표자의 기재는 당해 부동산의 처분권한과 관련된 중요한 부분의 기재로서 이를 허위로 등재한 경우에는 공정증서원본부실기재죄의 대상이 되는 부실의 기재에 해당한다(대법원 2006.1.13. 2005도4790 종중대표자 허위등기 사건). [O]

1390 피고인이 부동산의 거래당사자가 거래가액을 시장 등에게 거짓으로 신고하여 신고필증을 받은 뒤 이를 기초로 사실과 다른 내용의 거래가액이 부동산등기부에 등재되도록 한 경우 공정증서원본등부실기재죄가 성립한다. O | X

[17 법원행시, 16 법원행시, 16 경간부, 16 경찰채용, 14 변호사, 13 경찰채용] [Essential ★]

해설

부동산등기부에 기재되는 거래가액은 당해 부동산의 권리의무관계에 중요한 의미를 갖는 사항에 해당한다고 볼 수 없어, 공인중개사법에 따른 과태료의 제재를 받게 됨은 별론으로 하고 형법상의 공전자기록등부실기재 및 동행사죄는 성립하지는 아니한다(대법원 2013.1.24. 2012도12363 거래가액 허위신고사건). [X]

1391 피고인 甲이 乙과 사이에 토지거래 허가구역 안에 있는 토지에 관하여 실제로는 매매계약을 체결하고서도 처음부터 토지거래허가를 잠탈하려는 목적으로 등기원인을 실제와 달리 '증여'로 한 乙 명의의 소유권이전등기를 경료한 경우 공정증서원본등부실기재죄가 성립한다. O | X

[17 법원행시, 17 경찰승진, 15 경간부, 13 경찰채용, 12 경찰채용] [Essential ★]

해설

토지거래계약은 확정적 무효이고 이에 터 잡은 소유권이전등기는 실체관계에 부합하지 아니하며, 비록 甲과 乙 사이에 토지에 관하여 실제의 원인과 달리 '증여'를 원인으로 한 소유권이전등기를 경료시킬 의사의 합치가 있더라도 공정증서원본에 부실의 사실을 기재하게 한 때에 해당한다(대법원 2007.11.30. 2005도9922 토지거래허가 잠탈목적 사건). [O]

1392 다음 중 공정증서원본등부실기재죄가 성립하는 것은 모두 2개다. ○|×

> ㉠ 피고인이 부동산에 관하여 가장매매를 원인으로 소유권이전등기를 경료한 경우 [16 법원행시, 14 법원9급, 12 경찰채용]
> ㉡ 계약 당사자의 합의에 의하여 편의상 진정한 채무자가 아닌 제3자를 채무자로 등기부상 등재하게 한 경우 [16 경간부]
> ㉢ 부동산을 관리보존하는 방법으로 이를 타에 신탁하는 의사로서 소유권이전등기를 함에 있어 그 원인을 매매로 가장한 경우 [15 법원행시, 12 경찰채용]
> ㉣ 피고인이 허위의 보증서를 발급받아 부동산소유권이전등기부에관한특별조치법에 의거 소유권이전등기를 거쳤으나 실체관계에 부합하는 등기인 경우 [15 경찰채용, 12 경간부]
> ㉤ 타인의 부동산을 자기 또는 제3자의 소유라고 허위의 사실을 신고하여 소유권이전등기를 경료한 후, 자기 또는 당해 제3자 명의로 채권자와의 사이에 근저당권설정등기를 경료한 경우 [16 경간부, 14 법원9급]

해설

> ㉤ 항목의 경우에만 공정증서원본등부실기재죄가 성립한다.
> ㉠ 당사자 사이에는 소유권이전등기를 경료시킬 의사는 있었다고 할 것이므로 공정증서원본부실기재 및 동행사죄는 성립하지 않는다(대법원 2011.7.14. 2010도1025 아파트 가장증여 사건).
> ㉡ 계약당사자간의 합의에 의하여 이루어진 것이라면 당사자 사이에 이와 같은 등기를 경료하게 할 의사가 있었던 것이므로 공정증서원본부실기재죄는 성립되지 않는다(대법원 1985.10.8. 84도2461).
> ㉢ 부동산을 관리보존하는 방법으로 이를 타에 신탁하는 의사로서 그 소유권이전등기를 한 경우에는 그 원인을 매매로 가장하였다 하더라도 공정증서원본부실기재죄에 해당하지 아니한다(대법원 2011.7.14. 2010도1025 아파트 가장증여 사건).
> ㉣ 그것이 권리의 실체관계에 부합하는 등기라면 공정증서에 부실의 사실을 기재하였다고는 할 수 없다(대법원 1984.12.11. 84도2285).
> ㉤ 근저당권은 근저당물의 소유자가 아니면 설정할 수 없으므로, 그 부동산이 자기 또는 당해 제3자의 소유인 것처럼 가장하여 채권자와의 사이에 근저당권설정등기를 경료한 경우에는 공정증서원본부실기재 및 동행사죄가 성립한다(대법원 1997.7.25. 97도605). [×]

1393 부동산 매수인이 매도인과 사이에 부동산의 소유권이전에 관한 물권적 합의가 없는 상태에서, 법무사를 기망하여 매수인 명의의 소유권이전등기를 신청하게 한 경우 공정증서원본등부실기재죄가 성립한다. ○|×

해설

> 단지 소유권이전등기신청절차에 하자가 있는 것에 불과한 것이 아니라 허위의 사실을 신고한 것이라고 보아야 하므로 공정증서원본부실기재죄가 성립한다(대법원 2006.3.10. 2005도9402 법무사 기망사건 II). [○]

1394 공동상속인 중의 1인이 다른 공동상속인들과의 합의 없이 법정상속분에 따른 공동상속등기를 마친 경우 공정증서원본등부실기재죄가 성립한다.　　　　　　　　　　　　　　　　○|×

[11 경찰승진] [Essential ★]

> **해설**
>
> 그것이 실체적 권리관계에 부합되는 것이라면 이를 부실의 등기라고는 할 수 없다(대법원 1995.11.7. 95도898 계모로부터 법정상속분 확보사건).　　　　　　　　　　　　　　　　　　　　　　　　[×]

1395 피고인이 사망한 부동산등기 명의인을 상대로 매매를 원인으로 하는 소유권이전등기절차 이행청구의 소를 제기하여 승소판결을 받고 피고인 명의로 소유권이전등기를 경료한 경우 실체적 권리관계에 부합하는 유효한 등기라도 공정증서원본등부실기재죄가 성립한다.　　　　　　　　○|×

[17 경간부] [Essential ★]

> **해설**
>
> 등기가 실체적 권리관계에 부합하는 유효한 등기라면 그 등기원인이 다르다 하여도 부실의 등기라고 할 수 없다(대법원 1982.1.12. 81도1702).　　　　　　　　　　　　　　　　　　　　　　[×]

1396 피고인들이 해외이주의 목적으로 위장결혼을 하고 혼인신고를 한 경우 공정증서원본등부실기재죄가 성립가 성립한다.　　　　　　　　　　　　　　　　　　　　　　　　　　　　　　○|×

[15 경간부, 12 경찰채용] [Core ★★]

> **해설**
>
> 참다운 부부관계의 설정을 바라는 효과의사가 없는 경우에는 그 혼인은 무효라고 할 것이어서 해외이주의 목적으로 위장결혼을 하고 혼인신고를 하여 그 사실이 호적부에 기재되었다면 공정증서원본부실기재죄를 구성한다(대법원 1985.9.10. 85도1481 해외이주용 위장결혼 사건).　　　　　　　　　　　　　　　　[○]

1397 피고인이 배우자를 기망하여 협의상 이혼의 의사표시를 하게 하여 이혼신고를 한 경우 공정증서원본등부실기재죄가 성립한다.　　　　　　　　　　　　　　　　　　　　　　　　○|×

[14 법원9급] [Core ★★]

> **해설**
>
> 협의상 이혼의 의사표시가 기망에 의하여 이루어진 것일지라도 그것이 취소되기까지는 유효하게 존재하는 것이므로 공정증서원본부실기재죄에 정한 부실의 사실에 해당하지 않는다(대법원 1997.1.24. 95도448 기망에 의한 이혼사건).　　　　　　　　　　　　　　　　　　　　　　　　　　　　　　　[×]

1398 양도인이 허위의 채권에 관하여 그 정을 모르는 양수인과 채권양도의 법률행위를 하고, 공증인에게 그러한 채권양도의 법률행위에 관한 공정증서를 작성하게 한 경우 공정증서원본등부실기재죄가 성립한다.　　　　　　　　　　　　　　　　　　　　　　　　　　　　　　　　　　○|×

[12 경찰채용, 11 경찰승진] [Superlative ★★★]

해설

공증인이 채권양도의 법률행위에 관한 공정증서를 작성한 경우 그 공정증서가 증명하는 사항은 채권양도의 법률행위가 진정으로 이루어졌다는 것일 뿐 그 공정증서가 나아가 양도되는 채권이 진정하게 존재한다는 사실까지 증명하는 것으로 볼 수는 없으므로 양도인이 허위의 채권에 관하여 그 정을 모르는 양수인과 실제로 채권양도의 법률행위를 한 이상, 그 공정증서가 증명하는 사항에 관하여는 부실의 사실을 기재하게 하였다고 볼 것은 아니다 (대법원 2004.1.27. 2001도5414 허위채권 양도 공증사건). [×]

1399 발행인과 수취인 사이에 통정허위표시로서 무효인 어음발행행위를 공증인에게는 마치 진정한 어음발행행위가 있는 것처럼 허위로 신고함으로써 공증인으로 하여금 그 어음발행행위에 대하여 집행력 있는 어음공정증서원본을 작성하고 이를 비치하게 한 경우 공정증서원본등부실기재죄가 성립한다. ○ | ×

[17 법원행시, 17 경찰승진, 16 법원행시, 14 법원9급] [Superlative ★★★]

해설

발행인과 수취인 사이에 통정허위표시로서 무효인 어음발행행위를 공증인에게는 마치 진정한 어음발행행위가 있는 것처럼 허위로 신고함으로써 공증인으로 하여금 그 어음발행행위에 대하여 집행력 있는 어음공정증서원본을 작성케 하고 이를 비치하게 하였다면 공정증서원본부실기재 및 동행사죄가 성립한다(대법원 2012.4.26. 2009도 5786 무효 어음발행 공증사건). [○]

1400 신주발행이 판결로써 무효로 확정되기 이전에 피고인이 신주발행 사실을 공무원에게 신고하여 법인등기부에 기재하게 한 경우 공정증서원본등부실기재죄가 성립한다. ○ | ×

[16 경간부] [Superlative ★★★]

해설

신주발행무효의 판결이 확정되더라도 그 판결은 장래에 대하여만 효력이 있는 것이므로 그 신주발행이 판결로써 무효로 확정되기 이전에 신주발행 사실을 공무원에게 신고하여 법인등기부에 기재하게 하였다고 하여 공무원에 대하여 허위신고를 한 것이라거나 그 기재가 부실기재에 해당하는 것이라고 할 수는 없다(대법원 2007.5.31. 2006도8488). [×]

1401 재건축조합 임시총회의 소집절차나 결의방법이 법령이나 정관에 위반되어 임원개임결의가사법상 무효라고 하더라도, 실제로 재건축조합의 조합총회에서 그와 같은 내용의 임원개임결의가 이루어졌고 그 결의에 따라 임원변경등기를 마쳤다면 공정증서원본부실기재죄는 성립하지 아니한다. ○ | ×

[18 경간부, 17 경찰채용] [Core ★★]

해설

대법원 2004.10.15. 2004도3584 동신아파트 재건축조합 사건 [○]

1402 1인 주주인 피고인이 특정인과의 합의가 없이 주주총회의 소집 등 상법 소정의 형식적인 절차도 거치지 않고 특정인을 이사의 지위에서 해임하였다는 내용을 법인등기부에 기재하게 하였다면 공정증서원본부실기재죄가 성립한다. ○|×

[12 경찰채용] [Core ★★]

해설

1인 주주회사에 있어서는 그 1인 주주의 의사가 바로 주주총회 및 이사회의 결의로서 1인 주주는 타인을 이사 등으로 선임하였다 하더라도 언제든지 해임할 수 있으므로, 1인 주주인 피고인이 특정인과의 합의가 없이 주주총회의 소집 등 상법 소정의 형식적인 절차도 거치지 않고 특정인을 이사의 지위에서 해임하였다는 내용을 법인등기부에 기재하게 하였다고 하더라도 공정증서원본에 부실의 사항을 기재케 한 것이라고 할 수는 없다(대법원 1996.6.11. 95도2817 1인주주 이사해임 사건). [×]

4. 위조등문서행사죄

1403 위조문서행사죄에 있어 행사의 상대방에는 아무런 제한이 없고 위조된 문서의 작성 명의인이라고 하여 행사의 상대방이 될 수 없는 것은 아니며, 다만 문서가 위조된 것임을 이미 알고 있는 공범자 등에게 행사하는 경우에는 위조문서행사죄가 성립될 수 없다. ○|×

[16 경간부, 14 국가9급, 12 경찰채용] [Essential ★]

해설

대법원 2005.1.28. 2004도4663 입정자각서 송부사건 [○]

1404 위조된 문서 그 자체를 직접 상대방에게 제시하거나 이를 기계적인 방법으로 복사하여 그 복사본을 제시하는 경우에는 위조문서행사죄가 성립하지만, 컴퓨터에 연결된 스캐너(scanner)로 읽어 들여 이미지화한 다음 이를 전송하여 컴퓨터 화면상에서 보게 하는 경우에는 위조문서행사죄는 성립하지 아니한다. ○|×

[15 국가9급, 14 법원행시, 12 변호사, 12 국가9급, 12 경찰채용] [Core ★★]

해설

위조된 문서를 컴퓨터에 연결된 스캐너(scanner)로 읽어 들여 이미지화한 다음 이를 전송하여 컴퓨터 화면상에서 보게 하는 경우도 행사에 해당하여 위조문서행사죄가 성립한다(대법원 2008.10.23. 2008도5200 휴대폰가입신청서 스캔·전송 사건). [×]

1405 위조된 문서를 우송한 경우 그 문서가 상대방에게 도달하여 상대방이 실제로 그 문서를 보아야만 위조문서행사죄의 기수가 된다. ○│×

[17 경찰승진, 15 법원행시, 12 변호사, 12 경찰채용] [Essential ★]

> **해설**
>
> 위조문서행사죄에 있어서의 행사는 상대방으로 하여금 위조된 문서를 인식할 수 있는 상태에 둠으로써 기수가 되고 상대방이 실제로 그 내용을 인식하여야 하는 것은 아니므로, 위조된 문서를 우송한 경우에는 그 문서가 상대방에게 도달한 때에 기수가 되고 상대방이 실제로 그 문서를 보아야 하는 것은 아니다(대법원 2005.1.28. 2004도4663 입정자각서 송부사건). [×]

1406 공문서부정행사죄는 공문서의 사용에 대한 공공의 신용을 보호법익으로 하는 범죄로서 추상적 위험범이다. ○│×

[24 경간부] [Essential ★]

> **해설**
>
> 대법원 2022.10.14. 2020도13344 국가유공자증 사건 [○]

5. 문서부정행사죄

1407 주민등록등본은 문서부정행사죄의 객체인 공문서에 해당한다. ○│×

[15 경찰채용, 14 변호사, 13 국가9급] [Essential ★]

> **해설**
>
> 주민등록표등본은 그 사용권한자가 특정되어 있다고 할 수 없고 또 용도도 다양하며 반드시 본인이나 세대원만이 사용할 수 있는 것이 아니므로 타인의 주민등록표등본을 그와 아무런 관련없는 사람이 마치 자신의 것인 것처럼 행사하였다고 하더라도 공문서부정행사죄가 성립되지 아니한다(대법원 1999.5.14. 99도206 주민등록등본 사용사건). [×]

1408 다음 중 문서부정행사죄가 성립하는 것은 모두 4개다. ○│×

[Superlative ★★★]

> ㉠ 피고인이 절취한 전화카드를 공중전화기에 넣어 사용한 경우 [13 국가9급, 12 법원행시, 11 경찰승진]
> ㉡ 피고인이 제3자로부터 신분확인을 위하여 신분증명서의 제시를 요구받고 다른 사람의 운전면허증을 제시한 경우 [16 변호사, 16 법원9급, 15 경간부, 15 경찰채용, 14 변호사, 13 국가9급, 11 경찰승진, 11 경찰채용]
> ㉢ 자동차를 임차함에 있어 자동차 대여업체의 직원들로부터 운전면허증의 제시 요구를 받자, 피고인들이 타인의 운전면허증을 제시한 경우 [11 경찰승진]
> ㉣ 피고인이 기왕에 습득한 타인의 주민등록증을 피고인 가족의 것이라고 제시하면서 그 주민등록증상의 명의 또는 가명으로 이동전화 가입신청을 한 경우 [16 법원9급, 15 경찰채용, 14 변호사, 14 국가9급]
> ㉤ 피고인이 어떤 선박이 사고를 낸 것처럼 허위로 사고신고를 하면서 그 선박의 선박국적증서와 선박검사증서를 함께 제출한 경우 [15 경찰채용, 14 변호사, 13 경찰채용, 12 국가9급, 11 경찰승진]

해설

> ㉠㉡㉢ 3 항목의 경우 문서부정행사죄가 성립한다.
> ㉠ 권리의무에 관한 타인의 사문서를 부정행사한 경우에 해당한다(대법원 2002.6.25. 2002도461 절취 전화카드 사용사건Ⅱ).
> ㉡ 운전면허증의 사용목적에 따른 행사로서 공문서부정행사죄에 해당한다(대법원 2001.4.19. 2000도1985 습득 타인 운전면허증 제시사건).
> ㉢ 단순히 신분확인을 위한 것이라고는 할 수 없고 운전면허증의 본래의 용도에 따른 사용행위라고 할 것이므로 공문서부정행사죄에 해당한다(대법원 1998.8.21. 98도1701 렌트용 운전면허증 제시사건).
> ㉣ 타인의 주민등록증을 본래의 사용용도인 신분확인용으로 사용한 것이라고 볼 수 없어 공문서부정행사죄가 성립하지 않는다(대법원 2003.2.26. 2002도4935 엄마허락 누나심부름 사건).
> ㉤ (1) 선박국적증서는 한국선박으로서 등록하는 때에 선박번호, 국제해사기구에서 부여한 선박식별번호, 호출부호, 선박의 종류, 명칭, 선적항 등을 수록하여 발급하는 문서이고, 선박검사증서는 선박정기검사 등에 합격한 선박에 대하여 항해구역·최대승선인원 및 만재흘수선의 위치 등을 수록하여 발급하는 문서이다. (2) 따라서 어떤 선박이 사고를 낸 것처럼 허위로 사고신고를 하면서 그 선박의 선박국적증서와 선박검사증서를 함께 제출하였다고 하더라도 선박국적증서와 선박검사증서는 선박의 국적과 항행할 수 있는 자격을 증명하기 위한 용도로 사용된 것일 뿐 그 본래의 용도를 벗어나 행사된 것으로 보기는 어려우므로 공문서부정행사죄에 해당하지 않는다(대법원 2009.2.26. 2008도10851 선박국적·검사증서 사건). [×]

1409 자동차 등의 운전자인 피고인이 경찰공무원에게 다른 사람의 운전면허증 자체가 아니라 이를 촬영한 이미지파일을 휴대전화 화면 등을 통하여 보여준 경우 공문서부정행사죄가 성립한다. ○│×

[Core ★★]

해설

> 운전면허증의 특정된 용법에 따른 행사라고 볼 수 없는 것이어서 그로 인하여 경찰공무원이 그릇된 신용을 형성할 위험이 있다고 할 수 없으므로 이러한 행위는 공문서부정행사죄를 구성하지 아니한다(대법원 2019.12.12. 2018도2560 운전면허 촬영사진 제시 사건). [×]

1410 장애인사용자동차표지를 사용할 권한이 없는 사람이 장애인사용자동차에 대한 지원을 받을 것으로 합리적으로 기대되는 상황이 아니라 하더라도 이를 자동차에 비치하여 마치 장애인이 사용하는 자동차인 것처럼 외부적으로 표시한 경우에는 공문서인 장애인사용자동차표지를 부정행사한 것으로 보아야 할 것이다. ○|×

[23 경찰승진, 23 법원행시] [Core ★★]

해설

장애인사용자동차표지는 장애인이 이용하는 자동차에 대한 조세감면 등 필요한 지원의 편의를 위하여 장애인이 사용하는 자동차를 대상으로 발급되는 것이고, 장애인전용주차구역 주차표지가 있는 장애인사용자동차표지는 보행상 장애가 있는 사람이 이용하는 자동차에 대한 지원의 편의를 위하여 발급되는 것이다. 따라서 장애인사용자동차표지를 사용할 권한이 없는 사람이 장애인전용주차구역에 주차하는 등 장애인 사용 자동차에 대한 지원을 받을 것으로 합리적으로 기대되는 상황이 아니라면 단순히 이를 자동차에 비치하였더라도 장애인사용자동차표지를 본래의 용도에 따라 사용했다고 볼 수 없어 공문서부정행사죄가 성립하지 않는다(대법원 2022. 9.29. 2021도14514 실효된 장애인사용자동차표지 비치사건). [×]

제4절 인장에 관한 죄

1411 사인위조죄는 그 명의인의 의사에 반하여 위법하게 행사할 목적으로 권한 없이 타인의 인장을 위조한 경우에 성립하므로 타인의 인장을 조각할 당시에 그 명의자로부터 명시적이거나 묵시적인 승낙 내지 위임을 받았다면 인장위조죄가 성립하지 않는다. ○|×

[18 경간부, 17 국가7급, 16 경간부] [Core ★★]

해설

대법원 2014.9.26. 2014도9213 공대출 사건 [○]

제1절 성풍속에 관한 죄

1412 형법 제243조에서 규정하고 있는 '음란한 물건'이라 함은 성욕을 자극하거나 흥분 또는 만족케 하는 물건들로서 일반인의 정상적인 성적 수치심을 해치고 선량한 성적 도의관념에 반하는 것을 의미하며, 어떤 물건이 음란한 물건에 해당하는지 여부는 행위자의 주관적 의도나 반포, 전시 등이 행하여진 상황에 관계없이 그 물건 자체에 관하여 객관적으로 판단하여야 한다.　　　○│×

[14 경간부, 11 경찰승진] [Essential ★]

해설

> 대법원 2003.5.16. 2003도988 자위기구 체이시 사건　　　[○]

1413 형법 제245조 소정의 '음란한 행위'라 함은 일반 보통인의 성욕을 자극하여 성적 흥분을 유발하고 정상적인 성적 수치심을 해하여 성적 도의관념에 반하는 것을 가리킨다고 할 것이고, 위 죄는 주관적으로 성욕의 흥분, 만족 등의 성적인 목적이 있어야만 성립한다.　　　○│×

[17 국가9급, 14 법원행시, 13 경찰승진, 12 경찰승진] [Essential ★]

해설

> 형법 제245조 소정의 '음란한 행위'라 함은 일반 보통인의 성욕을 자극하여 성적 흥분을 유발하고 정상적인 성적 수치심을 해하여 성적 도의관념에 반하는 것을 가리킨다고 할 것이고, 위 죄는 주관적으로 성욕의 흥분, 만족 등의 성적인 목적이 있어야 성립하는 것은 아니고 그 행위의 음란성에 대한 의미의 인식이 있으면 족하다(대법원 2004.3.12. 2003도6514 똥구멍에 술을 부어라 사건).　　　[×]

1414 다음 중 괄호 안의 범죄가 성립하는 것은 모두 2개다.　　　○│×

[Superlative ★★★]

> ㉠ 유흥주점 여종업원들이 웃옷을 벗고 브래지어만 착용하거나 치마를 허벅지가 다 드러나도록 걷어 올리고 가슴이 보일 정도로 어깨끈을 밑으로 내린 채 손님을 접대한 경우 (음란행위로 인한 풍속 영업법위반죄) [13 경찰승진]
>
> ㉡ 피고인 甲이 A와 말다툼을 한 후 이를 항의하기 위하여 A가 경영하는 상점으로 찾아가서, 상점 카운터를 지키고 있던 A의 딸인 B를 보고 소리를 지르다가 등을 돌려 엉덩이가 드러날 만큼 바지와 팬티를 내린 다음 엉덩이를 들이밀며 "똥구멍으로 어떻게 술을 먹느냐, 똥구멍에 술을 부어 보아라"라고 말한 경우 (형법상 공연음란죄) [16 법원행시, 14 법원행시, 13 경찰채용]
>
> ㉢ 요구르트 제품의 홍보를 위하여 전라의 여성 누드모델들이 일반 관람객과 기자 등 수십명이 있는 자리에서, 알몸에 밀가루를 바르고 무대에 나와 분무기로 요구르트를 몸에 뿌려 밀가루를 벗겨내는 방법으로 알몸을 완전히 드러낸 채 음부 및 유방 등이 노출된 상태에서 무대를 돌며 관람객들을 향하여 요구르트를 던진 경우 (형법상 공연음란죄) [16 법원행시, 11 경찰승진]
>
> ㉣ 피고인 甲이 고속도로에서 승용차를 운전하여 가던 중 A 운전의 승용차가 진로를 비켜 주지 않는다는 이유로 그 차를 추월하여 정차하게 한 다음 행패를 부리다가 신고를 받고 출동한 경찰관이 이를 제지하려고 하자, 시위조로 주위에 운전자 등 사람이 많이 있는 가운데 옷을 모두 벗어 알몸의 상태로 바닥에 드러눕거나 돌아다닌 경우 (형법상 공연음란죄) [16 법원행시, 15 경찰승진, 14 경간부, 13 경찰채용]

해설

ⓒⓔ 3 항목의 경우 괄호 안의 범죄가 성립한다.
ⓐ 대법원 2009.2.26. 2006도3119 야한 노래방도우미 사건
ⓑ 대법원 2004.3.12. 2003도6514 똥구멍에 술을 부어라 사건
ⓒ 대법원 2006.1.13. 2005도1264 요구르트 홍보사건
ⓔ 대법원 2000.12.22. 2000도4372 고속도로 나체쇼 사건   [○]

1415 성기·엉덩이 등 신체의 주요한 부위를 노출한 행위가 있었을 경우 그것이 단순히 다른 사람에게 부끄러운 느낌이나 불쾌감을 주는 정도에 불과하다면 경범죄 처벌법 제3조 제1항 제33호(과다노출)에 해당하지만, 그와 같은 정도가 아니라 일반 보통인의 성욕을 자극하여 성적 흥분을 유발하고 정상적인 성적 수치심을 해하는 것이라면 형법 제245조의 '음란한 행위'에 해당한다.   ○ | ×

[Essential ★]

해설

대법원 2020.1.16. 2019도14056 참전비 성기 노출사건 참전비 앞길에서 바지와 팬티를 내리고 성기와 엉덩이를 노출한 채 위 참전비를 바라보고 서 있었고 참전비의 한쪽 끝 방향으로 걸어가다가 돌아서서 걷기도 하는 등 위와 같이 노출한 상태에서 참전비 앞에 서 있거나 그 주위를 서성거린 행위는 공연음란죄에 해당한다는 취지의 판례이다.

[○]

제2절 도박과 복표에 관한 죄

1416 당사자의 능력이 승패의 결과에 영향을 미친다고 한다면 비록 우연성의 사정에 의하여 영향을 받게 되는 경우라도 도박죄가 성립할 수 없다.   ○ | ×

[14 국가9급, 12 경찰승진, 11 경찰승진] [Essential ★]

해설

도박죄에서 우연이란 주관적으로 당사자가 확실히 예견 또는 자유로이 지배할 수 없는 사실에 관하여 승패를 결정하는 것을 말하고, 객관적으로 불확실할 것을 요구하지 아니한다. 따라서 당사자의 능력이 승패의 결과에 영향을 미친다고 하더라도 다소라도 우연성의 사정에 의하여 영향을 받게 되는 때에는 도박죄가 성립할 수 있다(대법원 2014.6.12. 2013도13231 사설경마장 사건).   [×]

1417 피고인들이 각자 핸디캡을 정하고 홀마다 또는 9홀마다 별도의 돈을 걸고 총 26 내지 32회에 걸쳐 내기골프를 한 행위는 도박에 해당한다.   ○ | ×

[13 경간부] [Essential ★]

해설

대법원 2008.10.23. 2006도736 내기골프 사건   [○]

1418 이른바 '사기도박'에 관한 다음 설명 중 옳지 않은 것은 모두 1개다.　　　　○│×

> ⊙ 사기도박과 같이 도박당사자의 일방이 사기의 수단으로써 승패의 수를 지배하는 경우에는 도박에 서의 우연성이 결여되어 사기죄만 성립하고 도박죄는 성립하지 아니한다. [18 경간부, 16 경찰승진, 13 경간부, 12 변호사, 12 법원행시]
> ⊙ 사기죄는 편취의 의사로 기망행위를 개시한 때에 실행에 착수한 것으로 보아야 하므로, 사기도박 에서도 사기적인 방법으로 도금을 편취하려고 하는 자가 상대방에게 도박에 참가할 것을 권유하 는 등 기망행위를 개시한 때에 실행의 착수가 있는 것으로 보아야 한다. [17 법원행시, 17 법원9급, 17 국가9급, 15 경찰승진, 15 경찰채용, 14 경찰승진, 14 경간부, 13 경찰채용, 12 변호사, 12 국가9급]
> ⊙ 피고인 등이 사기도박을 숨기기 위하여 얼마간 정상적인 도박을 하였다고 한다면 피해자들에 대한 사기죄 외에도 도박죄가 따로 성립한다. [17 법원행시, 17 경찰채용, 15 법원행시, 15 경간부, 14 국가9급, 14 경간부, 13 경간부, 12 변호사]
> ⊙ 피고인 등이 2010. 2.18. 21:20경부터 다음날 02:10경까지 사기도박을 통해 여러 피해자로부터 각각 재물을 편취한 경우에는 피해자별로 수개의 사기죄가 성립하고, 그 사이에는 실체적 경합의 관계에 있다. [14 국가9급, 14 경간부, 12 경찰채용]

해설

> ⊙⊙ 2 항목이 옳지 않다.
> ⊙⊙ 대법원 2011.1.13. 2010도9330 보령 사기도박사건
> ⊙ 피고인 등이 사기도박에 필요한 준비를 갖추고 그러한 의도로 피해자들에게 도박에 참가하도록 권유한 때 또는 늦어도 그 정을 알지 못하는 피해자들이 도박에 참가한 때에는 이미 사기죄의 실행에 착수하였다고 할 것이므 로, 피고인 등이 그 후에 사기도박을 숨기기 위하여 얼마간 정상적인 도박을 하였더라도 이는 사기죄의 실행행 위에 포함되는 것이어서 피고인에 대하여는 피해자들에 대한 사기죄만이 성립하고 도박죄는 따로 성립하지 아니한다(대법원 2011.1.13. 2010도9330 보령 사기도박사건).
> ⊙ 사기도박에 있어 1개의 기망행위에 의하여 여러 피해자로부터 각각 재물을 편취한 경우에는 피해자별로 수개 의 사기죄가 성립하고, 그 사이에는 상상적 경합의 관계에 있다(대법원 2011.1.13. 2010도9330 보령 사기도 박사건). 　　[×]

1419 도박개장죄에서 '영리의 목적'이란 도박개장의 대가로 불법한 재산상의 이익을 얻으려는 의사를 의 미하는 것으로 반드시 도박개장의 직접적 대가가 아니라 도박개장을 통하여 간접적으로 얻게 될 이 익을 위한 경우에도 영리의 목적이 인정되지만, 현실적으로 그 이익을 얻지 못했을 경우에는 도박 개장죄는 성립하지 아니한다.　　　　　　　　　　　　　　　　　　　　　　　　　　　　　　○│×

해설

> 도박개장죄에서 '영리의 목적'이란 도박개장의 대가로 불법한 재산상의 이익을 얻으려는 의사를 의미하는 것으로, 반드시 도박개장의 직접적 대가가 아니라 도박개장을 통하여 간접적으로 얻게 될 이익을 위한 경우에도 영리의 목적이 인정되고 또한 현실적으로 그 이익을 얻었을 것을 요하지는 않는다(대법원 2008.10.23. 2008도3970 PC방 아마존게임 사건). 　　　　　　　　　　　　　　　　　　　　　　　　　　　　　　　　　　　[×]

1420 도박개장죄는 영리의 목적으로 도박을 개장하면 기수에 이르고 현실로 도박이 행하여졌음은 묻지 않는바, 영리의 목적으로 인터넷 도박게임 사이트를 개설하여 운영하는 경우 게임 이용자들과 게임회사 사이에 있어서 재물이 오고갈 수 있는 상태에 있으면 게임이용자가 도박게임 사이트에 접속하여 실제 게임을 하였는지 여부와 관계없이 도박개장죄의 기수에 이른다.　○|×

[16 경찰승진, 14 경간부, 13 변호사, 13 경간부, 12 경찰승진, 11 법원9급, 11 경찰승진] [Core ★★]

해설

> 대법원 2009.12.10. 2008도5282 머니머니썬 PC방 사건　　　　　　　　　　　　　　　[○]

1421 다음 중 도박장소등개설죄(도박개장죄)가 성립하는 것은 모두 3개다.　○|×

[Superlative ★★★]

> ㉠ 피고인이 가맹점을 모집하여 인터넷 도박게임이 가능하도록 시설 등을 설치하고 도박게임 프로그램을 가동하던 중 문제가 발생하여 더 이상의 영업으로 나가지 못한 경우 [15 경간부, 13 경찰채용, 12 경찰채용, 11 경찰승진, 11 경찰채용]
> ㉡ 피고인이 성인PC방에서 손님들을 상대로 도박에 사용되는 손님 아이디로 현금을 충전해 주고, 현금을 충전 받은 손님들이 이를 이용해 게임머니를 구입하여 '아마존' 도박게임을 이용하게 하고, 게임종료 후 남은 게임머니를 환전 사이트에서 환전을 받게 하며, 손님들이 게임머니를 구입한 금액의 5%를 수수료 명목으로 지급받아 이익을 취한 경우 [14 경간부]
> ㉢ 피고인들이 인터넷 고스톱게임 사이트를 유료로 전환하는 과정에서 사이트를 홍보하기위하여 고스톱 대회를 개최하여, 참가자들로부터 참가비 합계 387만원의 수입을 얻고 대회 입상자에 대한 상금으로 420만원을 지출한 경우 [18 경간부, 13 경찰채용]
> ㉣ 피고인이 실내낚시터를 운영하면서, 물고기 1,700여 마리를 구입하여 그 중 600마리의 등지느러미에 1번부터 600번까지의 번호표를 달고 나머지는 번호표를 달지 않은 채 대형 수조에 넣고, 손님들로부터 시간당 3만원 내지 5만원의 요금을 받고 낚시를 하게 한 후, 손님들이 낚은 물고기에 부착된 번호가 시상번호와 일치하는 경우 손님들에게 5천원 내지 3백만원 상당의 문화상품권이나 주유상품권을 지급하는 방식으로 영업한 경우 [14 국가9급, 14 경간부, 12 경찰채용, 11 경찰승진]

해설

> 모든 항목의 경우 도박장소등개설죄(도박개장죄)가 성립한다.
> ㉠ 피고인이 가맹점을 모집하여 인터넷 도박게임이 가능하도록 시설 등을 설치하고 도박게임 프로그램을 가동하던 중 문제가 발생하여 더 이상의 영업으로 나아가지 못한 것으로 볼 여지가 있다면 이로써 도박개장죄는 이미 '기수'에 이르렀다고 볼 수 있고, 나아가 PC방의 업주들이 그곳을 찾은 이용자들에게 피고인이 개설한 도박게임 사이트에 접속하여 도박을 하게 한 사실이 없다고 하여 도박개장죄의 성립이 부정된다고 할 수 없다(대법원 2009.12.10. 2008도5282 머니머니썬 PC방 사건).
> ㉡ 피고인이 손님들이 게임머니를 구입한 금액의 5%를 수수료 명목으로 지급받아 이익을 취한 경우 도박개장죄가 성립한다(대법원 2008.10.23. 2008도3970 PC방 아마존게임 사건).
> ㉢ 인터넷 사이트를 홍보함으로써 궁극적으로는 사이트의 유료 수입을 극대화하려는 목적으로 고스톱대회를 개최한 것이고 또한 피고인들이 고스톱대회를 개최한 결과 손해를 보았다는 사정은 대회 참가자의 수가 적었다는 우연한 사정으로 발생한 것에 불과하므로 피고인들에게 있어서 '영리의 목적'은 인정되므로 도박개장죄가 성립한다(대법원 2002.4.12. 2001도5802 고스톱대회 사건).
> ㉣ 손님들이 내는 입장료는 낚시터에 입장하기 위한 대가로서의 성격과 경품을 타기 위해 미리 거는 금품으로서의 성격을 아울러 지니고 있다고 볼 수 있고, 손님들에게 경품을 제공하기로 한 것은 '재물을 거는 행위'로 볼 수 있으므로 피고인은 영리의 목적으로 도박장소인 낚시터를 개설하였다고 봄이 상당하다(대법원 2009.2.26. 2008도10582 경품낚시터 사건).　　　　　　　　　　[×]

제3절 신앙에 관한 죄

1422 교회의 교인이었던 사람이 교인들의 총유인 교회 현판, 나무십자가 등을 떼어 내고 예배당 건물에 들어가 출입문 자물쇠를 교체하여 7개월 동안 교인들의 출입을 막은 경우, 장기간 예배당 건물의 출입을 통제한 위 행위는 그 교인들에 대한 예배방해죄를 구성한다. ○ | ×

[18 경간부, 16 경간부, 11 경찰승진] [Core ★★]

해설

(1) 예배방해죄는 공중의 종교생활의 평온과 종교감정을 그 보호법익으로 하는 것이므로 예배중이거나 예배와 시간적으로 밀접불가분의 관계에 있는 준비단계에서 이를 방해하는 경우에만 성립한다. (2) 장기간 예배당 건물의 출입을 통제한 위 행위는 교인들의 예배 내지 그와 밀접불가분의 관계에 있는 준비단계를 계속하여 방해한 것으로 볼 수 없어 예배방해죄가 성립하지 않는다(대법원 2008.2.1. 2007도5296 풍성교회 사건). [×]

1423 사람을 살해한 자가 그 사체를 다른 장소로 옮겨 유기하였을 때에는 사체유기는 살인죄의 불가벌적 사후행위에 해당하여 별도의 죄가 성립하지 아니한다. ○ | ×

[17 법원행시, 17 경찰채용, 15 법원행시, 15 경찰승진, 15 경찰채용, 14 경찰승진, 14 경찰채용, 13 국가9급, 13 경간부, 12 변호사, 12 법원9급, 12 경찰채용, 11 국가9급] [Essential ★]

해설

사람을 살해한 자가 그 사체를 다른 장소로 옮겨 유기하였을 때에는 별도로 사체유기죄가 성립하고, 이와 같은 사체유기를 불가벌적 사후행위로 볼 수는 없다(대법원 1997.7.25. 97도1142 페스카마호 사건). 2020. 12. 8. 형법 개정으로 지금은 '사체유기'가 아니라 '시체유기'가 정확한 죄명이 된다. [×]

1424 사체의 발견이 불가능 또는 심히 곤란하게 하려는 의사로 인적이 드문 장소로 피해자를 유인하거나 실신한 피해자를 끌고 가서 그곳에서 살해하고 사체를 그대로 둔 채 도주한 경우, 살인죄 외에 별도로 사체은닉죄가 성립한다. ○ | ×

[15 법원행시, 13 경간부, 12 변호사, 12 법원행시] [Essential ★]

해설

살인, 강도살인 등의 목적으로 사람을 살해한 자가 그 살해의 목적을 수행함에 있어 사후 사체의 발견이 불가능 또는 심히 곤란하게 하려는 의사로 인적이 드문 장소로 피해자를 유인하거나 실신한 피해자를 끌고 가서 그곳에서 살해하고 사체를 그대로 둔 채 도주한 경우에는 비록 결과적으로 사체의 발견이 현저하게 곤란을 받게 되는 사정이 있다 하더라도 별도로 사체은닉죄가 성립되지 아니한다(대법원 1986.6.24. 86도891 만경산 강도살인사건). [×]

제1장 국가의 존립·권위에 관한 죄

제1절 내란의 죄

1425 내란죄의 구성요건인 폭동의 내용으로서의 폭행 또는 협박은 일체의 유형력의 행사나 외포심을 생기게 하는 해악의 고지를 의미하는 최광의의 폭행·협박을 말하는 것으로서 이를 준비하거나 보조하는 행위를 전체적으로 파악한 개념이며, 그 정도가 한 지방의 평온을 해할 정도의 위력이 있음을 요한다. ○ | ×

[13 경간부, 12 경간부] [Essential ★]

해설

> 대법원 2015.1.22. 2014도10978 숲승 이석기 의원 사건 [○]

1426 내란의 실행과정에서 폭동행위에 수반하여 개별적으로 발생한 살인행위는 내란행위에 흡수되어 내란목적살인의 별죄를 구성하지 아니하나, 특정인 또는 일정한 범위내의 한정된 집단에 대한 살해가 내란의 와중에 폭동에 수반하여 일어난 것이 아니라 그것 자체가 의도적으로 실행된 경우에는 이러한 살인행위는 내란에 흡수될 수 없고 내란목적살인의 별죄를 구성한다. ○ | ×

[16 법원행시, 14 법원행시, 12 경간부] [Core ★★]

해설

> 대법원 1997.4.17. 96도3376 숲승 신군부 내란사건 [○]

1427 내란죄는 국토를 참절하거나 국헌을 문란할 목적으로 폭동한 행위로서, 다수인이 결합하여 위와 같은 목적으로 한 지방의 평온을 해할 정도의 폭행·협박행위를 하여 그 목적을 달성할 때에 기수에 이른다. ○ | ×

[16 법원행시, 14 변호사, 14 법원행시, 14 국가9급, 13 경간부, 12 경간부] [Essential ★]

해설

> 내란죄는 국토를 참절하거나 국헌을 문란할 목적으로 폭동한 행위로서, 다수인이 결합하여 위와 같은 목적으로 한 지방의 평온을 해할 정도의 폭행·협박행위를 하면 기수가 되고, 그 목적의 달성 여부는 이와 무관한 것으로 해석되므로, 다수인이 한 지방의 평온을 해할 정도의 폭동을 하였을 때 이미 내란의 구성요건은 완전히 충족된다고 할 것이어서 상태범으로 봄이 상당하다(대법원 1997.4.17. 96도3376 숲승 신군부 내란사건). [×]

1428 내란음모죄에 해당하는 합의가 있다고 하기 위해서는 단순히 내란에 관한 범죄결심을 외부에 표시·전달하는 것만으로는 부족하고 객관적으로 내란범죄의 실행을 위한 합의라는 것이 명백히 인정되고, 그러한 합의에 실질적인 위험성이 인정되어야 한다. ○│×

[17 법원9급, 16 법원행시, 16 경간부, 16 경찰채용] [Core ★★]

해설

> 대법원 2015.1.22. 2014도10978 숙승 이석기 의원 사건 [○]

1429 내란선동죄는 내란이 실행되는 것을 목표로 선동함으로써 성립하는 독립한 범죄이고, 선동으로 말미암아 피선동자들에게 범죄의 결의가 발생할 것을 그 요건으로 한다. ○│×

[18 경간부, 16 법원행시] [Superlative ★★★]

해설

> 내란선동죄는 내란이 실행되는 것을 목표로 선동함으로써 성립하는 독립한 범죄이고, 선동으로 말미암아 피선동자들에게 반드시 범죄의 결의가 발생할 것을 요건으로 하지 않는다(대법원 2015.1.22. 2014도10978 숙승 이석기 의원 사건). [×]

제2절 외환의 죄

1430 북괴의 지령사주 기타의 의사의 연락없이 단편적으로 지득하였던 군사상의 기밀사항을 북괴에 납북된 상태하에서 제보한 행위는 간첩죄에 해당하지 아니한다. ○│×

[13 경찰채용, 12 경간부] [Core ★★]

해설

> 대법원 1975.9.23. 75도1773 [○]

1431 간첩의 목적으로 외국 또는 북한에서 국내에 침투 또는 월남하는 경우에는 기밀탐지가 가능한 국내에 침투 상륙함으로써 간첩죄의 실행의 착수가 있다고 할 것이다. ○│×

[18 경간부, 15 경찰승진, 14 법원행시, 11 국가7급] [Essential ★]

해설

> 대법원 1984.9.11. 84도1381 간첩 하원차량 사건 [○]

1432 간첩행위는 기밀에 속한 사항 또는 도서, 물건을 탐지·수집하여 타인에게 보고·누설할 때에 기수가
된다. O | X

[14 법원행시, 14 법원9급, 13 경간부, 13 경찰채용] [Essential ★]

해설

간첩행위는 기밀에 속한 사항 또는 도서, 물건을 탐지·수집한 때에 기수가 되는 것이므로 간첩이 이미 탐지·수집
하여 지득하고 있는 사항을 타인에게 보고·누설하는 행위는 간첩의 사후행위로서 간첩행위 자체라고 할 수 없다
(대법원 2011.1.20. 2008재도11 全合 진보당 조봉암 재심사건). [×]

1433 간첩방조죄는 정범인 간첩죄와 대등한 범죄로서 간첩죄와 동일한 법정형으로 처단하게 되어 있어
형법 총칙상의 감경대상이 되는 종범과는 그 실질이 달라 종범감경을 할 수 없다. O | X

[18 경간부, 17 법원행시, 13 경간부] [Essential ★]

해설

대법원 1986.9.23. 86도1429 학원침투간첩단 사건 [O]

1434 간첩에게 숙식을 제공하거나 또는 무전기를 매몰하는 행위를 도와준 경우 간첩행위를 도와주는 것
이 분명하므로 간첩방조죄가 성립한다. O | X

[14 법원9급, 13 경간부] [Essential ★]

해설

단순히 숙식을 제공한다거나 또는 무전기를 매몰하는 행위를 도와주었다거나 하는 사실만으로서는 간첩방조죄가
성립할 수 없다(대법원 1986.2.25. 85도2533). [×]

제3절 국교에 관한 죄

1435 외국사절의 숙소 앞에서 시위를 벌이다가 숙소에서 나오던 외국사절을 태운 승용차를 발견하고 5m
가 되지 않는 거리에서 승용차를 향하여 계란을 던져 운전석 유리 부분과 본네트 부분에 맞혔다고
하더라도, 외국사절폭행죄에 해당하지 않는다. O | X

[18 법원행시] [Essential ★]

해설

형법 제108조 제1항에서 말하는 외국사절에 대한 폭행죄에 있어서의 '폭행'이라 함은 외국사절의 신체에 대한
위법한 일체의 유형력의 행사를 의미하고, 여기서의 유형력의 행사는 외국사절의 신체에 대하여 가해지면 충분하
며 반드시 신체에 직접적으로 접촉할 필요는 없다(대법원 2003.7.11. 2003도1800). 지문의 경우 외국사절폭행
죄가 성립한다. [×]

1436 외국 언론에 이미 보도된 바 있는 우리나라의 외교정책이나 활동에 관련된 사항들에 관하여 정부가 이른바 보도지침의 형식으로 국내 언론기관의 보도 여부 등을 통제하고 있다는 사실을 알리는 것은 외교상의 기밀을 누설한 경우에 해당하지 않는다. ○|×

[18 경간부, 11 법원행시] [Core ★★]

해설

> 대법원 1995.12. 5. 94도2379 보도지침 폭로사건   [○]

제2장 국가의 기능에 관한 죄

제1절 공무원의 직무에 관한 죄 I

1437 직무유기죄의 경우 작위의무를 수행하지 아니하는 위법한 부작위상태가 계속되는 한 가벌적 위법상태는 계속 존재하는 것이므로 이를 즉시범이라고 할 수 없다. ○|×

[16 법원9급, 13 법원9급, 11 법원행시] [Core ★★]

해설

> 대법원 1997.8.29. 97도675 교통사고 미입건 사건 직무유기죄는 즉시범이 아니라 계속범으로 공무원이 같은 사안에 관하여 여러 차례에 직무를 유기하더라도 포괄하여 일죄만 성립한다는 취지의 판례이다.   [○]

1438 직무유기죄는 구체적으로 그 직무를 수행하여야 할 작위의무가 있는데도 불구하고 이러한 직무를 저버린다는 인식하에 그 작위의무를 수행하지 아니함으로써 성립한다. ○|×

[14 경찰승진, 11 법원행시] [Essential ★]

해설

> 대법원 2010.1.14. 2009도9963 평창 보전산지 → 준보전산지 사건   [○]

1439 직무집행의 의사로 자신의 직무를 수행한 경우라도 그 직무집행의 내용이 위법한 것으로 평가된다고 한다면 직무유기죄가 성립할 수 있다. ○|×

[15 국가9급, 12 법원9급] [Core ★★]

해설

> 직무집행의 의사로 자신의 직무를 수행한 경우에는 그 직무집행의 내용이 위법한 것으로 평가된 다는 점만으로 직무유기죄의 성립을 인정할 것은 아니다(대법원 2014.4.10. 2013도229 김승환 전북 교육감 사건).   [×]

1440 다음은 모두 직무유기죄가 성립한다.　　　　　　　　　　　　　　　　　　○│×

[Superlative ★★★]

> ㉠ 경찰관인 피고인 甲이 벌금미납자로 지명수배되어 있던 乙을 세 차례에 걸쳐 만나고도 그를 검거하여 검찰청에 신병을 인계하는 등의 필요한 조치를 취하지 않은 경우 [15 경찰채용, 14 경찰승진]
>
> ㉡ 경찰관이 여러 번 오토바이를 오토바이 상회 운영자에게 보관시키고도 스스로 소유자를 찾아 반환하도록 처리하거나 상회 운영자에게 반환 여부를 확인한 일이 전혀 없고 상회 운영자로부터 오토바이를 보내준 대가 또는 그 처분대가로 돈까지 받은 경우 [16 국가7급, 16 경찰승진, 15 경찰채용, 14 법원행시, 12 국가7급, 12 경간부]
>
> ㉢ 파출소 부소장인 피고인 甲이 순찰중이던 경찰관들로 하여금 호프집에 있던 불법체류자 5명을 파출소로 연행해 오도록 하였음에도 평소 친하게 지내오던 乙의 전화부탁을 받은 후, 연행된 자들의 신병을 출입국관리사무소에 인계하거나 경찰서 외사계에 보고하지 않은 채, 근무일지에 단지 '손님 3명, 여자 2명을 조사한 바 꼬치구이 종업원으로 혐의점 없어 귀가시킴'이라고 허위의 사실을 기재하고 이들을 훈방한 경우 [16 경찰승진, 15 법원행시, 15 국가9급, 15 경찰승진, 15 경찰채용, 14 법원행시, 14 경찰승진, 12 경간부, 11 경찰승진]
>
> ㉣ 피고인들을 비롯한 경찰관들이 현행범으로 체포한 도박혐의자 17명에 대해 현행범인 체포서 대신에 임의동행동의서를 작성하게 하고, 그나마 제대로 조사도 하지 않은 채 석방하였으며, 현행범인 석방사실을 검사에게 보고도 하지 않았고, 석방일시·사유를 기재한 서면을 작성하여 기록에 편철하지도 않았으며, 압수한 일부 도박자금에 관하여 압수조서 및 목록도 작성하지 않은 채 검사의 지휘도 받지 않고 반환하였고, 일부 도박혐의자의 명의도용 사실과 도박 관련 범죄로 수회 처벌받은 전력을 확인하고서도 아무런 추가조사 없이 석방한 경우 [15 법원행시, 12 경간부]

해설

> 모든 항목의 경우 직무유기죄가 성립한다.
> ㉠ 대법원 2011.9. 8. 2009도13371 지명수배자 미검거 사건
> ㉡ 대법원 2002.5.17. 2001도6170 오토바이 무단처분 사건
> ㉢ 대법원 2008.2.14. 2005도4202 불법체류 조선족 훈방사건
> ㉣ 대법원 2010.6.24. 2008도11226 김해 도박단 봐주기 사건　　　　　　　　　[○]

1441 학생군사교육단의 당직사관으로 주번근무를 하던 육군 중위가 훈육관실에서 학군사관후보생 2명과 함께 술을 마시고 내무반에서 학군사관후보생 2명 및 애인 등과 함께 화투놀이를 한 다음 애인과 함께 자고 난 뒤 교대할 당직근무자에게 당직근무의 인계, 인수도 하지 아니한 채 퇴근한 경우 직무유기죄가 성립한다.　　　　　　　　　　　　　　　　　　○│×

[16 경찰승진] [Essential ★]

해설

> 대법원 1990.12.21. 90도2425 ROTC 당직사관 사건　　　　　　　　　　　　　[○]

1442 교도소 보안과 출정계장과 감독교사가 호송지휘관 및 감독교사로서 호송교도관 5명을 지휘하여 재소자 25명을 전국의 각 교도소로 이감하는 호송업무를 수행함에 있어서, 호송교도관들에게 호송업무 등을 대강 지시한 후 구체적인 확인, 감독을 하지 아니한 잘못으로 말미암아 피호송자들이 집단 도주하는 결과가 발생한 경우 직무유기죄가 성립한다. ○|×

[12 경간부] [Essential ★]

해설

출정계장과 감독교사가 성실하게 그 직무를 수행하지 아니하여 출근의무에 위반한 잘못은 인정되나 고의로 호송계호업무를 포기하거나 직무 또는 직장을 이탈한 것이라고는 볼 수 없으므로 직무유기죄를 구성하지 아니한다(대법원 1991.6.11. 91도96 지강헌 사건). [×]

1443 공무원이 어떠한 위법사실을 발견하고도 직무상 의무에 따른 적절한 조치를 취하지 아니하고 위법사실을 적극적으로 은폐할 목적으로 허위공문서를 작성·행사한 경우에는 작위범인 허위공문서작성 및 그 행사죄만이 성립하고 부작위범인 직무유기죄는 따로 성립하지 아니한다. ○|×

[16 법원9급, 15 법원행시, 15 국가9급, 13 경찰채용] [Essential ★]

해설

대법원 2010.6.24. 2008도11226 김해 도박단 봐주기 사건 [○]

1444 하나의 행위가 부작위범인 직무유기죄와 작위범인 범인도피죄의 구성요건을 동시에 충족하는 경우 작위범인 범인도피죄만 성립하므로 검사는 부작위범인 직무유기죄로만 공소를 제기할 수 없다. ○|×

[15 국가9급, 14 법원행시, 14 법원9급, 12 변호사, 12 법원행시] [Essential ★]

해설

(1) 하나의 행위가 부작위범인 직무유기죄와 작위범인 범인도피죄의 구성요건을 동시에 충족하는 경우 공소제기권자는 재량에 의하여 작위범인 범인도피죄로 공소를 제기하지 않고 부작위범인 직무유기죄로만 공소를 제기할 수도 있다(대법원 1999.11.26. 99도1904 박노항 원사 도피사건).
(2) 하나의 행위가 부작위범인 직무유기죄와 작위범인 허위공문서작성·행사죄의 구성요건을 동시에 충족하는 경우, 공소제기권자는 재량에 의하여 작위범인 허위공문서작성·행사죄로 공소를 제기하지 않고 부작위범인 직무유기죄로만 공소를 제기할 수 있다(대법원 2008.2.14. 2005도4202 불법체류 조선족 훈방사건). [×]

1445 보령경찰서 형사인 피고인 甲이 검사로부터 乙을 검거하라는 지시를 받고서도 乙에게 전화를 걸어 "형사들이 나갔으니 무조건 튀라"라고 도피하라고 권유하여 그를 도피하게 한 경우 범인도피죄외에 별도로 직무유기죄가 성립한다. ○|×

[17 경찰채용, 14 법원행시, 11 국가9급, 11 경찰승진, 11 경찰채용] [Essential ★]

해설

직무위배의 위법상태가 범인도피행위 속에 포함되어 있는 것으로 보아야 하므로 작위범인 범인도피죄만이 성립하고 부작위범인 직무유기죄는 따로 성립하지 아니한다(대법원 1996.5.10. 96도51 무조건 튀어라 사건). [×]

1446 경찰서 방범과장이 부하직원으로부터 음비법위반 혐의로 오락실을 단속하여 증거물로 오락기의 변조 기판을 압수하여 보관중임을 보고받았음에도, 압수물을 수사계에 인계하고 검찰에 송치하여 범죄 혐의의 입증에 사용하도록 하는 등의 적절한 조치를 취하지 않고, 오히려 부하직원에게 압수한 변조 기판을 돌려주라고 지시하여 오락실 업주에게 이를 돌려준 경우 증거인멸죄외에 별도로 직무유기죄가 성립한다. ○│×

[15 변호사, 15 법원행시, 14 법원행시, 14 경찰승진, 12 법원9급, 12 경간부, 11 법원행시, 11 법원9급, 11 경찰채용] [Core ★★]

해설

> 작위범인 증거인멸죄만이 성립하고 부작위범인 직무유기(거부)죄는 따로 성립하지 아니한다(대법원 2006.10.19. 2005도3909 수습 변조기판 환부사건). [×]

1447 직권남용죄에서 '권리'는 법률에 명기된 권리에 한하지 않고 법령상 보호되어야 할 이익이면 족한 것으로서 공법상의 권리인지 사법상의 권리인지를 묻지 않으므로, 경찰관의 범죄수사권도 직권남용죄에서 말하는 '권리'에 해당한다. ○│×

[18 경간부, 12 법원행시, 12 경찰승진, 11 법원9급] [Core ★★]

해설

> 대법원 2010.1.28. 2008도7312 최기문 전경찰청장 사건 [○]

1448 형식적·외형적으로는 직무집행으로 보이나 실질적으로는 정당한 권한 외의 행위를 한 경우도 직권남용권리행사방해죄에 해당한다. ○│×

[20 경찰채용] [Essential ★]

해설

> 대법원 2020.2.13. 2019도5186 대통령비서실장 및 정무수석비서관실 소속 공무원들인 피고인들이, 2014~2016 년도의 3년 동안 각 연도별로 전국경제인연합회에 특정 정치성향 시민 단체들에 대한 자금지원을 요구하고 그로 인하여 전국경제인연합회 부회장 갑으로 하여금 해당 단체들에 자금지원을 하도록 하였다고 하여 직권남용권리행사방해죄에 해당한다는 취지의 판례이다. [○]

1449 공무원의 직권남용행위가 있었다면 현실적으로 권리행사의 방해라는 결과가 발생하지 않았다고 하더라도 직권남용죄의 기수에 해당한다. ○│×

[16 경간부, 12 경찰승진] [Core ★★]

해설

> 직권남용죄에서 '권리행사를 방해한다' 함은 법령상 행사할 수 있는 권리의 정당한 행사를 방해하는 것을 말한다고 할 것이므로 이에 해당하려면 구체화된 권리의 현실적인 행사가 방해된 경우라야 할 것이고, 따라서 공무원의 직권남용행위가 있었다 할지라도 현실적으로 권리행사의 방해라는 결과가 발생하지 아니하였다면 본죄의 기수를 인정할 수 없다(대법원 2008.12.24. 2007도 9287 포항 폐기물처리장부지 사건). [×]

1450 직권남용죄는 공무원이 그 일반적 직무권한에 속하는 사항에 관하여 직권의 행사에 가탁하여 실질적, 구체적으로 위법·부당한 행위를 한 경우에 성립하고, 그 일반적 직무권한은 반드시 법률상의 강제력을 수반하는 것임을 요하지 않는다. ○│×

[22 법원9급] [Core ★★]

해설

직권남용죄는 공무원이 그 일반적 직무권한에 속하는 사항에 관하여 직권의 행사에 가탁(假託)하여 실질적, 구체적으로 위법·부당한 행위를 한 경우에 성립하고, 그 일반적 직무권한은 반드시 법률상의 강제력을 수반하는 것임을 요하지 아니하며, 그것이 남용될 경우 직권행사의 상대방으로 하여금 법률상 의무 없는 일을 하게 하거나 정당한 권리행사를 방해하기에 충분한 것이면 된다(대법원 2015.3.26. 2013도2444 용산구청장 사건). [○]

1451 공무원이 자신의 직무권한에 속하는 사항에 관하여 실무담당자로 하여금 그 직무집행을 보조하는 사실행위를 하도록 한 경우 그 직무집행이 위법한 것이라면 특별한 사정이 없는 이상 의무 없는 일을 하게 한 때에 해당한다. ○│×

[22 법원9급] [Superlative ★★★]

해설

직권남용죄에서 말하는 '사람으로 하여금 의무 없는 일을 하게 한 때'란 공무원이 직권을 남용하여 다른 사람으로 하여금 법률상 의무 없는 일을 하게 한 때를 의미한다. 따라서 공무원이 자신의 직무권한에 속하는 사항에 관하여 실무담당자로 하여금 그 직무집행을 보조하는 사실행위를 하도록 하더라도 이는 공무원 자신의 직무집행으로 귀결될 뿐이므로 원칙적으로 의무 없는 일을 하게 한 때에 해당한다고 할 수 없다(대법원 2021.9.16. 2021도2748 민정수석 사건). [×]

1452 대검찰청 공안부장인 피고인이 고등학교 후배인 한국조폐공사 사장에게 공사의 쟁의행위 및 구조조정에 관하여 전화통화를 한 경우 직권남용죄가 성립한다. ○│×

[12 경간부] [Core ★★]

해설

피고인의 일반적 직무권한에 속하는 사항이라고 볼 수 없어 직권남용죄는 성립하지 않는다(대법원 2005.4.15. 2002도3453 조폐공사 파업 유도사건). [×]

1453 전(前)경찰청장인 피고인 甲이 남대문경찰서장 乙과 공모하여 남대문경찰서의 수사를 중단시키고, 丙 등과 공모하여 광역수사대의 수사를 중단시키고 남대문경찰서에 이첩시킨 경우 의무 없는 일을 하게 함으로 인한 직권남용권리행사방해죄가 성립한다. ○│×

[20 경찰승진] [Superlative ★★★]

해설

일단 '부하 경찰관들의 수사권 행사를 방해한 것'에 해당함과 아울러 '부하 경찰관들로 하여금 수사를 중단하거나 사건을 다른 경찰관서로 이첩할 의무가 없음에도 불구하고 수사를 중단하게 하거나 사건을 이첩하게 한 것'에도 해당된다고 볼 여지가 있다. 위 두 가지 행위 태양에 모두 해당하는 것으로 기소된 경우, 권리행사를 방해함으로 인한 직권남용권리행사방해죄만 성립하고 의무 없는 일을 하게 함으로 인한 직권남용권리행사방해죄는 따로 성립하지 아니하는 것으로 봄이 상당하다(대법원 2010.1.28. 2008도7312 전경찰청장 사건). [×]

1454 법무부 검찰국장이던 피고인 甲이 검사인사담당 검사 A에게 2015년 하반기 검사인사에서 부치지청인 '수원지방검찰청 여주지청'에서 근무하고 있던 경력검사 B를 다시 부치지청인 '창원지방검찰청 통영지청'에 배치하는 인사안을 작성하게 한 경우 직권남용죄가 성립한다. ○│×

[Core ★★]

해설

법령에서 정한 검사 전보인사의 원칙과 기준을 위반하여 직권남용죄에서 말하는 '의무 없는 일을 하게 한 때'에 해당한다고 볼 수는 없다(대법원 2020.1.9. 2019도11698 검찰국장 사건). [×]

1455 공무원이 자신의 직무권한에 속하는 사항에 관하여 실무 담당자로 하여금 그 직무집행을 보조하는 사실행위를 하도록 하였다면, 이는 원칙적으로 직권남용권리행사방해죄에서 말하는 '의무 없는 일을 하게 한 때'에 해당한다. ○│×

[21 경찰채용] [Superlative ★★★]

해설

공무원이 자신의 직무권한에 속하는 사항에 관하여 실무 담당자로 하여금 그 직무집행을 보조하는 사실행위를 하도록 하더라도 이는 공무원 자신의 직무집행으로 귀결될 뿐이므로 원칙적으로 의무 없는 일을 하게 한 때에 해당한다고 할 수 없다. 그러나 직무집행의 기준과 절차가 법령에 구체적으로 명시되어 있고 실무 담당자에게도 직무집행의 기준을 적용하고 절차에 관여할 고유한 권한과 역할이 부여되어 있다면 실무 담당자로 하여금 그러한 기준과 절차를 위반하여 직무집행을 보조하게 한 경우에는 '의무 없는 일을 하게 한 때'에 해당한다(대법원 2020.1.9. 2019도11698 검찰국장 사건). [×]

1456 어떠한 직무가 공무원의 일반적 직무권한에 속하는 사항이라고 하기 위해서는 그에 관한 법령상 근거가 필요하다. 법령상 근거는 반드시 명문의 규정만을 요구하는 것이 아니라 명문의 규정이 없더라도 법령과 제도를 종합적, 실질적으로 살펴보아 그것이 해당 공무원의 직무권한에 속한다고 해석되고, 이것이 남용된 경우 상대방으로 하여금 사실상 의무 없는 일을 하게 하거나 권리를 방해하기에 충분한 것이라고 인정되는 경우에는 직권남용죄에서말하는 일반적 직무권한에 포함된다. ○│×

[21 법원9급] [Core ★★]

해설

대법원 2020.10.29. 2020도3972 [○]

1457 공무원이 한 행위가 직권남용에 해당한다고 하여 그러한 이유만으로 상대방이 한 일이 '의무 없는 일'에 해당한다고 인정할 수는 없다. ○│×

[21 법원9급] [Core ★★]

해설

대법원 2020.12.10. 2019도17879 기장군수 사건 [○]

1458 직권남용 행위의 상대방이 일반 사인인 경우 특별한 사정이 없는 한 '의무 없는 일'에 해당하는지는 직권을 남용하였는지와 별도로 그에게 그러한 일을 할 법령상 의무가 있는지를 살펴 개별적으로 판단하여야 한다.
　　　　　　　　　　　　　　　　　　　　　　　　　　　　　　○│×

[21 법원9급] [Core ★★]

해설

직권남용 행위의 상대방이 일반 사인인 경우 특별한 사정이 없는 한 직권에 대응하여 따라야 할 의무가 없으므로 그에게 어떠한 행위를 하게 하였다면 '의무 없는 일을 하게 한 때'에 해당할 수 있다. 그러나 상대방이 공무원이거나 법령에 따라 일정한 공적 임무를 부여받고 있는 공공기관 등의 임직원인 경우에는 법령에 따라 임무를 수행하는 지위에 있으므로 그가 직권에 대응하여 어떠한 일을 한 것이 의무 없는 일인지 여부는 관계 법령 등의 내용에 따라 개별적으로 판단하여야 한다(대법원 2020.12.10. 2019도17879 오규석 기장군수 사건). 　　[×]

1459 지방자치단체의 장이 미리 승진후보자명부상 후보자들 중에서 승진대상자를 실질적으로 결정한 다음, 그 내용을 인사위원회 간사, 서기 등을 통해 인사위원회 위원들에게 '승진대상자 추천'이라는 명목으로 제시하여 인사위원회로 하여금 자신이 특정한 후보자들을 승진 대상자로 의결하도록 유도하는 행위는 직권남용권리행사방해죄의 구성요건인 '직권의 남용' 및 '의무 없는 일을 하게 한 경우'로 볼 수 있다.
　　　　　　　　　　　　　　　　　　　　　　　　　　　　　　○│×

[22 경찰채용] [Superlative ★★★]

해설

지방자치단체의 장이 승진후보자명부 방식에 의한 5급 공무원 승진임용 절차에서 인사위원회의 사전심의·의결 결과를 참고하여 승진후보자명부상 후보자들에 대하여 승진임용 여부를 심사하고서 최종적으로 승진대상자를 결정하는 것이 아니라 미리 승진후보자명부상 후보자들 중에서 승진대상자를 실질적으로 결정한 다음 그 내용을 인사위원회 간사, 서기 등을 통해 인사위원회 위원들에게 '승진대상자 추천'이라는 명목으로 제시하여 인사위원회로 하여금 자신이 특정한 후보자들을 승진대상자로 의결하도록 유도하는 행위는 인사위원회 사전심의 제도의 취지에 부합하지 않는다는 점에서 바람직하지 않다고 볼 수 있지만 그것만으로는 직권남용권리행사방해죄의 구성요건인 '직권의 남용' 및 '의무 없는 일을 하게 한 경우'로 볼 수 없다(대법원 2020.12.10. 2019도17879 기장군수 사건).
　　　　　　　　　　　　　　　　　　　　　　　　　　　　　　[×]

1460 대통령비서실장인 피고인이 대통령의 뜻에 따라 수석비서관실과 문화체육관광부에 문화예술진흥기금 등 정부의 지원을 신청한 개인·단체의 이념적 성향이나 정치적 견해 등을 이유로 한국문화예술위원회·영화진흥위원회·한국출판문화산업진흥원이 수행한 각종 사업에서 좌파 등에 대한 지원배제, 책임심의위원 선정과정 개입을 지시한 경우 직권남용죄가 성립한다.
　　　　　　　　　　　　　　　　　　　　　　　　　　　　　　○│×

[Core ★★]

해설

피고인의 행위는 모두 위원들의 독립성을 침해하고 자율적인 절차진행과 운영을 훼손하는 것으로서 한국문화예술위원회·영화진흥위원회·한국출판문화산업진흥원 직원들이 준수해야 하는 법령상 의무에 위배되므로 '의무 없는 일을 하게 한 때'에 해당한다(대법원 2020.1.30. 2018도2236 송승 문화계 블랙리스트 사건). 　　[○]

1461 대통령비서실 정책실장인 피고인이 임원들과 개인적 친분이 있는 기업체들에 대하여 기업 메세나 (Mecenat) 활동의 일환인 미술관 전시회 후원을 요청한 경우 직권남용죄가 성립한다. ○│×

[12 경간부] [Core ★★]

해설

공무원이 직무와는 상관없이 단순히 개인적인 친분에 근거하여 문화예술 활동에 대한 지원을 권유하거나 협조를 의뢰한 것에 불과한 경우까지 직권남용에 해당한다고 할 수는 없다(대법원 2009.1.30. 2008도6950 변양균·신정아 사건). [×]

1462 대통령비서실 정책실장인 피고인이 담당 공무원으로 하여금 특별교부세 교부대상이 아닌 흥덕사와 보광사의 증·개축사업에 특별교부세를 교부하기 위하여, 교부요건에는 해당하나 이미 예산이 확보 된 다른 공공사업에 특별교부세를 신청하여 교부된 금액 상당액에 해당하는 지방자치단체의 재원으로 흥덕사와 보광사의 증·개축사업을 지원하도록 특별교부세 교부 신청 및 교부결정을 하도록 하게 한 경우 직권남용죄가 성립한다. ○│×

[12 경간부] [Superlative ★★★]

해설

피고인의 행위는 직권을 남용하여 담당 공무원으로 하여금 의무 없는 일을 한 것에 해당한다(대법원 2009.1.30. 2008도6950 변양균·신정아 사건). [○]

1463 대검찰청 차장검사 혹은 검찰총장인 피고인 甲이 평소 친분관계가 있는 乙의 부탁을 받고 면담 혹은 전화 통화 등의 방법으로 울산지방검찰청 검사장 A에게 (가)회사에 대한 내사보류와 종결을 지시하여, 담당 검사 B로 하여금 (가)회사 내지 丙 시장에 대한 내사를 중도에서 그만두고 종결처리토록 한 경우 직권남용죄가 성립한다. ○│×

[12 경간부] [Core ★★]

해설

피고인의 행위는 직권을 남용하여 담당 검사 B로 하여금 의무 없는 일을 하게 한 행위에 해당하여 직권남용죄가 성립한다(대법원 2007.6.14. 2004도5561 신승남 검찰총장 사건). [○]

1464 피해자가 경찰서 안에서 식사도 하고 사무실 안팎을 내왕하였다고 한다면 비록 피해자를 경찰서 밖으로 나가지 못하도록 하였다고 하더라도 직권남용죄가 성립하는 것은 별론으로 하고 불법체포·감금죄가 성립한다고는 할 수 없다. ○│×

[11 경찰승진, 11 경간부] [Core ★★]

해설

설사 피해자가 경찰서 안에서 식사도 하고 사무실 안팎을 내왕하였다 하여도 피해자를 경찰서 밖으로 나가지 못하도록 그 신체의 자유를 제한하는 유형, 무형의 억압이 있었다면 이는 바로 감금행위에 해당할 수도 있다(대법원 1991.12.30. 91모5 용산경찰서 82시간 구금사건). [×]

1465 노동조합 파업 현장에서 경찰을 지휘하던 지휘관인 피고인이 체포된 근로자를 접견하게 해 달라고 요구하며 호송차량의 진행을 막은 변호사인 피해자를 공무집행방해죄의 현행범으로 체포한 경우 직권남용체포죄와 직권남용권리행사방해죄가 성립한다. O|X

[17 경찰채용] [Core ★★]

해설

대법원 2017.3.9. 2013도16162 **쌍용차사태 변호사 불법체포사건** [O]

1466 국가기밀과 관련해 국내에서 공지에 속하거나 국민에게 널리 알려진 사실도 국가기밀이 될 수 있다. O|X

[19 경간부] [Core ★★]

해설

기밀은 정치, 경제, 사회, 문화 등 각 방면에 관하여 반국가단체에 대하여 비밀로 하거나 확인되지 아니함이 대한민국의 이익이 되는 모든 사실, 물건 또는 지식으로서, 그것들이 국내에 서의 적법한 절차 등을 거쳐 이미 일반인에게 널리 알려진 공지의 사실, 물건 또는 지식에 속하지 아니한 것이어야 하고 또 그 내용이 누설되는 경우 국가의 안전에 위험을 초래할 우려가 있어 기밀로 보호할 실질가치를 갖춘 것이어야 한다(대법원 1997.7.16. 97도985 **全合 범민련 남측본부 중앙위원 사건**). [X]

1467 '자동차의 소유자에 관한 정보'는 정부나 공무소 또는 국민이 객관적, 일반적인 입장에서 외부에 알려지지 않는 것에 상당한 이익이 있는 사항으로서 공무상비밀누설죄의 '법령에 의한 직무상 비밀'에 해당한다. O|X

[13 경간부] [Essential ★]

해설

'자동차의 소유자에 관한 정보'는 실질적으로 비밀로 보호할 가치가 있다거나 그 누설에 의하여 국가의 기능이 위협받는다고 볼 수는 없어 공무상비밀누설죄의 '법령에 의한 직무상 비밀'에 해당하지 아니하고, 이는 경찰청 소속 차량으로 잠복수사에 이용될 수도 있고 그 소속이 외부에 드러나지 말아야 할 사실상의 필요성이 있다고 하더라도 달리 볼 것은 아니다(대법원 2012.3.15. 2010도14734 **차량소유정보 사건**). [X]

1468 공무원이 직무상 알게 된 비밀을 그 직무와의 관련성 혹은 필요성에 기하여 해당 직무의 집행과 관련 있는 다른 공무원에게 직무집행의 일환으로 전달한 경우 국가기능에 위험이 발생하리라고 볼 만한 특별한 사정이 인정되지 않는 한 그 행위는 비밀의 누설에 해당하지 아니한다. O|X

[22 경찰채용] [Core ★★]

해설

대법원 2021.11.25. 2021도2486 **수사기록 유출사건** [O]

1469 검찰 등 수사기관이 특정 사건에 대하여 수사를 진행하고 있는 상태에서 수사기관이 현재 어떤 자료를 확보하였고, 해당 사안이나 피의자의 죄책, 신병처리에 대하여 수사책임자가 어떤 의견을 가지고 있는지 등의 정보는, 해당 사건에 대한 종국적인 결정을 하기 전까지는 외부에 누설되어서는 안 될 수사기관 내부의 비밀에 해당한다. ○|×

[13 경간부, 11 법원행시, 11 경찰승진] [Core ★★]

해설

대법원 2007.6.14. 2004도5561 신승남 검찰총장 사건 [○]

제2절 공무원의 직무에 관한 죄 Ⅱ

1470 공무원이라 함은 법령의 근거에 기하여 국가 또는 지방자치단체 및 이에 준하는 공법인의 사무에 종사하는 자로서 그 노무의 내용이 단순한 기계적·육체적인 것에 한정되어 있지 않은 자를 지칭하는 것이다. ○|×

[15 경찰승진] [Essential ★]

해설

대법원 2012.8.23. 2011도12639 서울시 구내식당 종업원 사건, 대법원 2015.5.29. 2015도3430 국민권익위 기간제근로자 사건 [○]

1471 법령에 기한 임명권자에 의하여 임용되어 공무에 종사하여 온 사람이 나중에 임용결격자이었음이 밝혀져 당초의 임용행위가 무효인 경우, 그는 형법 제129조에서 규정한 공무원으로 볼 수 없어 그가 직무에 관하여 뇌물을 수수한 때에도 수뢰죄로 처벌할 수 없다. ○|×

[17 변호사, 16 법원행시, 16 국가7급, 15 법원행시, 15 법원9급, 14 법원행시, 14 경찰채용] [Core ★★]

해설

법령에 기한 임명권자에 의하여 임용되어 공무에 종사하여 온 사람이 나중에 그가 임용결격자이었음이 밝혀져 당초의 임용행위가 무효라고 하더라도, 그가 임용행위라는 외관을 갖추어 실제로 공무를 수행한 이상 형법 제129조에서 규정한 공무원으로 봄이 상당하고, 그가 그 직무에 관하여 뇌물을 수수한 때에는 수뢰죄로 처벌할 수 있다(대법원 2014.3.27. 2013도11357 태백시청 과장 수뢰사건). [×]

1472 공무원이 직무와 관련하여 뇌물수수를 약속하고 퇴직 후 이를 수수한 경우 뇌물약속과 뇌물 수수가 시간적으로 근접하여 연속되어 있다고 한다면 뇌물수수죄가 성립한다. ○│×

[11 국가9급, 11 경간부, 11 경찰채용] [Core ★★]

해설

뇌물수수죄는 공무원 또는 중재인이 그 직무에 관하여 뇌물을 수수한 때에 성립하는 것이어서 그 주체는 현재 공무원 또는 중재인의 직에 있는 자에 한정되므로, 공무원이 직무와 관련하여 뇌물수수를 약속하고 퇴직 후 이를 수수하는 경우에는 뇌물약속과 뇌물수수가 시간적으로 근접하여 연속되어 있다고 하더라도 뇌물약속죄 및 사후수뢰죄가 성립할 수 있음은 별론으로 하고 뇌물수수죄는 성립하지 않는다(대법원 2010.10.14. 2010도387 외환은행 매각사건). [×]

1473 형법 제129조 제2항(사전수뢰죄)에 정한 '공무원 또는 중재인이 될 자'란 공무원채용시험에 합격하여 발령을 대기하고 있는 자 또는 선거에 의해 당선이 확정된 자 등 공무원 또는 중재인이 될 것이 예정되어 있는 자를 말하므로, 어느 정도의 공직취임의 개연성을 갖춘 자까지 포함된다고 할 수 없다. ○│×

[11 경찰승진] [Superlative ★★★]

해설

형법 제129조 제2항에 정한 '공무원 또는 중재인이 될 자'란 공직취임의 가능성이 확실하지는 않더라도 어느 정도의 개연성을 갖춘 자를 포함한다(대법원 2010.5.13. 2009도7040 조합장 선출확실 사건). [×]

1474 배임수재자가 배임증재자에게서 그가 무상으로 빌려준 물건을 인도받아 사용하고 있던 중에 공무원이 되었고, 배임증재자가 배임수재자에게 앞으로 물건은 공무원의 직무에 관하여 빌려주는 것이라고 하면서 뇌물공여의 뜻을 밝히고 물건을 계속하여 배임수재자가 사용할 수 있는 상태로 둔 경우, 이는 종전에 제공한 이익을 뇌물로 전환시킨 경우에 해당하므로 뇌물공여죄가 성립한다. ○│×

[17 법원9급, 16 법원행시] [Core ★★]

해설

이는 종전에 이미 제공한 이익을 나중에 와서 뇌물로 하겠다는 것에 불과할 뿐 새롭게 뇌물로 제공되는 이익이 없어 뇌물공여죄가 성립하지 않는다(대법원 2015.10.15. 2015도6232 제주 판타스틱 아트시티 비리사건). [×]

1475 뇌물의 내용인 이익이라 함은 금전, 물품 기타의 재산적 이익뿐만 아니라 사람의 수요·욕망을 충족시키기에 족한 일체의 유형·무형의 이익을 포함하며 제공된 것이 성적 욕구의 충족이라고 하여 달리 볼 것이 아니다. ○│×

[17 법원9급, 17 경간부, 17 경찰채용, 16 경간부, 16 경찰채용, 15 법원행시, 15 법원9급, 15 경찰채용, 12 경찰승진] [Essential ★]

해설

대법원 2014.1.29. 2013도13937 피의자와 성관계 검사 사건 [○]

1476 투기적 사업에 참여할 기회를 얻는 것도 뇌물에 해당하지만, 경제사정의 변동 등으로 인하여 당초의 예상과는 달리 그 사업 참여로 아무런 이득을 얻지 못한 경우에는 뇌물수수죄는 성립하지 아니한다.

○ | ×

[17 국가9급, 17 경찰채용, 16 국가7급, 14 법원행시, 12 변호사, 12 국가7급, 11 경찰승진, 11 경간부] [Essential ★]

해설

공무원이 뇌물로 투기적 사업에 참여할 기회를 제공받은 경우 뇌물수수죄의 기수 시기는 투기적 사업에 참여하는 행위가 종료된 때로 보아야 하며, 그 행위가 종료된 후 경제사정의 변동 등으로 인하여 당초의 예상과는 달리 그 사업 참여로 아무런 이득을 얻지 못한 경우라도 뇌물수수죄의 성립에는 영향이 없다(대법원 2002.11.26. 2002 도3539 조합아파트 분양 뇌물사건).　　　　　　　　　　　　　　　　　　　　　　　　　　[×]

1477 뇌물로 공여된 당좌수표가 수수 후 부도가 되었다고 한다면 뇌물죄는 성립하지 않는다.　　○ | ×

[16 경찰승진, 11 경찰승진] [Essential ★]

해설

뇌물로 공여된 당좌수표가 수수 후 부도가 되었다 하더라도 뇌물죄의 성립에는 아무런 소장이 없다(대법원 1983.2.22. 82도2964).　　　　　　　　　　　　　　　　　　　　　　　　　　　　　　　　　　[×]

1478 뇌물죄에 있어서 금품을 수수한 장소가 공개된 장소이고, 금품을 수수한 공무원이 이를 부하직원들을 위하여 소비하였을 뿐 자신의 사리를 취한 바 없다 하더라도 그 뇌물성이 부인되지 않는다.

○ | ×

[15 경찰채용, 12 경찰채용] [Core ★★]

해설

대법원 1996.6.14. 96도865 부산 주차관리공단 과장 사건　　　　　　　　　　　　　　　　　[○]

1479 자동차를 뇌물로 제공한 경우 자동차등록원부에 뇌물수수자가 그 소유자로 등록되지 않았다고 하더라도 자동차의 사실상 소유자로서 자동차에 대한 실질적인 사용 및 처분권한이 있다면 자동차 자체를 뇌물로 취득한 것으로 보아야 한다.　　　　　　　　　　　　　　　　　　　　　　○ | ×

[17 법원행시, 17 경찰승진] [Core ★★]

해설

대법원 2006.5.26. 2006도1716 뇌물 BMW 사건 II　　　　　　　　　　　　　　　　　　　　[○]

1480 뇌물죄에서 직무라 함은 공무원이 법령상 관장하는 직무 그 자체뿐만 아니라 그 직무와 밀접한 관계가 있는 행위 또는 관례상이나 사실상 소관하는 직무행위 및 결정권자를 보좌하거나 영향을 줄 수 있는 직무행위도 포함된다. ○│×

[15 법원9급, 13 법원행시, 12 국가7급, 12 경찰채용, 11 국가9급, 11 경간부] [Core ★★]

해설

대법원 2011.6.10. 2011도4260 수방사 공사담당관 사건 [○]

1481 뇌물죄에서 직무라 함은 공무원이 그 지위에 수반하여 공무로서 처리하는 일체의 직무를 말하며, 과거에 담당하였거나 또는 장래 담당할 직무 및 사무분장에 따라 현실적으로 담당하지 않는 직무라고 하더라도 법령상 일반적인 직무권한에 속하는 직무 등 공무원이 그 직위에 따라 공무로 담당할 일체의 직무를 말한다. ○│×

[17 국가9급, 14 변호사, 14 경찰채용, 12 경찰승진, 11 법원9급] [Core ★★]

해설

대법원 2013.11.28. 2013도10011 부산 하수슬러지 뇌물사건 [○]

1482 공무원의 직무와 금원의 수수가 전체적으로 대가관계에 있으면 뇌물수수죄가 성립하고, 특별히 청탁의 유무, 개개의 직무행위의 대가적 관계를 고려할 필요는 없으나 그 직무행위는 특정된 것임을 요한다. ○│×

[17 국가9급, 17 경간부, 17 경찰채용, 16 경간부, 14 경찰채용, 12 국가7급, 12 경찰채용, 11 법원행시, 11 경간부] [Core ★★]

해설

공무원의 직무와 금원의 수수가 전체적으로 대가관계에 있으면 뇌물수수죄가 성립하고, 특별히 청탁의 유무, 개개의 직무행위의 대가적 관계를 고려할 필요는 없으며 또한 그 직무행위가 특정된 것일 필요도 없다(대법원 2011. 12.8. 2010도15628 서울시의회 부위원장 수뢰사건). [×]

1483 다음 중 직무관련성이 인정되어 뇌물죄가 성립하는 것은 모두 4개다.　　　　○｜✕

[Superlative ★★★]

> ㉠ 법원의 참여주사인 피고인이 형량을 감경케 하여 달라는 청탁과 함께 금품을 수수한 경우 [14 변호사]
> ㉡ 경찰관 甲이 재건축조합 직무대행자인 A에 대한 진정사건을 수사하면서 진정인 측에 의하여 재건축 설계업체로 선정되기를 희망하던 건축사사무소 대표 乙로부터 금원을 수수한 경우 [15 경찰승진, 12 경간부, 11 경찰승진]
> ㉢ 경찰서 경비과 교통지도계 경찰관인 피고인 甲이 피단속자인 乙로부터 운전면허가 취소되지 않도록 하여 달라는 청탁을 받고 금원을 교부받은 경우 [16 경찰채용, 15 경찰승진, 12 경간부, 11 경찰승진]
> ㉣ 경찰청 정보과에 근무하는 경찰관(경감)인 피고인 甲이 乙로부터 그가 경영하는 회사가 중소기업협동조합중앙회 회장인 丙에 의하여 외국인산업연수생에 대한 국내관리업체로 선정되는 데 힘써 달라는 부탁을 받고 금전 및 각종 향응을 받은 경우 [14 경찰채용, 11 경찰승진]
> ㉤ 경찰관인 피고인이 도박장개설 및 도박범행을 묵인하고 편의를 봐주는 데 대한 사례비 명목으로 금품을 수수하고 나아가 이를 단속하지 않은 경우

해설

㉡㉢㉤ 3 항목의 경우 뇌물죄가 성립한다.
㉠ 형사사건의 양형이 참여주사의 직무와 밀접한 관계가 있는 사무라고는 할 수 없으므로 **참여주사가 형량을 감경케 하여 달라는 청탁과 함께 금품을 수수하였다고 하더라도 뇌물수수죄의 주체가 될 수 없다**(대법원 1980. 10.14. 80도1373 공판 참여주사 사건).
㉡ 乙이 甲에게 금원을 교부한 데에는 진정인 측으로부터 설계용역을 수주받을 수 있는 유리한 방향으로 A에 대한 사건처리를 해 달라는 취지가 전제 내지 포함되었다고 보아야 할 것이므로 금원의 수수와 甲의 진정사건 수사와의 관련성을 배척할 수 없다(대법원 2007.4.27. 2005도4204 재건축조합 진정사건).
㉢ 운전면허취소업무가 甲이 현실적으로 담당하지 않은 직무라거나 금원의 수수시기가 甲이 단속에 관하여 작성한 서류를 인계한 후라고 하더라도 직무와의 관련성을 부정할 수 없다(대법원 1999.11.9. 99도2530 면허취소 관련 수뢰사건).
㉣ 피고인 甲이 직무를 통하여 위 국내관리업체 선정에 어떠한 영향을 준다고는 할 수 없으므로 중소기업협동조합중앙회장의 국내관리업체 선정은 甲의 직무와 관련성이 있다고 할 수 없다(대법원 1999.6.11. 99도275 경찰청 정보과 경감 사건).
㉤ 경찰관으로서 직무에 위배되는 부정한 행위를 한 것이라 할 것이고, 비록 피고인이 경찰서 교통계에 근무하고 있어 도박범행의 수사 등에 관한 구체적인 사무를 담당하고 있지 아니하였다 하여도 달리 볼 것은 아니다(대법원 2003.6.13. 2003도1060 교통계 경찰 도박범행 묵인사건).　　[✕]

1484 다음 중 직무관련성이 인정되어 뇌물죄가 성립하는 것은 모두 2개다. ○|×

[Superlative ★★★]

> ㉠ 군의회 의장선거에서의 투표권을 가지고 있는 군의원들이 이와 관련하여 금품 등을 수수한 경우 [15 경찰승진, 11 경찰승진]
> ㉡ 문교부 편수국(編修局) 공무원인 피고인들이 교과서의 내용검토 및 개편수정 작업을 의뢰 받고 그에 소요되는 비용을 받은 경우 [15 경찰승진, 12 경간부]
> ㉢ 국회의원인 피고인 甲이 치과의사협회장인 乙로부터 의과병원의 비급여율과 관련된 의료보수표의 제공을 부탁받고 후원금 명목으로 1,000만원을 지급받은 경우 [12 경간부, 11 국가7급]
> ㉣ 대한민국 국적선사의 선박에 관한 업무를 처리하는 해운정책과 소속 공무원인 피고인 甲이 乙 등으로부터 중국 국적 선사인 단동국제항운 유한공사의 선박에 대한 운항허가를 받을 수 있도록 노력해 달라는 부탁을 받고 금원을 수수한 경우 [14 경찰채용, 13 경찰채용, 12 경간부]
> ㉤ 국립대학교 부설 연구소가 국가와는 별개의 지위에서 연구소라는 단체의 명의로 체결한 어업피해조사 용역계약상의 과업 내용에 의하여, 국립대학교 교수인 피고인이 위 연구소 소속 연구원으로서 조사용역업무를 수행하면서 금품을 받은 경우 [11 경찰채용]

해설

> ㉠㉢ 2 항목의 뇌물죄가 성립한다.
> ㉠ 군의원으로서의 직무와 관련된 것이라 할 것이므로 뇌물죄가 성립한다(대법원 2002.5.10. 2000도2251 성주 군의회 의장선거 사건).
> ㉡ 교과서의 내용검토 및 개편수정은 발행자나 저작자의 책임에 속하는 것이고 이를 문교부 편수국 공무원인 피고인들의 직무에 속한다고 할 수 없으므로 직무에 관한 뇌물로서 부정하게 수수한 것이라고 볼 수 없다(대법원 1979.5.22. 78도296).
> ㉢ 1,000만원은 피고인의 직무권한 행사에 대한 대가로서의 실체를 가진다(대법원 2009.5.14. 2008도8852 김춘진 의원 사건).
> ㉣ 해운정책과의 업무는 대한민국 국적선사의 선박에 관한 것일 뿐 외국 국적선사의 선박에 대한 행정처분에 관한 것은 포함되어 있지 않고 또한 외국 국적선사의 선박에 대한 구체적인 행정처분은 해운 정책과 소속 공무원에게 이를 좌우할 수 있는 어떠한 영향력이 있다고 할 수도 없으므로, 직무관련성이 없어 수뢰죄는 성립하지 아니한다(대법원 2011.5.26. 2009도2453 해운정책과 과장 수뢰사건).
> ㉤ 국립대학교 교수가 연구소 소속 연구원으로서 수행하는 조사용역업무는 교육공무원의 직무 또는 그와 밀접한 관계가 있거나 그와 관련된 행위에 해당한다고 볼 수 없다(대법원 2002.5.31. 2001도670 해양산업연구소 연구원 사건). [○]

1485 뇌물은 직무에 관한 행위의 대가로서의 불법한 이익을 말하므로 직무와 관련 없이 단순히 사교적인 예의로서 하는 증여는 뇌물이라고 할 수 없으나, 직무행위와의 대가관계가 인정되는 경우에는 비록 사교적 예의의 명목을 빌더라도 뇌물성을 부정할 수 없다. ○|×

[12 경찰채용, 11 국가9급, 11 경찰승진] [Essential ★]

해설

> 대법원 1999.7.23. 99도390 한국컴퓨터산업중앙회 이사 사건 [○]

1486 피고인이 먼저 뇌물을 요구하여 증뢰자가 제공하는 돈을 받았다면 피고인에게는 받은 돈 전부에 대한 영득의 의사가 인정된다고 하지 않을 수 없고, 뇌물을 수령한 이상 그 액수가 피고인이 예상한 것보다 너무 많은 액수여서 후에 이를 반환하였다고 하더라도 뇌물죄의 성립에는 영향이 없다.   ○│×

[15 법원행시] [Essential ★]

해설

대법원 2007.3.29. 2006도9182   [○]

1487 뇌물수수죄에서 말하는 '수수'란 받는 것, 즉 뇌물을 취득하는 것이고 여기에서 취득이란 뇌물에 대한 사실상의 처분권을 획득하는 것을 의미하고, 뇌물인 물건의 법률상 소유권까지 취득하여야 하는 것은 아니다.   ○│×

[Core ★★]

해설

대법원 2019.8.29. 2018도13792 숲승 국정농단 최00 사건 (同旨 대법원 2019.8.29. 2018도2738 숲승 국정농단 부회장 사건).   [○]

1488 공무원이 뇌물공여자로 하여금 그 공무원과 공동정범 관계에 있는 비공무원에게 뇌물을 공여하게 한 경우 공무원과 비공무원은 제3자뇌물수수죄의 공동정범으로서의 죄책을 진다.   ○│×

[Core ★★]

해설

공무원이 뇌물공여자로 하여금 공무원과 뇌물수수죄의 공동정범 관계에 있는 비공무원에게 뇌물을 공여하게 한 경우에는 공동정범의 성질상 공무원 자신에게 뇌물을 공여하게 한 것으로 볼 수 있고, 공무원과 공동정범 관계에 있는 비공무원은 제3자뇌물수수죄에서 말하는 제3자가 될 수 없으므로 공무원과 공동정범 관계에 있는 비공무원이 뇌물을 받은 경우에는 공무원과 함께 뇌물수수죄의 공동정범이 성립하고 제3자뇌물수수죄는 성립하지 않는다 (대법원 2019.8.29. 2018도13792 숲승 국정농단 사건). (同旨 대법원 2019.8.29. 2018도2738 숲승 국정농단 부회장 사건)   [×]

1489 제3자뇌물수수죄에서 제3자란 행위자와 공동정범 및 교사자와 방조자 이외의 사람을 말한다.   ○│×

[22 변호사] [Superlative ★★★]

해설

제3자뇌물수수죄에서 제3자란 행위자와 공동정범 이외의 사람을 말하고, 교사자나 방조자도 포함될 수 있다(대법원 2017.3.15. 2016도19659 이천시 건축민원 담당 공무원 사건).   [×]

1490 금품이나 이익 전부에 관하여 뇌물수수죄의 공동정범이 성립한 이후에 뇌물이 실제로 공동 정범인 공무원 또는 비공무원 중 누구에게 귀속되었는지는 이미 성립한 뇌물수수죄에 영향을 미치지 않는다.

○ | ×

[Essential ★]

해설

> 대법원 2019.8.29. 2018도13792 全合 국정농단 사건 (同旨 대법원 2019.8.29. 2018도2738 全合 국정농단 사건).　　　　　　　　　　　　　　　　　　　　　　　　　　　　　　　　[○]

1491 뇌물약속죄에 있어서 뇌물의 '약속'은 양 당사자 사이의 뇌물수수의 합의를 말하고, 여기에서 '합의'란 그 방법에 아무런 제한이 없고 명시적일 필요도 없을 뿐만 아니라, 장래 공무원의 직무와 관련하여 뇌물을 주고받겠다는 양 당사자의 의사표시가 확정적으로 합치할 필요도 없다.

○ | ×

[17 법원9급, 14 경간부] [Superlative ★★★]

해설

> 뇌물약속죄에 있어서 뇌물의 '약속'은 양 당사자 사이의 뇌물수수의 합의를 말하고, 여기에서 '합의'란 그 방법에 아무런 제한이 없고 명시적일 필요도 없지만, 장래 공무원의 직무와 관련하여 뇌물을 주고받겠다는 양 당사자의 의사표시가 확정적으로 합치하여야 한다(대법원 2012.11.15. 2012도9417 스파힐스 골프장 사건).　　　[×]

1492 뇌물약속죄에 있어서 뇌물의 목적물인 이익은 약속 당시에 현존할 필요는 없고 약속 당시에 예기할 수 있는 것이라도 무방하며, 뇌물의 목적물이 이익인 경우에는 그 가액이 확정되어 있지 않아도 뇌물약속죄가 성립하는 데는 영향이 없다.

○ | ×

[17 법원9급, 17 국가9급, 13 경찰승진, 11 경찰승진] [Core ★★]

해설

> 대법원 2001.9.18. 2000도5438 안성토지 강화토지 사건　　　　　　　　　　　　　　[○]

1493 공무원이 직무에 관하여 부정한 청탁을 받고 제3자에게 뇌물을 공여하게 하는 경우, 뇌물을 받는 제3자가 뇌물임을 인식하지 않으면 제3자뇌물수수죄는 성립하지 아니한다.

○ | ×

[Core ★★]

해설

> 제3자뇌물수수죄에서 뇌물을 받는 제3자가 뇌물임을 인식할 것을 요건으로 하지 않는다(대법원 2019.8.29. 2018도13792 全合 국정농단 사건). (同旨 대법원 2019.8.29. 2018도2738 全合 국정농단 사건)　　　[×]

1494 공무원이 직접 뇌물을 받지 아니하고 증뢰자로 하여금 다른 사람에게 뇌물을 공여하도록 한 경우라면 비록 다른 사람이 공무원의 사자(使者) 또는 대리인으로서 뇌물을 받은 경우 등과 같이 사회통념상 다른 사람이 뇌물을 받은 것을 공무원이 직접 받은 것과 같이 평가할 수 있는 관계가 있는 경우라도 형법 제129조 제1항의 뇌물수수죄가 아니라 형법 제130조의 제3자뇌물제공죄가 성립한다. ○│×

[17 경찰승진, 13 법원9급, 13 경찰채용, 12 변호사, 12 경찰채용] [Essential ★]

해설

> 공무원이 직접 뇌물을 받지 아니하고 증뢰자로 하여금 다른 사람에게 뇌물을 공여하도록 한 경우라도 다른 사람이 공무원의 사자(使者) 또는 대리인으로서 뇌물을 받은 경우 등과 같이 사회통념상 다른 사람이 뇌물을 받은 것을 공무원이 직접 받은 것과 같이 평가할 수 있는 관계가 있는 경우에는 형법 제129조 제1항 뇌물수수죄가 성립한다(대법원 2011.11.24. 2011도9585 정비사업전문관리업체 비리 사건). [×]

1495 乙과 丙이, 甲이 주식 대부분을 소유하고 실질적으로 경영하고 있는 (가)회사와 (나)회사 및 甲이 대표이사로 있는 (다)회사에 대하여 금품을 무이자로 대여하게 하거나 용역비를 지급한 경우 형법 제130조의 제3자뇌물제공죄가 성립한다. ○│×

[11 법원행시] [Essential ★]

해설

> (1) 임·직원이 법인인 정비사업전문관리업자를 사실상 1인 회사로서 개인기업과 같이 운영하거나 사회통념상 정비사업전문관리업자에 뇌물을 공여한 것이 그 임·직원에게 공여한 것과 같다고 볼 수 있을 정도로 경제적·실질적 이해관계를 같이하는 것으로 평가되는 경우에는 형법 제129조 제1항의 뇌물수수죄가 성립한다. (2) 사회통념상 甲에게 직접 공여한 것으로 볼 수 있으므로 乙, 丙에 대하여는 형법 제133조 제1항, 제129조 제1항의 뇌물공여죄가 성립한다(대법원 2008.9.25. 2008도2590 코오롱건설 수주비리사건). [×]

1496 공무원 甲이 A주식회사로부터 뇌물을 받은 후 A회사에 유리하게 관계 법령을 해석하여 감액처분을 하였는데, 과세 대상에 관한 규정이 명확하지 않고 그에 관한 확립된 선례도 없어 甲의 처분이 위법하지 않은 경우 甲에게 수뢰 후 부정처사죄가 성립하지 않는다. ○│×

[18 국가9급] [Superlative ★★★]

해설

> 과세 대상에 관한 규정이 명확하지 않고 그에 관한 확립된 선례도 없었던 경우, 공무원이 주식회사로부터 뇌물을 받은 후 관계 법령에 대한 충분한 연구, 검토 없이 위 회사에 유리한 쪽으로 법령을 해석하여 감액처분하였더라도 위 감액처분이 위법하지 않으면 그 공무원이 수뢰 후 '부정한 행위'를 한 것으로서 수뢰 후 부정처사죄를 범하였다고 볼 수는 없다(대법원 1995.12.12. 95도2320). [○]

1497 알선수뢰죄에서 '공무원이 그 지위를 이용하여'라 함은 당해 직무를 처리하는 공무원과 직접, 간접의 연관관계를 가지고 법률상 또는 사실상 영향력을 미칠 수 있는 지위에 있는 공무원이 그 지위를 이용하는 경우를 말한다고 할 것이고 단지 공무원의 신분만 있으면 족하다고는 할 수 없다. O | X

[17 국가7급, 16 변호사] [Core ★★]

해설

> 대법원 1983.8.23. 82도956 경북 사회체육과 보건계 → 경북 보건과 식품위생계 사건 [O]

1498 알선수뢰죄에서 '공무원이 그 지위를 이용하여'라 함은 친구, 친족관계 등 사적인 관계를 이용하는 경우에는 이에 해당한다고 할 수 없으나, 다른 공무원이 취급하는 사무의 처리에 법률상이거나 사실상으로 영향을 줄 수 있는 관계에 있는 공무원이 그 지위를 이용하는 경우에는 이에 해당하므로 그 사이에 상하관계, 협동관계, 감독권한 등의 특수한 관계가 있어야 한다. O | X

[17 법원행시, 13 경찰채용, 11 법원9급] [Core ★★]

해설

> 알선수뢰죄에서 '공무원이 그 지위를 이용하여'라 함은 친구, 친족관계 등 사적인 관계를 이용하는 경우에는 이에 해당한다고 할 수 없으나, 다른 공무원이 취급하는 사무의 처리에 법률상이거나 사실상으로 영향을 줄 수 있는 관계에 있는 공무원이 그 지위를 이용하는 경우에는 이에 해당하고, 그 사이에 상하관계, 협동관계, 감독권한 등의 특수한 관계가 있음을 요하지 않는다(대법원 2006.4.27. 2006도735 광주시 의원 → 광주시 의원과 공무원 사건). [X]

1499 알선행위는 반드시 알선의 상대방인 다른 공무원이나 그 직무의 내용이 구체적으로 특정될 필요까지는 없지만, 뇌물을 수수할 당시 상대방에게 알선에 의하여 해결을 도모하여야 할 현안은 존재하여야 한다. O | X

[17 법원행시, 15 법원9급, 14 경간부, 12 국가7급, 12 경찰채용, 11 법원9급] [Superlative ★★★]

해설

> 알선행위는 장래의 것이라도 무방하므로 알선뇌물수수죄가 성립하기 위하여는 뇌물을 수수할 당시 반드시 상대방에게 알선에 의하여 해결을 도모하여야 할 현안이 존재하여야 할 필요가 없다(대법원 2013.4.11. 2012도16277 신재민 문광부차관 사건). [X]

1500 상대방으로 하여금 뇌물을 수수하는 자에게 잘 보이면 손해를 입을 염려가 없다는 정도의 막연한 기대감을 갖게 하고, 뇌물을 수수하는 자도 상대방이 그러한 기대감을 가질 것이라고 짐작하면서 뇌물을 수수하였다면 알선수뢰죄가 성립한다. O | X

[19 국가9급] [Superlative ★★★]

해설

> 알선뇌물수수죄가 성립하려면 알선할 사항이 다른 공무원의 직무에 속하는 사항으로서 뇌물수수의 명목이 그 사항의 알선에 관련된 것임이 어느 정도는 구체적으로 나타나야 한다. 단지 상대방으로 하여금 뇌물을 수수하는 자에게 잘 보이면 어떤 도움을 받을 수 있다거나 손해를 입을 염려가 없다는 정도의 막연한 기대감을 갖게 하는 정도에 불과하고, 뇌물을 수수하는 자 역시 상대방이 그러한 기대감을 가질 것이라고 짐작하면서 수수하였다는 사정만으로는 알선뇌물수수죄가 성립하지 않는다(대법원 2017.12.22. 2017도12346 진경준 검사장 사건). [×]

1501 형법 제133조 제2항의 증뇌물전달죄의 주체는 비공무원을 예정한 것이므로 공무원은 비록 직무와 관계되지 않는 범위 내라고 하더라도 본죄의 주체가 될 수 없다. ○|×

[17 국가7급] [Superlative ★★★]

해설

> 형법 제133조 제2항의 제3자의 증뇌물전달죄는 제3자가 증뢰자로부터 교부받은 금품을 수뢰할 사람에게 전달하였는지의 여부에 관계없이 제3자가 그 정을 알면서 금품을 교부받음으로써 성립하는 것이고, 본죄의 주체는 비공무원을 예정한 것이나 공무원일지라도 직무와 관계되지 않는 범위 내에서는 본죄의 주체에 해당될 수 있다(대법원 2007.7.27. 2007도3798 부천시 허위출장복명서 사건). [×]

1502 제3자가 증뢰자로부터 교부받은 금품을 수뢰할 사람에게 전달한 경우, 증뇌물전달죄 외에 별도로 뇌물공여죄가 성립한다. ○|×

[16 변호사, 16 법원9급, 16 경간부, 14 법원행시, 12 변호사, 12 경찰승진, 11 국가7급] [Essential ★]

해설

> 형법 제133조 제2항의 제3자의 증뇌물전달죄는 제3자가 증뢰자로부터 교부받은 금품을 수뢰할 사람에게 전달하였는지의 여부에 관계 없이 제3자가 그 정을 알면서 금품을 교부받음으로써 성립하는 것이며, 나아가 제3자가 그 교부받은 금품을 수뢰할 사람에게 전달하였다고 하여 증뇌물 전달죄 외에 별도로 뇌물공여죄가 성립하는 것은 아니다(대법원 1997.9.5. 97도1572). [×]

1503 공무원이 그 직무에 관하여 금전을 무이자로 차용한 경우에는 그 차용 당시에 금융이익 상당의 뇌물을 수수한 것으로 보아야 하므로 공소시효는 금전을 무이자로 차용한 때로부터 기산한다. ○|×

[16 경찰승진, 16 경간부, 14 법원행시, 13 법원9급, 13 경찰승진, 13 경찰채용] [Essential ★]

해설

> 대법원 2012.2.23. 2011도7282 1억 무이자 차용사건 [○]

1504 수인이 공동하여 뇌물수수죄를 범한 경우에 공범자는 자기의 수뢰액에 대해서만 죄책을 부담할 뿐, 다른 공범자의 수뢰액에 대하여는 그 죄책을 지지 아니한다. ○│×

[12 경찰채용, 11 경찰승진] [Core ★★]

해설

수인이 공동하여 뇌물수수죄를 범한 경우에 공범자는 자기의 수뢰액뿐만 아니라 다른 공범자의 수뢰액에 대하여도 그 죄책을 면할 수 없는 것이므로, 특가법 제2조 제1항의 적용 여부를 가리는 수뢰액을 정함에 있어서는 그 공범자 전원의 수뢰액을 합한 금액을 기준으로 하여야 할 것이고, 각 공범자들이 실제로 취득한 금액이나 분배받기로 한 금액을 기준으로 할 것이 아니다(대법원 1999.8.20. 99도1557). [×]

제3절 공무방해의 죄

1505 자활근로자로 선정되어 사회복지담당 공무원의 복지도우미로 근무하는 사람은 공무집행방해죄의 공무원에 해당하지 않는다. ○│×

[18 경간부] [Essential ★]

해설

대법원 2011.1.27. 2010도14484 복지도우미 사건 [○]

1506 공무집행방해죄에서 '폭행'은 사람에 대한 유형력의 행사로 족하고 반드시 그 신체에 대한 것임을 요하지 아니하며 또한 추상적 위험범으로서 구체적으로 직무집행의 방해라는 결과 발생을 요하지도 아니한다. ○│×

[19 법원행시, 19 법원9급, 18 경찰채용] [Essential ★]

해설

대법원 2018.3.29. 2017도21537 주차장 행패 사건 [○]

1507 야간 당직 근무중인 청원경찰이 불법주차 단속요구에 응하여 현장을 확인만 하고 주간 근무자에게 전달하여 단속하겠다고 했다는 이유로 민원인인 피고인이 청원경찰을 폭행한 경우 공무집행방해죄가 성립한다. ○│×

[14 경찰채용] [Essential ★]

해설

야간 당직 근무자는 불법주차 단속권한은 없지만 민원 접수를 받아 다음날 관련 부서에 전달하여 처리하고 있으므로 불법주차 단속업무는 야간 당직 근무자들의 민원업무이자 경비업무로서 공무집행방해죄의 '직무집행'에 해당하여 공무집행방해죄가 성립한다(대법원 2009.1.15. 2008도9919 야간당직 청원경찰 폭행사건). [○]

1508 피고인이, 노동조합 관계자들과 사용자측 사이의 다툼을 수습하려 하였으나 노동조합측이 지시에 따르지 않자 경비실 밖으로 나와 회사의 노사분규 동향을 파악하거나 파악하기 위해 대기 또는 준비 중이던 근로감독관을 폭행한 경우 공무집행방해죄가 성립한다. O | X

[15 법원9급] [Essential ★]

해설

> 경비실 밖으로 나와 회사의 노사분규 동향을 파악하거나 파악하기 위해 대기 또는 준비 중이던 근로감독관을 폭행한 행위는 공무집행방해죄를 구성한다(대법원 2002.4.12. 2000도3485 근로감독관 폭행사건). [O]

1509 불법주차단속원 A가 피고인 甲의 차량에 불법주차 스티커를 붙였으나 甲이 휠체어를 탄 장애인이라는 것을 알고서 그 스티커를 다시 떼어 냈음에도, 甲이 과태료 스티커를 붙였다는 이유로 A의 치마를 양손으로 잡아당겨 찢고 휠체어로 다리를 부딪치게 하여 상해를 가한 경우 공무집행방해죄가 성립한다. O | X

[16 경찰승진, 14 법원9급, 14 경찰채용, 13 경찰채용] [Essential ★]

해설

> 甲의 폭행 당시 A는 일련의 직무수행을 위하여 근무중인 상태에 있었다고 봄이 상당하다(대법원 1999.9.21. 99도383 주차단속원 폭행사건). [O]

1510 공무원의 어떠한 공무집행이 적법한지 여부는 행위 당시의 구체적 상황에 기하여 객관적·합리적으로 판단할 것이 아니라 사후적으로 순수한 객관적 기준에서 판단하여야 한다. O | X

[17 경찰승진, 15 법원행시, 15 법원9급, 15 경찰채용, 12 경찰채용, 11 경찰채용] [Core ★★]

해설

> 공무원의 어떠한 공무집행이 적법한지 여부는 행위 당시의 구체적 상황에 기하여 객관적·합리적으로 판단하여야 하고 사후적으로 순수한 객관적 기준에서 판단할 것은 아니다. 마찬가지로 현행범체포의 적법성은 체포 당시의 구체적 상황을 기초로 객관적으로 판단하여야 하고, 사후에 범인으로 인정되었는지에 의할 것은 아니다(대법원 2013.8.23. 2011도4763 화전민식당 사건). [X]

1511 공무집행방해죄에서 폭행이라 함은 공무원에 대한 직접적인 유형력의 행사뿐 아니라 간접적인 유형력의 행사도 포함한다. O | X

[13 경찰채용] [Essential ★]

해설

> 대법원 1998.5.12. 98도662 군수불신임결의안 채택 방해사건 [O]

1512 공무원의 직무 수행에 대한 비판이나 시정 등을 요구하는 집회·시위 과정에서 합리적 범위를 넘어서 고통을 줄 의도로 음향을 이용하였다고 하더라도 이를 공무집행방해죄에서 말하는 폭행이라고 할 수 없다. ○|×

[14 법원9급, 12 국가7급, 12 경간부, 11 국가7급, 11 경간부] [Core ★★]

해설

(1) 음향으로 상대방의 청각기관을 직접적으로 자극하여 육체적·정신적 고통을 주는 행위도 유형력의 행사로서 폭행에 해당할 수 있다. (2) 공무원의 직무 수행에 대한 비판이나 시정 등을 요구하는 집회·시위 과정에서 일시적으로 상당한 소음이 발생하였다는 사정만으로는 이를 공무집행방해죄에서의 음향으로 인한 폭행이 있었다고 할 수는 없을 것이나, 그와 같은 의사 전달수단으로서 합리적 범위를 넘어서 상대방에게 고통을 줄 의도로 음향을 이용하였다면 이를 폭행으로 인정할 수 있다(대법원 2009.10.29. 2007도3584 용산구청앞 시위사건). [×]

1513 공무집행방해죄에서 협박이라 함은 상대방에게 공포심을 일으킬 목적으로 해악을 고지하는 행위를 의미하는 것으로서 고지하는 해악의 내용이 객관적으로 상대방으로 하여금 공포심을 느끼게 하는 것이어야 하고, 그 협박이 경미하여 상대방이 전혀 개의치 않을 정도인 경우에는 협박에 해당하지 않는다. ○|×

[15 경찰채용, 14 국가9급, 12 법원행시, 11 경찰승진] [Core ★★]

해설

대법원 2011.2.10. 2010도15986 김상현 목포수협조합장 사건 [○]

1514 공무집행방해죄에 있어서의 범의는 상대방이 직무를 집행하는 공무원이라는 사실 그리고 이에 대하여 폭행 또는 협박을 가하여 그 직무집행을 방해한다는 인식과 의사를 그 내용으로 한다. ○|×

[16 경찰채용, 15 경찰채용, 12 경찰승진, 11 경찰승진, 11 경간부] [Essential ★]

해설

공무집행방해죄에 있어서의 범의는 상대방이 직무를 집행하는 공무원이라는 사실, 그리고 이에 대하여 폭행 또는 협박을 한다는 사실을 인식하는 것을 그 내용으로 하고, 그 인식은 불확정적인 것이라도 소위 미필적 고의가 있다고 보아야 하며, 그 직무집행을 방해할 의사를 필요로 하지 아니하다(대법원 2012.5.24. 2010도11381 망원 송전탑+이화여대 사건). [×]

1515 위계에 의한 공무집행방해죄가 성립되려면 자기의 위계행위로 인하여 공무집행을 방해하려는 의사가 있을 경우에 한한다고 보는 것이 상당하다. ○|×

[17 경찰승진, 13 경간부, 12 경찰채용] [Essential ★]

해설

대법원 1970.1.27. 69도2260 [○]

1516 행범인으로서의 요건을 갖추고 있었다고 인정되지 않는 상황에서 경찰관들이 동행을 거부하는 자를 체포하거나 강제로 연행하려고 하였다면 이는 적법한 공무집행이라고 볼 수 없다. ○│×

[18 경간부, 16 법원승진, 16 경찰채용, 15 경찰승진] [Essential ★]

해설

대법원 2002.5.10. 2001도300 [○]

1517 음주운전 신고를 받고 출동한 경찰관 P가 시동이 걸린 차량 운전석에 앉아있던 만취한 甲을 발견하고 음주측정을 위하여 하차를 요구하자 甲이 운전하지 않았다고 다투었고, 이에 P가 차량 블랙박스 확인을 위해 경찰서로 임의동행할 것을 요구하자, 甲이 차량에서 내리자마자 도주하여 P가 이미 착수한 음주측정 직무를 계속하기 위하여 甲을 10미터 정도 추격하여 도주를 제지한 것은 정당한 직무집행에 해당한다. ○│×

[23 경찰간부] [Core ★★]

해설

음주운전 신고를 받고 출동한 경찰관이 만취한 상태로 시동이 걸린 차량 운전석에 앉아있는 피고인을 발견하고 음주측정을 위해 하차를 요구한 경우 도로교통법 제44조 제2항이 정한 음주측정에 관한 직무에 착수하였다고 할 것이고, 피고인이 차량을 운전하지 않았다고 다투자 경찰관이 지구대로 가서 차량 블랙박스를 확인하자고 한 것은 음주측정에 관한 직무 중 '운전' 여부 확인을 위한 임의동행 요구에 해당하고, 피고인이 차량에서 내리자마자 도주한 것을 임의동행 요구에 대한 거부로 보더라도 경찰관이 음주측정에 관한 직무를 계속하기 위하여 피고인을 추격하여 도주를 제지한 것은 도로교통법상 음주측정에 관한 일련의 직무집행 과정에서 이루어진 행위로써 정당한 직무집행에 해당한다(대법원 2020.8.20. 2020도7193 음주운전자 도주사건). [○]

1518 공무집행방해죄에 관한 다음 설명 중 옳지 않은 것은 모두 3개다. ○|×

[Superlative ★★★]

⊙ 공사현장 출입구 앞 도로 한복판을 점거하고 공사차량의 출입을 방해하던 피고인의 팔과 다리를 잡고 도로 밖으로 옮기려고 한 경찰관의 행위는 적법한 공무집행에 해당한다. [18 경간부]

ⓛ 경찰이, 서울 시청 앞 광장 등에서 개최될 예정이었던 집회에 참여하기 위하여 제천시 보양읍 주민자치센터 앞마당에서 출발하려고 하는 행위를 제지한 행위는 위법한 직무집행이라고 할 수 없다. [16 경찰채용, 11 국가7급]

ⓒ 체포장소와 시간, 체포사유 등 경찰관의 현행범인 체포경위 및 그에 대한 현행범인체포서와 범죄사실의 기재에 다소 차이가 있다고 하더라도 경찰관의 현행범인 체포행위를 부적법한 공무집행이라고는 할 수 없다. [17 경찰채용, 16 경간부, 16 경찰채용]

ⓔ 불심검문에 있어 검문하는 사람이 경찰관이고 검문하는 이유가 범죄행위에 관한 것임을 피고인이 충분히 알고 있었다고 보이는 경우라도 검문시 신분증을 제시하지 않았다고 한다면 그 불심검문은 위법한 공무집행에 해당한다. [16 경찰채용, 15 국가9급]

ⓜ 경찰관 등이 형집행장을 소지하지도 아니한 채 피고인을 구인할 목적으로 피고인의 주거지를 방문하여 임의동행의 형식으로 데리고 가다가 피고인이 임의동행을 거부하면서 다른 곳으로 가려는 것을 제지하면서 체포·구인하려고 한 것은 적법한 공무집행행위라고 할 수 없다. [17 법원행시, 14 법원행시, 13 경찰승진, 11 경찰승진]

ⓗ 인근에서 자전거를 이용한 날치기 사건이 발생한 직후 검문을 하던 경찰관들이 날치기 사건의 범인과 흡사한 인상착의인 피고인을 발견하고 앞을 가로막으며 진행을 제지한 행위는 목적 달성에 필요한 최소한의 범위 내에서 사회통념상 용인될 수 있는 상당한 방법에 의한 것으로 적법한 공무집행에 해당한다. [17 법원행시, 14 경찰채용, 13 경찰채용]

해설

ⓛⓔ 2 항목이 옳지 않다.

⊙ 대법원 2013.9.26. 2013도643 제주해군기지 공사장 연좌시위 사건

ⓛ (1) 비록 장차 특정 지역에서 위법한 집회·시위가 개최될 것이 예상된다고 하더라도, 이와 시간적·장소적으로 근접하지 않은 다른 지역에서 그 집회·시위에 참가하기 위하여 출발 또는 이동하는 행위를 함부로 제지하는 것은 행정상 즉시강제인 경찰관의 제지의 범위를 명백히 넘어서는 것이어서 허용될 수 없으므로, 이러한 제지 행위는 공무집행방해죄의 보호대상이 되는 공무원의 적법한 직무 집행에 포함될 수 없다. (2) 경찰이, 서울시청 앞 광장 등에서 개최될 예정이었던 집회에 참여하기 위하여 제천시 보양읍 주민자치센터 앞마당에서 출발하려고 하는 행위를 제지한 행위는 적법한 직무집행에 해당한다고 할 수 없다(대법원 2008.11.13. 2007도9794 상경시위 저지사건 Ⅰ).

ⓒ 대법원 2008.10.9. 2008도3640 내성지구대 사건

ⓔ 불심검문에 있어 검문하는 사람이 경찰관이고 검문하는 이유가 범죄행위에 관한 것임을 피고인이 충분히 알고 있었다고 보이는 경우에는 신분증을 제시하지 않았다고 하여 그 불심검문이 위법한 공무집행이라고 할 수 없다(대법원 2014.12.11. 2014도7976 카페 불심검문 사건).

ⓜ 대법원 2010.10.14. 2010도8591 울산 형집행장 불제시 사건

ⓗ 대법원 2012.9.13. 2010도6203 인천 부평 불심검문 사건

[×]

1519 법무부 의정부출입국관리소 소속 공무원 A 등이 공장장인 乙의 동의나 승낙 없이 공장에 들어가 그 공장 내에서 일하고 있던 甲 등을 상대로 불법체류자 단속업무를 개시한 경우, 이 불법체류자 단속업무는 적법한 공무집행행위로 볼 수 없어 甲이 A를 칼로 찌른 행위는 특수공무집행방해죄나 상해죄를 모두 구성하지 않는다. ○|×

[14 경찰채용] [Superlative ★★★]

해설

(1) 출입국관리공무원 등이 출입국관리법 제81조 제1항에 근거하여 제3자의 주거 또는 일반인의 자유로운 출입이 허용되지 아니한 사업장 등에 들어가 외국인을 상대로 조사하기 위해서는 그 주거권자 또는 관리자의 사전 동의가 있어야 한다. (2) 공무원 등의 불법체류자 단속업무는 적법한 공무집행행위로 볼 수 없어 甲이 A를 칼로 찌른 행위는 특수공무집행방해죄를 구성하지 않지만, 현재의 부당한 침해를 방어하기 위한 상당한 이유가 있는 행위로 볼 수 없어 상해죄는 성립한다(대법원 2009.3.12. 2008도7156 불법체류 방글라데시인 사건).　　　　　[×]

1520 정당한 사유 없이 보도에 천막을 설치하여 교통에 지장을 끼치는 등 도로법 제45조에 규정된 금지행위를 하는 데 대하여 도로 관리청 소속 공무원이 이를 제지하고 시설물의 설치를 완성하지 못하도록 막는 등의 행위는 포괄적인 도로관리권의 행사 범주에 속하므로, 그와 같이 공무집행을 하는 공무원에 대하여 폭행 등을 가한 행위는 공무집행방해죄를 구성한다.　　　　　○│×

[15 법원행시, 14 경찰채용] [Essential ★]

해설

대법원 2014.2.13. 2011도10625 평택시청 천막철거 사건　　　　　[○]

1521 다음 중 공무집행방해죄가 성립하는 것은 모두 2개다.　　　　　○│×

[Superlative ★★★]

　㉠ 경찰관의 임의동행을 요구받은 피고인이 자기 집 안방으로 피하여 문을 잠군 후, 방안에서 면도칼로 앞가슴 등을 그어 피를 보이면서 죽어버리겠다고 말한 경우 [16 경찰승진]
　㉡ 피고인이 노조원들과 함께 경찰관들이 파업투쟁 중인 공장에 진입할 경우에 대비하여 그들의 부재 중에 미리 윤활유나 철판조각을 바닥에 뿌려 놓아 경찰관들이 이에 미끄러져 넘어지거나 철판조각에 찔려 다친 경우 [17 경찰승진, 13 경찰승진, 13 경찰채용]
　㉢ 피고인이 차량을 일단 정차한 다음 경찰관의 운전면허증 제시요구에 불응하고 다시 출발하는 과정에서 경찰관이 잡고 있던 운전석 쪽의 열린 유리창 윗부분을 놓지 않은 채 어느 정도 진행하다가 차량속도가 빨라지자 더 이상 따라가지 못하고 손을 놓아버린 경우 [17 법원행시]
　㉣ 폭력행위 등 전과 12범인 피고인이 술집에서 떠들며 놀다가 주민의 신고를 받고 출동한 경찰로부터 "조용히 하라"는 주의를 받은 것 뿐인데, 그 후 새벽 4시에 파출소에까지 뒤쫓아가서 "우리 집에 무슨 감정이 있느냐, 이 순사 새끼들 죽고 싶으냐"는 등의 폭언을 한 경우 [17 법원행시]

해설

　㉣ 항목의 경우에만 공무집행방해죄가 성립한다.
　㉠ 자해, 자학행위는 될지언정 경찰관에 대한 유형력의 행사나 해악의 고지표시가 되는 폭행 또는 협박으로 볼 수 없다(대법원 1976.3.9. 75도3779).
　㉡ 경찰관들에 대한 유형력의 행사, 즉 폭행에 해당하는 것으로 볼 수 없어 특수공무집행방해치상죄는 성립하지 아니한다(대법원 2010.12.23. 2010도7412 쌍용차 평택공장 점거사건Ⅰ).
　㉢ 경찰관이 차량속도가 빨라지자 더 이상 따라가지 못하고 손을 놓아버렸다면 이러한 사실만으로는 공무집행방해죄에 있어서의 폭행에 해당한다고 할 수 없다(대법원 1996.4.26. 96도281 차량 그대로 진행사건).
　㉣ 이는 단순한 불만의 표시나 감정적인 욕설에 그친다고 볼 수 없고, 객관적으로 보아 상대방으로 하여금 공포심을 느끼게 하기에 족하다고 할 것이다(대법원 1989.12.26. 89도1204 순사 새끼들 사건).　　　　　[×]

1522 위계에 의한 공무집행방해죄에서 공무원의 직무집행이란 공권력의 행사를 내용으로 하는 권력적 작용을 말하고 사경제주체로서의 활동을 비롯한 비권력적 작용까지 이에 포함된다고 할 수 없다. ○|×

[17 경찰승진, 17 경찰채용, 15 경찰채용, 13 법원행시, 12 경찰승진, 12 경간부] [Essential ★]

해설

> 위계에 의한 공무집행방해죄에서 공무원의 직무집행이란 법령의 위임에 따른 공무원의 적법한 직무집행인 이상 공권력의 행사를 내용으로 하는 권력적 작용뿐만 아니라 사경제주체로서의 활동을 비롯한 비권력적 작용도 포함된다(대법원 2003.12.26. 2001도6349 감척어선 사건). [×]

1523 상대방에게 오인, 착각, 부지를 일으키게 하는 행위가 구체적인 직무집행을 저지하거나 현실적으로 곤란하게 하는 데까지는 이르지 않은 경우에는 위계에 의한 공무집행방해죄로 처벌할 수 없다. ○|×

[18 경간부, 17 법원9급, 17 경찰채용, 16 경찰채용, 11 경찰승진] [Core ★★]

해설

> 대법원 2015.2.26. 2013도13217 [O]

1524 다음 중 위계공무집행방해죄가 성립하는 것은 모두 2개다. ○|×

[Superlative ★★★]

> ㉠ 행정관청이 사실을 충분히 확인하지 아니한 채 출원자가 제출한 허위의 출원사유나 허위의 소명자료를 가볍게 믿고 인가 또는 허가를 한 경우 [16 법원행시, 16 경간부, 15 법원9급, 14 국가9급]
> ㉡ 출원자가 행정관청에 허위의 출원사유를 주장하면서 이에 부합하는 허위의 소명자료를 첨부하여 제출하여 허가관청이 관계 법령이 정한 바에 따라 인·허가요건의 존부 여부에 관하여 나름대로 충분히 심사를 하였으나 출원사유 및 소명자료가 허위임을 발견하지 못하여 인·허가처분을 하게 된 경우 [16 법원행시, 16 경간부, 15 법원9급, 14 국가9급]
> ㉢ 피의자 등이 수사기관에 대하여 허위사실을 진술하거나 피의사실 인정에 필요한 증거를 감추고 허위의 증거를 제출하였다고 하더라도 수사기관이 충분한 수사를 하지 아니한 채 허위의 진술과 증거만으로 증거의 수집·조사를 마친 경우 [14 법원행시, 14 국가7급]
> ㉣ 피의자 등이 적극적으로 허위의 증거를 조작하여 제출하고 그 증거 조작의 결과 수사기관이 그 진위에 관하여 나름대로 충실한 수사를 하더라도 제출된 증거가 허위임을 발견하지 못할 정도에 이른 경우 [14 법원행시, 14 국가7급]

해설

> ㉡㉣ 2 항목의 경우 위계공무집행방해죄가 성립한다.
> (1) 행정관청이 출원에 의한 인·허가처분을 함에 있어서는 그 출원사유가 사실과 부합하지 아니하는 경우가 있음을 전제로 하여 인·허가할 것인지의 여부를 심사, 결정하는 것이므로 ㉠ 행정관청이 사실을 충분히 확인하지 아니한 채 출원자가 제출한 허위의 출원사유나 허위의 소명자료를 가볍게 믿고 인가 또는 허가를 하였다면 이는 행정관청의 불충분한 심사에 기인한 것으로 서 출원자의 위계가 결과 발생의 주된 원인이었다고 할 수 없어 위계에 의한 공무집행방해죄를 구성하지 않는다고 할 것이지만 ㉡ 출원자가 행정관청에 허위의 출원사유를 주장하면서 이에 부합하는 허위의 소명자료를 첨부하여 제출한 경우 허가관청이 인·허가요건의 존부 여부에 관하여 나름대로 충분히 심사를 하였으나 출원사유 및 소명자료가 허위임을 발견하지 못하여 인·허가

처분을 하게 되었다면 이는 허가관청의 불충분한 심사가 그의 원인이 된 것이 아니라 출원인의 위계행위가 원인이 된 것이어서 위계에 의한 공무집행방해죄가 성립된다(대법원 2009.3.12. 2008도1321 산업기능요원 부정편입사건).

(2) 피의자 등이 수사기관에 대하여 허위사실을 진술하거나 피의사실 인정에 필요한 증거를 감추고 허위의 증거를 제출하였다고 하더라도 ⓒ 수사기관이 충분한 수사를 하지 아니한 채 허위의 진술과 증거만으로 증거의 수집·조사를 마쳤다면, 이는 수사기관의 불충분한 수사에 의한 것으로서 피의자 등의 위계에 의하여 수사가 방해되었다고 볼 수 없어 위계에 의한 공무집행 방해죄가 성립된다고 할 수 없다. ⓔ 그러나 피의자 등이 적극적으로 허위의 증거를 조작하여 제출하고 그 증거 조작의 결과 수사기관이 그 진위에 관하여 나름대로 충실한 수사를 하더라도 제출된 증거가 허위임을 발견하지 못할 정도에 이르렀다면, 이는 위계에 의하여 수사기관의 수사행위를 적극적으로 방해한 것으로서 위계에 의한 공무집행방해죄가 성립된다(대법원 2011.2.10. 2010도15986 김상현 목포수협조합장 사건). [○]

1525 등기신청인이 제출한 허위의 소명자료 등에 대하여 등기관이 나름대로 충분히 심사를 하였음에도 이를 발견하지 못하여 그 등기가 마쳐지게 되었다고 하더라도 위계에 의한 공무집행방해죄는 성립하지 아니한다. ○|×

[18 경간부, 17 법원행시, 17 법원9급, 17 국가7급, 16 법원행시] [Essential ★]

해설

등기신청은 단순한 '신고'가 아니라 그 신청에 따른 등기관의 심사 및 처분을 예정하고 있는 것이므로, 등기신청인이 제출한 허위의 소명자료 등에 대하여 등기관이 나름대로 충분히 심사를 하였음에도 이를 발견하지 못하여 그 등기가 마쳐지게 되었다면 위계에 의한 공무집행방해죄가 성립할 수 있다. 등기관이 등기신청에 대하여 부동산등기법상 그 등기신청에 필요한 서면이 제출되었는지 여부 및 제출된 서면이 형식적으로 진정한 것인지 여부를 심사할 권한은 갖고 있으나 그 등기신청이 실체법상의 권리관계와 일치하는지 여부를 심사할 실질적인 심사권한은 없다고 하여 달리 보아야 하는 것은 아니다(대법원 2016.1.28. 2015도17297 등기확인서면 허위무인 사건). [×]

1526 조선족인 피고인이 강제출국을 당한 후 중국의 담당 관청으로부터 이름과 생년월일을 변경한 호구부(戸口簿)를 발급받아, 이를 선양주재 대한민국 총영사관에 제출하여 사증을 발급받아 한국으로 입국한 후 서울출입국관리사무소로부터 외국인등록증을 발급받은 경우 위계 공무집행방해죄가 성립한다. ○|×

[13 법원행시] [Core ★★]

해설

사증 및 외국인등록증을 발급한 것이 행정청의 불충분한 심사로 인한 것이 아니라 피고인의 적극적인 위계에 의한 것으로서 위계에 의한 공무집행방해죄가 성립한다(대법원 2009.2.26. 2008도11862 조선족 신분세탁 사건). [○]

1527 이미 허가를 받아 적법하게 화물자동차 운송주선사업을 영위하는 피고인이 신고를 하는 과정에서 신고서에 허위사실을 기재하고 그에 관한 허위의 서류를 첨부하여 제출한 경우 위계공무집행방해죄가 성립한다.　　　　　　　　　　　　　　　　　　　　　　　　　　　　○|×

[17 경찰채용, 16 법원행시, 15 경찰채용, 12 경간부] [Core ★★]

해설

> 허위의 서류를 첨부하여 제출하였다고 하더라도 그로써 곧 구체적이고 현실적인 직무집행이 방해받았다고 볼 수 없을 뿐 아니라, 행정청이 신고내용의 진실성이나 첨부자료의 진위 여부를 조사하지 아니하여 허위신고에 대한 적정한 행정권의 행사에 나아가지 못하였다고 하더라도 그러한 결과가 허위신고로 인한 것이라고 보기도 어렵다(대법원 2011.9.8. 2010도7034 화물운송주선 사업자 사건 II). 　　　　　　　　　　[×]

1528 피고인 甲이 乙 등 3인과 공모하여 개인택시운송사업면허를 받는 데 필요한 운전경력증명서를 허위로 발급받게 해주고 이를 면허관청에 소명자료로 제출하게 하여 시장으로부터 개인택시운송사업면허를 받게 한 경우 위계공무집행방해죄가 성립한다.　　　　　　　　　　　　　　　　　○|×

[12 경간부, 12 경찰채용] [Core ★★]

해설

> 담당공무원이 출원사유를 충분히 심사하지 못한 결과에 다름없는 것이고 피고인의 행위로 인하여 담당공무원의 심사결정 업무집행이 방해되었다고 할 수 없다(대법원 1988.5.10. 87도2079 개인택시면허 취득 사건 I). 　　[×]

1529 피고인들은 개인택시운송사업 면허를 받은 지 5년이 지나지 아니하여 원칙적으로 개인택시 운송사업을 양도할 수 없는 사람 등과 공모하여, 질병이 있는 노숙자들로 하여금 그들이 개인택시운송사업을 양도하려고 하는 사람인 것처럼 위장하여 의사의 진료를 받게 한 뒤 양도인이 1년 이상의 질병에 걸려 있는 것으로 된 허위 진단서를 발급받고 이를 소명자료로 삼아 개인택시운송사업의 양도·양수 인가신청을 하여 행정청으로부터 인가처분을 받은 경우 위계공무집행방해죄가 성립한다.　　○|×

[17 경간부, 15 경찰승진, 15 경찰채용, 14 변호사, 11 경찰채용] [Essential ★]

해설

> 피고인들의 행위는 위계에 의한 공무집행방해죄에 해당한다(대법원 2002.9.10. 2002도2131 개인택시면허 양도·양수 사건 II). 　　　　　　　　　　　　　　　　　　　　　　　　　　　　　[○]

1530 (가)회사가 광주시가 발주하는 염주종합경기장 입찰에 대한 참가자격을 갖추지 못하였음에도, 피고인들이 공사실적에 관련된 사문서를 변조한 다음 이를 첨부한 실적증명발급요청서를 해외건설협회에 제출하여 위 입찰참가자격에 적합한 실적증명서를 받아내고, 이를 입찰참가신청서에 첨부하여 제출함으로써 (가)회사가 낙찰자로 결정되고 공사계약을 체결하게 된 경우 위계공무집행방해죄가 성립한다.　　　　　　　　　　　　　　　　　　　　　　　　　　　　　　　　　○|×

[14 경찰승진] [Core ★★]

해설

> 대법원 2003.10.9. 2000도4993 금호산업 허위실적증명 사건 　　　　　　　　　　[○]

1531 감척어선(減隻漁船) 제한경쟁입찰에 참가할 자격이 없는 피고인 甲이, 감척어선을 낙찰받아 어업을 계속할 의도에서 새로이 매수한 노후어선을 乙 앞으로 소유권을 형식적으로 이전한 다음, 마치 乙이 감척어선 입찰에 직접 참가하는 것처럼 가장하여 입찰참가신청서를 작성·제출하고, 乙의 대리인 자격으로 입찰에 참가하여 감척어선을 낙찰받아 그 어선에 대한 실질적인 소유권을 취득한 경우 위계에 의한 공무집행방해죄가 성립한다.　　　　　　　　　　　　　　　　　　　　　　　　○│×

<u>해설</u>

> 대법원 2003.12.26. 2001도6349 감척어선 사건　　　　　　　　　　　　　　　　　　　[○]

1532 수사기관에 대하여 피의자가 허위자백을 하거나 참고인이 허위의 진술을 한 경우 위계공무집행방해죄가 성립한다.　　　　　　　　　　　　　　　　　　　　　　　　　　　　　　　　　　○│×

[14 국가7급, 11 법원행시] [Essential ★]

<u>해설</u>

> 위계에 의한 공무집행방해죄가 성립된다고 할 수 없다(대법원 1971.3.9. 71도186 대법원 1977.2.8. 76도3685).
> 　　　[×]

1533 피고인이 경찰관에게 타인의 혈액을 자신의 혈액인 것처럼 건네주어 그것으로 국립과학수사연구소에 의뢰하여 혈중알콜농도를 감정하게 하고 그 결과에 따라 음주운전 혐의에 대하여 공소권 없음의 의견으로 송치하게 한 경우 위계공무집행방해죄가 성립한다.　　　　　　　　　　　　○│×

[17 법원행시, 17 경간부, 16 법원9급, 15 법원행시, 15 경찰승진, 14 경찰승진, 13 경간부, 11 법원행시] [Essential ★]

<u>해설</u>

> 단순히 피의자가 수사기관에 대하여 허위사실을 진술하거나 자신에게 불리한 증거를 은닉하는 데 그친 것이 아니라 수사기관의 착오를 이용하여 적극적으로 피의사실에 관한 증거를 조작한 것이므로 위계에 의한 공무집행방해죄가 성립한다(대법원 2003.7.25. 2003도1609 음주운전자 타인 혈액 제출사건).　　　　　　　　[○]

1534 다음 중 위계공무집행방해죄가 성립하는 것은 모두 1개다. ○│×

[Superlative ★★★]

> ㉠ 가처분신청시 피고인이 허위의 주장을 하거나 허위의 증거를 제출한 경우 [17 법원행시, 17 국가7급, 17 경찰채용, 16 법원행시, 16 법원9급, 15 법원행시, 14 변호사, 13 법원행시]
>
> ㉡ 피고인 甲이 민사소송을 제기함에 있어 피고 乙의 주소를 허위로 기재하여 법원공무원으로 하여금 변론기일소환장 등을 허위주소로 송달하게 한 경우 [15 경찰승진, 15 경찰채용, 14 경찰승진, 13 경간부, 12 경찰채용, 11 법원행시, 11 경찰승진, 11 경간부]
>
> ㉢ 피고인의 행위가 법원경매업무를 담당하는 집행관의 구체적인 직무집행을 저지하거나 현실적으로 곤란하게 하는 데까지는 이르지 않고 입찰의 공정을 해하는 정도에 그친 경우 [12 경찰채용]
>
> ㉣ 건물점유자로서 명도집행을 저지할 수 있는 정당한 권능이 있는 피고인이 그 점유사실을 입증하기 위한 수단으로 임대차계약서 사본을 제시하면서 그 실효된 사실을 고지하지 아니하고 자신이 정당한 임차인인 것처럼 주장한 경우 [12 법원행시, 11 경간부]

해설

> 모든 항목의 경우 위계공무집행방해죄가 성립하지 아니한다.
> ㉠ 가처분신청시 당사자가 허위의 주장을 하거나 허위의 증거를 제출하였다 하더라도 그것만으로 법원의 구체적이고 현실적인 어떤 직무집행이 방해되었다고 볼 수 없으므로 이로써 바로 위계에 의한 공무집행방해죄가 성립한다고 볼 수 없다(대법원 2012.4.26. 2011도17125 기만적인 가처분신청 사건).
> ㉡ 법원공무원으로 하여금 변론기일소환장 등을 허위주소로 송달케 하였다는 사실만으로는 이로 인하여 법원공무원의 구체적이고 현실적인 어떤 직무집행이 방해되었다고 할 수는 없으므로 이로써 바로 위계에 의한 공무집행방해죄가 성립한다고 볼 수는 없다(대법원 1996.10.11. 96도312 피고주소를 허위로 사건).
> ㉢ 형법 제315조의 경매·입찰방해죄에만 해당될 뿐, 형법 제137조의 위계에 의한 공무집행방해죄에는 해당되지 않는다(대법원 2000.3.24. 2000도102 신동성로파 사건).
> ㉣ 임대차계약서 사본을 제시하면서 그 실효된 사실을 고지하지 아니하고 자신이 정당한 임차인인 것처럼 주장하였다고 하더라도 이로써 형법 제137조 소정의 위계에 해당한다고는 볼 수 없다(대법원 1984.1.31. 83도2290). [×]

1535 피고인이 과속으로 인하여 과속단속카메라에 촬영되더라도 불빛을 반사시켜 차량 번호판이 식별되지 않도록 하는 기능이 있는 '파워매직세이퍼'를 차량 번호판에 뿌린 상태로 차량을 운행한 경우 위계공무집행방해죄가 성립한다. ○│×

[17 국가7급, 12 경찰채용, 11 법원9급] [Core ★★]

해설

> 교통단속업무를 구체적이고 현실적으로 수행하는 경찰공무원에 대하여 그가 충실히 직무를 수행한다고 하더라도 통상적인 업무처리과정 하에서는 사실상 적발이 어려운 위계를 사용하여 그 업무집행을 하지 못하게 한 것이라고 보기 어렵다(대법원 2010.4.15. 2007도8024 파워매직세이퍼 사건). [×]

1536 미결수용자 甲이 변호사 6명을 고용하여 총 51회에 걸쳐 변호인접견을 가장해 변호사들로 하여금 甲의 개인적 업무와 심부름을 하도록 하고, 소송서류 외의 문서를 수수한 경우 변호인 접견업무 담당 교도관의 직무집행을 대상으로 한 위계에 의한 공무집행방해죄가 성립한다. ○│×

[23 경찰승진] [Core ★★]

해설

원심은, "서울구치소에 수감된 피고인은 모두 6명의 집사변호사를 고용하여 총 51회에 걸쳐 변호인 접견을 가장하여 개인적인 업무와 심부름을 하게 하고 소송 서류 외의 문서를 수수함으로써 위계로써 서울구치소의 변호인 접견업무 담당 교도관의 변호인 접견 관리 등에 관한 정당한 직무집행을 방해하였다"라는 공소사실에 대하여 유죄로 판단하였는바 원심의 이러한 판단은 그대로 수긍하기 어렵다(대법원 2022.6.22. 2021도244 6명의 집사변호사 사건). [×]

1537 구치소 수용자인 피고인 甲이 교도관인 A 또는 B, C 등과 공모하여 그들로부터 담배를 교부받아 이를 흡연하거나 같은 수용자인 乙, 丙에게 건네주어 피우게 하거나 B로부터 휴대폰을 건네받아 외부와 전화통화를 한 경우 위계공무집행방해죄가 성립한다. ○│×

[17 법원행시, 11 경찰승진] [Essential ★]

해설

위계에 의하여 교도관 또는 구치소장의 공무집행을 방해하였다고 할 수 없다(대법원 2003.11.13. 2001도7045 수용자 규율위반 사건Ⅰ). [×]

1538 변호사인 피고인 甲이 휴대전화와 증권거래용 단말기를 구치소 내로 몰래 반입하고, 교도관에게 적발되지 않기 위해 휴대전화의 핸즈프리를 상의 호주머니 속에 숨긴 다음 수용자인 乙 등과 머리를 맞대고 상담하는 것처럼 보이게 하거나 가방을 세워 두어 통화모습을 가리는 등의 방법으로 상담하고 있는 것처럼 가장한 경우 위계공무집행방해죄가 성립한다. ○│×

[17 법원행시, 15 경찰승진, 13 법원행시, 13 경찰채용] [Core ★★]

해설

구체적이고 현실적으로 접견호실통제 업무를 담당하는 교도관들에 대하여 위계를 사용하여 그 직무집행에 지장을 주거나 곤란하게 하는 행위에 해당한다(대법원 2005.8.25. 2005도1731 연락병 변호사 사건). [○]

1539 국립대학교의 전임교원 공채심사위원인 학과장 甲이 지원자 乙의 부탁을 받고 이미 논문접수가 마감된 학회지에 乙의 논문이 게재되도록 도와, 乙이 최종 선발된 경우 위계공무집행 방해죄가 성립한다. ○│×

[14 법원행시, 13 경찰채용, 11 경찰채용] [Core ★★]

해설

甲이 심사기준을 강화하는 제안을 한 것은 전임교원을 새로 임용하려는 목적에 부합하는 것으로서 전문성을 가진 모든 사람에게 가점을 주는 공정한 경우에 해당하고 또한 乙이 논문을 추가게재할 수 있도록 도운 행위가 다소 부적절한 행위라고 볼 측면이 없지 않다고 하더라도 乙로서는 자신의 노력에 의한 연구결과물로써 그러한 심사기준을 충족한 것이고 이후 어학시험, 교수능력심사, 면접심사 등의 전형 절차를 거쳐 최종 선발된 것이므로, 위계공무집행방해죄가 성립하지 않는다(대법원 2009.4.23. 2007도1554 광주교대 학과장 사건). [×]

1540 병역법상의 지정업체에서 산업기능요원으로 근무할 의사가 없음에도 해당 지정업체의 장과 공모하여 허위내용의 편입신청서를 제출하여 관할관청으로부터 산업기능요원 편입을 승인받고, 나아가 관할관청의 실태조사를 회피하기 위하여 허위서류를 작성·제출하는 등의 방법으로 파견근무를 신청하여 관할관청으로부터 파견근무를 승인받은 경우 위계공무집행 방해죄가 성립한다.　○│×

[법원9급, 11 경간부] [Core ★★]

해설

파견근무의 승인 등은 관할관청의 불충분한 심사가 원인이 된 것이 아니라 출원인의 위계행위가 원인이 된 것이어서 위계에 의한 공무집행방해죄가 성립한다(대법원 2009.3.12. 2008도1321 산업기능요원 부정편입사건).　[○]

1541 피고인이 마치 그의 형인 양 시험감독자를 속이고 원동기장치 자전거운전면허시험에 대리로 응시한 경우 위계공무집행방해죄가 성립한다.　○│×

[17 법원행시, 17 경간부, 12 경찰채용] [Essential ★]

해설

대법원 1983.9.27. 83도1864　[○]

1542 피고인이 초등학교를 졸업하였음에도 초등학교 중퇴 이하의 학력자라는 허위 내용의 인우보증서 (隣友保證書)를 첨부하여 운전면허 구술시험에 응시한 경우 위계공무집행방해죄가 성립한다.

○│×

[14 법원행시] [Essential ★]

해설

'글을 알지 못하는 사람이라 함은 초등학교 중퇴 이하의 학력자로서 글을 전혀 읽지 못하거나 잘 읽을 수 없는 사람을 말한다'라고 규정한 자동차운전면허 사무처리지침 제8조 제1항 규정은 상위 법령에 위반하여 무효이므로, 피고인이 초등학교를 졸업하였음에도 초등학교 중퇴 이하의 학력자라는 허위 내용의 인우보증서(隣友保證書)를 첨부하여 구술시험에 응시하였다는 사실만으로는 적법한 직무집행을 방해하였다고 볼 수 없다(대법원 2007.3. 29. 2006도8189 허위 인우보증서 사건).　[×]

1543 공무상표시무효죄가 성립하기 위하여는 행위 당시에 강제처분의 표시가 현존할 것을 요하는 것인데, 집달관이 가처분집행 당시 게시한 가처분결정문이 현존하고 있지 않다면 공무상표시무효죄는 성립하지 아니한다.　○│×

[15 경간부, 12 법원9급] [Essential ★]

해설

대법원 1997.3.11. 96도2801 서울폐차주식회사 사건　[○]

1544 공무원이 실시한 봉인 등의 표시에 절차상·실체상의 하자가 있다면 비록 그것이 공무원이 그 직무에 관하여 실시한 봉인 등으로 인정할 수 있는 상태에 있더라도 그것은 공무상표시 무효죄의 객체가 되지 아니한다. ○ | ×

[17 법원행시, 17 경간부, 12 법원행시, 12 경찰승진] [Core ★★]

해설

공무원이 실시한 봉인 등의 표시에 절차상 또는 실체상의 하자가 있다고 하더라도, 그 봉인 등의 표시가 객관적·일반적으로 공무원이 그 직무에 관하여 실시한 것으로 인정할 수 있는 상태에 있는 이상, 적법한 절차에 의하여 취소될 때까지는 공무상표시무효죄의 객체가 된다(대법원 2007.3.15. 2007도312 가처분 후 특허무효 사건). [×]

1545 공무원이 그 직무에 관하여 실시한 봉인 등의 표시가 법률상 효력이 없다고 믿은 것은 법규의 해석을 잘못하여 행위의 위법성을 인식하지 못한 것이라고 할 것이므로 그와 같이 믿은 데에 정당한 이유가 없는 이상 공무상표시무효죄가 성립한다. ○ | ×

[17 법원행시, 16 경간부, 15 경찰채용, 13 경찰채용, 12 국가9급, 12 경간부] [Core ★★]

해설

대법원 2000.4.21. 99도5563 가압류 기계 임의처분사건 [○]

1546 집행관이 가처분결정의 취지를 고시한 공시서를 게시하였을 뿐 어떠한 구체적 집행행위를 하지 않았더라도, 집행관이 고시한 가처분에 의하여 부과된 부작위명령을 피고인이 위반하였다고 한다면 공무상표시무효죄가 성립한다. ○ | ×

[15 경간부, 12 법원행시, 12 법원9급] [Superlative ★★★]

해설

(1) 집행관이 법원으로부터 피신청인에 대하여 부작위를 명하는 가처분이 발령되었음을 고시하는 데 그치고 나아가 봉인 또는 물건을 자기의 점유로 옮기는 등의 구체적인 집행행위를 하지 아니하였다면, 단순히 피신청인이 가처분의 부작위명령을 위반하였다는 것만으로는 공무상표시의 효용을 해하는 행위에 해당하지 않는다. (2) 집행관이 가처분결정의 취지를 고시한 공시서를 게시하였을 뿐 어떠한 구체적 집행행위를 하지 않은 경우, 집행관이 고시한 가처분에 의하여 부과된 부작위명령을 피고인이 위반하였다고 하더라도 공무상표시무효죄는 성립하지 아니한다(대법원 2010.9.30. 2010도3364 문학컨벤션센터 경영권 분쟁사건). [×]

1547 온천수 사용금지 가처분결정이 있기 전부터 온천이용허가권자인 가처분 채무자로부터 이를 양수하고 임대차계약의 형식을 빌어 온천수를 이용하여 온 피고인이 위 금지명령을 위반하여 계속 온천수를 사용한 경우, 공무상표시무효죄를 구성한다. ○ | ×

[17 법원행시, 15 경간부] [Superlative ★★★]

해설

가처분은 가처분 채무자에 대한 부작위 명령을 집행하는 것으로 그 가처분의 채무자로 되지 아니한 제3자의 그 부작위를 위반한 행위는 그 가처분집행 표시의 효용을 해한 것으로 볼 수 없다(대법원 2007.11.16. 2007도5539 온천수사용금지 가처분 사건). [×]

1548 집행관이 유체동산을 가압류하면서 이를 채무자에게 보관하도록 한 경우 채무자가 가압류된 유체동산을 제3자에게 양도하고 그 점유를 이전한 경우라도 채무자와 양수인이 가압류된 유체동산을 원래 있던 장소에 그대로 두었다면 특별한 사정이 없는 한 공무상표시무효죄가 성립하지 않는다. ○|×

[22 국가7급] [Superlative ★★★]

해설

집행관이 유체동산을 가압류하면서 이를 채무자에게 보관하도록 한 경우 그 가압류의 효력은 압류된 물건의 처분행위를 금지하는 효력이 있으므로 채무자가 가압류된 유체동산을 제3자에게 양도하고 그 점유를 이전한 경우 이는 가압류집행이 금지하는 처분행위로서 특별한 사정이 없는 한 가압류표시 자체의 효력을 사실상으로 감쇄 또는 멸각시키는 행위에 해당한다. 이는 채무자와 양수인이 가압류된 유체동산을 원래 있던 장소에 그대로 두었다고 하더라도 마찬가지이다(대법원 2018.7.11. 2015도5403 가압류 동산 양도사건). [×]

1549 공무상표시무효죄에 관한 다음 설명 중 옳지 않은 것은 모두 2개다. ○|×

[Superlative ★★★]

㉠ 출입금지가처분에 있어 가처분 채권자의 승낙을 얻어 그 건조물 등에 출입하는 경우에는 출입금지가처분 표시의 효용을 해한 것이라고 할 수 없다. [17 법원행시, 12 법원행시, 12 법원9급]
㉡ 압류물을 집달관의 승인 없이 임의로 그 관할구역 밖으로 옮긴 경우에는 압류집행의 효용을 해하게 된다고 할 것이므로 공무상비밀표시무효죄가 성립한다. [17 경간부]
㉢ 직접점유자에 대한 점유이전금지가처분결정이 집행된 후 피신청인인 직접점유자가 가처분목적물의 간접점유자에게 점유를 이전한 경우에는 가처분표시의 효용을 해한 것이 된다. [12 법원행시]
㉣ 집달관이 채무자 겸 소유자의 건물에 대한 점유를 해제하고 이를 채권자에게 인도한 후 채무자의 출입을 봉쇄하기 위하여 출입문을 판자로 막아둔 것을 채무자가 이를 뜯어내고 그 건물에 들어갔다면 공무상표시무효죄가 성립한다. [12 법원행시]

해설

㉣ 항목만 옳지 않다.
㉠ 대법원 2006.10.13. 2006도4740 채권자의 승낙을 얻어 사건
㉡ 대법원 1992.5.26. 91도894
㉢ 대법원 1980.12.23. 80도1963
㉣ 채무자가 판자를 뜯어내고 그 건물에 들어갔다 하더라도, 이는 강제집행이 완결된 후의 행위로서 채권자들의 점유를 침범하는 것은 별론으로 하고 공무상표시무효죄에 해당하지는 않는다(대법원 1985.7.23. 85도1092). [×]

1550 집행관이 법원으로부터 피신청인에 대하여 부작위를 명하는 가처분이 발령되었음을 고시하는 데 그치고 나아가 봉인 또는 물건을 자기의 점유로 옮기는 등의 구체적인 집행행위를 하지 아니한 경우 단순히 피신청인이 가처분의 부작위명령을 위반하였다는 것만으로는 공무상표시무효죄가 성립하지 않는다. ○|×

[22 국가7급] [Core ★★]

해설

대법원 2016.5.12. 2015도20322 마트 사업자등록명의 변경사건 [○]

1551 부동산강제집행효용침해죄의 객체인 강제집행으로 명도 또는 인도된 부동산에는 강제집행으로 퇴거집행된 부동산은 포함되지 않는다. ○|×

[19 경찰채용] [Core ★★]

해설

부동산강제집행효용침해죄의 객체인 강제집행으로 명도 또는 인도된 부동산에는 강제집행으로 퇴거집행된 부동산을 포함한다고 해석되므로, 퇴거집행이 된 지상주차장에 침입한 피고인의 행위는 부동산강제집행효용침해죄를 구성한다(대법원 2003.5.13. 2001도3212 퇴거집행 주차장 사건). [×]

1552 경찰이 작성한 진술조서가 미완성이고 작성자와 진술자가 서명·날인 또는 무인한 것이 아니어서 공문서로서의 효력이 없다고 한다면 이는 공용서류라고 볼 수 없다. ○|×

[15 법원행시, 11 경찰승진] [Core ★★]

해설

경찰이 작성한 진술조서가 미완성이고 작성자와 진술자가 서명·날인 또는 무인한 것이 아니어서 공문서로서의 효력이 없다고 하더라도 공무소에서 사용하는 서류가 아니라고 할 수는 없다(대법원 2006.5.25. 2003도3945 서류조작 구속사건). [×]

1553 형사사건을 조사하던 경찰관이 스스로의 판단에 따라 자신이 보관하던 진술서를 임의로 피고인에게 넘겨준 것이라면, 위 진술서의 보관책임자인 경찰관은 장차 이를 공무소에서 사용하지 아니하고 폐기할 의도하에 처분한 것이라고 보아야 할 것이므로, 위 진술서는 더 이상 공무소에서 사용하거나 보관하는 문서가 아닌 것이 되어 공용서류로서의 성질을 상실하였다고 보아야 한다. ○|×

[22 국가7급, 18 법원행시] [Core ★★]

해설

공용서류무효죄는 공문서나 사문서를 묻지 아니하고 공무소에서 사용 중이거나 사용할 목적으로 보관하는 서류 기타 물건을 그 객체로 하므로 형사사건을 조사하던 경찰관이 스스로의 판단에 따라 자신이 보관하던 진술서를 임의로 피고인에게 넘겨준 것이라면, 진술서의 보관 책임자인 경찰관은 장차 이를 공무소에서 사용하지 아니하고 폐기할 의도하에 처분한 것이라고 보아야 할 것이므로 진술서는 공용서류로서의 성질을 상실하였다고 보아야 한다(대법원 1999.2.24. 98도4350 진술서 찢은 사건). [○]

제4절 도주와 범인은닉의 죄

1554 법률에 의하여 체포 또는 구금된 자가 수용설비 또는 기구를 손괴하거나 위험한 물건을 휴대하거나 2인 이상이 합동하여 도주한 때에는 특수도주죄로 가중처벌 된다. ○|×

[19 경찰승진] [Core ★★]

해설

특수도주죄는 수용설비 또는 기구를 손괴하거나 사람에게 폭행 또는 협박을 가하거나 2인 이상이 합동하여 도주죄를 범하는 경우에 성립한다(제146조). [×]

1555 도주죄의 범인이 도주행위를 하여 기수에 이른 이후에 범인의 도피를 도와주는 행위는 범인도피죄에 해당할 수 있을 뿐 도주원조죄에는 해당하지 아니한다. ○|×

[15 법원행시, 13 경찰승진, 11 경찰승진] [Essential ★]

해설

대법원 1991.10.11. 91도1656 병원탈출 동생 사건 [○]

1556 피고인 甲이, 수감되어 있던 용병원에서 간수자를 폭행하고 병원에서 탈주에 성공한 동생 乙이 보다 멀리 서울로 도피할 수 있도록 乙 소유의 승용차를 인도하여 준 경우 도주원조죄가 성립한다. ○|×

[17 경간부, 12 국가9급] [Essential ★]

해설

피고인 甲이 동생 乙이 보다 멀리 서울로 도피할 수 있도록 乙 소유의 승용차를 인도하여 준 것은 (乙의 도주행위가 기수에 이른 후의 행위이므로 범인도피죄에 해당할 수는 있어도) 도주원조죄에 해당하지 아니한다(대법원 1991.10.11. 91도1656 병원탈출 동생 사건). [×]

1557 공동정범 중의 1인이 다른 공동정범을 은닉한 경우라면 그것이 일반적으로 형사사법작용을 방해하는 위험을 초래하는 성질을 가지는 경우라도 범인은닉죄가 성립할 여지가 없다. ○|×

[12 경찰채용] [Core ★★]

해설

공동정범 중의 1인이 다른 공동정범을 은닉한 경우에도 그것이 일반적으로 형사사법작용을 방해하는 위험을 초래하는 성질을 가지는 때에는 범인은닉죄가 성립한다(대법원 2011.9.8. 2011도7262 세고엔터테인먼트 사건). [×]

1558 공범자의 범인도피행위 도중에 그 범행을 인식하면서 그와 공동의 범의를 가지고 기왕의 범인 도피 상태를 이용하여 스스로 범인도피행위를 계속한 경우에는 범인도피죄의 공동정범이 성립한다.

O | X

[17 법원행시, 16 법원9급, 16 경찰채용, 15 경찰채용, 14 법원행시, 14 경찰승진, 13 국가9급, 12 국가9급, 12 경간부, 12 경찰채용]

[Superlative ★★★]

해설

대법원 2012.8.30. 2012도6027 범인 바꿔치기 사건 진범 甲을 대신하여 乙이 경찰서에 자신이 범인이라고 허위 자수를 하였을 때 乙의 경우 범인도피죄가 성립한다. 이 상태에서 丙이 그 사실을 알면서 乙과 공모한 후 경찰서에 출석하여 "분명히 乙이 진범이 맞다"고 계속 진술한다면 丙은 乙과 함께 범인도피죄의 공동정범이 된다는 취지의 판례이다.

[O]

1559 공범 중 1인이 그 범행에 관한 수사절차에서 참고인 또는 피의자로 조사받으면서 자기의 범행을 구성하는 사실관계에 관하여 허위로 진술하고 허위 자료를 제출하는 것이 다른 공범을 도피하게 하는 결과가 된다고 하더라도 범인도피죄로 처벌되지 않으나, 공범이 이러한 행위를 교사하였다면 범인 도피교사의 죄책을 면할 수 없다.

O | X

[20 변호사, 20 경찰승진] [Superlative ★★★]

해설

공범 중 1인이 그 범행에 관한 수사절차에서 참고인 또는 피의자로 조사받으면서 자기의 범행을 구성하는 사실관계에 관하여 허위로 진술하고 허위 자료를 제출하는 것은 자신의 범행에 대한 방어권 행사의 범위를 벗어난 것으로 볼 수 없어 범인도피죄로 처벌할 수 없고, 이때 공범이 이러한 행위를 교사하였더라도 범인도피교사죄는 성립하지 않는다(대법원 2018.8.1. 2015도20396 콜라텍 허위양도 사건). "甲, 乙이 강제집행을 피하기 위하여 丙에게 콜라텍을 허위로 양도하여 甲, 乙, 丙이 강제집행면탈죄의 공동정범의 관계에 있는 경우, 甲, 乙에 대한 고소사건에서 丙이 콜라텍을 실제 양수하여 운영하고 있다고 허위로 진술하고 그에 관한 허위 자료를 제출하였고 그것이 甲, 乙을 도피하게 하는 결과가 되더라도 범인도피죄가 성립할 수 없다"는 취지의 판례이다.

[X]

1560 형법 제151조 제2항 및 제155조 제4항은 친족 또는 동거의 가족이 본인을 위하여 범인도피죄, 증거인멸죄 등을 범한 때에는 처벌하지 아니한다고 규정하고 있는바, 사실혼관계에 있는 자는 민법 소정의 친족이라 할 수 없어 위 조항에서 말하는 친족에 해당하지 않는다.

O | X

[14 경찰채용, 13 국가7급, 13 경찰승진, 11 법원행시, 11 경찰승진] [Core ★★]

해설

대법원 2003.12.12. 2003도4533 내연남 외국도피사건

[O]

1561 범인도피·은닉죄에 관한 다음 설명 중 옳지 않은 것은 모두 2개다.   O|X

[Superlative ★★★]

> ㉠ 범인은닉죄에서 '죄를 범한 자'라 함은 반드시 공소제기가 되거나 유죄의 판결을 받은 자 뿐만 아니라 범죄의 혐의를 받아 수사 중인 자도 포함한다. [13 국가7급]
> ㉡ 벌금 이상의 형에 해당하는 죄를 범한 자라는 것을 인식하면서도 도피하게 한 경우라도 그 자가 당시 아직 수사대상이 되어 있지 않았다고 한다면 범인도피죄는 성립하지 아니한다. [14 경찰채용, 13 경찰승진, 13 경간부, 12 경간부, 11 경찰승진, 11 경간부]
> ㉢ 범인도피죄에서 '죄를 범한 자'는 범죄의 혐의를 받아 수사대상이 되어 있는 사람이면 그가 진범인지 여부를 묻지 않고 이에 해당한다. [13 법원행시]
> ㉣ 범인도피죄에서 '벌금 이상의 형에 해당하는 자'에 대한 인식은 실제로 벌금 이상의 형에 해당하는 범죄를 범한 자라는 것을 인식함으로써 족하고 그 법정형이 벌금 이상이라는 것까지 알 필요는 없다. [14 경찰승진]

해설

> ㉡ 항목만 옳지 않다.
> ㉠ 대법원 1983.8.23. 83도1486 소매치기범 은닉사건
> ㉡ 범인도피죄에서 '죄를 범한 자'라 함은 범죄의 혐의를 받아 수사대상이 되어 있는 자를 포함하며, 나아가 벌금 이상의 형에 해당하는 죄를 범한 자라는 것을 인식하면서도 도피하게 한 경우에는 그 자가 당시에는 아직 수사대상이 되어 있지 않았다고 하더라도 범인도피죄가 성립한다(대법원 2003.12.12. 2003도4533 내연남 외국도피사건).
> ㉢ 대법원 2014.3.27. 2013도152 유사석유판매 주유소 사건
> ㉣ 대법원 2000.11.24. 2000도4078 허위 교통사고 자백사건   [×]

1562 범인도피죄에서 '도피하게 하는 행위'는 은닉 이외의 방법으로 범인에 대한 수사, 재판 및 형의 집행 등 형사사법의 작용을 곤란 또는 불가능하게 하는 일체의 행위로서 그 수단과 방법에는 아무런 제한이 없다.   O|X

[12 법원행시] [Essential ★]

해설

> 대법원 2013.1.10. 2012도13999 진술번복 게임장 바지사장 사건   [O]

1563 범인도피죄는 위험범으로서 현실적으로 형사사법의 작용을 방해하는 결과를 초래할 필요는 없으므로, 자체로는 도피시키는 것을 직접적인 목적으로 하였다고 보기 어려운 어떤 행위를 한 결과 간접적으로 범인이 안심하고 도피할 수 있게 한 경우에도 범인도피죄가 성립한다.   O|X

[12 법원행시, 11 경간부] [Core ★★]

해설

> 범인도피죄는 은닉행위에 비견될 정도로 수사기관의 발견·체포를 곤란하게 하는 행위, 즉 직접 범인을 도피시키는 행위 또는 도피를 직접적으로 용이하게 하는 행위에 이르러야 성립하므로 그 자체로는 도피시키는 것을 직접적인 목적으로 하였다고 보기 어려운 어떤 행위를 한 결과 간접적으로 범인이 안심하고 도피할 수 있게 한 경우는 여기에 포함되지 않는다(대법원 2011.4.28. 2009도3642 체포영장발부자 명단 사건).   [×]

1564 참고인이 수사기관에서 범인에 관하여 조사를 받으면서 그가 알고 있는 사실을 묵비하거나 허위로 진술하였다고 하더라도 그것이 적극적으로 수사기관을 기만하여 착오에 빠지게 함으로써 범인의 발견 또는 체포를 곤란 내지 불가능하게 할 정도가 아닌 한 범인도피죄를 구성하지 않는 것이고, 이러한 법리는 피의자가 수사기관에서 공범에 관하여 묵비하거나 허위로 진술한 경우에도 그대로 적용된다. ○ | ×

[16 법원9급, 15 법원행시, 13 경찰승진, 12 변호사, 12 법원행시, 12 법원9급] [Core ★★]

해설

대법원 2010.2.11. 2009도12164 불법게임장 공범 묵비사건 II [○]

1565 게임법위반의 혐의로 수사기관에서 조사받는 피의자가 사실은 게임장·오락실·피씨방 등의 실제 업주가 아니라 그 종업원임에도 불구하고 자신이 실제 업주라고 허위로 진술하였다고 한다면 이는 형사사법의 작용을 방해하는 결과를 초래할 위험이 있는 행위이므로 그 자체만으로도 범인도피죄를 구성한다. ○ | ×

[14 법원행시, 14 경찰채용] [Core ★★]

해설

(1) 게임법위반의 혐의로 수사기관에서 조사받는 피의자가 사실은 게임장·오락실·피씨방 등의 실제 업주가 아니라 그 종업원임에도 불구하고 자신이 실제 업주라고 허위로 진술하였다고 하더라도 그 자체만으로 범인도피죄를 구성하는 것은 아니다. (2) 다만 그 피의자가 실제 업주로부터 금전적 이익 등을 제공받기로 하고 단속이 되면 실제 업주를 숨기고 자신이 대신하여 처벌받기로 하는 역할(이른바 '바지사장')을 맡기로 하는 등 수사기관을 착오에 빠뜨리기로 하고, 단순히 실제 업주라고 진술하는 것에서 나아가 게임장 등의 운영 경위, 자금 출처, 게임기 등의 구입 경위, 점포의 임대차계약 체결 경위 등에 관하여서까지 적극적으로 허위로 진술하거나 허위 자료를 제시하여 그 결과 수사기관이 실제 업주를 발견 또는 체포하는 것이 곤란 내지 불가능하게 될 정도에까지 이른 것으로 평가되는 경우 등에는 범인도피죄를 구성할 수 있다(대법원 2012.8.30. 2010도13694 불법게임장 비호 경찰관 사건). [×]

1566 참고인이 실제의 범인이 누군지도 정확하게 모르는 상태에서 수사기관에서 실제의 범인이 아닌 어떤 사람을 범인이 아닐지도 모른다고 생각하면서도 그를 범인이라고 지목하는 허위의 진술을 한 경우에는 참고인의 허위 진술에 의하여 범인으로 지목된 사람이 구속기소됨으로써 실제의 범인이 용이하게 도피하는 결과를 초래한다고 하더라도 그것만으로는 범인도피죄로 처벌할 수는 없다. ○ | ×

[16 경찰승진, 14 경찰채용] [Essential ★]

해설

대법원 1997.9.9. 97도1596 엉뚱한 강간범 지목사건 [○]

1567 피고인 甲이 범인 乙이 기소중지자임을 알고도 乙의 부탁으로 자기 처 丙 명의로 대신 임대차계약을 체결해 준 경우 범인도피·은닉죄가 성립한다. ○│×

[16 경찰승진, 16 경찰채용, 15 법원행시, 14 법원행시, 14 경찰승진, 12 법원9급, 12 경간부] [Essential ★]

해설

비록 임대차계약서가 공시되는 것은 아니라 하더라도 수사기관이 탐문수사나 신고를 받아 범인을 발견하고 체포하는 것을 곤란하게 하는 것이어서 범인도피죄에 해당한다(대법원 2004.3.26. 2003도8226 처 명의 임대차계약 체결사건). [○]

1568 피고인 甲이 음주운전 등으로 현행범 체포된 乙이 A의 인적 사항을 모용하면서 타인 행세를 하고 있다는 사실을 알면서도 평소 외우고 있던 타인의 주민등록번호 및 허위의 주소 등을 신원보증서에 기재하고 乙의 신원을 보증하여 석방되도록 한 경우 범인도피·은닉죄가 성립한다. ○│×

[11 경찰승진, 11 경간부] [Core ★★]

해설

그와 같은 사실만으로는 직접 범인을 도피시키거나 도피를 직접 용이하게 하였다고 하기는 어렵다(대법원 2003. 2.14. 2002도5374 허위 신원보증서 사건). [×]

1569 범인도피죄에서 형법 제151조 제1항에서 정한 '죄를 범한 자'가 자신을 위하여 타인으로 하여금 범인도피죄를 범하게 하는 행위는 방어권의 남용으로 범인도피교사죄에 해당한다. ○│×

[15 경찰승진, 14 법원행시, 14 경찰승진, 12 국가9급, 12 경찰승진, 11 경찰승진, 11 경간부] [Core ★★]

해설

대법원 2014.3.27. 2013도152 유사석유판매 주유소 사건 [○]

1570 범인이 자신을 위하여 타인으로 하여금 허위의 자백을 하게 하여 범인도피죄를 범하게 하는 행위는 방어권의 남용으로 범인도피교사죄에 해당하는바, 이 경우 그 타인이 형법 제151조 제2항에 의하여 처벌을 받지 아니하는 친족 또는 동거 가족에 해당한다 하여 달리 볼 것은 아니고, 이와 같은 법리는 범인을 위해 타인이 범하는 범인도피죄를 범인 스스로 방조하는 경우에도 마찬가지로 적용된다. ○│×

[18 경간부, 17 국가7급, 16 법원행시, 16 법원9급, 16 경찰승진, 15 법원행시, 14 변호사, 14 법원행시, 13 법원행시, 13 국가7급, 12 변호사, 12 법원행시, 11 법원행시] [Superlative ★★★]

해설

대법원 2006.12.7. 2005도3707 동생 허위자백 사건, 대법원 2008.11.13. 2008도7647 무면허·뺑소니 남편 아내 사건 [○]

1571 피고인 甲이 평소 가깝게 지내던 후배 乙에게 요청하여 대포폰을 개설하여 받고, 乙에게 전화를 걸어 자신이 있는 곳으로 오도록 한 다음 乙이 운전하는 자동차를 타고 청주시 일대를 이동하여 다닌 경우 범인도피죄의 교사범 또는 방조범이 성립한다.　　　　　　　　　　　　○|×

[15 법원행시] [Superlative ★★★]

해설

甲의 이러한 행위는 형사사법에 중대한 장애를 초래한다고 보기 어려운 통상적 도피의 한 유형으로 볼 여지가 충분하여 범인도피교사죄는 성립하지 아니한다(대법원 2014.4.10. 2013도12079 후배에게 도움요청 사건).　　　　　　　　　　　　[×]

1572 무면허 상태로 교통사고를 낸 피고인 甲이 동생 乙에게 "네가 대신 교통사고를 내었다고 조사를 받아 달라"고 부탁하여, 이를 승낙한 乙이 경찰서에서 "내가 승용차를 운전하고 가다가 교통사고를 낸 사람이다"라고 허위 진술한 경우 범인도피죄의 교사범이 성립한다.　　　　　　　　　　　　○|×

[17 변호사, 17 경찰승진, 15 법원행시, 12 변호사, 12 법원행시] [Core ★★]

해설

범인도피교사죄가 성립한다(대법원 2006.12.7. 2005도3707 동생 허위자백 사건).　　　　　　　　　　　　[○]

제5절 위증과 증거인멸의 죄

1573 위증죄는 허위 진술로 인하여 잘못된 판결의 결과가 발생하여야 하는 결과범이다.　　　　　　　　　　　　○|×

[Core ★★]

해설

위증죄는 법률에 의하여 선서한 증인이 허위의 공술을 한 때에 성립하는 것으로서, 그 공술의 내용이 당해 사건의 요증사실에 관한 것인지의 여부나 판결에 영향을 미친 것인지의 여부는 위증죄의 성립과 아무런 관계가 없다(대법원 1990.2.23. 89도1212). 위증죄는 잘못된 판결 결과 발생 유무를 불문하고 기억에 반하는 허위의 진술을 하면 성립하는 위험범이다.　　　　　　　　　　　　[×]

1574 제3자가 심문절차로 진행되는 '가처분신청사건'에서 증인으로 출석하여 선서를 하고 진술함에 있어서 허위의 공술을 하였다고 하더라도 그 선서는 법률상 근거가 없어 무효라고 할 것이므로 위증죄는 성립하지 않는다.　　　　　　　　　　　　○|×

[17 경찰승진, 17 경찰채용, 16 경간부, 16 경찰채용, 14 법원9급, 12 법원9급, 11 경찰채용] [Essential ★]

해설

대법원 2003.7.25. 2003도180 SBS 방영등금지가처분 사건　　　　　　　　　　　　[○]

1575 민사소송의 당사자는 증인능력이 없지만, 당사자인 법인의 대표자는 민사소송의 당사자라고 할 수 없으므로 그 사람이 선서를 한 후에 기억에 반하는 진술을 한 이상 위증죄가 성립한다. ○|×

[17 국가7급, 17 경찰승진, 17 경간부, 16 법원9급, 16 경간부, 15 법원행시, 15 경찰채용, 13 경찰승진, 12 법원9급] [Core ★★]

해설

민사소송의 당사자는 증인능력이 없으므로 증인으로 선서하고 증언하였다고 하더라도 위증죄의 주체가 될 수 없고, 이러한 법리는 민사소송에서의 당사자인 법인의 대표자의 경우에도 마찬가지로 적용된다(대법원 2012.12. 13. 2010도14360 건축사사무소 대표 허위진술사건). [×]

1576 공범인 공동피고인은 당해 소송절차에서는 피고인의 지위에 있어 다른 공동피고인에 대한 공소사실에 관하여 증인이 될 수 없으나, 소송절차가 분리되어 피고인의 지위에서 벗어나게 되면 다른 공동피고인에 대한 공소사실에 관하여 증인이 될 수 있다. ○|×

[18 경간부, 17 변호사, 17 경간부, 16 변호사, 16 국가7급, 15 경간부, 15 국가9급, 15 법원9급, 14 변호사, 14 국가9급, 14 법원9급, 13 변호사, 13 경간부, 13 국가9급, 12 변호사, 12 경찰채용] [Essential ★]

해설

대법원 2012.12.13. 2010도10028 허위 살인자백 사건 [○]

1577 헌법 제12조 제2항에 정한 불이익 진술의 강요금지 원칙을 구체화한 자기부죄거부특권에 관한 것이거나 기타 증언거부사유가 있음에도 증인이 증언거부권을 고지받지 못함으로 인하여 그 증언거부권을 행사하는 데 사실상 장애가 초래되었다고 볼 수 있는 경우에는 위증죄의 성립을 부정하여야 한다. ○|×

[18 경간부, 16 변호사, 16 경간부, 15 법원행시, 14 국가9급, 14 경찰승진, 12 경간부, 11 법원9급, 11 국가9급, 11 경찰승진]

[Core ★★]

해설

대법원 2010.1.21. 2008도942 全合 해운대 노점 싸움사건 [○]

1578 민사소송절차에서 재판장이 증인에게 증언거부권을 고지하지 아니하였다 하여 절차위반의 위법이 있다고 할 수 없고, 따라서 적법한 선서 절차를 마쳤음에도 허위진술을 한 증인에 대해서는 달리 특별한 사정이 없는 한 위증죄가 성립한다. ○|×

[18 경간부, 16 변호사, 16 경간부, 13 법원행시] [Essential ★]

해설

대법원 2011.7.28. 2009도14928 농약 판매사원 위증사건 [○]

1579 위증죄에 있어서의 허위의 공술이란 증인이 자기의 기억에 반하는 사실을 진술하는 것을 말하는 것으로서 그 내용이 객관적 사실과 부합한다고 하여도 위증죄의 성립에 장애가 되지 않는다. ○|×

[17 경간부, 15 경찰승진, 14 법원9급, 13 변호사, 13 경찰채용, 12 경찰채용, 11 법원9급, 11 경찰채용] [Essential ★]

해설

대법원 1989.1.17. 88도580 [○]

1580 증인의 증언은 그 전부를 일체로 관찰·판단하는 것이므로 선서한 증인이 일단 기억에 반하는 허위의 진술을 하였더라도 그 신문이 끝나기 전에 그 진술을 철회·시정한 경우 위증이 되지 아니한다. ○|×

[16 국가7급, 14 법원9급, 12 법원행시, 11 국가9급] [Core ★★]

해설

대법원 2008.4.24. 2008도1053 [○]

1581 증인이 허위의 진술을 하고 그 진술이 철회·시정된 바 없이 그대로 증인신문절차가 종료된 경우라도, 그 후 별도의 증인 신청 및 채택 절차를 거쳐 그 증인이 다시 신문을 받는 과정에서 종전 신문절차에서의 진술을 철회·시정하였다고 한다면 위증죄는 성립하지 아니한다. ○|×

[17 국가7급, 16 법원9급, 15 법원행시, 14 경찰승진, 12 법원9급, 12 경간부] [Core ★★]

해설

증인이 1회 또는 수회의 기일에 걸쳐 이루어진 1개의 증인신문절차에서 허위의 진술을 하고 그 진술이 철회·시정된 바 없이 그대로 증인신문절차가 종료된 경우 그로써 위증죄는 기수에 달하고, 그 후 별도의 증인 신청 및 채택 절차를 거쳐 그 증인이 다시 신문을 받는 과정에서 종전 신문절차에서의 진술을 철회·시정한다 하더라도 이미 종결한 종전 증인신문절차에서 행한 위증죄의 성립에 어떤 영향을 주는 것은 아니다(대법원 2010.9.30. 2010도7525 9회와 21회 공판기일 증언사건). [×]

1582 타인으로부터 전해들은 금품의 전달사실을 마치 증인 자신이 전달한 것처럼 진술한 것은 증인의 기억에 반하는 허위진술이라고 할 것이므로 그 진술부분은 위증에 해당한다. ○|×

[15 경찰승진, 11 경찰승진, 11 경찰채용] [Essential ★]

해설

대법원 1990.5.8. 90도448 [○]

1583 증인이 선서를 하고서 진술한 증언내용이 자신이 그 증언내용 사실을 잘 알지 못하면서도 잘아는 것으로 증언한 것이라면 그 증언은 기억에 반한 진술이어서 위증죄가 성립된다. ○│×

[16 경찰승진, 15 경간부, 11 경찰승진] [Essential ★]

해설

대법원 1986.9.9. 86도57 [○]

1584 증인이 법정에서 선서 후 증인진술서에 기재된 구체적인 내용에 관하여 진술함이 없이 단지 그 증인진술서에 기재된 내용이 사실대로라는 취지의 진술만 한 경우라도 그 증인진술서에 기재된 내용에 허위가 있다고 한다면 위증죄로 처벌할 수 있다. ○│×

[17 국가7급, 13 국가7급] [Core ★★]

해설

증인이 법정에서 선서 후 증인진술서에 기재된 구체적인 내용에 관하여 진술함이 없이 단지 그 증인진술서에 기재된 내용이 사실대로라는 취지의 진술만을 한 경우에는 그것이 증인 진술서에 기재된 내용 중 특정 사항을 구체적으로 진술한 것과 같이 볼 수 있는 등의 특별한 사정이 없는 한 증인이 그 증인진술서에 기재된 구체적인 내용을 기억하여 반복 진술한 것으로는 볼 수 없으므로, 가사 거기에 기재된 내용에 허위가 있다 하더라도 그 부분에 관하여 법정에서 증언한 것으로 보아 위증죄로 처벌할 수는 없다(대법원 2010.5.13. 2007도1397 증인진술서 진정성립 인정 사건). [×]

1585 위증죄는 법률에 의하여 선서한 증인이 허위의 공술을 한 때에 성립하는 것으로서, 그 공술의 내용이 당해 사건의 요증사실에 관한 것인지의 여부나 판결에 영향을 미친 것인지의 여부는 위증죄의 성립과 아무런 관계가 없다. ○│×

[17 법원행시, 17 경간부, 16 경찰승진, 15 경찰승진, 15 경찰채용, 13 변호사, 13 경찰승진, 12 경찰채용, 11 법원9급] [Core ★★]

해설

대법원 1990.2.23. 89도1212 [○]

1586 모해위증죄에 있어서 '모해할 목적'이란 피고인·피의자 또는 징계혐의자를 불리하게 할 목적을 말하고, 이러한 모해의 목적은 허위의 진술을 함으로써 피고인에게 불리하게 될 것이라는 인식이 있으면 충분하고 그 결과의 발생까지 희망할 필요는 없다. ○│×

[17 경찰채용, 15 법원행시, 12 법원행시] [Core ★★]

해설

대법원 2007.12.27. 2006도3575 [○]

1587 다음 설명 중 옳지 않은 것은 모두 2개다. ○│×

[Superlative ★★★]

> ㉠ 형법 제151조 제1항(범인도피죄)에서 정한 '죄를 범한 자'가 자신을 위하여 타인으로 하여금 범인도 피죄를 범하게 하는 행위는 방어권의 남용으로 범인도피교사죄에 해당한다. [15 경찰 승진, 14 법원행 시, 14 경찰승진, 12 국가9급, 12 경찰승진, 11 경찰승진, 11 경간부]
>
> ㉡ 자기의 형사사건에 관하여 타인을 교사하여 위증죄를 범하게 하는 것은 방어권을 남용하는 것이라 고 할 것이어서 교사범의 죄책을 부담케 함이 상당하다. [17 변호사, 16 법원9급, 16 경찰승진, 15 경간부, 13 변호사, 13 법원9급, 13 경찰채용, 12 법원9급, 11 국가9급]
>
> ㉢ 자기의 형사사건에 관한 증거를 인멸하기 위하여 타인을 교사하여 죄를 범하게 한 자에 대하여는 증거인멸교사죄가 성립한다. [16 법원행시, 15 변호사, 15 법원행시, 14 경찰승진, 13 법원행시, 13 법원9급, 13 경찰승진, 11 법원9급, 11 경찰채용]
>
> ㉣ 피무고자의 교사·방조 하에 제3자가 피무고자에 대한 허위의 사실을 신고한 경우, 자기무고는 무고 죄의 구성요건에 해당하지 않으므로 제3자를 교사·방조한 피무고자는 교사·방조범으로서의 죄책 을 부담하지 아니한다. [17 변호사, 17 경찰채용, 15 법원9급, 15 경간부, 13 법원9급, 13 경간부, 12 법원행시, 12 국가7급, 12 경찰채용, 11 법원행시, 11 경간부]

해설

> ㉣ 항목만 옳지 않다.
> ㉠ 대법원 2014.3.27. 2013도152 유사석유판매 주유소 사건
> ㉡ 대법원 2004.1.27. 2003도5114
> ㉢ 대법원 2000.3.24. 99도5275
> ㉣ (1) 피무고자의 교사·방조 하에 제3자가 피무고자에 대한 허위의 사실을 신고한 경우에는 제3자의 행위는 무 고죄의 구성요건에 해당하여 무고죄를 구성하므로, 제3자를 교사·방조한 피무고자도 교사·방조범으로서의 죄 책을 부담한다. (2) 甲, 乙이 丙의 사업자금을 조달하는 방편으로 약속어음을 발행·보증하였다가 채권자 A가 甲 소유의 부동산에 강제경매를 신청하자 이를 면하기 위하여, 丙의 승낙 아래 그로부터 허위사실을 기재한 확인서 등을 받고 丙과 A를 유가증권위조 등으로 무고한 경우, 丙은 무고방조죄의 죄책을 부담한다(대법원 2008.10.23. 2008도4852 자기무고 방조사건). [×]

1588 증거인멸 등 죄는 위증죄와 마찬가지로 국가의 형사사법작용 내지 징계작용을 그 보호법익으로 하 므로, 형법 제155조 제1항에서 말하는 '징계사건'이란 국가의 징계사건에 한정되고 사인(私人)간 의 징계사건은 포함되지 않는다. ○│×

[14 경찰승진, 11 법원행시, 11 경찰승진] [Essential ★]

해설

> 대법원 2007.11.30. 2007도4191 변조 교사일지 제출사건 [○]

1589 증거인멸죄에 있어서 '타인의 형사사건 또는 징계사건'이란 인멸행위 시에 아직 수사 또는 징계 절차 가 개시되기 전이라도 장차 형사 또는 징계사건이 될 수 있는 것까지를 포함한다. ○│×

[16 법원행시, 15 법원행시] [Core ★★]

해설

> 대법원 2013.11.28. 2011도5329 공직윤리지원관실 불법사찰사건II [○]

1590 증거위조죄에서 타인의 형사사건이란 증거위조 행위시에 아직 수사절차가 개시되기 전이라도 장차 형사사건이 될 수 있는 것까지 포함하지만, 그 형사사건이 기소되지 않았거나 무죄가 선고되었다면 증거위조죄는 성립하지 아니한다. ○ | ×

[17 경찰채용, 15 변호사] [Core ★★]

해설

증거위조죄에서 타인의 형사사건이란 증거위조 행위시에 아직 수사절차가 개시되기 전이라도 장차 형사사건이 될 수 있는 것까지 포함하고, 그 형사사건이 기소되지 아니하거나 무죄가 선고되더라도 증거위조죄의 성립에 영향이 없다(대법원 2011.2.10. 2010도15986 김상현 목포수협조합장 사건). [×]

1591 증거인멸죄에서 '증거'라 함은 타인의 형사사건 또는 징계사건에 관하여 수사기관이나 법원 또는 징계기관이 국가의 형벌권 또는 징계권의 유무를 확인하는 데 관계있다고 인정되는 일체의 자료를 의미하고, 타인에게 유리한 것이건 불리한 것이건 가리지 아니하며 또 증거 가치의 유무 및 정도를 불문한다. ○ | ×

[16 법원행시, 15 국가9급, 11 법원행시] [Essential ★]

해설

대법원 2013.11.28. 2011도5329 공직윤리지원관실 불법사찰사건 II [○]

1592 증거위조죄에서 '위조'란 문서에 관한 죄에 있어서의 위조 개념과는 달리 새로운 증거의 창조를 의미하는 것이므로 존재하지 아니한 증거를 이전부터 존재하고 있는 것처럼 작출하는 행위도 증거위조에 해당하며, 증거가 문서의 형식을 갖는 경우 그 작성권한의 유무나 내용의 진실성을 검토하여 이른바 부진정문서에 해당하는 것이 증거위조죄에 있어서의 증거에 해당한다. ○ | ×

[15 변호사, 11 법원행시, 11 경찰승진] [Superlative ★★★]

해설

증거위조죄에서 '위조'란 문서에 관한 죄에 있어서의 위조 개념과는 달리 새로운 증거의 창조를 의미하는 것이므로 존재하지 아니한 증거를 이전부터 존재하고 있는 것처럼 작출하는 행위도 증거위조에 해당하며, 증거가 문서의 형식을 갖는 경우 증거위조죄에 있어서의 증거에 해당하는지 여부가 그 작성권한의 유무나 내용의 진실성에 좌우되는 것은 아니다(대법원 2015.10.29. 2015도9010 서울시 공무원간첩 국정원 증거조작 사건). [×]

1593 다음 중 증거위조죄가 성립하는 것은 모두 3개다. ○|×

[Superlative ★★★]

> ㉠ 참고인이 수사기관에서 허위의 진술을 한 경우 [13 법원행시]
> ㉡ 참고인이 허위의 사실확인서나 진술서를 작성하여 수사기관 등에 제출하거나 제3자에게 교부하여 제3자가 이를 제출한 경우 [18 경간부, 14 변호사]
> ㉢ 선서무능력자로서 범죄 현장을 목격하지도 못한 사람으로 하여금 형사법정에서 범죄현장을 목격한 양 허위의 증언을 하도록 한 경우 [17 국가9급, 13 법원행시, 13 경찰채용, 12 경찰채용, 11 경찰승진]
> ㉣ 참고인이 제3자와 대화를 하면서 허위로 진술하고 위와 같은 허위 진술이 담긴 대화 내용을 녹음한 녹음파일 또는 이를 녹취한 녹취록을 만들어 수사기관 등에 제출한 경우 [18 경간부, 17 국가9급, 16 법원행시, 15 변호사, 14 법원행시]
> ㉤ 법률행위 당시에는 존재하지 아니하였던 처분문서, 즉 그 외형 및 내용상 법률행위가 그 문서 자체에 의하여 이루어진 것과 같은 외관을 가지는 문서를 사후에 그 작성일을 소급하여 작성한 경우 [17 국가9급, 17 경찰채용, 16 법원행시, 14 법원행시, 13 경찰채용]

해설

㉣㉤ 2 항목의 경우 증거위조죄가 성립한다.
㉠ 증거위조죄에서 '증거를 위조한다' 함은 증거 자체를 위조함을 말하는 것이고, 참고인이 수사 기관에서 허위의 진술을 하는 것은 이에 포함되지 아니한다(대법원 1995.4.7. 94도3412 참고인 허위진술 사건).
㉡ 참고인이 사실확인서나 진술서를 작성하여 수사기관 등에 제출하거나 또는 제3자에게 교부하여 제3자가 이를 제출한 것은 존재하지 않는 문서를 이전부터 존재하고 있는 것처럼 작출하는 등의 방법으로 새로운 증거를 창조한 것이 아닐뿐더러, 참고인이 수사기관에서 허위의 진술을 하는 것과 차이가 없으므로 증거위조죄를 구성하지 않는다(대법원 2011.7.28. 2010도2244 참고인 허위진술서 제출사건).
㉢ 증거위조죄에서 '증거를 위조한다' 함은 증거 자체를 위조함을 말하는 것으로서, 선서무능력자로서 범죄 현장을 목격하지도 못한 사람으로 하여금 형사법정에서 범죄 현장을 목격한 양 허위의 증언을 하도록 하는 것은 증거 위조죄를 구성하지 아니한다(대법원 1998.2.10. 97도2961 선서무능력자 허위증언 사건).
㉣ 참고인이 제3자와 대화를 하면서 허위로 진술하고 위와 같은 허위 진술이 담긴 대화 내용을 녹음한 녹음파일 또는 이를 녹취한 녹취록을 만들어 수사기관 등에 제출하는 것은 (참고인이 허위의 사실확인서나 진술서를 작성하여 수사기관 등에 제출하는 것과는 달리) 증거위조죄를 구성한다(대법원 2013.12.26. 2013도8085 친딸 성폭행 후 증거위조 사건).
㉤ 타인의 형사사건과 관련하여 수사기관이나 법원에 제출하거나 현출되게 할 의도로 법률행위 당시에는 존재하지 아니하였던 처분문서, 즉 그 외형 및 내용상 법률행위가 그 문서 자체에 의하여 이루어진 것과 같은 외관을 가지는 문서를 사후에 그 작성일을 소급하여 작성하는 것은, 가사 그 작성자에게 해당 문서의 작성권한이 있고, 또 그와 같은 법률행위가 당시에 존재하였다거나 그 법률행위의 내용이 문서에 기재된 것과 큰 차이가 없다 하여도 증거위조죄의 구성요건을 충족시키는 것이라고 보아야 한다(대법원 2007.6.28. 2002도3600 국민고충처리위원회장 사건). [×]

1594 사실의 증명을 위해 작성된 문서가 그 사실에 관한 내용이나 작성명의 등에 아무런 허위가 없다면 증거위조에 해당하지 않지만, 이 문서가 형사사건 또는 징계사건에서 허위의 주장에 관한 증거로 제출되어 그 주장을 뒷받침하게 되었다면 증거위조에 해당한다. ○ | ×

[22 국가7급] [Superlative ★★★]

해설

증거위조죄에서 '위조'란 문서에 관한 죄의 위조 개념과는 달리 새로운 증거의 창조를 의미한다. 그러나 사실의 증명을 위해 작성된 문서가 그 사실에 관한 내용이나 작성명의 등에 아무런 허위가 없다면 '증거위조'에 해당한다고 볼 수 없다. 가사 사실증명에 관한 문서가 형사사건 또는 징계사건에서 허위의 주장에 관한 증거로 제출되어 그 주장을 뒷받침하게 되더라도 마찬가지이다(대법원 2021.1.28. 2020도2642 허위 입금확인증 사건). 변호사가 자신이 변호하는 피고인의 감형을 위하여 피해자 X회사에게 알선대가 전액을 반환한 것처럼 꾸미기로 피고인의 누나 乙, X회사 등과 공모한 후, 乙로 하여금 7,000만원을 X회사 명의 은행 계좌로 이체한 후 그 즉시 X회사 측으로부터 乙 명의 은행 계좌로 7,000만원을 반환받았으며, 이어 같은 방법으로 약 1달여에 걸쳐 5,000만원, 3,000만원, 2,000만원, 6,000만원, 7,000만원, 2,000만원, 3,000만원을 각 X회사 명의 은행 계좌로 입금한 후 그 즉시 乙 명의 은행 계좌로 반환받는 방식으로 허위 입금자료를 만든 사건이다. 작성명의에는 허위가 없을지 몰라도 '그 내용'이 허위이므로 증거위조죄가 성립할 듯한데, 대법원은 가벌성의 확장을 염려하여 증거위조죄의 성립을 부정하였다. [×]

1595 피고인 자신이 직접 형사처분이나 징계처분을 받게 될 것을 두려워한 나머지 자기의 이익을 위하여 그 증거가 될 자료를 인멸하였다면, 그 행위가 동시에 다른 공범자의 형사사건이나 징계사건에 관한 증거를 인멸한 결과가 된다고 하더라도 이를 증거인멸죄로 다스릴 수 없다. ○ | ×

[16 법원행시, 15 변호사, 15 법원행시] [Core ★★]

해설

대법원 2013.11.28. 2011도5329 공직윤리지원관실 불법사찰사건 II [○]

1596 피고인 자신이 직접 형사처분이나 징계처분을 받게 될 것을 두려워한 나머지 자기의 이익을 위하여 증인이 될 사람을 도피하게 하였다면, 그 행위가 동시에 다른 공범자의 형사사건이나 징계사건에 관한 증인을 도피하게 한 결과가 된다고 하더라도 이를 증인도피죄로 처벌할 수 없다. ○ | ×

[14 법원행시, 13 법원9급, 12 법원9급, 12 국가7급] [Core ★★]

해설

대법원 2003.3.14. 2002도6134 홍성식구파 사건 [○]

1597 무고죄는 국가의 형사사법권 또는 징계권의 적정한 행사를 주된 보호법익으로 하는 것이지 개인의 부당하게 처벌 또는 징계받지 아니할 이익을 보호하는 죄는 아니므로 설사 무고에 있어서 피무고자의 승낙이 있었다고 하더라도 무고죄의 성립에는 영향을 미치지 못한다 할 것이다.   ○ | ×

[22 법원9급] [Core ★★]

해설

> 무고죄는 국가의 형사사법권 또는 징계권의 적정한 행사를 주된 보호법익으로 하고 다만, 개인의 부당하게 처벌 또는 징계받지 아니할 이익을 부수적으로 보호하는 죄이므로 설사 무고에 있어서 피무고자의 승낙이 있었다고 하더라도 무고죄의 성립에는 영향을 미치지 못한다(대법원 2005.9.30. 2005도2712 합의주선용 무고사건).   [×]

1598 무고죄에서 신고자가 그 신고내용을 허위라고 믿었다고 한다면 비록 그것이 객관적으로 진실한 사실에 부합할 때라도 이는 허위사실의 신고에 해당하여 무고죄가 성립한다.   ○ | ×

[17 경찰채용, 13 경찰승진, 12 경찰채용] [Essential ★]

해설

> 무고죄에서 신고자가 그 신고내용을 허위라고 믿었다 하더라도 그것이 객관적으로 진실한 사실에 부합할 때에는 허위사실의 신고에 해당하지 않아 무고죄는 성립하지 않는다(대법원 1991.10.11. 91도1950).   [×]

1599 무고죄에서의 허위사실 적시의 정도는 수사관서 또는 감독관서에 대하여 수사권 또는 징계권의 발동을 촉구하는 정도의 것이면 충분하고 반드시 범죄구성요건 사실이나 징계요건 사실을 구체적으로 명시하여야 하는 것은 아니다.   ○ | ×

[16 법원9급, 14 경찰승진, 14 경찰채용] [Essential ★]

해설

> 대법원 2014.12.24. 2012도4531 해병대 사령관 음해사건   [○]

1600 무고죄에 있어서 신고한 사실이 객관적 사실에 반하는 허위사실이라는 요건은 신고사실의 진실성을 인정할 수 없다는 소극적 증명만으로 곧 그 신고사실이 객관적 진실에 반하는 허위사실이라고 단정하여 무고죄의 성립을 인정할 수 있고, 적극적인 증명이 있어야만 하는 것은 아니다.   ○ | ×

[17 경찰승진, 17 경찰채용, 16 법원행시, 16 경간부, 16 경찰채용, 14 경찰채용, 12 경찰채용] [Core ★★]

해설

> 무고죄는 신고한 사실이 객관적 진실에 반하는 허위사실이라는 점에 관하여는 적극적인 증명이 있어야 하며, 신고사실의 진실성을 인정할 수 없다는 점만으로 곧 그 신고사실이 객관적 진실에 반하는 허위사실이라고 단정하여 무고죄의 성립을 인정할 수 없다(대법원 2014.2.13. 2011도15767).   [×]

1601 피고인 甲이 변호사인 피해자 A로 하여금 징계처분을 받게 할 목적으로 서울지방변호사회에 허위사실의 진정서를 제출한 경우 무고죄가 성립한다. ○|×

[17 경찰승진, 16 경찰채용, 13 법원행시, 13 경간부, 12 경간부, 12 경찰채용] [Core ★★]

해설

대법원 2010.11.25. 2010도10202 변호사 무고사건 [○]

1602 피고인이 사립대학교 교원들로 하여금 징계처분을 받게 할 목적으로 국민권익위원회에서 운영하는 범정부 국민포털인 국민신문고에 민원을 제기한 경우 무고죄가 성립한다. ○|×

[15 법원행시, 15 법원9급, 15 국가9급, 15 경찰채용] [Core ★★]

해설

(1) 학교법인 등의 사립학교 교원에 대한 인사권의 행사로서 징계 등 불리한 처분은 사법적 법률행위의 성격을 가지므로, 사립학교 교원에 대한 학교법인 등의 징계처분은 무고죄에서의 '징계처분'에 포함되지 않는다. (2) 피고인이 사립대학교 교원들로 하여금 징계처분을 받게 할 목적으로 국민권익위원회에서 운영하는 범정부 국민포털인 국민신문고에 민원을 제기하였더라도 무고죄가 성립하지 아니한다(대법원 2014.7.24. 2014도6377 대학교수 시동생 무고사건). [×]

1603 무고죄에서 허위사실의 신고방식은 구두에 의하건 서면에 의하건 관계가 없고, 서면에 의하는 경우에도 그 신고내용이 타인으로 하여금 형사처분 또는 징계처분을 받게 할 목적의 허위사실이면 충분하며 그 명칭을 반드시 고소장이라고 하여야만 무고죄가 성립하는 것은 아니다. ○|×

[17 법원9급] [Essential ★]

해설

대법원 2014.12.24. 2012도4531 해병대 사령관 음해사건 [○]

1604 수표발행인인 피고인이 은행에 지급제시된 수표가 위조되었다는 내용의 허위의 신고를 하여 정을 모르는 은행 직원이 수사기관에 고발을 함에 따라 수사가 개시되고, 피고인이 경찰에 출석하여 수표위조자로 특정인을 지목하는 진술을 한 경우 무고죄가 성립한다. ○|×

[13 법원행시, 12 법원행시, 12 경찰채용] [Core ★★]

해설

대법원 2005.12.22. 2005도3203 은행원을 통한 무고사건 [○]

1605 무고죄에 있어서 범의는 반드시 확정적 고의임을 요하지 아니하고 미필적 고의로서도 족하다 할 것이므로, 무고죄는 신고자가 진실하다는 확신 없는 사실을 신고함으로써 성립하고 그 신고사실이 허위라는 것을 확신함을 필요로 하지 않는다. ○│×

[15 경간부, 14 국가7급, 13 법원행시, 12 경간부] [Essential ★]

해설

대법원 2006.5.25. 2005도4642 [○]

1606 무고죄는 진실하다는 확신 없는 사실을 신고함으로써 성립하고 그 신고사실이 허위라는 것을 확신함을 필요로 하지 않는다고 할 것이고, 또 고소를 한 목적이 상대방을 처벌받도록 하는 데 있지 않고 시비를 가려달라는 데에 있다고 하여 무고죄의 범의가 없다고 할 수는 없다. ○│×

[14 법원행시] [Core ★★]

해설

대법원 2007.4.26. 2007도1423 [○]

1607 무고죄에서 형사처분 또는 징계처분을 받게 할 목적은 허위신고를 함에 있어서 다른 사람이 그로 인하여 형사 또는 징계처분을 받게 될 것이라는 인식이 있으면 족한 것이고 그 결과발생을 희망하는 것까지를 요하는 것은 아니므로, 고소인이 고소장을 수사기관에 제출한 이상 그러한 인식은 있었다고 보아야 한다. ○│×

[16 법원9급, 15 법원행시] [Core ★★]

해설

대법원 2014.3.13. 2012도2468 위조·행사 여부를 가려달라 사건 [○]

1608 고소당한 범죄가 유죄로 인정되는 경우에, 고소를 당한 사람이 고소인에 대하여 '고소당한 죄의 혐의가 없는 것으로 인정된다면 고소인이 자신을 무고한 것에 해당하므로 고소인을 처벌해 달라'는 내용의 고소장을 제출한 경우 그것은 자신의 결백을 주장하기 위한 것으로 볼 수 있으므로 고소인을 무고한다는 범의를 인정하기 어렵다. ○│×

[17 경찰승진, 15 경찰채용, 14 경찰승진, 13 경찰승진, 12 경찰채용, 11 경찰승진] [Core ★★]

해설

고소당한 범죄가 유죄로 인정되는 경우에, 고소를 당한 사람이 고소인에 대하여 '고소당한 죄의 혐의가 없는 것으로 인정된다면 고소인이 자신을 무고한 것에 해당하므로 고소인을 처벌해 달라'는 내용의 고소장을 제출하였다면 설사 그것이 자신의 결백을 주장하기 위한 것이라고 하더라도 방어권의 행사를 벗어난 것으로서 고소인을 무고한다는 범의를 인정할 수 있다(대법원 2007.3.15. 2006도9453 의제강간 미수사건). [×]

1609 무고죄에 관한 다음 설명 중 옳지 않은 것은 모두 2개다. ○|×

[Superlative ★★★]

> ㉠ 무고죄를 구성하기 위하여는 신고된 사실 자체가 형사처분의 원인이 될 수 있어야 할 것이어서, 허위의 사실을 신고하였다 하더라도 그 사실 자체가 형사범죄로 구성되지 아니한다면 무고죄는 성립하지 아니한다. [18 경간부, 16 법원9급, 15 변호사, 15 경간부]
>
> ㉡ 공무소에 대하여 허위사실을 신고하였다고 하더라도 신고된 범죄사실에 대한 공소시효가 완성되었음이 신고내용 자체에 의하여 분명한 경우에는 형사처분의 대상이 되지 않는 것이므로 무고죄가 성립하지 아니한다. [16 경찰승진, 15 법원행시, 12 경찰채용]
>
> ㉢ 객관적으로 고소사실에 대한 공소시효가 완성되었다면 비록 고소를 제기하면서 마치 공소시효가 완성되지 아니한 것처럼 고소한 경우라도 무고죄는 성립하지 아니한다. [16 경간부, 15 변호사, 15 법원행시, 15 법원9급, 14 법원행시, 13 경간부, 11 경찰승진]
>
> ㉣ 공무소에 대하여 허위의 사실을 신고하였다고 하더라도 그 사실이 친고죄로서 그에 대한 고소기간이 경과하여 공소를 제기할 수 없음이 그 신고내용 자체에 의하여 분명한 때에는 무고죄는 성립하지 아니한다. [15 법원행시]

해설

> ㉢ 1 항목 옳지 않다.
> ㉠ 대법원 2017.5.30. 2015도15398 고소 후 판례변경 사건
> ㉡ 대법원 1994.2.8. 93도3445 시효완성 사문서위조 고소사건
> ㉢ 객관적으로 고소사실에 대한 공소시효가 완성되었더라도 고소를 제기하면서 마치 공소시효가 완성되지 아니한 것처럼 고소한 경우에는 국가기관의 직무를 그르칠 염려가 있으므로 무고죄를 구성한다(대법원 1995.12.5. 95도1908).
> ㉣ 대법원 1998.4.14. 98도150 기간경과 강간 고소사건 [×]

1610 성폭행 등의 피해를 입었다는 신고사실에 관하여 불기소처분 내지 무죄판결이 내려졌다고하여, 그 자체를 무고를 하였다는 적극적인 근거로 삼아 신고내용을 허위라고 단정하여서는 아니 된다. ○|×

[Essential ★]

해설

> 대법원 2019.7.11. 2018도2614 직장선배 기습키스 사건 [○]

1611 무고죄에서 신고한 사실의 허위 여부는 그 범죄의 구성요건과 관련하여 신고사실의 핵심 또는 중요 내용이 허위인가에 따라 판단하여 무고죄의 성립 여부를 가려야 한다. ○|×

[13 경찰승진] [Core ★★]

해설

> 대법원 2008.11.27. 2008도7018 사직 권유사건 [○]

1612 1통의 고소, 고발장에 의하여 수개의 혐의사실을 들어 무고로 고소, 고발한 경우 그 중 일부 사실은 진실이나 다른 사실은 허위인 때에는 그 허위사실 부분만이 독립하여 무고죄를 구성한다.　○|×

[16 법원행시, 15 변호사] [Essential ★]

해설

대법원 1989.9.26. 88도1533　　　　　　　　　　　　　　　　　　　　　　　　　[○]

1613 신고사실의 일부에 허위의 사실이 포함되어 있다고 하더라도 그 허위 부분이 범죄의 성립 여부에 영향을 미치는 중요한 부분이 아니고, 단지 신고한 사실을 과장한 것에 불과한 경우에는 무고죄에 해당하지 아니한다.　○|×

[17 경찰승진, 16 경간부, 12 법원행시] [Essential ★]

해설

대법원 2011.9.8. 2011도3489 용도묵비 차용금사기 고소사건Ⅲ　　　　　　　　　[○]

1614 피고인이 돈을 갚지 않는 甲을 차용금 사기로 고소하면서 대여금의 용도에 관하여 '도박자금'으로 빌려준 사실을 감추고 '내비게이션 구입에 필요한 자금'이라고 허위 기재하고 대여의 일시·장소도 사실과 달리 기재한 경우 무고죄가 성립한다.　○|×

[14 경찰승진, 13 법원행시, 12 경찰채용] [Superlative ★★★]

해설

수사기관으로서는 차용금의 용도와 무관하게 다른 자료들을 토대로 피고소인 A가 변제할 의사나 능력이 없이 금원을 차용하였는지 여부를 조사할 수 있는 것이므로, 비록 甲이 도박자금으로 대여한 사실을 숨긴 채 고소장에 대여금의 용도에 관하여 허위로 기재하고, 대여 일시·장소 등 변제의 사나 능력의 유무와 관련성이 크지 아니한 사항에 관하여 사실과 달리 기재하였다고 하더라도, 이러한 사정만으로는 사기죄의 성립 여부에 영향을 줄 정도의 중요한 부분을 허위로 신고하였다고 보기는 어렵다(대법원 2011.9.8. 2011도3489 용도묵비 차용금사기 고소사건Ⅲ).
　　　　　　　　　　　　　　　　　　　　　　　　　　　　　　　　　　　　　[×]

1615 피고인 甲이 도박현장에서 A에게 120만원을 빌려주었다가 이를 돌려받지 못하게 되자, 도박자금으로 빌려주었다는 사실을 감추고 단순한 대여금인 것처럼 하여 "A가 120만원을 빌려 간 후 변제하지 아니하고 있으니 처벌하여 달라"는 취지로 고소하였고, 고소보충 진술을 하면서 "A가 사고가 나서 급해서 그러니 120만원을 빌려주면 다음날 현금서비스를 받아 갚아 주겠다고 하여 금전을 빌려준 것이다"라고 허위로 진술한 경우 무고죄가 성립한다.　○|×

[15 변호사] [Superlative ★★★]

해설

대법원 2004.1.16. 2003도7178 용도허위 차용금사기 고소사건　　　　　　　　　[○]

1616 피고인 자신이 상대방의 범행에 공범으로 가담하였음에도 자신의 가담사실을 숨기고 상대방만을 고소한 경우, 이는 상대방의 범죄사실의 성립 여부에 직접 영향을 주는 내용에 관계되는 것이므로 무고죄가 성립한다. ○│✕

[16 법원9급, 15 변호사, 14 경찰채용, 13 국가7급, 13 경간부, 12 법원행시, 12 경간부] [Core ★★]

해설

피고인의 고소내용이 상대방의 범행 부분에 관한 한 진실에 부합하므로 이를 허위의 사실로 볼 수 없고, 상대방의 범행에 피고인이 공범으로 가담한 사실을 숨겼다고 하여도 그것이 상대방에 대한 관계에서 독립하여 형사처분 등의 대상이 되지 아니할뿐더러 전체적으로 보아 상대방의 범죄사실의 성립 여부에 직접 영향을 줄 정도에 이르지 아니하는 내용에 관계되는 것이므로 무고죄가 성립하지 않는다(대법원 2010.2.25. 2009도1302 전세자금편취 공범 무고사건). [✕]

1617 피고인이 위법성조각사유가 있음을 알면서도 '피고소인이 허위사실을 공표하였다'라고 고소한 경우, 이는 피고소인을 공직선거법 제251조 단서 소정의 위법성조각사유가 적용되지 않는 같은 법 제250조의 허위사실공표죄로 처벌되어야 한다고 주장한 것과 같은 것이므로 무고죄가 성립한다. ○│✕

[16 경간부, 14 국가7급] [Core ★★]

해설

대법원 1998.3.24. 97도2956 김기옥 동작구청장 사건 [○]

1618 위증으로 고소, 고발한 사실 중 위증한 당해 사건의 요증사항이 아니고 재판결과에 영향을 미친바 없는 사실만이 허위라고 인정되더라도 무고죄의 성립에는 영향이 없다. ○│✕

[16 경찰승진, 13 경찰승진] [Essential ★]

해설

대법원 1989.9.26. 88도1533 [○]

1619 무고죄에 관한 다음 설명 중 옳지 않은 것은 모두 1개다. ○│✕

[Superlative ★★★]

ⓐ 스스로 본인을 무고하는 자기무고는 무고죄의 구성요건에 해당하지 아니하여 무고죄를 구성하지 않는다. [17 경찰채용, 15 변호사, 12 법원행시]

ⓑ 무고죄에 있어서 피무고자의 승낙이 있었다고 하더라도 무고죄의 성립에 영향을 미치지 못한다. [17 법원9급, 16 경찰승진, 14 변호사, 14 경찰승진, 13 변호사, 13 법원행시]

ⓒ 자기 자신을 무고하기로 제3자와 공모하고 이에 따라 무고행위에 가담한 경우, 비록 자기 자신에게는 무고죄의 구성요건에 해당하지 않더라도 그 제3자들과 함께 무고죄의 공동정범으로 처벌할 수 있다. [18 경간부, 17 법원행시]

ⓓ 피무고자의 교사·방조 하에 제3자가 피무고자에 대한 허위의 사실을 신고한 경우에는 제3자의 행위는 무고죄의 구성요건에 해당하여 무고죄를 구성하므로, 제3자를 교사·방조한 피무고자도 교사·방조범으로서의 죄책을 부담한다. [17 변호사, 17 경찰채용, 15 법원9급, 15 경간부, 13 법원9급, 13 경간부, 12 법원행시, 12 국가7급, 12 경찰채용, 11 법원행시, 11 경간부]

해설

ⓒ 항목만 옳지 않다.
ⓐⓔ 대법원 2008.10.23. 2008도4852 자기무고 방조사건
ⓑ 대법원 2005.9.30. 2005도2712 합의주선용 무고사건
ⓒ (1) 범죄의 실행에 가담한 사람이라고 할지라도 그가 공동의 의사에 따라 다른 공범자를 이용하여 실현하려는 행위가 자신에게는 범죄를 구성하지 않는다면, 특별한 사정이 없는 한 공동정범의 죄책을 진다고 할 수 없다. 자기 자신을 무고하기로 제3자와 공모하고 이에 따라 무고행위에 가담하였다고 하더라도 이는 자기 자신에게는 무고죄의 구성요건에 해당하지 않아 범죄가 성립할 수 없는 행위를 실현하고자 한 것에 지나지 않아 무고죄의 공동정범으로 처벌할 수 없다. (2) 甲이 乙, 丙과 공모한 후, 乙이 그 공모에 따라 甲을 처벌하여 달라는 허위 내용의 고소장을 작성하여 제출하였더라도 甲을 乙, 丙과 함께 무고죄의 공동정범으로 처벌할 수 없다(대법원 2017.4.26. 2013도12592 자기무고 공모사건). [O]

1620 피고인이 최초에 작성한 허위내용의 고소장을 경찰관에게 제출하였을 때 이미 허위사실의 신고가 수사기관에 도달되어 무고죄의 기수에 이른 것이라 할 것이므로 그 후에 그 고소장을 되돌려 받았다 하더라도 이는 무고죄의 성립에 아무런 영향이 없다. O|X

[16 국가7급, 16 경찰승진, 15 변호사, 13 경간부, 12 경찰채용] [Essential ★]

해설

대법원 1985.2.8. 84도2215 횡령착복 자임 사건 [O]

1621 허위로 신고한 사실이 무고행위 당시 형사처분의 대상이 될 수 있었던 경우라도, 이후 그러한 사실이 형사범죄가 되지 않는 것으로 판례가 변경되었다고 한다면 무고죄는 성립하지 아니한다. O|X

[18 경간부, 17 법원행시, 17 경찰채용] [Core ★★]

해설

허위로 신고한 사실이 무고행위 당시 형사처분의 대상이 될 수 있었던 경우에는 국가의 형사사법권의 적정한 행사를 그르치게 할 위험과 부당하게 처벌받지 않을 개인의 법적 안정성이 침해될 위험이 이미 발생하였으므로 무고죄는 기수에 이르고, 이후 그러한 사실이 형사범죄가 되지 않는 것으로 판례가 변경되었다고 하더라도 특별한 사정이 없는 한 이미 성립한 무고죄에는 영향을 미치지 않는다(대법원 2017.5.30. 2015도15398 고소 후 판례변경 사건). [X]

1622 무고죄에 있어서 형의 필요적 감경 또는 면제사유인 자백의 절차에 관해서는 아무런 법령상의 제한이 없으므로 그가 신고한 사건을 다루는 기관에 대한 고백이나 그 사건을 다루는 재판부에 증인으로 다시 출석하여 전에 그가 한 신고가 허위의 사실이었음을 고백하는 것은 물론 무고사건의 피고인 또는 피의자로서 법원이나 수사기관에서의 신문에 의한 고백 또한 자백의 개념에 포함된다. ○|×

[21 변호사, 20 경간부] [Superlative ★★★]

해설

> 대법원 2018.8.1. 2018도7293 항소심 무고자백 사건 A, B에 대한 무고죄로 기소된 피고인 甲이 항소심의 공판기일에서 "공소사실을 모두 인정한다"라는 취지가 기재된 항소이유서를 진술한 경우, 甲은 허위의 사실을 고소하였음을 자백하였음이 명백하므로 항소심은 甲이 A, B에 대하여 무고한 고소사건의 처리 결과를 심리해 보고, 이들에 대하여 불기소결정 등이 내려져 그 재판이 확정된 적이 없다면 甲에 대하여 형의 필요적 감면조치를 하여야 한다는 취지의 판례이다. [○]

해커스경찰
police.Hackers.com

Part 03

조문·이론

1623 범죄의 성립과 처벌은 행위 시의 법률에 의한다. 범죄후 법률의 변경에 의하여 그 행위가 범죄를 구성하지 아니하거나 형이 구법보다 경한 때에는 신법에 의한다. ○|×

[15 경찰승진, 11 법원행시] [Essential ★]

해설

> 제1조 제1항·제2항 [○]

1624 재판확정후 법률의 변경에 의하여 그 행위가 범죄를 구성하지 아니하거나 형이 구법보다 경한 때에는 형의 집행을 면제하거나 경한 형으로 집행한다. ○|×

[15 경찰승진] [Essential ★]

해설

> 재판확정후 법률의 변경에 의하여 그 행위가 범죄를 구성하지 아니하는 때에는 형의 집행을 면제한다(제1조 제3항). 그러나 재판확정후 법률의 변경에 의하여 형이 구법보다 경한 경우에 대해서는 형법에 명문의 규정이 없으므로 종전의 형을 그대로 집행한다. [×]

1625 외국인이 외국에서 형법상 약취·유인죄나 인신매매죄 또는 그 미수범과 예비·음모죄를 범한 경우에는 대한민국 형법이 적용된다. ○|×

[17 경찰승진] [Core ★★]

해설

> 외국인이 외국에서 형법상 약취·유인죄나 인신매매죄 또는 그 미수범을 범한 경우 우리나라 형법이 적용된다(제296조의2). 외국인이 외국에서 이들 범죄의 예비·음모죄를 범한 경우에는 대한민국 형법이 적용되지 아니한다. [×]

1626 외교상기밀누설죄(제113조 제1항), 공무상비밀누설죄(제127조) 및 업무상비밀누설죄(제317조 제1항)는 신분범이다. ○|×

[21 국가9급] [Superlative ★★★]

해설

> 외교상기밀누설죄의 주체에는 아무런 제한이 없으므로 이는 신분범이 아니다(제113조 제1항). 공무상비밀누설죄의 주체는 공무원 또는 공무원이었던 자이고, 업무상비밀누설죄의 주체는 의사, 한의사, 치과의사, 약제사, 약종상, 조산사, 변호사, 변리사, 공인회계사, 공증인, 대서업자나 그 직무상 보조자 또는 차등의 직에 있던 자이므로(제127조, 제317조 제1항) 이들은 진정신분범이다. [×]

1627 수뢰죄(제129조 제1항), 증뢰죄(제133조 제1항) 및 알선수뢰죄(제132조)는 뇌물을 약속한 때에도 성립한다. ○│×

[21 국가9급] [Core ★★]

해설

제129조 제1항, 제132조, 제133조 제1항 [○]

1628 甲은 형 A를 살해하려고 기다리다가 아버지 B를 A로 오인하여 살해한 경우 법정적 부합설에 따르면 보통살인죄의 미수와 존속살해죄의 상상적 경합이 된다. ○│×

[16 국가9급] [Core ★★]

해설

(구체적 부합설이나 법정적 부합설과 같은 학설에 의하는 것이 아니라) 형법 제15조 제1항이 적용되는 경우로서 보통살인죄가 성립한다는 것이 통설의 입장이다. [×]

1629 甲을 乙로 오인하고 살해하려고 총을 쏘아 甲이 사망한 경우에 구체적 부합설과 법정적 부합설의 결론은 동일하다. ○│×

[12 경찰승진] [Core ★★]

해설

구체적 사실의 착오 중 객체의 착오 사례이다. 두 학설 모두 甲에 대한 살인죄로 처리한다. [○]

1630 甲이 A를 살해하려고 총을 쏘았으나 빗나가 옆에 있던 B가 맞아 사망한 경우 구체적 부합설에 따르면 A에 대한 살인미수죄와 B에 대한 과실치사죄의 상상적 경합이 된다. ○│×

[16 국가9급] [Core ★★]

해설

구체적 사실의 착오 중 방법의 착오 사례이다. 구체적 부합설은 A에 대한 살인미수죄와 B에 대한 과실치사죄의 상상적 경합으로 처리한다. [○]

1631 살인의 고의로 A를 살해하기 위해 독약이 든 술을 A의 집으로 발송하였으나 뜻밖에 A의 처(妻) B가 먹고 사망한 경우 법정적 부합설에 의하면 B에 대한 살인죄를 인정한다. ○│×

[16 사법시험] [Core ★★]

해설

구체적 사실의 착오 중 방법의 착오 사례이다. 법정적 부합설은 B에 대한 살인죄로 처리한다. [○]

1632 '그러한 행위가 없었더라면 그러한 결과도 발생하지 않았을 것'이라는 자연과학적 인과관계를 판단의 척도로 삼는 조건설은 각 조건들을 결과에 대한 동등한 원인으로 간주하여 인과관계의 범위가 지나치게 확장된다는 비판을 받는다. O | X

[23 경찰간부] [Core ★★]

해설

조건설의 내용과 그에 대한 비판으로 옳은 설명이다. [O]

1633 어느 행위로부터 어느 결과가 발생하는 것이 경험칙상 상당하다고 판단될 때 인과관계가 인정되는 상당인과관계설은 인과관계를 일상적인 생활경험으로 제한하여 형사처벌의 확장을 방지하는 장점이 있으나 '상당성'의 판단이 모호하여 법적 안정성을 해칠 우려가 있다는 비판을 받는다. O | X

[23 경찰간부] [Core ★★]

해설

상당인과관계설의 내용과 그에 대한 비판으로 옳은 설명이다. [O]

1634 위법성의 평가방법에 관한 객관적 위법성론에 의하면 책임무능력자는 위법한 행위를 할 수 없으므로, 이에 대해서 정당방위는 할 수 없다. O | X

[21 해경간부] [Core ★★]

해설

객관적 위법성론에 의할 때 책임무능력자의 침해도 위법하므로 이에 대하여 정당방위를 할 수 있다. [X]

1635 주관적 정당화요소 불요설은 주관적 정당화사정이 있는 경우와 없는 경우를 동일하게 취급한다는 비판이 가능하다. O | X

[22 경찰채용] [Core ★★]

해설

주관적 정당화요소 불요설에 대한 비판에 해당한다. [O]

1636 주관적 정당화요소 불요설은 객관적 정당화사정의 존재가 행위자에게 유리하게 작용하는 경우이다. O | X

[22 경찰채용] [Core ★★]

해설

주관적 정당화요소 불요설의 입장으로 객관적 정당화사정의 존재가 행위자에게 유리하게 작용하는 경우이다. [O]

1637 우연방위 효과에 관한 불능미수범설은 기수범의 결과반가치는 배제되지만 행위반가치는 그대로 존재하므로 불능미수의 규정을 유추적용해야 한다는 견해이다. ○│×

[17 경간부] [Superlative ★★★]

해설

옳은 설명이다. [○]

핵심정리 주관적 정당화요소 결여의 효과	
구 분	**내 용**
문제점	위법성조각사유의 객관적 전제사실은 존재하지만 행위자가 그것을 인식하지 못하고 행위를 한 경우 법적 취급의 문제 발생
사 례	① A가 B를 상대로 강도행위를 하고 있는데, 甲이 그것을 모르고 A가 기분 나쁘게 쳐다본다는 이유로 A에게 상해를 가함(우연방위) ② A가 자동차의 창문을 닫고 오랜 시간 잠을 자는 바람에 질식사의 위험이 있었는데, 甲이 그것을 모르고 돌로 창문을 깨뜨려 A가 생명을 구함(우연피난)
법적취급	① 위법성조각설 : 주관적 정당화요소 불요설과 결과반가치 일원론의 입장에서 위법성이 조각됨 ② 기수범설 : 구성요건에 해당하는 위법한 행위이고 결과까지 발생하였으므로 위법성이 조각되지 않아 기수범으로 처벌 ③ 불능미수범설 : 객관적 정당화상황이 존재하므로 결과반가치는 배제되나 행위반가치는 그대로 존재하므로 구조상 유사한 형법 제27조의 불능미수 규정을 유추적용하여 처벌(多數說)

1638 형법의 규정에 의하면 우연방위행위가 야간 기타 불안스러운 상태 하에서 공포, 경악, 흥분 또는 당황으로 인한 때에는 벌하지 아니한다. ○│×

[12 국가9급] [Superlative ★★★]

해설

(우연방위행위가 아니라) 과잉방위행위가 야간 기타 불안스러운 상태 하에서 공포, 경악, 흥분 또는 당황으로 인한 때에는 벌하지 아니한다(제21조 제3항). 우연방위에 대해서는 형법에 명문의 규정이 없다. [×]

1639 과잉방위, 과잉피난 그리고 과잉자구행위가 야간 기타 불안스러운 상태하에서 공포, 경악, 흥분 또는 당황으로 인한 때에는 벌하지 아니한다. ○│×

[16 해경간부, 12 변호사, 12 사법시험, 11 국가7급] [Core ★★]

해설

과잉자구행위의 경우 과잉방위나 과잉피난과는 달리 '야간 기타 불안한 상태에서 공포, 경악, 흥분 또는 당황으로 인한 때에는 벌하지 아니한다'라는 규정이 없다(형법 제23조 참고). 즉, 형법은 면책적 과잉자구행위를 인정하지 않는다. [×]

1640 처분할 수 있는 자의 승낙에 의하여 그 법익을 훼손한 행위는 법률에 특별한 규정이 있는 경우에 한하여 벌하지 아니한다. O|X

[17 경찰승진, 16 경찰채용, 14 경찰승진, 14 국가7급, 11 경찰승진] [Core ★★]

해설

처분할 수 있는 자의 승낙에 의하여 그 법익을 훼손한 행위는 법률에 특별한 규정이 없는 한 벌하지 아니한다(제24조). [×]

1641 책임비난의 근거를 행위자의 자유의사에서 찾는 도의적 책임론은 행위자책임을 형벌권 행사의 근거로 보기 때문에 책임무능력자에 대한 보안처분 부과를 옹호한다. O|X

[23 경찰간부] [Core ★★]

해설

도의적 책임론은 자유의사를 가진 자가 적법한 행위를 할 수 있었음에도 위법한 행위를 하였다는 행위책임(의사책임)에서 책임의 근거를 찾는다. [×]

1642 사회적 책임론은 과거에 잘못 형성된 행위자의 성격에서 책임의 근거를 찾으므로 범죄는 행위자의 소질과 환경에 의해 결정된다고 이해한다. O|X

[23 경찰간부] [Core ★★]

해설

사회적 책임론은 행위자가 과거에 잘못된 성격을 형성한 행위자책임(성격책임)에서 책임의 근거를 찾는다. [O]

1643 원인에 있어서 자유로운 행위와 관련하여 원인설정행위에 실행의 착수시기를 인정하는 견해에 대해서는 행위와 책임능력의 동시존재 원칙이 유지되기 어렵다는 비판이 제기된다.　○|×

[18 경간부] [Core ★★]

해설

> 원인설정행위에 실행의 착수시기를 인정하는 견해에 대해서는 행위와 책임의 동시존재의 원칙을 유지한다는 장점이 있으나, 구성요건의 정형성을 무시한다는 비판이 제기된다.　[×]

핵심정리 원자행위(原自行爲)

구 분	내 용
가별성의 근거	① 구성요건모델(일치설) - 책임능력이 있는 상태 하에서의 원인설정행위에 가별성의 근거가 있다는 견해(자신을 도구로 이용하는 간접정범과 유사한 것으로 이해하는 견해와 일맥상통함) - 원인행위 개시시기를 실행의 착수시기로 봄 - 행위와 책임의 동시존재의 원칙을 유지한다는 장점이 있으나, 구성요건의 정형성을 무시한다는 비판이 제기됨 ② 책임모델(예외설, 多數說) - 원인행위와 결과실현행위가 밀접불가분하게 연결되어 있다는 점에 가별성의 근거가 있다는 견해(책임비난의 근거는 원인설정행위에 있음) - 책임능력이 없는 상태 하에서의 실행행위시를 실행의 착수시기로 봄 - 행위와 책임의 동시존재의 원칙에 대한 예외 인정
유 형	① 고의에 의한 원인에 있어 자유로운 행위(고의범 성립) 위험발생을 예견하고(범죄에 대한 고의를 가지고), 고의로 심신장애를 야기한 후, 고의로 결과실현 행위를 한 경우에 성립 ② 과실에 의한 원인에 있어 자유로운 행위(과실범 성립) 위험발생을 예견하지 못하였거나(범죄에 대한 고의가 없거나), 심신장애 야기에 대한 고의가 없거나, 결과실현 행위에 대한 고의가 없는 경우에 성립

1644 원인에 있어서 자유로운 행위와 관련하여 구성요건적 결과실현행위에 실행의 착수시기를 인정하는 견해에서는 행위와 책임능력의 동시존재 원칙에 대한 예외를 인정한다.　○|×

[18 경간부] [Core ★★]

해설

> 책임모델(예외설)에 관한 옳은 설명이다.　[○]

1645 원인에 있어서 자유로운 행위의 가벌성의 근거를 원인설정행위와 실행행위의 불가분적 관련에서 찾는 견해는 행위와 책임능력의 동시존재의 원칙을 따르는 이론이다. ○|×

[17 경찰승진] [Core ★★]

해설

이른바 책임모델(예외설)에 관한 설명으로 가벌성의 근거를 원인설정행위와 실행행위의 불가분적 관련에서 찾는 견해이다. 책임능력 결함상태에서 구성요건해당 행위를 시작한 때에 실행의 착수가 있는 것으로 보지만, 행위와 책임의 동시존재 원칙의 예외를 인정하는 결과가 되어 책임주의에 반한다는 비판이 제기되고 있다. [×]

핵심정리 위법성조각사유 전제사실의 착오

구 분			내 용
의 의			위법성조각사유의 객관적 전제사실(객관적 정당화상황)이 존재하지 않는데도 이를 존재한다고 오인하고 위법성조각사유에 해당하는 행위를 한 경우
사 례			- 자기 집에 몰래 들어오는 친한 친구를 강도로 오인하고, 정당방위 의사로 상해를 가한 경우 (오상방위) - 묶여 있는 개가 사납게 짖고 있음에도 개가 자기를 물려고 쫓아오는 것으로 오인하고, 긴급피난의 의사로 다른 사람의 집에 침입한 경우(오상피난)
법적효과	소극적 구성요건 표지이론		위법성조각사유는 소극적 구성요건이므로 구성요건적 착오에 관한 규정을 직접 적용하여 (불법) 고의 조각 → 행위자에게 과실이 있으면 과실범으로 처벌, 과실이 없으면 무죄
	엄격 고의설		행위자에게 현실적인 위법성의 인식이 없으므로 (책임요소로서의) 고의 조각 → 행위자에게 과실이 있으면 과실범으로 처벌, 과실이 없으면 무죄
	책임설	엄격 책임설	금지의 착오에 해당하므로 (구성요건적) 고의는 인정 → 착오가 회피 가능했다면 고의범으로 처벌, 회피 불가능했다면 책임 조각
		구성요건적 착오유추적용설	사실의 착오와 유사하므로 구성요건적 착오에 관한 규정을 유추적용하여 (구성요건적) 고의 조각 → 행위자에게 과실이 있으면 과실범으로 처벌, 과실이 없으면 무죄
		법효과 제한적책임설 (多數說)	(구성요건적) 고의는 인정되지만, 법질서 수호의사로 한 행위이므로 책임 고의 조각 → (고의행위지만 고의책임을 지지 않으므로) 행위자에게 과실이 있으면 과실범으로 처벌, 과실이 없으면 무죄

1646 위법성 인식의 체계적 지위에 관한 학설 중 고의설에 따르면 법률의 착오와 사실의 착오 모두 고의가 조각된다. ○|×

[21 국가9급] [Core ★★]

해설

고의설은 사실의 인식과 위법성의 인식을 모두 고의의 구성요소로 본다. 따라서 고의설에 의할 때 사실의 착오가 있는 경우는 물론 법률의 착오가 있는 경우에도 고의가 조각된다. [○]

1647 甲은 야간에 악수를 청하는 이웃집 사람을 강도로 오인하고 방어할 생각으로 그를 때려 상해를 입혔으나, 오인에 정당한 이유가 없는 경우 甲의 죄책을 가장 무겁게 인정하는 학설은 엄격 책임설이다.

○|×

[16 경찰채용] [Essential ★]

해설

> 엄격책임설에 의하면 이는 금지의 착오가 되어 그 오인에 정당한 이유가 없으면 고의범으로 처벌되고, 그 오인에 정당한 이유가 있으면 책임이 조각되어 무죄가 된다. 설문의 경우 그 오인에 정당한 이유가 없으므로 상해죄로 처벌된다. 다른 학설은 모두 과실범으로 처벌하므로 위 설문은 옳다.   [○]

1648 제한책임설은 위법성조각사유의 전제사실에 관한 착오를 법률의 착오로 보는 것이다.

○|×

[22 국가9급] [Core ★★]

해설

> 위법성조각사유의 전제사실의 착오가 있는 경우 제한적 책임설(유추적용설과 법효과 제한적 책임설)에 의할 때에는 구성요건적 고의 또는 책임고의 조각여부(과실범 성립 여부)가 문제가 되는데 비하여, 엄격책임설은 이를 법률의 착오(금지의 착오)로 보기 때문에 책임조각 여부가 문제가 된다.   [×]

1649 위법성조각사유 전제사실의 착오가 있는 경우 구성요건적 고의는 인정되지만, 책임 고의가 조각되어 행위자에게 과실이 있으면 과실범으로 처벌, 과실이 없으면 무죄가 된다는 학설은 구성요건적 착오유추적용설이다.

○|×

[14 국가7급, 12 국가9급] [Superlative ★★★]

해설

> 위법성조각사유 전제사실의 착오가 있는 경우 구성요건적 고의는 인정되지만, 책임 고의 조각되어 행위자에게 과실이 있으면 과실범으로 처벌, 과실이 없으면 무죄가 된다는 학설은 법효과 제한적책임설이다.   [×]

1650 중대장의 지시에 따라 관사를 지키고 있던 당번병인 피고인이 중대장의 처가 마중 나오라는 지시를 정당한 명령으로 오인하고 관사를 무단이탈하였는데 당번병으로서의 그 임무범위 내에 속하는 일로 오인하고, 그 오인에 정당한 이유가 있는 경우 판례에 의하면 군형법상 무단이탈죄의 책임이 조각된다.

○|×

[20 경찰채용] [Core ★★]

해설

> 원심은, 피고인의 관사이탈 행위가 중대장의 직접적인 허가를 받지 아니하였다 하더라도 피고인은 당번병으로서의 그 임무범위 내에 속하는 일로 오인한 행위로서 그 오인에 정당한 이유가 있으므로 위법성이 없다고 하여 피고인에게 무죄를 선고하였는바, 원심의 이와 같은 사실인정과 판단은 정당하다(대법원 1986.10.28. 86도1406 중대장 당번병 사건).   [×]

1651 기대가능성의 판단기준을 국가에 두면 국가는 국민의 적법행위를 기대하므로 기대가능성이 없다는 이유로 책임이 조각되는 경우가 축소될 수 있다. ○|×

[22 경찰채용] [Core ★★]

해설

국가표준설에 의할 때 국가는 '항상' 국민에게 적법행위를 기대하기 때문이다.	
국가표준설	법질서 내지 국가이념에 따라 국가의 적법행위에 대한 기대를 기준으로 판단한다. 국가는 항상 국민에게 적법행위를 기대하므로 책임이 조각되는 경우가 축소될 수 있다는 비판을 받는다.
행위자표준설	행위자의 개인적 능력과 개인적 사정을 기초로 행위당시 행위자에게 그 행위 대신 다른 적법한 행위를 기대할 수 있었는가에 따라 판단한다. 실질적으로 적법행위 기대가능성성을 거의 인정하기 어려워 형사정책적 난점이 있다는 비판을 받는다.
평균인표준설 (다수설, 판례)	행위자가 한 행위를 사회의 평균인에게도 기대할 수 있는가에 따라 기대가능성의 유무를 판단한다.

[○]

1652 저항할 수 없는 폭력이나 자기 또는 타인의 생명, 신체 또는 재산에 대한 위해를 방어할 방법이 없는 협박에 의하여 강요된 행위는 벌하지 아니한다. ○|×

[13 경찰승진] [Core ★★]

해설

저항할 수 없는 폭력이나 자기 또는 친족의 생명, 신체에 대한 위해를 방어할 방법이 없는 협박에 의하여 강요된 행위는 벌하지 아니한다(제12조). [×]

1653 다음 중 미수범 처벌규정이 있는 범죄는 모두 4개다. ○|×

[15 경간부] [Superlative ★★★]

㉠ 촉탁살인	㉡ 중상해	㉢ 특수체포	㉣ 존속협박	㉤ 인질치사

해설

㉠㉢㉣㉤ 4 항목 범죄의 경우 미수범 처벌규정이 있다(㉠ 제254조 ㉢ 제280조 ㉣ 제286조 ㉤ 제324조의5).

[○]

1654 다음 중 미수범 처벌규정이 있는 범죄는 모두 4개다.　　　　○|×

[15 경찰채용] [Superlative ★★★]

| ㉠ 강제집행면탈죄 | ㉡ 장물취득죄 | ㉢ 직무유기죄 |
| ㉣ 감금죄 | ㉤ 퇴거불응죄 | ㉥ 공무상보관물무효죄 |

해설

㉣㉤㉥3 항목 범죄의 경우 미수범 처벌규정이 있다(㉣ 제280조 ㉤ 제322조 ㉥ 제143조).　　[×]

1655 다음 중 미수범 처벌규정이 있는 범죄는 모두 4개다.　　　　○|×

[17 경찰채용] [Superlative ★★★]

㉠ 사인위조죄	㉡ 불법체포죄	㉢ 특수도주죄
㉣ 자살방조죄	㉤ 인질치사죄	㉥ 점유이탈물횡령죄
㉦ 사문서부정행사죄		

해설

㉠㉡㉢㉣㉤ 5 항목 범죄의 경우 미수범 처벌규정이 있다(㉠ 제240조, ㉡ 제124조, ㉢ 제146조, 제149조 ㉣ 제251조, 제254조, ㉤ 제324조의4, 제324조의5).　　[×]

1656 실행의 수단, 주체 또는 대상의 착오로 인하여 결과의 발생이 불가능하더라도 위험성이 있는 때에는 처벌한다. 단, 형을 감경 또는 면제할 수 있다.　　　　○|×

[12 국가9급] [Essential ★]

해설

실행의 수단 또는 대상의 착오로 인하여 결과의 발생이 불가능하더라도 위험성이 있는 때에는 처벌한다. 단, 형을 감경 또는 면제할 수 있다(제27조).　　[×]

1657 행위자가 결과발생이 불가능하다는 것을 알면서 실행에 착수하였고, 결과는 발생하지 않았으나 위험성은 있다면, 불능미수에 해당한다.　　　　○|×

[18 법원행시] [Core ★★]

해설

불능미수도 미수범인 이상 행위자에게 기수의 고의가 있어야 성립한다. 따라서 행위자가 결과발생이 불가능하다는 것을 알면서 실행에 착수한 경우 기수의 고의가 없으므로 불능미수는 성립하지 아니한다.　　[×]

1658 불능미수의 위험성 판단에 관한 학설 중 객관설은 주관설보다 미수범 인정의 범위가 좁다. ○|X

[13 경간부] [Core ★★]

해설

통설의 입장이다. 주관설은 가별적인 불능미수를 가장 넓게 인정한다. [○]

핵심정리 불능미수의 위험성 관련 학설

구 분	내 용	
의 의	위험성은 (사실적·자연과학적 의미의 위험성이 아니라) 형법적 가치평가로서 규범적 의미의 위험성을 말함	
학 설	구객관설	결과발생이 절대적으로 불가능한 경우는 위험성이 없는 불능범이고, 상대적으로 불가능한 경우는 위험성이 있는 불능미수라는 견해
	구체적 위험설	행위자가 인식했던 사정과 일반인이 인식할 수 있었던 사정을 기초로 하여, 일반인의 입장에서 결과발생의 가능성 유무를 검토하는 견해
	추상적 위험설	행위자가 인식했던 사정을 기초로 하여, 일반인의 입장에서 결과발생의 가능성 유무를 검토하는 견해
	주관설	행위자의 범죄의사가 표현된 이상, 미신범을 제외하고는 모두 위험성을 인정하여 불능미수로 처벌하자는 견해
	인상설	행위자의 법적대적인 의사의 실행이 법적 평온을 교란시키는 인상을 주는지 여부에 따라 위험성 유무를 판단하는 견해

1659 추상적 위험설은 불능미수의 위험성 유무를 행위 당시에 행위자가 인식한 사실과 일반인이 인식할 수 있는 사정을 기초로 일반적 경험칙에 따라 판단한다. ○|X

[15 국가9급] [Core ★★]

해설

'행위자가 인식한 사실과 일반인이 인식할 수 있는 사정'을 기초로 일반적 경험칙에 따라 위험성을 판단하는 것은 구체적 위험설의 입장이다. 추상적 위험설은 '행위자가 인식한 사실'을 기초로 일반적 경험칙에 따라 위험성을 판단한다. [×]

1660 다음 중 예비·음모죄의 처벌규정이 있는 범죄는 1개다. ○|X

[13 경찰채용] [Superlative ★★★]

㉠ 촉탁살인죄	㉡ 통화유사물제조죄	㉢ 공문서위조죄
㉣ 미성년자 약취·유인죄	㉤ 허위유가증권작성죄	㉥ 타인소유의 일반물건방화죄

해설

㉣ 미성년자약취·유인죄에만 예비·음모 처벌규정이 있다(제296조). [○]

1661 다음 중 예비·음모죄의 처벌규정이 있는 범죄는 3개다.　　　　　　　　　　○|×

[12 경찰채용] [Superlative ★★★]

> ㉠ 도주원조죄　　　　　　㉡ 현주건조물방화죄　　　　　㉢ 유가증권위조죄
> ㉣ 소인말소죄　　　　　　㉤ 수도불통죄　　　　　　　㉥ 촉탁승낙살인죄

해설

> ㉠ 도주원조죄, ㉡ 현주건조물방화죄, ㉢ 유가증권위조죄, ㉤ 수도불통죄는 4항목이 예비음모죄 처벌규정이 있다
> (제150조, 제175조, 제224조, 제197조).　　　　　　　　　　　　　　　　　　　　[×]

1662 극단적 종속형식에 따르면, 甲이 乙(만 13세)을 부추겨 교회에 있는 시계를 절취해 오도록 한 경우
甲은 절도죄의 간접정범이 된다.　　　　　　　　　　○|×

[19 경간부] [Core ★★]

해설

> 극단적 종속형식에 의하면, 공범이 성립하기 위해서는 정범의 행위가 구성요건에 해당하고 위법·유책하여야 한
> 다. 따라서 甲이 책임이 조각되는 乙을 부추겨 교회에 있는 시계를 절취해 오도록 한 경우 절도죄의 교사범(공범)
> 이 아니라 간접정범이 된다.　　　　　　　　　　　　　　　　　　　　　　　　　[○]

1663 제한적 종속형식을 전제로 한 경우 긴급피난을 위법성조각사유로 이해하는 입장에 따르면 긴급피
난행위를 한 자에 대한 교사범의 성립은 인정될 수 없다.　　　　　　　　　　○|×

[19 해경간부] [Core ★★]

해설

> 제한적 종속형식에 의할 때 정범이 구성요건에 해당하고 위법하면 공범이 성립한다. 긴급피난 행위를 한 자는
> 위법한 행위를 한 것이 아니므로 그에 대한 교사범은 성립할 수 없다.　　　　　　　　[○]

1664 제한적 종속형식의 입장을 취하게 되면, 정범의 책임이 조각되는 경우 공범이 성립할 수 없다는 결
론에 이른다.　　　　　　　　　　○|×

[21 경찰채용] [Core ★★]

해설

> 제한적 종속형식에 의할 때 정범이 구성요건에 해당하고 위법하면 공범이 성립한다. 따라서 정범이 책임이 조각되
> 더라도 공범이 성립할 수 있다.　　　　　　　　　　　　　　　　　　　　　　　[×]

1665 동시 또는 이시의 독립행위가 경합한 경우에 그 결과발생의 원인된 행위가 판명되지 아니한 때에는 공동정범의 예에 의한다. ○|×

[14 국가9급, 13 경찰승진] [Essential ★]

해설

> 동시 또는 이시의 독립행위가 경합한 경우에 그 결과발생의 원인된 행위가 판명되지 아니한 때에는 각 행위를 미수범으로 처벌한다(제19조). 공동정범의 예에 의하는 것은 독립행위가 경합하여 상해의 결과를 발생하게 한 경우뿐이다(제263조). [×]

1666 독립행위가 경합하여 상해의 결과를 발생하게 한 경우에 있어서 원인된 행위가 판명되지 아니한 때에는 각 행위자를 공동정범의 예에 의한다. ○|×

[14 국가9급, 13 해경간부] [Essential ★]

해설

> 독립행위가 경합하여 상해의 결과를 발생하게 한 경우에 있어서 원인된 행위가 판명되지 아니한 때에는 공동정범의 예에 의한다(제263조). [○]

1667 간접정범의 실행의 착수시기를 이용자의 이용행위시로 보는 경우 이용자의 이용의사가 외부로 표현되기만 하면 실행의 착수가 인정되어 미수범의 처벌 범위가 축소될 수 있다. ○|×

[22 경찰채용] [Core ★★]

해설

> 간접정범의 실행의 착수시기를 이용자의 이용행위시로 보는 경우 이용자의 이용의사가 외부로 표현되기만 하면 실행의 착수가 인정되므로 미수범 성립과 처벌 범위가 지나치게 확장되게 된다. [×]

1668 교사를 받은 자가 범죄의 실행을 승낙하고 실행의 착수에 이르지 아니한 때에는 교사자만 음모 또는 예비에 준하여 처벌한다. ○|×

[16 국가9급, 15 사법시험, 13 경찰승진, 12 경찰승진, 11 국가9급] [Core ★★]

해설

> 교사를 받은 자가 범죄의 실행을 승낙하고 실행의 착수에 이르지 아니한 때에는 교사자와 피교사자를 음모 또는 예비에 준하여 처벌한다(제31조 제2항). 이를 효과 없는 교사라고 한다. [×]

1669 교사를 받은 자가 범죄의 실행을 승낙하지 아니한 때에는 교사자만 음모 또는 예비에 준하여 처벌한다. ○|×

[16 국가9급, 15 사법시험, 13 경찰승진, 12 경찰승진, 11 국가9급] [Core ★★]

해설

> 제31조 제3항. 이를 실패한 교사라고 한다. [○]

1670 진정부작위범은 부작위에 의한 작위범이고, 부진정부작위범은 부작위에 의한 부작위범이다. ○|×

[12 경간부] [Essential ★]

해설

진정부작위범은 부작위에 의한 부작위범이고(구성요건 자체가 부작위로 되어 있는 범죄이다), 부진정부작위범은 부작위에 의한 작위범이다(구성요건 자체는 작위로 되어 있으나, 이를 부작위에 의하여 실행하는 범죄이다).

[×]

1671 유기죄에서의 보호의무를 법률상·계약상 보호의무로 국한하는 입장에 따르면 부진정부작위범에서의 보호의무는 유기죄의 보호의무보다 넓게 된다. ○|×

[21·22 경찰채용] [Essential ★]

해설

(1) 유기죄는 법률상 또는 계약상의 보호의무 있는 자만을 그 주체로 규정하고 있으므로 유기죄의 죄책을 인정하려면 그 구성요건이 요구하는 법률상, 계약상의 보호의무를 밝혀야 한다(대법원 1977.1.11. 76도3419 일정거리 동행사건). (2) 살인죄와 같이 일반적으로 작위를 내용으로 하는 범죄를 부작위에 의하여 범하는 이른바 부진정부작위범의 경우 작위의무는 법령, 법률행위, 선행행위로 인한 경우는 물론, 신의성실의 원칙이나 사회상규 혹은 조리상 작위의무가 기대되는 경우에도 인정된다(대법원 2015.11.12. 2015도6809 全合 세월호 사건). 부진정부작위범의 성립을 위한 작위의무의 발생근거는 유기죄의 성립을 위한 보호의무의 발생근거보다 그 범위가 넓다.

[○]

1672 진정부작위범의 미수는 불가능하나 형법상 예외적으로 처벌규정이 있으며, 부진정부작위범의 경우는 미수가 인정된다. ○|×

[13 경찰승진] [Core ★★]

해설

퇴거불응죄(제319조 제2항)와 집합명령위반죄(제145조 제2항)는 진정부작위범이지만 형법상 미수범 처벌규정이 존재한다(제322조, 제149조). 부진정부작위범(예를 들어 부작위에 의한 살인죄)은 얼마든지 미수가 인정될 수 있다.

[○]

1673 부진정부작위범의 요건으로 행위정형의 동가치성을 요구하는 것은 형사처벌을 확장하는 기능을 한다. ○|×

[21 변호사, 22 경찰채용] [Core ★★]

해설

업무방해죄와 같이 작위를 내용으로 하는 범죄를 부작위에 의하여 범하는 부진정부작위범이 성립하기 위해서는 부작위를 실행행위로서의 작위와 동일시할 수 있어야 한다(대법원 2017.12.22. 2017도13211 건축자재 방치 사건). 부진정부작위범의 성립요건으로 행위정형의 동가치성을 요구하는 것은 형사처벌을 축소하는 기능을 한다. 행위정형의 동가치성이 없다면 부진정부작위범이 성립하지 않기 때문이다.

[×]

1674 보증인지위와 보증인의무의 체계적 지위를 구별하는 이분설에 따를 때 보증인지위와 보증인의무에 대한 착오는 구성요건적 착오에 해당한다. ○ | ✕

[12 사법시험] [Core ★★]

해설

> 보증인지위와 보증의무를 구분하는 이분설에 의할 때 보증인지위에 관한 착오는 구성요건의 착오가 되고, 보증의무에 관한 착오는 위법성(금지)의 착오가 된다. [✕]

1675 甲이 자신의 아들 乙이 익사하는 것을 보았으나 乙이 아닌 다른 아이인 줄 알고 남의 자식을 구할 의무는 없다고 생각하여 구조하지 않은 경우 이분설에 따르면 보증인 의무에 대한 착오로 금지의 착오에 해당한다. ○ | ✕

[14 국가7급] [Core ★★]

해설

> 지문은 '보증인 지위'에 대한 착오 사례로써 (보증인 지위는 구성요건요소로, 보증의무는 위법성요소로 보는) 이분설에 의할 때 구성요건의 착오에 해당한다. [✕]

1676 보증인적 지위와 작위의무를 구별하지 않고 모두 구성요건요소로 보는 견해에 의하면 구성 요건의 징표기능을 부정하게 되어 범죄론체계의 일관성이 없고, 부진정부작위범의 구성요건해당성의 범위가 부당하게 확대될 우려가 있다. ○ | ✕

[11 경찰승진] [Superlative ★★★]

해설

> 지문은 작위의무를 위법성의 요소라는 견해(위법성요소설)에 대한 비판이지, 보증인적 지위와 작위의무를 구별하지 않고 모두 구성요건요소로 보는 견해(구성요건요소설)에 대한 비판이 아니다. [✕]

1677 부작위에 의한 교사범은 성립할 수 없으나, 부작위에 의한 방조범은 성립할 수 있다. ○ | ✕

[16 경간부] [Core ★★]

해설

> 부작위에 의한 교사는 불가능하지만, 부작위에 의한 방조는 가능하다. 형법상 방조행위는 정범의 실행을 용이하게 하는 직접, 간접의 모든 행위를 가리키는 것으로서 작위에 의한 경우뿐만 아니라 부작위에 의하여도 성립된다(대법원 2006.4.28. 2003도4128 음란만화판매 방치사건). [○]

1678 부작위범에 대한 교사는 가능하지만, 부작위에 의한 교사는 불가능하다. ○ | ×

[16 국가9급, 13 경간부] [Core ★★]

해설

> 정범인 부작위범에게 보증인 지위가 인정되는 한, 그를 교사하는 죄를 범하게 하는 '부작위범에 대한 교사'는 가능하다. 그러나 부작위로서 타인에게 범행결의를 시킨다는 것은 상상할 수 없으므로 '부작위에 의한 교사'는 가능하지 않다. [○]

1679 업무상과실장물취득죄는 단순과실장물취득죄보다 형이 가중되는 가중적 구성요건으로 부 진정신분범에 해당한다. ○ | ×

[13 경찰승진, 11 경간부] [Essential ★]

해설

> 과실장물죄의 경우 단순과실장물죄는 없고, '업무상'과실장물죄와 '중'과실장물죄만 있다. 따라서 업무상과실장물취득죄는 단순과실장물취득죄보다 형이 가중되는 가중적 구성요건이 아니며 또한 진정신분범에 해당한다. [×]

1680 형법 제168조 연소죄는 결과적 가중범에 해당한다. ○ | ×

[16 경찰채용] [Essential ★]

해설

> 연소죄는 자기 소유 건조물 또는 물건에 대한 방화가 확대되어 현주건조물이나 공용 또는 타인 소유 건조물·물건을 연소한 때에 성립하는 진정 결과적가중범이다(제168조). [○]

1681 중체포·감금죄는 사람을 체포·감금하여 생명에 위험을 야기한 경우 성립하는 결과적 가중범이다. ○ | ×

[11 경찰승진] [Essential ★]

해설

> 중체포·감금죄는 사람을 체포 또는 감금하여 가혹한 행위를 가한 경우에 성립한다(제277조). '중(重)'자가 들어가는 범죄 중에 유일하게 결과적 가중범이 아님을 주의하여야 한다. [×]

1682 결과적 가중범은 중한 결과가 발생하여야 성립되는 범죄이므로 형법에는 결과적 가중범의 미수를 처벌하는 규정을 두고 있지 않다. ○ | ×

[15 변호사, 13 경찰승진] [Core ★★]

해설

> 형법에는 결과적 가중범인 인질치사상죄, 강도치사상죄 및 해상강도치사상죄에 대한 미수범 처벌 규정이 있다(제324조의5, 제342조). [×]

1683 결과적 가중범의 미수범 규정이 있는 경우 기본범죄가 미수에 그친 때에는 결과적 가중범의 미수범이 성립된다. ○|×

[21 변호사] [Essential ★]

해설

중한 결과가 발생하였다면 기본범죄가 미수에 그친 경우라도 결과적 가중범의 기수범이 성립한다(대법원 2008.4.24. 2007도10058 호원대 강의실 사건, 대법원 1999.4.9. 99도519, 대법원 1988.6.28. 88도820 되는 게 없는 하루 사건 등). [×]

1684 판결이 확정되지 아니한 수개의 죄 또는 벌금 이상의 형에 처한 판결이 확정된 죄와 그 판결확정전에 범한 죄를 경합범으로 한다. ○|×

[16 법원9급] [Core ★★]

해설

판결이 확정되지 아니한 수개의 죄 또는 금고 이상의 형에 처한 판결이 확정된 죄와 그 판결 확정전에 범한 죄를 경합범으로 한다(제37조). [×]

1685 징역 또는 금고는 무기 또는 유기로 하고 유기는 1개월 이상 30년 이하로 한다. 단, 유기징역 또는 유기금고에 대하여 형을 가중하는 때에는 50년까지로 한다. ○|×

[16 법원행시, 14 사법시험, 14 법원9급, 11 법원행시, 11 경찰채용] [Core ★★]

해설

제42조 [○]

1686 형법상 누범의 형은 그 죄에 정한 형의 장기의 2배까지 가중하므로, 징역 50년은 초과할 수 있으나 단기는 가중하지 않는다. ○|×

[18 법원행시] [Core ★★]

해설

유기징역에 대하여 형을 가중하는 때에는 50년까지로 하므로, 누범 가중을 하더라도 징역 50년은 초과할 수 없다(제42조). [×]

1687 유가증권위조죄에 있어서의 위조된 유가증권, 배임수재에 의하여 취득한 재물 그리고 공무원이 받은 뇌물은 모두 필요적 몰수의 대상이다. ○│×

[15 경찰승진, 11 경찰승진] [Core ★★]

해설

배임수재에 의하여 취득한 재물과 공무원이 받은 뇌물은 필요적 몰수의 대상이지만(제357조 제3항, 제134조), 유가증권위조죄에 있어서의 위조된 유가증권은 형법 총칙상 임의적 몰수의 대상이다(제48조). [×]

핵심정리 형의 가중·감경·면제

구 분		내 용
가 중		① 총칙: 특수교사·방조범, 누범, 경합범 ② 각칙: 상습범(ex. 상습절도죄, 상습사기죄 등), 특수범죄(ex. 특수상해죄, 특수공무집행방해죄 등)
임의적 감경	법률상 감경	① 총칙: 심신미약자, 장애미수 ② 각칙: 범죄단체조직죄, 약취·유인 피해자 석방, 인질강요·인질상해·치상 피해자 석방(해방감경)
	재판상 감경	• 총칙 : 법원은 범죄의 정상에 참작할 만한 사유가 있는 때에는 작량하여 형을 감경할 수 있음(정상참작감경)
임의적 감면		• 총칙: 과잉방위, 과잉피난, 과잉자구행위, 불능미수, 사후적 경합범, 자수·자복
필요적 감경		• 총칙: 방조범, 청각 및 언어 장애인
필요적 감면		① 총칙: 중지미수 ② 각칙 　－내란 예비·음모죄, 외환 예비·음모죄, 외국에대한사전 예비·음모죄, 폭발물사용 예비·음모죄, 방화 예비·음모죄, 통화위조 예비·음모죄에 있어 실행의 착수 전에 자수한 때 　－위증죄, 허위감정·통역·번역죄, 무고죄에 있어 재판 또는 징계처분 확정 전에 자수·자백한 때 　－장물죄에서 본범과 장물범이 근친인 때
필요적 면제		• 각칙 　－권리행사방해죄, 절도죄, 사기죄, 공갈죄, 횡령죄, 배임죄에서 피해자와 범인이 근친인 때 　－장물죄에서 피해자와 장물범이 근친인 때

1688 형을 가중·감경할 사유가 경합할 경우 각칙 본조에 의한 가중, 제34조 제2항(특수교사·방조)의 가중, 누범가중, 경합범 가중, 법률상 감경 그리고 정상참작감경 순서에 의한다. ○│×

[21 법원9급, 11 경찰승진] [Superlative ★★★]

해설

형을 가중·감경할 사유가 경합할 경우 각칙 본조에 의한 가중, 제34조 제2항(특수교사·방조)의 가중, 누범가중, 법률상 감경, 경합범 가중 그리고 정상참작감경 순서에 의한다(제56조). [×]

1689 형의 선고를 유예하는 경우에 재범방지를 위하여 지도 및 원호가 필요한 때에는 보호관찰을 받을 것을 명할 수 있다. 보호관찰의 기간은 2년으로 한다. ○│×

[17 법원9급, 15 법원행시, 13 사법시험] [Core ★★]

해설

형의 선고를 유예하는 경우에 재범방지를 위하여 지도 및 원호가 필요한 때에는 보호관찰을 받을 것을 명할 수 있다. 보호관찰의 기간은 1년으로 한다(제59조의2). [×]

1690 시효는 사형, 징역, 금고와 구류에 있어서는 수형자를 체포함으로, 벌금, 과료, 몰수와 추징에 있어서는 강제처분을 개시함으로 인하여 중단된다. ○│×

[17 경찰채용, 13 법원9급] [Core ★★]

해설

제80조 [○]

1691 판결선고 전의 구금일수는 전부 또는 그 일부를 유기징역, 유기금고, 벌금이나 과료에 관한 유치 또는 구류에 산입한다. ○│×

[19 국가9급] [Essential ★]

해설

판결선고전의 구금일수는 그 전부를 유기징역, 유기금고, 벌금이나 과료에 관한 유치 또는 구류에 산입한다(제57조 제1항). [×]

1692 다음 중 위험한 물건을 휴대하면 형법상 가중처벌되는 범죄는 모두 3개다. ○│×

[13 법원9급] [Superlative ★★★]

| ㉠ 주거침입죄 | ㉡ 공무집행방해죄 | ㉢ 손괴죄 | ㉣ 체포죄 |

해설

모두 위험한 물건을 휴대하면 형법상 가중처벌된다(㉠ 제320조, ㉡ 제144조 제1항, ㉢ 제369조 제1항, ㉣ 제278조). [×]

1693 인질강요죄에서 강요를 당하는 자는 인질 혹은 제3자이다. ○│×

[11 경간부] [Core ★★]

해설

사람을 인질로 삼아 제3자에 대하여 권리행사를 방해하거나 의무없는 일을 하게 하는 경우 인질강요죄가 성립한다(제324조의2). 즉, 인질강요죄에서 강요를 당하는 자는 제3자로 제한된다. [×]

1694 자기의 보호 또는 감독을 받는 16세 미만의 자를 그 생명 또는 신체에 위험한 업무에 사용 할 영업자 또는 그 종업자에게 인도한 자는 「형법」 제274조 아동혹사죄에 해당한다. ○│×

[19 경찰승진] [Essential ★]

해설

| 제274조 | [○] |

1695 다음 중 '피해자를 안전한 장소로 풀어준 때에는 형을 감경할 수 있다'는 해방감경 규정이 적용되지 않는 범죄는 모두 2개다. ○│×

[15 경간부] [Superlative ★★★]

> ㉠ 체포·감금죄　　　　　㉡ 인질강도죄　　　　　㉢ 인신매매죄
> ㉣ 인질상해죄　　　　　㉤ 미성년자약취·유인죄

해설

| ㉠㉡ 2 범죄는 해방감경 규정이 없으나, ㉢㉣㉤ 3 범죄는 해방감경 규정이 있다(제295조의2, 제324조의6). | [○] |

1696 다음 중 죄명과 행위태양의 연결이 옳지 않은 것은 모두 2개다. ○│×

[13 경찰승진] [Superlative ★★★]

> ㉠ 신용훼손죄 : 허위사실유포, 기타 위계, 위력
> ㉡ 업무방해죄 : 허위사실유포, 기타 위계, 위력
> ㉢ 컴퓨터 등 업무방해죄 : 손괴, 허위정보·부정명령 입력, 기타 방법
> ㉣ 경매방해죄 : 위계, 위력, 기타 방법

해설

| ㉠ 항목만 옳지 않다. ㉠ 허위의 사실을 유포하거나 기타 위계로써 사람의 신용을 훼손한 경우에 신용훼손죄가 성립한다(제313조). ㉡ 제314조 제1항, ㉢ 제314조 제2항, ㉣ 제315조 | [×] |

1697 주거침입죄의 객체는 사람의 주거, 관리하는 건조물, 선박이나 항공기 또는 자동차이다. ○│×

[11 경찰채용] [Superlative ★★★]

해설

| 주거침입죄의 객체는 사람의 주거, 관리하는 건조물, 선박이나 항공기 또는 점유하는 방실이다(제319조). | [×] |

1698 장물죄를 범한 자와 본범 간에 형법 제328조 제2항의 신분관계가 있는 때에는 형을 감경 또는 면제한다. 단, 신분관계가 없는 공범에 대하여는 예외로 한다.　　　　○|×

[17 경찰채용] [Core ★★]

해설

장물죄를 범한 자와 본범 간에 형법 제328조 제1항의 신분관계가 있는 때에는 형을 감경 또는 면제한다. 단, 신분관계가 없는 공범에 대하여는 예외로 한다(제365조 제2항). 형법 제328조 제1항은 근친(近親)에 관한 규정이고, 제2항은 원친(遠親)에 관한 규정이다.　　　　[×]

1699 사실혼 관계에 있는 배우자도 친족상도례의 적용을 받는다.　　　　○|×

[17 법원행시] [Essential ★]

해설

사실혼 관계에 있는 배우자는 민법상 친족이라고 할 수 없어 친족상도례는 적용되지 아니한다.　　　　[×]

1700 횡령죄의 본질에 관한 학설 중 월권행위설에 따르면 본죄가 성립하기 위하여는 불법영득의사가 있어야 한다.　　　　○|×

[22 경찰채용] [Core ★★]

해설

횡령죄의 본질에 관한 학설 중 월권행위설은 월권행위만 있으면 영득행위를 하지 않더라도 횡령죄가 성립하므로 횡령죄 성립에 불법영득의사를 필요로 하지 않는다, 이에 비하여 영득행위설은 횡령죄가 성립하기 위하여는 불법영득의사를 필요로 한다.

월권행위설	재물의 위탁시 부여된 권한을 초과하여 신뢰관계를 배반했다는 점이 핵심이라는 견해이다. 불법영득의사가 필요없다는 견해이다.
영득행위설 (통설, 판례)	횡령은 타인이 위탁한 재물을 불법하게 영득하는 점이 핵심이라는 견해이다. 불법영득의사가 필요하다는 견해이다.

[×]

1701 장물죄의 본질에 관한 추구권설과 유지설 모두 불법원인급여물에 대하여 장물성을 인정한다.　　　　○|×

[15 사법시험] [Core ★★]

해설

사법상 피해자의 추구권(追求權)을 중시하는 추구권설은 불법원인급여물에 대하여 장물성을 부정하지만, 위법한 재산상태의 유지·존속이라는 측면을 중시하는 유지설은 불법원인급여물에 대하여도 장물성을 인정한다.　　　　[×]

1702 장물죄는 재산범인 본범이 영득한 재물에 사후적으로 관여하는 사후종범적 성격을 가지고 있으므로 절도죄보다 법정형을 가볍게 규정하고 있다. ○|×

[16 경찰승진] [Core ★★]

해설

장물죄가 사후종범적 성격을 가지고 있더라도 장물죄의 법정형은 '7년 이하의 징역 또는 1천 500만원 이하의 벌금'으로 절도죄의 법정형인 '6년 이하의 징역 또는 1천만원 이하의 벌금'보다 중하다(제329조, 제362조).[×]

1703 형법에는 업무상 과실 또는 중대한 과실로 인하여 과실일수죄를 범한 자를 가중하여 처벌하는 규정이 있다. ○|×

[12 경간부] [Essential ★]

해설

형법에는 '업무상' 과실 또는 '중대한' 과실로 인하여 과실일수죄를 범한 자를 가중처벌하는 규정이 없다. [×]

1704 형법에는 업무상 과실, 중과실에 의한 일반교통방해를 처벌하는 조항이 있다. ○|×

[15 경찰채용, 13 경찰승진] [Essential ★]

해설

제189조 [○]

1705 통화위조를 예비·음모한 자가 실행전에 자수한 때에는 그 형을 감면할 수 있다. ○|×

[12 경찰승진] [Essential ★]

해설

통화위조를 예비·음모한 자가 실행전에 자수한 때에는 그 형을 감경 또는 면제한다(제213조). [×]

1706 전자복사기를 사용하여 원본을 기계적 방법으로 복사한 사본도 문서에 해당한다. ○|×

[12 변호사] [Essential ★]

해설

전자복사기, 모사전송기 기타 이와 유사한 기기를 사용하여 복사한 문서 또는 도화의 사본도 문서 또는 도화로 본다(형법 제237조의2). [○]

1707 도박장소등개설죄는 영리의 목적을 필요로 하는 목적범이다. ○ | ×

[15 경간부, 12 경찰채용, 11 법원9급] [Essential ★]

해설

제247조 [○]

1708 내란죄의 경우 내란행위에 가담한 참가자의 지위 및 기여정도에 따라 구별하여 처벌한다. ○ | ×

[12 경간부] [Essential ★]

해설

제87조 [○]

1709 다음 중 부정한 청탁을 요구하는 범죄는 모두 2개다. ○ | ×

[11 경찰승진] [Superlative ★★★]

㉠ 형법 제129조 제2항의 사전수뢰죄	㉡ 형법 제130조의 제3자 뇌물제공죄
㉢ 형법 제131조 제3항의 사후수뢰죄	㉣ 형법 제132조의 알선수뢰죄
㉤ 형법 제357조 제1항의 배임수재죄	

해설

㉡㉤ 2 항목이 부정한 청탁을 요구하는 죄이다. ㉠㉢ '청탁'을 요한다(제129조 제2항, 제131조 제3항). ㉡㉤ '부정한 청탁'을 요한다(제130조, 제357조 제1항). ㉣ 특별히 청탁을 요하지 아니한다(제132조). [○]

1710 직권남용죄(제123조), 불법체포·감금죄(제124조) 및 폭행·가혹행위죄(제125조)의 행위주체는 같다. ○ | ×

[21 국가9급] [Superlative ★★★]

해설

직권남용죄의 주체는 공무원이다(제123조). 불법체포·감금죄와 폭행·가혹행위죄의 주체는 모두 재판, 검찰, 경찰 기타 인신구속에 관한 직무를 행하는 자 또는 이를 보조하는 자이다(제124조 제1항, 제125조). [×]

1711 사전수뢰죄(제129조 제2항)와 사후수뢰죄(제131조 제3항)는 범죄의 성립에 '부정한 청탁'을 요구한다. ○ | ×

[21 국가9급] [Essential ★]

해설

사전수뢰죄와 사후수뢰죄는 범죄의 성립에 '청탁'을 요구한다(제129조 제2항, 제131조 제3항). [×]

1712 甲의 행위가 범죄구성요건에 해당하고 위법하더라도 甲이 듣거나 말하는 데 모두 장애가 있는 사람이라면 甲의 행위에 대해서는 형을 면제한다. ○│×

[22 국가7급] [Essential ★]

해설

듣거나 말하는 데 모두 장애가 있는 사람의 행위에 대해서는 형을 감경한다(제11조). 甲의 행위에 대해서는 형을 감경한다. [×]

1713 다음 중 형의 임의적 감면사유에 해당하지 않는 모두 1개다. ○│×

[14 사법시험] [Superlative ★★★]

⊙ 경합범 중 판결을 받지 아니한 죄에 대하여 형을 선고하는 경우
ⓒ 타인을 무고한 사람이 그 무고한 사건의 재판이 확정되기 전에 수사기관에 자수한 경우
ⓒ 타인을 협박한 사람이 피해자에게 자복한 경우
ⓔ 범죄 실행의 수단 또는 대상의 착오로 인하여 결과의 발생이 불가능하더라도 위험성이 있는 경우
ⓜ 사기죄로 외국에서 형의 전부를 집행받은 경우

해설

ⓒⓜ 2 항목의 경우 임의적 감면사유에 해당하지 않는다.
⊙ 경합범중 판결을 받지 아니한 죄가 있는 때에는 그 죄와 판결이 확정된 죄를 동시에 판결할 경우와 형평을 고려하여 그 죄에 대하여 형을 선고한다. 이 경우 그 형을 감경 또는 면제할 수 있다(제39조 제1항).
ⓒ 무고죄를 범한 자가 그 사건의 재판이 확정되기 전에 자수한 때에는 그 형을 감경 또는 면제한다(제153조, 제157조).
ⓒ 반의사불벌죄에 있어서 범인이 피해자에게 자복한 때에는 그 형을 감경 또는 면제할 수 있다(제52조 제2항).
ⓔ 실행의 수단 또는 대상의 착오로 인하여 결과의 발생이 불가능하더라도 위험성이 있는 때에는 처벌한다. 단, 형을 감경 또는 면제할 수 있다(제27조).
ⓜ 죄를 지어 외국에서 형의 전부 또는 일부가 집행된 사람에 대해서는 그 집행된 형의 전부 또는 일부를 선고하는 형에 산입한다(제7조). [×]

해커스경찰
police.Hackers.com

형법 중요 판례

중요 판례

2021 중요 형법 판례 정리
2022 중요 형법 판례 정리
2023 중요 형법 판례 정리

[1] 행위자에게 유리한 소급효가 허용되는 경우

★ 행정청의 자동차 운전면허 취소처분이 직권으로 또는 행정쟁송절차에 의하여 취소되면 운전면허 취소처분은 그 처분시에 소급하여 효력을 잃고 운전면허 취소처분에 복종할 의무가 원래부터 없었음이 확정되므로 운전면허 취소처분을 받은 사람이 운전면허 취소처분이 취소되기 전에 자동차를 운전한 행위는 도로교통법에 규정된 무면허운전의 죄에 해당하지 아니한다. 자동차 운전면허 취소처분을 받은 사람이 자동차를 운전하였으나 운전면허 취소처분의 원인이 된 교통사고 또는 법규 위반에 대하여 범죄사실의 증명이 없는 때에 해당한다는 이유로 무죄판결이 확정된 경우에는 그 취소처분이 취소되지 않았더라도 도로교통법에 규정된 무면허운전의 죄로 처벌할 수는 없다.(대법원 2021.9.16. 2019도11826 음주무죄 무면허유죄 사건)

[2] 명확성의 원칙에 위반되지 않는 경우

'사업주는 근로자가 진동작업에 종사하는 경우에 인체에 미치는 영향과 증상, 보호구의 선정과 착용방법, 진동 기계·기구 관리방법, 진동 장해 예방방법을 근로자에게 충분히 알려야 한다'라는 산업안전보건기준에 관한 규칙 제519조 규정(대법원 2021.4.29. 2019도12986 충분히 알려야 한다 사건)

[3] 유추해석금지의 원칙에 따라 엄격히 해석한 판례

1. ★ 유기징역형에 대한 법률상 감경을 하면서 형법 제55조 제1항 제3호에서 정한 것과 같이 장기와 단기를 모두 2분의 1로 감경하는 것이 아닌 장기 또는 단기 중 어느 하나만을 2분의 1로 감경하는 방식이나 2분의 1보다 넓은 범위의 감경을 하는 방식 등은 죄형법정주의 원칙상 허용될 수 없다.(대법원 2021.1.21. 2018 도5475 숨슴 임의적 감경 새로운 해석론 사건) 대법원 다수의견은 장애미수와 같은 임의적 감경의 경우 감경 여부는 법원의 재량이므로 감경할 수도 있고 감경하지 않을 수도 있지만, 소수의견은 법정형의 하한이 당연히 2분의 1로 감경된다고 한다. 특수상해미수죄의 경우 (특수상해죄의 법정형은 1년 이상 10년 이하의 징역이다) 다수의견에 의하면 감경을 한 '6월 이상 5년 이하의 징역'의 범위와 감경을 하지 않은 '1년 이상 10년 이하의 징역'의 범위 모두에 걸쳐 선고형을 정할 수 있지만(택일재량), 소수의견에 의하면 처단형은 당연히 '6월 이상 10년 이하의 징역'으로 확정되어 그 범위 내에서 선고형을 정할 수 있다(당연확정). 위 2018도5475 숨슴 판결은 위와 같이 소수의견처럼 해석하면 죄형법정주의에 위반된다(형법 제55조 제1항 제3호에 위반된다)는 다수의견을 말한다.

[22·23 경간부, 21 법원행시, 21 경찰채용]

2. ★ 개인정보 보호법은 제2조 제5호·제6호에서 공공기관 중 법인격이 없는 '중앙행정기관 및 그 소속 기관' 등을 개인정보처리자 중 하나로 규정하고 있으면서도 양벌규정에 의하여 처벌되는 개인정보처리자로는 같은 법 제74조 제2항에서 '법인 또는 개인'만을 규정하고 있을 뿐이고, 법인격 없는 공공기관에 대하여도 위 양벌규정을 적용할 것인지 여부에 대하여는 명문의 규정을 두고 있지 않으므로

죄형법정주의 의 원칙상 '법인격 없는 공공기관'을 위 양벌규정에 의하여 처벌할 수 없고 그 경우 행위자 역시 위 양벌규정으로 처벌할 수 없다.(대법원 2021.10.28. 2020도1942 경찰관 채무자 주소조회 사건) [22 경찰채용]

3. ★ 대통령기록물법 제30조 제2항 제1호, 제14조에 의해 유출이 금지되는 대통령기록물에 원본 문서나 전자파일 이외에 그 사본이나 추가 출력물까지 포함된다고 해석하는 것은 죄형법정주의 원칙상 허용되지 아니한다.(대법원 2021.1.14. 2016도7104 조응천 공직기강비서관 사건)

4. 농업용 동력운반차인 차량은 농업기계화법 제2조 제1호에서 정한 농업기계로서 자동차관리법 제2조 제1호에서 정한 자동차나 이를 전제로 하는 자동차관리법 제3조에서 정한 각종 자동차에 해당하지 않으므로 무면허운전 처벌규정의 적용대상인 도로교통법 제2조 제18호에 정한 자동차에도 해당하지 않는다.(대법원 2021.9.30. 2017도13182 농업용 동력운반차 사건) 농업기계화법에 따른 농업기계는 자동차관리법이나 도로교통법상 '자동차'에 해당하지 않는다.(자동차관리법 시행령 제2조 제2호) 쉽게 예를 들자면 면허 없이 또는 술을 마시고 농업기계인 '경운기'를 운전하더라도 도로교통법상 무면허운전죄나 음주운전죄는 성립하지 않는다.

[4] 유추해석금지의 원칙에 위반되지 않는 경우

★ 법정·국회회의장모욕죄에 관한 형법 제138조에서의 '법원의 재판'에 헌법재판소의 심판이 포함된다고 보는 해석론은 문언이 가지는 가능한 의미의 범위 안에서 그 입법 취지와 목적 등을 고려하여 문언의 논리적 의미를 분명히 밝히는 체계적 해석에 해당할 뿐 피고인에게 불리한 확장해석이나 유추해석이 아니다.(대법원 2021.8.26. 2020도12017 통합진보당 해산심판 소동사건) [22 경찰승진, 23 경찰간부]

[5] 2회 이상 음주운전 금지규정을 위반한 사람을 2년 이상 5년 이하의 징역이나 1천만원 이상 2천만원 이하의 벌금에 처하도록 규정한 구 도로교통법 제148조의2 제1항 중 '제44조 제1항을 2회 이상 위반한 사람'에 관한 부분이 헌법에 위반되는지의 여부(적극)

★ (1) 심판대상조항(구 도로교통법 제148조의2 제1항 중 '제44조 제1항을 2회 이상 위반한 사람'에 관한 부분)은 음주운전 금지규정을 반복하여 위반하는 사람에 대한 처벌을 강화하기 위한 규정인데, 그 구성요건을 '제44조 제1항을 2회 이상 위반'한 경우로 정하여 가중요건이 되는 과거 음주운전 금지규정 위반행위와 처벌대상이 되는 재범 음주운전 금지규정 위반행위 사이에 아무런 시간적 제한이 없고, 과거 위반행위가 형의 선고나 유죄의 확정판결을 받은 전과일 것을 요구하지도 않는다. 그런데 과거 위반행위가 예컨대 10년 이상 전에 발생한 것이라면 처벌대상이 되는 재범 음주운전이 준법정신이 현저히 부족한 상태에서 이루어진 반규범적 행위라거나 사회구성원에 대한 생명·신체 등을 '반복적으로' 위협하는 행위라고 평가하기 어려워 이를 일반적 음주운전 금지규정 위반행위와 구별하여 가중처벌할 필요성이 있다고 보기 어렵다. 범죄 전력이 있음에도 다시 범행한 경우 재범인 후범에 대하여 가중된 행위책임을 인정할 수 있다고 하더라도 전범을 이유로 아무런 시간적 제한 없이 무제한 후범을 가중처벌하는 예는 찾기 어렵고, 공소시효나 형의 실효를 인정하는 취지에도 부합하지 않으므로 심판대상조항은 예컨대 10년 이상의 세월이 지난 과거 위반행위를 근거로 재범으로 분류되는 음주운전 행위자에 대해서는 책임에 비해 과도한 형벌을 규정하고 있다고 하지 않을 수 없다. (2) 도로교통법 제44조 제1항을 2회 이상 위반한 경우라고 하더라도 죄질을 일률적으로 평가할 수 없고 과거 위반 전력, 혈중알코올농도 수준, 운전한 차량의 종류에 비추어, 교통안전 등 보호법익에 미치는 위험 정도가 비교적 낮은 유형의

재범 음주운전행위가 있다. 그런데 심판대상조항은 법정형의 하한을 징역 2년, 벌금 1천만원으로 정하여 그와 같이 비난가능성이 상대적으로 낮고 죄질이 비교적 가벼운 행위까지 지나치게 엄히 처벌하도록 하고 있으므로 책임과 형벌 사이의 비례성을 인정하기 어렵다. (3) 반복적 음주운전에 대한 강한 처벌이 국민일반의 법감정에 부합할 수는 있으나, 결국에는 중벌에 대한 면역성과 무감각이 생기게 되어 법의 권위를 실추시키고 법질서의 안정을 해할 수 있으므로 재범 음주운전을 예방하기 위한 조치로서 형벌 강화는 최후의 수단이 되어야 한다. 심판대상조항은 음주치료나 음주운전 방지장치 도입과 같은 비형벌적 수단에 대한 충분한 고려 없이 과거 위반 전력 등과 관련하여 아무런 제한도 두지 않고 죄질이 비교적 가벼운 유형의 재범 음주운전 행위에 대해서까지 일률적으로 가중처벌하도록 하고 있으므로 형벌 본래의 기능에 필요한 정도를 현저히 일탈하는 과도한 법정형을 정한 것이다. 그러므로 심판대상조항은 책임과 형벌간의 비례원칙에 위반된다.(헌법재판소 2021.11.25. 2019헌바446, 2020헌가17, 2021헌바77 음주 재범규정 위헌법률심판 사건)

---

1. 도로교통법(2018.12.24. 법률 제16037호로 개정되어 2019.6.25. 시행된 것) 제148조의2 제1항은 도로교통법 제44조 제1항 또는 제2항을 2회 이상 위반한 사람을 2년 이상 5년 이하의 징역이나 1,000만원 이상 2,000만원 이하의 벌금에 처하도록 정하고 있는데, 도로교통법 제44조 제1항 또는 제2항을 2회 이상 위반한 사람에 개정된 도로교통법이 시행된 2019.6.25. 이전에 구 도로교통법 제44조 제1항 또는 제2항을 위반한 전과가 포함된다. 이와 같이 해석하더라도 형벌 불소급의 원칙이나 일사부재리의 원칙에 위배되지 않는다.(대법원 2020.8.20. 2020도7154 음주운전 이진아웃 사건) [21 경찰채용]
   ** 위는 이진아웃에 대한 판례이고, 아래는 삼진아웃에 대한 판례이다. 아래 삼진아웃에 대한 판례의 취지는 이진아웃 제도에도 그대로 적용될 수 있다.
2. (2회 이상 위반한 사람으로서 다시 술에 취한 상태에서 자동차등을 운전한 사람을 가중처벌하는) 도로교통법 제148조의2 제1항 제1호를·적용하고 다시 형법 제35조에 의한 누범가중을 허용한다고 하더라도 헌법상의 일사부재리나 이중처벌금지에 반한다고 볼 수 없다.(대법원 2014.7.10. 2014도5868 음주 삼진아웃 사건Ⅱ) [21 경찰채용]
3. 형실효법 제7조 제1항 각 호에 따라 형이 실효되었거나 사면법 제5조 제1항 제1호에 따라 형선고의 효력이 상실된 도로교통법 제44조 제1항 위반 음주운전 전과도 도로교통법 제148조의2 제1항 제1호의 '도로교통법 제44조 제1항을 2회 이상 위반한' 것에 해당된다.(대법원 2012.11.29. 2012도10269 음주운전 삼진아웃 사건Ⅰ)
4. 도로교통법 제148조의2 제1항 제1호에 규정된 '제44조 제1항(음주운전)을 2회 이상 위반한 사람'은 문언 그대로 2회 이상 음주운전 금지규정을 위반하여 음주운전을 하였던 사실이 인정되는 사람으로 해석해야 하고, 그에 대한 형의 선고나 유죄의 확정판결 등이 있어야만 하는 것은 아니다.(대법원 2018.12.27. 2018도6870) (同旨 대법원 2018.11.15. 2018도11378 음주 삼진아웃 사건Ⅲ)

---

[6] 정당행위라는 이유로 위법성이 조각된다는 것의 의미

★ 어떠한 행위가 범죄구성요건에 해당하지만 정당행위라는 이유로 위법성이 조각된다는 것은 그 행위가 적극적으로 용인, 권장된다는 의미가 아니라 단지 특정한 상황 하에서 그 행위가 범죄행위로서 처벌 대상이 될 정도의 위법성을 갖추지 못하였다는 것을 의미한다.(대법원 2021.12.30. 2021도9680 입주자대표회의 공고문 사건)

[7] 정당행위에 해당하는 경우

1. ★ 민사소송법 제335조에 따른 법원의 감정인 지정결정 또는 같은 법 제341조 제1항에 따른 법원의 감정 촉탁을 받은 경우에는 감정평가업자가 아닌 사람이더라도 그 감정사항에 포함된 토지 등의 감정평

가를 할 수 있고, 이러한 행위는 법령에 근거한 법원의 적법한 결정이나 촉탁에 따른 것으로 형법 제20조의 정당행위에 해당하여 위법성이 조각된다.(대법원 2021.10.14. 2017도10634 산양삼 손실보상액 평가사건) [23 경찰간부]

2. ★ 입주자대표회의 회장인 피고인이 정당한 소집권자인 회장의 동의나 승인 없이 위법하게 게시된 입주자 대표회의 공고문을 발견하고 이를 제거하는 방법으로 손괴한 조치는, 그에 선행하는 위법한 공고문 작성 및 게시에 따른 위법상태의 구체적 실현이 임박한 상황 하에 그 행위의 효과가 귀속되는 주체의 적법한 대표자 자격에서 그 위법성을 바로잡기 위한 조치의 일환으로 사회통념상 허용되는 범위를 크게 넘어서지 않는 행위라고 볼 수 있다. 나아가 이는 공동주택의 관리 또는 사용에 관하여 입주자 및 사용자의보호와 그 주거생활의 질서유지를 위하여 구성된 입주자대표회의의 대표자로서 공동주택의 질서유지 및 입주자 등에 대한 피해방지를 위하여 필요한 합리적인 범위 내에서 사회통념상 용인될 수 있는 피해를 발생시킨 경우에 지나지 아니한다고도 볼 수 있다.(대법원 2021.12.30. 2021도9680 입주자대표회의 공고문 사건)

[8] 금지의 착오에 정당한 이유가 없는 경우

★ 법률 위반 행위 중간에 일시적으로 판례에 따라 그 행위가 처벌대상이 되지 않는 것으로 해석되었던 적이 있었다고 하더라도 그것만으로 자신의 행위가 처벌되지 않는 것으로 믿은 데에 정당한 이유가 있다고 할 수 없다.(대법원 2021.11.25. 2021도10903 불법 다시보기 싸이트 사건) "저작권자의 공중송신권을 침해하는 웹 페이지 등으로 링크를 하는 행위만으로는 공중송신권 침해의 방조행위에 해당하지 않는다."라는 대법원 2015. 3.12. 2012도13748 판결이 선고되었고 이 판결에 따라 피고인들이 자신들의 행위가 처벌대상이 되지 않는다고 믿었다고 하더라도 이후 이 판결이 아래 대법원 2021. 9. 9. 2017도19025 전원합의체판결로 변경된 이상, 그렇게 믿은 데에 정당한 이유가 없다는 취지의 판례이다.

[9] 방조의 의의

★ 방조란 정범의 구체적인 범행준비나 범행사실을 알고 그 실행행위를 가능·촉진·용이하게 하는 지원행위 또는 정범의 범죄행위가 종료하기 전에 정범에 의한 법익침해를 강화·증대시키는 행위로서 정범의 범죄 실현과 밀접한 관련이 있는 행위를 말한다.(대법원 2021.9.9. 2017도19025 숯슴 다시보기 링크사이트 사건)

[10] 방조범에 있어 인과관계

★ 방조범은 정범에 종속하여 성립하는 범죄이므로 방조행위와 정범의 범죄 실현 사이에는 인과관계가 필요하다. 방조범이 성립하려면 방조행위가 정범의 범죄 실현과 밀접한 관련이 있고 정범으로 하여금 구체적 위험을 실현시키거나 범죄 결과를 발생시킬 기회를 높이는 등으로 정범의 범죄 실현에 현실적인 기여를 하였다고 평가할 수 있어야 한다. 정범의 범죄 실현과 밀접한 관련이 없는 행위를 도와준 데 지나지 않는 경우에는 방조범이 성립하지 않는다.(대법원 2021.9.9. 2017도19025 숯슴 다시보기 링크사이트 사건)

[11] 방조범이 성립하는 경우

★ (1) 정범이 침해 게시물을 인터넷 웹사이트 서버 등에 업로드하여 공중의 구성원이 개별적으로 선택한

시간과 장소에서 접근할 수 있도록 이용에 제공하면, 공중에게 침해 게시물을 실제로 송신하지 않더라도 공중송신권 침해는 기수에 이른다. (2) 저작권 침해물 링크 사이트에서 침해 게시물에 연결되는 링크를 제공하는 경우 등과 같이, 링크 행위자가 정범이 공중송신권을 침해한다는 사실을 충분히 인식하면서 그러한 침해 게시물 등에 연결되는 링크를 인터넷 사이트에 영리적·계속적으로 게시하는 등으로 공중의 구성원이 개별적으로 선택한 시간과 장소에서 침해 게시물에 쉽게 접근할 수 있도록 하는 정도의 링크 행위를 한 경우에는 침해 게시물을 공중의 이용에 제공하는 정범의 범죄를 용이하게 하므로 공중송신권 침해의 방조범이 성립한다. 이러한 링크 행위는 정범의 범죄행위가 종료되기 전 단계에서 침해 게시물을 공중의 이용에 제공하는 정범의 범죄 실현과 밀접한 관련이 있고 그 구성요건적 결과발생의 기회를 현실적으로 증대함으로써 정범의 실행행위를 용이하게 하고 공중송신권이라는 법익의 침해를 강화·증대하였다고 평가할 수 있다. 링크 행위자에게 방조의 고의와 정범의 고의도 인정할 수 있다. (3) 다만 행위자가 링크 대상이 침해 게시물 등이라는 점을 명확하게 인식하지 못한 경우에는 방조가 성립하지 않고, 침해 게시물 등에 연결되는 링크를 영리적·계속적으로 제공한 정도에 이르지 않은 경우 등과 같이 방조범의 고의 또는 링크 행위와 정범의 범죄 실현 사이의 인과관계가 부정될 수 있거나 법질서 전체의 관점에서 살펴볼 때 사회적 상당성을 갖추었다고 볼 수 있는 경우에는 공중송신권 침해에 대한 방조가 성립하지 않을 수 있다.(대법원 2021.9.9. 2017도19025 숲슴 다시보기 링크사이트 사건) 공중송신권 침해범죄(저작권침해 게시물을 인터넷 웹사이트 서버 등에 업로드하여 공중의 구성원으로 하여금 이를 이용할 수 있게 하는 범죄)는 계속범으로 그 저작권침해 게시물을 서버에서 삭제하는 등으로 게시를 철회하기 전까지 범죄는 종료하지 않는다. 따라서 그 범죄 종료 전에 다른 사람이 링크를 통해 그 인터넷 웹사이트에 쉽게 접근할 수 있도록 하였다면 방조범이 성립한다는 취지의 판례이다. [22 경찰채용]

> **2017도19025 판례로 폐기된 판례**
> 링크를 하는 행위 자체는 인터넷에서 링크하고자 하는 웹페이지 등의 위치 정보나 경로를 나타낸 것에 불과하여, 인터넷 이용자가 링크 부분을 클릭함으로써 저작권자로부터 이용 허락을 받지 아니한 저작물을 게시하거나 인터넷 이용자에게 그러한 저작물을 송신하는 등의 방법으로 저작권자의 복제권이나 공중송신권을 침해하는 웹페이지 등에 직접 연결된다고 하더라도 그 침해행위의 실행 자체를 용이하게 한다고 할 수는 없으므로 이러한 링크 행위만으로는 저작재산권 침해행위의 방조행위에 해당한다고 볼 수 없다.(대법원 2015.3.12. 2012도13748 츄잉사이트 사건)
> [17 법원행시]

[12] 형법 제33조 본문이 적용되는 경우

아동학대처벌법 제4조, 제2조 제4호 가목 내지 다목은 '보호자에 의한 아동학대로서 형법 제257조 제1항 (상해), 제260조 제1항(폭행), 제271조 제1항(유기), 제276조 제1항(체포, 감금) 등의 죄를 범한 사람이 아동을 사망에 이르게 한 때'에 무기 또는 5년 이상의 징역에 처하도록 규정하고 있다. 이는 보호자가 아동학대처벌법 제2조 제4호 가목 내지 다목에서 정한 아동학대범죄를 범하여 그 아동을 사망에 이르게 한 경우를 처벌하는 규정으로 형법 제33조 본문의 '신분관계로 인하여 성립될 범죄'에 해당한다. 따라서 피고인들 (보호자인 피고인 1과 보호자가 아닌 피고인 2)에 대하여 아동학대처벌법 제4조, 제2조 제4호 가목, 형법 제257조 제1항, 제30조로 공소가 제기된 사건에서 보호자가 아닌 피고인 2에 대해 형법 제33조 본문에 따라 아동학대처벌법위반(아동학대치사)죄의 공동정범이 성립하고 아동학대처벌법 제4조에서 정한 형에 따라 과형이 이루어져야 한다.(대법원 2021.9.16. 2021도5000 아동학대치사 공범 사건)

> **형법(2020.10.20. 법률 제17511호로 일부개정된 것)**
>
> 제33조【공범과 신분】신분관계로 인하여 성립될 범죄에 가공한 행위는 신분관계가 없는 자에게도 전3조의 규정을 적용한다. 단, 신분관계로 인하여 형의 경중이 있는 경우에는 중한 형으로 벌하지 아니한다.
> 제259조【상해치사】① 사람의 신체를 상해하여 사망에 이르게 한 자는 3년 이상의 유기징역에 처한다.

> **아동학대범죄의 처벌 등에 관한 특례법(2021. 1.26. 법률 제17906호로 일부개정된 것)**
>
> 제2조【정의】이 법에서 사용하는 용어의 뜻은 다음과 같다.
> 　1.~3. <생략>
> 　4. "아동학대범죄"란 보호자에 의한 아동학대로서 다음 각 목의 어느 하나에 해당하는 죄를 말한다.
> 　　가. 「형법」제2편 제25장 상해와 폭행의 죄 중 제257조(상해) 제1항·제3항, 제258조의2(특수상해) 제1항(제257조 제1항의 죄에만 해당한다)·제3항(제1항 중 제257조 제1항의 죄에만 해당한다), 제260조(폭행) 제1항, 제261조 (특수폭행) 및 제262조(폭행치사상)(상해에 이르게 한 때에만 해당한다)의 죄
> 제4조【아동학대살해·치사】② 제2조 제4호 가목부터 다목까지의 아동학대범죄를 범한 사람이 아동을 사망에 이르게 한 때에는 무기 또는 5년 이상의 징역에 처한다.

[13] 형법 제33조 단서가 적용되는 경우

국가정보원법은 국정원장 등의 직권남용죄에 대하여 형법 제123조에 비해 형을 가중하여 처벌하고 있는바, 국정원 직원의 신분이 없는 피고인 甲이 국정원 직원 乙과 공모하여 국정원 국익정보국장의 직권을 남용하여 사람으로 하여금 의무 없는 일을 하게 한 경우 국가정보원법위반죄가 성립하고, 다만 형법 제33조 단서에 따라 중한 형이 아닌 형법 제123조에 정한 형으로 처벌하여야 한다.(대법원 2021.9.16. 2021도2748 민정수석 사건)

> **형법(2020.10.20. 법률 제17511호로 일부개정된 것)**
>
> 제123조【직권남용】공무원이 직권을 남용하여 사람으로 하여금 의무없는 일을 하게 하거나 사람의 권리행사를 방해한 때에는 5년 이하의 징역, 10년 이하의 자격정지 또는 1천만원 이하의 벌금에 처한다.

> **국가정보원법(2020.12.15. 법률 제17646호로 일부개정된 것)**
>
> 제22조【직권남용죄】① 제13조를 위반하여 사람을 체포 또는 감금하거나 다른 기관·단체 또는 사람으로 하여금 의무 없는 일을 하게 하거나 사람의 권리 행사를 방해한 사람은 7년 이하의 징역과 7년 이하의 자격정지에 처한다.

[14] 진정부작위범에 해당하는 경우

★ 정신질환자의 보호의무자 확인서류 등 수수의무 위반으로 인한 구 정신보건법위반죄는 구성요건이 부작위에 의해서만 실현될 수 있는 진정부작위범에 해당한다.(대법원 2021.5.7. 2018도14546 마구잡이 정신병원 입원사건) (同旨 대법원 2021.5.7. 2018도12973 보호의무자 확인서류 사건)

> **정신보건법(2015. 5.18. 법률 제13323호로 일부개정된 것)**
>
> 제24조【보호의무자에 의한 입원】① 정신의료기관등의 장은 정신질환자의 보호의무자 2인의 동의(보호의무자가 1인인 경우에는 1인의 동의로 한다)가 있고 정신건강의학과전문의가 입원등이 필요하다고 판단한 경우에 한하여 당해 정신질환자를 입원등을 시킬 수 있으며, 입원등을 할 때 당해 보호의무자로부터 보건복지부령으로 정하는 입원등의 동의서 및 보호의무자임을 확인할 수 있는 서류를 받아야 한다.

제57조【벌칙】다음 각 호의 어느 하나에 해당하는 자는 1년 이하의 징역 또는 1천만원 이하의 벌금에 처한다.
  1. <생략>
  2. 제24조 제1항을 위반하여 입원동의서 또는 보호의무자임을 확인할 수 있는 서류를 받지 아니한 자

[15] 진정부작위범의 공동정범의 성립요건

1. ★ 진정부작위범인 정신질환자의 보호의무자 확인서류 등 수수의무 위반으로 인한 구 정신보건법 위반죄의 공동정범은 그 의무가 수인에게 공통으로 부여되어 있는데도 수인이 공모하여 전원이 그 의무를 이행하지 않았을 때 성립할 수 있다.(대법원 2021.5.7. 2018도12973 보호의무자 확인서류 사건) 병원 소속 정신건강의학과 '전문의들이' 환자를 입원시키는 과정에서 보호의무자 확인서류를 받지 않은 사건이다. 정신보건법 제24조 제1항, 제57조 제2호 위반죄의 주체는 '정신의료기관등의 장'이므로 즉, 정신의료기관등의 장에게만 보호의무자 확인서류 수수의무가 있으므로 그러한 의무가 없는 전문의들이 보호의무자 확인서류를 받지 않았다고 하더라도 (정신의료기관등의 장과 공모한 것이 인정되지 않는 한) 위 범죄의 공동정범이 될 수 없다는 취지의 판례이다. 아래 판례도 같은 취지이다.

2. ★ 진정부작위범인 정신질환자의 보호의무자 확인서류 등 수수의무 위반으로 인한 구 정신보건법 위반죄의 공동정범은 그 의무가 수인에게 공통으로 부여되어 있는데도 수인이 공모하여 전원이 그 의무를 이행하지 않았을 때 성립할 수 있다. 그리고 위 규정에 따르면 보호의무자 확인 서류 등의 수수의무는 '정신의료기관 등의 장'에게만 부여되어 있고, 정신의료기관 등의 장이 아니라 그곳에 근무하고 있을 뿐인 정신건강의학과 전문의는 위 규정에서 정하는 보호의무자 확인 서류 등의 수수 의무를 부담하지 않는다.(대법원 2021.5.7. 2018도14546 마구잡이 정신병원 입원사건)

[16] 진정부작위범의 공동정범의 성립요건

업무상배임죄에서 부작위를 실행의 착수로 볼 수 있기 위해서는 작위의무가 이행되지 않으면 사무처리의 임무를 부여한 사람이 재산권을 행사할 수 없으리라고 객관적으로 예견되는 등으로 구성요건적 결과 발생의 위험이 구체화한 상황에서 부작위가 이루어져야 한다(대법원 2021.5.27. 2020도15529 고양시 도시개발 환지계획 사건). 피고인은 도시개발사업조합을 위해 환지계획수립 등의 사업 진행에 필요한 전반적인 업무를 수행하던 사람인데, 환지예정지의 경제적 가치가 상승한 것을 알면서 이를 묵비하고 퇴사하였다. 이로 인하여 피고인의 친인척, 지인 등 환지예정지를 환지받기로 한 사람들이 토지 가치상승액의 이익을 취득하게 하고, 도시개발사업조합이 토지 가치상승액의 합계액인 약 34억원의 손해를 입게 하려 하였다고 기소된 사건이다(업무상배임미수죄로 기소된 사건이다). 이에 대하여 원심인 의정부지방법원은 유죄판결을 선고하였지만, 대법원은 피고인 외에도 '환지예정지의 경제적 가치 상승'을 안 사람이 피고인 외에도 다수이었고, 환지예정지의 가치상승을 청산절차에 반영하지 못할 위험이 아직 구체화되지 않은 상황에서 퇴사한 것이므로 업무상 배임미수죄가 성립하지 않는다고 판시하였다. [22 경찰승진]

[17] 법조경합에 해당하는 경우

아동·청소년이용음란물을 제작한 자가 그 음란물을 소지하게 되는 경우 청소년성보호법 위반(음란물소지)죄는 청소년성보호법 위반(음란물제작·배포등)죄에 흡수된다고 봄이 타당하다. 다만 아동·청소년이용음

란물을 제작한 자가 제작에 수반된 소지행위를 벗어나 사회통념상 새로운 소지가 있었다고 평가할 수 있는 별도의 소지행위를 개시하였다면 이는 청소년성보호법 위반(음란물제작·배포등)죄와 별개의 청소년성보호법 위반(음란물소지)죄에 해당한다.(대법원 2021.7.8. 2021도2993 음란물 제작 및 소지 사건)

[18] 포괄일죄에 해당하는 경우

1. ★ 직권남용권리행사방해죄는 국가기능의 공정한 행사라는 국가적 법익을 보호하는 데 주된 목적이 있으므로 공무원이 동일한 사안에 관한 일련의 직무집행 과정에서 단일하고 계속된 범의로 일정 기간 계속하여 저지른 직권남용행위에 대하여는 설령 그 상대방이 여러 명이더라도 포괄일죄가 성립할 수 있다. 다만 개별 사안에서 포괄일죄의 성립 여부는 직무집행 대상의 동일 여부, 범행의 태양과 동기, 각 범행 사이의시간적 간격, 범의의 단절이나 갱신 여부 등을 세밀하게 살펴 판단하여야 한다.(대법원 2021.9.9. 2021도2030 배득식 기무사령관 사건)

2. ★ 수뢰 후 부정처사죄를 정한 형법 제131조 제1항에서 '형법 제129조 및 제130조의 죄를 범하여' 란 반드시 뇌물수수 등의 행위가 완료된 이후에 부정한 행위가 이루어져야 함을 의미하는 것은 아니고, 결합범 또는 결과적 가중범 등에서의 기본행위와 마찬가지로 뇌물수수 등의 행위를 하는 중에 부정한 행위를 한 경우도 포함하는 것으로 보아야 한다. 따라서 단일하고도 계속된 범의 아래 일정 기간 반복하여 일련의 뇌물수수 행위와 부정한 행위가 행하여졌고 그 뇌물수수 행위와 부정한 행위 사이 에 인과관계가 인정되며 피해법익도 동일하다면, 최후의 부정한 행위 이후에 저질러진 뇌물수수 행위도 최후의 부정한 행위 이전의 뇌물수수 행위 및 부정한 행위와 함께 수뢰 후 부정처사죄의 포괄일죄로 처벌함이 타당하다.(대법원 2021.2.4. 2020도12103 가습기살균제 내부정보 유출 사건) 환경부 내 가습기살균제 대응 TF 피해구제대책반 등에서 근무하던 甲이 2017. 4.18.부터 2019. 1.31.까지 17회에 걸쳐 애경산업 직원 乙로부터 약 200만원 상당의 저녁식사 등을 제공받고 '환경부 조치 동향 및 향후 일정 등 내부정보'를 그에게 알려준 사건이다. 甲은 15회 저녁식사까지는 내부정보를 알려주었지만, 16회와 17회 저녁식사의 경우에는 내부정보를 알려주지 않았다. 원심인 서울고등법원은 1회부터 15회까지는 수뢰 후 부정처사죄의 포괄일죄에 해당하고 16회와 17회는 수뢰죄에 해당한다고 판단하였으나, 대법원은 위 판시와 같은 이유로 1회부터 17회 모두가 수뢰 후 부정처사죄의 포괄일죄에 해당한다고 판단하였다. [21 경찰채용]

[19] 형법 제38조 동시에 선고할 수 없는 경우

공직선거법 제18조 제3항은 "형법 제38조에도 불구하고 제1항 제3호에 규정된 죄와 다른 죄의 경합범에 대하여는 이를 분리 선고하여야 한다."라고 규정하고 있는바, 그 취지는 선거범이 아닌 다른 죄가 선거범의 양형에 영향을 미치는 것을 최소화하기 위하여 형법상 경합범 처벌례에 관한 조항의 적용을 배제하고 분리하여 형을 따로 선고하여야 한다. 그리고 선거범과 상상적 경합관계에 있는 다른 범죄에 대하여는 여전히 형법 제40조에 의하여 그중 가장 중한 죄에 정한 형으로 처벌해야 하고, 그 처벌받는 가장 중한 죄가 선거범인지 여부를 묻지 않고 선거범과 상상적 경합관계에 있는 모든 죄는 통틀어 선거범으로 취급하여야 한다.(대법원 2021.7.21. 2018도16587) [22 경찰채용]

[20] 형법 제37조 후단 경합범이 아니어서 제39조 제1항을 적용할 수 없는 경우

공직선거법 제18조 제1항 제3호에서 '선거범'이라 함은 공직선거법 제16장 벌칙에 규정된 죄와 국민투표법 위반의 죄를 범한 자를 말하는데(공직선거법 제18조 제2항), 공직선거법 제18조 제1항 제3호에 규정된 죄와 다른 죄의 경합범에 대하여는 이를 분리 선고하여야 한다(공직선거법 제18조 제3항 전단). 따라서 판결이 확정된 선거범죄와 확정되지 아니한 다른 죄는 동시에 판결할 수 없었던 경우에 해당하므로 형법 제39조 제1항에 따라 동시에 판결할 경우와의 형평을 고려하여 형을 선고하거나 그 형을 감경 또는 면제할 수 없다.(대법원 2021.10.14. 2021도8719 동시판결× 선거범죄 사건)

[21] 특가법 제5조의4 제5항의 '징역형'에 형법 제332조 상습절도죄로 처벌받은 전력도 포함되는지의 여부(적극)

특가법 제5조의4 제5항 제1호에서 정한 '징역형'에는 절도의 습벽이 인정되어 형법 제329조부터 제331조까지의 죄 또는 그 미수죄의 형보다 가중 처벌되는 형법 제332조의 상습절도죄로 처벌받은 전력도 포함되는 것으로 해석해야 한다.(대법원 2021.6.3. 2021도1349)

[22] 형법 제48조 제1항의 '물건'의 의미

★ 형법 제48조는 몰수의 대상을 '물건'으로 한정하고 있다. 이는 범죄행위에 의하여 생긴 재산 및 범죄행위의 보수로 얻은 재산을 범죄수익으로 몰수할 수 있도록 한 「범죄수익은닉의 규제 및 처벌 등에 관한 법률」이나 범죄행위로 취득한 재산상 이익의 가액을 추징할 수 있도록 한 형법 제357조 등의 규정과는 구별된다. 민법 제98조는 물건에 관하여 '유체물 및 전기 기타 관리할 수 있는 자연력'을 의미한다고 정의하는데, 형법이 민법이 정의한 '물건'과 다른 내용으로 '물건'의 개념을 정의하고 있다고 볼 만한 사정도 존재하지 아니한다.(대법원 2021.10.14. 2021도7168 웹사이트 매각대금 추징사건)

[23] 형법 제48조 제1항의 '물건'이 아니어서 몰수·추징을 할 수 없는 경우

★ 피고인이 웹사이트에 음란 사이트 링크배너와 도박사이트 홍보배너를 게시하는 등의 방식으로 운영하다가 타인에게 웹사이트를 5,000만원에 매각하고 현금으로 위 돈을 지급받은 경우, 그 웹사이트는 범죄행위에 제공된 무형의 재산에 해당할 뿐 형법 제48조 제1항 제2호에서 정한 '범죄행위로 인하여 생(生)하였거나 이로 인하여 취득한 물건'에 해당하지 않으므로 웹사이트 매각을 통해 취득한 대가는 형법 제48조 제1항 제2호, 제2항이 규정한 추징의 대상에 해당하지 않는다.(대법원 2021.10.14. 2021도7168 웹사이트 매각대금 추징사건)

[24] 형법 제48조 제1항의 '취득'의 의미

★ 형법 제48조가 규정하는 몰수·추징의 대상은 범인이 범죄행위로 인하여 취득한 물건을 뜻하고, 여기서 '취득'이란 해당 범죄행위로 인하여 결과적으로 이를 취득한 때를 말한다고 제한적으로 해석함이 타당하다.(대법원 2021.7.21. 2020도10970 돈받고 불법폐기물 매립사건)

[25] 마약류 불법거래 방지에 관한 특례법 제6조 위반죄의 정범에게 유상으로 필로폰을 공급한 방조범에 대한 추징 방법

「마약류 불법거래 방지에 관한 특례법」(이하 '마약거래방지법'이라고 한다) 제6조를 위반하여 마약류를 수출입·제조·매매하는 행위 등을 업으로 하는 범죄행위의 정범이 그 범죄행위로 얻은 수익은 마약거래방지법 제13조부터 제16조까지의 규정에 따라 몰수·추징의 대상이 된다. 그러나 정범으로부터 대가를 받고 판매할 마약을 공급하는 방법으로 위 범행을 용이하게 한 방조범은 정범의 범죄행위로 인한 수익을 정범과 공동으로 취득하였다고 평가할 수 없다면 위 몰수·추징 규정에 의하여 정범과 같이 추징할 수는 없고, 그 방조범으로부터는 방조행위로 얻은 재산 등에 한하여 몰수, 추징할 수 있다.(대법원 2021.4.29. 2020도16369 필로폰 공급책 사건) [21 법원행시]

> **마약류 불법거래 방지에 관한 특례법(2021. 1. 5. 법률 제17826호로 일부개정된 것)**
>
> 제6조【업으로서 한 불법수입 등】① 「마약류관리에 관한 법률」제58조(같은 조 제4항은 제외한다), 제59조 제1항부터 제3항까지(같은 조 제1항 제1호부터 제4호까지 및 제9호에 관련된 행위만 해당하며, 같은 항 제4호 중 항정신성의약품은 제외한다) 또는 제60조 제1항 제4호(상습범 및 미수범을 포함한다)에 해당하는 행위를 업(業)으로 한 자(이들 행위와 제9조에 해당하는 행위를 함께 하는 것을 업으로 한 자를 포함한다)는 사형, 무기징역 또는 10년 이상의 징역에 처한다. 이 경우 1억원 이하의 벌금을 병과한다.

[26] 피고인의 차명재산이라는 이유만으로 제3자 명의로 등기되어 있는 부동산에 관하여 피고인에 대한 추징판결을 집행할 수 있는지의 여부(소극)

★ 피고인의 차명재산이라는 이유만으로 제3자 명의로 등기되어 있는 부동산에 관하여 피고인에 대한 추징판결을 곧바로 집행하는 것은 허용되지 아니한다. 피고인이 범죄행위를 통하여 취득한 불법수익 등을 철저히 환수할 필요성이 크더라도 추징의 집행 역시 형의 집행이므로 법률에서 정한 절차에 따라야 하고, 피고인이 제3자 명의로 부동산을 은닉하고 있다면 적법한 절차를 통하여 피고인 명의로 그 등기를 회복한 후 추징판결을 집행하여야 한다.(대법원 2021.4.9. 2020모4058 전두환 연희동 자택 강제집행 사건)

[27] 강요죄에 있어 '폭행'의 의미

★ 강요죄에서 폭행은 사람에 대한 직접적인 유형력의 행사뿐만 아니라 간접적인 유형력의 행사도 포함하며, 반드시 사람의 신체에 대한 것에 한정되지 않는다. 사람에 대한 간접적인 유형력의 행사를 강요죄의 폭행으로 평가하기 위해서는 피고인이 유형력을 행사한 의도와 방법, 피고인의 행위와 피해자의 근접성, 유형력이 행사된 객체와 피해자의 관계 등을 종합적으로 고려해야 한다.(대법원 2021.11.25. 2018도1346 주차방해 사건) 강요죄의 행위태양 중에 하나인 '폭행'의 의미를 설시한 사실상 최초의 판례로 보이므로 잘 기억하고 있어야 한다.

[28] 강요죄가 성립하지 않는 경우

★ 피고인 甲이 피해자 A로 하여금 주차장을 이용하지 못하게 할 의도로 乙 차량을 A 주택 대문 앞에 주차하였으나 주차 당시 甲과 A 사이에 물리적 접촉이 있거나 甲이 A에게 어떠한 유형력을 행사했다고 볼 만한 사정이 없다면 비록 甲의 행위로 A에게 주택 외부에 있던 A 차량을 주택 내부의 주차장에 출입시키지 못하는 불편이 발생하였더라도 A는 차량을 용법에 따라 정상적으로 사용할 수 있었으므로 甲이

A를 폭행하여 차량 운행에 관한 권리행사를 방해하였다고 평가하기 어렵다.(대법원 2021.11.25. 2018도1346 주차방해 사건) 강요죄가 아니라 교통방해죄가 성립한다고 보아야 한다.

[29] 미성년자약취죄가 성립하는 경우

★ 부모의 별거 상황에서 일방 배우자인 피고인이 면접교섭권을 행사하기 위하여 프랑스에서 타방 배우자와 함께 생활하고 있던 만 5세인 피해아동을 대한민국으로 데려온 후 면접교섭 기간이 종료하였음에도 프랑스로 데려다 주지 않은 채 피해아동이 친모를 제대로 만나지도 못하게 한 경우 불법적인 사실상의 힘을 행사하여 피해아동을 약취한 것으로 볼 수 있다.(대법원 2021.9.9. 2019도16421 아이 프랑스 인도 거부사건)

[30] 강제추행죄가 성립하기 위하여 반드시 피해자가 성적 수치심이나 혐오감을 실제로 느껴야 하는지의 여부(소극)

★ 추행 행위에 해당하기 위해서는 객관적으로 일반인에게 성적 수치심이나 혐오감을 일으키게 할 만한 행위로서 선량한 성적 도덕관념에 반하는 행위를 행위자가 대상자를 상대로 실행하는 것으로 충분하고, 그 행위로 말미암아 대상자가 성적 수치심이나 혐오감을 반드시 실제로 느껴야 하는 것은 아니다.(대법원 2021.10.28. 2021도7538 여학생 등에다 소변 사건)

[31] 강제추행죄가 성립하는 경우

★ 피고인은 처음 보는 여성인 피해자(女, 18세)의 뒤로 몰래 접근하여 성기를 드러내고 피해자를 향한 자세에서 피해자의 등 쪽에 소변을 보았는바, 그 행위는 객관적으로 일반인에게 성적 수치심이나 혐오감을 일으키게 하고 선량한 성적 도덕관념에 반하는 행위로서 피해자의 성적 자기결정권을 침해하는 추행 행위에 해당한다고 볼 여지가 있다. 피고인의 행위가 객관적으로 추행행위에 해당한다면 그로써 행위의 대상이 된 피해자의 성적 자기결정권은 침해되었다고 보아야 할 것이고, 행위 당시에 피해자가 이를 인식하지 못하였다고 하여 추행에 해당하지 않는다고 볼 것은 아니다.(대법원 2021.10.28. 2021도7538 여학생 등에다 소변 사건)

[32] 준강제추행죄에서 '심신상실 또는 항거불능의 상태'에 해당하는 경우

★ 피해자가 깊은 잠에 빠져 있거나 술·약물 등에 의해 일시적으로 의식을 잃은 상태 또는 완전히 의식을 잃지는 않았더라도 그와 같은 사유로 정상적인 판단능력과 대응·조절능력을 행사할 수 없는 상태에 있었다면 준강간죄 또는 준강제추행죄에서의 심신상실 또는 항거불능 상태에 해당한다.(대법원 2021.2.4. 2018도9781 알코올 블랙아웃 or 알코올 패싱아웃 사건) [21 법원행시, 21 경찰채용, 22 국가9급]

[33] 알코올 블랙아웃(black out) 또는 패싱아웃(passing out)이 '심신상실 또는 항거불능'에 해당하는지의 여부

★ 음주 후 준강간 또는 준강제추행을 당하였음을 호소한 피해자의 경우 범행 당시 알코올이 기억형성의 실패만을 야기한 알코올 블랙아웃(black out) 상태였다면 피해자는 기억장애 외에 인지기능이나 의식

상태의 장애에 이르렀다고 인정하기 어렵지만, 이에 비하여 피해자가 술에 취해 수면상태에 빠지는 등 의식을 상실한 패싱아웃(passing out) 상태였다면 심신상실의 상태에 있었음을 인정할 수 있다. 또한 피해자가 의식상실 상태에 빠져 있지는 않지만 알코올의 영향으로 의사를 형성할 능력이나 성적 자기결정권 침해행위에 맞서려는 저항력이 현저하게 저하된 상태였다면 '항거불능'에 해당하여, 이러한 피해자에 대한 성적 행위 역시 준강간죄 또는 준강제추행죄를 구성할 수 있다.(대법원 2021.2.4. 2018도9781 알코올 블랙아웃 or 알코올 패싱아웃 사건) 알코올 블랙아웃(black out)은 알코올 성분이 외부 자극에 대하여 기록하고 해석하는 인코딩 과정(기억형성에 관여하는 뇌의 특정 기능)에 영향을 미침으로써 행위자가 일정한 시점에 진행되었던 어떤 사실을 기억하지 못하는 것을 말하고, 알코올 패싱아웃(passing out)은 알코올의 최면진정작용으로 인하여 수면에 빠지는 의식상실 상태를 말한다. 전자는 '심신상실'에 해당하지 않지만(다만, 경우에 따라 '항거불능'에는 해당할 수 있다), 후자는 '심신상실'에 해당한다. 甲(男, 28세)은 빌딩 1층 엘리베이터 앞에서 술에 취한 A(女, 18세)를 보고 그를 모텔에 데리고 가 추행을 하였다. 원심인 수원지방법원은 A가 단순한 알코올 블랙아웃(black out) 상태이었지 심신상실 상태가 아니었다는 이유로 준강제추행죄의 공소사실에 대하여 무죄를 선고하였으나, 대법원은 A가 알코올 블랙아웃(black out) 상태를 넘어 알코올 패싱아웃(passing out) 상태였다고 판단하여 준강제추행죄가 성립한다는 취지로 원심판결을 파기하고 사건으로 원심으로 환송하였다. [21 법원행시]

[34] 강간죄 등에 있어 실행의 착수시기

★ 강간죄는 사람을 강간하기 위하여 피해자의 항거를 불능하게 하거나 현저히 곤란하게 할 정도의 폭행 또는 협박을 개시한 때에 그 실행의 착수가 있다고 보아야 할 것이지 실제 간음행위가 시작되어야만 그 실행의 착수가 있다고 볼 것은 아니다. 유사강간죄의 경우도 이와 같다.(대법원 2021.8.12. 2020도17796 주점화장실 유사강간 사건)

[35] 성폭법 제3조 제1항의 주거침입강간죄 등의 성립요건

★ 주거침입강제추행죄 및 주거침입강간죄 등은 사람의 주거 등을 침입한 자가 피해자를 간음, 강제추행 등 성폭력을 행사한 경우에 성립하는 것으로서 주거침입죄를 범한 후에 사람을 강간하는 등의 행위를 하여야 하는 일종의 신분범이고, 선후가 바뀌어 강간죄 등을 범한 자가 그 피해자의 주거에 침입한 경우에는 이에 해당하지 않고 강간죄 등과 주거침입죄 등의 실체적 경합범이 된다. 그 실행의 착수시기는 주거침입행위 후 강간죄 등의 실행행위에 나아간 때이다.(대법원 2021.8.12. 2020도17796 주점화장실 유사강간 사건) [22 경찰채용]

[36] 성폭법 제3조 제1항의 주거침입유사강간(미수)죄가 성립하지 않는 경우

★ 성폭법위반(주거침입유사강간)죄는 먼저 주거침입죄를 범한 후 유사강간 행위에 나아갈 때 비로소 성립되는데, 피고인은 여자화장실에 들어가기 전에 이미 유사강간죄의 실행행위를 착수하였다. 결국 피고인이 그 실행행위에 착수할 때에는 성폭례위반(주거침입유사강간)죄를 범할 수 있는 지위 즉, '주거침입죄를 범한자'에 해당되지 아니한다.(대법원 2021.8.12. 2020도17796 주점화장실 유사강간 사건) 甲은 피해자 A(女, 20세)의 반항을 억압한 채 A를 억지로 끌고 술집 여자화장실로 들어가게 한 뒤에 유사강간을 하려고 하였다. "주거(여자화장실) 침입 → 유사강간 시도"가 아니라 "유사강간 실행의 착수 → 주거

(여자화장실) 침입 → 유사강간 시도"이므로 성립하는 범죄는 형법상 '유사강간미수죄와 주거침입죄의 실체적 경합범'이지 성폭법 제3조 제1항의 '주거침입유사강간미수죄'가 아니다. [22 경찰채용]

[37] 성폭법 제6조에서 정한 '신체적인 장애가 있는 사람'의 의미

★ 성폭법 제6조에서 규정하는 '신체적인 장애가 있는 사람'이란 '신체적 기능이나 구조 등의 문제로 일상생활이나 사회생활에서 상당한 제약을 받는 사람'을 의미한다. 한편 장애와 관련된 피해자의 상태는 개인별로 그 모습과 정도에 차이가 있는데 그러한 모습과 정도가 성폭법 제6조에서 정한 신체적인 장애를 판단하는 본질적인 요소가 되므로 신체적인 장애를 판단함에 있어서는 해당 피해자의 상태가 충분히 고려되어야 하고 비장애인의 시각과 기준에서 피해자의 상태를 판단하여 장애가 없다고 쉽게 단정해서는 안 된다.(대법원 2021.2.25. 2016도4404 소아마비 강간 · 추행 사건) [21 법원행시]

[38] 성폭법 제6조에서 정한 '정신적인 장애가 있는 사람'의 의미

★ 성폭력 제6조에서 정하는 '정신적인 장애가 있는 사람'이란 '정신적인 기능이나 손상 등의 문제로 일상생활이나 사회생활에서 상당한 제약을 받는 사람'을 가리킨다. 장애인복지법에 따른 장애인 등록을 하지 않았다거나 그 등록기준을 충족하지 못하더라도 여기에 해당할 수 있다.(대법원 2021.10.28. 2021도9051 미등록 장애인 간음사건)

[39] 카메라등이용촬영죄에서 '촬영'의 의미

카메라등이용촬영죄는 카메라 등을 이용하여 성적 욕망 또는 수치심을 유발할 수 있는 타인의 신체를 그 의사에 반하여 촬영함으로써 성립하는 범죄이고, 여기서 '촬영'이란 카메라나 그 밖에 이와 유사한 기능을 갖춘 기계장치 속에 들어 있는 필름이나 저장장치에 피사체에 대한 영상정보를 입력하는 행위를 의미한다.(대법원 2021.8.12. 2021도7035 편의점 몰카 미수사건) (同旨 대법원 2021.3.25. 2021도749 용변칸 넘어로 사건) [22 경찰채용]

[40] 카메라등이용촬영죄의 실행의 착수시기

범인이 피해자를 촬영하기 위하여 육안 또는 캠코더의 줌 기능을 이용하여 피해자가 있는지 여부를 탐색하다가 피해자를 발견하지 못하고 촬영을 포기한 경우에는 촬영을 위한 준비행위에 불과하여 카메라등이용촬영죄의 실행에 착수한 것으로 볼 수 없다. 이에 반하여 범인이 카메라 기능이 설치된 휴대전화를 피해자의 치마 밑으로 들이밀거나 피해자가 용변을 보고 있는 화장실 칸 밑 공간 사이로 집어넣는 등 카메라 등 이용 촬영 범행에 밀접한 행위를 개시한 경우에는 카메라등이용촬영죄의 실행에 착수하였다고 볼 수 있다.(대법원 2021.8.12. 2021도7035 편의점 몰카 미수사건) (同旨 대법원 2021.3.25. 2021도749 용변칸 넘어로 사건) [22 경찰채용]

[41] 모욕죄가 성립하는 경우

★ 피고인들이 피해자를 '어용', '앞잡이' 등으로 표현한 현수막, 피켓 등을 장기간 반복하여 일반인의

왕래가 잦은 도로변 등에 게시한 행위는 피해자에 대한 모욕적 표현으로서 사회상규에 위배되지 않는 행위라고 보기 어렵다고 본 원심의 판단은 정당한 것으로 수긍할 수 있다.(대법원 2021.9.9. 2016도88 어용·앞잡이 사건) [22 경찰채용]

[42] 모욕죄가 성립하지 않는 경우

1. ★ '기레기'는 '기자'와 '쓰레기'의 합성어로서 자극적인 제목이나 내용 등으로 홍보성 기사를 작성하는 행위 등을 하는 기자들 또는 기자들의 행태를 비하한 용어이므로 기자인 피해자의 사회적 평가를 저하시킬 만한 추상적 판단이나 경멸적 감정을 표현한, 모욕적 표현에 해당하기는 한다. 그러나 피고인이 작성한 "이런걸 기레기라고 하죠?"라는 댓글은 그 전후에 게시된 다른 댓글들과 같은 견지에서 방송 내용 등을 근거로 기사의 제목과 내용, 이를 작성한 피해자의 행위나 태도를 비판하는 의견을 강조하거나 압축하여 표현한 것이라고 평가할 수 있다. 또한 '기레기'는 기사 및 기자의 행태를 비판하는 글에서 비교적 폭넓게 사용되는 단어이고, 기사에 대한 다른 댓글들의 논조 및 내용과 비교해 볼 때 댓글의 표현이 지나치게 악의적이라고 하기도 어려워 피고인의 행위는 사회상규에 위배되지 않는 행위로서 형법 제20조에 의하여 위법성이 조각된다.(대법원 2021.3.25. 2017도17643 이런걸 기레기라고 하죠 사건) 모욕죄의 구성요건에는 해당하지만 위법성이 조각된다는 점을 주의하여야 한다. [21 경찰채용, 22 국가9급]

2. 피고인의 표현은 동기 교육생들끼리 고충을 토로하고 의견을 교환하는 사이버공간에서 상관인 피해자에 대하여 부사관 교육생 甲이 지도관 A가 목욕탕 청소 담당에게 과실 지적을 많이 한다는 이유로 "도라이 ㅋㅋㅋ 습기가 그렇게 많은데"라는 글을 게시한 경우 일부 부적절한 표현을 사용하게 된 것에 불과하고 이로 인하여 군의 조직질서와 정당한 지휘체계가 문란하게 되었다고 보이지 않으므로 이러한 행위는 사회상규에 위배되지 않는다고 보는 것이 타당하다.(대법원 2021.8.19. 2020도14576 도라이ㅋㅋㅋ 사건) 모욕죄의 구성요건에는 해당하지만 위법성이 조각된다는 점을 주의하여야 한다. [22 경찰채용]

[43] 상관모욕죄에서 '상관'에 해당하는 경우

부대지휘 및 관리, 병영생활에 있어 분대장과 분대원은 명령복종 관계로서 분대장은 분대원에 대해 명령권을 가진 사람 즉 상관에 해당하고, 이는 분대장과 분대원이 모두 병(兵)이라 하더라도 달리 볼 수 없다.(대법원 2021.3.11. 2018도12270 분대장 모욕 사건) [21 법원행시]

[44] 업무방해죄에 있어 '허위사실 유포'의 의미

★ 업무방해죄에서 '허위사실의 유포'란 객관적으로 진실과 부합하지 않는 사실을 유포하는 것으로서 단순한 의견이나 가치판단을 표시하는 것은 이에 해당하지 않는다. 유포한 대상이 사실과 의견 가운데 어느 것에 속하는지 판단할 때는 언어의 통상적 의미와 용법, 증명가능성, 문제된 말이 사용된 문맥, 당시의 사회적 상황 등 전체적 정황을 고려해서 판단해야 한다. 의견표현과 사실 적시가 혼재되어 있는 경우에는 이를 전체적으로 보아 허위사실을 유포하여 업무를 방해한 것인지 등을 판단해야지 의견표현과 사실 적시 부분을 분리하여 별개로 범죄의 성립 여부를 판단해서는 안된다. 반드시 기본적 사실이 거짓이어야 하는 것은 아니고 비록 기본적 사실은 진실이더라도 이에 거짓이 덧붙여져 타인의 업무

를 방해할 위험이 있는 경우도 업무방해에 해당한다. 그러나 그 내용 전체의 취지를 살펴볼 때 중요한 부분이 객관적 사실과 합치되고 단지 세부적으로 약간의 차이가 있거나 다소 과장된 표현이 있는 정도에 지나지 않아 타인의 업무를 방해할 위험이 없는 경우는 이에 해당하지 않는다.(대법원 2021.9.30. 2021도6634 공노총 비방 사건)

[45] 업무방해죄의 '위력'의 의미

★ 업무방해죄의 수단인 위력은 사람의 자유의사를 제압·혼란하게 할 만한 일체의 억압적 방법을 말하고 이는 제3자를 통하여 간접적으로 행사하는 것도 포함될 수 있다. 그러나 어떤 행위의 결과 상대방의 업무에 지장이 초래되었다 하더라도 행위자가 가지는 정당한 권한을 행사한 것으로 볼 수 있는 경우에는 그 행위의 내용이나 수단 등이 사회통념상 허용될 수 없는 등 특별한 사정이 없는 한 업무방해죄를 구성하는 위력을 행사한 것이라고 할 수 없다. 따라서 제3자로 하여금 상대방에게 어떤 조치를 취하게 하는 등으로 상대방의 업무에 곤란을 야기하거나 그러한 위험이 초래되게 하였더라도 행위자가 그 제3자의 의사결정에 관여할 수 있는 권한을 가지고 있거나 그에 대하여 업무상의 지시를 할 수 있는 지위에 있는 경우에는 특별한 사정이 없는 한 업무방해죄를 구성하지 아니한다.(대법원 2021.7.8. 2021도3805 회계서류를 보여달라 사건)

[46] 위력에 의한 업무방해죄가 성립하지 않는 경우

★ 회계자료열람권을 가진 피고인이 협회 사무실에서 회계서류 등의 열람을 요구하는 과정에서 협회 직원들을 불러 모아 상당한 시간 동안 이야기를 하거나 피고인의 요구를 거부하는 직원에게 다소 언성을 높여 "책임을 지게 될 수 있다"고 이야기한 사정 등만으로는 업무방해 행위에 해당하지 않는다.(대법원 2021.7.8. 2021도3805 회계서류를 보여달라 사건)

[47] 쟁의행위와 업무방해방조죄 관련 판례

★ 쟁의행위가 업무방해죄에 해당하는 경우 제3자가 그러한 정을 알면서 쟁의행위의 실행을 용이하게 한 경우에는 업무방해방조죄가 성립할 수 있다. 다만, 헌법 제33조 제1항이 규정하고 있는 노동3권을 실질적으로 보장하기 위해서는 근로자나 노동조합이 노동3권을 행사할 때 제3자의 조력을 폭넓게 받을 수 있도록 할 필요가 있고, 나아가 근로자나 노동조합에 조력하는 제3자도 헌법 제21조에 따른 표현의 자유나 헌법 제10조에 내재된 일반적 행동의 자유를 가지고 있으므로 위법한 쟁의행위에 대한 조력행위가 업무방해방조에 해당하는지 판단할 때는 헌법이 보장하는 위와 같은 기본권이 위축되지 않도록 업무방해방조죄의 성립 범위를 신중하게 판단하여야 한다.(대법원 2021.9.16. 2015도12632 현대자동차 비정규직노조 생산라인점거 사건)

[48] 주거침입죄에서 '침입'의 의미

★ 주거침입죄는 사실상 주거의 평온을 보호법익으로 한다. 주거침입죄의 구성요건적 행위인 침입은 주거침입죄의 보호법익과의 관계에서 해석하여야 하므로 침입이란 거주자가 주거에서 누리는 사실상의 평온상태를 해치는 행위태양으로 주거에 들어가는 것을 의미하고, 침입에 해당하는지 여부는 출입 당시

객관적·외형적으로 드러난 행위 태양을 기준으로 판단함이 원칙이다. 사실상의 평온을 해치는 행위태양으로 주거에 들어가는 것이라면 특별한 사정이 없는 한 거주자의 의사에 반하는 것이겠지만, 단순히 주거에 들어가는 행위 자체가 거주자의 의사에 반한다는 거주자의 주관적 사정만으로 바로 침입에 해당한다고 볼 수 없다.(대법원 2021.9.9. 2020도6085 숯숨 공동아파트침입? 사건)

[49] 주거침입죄에 '주거'의 타인성

★ 주거침입죄는 주거에 거주하는 거주자, 건조물이나 선박, 항공기의 관리자, 방실의 점유자(이하 '거주자 등'이라 한다) 이외의 사람이 위 주거, 건조물, 선박이나 항공기, 방실(이하 '주거 등'이라 한다)에 침입한 경우에 성립한다. 따라서 주거침입죄의 객체는 행위자 이외의 사람, 즉 '타인'이 거주하는 주거 등이라고 할 것이므로 행위자 자신이 단독으로 또는 다른 사람과 공동으로 거주하거나 관리 또는 점유하는 주거 등에 임의로 출입하더라도 주거침입죄를 구성하지 않는다. 다만 다른 사람과 공동으로 주거에 거주하거나 건조물을 관리하던 사람이 공동생활관계에서 이탈하거나 주거 등에 대한 사실상의 지배·관리를 상실한 경우 등 특별한 사정이 있는 경우에 주거침입죄가 성립할 수 있을 뿐이다.(대법원 2021.9.9. 2020도6085 숯숨 공동아파트침입? 사건)

[50] 공동거주자의 주거 등의 이용관계

1. ★ 주거침입죄가 사실상 주거의 평온을 보호법익으로 하는 이상 공동주거에서 생활하는 공동거주자 개개인은 각자 사실상 주거의 평온을 누릴 수 있다. 그런데 공동거주자 각자는 특별한 사정이 없는 한 공동주거관계의 취지 및 특성에 맞추어 공동주거 중 공동생활의 장소로 설정한 부분에 출입하여 공동의 공간을 이용할 수 있는 것과 같은 이유로, 다른 공동거주자가 이에 출입하여 이용하는 것을 용인할 수인의무도 있다. 그것이 공동거주자가 공동주거를 이용하는 보편적인 모습이기도 하다. 이처럼 공동거주자 각자가 공동생활의 장소에서 누리는 사실상 주거의 평온이라는 법익은 공동거주자 상호간의 관계로 인하여 일정 부분 제약될 수밖에 없고, 공동거주자는 이러한 사정에 대한 상호 용인 하에 공동주거관계를 형성하기로 하였다고 보아야 한다. 따라서 공동거주자 상호간에는 특별한 사정이 없는 한 다른 공동거주자가 공동생활의 장소에 자유로이 출입하고 이를 이용하는 것을 금지할 수 없다.(대법원 2021.9.9. 2020도6085 숯숨 공동 아파트침입? 사건)

2. ★ 공동주거에서 생활하고 있는 공동거주자 개개인은 각자가 사실상 주거의 평온을 누릴 수 있으므로 외부인이 공동거주자 중 한 사람의 승낙을 받아 공동주거에 들어가더라도 다른 공동거주자에 대한 관계에서 그의 사실상 평온상태를 해치는 행위태양으로 들어간 경우에는 다른 공동거주자의 사실상 주거의 평온에 대한 침해가 된다는 점에서 주거침입죄를 구성한다고 볼 수도 있다. 그러나 공동거주자 각자는 특별한 사정이 없는 한 공동주거관계의 취지 및 특성에 맞추어 공동주거 중 공동생활의 장소에 출입하고 이를 이용할 수 있을 뿐만 아니라 다른 공동거주자가 이에 출입하고 이를 이용하는 것도 용인하여야 한다. 이처럼 공동거주자 각자가 공동생활의 장소에서 누리는 사실상 주거의 평온이라는 법익은 공동거주자 상호간의 관계로 인하여 일정 부분 제약될 수밖에 없고, 공동거주자는 이러한 사정에 대한 상호 용인하에 공동주거관계를 형성하기로 하였다고 보아야 한다. 그렇다면 공동거주자가 상호 용인한 범위 내에서 통상적으로 공동생활의 장소에 출입하고 이를 이용하는 행위는 설령 그 행위태양이 다른 공동거주자의 사실상 평온상태를 해치는 것으로 볼 수 있을지라도 그의 주거의 평온을 침해하는 행위라고 볼 수 없으므로 주거침입죄가 성립하지 않는다. 외부인이 공동

거주자 중 한 사람의 승낙에 따라서 공동생활의 장소에 함께 출입한 것이 다른 공동거주자의 주거의 평온을 침해하는 행위가 된다고 볼 수 있는지 여부도 이러한 측면에서 살펴볼 필요가 있다.(대법원 2021.9.9. 2020도6085 숯승 공동아파트침입? 사건)

[51] 공동거주자 중 한 사람이 정당한 이유 없이 다른 공동거주자가 공동생활의 장소에 출입하는 것을 금지한 경우 다른 공동거주자가 이에 대항하여 공동생활의 장소에 들어간 것이 주거침입에 해당하는지의 여부(소극)

1. ★ 공동거주자 중 한 사람이 법률적인 근거 기타 정당한 이유 없이 다른 공동거주자가 공동생활의 장소에 출입하는 것을 금지한 경우 다른 공동거주자가 이에 대항하여 공동생활의 장소에 들어갔더라도 이는 사전 양해된 공동주거의 취지 및 특성에 맞추어 공동생활의 장소를 이용하기 위한 방편에 불과할 뿐 그의 출입을 금지한 공동거주자의 사실상 주거의 평온이라는 법익을 침해하는 행위라고는 볼 수 없으므로 주거침입죄는 성립하지 않는다. 설령 그 공동거주자가 공동생활의 장소에 출입하기 위하여 출입문의 잠금장치를 손괴하는 등 다소간의 물리력을 행사하여 그 출입을 금지한 공동거주자의 사실상 평온상태를 해쳤더라도 그러한 행위 자체를 처벌하는 별도의 규정에 따라 처벌될 수 있음은 별론으로 하고 주거침입죄가 성립하지 아니함은 마찬가지이다.(대법원 2021.9.9. 2020도6085 숯승 공동아파트침입? 사건) [23 경찰간부]

2. ★ 공동거주자 각자가 상호 용인한 통상적인 공동생활 장소의 출입 및 이용행위의 내용과 범위는 공동주거의 형태와 성질, 공동주거를 형성하게 된 경위 등에 따라 개별적·구체적으로 살펴보아야 한다. 공동거주자 중 한 사람의 승낙에 따른 외부인의 공동생활 장소의 출입 및 이용행위가 외부인의 출입을 승낙한 공동거주자의 통상적인 공동생활 장소의 출입 및 이용행위의 일환이자 이에 수반되는 행위로 평가할 수 있는 경우에는 이러한 외부인의 행위는 전체적으로 그 공동거주자의 행위와 동일하게 평가할 수 있다. 따라서 공동거주자 중 한 사람이 법률적인 근거 기타 정당한 이유 없이 다른 공동거주자가 공동생활의 장소에 출입하는 것을 금지하고, 이에 대항하여 다른 공동거주자가 공동생활의 장소에 들어가는 과정에서 그의 출입을 금지한 공동거주자의 사실상 평온상태를 해쳤더라도 주거침입죄가 성립하지 않는 경우로서 그 공동거주자의 승낙을 받아 공동생활의 장소에 함께 들어간 외부인의 출입 및 이용행위가 전체적으로 그의 출입을 승낙한 공동거주자의 통상적인 공동생활 장소의 출입 및 이용행위의 일환이자 이에 수반되는 행위로 평가할 수 있는 경우라면, 이를 금지하는 공동거주자의 사실상 평온상태를 해쳤음에도 불구하고 그 외부인에 대하여도 역시 주거침입죄가 성립하지 않는다.(대법원 2021.9.9. 2020도6085 숯승 공동아파트침입? 사건) [22 국가7급]

[52] 외부인이 공동거주자의 일부가 부재 중에 주거 내에 현재하는 거주자의 승낙을 받아 통상적인 출입방법에 따라 공동주거에 들어간 경우 주거침입죄가 성립하는지의 여부(소극)

★ 외부인이 공동거주자의 일부가 부재 중에 주거 내에 현재하는 거주자의 현실적인 승낙을 받아 통상적인 출입방법에 따라 공동주거에 들어간 경우라면 그것이 부재 중인 다른 거주자의 추정적 의사에 반하는 경우에 도 주거침입죄가 성립하지 않는다.(대법원 2021.9.9. 2020도12630 숯승 유부녀 아파트에서 간통사건)
[22 경찰채용, 22 경찰승진, 23 경간부]

2020도12630 판례의 논거

(1) 주거침입죄의 보호법익 : 주거침입죄의 보호법익은 사적 생활관계에 있어서 사실상 누리고 있는 주거의 평온, 즉 '사실상 주거의 평온'으로서 주거를 점유할 법적 권한이 없더라도 사실상의 권한이 있는 거주자가 주거에서 누리는 사실적 지배·관리관계가 평온하게 유지되는 상태를 말한다. 외부인이 무단으로 주거에 출입하게 되면 이러한 사실상 주거의 평온이 깨어지는 것이다. 이러한 보호법익은 주거를 점유하는 사실상태를 바탕으로 발생하는 것으로서 사실적 성질을 가진다. 한편 공동주거의 경우에는 여러 사람이 하나의 생활공간에서 거주하는 성질에 비추어 공동거주자 각자는 다른 거주자와의 관계로 인하여 주거에서 누리는 사실상 주거의 평온이라는 법익이 일정 부분 제약될 수밖에 없고, 공동거주자는 공동주거관계를 형성하면서 이러한 사정을 서로 용인하였다고 보아야 한다. 부재 중인 일부 공동거주자에 대하여 주거침입죄가 성립하는지를 판단할 때에도 이러한 주거침입죄의 보호법익의 내용과 성질, 공동주거관계의 특성을 고려하여야 한다. 공동거주자 개개인은 각자 사실상 주거의 평온을 누릴 수 있으므로 어느 거주자가 부재중이라고 하더라도 사실상의 평온상태를 해치는 행위태양으로 들어가거나 그 거주자가 독자적으로 사용하는 공간에 들어간 경우에는 그 거주자의 사실상 주거의 평온을 침해하는 결과를 가져올 수 있다. 그러나 공동거주자 중 주거 내에 현재하는 거주자의 현실적인 승낙을 받아 통상적인 출입방법에 따라 들어갔다면 설령 그것이 부재 중인 다른 거주자의 의사에 반하는 것으로 추정된다고 하더라도 주거침입죄의 보호법익인 사실상 주거의 평온을 깨트렸다고 볼 수는 없다. 만일 외부인의 출입에 대하여 공동거주자 중 주거 내에 현재하는 거주자의 승낙을 받아 통상적인 출입방법에 따라 들어갔음에도 불구하고 그것이 부재중인 다른 거주자의 의사에 반하는 것으로 추정된다는 사정만으로 주거침입죄의 성립을 인정하게 되면, 주거침입죄를 의사의 자유를 침해하는 범죄의 일종으로 보는 것이 되어 주거침입죄가 보호하고자 하는 법익의 범위를 넘어서게 되고, '평온의 침해' 내용이 주관화·관념화되며, 출입 당시 현실적으로 존재하지 않는, 부재중인 거주자의 추정적 의사에 따라 주거침입죄의 성립 여부가 좌우되어 범죄 성립 여부가 명확하지 않고 가벌성의 범위가 지나치게 넓어지게 되어 부당한 결과를 가져오게 된다. (2) 주거침입죄의 구성요건적 행위로서 침입 : 주거침입죄의 구성요건적 행위인 침입은 주거침입죄의 보호법익과의 관계에서 해석하여야 한다. 따라서 침입이란 '거주자가 주거에서 누리는 사실상의 평온상태를 해치는 행위태양으로 주거에 들어가는 것'을 의미하고, 침입에 해당하는지 여부는 출입 당시 객관적·외형적으로 드러난 행위태양을 기준으로 판단함이 원칙이다. 사실상의 평온상태를 해치는 행위태양으로 주거에 들어가는 것이라면 대체로 거주자의 의사에 반하는 것이겠지만, 단순히 주거에 들어가는 행위 자체가 거주자의 의사에 반한다는 거주자의 주관적 사정만으로 바로 침입에 해당한다고 볼 수는 없다. 앞서 보호법익에서 살펴본 바와 같이 외부인이 공동거주자 중 주거 내에 현재하는 거주자로부터 현실적인 승낙을 받아 통상적인 출입방법에 따라 주거에 들어간 경우라면 특별한 사정이 없는 한 사실상의 평온상태를 해치는 행위태양으로 주거에 들어간 것이라고 볼 수 없으므로 주거침입죄에서 규정하고 있는 침입행위에 해당하지 않는다.

2020도12630 판례로 폐기된 판례

남편이 일시 부재중 간통의 목적하에 그 처의 승낙을 얻어 주거에 들어간 경우라도 남편의 주거에 대한 지배관리관계는 여전히 존속한다고 봄이 옳고 사회통념상 간통의 목적으로 주거에 들어오는 것은 남편의 의사에 반한다고 보여지므로 처의 승낙이 있었다 하더라도 남편의 주거의 사실상의 평온은 깨어졌다 할 것이므로 주거침입죄가 성립한다.(대법원 1984.6.26. 83도685 유부녀 집에서 간통사건) [21 경찰승진, 18 경찰채용, 15 경찰승진, 13 사법시험, 13 국가9급, 13 경간부, 11 경찰채용]

[53] 주거침입죄가 성립하지 않는 경우

1. ★ (1) 아파트에 대한 공동거주자의 지위를 계속 유지하고 있던 甲이 아파트에 출입하는 과정에서 정당한 이유 없이 이를 금지하는 B(甲의 처 A의 동생, 즉 甲의 처제)의 조치에 대항하여 아파트의 출입문에 설치된 체인형 걸쇠를 손괴하고 아파트에 들어간 경우 주거침입죄가 성립한다고 볼 수는 없다. (2) 乙, 丙(甲의 부모이자 A의 시부모)은 아파트의 공동거주자이자 아들인 甲의 공동주거인 아파트에 출입함에 있어 다른 공동거주자인 A(甲의 처)로부터 출입관리를 위탁받은 B(A의 동생이자 甲의 처제)의 정당한 이유 없는 출입금지 조치에 대항하여 아파트에 출입하는 데에 가담하였다. 비록 그

과정에서 甲이 출입문에 설치된 체인형 걸쇠를 손괴하는 등 물리력을 행사하였고 乙도 이에 가담함으로써 공동으로 재물손괴의 범죄를 저질렀으나, 甲의 이러한 행위는 공동생활관계에서 이탈하지 않은 상태에서 정당한 이유 없이 이루어진 출입금지 조치에 대항하여 공동거주자로서 공동생활의 장소에 출입하고 이를 이용하기 위한 방편이라고 볼 수 있고, 乙의 행위는 그 실질에 있어 甲의 이러한 행위에 편승, 가담한 것에 불과하다. 그렇다면 乙, 丙이 아파트에 출입한 행위 그 자체는 전체적으로 공동거주자인 甲이 아파트에 출입하고 이를 이용하는 행위의 일환이자 이에 수반되어 이루어진 것에 해당한다고 평가할 수 있으므로 乙, 丙에 대하여는 폭처법 위반(공동주거침입)죄가 성립하지 않는다.(대법원 2021.9.9. 2020도6085 全合 공동아파트침입? 사건) [22 경찰채용]

2. ★ 甲(男)이 A(男)의 부재중에 A의 처 B(女)와 혼외 성관계를 가질 목적으로 B가 열어 준 현관 출입문을 통하여 A와 B가 공동으로 생활하는 아파트에 들어간 경우, 甲은 B로부터 현실적인 승낙을 받아 통상적인 출입방법에 따라 주거에 들어갔으므로 주거의 사실상 평온상태를 해치는 행위태양으로 주거에 들어간 것이 아니어서 주거에 침입한 것으로 볼 수 없고, 설령 甲의 주거 출입이 부재중인 A의 의사에 반하는 것으로 추정되더라도 그것이 사실상 주거의 평온을 보호법익으로 하는 주거침입죄의 성립 여부에 영향을 미치지 않는다.(대법원 2021.9.9. 2020도12630 全合 유부녀 아파트에서 간통사건)

[54] 주거침입죄가 성립하는 경우

★ (1) 입주자대표 회의가 외부인의 단지 안 주차장에 대한 출입을 금지하는 결정을 하고 그 사실을 외부인에게 통보하였음에도 외부인이 입주자대표회의의 결정에 반하여 그 주차장에 들어갔다면, 출입 당시 관리자로부터 구체적인 제지를 받지 않았다고 하더라도 그 주차장의 관리권자인 입주자대표회의의 의사에 반하여 들어간 것이므로 건조물침입죄가 성립한다. (2) 아파트 지하주차장의 관리권자는 입주자대표회의이고, 피고인은 아파트의 입주자대표회의의 결의 및 가처분결정에 반하여 아파트의 지하주차장 안까지 들어갔으므로 비록 피고인이 일부 입주자등과 체결한 세차용역계약에 따라 아파트의 지하주차장에 들어가면서 관리자로부터 구체적인 제지를 받지 않았다고 하더라도 건조물침입죄가 성립한다.(대법원 2021.1.14. 2017도21323)

[55] 채무면탈 목적 강도죄에서 있어 '불법이득의사' 유무의 판단기준

★ 강도상해죄가 성립하려면 먼저 강도죄의 성립이 인정되어야 하고, 강도죄가 성립하려면 불법영득 또는 불법이득의 의사가 있어야 한다. 채권자를 폭행·협박하여 채무를 면탈함으로써 성립하는 강도죄에서 불법이득의사는 단순 폭력범죄와 구별되는 중요한 구성요건 표지이다. 폭행·협박 당시 피고인에게 채무를 면탈하려는 불법이득의사가 있었는지는 신중하고 면밀하게 심리·판단되어야 한다. 불법이득의사는 마음 속에 있는 의사이므로 피고인과 피해자의 관계, 채무의 종류와 액수, 폭행에 이르게 된 경위, 폭행의 정도와 방법, 폭행 이후의 정황 등 범행 전후의 객관적인 사정을 종합하여 불법이득의사가 있었는지를 판단할 수밖에 없다.(대법원 2021.6.30. 2020도4539 주점 여종업원들 폭행사건)

[56] 사기죄에 해당하는 경우

국가연구개발사업의 연구책임자 甲이 처음부터 소속 학생 연구원들에게 학생연구비를 개별 지급할 의사 없이 공동관리계좌를 관리하면서 사실상 그 처분권을 가질 의도 하에 이를 숨기고 산학협력단에 연구비를 신청하여 지급받은 경우 甲의 행위는 산학협력단에 대한 관계에 있어서 기망에 의한 편취행위에 해당한다(대법원 2021.9.9. 2021도8468 학생연구비 편취 사건). [22 경찰채용]

[57] 사기죄에 있어 '재산상 이익'에 해당하는 경우

★ 비트코인은 경제적인 가치를 디지털로 표상하여 전자적으로 이전, 저장과 거래가 가능하도록 한 가상자산의 일종으로 사기죄의 객체인 재산상 이익에 해당한다.(대법원 2021.11.11. 2021도9855 비트코인 편취 사건)

[58] 횡령죄에 있어 수용보상금 보관자에 해당하지 않는 경우

★ 타인 소유의 토지에 대한 보관자의 지위에 있지 않은 사람이 그 앞으로 원인무효의 소유권이전등기가 되어 있음을 이용하여 토지소유자에게 지급될 보상금을 수령하였더라도 보상금에 대한 점유 취득은 진정한 토지소유자의 위임에 따른 것이 아니므로 보상금에 대하여 어떠한 보관관계가 성립하지 않는다.(대법원 2021.6.30. 2018도18010 참칭소유자 수용보상금 수령사건) 따라서 보상금을 수령한 자가 그 보상금을 임의로 소비하더라도 횡령죄는 성립하지 아니한다. 경우에 따라 보상금을 준 자에 대한 사기죄가 성립할 수 있을 뿐이다.

[59] 횡령죄가 성립하지 않는 경우

★ 채무자가 채권 양도담보계약에 따라 담보 목적 채권의 담보가치를 유지·보전할 의무는 계약에 따른 자신의 채무에 불과하고, 채권자와 채무자 사이에 채무자가 채권자를 위하여 담보가치의 유지·보전사무를 처리함으로써 채무자의 사무처리를 통해 채권자가 담보 목적을 달성한다는 신임관계가 존재한다고 볼 수 없다. 그러므로 채무자가 제3채무자에게 채권양도 통지를 하지 않은 채 자신이 사용할 의도로 제3채무자로부터 변제를 받아 변제금을 수령한 경우, 이는 단순한 민사상 채무불이행에 해당할 뿐 채무자가 채권자와의 위탁신임관계에 의하여 채무자를 위해 위 변제금을 보관하는 지위에 있다고 볼 수 없고, 채무자가 이를 임의로 소비하더라도 횡령죄는 성립하지 않는다.(대법원 2021.2.25. 2020도12927 채권 양도담보 사건)

[60] 부동산실명법에 위반된 이른바 양자간 명의신탁에서 명의수탁자가 신탁부동산을 임의로 처분한 경우 횡령죄가 성립하는지의 여부(소극)

★ (1) 부동산실명법에 위반하여 명의신탁자가 그 소유인 부동산의 등기명의를 명의수탁자에게 이전하는 이른바 양자간 명의신탁의 경우 계약인 명의신탁약정과 그에 부수한 위임약정, 명의신탁약정을 전제로 한 명의신탁 부동산 및 그 처분대금 반환약정은 모두 무효이다. 나아가 명의신탁자와 명의수탁자 사이에 무효인 명의신탁약정 등에 기초하여 존재한다고 주장될 수 있는 사실상의 위탁관계라는 것은 부동산실명법에 반하여 범죄를 구성하는 불법적인 관계에 지나지 아니할 뿐 이를 형법상 보호할 만한 가치 있는 신임에 의한 것이라고 할 수 없다. (2) 명의수탁자가 명의신탁자에 대하여 소유권이전등기말소의무를 부담하게 되나, 위 소유권이 전등기는 처음부터 원인무효여서 명의수탁자는 명의신탁자가 소유권에 기한 방해배제청구로 말소를 구하는 것에 대하여 상대방으로서 응할 처지에 있음에 불과하다. 명의수

탁자가 제3자와 한 처분행위가 부동산실명법 제4조 제3항에 따라 유효하게 될 가능성이 있다고 하더라도 이는 거래상대방인 제3자를 보호하기 위하여 명의신탁약정의 무효에 대한 예외를 설정한 취지일 뿐 명의신탁자와 명의수탁자 사이에 위 처분행위를 유효하게 만드는 어떠한 위탁관계가 존재함을 전제한 것이라고는 볼 수 없다. 따라서 말소 등기의무의 존재나 명의수탁자에 의한 유효한 처분가능성을 들어 명의수탁자가 명의신탁자에 대한 관계에서 '타인의 재물을 보관하는 자'의 지위에 있다고 볼 수도 없다. (3) 이러한 법리는, 부동산 명의신탁이 부동산실명법 시행 전에 이루어졌고 같은 법이 정한 유예기간 이내에 실명등기를 하지 아니함으로써 그 명의신탁약정 및 이에 따라 행하여진 등기에 의한 물권변동이 무효로 된 후에 처분행위가 이루어진 경우에도 마찬가지로 적용된다.(대법원 2021.2.18. 2016도 18761 슨슨 양자간 명의신탁 사건) 다만 '모든 양자간 명의신탁에 있어 수탁자가 부동산을 임의처분을 하는 것이 무죄이다'라고 오해하면 안된다. 부동산실명법에 위반되는 즉, 부동산실명법 제4조, 제7조에 따라 무효이고 또한 형사처벌되는 명의신탁의 경우에는 횡령죄가 성립하지 않지만, 부동산실명법에 위반되지 않는 즉, 부동산실명법 제8조에 의한 유효한 명의신탁의 경우에는 여전히 횡령죄가 성립한다 (명의신탁약정 등은 유효하고 또한 형사처벌되는 행위도 아니므로 이 경우 보호할만한 신임관계에 의한 보관관계가 인정된다). 또한 부동산을 제외한 다른 재산권의 명의신탁도 존재한다(예를 들어 자동차 명의신탁, 특허권 명의신탁 등). [22 경간부, 22 경찰승진, 21 국가7급]

참고판례

타인의 부동산을 보관 중인 자가 그 부동산에 근저당권설정등기를 경료함으로써 일단 횡령행위가 기수에 이르렀다 하더라도 그 후 해당 부동산을 매각함으로써 기존의 근저당권과 관계없이 법익침해의 결과를 발생시켰다면, 이는 근저당권으로 인해 당연히 예상될 수 있는 범위를 넘어 새로운 법익침해의 위험을 추가시키거나 법익침해의 결과를 발생시킨 것이므로 불가벌적 사후행위로 볼 수 없고 별도로 횡령죄를 구성한다.(대법원 2013.2.21. 2010도10500 슨슨 종중회의 총무 횡령사건)

부동산 실권리자명의 등기에 관한 법률(2020. 3.24. 법률 제17091호로 일부개정된 것)	관련 죄책
제3조 【실권리자명의 등기의무 등】 ① 누구든지 부동산에 관한 물권을 명의신탁약정에 따라 명의수탁자의 명의로 등기하여서는 아니 된다. 제4조 【명의신탁약정의 효력】 ① 명의신탁약정은 무효로 한다. ② 명의신탁약정에 따른 등기로 이루어진 부동산에 관한 물권변동은 무효로 한다. 다만, 부동산에 관한 물권을 취득하기 위한 계약에서 명의수탁자가 어느 한쪽 당사자가 되고 상대방 당사자는 명의신탁약정이 있다는 사실을 알지 못한 경우에는 그러하지 아니하다. ③ 제1항 및 제2항의 무효는 제3자에게 대항하지 못한다. 제7조 【벌칙】 ① 다음 각 호의 어느 하나에 해당하는 자는 5년 이하의 징역 또는 2억원 이하의 벌금에 처한다. 1. 제3조 제1항을 위반한 명의신탁자 ② 제3조 제1항을 위반한 명의수탁자는 3년 이하의 징역 또는 1억원 이하의 벌금에 처한다.	수탁자 임의처분 무죄
제8조 【종중, 배우자 및 종교단체에 대한 특례】 다음 각 호의 어느 하나에 해당하는 경우로서 조세 포탈, 강제집행의 면탈 또는 법령상 제한의 회피를 목적으로 하지 아니하는 경우에는 제4조부터 제7조까지 및 제12조 제1항부터 제3항까지를 적용하지 아니한다. 1. 종중(宗中)이 보유한 부동산에 관한 물권을 종중(종중과 그 대표자를 같이 표시하여 등기한 경우를 포함한다) 외의 자의 명의로 등기한 경우 2. 배우자 명의로 부동산에 관한 물권을 등기한 경우 3. 종교단체의 명의로 그 산하 조직이 보유한 부동산에 관한 물권을 등기한 경우	수탁자 임의처분 횡령죄

[61] 배임죄에서 '이익'과 '손해'와의 관련성 판례

★ 업무상배임죄는 업무상 타인의 사무를 처리하는 자가 임무에 위배하는 행위를 하고 그러한 임무위배행위로 인하여 재산상의 이익을 취득하거나 제3자로 하여금 이를 취득하게 하여 본인에게 재산상의 손해를 가한 때 성립한다. 여기서 '재산상 이익 취득'과 '재산상 손해 발생'은 대등한 범죄성립요건이고, 이는 서로 대응하여 병렬적으로 규정되어 있다(형법 제356조, 제355조 제2항). 따라서 임무위배행위로 인하여 여러 재산상 이익과 손해가 발생하더라도 재산상 이익과 손해 사이에 서로 대응하는 관계에 있는 등 일정한 관련성이 인정되어야 업무상배임죄가 성립한다.(대법원 2021.11.25. 2016도3452 새마을금고 여유자금 운용사건)

[62] 부작위에 의하여도 배임죄가 성립할 수 있는지의 여부(적극)

★ 업무상배임죄는 타인과의 신뢰관계에서 일정한 임무에 따라 사무를 처리할 법적 의무가 있는 자가 그 상황에서 당연히 할 것이 법적으로 요구되는 행위를 하지 않는 부작위에 의해서도 성립할 수 있다.(대법원 2021.5.27. 2020도15529 고양시 도시개발 환지계획 사건)

[63] 부작위에 의한 업무상배임죄의 실행의 착수시기

★ 업무상배임죄에 있어 부작위를 실행의 착수로 볼 수 있기 위해서는 작위의무가 이행되지 않으면 사무처리의 임무를 부여한 사람이 재산권을 행사할 수 없으리라고 객관적으로 예견되는 등으로 구성요건적 결과 발생의 위험이 구체화한 상황에서 부작위가 이루어져야 한다. 그리고 행위자는 부작위 당시 자신에게 주어진 임무를 위반한다는 점과 그 부작위로 인해 손해가 발생할 위험이 있다는 점을 인식하였어야 한다.(대법원 2021.5.27. 2020도15529 고양시 도시개발 환지계획 사건)

[64] 배임죄의 주체에 해당하는 경우

★ 지입차주가 자신이 실질적으로 소유하거나 처분권한을 가지는 자동차에 관하여 지입회사와 지입계약을 체결함으로써 지입회사에게 그 자동차의 소유권등록 명의를 신탁하고 운송사업용 자동차로서 등록 및 그 유지 관련 사무의 대행을 위임한 경우에는, 특별한 사정이 없는 한 지입회사 측이 지입차주의 실질적 재산인 지입차량에 관한 재산상 사무를 일정한 권한을 가지고 맡아 처리하는 것으로서 당사자 관계의 전형적·본질적 내용이 통상의 계약에서의 이익대립관계를 넘어서 그들 사이의 신임관계에 기초하여 타인의 재산을 보호 또는 관리하는 데에 있으므로 지입회사 운영자는 지입차주와의 관계에서 '타인의 사무를 처리하는 자'의 지위에 있다.(대법원 2021.6.30. 2015도19696 지입화물차 저당권설정 사건) (同旨 대법원 2021.6.24. 2018도14365 지입버스 저당권설정 사건) 지입제는 운송사업자와 실질적으로 자동차를 소유하고 있는 차주간의 계약으로 외부적으로는 자동차를 운송사업자 명의로 등록하여 운송사업자에게 귀속시키고 내부적으로는 각 차주들이 독립된 관리 및 계산으로 영업을 하며 운송사업자에 대하여는 지입료를 지불하는 운송사업형태를 말한다. [21 법원행시]

[65] 배임죄의 주체에 해당하지 않는 경우

★ 매매와 같이 당사자 일방이 재산권을 상대방에게 이전할 것을 약정하고 상대방이그 대금을 지급할

것을 약정함으로써 그 효력이 생기는 계약의 경우(민법 제563조) 쌍방이 그 계약의 내용에 좇은 이행을 하여야 할 채무는 특별한 사정이 없는 한 '자기의 사무'에 해당하는 것이 원칙이다.(대법원 2021.7.8. 2014 도12104 아파트 분양권 이중처분 사건)

[66] 배임죄가 성립하는 경우

1. ★ 지입회사 운영자인 피고인과 지입차주인 피해자가 체결한 지입계약의 전형적·본질적 급부의 내용이 지입차주의 재산관리에 관한 사무의 대행에 있다고 인정되므로 피고인은 피해자와의 관계에서 '타인의 사무를 처리하는 자'의 지위에 있다. 그렇다면 피고인이 약정 중 지입계약에 따라 피해자의 사무를 처리하면서 화물차에 관하여 임의로 담보를 설정하지 아니할 임무가 있었음에도 이에 위배하여 피해자의 승낙 없이 제3자에 저당권을 설정해 줌으로써 피해자에게 재산상 손해를 가한 것은 배임죄를 구성한다.(대법원 2021.6.30. 2015도19696 지입화물차 저당권설정 사건)

2. ★ 지입회사 운영자인 피고인과 지입차주들인 피해자들이 체결한 지입계약의 전형적·본질적 급부의 내용이 지입차주의 재산관리에 관한 사무의 대행에 있다고 인정되므로 피고인은 피해자들과의 관계에서 '타인의 사무를 처리하는 자'의 지위에 있고, 지입계약의 이행을 위하여 지입차량의 법률상 소유권이 지입회사에게 신탁된다는 사정은 이를 부정할만한 근거가 될 수 없다. 나아가 일반적인 지입계약의 기본적 내용에 비추어 당사자 사이에 특별한 약정이 없는 한 지입회사 운영자는 지입차주의 실질적 재산인 지입 차량을 임의로 처분하지 아니할 의무를 부담한다고 할 것이므로 피고인이 피해자들의 동의 없이 각 버스에 관하여 임의로 각 저당권을 설정함으로써 피해자들에게 재산상 손해를 가한 것은 배임죄를 구성한다.(대법원 2021.6.24. 2018도14365 지입버스 저당권설정 사건)

[67] 배임죄가 성립하지 않는 경우

★ 특별한 사정이 없는 한 수분양권 매도인이 수분양권 매매계약에 따라 매수인에게 수분양권을 이전할 의무는 자신의 사무에 해당할 뿐이므로 매수인에 대한 관계에서 '타인의 사무를 처리하는 자'라고 할 수 없다. 그러므로 수분양권 매도인이 위와 같은 의무를 이행하지 아니하고 수분양권 또는 이에 근거하여 향후 소유권을 취득하게 될 목적물을 미리 제3자에게 처분하였다고 하더라도 형법상 배임죄가 성립하는 것은 아니다.(대법원 2021.7.8. 2014도12104 아파트 분양권 이중처분 사건) '아파트 분양권'은 물권이 아니라 채권이므로 이를 이중으로 처분했더라도 배임죄는 성립하지 않는다는 취지의 판례이다. [21 법원행시]

[68] 채권양도담보계약에서 채무자가 '타인의 사무를 처리하는 자'에 해당하는지의 여부(소극)

★ 채권양도담보계약에 따라 채무자가 부담하는 '담보 목적 채권의 담보가치를 유지·보전할 의무' 등은 담보목적을 달성하기 위한 것에 불과하며, 채권양도담보계약의 체결에도 불구하고 당사자 관계의 전형적·본질적 내용은 여전히 피담보채권인 금전채권의 실현에 있다. 따라서 채무자가 채권양도담보계약에 따라 부담하는 '담보 목적 채권의 담보가치를 유지·보전할 의무'를 이행하는 것은 채무자 자신의 사무에 해당할 뿐이고, 채무자가 통상의 계약에서의 이익대립관계를 넘어서 채권자와의 신임관계에 기초하여 채권자의 사무를 맡아 처리한다고 볼 수 없으므로 이 경우 채무자는 채권자에 대한 관계에서 '타인의 사무를 처리하는 자'에 해당한다고 할 수 없다.(대법원 2021.7.15. 2015도5184 요양급여채권 포괄근담보 사건) (同旨 대법원 2021.7.15. 2020도3514 채권양도담보계약 불이행 사건) [21 법원행시]

[69] 채권양도담보 등과 관련하여 배임죄가 성립하지 않는 경우

1. ★ 피고인이 피해자로부터 금전을 차용하면서 피고인이 국민건강보험공단에 대하여 가지는 요양급여채권을 피해자에게 포괄근담보로 제공하는 채권양도담보계약을 체결하였음에도 그 채권을 친형인 공소외인의 채권자에게 이중으로 양도하고 국민건강보험공단으로부터 696,978,160원을 지급받게 한 경우, 피고인의 담보가치 유지·보전에 관한 사무가 채권양도담보계약에 따른 채무의 한 내용임을 넘어 피해자의 담보 목적 달성을 위한 신임관계에 기초한 타인의 사무에 해당한다고 볼 수 없어 배임죄는 성립하지 않는다. (대법원 2021.7.15. 2015도5184 요양급여채권 포괄근담보 사건)

2. ★ 피고인이 피해자에게 3억 5,000만원을 차용하면서 담보 목적으로 전세보증금반환채권 5억원 중 2억 2,000만원을 양도해 주기로 약정하였음에도 그 양도의 통지를 하기 전에 제3자에게 채권최고액을 2억 3,500만원으로 하는 전세권근저당권을 설정해 준 경우, 피고인의 담보가치 유지·보전에 관한 사무가 채권양도담보계약에 따른 채무의 한 내용임을 넘어 피해자의 담보 목적 달성을 위한 신임관계에 기초한 타인의 사무에 해당한다고 볼 수 없어 배임죄는 성립하지 않는다. (대법원 2021.7.15. 2020도3514 채권양도담보계약 불이행 사건)

[70] 가상화폐 등 가상재산이 재물인지 재산상 이익인지의 여부(=재산상 이익) 및 가상자산을 형법적으로 법정화폐와 동일하게 보호해야 하는지의 여부(소극)

★ 가상자산은 국가에 의해 통제받지 않고 블록체인 등 암호화된 분산원장에 의하여 부여된 경제적인 가치가 디지털로 표상된 정보로서 재산상 이익에 해당한다. 가상자산은 보관되었던 전자지갑의 주소만을 확인할 수 있을 뿐 그 주소를 사용하는 사람의 인적사항을 알 수 없고, 거래 내역이 분산 기록되어 있어 다른 계좌로 보낼 때 당사자 이외의 다른 사람이 참여해야 하는 등 일반적인 자산과는 구별되는 특징이 있다. 이와 같은 가상자산에 대해서는 현재까지 관련 법률에 따라 법정화폐에 준하는 규제가 이루어지지 않는 등 법정화폐와 동일하게 취급되고 있지 않고 그 거래에 위험이 수반되므로 형법을 적용하면서 법정화폐와 동일하게 보호해야 하는 것은 아니다. (대법원 2021.12.16. 2020도9789 비트코인 착오이체 사건) 비트코인 등 가상화폐가 '재산상 이익'에 해당할 수는 있어도 '재물'에는 해당하지 않는다는 취지의 판례이다. 따라서 착오로 자신의 전자지갑에 이체된 타인의 비트코인을 임의로 처분한 경우 배임죄가 성립할 여지는 있어도 (다만, 다음 판례에서 보듯이 특별한 사정이 없는 한 배임죄는 성립하지 않는다) 횡령죄는 성립할 수 없다. [22 경찰채용]

[71] 가상화폐 등 가상재산을 착오로 이체 받은 사람이 그 가상재산의 권리자에 대한 관계에서 '타인의 사무를 처리하는 자'의 지위에 있는지의 여부(소극)

★ 가상자산 권리자의 착오나 가상자산 운영 시스템의 오류 등으로 법률상 원인관계 없이 다른 사람의 가상자산 전자지갑에 가상자산이 이체된 경우 가상자산을 이체 받은 자는 가상자산의 권리자 등에 대한 부당이득반환의무를 부담하게 될 수 있다. 그러나 이는 당사자 사이의 민사상 채무에 지나지 않고 이러한 사정만으로 가상자산을 이체 받은 사람이 신임관계에 기초하여 가상자산을 보존하거나 관리하는 지위에 있다고 볼 수 없다. 또한 피고인과 피해자 사이에는 아무런 계약관계가 없고 피고인은 어떠한 경위로 비트코인을 이체 받은 것인지 불분명하여 부당이득반환청구를 할 수 있는 주체가 피해자인지 아니면 거래소인지 명확하지 않다. 설령 피고인이 피해자에게 직접 부당이득반환의무를 부담한다고 하더라도

곧바로 가상자산을 이체 받은 사람을 피해자에 대한 관계에서 배임죄의 주체인 타인의 사무를 처리하는 자에 해당한다고 단정할 수는 없다.(대법원 2021.12.16. 2020도9789 비트코인 착오이체 사건) [22 경찰채용, 23 경찰간부]

[72] 가상화폐 등 가상재산을 착오로 이체 받은 사람이 그 가상재산을 임의로 처분한 경우 배임죄가 성립하는지의 여부(소극)

★ 피고인이 알 수 없는 경위로 피해자의 ○○거래소 가상지갑에 들어 있던 199.999비트코인을 자신의 계정으로 이체 받았고 그 중 29.998비트코인을 자신의 □□ 1계정으로, 169.996비트코인을 자신의 □□ 2계정으로 이체한 경우, 비트코인이 법률상 원인관계 없이 피해자로부터 피고인 명의의 전자지갑으로 이체되었더라도 피고인이 신임관계에 기초하여 피해자의 사무를 맡아 처리하는 것으로 볼 수 없는 이상 피고인을 피해자에 대한 관계에서 '타인의 사무를 처리하는 자'에 해당한다고 할 수 없다. 또한 원인불명으로 재산상 이익인 가상자산을 이체 받은 자가 가상자산을 사용·처분한 경우 이를 형사처벌하는 명문의 규정이 없는 현재의 상황에서 착오송금 시 횡령죄 성립을 긍정한 판례를 유추하여 신의칙을 근거로 피고인을 배임죄로 처벌하는 것은 죄형법정주의에 반한다.(대법원 2021.12.16. 2020도9789 비트코인 착오이체 사건)

참고판례

어떤 예금계좌에 돈이 착오로 잘못 송금되어 입금된 경우에는 그 예금주와 송금인 사이에 신의칙상 보관관계가 성립한다고 할 것이므로, 피고인이 송금 절차의 착오로 인하여 피고인 명의의 은행 계좌에 입금된 돈을 임의로 인출하여 소비한 행위는 횡령죄에 해당하고, 이는 송금인과 피고인 사이에 별다른 거래관계가 없다고 하더라도 마찬가지이다.(대법원 2010.12.9. 2010도891 *300만달러 송금착오사건*)

[73] 형법 제357조 제1항의 '제3자'에 '사무처리를 위임한 타인'이 포함되는지의 여부(소극)

★ 개정 형법 제357조의 보호법익 및 체계적 위치, 개정 경위, 법문의 문언 등을 종합하여 볼 때, 개정 형법이 적용되는 경우에도 '제3자'에는 다른 특별한 사정이 없는 한 사무처리를 위임한 타인은 포함되지 않는다. 그러나 배임수재죄의 행위주체가 재물 또는 재산상 이익을 취득하였는지는 증거에 의하여 인정된 사실에 대한 규범적 평가의 문제이다. 부정한 청탁에 따른 재물이나 재산상 이익이 외형상 사무처리를 위임한 타인에게 지급된 것으로 보이더라도 사회통념상 그 타인이 재물 또는 재산상 이익을 받은 것을 부정한 청탁을 받은 사람이 직접 받은 것과 동일하게 평가할 수 있는 경우에는 배임수재죄가 성립될 수 있다.(대법원 2021.9.30. 2019도17102 기사형 광고대가 사건) (同旨 대법원 2021.9.30. 2020도2641 홍보성 기사대가 사건)

형법(2016. 5.29. 법률 제14178호로 일부개정되기 전의 것)

제357조【배임수증재】① 타인의 사무를 처리하는 자가 그 임무에 관하여 부정한 청탁을 받고 재물 또는 재산상의 이익을 취득한 자는 5년 이하의 징역 또는 1천만원 이하의 벌금에 처한다.

형법(2016. 5.29. 법률 제14178호로 일부개정된 것)

제357조【배임수증재】① 타인의 사무를 처리하는 자가 그 임무에 관하여 부정한 청탁을 받고 재물 또는 재산상의 이익을 취득하거나 제3자로 하여금 이를 취득하게 한 때에는 5년 이하의 징역 또는 1천만원 이하의 벌금에 처한다.

[74] 배임수재죄에서 '부정한 청탁'에 해당하는 경우

★ 보도의 대상이 되는 자가 언론사 소속 기자에게 소위 '유료 기사' 게재를 청탁하는 행위는 사실상 '광고'를 '언론 보도'인 것처럼 가장하여 달라는 것으로서 언론 보도의 공정성 및 객관성에 대한 공공의 신뢰를 저버리는 것이므로 배임수재죄의 부정한 청탁에 해당한다. 설령 '유료 기사'의 내용이 객관적 사실과 부합하더라도 언론 보도를 금전적 거래의 대상으로 삼은 이상 그 자체로 부정한 청탁에 해당한다. (대법원 2021.9.30. 2019도17102 기사형 광고대가 사건)

[75] 손괴죄에서 '기타 방법'의 의미

★ 손괴죄에서 '기타 방법'이란 형법 제366조의 규정 내용 및 형벌법규의 엄격해석 원칙 등에 비추어 손괴 또는 은닉에 준하는 정도의 유형력을 행사하여 재물 등의 효용을 해하는 행위를 의미한다. (대법원 2021.5.7. 2019도13764 굴삭기 동원 차량통행 방해사건)

[76] 손괴죄가 성립하는 경우

★ 피고인이 평소 자신이 굴삭기를 주차하던 장소에 피해자의 차량이 주차되어 있는 것을 발견하고 피해자의 차량 앞에 철근콘크리트 구조물을, 뒤에 굴삭기 크러셔를 바짝 붙여 놓아 피해자가 17~18시간 동안 차량을 운행할 수 없게 된 경우 차량 앞뒤에 쉽게 제거하기 어려운 구조물 등을 붙여 놓은 행위는 차량에 대한 유형력 행사로 보기에 충분하고, 차량 자체에 물리적 훼손이나 기능적 효용의 멸실 내지 감소가 발생하지 않았더라도 피해자가 위 구조물로 인해 차량을 운행할 수 없게 됨으로써 일시적으로 본래의 사용목적에 이용할 수 없게 된 이상 차량 본래의 효용을 해한 경우에 해당한다. (대법원 2021.5.7. 2019도13764 굴삭기 동원 차량 이용 방해사건) [22 경찰채용]

[77] 공문서에 해당하는 경우

★ 금융위원회법 제29조, 제69조 제1항에서 정한 금융감독원 집행간부인 금융감독원장 명의의 문서를 위조, 행사한 행위는 사문서위조죄, 위조사문서행사죄에 해당하는 것이 아니라 공문서위조죄, 위조공문서행사죄에 해당한다. (대법원 2021.3.11. 2020도14666 금융감독원 대출정보내역 사건) [22 경간부, 21 법원행시]

[78] 공문서변조죄가 성립하는 경우

★ 피고인이 등기사항전부증명서의 열람일시를 삭제하여 복사한 행위는 변경 전 등기사항전부증명서가 나타내는 관리·사실관계와 다른 새로운 증명력을 가진 문서를 만든 것에 해당하고 그로 인하여 공공적 신용을 해할 위험성도 발생하였다고 판단된다. (대법원 2021.2.25. 2018도19043 등기부 열람일시 삭제사건) [21 법원행시, 22 경찰채용]

[79] 허위공문서작성죄에서 '허위'의 의미 등

★ 허위공문서작성죄는 공문서에 진실에 반하는 기재를 하는 때에 성립하는 범죄이므로 공문서를 작성하는 과정에서 법령 등을 잘못 적용하거나 적용하여야 할 법령 등을 적용하지 아니한 잘못이 있더라

도 그 적용의 전제가 된 사실관계에 관하여 거짓된 기재가 없다면 허위공문서작성죄가 성립할 수 없고, 이는 그와 같은 잘못이 공무원의 고의에 기한 것이라도 달리 볼 수 없다. 공문서 작성 과정에서 법령 등을 잘못 적용하였다고 하여 반드시 진실에 반하는 기재를 하여 공문서를 작성하게 되는 것은 아니므로 공문서 작성 과정에서 법령 등의 적용에 잘못이 있다는 것과 기재된 공문서 내용이 허위인지 여부는 구별되어야 한다. (대법원 2021.9.16. 2019도18394 기성검사조서 사건)

[80] 공무상비밀누설죄에서 '누설'의 의미

공무상비밀누설죄에서 '누설'이란 비밀을 아직 모르는 다른 사람에게 임의로 알려주는 행위를 의미한다. 그러므로 공무원이 직무상 알게 된 비밀을 그 직무와의 관련성 혹은 필요성에 기하여 해당 직무의 집행과 관련 있는 다른 공무원에게 직무집행의 일환으로 전달한 경우에는 관련 각 공무원의 지위 및 관계, 직무집행의 목적과 경위, 비밀의 내용과 전달 경위 등 제반 사정에 비추어 비밀을 전달받은 공무원이 이를 그 직무집행과 무관하게 제3자에게 누설할 것으로 예상되는 등 국가기능에 위험이 발생하리라고 볼만한 특별한 사정이 인정되지 않는 한, 위와 같은 행위가 비밀의 누설에 해당한다고 볼 수 없다. (대법원 2021.11.25. 2021도2486 정운호 게이트 수사기록 유출사건) [22 경찰채용]

[81] 증거위조죄에 있어 '증거'의 의미

★ 증거위조죄에서 말하는 '증거'라 함은 타인의 형사사건 또는 징계사건에 관하여 수사기관이나 법원 또는 징계기관이 국가의 형벌권 또는 징계권의 유무를 확인하는 데 관계있다고 인정되는 일체의 자료를 뜻한다. 따라서 범죄 또는 징계사유의 성립 여부에 관한 것뿐만 아니라 형 또는 징계의 경중에 관계있는 정상을 인정하는 데 도움이 될 자료까지도 본조가 규정한 증거에 포함된다. (대법원 2021.1.28. 2020도2642 허위 입금확인증 사건) [22 경찰채용, 23 국가7급]

[82] 증거위조죄에 있어 '위조'의 의미

★ 증거위조죄에서 '위조'란 문서에 관한 죄의 위조 개념과는 달리 새로운 증거의 창조를 의미한다. 그러나 사실의 증명을 위해 작성된 문서가 그 사실에 관한 내용이나 작성명의 등에 아무런 허위가 없다면 증거위조에 해당한다고 볼 수 없다. 가사 사실증명에 관한 문서가 형사사건 또는 징계사건에서 허위의 주장에 관한 증거로 제출되어 그 주장을 뒷받침하게 되더라도 마찬가지이다. (대법원 2021.1.28. 2020도2642 허위 입금확인증 사건) [22 경찰채용, 22 국가7급]

[83] 증거위조죄가 성립하지 않는 경우

★ 변호사인 甲이 乙 명의 은행 계좌에서 X회사 명의 은행 계좌에 금원을 송금하고 다시 되돌려 받는 행위를 반복한 후 그 중 송금자료만을 발급받아 이를 3억 5,000만원을 변제하였다는 허위 주장과 함께 법원에 제출한 행위는 형법상 증거위조죄의 보호법익인 사법기능을 저해할 위험성이 있지만, 甲이 제출한 입금확인증 등은 금융기관이 금융거래에 관한 사실을 증명하기 위해 작성한 문서로서 그 내용이나 작성명의 등에 아무런 허위가 없는 이상 이를 증거의 '위조'에 해당한다고 볼 수 없고, 나아가 '위조한 증거를 사용'한 행위에 해당한다고 볼 수도 없다. (대법원 2021.1.28. 2020도2642 허위 입금확인증 사건) [21 법원행시]

[84] 진정한 양심에 따른 예비군훈련거부가 예비군법 제15조 제9항 제1호의 '정당한 사유'에 해당하는 지의 여부 (적극)

(1) 예비군법 제15조 제9항 제1호는 병역법 제88조 제1항과 마찬가지로 국민의 국방의 의무를 구체화하기 위하여 마련된 것이고, 예비군훈련도 집총이나 군사훈련을 수반하는 병역의무의 이행이라는 점에서 병역법 제88조 제1항에서 정한 '정당한 사유'에 관한 전원합의체 판결(대법원 2018.11.1. 2016도10912 솜슘)의 법리에 따라 예비군법 제15조 제9항 제1호에서 정한 '정당한 사유'를 해석함이 타당하다. 따라서 진정한 양심에 따른 예비군훈련 거부의 경우에도 예비군법 제15조 제9항 제1호에서 정한 '정당한 사유'에 해당한다. (2) 정당한 사유가 없다는 사실은 범죄구성요건이므로 검사가 증명하여야 한다. 다만 진정한 양심의 부존재를 증명한다는 것은 마치 특정되지 않은 기간과 공간에서 구체화되지 않은 사실의 부존재를 증명하는 것과 유사하다. 위와 같은 불명확한 사실의 부존재를 증명하는 것은 사회통념상 불가능한 반면 그 존재를 주장·증명하는 것이 좀 더 쉬우므로, 이러한 사정은 검사가 증명책임을 다하였는지를 판단할 때 고려하여야 한다. 따라서 양심상의 이유로 예비군훈련 거부를 주장하는 피고인은 자신의 예비군훈련 거부가 그에 따라 행동하지 않고서는 인격적 존재가치가 파멸되고 말 것이라는 절박하고 구체적인 양심에 따른 것이며 그 양심이 깊고 확고하며 진실한 것이라는 사실의 존재를 수긍할 만한 소명자료를 제시하고, 검사는 제시된 자료의 신빙성을 탄핵하는 방법으로 진정한 양심의 부존재를 증명할 수 있다. 이때 예비군훈련 거부자가 제시하여야 할 소명 자료는 적어도 검사가 그에 기초하여 정당한 사유가 없다는 것을 증명하는 것이 가능할 정도로 구체성을 갖추어야 한다.(대법원 2021.2.25. 2019도18442 양심적 예비군훈련거부 사건) (同旨 대법원 2021.2.4. 2020도3439 병장제대후 다시 성서공부 사건, 대법원 2021.1.28. 2018도4708 종교적 예비군훈련거부 사건) 그전까지는 '병역거부'에 관한 판례만 있었는데 이번에 '예비군훈련거부'에 관한 판례가 새롭게 판시되었다. [22 경찰채용]

2022 중요 형법 판례 정리

[1] 소급효금지의 원칙에 위반되는 경우

보험사기방지법은 2016.3.29. 법률 제14123호로 제정되어 같은 법 부칙에 따라 공포 후 6개월이 지난 2016.9.30.부터 시행되었다. 따라서 보험사기방지법이 시행되기 전에 피고인이 피해자 회사에 보험금을 청구하여 보험금을 지급받아 기수에 이른 범행에 대해서는 피고인을 보험사기방지법 위반죄로 처벌할 수 없다.(대법원 2022.1.13. 2021도10855 나이롱 환자 소급처벌 사건)

[2] 신설된 포괄일죄 처벌법규 시행 이전의 행위에 대해 신설된 법규를 적용하여 처벌할 수 있는지의 여부(소극)

★ 포괄일죄에 관한 기존 처벌법규에 대하여 그 표현이나 형량과 관련한 개정을 하는 경우가 아니라 애초에 죄가 되지 않던 행위를 구성요건의 신설로 포괄일죄의 처벌대상으로 삼는 경우에는 신설된 포괄일죄 처벌법규가 시행되기 이전의 행위에 대하여는 신설된 법규를 적용하여 처벌할 수 없고, 이는 신설된 처벌법규가 상습범을 처벌하는 구성요건인 경우에도 마찬가지이다.(대법원 2022.12.29. 2022도10660 상습성착취물 제작 사건) 청소년성보호법 제11조 제1항에서 아동·청소년성착취물을 제작하는 행위를 처벌하는 규정을 두고 있는데, 청소년성보호법이 2020. 6. 2. 법률 제17338호로 개정되면서 상습으로 아동·청소년성착취물을 제작하는 행위를 처벌하는 조항인 제11조 제7항을 신설하고 그 부칙에서 개정 법률은 공포한 날부터 시행한다고 정하였다. 검사는 항소심에서 "피고인은 2015. 2.28.부터 2021. 1.21.까지 상습으로 아동·청소년인 피해자 121명에게 신체의 전부 또는 일부를 노출한 사진을 촬영하도록 하여 총 1,910개의 아동·청소년성착취물인 사진 또는 동영상을 제작하였다"라는 청소년성보호법위반(상습성착취물제작)의 공소사실을 추가하는 공소장변경허가신청을 하였다. 변경허가를 신청한 공소사실 중 위 개정 규정이 시행되기 전인 2015. 2.28.부터 2020. 5.31.까지 아동·청소년 성착취물 제작으로 인한 청소년성보호법위반 부분에 대하여는 위 개정 규정을 적용하여 청소년성보호법 위반(상습성착취물제작)죄로 처벌할 수 없고, 행위시법에 기초하여 청소년성보호법위반(성착취물제작)죄로 처벌할 수 있을 뿐이다.

[3] 유추해석금지의 원칙에 따라 엄격히 해석한 판례

1. 어린이집 대표자를 변경하고도 변경인가를 받지 않은 채 어린이집을 운영한 행위에 대하여 설치인가를 받지 않고 사실상 어린이집의 형태로 운영한 행위 등을 처벌하는 규정인 영유아보육법 제54조 제4항 제1호를 적용하거나 유추적용할 수 없다.(대법원 2022.12.1. 2021도6860 어린이집 대표자 변경사건)

2. 조세범 처벌법 제10조 제1항 제1호 전단(이하 '이 사건 조항'이라고 한다) '부가가치세법에 따라 세금계산서를 작성하여 발급하여야 할 자가 세금계산서를 발급하지 아니한 경우'에 처벌하도록 정하고 있다. '세금계산서 발급의무자가 세금계산서를 발급하였다가 이후 수정세금계산서 발급사유가 없음에도 그 공급가액에 음(-)의 표시를 한 수정세금계산서를 발급한 경우'는 이 사건 조항에서 정한 처벌대상에 해당한다고 볼 수 없다.(대법원 2022.9.29. 2019도18942 수정세금계산서 사건)

3. 자동차관리법 제71조 제1항에 따라 부정사용이 금지되는 '폐차 사실 증명서류'에 자동차해체재활용업자가 자동차 소유자로부터 폐차 요청을 받은 경우에 자동차를 인수하고 발급하는 폐차인수증명서까지 포함된다고 해석하는 것은 죄형법정주의 원칙상 허용되지 않는다.(대법원 2022.7.14. 2021도16578 폐차인수증명서 사건)

4. 게임산업법 시행령 제18조의3 제3호 라목에서 정한 '게임물의 비정상적인 이용'이란 게임제공업자로부터 게임물을 제공받은 공중이 게임물의 제작 목적인 오락, 여가선용, 학습 및 운동효과 등을 위해 게임물을 이용하는 것이 아니라 주로 게임머니 등을 획득하기 위해 일반적이지 않은 방법으로 게임물을 이용하는 것을 뜻하고, 게임제공업자 내부에서 권한을 부여받아 게임머니 등을 생산·획득하는 경우는 포함되지 않는다.(대법원 2022.3.11. 2018도18872 게임물 비정상적 이용 사건)

5. 영유아보육법 제54조 제3항은 "제15조의5 제3항에 따른 안전성 확보에 필요한 조치를 하지 아니하여 영상정보를 분실·도난·유출·변조 또는 훼손당한 자는 2년 이하의 징역 또는 2천만원 이하의 벌금에 처한다."라고 정하는데, 여기서 처벌의 대상이 되는 자 중 '영상정보를 훼손당한 자'란 어린이집을 설치·운영하는 자로서 영유아보육법 제15조의5 제3항에서 정한 폐쇄회로 영상정보에 대한 안전성 확보에 필요한 조치를 하지 않았고 그로 인해 영상정보를 훼손당한 자를 뜻한다. 영상정보를 삭제·은닉 등의 방법으로 직접 훼손하는 행위를 한 자는 위 규정의 처벌대상이 아니고 행위자가 어린이집을 설치·운영하는 자라고 해도 마찬가지이다.(대법원 2022.3.17. 2019도9044 어린이집 CCTV 하드디스크 은닉사건)

6. 구 도시정비법 제81조 제1항 제3호, 현행 도시정비법 제124조 제1항 제3호에서 정한 의사록의 '관련 자료'에 속기록이 포함된다고 보는 것은 문언의 가능한 의미를 벗어나 피고인에게 불리한 확장해석에 해당하여 허용될 수 없다. 자금수지보고서가 결산보고서의 '관련 자료'에 해당한다고 보아 이를 형사처벌의 근거로 삼는 것은 죄형법정주의의 원칙 하에서 문언의 가능한 범위를 벗어나 피고인에게 불리한 확장해석에 해당하여 허용될 수 없다.(대법원 2022.1.27. 2021도15334 속기록·자금수지보고서 비공개 사건)

[4] 유추해석금지의 원칙에 위반되지 않는 경우

도시정비법 제102조 제1항 제1호에서 정한 '정비사업의 동의에 관한 업무'는 조합 설립 또는 정비사업의 시행 여부에 한정되는 것이 아니라 이를 포함하여 정비사업의 시행 과정에서 조합원 등의 권리·의무·법적지위에 영향을 미치는 사항에 관한 동의 또는 총회 의결과 관련된 전반적인 업무를 의미한다고 봄이 타당하다.(대법원 2022.12.29. 2022도1486 정비사업의 동의에 관한 업무 사건)

[5] ① 음주운전 금지규정 위반 또는 음주측정거부 전력이 1회 이상 있는 사람이 다시 음주운전을 한 경우 2년 이상 5년 이하의 징역이나 1천만원 이상 2천만원 이하의 벌금에 처하도록 규정한 도로교통법 제148조의2 제1항 중 '제44조 제1항 또는 제2항을 1회 이상 위반한 사람으로서 다시 같은 조 제1항을 위반한 사람'에 관한 부분 및 ② 음주운전 금지규정 위반 전력이 1회 이상 있는 사람이 다시 음주측정거부를 한 경우 2년 이상 5년 이하의 징역이나 1천만원 이상 2천만원 이하의 벌금에 처하도록 규정한 구 도로교통법 제148조의2 제1항 및 도로교통법 제148조의2 제1항 중 각 '제44조 제1항을 1회 이상 위반한 사람으로서 다시 같은 조 제2항을 위반한 사람'에 관한 부분이 헌법에 위반되는지의 여부(적극)

★ (1) 심판대상조항(도로교통법 제148조의2 제1항 등)은 ① 음주운전 금지규정 위반 또는 음주측정 거부 전력이 1회 이상 있는 사람이 다시 음주운전 금지규정 위반행위를 한 경우 또는 ② 음주운전 금지규정 위반 전력이 1회 이상 있는 사람이 다시 음주측정거부행위를 한 경우 이에 대한 처벌을 강화하기 위한 규정인데, 그 구성요건을 '제44조 제1항 또는 제2항을 1회 이상 위반한 사람으로서 다시 같은 조 제1항을 위반한 경우' 또는 '제44조 제1항을 1회 이상 위반한 사람으로서 다시 같은 조 제2항을 위반한 경우'로 정하여 가중요건이 되는 과거의 위반행위와 처벌대상이 되는 재범 음주운전 금지규정 위반행위 또는 음주측정거부행위 사이에 아무런 시간적 제한을 두지 않고 있다. 그런데 과거의 위반행위가 상당히 오래 전에 이루어져 그 이후 행해진 음주운전 금지규정 위반행위 또는 음주측정거부행위를 '교통법규에 대한 준법정신이나 안전의식이 현저히 부족한 상태에서 이루어진 반규범적 행위' 또는 '반복적으로 사회구성원에 대한 생명·신체 등을 위협하고 그 위험방지를 위한 경찰작용을 방해한 행위'라고 평가하기 어렵다면 이를 가중처벌할 필요성이 인정된다고 보기 어렵다. 그리고 범죄 전력이 있음에도 다시 범행한 경우 재범인 후범에 대하여 가중된 행위책임을 인정할 수 있다고 하더라도 전범을 이유로 아무런 시간적 제한 없이 무제한 후범을 가중처벌하는 예는 발견하기 어렵고 공소시효나 형의 실효를 인정하는 취지에도 부합하지 않는다. (2) 또한 심판대상조항은 과거 위반 전력의 시기 및 내용이나 음주운전 당시의 혈중알코올농도 수준 또는 음주측정거부 당시의 음주 의심 정도와 발생한 위험 등을 고려할 때 비난가능성이 상대적으로 낮은 음주운전 또는 음주측정거부 재범행위까지도 법정형의 하한인 2년 이상의 징역 또는 1천만원 이상의 벌금을 기준으로 처벌하도록 하고 있어, 책임과 형벌 사이의 비례성을 인정하기 어렵다. (3) 반복적인 음주운전 금지규정 위반행위 또는 음주측정거부행위에 대한 강한 처벌이 국민일반의 법감정에 부합할 수는 있으나, 결국에는 중한 형벌에 대한 면역성과 무감각이 생기게 되어 범죄예방과 법질서 수호에 실질적인 기여를 하지 못하는 상황이 발생할 수 있으므로 반복적인 위반행위를 예방하기 위한 조치로서 형벌의 강화는 최후의 수단이 되어야 한다. 심판대상조항은 음주치료나 음주운전 방지장치 도입과 같은 비형벌적 수단에 대한 충분한 고려 없이 과거 위반 전력 등과 관련하여 아무런 제한도 두지 않고 죄질이 비교적 가벼운 유형의 음주운전 또는 음주측정거부 재범행위에 대해서까지 일률적으로 가중처벌하도록 하고 있으므로 형벌 본래의 기능에 필요한 정도를 현저히 일탈하는 과도한 법정형을 정한 것이다. 그러므로 심판대상조항은 책임과 형벌간의 비례원칙에 위반된다. (헌법재판소 2022. 5.26 2021헌가30 음주 재범규정 2022년 위헌법률심판 사건 I) (同旨 헌법재판소 2022. 5.26 2021헌가32 음주 재범규정 2022년 위헌법률심판 사건 II)

[6] 형법 제1조 제2항의 해석(동기설 폐지)

★ (1) 범죄 후 법률이 변경되어 그 행위가 범죄를 구성하지 아니하게 되거나 형이 구법보다 가벼워진 경우에는 신법에 따라야 하고(형법 제1조 제2항), 범죄 후의 법령 개폐로 형이 폐지되었을 때는 판결로써 면소의 선고를 하여야 한다(형사소송법 제326조 제4호). 이러한 형법 제1조 제2항과 형사소송법 제326조 제4호의 규정은 입법자가 법령의 변경 이후에도 종전 법령 위반행위에 대한 형사처벌을 유지한다는 내용의 경과규정을 따로 두지 않는 한 그대로 적용되어야 한다. (2) 따라서 범죄의 성립과 처벌에 관하여 규정한 형벌법규 자체 또는 그로부터 수권 내지 위임을 받은 법령의 변경에 따라 범죄를 구성하지 아니하게 되거나 형이 가벼워진 경우에는, 종전 법령이 범죄로 정하여 처벌한 것이 부당하였다거나 과형이 과중하였다는 반성적 고려에 따라 변경된 것인지 여부를 따지지 않고 원칙적으로 형법 제1조 제2항과 형사소송법 제326조 제4호가 적용된다. 형벌법규가 대통령령, 총리령, 부령과

같은 법규명령이 아닌 고시 등 행정규칙·행정명령, 조례 등(이하 '고시 등 규정'이라고 한다)에 구성요건의 일부를 수권 내지 위임한 경우에도 이러한 고시 등 규정이 위임입법의 한계를 벗어나지 않는 한 형벌법규와 결합하여 법령을 보충하는 기능을 하는 것이므로, 그 변경에 따라 범죄를 구성하지 아니하게 되거나 형이 가벼워졌다면 마찬가지로 형법 제1조 제2항과 형사소송법 제326조 제4호가 적용된다. (3) 그러나 해당 형벌법규 자체 또는 그로부터 수권 내지 위임을 받은 법령이 아닌 다른 법령이 변경된 경우 형법 제1조 제2항과 형사소송법 제326조 제4호를 적용하려면, 해당 형벌법규에 따른 범죄의 성립 및 처벌과 직접적으로 관련된 형사법적 관점의 변화를 주된 근거로 하는 법령의 변경에 해당하여야 하므로, 이와 관련이 없는 법령의 변경으로 인하여 해당 형벌법규의 가벌성에 영향을 미치게 되는 경우에는 형법 제1조 제2항과 형사소송법 제326조 제4호가 적용되지 않는다. (4) 한편 법령이 개정 내지 폐지된 경우가 아니라, 스스로 유효기간을 구체적인 일자나 기간으로 특정하여 효력의 상실을 예정하고 있던 법령이 그 유효기간을 경과함으로써 더 이상 효력을 갖지 않게 된 경우도 형법 제1조 제2항과 형사소송법 제326조 제4호에서 말하는 법령의 변경에 해당한다고 볼 수 없다. (5) 도로교통법 제44조 제1항 위반 전력이 있는 사람이 다시 술에 취한 상태로 전동킥보드를 운전한 행위에 대하여, 이 사건 법률 개정 전에는 구 도로교통법 제148조의2 제1항을 적용하여 2년 이상 5년 이하의 징역이나 1천만원 이상 2천만원 이하의 벌금으로 처벌하였으나, 이 사건 법률 개정 후에는 도로교통법 제156조 제11호를 적용하여 20만원 이하의 벌금이나 구류 또는 과료로 처벌하게 되었다. 이 사건 법률 개정은 이러한 내용의 신법 시행 전에 이루어진 구 도로교통법 제148조의2 제1항 위반행위에 대하여 종전 법령을 그대로 적용할 것인지에 관하여 별도의 경과규정을 두고 있지 아니한다. 위 법률 개정은 구성요건을 규정한 형벌법규 자체의 개정에 따라 형이 가벼워진 경우에 해당하므로 종전 법령이 반성적 고려에 따라 변경된 것인지 여부를 따지지 않고 형법 제1조 제2항을 적용하여야 하고, 따라서 이 부분 공소사실은 원심판결 후 시행된 위 법률 개정을 반영하여 신법인 도로교통법 제156조 제11호로 처벌할 수 있을 뿐이어서 행위시법인 구 도로교통법 제148조의2 제1항을 적용한 원심판결은 더 이상 유지될 수 없다.(대법원 2022.12.22. 2020도16420 숨슴 동기설 폐지)

[7] 공무집행과 정당방위

★ 경찰관이 농성 진압의 과정에서 경찰장비를 위법하게 사용함으로써 그 직무수행이 적법한 범위를 벗어난 것으로 볼 수밖에 없다면 상대방이 그로 인한 생명·신체에 대한 위해를 면하기 위하여 직접적으로 대항하는 과정에서 그 경찰장비를 손상시켰더라도 이는 위법한 공무집행으로 인한 신체에 대한 현재의 부당한 침해에서 벗어나기 위한 행위로서 정당방위에 해당한다.(대법원 2022.11.30. 2016다26662, 2016다26679, 2016다 26686 쌍용자동차 헬기진압 사건)

[8] 유효한 피해자의 승낙이 있다고 할 수 없어 범죄가 성립하는 경우

★ 피해자는 연예기획사 매니저와 사진작가의 1인 2역 행세를 한 피고인의 거짓말에 속아 피고인이 요구한 나체 촬영과 성관계 등에 응하면 피고인이 자신을 모델 등으로 만들어 줄 것으로 오인, 착각에 빠졌는바, 피해자는 이러한 심적 상태에서 피고인의 촬영 요구 등에 응하였다고 보이고, 피고인 또한 그와 같은 피해자의 심적 상태를 유발하고 이를 적극적으로 이용하였다고 할 것이므로 피해자가 피고인에 대하여 자신의 신체 촬영을 승낙한 것은 피해자의 자유로운 의사에 기초한 것이라고 보기 어렵고 따라서 피

고인의 위 행위는 피해자의 의사에 반한다고 볼 여지가 충분하다.(대법원 2022.4.28. 2021도9041 모델이 되게 해 주겠다 사건) 성폭법 제14조 제1항의 카메라등이용촬영죄가 성립한다.

> **성폭력범죄의 처벌 등에 관한 특례법(2020.10.20. 법률 제17507호로 일부개정된 것)**
>
> 제14조【카메라 등을 이용한 촬영】① 카메라나 그 밖에 이와 유사한 기능을 갖춘 기계장치를 이용하여 성적 욕망 또는 수치심을 유발할 수 있는 사람의 신체를 촬영대상자의 의사에 반하여 촬영한 자는 7년 이하의 징역 또는 5천만원 이하의 벌금에 처한다.

[9] 대향범 아닌 범죄에 대하여 공범에 관한 형법총칙 규정을 적용할 수 있는지의 여부(적극)

★ 2인 이상의 서로 대향된 행위의 존재를 필요로 하는 대향범에 대하여 공범에 관한 형법 총칙 규정이 적용될 수 없다. 이러한 법리는 해당 처벌규정의 구성요건 자체에서 2인 이상의 서로 대향적 행위의 존재를 필요로 하는 필요적 공범인 대향범을 전제로 한다. 구성요건상으로는 단독으로 실행할 수 있는 형식으로 되어 있는데 단지 구성요건이 대향범의 형태로 실행되는 경우에도 대향범에 관한 법리가 적용된다고 볼 수는 없다.(대법원 2022.6.22. 2020도7866 대마 매매대금 입금사건)

[10] 대향범이 아닌 경우

마약거래방지법 제7조 제1항은 '마약류범죄의 발견 또는 불법수익 등의 출처에 관한 수사를 방해하거나 불법수익 등의 몰수를 회피할 목적으로 불법수익 등의 성질, 소재, 출처 또는 귀속관계를 숨기거나 가장한 자'를 불법수익 등의 은닉 및 가장죄로 형사처벌하고 있다. 그 중 '불법수익 등의 출처 또는 귀속관계를 숨기거나 가장'하는 행위는 불법수익 등을 정당하게 취득한 것처럼 취득 원인에 관한 사실을 숨기거나 가장하는 행위 또는 불법수익 등이 귀속되지 않은 것처럼 귀속에 관한 사실을 숨기거나 가장하는 행위를 뜻한다. 따라서 마약거래방지법 제7조 제1항에서 정한 '불법수익 등의 출처 또는 귀속관계를 숨기거나 가장하는 행위'는 처벌규정의 구성요건 자체에서 2인 이상의 서로 대향된 행위의 존재를 필요로 하지 않으므로 정범의 이러한 행위에 가담하는 행위에는 형법 총칙의 공범 규정이 적용된다.(대법원 2022.6.22. 2020도7866 대마 매매 대금 입금사건)

[11] 자본시장법위반 부작위범의 공동정범의 성립요건

1. ★ 주권상장법인의 주식 등 대량보유·변동 보고의무 위반으로 인한 자본시장법위반죄는 구성요건이 부작위에 의해서만 실현될 수 있는 진정부작위범에 해당한다. 진정부작위범인 주식 등 대량보유·변동 보고의무 위반으로 인한 자본시장법위반죄의 공동정범은 그 의무가 수인에게 공통으로 부여되어 있는데도 수인이 공모하여 전원이 그 의무를 이행하지 않았을 때 성립할 수 있다.(대법원 2022.1.13. 2021도11110 라임투자사 주가조작 사건) 자본시장법 제147조 '제1항' 위반죄에 대한 것이다.

2. ★ 주권상장법인의 주식 등 변경 보고의무 위반으로 인한 자본시장법위반죄는 구성요건이 부작위에 의해서만 실현될 수 있는 진정부작위범에 해당한다. 진정부작위범인 주식 등 변경 보고의무 위반으로 인한 자본시장법위반죄의 공동정범은 그 의무가 수인에게 공통으로 부여되어 있는데도 수인이 공모하여 전원이 그 의무를 이행하지 않았을 때 성립할 수 있다.(대법원 2022.1.13. 2021도11110 라임투자사 주가조작 사건) 甲·乙·丙주식회사가 A주식회사의 주식 총수의 5/100 이상을 보유하여 「자본시장과 금융투자업에 관한 법률」상 주식 등 변경 보고의무를 공동으로 부담하게 되었고, 동법은 이러한

보고의무를 이행하지 않는 자를 처벌하는 진정부작위범인 주식 등 변경 보고의무 위반죄를 규정하고 있음에도 불구하고 甲과 乙주식회사만이 공모하여 보고의무를 이행하지 않은 경우 보고의무가 있는 甲주식회사, 乙주식회사, 丙주식회사에게 주식 등 변경 보고의무 위반죄의 공동정범이 성립한다.(×) [22 경찰채용]

자본시장과 금융투자업에 관한 법률(2020.12.29. 법률 제17799호로 일부개정된 것)
제147조【주식등의 대량보유 등의 보고】① 주권상장법인의 주식등을 대량보유하게 된 자는 그 날부터 5일 이내에 그 보유상황, 보유 목적, 그 보유 주식등에 관한 주요계약내용, 그 밖에 대통령령으로 정하는 사항을 대통령령으로 정하는 방법에 따라 금융위원회와 거래소에 보고하여야 하며, 그 보유 주식등의 수의 합계가 그 주식등의 총수의 100분의 1 이상 변동된 경우에는 그 변동된 날부터 5일 이내에 그 변동내용을 대통령령으로 정하는 방법에 따라 금융위원회와 거래소에 보고하여야 한다. <단서 생략> ④ 제1항에 따라 보고한 자는 그 보유 목적이나 그 보유 주식등에 관한 주요계약내용 등 대통령령으로 정하는 중요한 사항의 변경이 있는 경우에는 5일 이내에 금융위원회와 거래소에 보고하여야 한다.

[12] 수평적 의료분업에서 다른 의사의 전적인 과실로 환자에게 발생한 결과에 대하여 책임이 인정되는지의 여부(소극)

★ 의사가 환자에 대하여 주된 의사의 지위에서 진료하는 경우라도 자신은 환자의 수술이나 시술에 전념하고 마취과 의사로 하여금 마취와 환자 감시 등을 담당토록 하거나 특정 의료영역에 관한 진료 도중 환자에게 나타난 문제점이 자신이 맡은 의료영역 내지 전공과목에 관한 것이 아니라 그에 선행하거나 병행하여 이루어진 다른 의사의 의료영역 내지 전공과목에 속하는 등의 사유로 다른 의사에게 그 관련된 협의 진료를 의뢰한 경우처럼 서로 대등한 지위에서 각자의 의료영역을 나누어 환자 진료의 일부를 분담하였다면 진료를 분담받은 다른 의사의 전적인 과실로 환자에게 발생한 결과에 대하여는 책임을 인정할 수 없다.(대법원 2022.12.1. 2022도1499 부분 장폐색 환자 사건)

[13] 수직적 의료분업에서 다른 의사의 전적인 환자에게 발생한 결과에 대하여 책임이 인정되는지의 여부(원칙적 적극)

★ 수련병원의 전문의와 전공의 등의 관계처럼 의료기관 내의 직책상 주된 의사의 지위에서 지휘·감독 관계에 있는 다른 의사에게 특정 의료행위를 위임하는 수직적 분업의 경우에는 그 다른 의사에게 전적으로 위임된 것이 아닌 이상 주된 의사는 자신이 주로 담당하는 환자에 대하여 다른 의사가 하는 의료행위의 내용이 적절한 것인지 여부를 확인하고 감독하여야 할 업무상 주의의무가 있고, 만약 의사가 이와 같은 업무상 주의의무를 소홀히 하여 환자에게 위해가 발생하였다면 주된 의사는 그에 대한 과실 책임을 면할 수 없다. 이때 그 의료행위가 지휘·감독 관계에 있는 다른 의사에게 전적으로 위임된 것으로 볼 수 있는지 여부는 위임받은 의사의 자격 내지 자질과 평소 수행한 업무, 위임의 경위 및 당시 상황, 그 의료행위가 전문적인 의료영역 및 해당 의료기관의 의료 시스템 내에서 위임 하에 이루어질 수 있는 성격의 것이고 실제로도 그와 같이 이루어져 왔는지 여부 등 여러 사정에 비추어 해당 의료행위가 위임을 통해 분담 가능한 내용의 것이고 실제로도 그에 관한 위임이 있었다면 그 위임 당시 구체적인 상황 하에서 위임의 합리성을 인정하기 어려운 사정이 존재하고 이를 인식하였거나 인식할 수 있었다고 볼 만한 다른 사정에 대한 증명이 없는 한 위임한 의사는 위임받은 의사의 과실로 환자에게 발생한 결과에 대한 책임이 있다고 할 수 없다.(대법원 2022.12.1. 2022도1499 부분 장폐색 환자 사건) '전문의(專門醫)'와 '전

공의(專攻醫)'는 차이점이 있다. 전자는 모든 과정을 거친 정말 전문적인 의사를 말하고, 후자는 전문의가 되기 위하여 전문의의 지도를 받는 이른바 레지던트(resident) 의사를 말한다. 그러한 의미에서 원칙적으로 전문의와 전공의는 대등관계(수평관계 ↔)가 아닌 지위·감독 관계(수직관계 ↕)에 있다. 이를 판례는 '수직적 분업'이라고 말한다. 다만 판례 밑줄 등 전반적인 판시내용에서 보듯이 '전적인 위임이 있는 경우에는' 예외적으로 이러한 관계는 그대로 유지될 수 없다.

[14] 주의의무가 인정되는 경우(과실범이 성립하는 경우)

★ 골프와 같은 개인 운동경기에서 경기에 참가하는 자는 자신의 행동으로 인해 다른 사람이 다칠 수도 있으므로 경기규칙을 준수하고 주위를 살펴 상해의 결과가 발생하는 것을 미연에 방지해야 할 주의의무가 있고, 경기보조원은 그 업무의 내용상 기본적으로는 골프채의 운반·이동·취급 및 경기에 관한 조언 등으로 골프 경기 참가자를 돕는 역할을 수행하면서 아울러 경기 진행 도중 경기 참가자의 행동으로 다른 사람에게 상해의 결과가 발생할 위험성을 고려해 예상할 수 있는 사고의 위험을 미연에 방지하기 위한 조치를 취함으로써 경기 참가자들의 안전을 배려하고 그 생명·신체의 위험을 방지할 업무상 주의의무를 부담한다.(대법원 2022.12.1. 2022도11950 약간 억울한 캐디 사건)

[15] 교사죄가 성립하지 않는 경우

★ 피고인 甲이 자신이 관리하는 건물 5층에 거주하는 피해자 A를 내쫓을 목적으로 자신의 아들인 乙을 교사하여 그곳 현관문에 설치된 甲 소유 디지털 도어락(doorlock)의 비밀번호를 변경하게 한 경우 乙이 자기의 물건이 아닌 도어락의 비밀번호를 변경하였다고 하더라도 권리행사방해죄가 성립할 수 없고, 정범인 乙의 권리행사방해죄가 인정되지 않는 이상 교사자인 甲에 대하여도 권리행사방해교사죄가 성립할 수 없다.(대법원 2022.9.15. 2022도5827 도어락 비번변경 사건)

[16] 교통사고에 있어 신뢰의 원칙이 적용되지 않는 경우

★ 도로교통법 제10조 제4항은 '보행자는 횡단보도 표시구역이 아닌 곳에서 차의 바로 앞이나 뒤로 횡단하여서는 아니 된다'는 취지로 규정하고 있으므로 모든 차의 운전자는 횡단보도 표시구역을 통과하면서 보행자가 횡단보도 노면표시가 없는 곳에서 갑자기 건너오지 않을 것이라고 신뢰하는 것이 당연하고 그렇지 아니할 이례적인 사태의 발생까지 예상하여 그에 대한 주의의무를 다하여야 한다고는 할 수 없다. 다만 이러한 신뢰의 원칙은 상대방 교통관여자가 도로교통 관련 제반 법규를 지켜 자동차의 운행 또는 보행에 임하리라고 신뢰할 수 없는 특별한 사정이 있는 경우에는 적용이 배제된다.(대법원 2022.6.16. 2022도1401 봉고3 운전자 뺑소니 사건)

[17] 상당인과관계가 인정되는 경우

★ 자동차의 운전자가 통상 예견되는 상황에 대비하여 결과를 회피할 수 있는 정도의 주의의무를 다하지 못한 것이 교통사고 발생의 직접적인 원인이 되었다면 비록 자동차가 보행자를 직접 충격한 것이 아니고 보행자가 자동차의 급정거에 놀라 도로에 넘어져 상해를 입은 경우라고 할지라도 업무상 주의의무 위반과 교통사고 발생 사이에 상당인과관계를 인정할 수 있다.(대법원 2022.6.16. 2022도1401 봉고3 운전자 뺑소니 사건)

[18] 법조경합에 해당하는 경우

★ 경범죄 처벌법 제3조 제3항 제2호에서 정한 거짓신고 행위가 원인이 되어 상대방인 공무원이 범죄가 발생한 것으로 오인함으로 인하여 공무원이 그러한 사정을 알았더라면 하지 않았을 대응조치를 취하기에 이르렀다면 이로써 구체적이고 현실적인 공무집행이 방해되어 위계에 의한 공무집행방해죄가 성립하지만, 이와 같이 경범죄 처벌법 제3조 제3항 제2호의 거짓신고가 '위계'의 수단·방법·태양의 하나가 된 경우에는 거짓신고로 인한 경범죄 처벌법 위반죄가 위계에 의한 공무집행방해 죄에 흡수되는 법조경합 관계에 있으므로 위계에 의한 공무집행방해죄만 성립할 뿐 이와 별도로 거짓신고로 인한 경범죄 처벌법위반죄가 성립하지는 않는다.(대법원 2022.10.27. 2022도10402 허위 화재신고 사건)

[19] 포괄일죄에 해당하는 경우

★ 같은 날 무면허운전 행위를 여러 차례 반복한 경우라도 그 범의의 단일성 내지 계속성이 인정되지 않거나 범행방법 등이 동일하지 않은 경우 각 무면허운전 범행은 실체적 경합 관계에 있다고 볼 수 있으나, 그와 같은 특별한 사정이 없다면 각 무면허운전 행위는 동일 죄명에 해당하는 수 개의 동종 행위가 동일한 의사에 의하여 반복되거나 접속·연속하여 행하여진 것으로 봄이 상당하고 그로 인한 피해법익도 동일한 이상 각 무면허운전 행위를 통틀어 포괄일죄로 처단하여야 한다.(대법원 2022.10.27. 2022도8806 식사 전후 무면허 운전 사건) 피고인은 2020.9.7. 20:00경 사무실에서 식당까지 3.4km 정도를 면허 없이 운전하였고(제1무면허운전) 식당에서 식사와 술을 하고 2020.9.7. 23:20경 식당 부근에서 30m 정도를 면허 없이 운전하였다(제2무면허운전). 판례는 이 무면허운전은 포괄일죄라고 판시하였다. 우리가 실체적 경합범으로 알고 있는 대법원 2002.7.23. 2001도6281 판례는 피고인이 2001.5.4. 00:10경 면허 없이 운전한 후 다음 날인 2001.5.5. 11:35경 다시 면허 없이 운전한 사건이다. 이와 같이 무면허운전죄의 경우 '운전한 일자'를 기준으로 죄수를 판단하는 것이 원칙이다.

[20] 상상적 경합범에 해당하는 경우

★ 여러 사람의 권리의 목적이 된 자기의 물건을 취거, 은닉 또는 손괴함으로써 그 여러 사람의 권리행사를 방해하였다면 권리자별로 각각 권리행사방해죄가 성립하고 각 죄는 서로 상상적 경합범의 관계에 있다. 여러 명의 유류분권리자가 각자의 유류분반환청구권을 보전하기 위하여 부동산에 대한 가압류결정을 받아 가압류등기가 마쳐진 경우 위 부동산은 유류분권리자들 각자의 유류분반환청구권 집행을 보전하기 위한 가압류의 목적이 되고 이는 유류분권리자들이 가압류를 개별적으로 신청하였는지 공동으로 신청하였는지에 따라 다르지 않다.(대법원 2022.5.12. 2021도16876 유류분 면탈목적 사건)

[21] 실체적 경합범에 해당하는 경우

★ 범죄단체 등에 소속된 조직원이 저지른 폭처법위반(단체 등의 공동강요)죄 등의 개별적 범행과 폭처법위반(단체 등의 활동)죄는 범행의 목적이나 행위 등 측면에서 일부 중첩되는 부분이 있더라도 일반적으로 구성요건을 달리하는 별개의 범죄로서 범행의 상대방, 범행 수단 내지 방법, 결과 등이 다를 뿐만 아니라 그 보호법익이 일치한다고 볼 수 없다. 또한 폭처법위반(단체 등의 구성·활동)죄와 위 개별적 범행은 특별한 사정이 없는 한 법률상 1개의 행위로 평가되는 경우로 보기 어려워 상상적 경합이 아닌 실체적 경합관계에 있다고 보아야 한다.(대법원 2022.9.7. 2022도6993 텔레그램 성착취 사건)

[22] 불고불리의 원칙에 따라 몰수·추징을 할 수 없는 경우

★ 형법 제247조의 도박개장죄는 영리의 목적으로 스스로 주재자가 되어 그 지배 아래 도박장소를 개설함으로써 성립하는 범죄로서 도박죄와 별개의 독립된 범죄이고, 도박공간을 개설한 자가 도박에 참가하여 얻은 수익은 도박공간개설을 통하여 간접적으로 얻은 이익에 당연히 포함된다고 보기도 어려우므로 도박공간을 개설한 자가 도박에 참가하여 얻은 수익을 도박공간개설로 얻은 범죄수익으로 몰수하거나 추징할 수는 없다.(대법원 2022.12.29. 2022도8592 도박공간개설로 얻은 범죄수익× 사건)

[23] 압수물이 현존하지 않거나 폐기된 경우 법원이 그 물건을 몰수할 수 있는지의 여부(소극)

★ 판결 선고 당시 압수물이 현존하지 않거나 형사소송법 제130조 제2항·제3항 및 제219조에 따라 압수물이 이미 폐기된 경우 법원으로서는 그 물건에 대하여 몰수를 선고할 수 없다.(대법원 2022.1.14. 2019다282197 오징어채 가공·판매업자 사건)

[24] 권리의 실현·행사 과정에서 이루어진 해악의 고지가 '협박'에 해당하는지 여부 등의 판단기준

민사적 법률관계 하에서 이해관계가 상충되는 당사자 사이에 권리의 실현·행사 과정에서 이루어진 상대방에 대한 불이익이나 해악의 고지가 일반적으로 보아 공포심을 일으킬 수 있는 정도로서 협박죄의 '협박'에 해당하는지 여부와 그것이 사회상규에 비추어 용인할 수 있는 정도를 넘어선 것인지 여부를 판단할 때에는 행위자와 상대방의 관계 및 사회경제적 위상의 차이, 고지된 불이익이나 해악의 내용이 당시 상황에 비추어 이해관계가 대립되는 당사자의 권리 실현·행사의 내용으로 통상적으로 예견·수용할 수 있는 범위를 현저히 벗어난 정도에 이르렀는지, 해악의 고지 방법과 그로써 추구하는 목적 사이에 합리적 관련성이 존재하는지 등 여러 사정을 세심히 살펴보아야 한다.(대법원 2022.12.15. 2022도9187 사임제안서 사건)

[25] 동성인 군인들이 '사적 공간에서 자발적 의사 합치에 따라' 항문성교를 비롯한 성행위를 한 경우 군형법 제92조의6이 적용되는지의 여부(소극)

★ "군형법 제1조 제1항부터 제3항까지에 규정된 사람에 대하여 항문성교나 그 밖의 추행을 한 사람은 2년 이하의 징역에 처한다"라는 군형법 제92조의6은 동성인 군인 사이의 항문성교나 그 밖에 이와 유사한 행위가 사적 공간에서 자발적 의사 합치에 따라 이루어지는 등 군이라는 공동사회의 건전한 생활과 군기를 직접적, 구체적으로 침해한 것으로 보기 어려운 경우에는 적용되지 않는다.(대법원 2022.4.21. 2019도3047 숙숭 군들 항문성교 사건) "남성 군인 간 항문성교를 비롯한 성행위는 그 자체만으로 객관적으로 일반인에게 혐오감을 일으키게 하고 선량한 성적 도덕관념에 반하는 행위이므로 사적 공간에서 합의하여 이루어진 성행위인지 여부 등을 따지지 않고 제정 군형법 제92조와 구 군형법 제92조의5 규정이 적용된다"라는 취지로 판시한 판례(대법원 2008.5.29. 2008도2222, 대법원 2012.6.14. 2012도3980)는 폐기되었다. [22 경찰채용]

[26] 카메라등이용촬영죄의 보호법익

1. 카메라 기타 이와 유사한 기능을 갖춘 기계장치를 이용하여 성적 욕망 또는 수치심을 유발할 수

있는 타인의 신체를 그 의사에 반하여 촬영하는 행위를 처벌하는 성폭법 제14조 제1항은 인격체인 피해자의 성적 자유 및 함부로 촬영당하지 않을 자유를 보호하기 위한 것이다.(대법원 2022.4.28. 2021도9041 모델이 되게 해 주겠다 사건)

2. 성폭법 제14조 제1항에서 정한 '카메라등이용촬영죄'는 이른바 '몰래카메라'의 폐해가 사회문제가 되면서 촬영대상자의 의사에 반하는 촬영 및 반포 등의 행위를 처벌하기 위하여 신설된 조항으로서 피해자의 성적 자기결정권 및 일반적 인격권 보호, 사회의 건전한 성풍속 확립을 그 보호법익으로 하며, 구체적으로 인격체인 피해자의 성적 자유와 함부로 촬영당하지 아니할 자유를 보호하기 위한 것이다. 여기에서 '성적 자유'는 소극적으로 자기 의사에 반하여 성적 대상화가 되지 않을 자유를 의미한다. (대법원 2022.3.17. 2021도13203 꽉낀 청바지 사건)

[27] 엉덩이 부분이 딱 맞는 청바지를 입은 여성의 뒷모습을 촬영한 경우 카메라등이용촬영죄가 성립하는지의 여부

★ 엑셀 파일에 정리된 사진 중 피고인이 청바지를 입은 여성을 따라다니면서 계단을 오르는 모습을 바로 뒤에서 엉덩이를 부각하여 촬영한 경우는 성적 수치심을 유발할 수 있다고 볼 여지가 있다. 그러나 특별히 엉덩이를 부각하지 않고 일상복인 청바지를 입은 여성의 뒷모습 전신을 어느 정도 떨어진 거리에서 촬영하였을 뿐이라면 일반적이고 평균적인 사람들의 관점에서 성적 욕망이 유발될 수 있다거나 그와 같은 촬영을 당하였을 때 성적 수치심을 유발할 수 있는 경우에 해당한다고 단정하기 어렵다.(대법원 2022.3.17. 2021도13203 꽉낀 청바지 사건)

[28] 명예훼손죄에서 제310조가 사회일반의 일부 이익인 경우 적용여부

사실적시의 내용이 사회 일반의 일부 이익에만 관련된 사항이라도 다른 일반인과의 공동생활에 관계된 사항이라면 공익성을 지닌다고 할 것이고, 이에 나아가 개인에 관한 사항이더라도 그것이 공공의 이익과 관련되어 있고 사회적인 관심을 획득한 경우라면 직접적으로 국가·사회 일반의 이익이나 특정한 사회집단에 관한 것이 아니라는 이유만으로 형법 제310조의 적용을 배제할 것은 아니다.(대법원 2022.2.11. 2021도10827 남의 재산을 탈취한 사기꾼이다 사건) [22. 법원9급]

[29] 모욕죄에 있어서 '공연성'의 의미

★ 대법원 2020.11.19. 선고 2020도5813 전원합의체판결은 명예훼손죄의 구성요건인 공연성이란 '불특정 또는 다수인이 인식할 수 있는 상태'를 의미하는데, 개별적으로 소수의 사람에게 사실을 적시하였더라도 그 상대방이 불특정 또는 다수인에게 적시된 사실을 전파할 가능성이 있는 때에는 공연성이 인정된다는 종전 대법원의 일관된 판시를 재확인하였고, 이러한 법리는 모욕죄에도 동일하게 적용된다.(대법원 2022.6.16. 2021도15122 층간소음 갈등사건)

[30] 무식한 것들, 이중인격자 공연성 인정여부(소극)

빌라를 관리하고 있는 피고인들이 빌라 아랫집에 거주하는 甲으로부터 누수 문제로 공사 요청을 받게 되자, 甲과 전화통화를 하면서 빌라를 임차하여 거주하고있는 피해자들에 대하여 누수 공사 협조의 대가로 과도하고 부당한 요구를 하거나 막말과 욕설을 하였다는 취지로 발언하고, '무식한 것들', '이중인격자' 등으로 말하여 명예훼손죄와 모욕죄로 기소된 사안에서, 위 발언들은 신속한 누수 공사 진행을 요청하는 甲에게 임차인 피해자들의 협조 문제로 공사가 지연되는 상황을 설명하는 과정에서 나온 것으로서, 이에 관한 피고인들의 진술내용을 종합해 보더라도 피고인들이 전파가능성에 대한 인식과 위험을 용인하는 내심의 의사에 기하여 위 발언들을 하였다고 단정하기 어려운 점, 위 발언들이 불특정인 또는 다수인에게 전파되지 않은 것은 비록 위 발언들 이후의 사정이기는 하지만 공연성 여부를 판단할 때 소극적 사정으로 고려될 수 있는 점, 위 발언들이 피해자 본인에게 전달될 가능성이 높다거나 실제 전달되었다는 사정만으로는 불특정인 또는 다수인에게 전파될 가능성이 있었다고 볼 수 없는 점 등을 종합하면, 피고인들이 甲에게 한 위 발언들이 불특정인 또는 다수인에게 전파될 가능성이 있었고 피고인들에게 이에 대한 인식과 위험을 용인하는 내심의 의사가 있었다고 본 원심판단에 법리오해의 잘못이 있다(대법원 2022.7.28. 2020도8336).

[31] 모욕에 해당하는지 여부의 판단기준

★ 어떠한 표현이 모욕죄의 모욕에 해당하는지는 상대방 개인의 주관적 감정이나 정서상 어떠한 표현을 듣고 기분이 나쁜지 등 명예감정을 침해할 만한 표현인지를 기준으로 판단할 것이 아니라 당사자들의 관계, 해당 표현에 이르게 된 경위, 표현방법, 당시 상황 등 객관적인 제반 사정에 비추어 상대방의 외부적 명예를 침해할 만한 표현인지를 기준으로 엄격하게 판단하여야 한다. 어떠한 표현이 개인의 인격권을 심각하게 침해할 우려가 있는 것이거나 상대방의 인격을 허물어뜨릴 정도로 모멸감을 주는 혐오스러운 욕설이 아니라 상대방을 불쾌하게 할 수 있는 무례하고 예의에 벗어난 정도이거나 상대방에 대한 부정적·비판적 의견이나 감정을 나타내면서 경미한 수준의 추상적 표현이나 욕설이 사용된 경우 등이라면 특별한 사정이 없는 한 외부적 명예를 침해할 만한 표현으로 볼 수 없어 모욕죄의 구성요건에 해당된다고 볼 수 없다. 개인의 인격권으로서의 명예 보호와 민주주의의 근간을 이루는 기본권인 표현의 자유는 모두 헌법상 보장되는 기본권으로 각자의 영역 내에서 조화롭게 보호되어야 한다. 따라서 모욕죄의 구성요건을 해석·적용할 때에도 개인의 인격권과 표현의 자유가 함께 고려되어야 한다.(대법원 2022.8.31. 2019도7370 정말 야비한 사람인 것 같습니다 사건) 사건명에서 보듯이 "정말 야비한 사람인 것 같습니다" 정도의 표현만으로는 모욕죄가 성립하기 힘들다라고 판시한 판례이다.

[32] 모욕죄가 성립하지 않는 경우

★ 피고인은 자신의 페이스북에 "또 나쁜 짓한 거 고발당했다. A. 간첩조작질 공안검사 출신 변호사. 매카시스트. 철면피 파렴치 양두구육... 역시 극우부패세력에 대한 기대를 저버리지 않는다. 대한민국의 양심과 양식을 대표하는 인사가 맡아야 할 공영방송 MBC의 감독기관인 방송문화진흥회 이사장 자리에 앉아 버티기 농성에 들어간 B 체제를 뒤에서 지탱하고 있다."라는 글을 게시하였는바, 피고인이 A의 공적 활동과 관련한 자신의 의견을 담은 게시글을 작성하면서 이러한 표현을 한 것은 사회상규에 위배되지 않는 행위로서 형법 제20조에 의하여 위법성이 조각된다고 볼 여지가 크다.(대법원 2022.8.25. 2020도16897 철면피 파렴치 양두구육 사건) 피고인은 한국PD연합회 회장, A는 방송문화진흥회 이사장 그리고 B는 MBC 사장이었다. '양두구육(羊頭狗肉)'이란 양머리를 걸어놓고 개고기를 판다는 뜻으로 겉으로는 훌륭하다고 내세우나 속은 변변치 않다라는 의미이다.

[33] 쪼개기송금이 업무방해죄에 해당여부(소극)

★ (1) 컴퓨터등 정보처리장치에 정보를 입력하는 등의 행위도 그 입력된 정보 등을 바탕으로 업무를 담당하는 사람의 오인, 착각 또는 부지를 일으킬 목적으로 행해진 경우에는 여기서 말하는 위계에 해당할 수 있으나, 위와 같은 행위로 말미암아 업무와 관련하여 오인, 착각 또는 부지를 일으킨 상대방이 없었던 경우에는 위계가 있었다고 볼 수 없다. (2) 전화금융사기 조직의 현금 수거책인 피고인이 무매체 입금거래의 '1인 1일 100만원' 한도 제한을 회피하기 위하여 은행 자동화기기에 제3자의 주민등록번호를 입력하는 방법으로 이른바 '쪼개기 송금'을 한 행위는 업무방해죄에서 말하는 위계에 해당하지 않는다. (대법원 2022.2.11. 2021도12394 쪼개기 송금 사건) [22 법원 9급]

[34] 정치적 의사표현의 집회나 행위가 사회적 상당성을 갖추지 못한 경우 업무방해죄의 '위력'에 해당할 수 있는지의 여부(적극)

★ 정치적인 의사표현을 위한 집회나 행위가 헌법 제21조에 따라 보장되는 정치적 표현의 자유나 헌법 제10조에 내재된 일반적 행동의 자유의 관점 등에서 보호받을 가능성이 있더라도 전체 법질서상 용인될 수 없을 정도로 사회적 상당성을 갖추지 못한 때에는 그 행위 자체가 위법한 세력의 행사로서 형법 제314조 제1항의 업무방해죄에서 말하는 위력의 개념에 포섭될 수 있다.(대법원 2022.6.16. 2021도16591 정당 규탄 기자회견)

[35] 전자기록등내용탐지죄가 성립하지 않는 경우

★ 피고인이 사무실에서 직장 동료인 피해자의 노트북 컴퓨터에 속칭 '키로그'라는 프로그램을 몰래 설치하여 피해자가 네이트온, 카카오톡, 구글 계정에 접속하는 과정에서 컴퓨터 키보드에 입력한 아이디 및 비밀번호(이하 '아이디 등')를 알아냈는바, 아이디 등 혹은 그 내용이 기록된 텍스트 파일에 봉함 기타 비밀장치가 되어 있는 것으로 볼 수 없고 달리 이를 인정할 증거가 없으며, 오히려 피해자의 노트북 컴퓨터 그 자체에는 비밀번호나 화면보호기 등 별도의 보안장치가 설정되어 있지 않았던 것으로 보일 뿐이다. 결국 아이디 등이 형법 제316조 제2항에 규정된 전자기록 등 특수매체기록에는 해당하더라도 이에 대하여 별도의 보안장치가 설정되어 있지 않은 등 비밀장치가 된 것으로 볼 수 없는 이상, 아이디 등을 위 프로그램을 이용하여 알아냈더라도 전자기록등내용탐지죄는 성립하지 않는다.(대법원 2022.3.31. 2021도8900 키로그 프로그램 사건)

[36] 주거침입죄에서 '침입'의 의미

1. ★ 주거'침입'에 해당한다고 인정하기 위해서는 거주자의 의사에 반한다는 사정만으로는 부족하고, 주거의 형태와 용도·성질, 외부인의 출입에 대한 통제·관리 상태, 출입의 경위와 태양 등을 종합적으로 고려하여 객관적·외형적으로 판단할 때 주거의 사실상의 평온상태를 해치는 경우에 이르러야 한다.(대법원 2022.1.27. 2021도15507 이별녀 아파트 문앞까지 사건) [23 경찰간부]
2. ★ 주거침입죄는 사실상 주거의 평온을 보호법익으로 한다. 주거침입죄의 구성요건적 행위인 침입은 주거침입죄의 보호법익과의 관계에서 해석하여야 하므로 침입이란 주거의 사실상 평온상태를 해치는 행위 태양으로 주거에 들어가는 것을 의미하고, 침입에 해당하는지는 출입 당시 객관적·외형적으로 드러난 행위 태양을 기준으로 판단함이 원칙이다. 사실상의 평온상태를 해치는 행위 태양으로 주거에 들어가는 것이라면 대체로 거주자의 의사에 반하겠지만, 단순히 주거에 들어가는 행위 자체가

거주자의 의사에 반한다는 주관적 사정만으로는 바로 침입에 해당한다고 볼 수 없다. 거주자의 의사에 반하는지는 사실상의 평온상태를 해치는 행위 태양인지를 평가할 때 고려할 요소 중 하나이지만 주된 평가 요소가 될 수는 없다. 따라서 침입행위에 해당하는지는 거주자의 의사에 반하는지가 아니라 사실상의 평온상태를 해치는 행위 태양인지에 따라 판단되어야 한다.(대법원 2022.3.24. 2017도18272 숲속 몰카설치 목적 식당출입 사건) [22 국가7급, 23 경찰간부]

[37] 공동주택의 공용 부분에 출입한 것이 주거침입에 해당하는지 여부의 판단방법

★ 거주자가 아닌 외부인이 공동주택의 공용 부분에 출입한 것이 공동주택 거주자들에 대한 주거침입에 해당하는지 여부를 판단함에 있어서도 그 공용 부분이 일반 공중에 출입이 허용된 공간이 아니고 주거로 사용되는 각 가구 또는 세대의 전용 부분에 필수적으로 부속하는 부분으로서 거주자들 또는 관리자에 의하여 외부인의 출입에 대한 통제·관리가 예정되어 있어 거주자들의 사실상 주거의 평온을 보호할 필요성이 있는 부분인지, 공동주택의 거주자들이나 관리자가 평소 외부인이 그곳에 출입하는 것을 통제·관리하였는지 등의 사정과 외부인의 출입 목적 및 경위, 출입의 태양과 출입한 시간 등을 종합적으로 고려하여 '주거의 사실상의 평온 상태를 침해하였는지'의 관점에서 객관적·외형적으로 판단하여야 한다.(대법원 2022.1.27. 2021도15507 이별녀 아파트 문앞까지 사건)

[38] 공동주택의 공동현관에 출입하는 것이 공동주택 거주자의 사실상 주거의 평온상태를 해치는 행위 태양으로 볼 수 있는 경우 주거침입죄가 성립하는지의 여부(적극)

★ 아파트 등 공동주택의 공동현관에 출입하는 경우에도 그것이 주거로 사용하는 각 세대의 전용 부분에 필수적으로 부속하는 부분으로 거주자와 관리자에게만 부여된 비밀번호를 출입문에 입력하여야만 출입할 수 있거나 외부인의 출입을 통제·관리하기 위한 취지의 표시나 경비원이 존재하는 등 외형적으로 외부인의 무단 출입을 통제·관리하고 있는 사정이 존재하고, 외부인이 이를 인식하고서도 그 출입에 관한 거주자나 관리자의 승낙이 없음은 물론, 거주자와의 관계 기타 출입의 필요 등에 비추어 보더라도 정당한 이유 없이 비밀번호를 임의로 입력하거나 조작하는 등의 방법으로 거주자나 관리자 모르게 공동현관에 출입한 경우와 같이 그 출입 목적 및 경위, 출입의 태양과 출입한 시간 등을 종합적으로 고려할 때 공동주택 거주자의 사실상 주거의 평온상태를 해치는 행위태양으로 볼 수 있는 경우라면 공동주택 거주자들에 대한 주거침입에 해당한다.(대법원 2022.1.27. 2021도15507 이별녀 아파트 문앞까지 사건)

[39] 거주자의 승낙을 받아 주거에 들어갔더라도 범죄 등을 목적으로 한 출입이거나 실제 출입 목적을 알았더라면 출입을 승낙하지 않았을 것이라는 사정이 인정되는 경우 주거침입죄의 성립 여부에 관한 판단기준

★ 행위자가 거주자의 승낙을 받아 주거에 들어갔으나 범죄 등을 목적으로 한 출입이거나 거주자가 행위자의 실제 출입 목적을 알았더라면 출입을 승낙하지 않았을 것이라는 사정이 인정되는 경우 행위자의 출입행위가 주거침입죄에서 규정하는 침입행위에 해당하려면, 출입하려는 주거 등의 형태와 용도·성질, 외부인에 대한 출입의 통제·관리 방식과 상태, 행위자의 출입 경위와 방법 등을 종합적으로 고려하여 행위자의 출입 당시 객관적·외형적으로 드러난 행위 태양에 비추어 주거의 사실상 평온상태가 침해되었다고 평가되어야 한다. 이때 거주자의 의사도 고려되지만 주거 등의 형태와 용도·성질, 외부인에 대한 출입의

통제·관리 방식과 상태 등 출입 당시 상황에 따라 그 정도는 달리 평가될 수 있다.(대법원 2022.3.24. 2017도18272 숨숨 몰카설치 목적 식당출입 사건)

[40] 일반인의 출입이 허용된 음식점에 영업주의 승낙을 받아 통상적인 출입방법으로 들어갔으나 범죄 등을 목적으로 한 출입인 경우 주거침입죄가 성립하는지의 여부(소극)

★ 일반인의 출입이 허용된 음식점에 영업주의 승낙을 받아 통상적인 출입방법으로 들어갔다면 특별한 사정이 없는 한 주거침입죄에서 규정하는 침입행위에 해당하지 않는다. 설령 행위자가 범죄 등을 목적으로 음식점에 출입하였거나 영업주가 행위자의 실제 출입 목적을 알았더라면 출입을 승낙하지 않았을 것이라는 사정이 인정되더라도 그러한 사정만으로는 출입 당시 객관적·외형적으로 드러난 행위 태양에 비추어 사실상의 평온상태를 해치는 방법으로 음식점에 들어갔다고 평가할 수 없으므로 침입행위에 해당하지 않는다.(대법원 2022.3.24. 2017도18272 숨숨 몰카설치 목적 식당출입 사건)

[41] 관리자에 의해 출입이 통제되는 건조물에 관리자의 승낙을 받아 건조물에 통상적인 출입방법으로 들어간 경우 주거침입죄가 성립하는지의 여부(소극)

1. ★ 관리자에 의해 출입이 통제되는 건조물에 관리자의 승낙을 받아 건조물에 통상적인 출입방법으로 들어갔다면 이러한 승낙의 의사표시에 기망이나 착오 등의 하자가 있더라도 특별한 사정이 없는 한 형법 제319조 제1항에서 정한 건조물침입죄가 성립하지 않는다. 이러한 경우 관리자의 현실적인 승낙이 있었으므로 가정적·추정적 의사는 고려할 필요가 없다. 단순히 승낙의 동기에 착오가 있다고 해서 승낙의 유효성에 영향을 미치지 않으므로 관리자가 행위자의 실제 출입 목적을 알았더라면 출입을 승낙하지 않았을 사정이 있더라도 건조물침입죄가 성립한다고 볼 수 없다. 나아가 관리자의 현실적인 승낙을 받아 통상적인 출입방법에 따라 건조물에 들어간 경우에는 출입 당시 객관적·외형적으로 드러난 행위태양에 비추어 사실상의 평온상태를 해치는 모습으로 건조물에 들어간 것이라고 평가할 수도 없다.(대법원 2022.3.31. 2018도15213 서울구치소 잠입취재 사건)

2. ★ 관리자에 의해 출입이 통제되는 건조물이더라도 관리자의 승낙을 받아 통상적인 출입방법으로 들어갔다면 특별한 사정이 없는 한 건조물침입죄에서 규정하는 침입행위에 해당하지 않는다. 행위자가 관리자의 승낙을 받아 건조물에 들어갔으나 범죄 등을 목적으로 한 출입이거나 관리자가 행위자의 실제 출입 목적을 알았더라면 출입을 승낙하지 않았을 것이라는 사정이 인정되는 경우 행위자의 출입행위가 건조물침입죄에서 규정하는 침입행위에 해당하려면 출입하려는 건조물 등의 형태와 용도·성질, 외부인에 대한 출입의 통제·관리 방식과 상태, 행위자의 출입 경위와 방법 등을 종합적으로 고려하여 행위자의 출입 당시 객관적·외형적으로 드러난 행위 태양에 비추어 사실상 평온상태를 해치는 방법으로 건조물에 들어갔다고 평가되어야 한다.(대법원 2022.4.28. 2020도8030 수용자 취재 목적 구치소 잠입사건)

[42] 주거침입죄가 성립하지 않는 경우

1. ★ 피고인들이 각 음식점의 영업주로부터 승낙을 받아 통상적인 출입방법에 따라 각 음식점의 방실에 들어간 이상 사실상의 평온상태를 해치는 행위 태양으로 음식점의 방실에 들어갔다고 볼 수 없으므로 주거 침입죄에서 규정하는 침입행위에 해당하지 않는다. 설령 피고인들이 다른 손님과의 대

화 내용과 장면을 녹음·녹화하기 위한 장치를 설치하거나 장치의 작동 여부 확인 및 이를 제거할 목적으로 각 음식점의 방실에 들어간 것이어서 음식점의 영업주가 이러한 사정을 알았더라면 피고인들의 출입을 승낙하지 않았을 것이라는 사정이 인정되더라도 그러한 사정만으로는 사실상의 평온상태를 해치는 행위 태양으로 각 음식점의 방실에 출입하였다고 평가할 수 없다. 따라서 피고인들에 대하여는 주거침입죄가 성립하지 않는다.(대법원 2022.3.24. 2017도18272 손슨 몰카설치 목적 식당출입 사건) 甲은 2015. 1.24.과 같은 달 26일 A가 운영하는 음식점의 방실 및 2015. 1.29.과 2015. 2.12. B가 운영하는 음식점의 방실에서 기자인 C를 만나 식사를 하기에 앞서 'C와의 대화 내용과 장면을 녹음·녹화하기 위한 장치를 설치하기 위해' A, B의 승낙을 받아 각 음식점의 방실에 미리 들어간 다음 녹음·녹화장치를 설치하였고, 乙도 각 일시에 A, B의 승낙을 받아 각 음식점의 방실에 들어간 다음 설치된 녹음·녹화장치의 작동 여부를 확인하거나 C와의 식사를 마친 후 이를 제거하였다. 이 경우 비록 甲, 乙이 A, B로부터 음식점의 방실에 녹음·녹화장치를 설치하거나 이를 제거하는 것에 대하여 승낙을 받지 않았더라도 주거침입죄는 성립하지 않는다.

> **2017도18272 판례로 폐기된 판례**
> 피고인들이 조찬모임에서의 대화내용을 도청하기 위한 도청용 송신기를 설치할 목적으로 손님을 가장하여 음식점에 들어간 경우 영업자인 피해자가 출입을 허용하지 않았을 것으로 보는 것이 경험칙에 부합한다 할 것이므로 피고인들은 주거침입죄의 죄책을 면할 수 없다.(대법원 1997.3.28. 95도2674 초원복집 사건) [20 경찰승진, 19 법원행시, 15 경찰승진, 15 경찰채용, 12 법원행시, 11 경찰채용]

2. ★ 피고인들은 접견신청인으로서 서울구치소의 관리자인 서울구치소장으로부터 구치소에 대한 출입 관리를 위탁받은 교도관의 현실적인 승낙을 받아 통상적인 출입방법으로 서울구치소 내 민원실과 접견실에 들어갔으므로 관리자의 의사에 반하여 사실상의 평온상태를 해치는 모습으로 서울구치소에 들어갔다고 볼 수 없다. 피고인들은 서울구치소에 수용 중인 사람을 취재하고자 서울구치소장의 허가 없이 접견내용을 촬영·녹음할 목적으로 명함지갑 모양으로 제작된 녹음·녹화장비를 몰래 소지하고 서울구치소에 들어갔다. 서울구치소장이나 교도관이 이러한 사실을 알았더라면 피고인들이 이를 소지한 채 서울구치소에 출입하는 것을 승낙하지 않았을 것이다. 그러나 이러한 사정은 승낙의 동기가 착오가 있는 것에 지나지 않아 피고인들이 서울구치소장이나 교도관의 의사에 반하여 구치소에 출입하거나 사실상의 평온상태를 해치는 모습으로 서울구치소 내 민원실이나 접견실에 침입한 것으로 평가할 수 없다. 따라서 피고인들의 행위는 건조물침입죄에 해당하지 않는다.(대법원 2022.3.31. 2018도15213 서울구치소 잠입취재 사건)

3. ★ 피고인들이 접견신청인으로서 서울남부구치소의 관리자인 구치소장으로부터 구치소에 대한 출입 관리를 위탁받은 교도관의 현실적인 승낙을 받아 통상적인 출입방법으로 구치소 내 접견실에 들어갔으므로 사실상의 평온상태를 해치는 행위 태양으로 접견실에 들어갔다고 볼 수 없다. 피고인들이 구치소에 수용 중인 사람을 취재하고자 구치소장의 허가 없이 접견내용을 촬영·녹음할 목적으로 안경 모양으로 제작된 녹음·녹화장비를 착용하고 접견실에 들어간 것이어서 구치소장이나 교도관이 이러한 사실을 알았더라면 피고인들이 녹음·녹화장비를 착용한 채 접견실에 출입하는 것을 승낙하지 않았을 것이라는 사정이 인정되더라도 그러한 사정만으로는 사실상의 평온상태를 해치는 행위 태양으로 접견실에 출입하였다고 평가할 수 없다. 따라서 피고인들에 대하여는 건조물침입죄가 성립하지 않는다.(대법원 2022.4.28. 2020도 8030 수용자 취재목적 구치소 잠입사건)

[43] 상상적 경합범에서 피해자별로 각 죄가 성립할 경우 친족상도례 규정의 적용방법

★ 형법 제328조 제1항은 "직계혈족, 배우자, 동거친족, 동거가족 또는 그 배우자 간의 제323조의 죄는 그 형을 면제한다."라고 정하고 있는데, 위 조항에 따른 형면제 요건에 해당하는지는 각 죄마다 살펴보아야 한다.(대법원 2022.5.12. 2021도16876 유류분 면탈목적 사건) 부부인 피고인들은 그들 공유의 건물을 철거함으로써 유류분반환청구권을 보전하기 위하여 건물을 가압류한 피해자 A, B의 권리행사를 방해하였다. 피해자 A와 피고인들이 형법 제328조 제1항의 친족관계(근친)에 있는 경우 법원은 '피해자 A에 대한 권리행사방해 부분에 관하여' 형을 면제하여야 한다.

[44] 절도죄와 사기죄의 차이점

★ 형법상 절취란 타인이 점유하고 있는 자기 이외의 자의 소유물을 점유자의 의사에 반하여 점유를 배제하고 자기 또는 제3자의 점유로 옮기는 것을 말한다. 이에 반해 기망의 방법으로 타인으로 하여금 처분행위를 하도록 하여 재물 또는 재산상 이익을 취득한 경우에는 절도죄가 아니라 사기죄가 성립한다.(대법원 2022.12.29. 2022도12494 내 지갑이 맞다 사건)

[45] 절도죄가 성립하지 않는 경우

★ 매장 주인 B가 매장에 유실된 손님 A의 반지갑을 습득한 후 또 다른 손님인 피고인 甲에게 "이 지갑이 선생님 지갑이 맞느냐?"라고 묻자, 甲이 "내 것이 맞다"라고 대답한 후 이를 교부받아 가져갔는바, B는 반지갑을 습득하여 이를 진정한 소유자에게 돌려주어야 하는 지위에 있었으므로 A를 위하여 이를 처분할 수 있는 권능을 갖거나 그 지위에 있었고 나아가 B는 이러한 처분권능과 지위에 기초하여 반지갑의 소유자라고 주장하는 甲에게 반지갑을 교부하였고 이를 통해 甲이 반지갑을 취득하여 자유로운 처분이 가능한 상태가 되었으므로 B의 행위는 사기죄에서 말하는 처분행위에 해당하고 甲의 행위를 절취행위로 평가할 수는 없다.(대법원 2022.12.29. 2022도12494 내 지갑이 맞다 사건) 절도죄가 아니라 사기죄가 성립한다.

[46] 여신전문금융업법 제70조 제1항 제4호에서 말하는 '기망하거나 공갈하여 취득한 신용카드나 직불카드'의 의미 및 '사용'의 의미

여신전문금융업법 제70조 제1항 제4호에서는 '강취·횡령하거나 사람을 기망하거나 공갈하여 취득한 신용카드나 직불카드를 판매하거나 사용한 자'를 처벌하도록 규정하고 있는데, 여기에서 '사용'은 강취·횡령, 기망 또는 공갈로 취득한 신용카드나 직불카드를 진정한 카드로서 본래의 용법에 따라 사용하는 경우를 말한다. 그리고 '기망하거나 공갈하여 취득한 신용카드나 직불카드'는 문언상 '기망이나 공갈을 수단으로 하여 다른 사람으로부터 취득한 신용카드나 직불카드'라는 의미이므로 '신용카드나 직불카드의 소유자 또는 점유자를 기망하거나 공갈하여 그들의 자유로운 의사에 의하지 않고 점유가 배제되어 그들로부터 사실상 처분권을 취득한 신용카드나 직불카드'라고 해석되어야 한다.(대법원 2022.12.16. 2022도10629 재소자기망 신용카드 편취사건)

[47] 여신전문금융업법 제70조 제1항 제4호의 '부정사용'에 해당하는 경우

피고인이 피해자를 기망하여 신용카드를 교부받은 뒤 이를 총 23회에 걸쳐 피고인의 의사에 따라 사용하였는바 피해자는 피고인으로부터 기망당함으로써 피해자의 자유로운 의사에 의하지 않고 신용카드에 대한 점유를 상실하였고 피고인은 이에 대한 사실상 처분권을 취득하였다고 보아야 하므로 신용카드는 피고인이 그 소유자인 피해자를 기망하여 취득한 신용카드에 해당하고 이를 사용한 피고인의 행위는 기망하여 취득한 신용카드 사용으로 인한 여신전문금융업법 위반죄에 해당한다.(대법원 2022.12.16. 2022도10629 재소자기망 신용카드 편취사건)

[48] 재물의 위탁행위가 범죄의 실행행위나 준비행위 등과 같이 범죄 실현의 수단으로서 이루어진 경우 그러한 행위를 통해 형성된 위탁관계도 횡령죄로 보호할 만한 가치 있는 신임에 의한 것인지의 여부(소극)

★ 위탁관계가 있는지는 재물의 보관자와 소유자 사이의 관계, 재물을 보관하게 된 경위 등에 비추어 볼 때 보관자에게 재물의 보관 상태를 그대로 유지해야 할 의무를 부과하여 그 보관 상태를 형사법적으로 보호할 필요가 있는지 등을 고려하여 규범적으로 판단해야 한다. 재물의 위탁행위가 범죄의 실행행위나 준비행위 등과 같이 범죄 실현의 수단으로서 이루어진 경우 그 행위 자체가 처벌 대상인지와 상관없이 그러한 행위를 통해 형성된 위탁관계는 횡령죄로 보호할 만한 가치 있는 신임에 의한 것이 아니다.(대법원 2022.6.22. 2017도21286 요양병원 동업자금 횡령사건) 이와 같이 위탁된 재물을 임의소비하더라도 횡령죄는 성립하지 않는다.

[49] 횡령죄가 성립하지 않는 경우

★ (1) 채권양도인이 채무자에게 채권양도 통지를 하는 등으로 채권양도의 대항요건을 갖추어 주지 않은 채 채무자로부터 채권을 추심하여 금전을 수령한 경우 특별한 사정이 없는 한 금전의 소유권은 채권양수인이 아니라 채권양도인에게 귀속하고 채권양도인이 채권양수인을 위하여 양도 채권의 보전에 관한 사무를 처리하는 신임관계가 존재한다고 볼 수 없다. 따라서 채권양도인이 양도한 채권을 추심하여 수령한 금전에 관하여 채권양수인을 위해 보관하는 자의 지위에 있다고 볼 수 없으므로 채권양도인이 금전을 임의로 처분하더라도 횡령죄는 성립하지 않는다. (2) 임차인 甲이 A와 임대차보증금반환채권에 관한 채권양도계약을 체결하고 임대인 B에게 채권양도 통지를 하기 전에 B로부터 채권을 추심하여 남아 있던 임대차보증금을 수령하였더라도 임대차보증금으로 받은 금전의 소유권은 甲에게 귀속할 뿐이고 A에게 귀속한다고 볼 수 없다. 나아가 채권양도계약을 체결한 甲과 A는 통상의 권리이전계약에 따른 이익대립관계에 있을 뿐이고 甲이 A를 위한 보관자 지위가 인정될 수 있는 신임관계에 있다고 볼 수도 없다.(대법원 2022.6.23. 2017도3829 숲솜 임차보증금 양도사건)

2017도3829 판례로 폐기된 판례

1. (1) 양도인이 채권양도 통지를 하기 전에 채무자로부터 채권을 추심하여 금전을 수령한 경우 그 금전을 자신에게 귀속시키기 위하여 수령할 수는 없는 것이고, 오로지 양수인에게 전달해 주기 위하여서만 수령할 수 있을 뿐이어서, 양도인이 수령한 금전은 양도인과 양수인 사이에서 양수인의 소유에 속하고 양도인은 이를 양수인을 위하여 보관하는 관계에 있다고 보아야 할 것이고, 이는 유효한 장래채권의 양도의 경우에 있어서도 마찬가지이다. (2) 피고인과 피해자 사이에 체결된 용역보증금 양도·양수계약이 유효한 채권양도계약에 해당하고, 따라서 피고인이 용역계약에 따라 지급받게 된 용역보증금은 피해자를 위하여 보관하는 관계에 있다.(대법원 2007.5.11. 2006도4935 용역보증금 양도 사건)

---

2. (1) 양도인이 채권양도 통지를 하기 전에 채무자로부터 채권을 추심하여 금전을 수령한 경우 그 금전을 자신에게 귀속시키기 위하여 수령할 수는 없는 것이고 오로지 양수인에게 전달해 주기 위하여서만 수령할 수 있을 뿐이어서, 양도인이 수령한 금전은 양도인과 양수인 사이에서 양수인의 소유에 속하고 양도인은 이를 양수인을 위하여 보관하는 관계에 있다고 보아야 한다. (2) 채권양도인인 피고인 甲이 채권양도 통지를 하기 전에 채무자 乙로부터 지급받은 임차보증금 2,500만원 중 1,150만원은 채권양수인인 피해자 A의 소유에 속하므로 甲이 A에게 돌려주지 아니하고 처분한 행위는 횡령죄를 구성한다.(대법원 1999.4.15. 97도666 숲合) [22 경찰승진, 21 법원행시, 19 법원행시, 16 경찰승진, 14 변호사, 14 경찰채용, 11 경찰승진]

[50] 권리이전에 등기·등록을 요하는 동산에 관하여 양도담보설정계약을 체결한 채무자가 채권자에게 양도담보설정계약에 따른 의무를 다하지 아니하고 이를 他에 처분한 경우, 배임죄의 구성요건인 '타인의 사무를 처리하는 자'의 지위를 인정할 수 있는지(소극)

(1) 채무자가 양도담보설정계약에 따라 부담하는 의무, 즉 동산을 담보로 제공할 의무, 담보물의 담보가치를 유지·보전하거나 담보물을 손상, 감소 또는 멸실시키지 않을 소극적 의무, 담보권 실행 시 채권자나 그가 지정하는 자에게 담보물을 현실로 인도할 의무와 같이 채권자의 담보권 실행에 협조할 의무 등은 모두 양도 담보설정계약에 따라 부담하게 된 채무자 자신의 급부의무이다. 또한 양도담보설정계약은 피담보채권의 발생을 위한 계약에 종된 계약으로, 피담보채무가 소멸하면 양도담보설정계약상의 권리의무도 소멸하게 된다. 양도담보설정계약에 따라 채무자가 부담하는 의무는 담보목적의 달성, 즉 채무불이행 시 담보권 실행을 통한 채권의 실현을 위한 것이므로 담보설정계약의 체결이나 담보권설정 전후를 불문하고 당사자 관계의 전형적·본질적 내용은 여전히 금전채권의 실현 내지 피담보채무를 변제하는 것이다. 따라서 채무자가 위와 같은 급부의무를 이행하는 것은 채무자 자신의 사무에 해당할 뿐이고, 채무자가 통상의 계약에서 이익대립관계를 넘어서 채권자와 신임관계에 기초하여 채권자의 사무를 맡아 처리한다고 볼 수 없으므로 채무자를 채권자에 대한 관계에서 '타인의 사무를 처리하는 자'라고 할 수 없다(대법원 2020.2.20. 선고 2019도9756 숲合 참조). [2] 위와 같은 법리는, 권리이전에 등기·등록을 요하는 동산에 관한 양도담보설정계약에도 마찬가지로 적용된다. 따라서 자동차 등에 관하여 양도담보설정계약을 체결한 채무자는 채권자에 대하여 그의 사무를 처리하는 지위에 있지 아니하므로, 채무자가 채권자에게 양도담보설정계약에 따른 의무를 다하지 아니하고 이를 他에 처분하였다고 하더라도 배임죄가 성립하지 아니한다. (대법원 2022.12.22. 2020도8682 숲合)

[51] 손괴죄(훼기죄, 毀棄罪)와 영득죄의 구별

★ 재물손괴죄는 다른 사람의 재물을 손괴 또는 은닉하거나 그 밖의 방법으로 그 효용을 해한 경우에 성립하는 범죄로 행위자에게 다른 사람의 재물을 자기 소유물처럼 그 경제적 용법에 따라 이용·처분할 의사(불법영득의사)가 없다는 점에서 절도, 강도, 사기, 공갈, 횡령 등 영득죄와 구별된다.(대법원 2022.11.30. 2022도1410 타인 토지상 무단 건물신축 사건)

[52] 다른 사람의 소유물을 본래의 용법에 따라 무단으로 사용·수익하는 행위가 '손괴'에 해당하는지의 여부(소극)

★ 다른 사람의 소유물을 본래의 용법에 따라 무단으로 사용·수익하는 행위는 소유자를 배제한 채 물건의

이용가치를 영득하는 것이고, 그 때문에 소유자가 물건의 효용을 누리지 못하게 되었더라도 효용 자체가 침해된 것이 아니므로 재물손괴죄에 해당하지 않는다.(대법원 2022.11.30. 2022도1410 타인 토지상 무단 건물신축 사건)

[53] 손괴죄가 성립하지 않는 경우

★ 피고인은 타인 소유 토지에 권원 없이 건물을 신축하였는바, 이러한 행위는 이미 대지화된 토지에 건물을 새로 지어 부지로서 사용·수익함으로써 그 소유자로 하여금 효용을 누리지 못하게 한 것일 뿐 토지의 효용을 해하지 않았으므로 재물손괴죄가 성립하지 않는다.(대법원 2022.11.30. 2022도1410 타인 토지상 무단 건물신축 사건)

[54] 자격모용문서작성죄 관련 판례

★ 자격모용사문서작성죄는 문서위조죄와 마찬가지로 문서의 진정에 대한 공공의 신용을 보호법익으로 하는 것으로 행사할 목적으로 타인의 자격을 모용하여 작성된 문서가 일반인으로 하여금 명의인의 권한 내에서 작성된 문서라고 믿게 할 수 있는 정도의 형식과 외관을 갖추고 있으면 성립하므로 주식회사의 대표 자격으로 계약을 하는 경우 피고인 자신을 위한 행위가 아니고 작성명의인인 회사를 위하여 법률행위를 한다는 것을 인식할 수 있을 정도의 표시가 있으면 대표관계의 표시라고 할 수 있다.(대법원 2022.6.22. 2021도17712 총괄대표이사 피고인 사건)

[55] 자격모용문서작성죄의 고의와 목적 관련 판례

★ 자격모용사문서작성죄에서의 '행사할 목적'이라 함은 그 문서가 정당한 권한에 기하여 작성된 것처럼 다른 사람으로 하여금 오신하도록 하게 할 목적을 말한다고 할 것이므로 사문서를 작성하는 자가 주식회사의 대표로서의 자격을 모용하여 문서를 작성한다는 것을 인식, 용인하면서 그 문서를 진정한 문서로서 어떤 효용에 쓸 목적으로 사문서를 작성하였다면 자격모용에 의한 사문서작성죄의 행사의 목적과 고의를 인정할 수 있다. 작성자가 '행사할 목적'으로 자격을 모용하여 문서를 작성한 이상 문서행사의 상대방이 자격모용 사실을 알았다거나 작성자가 그 문서에 모용한 자격과 무관한 직인을 날인하였다는 등의 사정이 있다고 하여 달리 볼 것은 아니다.(대법원 2022.6.22. 2021도17712 총괄대표이사 피고인 사건)

[56] 여권부실기재죄 등에 있어 '부실의 사실'의 의미

★ 형법 제229조, 제228조 제2항에 정한 부실기재여권행사죄에서 '허위신고'는 진실에 반하는 사실을 신고하는 것이고, '부실의 사실'은 '권리의무관계에 중요한 의미를 갖는 사항이 객관적인 진실에 반하는 것'을 말한다. 여권 등 공정증서원본에 기재된 사항이 존재하지 않거나 외관상 존재하더라도 무효사유에 해당하는 흠이 있다면 부실기재에 해당한다. 그러나 기재된 사항이나 원인된 법률행위가 객관적으로 존재하고 취소 사유에 해당하는 흠이 있을 뿐이라면 취소되기 전에 공정증서원본에 기재된 사항은 부실기재에 해당하지 않는다.(대법원 2022.4.28. 2020도12239 완전한 타인 조선족 사건) (同旨 대법원 2022. 4.28. 2019도9177 완전한 타인 중국녀 사건)

[57] 부실기재여권행사죄 등이 성립하는 경우

1. ★ 국적법 제3조 제1호에 따라 대한민국 국적을 취득하지 않았는데도 대한민국 국적을 취득한 것처럼 인적사항을 기재하여 대한민국 여권을 발급받은 다음 이를 출입국심사 담당공무원에게 제출하였다면 위계로써 출입국심사업무에 관한 정당한 직무를 방해함과 동시에 부실의 사실이 기재된 여권을 행사한 것으로 볼 수 있다.(대법원 2022.4.28. 2020도12239 완전한 타인 조선족 사건) 물론 여권부실기재죄도 당연히 성립한다.

2. ★ 국적법 제3조 제1항에 따라 대한민국 국적을 취득하지 않았는데도 대한민국 국적을 취득한 것처럼 인적사항을 기재하여 대한민국 여권을 발급받은 다음 이를 출입국심사를 받을 때 담당 공무원에게 제출한 경우에는 부실의 사실이 기재된 여권을 행사함과 동시에 외국인으로서 유효한 여권 없이 출입국한 것으로 볼 수 있다.(대법원 2022.4.28. 2019도9177 완전한 타인 중국녀 사건)

[58] 공문서부정행사죄의 성질

★ 공문서부정행사죄는 공문서의 사용에 대한 공공의 신용을 보호법익으로 하는 범죄로서 추상적 위험범이다.(대법원 2022.10.14. 2020도13344 국가유공자증 사건) (同旨 대법원 2022. 9.29. 2021도14514 실효된 장애인사용자동차표지 비치사건) 공문서부정행사죄의 성질을 판시한 최초의 대법원 판례로 보인다.

[59] 공문서부정행사죄의 성립요건

★ 공문서부정행사죄의 구성요건으로 단지 '공무원 또는 공무소의 문서 또는 도화를 부정행사한 자'라고만 규정하고 있어 자칫 처벌범위가 지나치게 확대될 염려가 있으므로 본죄에 관한 범행의 주체, 객체 및 태양을 되도록 엄격하게 해석하여 처벌범위를 합리적인 범위 내로 제한하여야 한다. 사용권한자와 용도가 특정되어 있는 공문서를 사용권한 없는 자가 사용한 경우에도 그 공문서 본래의 용도에 따른 사용이 아닌 경우에는 공문서부정행사죄가 성립되지 아니한다.(대법원 2022.10.14. 2020도13344 국가유공자증 사건) (同旨 대법원 2022. 9.29. 2021도14514 실효된 장애인사용자동차표지 비치사건)

[60] 공문서부정행사죄가 성립하지 않는 경우

1. ★ 피고인이 조세범처벌법위반 사건으로 지방세무서 조사과에서 조사를 받으면서 다른 사람인 것처럼 행세하기 위하여 범칙혐의자 심문조서의 진술인란에 다른 사람 명의로 서명하여 이를 조사관에게 제시하고 다른 사람 명의 국가유공자증을 조사관에게 제시하였는바 국가유공자증의 본래 용도는 제시인이 국가유공자법에 따라 등록된 국가유공자로서 관련 혜택을 받을 수 있는 자격이 있음을 증명하는 것이고 신분의 동일성을 증명하는 것이 아니므로 공문서부정행사죄는 성립하지 않는다.(대법원 2022.10.14. 2020도13344 국가유공자증 사건) 사서명위조 및 동행사죄만 성립한다.

2. ★ 장애인사용자동차표지는 장애인이 이용하는 자동차에 대한 조세감면 등 필요한 지원의 편의를 위하여 장애인이 사용하는 자동차를 대상으로 발급되는 것이고, 장애인전용주차구역 주차표지가 있는 장애인사용자동차표지는 보행상 장애가 있는 사람이 이용하는 자동차에 대한 지원의 편의를 위하여 발급되는 것이다. 따라서 장애인사용자동차표지를 사용할 권한이 없는 사람이 장애인전용주차구역에 주차하는 등 장애인 사용 자동차에 대한 지원을 받을 것으로 합리적으로 기대되는 상황이 아니라면 단순히 이를 자동차에 비치하였더라도 장애인사용자동차표지를 본래의 용도에 따라 사용했다

고 볼 수 없어 공문서부정행사죄가 성립하지 않는다.(대법원 2022.9.29. 2021도14514 실효된 장애인사용자동차표지 비치사건) 피고인이 실효된 '장애인전용주차구역 주차표지가 있는 장애인사용자동차표지'를 승용차에 계속 비치한 채 아파트 주차장 중 장애인전용주차구역이 아닌 장소에 주차한 사건으로 대법원은 공문서부정행사죄가 성립하지 않는다고 판시하였다. 만약 피고인이 장애인전용주차구역에 주차하였다면 공문서부정행사죄가 성립했을 것이다.

[61] 수도불통죄의 성격 및 보호법익

★ 형법 제195조가 규정한 수도불통죄는 공중의 음용수를 공급하는 수도 기타 시설을 손괴하거나 기타 방법으로 불통하게 함으로써 성립하는 공공위험범죄로서 공중의 건강 또는 보건을 보호법익으로 한다.(대법원 2022.6.9. 2022도2817 수도관리비 협상 결렬사건)

[62] 수도불통죄에서 '수도 기타 시설'의 의미

★ 수도불통죄의 대상이 되는 '수도 기타 시설'이란 공중의 음용수 공급을 주된 목적으로 설치된 것에 한정되는 것은 아니고, 설령 다른 목적으로 설치된 것이더라도 불특정 또는 다수인에게 현실적으로 음용수를 공급하고 있는 것이면 충분하며 소유관계에 따라 달리 볼 것도 아니다.(대법원 2022.6.9. 2022도2817 수도관리비 협상 결렬사건)

[63] 수도불통죄가 성립하는 경우

★ 주상복합아파트 입주자대표회의 회장인 피고인이 상가입주자들과의 수도관리비 인상 협상이 결렬되자 상가입주자들이 상가 2층 화장실에 연결하여 이용 중인 수도배관을 분리하여 불통하게 하고 즉각 단수조치를 취한 경우, 원래 화장실 용수 공급용으로 설치되었으나 현실적으로 불특정 또는 다수인이 음용수 공급용으로 도 이용 중인 수도배관이라면 수도불통죄의 대상에 해당한다.(대법원 2022.6.9. 2022도2817 수도관리비 협상 결렬사건)

[64] 무단이탈로 인한 직무유기죄 성립 여부 판단 시 고려 요소

무단이탈로 인한 직무유기죄 성립 여부는 결근 사유와 기간, 담당하는 직무의 내용과 적시 수행 필요성, 결근으로 직무 수행이 불가능한지, 결근 기간에 국가기능의 저해에 대한 구체적인 위험이 발생하였는지 등을 종합적으로 고려하여 신중하게 판단해야 한다. 특히 근무기간을 정하여 임용된 공무원의 경우에는 근무기간 안에 특정 직무를 마쳐야 하는 특별한 사정이 있는지 등을 고려할 필요가 있다.(대법원 2022.6.22. 2021도8361 중학교 기간제 교원 결근사건)

[65] 접견교통권 한계 일탈과 위계공무집행방해죄

★ 피고인의 변호인 접견교통권 행사가 그 한계를 일탈한 규율위반행위에 해당하더라도 그 행위가 위계공무집행방해죄의 '위계'에 해당하려면 행위자가 상대방에게 오인, 착각, 부지를 일으키게 하여 그 오인, 착각, 부지를 이용함으로써 상대방이 이에 따라 그릇된 행위나 처분을 하여야만 한다. 만약 그러

한 행위가 구체적인 직무집행을 저지하거나 현실적으로 곤란하게 하는 데까지는 이르지 않은 경우에는 위계에 의한 공무집행방해죄로 처벌할 수 없다.(대법원 2022.6.22. 2021도244 6명의 집사변호사 사건)

[66] 위계공무집행방해죄가 성립하지 않는 경우

1. 원심은, "서울구치소에 수감된 피고인은 모두 6명의 집사변호사를 고용하여 총 51회에 걸쳐 변호인 접견을 가장하여 개인적인 업무와 심부름을 하게 하고 소송 서류 외의 문서를 수수함으로써 위계로써 서울구치소의 변호인 접견업무 담당 교도관의 변호인 접견 관리 등에 관한 정당한 직무집행을 방해하였다"라는 공소사실에 대하여 유죄로 판단하였는바 원심의 이러한 판단은 그대로 수긍하기 어렵다. (대법원 2022.6.22. 2021도244 6명의 집사변호사 사건)

> ### 2021도244 판결의 논거
>
> 1. 미결수용자가 가지는 변호인과의 접견교통권은 그와 표리관계인 변호인(변호인이 되려고 하는 사람을 포함한다)의 접견교통권과 함께 헌법상 기본권으로 보장되고 있다(헌법재판소 2017.11.30. 2016헌마503, 헌법재판소 2019. 2.28. 2015헌마1204 등 참조). 이에 따라 형사소송법, 형집행법은 미결수용자의 변호인 접견권을 보장하기 위한 구체적인 규정들을 두고 있다. 즉 변호인은 미결수용자와 접견하고 서류 또는 물건을 수수할 수 있다(형사소송법 제34조). 미결 수용자와 변호인 간의 접견에는 교도관이 참여하지 못하고 그 내용을 청취 또는 녹취하지 못하며 다만 보이는 거리에서 미결수용자를 관찰할 수 있을 뿐이다(형집행법 제84조 제1항). 또한 미결수용자와 변호인 간의 접견은 시간과 횟수를 제한하지 아니한다(형집행법 제84조 제2항). 이처럼 헌법이 접견교통권을 기본권으로 보장하는 취지 및 관계 법령들의 규정들을 종합하여 보면, 미결수용자와 변호인 사이의 접견교통권은 최대한 보장되어야 하고 법령의 구체적인 근거가 없는 한 이를 함부로 제한할 수 없다.
> 2. 미결수용자의 변호인이 교도관에게 변호인 접견을 신청하는 경우 미결수용자의 형사사건에 관하여 변호인이 구체적으로 어떠한 변호활동을 하는지, 실제 변호를 할 의사가 있는지 여부 등은 교도관의 심사대상이 되지 않는다. 따라서 이 사건 접견변호사들이 미결수용자의 개인적인 업무나 심부름을 위해 접견신청행위를 하였다는 이유만으로 교도관들에 대한 위계에 해당한다거나 그로 인해 교도관의 직무집행이 구체적이고 현실적으로 방해되었다고 볼 수 없다.
> 3. 미결수용자와 변호인 간의 서신은 교정시설에서 상대방이 변호인임을 확인할 수 없는 경우를 제외하고는 검열할 수 없는바(형집행법 제84조 제3항), 그 취지에 비추어 보면 변호인이 접견에서 미결수용자와 어떤 '내용'의 서류를 주고받는지는 교도관의 심사대상에 속하지 않는다. 그렇다면 이 사건 접견변호사들이 피고인과 소송서류 이외의 서류를 주고받은 것이 교도관들에 대한 위계에 해당한다거나 그로 인해 교도관의 직무집행이 방해되었다고 할 수 없다.
> 4. 형집행법은 수용자와 교정시설의 외부에 있는 사람의 접견 시 일정한 경우 접견내용을 청취·기록·녹음 또는 녹화할 수 있도록 하면서도(형집행법 제41조 제2항) 미결수용자와 변호인의 접견에는 교도관의 참여나 접견내용의 청취 또는 녹취를 금지 하고 있는바(형집행법 제84조 제1항), 미결수용자가 변호인과 접견에서 어떤 대화를 나누는지는 교도관의 감시, 단속의 대상이 아니다. 따라서 이 사건 접견변호사들이 피고인의 개인적인 연락업무 등을 수행한 것이 위계에 해당한다거나 그로 인해 교도관의 직무집행이 방해되었다고 할 수 없다.
> 5. 결국 피고인이 이 사건 접견변호사들에게 지시한 접견이 변호인에 의한 변호활동이라는 외관만을 갖추었을 뿐 실질적으로는 형사사건의 방어권 행사가 아닌 다른 주된 목적이나 의도를 위한 행위로서 접견교통권 행사의 한계를 일탈한 경우에 해당할 수는 있겠지만, 그 행위가 '위계'에 해당한다거나 그로 인해 교도관의 구체적이고 현실적인 직무집행이 방해되었다고 보기 어렵다.

2. 녹음·녹화 등을 할 수 있는 전자장비가 교정시설의 안전 또는 질서를 해칠 우려가 있는 금지물품에 해당하여 반입을 금지할 필요가 있다면 교도관은 교정시설 등의 출입자와 반출·반입 물품을 검사·

단속해야 할 일반적인 직무상 권한과 의무가 있다. 수용자가 아닌 사람이 위와 같은 금지물품을 교정시설 내로 반입하였다면 교도관의 검사·단속을 피하여 단순히 금지규정을 위반하는 행위를 한 것일 뿐 이로써 위계에 의한 공무집행방해죄가 성립한다고 할 수는 없다.(대법원 2022.3.31. 2018도15213)

[67] 특정되지 않은 성명불상자에 대한 무고죄가 성립하는지의 여부(소극)

★ 특정되지 않은 성명불상자에 대한 무고죄는 성립하지 않는다. 공무원에게 무익한 수고를 끼치는 일은 있어도 심판 자체를 그르치게 할 염려가 없으며 피무고자를 해할 수도 없기 때문이다.(대법원 2022. 9.29. 2020도11754 골프연습장 운영자 아들 사건)

2023 중요 형법 판례 정리

[1] 아동학대처벌법 제34조 제1항 시행 당시 피해아동이 이미 성년에 달한 경우 공소시효의 진행이 정지되는지의 여부(소극)

신체적 학대행위를 비롯한 아동학대범죄로부터 피해아동을 보호하기 위하여 2014.1.28. 법률 제12341호로 제정된 아동학대처벌법 제34조는 '공소시효의 정지와 효력'이라는 표제 아래 제1항에서 "아동학대범죄의 공소시효는 형사소송법 제252조에도 불구하고 해당 아동학대범죄의 피해아동이 성년에 달한 날부터 진행한다."라고 규정하고, 그 부칙은 "이 법은 공포 후 8개월이 경과한 날부터 시행한다."라고 규정하면서 소급적용 등에 관하여 명시적인 규정을 두고 있지 않는바, 아동학대처벌법 제34조 제1항은 완성되지 아니한 공소시효의 진행을 피해아동이 성년에 달할 때까지 장래를 향하여 정지시키는 것으로 봄이 타당하다. 따라서 위 규정 시행일인 2014. 9.29. 당시 피해아동이 이미 성년에 달한 경우에는 공소시효의 진행이 정지되지 않는다.(대법원 2023.9.21. 2020도8444 학대아동피해자 성년도달 사건)

[2] 법률해석의 방법과 한계

★ 법은 원칙적으로 불특정 다수인에 대하여 동일한 구속력을 갖는 사회의 보편타당한 규범이므로 법의 표준적 의미를 밝혀 객관적 타당성이 있도록 해석하여야 하고, 가급적 모든 사람이 수긍할 수 있는 일관성을 유지함으로써 법적 안정성이 손상되지 않도록 하여야 한다. 그러기 위해서는 가능한 한 법률에 사용된 문언의 통상적인 의미에 충실하게 해석하는 것을 원칙으로 하여야 한다. 한편 법률의 문언 자체가 비교적 명확한 개념으로 구성되어 있다면 원칙적으로 더 이상 다른 해석방법은 활용할 필요가 없거나 제한될 수밖에 없고, 어떠한 법률의 규정에서 사용된 용어에 관하여 그 법률 및 규정의 입법 취지와 목적을 중시하여 문언의 통상적 의미와 다르게 해석하려 하더라도 당해 법률 내의 다른 규정들 및 다른 법률과의 체계적 관련성 내지 전체 법체계와의 조화를 무시할 수 없으므로 거기에는 일정한 한계가 있을 수밖에 없다.(대법원 2023.8.31. 2023도2715 해남 화산농협 조합장선거 사건) 이는 민사나 행정에 관해서는 최신판례가 아니지만 형사에 관해서는 최신판례에 해당한다(특히 앞 부분 판시내용).

[3] 유추해석금지의 원칙에 따라 엄격히 해석한 판례

1. ★ 형법 제243조(음화반포등)는 음란한 문서, 도화, 필름 기타 물건을 반포, 판매 또는 임대하거나 공연히 전시 또는 상영한 자에 대한 처벌규정으로서 컴퓨터 프로그램파일은 위 규정에서 규정하고 있는 문서, 도화, 필름 기타 물건에 해당한다고 할 수 없다. 이는 형법 제243조의 행위에 공할 목적으로 음란한 물건을 제조, 소지, 수입 또는 수출한 자를 처벌하는 규정인 형법 제244조(음화제조등)의 '음란한 물건'의 해석에도 그대로 적용된다.(대법원 2023.12.14. 2020도1669 군입대 변태남 사건)

2. 아동·청소년이용음란물 파일을 구입하여 시청할 수 있는 상태 또는 접근할 수 있는 상태만으로 곧바로 이를 소지로 보는 것은 소지에 대한 문언 해석의 한계를 넘어서는 것이어서 허용될 수 없으므로 피고인이 자신이 지배하지 않는 서버 등에 저장된 아동·청소년이용음란물에 접근하여 다운로드받을

수 있는 인터넷 주소 등을 제공 받은 것에 그친다면 특별한 사정이 없는 한 아동·청소년이용음란물을 '소지'한 것으로 평가하기는 어렵다.(대법원 2023.6.29. 2022도6278 음란물 클라우드 스토리지 사건) 2020. 6.2. 법률 제17338호로 개정되기 전의 아동·청소년의 성보호에 관한 법률 제11조 제5항에 관한 판례이다.

3. 도로교통법위반(무면허운전)죄는 도로교통법 제43조를 위반하여 운전면허를 받지 아니하고 자동차를 운전하는 경우에 성립하는 범죄로, 유효한 운전면허가 없음을 알면서도 자동차를 운전하는 경우에만 성립하는 고의범이다. 「교통사고처리 특례법」 제3조 제2항 단서 제7호는 도로교통법위반(무면허운전)죄와 동일하게 도로교통법 제43조를 위반하여 운전면허를 받지 아니하고 자동차를 운전하는 행위를 대상으로 교통사고 처벌 특례를 적용하지 않도록 하고 있다. 따라서 위 단서 제7호에서 말하는 '도로교통법 제43조를 위반'한 행위는 도로교통법위반(무면허운전)죄와 마찬가지로 유효한 운전면허가 없음을 알면서도 자동차를 운전하는 경우만을 의미한다.(대법원 2023.6.29. 2021도 17733 사다리차 운전자 교통사고 사건)

4. '담배의 제조'는 담배가공을 위한 일정한 작업의 수행을 전제하므로 그러한 작업을 수행하지 않은 자의 행위를 무허가 담배제조로 인한 담배사업법 제27조 제1항 제1호, 제11조 위반죄로 의율하는 것은 특별한 사정이 없는 한 문언의 가능한 의미를 벗어나 피고인에게 불리한 방향으로 해석한 것이어서 죄형법정주의의 내용인 확장해석금지 원칙에 어긋난다.(대법원 2023.1.12. 2019도16782 셀프 수제담배업소 사건)

[4] 유추해석금지의 원칙에 위반되지 않는 경우

1. ★ 원산지표시법 제14조 제2항에서 정한 '제1항의 죄로 형을 선고받고 그 형이 확정된 후'란 원산지표시법 제6조 제1항 또는 제2항을 위반하여 7년 이하의 징역형, 1억원 이하의 벌금형, 징역형에 벌금형이 병과되어 그 형이 확정된 경우를 의미하고, 확정된 벌금형에는 공판절차에서 형을 선고받아 확정된 경우 뿐만 아니라 약식절차에서 벌금형의 약식명령을 고지받아 확정된 경우까지 포함된다. (대법원 2023.5.18. 2022도10961 원산지표지위반 약식명령 전과 사건)

2. ★ 피고인이 전화를 걸어 피해자의 휴대전화에 벨소리가 울리게 하거나 부재중 전화 문구 등이 표시되도록 하여 상대방에게 불안감이나 공포심을 일으키는 행위는 실제 전화통화가 이루어졌는지 여부와 상관없이 스토킹처벌법 제2조 제1호 다목이 정한 스토킹행위에 해당한다고 볼 수 있다.(대법원 2023.5.18. 2022도12037 28회 부재중 전화 표시 사건) 피고인 甲(男)은 사귀던 여자친구 A(女)로부터 이별통보를 받았고, 이후 A에게 전화를 걸었으나 번호가 차단되어 통화를 하지 못했다. 甲은 2021.10.29. 친구 휴대폰으로 A에게 전화를 걸어 약 7초 동안 통화를 하였다. 그 후 甲은 2021. 11. 2.과 2021.11.26. 친구 휴대폰으로 28회에 걸쳐 전화를 걸었으나 A는 전화를 받지 않았다(A의 휴대폰에는 '부재중 전화' 표시가 남겨졌다). 검사는 甲을 스토킹(stalking)범죄로 기소하였는데 1심은 유죄를 선고하였으나 항소심인 부산지방법원은 벨소리는 '음향'이 아니고 부재중 전화 표시는 '글'이나 '부호'가 아니다라고 하여 1심판결을 파기하고 무죄를 선고하였다. 그러나 대법원은 아래와 같은 논거로 원심판결을 파기하고 사건을 원심으로 환송하였다.

2022도12037 판결의 논거

1. 쟁점 조항(스토킹처벌법 제2조 제1호 다목)은 스토킹행위 중 하나로 전화 또는 정보통신망 등을 '이용하여' 음향·글·부호 등을 피해자에게 도달하게 하는 행위를 규정한다. "이용하다"의 사전적 의미는 '대상을 필요에 따라 이롭게 쓴다'는 것으로 피해자에게 음향 등을 도달시킬 목적으로 전화, 정보통신망을 도구로 사용한다는 의미로 이해할 수 있다. 또한 쟁점 조항은 피해자에게 도달하게 하는 음향·글·부호 등의 내용 자체가 피해자에게 불안감 또는 공포심을 유발하는 내용일 것을 요구하지 않고 음향·글·부호 등의 발신·송신을 요구하지도 않으며, 음향·글·부호 등이 도달하게 하는 행위에 해당할 것을 요구할 뿐이다. 따라서 피고인이 피해자에게 전화를 걸어 무선 기지국 등에 '피고인이 피해자와 전화통화를 원한다.'라는 내용이 담긴 정보의 전파를 발신·송신하고 그러한 정보의 전파가 기지국, 교환기 등을 거쳐 피해자의 휴대전화에 수신된 후 '피고인이 피해자와 전화통화를 원한다.' 또는 '피고인이 피해자와 전화통화를 원하였다.'는 내용의 정보가 벨소리, 발신번호 표시, 부재중 전화 문구 표시로 변형되어 피해자의 휴대전화에 나타났다면 피고인이 전화 또는 정보통신망을 도구로 사용하여 피고인 전화기에서의 출발과 장소적 이동을 거친 음향(벨소리), 글(발신번호 표시, 부재중 전화 문구 표시)을 피해자의 휴대전화에 '도달'하게 한 것으로 평가할 수 있다.

2. 스토킹처벌법은 스토킹행위로 인하여 정상적인 일상생활이 어려울 만큼 정신적·신체적 피해를 입는 사례가 증가하고, 초기에 스토킹행위를 제지·억제하고 피해자를 보호하는 조치가 적절히 이루어지지 아니하여 폭행, 살인 등 신체 또는 생명을 위협하는 강력범죄로 이어지는 사건들이 빈번히 발생하는 사회문제를 해결하기 위하여 제정된 법률로서 지속적·반복적으로 이루어진 스토킹행위가 범죄임을 명확히 규정하고 가해자에 대한 처벌 및 그 절차에 관한 특례와 피해자에 대한 각종 보호절차를 마련하고 있다. 피고인이 피해자의 의사에 반하여 정당한 이유 없이 반복적으로 전화를 거는 경우 피해자에게 유발되는 불안감 또는 공포심은 일상생활에 지장을 줄 정도로 심각하고 피해자가 전화를 수신하지 않았더라도 마찬가지일 수 있다. 지속적 또는 반복적으로 이루어지는 스토킹행위는 시간이 갈수록 그 정도가 심각해져 강력범죄로 이어지는 사례가 적지 않은 점 등을 고려하면 피해자의 의사에 반하여 반복적으로 전화를 시도하는 행위로부터 피해자를 신속하고 두텁게 보호할 필요성도 크다.

3. 피고인이 전화를 걸어 피해자의 휴대전화에 벨소리가 울리게 하거나 부재중 전화 문구가 표시되게 하였음에도 피해자가 전화를 수신하지 않았다는 이유만으로 스토킹행위에서 배제하는 것은 우연한 사정에 의하여 처벌 여부가 좌우되도록 하고 처벌범위도 지나치게 축소시켜 부당하다. 피해자가 전화를 수신하여야만 불안감 또는 공포심을 일으킨다고 볼 수 없고, 오히려 스토킹행위가 반복되어 불안감 또는 공포심이 증폭된 피해자일수록 전화를 수신하지 않을 가능성이 높다.

4. 타인의 휴대전화번호로 전화를 걸었을 때 상대방의 휴대전화 상태에 따라 벨소리나 진동음이 울릴 수 있고 수신이 되지 않았을 때 발신번호나 부재중 전화 문구가 상대방의 휴대전화에 표시된다는 것은 휴대전화 사용이 일반화된 오늘날 휴대전화 사용자들 대부분이 알고 있는 휴대전화의 일반적 기능이다. 피고인이 피해자와 전화통화를 의욕하고 전화를 걸었거나 피해자의 휴대전화 상태나 전화수신 여부를 알 수 없었다고 하더라도 피고인으로서는 적어도 미수신시 피해자의 휴대전화에서 벨소리나 진동 음이 울리거나 부재중 전화 문구 등이 표시된다는 점을 알 수 있었고 그러한 결과의 발생을 용인하는 의사도 있었다고 볼 수 있으므로 미필적 고의는 있었다고 보아야 한다.

5. 대법원 2005. 2.25. 선고 2004도7615 판결은 구 정보통신망법(2004. 1.29. 법률 제7142호로 개정되기 전의 것) 제65조 제1항 제3호에서 정한 '정보통신망을 통하여 공포심이나 불안감을 유발하는 말, 음향, 글, 화상 또는 영상을 반복적으로 상대방에게 도달하게 한 행위'는 상대방에게 전화를 걸어 반복적으로 음향을 보냄(송신)으로써 이를 받는(수신) 상대방으로 하여금 공포심이나 불안감을 유발하게 하는 것으로 해석되므로 상대방에게 전화를 걸 때 상대방 전화기에서 울리는 '전화기의 벨소리'는 정보통신망을 통하여 상대방에게 송신된 음향이 아니고 반복된 전화기의 벨소리로 상대방에게 공포심이나 불안감을 유발하더라도 위 조항 위반행위에 해당하지 않는다고 판단하였다. 그러나 쟁점 조항과 구 정보통신망법 제65조 제1항 제3호는 구성요건을 달리하므로 구 정보통신망법 제65조 제1항 제3호의 해석에 관한 위 대법원 판례를 쟁점 조항의 해석에 그대로 적용할 수는 없다. 구 정보통신망법 제65조 제1항 제3호는 "정보통신망을 통하여" 피해자에게 송신되는 음향 자체가 공포심이나 불안감을 유발하는 내용일 것을 요구하였으나 쟁점 조항 스토킹행위는 "전화, 정보통신망 등을 이용하여" 말, 음향, 글 등을 도달하게 하면 족하고 전달되는 음향이나 글 등이 피해자에게 불안감 또는 공포심을 유발하는 내용일 것을 요구하지 않기 때문이다.

상대방에게 전화를 걸 때 상대방 전화기에서 울리는 '전화기의 벨소리'는 정보통신망을 통하여 상대방에게 송신된 음향이 아니므로 반복된 전화기의 벨소리로 상대방에게 공포심이나 불안감을 유발케 하더라도 이는 정보통신망법 제65조 제1항 제3호[23년 현재 제74조 제1항 제3호] 위반이 될 수 없다.(대법원 2005.2.25. 2004도7615 전화벨소리 사건)

스토킹범죄의 처벌 등에 관한 법률(2021. 4.20. 법률 제18083호로 제정된 것)

제2조【정의】이 법에서 사용하는 용어의 뜻은 다음과 같다.
1. "스토킹행위"란 상대방의 의사에 반하여 정당한 이유 없이 상대방 또는 그의 동거인, 가족에 대하여 다음 각 목의 어느 하나에 해당하는 행위를 하여 상대방에게 불안감 또는 공포심을 일으키는 것을 말한다.
   가. 나. <생략>
   다. 우편·전화·팩스 또는 「정보통신망 이용촉진 및 정보보호 등에 관한 법률」 제2조 제1항 제1호의 정보통신망을 '이용하여' 물건이나 글·말·부호·음향·그림·영상·화상(이하 "물건등"이라 한다)을 도달하게 하는 행위
2. "스토킹범죄"란 지속적 또는 반복적으로 스토킹행위를 하는 것을 말한다.
제18조【스토킹범죄】① 스토킹범죄를 저지른 사람은 3년 이하의 징역 또는 3천만원 이하의 벌금에 처한다.

정보통신망 이용촉진 및 정보보호 등에 관한 법률(2022. 6.10. 법률 제18871호로 일부개정된 것)

제44조의7【불법정보의 유통금지 등】① 누구든지 정보통신망을 '통하여' 다음 각 호의 어느 하나에 해당하는 정보를 유통하여서는 아니 된다.
1. 2. <생략>
3. 공포심이나 불안감을 유발하는 부호·문언·음향·화상 또는 영상을 반복적으로 상대방에게 도달하도록 하는 내용의 정보
제74조【벌칙】① 다음 각 호의 어느 하나에 해당하는 자는 1년 이하의 징역 또는 1천만원 이하의 벌금에 처한다.
1. 2. <생략>
3. 제44조의7 제1항 제3호를 위반하여 공포심이나 불안감을 유발하는 부호·문언·음향·화상 또는 영상을 반복적으로 상대방에게 도달하게 한 자

3. ★ (1) 아동·청소년 등이 일상적인 생활을 하면서 신체를 노출한 것일 뿐 적극적인 성적 행위를 한 것이 아니더라도 이를 몰래 촬영하는 방식 등으로 성적 대상화하였다면 이와 같은 행위를 표현한 영상 등은 아동·청소년이용음란물에 해당한다. (2) 원심은, 피고인이 소지한 동영상은 고등학교 여자기숙사에서 생활하는 여학생들의 탈의 후의 나체 모습 등을 몰래 촬영한 내용의 동영상으로 여고생들의 일상생활 중의 모습을 촬영한 것이라고 하더라도 청소년성보호법 제2조 제4호 다목의 '신체의 전부 또는 일부를 접촉·노출하는 행위로서 일반인의 성적 수치심이나 혐오감을 일으키는 행위'를 내용으로 하는 영상에 해당한다고 판단하였는바, 원심의 판단은 정당하다.(대법원 2023.11.16. 2021도4265 여고 기숙사.zip 사건)

[5] 법규범이 명확한지 여부의 판단기준

어떠한 법규범이 명확한지 여부는 그 법규범이 수범자에게 법규의 의미내용을 알 수 있도록 공정한 고지를 하여 예측가능성을 주고 있는지 여부 및 그 법규범이 법을 해석·집행하는 기관으로 하여금 자의적인 해석이나 집행을 하지 못하게 하는지 여부, 다시 말하면 예측가능성 및 자의적 법집행 배제가 확보

되는지 여부에 따라 이를 판단할 수 있다. 나아가 법규범의 의미내용은 그 문언뿐만 아니라 입법 목적이나 입법 취지, 입법 연혁 그리고 법규범의 체계적 구조 등을 종합적으로 고려하는 해석방법에 의하여 구체화하게 되므로 결국 법규범이 명확성의 원칙에 위배되는지 여부는 위와 같은 해석방법에 의하여 그 의미내용을 합리적으로 파악할 수 있는 해석기준을 얻을 수 있는지 여부에 달려 있다.(대법원 2023.5.18. 2022도10961 원산지표지위반 약식명령 전과 사건)

[6] 주거침입강제추행죄 및 주거침입준강제추행죄에 대하여 무기징역 또는 '7년 이상의 징역'에 처하도록 한 성폭법 제3조 제1항(이하 "심판대상조항"이라고 한다)이 헌법에 위반되는지의 여부(적극, 위헌)

(1) 형법상 주거침입죄에 해당하는 경우는 일상적 숙식의 공간인 좁은 의미의 주거에 대한 침입에 한정되지 않으며, 행위자가 침입한 공간이 일반적으로는 개방되어 있는 건조물이지만 관리자의 묵시적 의사에 반하여 들어간 경우도 포함되는 등 그 행위 유형의 범위가 넓다. 주거침입강제추행·준강제추행죄에서 문제되는 '추행행위'에는 '강간·준강간' 및 '유사강간·준유사강간'에 해당하는 행위는 포함되지 않으며, 유형력 행사의 대소강약이 문제되지 않는 '기습추행'이 포함되는 등 그 행위 유형이 다양하다. 이처럼 주거침입죄와 강제추행·준강제추행죄는 모두 행위 유형이 매우 다양한바, 이들이 결합된다고 하여 행위 태양의 다양성이 사라지는 것은 아니므로 그 법정형의 폭은 개별적으로 각 행위의 불법성에 맞는 처벌을 할 수 있는 범위로 정할 필요가 있다. 심판대상조항은 법정형의 하한을 '징역 5년'으로 정하였던 2020. 5.19. 개정 이전의 구 성폭법 제3조 제1항과 달리 그 하한을 '징역 7년'으로 정함으로써 주거침입의 기회에 행해진 강제추행 또는 준강제추행의 경우에는 다른 법률상 감경사유가 없는 한 법관이 정상참작감경을 하더라도 집행유예를 선고할 수 없도록 하였다. 이에 따라 주거침입의 기회에 행해진 강제추행 또는 준강제추행의 불법과 책임의 정도가 아무리 경미한 경우라고 하더라도 다른 법률상 감경사유가 없으면 일률적으로 징역 3년 6월 이상의 중형에 처할 수밖에 없게 되어 형벌개별화의 가능성이 극도로 제한된다. 주거침입죄를 범한 사람이 그 기회에 성폭력범죄를 행하는 경우는 전반적으로 불법과 책임이 중하게 평가되고, 강제추행 또는 준강제추행의 행위 중에서도 강간이나 유사강간을 한 경우 못지않게 죄질이 나쁜 경우가 있을 수도 있다. 이에 심판대상조항은 법정형의 '상한'을 무기징역으로 높게 규정함으로써 불법과 책임이 중대한 경우에는 그에 상응하는 형을 선고할 수 있도록 하고 있다. 그럼에도 불구하고 법정형의 '하한'을 일률적으로 높게 책정하여 경미한 강제추행 또는 준강제추행의 경우까지 모두 엄하게 처벌하는 것은 책임주의에 반한다. (2) 법관의 양형재량은 입법자가 정한 법정형의 범위 내에서 인정되는 것이지만, 법관에게 양형재량을 부여한 취지는 개별 사건에서 범죄행위자의 책임에 상응하는 형벌을 부과하도록 하여 형벌개별화를 실질적으로 구현하도록 하려는 것이다. 그런데 법정형이 과중한 나머지 선고형이 사실상 법정형의 하한에서 1회 감경한 수준의 형량으로 수렴된다면, 이는 실질적으로 형벌이 구체적인 책임에 맞게 개별화되는 것이 아니라 획일화되는 결과를 야기할 수 있고, 경우에 따라서는 법관의 양형을 전제로 하는 법정형의 기능이 상실될 수도 있다. 법관의 양형과정을 통한 형벌개별화에 대한 제약이 지나치게 커지면, 법원의 재판뿐만 아니라 수사기관의 수사 등 형사사법절차 전반에 범죄의 성립 범위에 대한 자의적인 법해석과 적용을 유발할 위험이 커진다는 점도 고려할 필요가 있다. 집행유예는 재범의 방지라는 특별예방의 측면에서 운용되는 대표적인 제도인데, 심판대상조항은 경미한 주거침입강제추행·준강제추행죄를 범한 경우에도 이러한 제도를 활용하여 특별예방효과를 제고할 수 있는 가능성을 극도로 제약하고 있다. 성폭법에서 규정한 주거침입강제추행·준강제추행죄의 경우 다양한 추행행위 중 그 불법과 책임의 정도가 경미한 사안에 대해서는 형의 집행

을 유예하더라도 재범 예방을 위한 적절한 조치를 취할 수 있는 장치가 마련되어 있다. 개별 사건에서 법관 양형은 재범 예방을 위한 다양한 제도까지 두루 고려하여 행위자의 책임에 걸맞게 이루어질 수 있어야 한다. (3) 심판대상조항은 그 법정형이 형벌 본래의 목적과 기능을 달성함에 있어 필요한 정도를 일탈 하였고, 각 행위의 개별성에 맞추어 그 책임에 알맞은 형을 선고할 수 없을 정도로 과중하므로 책임과 형벌 간의 비례원칙에 위배된다.(헌법재판소 2023. 2.23. 2021헌가9 들어가서 한번 만지면 최하 징역7년 사건)

[7] 폭행죄로 2회 이상 징역형을 받은 사람이 다시 같은 죄를 범하여 누범으로 처벌하는 경우 가중처벌 하도록 규정한 '폭력행위 등 처벌에 관한 법률' 적정성 원칙 위반 여부(소극)

제2조 제3항 제1호 중 '형법 제260조 제1항(폭행)'을 위반하여 2회 이상 징역형을 받은 사람이 다시 형법 제260조 제1항(폭행)의 죄를 범하여 누범으로 처벌할 경우'에 관한 부분은 책임과 형벌 간의 비 례원칙에 위반되지 않는다. 심판대상조항은 전범과 후범이 모두 폭력범죄의 고의범일 것이라는 실질 적 관련성을 요구하고 있으며, 전범에 대하여 '2회 이상의 징역형'을 선고받아 형이 아직 실효되지 아 니하여야 하고, 후범을 '누범'으로 처 벌하는 경우여야 하는 등 상당히 엄격한 구성요건을 설정하고 있다. 이러한 심판대상조항의 구성요건을 충족시키는 행위는 2차례에 걸친 전범에 대한 형벌의 경고 기능을 모두 무시하고 다시 동종의 범죄를 저지른 것이라는 점에서 행위책임이 더욱 가중되어 그 불법 성과 비난가능성이 대단히 높다고 하지 않을 수 없다. 심판대상조항이 적용되는 경우 형법 제35조의 누범가중이 별도로 이루어지고, 그 결과 심판대상조항이 정한 장기 법정형의 2배인 징역 14년까지 처 단형이 확대된다. 그러나 이와 같이 형의 폭이 넓어지더라도 양형실무에서 중대한 영향을 미치는 형의 단기는 변함이 없고, 법관은 심판대상조항이 적용되는 후 범의 죄질, 전범과의 연관성 등 구체적인 정상에 따라 필요한 경우 정상참작감경을 통해 정해진 처단형의 범위에서 적정한 선고형을 정할 수 있으므로, 심판 대상조항이 별도의 누범가중을 허용하는 구성요건을 정하고 있더라도 입법재량의 한계를 벗어난 과도한 형 벌을 정하고 있는 것으로는 보기 어렵다.(헌법재판소 2023. 6. 29. 2022헌바178)

[8] 행위시법주의 관련 판례

★ 아청법 제11조 제5항에서 정한 '소지'란 아동·청소년성착취물을 자기가 지배할 수 있는 상태에 두 고 지배관계를 지속시키는 행위를 말하므로 청소년성보호법위반(성착취물소지)죄는 아동·청소년성착 취물임을 알면서 소지를 개시한 때부터 지배관계가 종료한 때까지 하나의 죄로 평가되는 이른바 계속 범이다. 원칙적으로 계속범에 대해서는 실행행위가 종료되는 시점의 법률이 적용된다.(대법원 2023.3.16. 2022도15319 성착취물소지죄 형량 강화사건) 甲은 2019. 5.경부터 2020. 8.11.경까지 성착취물을 소지하였 는데, 소지 행위가 계속되던 중인 2020. 6. 2. 아청법이 개정되어 법정형이 '1년 이하의 징역 또는 2,000만원 이하의 벌금'에서 '1년 이상의 징역'으로 상향되었다. 대법원은 성착취물소지죄는 계속범이 므로 실행행위가 종료되는 시점에 시행되던 법률인 개정된 아청법을 적용한 원심판결이 정당하다고 하여 이를 확정시켰다. 계속범도 포괄일죄의 일종이므로 "포괄일죄로 되는 개개의 범죄행위가 법 개정 의 전후에 걸쳐서 행하여진 경우에는 신·구법의 법정형에 대한 경중을 비교하여 볼 필요도 없이 범죄 실행 종료시의 법이라고 할 수 있는 '신법'을 적용하여 포괄일죄로 처단하여야 한다."라는 판례(대법원 2009.4.9. 2009도321 게임법 개정 사건)와 같은 취지로 볼 수 있다.

[9] 다른 법령의 변경이 '해당 형벌법규에 따른 범죄의 성립 및 처벌과 직접적으로 관련된 형사법적 관점의 변화'를 주된 근거로 하지 않는 경우(제1조 제1항에 의하여 처벌)

★ 2020.2.4. 법률 제16911호 개정으로 개인의 파산사건 및 개인회생사건 신청의 대리를 법무사의 업무로 규정한 제6호의 내용이 추가된 법무사법 제2조는 공소사실의 해당 형벌법규인 변호사법 제109조 제1호 또는 그로부터 수권 내지 위임을 받은 법령이 아닌 별개의 다른 법령에 불과하다. 변호사법 제109조 제1호 위반죄의 성립 요건과 구조를 살펴보더라도 법무사법 제2조의 규정이 보충규범으로서 기능하고 있다고 보기 어렵다. 법무사법 제2조는 법무사의 업무범위에 관한 규정으로서 기본적으로 형사법과 무관한 행정적 규율에 관한 내용이다. 따라서 이는 타법에서의 비형사적 규율의 변경이 문제된 형벌법규의 가벌성에 간접적인 영향을 미치는 경우에 해당할 뿐이므로 원칙적으로 형법 제1조 제2항과 형사소송법 제326조 제4호의 적용 대상인 형사법적 관점의 변화에 근거한 법령의 변경에 해당한다고 볼 수 없다. 법무사법 제2조가 변호사법 제109조 제1호 위반죄와 불가분적으로 결합되어 그 보호목적과 입법취지 등을 같이한다고 볼 만한 특별한 사정도 인정하기 어렵다.(대법원 2023.2.23. 2022도6434 변호사법위반 후 법무사법 개정사건)

변호사법(2021. 1. 5. 법률 제17828호로 일부개정된 것)

제109조【벌칙】다음 각 호의 어느 하나에 해당하는 자는 7년 이하의 징역 또는 5천만원 이하의 벌금에 처한다. 이 경우 벌금과 징역은 병과할 수 있다.
  1. 변호사가 아니면서 금품·향응 또는 그 밖의 이익을 받거나 받을 것을 약속하고 또는 제3자에게 이를 공여하게 하거나 공여하게 할 것을 약속하고 다음 각 목의 사건에 관하여 감정·대리·중재·화해·청탁·법률상담 또는 법률 관계 문서 작성, 그 밖의 법률사무를 취급하거나 이러한 행위를 알선한 자
    가. 소송사건, 비송사건, 가사조정 또는 심판사건
    나.부터 마. <생략>

법무사법(2020. 2. 4. 법률 제16911호로 일부개정된 것)

제2조【업무】① 법무사의 업무는 다른 사람이 위임한 다음 각 호의 사무로 한다.
  1.부터 5. <생략>
  6. 「채무자 회생 및 파산에 관한 법률」에 따른 개인의 파산사건 및 개인회생사건 신청의 대리. 다만, 각종 기일에서의 진술의 대리는 제외한다. ← 2020. 2. 4. 법개정으로 법무사의 업무로 추가되었다.

---

[10] '범죄 후 법률이 변경되어 그 행위가 범죄를 구성하지 아니하게 된 경우'에 해당하지 않는 경우

구 특정범죄가중법(2022. 12. 27. 법률 제19104호로 개정되기 전의 것) 제5조의11에서의 '원동기장치자전거'에는 전동킥보드와 같은 개인형 이동장치도 포함된다고 판단되고, 비록 개정 도로교통법이 전동킥보드와 같은 개인형 이동장치에 관한 규정을 신설하면서 이를 '자동차 등'이 아닌 '자전거 등'으로 분류하였다고 하여 이를 형법 제1조 제2항의 범죄 후 법률이 변경되어 그 행위가 범죄를 구성하지 아니하게 된 경우라고 볼 수는 없다.(대법원 2023.6.29. 2022도13430 음주 전동킥보드운전 사건)

[11] 법인의 사용인 등이 영업비밀을 부정사용하려다가 미수에 그친 경우 법인을 부정경쟁방지법상 양벌규정으로 처벌할 수 있는지의 여부(소극)

★ 부정경쟁방지법 제19조는 '법인의 대표자나 법인 또는 개인의 대리인, 사용인, 그밖의 종업원(이하

'사용인 등'이라 한다)이 그 법인 또는 개인의 업무에 관하여 제18조 제1항부터 제4항까지의 어느 하나에 해당하는 위반행위를 하면 그 행위자를 벌하는 외에 그 법인 또는 개인에게도 해당 조문의 벌금형을 과한다.'고 규정한다. 이에 따르면 위 양벌규정은 사용인 등이 영업비밀의 취득 및 부정사용에 해당하는 제18조 제1항부터 제4항까지의 위반행위를 한 경우에 적용될 뿐이고, 사용인 등이 영업비밀의 부정사용에 대한 미수범을 처벌하는 제18조의2에 해당하는 위반행위를 한 경우에는 위 양벌규정이 적용될 수 없다.(대법원 2023.12.14. 2023도3509 인터코스코리아 사건)

[12] 정당방위에서 '침해의 현재성'의 의미

★ 형법 제21조 제1항에서 '침해의 현재성'이란 침해행위가 형식적으로 기수에 이르렀는지에 따라 결정되는 것이 아니라 자기 또는 타인의 법익에 대한 침해상황이 종료되기 전까지를 의미하는 것이므로 일련의 연속되는 행위로 인해 침해상황이 중단되지 아니하거나 일시 중단되더라도 추가 침해가 곧바로 발생할 객관적인 사유가 있는 경우에는 그 중 일부 행위가 범죄의 기수에 이르렀더라도 전체적으로 침해상황이 종료되지 않은 것으로 볼 수 있다.(대법원 2023.4.27. 2020도6874 레이테크코리아 사건)

[13] 사회상규에 위배되지 않는 행위가 되기 위한 요건

★ 형법 제20조는 '사회상규에 위배되지 아니하는 행위'를 정당행위로서 위법성이 조각되는 사유로 규정하고 있다. 위 규정에 따라 사회상규에 의한 정당행위를 인정하려면 첫째 그 행위의 동기나 목적의 정당성, 둘째 행위의 수단이나 방법의 상당성, 셋째 보호이익과 침해이익과의 법익균형성, 넷째 긴급성, 다섯째로 그 행위 외에 다른 수단이나 방법이 없다는 보충성 등의 요건을 갖추어야 하는데 위 '목적·동기', '수단', '법익균형', '긴급성', '보충성'은 불가분적으로 연관되어 하나의 행위를 이루는 요소들로 종합적으로 평가되어야 한다.(대법원 2023.5.18. 2017도2760 상지대학교 사건)

[14] 사회상규에 위배되지 않는 행위의 요건인 '목적·동기', '수단', '법익균형', '긴급성', '보충성'의 의의

★ '목적의 정당성'과 '수단의 상당성' 요건은 행위의 측면에서 사회상규의 판단기준이 된다. 사회상규에 위배되지 아니하는 행위로 평가되려면 행위의 동기와 목적을 고려하여 그것이 법질서의 정신이나 사회윤리에 비추어 용인될 수 있어야 한다. 수단의 상당성·적합성도 고려되어야 한다. 또한 보호이익과 침해이익 사이의 법익균형은 결과의 측면에서 사회상규에 위배되는지를 판단하기 위한 기준이다. 이에 비하여 행위의 긴급성과 보충성은 수단의 상당성을 판단할 때 고려요소의 하나로 참작하여야 하고 이를 넘어 독립적인 요건으로 요구할 것은 아니다. 또한 그 내용 역시 다른 실효성 있는 적법한 수단이 없는 경우를 의미하고 '일체의 법률적인 적법한 수단이 존재하지 않을 것'을 의미하는 것은 아니다.(대법원 2023.5.18. 2017도2760 상지대학교 사건) 아래 박스 내용도 중요하므로 신경써서 읽어 보아야 한다. 형법 제20조의 정당행위는 'ⓐ 초법규성, ⓑ 일반성, ⓒ 보충성'이라는 특징을 가진다.

> **2017도2760 판결의 논거**
> 형법 제20조의 '사회상규에 위배되지 아니하는 행위'는 우리 형법의 독특한 규정으로 구성요건에 해당하는 행위가 ⓐ 형식적으로 위법하더라도 사회가 내리는 공적 평가에 의하여 사회상규성이 인정된다면 그 행위를 실질적으로 위법한 것으로는 평가할 수 없다는 취지에서 제정 형법시 도입되었다. ⓑ '사회상규에 위배되지 아니하는 행위'는 형법 제21조부터 제24조까지의 개별적 위법성조각사유가 인정되지 않고 법령이나 업무로 인한 행위로 포섭되기

어려운 경우 적용되는 일반적 위법성조각사유이다. ⓒ 따라서 정당행위를 인정하기 위한 기준은 이와 같이 다른 개별적 위법성조각사유에 해당하지 않는 경우에 사회상규에 의한 위법성조각사유 규정이 보충적으로 적용되도록 정한 형법의 규율체계, 법령에 정해지지 않더라도 사회통념과 건전한 상식에 기초한 일반적 위법성조각사유를 별도로 인정하는 입법취지에 부합하도록 해석되어야 한다. 이는 특히 법률관계를 규율할 입법이 마련되지 않아 제도적 뒷받침이 없을 때 현행 법령체계 안에서 법률적인 방법으로는 실효성 있는 손해보전이 불가능한 상황에서 한 행동에 대하여 설령 개별적 위법성조각사유에 해당하지 않더라도 사회통념과 전체 법질서의 관점에서 평가하여 사회상규에 의한 정당행위를 수긍할 여지가 있는지 판단할 때 중요하게 고려되어야 한다. 사회상규에 위배되지 아니하는 행위는 일응 범죄구성요건에 해당된다고 보이는 경우에도 극히 정상적인 생활형태의 하나로서 역사적으로 생성된 사회생활질서의 범위 안에 있는 것으로 볼 수 있는 경우 또는 법질서 전체의 정신이나 그 배후의 지배적인 사회윤리 내지 사회통념에 비추어 용인될 수 있는 행위를 의미한다. 목적의 정당성, 수단의 상당성, 피해법익과 보호법익의 균형, 긴급성과 보충성의 요건들은 위 일반원칙으로서 추상적이고 포괄적인 요건인 '사회상규'의 의미를 구체화하여 사회상규가 통일적이고 예측가능한 재판규범으로 기능하는 역할을 할 수 있도록 하는 기준이지 '사회상규'의 의미를 축소하거나 적용범위를 제한하기 위한 것이 아니다.

[15] 정당행위에 해당하는 경우

대학교 총학생회 간부인 피고인들이 총장실 입구에서 진입을 시도하거나 회의실에 들어가 총장 사퇴를 요구하다가 이를 막는 교직원들과 실랑이를 벌인 경우. 피고인들은 총장 선임의 위법·부당함에 관한 의견을 개진하고 학사일정을 정상화하며 학생들의 교육받을 권리에 대한 침해를 방지하기 위한 목적에서 약 5분 또는 20분 정도 실랑이를 벌이다 해산하였음(대법원 2023.5.18. 2017도2760 상지대학교 사건) 업무방해죄 불성립

[16] 위법성조각사유의 전제사실에 관한 착오 사례에서 그 착오에 '정당한 이유'가 있는 경우

★ 피고인 甲은 피해자 A와 B가 몸싸움하던 것을 지켜보던 중 A가 왼손을 주머니에 넣어 휴대용 녹음기를 꺼내어 움켜쥐자 '호신용 작은 칼 같은 흉기를 꺼내는 것으로 오인하여 이를 확인하기 위하여' A의 왼손을 잡아 쥐고 있는 주먹을 강제로 펴게 하는 과정에서 약 4주간의 치료가 필요한 좌 제4수지 중위지골 골절을 가하였는바, (중략) 甲의 행위는 적어도 주관적으로는 그 정당성에 대한 인식하에 이루어진 것이라고 보기에 충분하다.(대법원 2023.11.2. 2023도10768 복싱클럽 사건)

[17] 의료사고에서 의사의 과실과 결과 발생 사이의 인과관계에 대한 인정기준

★ 의료사고에서 의사의 과실과 결과 발생 사이에 인과관계를 인정하기 위해서는 주의의무위반이 없었더라면 그러한 결과가 발생하지 않았을 것임이 증명되어야 한다.(대법원 2023.1.12. 2022도11163 황색포도상구균 감염사건)

[18] 근로자들의 동의 절차나 협의를 거치지 않고 설치된 공장 내 CCTV를 통하여 시설물 관리 업무를 하는 경우라 하더라도 업무방해죄의 보호대상 여부(적극)

★ 근로자들이 대표이사가 사업장 내 시설물 보안 및 화재 감시 목적으로 공장 외곽 울타리와 출입문, 출고장 등 주요시설물에 설치한 CCTV 카메라 51대에 검정색 비닐봉지를 씌워 촬영하지 못하도록 한 경우, 시설물 보안 및 화재 감시라는 정당한 이익을 위하여 이 사건 CCTV를 설치한 것으로 볼 수 있으므로,

비록 그 설치 과정에서 근로자들의 동의 절차나 노사협의회의 협의를 거치지 아니하였다 하더라도 그 업무가 법률상 보호할 가치가 없다고 평가할 수 없다. 따라서 이 사건 CCTV의 설치 및 운영을 통한 시설물 관리 업무는 업무방해죄의 보호대상에 해당하며, 피고인들의 행위는 CCTV 카메라의 촬영을 불가능하게 하는 물적 상태를 만든 것으로 위력에 해당하고, 시설물 관리 업무를 방해할 위험성도 인정되므로 업무방해죄의 구성요건에 해당한다.(대법원 2023.6.29. 2018도1917 공장 CCTV 비닐봉지 사건)

[19] 근로자들의 동의 절차나 협의를 거치지 않고 설치된 공장 내 CCTV 카메라에 비닐봉지를 씌워 촬영하지 못하도록 한 행위 정당행위 여부(적극)

★ 회사가 CCTV를 작동시키지 않았거나 시험가동만 한 상태에서 촬영을 방해한 행위는 정당행위로 볼 수 없으나, 정식으로 CCTV 작동을 시작한 후에는 회사의 정당한 이익 달성이 명백하게 정보주체의 권리보다 우선하는 경우에 해당한다고 보기 어려워 그 촬영을 방해한 행위가 정당행위에 해당할여지가 있다.
(대법원 2023.6.29. 2018도1917 공장 CCTV 비닐봉지 사건)

[20] 철도노조 집회에 음식물과 책 등 물품을 제공한 행위 방조범 성립여부(소극)

방조범이 성립하려면 방조행위가 정범의 범죄 실현과 밀접한 관련이 있고 정범으로 하여금 구체적 위험을 실현시키거나 범죄 결과를 발생시킬 기회를 높이는 등으로 정범의 범죄 실현에 현실적인 기여를 하였다고 평가할 수 있어야 한다. 정범의 범죄 실현과 밀접한 관련이 없는 행위를 도와준 데 지나지 않는 경우에는 방조범이 성립하지 않는다. 쟁의행위가 업무방해죄에 해당하는 경우 제3자가 그러한 정을 알면서 쟁의행위의 실행을 용이하게 한 경우에는 업무방해방조죄가 성립할 수 있다. 다만 헌법 제33조 제1항이 규정하고 있는 노동3권을 실질적으로 보장하기 위해서는 근로자나 노동조합이 노동3권을 행사할 때 제3자의 조력을 폭넓게 받을 수 있도록 할 필요가 있고, 나아가 근로자나 노동조합에 조력하는 제3자도 헌법 제21조에 따른 표현의 자유나 헌법 제10조에 내재된 일반적 행동의 자유를 가지고 있으므로, 위법한 쟁의행위에 대한 조력행위가 업무방해방조에 해당하는지 판단할 때는 헌법이 보장하는 위와 같은 기본권이 위축되지 않도록 업무방해방조죄의 성립 범위를 신중하게 판단하여야 한다.(대법원 2023.6.29. 2017도9835) 판례는 방조죄에서 요구하는 인과관계를 부정

[21] 사기죄가 유사수신행위법위반죄의 불가벌적 사후행위에 해당하는지의 여부(소극)

★ 유사수신행위법 제6조 제1항, 제3조를 위반한 행위는 그 자체가 사기행위에 해당한다거나 사기행위를 반드시 포함한다고 할 수 없고, 유사수신행위법위반죄가 형법 제347조 제1항의 사기죄와 구성요건을 달리하는 별개의 범죄로서 서로 보호법익이 다른 이상, 유사수신행위를 한 자가 출자자에게 별도의 기망행위를 하여 유사수신행위로 조달받은 자금의 전부 또는 일부를 다시 투자받는 행위는 유사수신행위법위반죄와 다른 새로운 보호법익을 침해하는 것으로서 유사수신행위법위반죄의 불가벌적 사후행위가 되는 것이 아니라 별죄인 사기죄를 구성한다.(대법원 2023.11.16. 2023도12424 유사수신 + 사기 사건)

유사수신행위의 규제에 관한 법률(2010. 2. 4. 법률 제10045호로 일부개정된 것)

제2조【정의】 이 법에서 "유사수신행위"란 다른 법령에 따른 인가·허가를 받지 아니하거나 등록·신고 등을 하지 아니하고 불특정 다수인으로부터 자금을 조달하는 것을 업으로 하는 행위로서 다음 각 호의 어느 하나에 해당하는 행위를 말한다.

1. 장래에 출자금의 전액 또는 이를 초과하는 금액을 지급할 것을 약정하고 출자금을 받는 행위
2. 장래에 원금의 전액 또는 이를 초과하는 금액을 지급할 것을 약정하고 예금·적금·부금·예탁금 등의 명목으로 금전을 받는 행위
3. 장래에 발행가액(發行價額) 또는 매출가액 이상으로 재매입(再買入)할 것을 약정하고 사채(社債)를 발행하거나 매출하는 행위
4. 장래의 경제적 손실을 금전이나 유가증권으로 보전(補塡)하여 줄 것을 약정하고 회비 등의 명목으로 금전을 받는 행위

제3조【유사수신행위의 금지】 누구든지 유사수신행위를 하여서는 아니 된다.
제6조【벌칙】 ① 제3조를 위반하여 유사수신행위를 한 자는 5년 이하의 징역 또는 5천만원 이하의 벌금에 처한다.

[22] 실체적 경합범에 해당하는 경우

1. 운행정지명령 위반으로 인한 자동차관리법 제82조 제2호의2를 위반한 죄와 의무보험미가입자동차운행으로 인한 자동차손해배상 보장법 제46조 제2항 제2호를 위반한 죄는 그 구성요건과 수범자의 범위에서 차이가 있고 입법 목적과 보호법익도 다르다. 따라서 위 각 죄는 하나의 범죄가 성립되는 때에 다른 범죄가 성립할 수 없다거나 하나의 범죄가 무죄로 될 경우에만 다른 범죄가 성립할 수 있는 양립 불가능한 관계에 있다고 볼 수 없다. 나아가 위 각 죄는 자동차의 운행이라는 행위가 일부 중첩되기는 하나 법률상 1개의 행위로 평가되는 경우에 해당한다고 보기 어렵고 또 구성요건을 달리하는 별개의 범죄로서 보호법익을 달리하고 있으므로 상상적 경합관계로 볼 것이 아니라 실체적 경합관계로 봄이 타당하다.(대법원 2023.4.27. 2020도17883 리스 토요타 승용차 사건)

2. [1] 피고인이 특정인을 중소기업중앙회장으로 당선되도록 할 목적으로 선거인에게 재산상 이익을 제공하면서 그 비용을 자신이 이사장으로 있었던 협동조합의 법인카드로 결제한 사안에서, 선거인에 대한 재산상 이익 제공으로 인한 중소기업협동조합법 위반죄와 협동조합에 재산상 손해를 가한 것으로 인한 업무상배임죄는 실체적 경합 관계에 있다. [2] 피고인이 '중소기업중앙회장 선거에서 회장으로 입후보한 甲을 당선시킬 목적으로 선거인들에게 식사 등을 제공하면서 그 비용을 자신이 이사장으로 있었던 A협동조합 등의 법인카드로 결제하여, 그 임무에 위배하여 피해자인 A협동조합 등에게 재산상 손해를 가한 경우, 중소기업협동조합법 위반 부분과 업무상배임 부분은 각 범죄의 구성요건 및 행위의 태양과 보호법익을 달리하고 있어 실체적 경합 관계에 있다.(대법원 2023.2.23. 2020도12431)

[23] 재심판결에서 금고 이상의 형이 확정된 경우 재심대상판결 이전 범죄와 재심대상판결 이후 범죄 사이에 형법 제37조 전단의 경합범 관계가 성립하는지의 여부(소극)

★ 재심의 대상이 된 범죄(이하 '선행범죄'라 한다)에 관한 유죄 확정판결(이하 '재심대상판결'이라 한다)에 대하여 재심이 개시되어 재심판결에서 다시 금고 이상의 형이 확정되었다면 재심대상판결 이전 범죄와 재심대상판결 이후 범죄 사이에는 형법 제37조 전단의 경합범 관계가 성립하지 않으므로 각 범죄에 대해 별도로 형을 정하여 선고하여야 한다.(대법원 2023.11.16. 2023도10545 필로폰 → 음주운전 → 필로폰 사

건) 이 판례는 "A죄 범함 → B죄 범함(선행범죄) → B죄 징역 1년, 집행유예 2년 확정(재심대상판결) → C죄 범함 → B죄 유죄확정판결에 대한 재심청구 → B죄 징역 1년, 집행유예 2년 확정(재심판결)" 순서로 진행된 사건에 대한 것이다.

2023도10545 판결의 논거

(1) 형법 제37조 후단 경합범은 금고 이상의 형에 처한 판결이 확정되기 이전에 범한 죄가 이미 판결이 확정된 죄와 동시에 판결을 받아 하나의 형을 선고받을 수 있었던 경우에 한하여 성립하고, 그에 대하여는 형법 제39조 제1항에 따라 판결이 확정된 죄와 동시에 판결할 경우와의 형평을 고려하여 하나의 형이 선고되어야 한다. (2) 재심대상판결 이전 범죄[A죄]는 재심판결이 확정되기 이전에 범한 죄일 뿐만 아니라 재심대상판결이 확정되기 이전까지 선행범죄[B죄]와 함께 기소되거나 이에 병합되어 동시에 판결을 받아 하나의 형을 선고받을 수 있었다. 따라서 재심대상판결 이전 범죄[A죄]는 선행범죄[B죄]와 형법 제37조 후단의 경합범 관계에 있고, 형법 제39조 제1항에 따라 하나의 형이 선고되어야 한다. 반면, 재심대상판결 이후 범죄[C죄]는 비록 재심판결 확정 전에 범하여졌더라도 재심판결이 확정된 선행범죄[B죄]와 사이에 형법 제37조 후단의 경합범이 성립하지 않는다. 재심대상판결 이후 범죄[C죄]가 종료하였을 당시 선행범죄[B죄]에 대하여 이미 재심대상판결이 확정되어 있었고, 그에 관한 비상구제절차인 재심심판절차에서는 별개의 형사사건인 재심대상판결 이후 범죄 사건을 병합하여 심리하는 것이 허용되지 아니하여, 재심대상판결 이후 범죄[C죄]는 처음부터 선행범죄[B죄]와 함께 심리하여 동시에 판결을 받음으로써 하나의 형을 선고받을 수 없기 때문이다. (3) 결국 재심대상판결 이전 범죄[A죄]는 선행범죄[B죄]와 형법 제37조 후단의 경합범 관계에 있지만 재심대상판결 이후 범죄[C죄]는 선행범죄[B죄]와 형법 제37조 후단의 경합범 관계에 있지 아니하므로 재심대상판결 이전 범죄[A죄]와 재심대상판결 이후 범죄[C죄]는 형법 제37조 전단의 경합범 관계로 취급할 수 없어 형법 제38조가 적용될 수 없는 이상 별도로 형을 정하여 선고하여야 한다. 다만, 이러한 결론은 재심판결이 확정되더라도 재심대상판결이 여전히 유효하다거나 선행범죄[B죄]에 대하여 두 개의 확정판결이 인정된다는 의미는 아니다. 재심판결이 '금고 이상의 형에 처한 판결'에 해당하는 경우 재심대상판결 이전 범죄[A죄]는 선행범죄[B죄]와 형법 제37조 후단 경합범 관계에 해당하므로 하나의 형이 선고되어야 하고, 그렇지 않은 재심대상판결 이후 범죄[C죄]에 대하여는 별도의 형이 선고되어야 한다는 의미일 뿐이다. (4) 한편, 재심대상판결이 '금고 이상의 형에 처한 판결'이었더라도 재심판결에서 무죄 또는 금고 미만의 형이 확정된 경우에는 재심대상판결 이전 범죄[A죄]가 더 이상 '금고 이상의 형에 처한 판결'의 확정 이전에 범한 죄에 해당하지 않아 선행범죄[B죄]와 사이에 형법 제37조 후단 경합범에 해당하지 않는다. 이 경우에는 재심대상판결 이전 범죄[A죄]와 재심대상판결 이후 범죄[C죄] 중 어느 것도 이미 재심판결이 확정된 선행범죄[B죄]와 사이에 형법 제37조 후단 경합범 관계에 있지 않아 형법 제37조 전단의 '판결이 확정되지 아니한 수개의 죄'에 해당하므로 형법 제38조의 경합범 가중을 거쳐 하나의 형이 선고되어야 한다.

---

[24] 형법 제64조 제2항의 집행유예취소 관련 판례

★ 검사는 보호관찰이나 사회봉사 또는 수강을 명한 집행유예를 받은 자가 준수사항이나 명령을 위반하고 그 정도가 무거운 경우 보호관찰소장의 신청을 받아 집행유예의 선고 취소청구를 할 수 있는데(보호관찰 등에 관한 법률 제47조 제1항, 형법 제64조 제2항), 그 심리 도중 집행유예 기간이 경과하면 형의 선고는 효력을 잃기 때문에 더 이상 집행유예의 선고를 취소할 수 없고 취소청구를 기각할 수밖에 없다. 집행유예의 선고 취소결정에 대한 즉시항고 또는 재항고 상태에서 집행유예 기간이 경과한 때에도 같다. 이처럼 집행유예의 선고 취소는 '집행유예 기간 중'에만 가능하다는 시간적 한계가 있다. (대법원 2023.6.29. 2023모1007 사회봉사명령 불이행 피고인 사건)

[25] 형의 시효 중단 관련 판례

추징형의 시효는 강제처분을 개시함으로써 중단되는데(형법 제80조), 추징형은 검사의 명령에 의하여 민사집행법을 준용하여 집행하거나 국세징수법에 따른 국세체납 처분의 예에 따라 집행한다(형사소송법 제477조). 추징형의 집행을 채권에 대한 강제집행의 방법으로 하는 경우에는 검사가 집행명령서에 기하여 법원에 채권압류명령을 신청하는 때에 강제처분인 집행행위의 개시가 있는 것이므로 특별한 사정이 없는 한 그때 시효중단의 효력이 발생한다. 시효중단의 효력이 발생하기 위하여 집행행위가 종료하거나 성공할 필요는 없으므로 수형자의 재산이라고 추정되는 채권에 대하여 압류신청을 한 이상 피압류채권이 존재하지 않거나 압류채권을 환가하여도 집행비용 외에 잉여가 없다는 이유로 집행불능이 되었다고 하더라도 이미 발생한 시효중단의 효력이 소멸하지 않는다. 또한 채권압류가 집행된 후 해당 채권에 대한 압류가 취소되더라도 이미 발생한 시효중단의 효력이 소멸하지 않는다. 채권에 대한 압류의 효력은 압류채권자가 압류명령의 신청을 취하하거나 압류 명령이 즉시항고에 의하여 취소되는 경우 또는 채권압류의 목적인 현금화절차가 종료할 때(추심채권자가 추심을 완료한 때 등)까지 존속한다. 이처럼 채권압류의 집행으로 압류의 효력이 유지되고 있는 동안에는 특별한 사정이 없는 한 추징형의 집행이 계속되고 있는 것으로 보아야 한다. 한편 피압류채권이 법률상 압류금지채권에 해당하더라도 재판으로서 압류명령이 당연무효는 아니므로 즉시항고에 의하여 취소되기 전까지는 역시 추징형의 집행이 계속되고 있는 것으로 보아야 한다.(대법원 2023.2.23. 2021모3227 검사 예금채권 압류·추심명령 사건)

[26] 폭처법상 '2인 이상 공동하여'의 성립요건

★ 폭처법 제2조 제2항 제1호의 '2명 이상이 공동하여 폭행의 죄를 범한 때'라고 함은 그 수인 사이에 공범관계가 존재하고 수인이 동일 장소에서 동일 기회에 상호 다른 자의 범행을 인식하고 이를 이용하여 폭행의 범행을 한 경우임을 요한다. 따라서 폭행 실행범과의 공모사실이 인정되더라도 그와 공동하여 범행에 가담하였거나 범행장소에 있었다고 인정되지 아니하는 경우에는 공동하여 죄를 범한 때에 해당하지 않고, 여러 사람이 공동하여 범행을 공모하였다면 그 중 2인 이상이 범행장소에서 실제 범죄의 실행에 이르렀어야 나머지 공모자에게도 공모공동정범이 성립할 수 있을 뿐이다.(대법원 2023.8.31. 2023도6355 싸워서라도 돈을 받아내라 사건) 그 동안 이와 같은 취지의 판례가 몇 개 있었는데, 이번 판례는 시원하게 한 번에 정리해 주었다는 느낌이 든다. 합동범과 거의 유사하다고 생각하면 된다.

[27] 이른바 폭행·협박선행형 강제추행죄가 성립하기 위한 폭행·협박의 정도

★ 강제추행죄의 폭행 또는 협박은 상대방의 항거를 곤란하게 할 정도로 강력할 것이 요구되지 아니하고 상대방의 신체에 대하여 불법한 유형력을 행사(폭행)하거나 일반적으로 보아 상대방으로 하여금 공포심을 일으킬 수 있는 정도의 해악을 고지(협박)하는 것이라고 보아야 한다.(대법원 2023.9.21. 2018도13877 숙숙 사촌여동생 강제추행 사건) 대법원은 강제추행죄의 '폭행 또는 협박'의 의미에 관하여 이를 두가지 유형으로 나누어 폭행행위 자체가 곧바로 추행에 해당하는 경우(이른바 기습추행형)에는 상대방의 의사를 억압할 정도의 것임을 요하지 않고 상대방의 의사에 반하는 유형력의 행사가 있는 이상 그 힘의 대소강약을 불문한다고 판시하는 한편, 폭행 또는 협박이 추행보다 시간적으로 앞서 그 수단으로 행해진 경우(이른바 폭행·협박선행형)에는 상대방의 항거를 곤란하게 하는 정도의 폭행 또는 협박이 요구된다고 판시하여 왔다. 이 전원합의체판결은 이른바 폭행·협박선행형에 대한 것으로 "강제추행죄

의 폭행 또는 협박은 상대방의 항거를 곤란하게 할 정도일 것을 요한다"라고 판시한 기존의 판례들을 모두 폐기하였다(이른바 기습추행형의 경우는 판례가 변경되지 않았음을 주의하여야 한다). 이제부터 이른바 폭행·협박선행형 강제추행죄의 폭행이나 협박의 정도는 폭행죄의 폭행이나 협박죄의 협박의 정도와 같게 되었다.

[28] 강제추행죄가 성립하는 경우

★ 피고인은 방안에서 피해자의 숙제를 도와주던 중 피해자의 왼손을 잡아 자신의 성기 쪽으로 끌어당겼고, 이를 거부하고 자리를 이탈하려는 피해자의 의사에 반하여 피해자를 끌어안은 다음 침대로 넘어져 피해자의 위에 올라탄 후 피해자의 가슴을 만졌으며, 방문을 나가려는 피해자를 뒤따라가 끌어안았는바, 이러한 피고인의 행위는 피해자의 신체에 대하여 불법한 유형력을 행사하여 피해자를 강제 추행한 것에 해당한다고 볼 여지가 충분하다.(대법원 2023.9.21. 2018도13877 숙숙 사촌여동생 강제추행 사건) 피해자(女, 15세)는 피고인의 사촌 여동생이므로 성폭법 제5조 제2항의 친족강제추행죄가 성립한다.

[29] 정신적 장애인의 경우 간음행위와 인과관계 있는 위계에 해당하는지 판단하는 기준

★ 위계에 의한 간음죄가 보호대상으로 삼는 아동·청소년, 미성년자, 심신미약자, 피보호자·피감독자, 장애인 등의 성적 자기결정 능력은 그 나이, 성장과정, 환경, 지능 내지 정신기능 장애의 정도 등에 따라 개인별로 차이가 있으므로 간음행위와 인과관계가 있는 위계에 해당하는지 여부를 판단할 때에는 구체적인 범행 상황에 놓인 피해자의 입장과 관점이 충분히 고려되어야 한다. 정신적 장애인의 경우 피해자의 지적 능력을 비롯한 구체적인 상태, 행위자와의 관계, 범행에 이르게 된 경위, 범행 당시와 전후의 상황 등을 종합적으로 고려하여 피해자의 성적 자기결정권이 침해되었다고 규범적으로 평가할 수 있는지에 따라 간음행위와 인과관계 있는 위계에 해당하는지 여부를 판단하여야 하고, 비장애인의 시각과 기준에서 행위자의 언행을 판단하여 '인과관계 있는 위계'에 해당하지 않는다고 쉽게 단정해서는 아니 된다.(대법원 2023.6.29. 2020도15730 나랑 놀래 먹을 것 사줄게 사건)

[30] 촬영대상자의 신원이 파악되지 않는 등 촬영대상자의 의사를 명확히 확인할 수 없는 경우 촬영대상자의 의사에 반하여 반포등을 하였는지 여부의 판단 기준

★ 성폭력처벌법 제14조 제2항 위반죄는 반포등 행위 시를 기준으로 촬영대상자의 의사에 반하여 그 행위를 함으로써 성립하고, 촬영이 촬영대상자의 의사에 반하지 아니하였더라도 그 성립에 지장이 없다. 촬영대상자의 신원이 파악되지 않는 등 촬영대상자의 의사를 명확히 확인할 수 없는 경우 촬영대상자의 의사에 반하여 반포 등을 하였는지 여부는 촬영물 등을 토대로 확인할 수 있는 촬영대상자와 촬영자의 관계 및 촬영 경위, 그 내용이 성적 욕망 또는 수치심을 유발하는 정도, 촬영대상자의 특정가능성, 촬영물 등의 취득·반포등이 이루어진 경위 등을 종합하여 판단하여야 한다. 이때 해당 촬영물 등이 인터넷 등 정보통신망을 통하여 급속도로 광범위하게 유포될 경우 피해자에게 심각한 피해와 고통을 초래할 수 있다는 점도 아울러 고려하여야 한다.(대법원 2023.6.15. 2022도15414 한국야동 게시글 사건)

[31] 스토킹범죄가 성립하기 위해서 피해자가 현실적으로 불안감 내지 공포심을 일으킬 것을 요하는지의 여부(소극)

★ 스토킹행위를 전제로 하는 스토킹범죄는 행위자의 어떠한 행위를 매개로 이를 인식한 상대방에게 불안감 또는 공포심을 일으킴으로써 그의 자유로운 의사결정의 자유 및 생활형성의 자유와 평온이 침해되는 것을 막고 이를 보호법익으로 하는 위험범이라고 볼 수 있으므로 스토킹처벌법 제2조 제1호 각 목의 행위가 객관적·일반적으로 볼 때 이를 인식한 상대방으로 하여금 불안감 또는 공포심을 일으키기에 충분한 정도라고 평가될 수 있다면 현실적으로 상대방이 불안감 내지 공포심을 갖게 되었는지 여부와 관계없이 스토킹행위에 해당하고, 나아가 그와 같은 일련의 스토킹행위가 지속되거나 반복되면 스토킹범죄가 성립한다. 이때 스토킹처벌법 제2조 제1호 각 목의 행위가 객관적·일반적으로 볼 때 상대방으로 하여금 불안감 또는 공포심을 일으키기에 충분한 정도인지는 행위자와 상대방의 관계·지위·성향, 행위에 이르게 된 경위, 행위 태양, 행위자와 상대방의 언동, 주변의 상황 등 행위 전후의 여러 사정을 종합하여 객관적으로 판단하여야 한다.(대법원 2023.12.14. 2023도10313 벽·천장 쿵쿵 쿵쿵 사건) (同旨 대법원 2023. 9.27. 2023도6411 전처에 대한 누적적·포괄적 스토킹 사건)

스토킹범죄의 처벌 등에 관한 법률(2023. 7.11. 법률 제19518호로 일부개정된 것)

제2조 【정의】 이 법에서 사용하는 용어의 뜻은 다음과 같다.
1. "스토킹행위"란 상대방의 의사에 반하여 정당한 이유 없이 다음 각 목의 어느 하나에 해당하는 행위를 하여 상대방에게 불안감 또는 공포심을 일으키는 것을 말한다.
   가. 상대방 또는 그의 동거인, 가족(이하 "상대방등"이라 한다)에게 접근하거나 따라다니거나 진로를 막아서는 행위
   나. 상대방등의 주거, 직장, 학교, 그 밖에 일상적으로 생활하는 장소(이하 "주거등"이라 한다) 또는 그 부근에서 기다리거나 지켜보는 행위
   다. 상대방등에게 우편·전화·팩스 또는 정보통신망을 이용하여 물건이나 글·말·부호·음향·그림·영상·화상(이하 "물건등"이라 한다)을 도달하게 하거나 정보통신망을 이용하는 프로그램 또는 전화의 기능에 의하여 글·말·부호·음향·그림·영상·화상이 상대방등에게 나타나게 하는 행위
   라. 상대방등에게 직접 또는 제3자를 통하여 물건등을 도달하게 하거나 주거등 또는 그 부근에 물건등을 두는 행위
   마. 상대방등의 주거등 또는 그 부근에 놓여져 있는 물건등을 훼손하는 행위
   바. 다음의 어느 하나에 해당하는 상대방등의 정보를 정보통신망을 이용하여 제3자에게 제공하거나 배포 또는 게시하는 행위
      1) 「개인정보 보호법」 제2조 제1호의 개인정보
      2) 「위치정보의 보호 및 이용 등에 관한 법률」 제2조 제2호의 개인위치정보
      3) 1) 또는 2)의 정보를 편집·합성 또는 가공한 정보(해당 정보주체를 식별할 수 있는 경우로 한정한다)
   사. 정보통신망을 통하여 상대방등의 이름, 명칭, 사진, 영상 또는 신분에 관한 정보를 이용하여 자신이 상대방등인 것처럼 가장하는 행위
2. "스토킹범죄"란 지속적 또는 반복적으로 스토킹행위를 하는 것을 말한다.
3. "피해자"란 스토킹범죄로 직접적인 피해를 입은 사람을 말한다.
4. "피해자등"이란 피해자 및 스토킹행위의 상대방을 말한다.

제18조 【스토킹범죄】 ① 스토킹범죄를 저지른 사람은 3년 이하의 징역 또는 3천만원 이하의 벌금에 처한다.
② 흉기 또는 그 밖의 위험한 물건을 휴대하거나 이용하여 스토킹범죄를 저지른 사람은 5년 이하의 징역 또는 5천만원 이하의 벌금에 처한다.
③ 삭제 <2023. 7.11.> ← 반의사불벌죄 규정 삭제

[32] 학문적 표현물에 대한 명예훼손죄의 '사실의 적시' 인정 기준

★ (1) 정신적 자유의 핵심인 학문의 자유는 기존의 인식과 방법을 답습하지 아니하고 끊임없이 문제를 제기하거나 비판을 가함으로써 새로운 인식을 얻기 위한 활동을 보장하는 데에 그 본질이 있다. 학문적 표현의 자유는 학문의 자유의 근간을 이룬다. 학문적 표현행위는 연구 결과를 대외적으로 공개하고 학술적 대화와 토론을 통해 새롭고 다양한 비판과 자극을 받아들여 연구 성과를 발전시키는 행위로서 그 자체가 진리를 탐구하는 학문적 과정이며 이러한 과정을 자유롭게 거칠 수 있어야만 궁극적으로 학문이 발전할 수 있다. 헌법 제22조 제1항이 학문의 자유를 특별히 보호하는 취지에 비추어 보면 학문적 표현의 자유에 대한 제한은 필요최소한에 그쳐야 한다. 따라서 학문적 표현행위는 기본적 연구윤리를 위반하거나 해당 학문 분야에서 통상적으로 용인되는 범위를 심각하게 벗어나 학문적 과정이라고 보기 어려운 행위의 결과라거나 논지나 맥락과 무관한 표현으로 타인의 권리를 침해하는 등의 특별한 사정이 없는 한 원칙적으로 학문적 연구를 위한 정당한 행위로 보는 것이 타당하다. 헌법 제10조는 인간의 존엄과 가치를 규정하고 있고, 인격권에 대한 보호 근거도 같은 조항에서 찾을 수 있다. 학문 연구도 헌법질서 내에서 이루어질 때에 보호받을 수 있으므로 인간의 존엄성 및 그로부터 도출되는 인격권에 대한 존중에 바탕을 두어야 한다. 따라서 연구자들은 연구 주제의 선택, 연구의 실행뿐만 아니라 연구 결과 발표에 이르기까지 타인의 명예를 보호하고 개인의 자유와 자기결정권을 존중하며, 사생활의 비밀을 보호하는 것을 소홀히 하여서는 안 된다. 특히 사회적 약자나 소수자와 같이 연구에 대한 의견을 표출하거나 연구 결과를 반박하는 데에 한계가 있는 개인이나 집단을 대상으로 연구를 하는 경우에는 연구의 전 과정에 걸쳐 이들의 권리를 존중하여야 할 특별한 책임을 부담한다. (2) 대법원은 명예훼손죄에서 '사실의 적시'에 관하여 객관적으로 피해자의 사회적 평가를 저하시키는 사실에 관한 발언이 보도, 소문이나 제3자의 말을 인용하는 방법으로 단정적인 표현이 아닌 전문 또는 추측의 형태로 표현되었더라도 표현 전체의 취지로 보아 사실이 존재할 수 있다는 것을 암시하는 방식으로 이루어진 경우에는 사실의 적시로 인정하여 왔다. 하지만 학문적 표현의 자유를 실질적으로 보장하기 위해서는 학문적 연구 결과 발표에 사용된 표현의 적절성은 형사 법정에서 가려지기보다 자유로운 공개토론이나 학계 내부의 동료평가 과정을 통하여 검증되는 것이 바람직하다. 그러므로 학문적 연구에 따른 의견 표현을 명예훼손죄에서 사실의 적시로 평가하는 데에는 신중할 필요가 있다. 역사학 또는 역사적 사실을 연구 대상으로 삼는 학문 영역에서의 '역사적 사실'과 같이 그것이 분명한 윤곽과 형태를 지닌 고정적인 사실이 아니라 사후적 연구, 검토, 비판의 끊임없는 과정 속에서 재구성되는 사실인 경우에는 더욱 그러하다. 이러한 점에서 볼 때 학문적 표현을 그 자체로 이해하지 않고, 표현에 숨겨진 배경이나 배후를 섣불리 단정하는 방법으로 암시에 의한 사실적시를 인정하는 것은 허용된다고 보기 어렵다.(대법원 2023.10.26. 2017도18697 <제국의 위안부> 사건)

[33] 국립대 총학생회장이 임원진의 음주운전 페이스북 게시(형법 제310조 위법성 조각)

국립대학교 총학생회장인 피고인이 농활 답사 과정에서 자신을 포함한 학생회 임원진의 음주운전 및 묵인 관행에 대해 글을 써 페이스북 등에 게시함으로써 음주운전자로 특정된 피해자에 대한 명예훼손죄로 기소된 사안에서, 이 사건 게시 글의 중요한 부분이 '진실한 사실'에 해당하고 주된 의도·목적의 측면에서 공공의 이익을 위한 것임이 충분히 인정되므로 형법 제310조의 위법성조각사유에 해당한다(대법원 2023.2.23. 2022도13425).

[34] 모욕죄의 수단과 방법 관련 판례

★ 모욕의 수단과 방법에는 제한이 없으므로 언어적 수단이 아닌 비언어적·시각적 수단만을 사용하여 표현을 하더라도 그것이 사람의 사회적 평가를 저하시킬 만한 추상적 판단이나 경멸적 감정을 전달하는 것이라면 모욕죄가 성립한다. 최근 영상 편집·합성 기술이 발전함에 따라 합성 사진 등을 이용한 모욕 범행의 가능성이 높아지고 있고, 시각적 수단만을 사용한 모욕이라 하더라도 그 행위로 인하여 피해자가 입는 피해나 범행의 가벌성 정도는 언어적 수단을 사용한 경우와 비교하여 차이가 없다.(대법원 2023.2.2. 2022도4719 개 얼굴 합성사건)

[35] 모욕죄가 성립하지 않는 경우

★ 피고인 甲이 인터넷 유튜브 채널에 피해자 A의 방송 영상을 게시하면서 A의 얼굴에 '개' 얼굴을 합성하였는바, 甲이 A의 얼굴을 가리는 용도로 동물 그림을 사용하면서 A에 대한 부정적인 감정을 다소 해학적으로 표현하려 한 것에 불과하다고 볼 여지도 상당하다면 영상이 A를 불쾌하게 할 수 있는 표현이기는 하지만 객관적으로 A의 인격적 가치에 대한 사회적 평가를 저하시킬 만한 모욕적 표현을 한 경우에 해당한다고 단정하기는 어렵다.(대법원 2023.2.2. 2022도4719 개 얼굴 합성사건)

[36] 업무방해죄에 있어 보호대상인 '업무'에 해당하는 경우

★ 의료인이나 의료법인이 아닌 자가 의료기관을 개설하여 운영하는 행위는 업무방해죄의 보호대상이 되는 업무에 해당하지 않는다. 그러나 무자격자에 의해 개설된 의료기관에 고용된 의료인이 환자를 진료한다고 하여 그 진료행위 또한 당연히 반사회성을 띠는 행위라고 볼 수는 없다. 이때 의료인의 진료업무가 업무방해죄의 보호대상이 되는 업무인지는 의료기관의 개설·운영 형태, 해당 의료기관에서 이루어지는 진료의 내용과 방식, 피고인의 행위로 인하여 방해되는 업무의 내용 등 사정을 종합적으로 고려하여 판단해야 한다.(대법원 2023.3.16. 2021도16482 사무장병원 의사진료 방해사건) '의료기관 운영'과 '의사의 진료'는 다른 것으로 보아야 한다.

[37] 업무방해죄에 있어 보호대상인 '업무'에 해당하지 않는 경우

이사회가 의안 심의 및 결의에 관한 업무와 관련하여 특정 안건의 심의 및 의결 절차의 편의상 이사회 구성원이 아닌 감사 등의 의견을 청취하는 것은 그 실질에 있어 이사회 구성원인 이사들의 의안 심의 및 결의에 관한 계속적 업무 혹은 그와 밀접불가분의 관계에 있는 업무에 해당할 뿐 그와 같은 경위로 이사회에 출석하여 의견을 진술한 이사회 구성원 아닌 감사의 업무를 방해한 경우에 해당한다고 볼 수 없다.(대법원 2023.9.27. 2023도9332 금산농협 사건) 대법원은, 피고인들이 금산농협의 이사회에서 '급여규정 일부 개정안'에 대하여 허위로 설명 또는 보고하거나 개정안과 관련하여 허위의 자료를 작성하여 이사들에게 제시하였다고 하더라도 그와 같은 행위는 직접적·본질적으로 이사들의 '급여규정 일부 개정안' 심의·의결 업무를 방해한 것으로 볼 수 있을 뿐 이사회에 참석한 감사의 업무를 방해한 것으로 보기는 어렵고, 피고인들의 이사들에 대한 기망적인 행위로 인해 이사회에 출석한 감사가 의견을 진술하는 데에 결과적으로 지장을 초래한 것으로 볼 수 있다 하더라도 그 실질은 이사들의 정상적인 심의·의결 업무를 방해하는 행위로 평가·포섭될 수 있을 뿐이라고 보아 피고인들의 행위로 인하여 감사들의 업무가 방해되었다고 인정한 원심(대전고등법원) 판결을 파기·환송하였다.

[38] 위계에 의한 업무방해죄가 성립하지 않는 경우

★ 계좌개설 신청인이 접근매체를 양도할 의사로 금융기관에 법인 명의 계좌를 개설하면서 예금거래신청서 등에 금융거래의 목적이나 접근매체의 양도의사 유무 등에 관한 사실을 허위로 기재하였으나 계좌개설 심사업무를 담당하는 금융기관의 업무담당자가 단순히 예금거래신청서 등에 기재된 계좌개설 신청인의 허위 답변만을 그대로 믿고 그 내용의 진실 여부를 확인할 수 있는 증빙자료의 요구 등 추가적인 확인조치 없이 법인 명의의 계좌를 개설해 준 경우 그 계좌개설은 금융기관 업무담당자의 불충분한 심사에 기인한 것이므로 계좌개설 신청인의 위계가 업무방해의 위험성을 발생시켰다고 할 수 없어 위계에 의한 업무방해죄를 구성하지 않는다.(대법원 2023.8.31. 2021도17151 대포통장 개설 업무방해 여부사건)

[39] 학위논문의 대작으로 인한 업무방해죄 성립에 관한 법리가 학위논문 예비심사 단계에서 제출된 논문 또는 자료에 대하여 동일하게 적용되는지의 여부(소극)

학위논문을 작성함에 있어 자료를 분석, 정리하여 논문의 내용을 완성하는 일의 대부분을 타인에게 의존하였다면 그 논문은 타인에 의하여 대작된 것이라고 보아야 할 것이나 학위청구논문의 작성계획을 밝히는 예비심사 단계에서 제출된 논문 또는 자료의 경우에는 아직 본격적인 연구가 이루어지기 전이고 연구주제 선정, 목차 구성, 논문작성계획의 수립, 기존 연구성과의 정리 등에 논문지도교수의 폭넓은 지도를 예정하고 있다고 할 것이어서 학위논문과 동일하게 볼 수 없다.(대법원 2023.9.14. 2021도13708 박사 학위 논문 예비심사 사건)

[40] 주거침입죄에서 '침입'의 의미 및 판단기준

★ 주거침입죄는 사실상 주거의 평온을 보호법익으로 한다. 주거침입죄의 구성요건적 행위인 침입은 주거침입죄의 보호법익과의 관계에서 해석하여야 하므로 침입이란 거주자가 주거에서 누리는 사실상의 평온상태를 해치는 행위태양으로 주거에 들어가는 것을 의미하고, 침입에 해당하는지 여부는 출입 당시 객관적·외형적으로 드러난 행위태양을 기준으로 판단함이 원칙이다. 사실상의 평온을 해치는 행위태양으로 주거에 들어가는 것이라면 특별한 사정이 없는 한 거주자의 의사에 반하는 것이겠지만, 단순히 주거에 들어가는 행위 자체가 거주자의 의사에 반한다는 거주자의 주관적 사정만으로 바로 침입에 해당한다고 볼 수 없다. 이는 건조물침입죄의 경우에도 마찬가지이다.(대법원 2023.6.29. 2023도3351 스마트키 이용 회사물건 절취사건)

[41] 공동 거주·관리·점유권한이 있는 자가 해당 주거 등에 임의로 출입한 경우 주거침입죄가 성립하는지의 여부(소극)

★ 주거침입죄는 주거에 거주하는 거주자, 건조물이나 선박, 항공기의 관리자, 방실의 점유자(이하 '거주자 등'이라 한다) 이외의 사람이 주거, 건조물, 선박이나 항공기, 방실(이하 '주거등'이라 한다)에 침입한 경우에 성립한다. 따라서 주거침입죄의 객체는 행위자 이외의 사람, 즉 '타인'이 거주하는 주거 등이라고 할 것이므로 행위자 자신이 단독으로 또는 다른 사람과 공동으로 거주하거나 관리 또는 점유하는 주거 등에 임의로 출입하더라도 주거침입죄를 구성하지 않는다. 다만 다른 사람과 공동으로 주거에 거주하거나 건조물을 관리하던 사람이 공동생활관계에서 이탈하거나 주거 등에 대한 사실상의 지배·관리를 상실한 경우 등 특별한 사정이 있는 경우에 주거침입죄가 성립할 수 있을 뿐이다.(대법원 2023.6.

29. 2023도3351 스마트키 이용 회사물건 절취사건) 피해자 A로부터 회사 출입을 위한 스마트키를 교부받아 별다른 제한 없이 사용하던 피고인 甲이 야간에 이를 이용하여 회사에 들어가 물건을 절취하여 야간 '건조물침입'절도죄로 기소된 사건이다. 대법원은, 甲이 A와 공동으로 관리·점유하는 회사 사무실에 임의로 출입한 것이므로 건조물침입죄가 성립한다고 볼 수 없고, 甲이 A와의 관계에서 회사에 대한 출입과 관련하여 공동생활관계에서 이탈하였거나 이에 관한 사실상의 지배·관리를 상실한 경우 등의 특별한 사정이 있다고 보기도 어려우며 甲이 A로부터 교부받은 스마트키를 이용하여 회사에서 예정한 통상적인 출입방법에 따라 사무실에 들어간 것일 뿐 그 당시 객관적·외형적으로 드러난 행위태양을 기준으로 볼 때 사실상의 평온상태를 해치는 방법으로 회사에 들어갔다고 볼만한 사정도 없다고 판단하여 공소사실을 유죄로 판단한 원심판결을 파기·환송하였다.

[42] 손도끼 사건

★ (1) 피고인들의 공모·가담행위가 인정되고 나아가 피고인들은 평소 친분이 있던 피해자가 평균적인 일반인보다 소심한 성격임을 인지하고 있었고, 사망 추정 시각 직전까지 협박행위가 계속되었으며, 피해자 사망 후 피해자의 자살 가능성을 예상한 것으로 보이는 대화를 하는 등 피해자에 대한 특수강도 범행으로 인하여 피해자가 자살할 수 있음을 예견할 수 있었다. (2)「폭력행위 등 처벌에 관한 법률」위반(우범자) 부분 -무죄 : 피고인 1이손도끼를 휴대한 것에 그치지 않고 이를 사용하여 피해자에 대한 폭행·협박범 행을 저지르고 결국 강도치사죄까지 성립한 이상, 위험한 물건인 손도끼의 휴대행위에 대하여 별개의 범 죄가 성립한다고 볼 수 없다.(대법원 2023.2.23. 2022도12795 손도끼 사건)

[43] 적법하게 개설되지 않은 의료기관의 실질 개설·운영자가 의료급여비용 명목의 금원을 지급받아 편취한 경우 피해자(=국민건강보험공단)

적법하게 개설되지 아니한 의료기관의 실질 개설·운영자가 적법하게 개설된 의료기관인 것처럼 의료 급여비용의 지급을 청구하여 이에 속은 국민건강보험공단으로부터 의료급여비용 명목의 금원을 지급 받아 편취한 경우 국민건강보험공단을 피해자로 보아야 한다.(대법원 2023.10.26. 2022도90 사무장병원 의 료급여비용 편취사건)

[44] '재물'이 아니어서 횡령죄가 성립하지 않는 경우

★ 예탁결제원에 예탁되어 계좌 간 대체 기재의 방식에 의하여 양도되는 주권은 유가증권으로서 재물 에 해당되므로 횡령죄의 객체가 될 수 있으나, 주권이 발행되지 않은 상태에서 주권불소지 제도, 일괄예 탁 제도 등에 근거하여 예탁결제원에 예탁된 것으로 취급되어 계좌 간 대체 기재의 방식에 의하여 양도 되는 주식은 재물이 아니므로 횡령죄의 객체가 될 수 없다.(대법원 2023.6.1. 2020도2884 명의신탁 주식 임의 처분 사건)

[45] 횡령죄에 있어 '재물의 타인성'의 입증

★ 횡령죄는 타인의 재물을 보관하는 자가 그 재물을 횡령하는 것을 처벌하는 범죄이므로 피고인을 유 죄로 인정하기 위해서는 횡령의 대상이 된 재물이 타인의 소유라는 점이 입증되어야 할 것이고, 형사재판

에서의 유죄의 인정은 법관으로 하여금 합리적인 의심을 할 여지가 없을 정도의 확신을 가지게 하는 엄격한 증거에 의하여야 하므로 그 재물이 당초 피고인에게 보관된 타인의 재산이라고 하더라도 그 이후 타인이 피고인에게 이를 양도하거나 임의사용을 승낙한 것으로 볼 여지가 있는 사정이 재판에 나타난다면 이러한 의문이 해명되지 아니하는 한 피고인을 유죄로 단정할 수는 없다.(대법원 2023.6.1. 2023도1096 차량매수인 반환거부 사건)

[46] 담배꽁초를 던지는 행위와 실화죄의 관계

★ 피고인들이 분리수거장 방향으로 담배꽁초를 던져 버리는 한편, 피고인들 각자본인 및 상대방이 버린 담배꽁초 불씨가 살아 있는지를 확인하고 이를 완전히 제거하는 등 화재를 미리 방지할 주의의무가 있음에도 이를 게을리 한 채 만연히 현장을 떠난 과실이 인정되고 이러한 피고인들 각자의 과실이 경합하여 이 사건 화재를 일으켰다고 보아야 하므로, 피고인들 각자의 실화죄 책임을 인정하여야 한다.(대법원 2023.3.9. 2022도16120 각자 실화죄 사건)

[47] 허위공문서작성죄가 성립하는 경우

★ 사법경찰관인 피고인이 검사로부터 '피해자들로부터 교통사고 경위에 대해 구체적인 진술을 청취하여 운전자 도주 여부에 대해 재수사할 것'을 요청받았음에도 재수사 결과서의 재수사 결과란에 피해자들로부터 진술을 청취하지 않고도 진술을 듣고 그 진술내용을 적은 것처럼 기재하고 자신의 독자적인 의견이나 추측에 불과한 것을 마치 피해자들로부터 직접 들은 진술인 것처럼 기재했다면 허위공문서작성 및 고의가 인정되어 허위공문서작성죄가 성립한다.(대법원 2023.3.30. 2022도6886 경찰관 재수사결과서 허위작성 사건)

[48] 세월호 특별조사위원회 설립·활동 방해로 인한 직권남용권리행사방해

행정기관의 의사결정과 집행은 다양한 준비과정과 검토 및 다른 공무원, 부서 또는 유관기관 등과의 협조를 거쳐 이루어지는 것이 통상적이다. 이러한협조 또는 의견교환 등은 행정의 효율성을 높이기 위하여 필요하고, 동등한 지위 사이뿐만 아니라 상하기관 사이, 감독기관과 피감독기관 사이에서도이루어질 수 있다. 이러한 관계에서 일방이 상대방의 요청을 청취하고 자신의 의견을 밝히거나 협조하는 등 요청에 응하는 행위를 하는 것은 특별한 사정이 없는 한 법령상 의무 없는 일이라고 단정할 수 없다. 결국 공무원이 직권을 남용하여 사람으로 하여금 어떠한 일을 하게 한 때에 상대방이공무원 또는 유관기관의 임직원인 경우에는, 그가 한 일이 형식과 내용 등에 있어 직무범위 내에 속하는 사항으로서 법령 그 밖의 관련 규정에 따라 직무수행 과정에서 준수하여야 할 원칙이나 기준, 절차 등을 위반하였는지 등을 살펴 법령상 의무 없는 일을 하게 한 때에 해당하는지 여부를 판단하여야 한다.(대법원 2023.4.27. 2020도18296) 대통령비서실 소속 해양수산비서관과 정무수석비서관이 위원회 설립준비 관련 업무를 담당하거나 위원회 설립준비팀장으로 지원근무 중이던 해양수산부 소속공무원들에게 '세월호 특별조사위 설립준비 추진경위 및 대응방안' 문건을 작성하게 한 행위 및 해양수산비서관이 해양수산비서관실 행정관 또는 해양수산부 소속공무원들에게 위원회의 동향을 파악하여 보고하도록 지시한 경우, 해양수산부 소속 공무원으로 재직 중이었으며, 위원회의 정치적 중립성, 업무의 독립성·객관성을 보장할 의무가 있고, 위원회 팀장으로 지원근무를 하게 된 I에게는 파견공무원에 준하는 직무상 독립성이 요구되는 점 등을 종합해 보면, 피고인 위원회 위원 내정자 등을 통해서 위원회 설립준비단의 활동에 개입하기로 하는 방안이 포함된 추진경위 및 대응방안 문건을 작성하게 함으로써 직무수행의 원칙과 기준 등을 위반하여 업무를 수행하게 한 것으로 볼 수 있다. 따라서 해당 공무원들로 하여금 관련 법령에서 정한 직무수행의 원칙과 기준 등을 위반하여 업무를 수행하게 하여 법령상 의무 없는 일을 하게 한 때에 해당한다고 볼 여지가 있다.

[49] 집총이나 군사훈련을 수반하지 않는 사회복무요원이 '종교적 신념'을 이유로 복무 이행을 거부할 수 있는지의 여부(소극)

국가기관 등의 공익목적 수행에 필요한 사회복지, 보건·의료, 교육·문화, 환경·안전 등의 사회서비스업무 및 행정업무 등의 지원을 하는 사회복무요원으로 하여금 집총이나 군사훈련을 수반하지 않는 복무의 이행을 강제하더라도 그것이 양심의 자유에 대한 과도한 제한이 되거나 본질적 내용에 대한 위협이 된다고 볼 수 없으므로 종교적 신념 등 양심의 자유를 이유로 사회복무요원의 복무를 거부하는 경우 특별한 사정이 없는 한 병역법 제89조의2 제1호가 정한 '정당한 사유'에 해당하지 않는다. 그리고 사회복무요원은 복무와 관련하여 소속기관장의 지휘·감독을 받으며 병무청장이 사회복무요원의 복무를 직접적·구체적으로 지휘·감독한다고 볼 수도 없는바, 병무청장이 사회복무요원의 복무와 관련하여 현장복무실태 점검 및 교정·지도 등을 통한 복무부실 예방활동에 관한 사항 등을 관리·감독할 수 있다고 하더라도 이는 병무행정에 관한 사항일 뿐 집총이나 군사훈련을 수반하는 병역의무의 이행과 관련된 사항이 아니므로 이를 이유로 사회복무요원의 복무 이행을 거부하는 것도 병역법 제89조의2 제1호가 정한 '정당한 사유'에 해당하지 않는다. (대법원 2023.3.16. 2020도15554 여호와의 증인 사회복무요원 사건)

2024 최신판

해커스경찰
갓대환
형법
기적의 특강

초판 1쇄 발행 2024년 2월 8일

지은이	김대환 편저
펴낸곳	해커스패스
펴낸이	해커스경찰 출판팀

주소	서울특별시 강남구 강남대로 428 해커스경찰
고객센터	1588-4055
교재 관련 문의	gosi@hackerspass.com
	해커스경찰 사이트(police.Hackers.com) 교재 Q&A 게시판
	카카오톡 플러스 친구 [해커스경찰]
학원 강의 및 동영상강의	police.Hackers.com

ISBN	979-11-6999-847-5 (13360)
Serial Number	01-01-01

경찰공무원 1위,
해커스경찰 police.Hackers.com

ㅠ 해커스경찰

· 정확한 성적 분석으로 약점 극복이 가능한 **합격예측 모의고사**(교재 내 응시권 및 해설강의 수강권 수록)
· 해커스 스타강사의 경찰 **형사법 무료 특강**
· **해커스경찰 학원 및 인강**(교재 내 인강 할인쿠폰 수록)